新選明文東洋古典大系

新完譯

古文眞寶 後集

黃　堅 編纂

金學主 譯著

明文堂

漢武帝
盛氣當陽
雄才御世
嘉樂唐虞
狹小漢制
振舉百度
征代四裔
燁燁明明
恢我王治

▲**한무제상**(漢武帝像) 55년에 걸친 무제의 장기 치세는 명암(明暗)이 엇갈린다.

▲**제갈공명**(諸葛孔明) 유비의 군사(軍師) 였는데 기계(奇計)를 써서 조조의 대군을 적벽에서 격파했다.

▲**적벽**(赤壁)**의 옛 전장**(戰場)

▲진시황제상(秦始皇帝像) 역사상 최초로 중국 천하를 통일한 것은 그의 나이 38세였던 기원전 221년 때의 일이다.

▲도연명의 사당
그의 시호를 따서 '도정절사(陶靖節祠)'라고 한다. 오류선생(五柳先生)이란 호에 어울리게 사당 주위에는 버드나무가 많이 심어져 있다.

▲진승(陳勝) 오광(吳廣)의 난 이 반란이 계기가 되어 중국 천하 도처에서 반란군이 일어났고 진(秦)나라는 멸망하게 된다.

▲두목(杜牧)
803~852년.

▲구양수(區陽修)
1007~1072년.

▲정이(程頤)
1033~1107년. 자는 정숙
(正叔), 호는 이천(伊川)
이다. 형인 정호와 이정
자(二程子)라 한다.

◀삼소사(三蘇祠)
밖에 있는 소식상
(蘇軾像)
소식은 그 호(號)인
동파(東坡)가 더 널
리 알려져 있다.

▼삼소사 안에 있는 소순(蘇洵:소식의 父)의 상
(像)과 소철(蘇轍:소식의 弟)의 상

고문진보(古文眞寶)

후집(後集)

역자 서문

이 책은 1980년에 발행된 《고문진보》 전집에 이은 《고문진보》 후집의 완역본(完譯本)이다. 이제 처음으로 우리나라에서 옛부터 읽혀온 《상설 고문진보대전(詳說古文眞寶大全)》이 완전히 번역 주석되어 출간된 것이다. 이제껏 우리나라에 '완역본'이란 표제 아래 출판된 《고문진보》는 모두가 일본판을 번역한 것이거나, 그 일부의 초역(抄譯)이었다.

조선시대부터 우리나라에 읽혀온 《고문진보》는 뒤의 〈해제〉에서 다시 자세히 설명하겠지만, 일본이나 중국에 유행한 《고문진보》보다도 우선 분량이 그 두 배 정도나 되는 특수한 것이다. 우리 선인들은 고문(古文)과 고시(古詩)를 공부하더라도 되도록 많은 여러 가지 문장을 읽고 소화시키려는 욕심에서 분량이 많은 판본을 가지고 공부했던 것 같다.

다만 이 책을 출판한 명문당과 기간(旣刊) 《고문진보》 전집을 읽은 독자들의 후집 출간의 독촉에 밀리어, 번역을 너무 서두른 나머지 적지않은 과오를 범하지 않았을까 하는 걱정이 앞선다. 그러나, 우선 책을 내놓아 독자들의 성화같은 독촉을 모면하고, 여러분들의 가르침을 빌어서 잘못의 교정은 훗날을 기약할까 한다. 이 책을 보시는 여러분들의 친절하고도 거리낌없는 고견(高見)이 전해지기 간절히 바라는 바이다. 이 최초의 완역본을 결국은 완전무결한 번역본으로 만들어놓고 싶기 때문이다.

끝으로 어려운 여건을 무릅쓰고 우리 전통문화와 동양사상에 관한 책의 출판에 정력을 기울이고 계신 명문당 김동구(金東求) 사장의 노력에 경의를 표하는 바이다.

1989년 6월   역자 김학주(金學主) 씀

개정판 서문

이 책은 우리나라 판본 《상설고문진보대전(詳說古文眞寶大全)》의 우리나라 최초의 현대적인 완역본이어서 명문당 사장 김동구씨께서 상당히 애착을 갖고 있는 것이다. 종서 형식으로 간행하였던 《고문진보》 전집(前集)을 횡서로 개정 간행하면서 이 후집(後集)도 개정하게 되었다.

역자 서문에서도 밝힌 바 있듯이 당시 독자들의 후집 출간 독촉에 밀리어 번역을 서두른 나머지 적지않은 과오를 범하지 않았을까 하는 걱정이 있었다.

이번 《고문진보》 후집 개정판 발간에 있어 오류를 점검하고 수정하여 새롭게 내놓게 되었는데, 전집과 마찬가지로 한자에 어려움을 느끼는 한글 세대를 위하여 원문에 한글로 음을 달아 읽기 쉽고, 알기 쉽게 하였다. 이와 같은 일은 어려운 시기임에도 불구하고 출판사의 집념어린 노고가 있었기에 가능하였다고 본다.

거듭 우리나라에서 최초의 《고문진보》 후집 완역본을 재출간하게 된 것에 감회가 깊으며, 어려운 여건에도 불구하고 좋은 책의 출판을 사명으로 알고 늘 노고를 아끼지 않는 김동구 사장에게 사의를 표한다.

2004. 11. 10.

김 학 주 인헌서실에서

일러두기

1. 이 책은 조선 성종조(成宗朝, 1470~1494) 이전에 우리나라에서 출
   간된 이래, 거듭 간인(刊印)되며 널리 읽혀온《상설고문진보대전
   (詳說古文眞寶大全)》본의 최초의 완역본이다.
2. 원문에는 현대적인 문장부호와 함께 현대화한 토를 달아 읽기에 편
   하도록 하였다.
3. 내용은 글의 제목·번역문·원문·주해·해설의 순서로 배열하였다.
4. 번역은 가능한 한 원문의 어순을 따르면서도, 쉽고도 현대적인 우리
   말이 되도록 노력하였다.
5. 주해에는 원문을 기준으로 하여 번호를 붙이고, 독음과 자세한 풀이
   를 하였다. 특별한 설명을 한 대목에는 모두 그 출전을 밝혀놓았다.
6. 해설은 원문의 대의(大義)를 이해하는 데에 도움이 되는 방향으로
   쓰도록 노력하였다.
7. 작가에 대하여는 끝머리에 일괄하여 〈작자약전(作者略傳)〉을 붙여
   참고에 도움이 되도록 하였다.
8. 본시《고문진보》에서는 작가의 이름을 표기할 때 명(名)·자(字)·
   호(號)를 뒤섞어 쓰고 있으나, 여기에서는 모두 이름을 기준으로 통
   일하여 혼란을 피하였다.

차   례

역자 서문 7

개정판 서문 8

일러두기 9

《고문진보》 해제 18

  － 조선 간 《상설고문진보대전(詳說古文眞寶大全)》에 대하여

  1. 들어가는 말 18

  2. 《고문진보》의 편찬과 그 성격 20

  3. 《상설고문진보대전》의 전래와 간행 25

  4. 《문장정종(文章正宗)》·《문장궤범(文章軌範)》과의 관계 27

  5. 맺음말 30

■ 권1 (卷一)

이소경(離騷經) / 굴원 33

어부사(漁父辭) / 굴원 83

상진황축객서(上秦皇逐客書) / 이사 87

추풍사(秋風辭) / 한무제 99

과진론(過秦論) / 가의 101

조굴원부(弔屈原賦) / 가의 117

성주득현신송(聖主得賢臣頌) / 왕포 126

낙지론(樂志論) / 중장통 139

출사표(出師表) / 제갈량 143

후출사표(後出師表) / 제갈량 151

주덕송(酒德頌) / 유령 161

난정기(蘭亭記) / 왕희지 165

진정표(陳情表) / 이밀 172

귀거래사(歸去來辭) / 도연명 180

▌권2(卷二)

오류선생전(五柳先生傳) / 도연명 193

북산이문(北山移文) / 공치규 197

등왕각서(滕王閣序) 및 시(詩) / 왕발 211

춘야연도리원서(春夜宴桃李園序) / 이백 230

여한형주서(與韓荊州書) / 이백 233

대보잠(大寶箴) / 장온고 244

대당중흥송(大唐中興頌) / 원결 261

원인(原人) / 한유 266

원도(原道) / 한유 269

중답장적서(重答張籍書) / 한유 285

상장복야서(上張僕射書) / 한유 297

위인구천서(爲人求薦書) / 한유 306

답진상서(答陳商書) / 한유 310

여맹간상서서(與孟簡尙書書) / 한유 315

송부도문창사서(送浮屠文暢師序) / 한유 326

■권3(卷三)

평회서비(平淮西碑) / 한유 335

남해신묘비(南海神廟碑) / 한유 360

쟁신론(爭臣論) / 한유 372

송궁문(送窮文) / 한유 386

진학해(進學解) / 한유 395

악어문(鰐魚文) / 한유 408

유주나지묘비(柳州羅池廟碑) / 한유 413

송맹동야서(送孟東野序) / 한유 420

송양거원소윤서(送楊巨源少尹序) / 한유 429

송석홍처사서(送石洪處士序) / 한유 435

송온조처사서(送溫造處士序) / 한유 442

■권4(卷四)

송이원귀반곡서(送李愿歸盤谷序) / 한유 451

송육흡주참시서(送陸歙州傪詩序) / 한유 458

사설(師說) / 한유 462

잡설(雜說) / 한유 468

획린해(獲麟解) / 한유 470

휘변(諱辯) / 한유 473

남전현승청벽기(藍田縣丞廳壁記) / 한유 482

상재상제삼서(上宰相第三書) / 한유 487

전중소감마군묘명(殿中少監馬君墓銘) / 한유 494

모영전(毛穎傳) / 한유 498

백이송(伯夷頌) / 한유 508

▌권5(卷五)

창려문집서(昌黎文集序) / 이한 515

재인전(梓人傳) / 유종원 522

여한유논사서(與韓愈論史書) / 유종원 535

답위중립서(答韋中立書) / 유종원 546

포사자설(捕蛇者說) / 유종원 558

종수곽탁타전(種樹郭橐駝傳) / 유종원 564

우계시서(愚溪詩序) / 유종원 570

동엽봉제변(桐葉封弟辯) / 유종원 576

진문공문수원의(晉文公問守原議) / 유종원 581

연주군부유혈기(連州郡復乳穴記) / 유종원 588

송설존의서(送薛存義序) / 유종원 593

양죽기(養竹記) / 백거이 597

아방궁부(阿房宮賦) / 두목 602

조고전장문(弔古戰場文) / 이화 613

▌권 6(卷六)

대루원기(待漏院記) / 왕우칭 627

황주죽루기(黃州竹樓記) / 왕우칭 636

엄선생사당기(嚴先生祠堂記) / 범중엄 642

악양루기(岳陽樓記) / 범중엄 647

격사홀명(擊蛇笏銘) / 석개 654

간원제명기(諫院題名記) / 사마광 663

독락원기(獨樂園記) / 사마광 666

독맹상군전(讀孟嘗君傳) / 왕안석 669

상범사간서(上范司諫書) / 구양수 672

상주주금당기(相州晝錦堂記) / 구양수 683

취옹정기(醉翁亭記) / 구양수 691

추성부(秋聲賦) / 구양수 697

증창승부(憎蒼蠅賦) / 구양수 704

명선부(鳴蟬賦) / 구양수 712

▌권7(卷七)

송서무당남귀서(送徐無黨南歸序) / 구양수　723

종수론(縱囚論) / 구양수　730

붕당론(朋黨論) / 구양수　735

족보서(族譜序) / 소순　742

장익주화상기(張益州畫像記) / 소순　747

관중론(管仲論) / 소순　758

목가산기(木假山記) / 소순　767

고조론(高祖論) / 소순　771

상구양내한서(上歐陽內翰書) / 소순　781

상전추밀서(上田樞密書) / 소순　795

명이자설(名二子說) / 소순　807

▌권8(卷八)

조주한문공묘비(潮州韓文公廟碑) / 소식　811

전적벽부(前赤壁賦) / 소식　826

후적벽부(後赤壁賦) / 소식　836

제구양문충공문(祭歐陽文忠公文) / 소식　842

육일거사집서(六一居士集序) / 소식　847

삼괴당명(三槐堂銘) / 소식 857
표충관비(表忠觀碑) / 소식 865
능허대기(凌虛臺記) / 소식 878

▌권9(卷九)

이군산방기(李君山房記) / 소식 887
희우정기(喜雨亭記) / 소식 894
사보살각기(四菩薩閣記) / 소식 900
전표성주의서(田表聖奏議序) / 소식 907
전당근상인시집서(錢塘勤上人詩集序) / 소식 912
가설송동년장호(稼說送同年張琥) / 소식 917
왕자불치이적론(王者不治夷狄論) / 소식 922
범증론(范增論) / 소식 930
상추밀한태위서(上樞密韓太尉書) / 소철 938
원주학기(袁州學記) / 이구 945
약계(藥戒) / 장뢰 953

▌권10(卷十)

송진소장서(送秦少章序) / 장뢰 967
서오대곽숭도전후(書五代郭崇韜傳後) / 장뢰 975

답이추관서(答李推官書) / 장뢰 979

여진소유서(與秦少游書) / 진사도 988

상임수주서(上林秀州書) / 진사도 992

왕평보문집후서(王平甫文集後序) / 진사도 997

사정기(思亭記) / 진사도 1002

진소유자서(秦少游字叙) / 진사도 1008

자장유증갑방식(子長遊贈蓋邦式) / 마존 1016

가장고연명(家藏古硯銘) / 당경 1027

상석시랑서(上席侍郎書) / 당경 1030

서낙양명원기후(書洛陽名園記後) / 이격비 1038

애련설(愛蓮說) / 주돈이 1042

태극도설(太極圖說) / 주돈이 1045

시잠(視箴) / 정이 1049

청잠(聽箴) / 정이 1051

언잠(言箴) / 정이 1053

동잠(動箴) / 정이 1055

서명(西銘) / 장재 1057

동명(東銘) / 장재 1065

극기명(克己銘) / 여대림 1068

작자 약전(作者略傳) 1073

색 인(索引) 1090

《고문진보》 해제

─ 조선 간 《상설고문진보대전(詳說古文眞寶大全)》에 대하여

1. 들어가는 말

《고문진보(古文眞寶)》는 '고문(古文)의 진짜 보배'라는 뜻이다. 이 책은 고시(古詩)와 고문(古文)의 교과서로서 조선시대에 무수히 간행되었으며[1] 가장 널리 읽혔던 중국의 시문선집(詩文選集)이다. 중국에서는 송 (宋)대에 구양수(歐陽修)·소식(蘇軾) 같은 대가(大家)들에 힘입어 고문운동(古文運動)이 성공을 거둔 뒤 원(元)·명(明)대에 이《고문진보》가 가장 성행하여 여러 가지 판본이 나왔다.

그러나 청(淸)대에 이르러서는 동성파(桐城派)의 고문(古文)이 주류를 이루고 요내(姚鼐, 1731~1815)의 《고문사류찬(古文辭類纂)》이 고문의 규범으로 너무나 큰 자리를 차지하게 되어《고문진보》는 차츰 세상에서 자취를 감추게 되었다. 강희연간(康熙年間, 1662~1722)에 나온《고문관지(古文觀止)》도 선문(選文)의 기준이 훨씬 분명하여《고문진보》의 유행을 누르는 데 한몫을 하였을 것이며, 명(明) 풍유눌(馮惟訥, 1550 전후)의《고시기(古詩紀)》와 청(淸) 심덕잠(沈德潛, 1673~1769)의《고시원(古詩源)》같은 빼어난 고시선집(古詩選集)의 출현도《고문진보》전집(前集)의 빛을 잃게 하였을 것이다.

---

1) 成宗朝(1470~1494)에 첫 活字本이 나온 이래로 韓末에 이르기까지 여러 가지 刻本이 나왔다.

그러나 우리나라와 일본에서는 계속《고문진보》가 널리 읽혀, 일본에서도 여러 판본이 간행되었다. 특히 조선시대에 간행되어 우리나라에 널리 읽힌《상설고문진보대전》판본은 빼어난 특징을 지니고 있다.

여기에서는《고문진보》의 일반적인 성격을 검토해 보고 난 뒤 조선시대에 간행되었던《상설고문진보대전》은 중국이나 일본의 그것들과 비교할 때 어떤 특징을 갖고 있는가를 밝혀 보려는 것이다. 그리고 조선시대에 간행된 진덕수(眞德秀, 1178~1235)의《문장정종(文章正宗)》, 사방득(謝枋得, 1226~1289)의《문장궤범(文章軌範)》등의 고문선집(古文選集)과는 어떤 관계가 있는지도 검토해 보려 한다.

2.《고문진보》의 편찬과 그 성격

명(明)나라 홍치(弘治) 15년(1502) 겨울에 청려재(靑藜齋)가 쓴〈중간고문진보발(重刊古文眞寶跋)〉에는 이 책을 "영양(永陽, 江蘇省 徐州府)의 황견(黃堅)이 편찬했다."고 하였고, 조선 간본에도 편자를 황견이라고 한다. 황견이 어느 시대의 어떤 사람인지 알 수 없으나, 이 책에 남송(南宋) 말엽의 사방득(謝枋得)과 문천상(文天祥, 1236~1282)의 글이 실려 있으니, 혹 이 글들이 후세 사람에 의하여 보충된 것일는지도 모르나, 그는 송말(宋末) 원초(元初) 사람일 것이라고 추측할 수 있을 따름이다. 지금 우리에게 전하는《고문진보》는 어떤 판본을 막론하고 모두 후세 사람들 손에 의한 개편을 거친 것이라 생각되므로 후세 사람들이 뒤에 다시 골라 넣은 글이 들어가 있을 수도 있는 것이다.

《고문진보》에는 여러 가지 판본들이 있지만 모두《전집(前集)》과《후집(後集)》으로 크게 나뉘어 있다. 그리고《전집》에는 주로 고시(古詩),《후집》에는 고문(古文)들이 모아져 있다.

고시(古詩)는 고풍(古風) 또는 고체(古體)라고도 부르는데, 이는 당

(唐) 이후 성행된 율시(律詩)와 절구(絶句)로 대표되는 근체시(近體詩)에 대가 되는 호칭이다. 그런데 근체시를 제외한 옛날의 시들 중에서도 《시경(詩經)》과 《초사(楚辭)》를 제외하고 고시라 부르는 게 보통이다. 고시의 특징은 그 체재가 근체시에 비하여 매우 자유로운 것이다. 절구(絶句)에서 강조되는 기승전결(起承轉結)의 구법이나 율시와 같은 연(聯)의 구성이나 대구(對句)의 법칙도 없고, 심지어 구수(句數)나 한 구의 자수에도 일정한 규정이 없고 압운(押韻)에도 일정한 원칙이 없다.

따라서 고시에는 근체시에 매우 가까워진 형식의 것들도 있지만 자유형이라 할 수 있는 것까지도 있다. 《고문진보》 전집(前集)에는 한(漢) 초에서 송(宋) 말에 이르는 시대에 지어진 여러 가지 고시들이 실려 있다. 그 중에도 이백(李白)·두보(杜甫)·소식(蘇軾)·한유(韓愈)·도연명(陶淵明)의 작품이 수십 수에서 10여 수에 이르는 분량으로 두드러지게 많이 실려 있다.

고문(古文)이란 육조(六朝)시대에 성행하였던 변려문(騈儷文)이 아닌 산문들을 가리킨다. 변려문은 변문(騈文)·변체(騈體)·사륙문(四六文) 등으로도 불리는데, 전편(全篇)이 네 자 또는 여섯 자 구(句)를 중심으로 한 대구(對句)로 이루어진 글이며, 또 그 구절들은 각 글자의 음의 고저(高低)까지도 고려되어 배열된 것이다. 이런 형식상의 구속없이 자유로이 쓴 글이 고문이다.

따라서 고문에는 크게 볼 때 진한(秦漢)대 이전의 고문이 있고, 한유(韓愈)와 유종원(柳宗元)이 고문운동(古文運動)을 일으켰던 중당(中唐) 이후의 고문이 있다. 《고문진보》 후집(後集)에는 한(漢)에서 송(宋)에 이르는 작가의 글들이 실려 있다. 다만 한유·유종원 등 중당(中唐) 이전 작가들의 글은 몇편 되지 않으니 여기에는 당송(唐宋)의 고문이 중심을 이루고 있다 할 것이다.

명(明)나라 홍치(弘治) 간본의 청려재(青藜齋)의 발문(跋文)에는

"《고문진보》 20권(前·後集 各 10卷)은 칠국(七國) 이래의 명가(名

家)의 작품 도합 27체(體) 312편을 싣고 있는데, 모두가 정선(精選)된
것이다."[2]

하였고, 그 주(注)에

"《전집(前集)》이 245편 있고《후집(後集)》이 67편 있으며, 합해서
312편이다. 《홍치본(弘治本)》의《전집》은《괴본(魁本)》과 달라서 10
체(體)로 되어 있으며, 《후집》은《괴본》과 완전히 같은 17체이다."[3]
고 하였다.

《괴본》이란 원(元)나라 지정(至正) 26년(1366)에 임이정(林以正)이
산정(刪定) 주석(注釋)하여 간행한《괴본대자제유전해고문진보(魁本大字
諸儒箋解古文眞寶)》로 뒤에 일본에 전해져 여러번 번각(翻刻)됨으로써
중국보다 일본에서 더 유행되었던 판본이다. 서울대 도서관에는《선본
대자제유전해고문진보(善本大字諸儒箋解古文眞寶)》의 영본(零本) 1책
(冊)이 있는데, 같은 판본으로 여겨지니《괴본》을 간혹《선본(善本)》이라
부르기도 하였던 듯하다.

이밖에도 명(明)《만력중각본(萬曆重刻本)》(張天啓 釋文),[4] 명(明)
만력(萬曆) 무신(戊申) 간《고문대전(古文大全)》(葉向高 注釋), 명간(明
刊)《평림주석고문대전(評林注釋古文大全)》, 청(淸)《신대각교정주석보
유고문대전(新台閣校正注釋補遺古文大全)》(張瑞圖 校釋) 등의 다른 판
본들이 있는데, 모두 체재와 내용에서 약간의 차이가 있다.

형식에 있어서 이들보다 더욱 두드러진 특징을 보여주는 것이 조선
간《상설고문진보대전(詳說古文眞寶大全)》이다. 앞머리에 전진사(前進

---

2) "永陽(屬徐州府) 黃堅氏(徐州 麟峰人) 所集古文眞寶二十卷(指眞寶 前後集),
   載七國而下諸名家之作, 凡二十有七體, 三百十有二篇, 蓋精選也."

3) "前集有二百四十五篇, 後集有六十七篇也, 合三百十二篇. 弘治本前集, 與魁本
   有異, 已有十體. 後集與魁本全同, 而十七體也."

4) 《萬曆重刻本》에는 明 神宗의 序文이 있고, 帝命으로 35篇을 보충하여 萬曆
   11년(1583)에 간행한 것으로 되어 있는데, 정말 勅撰인지 아닌지 의심스러운
   점이 많다.

士) 송백정(宋伯貞) 음석(音釋), 후학(後學) 경조(京兆) 유섬(劉剡) 교정(校正)이라 쓰고 있다. 《전집》은 모두 12권에 243수(首)의 작품이 권학문(勸學文)·오언고풍단편(五言古風短篇)·오언고풍장편(五言古風長篇)·칠언고풍단편(七言古風短篇)·칠언고풍장편(七言古風長篇)·장단구(長短句)·가류(歌類)·행류(行類)·음류(吟類)·인류(引類)·곡류(曲類)·사(辭)의 12류(類)로 분류되어 차례대로 실려 있다.

《후집》은 대체로 부정확하기는 하나 연대순으로 130편의 작품이 실려 있다. 이는 《전집》의 성질은 형식이나 내용이 다른 판본과 크게 다를 것이 없지만 《후집》은 다른 판본들과 전혀 다른 형식과 내용임을 알려준다. 《홍치본(弘治本)》이나 《괴본(魁本)》 모두 《후집》은 10권이나 글을 사(辭)·부(賦)·설(說)·해(解)·서(序)·기(記)·잠(箴)·명(銘)·문(文)·송(頌)·전(傳)·비(碑)·변(辯)·표(表)·원(原)·논(論)·서(書) 등 17체로 나누어 67편의 작품을 싣고 있다. 조선 간본은 작품수가 130편이니 분량면에서 거의 배가(倍加)된 셈이며, 그 작품들이 종류별로 분류되어 있지 않은 것이다.[5] 그리고 이것들을 음석(音釋)한 송백정(宋伯貞, 一作 佑貞)과 교정을 한 유섬(劉剡)이란 사람도 어떤 인물인지 자세히 알 수 없다.

《고문진보》는 중국을 비롯하여 우리나라와 일본에서까지도 널리 읽혔던 시문(詩文)의 교본이지만 그 선문기준(選文基準)이나 문장의 배열 등에는 전체적으로 큰 문제를 안고 있다. 그것은 《고문진보》가 《문선(文選)》 같은 다른 시문선집에 비길 때 학술적인 가치가 현저히 낮음을 뜻하는 것이다. 중국에서는 청(淸)대로 들어오면서 이 책이 거의 읽히지 않았던 가장 큰 이유의 하나도 여기에 있을 것이다.

우선 《전집》을 보면 고시집(古詩集)이면서도 권1에는 순전한 시라고

---

5) 卷10 끝머리에 箴·銘이 모아져 있으니, 배열에 글의 종류에 대해서도 약간은 의식하였던 듯하다.

하기에 어려운 권학문(勸學文) 8편이 실려 있고, 근체(近體)의 시도 여러편 눈에 띈다. 그리고 시를 시의 구형(句形)과 시의 장단(長短)에 따라 5·7언(言)의 단편과 장편으로 분류하고 나서, 또 일부는 시제(詩題)에 따라 가(歌)·행(行)·음(吟)·인(引)·곡(曲)·사(辭)로 분류한 것도 그 방법이 일관되지 못한 것이다. 앞의 5·7언 단편과 장편 가운데에는 또 적지 않은 가·음·행 등의 작품이 들어 있기도 하다. 그리고 조선 간본의 경우이지만 끝머리 사(辭)로 원진(元稹, 779~831)의 〈연창궁사(連昌宮辭)〉를 놓은 것은[6] 더욱 어울리지 않는다.

《후집》에는 《홍치간본(弘治刊本)》이나 《괴본(魁本)》 등이 문장의 분류를 너무나 제명(題名)에 의존하여, 기(記)·서(序)·해(解) 등으로 나누고 있어, 심지어 한유(韓愈, 768~824)의 〈원인(原人)〉, 〈원도(原道)〉로 말미암아 원류(原類)까지 생겨난 것은 문제가 되지 않을 수 없다. 심지어 운문(韻文)이라 할 수 있는 사류(辭類)·부류(賦類)가 앞에 붙어 있는 것도 고문선집으로는 어울리지 않는다. 조선 간본은 더욱이 맨 앞머리에 《이소경(離騷經)》까지 붙여 놓았고, 더 많은 명문(名文)을 뽑다 보니 변려체(騈儷體) 글까지 끼어들게 되었다. 그리고 더 크게 볼 때에 《전집》의 고시와 《후집》의 고문을 한곳에 몰아놓고 《고문진보》라 부르고 있는 것도 문제이다. 고시와 고문이 전혀 관계가 없는 것은 아니지만 이것들은 서로 다른 문학사의 줄기를 타고 발전한 시와 산문이기 때문이다.

이러한 학술상의 하자(瑕疵)에도 불구하고 《고문진보》가 존중되며 널리 읽힌 것은 성리학(性理學)의 성행에 따른 도학적(道學的)인 의의(意義)가 높이 평가되었기 때문인 듯하다. 원(元) 지정(至正) 26년(1366) 간본의 정본(鄭本) 〈서문〉에서는 그 뜻을 다음과 같이 설명하고 있다.

---

6) 後集에 또 辭類가 있음을 생각하면 더욱 어울리지 않는다. 다만 朝鮮刊本은 後集의 경우 文體別 分類가 되어 있지 않아 이것이 크게 두드러지지 않을 따름이다.

"육예(六藝, 곧 六經)를 가르치지 않게 되자, 세상에서 학문의 초보를 가르치는 사람들은 반드시 《논어(論語)》와 《맹자(孟子)》를 가르치고 다음에야 고문(古文)으로 하게 되었는데, '행하고 남는 힘이 있으면 곧 그것으로 글을 배운다'(《論語》 學而)고 한 뜻을 따른 것이다. 《고문진보》는 책의 첫머리에 학문을 권하는 권학문(勸學文)이 들어 있고, 끝머리에는 〈출사표(出師表)〉(諸葛亮) · 〈진정표(陳情表)〉(李密)가 들어 있는데, 어찌 사람들에게 부지런히 학문을 닦는 데 힘쓰도록 하여 그들을 충효로 유도하려는 것이 아니겠는가? 이것이 편자의 숨겨진 뜻인 것이다."[7]

《고문진보》는 이처럼 학문을 올바로 닦아 충효의 도에 이르는 길을 제시해 주는 이외에, 또 고시와 고문을 공부하는 데에도 좋은 길잡이가 되어 주었기 때문에 세상에 널리 유행하였던 것이다.

3. 《상설고문진보대전》의 전래와 간행

순조(純祖) 3년(1803) 전북(全北) 태인(泰仁) 사람인 전이채(田以采) · 박치유(朴致維) 두 사람이 간행한 《상설고문진보대전》에는 성화(成化) 8년(1472) 김종직(金宗直, 1431~1492)이 쓴 발문(跋文), 만력(萬曆) 40년(1612) 양몽설(梁夢說, 1565~1627)이 쓴 발문과 함께 병진년(丙辰年, 1796) 내옹(耐翁)이 쓴 발문이 붙어 있다. 김종직의 발문에 의하면 《고문진보》는 고려조(高麗朝)에 직접 사람들이 휴대하여 세 번에 걸쳐 우리나라로 유입되었다.[8] 그리고 이것을 처음 간행한 사람은 여말

---

7) "自六藝不講, 而世之誨小學者, 必以語孟, 而次以古文, 亦餘力學文之意也. 眞寶之編, 首有勸學之作, 終有出師陳情之表. 豈不欲勉之以勤, 而誘之以忠孝乎? 此編者之微意也."
8) "前後三經人手, 自流入東土."

(麗末) 합포(合浦)의 전녹생(田祿生, 號 埜隱, 1318~1357)이었고, 뒤이어 관성(管城)에서도 이본(異本)이 간행되었다 하였으니,9) 여말에는 두 가지 다른 판본의《고문진보》가 유행했음을 알 수 있다.

그리고 지금 우리에게 전하는 판본은 세종(世宗) 32년(1450)에 명나라 예겸(倪謙, 1453 전후)이 우리나라에 사신으로 오면서 가져왔던 것으로, 이전의 것들보다 거기에 실린 시문(詩文)이 거의 배가된 것이었다.10) 다만 중국에서는 이와 같은 판본이 발견되지 않았으나 명대에 간행되었던《평림주석고문대전(評林注釋古文大全)》또는《신증주석고문대전(新增注釋古文大全)》과 비슷한 계열의 것으로 여겨진다.

그리고 조선시대에 성행한《상설고문진보대전》의 조선 초간본(初刊本)은 전감사(前監司)였던 이서장(李恕長)이 자기 집에 전해지고 있던 판본을 내어 당시 진양감사(晉陽監司)였던 오백창(吳伯昌, 1415~1473)에게 간행을 부탁하여, 다시 그는 목사(牧使) 권량(權良)과 판관(判官) 최영(崔榮)에게 각인(刻印)토록 함으로써 성종(成宗) 3년(1472)에 나온 것이다.11) 그러나 김종직(金宗直)이 이러한 기록을 하기 직전에

"그러나 이 책은 세상에 성행하지 못했다. 대체로 주자(鑄字)는 인쇄하는 대로 부서져서 판본이 한 번 완성된 뒤에는 마음대로 찍어 낼 수 있는 것만 못하였다."12)

고 말하고 있으니, 성종 5년에 간인(刊印)한 것은 목판본(木版本)이고 그 이전에 주자본(鑄字本)이 나왔음이 분명하다. 또 가람문고에는 세종

---

9) 金宗直 跋文："埜隱田先生, 首刊于合甫, 厥後繼刊于管城, 二本互有增減."

10) 上曰："景泰初(1450), 翰林侍講倪先生將今本以遺我東方, 其詩若文, 視舊倍徙, 號爲大全."

11) 上同："前監司李相公恕長, 嘗慨于玆, 以傳家一帙囑之晉陽今監司吳相公伯昌, 繼督牧使權公良, 判官崔侯榮, 敬承二相之志力, 調工費, 未朞月訖功, 將見是書之流布三韓, 如菽粟布帛焉."

12) 上同："然而此書不能盛行于世, 盖鑄字隨印隨壞, 非如板本一完之後可恣意以印也."

(世宗) 32년(1450) 간본이 소장되어 있다. 《단종실록(端宗實錄)》에도 단종 원년(1453)에 활자로 《고문진보》를 찍었다는 기록이 있다.[13]

뒤의 양몽설(梁夢說)의 발문은 광해군(光海君) 5년(1612)에 이 책을 간인한 경과를 쓴 것이고, 다시 끝머리 내옹(耐翁)의 발문은 순조(純祖) 3년(1803)에 전이채(田以采)가 이 책을 간행한 의의를 쓴 글이다. 내옹은 전이채가 여말(麗末)에 《고문진보》를 우리나라에서는 처음으로 간행하였던 전녹생(田祿生)의 후손이어서, 이 책의 간행은 자기 선조의 뜻을 계승한 훌륭한 일임을 강조하고 있다.

여기에는 《고문진보》의 전래와 간행을 설명하기 위하여 순조 때 간행된 판본의 발문을 이용하였지만, 그밖에도 조선시대에는 여러번 《고문진보》가 간행되어 세상에 널리 유행하였다.

4. 《문장정종(文章正宗)》·《문장궤범(文章軌範)》과의 관계

《고문진보》의 발문에서 김종직(金宗直)은 말하기를 "《고문진보》야말로 그 편집에 있어서 진덕수(眞德秀, 1178~1235)의 《문장정종》의 유법(遺法)을 잘 터득한 것이다."[14]라고 말하고 있다. 진덕수는 남송(南宋)의 성리학자(性理學者)로서 조선시대 학자들의 존경을 받았으며, 그가 편집한 《문장정종》은 성리학의 입장에서 선문(選文)한 것이므로, 그 고문선집(古文選輯)의 기준은 조선 학자들에게는 규범으로 받아들여질 만한 것이었다. 《고문진보》에 앞서 세종(世宗) 10년(1428)에 《서산선생진문충공문장정종(西山先生眞文忠公文章正宗)》이 간행된 이래로 다시 여러번 그 책이 간인되었던 것은 당연한 일이었다 할 것이다.

---

13) 서울大學校 圖書館 가람文庫에 《古文眞寶大典》(庚午字) 後集이 남아 있는 것이, 바로 그때 찍은 것인 듯하다.

14) "惟眞寶一書不然, 其採輯頗得眞西山正宗之遺法."

《문장정종》은 〈정편(正編)〉이 20권, 〈속편(續編)〉이 다시 20권으로 이루어져 있다. 〈정편〉은 모두 당(唐) 이전의 글로서 《좌전(左傳)》·《국어(國語)》 이하의 글들이 사령(辭令)·의론(議論)·서사(敍事)·시가(詩歌)의 네 종류로 나뉘어 있고, 거기에 진덕수 스스로 주를 달고 있다. 〈속편〉은 모두 송(宋)대의 글로서 의론(議論)·서사(敍事)의 두 가지만 있는 미완성의 것으로 여겨진다. 어떻든 모두 선문(選文)에 있어서 이전 사람들과는 달리 성리학의 입장에서 언리(言理)를 위주로 한 글들을 뽑은 것이다. 그의 엄정(嚴正)한 선문태도(選文態度) 때문에 《문장정종》은 성리학파의 고문 교과서로서 매우 존중되었던 것이다.

《고문진보》는 선문(選文) 기준이 《문장정종》처럼 엄정하지는 않다. 언리(言理)만을 강조하지 않았음은 물론이고, 사채(辭采)도 어느 정도 중시하는 입장을 취하였다. 따라서 《전집(前集)》에는 근체(近體)에 가까운 시가 들어 있고, 《후집(後集)》에는 변체(騈體)에 가까운 글도 들어 있다. 그럼에도 《고문진보》가 뒤에는 《문장정종》보다 더 성행하였던 것은, 《고문진보》는 선문의 기본 방향에서 크게 벗어나지 않으면서도 문장이 다양하고 글을 뽑은 폭이 넓었기 때문일 것이다. 심지어 《고문진보》는 잡되다고까지 평할 수도 있겠지만, 문장 교범(敎範)으로서는 매우 폭넓고 다양한 편이 선호되었던 것으로 여겨진다.

또 언제 누가 합쳐 놓은 것인지는 알 수 없지만15) 지금 우리에게 전하는 《상설고문진보대전》에는 《후집》 끝머리에 사방득(謝枋得)의 《문장궤범》이 부록으로 첨가되어 있는 판본이 많다. 지금 판본의 부록 첫머리에는 다음과 같은 글이 실려 있다.

"《고문진보》와 《문장궤범》은 세간에 함께 유행되던 책이다. 《문장궤범》은 모두 7권으로 '후왕장상유종호(侯王將相有種乎)'의 일곱 자로서

---

15) 서울대학교 圖書館 藏本으로는 壬辰字로 찍은 《詳說古文眞寶大典》이 《文章軌範》을 附錄으로 붙인 가장 오래된 것으로 正祖 때 刊本으로 보인다.

각 권의 이름을 삼았다. 글은 모두 69편인데 그중 42편은 《고문진보》 가운데 이미 수록되어 있으므로, 그 나머지 27편을 지금 《고문진보》의 끝머리에 부간(附刊)하는 바이다. 그리고 《문장궤범》의 목록(目錄)을 아래 적음으로써 참고에 편리케 하고자 한다."[16]

그러나 실제로 그 〈목록〉은 이 글 앞에 붙여져 있다. 《문장궤범》은 촉(蜀) 제갈량(諸葛亮)의 〈출사표(出師表)〉와 진(晉) 도연명(陶淵明)의 〈귀거래사(歸去來辭)〉를 제외하고는 모두가 당송(唐宋)의 글이고, 그 중에서도 한유(韓愈)와 소식(蘇軾)의 글이 가장 많고 다음으로 유종원(柳宗元)·구양수(歐陽修)·소순(蘇洵)의 글들이 중심을 이루고 있다. 그밖에 전편의 글을 방담문(放膽文, 권1·권2)과 소심문(小心文, 권3 이하)으로 나누고, 〈출사표〉와 〈귀거래사〉를 제외한 전편의 글에 권점(圈點)과 평어(評語)를 붙이고 있다.

《고문진보》에 〈부록〉으로 덧붙어 있는 27편의 글은 한유 16편, 유종원 1편, 구양수 2편, 소순 1편, 소식 5편, 호전(胡銓) 1편, 신기질(辛棄疾) 1편이니, 《고문진보》에 실린 글들과 성격상 별로 다름이 없는 것들이다. 사방득의 《첩산선생비점궤범(疊山先生批點軌範)》도 조선에서 중종조(中宗朝) 이후 두 차례 이상 간행되었으니, 우리나라에서 퍽 존중되던 문장 선집(文章選集)의 하나였음이 분명하다. 편자인 사방득이 성리학자이며 송(宋)의 충신이었다는 점과, 그 선문 기준이 《고문진보》·《문장정종》 등과도 비슷해서 조선시대에 많이 읽혔을 것이다.

그리고 《고문진보》와 《문장궤범》에는 서로 중복되는 글이 3분의 2를 넘고 있어, 이 두 책을 함께 간편히 읽으려는 욕심에서 《고문진보》의 부록으로, 《문장궤범》의 서로 중복되지 않는 글 27편을 붙여 놓게 되었을 것이다. 조선에서 유행한 《고문진보》가 엄정한 선문 기준이나 일정한 체

---

16) "眞寶軌範, 世間竝行之書也. 軌範凡七編, 以侯王將相有種乎七字爲號, 其文共 六十九篇, 而四十二則眞寶中已錄, 故其餘二十七篇, 今附刊於眞寶之末, 因書軌 範目錄於下, 以便參考云."

계를 갖춘 판본보다는 실린 글의 수가 많은 판본을 선택한 위에, 또 이처럼 《문장궤범》까지도 〈부록〉으로 합쳐 놓은 것은 모두 되도록 많은 문장을 읽어 고문을 제대로 익히게 하려는 욕심이 그렇게 만든 것이라 여겨진다.

5. 맺음말

《고문진보》는 중국의 고시와 고문의 선집(選集)이면서도 그 편집의 규범은 김종직(金宗直)이 성종(成宗) 3년(1472) 간본 발문에서 말하고 있듯이, 시문(詩文)을 올바로 공부하되

"또한 주돈이(周敦頤)·장재(張載)·이정자(二程子)에서 이루어지는 성명지설(性命之說)을 참작함으로써 후세에 문장을 공부하는 사람들로 하여금 그 뿌리를 둔 바가 있음을 알게 하려는 것이었다. 아아! 이것이야말로 이 책이 '진실한 보배'가 된 까닭이라 할 것이다."[17]

고 한 데서 찾아볼 수 있을 것이다. 그리고 《문장정종》과의 관계는 그러한 규범으로서의 이상을 보여주는 것이라 할 것이다.

그리고 조선에서 간행된 《상설고문진보대전》은 거기에 실린 시문(詩文)의 양이 보통 다른 판본들에 비하여 월등히 많다. 이것은 되도록 많은 시와 글을 읽어 고시와 고문을 잘 익히도록 하려는 욕망이 그처럼 많은 글을 이 책에 싣도록 하였을 것이다. 더구나 후세에 와서 거기에 〈부록〉으로 《문장궤범》까지도 첨가되었던 것은 그러한 추론(推論)을 더욱 강력히 뒷받침해 주는 것이라 할 수 있다.

---

17) "又且參之以濂溪關洛性命之說, 使後之學爲文章者, 知有所根柢焉. 嗚呼! 此其所以爲眞寶也歟!"

권 1

이소경(離騷經)

굴원(屈原)

주희(朱熹, 1130~1200)가 말하였다.

"굴원(기원전 340?~기원전 278 ?)의 이름은 평(平)이고, 초(楚)나라 왕실과 동성(同姓)이었다. 회왕(懷王)을 섬기어 삼려대부(三閭大夫)가 되었는데, 상관대부(上官大夫)와 근상(靳尙)이 투기하여 그를 모함해서 회왕이 굴원을 멀리하게 되었다. 굴원은 모함을 받자 걱정과 괴로움에서 〈이소(離騷)〉를 지었다. 위로는 요(堯)·순(舜)과 하(夏)·은(殷)·주(周) 3대의 제도를 기술하고, 아래로는 걸(桀)·주(紂) 같은 폭군과 예(羿)·요(澆) 같은 권신(權臣)들의 패망한 사실을 서술해서, 임금이 깨달아 올바른 길로 돌아와서 자기에게로 마음이 되돌아오기를 바랐던 것이다.

그때 진(秦)나라에서는 장의(張儀)를 사신으로 보내어, 회왕을 속이어 무관(武關)에서 함께 만나자고 꾀었다. 굴원은 회왕에게 가지 말도록 간하였으나 회왕은 그의 말을 듣지 않고 가서, 결국 강제로 끌려 함께 돌아가 마침내 객사하고 말았다. 그 뒤 양왕(襄王)이 즉위하였는데 다시 모함을 믿고 굴원을 강남 땅으로 내쫓으니, 굴원은 다시 구가(九歌)·천문(天問)·구장(九章)·원유(遠遊)·복거(卜居)·어부(漁父) 등의 글을 지어 자기의 뜻을 펴냄으로써 임금의 마음에 깨달음이 있기를 바랐다.

그러나 끝내 반성하는 기색이 없자 차마 자기 조국이 망해 가는 것을 보고만 있을 수가 없어 마침내 스스로 멱라수(汨羅水)에 몸을 던져 죽었다."

한(漢)나라 회남왕(淮南王) 유안(劉安, 기원전 179~기원전 122)은 말하였다.

"《시경(詩經)》 국풍(國風)은 여색을 좋아하면서도 지나치지 아니하고, 소아(小雅)는 원망하고 비난하면서도 어지럽지 아니한데, 〈이소〉 같은 것은 이 두 가지를 겸했다고 할 수 있다. 탁하고 더러운 가운데에서 매미가 허물을 벗듯 벗어나와 티끌 먼지 세상 밖을 떠돌아다니었으니, 이러한 뜻을 미루어 나간다면 비록 해나 달과 빛을 다툰다 하더라도 괜찮을 것이다."

송(宋)나라의 송기(宋祁)는 말하였다.

"〈이소〉는 사부지조(辭賦之祖)여서, 후인들이 이를 배움에 있어서는, 지극히 방정하여 곱자를 다시 대어 볼 필요가 없고, 지극히 둥글어서 그림쇠를 다시 쓸 필요가 없는 것과 같은 정도이다."

(원문) ①朱文公曰:原의 名은 平이오 與楚로 同姓이라. 仕於②懷王하
　　　　주문공왈　원 명 평　여초 동성　　사어 회왕

여 爲③三閭大夫러니 ④上官大夫와 及靳尚이 ⑤妬毀之라. 王疏原
　위 삼려대부　　상관대부　급근상　투훼지　왕소원

하니 原被讒憂煩하여 乃作離騷라. 上述⑥唐虞三后之制하고 下序
　원피참우번　　내작이소　상술 당우삼후지제　　하서

⑦桀紂羿澆之敗하여 ⑧冀君覺悟하고 反於正道而還己也니라.
걸주예요지패　　기군각오　　반어정도이환기야

時秦使⑨張儀로 詐懷王하여 誘與會⑩武關이라. 諫王勿行이로되
시진사 장의　사회왕　　유여회 무관　　간왕물행

弗聽而往하여 爲所脅歸하고 卒以客死라. ⑪襄王立에 復用讒하여
불청이왕　　위소협귀　졸이객사　　양왕립　부용참

遷原江南하니 原復作九歌 · 天問 · 九章 · 遠遊 · 卜居 · 漁父等
천원강남　　원부작구가 천문 구장 원유 복거 어부등

篇하여 冀伸己志하여 以悟君心이라.
편　　기신기지　　이오군심

終不見省하니 不忍見宗國將亡하여 遂自沈⑫ 汨羅淵死하니라.
종 불 견 성　　불 인 견 종 국 장 망　　수 자 침　멱 라 연 사

⑬淮南王安曰 ; ⑭國風은 好色而不淫하고 小雅는 ⑮怨誹而不
회 남 왕 안 왈　국 풍　호 색 이 불 음　　소 아　　원 비 이 불

亂이나 若離騷者는 可謂兼之矣라. ⑯蟬蛻於濁穢之中하여 以浮
란　약 이 소 자　가 위 겸 지 의　　선 태 어 탁 예 지 중　　이 부

游塵埃之外하니 推此志也인댄 雖與日月爭光이라도 可也니라.
유 진 애 지 외　　추 차 지 야　　수 여 일 월 쟁 광　　가 야

⑰宋景文公祁曰 ; 離騷는 爲辭賦之祖니 後人爲之면 如至方
송 경 문 공 기 왈　이 소　위 사 부 지 조　후 인 위 지　여 지 방

에 不能加⑱矩요 至圓에 不能過⑲規矣니라.
불 능 가　구　지 원　불 능 과　규 의

주해
① 朱文公曰(주문공왈)－이 글은 주희(朱熹)의 《초사집주(楚辭集註)》
이소경(離騷經) 서문을 축약(縮約)한 것임.
② 懷王(회왕)－초(楚)나라 임금, 기원전 328~기원전 299 재위(在位).
③ 三閭大夫(삼려대부)－초나라 왕족인 소(昭)·굴(屈)·경(景) 세 성(姓)의
집안 사람들을 관장하는 벼슬임.
④ 上官大夫(상관대부)－뒤의 근상(靳尙)과 함께 굴원을 모함한 초나라의
대부.
⑤ 妬毁(투훼)－질투하여 모함을 하는 것.
⑥ 唐虞三后(당우삼후)－요(堯)·순(舜)임금과 하(夏)나라 우(禹)·상(商)나
라 탕(湯)·주(周)나라 문왕(文王)과 무왕(武王)을 가리킴. 옛날의 성군
(聖君).
⑦ 桀紂羿澆(걸주예요)－걸(桀)은 하나라 최후의 폭군, 주(紂)는 상나라 최
후의 폭군. 예(羿)와 요(澆)는 하나라 때 포악한 짓을 일삼다 죽은 사람들.
⑧ 冀(기)－바라다.
⑨ 張儀(장의)－전국(戰國)시대의 변설가(辯說家)로 진(秦)나라를 위하여 연
횡책(連橫策)을 폈던 인물.
⑩ 武關(무관)－지금의 섬서성(陝西省) 상현(商縣) 동쪽에 있는 관문 이름.
진나라의 남관(南關)이었음.

⑪ 襄王(양왕)-경양왕(頃襄王)이라고도 부르며, 회왕의 뒤를 이은 임금.

⑫ 汨羅淵(멱라연)-지금의 호남성(湖南省)에 흐르고 있는 강물 이름, 상수 (湘水)의 지류임.

⑬ 淮南王安(회남왕안)-유안(劉安), 한(漢) 고조(高祖)의 손자. 글을 좋아하 고 신선술을 좋아했으며, 《회남자(淮南子)》의 저자로 유명하다.

⑭ 國風(국풍)-뒤의 소아(小雅)와 함께 《시경(詩經)》의 편 이름.

⑮ 怨誹(원비)-원망하고 비방하는 것.

⑯ 蟬蛻(선태)-매미가 껍질을 벗는 것.

⑰ 宋景文公祁(송경문공기)-송(宋)나라 학자로 용도각학사(龍圖閣學士)를 지내고 사관수찬(史館修撰)으로 《당서(唐書)》 편찬에 참여하기도 하였다. 죽은 뒤의 시(諡)가 경문(景文)이며, 문집 100권을 남기고 있다.

⑱ 矩(구)-목수들이 네모꼴을 가늠할 때 쓰는 곱자.

⑲ 規(규)-목수들이 원을 그릴 때 쓰는 그림쇠.

1

고양(高陽) 황제의 후손이며,
나의 선친은 백용(伯庸)이시네.
인년(寅年)의 바로 정월,
경인(庚寅)날에 나는 태어났다네.
아버님은 내 생년월일을 따져 보신 후,
비로소 내게 훌륭한 이름 지어 주셨네.
이름을 정칙(正則)이라 하시고,
자를 영균(靈均)이라 하셨네.
나는 이미 이처럼 아름다운 품성 듬뿍 지녔는데,
또 그 위에 힘써 수양을 보태었다네.
강리(江離)와 벽지(辟芷)를 몸에 두르고,
가을 난초 엮어서 허리장식 삼네.

흐르는 물살 같은 세월 따르지 못하여

나이가 나를 기다려 주지 않을까 걱정하네.

아침에는 비산(陟山)의 목란(木蘭)을 꺾고,

저녁에는 섬에 가서 숙무(宿莽)를 캐네.

해와 달은 홀연히 가며 멈춤이 없고,

봄 가을은 차례로 바뀌어 가네.

초목이 시들어 떨어지는 것을 보니,

아름다운 이 또한 늙어갈까 두렵네.

한창 때에 왜 나쁜 행동 버리지 못하고,

어찌하여 이 법도를 고치지 않는지?

날랜 말을 타고 달리면서

자! 내 앞서 길을 인도하리라.

원문 帝①高陽之苗裔兮여, ②朕皇考曰伯庸이라.
　　　　제 고 양 지 묘 예 혜　　　 짐 황 고 왈 백 용

③攝提貞于孟陬兮여, 惟庚寅吾以④降이라.
섭 제 정 우 맹 추 혜　　 유 경 인 오 이　 강

⑤皇覽揆余于初度兮여, ⑥肇錫予以嘉名이라.
황 람 규 여 우 초 도 혜　　 조 석 여 이 가 명

名余曰⑦正則兮여, 字余曰⑧靈均이라.
명 여 왈　 정 칙 혜　 자 여 왈　 영 균

⑨紛吾旣有此內美兮여, 又重之以⑩脩能이라.
분 오 기 유 차 내 미 혜　　 우 중 지 이　 수 능

⑪扈江離與辟芷兮여, ⑫紉秋蘭以爲佩라.
호 강 리 여 벽 지 혜　　 인 추 란 이 위 패

⑬汩余若將不及兮여, 恐年歲之⑭不吾與라.
골 여 약 장 불 급 혜　　 공 년 세 지　 불 오 여

朝⑮搴陟之木蘭兮여, 夕⑯攬洲之宿莽라.
조　 건 비 지 목 란 혜　　 석　 람 주 지 숙 무

日月忽其不⑰淹兮여, 春與秋其⑱代序라.
일 월 홀 기 불　 엄 혜　　 춘 여 추 기　 대 서

惟草木之^⑲零落兮여, 恐^⑳美人之遲暮라.
유 초 목 지 영 락 혜　공　미 인 지 지 모

不^㉑撫壯而棄穢兮여, 何不改乎此^㉒度오?
불 무 장 이 기 예 혜　하 불 개 호 차　도

乘^㉓騏驥以馳騁兮여, ^㉔來吾道夫先路라.
승 기 기 이 치 빙 혜　　내 오 도 부 선 로

주해　① 高陽(고양)－중국 전설상의 오제(五帝) 중 한 사람인 전욱(顓頊)의 칭호. 그의 후손 웅역(熊繹)이 주(周)대에 초나라에 봉해졌고, 또 그 후손 하(瑕)가 춘추시대에 굴읍(屈邑)에 봉해져 굴을 성으로 썼는데, 굴원은 바로 굴하의 후손임. ○苗裔(묘예)－후예. 후손.

② 朕(짐)－나. 고대에 자칭어로 쓰였음. 진(秦) 이후로는 황제의 자칭어로 변함. ○皇考(황고)－선친. 황(皇)은 존칭, 고(考)는 돌아가신 아버지. ○伯庸(백용)－굴원의 아버지의 자.

③ 攝提(섭제)－인년(寅年). 호랑이 해. 세성(歲星)이 하늘의 인(寅) 방위에 온 해를 섭제라 함. ○貞(정)－바로. 정(正). ○孟陬(맹추)－정월. 맹(孟)은 시작을 뜻하며, 추(陬)는 정월의 별명.

④ 降(강)－태어나다.

⑤ 皇(황)－아버님. 황고(皇考)의 약칭. ○覽揆(남규)－헤아려 보다. 따져 보다. 남(覽)은 관찰, 규(揆)는 재어 보다의 뜻. ○初度(초도)－태어난 때의 법도. 생년월일 등 하늘의 법도.

⑥ 肇(조)－비로소. 처음으로. ○錫(석)－주다. 사(賜)와 같은 뜻.

⑦ 正則(정칙)－공정한 법칙. 《사기(史記)》에 의하면 굴원의 이름은 평(平)이고, 자는 원(原)인데, 홍흥조(洪興祖)는 《초사보주(楚辭補注)》에서 정칙이란 곧 평(平)을 의미한다고 하였다.

⑧ 靈均(영균)－신령스러운 평지. 영(靈)은 신(神) 또는 선(善)의 뜻, 균(均)은 평평한 곳. 홍흥조는 이 또한 굴원의 자인 원(原)을 뜻한다고 하였다.

⑨ 紛(분)－많은 모양. ○內美(내미)－안에 품은 좋은 성품.

⑩ 脩能(수능)－왕일(王逸)의 《초사장구(楚辭章句)》에서는 수(脩)를 원(遠)의 뜻으로 보고 수능을 남다른 뛰어난 재능으로 풀이했는데, 혹자는 능

(能)을 태(態)로 보고 수능을 뒷 구와 연결시켜 향초로 꾸민 용모로 보기도 한다. 여기에서는 앞 구에서 말한 좋은 품성에 재능도 포함되는 것으로 보고, 수(脩)를 전편의 대의 및 다음 구와 관련하여 수양의 뜻으로 보았으며, 능(能)은 후자의 설을 따라 태(態)로 보고 수양하는 태도, 즉 수양의 덕(德)으로 풀이했다.

⑪ 扈(호)—몸에 두르다. 걸치다. ㅇ江離(강리)—얕고 맑은 물에서 나는 향초. ㅇ辟芷(벽지)—깊은 숲속에 나는 향초. 백지(白芷).

⑫ 紉(인)—꿰다. 엮다. ㅇ佩(패)—허리에 두르는 장식.

⑬ 汩(골)—물이 콸콸 흐르는 모양. 세월이 빨리 지나감을 형용.

⑭ 不吾與(불오여)—나를 기다리지 않다. 《논어(論語)》에 '해와 달이 가고, 세월은 나를 기다려 주지 않는다〔日月逝矣, 歲不我與.〕'라는 구절이 있다.

⑮ 搴(건)—뽑다. 꺾다. ㅇ阰(비)—초(楚)나라 남쪽에 있는 산이름. ㅇ木蘭(목란)—목련. 목련의 껍질은 향료로 쓰이는데, 껍질을 벗겨도 나무는 죽지 않는다 한다.

⑯ 攬(남)—캐다. 따다. ㅇ洲(주)—강물 가운데의 섬. ㅇ宿莽(숙무)—숙근초. 겨울에도 죽지 않는다는 향초.

⑰ 淹(엄)—오래 머무르다.

⑱ 代序(대서)—차례를 바꾸다.

⑲ 零落(영락)—잎이 시들어 떨어지다.

⑳ 美人(미인)—왕일(王逸)의 주(註)에서는 초(楚) 회왕(懷王)을 가리킨다고 보았고, 무가(巫歌)로 보는 측에서는 선배격인 무(巫), 또는 숭배하는 무(巫)로 풀이한다. ㅇ遲暮(지모)—나이들어 늙어감.

㉑ 撫壯(무장)—한창 때에. 무(撫)는 ……하는 기회를 틈타서, ……하는 동안에. ㅇ棄穢(기예)—악(惡)을 버리다.

㉒ 度(도)—태도. 법도.

㉓ 騏驥(기기)—천리마. 날랜 말. ㅇ馳騁(치빙)—말을 달리다.

㉔ 來(내)—발어사(發語辭). 자! ㅇ道(도)—인도하다. 도(導)와 같음.

2

옛날의 삼왕께선 덕이 순수하시어
실로 뭇 향기로운 꽃들을 함께 썼다네.
신초(申椒)와 균계(菌桂)가 섞여 있었으니,
어찌 혜초(蕙草)와 채초(茝草)만 쓰셨겠는가?
저 요(堯)임금 순(舜)임금은 광명정대하시어
도를 지키고 바른 길 터득했었네.
어찌하여 걸왕(桀王) 주왕(紂王)은 허리띠도 매지 않고
황급히 사도(邪道)로 달려들었던고!
무리들이 구차히 즐김을 탐하니
길은 어두워지고 험난해졌네.
어찌 내 몸의 재앙을 꺼리랴마는
임금님의 수레가 뒤엎일까 두렵네.
분주히 앞뒤로 달려
옛 임금의 발자취에 미치게 하렸더니,
전초(荃草)는 내 마음 살피지 않고
도리어 모함하는 말을 믿고 진노하였네.
실로 간곡한 충언이 재난됨을 알고는 있었지만,
차마 그만둘 수 없었던 것이네.
높은 하늘 가리켜 증명하노니
오로지 영수(靈修)님 탓이라네.
황혼으로 기약을 삼겠다시더니
도중에서 길을 바꾸고 마셨네.
처음에 이미 나와 약속했건만
뒤에는 생각을 바꿔 딴 마음 품으셨네.

내 이별하긴 어렵지 않지만,
영수님이 자주 마음 변함을 가슴아파하네.

원문 昔①三后之純粹兮여, 固②衆芳之所在로다.
석 삼후지순수혜   고 중방지소재

雜③申椒與菌桂兮여, 豈維④紉夫蕙茝리오?
잡 신초여균계혜   기유 인부혜채

彼⑤堯舜之耿介兮여, 旣遵道而得路라.
피 요순지경개혜   기 준도이득로

何⑥桀紂之猖披兮여, 夫唯⑦捷徑以窘步로다.
하 걸주지창피혜   부유 첩경이군보

惟⑧黨人之偸樂兮여, 路⑨幽昧以險隘라.
유 당인지투락혜   노 유매이험애

豈余身之⑩憚殃兮여, 恐⑪皇輿之敗績이라.
기 여신지 탄앙혜   공 황여지패적

忽奔走以先後兮여, 及⑫前王之踵武라.
홀 분주이선후혜   급 전왕지종무

⑬荃不揆余之中情兮여, 反信讒而⑭齌怒라.
전 불규여지중정혜   반신참이 제노

余固知⑮謇謇之爲患兮나, 忍而不能⑯舍也로다.
여고지 건건지위환혜   인이불능 사야

指⑰九天以爲正兮여, 夫唯⑱靈脩之故也라.
지 구천이위정혜   부유 영수지고야

⑲曰黃昏以爲期兮여, 羌中道而改路라.
왈 황혼이위기혜   강 중도이개로

初旣與余⑳成言兮여, 後悔㉑遁而有他라.
초 기여여 성언혜   후회 둔이유타

余旣不難夫離別兮여, 傷靈脩之㉒數化라.
여기불난부리별혜   상영수지 삭화

주해 ① 三后(삼후)—삼왕(三王). 즉 하(夏)나라 우왕(禹王)과 은(殷)나라 탕
왕(湯王), 주(周)나라 문왕(文王)을 가리킴. ○純粹(순수)—덕행이 순미
(純美)함.

② 衆芳(중방)—여러 향기로운 꽃. 뒤에 보이는 향초들.

③ 申椒(신초)—산초(山椒)의 일종인 향나무. ○菌桂(균계)—계수나무의 일종인 향나무.

④ 紉(인)—엮다. ○蕙茞(혜채)—혜초(蕙草)와 채초(茞草)로 둘 다 향초임.

⑤ 堯舜(요순)—전설상의 성제(聖帝)인 요임금과 순임금. ○耿介(경개)—광명정대함.

⑥ 桀紂(걸주)—하(夏)나라 걸왕과 은(殷)나라 주왕. 둘 다 망국(亡國)의 포악한 군주. ○猖披(창피)—옷을 입고 띠를 매지 않은 모양. 창피스런 모습.

⑦ 捷徑(첩경)—지름길. 여기서는 사도(邪道)를 뜻함. ○窘步(군보)—허둥대는 걸음걸이. 황급히 달려감.

⑧ 黨人(당인)—무리. 도당. ○偸樂(투락)—즐거움을 탐하다. 구차히 즐기다.

⑨ 幽昧(유매)—어둠. ○險隘(험애)—험하고 좁음. 험난.

⑩ 憚殃(탄앙)—재앙을 꺼리다.

⑪ 皇輿(황여)—임금님의 수레. 나라를 비유. ○敗績(패적)—엎어지다. 또는 공적이 무너지다.

⑫ 前王(전왕)—전대의 성왕(聖王). 삼후(三后)와 요순(堯舜)을 가리킴. ○踵武(종무)—발자취.

⑬ 荃(전)—전초(荃草). 돌 위에 나는 창포(菖蒲)의 일종인 향초.

⑭ 齌怒(제노)—몹시 노함. '제(齌)'는 '심하게'의 뜻.

⑮ 謇謇(건건)—어렵게 충간(忠諫)하는 모양.

⑯ 舍(사)—버리다. 사(捨)와 같은 뜻.

⑰ 九天(구천)—하늘은 팔방(八方)과 중앙으로 나뉘는데 구천은 이를 총칭한 말.

⑱ 靈脩(영수)—뛰어나게 덕이 높은 사람. 왕일(王逸)의 주(註)에서는 영(靈)은 신(神), 수(脩)는 원(遠)을 뜻하며 신명(神明)이 있어 멀리 내다보는 자로, 군주를 가리킨다 하였다. 《초사(楚辭)》에는 이외에도 '영(靈)'자가 들어간 명칭이 많이 보이는데 모두 무(巫)와 관련된다. 초나라엔 무습(巫習)이 성했으므로 작자도 그 영향을 받아 무계(巫界)의 용어를 많이 빌어 쓴 것 같다.

⑲ 曰黃昏以爲期兮(왈황혼이위기혜), 羌中道而改路(강중도이개로)－홍흥조(洪興祖)의 《초사보주(楚辭補注)》에서는 이 두 구를 두고 "어떤 판본에는 이 두 구절이 있으나, 왕일본(王逸本)에는 주(注)가 없고, 뒤에 나오는 '강내서기이량인(羌內恕己以量人)'에서야 비로소 '강(羌)'을 풀이했다. 이 두 구절은 후인이 보탠 것 같다."라 하였다.

⑳ 成言(성언)－약속.

㉑ 遁(둔)－피하다. ○他(타)－다른 마음.

㉒ 數化(삭화)－자주 변하다.

3

나는 이미 난초를 아홉 원(畹)이나 심었고,
또 혜초를 백 이랑 심었네.
유이(留夷)와 게거(揭車)를 나누어 심었고,
두형(杜衡)과 방지(芳芷)를 섞어 심었네.
가지와 잎사귀 무성하기 바라며,
때 되면 장차 베어들이기 원하였네.
비록 시들어 버린다 해도 또 무엇이 안타까우랴만,
뭇 향기로운 것들이 더러워짐이 애달프다네.
모두들 앞다퉈 재물을 탐내며,
실컷 구하고도 물릴 줄 모르고 더 찾네.
안으로 자기는 용서하고 남은 따지려들며,
각각 마음을 끓어올려 질투하네.
바삐 어지러이 달리며 뒤쫓고 있으나,
내 마음엔 절실한 바 아니라네.
늙음이 점점 다가오려 하니,
훌륭한 이름 세우지 못할까 두렵네.
아침엔 목란에서 떨어지는 이슬을 마시고,

저녁엔 가을 국화의 지는 꽃잎을 먹네.

만일 내 마음 굳게 믿고 도(道)의 요체를 가려 행한다면,

오랫동안 굶주린다 해도 무슨 아픔 있겠는가?

나무 뿌리를 캐어 채초(茝草)를 묶고,

벽려(薜荔)에서 떨어진 꽃술을 꿰네.

균계(菌桂)를 가지고 혜초를 묶고,

호승(胡繩)을 꼬아 아름답게 엮네.

아! 내 본받고자 하는 앞사람의 수양은,

세속이 행하려는 바 아니라네.

비록 요즘 사람들에게는 맞지 않겠지만,

원컨대 팽함(彭咸)이 남긴 법도를 따르고저.

원문 余旣[1]滋蘭之九畹兮여, 又樹蕙之百[2]畝라.
여기 자란지구원혜 우수혜지백 묘

[3]畦留夷與揭車兮여, 雜[4]杜衡與芳芷라.
휴류이여게거혜 잡 두형여방지

[5]冀枝葉之峻茂兮여, 願[6]竢時乎吾將刈라.
기지엽지준무혜 원 사시호오장예

雖萎絶其亦何傷兮여, 哀衆芳之蕪穢라.
수위절기역하상혜 애중방지무예

衆皆[7]競進以貪婪兮여, [8]憑不猒乎求索이라.
중개 경진이탐람혜 빙불염호구색

[9]羌內恕己以量人兮여, 各興心而[10]嫉妒라.
강내서기이량인혜 각흥심이 질투

忽[11]馳騖以追逐兮여, 非余心之所急이라.
홀 치무이추축혜 비여심지소급

老[12]冉冉其將至兮여, 恐[13]脩名之不立이라.
노 염염기장지혜 공 수명지불립

朝飮木蘭之墜露兮여, 夕餐秋菊之落英이라.
조음목란지추로혜 석찬추국지락영

[14]苟余情其信姱以練要兮여, 長[15]顑頷亦何傷가?
구여정기신과이련요혜 장 함함역하상

⑯揽木根以結茝兮여, 貫⑰薜荔之落蕊라.
남 목 근 이 결 채 혜   관   폐 려 지 락 예

⑱矯菌桂以紉蘭兮여, 索⑲胡繩之纚纚라.
교 균 계 이 인 란 혜   삭   호 승 지 사 사

⑳謇吾法夫前修兮여, 非世俗之所㉑服이라.
건 오 법 부 전 수 혜   비 세 속 지 소   복

雖不周於今之人兮나, 願依㉒彭咸之遺則하리라.
수 부 주 어 금 지 인 혜   원 의   팽 함 지 유 칙

주해　①滋(자)-재배하다. 심다. ○畹(원)-밭 스무 두둑. 1원(畹)은 20묘(畝)
에 해당하는 넓이임.

② 畮(묘)-묘(畝)와 통하는 글자. 1백보(步)로 한 마지기 정도의 넓이임.

③ 畦(휴)-밭두둑을 나누다. 여기서는 다음 구의 잡(雜)과 대를 이루어 나
누어 심는다는 뜻으로 쓰였다. ○留夷(유이)-향초 이름. ○揭車(게거)-
향초 이름.

④ 杜衡(두형)-향초 이름. ○芳芷(방지)-향초 이름.

⑤ 冀(기)-바라다. ○峻茂(준무)-무성하게 우거지다.

⑥ 竢時(사시)-때를 기다려. 때가 되면. 사(竢)는 사(俟)와 같음. ○刈(예)-
베다.

⑦ 競進(경진)-앞을 다투다. ○貪婪(탐람)-탐하다. 재물을 탐내는 것을 탐
(貪), 음식을 탐하는 것을 남(婪)이라 함.

⑧ 憑(빙)-가득 차다. 만(滿)의 뜻. ○不猒(불염)-물리지 않음. 염(猒)은 염
(厭)과 같으며 물리다의 뜻. ○求索(구색)-구하고 찾다. 영리(榮利)를 구
하다.

⑨ 羌(강)-발어사. 아아! ○恕己(서기)-자신을 용서하다. ○量人(양인)-남
을 재어 보다. 남을 따지다.

⑩ 嫉妬(질투)-질투하다. 질(嫉)은 덕있는 사람에 대한 시새움, 투(妬)는 아
름다운 사람에 대한 시새움을 뜻한다 함.

⑪ 馳騖(치무)-달리다. 치빙(馳騁)과 같음.

⑫ 冉冉(염염)-점점 다가오는 모양.

⑬ 脩名(수명)－훌륭한 이름. 홍흥조(洪興祖)는 ‘깨끗하게 수양을 쌓은 이름[修潔之名也]’이라 풀이했다. 수양을 잘 쌓아 명성을 얻는 것을 뜻한다.

⑭ 苟(구)－만약. ㅇ信姱(신과)－크게 믿다. 굳게 믿다. 과(姱)를 아름답다는 뜻으로 보고 ‘진실로 아름답다’로 해설하기도 한다. 여기서는 오신주(五臣注)를 따라 과(姱)를 대(大)의 뜻으로 보았다. ㅇ練要(연요)－요체를 가려 행하다. 오신주에 따라 연(練)을 택(擇)의 뜻으로 보고, 요(要)를 도(道)의 요체로 보았다. 정련되다의 뜻으로 풀이하는 설도 있음.

⑮ 顑頷(함함)－굶주림으로 면모가 초췌하고 파리해진 모양.

⑯ 攬(남)－캐다. 남(攬)과 같은 뜻.

⑰ 薜荔(폐려)－향나무. ㅇ蕊(예)－꽃술.

⑱ 矯(교)－들다. 거(擧)의 뜻.

⑲ 胡繩(호승)－향초 이름. ㅇ纚纚(사사)－아름답게 엮어진 모양.

⑳ 謇(건)－아아! 발어사. ㅇ法(법)－본받다. ㅇ前修(전수)－전에 수양을 했었던 사람. 앞의 전현(前賢)을 가리킴.

㉑ 服(복)－행하다. 행(行)의 뜻.

㉒ 彭咸(팽함)－은(殷)나라의 현신(賢臣)으로 군주에게 간하였으나 받아들여 주지 않자 물에 빠져 죽었다 함. 그런데 《산해경(山海經)》 및 《여씨춘추(呂氏春秋)》에 고대의 무(巫) 이름으로 무팽(巫彭)과 무함(巫咸)이 보이므로, 이 작품을 무가(巫歌)로 보는 측에서는 팽함을 고대의 신령스런 무인 무팽과 무함으로 본다.

4

길게 탄식하고 눈물 흘리며,
인생에 어려움 많음을 슬퍼하네.
나는 비록 옳게 수양함을 즐겼음에도 재갈과 굴레에 묶이어,
아아, 아침에 말씀 올렸다가 저녁에 쫓겨났다네.
혜초 허리띠를 매었다 하여 쫓겨나고도,

또 채초를 가지고 그것을 거듭한다네.
내 마음에 옳다고 믿는 바는,
비록 아홉 번 죽는다 해도 후회하지 않으리.
영수(靈脩)가 사려분별 없음을 한하노니,
끝내 내 마음을 살펴 주지 못하다니.
뭇 여인들은 내 아름다움을 질투하여,
내가 음란한 짓을 잘한다고 악담하네.
실로 세속이란 교묘하나니,
법규를 어기고 뒤바꾸어 놓았네.
반듯한 것을 등지고 굽은 것을 따르며,
다투어 남의 뜻에 맞춤을 법도라 하네.
우울에 잠겨 멍청히 서있나니,
나만이 홀로 이 시대에 어려움 겪고 있구나.
차라리 훌쩍 죽어 없어져 버릴지언정,
나는 차마 이런 짓은 하지 않으리.
사나운 새는 무리짓지 않는다더니,
옛부터 실로 그러하였네.
어찌 모난 것과 둥근 것이 합해질 수 있으리?
누군들 도(道)를 달리하고도 서로 편히 지낼 수 있으리?
마음을 굽히고 뜻을 억눌러,
허물을 참으며 치욕을 뿌리치네.
청백함을 지니고 곧게 죽음은
실로 옛 성현들이 도탑게 여기던 바이라네.

원문 長太息以①掩涕兮여, 哀②民生之多艱이라.
장 태 식 이 엄 체 혜　애 민 생 지 다 간

余雖好③脩姱以鞿羈兮여, 謇朝④誶而夕替라.
여 수 호 수 과 이 기 기 혜　건 조 수 이 석 체

旣替余以⑤蕙纕兮여, 又⑥申之以攬茞라.
기 체 여 이 혜 양 혜   우 신 지 이 람 채

亦余心之所善兮여, 雖九死其猶未悔라.
역 여 심 지 소 선 혜   수 구 사 기 유 미 회

怨靈脩之⑦浩蕩兮여, 終不察夫⑧民心이라.
원 령 수 지 호 탕 혜   종 불 찰 부   민 심

衆女嫉余之⑨蛾眉兮여, ⑩謠諑謂余以善淫이라.
중 녀 질 여 지 아 미 혜   요 착 위 여 이 선 음

固時俗之工巧兮여, ⑪偭規矩而改錯라.
고 시 속 지 공 교 혜   면 규 구 이 개 조

背⑫繩墨以追曲兮여, 競⑬周容以爲度라.
배 승 묵 이 추 곡 혜   경 주 용 이 위 도

⑭忳鬱邑余侘傺兮여, 吾獨窮困乎此時也라.
돈 울 읍 여 차 체 혜   오 독 궁 곤 호 차 시 야

寧⑮溘死以流亡兮여, 余不忍爲此態也라.
영 합 사 이 류 망 혜   여 불 인 위 차 태 야

⑯鷙鳥之不羣兮여, 自前世而固然이라.
지 조 지 불 군 혜   자 전 세 이 고 연

何⑰方圜之能周兮여, 夫孰異道而⑱相安가?
하 방 환 지 능 주 혜   부 숙 이 도 이 상 안

屈心而抑志兮여, ⑲忍尤而攘詢라.
굴 심 이 억 지 혜   인 우 이 양 구

⑳伏淸白以死直兮여, 固前聖之所㉑厚라.
복 청 백 이 사 직 혜   고 전 성 지 소 후

주해 ①掩涕(엄체)－눈물을 닦다. 엄(掩)은 식(拭)의 뜻.

② 民生(민생)－인생. 청(淸)대 왕부지(王夫之)와 장기(蔣驥)는 민(民)이 인(人)을 뜻한다 하였다(《楚辭通釋》, 《山臺閣注楚辭》). 전국시대엔 백성이란 개념이 성립되지 않았으므로, 이 작품을 애국시로 보는 측에서도 민(民)을 인(人)으로 풀이함에는 동의하고 있다.

③ 脩姱(수과)－옳게 수양함. 미호(美好), 곧 아름다움의 뜻으로 풀이하는 사람이 많은데, 여기서는 앞 단락에 나왔던 신과(信姱)의 예에서처럼 과(姱)

를 대(大)의 뜻으로 보아 크게 수양함, 옳게 수양함의 뜻으로 풀이했다. 그것이 문맥과도 부합된다. ㅇ羈羈(기기)－말재갈과 굴레. 속박당하였음을 뜻함.

④ 誶(수)－간언(諫言)하다. ㅇ替(체)－폐하다. 쫓겨나다.

⑤ 蕙纕(혜양)－혜초 허리띠. 양(纕)은 패대(佩帶), 허리띠를 뜻함.

⑥ 申之(신지)－그것을 거듭하다. 즉 허리띠를 겹쳐 둘렀다는 뜻.

⑦ 浩蕩(호탕)－사려 분별이 없는 모양. 호호탕탕(浩浩蕩蕩). 원뜻은 아주 넓어 끝이 없는 모양이나 큰 물이 횡류하는 모양임.

⑧ 民心(민심)－인심(人心). 남의 마음. 여기서는 자기의 마음을 가리킴.

⑨ 蛾眉(아미)－아름다운 눈썹. 여기서는 굴원 자신이 가지고 있는 아름다움, 곧 뛰어난 덕을 가리킴.

⑩ 謠諑(요착)－악담을 퍼뜨림. ㅇ善淫(선음)－음란한 짓을 잘하다. 선(善)은 동사로 잘한다는 뜻.

⑪ 偭(면)－어기다. 위반하다. ㅇ規矩(규구)－그림쇠와 곱자. 법규를 뜻함. ㅇ改錯(개조)－자리를 바꾸어 놓다. 조(錯)는 치(置)의 뜻.

⑫ 繩墨(승묵)－먹줄. 역시 법도를 뜻함.

⑬ 周容(주용)－남의 비위에 맞추다. 주(周)는 합(合)과 같은 뜻.

⑭ 忳(돈)－근심하는 모양. 번민하다. ㅇ鬱邑(울읍)－우울해지는 모양. ㅇ侘傺(차체)－실의한 모양. 차(侘)는 서있는 모양. 체(傺)는 멈춰 선 모양.

⑮ 溘死(합사)－갑작스레 죽다. 훌쩍 죽다. ㅇ流亡(유망)－흘러 없어지다. 사라져 버리다.

⑯ 鷙鳥(지조)－사나운 새. 새매. ㅇ不羣(불군)－떼짓지 않다. 무리짓지 않다.

⑰ 方圜(방환)－네모진 것과 둥근 것. 환(圜)은 원(圓)과 같음. ㅇ周(주)－들어맞다. 합해지다. 합(合)의 뜻.

⑱ 相安(상안)－서로 편히 지내다.

⑲ 忍尤(인우)－허물을 참다. 우(尤)는 잘못. 허물. ㅇ攘詬(양구)－치욕을 뿌리치다. 양(攘)은 제(除)의 뜻.

⑳ 伏(복)－지니다. 복(服) 또는 포(抱)의 뜻. ㅇ死直(사직)－곧게 죽다. 정의를 위해 죽다.

㉑ 厚(후)-두터이 여기다. 중히 여기다.

5

길을 잘 살피지 못한 것을 후회하며,
오랫동안 망설였으나 나 이제 돌아가리.
나의 수레를 돌려 길을 되찾으리라,
아직 길 잃은 지 늦지 않은 때에.
난초 핀 언덕에 내 말을 거닐게 하고,
산초(山椒) 언덕을 달리고 또 어디에서 쉴까?
나아갔다 들어가지도 못하고 허물만 입었으니,
물러나 다시 내 처음 뜻을 따르리라.
마름과 연잎을 마름질해 저고리 만들고
연꽃을 모아 치마를 만드네.
나를 알아주지 않아도 또 그만이니,
실로 내 마음 꽃답기만 하다면.
높다란 내 관(冠)을 더욱 높이고,
늘어진 내 패물을 더욱 늘이네.
향기와 윤택 함께 섞여 있으니,
오직 그 밝은 바탕은 어그러짐 없으리라.
망연히 되돌아보고 휘둘러보고는,
장차 사방의 끝까지 가보고자 하네.
패물은 풍성하게 꾸며져 있고,
향기는 물씬물씬 더욱 또렷해지네.
사람에겐 저마다 즐기는 바 있는데,
나만이 수양을 좋아함을 상도(常道)로 삼네.
비록 몸이 찢긴다 해도 나는 변치 않으리니,

어찌 내 마음을 후회하리요?

여수(女嬃)는 걱정하며 거듭 나를 타일러 말하였다.

"곤(鯀)은 강직함으로써 몸을 망쳤나니,

끝내 우산(羽山)의 들판에서 요절하였노라.

그대는 어찌하여 박학 충직하고 수양을 좋아하며,

듬뿍 홀로 이 아름다운 정절을 지녔는가?

납가새, 조개풀, 도꼬마리가 집에 가득한데,

구별하여 멀리 두고 쓰려들지 않는구나.

여러 사람들에게 집집마다 찾아가 설명해 줄 수도 없으나,

누가 그대 속마음을 살펴 준다 하겠는가?

세상 사람들은 서로 어울리어 무리짓기를 좋아하는데,

어찌하여 홀로 외로이 내 말을 듣지 않는가?"

원문 悔①相道之不察兮여, ②延佇乎吾將反이라.
회 상 도 지 불 찰 혜　　연 저 호 오 장 반

回朕車以復路兮여, 及③行迷之未遠이라.
회 짐 거 이 복 로 혜　　급 행 미 지 미 원

步余馬於④蘭皐兮여, 馳⑤椒丘且焉止息고?
보 여 마 어 란 고 혜　　치 초 구 차 언 지 식

進不入以⑥離尤兮여, 退將復脩吾⑦初服이라.
진 불 입 이 리 우 혜　　퇴 장 부 수 오 초 복

製⑧芰荷以爲衣兮여, 集⑨芙蓉以爲裳이라.
제 기 하 이 위 의 혜　　집 부 용 이 위 상

不吾知其亦已兮여, 苟余情其信芳이라.
불 오 지 기 역 이 혜　　구 여 정 기 신 방

高余冠之⑩岌岌兮여, 長余佩之⑪陸離라.
고 여 관 지 급 급 혜　　장 여 패 지 육 리

⑫芳與澤其雜糅兮여, 唯⑬昭質其猶未虧라.
방 여 택 기 잡 유 혜　　유 소 질 기 유 미 휴

⑭忽反顧以遊目兮여, 將往觀乎⑮四荒이라.
홀 반 고 이 유 목 혜　　장 왕 관 호 사 황

佩^⑯繽紛其繁飾兮여, 芳^⑰菲菲其彌章이라.
패 빈 분 기 번 식 혜　　 방 비 비 기 미 장

民生各有所樂兮여, 余獨好脩以爲常이라.
민 생 각 유 소 락 혜　　 여 독 호 수 이 위 상

雖^⑱體解吾猶未變兮여, 豈余心之可^⑲懲가?
수 체 해 오 유 미 변 혜　　 기 여 심 지 가　징

^⑳女嬃之嬋媛兮여, ^㉑申申其詈予라.
　여 수 지 선 원 혜　　 신 신 기 리 여

曰^㉒鯀婞直以亡身兮여, 終然^㉓殀乎羽之野라.
왈　곤 행 직 이 망 신 혜　　 종 연　요 호 우 지 야

汝何^㉔博謇而好脩兮여, 紛獨有此^㉕姱節고?
여 하　박 건 이 호 수 혜　　 분 독 유 차　과 절

^㉖薋菉葹以盈室兮여, ^㉗判獨離而不服이라.
　자 록 시 이 영 실 혜　　 판 독 리 이 불 복

衆不可^㉘戶說兮여, 孰云察余之中情고?
중 불 가　호 세 혜　　 숙 운 찰 여 지 중 정

世^㉙竝擧而好朋兮여, 夫何^㉚煢獨而不余聽고?
세　병 거 이 호 붕 혜　　 부 하　경 독 이 불 여 청

주해　① 相道(상도)－길을 보다. 상(相)은 시(視)의 뜻.

② 延佇(연저)－오래 머물다. 오래 서있다. ㅇ反(반)－돌아가다. 반(返)과 같음.

③ 行迷(행미)－길을 잃음. 길을 잘못 들음.

④ 蘭皐(난고)－난초 핀 언덕.

⑤ 椒丘(초구)－산초가 자란 언덕.

⑥ 離尤(이우)－허물을 입다. 이(離)는 조(遭)의 뜻, 우(尤)는 허물.

⑦ 初服(초복)－처음 입은 깨끗한 옷. 처음의 뜻을 상징함.

⑧ 芰荷(기하)－마름과 연잎.

⑨ 芙蓉(부용)－연꽃.

⑩ 岌岌(급급)－높이 솟은 모양.

⑪ 陸離(육리)－아름다운 모양. 늘어진 모양. 왕일(王逸) 주(注)에는 들쭉날
　쭉 많은 모양이라 하였는데, 여기서는 패물을 더욱 늘어뜨린다는 '장(長)'
　자에 연관시켜 늘어진 모양으로 보았다.

⑫ 芳與澤(방여택)-향기와 윤택. ㅇ雜糅(잡유)-섞이다. 유(糅) 역시 잡(雜) 의 뜻.

⑬ 昭質(소질)-밝은 바탕.

⑭ 忽(홀)-망연히. 망연하여 의식이 없는 모양을 가리킴. ㅇ遊目(유목)-눈 을 돌려 둘러보다.

⑮ 四荒(사황)-사방의 끝. 황(荒)은 원(遠)의 뜻.

⑯ 繽紛(빈분)-많은 모양. ㅇ繁飾(번식)-풍성하게 꾸미다.

⑰ 菲菲(비비)-향기가 물씬물씬 풍기는 모양. ㅇ章(장)-환해지다. 뚜렷해지 다. 명(明)의 뜻.

⑱ 體解(체해)-몸이 찢김. 옛 형벌의 하나로 사지(四肢)를 찢는 극형. 지해 (支解)라고도 함.

⑲ 懲(징)-변하다. 고치다.

⑳ 女嬃(여수)-왕일(王逸)의 주(注)에 따르면 굴원의 누이라 하며, 다른 설 에는 여자 이름, 여자 배우자라 하기도 한다. 유국은(遊國恩)은《초사여성 중심설(楚辭女性中心說)》에서 초나라 사람들은 여인을 통칭하여 수라 하 였으며 여기의 여수는 굴원과 관련되는 노파인 듯하다 하였다. 무가(巫歌) 로 보는 입장에서는 동료인 여무(女巫)로 보기도 한다. ㅇ嬋媛(선원)-왕 일은 끌어당긴다는 뜻으로 보았는데, 걱정하다의 뜻으로 풀이하였다.

㉑ 申申(신신)-거듭하여 부탁하는 모양. ㅇ詈(이)-꾸짖다.

㉒ 鯀(곤)-하(夏)나라 우(禹)왕의 아버지로, 순(舜)임금을 도와 치수(治水) 에 힘썼으나 강직한 성격 때문에 실패하여 우산(羽山)에서 참살되었다고 함. ㅇ婞直(행직)-강직함.

㉓ 殀(요)-요절(夭折)하다. ㅇ羽(우)-우산(羽山). 산동성(山東省) 봉래현 (蓬萊縣) 동남쪽에 있음.

㉔ 博謇(박건)-박식하고 곧게 말함.

㉕ 姱節(과절)-아름다운 절조.

㉖ 薋菉葹(자록시)-납가새, 조개풀, 도꼬마리. 모두 악초(惡草)로 향초의 대 가 됨.

㉗ 判(판)-구별하다. 별(別)의 뜻. ㅇ服(복)-몸에 차다. 패(佩)의 뜻.

㉘ 戶說(호세) - 집집마다 다니면서 설복시키다.
㉙ 竝擧(병거) - 함께 행동하다, 함께 어울리다.
㉚ 煢獨(경독) - 혼자 외로이, 고독하게.

6

옛 성인을 따라 중용을 지키다가,
분한 마음으로 이 지경에 이르렀음을 탄식하네.
원수(沅水)와 상수(湘水)를 건너 남쪽으로 가서,
순임금께 나아가 말씀을 사뢰네.
"계(啓)는 구변(九辯)과 구가(九歌)로써 다스렸으나,
하(夏)나라 강(康)은 제멋대로 즐기며 방종했습니다.
환난을 꺼리지 않고 후일을 도모하지 않았으므로,
다섯 형제는 그 때문에 집을 잃게 되었습니다.
예(羿)는 방탕하게 놀며 사냥에 빠져,
큰 여우 쏘기를 즐겼습니다.
실로 어지러운 무리에겐 좋은 종말 드물다더니,
착(浞)이 또한 그의 집안을 넘보았습니다.
요(澆)는 몸에 굳센 힘을 갖추었지만,
욕심대로 하고 참을 줄을 몰랐습니다.
날마다 편히 즐기고 스스로를 잊어,
그의 목은 그 때문에 잘려 떨어졌습니다.
하(夏)나라 걸(桀)왕은 늘 하늘의 뜻을 어기더니,
끝내는 재앙을 만났고,
후신(后辛)은 충신을 죽여 소금에 절였는데,
은(殷)나라는 그 때문에 오래가지 못했습니다.
탕왕과 우왕은 근엄하고 경건하였고,

주(周)나라 왕실은 도(道)를 따져 허물이 없었습니다.

현인을 등용하고 능력있는 사람에게 벼슬을 주었으며

올바른 도리를 따라 치우침이 없었습니다.

하늘은 사사로움 없이

사람의 덕을 살펴 조치를 내리십니다.

무릇 성인과 현인은 덕행을 많이 쌓았기에

실로 그로써 천하를 얻어 다스렸던 것입니다.

앞시대를 살펴보고 뒷시대를 돌아보면

사람들의 계책과 종말을 잘 볼 수 있습니다.

그 누가 의롭지 않은데도 등용이 되고,

그 누가 선하지 않은데도 쓰이게 되었습니까?

내 몸 위태로워져 죽게 된다 해도

내 처음의 뜻 지키며 후회하지 않으렵니다.

구멍을 살펴보지도 않고 쐐기를 바로잡으려다가

전에 수양을 닦았던 이들은 소금에 절여졌던 것입니다."

거듭 울며 흐느껴도 내 마음 답답하여

시대를 잘못 만났음을 애석해하네.

부드러운 혜초를 따서 눈물을 닦아도

눈물은 주르르 내 옷깃을 적시네.

원문 依①前聖以節中兮여, ②喟憑心而歷茲라.
　　　의　전성이절중혜　　　위빙심이력자

③濟沅湘以南征兮여, ④就重華而敶詞라.
　제원상이남정혜　　취중화이진사

⑤啓九辯與九歌兮여, ⑥夏康娛以自縱이라.
　계구변여구가혜　　하강오이자종

不顧難以⑦圖後兮여, ⑧五子用失乎家衖이라.
불고난이　도후혜　　오자용실호가항

⑨羿淫遊以佚畋兮여, 又好射夫⑩封狐라.
　예음유이일전혜　　우호사부　봉호

固⑪亂流其鮮終兮여, ⑫浞又貪夫厥家라.
고 란류기선종혜   착 우탐부궐가

⑬澆身被服强圉兮여, 縱欲而不忍이라.
요신피복강어혜   종욕이불인

日⑭康娛而自忘兮여, 厥首⑮用夫顚隕이라.
일 강오이자망혜   궐수 용부전운

⑯夏桀之常違兮여, 乃⑰遂焉而逢殃이라.
하걸지상위혜   내 수언이봉앙

⑱后辛之菹醢兮여, ⑲殷宗用之不長이라.
후신지저해혜   은종용지부장

⑳湯禹儼而祗敬兮여, ㉑周論道而莫差라.
탕우엄이지경혜   주론도이막차

擧賢才而㉒授能兮여, ㉓循繩墨而不頗라.
거현재이 수능혜   순승묵이불파

㉔皇天無私阿兮여, 覽民德焉㉕錯輔라.
황천무사아혜   남민덕언 조보

夫維聖哲之㉖茂行兮여, 苟得用此㉗下土라.
부유성철지 무행혜   구득용차 하토

㉘瞻前而顧後兮여, ㉙相觀民之計極이라.
첨전이고후혜   상관민지계극

夫孰非義而可用兮며, 孰非善而可㉚服가?
부숙비의이가용혜   숙비선이가 복

㉛阽余身而危死兮여, 覽余初其猶未悔라.
점여신이위사혜   남여초기유미회

不量㉜鑿而正枘兮여, 固㉝前脩以菹醢라.
불량 조이정예혜   고 전수이저해

㉞曾歔欷余鬱邑兮여, 哀朕時之不當이라.
증 허희여울읍혜   애짐시지부당

攬㉟茹蕙以掩涕兮여, ㊱霑余襟之浪浪이라.
남 여혜이엄체혜   점여금지랑랑

(주해) ① 前聖(전성)─옛 성현. o 節中(절중)─중용의 도리에 맞게 행함. 치우
침 없이 올바르고 곧게 행함.

② 喟(위)─탄식하는 모양. o 憑心(빙심)─분한 마음. 억울한 심정. o 歷玆

(역자)-이에 이르다. 이 지경에 이르다.

③ 濟(제)-건너다. ㅇ沅湘(원상)-원수(沅水)와 상수(湘水). 동정호(洞庭湖)
의 남쪽으로 흘러들어오는 두 강.

④ 就(취)-나아가다. ㅇ重華(중화)-순(舜)임금의 별호(別號). 상수(湘水)
상류의 구의산(九疑山)에 순의 무덤이 있다 함. ㅇ陳詞(진사)-말씀을 사
뢰다. 진(陳)은 진(陳)과 같음.

⑤ 啓(계)-하(夏)나라 우왕(禹王)의 아들. 구변(九辯)과 구가(九歌)는 우
(禹)의 음악임.

⑥ 夏康(하강)-하(夏)나라 태강(太康). 이는 왕일(王逸)의 설을 따른 것인
데, 일설에는 뒤에 나오는 '일강오이자종(日康娛以自縱)', '일강오이음유
(日康娛以淫遊)'의 용례를 따라 강오(康娛)를 한 단어로 보고 편안히 즐
긴다는 뜻으로 해석하기도 한다. 여기서는 앞 구에서 계(啓)가 구변과 구
가로써 잘 다스렸던 것에 비해 그의 아들 태강은 방종했다는 뜻으로 보
았다.

⑦ 圖後(도후)-훗날을 도모하다.

⑧ 五子用失乎家衖(오자용실호가항)-다섯 형제가 그 때문에 집을 잃다. 태
강(太康)이 놀이를 좋아하여 사냥갔다가 오래도록 돌아오지 않으므로 유
궁씨(有窮氏)의 임금 예(羿)가 그 귀로를 막아 돌아오지 못하게 하고 정
권을 빼앗았다. 그 때문에 계(啓)의 다섯 아들, 즉 태강의 다섯 아우도 집
을 잃게 되었다.

⑨ 羿(예)-앞에 나온 유궁씨의 임금 예. 활의 명수였다 함. ㅇ淫遊(음유)-
지나치게 놀아남. ㅇ佚畋(일전)-사냥에 빠지다.

⑩ 封狐(봉호)-큰 여우. 봉(封)은 대(大)의 뜻.

⑪ 亂流(난류)-음란한 무리. 음란한 풍기. ㅇ鮮終(선종)-좋은 종말이 드물
다. 선(鮮)은 소(少)의 뜻.

⑫ 浞(착)-예(羿)의 재상 한착(寒浞). 예를 죽이고 그의 아내를 취하여 요
(澆)를 낳게 했다. ㅇ厥家(궐가)-그 집안. 즉 예의 아내를 가리킴. 궐(厥)
은 기(其), 가(家)는 처(妻)의 뜻.

⑬ 澆(요)-한착(寒浞)의 아들. 힘이 센 장사였음. ㅇ被服(피복)-몸에 갖추

다. ○强圉(강어)-굳세고 힘셈.

⑭ 康娛(강오)-편안히 놀다. 강(康)은 안(安)의 뜻.

⑮ 用(용)-그 때문에. 이(以)의 뜻. ○顚隕(전운)-떨어지다. 요(澆)가 태강(太康)의 조카인 하후(夏后) 상(相)을 죽이고 일락을 일삼다가 상의 아들 소강(小康)에게 죽임을 당해 머리가 잘려 땅에 떨어진 것을 뜻함.

⑯ 夏桀(하걸)-하(夏)나라 망국의 폭군 걸왕(桀王). ○常違(상위)-늘 도리에 어긋난 행동을 함.

⑰ 遂焉(수언)-드디어. 끝내. 언(焉)은 조사. 종언(終焉)의 뜻.

⑱ 后辛(후신)-은(殷)나라 주왕(紂王). 폭군으로 유명함. 후(后)는 임금, 신(辛)은 주(紂)의 이름. ○菹醢(저해)-소금에 절이다. 저(菹)는 채소를 절여 김치를 만드는 것, 해(醢)는 고기를 절여 젓을 담는 것인데, 저해는 사람을 죽여 그 살을 소금에 절이는 고대 형벌의 일종이다. 주왕(紂王)은 충간한 비간(比干)과 매백(梅伯) 등을 죽여 소금에 절였다 한다.

⑲ 殷宗(은종)-은나라의 종사(宗祀).

⑳ 湯禹(탕우)-은나라 탕왕(湯王)과 하(夏)나라 우왕(禹王). 은나라가 하나라의 후대인데도 탕이 먼저 나온 것은 납득하기 어려우므로 탕을 대(大)로 보아 대우(大禹)로 풀이하거나, 우를 무(武)의 잘못으로 보아 탕무(湯武)로 풀이하는 설도 있다. ○儼(엄)-존엄하다. ○祗敬(지경)-공경히 하고 삼가다. 지(祗)는 경(敬)과 같음.

㉑ 周(주)-주(周)나라 왕실. ○論道(논도)-도(道)를 따지다.

㉒ 授能(수능)-유능한 사람에게 자리를 주다.

㉓ 循(순)-준수하다. 따르다. ○不頗(불파)-치우치지 않다.

㉔ 皇天(황천)-하늘. ○私阿(사아)-사사로이 편듦. 사(私)는 사사로움을, 아(阿)는 비호함을 뜻함.

㉕ 錯輔(조보)-보좌할 사람을 내리다. 조치를 취하다.

㉖ 茂行(무행)-훌륭한 행위.

㉗ 下土(하토)-천상계(天上界)에 대응되는 말로 천하의 뜻.

㉘ 瞻前(첨전)-앞을 보다. 앞시대를 보다. ○顧後(고후)-뒤를 보다. 뒷시대를 살펴보다.

㉙ 相觀(상관)－보다. 상(相)은 시(視)의 뜻. ㅇ計極(계극)－계책과 종말. 왕일은 계(計)를 모(謀)로, 극(極)을 궁(窮)으로 보아 도모하는 바가 막힘의 뜻으로 풀이했으며, 최고의 도리로 풀이하는 설도 있으나, 여기서는 계책과 종말로 풀이했다.

㉚ 服(복)－쓰이다. 용(用)의 뜻. 설득시켜 따르게 한다는 설도 있음.

㉛ 阽(점)－위험에 접하다. ㅇ危死(위사)－위험한 죽음.

㉜ 鑿(조)－구멍. 동사로 쓰일 때는 '착'으로 읽음. ㅇ正枘(정예)－쐐기를 바로잡다.

㉝ 前脩(전수)－전날에 수양을 했던 사람. 앞의 전성(前聖)을 받는 말로 곧 간언하다 소금에 절여졌던 비간(比干) 등 충신을 뜻함.

㉞ 曾(증)－거듭하다. ㅇ歔欷(허희)－흐느껴 우는 소리.

㉟ 茹蕙(여혜)－부드러운 혜초.

㊱ 霑(점)－적시다. ㅇ浪浪(낭랑)－흘러내리는 모양.

7

옷자락 펼치고 꿇어앉아 말씀 올리고 나니,
내 마음 환하게 이미 바른 도(道)를 얻었네.
네 마리 옥규(玉虬)가 끄는 봉황 수레에 올라,
홀연히 먼지바람 일으키며 나는 하늘로 올라간다네.
아침에 창오(蒼梧)에서 수레를 출발시켜,
저녁에 현포(縣圃)에 이르렀네.
이 신령스런 거처에 잠시 머물고자 하나
해는 어느새 저물려고 하네.
희화(羲和)에게 명하여 해 지는 속도를 늦추게 하고,
엄자산(崦嵫山) 쪽으로 가까이 못 가게 하려네.
길은 아득히 멀지만,
내 장차 오르내리며 찾아보리라.

함지(咸池)에서 내 말에 물을 먹이고,
부상(扶桑)에다 내 말고삐 매어 두네.
약목(若木)을 꺾어 해를 쳐 지지 못하게 하며,
이리저리 왔다갔다 해보려네.
앞에는 망서(望舒)로 길잡이를 삼고,
뒤에는 비렴(飛廉)에게 따라오도록 하네.
난새와 봉황은 날 위해 앞서가며 알려주고,
뇌사(雷師)는 내게 부족한 점을 일러주네.
봉황새로 하여금 날아오르게 하여,
밤낮으로 계속 날아다니게 하네.
회오리바람 모였다 흩어지더니,
구름과 무지개 몰고 와 맞이하네.
총총히 흩어지고 모여들고 하며,
어지러이 갈라지고 오르락내리락하네.
천제(天帝)의 문지기에게 문 열라 하였으나,
천문(天門)에 기대어 나를 보기만 할 뿐.
때는 어둑어둑 날이 지려 하는데,
그윽한 난초 묶어 든 채 우두커니 서있네.
세상은 혼탁하고 분별 없어,
아름다움 가리고 시샘하기 좋아한다네.

[원문] ①跪敷衽以陳辭兮여, ②耿吾旣得此中正이라.
　　　　궤 부 임 이 진 사 혜　　　경 오 기 득 차 중 정

③駟玉虬以乘鷖兮여, ④溘埃風余上征이라.
　사 옥 규 이 승 예 혜　　　합 애 풍 여 상 정

朝⑤發軔於蒼梧兮여, 夕余至乎⑥縣圃라.
조　발 인 어 창 오 혜　　석 여 지 호　현 포

欲少留此⑦靈瑣兮여, 日⑧忽忽其將暮라.
욕 소 류 차　영 쇄 혜　　일　홀 홀 기 장 모

吾令^⑨義和弭節兮여, 望^⑩崦嵫而勿迫이라.
오 령 희 화 미 절 혜   망 엄 자 이 물 박

路^⑪曼曼其脩遠兮여, 吾將上下而求索이라.
노 만 만 기 수 원 혜   오 장 상 하 이 구 색

飲余馬於^⑫咸池兮여, ^⑬摠余轡乎扶桑이라.
음 여 마 어 함 지 혜   총 여 비 호 부 상

折^⑭若木以拂日兮여, ^⑮聊逍遙以相羊이라.
절 약 목 이 불 일 혜   요 소 요 이 상 양

前^⑯望舒使先驅兮여, 後^⑰飛廉使奔屬이라.
전 망 서 사 선 구 혜   후 비 렴 사 분 주

^⑱鸞皇爲余先戒兮여, ^⑲雷師告余以未具라.
난 황 위 여 선 계 혜   뇌 사 고 여 이 미 구

吾令鳳鳥飛騰兮여, 繼之以日夜라.
오 령 봉 조 비 등 혜   계 지 이 일 야

^⑳飄風屯其相離兮여, 帥^㉑雲霓而來御라.
표 풍 둔 기 상 리 혜   수 운 예 이 래 어

紛^㉒總總其離合兮여, ^㉓斑陸離其上下라.
분 총 총 기 리 합 혜   반 육 리 기 상 하

吾令^㉔帝閽開關兮여, 倚^㉕閶闔而望予라.
오 령 제 혼 개 관 혜   의 창 합 이 망 여

時^㉖曖曖其將罷兮여, 結幽蘭而延佇로다.
시 애 애 기 장 파 혜   결 유 란 이 연 저

世^㉗溷濁而不分兮여, 好蔽美而嫉妒로다.
세 혼 탁 이 불 분 혜   호 폐 미 이 질 투

주해 ① 跪(궤)—꿇어앉다. ㅇ敷衽(부임)—옷섶을 땅에 펼치다. 임(衽)은 옷
의 앞자락.

② 耿(경)—빛나다. 환하다.

③ 駟(사)—네 마리 말을 붙여 끌게 하다. ㅇ玉虬(옥규)—흰 뿔 없는 용. 옥
은 흰색의 미칭(美稱), 규는 뿔 없는 용. ㅇ鷖(예)—봉황의 일종. 여기서
는 봉황새 모양의 수레를 뜻함.

④ 溘(합)—문득. 갑자기. 혼연히. ㅇ埃風(애풍)—먼지바람. 애(埃)는 티끌,
먼지.

⑤ 發軔(발인)-수레를 출발시키다. 인(軔)은 수레가 저절로 굴러가는 것을
막기 위해 수레바퀴 앞에 고이는 횡목(橫木)이며, 이 횡목을 들어내어 수
레가 굴러가게 하는 것이 발인임. ㅇ蒼梧(창오)-땅 이름. 순(舜)임금을
장사지냈다는 구의산(九疑山)이 이곳의 남쪽에 있음.

⑥ 縣圃(현포)-현포(玄圃)라고도 쓰며 신화에 나오는 땅 이름. 곤륜산(崑崙
山)에 있는 신(神)의 채마밭이라 함.

⑦ 靈瑣(영쇄)-신령들이 모여 사는 곳. 신령스런 거처. 쇄(瑣)는 수(藪)와
통하여, 생물들이 모여 사는 곳을 뜻한다.

⑧ 忽忽(홀홀)-빨리 가는 모양.

⑨ 羲和(희화)-신화에 나오는 인물로 해를 수레에 싣고 하늘을 달리는 신.
ㅇ弭節(미절)-속력을 늦추다.

⑩ 崦嵫(엄자)-신화에 나오는 산 이름으로 해가 지는 곳.

⑪ 曼曼(만만)-길이 먼 모양. ㅇ脩遠(수원)-길고 멀다. 수(脩)는 장(長)의 뜻.

⑫ 咸池(함지)-해가 목욕하는 곳이라는 전설상의 못 이름.

⑬ 摠(총)-매다. 묶다. ㅇ轡(비)-고삐. ㅇ扶桑(부상)-해 뜨는 곳에 있다는
나무. 해 뜨는 곳을 상징.

⑭ 若木(약목)-해 지는 곳에 있다는 푸른 잎사귀, 붉은 꽃이 피는 나무. 해
지는 곳을 상징하기도 함. ㅇ拂日(불일)-해를 털어 쫓다. 약목(若木)으로
해를 쳐 지는 것을 막는다는 뜻.

⑮ 聊(요)-잠시. ㅇ逍遙(소요)-거닐다. ㅇ相羊(상양)-배회하다. 상양(徜徉)
이라고도 씀.

⑯ 望舒(망서)-달의 수레를 모는 신.

⑰ 飛廉(비렴)-바람신. 풍사(風師)라고도 함. ㅇ奔屬(분주)-뒤에서 쫓아오
며 달리다. 홍흥조(洪興祖)의 《초사보주(楚辭補注)》에 주(屬)는 음이 주
(注)이며 연(連)의 뜻이라 했다.

⑱ 鸞皇(난황)-난새와 봉황. 난새는 봉황과 비슷한 상상의 새임. ㅇ先戒(선
계)-앞서 경계하다. 먼저 가며 경계할 일을 알려준다는 뜻.

⑲ 雷師(뇌사)-천둥신. 뇌신(雷神).

⑳ 飄風(표풍)-회오리바람. ㅇ屯(둔)-모이다. 모여들다. ㅇ相離(상리)-서로

헤어지다. 흩어지다.

㉑ 雲霓(운예)−구름과 무지개. 천제(天帝)에게 나아가는 길을 막는 간신배 또는 장애요인들을 상징한다고 보기도 한다. ○御(어)−맞이하다.

㉒ 總總(총총)−잔뜩 모여든 모양.

㉓ 斑(반)−어지러운 모양. ○陸離(육리)−흩어지는 모양.

㉔ 帝閽(제혼)−천제(天帝)의 문지기. 혼(閽)은 석양에 문을 닫는 문지기라 함.

㉕ 閶闔(창합)−천문(天門). 하늘나라로 들어가는 문.

㉖ 曖曖(애애)−어둑어둑한 모양.

㉗ 溷濁(혼탁)−흐리고 탁함. ○不分(불분)−시비와 선악을 못가림. 분별없음.

8

아침에 나는 백수(白水)를 건너려고,
낭풍(閬風)에 올라 말을 매었네.
문득 되돌아보며 눈물 흘리나니,
높은 산 언덕에 여인 없음이 슬퍼서이네.
어느새 나는 춘궁(春宮)에서 노니는데,
경옥(瓊玉) 나뭇가지 꺾어 패물로 삼는다네.
화려한 꽃잎이 시들어 버리기 전에,
그것을 선사할 하계의 여인을 찾아야겠네.
풍륭(豊隆)으로 하여금 구름 타고 가서,
복비(虙妃)가 있는 곳을 찾게 하였네.
패물 달린 띠 풀어 약속으로 삼고,
건수(蹇脩)로 하여금 중매를 서게 하네.
총총히 흩어지고 모여들고 하더니,
갑자기 일이 어긋나 뜻을 옮기기 어렵게 되었네.
저녁에 돌아와 궁석산(窮石山)에 머물고,
아침에 유반강(洧盤江)에서 머리를 감는데,

그 아름다움을 믿고는 교만하여,
날마다 편히 놀며 지나치게 즐기네.
실로 아름답기는 해도 예의가 없으니,
자, 버려두고 다시 찾아보리라.
사방을 끝까지 다 둘러보고,
하늘을 두루 돌아본 후 땅으로 내려오네.
높다란 요대(瑤臺)를 바라보니,
유융씨(有娀氏)의 미녀가 보이네.
짐(鴆)새에게 중매를 부탁하였으나,
짐새는 나를 좋지 않다고 얘기하였네.
숫비둘기가 울며 날아가 보지만,
나는 그 경박한 말주변을 더욱 싫어하네.
마음은 머뭇머뭇 의혹에 빠지나,
직접 가보려 해도 그럴 수 없네.
봉황새가 이미 예물을 받아 갔다 하니,
고신씨(高辛氏)가 나보다 앞설까 두렵네.
멀리 떠나가려 해도 갈 곳이 없으니,
애오라지 떠돌며 방황할 뿐.
소강(少康)이 아직 장가들기 전에,
유우(有虞)의 두 요씨(姚氏)를 붙잡아 보리.
이치가 약하고 중매가 졸렬하여,
말 꺼내는 게 확실하지 못할까 두렵네.
세상은 혼탁하여 현인을 헐뜯고,
아름다움 가리고 추함을 칭송하기 좋아한다네.
규중은 깊고 멀으니,
명철한 왕 또한 깨닫지 못하시네.
내 진정을 펼쳐 내지 못했으니,

내 어찌 끝내 이렇게 참고 지낼 수 있으리?

원문 朝吾將濟於①白水兮여, 登②閬風而緤馬라.
조 오 장 제 어 백 수 혜　등 랑 풍 이 설 마

忽反顧以流涕兮여, 哀③高丘之無女라.
홀 반 고 이 류 체 혜　애 고 구 지 무 녀

溘吾遊此④春宮兮여, 折⑤瓊枝以繼佩라.
합 오 유 차 춘 궁 혜　절 경 지 이 계 패

及⑥榮華之未落兮여, ⑦相下女之可詒라.
급 영 화 지 미 락 혜　상 하 녀 지 가 이

吾令⑧豊隆乘雲兮여, 求⑨宓妃之所在라.
오 령 풍 륭 승 운 혜　구 복 비 지 소 재

解⑩佩纕以結言兮여, 吾令⑪蹇脩以爲理라.
해 패 양 이 결 언 혜　오 령 건 수 이 위 리

紛總總其離合兮여, 忽⑫緯繣其難遷이라.
분 총 총 기 리 합 혜　홀 위 획 기 난 천

夕歸⑬次於窮石兮여, 朝濯髮於⑭洧盤이라.
석 귀 차 어 궁 석 혜　조 탁 발 어 유 반

保厥美以驕傲兮여, 日康娛以淫遊라.
보 궐 미 이 교 오 혜　일 강 오 이 음 유

雖信美而無禮兮여, ⑮來違棄而改求라.
수 신 미 이 무 례 혜　내 위 기 이 개 구

⑯覽相觀於四極兮여, ⑰周流乎天余乃下라.
남 상 관 어 사 극 혜　주 류 호 천 여 내 하

望⑱瑤臺之偃蹇兮여, 見⑲有娀之佚女라.
망 요 대 지 언 건 혜　견 유 융 지 일 녀

吾令⑳鴆爲媒兮여, 鴆告余以不好라.
오 령 짐 위 매 혜　짐 고 여 이 불 호

㉑雄鳩之鳴逝兮여, 余猶惡其㉒佻巧라.
웅 구 지 명 서 혜　여 유 오 기 조 교

心㉓猶豫而狐疑兮여, 欲㉔自適而不可라.
심 유 예 이 호 의 혜　욕 자 적 이 불 가

㉕鳳皇旣受詒兮여, 恐㉖高辛之先我라.
봉 황 기 수 이 혜　공 고 신 지 선 아

欲^㉗遠集而無所止兮여, 聊浮游以逍遙라.
욕 원 집 이 무 소 지 혜   요 부 유 이 소 요

及^㉘少康之未家兮여, 留^㉙有虞之二姚라.
급 소 강 지 미 가 혜   유 유 우 지 이 요

^㉚理弱而媒拙兮여, 恐導言之不固라.
이 약 이 매 졸 혜   공 도 언 지 불 고

世溷濁而嫉賢兮여, 好蔽美而稱惡이라.
세 혼 탁 이 질 현 혜   호 폐 미 이 칭 악

^㉛閨中旣以邃遠兮여, ^㉜哲王又不寤라.
규 중 기 이 수 원 혜   철 왕 우 불 오

懷朕情而不發兮여, 余焉能忍而與此終古리오?
회 짐 정 이 불 발 혜   여 언 능 인 이 여 차 종 고

주해 ① 白水(백수)—곤륜산(崑崙山)에서 흘러나온다는 전설상의 강 이름. 곤 륜산에는 오색의 강이 있다 하는데, 백수는 그 중의 하나.

② 閬風(낭풍)—곤륜산에 있다는 산 이름. 곤륜산은 3층으로 되어 있다고 하 는데, 맨 위를 층성(層城), 맨 아래를 번동(樊桐)이라 하며, 낭풍이 그 가 운데 있다고 한다. 현포(縣圃)와 같은 곳임. ○緤(설)—매다.

③ 高丘(고구)—높은 산 언덕.

④ 春宮(춘궁)—봄의 신인 동방청제(東方靑帝)의 궁전.

⑤ 瓊枝(경지)—경옥(瓊玉)나무의 가지. 옥(玉)나무의 가지. ○繼佩(계패)— 노리개에 이어 매달다.

⑥ 榮華(영화)—꽃. 경옥나무의 꽃.

⑦ 相(상)—찾다. ○下女(하녀)—하계(下界)의 여자. ○詒(이)—주다. 이(貽) 와 같음.

⑧ 豊隆(풍륭)—구름신. 또는 뇌신(雷神).

⑨ 虙妃(복비)—고대 삼황(三皇)의 하나인 복희씨(伏羲氏)의 딸로 낙수(洛 水)에 빠져 죽어, 그 강의 신이 되었다 함.

⑩ 佩纕(패양)—노리개의 띠. 패물 띠. ○結言(결언)—약속하다. 약속.

⑪ 蹇脩(건수)—복희씨의 신하로 복비(虙妃)의 측근이라 하며 중매쟁이의 미 칭(美稱)으로 쓰임. ○理(이)—중매.《광아(廣雅)》석언(釋言)에 의하면

이(理)는 매(媒), 즉 중매라 함.

⑫ 緯繣(위획)−어긋나다. ㅇ難遷(난천)−바꾸기 어렵다. 뜻을 옮기기 어렵다.

⑬ 次(차)−묵다. 머물다. ㅇ窮石(궁석)−산 이름. 후예(后羿)가 거처했다 함. 지금의 감숙성(甘肅省) 장액(張掖).

⑭ 洧盤(유반)−강 이름. 엄자산(崦嵫山)에서 흘러 나온다는 전설상의 강.

⑮ 來(내)−발어사. 자! ㅇ違棄(위기)−내버리다. 떠나버리다.

⑯ 覽相觀(남상관)−세 자 모두 '보다'의 뜻. ㅇ四極(사극)−사방의 끝.

⑰ 周流(주류)−두루 돌아다니다. 주유(周遊).

⑱ 瑤臺(요대)−옥으로 만든 누대(樓臺). 요(瑤)는 옥의 일종. ㅇ偃蹇(언건)− 높이 솟은 모양.

⑲ 有娀(유융)−고대의 부족국가 이름. ㅇ佚女(일녀)−미녀. 전설에 의하면 유융씨에게는 간적(簡狄)이라는 어여쁜 딸이 있어 그녀에게 옥 누대를 지어 거처하게 했다 함. 뒤에 제곡(帝嚳)의 비가 되어 은(殷)의 조상인 설(契)을 낳았다.

⑳ 鴆(짐)−짐새. 깃에 독이 있어 그것으로 독주(毒酒)를 만들어 사람을 독살하는 데 쓴다 함.

㉑ 雄鳩(웅구)−숫비둘기, 잘 울므로 말 많은 사람을 비유.

㉒ 佻巧(조교)−경박하고 말주변만 능함.

㉓ 猶豫(유예)−주저하다. 우물쭈물하다. ㅇ狐疑(호의)−여우처럼 의심하다. 의혹에 빠지다.

㉔ 自適(자적)−스스로 가보다. 적(適)은 왕(往)의 뜻.

㉕ 鳳皇(봉황)−일설에는 현조(玄鳥)라 하기도 하는데, 전설에 의하면 간적(簡狄)은 현조가 떨어뜨린 알을 삼키고 설(契)을 낳았다 하며, 그로부터 새에게 중매를 부탁하는 습관이 생겨났다 한다.

㉖ 高辛(고신)−유융씨의 딸 간적을 맞아 설을 태어나게 한 제곡(帝嚳)의 별칭.

㉗ 遠集(원집)−멀리 가다. 집(集) 대신 진(進)으로 되어 있는 판본도 있다.

㉘ 少康(소강)−하(夏)나라를 중흥시킨 임금. 하나라 왕 상(相)의 아들로, 부왕이 한착(寒浞)의 아들 요(澆)에게 살해되자 유우국(有虞國)으로 망명해 유우의 두 딸을 아내로 맞고, 한착과 요를 죽여 하나라 정권을 회복시켰다.

㉙ 有虞(유우)-하나라 때의 부족국가 이름. 순(舜)의 자손이 세웠고 요씨
    (姚氏) 성을 썼음. ㅇ二姚(이요)-요씨(姚氏) 성을 가진 두 여자. 즉 소강
    (少康)의 아내가 된 유우씨의 두 딸을 가리킴.

㉚ 理弱(이약)-이치가 약함. 앞에서 건수(蹇脩)를 중매쟁이로 삼는다 할 때
    이(理)가 중매의 뜻으로 쓰였으므로 여기서도 이는 중매 또는 중매를 서
    는 말의 이치를 뜻한다고 볼 수 있다. ㅇ媒拙(매졸)-중매가 졸렬하다. 이
    약(理弱)과 비슷한 뜻.

㉛ 閨中(규중)-여자들이 거처하는 곳. 자기의 뜻을 전하기 어려운 깊은 곳
    을 가리킨다. ㅇ邃遠(수원)-깊고 멂.

㉜ 哲王(철왕)-명철한 왕. 깊고 먼 규중에 있으므로 명철한 왕이라 해도 깨
    닫지 못한다는 뜻.

9

경모초(瓊茅草)와 가는 대로 점가치를 삼아,
영분(靈氛)에게 명하여 날 위해 점쳐 보게 하네.
점괘에 이르기를, "두 아름다운 사람은 반드시 합해질 것이니,
그 누가 참되게 수양하고 사모하고 있는가?
구주(九州)가 광대함을 생각한다면,
어찌 이곳에만 여인이 있겠는가?"
또 이르기를, "힘써 멀리 가되 의심치 말 것이니,
아름다움을 구하는 이라면 어찌 당신을 버리겠는가?
세상 어느 곳인들 향초가 없으리오만,
당신은 어찌하여 옛 살던 곳만을 그리워하는가?"
세상은 어둡고 혼란스러우니,
뉘라서 나의 옳고 그름을 살펴 주랴?
사람마다 좋아하고 싫어함은 같지 않다지만,
이곳 사람들은 유독 특별하네.

집집마다 쑥을 허리에 가득 두르고는,

그윽한 난초는 두를 만하지 못하다고 한다네.

초목을 살피는 것도 올바름을 얻지 못하거늘,

어찌 정옥(珵玉)의 아름다움을 분별할 수 있겠는가?

분뇨로 향주머니를 가득 채우고는,

신초(申椒)는 향기롭지 못하다 한다네!

원문 索①瓊茅以筳篿兮여, 命②靈氛爲余占之라.
　　　색 경모 이 정 전 혜　　　명 영 분 위 여 점 지

日③兩美其必合兮여, 孰信脩而慕之리오?
왈 양 미 기 필 합 혜　　숙 신 수 이 모 지

思④九州之博大兮여, 豈惟是其有女리오?
사 구 주 지 박 대 혜　　기 유 시 기 유 녀

日勉遠逝而無狐疑兮여, 孰求美而⑤釋女리오?
왈 면 원 서 이 무 호 의 혜　　숙 구 미 이 석 여

何所獨無芳草兮여, ⑥爾何懷乎故宇오?
하 소 독 무 방 초 혜　　이 하 회 호 고 우

世幽昧以⑦眩曜兮여, 孰云察余之善惡이리오?
세 유 매 이 현 요 혜　　숙 운 찰 여 지 선 악

民好惡其不同兮여, 惟此黨人其獨異라.
민 호 오 기 부 동 혜　　유 차 당 인 기 독 이

⑧戶服艾以盈要兮여, 謂幽蘭其不可佩라.
호 복 애 이 영 요 혜　　위 유 란 기 불 가 패

覽察草木其猶未得兮여, 豈⑨珵美之能當고?
남 찰 초 목 기 유 미 득 혜　　기 정 미 지 능 당

⑩蘇糞壤以充幃兮여, 謂申椒其不芳이로다.
소 분 양 이 충 위 혜　　위 신 초 기 불 방

주해 ① 瓊茅(경모)―일종의 영초(靈草)로 붉은 꽃이 피며 점복(占卜)에 사
용되었다 한다. ㅇ筳篿(정전)―가는 댓가지로 만든 점가치. 정(筳)은 가는
대〔小竹〕이고, 이것을 사용하여 점치는 것을 전(篿)이라 함.
② 靈氛(영분)―옛날에 점을 잘 치기로 유명했던 사람. 영(靈)은 무당을 뜻

하고, 분(氛)은 그 무당의 이름임.

③ 兩美其必合兮(양미기필합혜), 孰信脩而慕之(숙신수이모지)-두 아름다운 사람은 반드시 합해진다, 누가 참되게 수양한 이로서 흠모하고 있는가? 곧 '두 아름다운 사람은 반드시 합해지기 마련이니 누군들 진실로 아름답고 착한 당신을 사모하지 않겠는가'의 뜻.

④ 九州(구주)-옛날에는 중국 전토를 아홉 주로 나누었으므로 온 천하를 가리킴.

⑤ 釋女(석여)-그대를 버리다. 여(女)는 여(汝)와 같음.

⑥ 爾(이)-너. 당신. 여(汝)와 같음. ㅇ故宇(고우)-옛집. 고국을 가리킴.

⑦ 眩曜(현요)-눈부시게 현란하다. 어지럽다.

⑧ 戶(호)-집집마다. 누구나. ㅇ服艾(복애)-쑥을 두르다. 애(艾)는 쑥 또는 악초(惡草).

⑨ 瑾美(정미)-정옥(瑾玉)의 미(美). 정(瑾)은 아름다운 옥이고 미(美)는 아름다움을 뜻함. 혹자는 정(瑾)을 정(程), 즉 품평의 뜻으로 보고 미(美)를 미인의 뜻으로 보아 미인을 감별하는 능력으로 풀이하기도 한다.

⑩ 蘇(소)-취하다. 취(取)와 같은 뜻. ㅇ糞壤(분양)-썩은 흙. 분토(糞土). 분뇨. ㅇ充幃(충위)-향주머니를 채우다.

10

영분(靈氛)의 길점을 따르고자 하나,
마음은 망설여지고 의혹스럽네.
무함(巫咸)이 저녁에 내려오니,
산초(山椒)와 정미(精米)를 품고 가 그에게 점을 청하네.
온갖 신들이 하늘을 가리며 일제히 내려오니,
구의산(九疑山)의 신령들이 함께 나가 맞이하네.
하늘은 번쩍번쩍 신령스러움을 발하여,
내게 길한 점괘를 고하네.

이르기를, "열심히 위아래를 오르내리며,

법도가 같은 이를 찾으시오.

탕왕과 우왕은 공경스럽게 짝을 찾았는데,

지(摯)와 고요(咎繇)가 그들과 어울렸다오.

진실로 마음속으로 수양을 좋아한다면,

또 어찌 반드시 중매를 필요로 하리오?

부열(傅說)은 부암(傅巖)에서 길을 닦으며 땅을 다지고 있었는데,

무정(武丁)은 그를 쓰고 의심치 않았다오.

여망(呂望)은 칼을 두드리는 백정이었지만,

주나라 문왕(文王)을 만나 천거되었고,

영척(甯戚)의 노랫소리를,

제(齊)나라 환공(桓公)이 듣고는 보좌할 신하로 삼았다오.

아직 나이가 늦지 않았고,

시기 또한 다하지 않았소.

접동새들이 먼저 울어,

온갖 풀들로 하여금 꽃피지 못하게 할까 두렵소."

경옥으로 된 내 패물은 얼마나 훌륭한가!

뭇사람들은 까마득히 가리어져 모르고 있네.

이 무리들은 믿을 수 없으니,

질투하여 그것을 꺾어 버릴까 두렵구나.

시절이 혼란하게 바뀌어 가니,

또 어찌 오래도록 머물 수 있으랴.

난초와 지초(芷草)는 변하여 향기를 잃었고,

전초(荃草)와 혜초는 변하여 띠풀이 되었네.

어찌하여 옛날엔 향기롭던 풀들이,

지금은 다만 이처럼 쑥덤불이 되었는가?

그 무슨 다른 까닭 있으리?

수양을 좋아하지 않아 생겨난 화이라네.
나는 난초가 믿을 만하다고 여겼는데,
성실치 못하고 모양만 아름답네.
그 아름다움 버리고 세속을 따라,
구차스럽게 뭇꽃 사이에 끼어 있네.
산초(山椒)는 오로지 아첨하고 오만하며,
살초(樧草)는 또 향주머니에 가득 차려 드네.
이미 나아가기를 구하고 기용되기에 힘쓰니,
또 어느 향초를 존경할 수 있으랴?
실로 시속따라 흐르다 보면,
또 뉘라서 변치 않을쏜가?
산초와 난초를 보아도 이와 같으니,
또 하물며 게거(揭車)와 강리(江離)는 어떠하리?
오직 내 패물만이 귀한 것이나,
그 아름다움을 버림받아 이 지경에 이르렀네.
향기는 그윽히 피어올라 일그러질 수 없는 것이어서,
향내음 지금도 여전히 그침없다네.
조화로운 법도에 맞추어 스스로 즐기면서,
잠시 떠돌며 여인을 구하리라.
나의 장식물이 한창 아름다운 때에,
두루 돌아다니며 위아래를 살펴보리라.

원문 欲從靈氛之吉占兮여, 心猶豫而狐疑라.
　　　욕 종 영 분 지 길 점 혜　　심 유 예 이 호 의
①巫咸將夕降兮여, 懷椒②糈而要之라.
　무 함 장 석 강 혜　　회 초 　서 이 요 지
百神③翳其備降兮여, ④九疑繽其並迎이라.
백 신 　예 기 비 강 혜　　구 의 빈 기 병 영

⑤皇剡剡其揚靈兮여, 告余以⑥吉故라.
　황 염염기양령혜　　고여이　길고

曰勉陞降以上下兮여, 求⑦榘矱之所同이라.
왈 면승강이상하혜　　구　구확지소동

湯禹儼而求合兮여, ⑧摯咎繇而能調라.
탕우엄이구합혜　　지고요이능조

苟中情其好修兮인댄, 又何必用夫⑨行媒아?
구중정기호수혜　　우하필용부　행매

⑩說操築於傅巖兮여, ⑪武丁用而不疑라.
　열조축어부암혜　　무정용이불의

⑫呂望之鼓刀兮여, 遭⑬周文而得擧라.
　여망지고도혜　　조　주문이득거

⑭甯戚之謳歌兮여, ⑮齊桓聞以該輔라.
　영척지구가혜　　제환문이해보

及年歲之未⑯晏兮여, 時亦猶其未⑰央이라.
급년세지미　안혜　　시역유기미　앙

恐⑱鵜鴂之先鳴兮여, 使夫百草爲之不芳이라.
공　제결지선명혜　　사부백초위지불방

何⑲瓊佩之偃蹇兮여, 衆⑳薆然而蔽之라.
하　경패지언건혜　　중　애연이폐지

惟此黨人之㉑不諒兮여, 恐嫉妒而折之라.
유차당인지　불량혜　　공질투이절지

時㉒繽紛以變易兮여, 又何可以㉓淹留아?
시　빈분이변역혜　　우하가이　엄류

蘭芷變而不芳兮여, 荃蕙化而爲㉔茅라.
난지변이불방혜　　전혜화이위　모

何昔日之芳草兮여, 今㉕直爲此蕭艾也오?
하석일지방초혜　　금　직위차소애야

豈其有他故兮리오? 莫好修之害也라.
기기유타고혜　　막호수지해야

余㉖以蘭爲可恃兮여, 羌無實而㉗容長이라.
여　이란위가시혜　　강무실이　용장

㉘委厥美以從俗兮여, 苟得列乎衆芳이라.
　위궐미이종속혜　　구득렬호중방

^㉙椒專佞以慢慆兮여, ^㉚樧又欲充夫佩幃라.
초 전 녕 이 만 도 혜   살 우 욕 충 부 패 위

旣^㉛干進而務入兮여, 又何芳之能^㉜祗오?
기 간 진 이 무 입 혜   우 하 방 지 능 지

固時俗之^㉝流從兮여, 又孰能無變化아?
고 시 속 지 류 종 혜   우 숙 능 무 변 화

覽椒蘭其若玆兮여, 又況^㉞揭車與江離아?
남 초 란 기 약 자 혜   우 황 게 거 여 강 리

惟玆佩之可貴兮여, 委厥美而歷玆라.
유 자 패 지 가 귀 혜   위 궐 미 이 력 자

芳^㉟菲菲而難虧兮여, 芬至今猶未^㊱沬라.
방 비 비 이 난 휴 혜   분 지 금 유 미 매

和^㊲調度以自娛兮여, 聊浮游而求女라.
화 조 도 이 자 오 혜   요 부 유 이 구 녀

及余飾之方^㊳壯兮여, 周流觀乎上下리라.
급 여 식 지 방 장 혜   주 류 관 호 상 하

주해 ① 巫咸(무함)−은(殷)나라 때 하늘에서 내려왔다고 전해지는 신무(神巫)의 이름.

② 糈(서)−제사에 쓰는 정미(精米). ㅇ要(요)−요구하다. 점을 청하다.

③ 翳(예)−하늘을 가리다. ㅇ備降(비강)−함께 내려옴. 비(備)는 함께의 뜻.

④ 九疑(구의)−구의산의 신령들. ㅇ繽(빈)−수가 많은 모양. 성대한 모양.

⑤ 皇(황)−황천(皇天). 하늘 백신(百神) 중 최고의 신인 천신으로 보기도 한다. ㅇ剡剡(염염)−번쩍번쩍 빛나는 모양. ㅇ揚靈(양령)−신령스러움을 발하다. 신령스러운 빛을 내다.

⑥ 吉故(길고)−길한 점괘. 《국어(國語)》〈초어(楚語)〉에는 고(故)가 의(意)의 뜻으로 쓰였고, 《광아(廣雅)》〈석어(釋語)〉에는 고(故)를 사(事)로 풀이하였다.

⑦ 榘矱(구확)−법도. 구(榘)는 곡척(曲尺)으로 구(矩)와 같으며, 확(矱)은 장단(長短)을 측정하는 기구이므로 합쳐서 법도를 상징한다.

⑧ 摯(지)−은(殷)나라의 시조(始祖) 탕왕(湯王)의 현상(賢相)이었던 이윤

(伊尹)의 이름. ㅇ皐繇(고요)-하(夏)나라 우왕(禹王)의 현상(賢相)인 고요(皐陶). ㅇ調(조)-조화를 이루다.

⑨ 行媒(행매)-중매를 씀. 알선해 줌.

⑩ 說(열)-부열(傅說). 은나라 왕 무정(武丁)의 재상. 부열은 원래 부암(傅巖)이란 곳에서 길을 닦는 일을 하던 노예였는데, 무정이 꿈에 현인을 보고 그 모습을 닮은 이를 찾아 얻은 이가 바로 그였다. 부암이라는 지명에서 성을 따 부열이라 하였는데, 훌륭한 재상이 되었다고 한다. ㅇ操築(조축)-목저(木杵)를 손에 들고 땅을 다지다. 축(築)은 땅을 다지는 것. ㅇ傅巖(부암)-지명. 지금의 산서성(山西省) 평륙현(平陸縣) 동쪽에 있음.

⑪ 武丁(무정)-은나라 고종(高宗). 명군(明君)이었음.

⑫ 呂望(여망)-여상(呂尙). 그 선조가 우(禹)임금의 치수(治水)를 도와 공을 세웠으므로 여(呂) 땅에 봉해져 여씨 성을 받았음. 자손들은 몰락하여 서민이 되었는데 주문왕(周文王)이 위수(渭水) 가에서 낚시질하고 있는 그를 만나 스승으로 삼고 존칭하여 태공망(太公望)이라 불렀다. 뒤에 주무왕을 도와 은나라를 멸하고 천하를 평정하였으므로 제(齊)나라에 봉해졌다. 성이 강(姜)이어서 속칭 강태공(姜太公)이라고도 한다. ㅇ鼓刀(고도)-칼을 두드리며 짐승 도살하는 일을 하다. 여망(呂望)은 한때 백정일을 했었다 한다.

⑬ 周文(주문)-주(周)나라 문왕(文王). 성은 희(姬), 이름은 창(昌). 본래 은나라의 서백(西伯)이었는데 덕망이 높아 제후들이 그를 많이 따랐다. 강태공을 스승으로 모셔 주나라를 강성케 하였고 문왕의 시호를 받았다.

⑭ 甯戚(영척)-춘추시대 위(衛)나라 사람. 불우하게 지내다가 제(齊)나라로 가서 소에 먹이를 먹이며 노래를 불렀는데, 제나라 환공(桓公)이 그 소리를 듣고는 그가 현인임을 알아 믿고 상경(上卿)의 벼슬을 주었다.

⑮ 齊桓(제환)-춘추시대 오패(五霸) 중의 하나인 제나라의 환공. 이름은 소백(小白). ㅇ該輔(해보)-보좌로 삼다. 해(該)는 비(備)의 뜻.

⑯ 晏(안)-늦어지다.

⑰ 央(앙)-다하다. 끝나다.

⑱ 鵜鴃(제결)-새 이름. 음력 5월의 여름 또는 7월의 가을에 우는데, 추분
(秋分) 전에 울면 초목이 시들어 버린다고 함.

⑲ 瓊佩(경패)-경옥(瓊玉) 나뭇가지로 된 패물. ㅇ偃蹇(언건)-곱고 화려한
모양. 많은 모양이라고 하기도 함.

⑳ 薆然(애연)-우거져 뒤덮인 모양. 까마득히 모른다는 뜻.

㉑ 不諒(불량)-믿을 수 없다.

㉒ 繽紛(빈분)-많고 어지러운 모양.

㉓ 淹留(엄류)-오래 머무름.

㉔ 茅(모)-띠풀. 잡초의 일종.

㉕ 直(직)-다만. ㅇ蕭艾(소애)-쑥.

㉖ 以蘭爲可恃(이란위가시)-난초는 믿을 만하다고 여기다. 여기의 난(蘭)은
초(楚) 회왕(懷王)의 아들이며 경양왕(頃襄王)의 아우인 영윤(令尹) 자란
(子蘭)을 가리킨다고 보기도 한다.

㉗ 容長(용장)-헛되이 겉모양만 아름답다.

㉘ 委(위)-버리다.

㉙ 椒(초)-산초(山椒)나무. 초(楚)나라 대부인 자초(子椒)를 가리킨다고 보
기도 한다. ㅇ專佞(전녕)-아첨에 전념하다. 아첨만 하다. ㅇ慢慆(만도)-
오만하고 방자함.

㉚ 樧(살)-수유나무. 산초나무와 비슷하나 향기가 없음.

㉛ 干進(간진)-나아가기를 구하다. 간(干)은 구(求)의 뜻.

㉜ 祗(지)-공경하다. 경(敬)의 뜻.

㉝ 流從(유종)-흐름을 따르다.

㉞ 揭車(게거)-향초 이름. ㅇ江離(강리)-향초 이름. 산초나 난초보다 향기
가 떨어짐.

㉟ 菲菲(비비)-향기가 물씬물씬 풍기는 모양. 꽃이 우거진 모양. ㅇ難虧(난
휴)-없어지기 어렵다. 이그러지기 어렵다.

㊱ 沫(매)-흩어져 소멸하다.

㊲ 調度(조도)-조화로운 법도.

㊳ 壯(장)-훌륭하다. 아름답다.

11

영분(靈氛)이 이미 내게 길점을 일러주었으니,
길일을 택하여 내 장차 떠나려네.
경옥 나뭇가지를 꺾어 찬을 만들고,
경옥 가루를 빻아 양식을 만드네.
날 위해 비룡(飛龍)에게 수레를 끌라 하고,
옥돌과 상아를 섞어 수레를 꾸미네.
어찌 갈라진 마음이 하나가 될 수 있으리요?
내 장차 멀리 떠나 스스로 멀어지리.
길을 돌려 곤륜산으로 향하는데,
갈 길이 멀고 멀어 두루 돌아가네.
구름과 무지개 깃발이 해를 가리고,
옥 난새 방울 딸랑딸랑 울리네.
아침에 은하수 나루터를 출발하여,
저녁에 나는 서쪽 끝에 이르렀네.
봉황새 공손히 깃발을 받들고,
높이 날며 가지런히 따르네.
순식간에 나는 이 사막을 지나고,
적수(赤水)를 따라 천천히 노니네.
교룡(蛟龍)을 부리어 나루터에 다리를 놓고,
서황(西皇)에게 고하여 나를 건너게 하네.
길은 멀고 멀어 어려움 많으니,
여러 수레를 앞세워 지름길에서 날 기다리게 하네.
부주산(不周山)으로 가는 길 찾아 왼쪽으로 돌고,
서해(西海)를 가리켜 기약으로 삼네.

나의 수레 늘어놓으니 천 대나 되는데,

옥으로 된 수레바퀴 나란히 하고 달리네.

꿈틀거리는 여덟 마리 용을 몰고,

펄럭이는 구름 깃발 꽂고 가네.

뜻을 누르고 천천히 가려 해도,

정신은 높이 치달려 아득해지네.

구가(九歌)를 연주하고 소무(韶舞)를 추며,

잠시 틈을 내어 즐겁게 놀아 보네.

하늘의 눈부시게 빛나는 곳 올라보니,

문득 옛 고향이 저 아래 보이네.

나의 종은 슬퍼하고 내 말은 그리워하며,

머뭇머뭇 뒤돌아보며 나아가지 않네.

난사(亂辭)에 이르기를,

"아서라!

나라에 사람 없고 날 알아주지 않는데

또 어찌 고향을 그리워하랴?

이미 더불어 아름다운 다스림 펼 수 없다면

나는 장차 팽함(彭咸)이 있는 곳으로 가리라." 하였다.

원문 靈氛旣告余以吉占兮여, [1]歷吉日乎吾將行이라.
영 분 기 고 여 이 길 점 혜   역 길 일 호 오 장 행

折瓊枝以爲[2]羞兮여, [3]精瓊靡以爲糧이라.
절 경 지 이 위 수 혜   정 경 미 이 위 장

爲余駕飛龍兮여, 雜[4]瑤象以爲車라.
위 여 가 비 룡 혜   잡 요 상 이 위 거

何[5]離心之可同兮여, 吾將遠逝以[6]自疏라.
하 리 심 지 가 동 혜   오 장 원 서 이 자 소

[7]邅吾道夫崑崙兮여, 路脩遠以周流라.
전 오 도 부 곤 륜 혜   노 수 원 이 주 류

⑧揚雲霓之晻藹兮여, 鳴⑨玉鸞之啾啾라.
양 운 예 지 엄 애 혜　　명 옥 란 지 추 추

朝發軔於⑩天津兮여, 夕余至乎西極이라.
조 발 인 어 천 진 혜　　석 여 지 호 서 극

鳳皇⑪翼其承旂兮여, 高⑫翱翔之翼翼이라.
봉 황 익 기 승 기 혜　　고 고 상 지 익 익

忽吾行此⑬流沙兮여, ⑭遵赤水而容與라.
홀 오 행 차 류 사 혜　　준 적 수 이 용 여

⑮麾蛟龍以梁津兮여, ⑯詔西皇使涉予라.
휘 교 룡 이 량 진 혜　　조 서 황 사 섭 여

路脩遠以多艱兮여, ⑰騰衆車使徑待라.
노 수 원 이 다 간 혜　　등 중 거 사 경 대

路⑱不周以左轉兮여, 指⑲西海以爲期라.
노 부 주 이 좌 전 혜　　지 서 해 이 위 기

⑳屯余車其千乘兮여, 齊㉑玉軑而並馳라.
둔 여 거 기 천 승 혜　　제 옥 대 이 병 치

駕八龍之㉒蜿蜿兮여, 載雲旗之㉓委蛇라.
가 팔 룡 지 완 완 혜　　재 운 기 지 위 이

抑志而㉔弭節兮여, 神高馳之㉕邈邈이라.
억 지 이 미 절 혜　　신 고 치 지 막 막

奏九歌而㉖舞韶兮여, 聊㉗假日以媮樂이라.
주 구 가 이 무 소 혜　　요 가 일 이 유 락

㉘陟陞皇之赫戲兮여, 忽㉙臨睨夫舊鄉이라.
척 승 황 지 혁 희 혜　　홀 림 예 부 구 향

僕夫悲余馬懷兮여, ㉚蜷局顧而不行이라.
복 부 비 여 마 회 혜　　권 국 고 이 불 행

㉛亂曰㉜已矣哉라!
난 왈　이 의 재

國無人莫我知兮여, 又何懷乎㉝故都리오?
국 무 인 막 아 지 혜　　우 하 회 호 고 도

旣莫足與爲美政兮여, 吾將從彭咸之所居하리라.
기 막 족 여 위 미 정 혜　　오 장 종 팽 함 지 소 거

주해 ① 歷吉日(역길일)－길일을 선택하다.

② 羞(수)-맛있는 반찬. 왕일(王逸) 주(注)에서는 포(脯)라 하여 여행용 음식으로 만든 건육(乾肉)으로 풀이했다.

③ 精瓊麋(정경미)-옥 가루를 빻다. ㅇ粻(장)-양식. 양(糧)과 같음.

④ 瑤象(요상)-옥과 상아.

⑤ 離心(이심)-갈라진 마음. 떠나간 마음.

⑥ 自疏(자소)-스스로 멀어지다. 스스로 소원해지다.

⑦ 邅(전)-길을 돌리다. 전(轉)과 같음.

⑧ 揚雲霓(양운예)-구름과 무지개가 그려진 깃발을 들어올린다는 뜻. ㅇ晻靄(엄애)-하늘을 가리다. 어두운 모양을 뜻함.

⑨ 玉鸞(옥란)-수레의 횡목에 다는 방울. 옥으로 만든 난새 모양의 방울. ㅇ啾啾(추추)-딸랑딸랑 방울이 울리는 소리.

⑩ 天津(천진)-은하수 나루터.

⑪ 翼(익)-공손한 모양. 《문선(文選)》에는 분(紛)으로 되어 있음. ㅇ承旂(승기)-깃발을 받들다.

⑫ 翱翔(고상)-높이 빙빙 날다. ㅇ翼翼(익익)-가지런한 모양. 부드러운 모양.

⑬ 流沙(유사)-사막. 모래가 물처럼 흐르는 곳이란 뜻. 고비사막을 가리킨다.

⑭ 遵(준)-따르다. ㅇ赤水(적수)-서쪽의 강 이름. 곤륜산(崑崙山)에서 나와 남해(南海)로 흐른다 함. ㅇ容與(용여)-노니는 모양.

⑮ 麾(휘)-지휘하다. ㅇ蛟龍(교룡)-이무기와 용. 작은 용을 교(蛟)라 하고, 큰 용을 용(龍)이라 함. ㅇ梁津(양진)-나루에 다리를 놓다. 양(梁)은 다리를 놓는다는 동사로 쓰였음.

⑯ 詔(조)-명령하다. 시키다. ㅇ西皇(서황)-서방의 신(神). 소호(少皞)를 일컬음. ㅇ涉(섭)-건너다.

⑰ 騰(등)-달리다. ㅇ徑待(경대)-지름길에서 기다리다.

⑱ 不周(부주)-곤륜산 서북쪽에 있다는 산 이름. 산 모양에 결함이 있어 그렇게 불리운다 함.

⑲ 西海(서해)-서쪽 끝에 있다는 전설상의 바다.

⑳ 屯(둔)-모이다. 모으다.

㉑ 玉軑(옥대)-옥으로 된 수레바퀴통.

㉒ 蜿蜿(완완)―용이 꿈틀거리는 모양.

㉓ 委蛇(위이)―깃발이 휘날리는 모양. 이(蛇)는 이(移)로 된 판본도 있으며, 위이(逶迤)로 된 판본도 있음.

㉔ 弭節(미절)―속력을 늦추다.

㉕ 邈邈(막막)―아득한 모양.

㉖ 舞韶(무소)―소무(韶舞)를 추다. 소(韶)는 순(舜)임금의 음악인 구소(九韶).

㉗ 假日(가일)―틈을 내다. 가(假)는 가(暇)의 뜻. ㅇ媮樂(유락)―유쾌히 즐기다.

㉘ 陟(척)―오르다. ㅇ陞(승)―오르다. 승(升)의 뜻. ㅇ皇(황)―황천(皇天), 하늘. ㅇ赫戱(혁희)―빛나는 모양. 희(戱)는 희(曦)와 같은 뜻.

㉙ 臨(임)―위에서 아래를 대하다. ㅇ睨(예)―보다. 시(視)의 뜻.

㉚ 蜷局(권국)―머뭇거리며 나아가지 않는 모양. 꿈틀꿈틀 뒤돌아보며 나아가지 않는 모양.

㉛ 亂(난)―끝맺는 말. 악가(樂歌)의 종장.《국어(國語)》〈노어(魯語)〉의 위소(韋昭) 주(注)에 의하면 한 편의 작품이 완성되면 그 요점을 뽑아 난사(亂辭)로 한다고 함. 왕일(王逸)은 이(理)로 풀어, 요점을 다스리는 말이라 하였다.

㉜ 已矣哉(이의재)―끝나 버렸도다. 아서라!

㉝ 故都(고도)―고향. 고국.

(해설) 이 작품은 전국시대 초(楚)나라 사람 굴원이 쓴 장편시로,《초사(楚辭)》란 책에 실려 있다. 굴원은 충신이었으나 왕에게 간언하다 모함을 받아 쫓겨났고, 후에 멱라수(汨羅水)에 투신자살했다고 전해진다. 이 작품은 그가 추방당한 상태에서 쓴 것이라 하며, 〈이소(離騷)〉라는 제목은 '근심을 만나다', '근심과 이별하다' 등의 뜻으로 풀이되고 있다. 중국의 학자들은 옛부터 이 작품을 우국(憂國)의 충정(衷情)을 토로한 애국시로 해설하여 왔다. 굴원은 억울하게 초나라 조정으로부터 쫓겨나 자신의 불만과 충정을 이 작품을 통해서 토로했다는 것이다.

그러나 한(漢)나라 이전의 기록에는 굴원이나 그의 작품에 관하여 언

급된 곳이 전혀 없고, 《사기(史記)》굴원열전(屈原列傳)을 비롯한 그의 전기(傳記)는 앞뒤가 맞지 않고 사실(史實)과 다른 기록이 많아 그의 실재는 의심치 않을 수가 없다. 그리고 중국학자들은 이 〈이소〉를 굴원의 대표적인 애국시라 하나, 애국을 노래한 대목은 실제로 찾아보기 어렵다. 오히려 유선적(遊仙的)인 내용이 대부분을 차지한다.

따라서 〈이소〉를 비롯한 굴원의 작품들은 초나라 무가(巫歌)의 영향 아래, 한(漢)대에 와서 신선사상(神仙思想)이 널리 유행한 뒤에 이루어진 작품일 가능성이 많다.

어부사(漁父辭)

굴원(屈原)

굴원이 쫓겨나 강호에서 노닐며 못가에서 시를 읊조리고 다니는데 안색은 초췌하고 모습은 수척해 보였다. 어부(漁父)가 그를 보고 물었다.

"선생은 삼려대부(三閭大夫)가 아니십니까? 어쩌다가 이 지경에 이르셨습니까?"

굴원이 말했다.

"온 세상이 다 혼탁한데 나 홀로 깨끗하고 모든 사람이 다 취해 있는데 나만이 깨어 있으니, 이런 까닭에 쫓겨나게 되었다오."

어부가 말했다.

"성인(聖人)은 세상 사물에 얽매이지 않고 세상을 따라 변하여 갈 수 있어야 합니다. 세상 사람들이 모두 탁하면 왜 진흙탕을 휘저어 흙탕물을 일으키지 않습니까? 뭇사람들이 모두 취해 있다면 어째서 술지게미를 먹고 박주(薄酒)를 마시지 않으십니까? 어찌하여 깊이 생각하고 고결하게 처신하여 스스로 쫓겨남을 당하게 하십니까?"

굴원이 말했다.

"내가 듣건대 새로 머리를 감은 사람은 반드시 관(冠)을 털어서 쓰고, 새로 목욕한 사람은 반드시 옷을 털어서 입는다고 하였소. 어찌 결백한 몸으로 더러운 것들을 받아들일 수 있겠소? 차라리 상강(湘江)에 가서 물고기 배 속에 장사지내지, 어찌 결백한 몸으로서 세속의 먼지를 뒤집

어쓸 수 있겠소?"

어부는 빙그레 웃고, 뱃전을 두드리며 노래부르면서 떠나갔다.

"창랑(滄浪)의 물이 맑으면 내 갓끈을 씻으면 되고,
창랑의 물이 흐리면 내 발을 씻으면 되는 것을!"

그리고는 떠나가서 다시는 함께 이야기하지 않았다.

원문) 屈原旣①放하여 游於②江潭하고 行吟澤畔할새 顔色憔悴하고
　　　　굴 원 기 방　　　유 어 강 담　　　행 음 택 반　　　안 색 초 췌

形容枯槁라. 漁父見而問之曰；子非③三閭大夫與아? 何故至於
형 용 고 고　　어 부 견 이 문 지 왈　자 비 삼 려 대 부 여　　하 고 지 어

斯오?
사

　屈原曰；擧世皆濁이어늘 我獨淸하고 衆人皆醉어늘 我獨醒이라.
　굴 원 왈　거 세 개 탁　　아 독 청　　중 인 개 취　　아 독 성

是以④見放이라.
시 이　견 방

　漁父曰；聖人은 不⑤凝滯於物하고 而能與世⑥推移라. 世人皆
　어 부 왈　성 인　불 응 체 어 물　　이 능 여 세 추 이　　세 인 개

濁이어든 何不⑦淈其泥而揚其波하며 衆人皆醉어든 何不⑧餔其糟
탁　　하 불 굴 기 니 이 양 기 파　　중 인 개 취　　하 불 포 기 조

而歠其醨오? 何故深思高擧하여 自令放⑨爲오?
이 철 기 리　　하 고 심 사 고 거　　자 령 방 위

　屈原曰；吾聞之하니 新沐者는 必彈冠이오 新浴者는 必振衣
　굴 원 왈　오 문 지　　신 목 자　필 탄 관　　신 욕 자　필 진 의

라. 安能以身之⑩察察로 受物之⑪汶汶者乎아? 寧赴⑫湘流하여
라.　안 능 이 신 지 찰 찰　수 물 지 문 문 자 호　　영 부 상 류

葬於江魚之腹中이언정 安能以⑬皓皓之白으로 而蒙世俗之塵埃
장 어 강 어 지 복 중　　안 능 이 호 호 지 백　　이 몽 세 속 지 진 애

乎아?
호

漁父이 ⑭莞爾而笑하고 ⑮鼓枻而去하여 乃歌曰;
어 부　　　완 이 이 소　　　고 예 이 거　　　내 가 왈

⑯滄浪之水淸兮어든 可以濯吾纓이오,
창 랑 지 수 청 혜　　　가 이 탁 오 영

滄浪之水濁兮어든 可以濯吾足이로다.
창 랑 지 수 탁 혜　　　가 이 탁 오 족

遂去不復與言하다.
수 거 불 부 여 언

주해　① 放(방)―방축(放逐). 쫓겨남.

② 江潭(강담)―강과 호수. 강호(江湖).

③ 三閭大夫(삼려대부)―초(楚)의 벼슬 이름. 삼려(三閭)는 초의 왕족인 소(昭)·굴(屈)·경(景)의 3성(姓). 굴원의 벼슬은 이 삼성을 관장하는 대부였다. ㅇ與(여)―여(歟). 의문조사.

④ 見放(견방)―견(見)은 피동형. 방축을 당하다.

⑤ 凝滯(응체)―엉기고 막힘. 얽매임.

⑥ 推移(추이)―밀치며 옮겨가다. 보조를 맞추다. 세속에 따라 둥글둥글하게 살아감을 뜻함.

⑦ 淈(굴)―휘젓다. 흐리게 하다.

⑧ 餔其糟而歠其醨(포기조이철기리)―포(餔)는 식(食), 철(歠)은 음(飮)과 같다. 이(醨)는 걸러내고 남은 찌꺼기 술.

⑨ 爲(위)―호(乎)와 같은 뜻으로 쓰인 의문조사.

⑩ 察察(찰찰)―청백(淸白)함.

⑪ 汶汶(문문)―더럽고 지저분함.

⑫ 湘流(상류)―상강(湘江). 동정호(洞庭湖)로 흘러드는 강.

⑬ 皓皓(호호)―결백함.

⑭ 莞爾(완이)―완연(莞然). 빙그레 웃는 모양.

⑮ 鼓枻(고예)―예(枻)는 본래 노, 상앗대. 여기서는 뱃전〔船舷〕의 뜻으로 쓰였다.

⑯ 滄浪(창랑)—한수(漢水)의 하류. ㅇ纓(영)—갓끈. 이 노래는《맹자(孟子)》
이루(離婁)편에 '유유자가왈(有孺子歌曰)'로 시작하여 나온다.

(해설) 이 글은《초사(楚辭)》에서는 굴원의 작으로 되어 있으나 첫머리가
'굴원기방(屈原旣放)'으로 시작되는 것으로, 보아 굴원 자신의 작은 아니
며, 후세 사람이 그의 청렴결백한 충정(衷情)을 애모하여 지은 것이라고
본다. 굴원은 전국시대 초나라 왕족으로 회왕(懷王)의 신임을 얻어 등용
되었으나 억울하게 참소(讒訴)당하여 두 차례나 쫓겨나 결국 분함을 이
기지 못하고 멱라(汨羅)에 몸을 던져 죽고 말았다 한다.

　이 글은 굴원이 유랑생활을 하던 도중 은사(隱士)인 한 어부를 만나
속세와 동화될 수 없는 자신의 심정을 묘사한 것으로 문장이 간결하고
아름다우면서도 굴원의 성격이 매우 명료하게 나타나 있다. 문장의 표현
기교를 보더라도 한(漢)대의 글임이 분명하다. 현실과 이상 사이의 엄청
난 차이에 고뇌하는 이에게 어부와 굴원 두 현인(賢人)의 서로 다른 두
가지 가치관을 함축적으로 제시하고 있다.

상진황축객서(上秦皇逐客書)

이사(李斯)

1

신이 듣건대 관리들 중에는 외국 출신 인사들을 쫓아낼 것을 발의(發議)한 사람이 있다는데, 제 생각으로는 잘못된 일이라 여깁니다. 옛날 목공(繆公)은 선비들을 구한 끝에 서쪽에서는 융(戎) 땅에서 유여(由余)를 구하였고, 동쪽에서는 완(宛) 땅에서 백리해(百里奚)를 얻었으며, 송(宋)나라에서는 건숙(蹇叔)을 마중해 왔고, 진(晉)나라로부터는 비표(丕豹)와 공손지(公孫支)를 데려왔습니다. 이 다섯 사람은 진(秦)나라 출신이 아닙니다마는 목공은 그들을 임용하여 20국을 합병시켰고, 마침내는 서융(西戎)의 패자(覇者)가 되었습니다.

효공(孝公)은 상앙(商鞅)의 법을 응용하여 풍속을 바로잡고 백성들을 잘살게 하고 나라를 부강케 하여 백성들은 부림을 당하는 것을 즐기고, 제후들은 친해지고 복종케 되었습니다. 그리고 초(楚)나라와 위(魏)나라의 군대를 쳐부수고 천리의 땅을 더 넓히어 지금까지 나라가 잘 다스려지고 강해지도록 만들었습니다.

혜왕(惠王)은 장의(張儀)의 계책을 사용하여 한(韓)나라 삼천(三川)의 땅을 빼앗고 서쪽으로는 파촉(巴蜀) 땅을 합병하였으며, 북쪽으로는 상군(上郡)을 거둬들이고 남쪽으로는 한중(漢中) 땅을 빼앗았으며, 여러 남이(南夷)들을 합병시키고 언영(鄢郢)을 제압하였으며, 동쪽으로는 성고(成皐)의 험한 지형에 의지하고 비옥한 땅을 떼어내게 함으로써 마침내는 육국(六國)의 합종책(合從策)을 무산시키어 그들로 하여금 서쪽으로 향하여 진(秦)나라를 섬기도록 하였으니, 그 공로는 지금까지 혜택이 미치고 있습니다.

소왕(昭王)은 범저(范雎)를 등용하여 재상인 양후(穰侯) 위염(魏冉)을 파면시키고 화양군(華陽君) 후융(芋戎)을 쫓아내어 진나라 공실(公室)을 강하게 하고 개인적인 집안의 세력을 막았으며, 제후들을 잠식(蠶食)하여 진(秦)나라로 하여금 제왕의 대업(大業)을 이루게 하였습니다.

이들 네 임금은 모두 외국 출신 인사들의 공로에 의지하였던 것입니다. 이로써 본다면 외국 출신 인사들이 진나라에 무엇을 잘못한 것이 있습니까? 전날 만약에 이 네 임금들이 외국 출신 인사들을 물리치고 나라 안에 들여놓지 않고, 이들을 멀리하고 등용하지 않았더라면 이는 진나라로 하여금 부하여지고 이롭게 되는 실리를 갖지 못하게 하였을 것이며, 진나라는 강대하다는 명성도 얻지 못하였을 것입니다.

[원문] 臣聞吏議逐客하니 竊以爲過矣니이다. 昔者에 ①繆公求士할새
신 문 리 의 축 객   절 이 위 과 의   석 자   목 공 구 사

西取②由余於戎하고 東得③百里奚於宛하고 迎④蹇叔於宋하고 求
서 취 유 여 어 융   동 득 백 리 해 어 완   영 건 숙 어 송   구

⑤邳豹公孫支於晉하니이다. 此五子者는 不産於秦이로대 而繆公
비 표 공 손 지 어 진   차 오 자 자   불 산 어 진   이 목 공

用之하사 ⑥幷國二十하여 遂霸西戎하니이다.
용 지   병 국 이 십   수 패 서 융

⑦孝公用⑧商鞅之法하여 移風易俗하여 民以殷盛하며 國以富
효 공 용 상 앙 지 법   이 풍 역 속   민 이 은 성   국 이 부

强하여 百姓樂用하며 諸侯親服하고 ⑨獲楚魏之師하여 ⑩擧地千
강   백 성 락 용   제 후 친 복   획 초 위 지 사   거 지 천

里하여 至今治强하니이다.
리   지 금 치 강

⑪惠王用⑫張儀之計하여 拔⑬三川之地하고 西幷⑭巴蜀하고 北
혜 왕 용 장 의 지 계   발 삼 천 지 지   서 병 파 촉   북

取^⑮上郡하고 南取^⑯漢中하고 ^⑰包九夷制^⑱鄢郢하고 東據^⑲成皋
취 상군   남취 한중   포구이제 언영   동거 성고

之險하고 割膏腴之壤하고 遂散^⑳六國之從하여 使之西面事秦하여
지 험   할고유지양   수산 육국지종   사지서면사진

功施到今하니이다.
공 시 도 금

^㉑昭王得^㉒范雎하사 廢^㉓穰侯逐^㉔華陽하고 彊公室杜私門하며
소 왕 득 범 저   폐 양 후 축 화 양   강 공 실 두 사 문

蠶食諸侯하여 使秦成帝業하시니이다.
잠 식 제 후   사 진 성 제 업

此四君者는 皆以客之功이니이다. 由此觀之컨대 客何負於秦哉
차 사 군 자   개 이 객 지 공   유 차 관 지   객 하 부 어 진 재

리오? 向使四君으로 ^㉕卻客而不內하고 踈士而不用이런들 是는 使
향 사 사 군   각 객 이 불 내   소 사 이 불 용   시   사

國無富利之實이오 而秦無彊大之名也리이다.
국 무 부 리 지 실   이 진 무 강 대 지 명 야

주해 ① 繆公(목공)−목(繆)은 목(穆)과 통하는 글자. 진(秦)나라 임금의 시호. 기원전 624년에 진(晉)나라를 쳐서 서융(西戎)의 패자(覇者)가 되었다.

② 由余(유여)−본시 진(晉)나라 사람으로 융(戎)으로 들어가 융왕(戎王)을 섬겼다. 융왕은 진(秦)나라 목공이 현명하다는 말을 듣고 유여를 진나라로 보내어 사실을 알아보게 하였다. 무공은 이때 유여를 만나보고는 유여를 잡아두었다가 뒤에 진나라 재상 자리에까지 앉혔다. 그 뒤 융을 칠 계책을 내어 천리의 땅을 개척케 하고 목공을 서융(西戎)의 패자가 되게 하였다.《병법(兵法)》6편도 지었다 한다(《史記》秦本紀·匈奴傳 등).

③ 百里奚(백리해)−춘추시대 우(虞)나라 사람. 자가 정백(井伯)이며 가난하게 자랐으나 뒤에 우공(虞公)을 섬기어 대부가 되었다. 진(晉)나라가 우(虞)나라를 멸하였을 때 포로가 되었는데, 진(秦)나라 목공 부인의 잉신(媵臣)으로 삼으려 하자 백리해는 치욕을 못이기어 완(宛) 땅으로 도망쳤다가 초(楚)나라 사람들에게 잡혔다. 진 목공은 그가 현명하다는 말을 듣고 다섯 장의 검은 양가죽을 주고 백리해를 데려다가 나라의 정치를 맡겼

는데 그가 재상이 된 지 7년만에 목공을 패자가 되게 하였다 한다(《史
記》正義 등).

④ 蹇叔(건숙)—본시 기주(岐州) 사람으로 송(宋)나라에 가 있었는데, 백리
해의 추천으로 목공이 후한 폐백을 주고 데려다가 상대부(上大夫)로 삼았
다 한다(《史記》索隱·正義 등).

⑤ 邳豹(비표)—본시 진(晉)나라 사람으로 진(秦)으로 가서 벼슬했던 사람
(《左傳》僖公 10년). ○公孫支(공손지)—본시 기주(岐州) 사람. 진(晉)나
라에 가 벼슬하다 뒤에 진(秦)나라로 와 대부가 됨. 자상(子桑)이라고도
부름(《史記》索隱·正義).

⑥ 幷國二十(병국이십)—20나라를 합병시키다. 《사기》색은(索隱) 같은 곳에
서는 20을 12라 하고 있다.

⑦ 孝公(효공)—진(秦)나라 임금. 기원전 362~기원전 338 재위.

⑧ 商鞅(상앙)—전국시대 위(衛)나라의 서출(庶出) 공자(公子)로 성은 공손
씨(公孫氏). 형명(刑名) 법술지학(法術之學)을 좋아하여, 진(秦)나라 효공
(孝公)의 재상이 된 뒤로 변법자강(變法自强)의 정책을 써서 진나라를 강
성케 하였다. 상(商) 땅에 봉해져 상군(商君)이라고도 불리며, 그가 재상
으로 있는 동안 법치가 잘 되었으나, 법이 너무 엄하여 많은 사람들의 원
망을 샀으므로 효공이 죽자 마침내 거열(車裂)의 형을 받고 죽었다 한다.

⑨ 獲(획)—본시 잡는다는 뜻. 그러나 여기서는 상앙이 위(魏)나라 안읍(安
邑)을 쳐서 뺏고, 공자묘(公子卯)를 쳤던 일을 가리킨다.

⑩ 擧(거)—개척의 뜻.

⑪ 惠王(혜왕)—진(秦)나라 임금. 기원전 338년에 즉위하여 왕이라 자칭하기
시작함.

⑫ 張儀(장의)—전국시대 위(魏)나라 사람. 처음에 소진(蘇秦)과 함께 귀곡
자(鬼谷子)에게 배웠는데, 뒤에 소진이 조(趙)나라 재상이 되었을 때 찾
아갔으나 받아들여지지 않자 진(秦)나라로 갔다. 진나라 혜왕(惠王)은 그
를 재상으로 삼았는데, 그는 육국(六國)을 유세하여 소진이 내걸었던 합
종책(合縱策)을 어기고 자기의 연횡책(連橫策)을 따라 진나라를 섬기도록
하였다. 이로 인하여 진나라의 원교근공책(遠交近攻策)이 성공을 거두기

시작하였고, 그를 무신군(武信君)이라 불렀다. 혜왕이 죽고 무왕이 즉위하자 여러 신하들이 그를 모함하였다. 그리고 다른 육국들이 다시 합종하여 진나라에 덤비기 시작하자 장의는 진을 떠나 위나라로 가서 재상이 되었으나 1년만에 죽었다.

⑬ 三川(삼천)－경수(涇水)·위수(渭水)·낙수(洛水)의 세 강물. 진(秦)나라에서는 삼천군(三川郡)을 둔 일이 있으며, 모두 황하 중류의 지류들이다.

⑭ 巴蜀(파촉)－지금의 성도(成都)를 중심으로 한 사천성(四川省) 지역.

⑮ 上郡(상군)－지금의 섬서성(陝西省) 서북쪽 일대에 걸쳐 있던 땅 이름.

⑯ 漢中(한중)－지금의 섬서성 남부와 호북성(湖北省) 서북부에 걸쳐 있던 군(郡) 이름.

⑰ 包九夷(포구이)－포(包)는 합병시키는 것, 구이(九夷)는 여러 오랑캐들. 초나라 땅에 있던 많은 이족(夷族)들을 가리킴(《文選》李善注).《논어》에 나오는 구이(九夷)와는 다름.

⑱ 鄢郢(언영)－지금의 호북성 의성현(宜城縣) 동남쪽에 있던 고을 이름. 약(郡)이라 보통 불렀다. 초(楚)나라는 한때 도읍을 영(郢)에서 이곳으로 옮겼던 일이 있었다. 이선(李善)처럼 언(鄢)과 영(郢)이 모두 초나라의 고을 이름이라 본 것은 잘못임.

⑲ 成皐(성고)－춘추시대에는 괵국(虢國)이었고, 뒤에 정(鄭)나라에 소속되었다가 전국시대에는 한(韓)나라 땅이 되었던 전략상의 요지이다. 지금의 하남성(河南省) 사수현(汜水縣) 서북쪽임.

⑳ 六國之從(육국지종)－육국은 전국시대의 진(秦)을 제외한 여섯 나라, 곧 연(燕)·조(趙)·한(韓)·위(魏)·제(齊)·초(楚)임. 이 여섯 나라는 소진(蘇秦)의 합종책을 따라 힘을 합쳐 강한 진나라에 대항했다. 장의(張儀)는 연횡책을 내세워 이것을 무너뜨렸다.

㉑ 昭王(소왕)－진(秦)나라 임금의 시호. 기원전 288년에 서제(西帝)가 자칭하여 유명하다.

㉒ 范雎(범저)－전국시대 위(魏)나라 사람. 말을 잘하였으며 처음에 위(魏)나라에서 벼슬하다 실패하여 진(秦)나라로 가서는 소왕(昭王)에게 원교근공책(遠交近攻策)으로 유세하여 뒤에 재상까지 되었고 응후(應侯)에 봉

해지기도 하였다. 저(雎)를 수(睢)로 쓰고 '수'라 읽기도 하나(《通鑑》胡
三省의 注) 잘못임.
㉓ 穰侯(양후)－진(秦)나라 소왕(昭王)의 어머니 선태후(宣太后)의 동생 위
염(魏冉). 재상 자리에 있었으나 범저가 그의 권세가 제후보다도 더하다
고 소왕을 설득시키어 벼슬자리에서 쫓아내게 하였다(《史記》范雎傳).
㉔ 華陽(화양)－양후(穰侯)가 소왕의 어머니 선태후의 이부(異父)의 큰동생
인 데 비하여 화양군(華陽君)은 동부제(同父弟)인 후융(芊戎). 역시 권세
가였으나 범저로 말미암아 관외(關外)로 쫓겨났다.
㉕ 卻客而不內(각객이불내)－외국 출신 사람들을 모두 물리치고 받아들이지
않는 것.

2

지금 폐하께서는 곤산(崑山)의 옥을 가져오게 하고 수후(隨侯)의 구슬
과 화씨(和氏)의 옥을 갖고 계시며, 명월(明月)의 구슬을 늘어뜨리고 태
아(太阿)의 칼을 차고 섬리(纖離)의 말을 타고 계시며, 취봉(翠鳳)의 깃
발을 세우고 신령스런 악어가죽으로 만든 북을 달아놓고 계십니다. 이
여러 가지 보배는 진(秦)나라에서는 하나도 나지 않는 것들입니다. 그런
데도 폐하께서는 그것들을 좋아하고 계신데 어째서이겠습니까?

꼭 진나라에서 생산된 것이라야만 한다면 곧 야광(夜光)의 구슬은 조
정을 장식할 수 없게 될 것이고, 외뿔소 뿔과 코끼리 이빨로 만든 그릇을
애완(愛玩)할 수 없게 될 것이며, 조(趙)나라의 여자들이 후궁에 채워질
수 없을 것이고, 결제(駃騠) 같은 좋은 말들이 외양간에 매어질 수가 없
게 될 것이며, 강남의 금과 주석도 쓸 수가 없고, 서촉(西蜀)의 단청(丹
青)도 채색으로 쓰지 못하게 될 것입니다.

후궁을 장식하고 후궁 집들에 채우는 것들이나 마음과 뜻을 기쁘게 하
고, 귀와 눈을 즐겁게 해주는 것들이 반드시 진나라에서 나온 것들이어
야만 한다면, 완(宛) 땅의 구슬이 장식된 비녀와 모난 구슬로 장식한 귀

고리와 제(齊)나라 동아(東阿)에서 나는 고운 흰 비단옷과 촉(蜀)에서
나는 수놓은 비단 장식이 폐하의 앞에 바쳐지지 않게 될 것이며, 우아함
이 습속을 좇아 변화하여 아름답고 얌전한 조(趙)나라의 미녀들도 폐하
곁에 서있지 않게 될 것입니다.

물독을 두드리고 물동이를 치며 쟁(箏)을 뜯고, 넓적다리를 두드리며
신나게 노래하고 소리 지름으로써 귀와 눈을 즐겁게 하는 것이 참된 진
나라의 노래입니다. 그러나 정(鄭)나라·위(衛)나라의 노래와 상간(桑間)
의 노래 및 소우(韶虞)와 상무(象武)의 음악은 다른 나라의 음악입니다.
지금 물독을 두드리고 물동이를 치던 방식을 버리고, 정나라와 위나라의
노래를 즐기고, 쟁을 뜯는 음악을 물리치고 소우의 음악을 취하고 계신
데 그와 같이 하는 것은 어째서이겠습니까? 당장에 기분이 좋고 보기에
흡족하기 때문일 따름일 것입니다.

지금 사람을 쓰는 데에는 그렇지 않습니다. 가부를 묻지도 않고 곡직을
따지지도 않고서 진나라 출신이 아니면 물리치고 외국 출신 인사면 내쫓
겠다는 것입니다. 그러니 중히 여기는 것은 여색과 음악과 구슬과 옥 같은
것들이고, 가벼이 여기는 것은 사람들이라는 셈이 됩니다. 이것은 사해(四
海)에 군림하고 제후들을 제어하는 술법이 되지 못하는 일입니다.

원문 今陛下致①昆山之玉하며 有②隨和之寶하며 垂③明月之珠하
　　　금 폐 하 치 곤 산 지 옥　　유 수 화 지 보　　수 명 월 지 주
며 服④太阿之劍하며 乘⑤纖離之馬하며 建⑥翠鳳之旗하며 樹⑦靈
　복 태 아 지 검　　승 섬 리 지 마　　건 취 봉 지 기　　수 령
鼉之鼓하시니 此數寶者는 秦不生一焉이어늘 而陛下說之는 何也
타 지 고　　차 수 보 자　　진 불 생 일 언　　이 폐 하 열 지　하 야
니꼬?

必秦國之所生然後可인댄 則是夜光之璧이 不飾朝廷이오 ⑧犀
필 진 국 지 소 생 연 후 가　　즉 시 야 광 지 벽　불 식 조 정　　서
象之器가 不爲玩好요 ⑨鄭衛之女가 不充後宮이오 而駿良⑩駃騠
상 지 기　불 위 완 호　⑨정 위 지 녀　불 충 후 궁　이 준 량　결 제

가 不實⑪外廐요 江南⑫金錫이 不爲用이오 西蜀⑬丹靑이 不爲采
　　불실　외구　　　강남　금석이　불위용이오　　서촉　단청이　불위채

며 所以飾後宮充⑭下陳하여 娛心意說耳目者가 必出於秦然後可
　　소이식후궁충　하진하여　오심의열이목자가　필출어진연후가

인댄 則是⑮宛珠之簪과 ⑯傅璣之珥와 ⑰阿縞之衣와 錦繡之飾이
　　즉시　완주지잠과　　부기지이와　　아호지의와　금수지식이

不進於前이오 而⑱隨俗雅化하여 ⑲佳冶窈窕趙女가 不立於側也
부진어전이오　이　수속아화하여　가야요조조녀가　불립어측야

리이다.

　　夫⑳擊甕叩缶하고 ㉑彈箏搏髀而㉒歌呼嗚嗚하여 快耳目者는
　　부　격옹구부하고　탄쟁박비이　가호오오하여　쾌이목자는

眞秦之聲也요 ㉓鄭衛桑間㉔韶虞象武者는 異國之樂也니이다. 今
진진지성야요　정위상간　소우상무자는　이국지락야니이다　금

棄擊甕叩缶而就鄭衛하며 退彈箏而取韶虞하니 若是者는 何也니
기격옹고부이취정위하며　퇴탄쟁이취소우하니　약시자는　하야

이까? ㉕快意當前하여 適觀而已矣니이다.
　　　　쾌의당전하여　적관이이의

今取人則不然하니 不問可否하며 不論曲直하고 非秦者去하며
금취인즉불연하니　불문가부하며　불론곡직하고　비진자거하며

爲客者逐하니 然則是所重者는 在乎色樂珠玉이오 而所輕者는
위객자축하니　연즉시소중자　재호색악주옥이오　이소경자

在乎人民也니이다. 此非所以㉖跨海内하고 制諸侯之術也니이다.
재호인민야니이다　차비소이　과해내하고　제제후지술야

주해　① 昆山(곤산)－곤륜산(崑崙山). 황하의 근원이 여기에서 시작되며, 옛
　　날부터 옥의 산지로 유명했다. 지금의 곤륜산맥의 어느 봉우리일 것이다.
　② 隨和之寶(수화지보)－수후(隨侯)의 주(珠)와 화씨(和氏)의 벽(璧). 수후
　　의 주는 수후가 큰 뱀이 두 동강이 난 것을 보고 약을 발라 고쳐준 일이
　　있는데, 1년 뒤에 그 뱀이 물어다 주었다는 명주(明珠)로 흔히 수주(隨
　　珠)라고도 불렀다《淮南子》說山訓,《史記》正義). 화씨의 벽은 초나라 사
　　람인 변화(卞和)가 형산(荊山)에서 발견했다는 보옥임《韓非子》和氏편).
　③ 明月之珠(명월지주)－밤에도 밝은 달처럼 빛을 발한다는 야광주(夜光珠)

《淮南子》說山訓).

④ 太阿之劍(태아지검)-초나라(또는 吳나라)의 명장(名匠)인 간장(干將)이 만들었다는 명검(名劍). 간장(干將)·막야(莫邪)와 함께 만들어진 명검으로 《오월춘추(吳越春秋)》·《수신기(搜神記)》 등엔 이들에 관한 여러 가지 전설이 실려 있다.

⑤ 纖離(섬리)-옛날 좋은 말 이름. 주(周) 목왕(穆王)의 팔준(八駿) 중의 하나였다 한다(《荀子》 性惡편).

⑥ 翠鳳(취봉)-비취새 깃으로 봉황새 모양을 만든 깃대 장식. 이 깃발은 천자의 수레에 세웠다 한다.

⑦ 靈鼉(영타)-신령스런 악어. 큰 악어 가죽으로 좋은 북을 만들었다.

⑧ 犀象(서상)-외뿔소의 뿔과 코끼리 이빨.

⑨ 鄭衛(정위)-정나라와 위나라. 그곳 노래가 음탕한 것으로 유명하여 여자들도 잘 노는 것으로 생각했던 듯함. 판본에 따라서는 '조국(趙國)', '조위(趙衛)' 등으로도 되어 있다.

⑩ 駃騠(결제)-잘 달리는 좋은 말 이름. 낳은 지 7일이 되자 그 어미보다도 빨랐다 한다(《玉篇》).

⑪ 外廐(외구)-밖의 마구간.

⑫ 金錫(금석)-금과 주석.

⑬ 丹靑(단청)-옛날 집에 칠하던 빨간 염료와 파란색 염료. 지금의 사천성(四川省)인 서촉(西蜀) 땅에서 좋은 물건이 생산되었다.

⑭ 下陳(하진)-후렬(後列), 또는 후궁의 열옥(列屋)을 가리킴.

⑮ 宛珠(완주)-둥근 구슬(《史記》 索隱), 완(宛) 땅에서 나는 구슬.

⑯ 傅璣(부기)-모난 구슬[璣]을 붙여 장식하는 것. ○珥(이)-귀고리, 옛날 귀에 달던 장식 이름.

⑰ 阿縞(아호)-제(齊)나라 동아(東阿) 땅에서 나던 희고 고운 비단.

⑱ 隨俗雅化(수속아화)-습속을 따라 우아함이 변화하는 것(《文選》 李善注).

⑲ 佳冶窈窕(가야요조)-아름답고 얌전한 것.

⑳ 擊甕(격옹)-물독을 치면서 박자를 맞추는 것. ○叩缶(구부)-토기로 된 동이를 두드리며 박자를 맞추는 것.

㉑ 彈箏(탄쟁)－쟁(箏)을 뜯다. 쟁은 슬(瑟)처럼 생긴 현악기로 12현 또는 13현이다. ○博髀(박비)－자기 넓적다리를 두드리는 것, 넓적다리를 치면 서 장단을 맞추는 것. 비(髀)는 본시 넓적다리뼈의 뜻.

㉒ 歌呼嗚嗚(가호오오)－'오오'하고 즐거운 소리로 노래하는 것.

㉓ 鄭衛(정위)－정나라와 위나라 노래. 《시경(詩經)》시대부터 음란한 난세 (亂世)의 음악으로 알려져 왔음. ○桑間(상간)－역시 망해가는 나라의 음 탕한 노래 이름. 보통은 '상간(桑間)'과 '복상(濮上)'을 연이어 놓고 망국지 음(亡國之音)을 나타낸다(《禮記》 樂記). 모두 위나라 땅 이름(《漢書》 地 理志).

㉔ 韶虞(소우)－순(舜)임금의 음악 이름. ○象武(상무)－상(象)은 주공(周公) 이 지은 음악, 무(武)는 주 무왕(周武王)의 음악 이름.

㉕ 快意當前(쾌의당전)－당장 마음이 상쾌한 것. 바로 그때에 마음이 즐거 운 것.

㉖ 跨海內(과해내)－사해(四海)에 걸쳐 군림하다. 온 천하를 지배하는 것을 뜻함.

3

신이 듣건대 땅이 넓은 나라는 곡식이 많고 나라가 크면 인구가 많으 며, 군대가 강한 나라는 군사들이 용감하다 하였습니다. 그래서 태산(泰 山)은 흙을 외부에 양보하지 않기 때문에 그것이 거대해질 수가 있는 것 이고, 황하와 바다는 가는 물줄기도 가리지 않고 받아들이기 때문에 물 이 깊어질 수가 있는 것입니다. 왕자는 여러 사람들을 물리치지 않음으 로써 그의 덕을 밝힐 수가 있게 되는 것입니다.

그래서 땅은 사방을 가리지 않고 모두 그의 땅이 되고, 사람이라면 다 른 나라를 따지지 않고 모두 그의 신하가 되면 사철 언제나 충실하고 아 름답게 되고 귀신도 그에게 복을 내려주게 됩니다. 이것이 옛날 오제(五 帝)와 삼대(三代)의 임금들에게는 적이 있을 수 없었던 근거입니다.

지금 그러나 백성들을 버리어 적국의 자산이 되게 하고, 다른 나라 출신 인사들을 물리침으로써 다른 제후들의 패업(霸業)을 돕고, 천하의 선비들로 하여금 모두가 물러나며 감히 서쪽 진나라로 향하지 않고 발을 싸매놓은 듯이 진나라로 들어오지 않게 만들 것입니다. 이것이 이른바 적에게 무기를 빌려주고 도둑에게 양식을 대어 주는 거나 같은 일입니다.

물건 중에도 진나라에서 나지 않는 것이면서도 보배가 될 만한 것이 많고, 선비 중에서 진나라 출신이 아니면서도 충성을 다하고자 하는 사람들이 많은 것입니다. 지금 외국 출신 인사들을 내쫓음으로써 적국에 보탬이 되게 하고 백성들을 버림으로써 원수에게 이익이 되게 한다면 나라 안은 자연히 허하게 되고 밖으로는 제후들에게 원한만을 지니게 할 것입니다. 그 나라가 위태롭지 않게 되려 한다 하더라도 그렇게 될 수가 없을 것입니다.

[원문] 臣聞地廣者粟多하고 國大者人衆하고 兵强則士勇이라. 是以
泰山不讓土壤이니 故로 能成其大하고 河海不擇細流라 故로 能
就其深이니이다. 王者①不卻衆庶라 故로 能明其德이니이다.

是以地無四方하며 民無異國하여 ②四時充美하고 鬼神降福하나
니 此③五帝三王之所以無敵也니이다.

今乃棄④黔首하여 以資敵國하고 卻賓客하여 以⑤業諸侯하여
使天下之士로 退而不敢西向하고 ⑥裹足不入秦하니 此所謂⑦藉
寇兵而⑧齎盜糧者也니이다.

夫物不産於秦이로대 可寶者多하고 士不産於秦이로대 願忠者

衆이어늘 今逐客以資敵國하고 ⑨損民以益讎하여 內自虛而外樹
중   금 축 객 이 자 적 국   손 민 이 익 수   내 자 허 이 외 수

怨於諸侯하니 求國無危라도 不可得也리이다.
원 어 제 후   구 국 무 위   불 가 득 야

(주해) ① 不卻衆庶(불각중서)—백성들을 물리치지 않다. 백성들을 버리지 아
니하다.

② 四時充美(사시충미)—사철 봄·여름·가을·겨울 할 것 없이 언제나 물산
이 충실하고 풍경이 아름다운 것.

③ 五帝三王(오제삼왕)—오제(五帝)는 옛날 중국의 태곳적 다섯 임금인 황
제(黃帝)·전욱(顓頊)·제곡(帝嚳)·당요(唐堯)·우순(虞舜)(《史記》), 삼왕
(三王)은 3대의 첫 임금. 곧, 하(夏) 우왕(禹王)·상(商) 탕왕(湯王)·주
(周) 문왕(文王)과 무왕(武王).

④ 黔首(검수)—백성들, 본시 '머리가 검은 사람들', 곧 관(冠)을 쓰지 않은
평민들을 가리키는 말임.

⑤ 業(업)—일을 도와주다. 패업(覇業)을 돕다의 뜻.

⑥ 裹足(과족)—발을 싸매어 놓다. 곧 발을 움직이지 않음을 가리키는 말(《史
記》范睢傳).

⑦ 藉寇兵(자구병)—도둑에게 무기를 대주다. 적에게 무기를 빌려주다.

⑧ 齎盜糧(재도량)—도둑에게 양식을 대주다.

⑨ 損民(손민)—백성을 덜어내다. 백성의 일부를 버리다.

(해설) 진시황(秦始皇, 기원전 246~기원전 210 재위) 때에 외국 출신 인사
들을 벼슬자리에서 쫓아내자는 의견이 일자 승상(丞相)이었던 이사(李斯,
?~기원전 208)가 그 의견의 부당함을 간한 글이다. 이사는 정치가였을
뿐만 아니라 진나라를 대표하는 문장가이며, 이 글은 그의 대표작 중의
하나이다.

추풍사(秋風辭)

한무제(漢武帝)

　천자께서 하동(河東)에 행차하시어 지신(地神)에게 제사지내고, 장안(長安)을 돌아보며 즐거워하셨다. 분하(汾河)에 배를 띄우고 여러 신하들과 주연(酒宴)을 벌였는데, 천자께서는 매우 기뻐하시며 친히 추풍사(秋風辭)를 지으셨다.

> 가을바람 불고 흰 구름 나는데,
> 초목은 낙엽지고 기러기 남으로 돌아간다.
> 난초 아름답고 국화 향기로워,
> 그리운 임 잊을 수 없어지네.
> 누선(樓船) 띄워 분하를 건너는데,
> 강물 가로지르니 흰 물결 날린다.
> 퉁소 불고 북치며 뱃노래 부르는데,
> 즐거움 다하니 애닯은 정 많아진다.
> 젊은 날 얼마나 되리! 늙어감을 어이하리!

원문 上^①行幸河東하여 祠^②后土하고 顧視^③帝京欣然하여 中流에
　　　상　행행하동　　사　후토　　고시　제경흔연　　중류

與羣臣^④飮燕할새 上歡甚하여 乃自作秋風辭曰：
여군신　음연　　상환심　　내자작추풍사왈

秋風起兮白雲飛하니, 草木黃落兮鴈南歸로다.
추 풍 기 혜 백 운 비   초 목 황 락 혜 안 남 귀

蘭有秀兮菊有芳하니, 懷佳人兮不能忘이로다.
난 유 수 혜 국 유 방   회 가 인 혜 불 능 망

泛⑤樓船兮濟汾河하니, 橫中流兮揚素波로다.
범   루 선 혜 제 분 하   횡 중 류 혜 양 소 파

簫鼓鳴兮發⑥棹歌하니, 歡樂極兮哀情多로다.
소 고 명 혜 발   도 가   환 락 극 혜 애 정 다

少壯幾時兮奈老何오?
소 장 기 시 혜 내 로 하

주해 ① 行幸(행행) − 거둥. 천자의 나들이. ㅇ河東(하동) − 산서성(山西省) 서
부지역.

② 后土(후토) − 토지신.

③ 帝京(제경) − 왕이 거처하는 도시. 여기서는 장안(長安).

④ 飮燕(음연) − 주연(酒宴)을 베풀다. 연(燕)은 연(宴)과 같음.

⑤ 樓船(누선) − 안에 2층으로 집을 지은 큰 배. ㅇ汾河(분하) − 산서성 부근
의 강으로 황하(黃河)에 이른다.

⑥ 棹歌(도가) − 노를 저으며 부르는 노래. 뱃노래.

해설 무제(武帝 : 기원전 140~기원전 87 재위)는 한(漢)나라 제7대 임금
으로 악부(樂府 : 음악을 관장하던 관청)를 설치하고 문인들을 등용하는
등 문학을 장려했던 임금이다. 이 작품은 무제가 하동(河東)에서 토지신
인 후토(后土)를 제사지내고 분하(汾河)에 배를 띄우고 잔치를 벌이다가
가을바람에 흥이 나서 지은 것으로, 호기가 있으면서도 섬세하고 아름다
우며 가을을 맞는 인생의 쓸쓸한 심정도 나타내고 있다.

과진론(過秦論)

가의(賈誼)

1

진(秦)나라의 효공(孝公)은 효산(崤山)과 함곡관(函谷關)의 견고한 요새지에 웅거하고 옹주(雍州)의 땅을 안고 군주와 신하가 굳게 지키면서 주(周)나라 왕실을 엿보았다. 천하를 석권하고 온 세상을 모두 하나로 싸들고 사해를 주머니에 넣어 묶으려는 생각과 사방을 병합하려는 마음이 있었다.

이러한 때를 당해 상군(商君)이 보좌하여 국내에 법도를 세워 농사짓고 옷감 짜는 일에 힘쓰게 하며, 수비전의 장비를 정비하고 국외로는 연횡책(連衡策)을 써서 제후들끼리 싸우게 했다. 이리하여 진(秦)나라 사람들은 팔짱을 낀 채로 서하(西河) 밖을 차지했다.

효공이 죽고 나자 혜문왕(惠文王)·무왕(武王)·소양왕(昭襄王)은 선왕(先王)의 유업을 이어받아 물려준 정책에 따라서 남쪽으로는 한중(漢中)을 차지하고, 서쪽으로는 파촉(巴蜀)을 차지하며, 동쪽으로는 비옥한 땅을 갈라받고 북쪽으로는 요충지의 군(郡)을 거두어들였다. 제후들은 두려워서 모여서 맹약을 맺고 진(秦)나라를 약화시키려 하여 진귀한 기물이나 귀중한 보물과 비옥한 땅을 아끼지 않고, 천하의 인재들을 초청하여 합종책(合縱策)을 맺고 하나로 뭉쳤다.

이때를 당해 제(齊)나라에는 맹상군(孟嘗君), 조(趙)나라에는 평원군

(平原君), 초(楚)나라에는 춘신군(春申君), 위(魏)나라에는 신릉군(信陵君)이 있었다. 이 네 사람은 모두 현명하고 지혜로웠으며 충성스럽고 신의가 있었으며, 관대하고 온후하여 사람을 사랑했으며, 현자(賢者)를 존경하고 인사를 중히 여겼다. 합종책을 약속하여 연횡책을 버리고, 한(韓)·위(魏)·연(燕)·조(趙)·송(宋)·위(衛) 중산(中山)의 군사를 합쳤다.

이리하여 여섯 나라의 인사로는 영월(審越)·서상(徐尙)·소진(蘇秦)·두혁(杜赫) 등이 있어 그것을 모의하고, 제명(齊明)·주최(周最)·진진(陳軫)·소활(召滑)·누완(樓緩)·적경(翟景)·소려(蘇厲)·악의(樂毅) 등이 그들의 뜻을 통하게 하였다. 오기(吳起)·손빈(孫臏)·대타(帶佗)·아량(兒良)·왕료(王廖)·전기(田忌)·염파(廉頗)·조사(趙奢) 등이 그들의 군대를 다스렸다.

일찍이 열 배가 되는 국토와 백만의 군대로 함곡관을 올려다보며 진(秦)나라를 공격하였다. 진나라 사람들이 관문을 열고 적을 맞으니 아홉 나라의 군대는 도망하여 감히 나아가지 못했다. 진나라는 화살을 없애고 살촉을 잃는 낭비가 없었고, 천하의 제후들은 이미 곤경에 처했다.

이리하여 합종책은 흩어지고 동맹은 해체되어 다투어 영토를 갈라 진나라에게 뇌물로 바쳤다. 진나라는 여력이 있어 피폐한 군대를 제압하고 도망하는 군대를 추격하여 패배한 군대를 물리치니 엎어진 시체가 백만이고 흐르는 피에 큰 방패가 떠다녔다. 편리한 형세를 타고 지배하고 다스려 산하를 분열시켰다. 강대국들은 항복을 청하고 약소국들은 입조(入朝)하였다.

[원문] ①秦孝公이 據②崤函之固하고 擁③雍州之地하여 君臣固守而
　　　　　진효공　거　효함지고　　옹　옹주지지　　　　군신고수이
窺周室하여 有④席捲天下하고 ⑤包擧宇內하고 ⑥囊括四海하고 ⑦幷
규주실　　유　석권천하　　　　포거우내　　　　낭괄사해　　　　병
呑八荒之心이라.
탄팔황지심

當是時也하여 ⑧商君佐之하고 内立法度하여 務耕織脩⑨守戰之
당시시야 　　상군좌지 　　내립법도 　　무경직수 수전지

備하고 外⑩連衡而鬪⑪諸侯라. 於是에 秦人⑫拱手而取西河之
비 　　외 연횡이투 제후 　　어시 　　진인 공수이취서하지

外라.
외

孝公旣沒에 ⑬惠文武昭襄이 ⑭蒙故業因⑮遺策하여 南取⑯漢中
효공기몰 　혜문무소양 　　몽고업인 유책 　　남취 한중

하고 西擧巴蜀하고 東割⑰膏腴之地하고 北收⑱要害之郡하니 諸
서거파촉 　동할 고유지지 　　북수 요해지군 　제

侯恐懼⑲會盟而謀弱秦하여 不愛珍器重寶⑳肥饒之地하고 以致
후공구 회맹이모약진 　　불애진기중보 비요지지 　　이치

天下之士하여 ㉑合從締交하여 ㉒相與爲一이라.
천하지사 　　합종체교 　　상여위일

當此之時하여 齊有㉓孟嘗하고 趙有㉔平原하고 楚有㉕春申하고
당차지시 　제유 맹상 　　조유 평원 　　초유 춘신

魏有㉖信陵이라. 此四君者는 皆明智而忠信하고 寬厚而愛人하고
위유 신릉 　차사군자 　개명지이충신 　　관후이애인

尊賢重士하여 約從㉗離衡하고 ㉘兼韓魏燕趙宋衛中山之衆이라.
존현중사 　약종 리횡 　　겸한위연조송위중산지중

於是에 ㉙六國之士에 有㉚寗越·徐尚·蘇秦·杜赫之屬이 爲
어시 　육국지사 유 영월 서상 소진 두혁지속 위

之謀하고 ㉛齊明·周最·陳軫·召滑·樓緩·翟景·蘇厲·樂
지모 　제명 주최 진진 소활 누완 적경 소려 악

毅之徒가 通其意하고 ㉜吳起·孫臏·帶佗·兒良·王廖·田
의지도 통기의 　오기 손빈 대타 아량 왕료 전

忌·廉頗·趙奢之朋이 制其兵이라.
기 염파 조사지붕 제기병

嘗以什倍之地와 百萬之軍으로 ㉝仰關而攻秦하니 秦人開關延
상이십배지지 백만지군 　앙관이공진 　　진인개관연

敵이어든 ㉞九國之師가 ㉟遁逃而不敢進이라. 秦無㊱亡矢遺鏃之
적 　　구국지사 둔도이불감진 　진무 망시유족지

費오 而天下諸侯已困矣라.
비 이천하제후이곤의

於是에 從散約敗하여 爭割地而[37]賂秦하니 秦有餘力而制其弊
어 시　　종 산 약 패　　쟁 할 지 이 뢰 진　　진 유 여 력 이 제 기 폐

하여 追亡逐北하여 伏尸百萬하여 流血[38]漂鹵하고 因利乘便하여
　　추 망 축 배　　복 시 백 만　　유 혈 표 로　　인 리 승 편

[39]宰制天下하여 分裂河山하니 [40]彊國請伏이오 弱國[41]入朝라.
재 제 천 하　　분 열 하 산　　강 국 청 복　　약 국 입 조

주해 ① 秦孝公(진효공)—진시황(秦始皇)의 6대조. 진나라는 목공(穆公)이
후로는 국세를 떨치지 못하고 있다가 효공에 이르러 변법(變法)을 씀으로
써 부강해지기 시작했다. 그후 진시황 때에는 천하를 통일하였다.

② 崤函之固(효함지고)—효(崤)는 효산(崤山). 하남성(河南省), 낙녕현(洛寧
縣) 북쪽에 있는 산. 함(函)은 함곡관(函谷關). 하남성 영보현(靈寶縣) 남
쪽에 있는 계곡으로 길이가 15리나 되는 절벽이며 언덕 위에는 숲이 우거
져 하늘이 보이지 않는 천연의 험준한 요새이다. 고(固)는 견고한 요새지.

③ 雍州(옹주)—섬서성(陜西省)·감숙성(甘肅省)에 걸치는 관중(關中)의 땅.

④ 席捲(석권)—석권하다. 자리를 마는 것과 같이 힘들이지 않고 모조리 빼
앗음.

⑤ 包擧(포거)—모두 쌈. 남김없이 취함. ㅇ宇內(우내)—천하. 세계.

⑥ 囊括(낭괄)—자루에 넣고 주둥이를 동여맴. ㅇ四海(사해)—천하.

⑦ 幷呑(병탄)—아울러 삼킴. 남의 것을 한데 아울러서 모두 자기 것으로 함.
병합(幷合). ㅇ八荒(팔황)—팔방(八方)의 끝. 먼 곳.

⑧ 商君(상군)—전국시대 위(衛)나라 사람. 성은 공손씨(公孫氏), 이름은 앙
(鞅). 법가(法家)로서 처음에는 위(魏)에서 벼슬하다가 진(秦)나라에 와서
효공(孝公)을 섬겼다. 부국강병책을 써서 진을 강대국으로 만들었다. 위
(魏)를 공격하여 큰 공을 세워 효공은 그를 '상(商)'에 봉하고 15성(城)을
주었기 때문에 상군(商君)이라 부른다.

⑨ 守戰之備(수전지비)—적의 침략을 방어하는 장비.

⑩ 連衡(연횡)—횡(衡)은 횡(橫)과 같은 글자. 서방의 진(秦)에 대해 동방에
종(縱)으로 늘어서 있는 한(韓)·위(魏)·연(燕)·조(趙)·제(齊)·초(楚)
의 여섯 나라가 각각 진(秦)과 횡의 동맹을 맺어 진의 보호에 의해서 안

전을 유지하려는 방책을 연횡이라고 한다. 진의 장의(張儀)가 생각해낸
것으로 여섯 나라를 서로 싸우게 하려는 술책이다.

⑪ 諸侯(제후)―제후국인 한(韓)・위(魏)・연(燕)・조(趙)・제(齊)・초(楚)의
여섯 나라를 말한다.

⑫ 拱手(공수)―팔짱을 낌. 하는 일 없이 가만히 있음. ㅇ西河(서하)―위(魏)
나라의 읍(邑). 지금의 섬서성(陝西省) 대려현(大荔縣)・의천현(宜川縣)
등지. 진나라의 상앙(商鞅)이 위(魏)나라 군대를 패배시키자 위는 진에게
서하(西河)의 땅을 나누어 주었다.

⑬ 惠文(혜문)―혜문왕(惠文王)은 효공의 아들. ㅇ武(무)―무왕(武王)은 혜
문왕의 아들. ㅇ昭襄(소양)―소양왕은 무왕의 아우.

⑭ 蒙故業(몽고업)―조상의 사업을 이어받음. 몽(蒙)은 받다.

⑮ 遺策(유책)―물려받은 정책.

⑯ 漢中(한중)―지금의 섬서성(陝西省) 남부와 호북성(湖北省) 서북부. 주나
라 난왕(赧王) 3년에 진(秦)이 초(楚)를 패배시키고 한중군(漢中郡)을 설
치했다.

⑰ 膏腴(고유)―비옥한 땅.

⑱ 要害(요해)―요해처(要害處). 지세가 험준하여 적을 방비하기에 편리한 곳.

⑲ 會盟(회맹)―회합하여 동맹을 맺는 것.

⑳ 肥饒(비요)―기름지고 풍요한 땅.

㉑ 合從(합종)―종(從)은 종(縱)과 같다. 소진(蘇秦)이 주창(主倡)한 것으로
서쪽의 진나라가 동쪽으로 들어오지 못하도록 한(韓)・위(魏)・조(趙)・
연(燕)・초(楚)・제(齊)의 여섯 나라가 남북으로 동맹을 맺은 것을 말한
다. ㅇ締交(체교)―교분을 맺음.

㉒ 相與爲一(상여위일)―서로 더불어 하나가 됨.

㉓ 孟嘗(맹상)―맹상군(孟嘗君). 제(齊)나라의 재상을 지냈으며 천하의 현사
(賢士)를 우대하여 식객(食客)이 수천 명이 있었다.

㉔ 平原(평원)―성은 조(趙), 이름은 승(勝). 조(趙)나라 무령왕(武靈王)의
아우로 평원군에 봉해졌다. 조나라 재상으로 빈객(賓客)을 좋아하여 수천
명의 식객을 거느렸다. 진(秦)이 조(趙)나라의 서울인 한단(邯鄲)을 포위

하자 그는 초(楚)·위(魏)와 동맹을 맺고 진을 물리쳤다.

㉕ 春申(춘신)－성은 황(黃), 이름은 헐(歇). 초나라에서 20여년간 재상이 되었다. 진시황 6년에 초(楚)·한(韓)·조(趙)·위(魏)·위(衛)의 군대를 이끌고 진을 공격하다가 실패하였다.

㉖ 信陵(신릉)－위(魏)나라 안희왕(安釐王)의 동생. 성은 위(魏), 이름은 무기(無忌). 위(魏)의 군대를 이끌고 진의 군대에 의해 포위된 한단(邯鄲)을 구했다.

㉗ 離衡(이횡)－연횡책을 버리다. 이(離)는 떠나다.

㉘ 兼(겸)－합치다. ㅇ中山(중산)－전국시대의 약소국.

㉙ 六國(육국)－한(韓)·조(趙)·위(魏)·연(燕)·제(齊)·초(楚)의 합종을 맺은 여섯 나라.

㉚ 寗越(영월)－조(趙)나라 사람. 주 성공(成公)이 그에게 배웠다. ㅇ徐尙(서상)－생애가 분명치 않음. ㅇ蘇秦(소진)－유세가. 동주(東周) 낙양(洛陽) 사람. 합종책을 주장하였다. 조왕(趙王)이 그를 무안군(武安君)으로 봉했다. ㅇ杜赫(두혁)－주나라 사람. 유세가로 주 소왕(昭王)에게 등용되었다.

㉛ 齊明(제명)－동주(東周)의 신하. 후에 초(楚)와 한(韓)에서 벼슬했다. ㅇ周最(주최)－동주 성군(成君)의 아들로 제(齊)나라에서 벼슬했다. ㅇ陳軫(진진)－하(夏)나라 사람으로 먼저 진(秦)에서 벼슬을 하다가 장의(張儀)와 다투고 초나라에 가서 벼슬을 했다. ㅇ召滑(소활)－초나라 사람. ㅇ樓緩(누완)－위(魏)나라의 재상이었다가 후에 진(秦)나라의 재상이 되었다. ㅇ翟景(적경)－주나라 사람. ㅇ蘇厲(소려)－소진(蘇秦)의 동생. 제나라에서 벼슬했다. ㅇ樂毅(악의)－위(魏)나라 사람. 주 난왕(赧王) 31년에 연(燕)의 상장군으로 조(趙)·초(楚)·한(韓)·위(魏)·연(燕)의 다섯 나라 군대를 이끌고 제나라를 쳐서 70여개 성을 빼앗았다. 창국군(昌國君)으로 봉해졌다. 소왕이 죽고 나라가 어지러워지자 조(趙)로 가서 망제군(望諸君)에 봉해졌다.

㉜ 吳起(오기)－위(衛)나라 사람. 병서(兵書)《오자(吳子)》를 씀. 위(魏)나라 문후(文侯)가 대장으로 삼아 진(秦)을 공격하여 성 다섯 채를 빼앗았다. 참언(讒言)을 당해 초로 망명하였다. ㅇ孫臏(손빈)－손무(孫武)의 자손.

제(齊)나라의 병법가. 《손자병법(孫子兵法)》은 손무가 처음에 쓴 것을 손
빈이 추가한 것이다. ㅇ帶佗(대타)-초나라의 장수. ㅇ兒良(아량)·王廖
(왕료)-천하의 호사(豪士)라고 한다. ㅇ田忌(전기)-제(齊)나라의 장수.
손빈을 임용. ㅇ廉頗(염파)-조(趙)나라의 명장. 조(趙) 혜문왕(惠文王)
때에 제(齊)나라를 격파하였다. ㅇ趙奢(조사)-조(趙)나라의 장수.

㉝ 仰關(앙관)-진(秦)의 관중(關中)은 높은 곳이므로 올려다보며 공격해야
했다.

㉞ 九國(구국)-한(韓)·위(魏)·연(燕)·조(趙)·제(齊)·초(楚)·송(宋)·
위(衛)·중산(中山)을 가리킴.

㉟ 遁逃(둔도)-도망쳐 달아남.

㊱ 亡(망)-잃다. ㅇ鏃(족)-살촉.

㊲ 賂(뇌)-주다.

㊳ 漂鹵(표로)-표(漂)는 뜨다. 노(鹵)는 큰 방패. 또는 노, 노(櫓)와 같은 뜻.

㊴ 宰制(재제)-전권을 쥐고 처리함. 하고 싶은 대로 처리함.

㊵ 彊(강)-강(强)과 같은 뜻.

㊶ 入朝(입조)-신하가 조정에 나아가 임금을 배알함.

2

이어서 효문왕(孝文王)과 장양왕(莊襄王)에 이르러서는 나라를 다스린
기간이 얼마 되지 않아 국가에도 별일이 없었다. 진시황에 이르자 6대의
조상이 남긴 훌륭한 업적을 크게 떨쳐 긴 채찍을 휘둘러 천하를 몰아 동
주(東周)와 서주(西周)를 삼키고 제후들을 멸망시키고는 황제가 되어 천
지사방을 다스렸다. 짧은 매와 긴 막대기를 잡고 천하 백성을 채찍질하
니 위세가 사해에 떨쳤다.

남쪽으로는 백월(百越)의 땅을 탈취하여 계림(桂林)과 상군(象郡)으로
삼았고 백월의 군왕(君王)은 머리를 숙이고 목에 새끼줄을 매고 와서는
목숨을 옥리(獄吏)에게 맡겼다. 이에 몽염(蒙恬)을 시켜 북쪽에 장성(長

城)을 구축하여 지키게 하였고, 흉노를 7백 리나 퇴각시켰다. 오랑캐들은
감히 남쪽으로 내려와서 말을 방목하지 못했고 군사들은 감히 활을 당겨
원한을 갚으려 하지 못했다.

　이리하여 선왕들의 도(道)를 폐기하고 제자백가(諸子百家)의 서적을
불태워 백성들을 어리석게 하였다. 유명한 성곽을 허물고 호걸과 준재들
을 죽이고 천하의 무기를 거두어 함양(咸陽)에 모아놓고 칼날과 화살촉
을 녹여 열두 개의 금인(金人)을 주조하여 천하의 백성들을 약하게 만들
었다.

　그런 후에는 태화산(太華山)을 밟고 올라가 성(城)을 만들고 황하의
물줄기를 끌어들여 못을 만들어 억장 길이나 높은 성벽에 웅거하고 헤아
릴 수 없이 깊은 골짜기를 바라다보는 견고한 요새로 삼았다. 훌륭한 장
수와 굳센 쇠뇌로 요해지를 지키며 신임하는 신하와 정예 병사가 날카로
운 무기를 들고 통행인들을 검색한다. 천하가 이미 평정되자 진시황의
마음에는 스스로 관중(關中)의 견고함은 철벽 같은 성곽이 천리나 이어
진 셈이니, 자손들이 제왕의 자리를 만세토록 계승할 대업이 이루어졌다
고 여겼다.

원문 ①施及孝文王莊襄王하여는　②享國日淺하여　國家亡事라.　及
　　　　이 급 효 문 왕 장 양 왕　　　　향 국 일 천　　　국 가 무 사　　급

至始皇하여　奮六世之③餘烈하여　振④長策而馭宇內하여　⑤吞二周
지 시 황　　분 육 세 지　여 렬　　진 장 책 이 어 우 내　　　탄 이 주

而亡諸侯하고　⑥履至尊而制六合하여　執⑦敲扑以鞭笞天下하니　威
이 망 제 후　　　이 지 존 이 제 육 합　　집　고 복 이 편 태 천 하　　　위

振⑧四海라.
진 사 해

　　南取⑨百粤之地하여　以爲⑩桂林象郡하니　百粤之君이　⑪俛首係
　　남 취 백 월 지 지　　이 위 계 림 상 군　　백 월 지 군　　면 수 계

頸하여　⑫委命下吏라.　迺使⑬蒙恬으로　北築長城而守藩籬하여
경　　위 명 하 리　　내 사 몽 염　　　북 축 장 성 이 수 번 리

⑭却匈奴七百餘里하니　胡人不敢南下而牧馬하며　⑮士不敢彎弓
각 흉 노 칠 백 여 리　　　호 인 불 감 남 하 이 목 마　　　사 불 감 만 궁

而報怨이라.
이 보 원

於是에　廢⑯先王之道하고　⑰焚百家之言하여　以愚⑱黔首하고　墮
어 시　폐 선 왕 지 도　　분 백 가 지 언　　이 우 검 수　　타

名城하며　殺豪俊하고　收天下之⑲兵하여　聚之⑳咸陽하여　銷鋒鏑하
명 성　　살 호 준　　수 천 하 지 병　　취 지 함 양　　소 봉 적

여　㉑鑄以爲金人十二하여　以弱天下之民이라.
　　주 이 위 금 인 십 이　　이 약 천 하 지 민

然後에　㉒踐華爲城하며　㉓因河爲池하여　據㉔億丈之城하고　臨
연 후　　천 화 위 성　　인 하 위 지　　거 억 장 지 성　　임

㉕不測之淵하여　以爲固하고　良將㉖勁弩이　守要害之處하며　信臣
불 측 지 연　　이 위 고　　양 장 경 노　수 요 해 지 처　　신 신

精卒이　陳㉗利兵而誰何하니　天下已定이라.　始皇之心이　自以爲關
정 졸　　진 리 병 이 수 하　　천 하 이 정　　시 황 지 심　　자 이 위 관

中之固는　㉘金城千里니　子孫帝王萬世之業也더라.
중 지 고　　금 성 천 리　자 손 제 왕 만 세 지 업 야

주해　① 施(이)−연(延)의 뜻. 이어서. ○孝文王(효문왕)−소양왕(昭襄王)의
아들로 재위기간이 1년이었다. ○莊襄王(장양왕)−효문왕의 아들로 재위
기간은 4년.

② 享國(향국)−군주 또는 제후가 나라를 계승하여 그 자리를 지키는 것. ○日
淺(일천)−기간이 짧다.

③ 餘烈(여렬)−선조들이 남긴 훌륭한 업적의 위세.

④ 長策(장책)−긴 채찍. ○馭宇內(어우내)−천하를 말을 몰듯이 다스리다.

⑤ 呑二周(탄이주)−이주(二周)는 동주(東周)와 서주(西周). 효왕(孝王)은
동생 환공(桓公)을 하남(河南)에 봉하고 이곳을 동주라 하고 낙도(洛都)
를 서주라 했다. 진시황은 동주와 서주를 멸망시켰다.

⑥ 履至尊(이지존)−이(履)는 밟다. 지존(至尊)은 천자의 지위. 천자의 지위
에 오르다. ○六合(육합)−천지와 사방. 세상이란 뜻.

⑦ 敲(고)−짧은 매. ○扑(복)−종아리채, 곧 형벌기구를 말한다. ○鞭笞(편

태)-편(鞭)은 채찍질하다. 태(笞)는 매질하다.

⑧ 四海(사해)-온 세상.

⑨ 百粤(백월)-백월(百越)이라고도 한다. 많은 종족의 월인(越人)들이 사는 땅으로 지금의 절강(浙江)·복건(福建)·광동(廣東)·광서(廣西)·월남(越南) 지방에는 월인들이 살았다.

⑩ 桂林象郡(계림상군)-진시황이 남쪽 백월(百越)의 땅을 빼앗고 그 땅을 계림군(桂林郡)·상군(象郡)이라 하였다.

⑪ 俛首(면수)-머리를 숙임. 면(俛)은 머리를 아래로 숙이다. ○係頸(계경)-목에 줄을 매다. 약한 제후들이 진시황이 벌을 내릴 것을 기다리는 것을 가리킨다.

⑫ 委命下吏(위명하리)-위(委)는 맡기다. 명(命)은 목숨. 하리(下吏)는 옥리(獄吏). 목숨을 옥리에게 맡기다.

⑬ 蒙恬(몽염)-진(秦)나라의 장수. 진시황 33년에 30만의 군대를 이끌고 흉노를 정벌하여 황하 이남의 44현을 되찾고 서쪽의 임조(臨洮)에서부터 동쪽의 요동(遼東)에 이르는 만여리의 장성을 쌓아 흉노의 침입을 막았다. ○藩籬(번리)-울타리, 국경.

⑭ 却(각)-물리치다.

⑮ 士(사)-오랑캐의 무사(武士). ○彎弓(만궁)-활을 당기다.

⑯ 先王之道(선왕지도)-옛 성왕(聖王)들의 도.

⑰ 焚百家之言(분백가지언)-분(焚)은 불사르다. 백가(百家)는 제자백가(諸子百家). 제자백가의 말을 적은 책을 불태우다.

⑱ 黔首(검수)-백성. 평민들이 머리에 두건이나 관(冠)을 쓰지 않았기 때문에 머리가 검다고 해서 붙인 이름이라고 한다.

⑲ 兵(병)-무기.

⑳ 咸陽(함양)-진(秦)나라의 서울. 섬서성(陝西省) 함양현 동쪽.

㉑ 鑄以爲金人十二(주이위금인십이)-진시황 26년에 진시황은 백성들이 무기를 가지고 반란을 일으키는 것을 막기 위해 온 세상의 무기를 모두 함양에 거두어들여 궁중의 뜰에다 무게가 천 석(石)에 키가 5장(丈)이 되는 동상(銅象)을 12개 만들었다고 한다.

㉒ 踐華爲城(천화위성)−화(華)는 화산(華山). 오악(五嶽) 중 서악(西嶽)인 태화산(太華山)이다. 화산에 올라가 성을 만들다.

㉓ 因河爲池(인하위지)−황하의 강물을 끌여들여 성을 두르는 못을 만들다.

㉔ 億丈(억장)−억길.

㉕ 不測(불측)−헤아릴 수 없을만큼 깊음.

㉖ 勁弩(경노)−굳센 쇠뇌. 노(弩)는 쇠뇌.

㉗ 利兵(이병)−날카로운 무기. ○誰何(수하)−누구냐고 이름을 묻다.

㉘ 金城(금성)−굳고 단단한 성. 굳게 방비된 성.

3

진시황이 죽고 나서도 나머지 위세가 풍속을 달리하는 곳까지 진동했다. 그런데 진섭(陳涉)은 가난한 집안의 자식이며 천한 백성이고 유랑하는 무리였다. 그의 재능은 중간층의 평범한 사람에도 미치지 못하였으며 공자(孔子)나 묵자(墨子)의 현명함이나 도주(陶朱)나 의돈(猗頓)의 부(富)도 없었다. 병사의 행렬에 끼어 있었고 밭둑길에서 비천한 몸을 일으켜 지치고 흩어진 병졸들을 이끌고 수백 명의 무리들을 거느리고 몸을 돌이켜 진나라를 공격했다. 나무를 베어 무기로 삼고 장대를 높이 들어 깃발로 삼으니 천하에서 구름같이 모여들어 호응하고 식량을 짊어지고 그림자처럼 따랐다. 산동(山東)의 호걸들도 마침내 일어나서 진나라의 일족을 멸망시켰다.

천하가 작고 약한 것도 아니었고 옹주(雍州)의 땅과 효산(崤山)과 함곡관(函谷關)의 요새는 다름이 없었다. 진섭의 지위는 제(齊)·초(楚)·연(燕)·조(趙)·한(韓)·위(魏)·송(宋)·위(衛)·중산(中山)의 임금보다 존귀하지 않았다. 호미와 고무래와 창과 창자루가 갈고리창이나 긴 창보다는 날카롭지는 않았고, 유배되어 수자리살던 무리가 아홉 나라의 군대에게 대항할 수는 없었을 것이다. 깊이 도모하고 멀리 생각하며 행군을 하고 용병을 하는 방법이 이전의 사인(士人)에는 못미쳤을 것이다.

그러나 성패(成敗)에 이변이 일어나 공적이 상반되었으니 시험삼아 산동(山東)의 나라로 하여금 진섭과 국토의 길이와 크기를 재어보고 권세를 비교해보고 병력을 헤아려 본다면 동등하다고 말할 수 없을 것이다.

그러나 진나라는 작은 땅을 가지고 천자의 권세에까지 이르렀으며, 8주(州)를 불러 동렬(同列)의 제후들에게서 조회를 받은 지 백여년이 지난 후에 온 세상을 일가로 여기고 효산(崤山)과 함곡관(函谷關)을 궁전으로 삼았다.

한 사나이가 난을 일으키자 일곱 개의 종묘가 무너지고 황제의 몸은 남의 손에 죽어 천하의 웃음거리가 되었던 것은 무엇 때문인가? 인의(仁義)를 시행하지 아니하여 공격하고 수비하는 형세가 달라졌기 때문이었다.

[원문] 始皇旣①沒에 餘威震于②殊俗이라. 然而③陳涉은 ④甕牖繩樞
　　　　시황기 몰　　여위진우 수속　　연이 진섭　　옹유승추

之子요 ⑤甿隸之人而⑥遷徙之徒也라. 材能不及⑦中庸이오 非有
지자　맹례지인이 천사지도야　　재능불급 중용　　비유

⑧仲尼墨翟之賢과 ⑨陶朱猗頓之富로대 ⑩躡足行伍之間하고 ⑪俛
중니묵적지현　　도주의돈지부　　섭족항오지간　　면

起阡陌之中하여 率疲散之卒하고 將數百之衆하여 轉而攻秦할새
기천맥지중　　솔피산지졸　　장수백지중　　전이공진

斬木爲兵하고 ⑫揭竿爲旗하니 天下⑬雲會而響應하고 ⑭贏粮而景
참목위병　　게간위기　　천하 운회이향응　　영량이 경

從하여 ⑮山東豪傑이 遂竝起而亡秦族矣라.
종　　산동호걸　수병기이망진족의

且天下非小弱也오 ⑯雍州之地와 崤函之固가 ⑰自若也며 陳
차천하비소약야　옹주지지　효함지고　　자약야　　진

涉之位가 不尊於齊楚燕趙韓魏宋衛中山之君이오 ⑱鋤櫌棘矜이
섭지위　부존어제초연 조한위송위중산지군　　서우극긍

不敵於⑲鉤戟長鎩요 ⑳適戍之衆이 不亢於九國之師요 深謀遠慮
부적어 구극장쇄　적수지중　불항어구국지사　심모원려

와 ㉑行軍用兵之道가 非及㉒曩時之士也라.
　　행군용병지도　비급 낭시지사야

然而成敗異變하고 ^㉓功業相反은 何也오? ^㉔試使山東之國으로
연 이 성 패 이 변　　공 업 상 반　　하 야　　시 사 산 동 지 국

與陳涉으로 ^㉕度長絜大하고 比權^㉖量力이면 則不可^㉗同年而語
여 진 섭　　탁 장 혈 대　　비 권 량 력　　즉 불 가 동 년 이 어

矣라.
의

然이나 秦以^㉘區區之地로 致^㉙萬乘之權하여 ^㉚招八州而^㉛朝同
연　　진 이 구 구 지 지　　치 만 승 지 권　　초 팔 주 이 조 동

列이 百有餘年矣라. 然後에 以六合爲家하고 崤函爲宮이라.
렬　백 유 여 년 의　　연 후　이 육 합 위 가　　효 함 위 궁

^㉜一夫作難而^㉝七廟墮하고 ^㉞身死人手하여 爲天下笑者는 何也
일 부 작 난 이 칠 묘 타　　신 사 인 수　　위 천 하 소 자　　하 야

오? ^㉟仁誼不施하여 而^㊱攻守之勢異也일새니라.
인 의 불 시　　이 공 수 지 세 이 야

주해　① 沒(몰)-죽다. 황제의 죽음에는 붕(崩)자를 쓰는데 여기서는 진나라
의 허물을 논하고 있으므로 존대어를 쓰지 않은 것이다.

② 殊俗(수속)-풍속을 달리하는 이민족.

③ 陳涉(진섭)-이름은 승(勝), 자는 섭(涉)이다. 양성(陽成) 사람. 어려서는
머슴살이를 하였는데 진이세(秦二世) 원년에 어양(漁陽)에 수자리 갔다가
반란을 일으켰다.

④ 甕牖繩樞(옹유승추)-깨진 항아리의 주둥이로 창(窓)을 하고 새끼로 문을
단다는 뜻. 가난한 집을 형용함.

⑤ 氓隸(맹례)-천한 백성.

⑥ 遷徙之徒(천사지도)-유랑하는 무리. 진섭(陳涉)은 유배되어 어양(漁陽)
의 수비병이 되었다.

⑦ 中庸(중용)-어느 쪽으로나 치우치지 않고 중정(中正)함. 또는 재능이 보
통임. 여기서는 후자의 뜻.

⑧ 仲尼(중니)-공자(孔子)의 자. ㅇ墨翟(묵적)-겸애(兼愛)를 주장한 묵자
(墨子).

⑨ 陶朱(도주)-월(越)나라의 재상인 범려(范蠡)를 가리킨다. 범려는 월왕(越

王) 구천(句踐)을 위해 오(吳)나라를 멸망시킨 뒤에 조정에서 빠져나가
도(陶)라는 지방에서 '도주공(陶朱公)'이라 이름을 바꾸고 장사를 했는데
큰 부자가 되었다고 한다. ㅇ猗頓(의돈)-노(魯)나라 사람으로 도주공에
게 돈버는 기술을 배워 큰 부자가 되었다.

⑩ 躡足(섭족)-발을 들여놓다. 섭(躡)은 밟다.

⑪ 俛起(면기)-몸을 굽혔다가 일어남. 빈천한 처지에 있다가 몸을 일으키는
것. ㅇ阡陌(천맥)-밭둑길. 동서를 맥(陌), 남북을 천(阡)이라고도 하고,
동서를 천(阡), 남북을 맥(陌)이라고도 한다.

⑫ 揭竿(게간)-장대를 높이 들다.

⑬ 雲會(운회)-구름처럼 모이다. ㅇ響應(향응)-소리에 따라 울리는 소리가
남. 어떤 사람의 주창에 따라 그와 같이 행동을 취함.

⑭ 贏(영)-등에 지다. ㅇ粮(양)-양식. 양(糧)과 같음.

⑮ 山東(산동)-함곡관 동쪽에 있는 위(魏)・제(齊)・조(趙)・한(韓)・초
(楚)・연(燕)의 여섯 나라.

⑯ 雍州(옹주)-진(秦)나라의 영지.

⑰ 自若(자약)-본디 그대로.

⑱ 鉏耰(서우)-호미와 고무래. ㅇ棘矜(극긍)-극(棘)은 창. 긍(矜)은 창자루.

⑲ 鉤戟(구극)-구(鉤)는 갈고리. 극(戟)은 창. 갈고리처럼 굽은 창을 말한다.
ㅇ鍛(쇄)-긴 창.

⑳ 適戍之衆(적수지중)-귀양가서 어양(漁陽)에서 변방을 지키던 무리.

㉑ 行軍用兵(행군용병)-행군은 군대를 어떤 곳에서 다른 곳으로 이동시키는
것. 용병은 병기를 쓰는 것, 또는 군사를 부리는 것.

㉒ 曩時(낭시)-전날. 지난 때.

㉓ 功業相反(공업상반)-공업(功業)이 서로 반대가 되다. 여섯 나라는 실패
하고 진섭(陳涉)은 성공한 것을 가리킨다.

㉔ 試使(시사)-시험삼아 ……한다면. 사(使)는 가정을 나타낸다.

㉕ 度長絜大(도장혈대)-길이와 크기를 재어보다. 도(度)와 혈(絜)은 모두
잰다는 뜻.

㉖ 量(양)-헤아리다.

㉗ 同年(동년)-같은 해에 태어난 동갑내기. 여기서는 동등하다는 의미.

㉘ 區區(구구)-조그마한 모양.

㉙ 萬乘(만승)-천자는 전차 만 대를 출동시킬 수 있다는 데서 만승은 천자를 가리킨다.

㉚ 招八州(초팔주)-초(招)는 부르다. 팔주(八州)란 중국 고대에는 천하를 9주로 나누었는데 그 가운데서 진(秦)을 제외한 땅이다. 9주로는 기(冀)·연(兗)·청(青)·서(徐)·양(楊)·형(荊)·예(豫)·양(梁)·옹(雍)이 있는데 옹은 진나라 땅이다.

㉛ 朝(조)-조회(朝會). 조회는 신하가 임금을 조정에서 뵙는 것. ㅇ同列(동렬)-같은 제후국. 주나라 때에는 진(秦)나라도 여섯 나라와 같은 제후국이었다.

㉜ 一夫作難(일부작난)-한 사나이가 난을 일으킴. 진섭이 반란을 일으킨 것을 말한다.

㉝ 七廟(칠묘)-진(秦)나라 효공으로부터 진시황까지 7대의 선조를 모신 사당. 원래 7묘는 천자국의 종묘로서 태조의 사당이 한가운데에 있고 왼편에는 2세·4세·6세의 삼소(三昭)의 사당이 있으며 오른편에는 3세·5세·7세의 삼목(三穆)의 사당이 있다.

㉞ 身死人手(신사인수)-남의 손에서 죽음. 진시황의 태자인 부소(扶蘇)의 아들 자영(子嬰)은 항우(項羽)에게 죽음을 당했다.

㉟ 仁誼不施(인의불시)-인의(仁義)를 행하지 않았다. 의(誼)는 의(義)와 통함. 진(秦)나라는 법으로 백성을 억누르는 정치를 하였다.

㊱ 攻守之勢異(공수지세이)-공격과 수비의 형세는 다르다. 천하를 차지하는 것은 무력을 통해서 가능하지만 천하를 다스리는 데는 무력정치가 아니라 인의(仁義) 정치를 행해야 함을 가리킨 것. 진나라는 법가사상(法家思想)을 받아들여 가혹한 형벌로 백성들을 억압했기 때문에 망했다는 견해가 반영되어 있다.

해설 작자 가의(賈誼, 기원전 200~기원전 168)는 한(漢) 문제(文帝, 기원전 179~기원전 157 재위) 때의 문인으로 여러 편의 부(賦) 작품과 정

론집(政論集)인《신서(新書)》등을 남기고 있다.

　이 글은 진(秦)나라의 과오를 논한 글이다. 효공(孝公) 때부터 진시황에 이르는 진의 거창한 천하통일 과정을 서술한 뒤에 바로 진섭(陳涉)이라는 일개 시골뜨기에 의해 대제국이 쉽게 허물어지는 장면을 서술하여 강한 대조효과를 보이고 있다.

　그리고 끝부분에서 인의정치(仁義政治)를 역설함으로써 자신의 주장을 효과적으로 마무리하고 있다. 한대(漢代)는 건국 초기부터 유교를 국가의 정치사상으로 받아들였는데 가의는 이 글 속에서 법가사상(法家思想)을 기본으로 한 철저한 독재국가였던 진나라의 패망 원인을 분명하게 그려 보이면서 인의를 중심으로 한 왕도정치를 강조하고 있다.

조굴원부(弔屈原賦)

가의(賈誼)

1

삼가 천자의 은혜를 입어,
장사(長沙)에서 죄를 기다리게 되었네.
듣건대 굴원이,
스스로 멱라(汨羅)에 몸을 던졌다 하니,
나는 가서 상강(湘江)에 기탁하여,
삼가 선생을 애도하노라.
매우 어지러운 세상을 만나서,
이에 그 몸을 망치게 되었도다.
아아, 슬프도다,
상서롭지 못한 때를 만났음이여!
난새와 봉황은 몸을 숨기고,
부엉이와 올빼미가 날뛰는구나.
어리석고 무능한 자들이 존귀해지고,
남을 모함하고 아첨하는 자들이 뜻을 얻으며,
현인·성인(聖人)들이 도리어 끌려다니고,
곧고 바른 선비들이 거꾸로 세워지고 있네.
변수(卞隨)와 백이(伯夷)를 흐리다고 말하고,

도척(盜跖)과 장교(莊蹻)를 청렴하다 하며,

막야(莫邪)를 무디다 하고,

납덩이 칼을 잘 든다 하네.

아아! 말도 하지 못하게 되었으니,

사는 것도 소용없게 되었네.

주(周)나라의 솥은 내버리고,

진흙 항아리를 보배로 여기는도다.

지친 소에게 수레를 끌게 하고,

절름발이 노새를 곁말로 삼으며,

천리마는 두 귀를 늘어뜨리고,

소금 수레나 끌게 하였도다.

장보(章甫)관을 신발 아래 깔은 셈이니,

더욱 오래 갈 수 없게 되었네.

아아! 괴롭게도 선생님께선

홀로 이 재난 당하셨도다!

원문 恭①承嘉惠兮여 ②竢罪長沙라.
공 승 가 혜 혜　　사 죄 장 사

③仄聞屈原兮여, 自④湛汨羅로다.
측 문 굴 원 혜　　자 침 멱 라

⑤造托湘流兮여, 敬弔先生이라.
조 탁 상 류 혜　　경 조 선 생

遭世⑥罔極兮여, ⑦迺殞厥身하니,
조 세 망 극 혜　　내 운 궐 신

⑧烏虖哀哉兮여, 逢時不祥이라.
오 호 애 재 혜　　봉 시 불 상

⑨鸞鳳伏竄兮여, ⑩鴟鴞翺翔이라.
난 봉 복 찬 혜　　치 효 고 상

⑪闒茸尊顯兮여, ⑫讒諛得志며,
탑 용 존 현 혜　　참 유 득 지

賢聖⑬逆曳兮여, ⑭方正倒植이라.
현 성 역 예 혜　　방 정 도 식

謂⑮隨夷溷兮여, 謂⑯跖蹻廉이며,
위 수 이 혼 혜　　위 척 교 렴

⑰莫邪爲鈍兮여, 鉛刀爲⑱銛이라.
막 야 위 둔 혜　　연 도 위 섬

于嗟⑲默默이, 生之⑳亡故兮라.
우 차 묵 묵　　생 지 무 고 혜

㉑斡棄周鼎코, ㉒寶康瓠兮여,
알 기 주 정　　보 강 호 혜

㉓騰駕罷牛코, ㉔驂蹇驢兮여,
등 가 피 우　　참 건 려 혜

㉕驥垂兩耳하고, 服鹽車兮라.
기 수 량 이　　복 염 거 혜

㉖章甫薦屨니, ㉗漸不可久兮라.
장 보 천 구　　점 불 가 구 혜

㉘嗟苦先生이여, 獨㉙離此咎兮로다.
차 고 선 생　　독 리 차 구 혜

주해 ① 承(승)-받들다. 받다. ㅇ嘉惠(가혜)-황제께서 내리신 은혜. 여기에
서는 가의가 황제의 조명(詔命)을 받들어 장사(長沙)로 부임하게 된 것을
가리킴.

② 竢罪(사죄)-대죄(待罪). 처벌을 기다림.

③ 仄聞(측문)-소문으로 들음.

④ 湛(침)-침(沈)과 같음. ㅇ汨羅(멱라)-강 이름. 상강(湘江)의 지류로 굴
원(屈原)이 빠져 죽은 곳으로 유명하다.

⑤ 造(조)-취(就)와 같음. 가다. 이르다. ㅇ托(탁)-기탁함.

⑥ 罔極(망극)-혼란하기 이를 데 없는.

⑦ 廼(내)-내(乃)와 같음. ㅇ殞(운)-죽다. 굴원이 멱라에 투신한 것을 말함.
ㅇ厥(궐)-기(其)와 같음.

⑧ 烏虖(오호)-오호(嗚呼)와 같음. 감탄사.

⑨ 鸞鳳(난봉)-난새와 봉황(鳳凰). 모두 영조(靈鳥)로 현인이나 성인(聖人)

을 비유함. ㅇ伏竄(복찬)-몸을 숨김.

⑩ 鴟鴞(치효)-부엉이와 올빼미. 모두 악조(惡鳥)로 소인을 비유함. ㅇ翶翔
(고상)-빙빙 돌며 낢. 전의(轉意)하여 발호(跋扈)함.

⑪ 闒茸(탑용)-둔하고 용렬한 사람.

⑫ 讒諛(참유)-참언하고 아첨하는 사람.

⑬ 逆曳(역예)-거꾸로 끌리다. 현인이 세상에 드러나고 소인이 아래에 있어
야 하는데, 도리어 현자들은 쫓겨나 있고 소인배들이 재위(在位)함을 말함.

⑭ 方正(방정)-곧고 바른 선비. ㅇ倒植(도식)-도치(倒置)와 같음. 의미는
역예(逆曳)에서와 마찬가지이다.

⑮ 隨夷(수이)-변수(卞隨)와 백이(伯夷). 청렴결백한 사람을 뜻함. 변수는
은(殷)나라 탕왕(湯王)이 왕위를 물려주려고 할 때 받지 않았고, 백이는
주(周) 무왕(武王)이 혁명으로 은을 멸망시켰을 때, 이에 반대하여 주나라
녹속(祿粟)을 먹지 않겠노라며 아우 숙제(叔齊)와 함께 수양산(首陽山)에
들어가 고비를 뜯어먹으며 연명하다 굶어 죽었다. ㅇ溷(혼)-흐림. 혼탁함.

⑯ 跖蹻(척교)-노(魯)나라의 도둑인 도척(盜跖)과 초(楚)나라의 도둑인 장
교(莊蹻). 악인의 대명사.

⑰ 莫邪(막야)-명검(名劍)의 이름. 오(吳)나라의 간장(干將)이라는 사람이
명검 두 자루를 만들어 하나는 자기 이름을 따라 간장이라 하였고, 다른
하나는 아내의 이름을 따서 막야라고 지었다 함.

⑱ 銛(섬)-예리함.

⑲ 默默(묵묵)-말을 하지 못하는 모양.

⑳ 亡故(무고)-이유없이. 무(亡)는 무(無)와 같다.

㉑ 斡棄(알기)-내버림. ㅇ周鼎(주정)-하(夏)나라 우(禹)임금이 9주(州)의
상징으로 9개의 솥을 만들었는데 이것이 주대(周代)까지 국보로 전해온다.

㉒ 寶康瓠兮(보강호혜)-보(寶)는 보배로 여기다. 강호(康瓠)는 진흙 항아리
혹은 빈 항아리. 가치없는 물건의 비유.

㉓ 騰駕罷牛(등가피우)-지친 소를 수레에 매어 끌게 함. 등가(騰駕)는 수레
에 말이나 소를 매어 끌게 함. 파(罷)는 피(疲)와 같다.

㉔ 驂蹇驢兮(참건려혜)-절름발이 노새를 곁말로 두다. 고대의 마차는 네 필

의 말이 끄는데 바깥쪽 좌우의 말은 참(驂) 또는 비(騑)라 하고 안쪽의
두 말은 복(服)이라 함.

㉕ 驥垂兩耳(기수량이)─천리마가 맥이 빠져 두 귀를 늘어뜨림. 기(驥)는 천
리마. '참건려혜'와 함께 인재가 적소에 배치되지 않아 재능있는 사람이
푸대접 받음을 말함.

㉖ 章甫薦屨(장보천구)─머리에 써야 할 장보관(章甫冠)을 신발 밑에 깖. 곧
현인이 소인 아래에 있음을 말함. 장보관은 은(殷)에서 쓰던 이름난 관.
천(薦)은 깐다는 뜻.

㉗ 漸不可久矣(점불가구의)─나라가 점점 어지러워져서 오래 갈 수 없음. 혹
은 나라가 점점 어지러워져서 군자가 오래 거(居)할 수 없음.

㉘ 嗟苦先生(차고선생)─차(嗟)는 감탄사, 곧 '아아'. 선생은 굴원을 가리킴.

㉙ 離(이)─만나다, 당하다.

2

이에 말하노라.

"끝났도다.

나라 안에 아무도 날 알아주는 이 없네."

나 홀로 답답한 이 마음 누구에게 이야기할까?

봉황처럼 훨훨 날아 높이 사라져 버리니,

스스로 물러나 멀리 가버리는 것이며,

신룡(神龍)처럼 깊은 못에 몸을 숨기니,

고요히 잠겨 자중(自重)하는 것이네.

교달(蛟獺)을 멀리하고 숨어 지내니,

어찌 새우나 거머리와 지렁이들과 어울리겠는가?

성스러운 신덕(神德)을 귀히 여겨,

혼탁한 세상을 멀리하여 스스로 숨었도다.

기린(麒麟)이라도 묶어서 굴레를 씌운다면,

어찌 개나 양과 다르다 하겠는가?
어지러운 세상에서 머뭇거리다가 이런 화를 당한 것도,
선생 때문이네.
온 천하를 두루 다니며 밝은 임금을 찾을 것이니,
하필 이 고장만을 생각할까?
봉황은 천 길의 하늘을 날다가,
성군(聖君)의 덕이 빛남을 보고 그곳에 내리며,
무덕(無德)하여 위험한 징조가 보이면,
다시 날개쳐 멀리 떠나 버린다네.
저 혼한 더러운 도랑에,
어떻게 배를 삼킬 만한 물고기가 잠길 수 있겠는가?
강호(江湖)를 가로지를 만한 전어(鱣魚)나 고래라도,
곧 땅강아지나 개미에게 제압당하고 말 것을.

원문 ①誶曰：已矣라.
　　　수 왈　이 의

國其莫吾知兮여, 予獨②壹鬱其誰語오?
국 기 막 오 지 혜　여 독 일 울 기 수 어

鳳③縹縹其高逝兮여, 夫固④自引而遠去며,
봉 표 표 기 고 서 혜　부 고 자 인 이 원 거

⑤襲九淵之神龍兮여, ⑥沕淵潛以自珍이라.
습 구 연 지 신 룡 혜　물 연 잠 이 자 진

⑦偭蟂獺以隱處兮여, 夫豈從⑧蝦與蛭螾이리오?
면 교 달 이 은 처 혜　부 기 종 하 여 질 인

所貴聖之神德兮여, 遠濁世而⑨自臧이니,
소 귀 성 지 신 덕 혜　원 탁 세 이 자 장

使⑩麒麟可⑪係而羈兮인댄, 豈云異夫犬羊가?
사 기 린 가 계 이 기 혜　기 운 이 부 견 양

⑫般紛紛其離此郵兮여, 亦⑬夫子之故也니라.
반 분 분 기 리 차 우 혜　역 부 자 지 고 야

⑭歷九州而相其君兮여, 何必懷⑮此都也오?
역 구 주 이 상 기 군 혜   하 필 회 차 도 야

鳳凰翔于千仞兮여, 覽⑯德輝而下之로다.
봉 황 상 우 천 인 혜   남 덕 휘 이 하 지

見⑰細德之險微兮여, ⑱遙增擊而去之로다.
견 세 덕 지 험 미 혜   요 증 격 이 거 지

彼⑲尋常之汙瀆兮여, 豈容⑳吞舟之魚리오?
피 심 상 지 오 독 혜   기 용 탄 주 지 어

橫江湖之㉑鱣鯨兮여, ㉒固將制於螻蟻로다.
횡 강 호 지 전 경 혜   고 장 제 어 루 의

주해 ① 誶曰(수왈)－노래의 종편(終篇)을 뜻하는 말로 끝머리에 붙여 전편
의 뜻을 개괄하고 결론을 서술한다. 사부체(辭賦體) 문장에 주로 쓰이며,
'신왈(訊曰)'·'난왈(亂曰)'로도 쓴다.

② 壹鬱(일울)－가슴이 답답함. ㅇ誰語(수어)－누구에게 말할까?

③ 縹縹(표표)－표표(飄飄)와 같음. 훨훨 높이 나는 모양.

④ 自引(자인)－스스로 물러남.

⑤ 襲九淵之神龍兮(습구연지신룡혜)－깊은 못에 몸을 숨긴 신령스런 용. 습
(襲)은 깊이 숨어서 몸을 사림. 구연(九淵)은 아홉 겹의 못. 아주 깊은 못.

⑥ 沕(물)－깊고 아득함. ㅇ自珍(자진)－자중함. 스스로를 소중히 여겨 보중
(保重)함. 난세에 처한 군자의 처신을 말한다.

⑦ 偭蟂獺(면교달)－교달벌레를 등지다. 면(偭)은 배(背)와 같다. 교달은 물
에 사는 벌레로 물고기를 해침. 소인을 비유하는 말로 쓰였다.

⑧ 蝦與蛭蝚(하여질인)－새우와 거머리와 지렁이. 역시 소인을 비유함.

⑨ 自臧(자장)－자신을 숨기다. 장(臧)은 장(藏)과 같다.

⑩ 麒麟(기린)－상서로운 동물로 성인 군자에 비유된다.

⑪ 係而羈(계이기)－묶어서 굴레를 씌움.

⑫ 般紛紛(반분분)－난세에 처하여 머뭇거리며 피하지 못함. 반(般)은 반(盤)
으로 보아 반환(盤桓)으로 새기며 그 뜻은 머뭇거려 떠나지 못함을 말함.
분분(紛紛)은 어지러워 혼잡함. ㅇ離此郵(이차우)－이(離)는 만나다. 당하
다. 우(郵)는 우(尤)와 같으며 허물을 뜻함.

⑬ 夫子之故(부자지고)－선생의 잘못. 부자(夫子)는 굴원을 가리킴.

⑭ 歷九州而相其君(역구주이상기군)－온 천하를 두루 다니며 명군을 찾아
   그를 섬기다. 역(歷)은 두루 다님. 구주(九州)는 중국의 온 천하. 상(相)
   은 보필하다, 돕다.

⑮ 此都(차도)－초(楚)의 임금이 있는 수도. 굴원이 일편단심으로 초나라만
   을 생각하다 화를 당한 것을 말한다.

⑯ 德輝(덕휘)－성군(聖君)의 덕이 빛나는 곳.

⑰ 細德(세덕)－덕이 적음. 무덕(無德)함. ㅇ險微(험미)－위험한 징조.

⑱ 遙增擊(요증격)－날개를 더욱 세차게 쳐서 멀리 사라짐.

⑲ 尋常(심상)－평범한. 보통의. ㅇ汙瀆(오독)－물이 고인 웅덩이.

⑳ 吞舟之魚(탄주지어)－배를 삼킬만큼 큰 물고기. 대인을 가리킴. 소인들이
   득실거리는 조정에서는 굴원과 같은 대인을 용납할 수 없음을 비유함.

㉑ 鱣鯨(전경)－전어(鱣魚)와 고래. 역시 대인 군자를 비유함.

㉒ 固將制於螻螘(고장제어루의)－진실로 장차 땅강아지나 개미에게 제압당
   하게 될 것이다. 큰인물이 소인배들에게 괴로움을 당하게 되리라는 뜻.

해설 한(漢)의 대부(大夫) 가의(賈誼, 기원전 201~기원전 169)는 한대
초기의 정론가(政論家)이자 부(賦)의 작가이다. 일찍이 하남수(河南守)
오공(吳公)이 그의 재능을 듣고 문하에 불러들였는데, 문제(文帝, 기원전
179~기원전 157 재위)가 즉위하자 곧 진언하니 문제는 그를 불러들여
박사(博士)를 삼았다. 이때 가의의 나이는 불과 20세였다. 그후 1년 사이
에 태중대부(太中大夫)가 되었는데, 그의 뛰어난 재주와 빠른 출세를 시
기한 다른 권신(權臣)들의 참소와 중상(中傷)을 받아 장사왕(長沙王)의
태부(太傅)가 되었다.

   이때 마침 상수(湘水)를 지나다가 굴원을 생각하고 자신의 불우하고
억울한 심정을 굴원에 기탁하여 이 작품을 짓게 되었다. 그후 다시 양
(梁) 회왕(懷王)의 태부가 되었는데 회왕은 문제의 가장 사랑하는 소자
(小子)였다. 그가 낙마(落馬)하여 죽자 가의는 마음의 충격을 받고 1년만
에 죽고 말았다. 이때 그의 나이는 겨우 33세였다. 그의 생애가 굴원의

불우함과 비슷한 점이 있어 항상 '굴가(屈賈)'로 병칭(並稱)되고 있으며, 《사기(史記)》에서도 〈굴원가생열전(屈原賈生列傳)〉으로 합전(合傳)되고 있다.

이 작품은 굴원의 〈이소(離騷)〉를 계승한 한대의 서정적인 부 작품 중 대표적인 작품이다. 본문에서 작자는 굴원의 조우(遭遇)에 대해 깊은 동정과 애도를 표시하며, 굴원을 박해했던 어지러운 사회를 개탄한다. 그리고 봉황이 높이 날아오르고 신령스런 용이 깊이 숨는 것 등의 비유를 통하여 어지러운 세상과 타협할 수 없는 자신의 의지를 표명하며 굴원과 자신을 동일시한다.

좋은 새와 어진 짐승으로써 현인을 비유하고, 흉한 새와 악한 짐승으로써 소인을 비유하였으니 이는 초사(楚辭)에서 흔히 사용한 방법이며 본문에서는 그 전통을 이어받고 있다. 또한 열거와 대우(對偶) 형식과 대비(對比)·과장(誇張)의 수법을 사용하여 감정을 선명하고 강렬하게 표현해 냈다. 다만 진실성의 결여가 큰 흠이라 하겠다.

성주득현신송(聖主得賢臣頌)

왕포(王褒)

성근 모포조각을 걸치고 거친 털옷을 입은 사람과는 순면의 곱고 세밀함을 말하기 어렵고, 명아주국과 말린 밥을 먹는 사람과는 고급 요리의 맛을 논하기 어렵습니다. 지금 신(臣)은 서촉(西蜀)에 치우쳐 살고 있는데 가난한 마을에서 태어나 쑥대로 이은 지붕 밑에서 자랐습니다. 세상을 두루 관람하거나 많은 책을 읽어서 얻은 지식도 없으면서 도리어 몹시 우둔하고 비천한 결점만을 지니고 있어, 폐하의 두터운 신망(信望)을 채워드리고 밝으신 뜻을 받들기에 부족합니다. 비록 그러할지라도 저의 어리석은 마음을 간략히 진술함으로써 진정을 펴지 않을 수 있겠습니까?
송(頌)을 지어 말씀 올립니다.
삼가 춘추의 서법(書法)을 생각해 보면 첫머리 오시(五始)의 요체는 임금이 자신을 살피고 통치를 바르게 하는 데 있을 따름입니다. 크게 현명한 사람은 나라의 그릇입니다. 임용된 자가 현명하면 정사의 취사에 힘이 절약되면서도 공덕은 널리 퍼지고, 도구가 예리하면 힘이 덜 들면서도 효과는 큰 것입니다. 그러므로 공인(工人)이 무딘 도구를 사용하면 뼈와 근육을 수고롭히며 종일토록 바득바득 애써야 합니다.
뛰어난 대장장이가 명검인 간장(干將)을 만들기 위해 쇠붙이를 주조하여 맑은 물에 그 칼끝을 식히고, 월나라 산(産) 숫돌에 그 칼날을 갈아내면, 물에서는 교룡을 베고 뭍에서는 무소 가죽을 끊는데, 빠르기는 마치 비로 먼지나는 길을 쓸듯하지요. 이와 같기 때문에 눈밝은 이루(離婁)로 하여금 먹줄을 바르게 치게 하고, 명공인 공수반(公輸班)으로 하여금 먹줄선을 따라 깎게 하면, 비록 5층이나 되는 높은 누대가 길이와 너비가 백장(百丈)씩이라 하더라도 흐트러짐없이 이루어지는 것은 공인과 용구가 딱 들어맞기 때문입니다.

보통사람이 둔마를 몰게 되면, 말주둥이에 상처를 입히고 말채찍을 해지게 할 정도로 힘써도 길을 멀리 가지 못하고, 가슴만 헐떡거리게 하고 땀만 흘리어 사람도 힘이 다하고 말도 지치게 되지요. 명마인 설슬(齧膝)을 수레에 매고 명마 승단(乘旦)을 곁말로 쓰며 이름난 마부 왕량(王良)이 고삐를 잡고 한나라 애후(哀侯)가 수레를 함께 몰면, 종횡무진으로 치달아 지는 햇빛처럼 빠를 것이며, 도읍을 지나고 국경을 넘는 데도 흙무더기를 지나가듯 빨리 달리지요. 번개를 추적하고 질풍을 따라잡으면서 팔방(八方)의 끝을 두루 돌고 만리(萬里)를 한숨에 달릴 것이니, 그 얼마나 멀리 달리는 겁니까? 사람과 말이 제 임자를 만났기에 가능한 것입니다.

그러므로 시원한 갈포옷을 입은 사람은 한여름의 찌는 듯한 무더위에 괴로워하지 않고, 따뜻한 여우와 담비 가죽의 갖옷을 껴입은 사람은 한겨울의 혹한을 두려워하지 않습니다. 어째서 그런가 하면, 대비가 되어 있어 대처하기가 쉽기 때문입니다. 현명한 사람과 군자 역시 성왕(聖王)이 온 세상을 쉽게 다스리기 위한 도구입니다. 이 때문에 즐거이 그들을 받아들이고, 넓고 여유있는 길을 열어 천하의 영웅호걸을 맞아들여야 합니다.

지혜를 다하여 현명한 사람을 가까이하면 반드시 인의(仁義)의 정책을 수립하게 되며, 멀리까지 찾아다니며 선비를 구하면 반드시 패자(覇者)의 업적을 세우게 됩니다. 옛날 주공(周公)은 입안의 밥알을 뱉고 감던 머리를 쥐고서 현명한 사람을 맞이하는 수고를 몸소 실천하셨기에 감옥이 텅 빌 정도의 융성한 시대를 이루었습니다. 제(齊)나라 환공(桓公)은 뜰에 촛불을 밝혀 새벽에 찾아오는 신하를 맞이하는 예를 베풀었기에 천하를 바로잡고 제후를 규합하는 공적을 이루었습니다. 이로써 본다면 임금된 사람은 현명한 사람을 구하는 데 힘씀으로써 훌륭한 사람을 얻어 편안하게 되는 것입니다.

신하의 경우 또한 그러합니다. 옛날 현명한 사람이 성군을 만나지 못하면, 일을 도모하고 정책을 펴려 해도 임금이 그 계책을 써주지 않습니다. 진정을 펴보여도 임금은 그 신실함을 그렇게 여기지 않습니다. 벼슬자리에 나아가도 효과를 나타낼 수가 없습니다. 쫓겨나는 것도 그의 허물 때문이 아닙니다. 이 때문에 이윤(伊尹)은 부엌에서 일을 해야 했고, 태공(太公)은 푸줏간에서 고생해야 했으며, 백리해(百里奚)는 자신을 양가죽 다섯 장에 팔아야 했고, 영척(甯戚)은 소를 먹이는 일을 해야만 했는데, 그러한 환난을 만났기 때문입니다.

명군(明君)을 만나고 성주(聖主)를 만나게 되면, 계책을 올리면 임금의 뜻에 부합되고, 간하는 말을 올리면 들어주며, 나아갈 때나 물러나 있을 때나 그의 충성에 관심을 지니며, 직책을 맡으면 그 재주를 행할 수 있습니다. 비천하고 욕되고 어둡고 더러운 곳을 떠나 조정에 등용되고, 거친 음식과 결별하고 짚신을 벗어던지고 기름진 고기와 질좋은 곡식을 누리게 됩니다. 관리에 임용되고 토지를 하사받아 조상을 빛내고 자손에게 영광을 전하며, 유세하는 선비를 도와주게 됩니다.

그러므로 세상에는 반드시 성덕과 지혜를 갖춘 임금이 있은 후에야 현명한 신하가 있게 되는 것입니다. 그래서 호랑이가 울부짖어야 바람이 차갑고 용이 일어나야 구름이 모여듭니다. 귀뚜라미는 가을을 기다려 울고 하루살이는 날이 어두워져야 나옵니다. 《역경(易經)》에 "비룡(飛龍)이 하늘에 있으니, 대인(大人)을 만남이 이롭다."고 말했습니다. 《시경(詩經)》에서는 "훌륭한 많은 선비, 이 왕국에 태어났네."라고 했습니다.

그러므로 세상이 평화롭고 임금이 성스러우면 준걸들이 스스로 찾아오는 것입니다. 이를테면 요(堯)·순(舜)·우(禹)·탕(湯)·문(文)·무(武)

같은 임금들이 후직(后稷)·설(契)·고요(皋陶)·이윤(伊尹)·여망(呂
望) 같은 신하들을 얻었던 경우입니다. 밝고 밝은 임금이 조정에 계시며
온화하고 위의(威儀)를 갖춘 신하들이 줄지어 있어 가지고, 정신을 한데
모으면 서로가 더욱 밝아지게 됩니다. 비록 거문고의 명인인 백아(伯牙)
가 명금(名琴) 체종(遞鍾)을 타고 활의 명인인 봉문자(逢門子)가 명궁
(名弓) 오호(烏號)를 당긴다 해도, 오히려 임금과 신하의 화합에 그 뜻을
비유하기에는 부족합니다.

그러므로 성군은 반드시 현명한 신하를 기다려 공적을 넓히고, 훌륭한
선비 역시 명군을 기다려서 그 덕을 드러냅니다. 군신이 함께 원하며 기
뻐하며 함께 서로 즐거워합니다. 천 년에 한 번 만날까 말까 한 경우로
대화를 할 때는 의심스러운 것이 없습니다. 큰 기러기의 털이 순풍을 만
나 나는 듯하며 거대한 고기가 큰 골짜기에서 멋대로 헤엄치듯 성대합니
다. 이와 같이 뜻대로 되니 어찌 금하려는 일이 없어지지 않을 것이며 명
령하는 것이 시행되지 않을 수 있겠습니까? 교화가 사해(四海) 바깥까지
넘쳐 널리 퍼짐이 끝이 없게 되어 먼곳의 오랑캐들이 조공을 바칠 것이
며, 만가지 상서로운 일이 반드시 이를 것입니다.

이로써 성군은 두루 들여다보고 바라보지 않아도 이미 명확히 볼 수
있고, 모든 것에 귀를 기울이지 않아도 이미 똑똑히 들을 수 있습니다.
성은은 상서로운 바람을 따라 날고, 성덕은 온화한 기운과 함께 노닙니
다. 천하를 태평스럽게 해야 하는 책임을 완수하고, 한가로이 노닐고 싶
은 바람을 이루게 됩니다. 자연의 추세를 따라 노닐고, 무위자연(無爲自
然)의 세계에서 편안하게 되지요. 좋은 징조가 저절로 이르며, 만수무강
하실 겁니다. 온화한 모습으로 옷자락을 드리우고 팔짱을 끼고 있어도
만년토록 편하게 되실 겁니다.

어찌 반드시 팽조(彭祖)와 같이 누웠다 일어났다 굽혔다 폈다 하는 강
건법(强健法)을 쓰거나 왕자교(王子喬)·적송자(赤松子)와 같이 숨을 들
이마셨다 내뱉었다 하는 장생법을 쓰면서 멀리 속세를 떠나 세상을 등져

야만 하겠습니까?《시경》에 "훌륭한 많은 선비여! 문왕(文王)은 그들로
인하여 편안하셨네."라고 읊었습니다. 진실로 그렇게만 되면 편안히 지내
게 될 것입니다.

원문 夫①荷旃被毳者는　難與道純綿之麗密이오　②羹藜含糗者는
　　　부　하전피취자　　난여도순면지려밀　　　갱려함구자

不足與論太牢之滋味라.　今臣이　僻在西蜀하여　生於窮巷之中하고
부족여론태뢰지자미　　금신　벽재서촉　　　생어궁항지중

長於③蓬茨之下라.　無有④游觀廣覽之知하고　⑤顧有至愚極陋之
장어　봉자지하　　무유　유관광람지지　　　고유지우극누지

累하니　不足以⑥塞厚望應明旨라.　雖然이나　敢不⑦略陳其愚心하
루　　부족이　색후망응명지　　　수연　　　감불　략진기우심

여　而抒情素리오?
　　이서정소

　⑧記曰：恭惟⑨春秋法에　五始之要는　在乎審己正統而已라.　夫
　기왈　공유　춘추법　　오시지요　　재호심기정통이이　　　부

賢者는　國家之器用也니　所任賢則⑩趨舍省而功施普하고　器用利
현자　　국가지기용야　　소임현즉　추사생이공시보　　　기용리

則用力少而就效衆이라.　故로　工人之用鈍器也엔　勞筋苦骨하여
즉용력소이취효중　　　고　　공인지용둔기야　　　노근고골

終日⑪矻矻이라.
종일　골골

　及至⑫巧冶가　鑄⑬干將之樸하여　清水⑭淬其鋒하고　⑮越砥斂其
　급지　교야　　주　간장지박　　　청수　쉬기봉　　　월지렴기

鍔하여　水斷⑯蛟龍이오　陸⑰剚犀革하여　忽若⑱箑泛塵塗라.　如
악　　　수단　교룡　　　육　단서혁　　　홀약　수범진도　　　여

此則使⑲離婁督繩하고　⑳公輸削墨이면　雖崇臺五層이　㉑延袤百丈
차즉사　이루독승　　　공수삭묵　　　수숭대오층　　　연무백장

이라도　而不溷者는　工用相得也니라.
　　　이불혼자　　공용상득야

　庸人之御㉒駑馬엔　亦傷吻敝策而不進於行하여　胸喘膚汗하고
　용인지어　노마　　역상문폐책이부진어행　　　흉천부한

人極馬倦이라.　及至駕㉓齧膝하며　㉔參乘旦하여　㉕王良執靶하고
인극마권　　　급지가　설슬　　　참승단　　　왕량집파

㉖韓哀附輿면 縱騁馳鶩가 忽㉗如景靡하며 過都越國이 ㉘蹶如歷
한 애 부 여   종 빙 치 무   홀   여 경 미   과 도 월 국   궐 여 력

塊하여 追奔電하며 逐㉙遺風하여 ㉚周流八極에 萬里一息이니 何
괴   추 분 전   축   유 풍   주 류 팔 극   만 리 일 식   하

其遼哉오? 人馬相得也일새라.
기 료 재   인 마 상 득 야

故로 服㉛絺綌之凉者는 不苦盛暑之㉜鬱燠하고 ㉝襲狐貉之暖
고   복 치 격 지 량 자   불 고 성 서 지 울 욱   습 호 학 지 난

者는 不憂至寒之㉞凄愴이라. 何則꼬? 有其具者는 易其備라. 賢
자   불 우 지 한 지 처 창   하 즉   유 기 구 자   이 기 비   현

人君子는 亦聖王之所以易海內니 是以로 ㉟嘔喩受之하고 開寬
인 군 자   역 성 왕 지 소 이 이 해 내   시 이   구 유 수 지   개 관

裕之路하여 以延天下之英俊이라.
유 지 로   이 연 천 하 지 영 준

夫竭智附賢者는 必建仁策하고 索遠求士者는 必樹㊱伯迹이라.
부 갈 지 부 현 자   필 건 인 책   색 원 구 사 자   필 수   패 적

昔周公이 躬㊲吐握之勞하니 故로 有圉空之隆하고 ㊳齊桓設庭燎
석 주 공   궁   토 악 지 로   고   유 어 공 지 륭   제 환 설 정 료

之禮 故로 有匡合之功이라. 由此觀之면 君人者는 勤於求賢이오
지 례 고   유 광 합 지 공   유 차 관 지   군 인 자   근 어 구 현

而㊴逸於得人이니라.
이   일 어 득 인

人臣亦然하니 昔賢者之未㊵遭遇也엔 圖事㊶揆策則君不用其
인 신 역 연   석 현 자 지 미   조 우 야   도 사 규 책 즉 군 불 용 기

謀하고 陳見㊷悃誠則上不然其信하여 進仕不得施效하고 ㊸斥逐
모   진 현 곤 성 즉 상 불 연 기 신   진 사 부 득 시 효   척 축

又非其愆이라. 是故로 ㊹伊尹勤於鼎俎하고 ㊺太公困於鼓刀하고
우 비 기 건   시 고   이 윤 근 어 정 조   태 공 곤 어 고 도

㊻百里自鬻하고 ㊼甯子飯牛는 離此患也라.
백 리 자 육   영 자 반 우   이 차 환 야

及至遇明君遭聖主也엔 ㊽運籌合上意하며 諫諍則見聽하고 進
급 지 우 명 군 조 성 주 야   운 주 합 상 의   간 쟁 즉 견 청   진

退得關其忠하며 任職得行其術하여 去卑辱㊾奧渫而升本朝하며
퇴 득 관 기 충   임 직 득 행 기 술   거 비 욕 오 설 이 승 본 조

離^{⑤⁰} 蔬釋蹻而享膏粱하여　^{⑤¹}剖符錫壤하여　而光祖考하고　傳之子
이　소석갹이향고량　　　부부석양　　　이광조고　　　전지자

孫하여 以^{⑤²}資說士니라.
손　　　이　자세사

故로 世必有聖知之君而後有賢明之臣이라. 故로　虎嘯而風冽
고　세필유성지지군이후유현명지신　　고　호소이풍렬

하고 龍興而致雲하며　^{⑤³}蟋蟀俟秋吟하고　^{⑤⁴}蜉蝣出以陰이라. 易
용흥이치운　　실솔사추음　　　부유출이음　　역

曰;^{⑤⁵}飛龍在天에 利見大人이라 하고 詩曰;^{⑤⁶}思皇多士가　生此
왈　비룡재천　이견대인　　　시왈　사황다사　생차

王國이라 하나라.
왕국

故로　世平主聖이면　^{⑤⁷}俊乂將自至라. 若堯舜禹湯文武之君이
고　세평주성　　준예장자지　약요순우탕문무지군

獲^{⑤⁸}稷契皋陶伊尹呂望之臣이라. 明明在朝하며　^{⑤⁹}穆穆布列하여
획　직설고요이윤여망지신　명명재조　　목목포열

聚精會神하며　相得益章이니　雖^{⑥⁰}伯牙操遞鍾하고　^{⑥¹}逢門子彎
취정회신　　상득익장　　수　백아조체종　　봉문자만

烏號라도 猶未足以喻其意也니라.
오호　유미족이유기의야

故로　聖主는　必待賢臣而弘功業하고　俊士는　亦俟明主以顯其
고　성주　필대현신이홍공업　　준사　역사명주이현기

德이라. 上下俱欲하여　歡然交欣하고　千載一會면　論說無疑하여
덕　상하구욕　　환연교흔　천재일회　논설무의

^{⑥²}翼乎如鴻毛遇順風이오　^{⑥³}沛乎若巨魚縱大壑이라. 其得意如此
익호여홍모우순풍　　패호약거어종대학　　기득의여차

하면 則胡禁不止며　曷令不行이리오? 化溢四表하여　橫被無窮하여
즉호금부지　갈령불행　　화일사표　　횡피무궁

遐夷貢獻하고　萬祥必臻이니라.
하이공헌　　만상필진

是以로　聖主는　不^{⑥⁴}偏窺望而視已明하며　不^{⑥⁵}彈傾耳而聽已聰
시이　성주　불　편규망이시이명　　불　탄경이이청이총

하여 恩從祥風^{⑥⁶}翶하며　德與和氣游하여　太平之責^{⑥⁷}塞하고　優游
은종상풍고　덕여화기유　태평지책색　　우유

之望得이니 遵遊自然之勢하며 恬淡無爲之場하여 ⁶⁸休徵自至하
지 망 득　　준 유 자 연 지 세　　염 담 무 위 지 장　　　휴 징 자 지

고 ⁶⁹壽考無疆하여 ⁷⁰雍容垂拱에 永永萬年이리라.
고　수 고 무 강　　옹 용 수 공　　영 영 만 년

何必⁷¹偃仰屈伸을 若⁷²彭祖하며 ⁷³呴噓呼吸을 如⁷⁴喬松하여 眇
하 필 언 앙 굴 신　약 팽 조　　후 허 호 흡　여 교 송　　　묘

然絶俗離世哉리오? 詩曰 : ⁷⁵濟濟多士여 文王以寧이라 하니 蓋信
연 절 속 리 세 재　　시 왈　제 제 다 사　문 왕 이 녕　　하니　개 신

乎以寧也니라.
호 이 녕 야

주해　① 荷旃(하전)－하(荷)는 부(負)의 뜻. 전(旃)은 모직물, 전(氈)과 같은
뜻. 성근 모포조각을 걸침. ○被毳(피취)－취(毳)는 거친 털옷.

② 羹藜(갱려)－명아주풀로 국을 해 먹다. ○含糗(함구)－함(含)은 식(食)의
뜻. 구(糗)는 볶은 쌀 또는 말린 밥. ○太牢(태뢰)－소·양·돼지의 세 가
지 희생을 갖춘 제수(祭需), 대성찬(大盛饌).

③ 蓬茨(봉자)－쑥과 떼. 그것으로 지붕을 이은 누추한 집.

④ 游觀(유관)－널리 명산대천(名山大川)을 구경하여 견문을 넓히는 것. ○廣
覽(광람)－책을 널리 읽어서 지식을 얻는 것.

⑤ 顧(고)－도리어. ○累(누)－허물.

⑥ 塞(색)－충(充)의 뜻. 채우다.

⑦ 略陳(약진)－대략 진언(陳言)하다.

⑧ 記(기)－이 〈성주득현신송(聖主得賢臣頌)〉의 글.

⑨ 春秋法(춘추법)－공자(孔子)가 《춘추(春秋)》를 쓴 방법. ○五始(오시)－
공자는 《춘추》를 쓸 때에, '원년춘왕정월(元年春王正月), 공즉위(公卽位)'
라는 식으로 각 왕대(王代)의 기록을 시작했다. 이것을 《한서(漢書)》의
주(注)에 '원(元)은 기(氣)의 시작, 춘(春)은 사시(四時)의 시작, 왕(王)은
수명(受命)의 시작, 정월(正月)은 정교(政敎)의 시작, 공즉위(公卽位)는
일국(一國)의 시작'이라고 하여 오시(五始)라 했다.

⑩ 趨舍(추사)－취사(取捨).

⑪ 矻矻(골골)−부지런히 일하는 모양.

⑫ 巧冶(교야)−기술이 뛰어난 대장장이. 야(冶)는 쇠붙이를 녹여 주조하는 것, 또는 그러한 일을 하는 사람.

⑬ 干將(간장)−오(吳)나라의 도공(刀工)인 간장(干將)이 그의 아내와 힘을 합하여 만든 두 자루의 명검 중 하나. 오왕(吳王) 합려(闔閭)의 청으로 만들었다 하는데, 칼에 아내 막야(莫邪)의 머리카락과 손톱을 넣어 만들고, 만든 두 칼에 각각 간장・막야라는 이름을 붙였다. ○樸(박)−박(璞)과 같은 뜻. 제련하지 않은 금속.

⑭ 淬(쉬)−달군 칼을 물에 담가 식혀 단단하게 하는 것. ○鋒(봉)−칼의 끝.

⑮ 越砥(월지)−월(越)나라에서 나는 좋은 숫돌. ○鍔(악)−칼날.

⑯ 蛟龍(교룡)−승천하지 못한 채 물속에 잠겨 있는 이무기.

⑰ 剬(단)−끊음. 절단함.

⑱ 篲(수)−추(箒)와 같은 뜻으로 비. 특히 대나무로 만든 큰 비. ○氾(범)−불(拂)의 뜻으로 쓰다. 턴다.

⑲ 離婁(이루)−황제(黃帝) 때의 사람으로 백보 밖에서도 털끝을 가려낼만큼 눈이 밝았다고 함. ○督繩(독승)−독(督)은 정(正)의 뜻. 승(繩)은 목수들이 직선을 그을 때에 쓰는 먹통에 담긴 먹줄.

⑳ 公輸(공수)−노(魯)나라의 이름난 장인(匠人) 공수자(公輸子). 이름은 반(班).

㉑ 延袤(연무)−길이와 너비. ○不溷(불혼)−혼란하지 아니함.

㉒ 駑馬(노마)−둔한 말. ○敝策(폐책)−채찍을 해지게 함.

㉓ 齧膝(설슬)−명마(名馬)의 이름.

㉔ 參(참)−참(驂)의 뜻으로 곁말로 세우는 것. 사두마차에 있어 가운데의 두 말을 복(服)이라 하고, 양 옆의 말을 참(驂)이라 한다. ○乘旦(승단)−명마의 이름.

㉕ 王良(왕량)−조보(造父)와 함께 주나라 때의 말 잘 부리는 사람으로 크게 이름남. ○靶(파)−고삐. 비(轡)와 같은 뜻.

㉖ 韓哀(한애)−한(韓)나라 때의 애후(哀侯)로 말을 부리는 솜씨가 뛰어났다 함. ○附輿(부여)−마차에 동승함.

㉗ 如景靡(여경미)－경(景)은 햇빛. 미(靡)는 몰(沒)의 뜻. 해가 지는 것처럼 빠름.

㉘ 蹶如歷塊(궐여역괴)－큰 흙덩이를 지나치는 것처럼 빠름.

㉙ 遺風(유풍)－질풍(疾風).

㉚ 周流(주류)－두루 돌아다님.

㉛ 絺綌(치격)－가는 칡베와 굵은 칡베. 갈포옷.

㉜ 鬱燠(울욱)－찌는 듯한 무더위.

㉝ 襲狐貉(습호학)－습(襲)은 옷을 두 가지 이상 껴입는 것. 호학(狐貉)은 여우와 담비.

㉞ 凄愴(처창)－혹독한 추위.

㉟ 嘔喩(구유)－화평하고 즐거운 모양.

㊱ 伯迹(패적)－패자(覇者)의 공적. 패(伯)는 패(覇)와 같은 뜻.

㊲ 吐握(토악)－토포악발(吐哺握髮)의 뜻. 선비를 존중하는 것. 주(周) 성왕(成王) 때 주공(周公)은 그의 아들 백금(伯禽)이 노(魯)를 다스리라는 왕명을 받고 떠나기 전에 그에게 이렇게 훈계하여 선비들을 존중하라고 했다. '나는 머리를 감다가도 세 번씩이나 젖은 머리를 잡고 선비들을 만났고, 밥을 먹다가도 세 번씩이나 입안의 것을 뱉어가며 선비들을 만났다. 이것은 천하의 선비를 잃을까 하는 두려움에서였다(《史記》 魯世家).' ○圄(어)－감옥.

㊳ 齊桓(제환)－제나라 환공. ○庭燎(정료)－옛날 나라에 큰일이 있을 때에 밤중에 대궐의 뜰에 피우던 화롯불. 여기서는 환공이 아침 일찍 예궐(詣闕)하는 신하들을 위하여 뜰에 밝혀 둔 횃불을 가리킨다.

㊴ 逸於得人(일어득인)－어진 사람을 얻은 뒤에는 편안해짐. 일(逸)은 안일(安逸).

㊵ 遭遇(조우)－자기를 알아주는 성주(聖主)를 만나는 것.

㊶ 揆策(규책)－책략을 건의하는 것.

㊷ 悃誠(곤성)－지성(至誠)을 말함.

㊸ 斥逐(척축)－참소를 당하여 쫓겨남. ○愆(건)－허물. 과(過)와 같은 뜻.

㊹ 伊尹勤於鼎俎(이윤근어정조)－은(殷)나라 탕왕(湯王) 때의 재상이던 이

윤(伊尹)은 탕왕을 만나기 전까지는 걸왕(桀王)의 요리사로서 솥과 칼과 도마가 있는 부엌에서 고생했다.

㊺ 太公困於鼓刀(태공곤어고도)－주 문왕(文王)의 군사(軍師)이던 여망(呂望 : 呂尙이라고도 함)은 문왕을 만나기 전에는 푸줏간의 백정이었다. 문왕이 "태공이 기다리고 바라던 신하이다."고 하며 태공망(太公望)이라고 불렀다 한다.

㊻ 百里奚自鬻(백리해자육)－진(秦)나라의 현상(賢相)인 백리해는 자기 몸을 양가죽 다섯 장 값으로 팔아 노예가 되어서 진 목공(穆公)을 만났다.

㊼ 寗子飯牛(영자반우)－영자(寗子)는 제(齊)나라 환공(桓公) 때의 현상(賢相) 영척(寗戚). 본시 영척은 제에 이르러 저녁에 성문 밖에서 머물고 있었다. 환공이 손님을 맞으려고 관문에 이르렀더니 영척이 소에게 먹이를 주면서 소뿔을 치며 노래를 부르고 있었다. 환공은 이 노래를 듣고는 보통 인물이 아니라고 여겨 그를 재상으로 삼았다 한다. ㅇ此患(차환)－이러한 환난. 어진 사람이 밝은 군주를 만나지 못하여 고통을 받는 것을 가리킨다.

㊽ 運籌(운주)－책략을 올리다. ㅇ諫諍(간쟁)－간언(諫言)을 올리다.

㊾ 奧渫(오설)－구석지고 더러워 남에게 알려지지 않은 곳.

㊿ 蔬(소)－푸성귀. 전하여 변변치 못한 음식. ㅇ蹻(갸)－짚신. 초리(草履). ㅇ膏粱(고량)－고(膏)는 기름진 고기. 양(粱)은 기장. 옛날에는 기장을 귀히 여겼으므로 전하여 좋은 곡식.

(51) 剖符(부부)－옛날 제후에 임명할 때 황제가 할부(割符)의 일부를 떼어 주어 임명의 징표로 삼았다.

(52) 資(자)－돕거나 구하는 것을 뜻함.

(53) 蟋蟀俟秋吟(실솔사추음)－실솔(蟋蟀)은 귀뚜라미로 어진 신하를 가리킴. 추(秋)는 명군(名君)을 가리킨다.

(54) 蜉蝣出以陰(부유출이음)－부유(蜉蝣)는 하루살이로 어진 신하를 가리키고, 음(陰)은 성군을 가리킴.

(55) 飛龍在天(비룡재천)－성군이 보위(寶位)에 있는 것을 가리킴.

(56) 思皇多士(사황다사)－사(思)는 조사. 황(皇)은 황(煌 : 빛나다)의 뜻. 《시

경》대아(大雅) 문왕(文王)에 나오는 시구.

㊼ 俊乂(준예) ―아주 뛰어난 현재(賢才). 예(乂)는 어진 사람.

㊽ 稷(직) ―요순(堯舜) 때의 명신인 후직(后稷). 농관(農官)으로 주의 시조(始祖). o契(설) ―은(殷)의 시조로 요순(堯舜) 때의 사도(司徒)였음. o皐陶(고요) ―요순 때의 명신. 사구(司寇)였음.

㊾ 穆穆(목목) ―언어·용모가 아름답고 위의(威儀)를 갖춘 모양.

㉖ 伯牙(백아) ―춘추시대 금(琴)의 명인. 종자기(鐘子期)의 친구인 명악공(名樂工). 종자기가 먼저 죽자 자기의 연주를 알아들을 만한 인물이 없다고 하여 다시는 금을 타지 않았다 한다. o遞鍾(체종) ―명금(名琴)의 이름. 호종(號鍾)이라고도 함.

㉗ 逢門子(봉문자) ―고대 활의 명인 봉몽(逢蒙)을 가리킴. o彎(만) ―활에 화살을 메겨 당김. o烏號(오호) ―명궁(名弓)의 이름. 전설에 황제가 승천할 때에 하늘에서 떨어졌다고 한다.

㉘ 翼乎(익호) ―나래를 펴고 나는 모양.

㉙ 沛乎(패호) ―성대한 모양. o縱(종) ―자유롭게 노닒.

㉚ 偏窺望(편규망) ―모든 것을 들여다보고 바라보다.

㉛ 殫(탄) ―빠짐없이, 널리.

㉜ 翺(고) ―새가 날개를 위아래로 흔들며 나는 것을 고(翺)라 하고, 날개를 움직이지 않고 하늘 높이 떠있는 것을 상(翔)이라 한다.

㉝ 塞(색) ―충(充)의 뜻. o優游(우유) ―한가로운 모양.

㉞ 休徵(휴징) ―휴(休)는 선(善)의 뜻. 좋은 징조.

㉟ 壽考無疆(수고무강) ―수명이 길어 한이 없음. 고(考)는 오래 산다는 뜻.

㊀ 雍容垂拱(옹용수공) ―온화한 얼굴로 옷자락을 드리우고 팔짱을 낌. 옹(雍)은 온화하다는 뜻. 수공(垂拱)은 수공지화(垂拱之化)의 뜻으로 임금의 덕에 의하여 백성이 착해져서 정사가 저절로 잘 되는 것.

㊁ 偃仰屈伸(언앙굴신) ―언(偃)은 눕는 것, 앙(仰)은 일어나는 것, 굴(屈)은 구부리는 것, 신(伸)은 신(信)의 뜻으로 펴는 것. 몸을 건강하게 하여 오래 살고자 하는 양생법.

㊂ 彭祖(팽조) ―선인(仙人)의 이름. 《열선전(列仙傳)》에 의하면 전욱(顓頊)

의 현손(玄孫)으로 요임금 시대부터 은나라 말까지 7백년을 살았다고 한다.

㉝ 呴噓呼吸(후허호흡)－도가(道家)의 양생법으로, 체내의 묵은 기운을 내쉬
고 새로운 기운을 들이쉬는 호흡법.

㉞ 喬松(교송)－주나라 영왕(靈王)의 태자인 왕자교(王子喬)와 선인 적송자
(赤松子). 두 사람 다 불로장생의 선법(仙法)을 터득한 신선들이라고 한다.

㉟ 濟濟(제제)－위의가 성대한 형용《詩經》大雅 文王에 나오는 말).

해설 《한서(漢書)》열전 34에 의하면, 선제(宣帝, 기원전 73~기원전 49
재위)는 왕포(王褒, ?~기원전 61)의 문재(文才)가 뛰어나다는 말을 듣고
왕포를 불렀는데, 왕포는 궁에 이르러 〈성주득현신송(聖主得賢臣頌)〉을
지었다 한다. 선제는 이 글을 보고 그의 재능을 높이 평가하여 즉석에서
그를 대조(待詔)로 임명했다고 한다.

이 송(頌)은 성주(聖主)가 현신을 얻으면 나라가 잘 다스려진다는 것
을 매우 객관적으로 찬양한 글이지만, 간접적으로 선제의 치세를 구가(謳
歌)하고 찬미한 것이다. 편말(篇末)에 《시경》의 대아(大雅) 문왕(文王)에
나오는 시구를 인용하여 문왕이 많은 현신을 얻어 천하를 편히 다스린
것을 칭송하고 있는데, 이것은 선제를 문왕에 비유하여 찬미한 것이라
고도 볼 수 있다. 그러나 이것은 또, 성주된 자의 가장 중요한 마음가짐
을 이야기한 것으로 선제로 하여금 교훈으로 삼게 하고자 한 것이 본
뜻이다.

유협(劉勰)의 《문심조룡(文心雕龍)》에 '송(頌)의 문체는 전아(典雅)하
고 맑다. 덕을 찬양하여 기술함이 부(賦)와 같지만 지나치게 사치스럽지
않고, 삼가고 조심함이 명(銘)과 같지만 훈계하지는 않는다'라 하였다. 본
래는 제사를 위한 송가(頌歌)로서의 운문이었던 것이 산문으로 짓게 된
것은 송의 변태라 할 수 있을 것이다.

낙지론(樂志論)

중장통(仲長統)

거처하는 곳에 좋은 논밭과 넓은 집이 있고, 산을 등지고 냇물이 앞에 흐르고 도랑과 연못이 둘러 있으며 대나무와 수목이 둘러져 있고, 타작마당과 채소밭이 집 앞에 있고 과수원이 집 뒤에 있다. 배와 수레가 걷거나 물을 건너는 어려움을 대신하여 줄 수 있고, 심부름하는 이가 육체를 부리는 일에서 쉴 수 있게 한다. 부모를 봉양함에는 진미(珍味)를 곁들인 음식을 드리고, 아내나 아이들은 몸을 괴롭히는 수고도 없다.

좋은 벗들이 모여 머무르면 술과 안주를 차려서 즐기며, 기쁠 때나 길한 날에는 염소와 돼지를 삶아 바친다. 밭이랑이나 동산을 거닐고 평평한 숲에서 노닐며, 맑은 물에 몸을 씻고 시원한 바람을 쐬며, 헤엄치는 잉어를 낚고 높이 나는 기러기를 주살로 잡는다. 기우제(祈雨祭)를 지내는 제단 아래에서 바람을 쐬며 놀다가 훌륭한 집으로 읊조리며 돌아온다.

안방에서 정신을 편안히 하고 노자(老子)의 현묘(玄妙)하고 허무한 도(道)를 생각하며, 조화된 정기를 호흡하여 지인(至人)과 같아지기를 구한다. 통달한 사람 몇명과 도를 논하고 책을 강론하며, 하늘과 땅을 올려다보고 내려다보며 고금의 인물들을 한데 종합하여 평한다. 〈남풍(南風)〉의 전아한 가락을 연주하고 〈청상곡(淸商曲)〉의 미묘한 곡도 연주한다.

온 세상을 초월한 위에서 거닐며 놀고 하늘과 땅 사이를 곁눈질하며, 당시(當時)의 책임을 맡지 않고 기약된 목숨을 길이 보존한다. 이렇게 하면 하늘을 넘어서 우주 밖으로 나갈 수가 있을 것이니, 어찌 제왕(帝王)의 문으로 들어가는 것을 부러워하겠는가?

(원문) 使居有良田廣宅이 背山臨流하여 ①溝池環匝하고 竹木②周布
　　　　사 거 유 량 전 광 택　　배 산 림 류　　　구 지 환 잡　　　죽 목 주 포

하여 ③場圃築前하고 果園樹後라. 舟車足以代④步涉之難하고 ⑤使
　　　　장 포 축 전　　과 원 수 후　　주 거 족 이 대 보 섭 지 난　　　사

令足以息⑥四體之役이라. 養親有兼⑦珍之膳하고 ⑧妻孥無苦身之
령 족 이 식 사 체 지 역　　　양 친 유 겸 진 지 선　　　처 노 무 고 신 지

勞라.
로

良朋⑨萃止則陳酒⑩肴以娛之하며 ⑪嘉時吉日則⑫烹羔豚以奉
　　　양 붕　쉬 지 즉 진 주 효 이 오 지　　　가 시 길 일 즉 팽 고 돈 이 봉

之라. ⑬躊躇畦苑하며 遊戲平林하고 濯清水하며 追凉風하고 釣
지　　　주 저 휴 원　　　유 희 평 림　　　탁 청 수　　　추 량 풍　　　조

游鯉하며 ⑭弋高鴻하고 ⑮風於舞雩之下하며 詠歸高堂之上이라.
유 리　　　익 고 홍　　　풍 어 무 우 지 하　　　영 귀 고 당 지 상

⑯安神閨房하여 思⑰老氏之玄虛하고 ⑱呼吸精和하여 求⑲至人之
　안 신 규 방　　　사 노 씨 지 현 허　　　호 흡 정 화　　　구 지 인 지

彷彿이라. 與⑳達者數子로 論道講書하여 俯仰㉑二儀하고 ㉒錯綜
방 불　　　여 달 자 수 자　　논 도 강 서　　　부 앙 이 의　　　착 종

人物하여 彈㉓南風之雅操하고 發㉔清商之妙曲이라.
인 물　　　탄 남 풍 지 아 조　　　발 청 상 지 묘 곡

㉕逍遙一世之上하고 ㉖睥睨天地之間하여 不受㉗當時之責하고
　소 요 일 세 지 상　　　비 예 천 지 지 간　　　불 수 당 시 지 책

永保㉘性命之期라. 如是則可以㉙凌霄漢하여 出宇宙之外矣라. 豈
영 보 성 명 지 기　　　여 시 즉 가 이 릉 소 한　　　출 우 주 지 외 의　　기

㉚羨夫入帝王之門哉아?
　선 부 입 제 왕 지 문 재

(주해) ① 溝(구)-도랑. ㅇ環匝(환잡)-둘러져 있음. 잡(匝)은 두르다.

② 周布(주포)-두루 퍼져 있음.

③ 場圃(장포)-장(場)은 농사철에는 밭으로 쓰고 추수 때에는 타작마당으로

쓰는 곳. 포(圃)는 채소밭.

④ 步涉(보섭)—보(步)는 길을 걷다. 섭(涉)은 물을 건너다.

⑤ 使令(사령)—심부름하는 사람.

⑥ 四體(사체)—팔다리, 몸.

⑦ 珍(진)—진미(珍味). ㅇ膳(선)—음식.

⑧ 妻孥(처노)—처자(妻子). 노(孥)는 자(子).

⑨ 萃(췌)—모으다, 모이다.

⑩ 肴(효)—안주.

⑪ 嘉時吉日(가시길일)—좋은 때와 좋은 날.

⑫ 烹(팽)—삶다. ㅇ羔(고)—염소.

⑬ 躊躇(주저)—주저하다. 여기서는 일 없이 서성대는 것. ㅇ畦苑(휴원)—밭 이랑과 동산.

⑭ 弋(익)—주살. 주살을 쏜다는 뜻.

⑮ 風於舞雩之下(풍어무우지하)—우(雩)는 기우제. 무우(舞雩)는 기우제를 지내는 제단. 《논어(論語)》 선진편(先進篇)에 증석(曾晳)이 "기수에서 목욕하고 기우제 지내는 제단에서 바람을 쐬며 읊조리면서 돌아오겠습니다〔浴乎沂風乎舞雩 詠而歸〕."라고 하였다.

⑯ 安神(안신)—정신을 편안하게 하다. ㅇ閨房(규방)—내실(內室).

⑰ 老氏(노씨)—노자(老子). ㅇ玄虛(현허)—현묘하고 허무함. 노자의 사상.

⑱ 呼吸精和(호흡정화)—정화(精和)는 조화된 정기. 도교의 양생법은 더러운 기운을 토하고 신선한 정기를 마신다.

⑲ 至人(지인)—도가(道家)의 이상적인 사람. 진인(眞人). ㅇ彷彿(방불)—비슷하다.

⑳ 達者(달자)—통달한 사람.

㉑ 二儀(이의)—하늘과 땅.

㉒ 錯綜人物(착종인물)—착종(錯綜)은 복잡한 것을 종합함. 고금의 여러 인물을 모아 평함.

㉓ 南風(남풍)—《공자가어(孔子家語)》에 "순(舜)임금이 오현금(五絃琴)을 연주하며 남풍시(南風詩)를 지었다."고 되어 있다.

㉔ 淸商(청상)−청상곡(淸商曲). 악부(樂府)의 일종.

㉕ 逍遙(소요)−거닐며 유유자적하다.

㉖ 睥睨(비예)−곁눈질하다. 세속의 일에 관여하지 않고 무심하다는 뜻.

㉗ 當時之責(당시지책)−그 시대에서 져야 할 책임. 주로 관리가 되어 져야
할 책임.

㉘ 性命(성명)−목숨.

㉙ 凌(능)−건너다. ㅇ霄漢(소한)−하늘.

㉚ 羨(선)−부러워하다. ㅇ入帝王之門(입제왕지문)−조정으로 들어가 벼슬을
한다는 뜻.

해설 중장통(仲張統, 179~219)은 후한(後漢) 때 사람으로 학식이 깊고
문장을 잘 지었다. 주군(州郡)에서 관직을 주려 하였지만 병을 핑계대고
나아가지 않았다. 후한 때 사회가 어지러워지자 은일(隱逸) 생활을 높이
평가하는 풍조가 일어났는데 이러한 시기에 중장통도 개성과 자유를 즐
기려는 생각을 지녔던 것이다.

이 글은 벼슬로 나아가지 않고 자신의 뜻을 즐기려는 내용을 담고 있
다. 글이 짧고 간결하며 표현이 소박하나 자기 나름대로의 진실한 생활을
영위하려는 사람의 흥취를 느낄 수 있다.

출사표(出師表)

제갈량(諸葛亮)

　선제(先帝)께서는 창업(創業)을 반도 못 이루고 중도에 돌아가셨습니다. 지금 천하가 셋으로 나뉘어져 있고, 익주(益州)는 피폐해졌으니, 이 때야말로 진실로 존망이 달린 위급한 때입니다. 그러나, 폐하를 모시며 호위하는 신하들이 궁중에서 게으름을 피우지 않고, 충성스런 장수들이 조정 밖에서 자신의 몸을 돌보지 않는 것은, 선제의 특별하신 대우를 추억하여 폐하께 보답하려 하기 때문입니다.

　진실로 폐하께서는 견문을 넓히시어 선제께서 남기신 덕망을 빛내시고 뜻있는 인사(人士)들의 기개(氣槪)를 넓히셔야 합니다. 공연히 폐하 스스로 변변치 못하다고 여기시고 사리에 맞지 않는 비유를 들어 충간(忠諫)의 길을 막아버리면 안됩니다.

　궁중과 부중(府中)이 모두 한 몸이 되어 잘한 자는 상 주고 잘못한 자는 벌 주는 데 있어서 차별이 있어서는 안됩니다. 만약에 간사한 짓을 하거나 범법행위를 한 사람이나 충성스럽고 착한 사람이 있으면 관리에게 넘겨 상벌을 논정(論定)하여 폐하의 공평하고도 밝은 다스림을 밝게 드러내야지, 사사로움에 치우쳐 안팎으로 법도가 다르면 안됩니다.

　시중(侍中)인 곽유지(郭攸之)와 비의(費褘), 시랑(侍郎)인 동윤(董允) 등은 모두 선량하고 착실하며 그 마음이 충직하고도 순정(純正)합니다. 그러므로, 선제께서 선발하시어 폐하께 남겨주신 것입니다. 제 생각으로는 궁중의 일은 크고작은 일을 막론하고 모두 그들에게 자문(諮問)을 구하신 후에 시행하시면 반드시 모자란 점을 보충받아 널리 유익한 점이 있을 것입니다.

장군 상총(向寵)은 성품과 행동이 훌륭하고도 공평하며 군사에 밝아서 옛날에 한 번 시험삼아 써 보시고는 선제께서 유능하다고 칭찬하셨습니다. 그런 까닭에 여럿이 의논해서 총(寵)을 사령관으로 임명했던 것입니다. 제 생각으로는 진중(陣中)의 일은 크고작은 일을 막론하고 모두 그에게 자문을 구하시면 반드시 진중이 화목하고, 우수한 사람과 열등한 사람을 적당한 곳에 배치하도록 할 수 있을 것입니다.

어진 신하를 가까이하고 소인배를 멀리한 것이 바로 전한(前漢)이 흥성한 이유이며, 소인배를 가까이하고 어진 신하를 멀리한 것이 바로 후한(後漢)이 망한 이유입니다. 선제께서 생전에 매번 저와 이런 일들을 의논하면서 환제(桓帝)와 영제(靈帝) 때의 일로 인해 탄식하고 통한하지 않은 적이 없습니다.

시중(侍中)과 상서(尙書)·장사(長史)·참군(參軍)은 모두 마음이 곧고 신의가 있으며 절개를 위해 죽을 신하들이니 폐하께서는 그들을 가까이하고 믿으십시오. 그러면 한(漢) 왕실의 부흥은 날짜를 세면서 기다릴 수 있을 겁니다.

저는 본래 평민으로 남양(南陽)에서 몸소 밭을 갈며 난세에 구차하게 생명을 보전하면서 제후에게 나아가 명성이나 벼슬을 구하지 않았습니다. 그런데, 선제께서는 저를 비천하다고 여기지 않으시고 송구스럽게도 몸소 왕림하시어 누추한 움막으로 세 번이나 저를 찾아오셔서 당시의 일을 저에게 자문하셨습니다. 이런 일로 인해 감격해서 선제께 부지런히 일하기로 약속했던 것입니다. 그후에 나라가 기울어져 전복되려는 위기를 만나서, 패전한 때에 임무를 맡고 위급한 때에 명을 받든 지 21년이 지났습니다.

선제께서는 저를 신중한 사람으로 아시므로 임종하실 적에 제게 큰일을 맡기신 것입니다. 명을 받은 이후로 밤낮 근심하며, 부탁하신 일을 이루지 못해서 선제의 밝으신 덕을 손상시킬까 두려워하였습니다. 그러므로, 5월에 노수(瀘水)를 건너 불모의 땅에 깊이 쳐들어가서 이제 남방은 이미 평정되었고 군대와 무기도 이미 풍족하니 마땅히 삼군(三軍)을 거느리고 북쪽의 중원(中原)을 평정해야 합니다.

제가 바라는 것은 아둔하나마 제 힘을 다해 간흉(姦凶)을 물리치고 한(漢) 왕실을 부흥하여 옛 도읍지로 돌아가는 것입니다. 이것이 제가 선제의 은혜에 보답하고 폐하께 충성을 다하는 직분인 것입니다. 그리고, 손익을 살펴 충언을 올리는 것은 곽유지·비의·동윤 등의 책임입니다. 바라옵건대, 폐하께서는 제게 적을 토벌하여 한(漢) 왕실을 부흥시키는 공적을 맡겨 주십시오. 공적을 이루지 못하면 저의 죄를 다스려 선제의 영전에 고하십시오. 곽유지·비의·동윤 등이 잘못이 있을 때는 꾸짖어 그 태만함을 드러내십시오. 그리고 폐하께서도 몸소 마음을 쓰셔서 선도(善道)를 자문하시고 바른말을 살펴 받아들이셔서 선제의 유명(遺命)을 깊이 추종하십시오.

저는 선제께 받은 은혜를 감당하지 못해 감격해서 이제 멀리 떠나감에 있어 표(表)를 대하고 보니 눈물이 흘러 무어라 말씀을 드려야 할런지 모를 지경입니다.

(원문) ①先帝創業未半而中道崩殂하시고 今②天下三分에 ③益州疲
선제 창업 미 반 이 중 도 붕 조   금 천 하 삼 분   익 주 피

弊하니 此誠危急存亡之④秋也니이다. 然이나 ⑤侍衛之臣이 不懈
폐   차 성 위 급 존 망 지 추 야   연   시 위 지 신   불 해

於内하고 忠志之士가 忘身於外者는 蓋追先帝之⑥殊遇하여 欲報
어 내   충 지 지 사   망 신 어 외 자   개 추 선 제 지 수 우   욕 보

之於陛下也니이다.
지 어 폐 하 야

誠宜開張⑦聖聽하사 以光先帝遺德하며 ⑧恢弘志士之氣하고 不
성 의 개 장 성 청   이 광 선 제 유 덕   회 홍 지 사 지 기   불

宜妄自^⑨菲薄하며 ^⑩引喩失義하여 以塞^⑪忠諫之路也니이다.
의 망 자 비박　　인유실의　　이색 충간지로야

^⑫宮中府中이 俱爲一體니 ^⑬陟罰臧否를 不宜^⑭異同이니이다. 若
궁중부중 구위일체　척벌장비　불의 이동　　　　약

有作奸^⑮犯科와 及爲忠善者어든 宜付^⑯有司하여 論其刑賞하여
유작간 범과　급위충선자　의부 유사　　논기형상

以昭陛下平明之理요 不宜^⑰偏私하여 使內外異法也니이다.
이소폐하평명지리　불의 편사　사내외이법야

^⑱侍中侍郎郭攸之費禕董允等은 此皆良實하고 ^⑲志慮忠純이니
시중시랑곽유지비의동윤등　차개량실　　지려충순

이다. 是以로 先帝^⑳簡拔하사 以遺陛下하시니 ^㉑愚以爲宮中之事는
시 이　선제 간발　이유폐하　　우이위 궁중지사

事無大小히 悉以^㉒咨之然後施行이면 必能^㉓裨補闕漏하여 有所
사무대소　실이 자지연후시행　필능 비보궐루　　유소

廣益이리이다.
광익

將軍向寵은 ^㉔性行淑均하고 ^㉕曉暢軍事하여 試用於昔日에 先
장군상총　성행숙균　　효창군사　시용어석일　선

帝稱之曰能이라하사 是以로 衆議擧寵爲督하니 愚以爲^㉖營中之
제칭지왈능　　시 이　중의거총위독　우이위 영중지

事는 事無大小히 悉以咨之하시면 必能使行陣和睦하고 優劣得
사　사무대소　실이자지　　필능사행진화목　우열득

所也리이다.
소 야

親賢臣遠小人은 此先漢所以興隆也요 親小人遠賢臣은 此後
친현신원소인　차선한소이흥륭야　친소인원현신　차후

漢所以^㉗傾頹也니이라. 先帝在時에 每與臣論此事에 未嘗不歎息
한소이 경퇴야　　선제재시　매여신론차사　미상불탄식

痛恨於^㉘桓靈也니이다.
통한어 환령야

^㉙侍中尙書長史參軍은 此悉^㉚貞亮死節之臣이니 願陛下親之
시중상서장사참군　차실 정량사절지신　원폐하친지

信之하시면 則漢室之隆을 可^㉛計日而待也리이다.
신 지　즉한실지륭　가 계일이대야

臣本^㉜布衣로 躬耕^㉝南陽하여 苟全性命於亂世하고 不求^㉞聞達
신 본 포 의　　궁 경 남 양　　구 전 성 명 어 란 세　　불 구 문 달

於諸侯러니 先帝不以臣^㉟卑鄙하시고 猥自^㊱枉屈하사 三顧臣於
어 제 후　　선 제 불 이 신 비 비　　외 자 왕 굴　　삼 고 신 어

^㊲草廬之中하시고 咨臣以當世之事하시니 由是感激하여 遂許先
초 려 지 중　　자 신 이 당 세 지 사　　유 시 감 격　　수 허 선

帝以^㊳驅馳니이다. 後^㊴值傾覆하여 受任於^㊵敗軍之際하고 ^㊶奉命
제 이 구 치　　후 치 경 복　　수 임 어 패 군 지 제　　봉 명

於危難之間이 爾來二十有一年矣니이다.
어 위 난 지 간　　이 래 이 십 유 일 년 의

先帝知臣謹愼이니 故로 臨崩寄臣以大事也니이다. 受命以來로
선 제 지 신 근 신　　고　　임 붕 기 신 이 대 사 야　　수 명 이 래

夙夜憂嘆하여 恐託付不效하여 以傷先帝之明하니이다. 故로 五月
숙 야 우 탄　　공 탁 부 불 효　　이 상 선 제 지 명　　고　　오 월

渡瀘하여 深入不毛러니 今南方已定하고 兵甲已足하니 當獎率三
도 로　　심 입 불 모　　금 남 방 이 정　　병 갑 이 족　　당 장 솔 삼

軍하여 北定^㊷中原이니이다.
군　　북 정 중 원

庶竭^㊸駑鈍하여 攘除姦兇하고 興復漢室하여 還于舊都니 此臣
서 갈 노 둔　　양 제 간 흉　　흥 복 한 실　　환 우 구 도　　차 신

所以報先帝而忠陛下之職分也니이다. 至於^㊹斟酌損益하고 進盡
소 이 보 선 제 이 충 폐 하 지 직 분 야　　지 어 짐 작 손 익　　진 진

忠言은 則攸之褘允之任也니 願陛下託臣以討賊興復之效하사
충 언　　즉 유 지 의 윤 지 임 야　　원 폐 하 탁 신 이 토 적 흥 복 지 효

不效則治臣之罪하사 以告先帝之靈하시고 若無興德之言이어든
불 효 즉 치 신 지 죄　　이 고 선 제 지 령　　약 무 흥 덕 지 언

則責攸之褘允等之咎하사 以彰其慢하시며 陛下亦宜謀以^㊺諮諏
즉 책 유 지 의 윤 등 지 구　　이 창 기 만　　폐 하 역 의 모 이 자 추

善道하고 ^㊻察納雅言하여 深追先帝^㊼遺詔하소서.
선 도　　찰 납 아 언　　심 추 선 제 유 조

臣不勝受恩感激하니 今當遠離에 臨表涕泣하여 不知所云이로소
신 불 승 수 은 감 격　　금 당 원 리　　임 표 체 읍　　부 지 소 운

이다.

주해 ① 先帝(선제)-촉한(蜀漢)의 선주(先主) 유비(劉備)를 말함. ㅇ創業(창업)-처음으로 나라를 세움. 여기에서는 유비가 촉(蜀)을 세워 한실(漢室) 부흥의 왕업을 시작한 것을 말함. ㅇ崩殂(붕조)-천자가 죽음. 붕어(崩御)라고도 함.

② 天下三分(천하삼분)-당시 천하가 조비(曹丕)의 위(魏), 손권(孫權)의 오(吳), 유선(劉禪)의 촉(蜀)으로 삼분(三分)된 것을 말함.

③ 益州(익주)-사천성(四川省) 성도부(成都府)의 지명. ㅇ疲弊(피폐)-피로하여 쇠약해짐. 여기에서는 수차례의 전쟁에 의해 피폐해진 것을 말함.

④ 秋(추)-때, 시기.

⑤ 侍衛(시위)-임금을 모시며 호위함.

⑥ 殊遇(수우)-특별한 대우.

⑦ 聖聽(성청)-천자의 견문.

⑧ 恢弘(회홍)-크게 넓힘.

⑨ 菲薄(비박)-박하고 변변치 않음.

⑩ 引喩失義(인유실의)-사리에 맞지 않는 비유를 듦.

⑪ 忠諫(충간)-충성을 다해 간함.

⑫ 宮中(궁중)-천자가 있는 궁전 안. ㅇ府中(부중)-재상이 집무하는 관아.

⑬ 陟罰(척벌)-상으로 관위(官位)를 올려주는 것과 벌로 관위(官位)를 내리는 것.

⑭ 異同(이동)-다름. 같지 아니함.

⑮ 犯科(범과)-범법, 즉 법에 어긋나는 행동을 함. 과(科)는 법률, 법령.

⑯ 有司(유사)-벼슬아치, 관리.

⑰ 偏私(편사)-한쪽으로 치우쳐 불공평하고 사사로움. 즉 편파적임.

⑱ 侍中(시중)-천자를 측근에서 모시며 고문(顧問)·응대하는 직책. ㅇ侍郎(시랑)-궁중의 문호(門戶)를 경비하고 거기(車騎)를 호위하는 직책.

⑲ 志慮(지려)-마음, 생각.

⑳ 簡拔(간발)-선발함. 가려냄.

㉑ 愚(우)-어리석은 사람이라는 뜻으로 자신에 대한 겸칭.

㉒ 咨(자)-윗사람이 아랫사람에게 의견을 물음.

㉓ 裨補(비보)-도와서 모자란 점을 보충함. ㅇ闕漏(궐루)-빠짐, 빠뜨림.

㉔ 性行(성행)-성품과 행동. ㅇ淑均(숙균)-선량하고 공평함.

㉕ 曉暢(효창)-환히 앎. 자세히 앎.

㉖ 營中(영중)-진영 안. 진중(陣中).

㉗ 傾頹(경퇴)-기울어 무너짐.

㉘ 桓靈(환령)-후한(後漢)의 효환제(孝桓帝)와 효령제(孝靈帝). 환관의 세력이 막강하고 정치가 문란하여 국세가 기울기 시작한 때이다. 진번(陳蕃)·이응(李膺) 등의 학자가 환관의 횡포에 반발하자, 환관들이 이들을 종신금고(終身禁錮)에 처한 당고(黨錮)의 사건이 일어나 많은 인재를 잃었다.

㉙ 侍中(시중)-주해 ⑱ 참조. ㅇ尚書(상서)-천자와 신하간의 문서(文書) 수수(受授)를 맡은 직책. 당시 진진(陳震)이 맡고 있었다. ㅇ長史(장사)-황궁 및 각 성의 서기장(書記長). 당시 장예(張裔)가 맡고 있었다. ㅇ參軍(참군)-군사회의에 참여하는 직책. 당시 장완(蔣琬)이 맡고 있었다.

㉚ 貞亮(정량)-마음이 곧고 신의가 있음.

㉛ 計日而待(계일이대)-날짜를 세면서 기다리다. 즉 며칠 내에 이루어질 수 있다는 뜻.

㉜ 布衣(포의)-베옷. 벼슬하지 않는 사람이 입는 옷이므로 평민을 가리킴.

㉝ 南陽(남양)-하남성(河南省) 남양현(南陽縣)의 땅.

㉞ 聞達(문달)-명성을 떨치고 높은 지위에 오름.

㉟ 卑鄙(비비)-신분이 낮음. 비천함.

㊱ 枉屈(왕굴)-몸을 굽혀 방문함. 왕림함. 남의 방문에 대한 경칭.

㊲ 草廬(초려)-초가집. 누추한 움막.

㊳ 驅馳(구치)-남의 일로 분주히 돌아다님.

㊴ 値傾覆(치경복)-나라가 기울어 뒤집히려는 상황을 만남.

㊵ 敗軍(패군)-건안(建安) 13년(208) 유비가 당양(當陽)의 장판(長阪)에서 조조(曹操)에게 크게 패한 것을 말함.

㊶ 奉命於危難之間(봉명어위난지간)-위급한 시기에 명을 받들다. 즉, 유비가 조조의 군대에게 대패하여 추격을 당하자, 유비는 오(吳)의 손권(孫權)

에게 가서 원군(援軍)을 청하라는 명을 제갈량에게 내렸다. 그리하여 오와 촉의 연합군이 조조의 대군을 적벽(赤壁)에서 크게 무찔렀다.

㊷ 中原(중원)―한족(漢族)의 발상지인 황하 유역을 말함. 지금의 하북(河北)·하남(河南)·산동(山東)·섬서성(陝西省) 지방을 말함.

㊸ 駑鈍(노둔)―재주가 없음. 아둔함.

㊹ 斟酌(짐작)―사정을 미루어 살핌.

㊺ 諮諏(자추)―자문(諮問). 윗사람이 아랫사람에게 의견을 물음.

㊻ 察納(찰납)―자세히 살펴서 받아들임. ㅇ雅言(아언)―바른말. 정언(正言).

㊼ 遺詔(유조)―임금이 죽을 때 내리는 조서(詔書).

해설 제갈량(諸葛亮, 181~234)의 자는 공명(孔明)으로 낭야(琅琊) 사람이다. 삼고초려(三顧草廬)에 의해 정계에 진출하여 유비를 도와 촉한(蜀漢)의 부흥에 힘쓴 사람이다.

《삼국지(三國志)》촉지(蜀志) 제갈량전(諸葛亮傳)에 '5년(227)에 군대를 이끌고 한수(漢水) 가에 주둔하다가 출발에 즈음하여 소(疏)를 올렸다'라는 구절이 나오는데, 그때 올린 소가 바로 이 출사표이다.

이 글에서는 선제의 은혜에 대한 감격과 국가에 대한 충성 및 후주(後主)에 대한 간절한 부탁이 구구절절이 배어 있어 읽는 이에게 깊은 감명을 주고 있다.

후출사표(後出師表)

제갈량(諸葛亮)

　선제(先帝)께서는 우리 한(漢)나라와 적국(賊國)인 위(魏)나라는 양립할 수 없으며, 왕업을 이루기 위해서는 한구석에서 안일하게 지내서는 안된다고 염려하셨습니다. 그러므로, 저에게 적을 토벌하라고 분부하신 것입니다. 선제께서 밝으신 안목으로 저의 재능을 헤아려 제가 적을 토벌하기에는 재주가 약하고 적은 강하다는 것을 아셨습니다. 그렇지만, 적을 토벌하지 않으면 또 왕업을 이룰 수 없으니, 가만히 앉아서 망하기를 기다리는 것과 적을 토벌하는 것 중 어느 것이 낫겠습니까? 그렇기 때문에 저에게 분부하시면서 의심하지 않으셨던 것입니다.

　저는 분부를 받은 날부터 잠을 자도 잠자리가 편치 않았고, 식사를 해도 밥맛이 없었습니다. 북방을 정벌하려면 먼저 남방을 쳐들어가야 한다는 생각에, 5월에 노수(瀘水)를 건너 불모지로 깊이 쳐들어가서 하루치 식량을 이틀에 나누어 먹는 고전을 벌였습니다. 저도 제 몸을 아끼고 싶지 않은 것은 아니지만 왕업을 돌아보니 촉도(蜀都) 한구석에서 안일하게 지내서는 안되겠기에 위험을 무릅쓰고 선제의 유지를 받들고 있는 것입니다. 그런데 논자들이 좋은 계책이 아니라고 말하고 있습니다.

　지금 적은 마침 서쪽에서는 우리와의 전쟁으로 피폐해 있고, 동쪽에서는 오(吳)나라와의 전쟁으로 애쓰고 있습니다. 병법에 '적이 피로한 틈을 타라'고 하였으니, 이때야말로 진격할 시기입니다. 삼가 그 사정을 말씀드리면 다음과 같습니다.

고제(高帝)의 밝으심은 해나 달과 견줄 만하고, 신하들의 지략은 연못처럼 깊었지만 위험을 겪고 상처를 입는 위기를 넘긴 후에야 안정을 찾을 수 있었습니다. 지금 폐하께서는 고제의 밝으심에는 미치지 못하시고, 신하들의 지략도 장량(張良)과 진평(陳平)만 못합니다. 그런데도 좋은 계책으로 승리를 얻어, 앉아서 천하를 평정하려고 하니 이것이 제가 이해하지 못하는 첫 번째 일입니다.

유요(劉繇)와 왕랑(王朗)은 각자 주군에 웅거하고 있습니다. 그런데도 우리는 안위(安危)를 논하고 계책을 이야기하면서, 걸핏하면 성인(聖人)의 말씀을 인용하니 숱한 의문이 배 속에 가득하고 많은 어려움이 가슴에 메어 있습니다. 금년에 싸우지 않고 내년에 정벌하지 않으면 손책(孫策)으로 하여금 가만히 앉아서 영토를 확장시켜서 결국 강동(江東) 지방을 합병하도록 하는 꼴이 될 터이니, 이것이 제가 이해하지 못하는 두 번째 일입니다.

조조(曹操)의 지혜와 계책은 남보다 훨씬 뛰어나서, 용병에 있어서 손무(孫武)와 오기(吳起)를 방불케 합니다. 그런데도, 남양(南陽)에서는 곤란함을 당했고, 오소(烏巢)에서는 위험을 겪었으며, 기련(祁連)에서는 위기를 만났으며, 여양(黎陽)에서는 쫓겼으며, 북산(北山)에서는 거의 패망의 지경에까지 이르렀고, 동관(潼關)에서는 거의 죽을 뻔했습니다. 그런 후에야 비로소 황제로 자칭하면서 한때 안정을 얻을 수 있었던 것입니다. 하물며 저는 재능도 약한데 위험을 겪지 않고 천하를 평정시키려고 하니 이것이 제가 이해하지 못하는 세 번째 일입니다.

조조는 다섯 번이나 창패(昌霸)를 공격하였으나 함락되지 않았고, 네 번이나 소호(巢湖)를 넘었으나 성공하지 못했습니다. 또한 이복(李服)을 임용했으나 이복은 도리어 그를 죽이려 하였으며 하후(夏侯)를 임용했으나 하후는 패하여 죽었습니다. 선제께서는 매번 조조가 유능한 사람이라고 칭찬하셨는데도 오히려 이렇게 실패했습니다. 하물며 저는 우둔하고 남보다 처지는데 어떻게 반드시 이긴다고 할 수 있겠습니까? 이것이 제가 이해하지 못하는 네 번째 일입니다.

제가 한중(漢中)에 도착한 지 그동안 1년이 지났습니다. 그런데, 조운(趙雲)·양군(陽羣)·마옥(馬玉)·염지(閻芝)·정립(丁立)·백수(白壽)·유합(劉郃)·등동(鄧銅) 등과 부곡(部曲)의 장(長) 및 주둔부대의 장 70여명, 그리고 돌진하는 곳마다 앞을 가로막는 적이 없는 남만(南蠻) 출신의 장(長)·서이(西夷) 출신의 장(長)·산기(散騎)·무기(武騎) 천여 명을 잃었습니다. 그들은 모두 수십년 동안 사방에서 규합(糾合)한 정예부대로서 한 고을에서 얻을 수 있는 병사들이 아니었습니다.

만약 수년이 더 지난다면 3분의 2를 잃게 될 것이니, 무엇으로 적을 치려고 도모할 수 있겠습니까? 이것이 제가 이해하지 못하는 다섯 번째 일입니다.

지금 백성들은 곤궁하고 병사들은 피로해 있습니다. 그렇다고 대업을 그만둘 수도 없습니다. 대업을 그만둘 수 없다면 머물러 방어하는 것이나 나아가 싸우는 것이나 그 노력과 비용은 꼭 같습니다. 그런데도 빨리 적을 토벌할 생각은 않고 한 주(州) 정도의 땅으로 적과 지구전을 하려고 하는 것이 제가 이해하지 못하는 여섯 번째 일입니다.

무릇 천하를 평정하는 대업은 어려운 일입니다. 옛날에 선제께서 초(楚)에서 패하신 적이 있습니다. 그 당시 조조는 손뼉을 치면서 "천하는 이미 평정되었다."라고 말했습니다. 그후에 선제께서 동쪽으로 오월(吳越)과 동맹을 맺고, 서쪽으로 파촉(巴蜀)을 점령하였고 군대를 일으켜 북방을 정벌하였습니다. 하후(夏侯)가 싸움에 져서 목을 내놓게 되었으니 이것은 조조의 실책이며 한(漢)의 대업은 바야흐로 이루어지려고 하였습니다.

그후에 오(吳)는 다시 맹약을 어겨 관우(關羽)가 참패하였으며 자귀현(秭歸縣)은 적에게 빼앗겼고 조비(曹丕)는 황제를 자칭했습니다. 모든 일이 이와 같으니 예측하기 어렵습니다. 저는 삼가 몸을 굽히고 온갖 노

력을 다하여 죽은 후에야 그만둘 것입니다. 성공과 실패, 이익과 손해는
신의 지혜로 예측할 수 있는 바가 아닙니다.

(원문) 先帝慮漢賊不兩立하고 ①王業不②偏安이라. 故로 託臣以討
　　　 선제 려한적불량립　　　 왕업불 편안　　　 고　 탁신이토

賊也니이다. 以先帝之明으로 量臣之才하시되 固知臣伐賊이 才弱
적 야　　　 이선제지명　　 양신지재　　　 고지신벌적　 재약

敵彊也니이다. 然이나 不伐賊이면 王業亦亡이니 惟坐而待亡으론
적강야　　　 연　　　 불벌적　　 왕업역망　　 유좌이대망

孰與伐之리이까? 是故로 託臣而不疑也시니이다.
숙여벌지　　　　 시고　 탁신이불의야

　 臣受命之日에 寢不安席하며 食不③甘味하여 思惟北征이면 宜
　 신수명지일　 침불안석　　 식불 감미　　 사유북정　　 의

先入南일새 故로 五月渡瀘하여 深入不毛하여 ④幷日而食하니이다.
선입남　　 고　 오월도로　　 심입불모　　 병일이식

臣非不自惜也나 顧王業不可得偏安於蜀都니 故로 冒危難하여
신비부자석야　 고왕업불가득편안어촉도　 고　 모위난

以奉先帝之遺意어늘 而議者謂爲非計니이다.
이봉선제지유의　　 이의자위위비계

　 今賊⑤適疲於西하고 又⑥務於東이니이다. ⑦兵法에 乘勞라 하니
　 금적 적피어서　　 우 무어동　　　　 병법　 승로

此進趨之時也니이다. 謹陳其事如左하노이다.
차진추지시야　　　 근진기사여좌

　 ⑧高帝明竝日月하시고 ⑨謀臣淵深이나 然⑩涉險被創하여 危然
　 고제명병일월　　　 모신연심　　 연 섭험피창　　 위연

後安하니이다. 今陛下未及高帝하시고 謀臣不如⑪良平이어늘 而欲
후안　　　 금폐하미급고제　　　 모신불여 량평　　　 이욕

以⑫長策取勝하여 坐定天下하니 此는 臣之未解一也니이다.
이 장책취승　　 좌정천하　 차　 신지미해일야

　 ⑬劉繇王朗은 各據州郡하여 ⑭論安言計에 ⑮動引聖人하되 羣疑
　 유요왕랑　 각거주군　　 논안언계　 동인성인　　 군의

滿腹하고 衆難塞胸하여 今歲不戰하고 明年不征이라가 使⑯孫策
만복　　 중난색흉　　 금세부전　　 명년부정　　 사 손책

坐大하여 遂竝^⑰江東하니 此는 臣之未解二也니이다.
좌 대   수 병 강 동   차   신 지 미 해 이 야

曹操智計^⑱殊絶於人하여 其用兵也가 ^⑲髣髴孫吳나 然^⑳困於
조 조 지 계 수 절 어 인   기 용 병 야   방 불 손 오   연   곤 어

南陽하고 ^㉑險於烏巢하고 ^㉒危於祁連하고 ^㉓偪於黎陽하고 ^㉔幾敗
남 양   험 어 오 소   위 어 기 련   핍 어 여 양   기 패

北山하고 ^㉕殆死潼關하여 然後^㉖僞定一時爾어늘 況臣才弱而欲以
북 산   태 사 동 관   연 후 위 정 일 시 이   황 신 재 약 이 욕 이

不危而定之하니 此는 臣之未解三也니이다.
불 위 이 정 지   차   신 지 미 해 삼 야

曹操^㉗五攻昌覇不下하고 ^㉘四越巢湖不成하고 任用^㉙李服而李
조 조 오 공 창 패 불 하   사 월 소 호 불 성   임 용 이 복 이 이

服圖之하고 委任^㉚夏侯而夏侯敗亡하니 先帝每稱操爲能하시되
복 도 지   위 임 하 후 이 하 후 패 망   선 제 매 칭 조 위 능

猶有此失이어늘 況臣^㉛駑下하니 何能必勝이리오? 此는 臣之未解
유 유 차 실   황 신 노 하   하 능 필 승   차   신 지 미 해

四也니이다.
사 야

自臣到漢中으로 中間^㉜朞年耳나 然喪^㉝趙雲・陽羣・馬玉・
자 신 도 한 중   중 간 기 년 이   연 상 조 운   양 군   마 옥

閻芝・丁立・白壽・劉郃・鄧銅等과 及^㉞曲長屯將七十餘人과
염 지 정 립 백 수 유 합 등 동 등   급 곡 장 둔 장 칠 십 여 인

^㉟突將無前의 ^㊱賨叟・靑羌과 ^㊲散騎・武騎一千人하니 此皆數
돌 장 무 전   종 수 청 강   산 기 무 기 일 천 인   차 개 수

十年之內의 所糾合四方之^㊳精銳요 非一州之所有니이다.
십 년 지 내   소 규 합 사 방 지 정 예   비 일 주 지 소 유

若復數年이면 則損三分之二也리니 當何以圖敵이리니까? 此는
약 복 수 년   즉 손 삼 분 지 이 야   당 하 이 도 적   차

臣之未解五也니이다.
신 지 미 해 오 야

今民窮兵疲라도 而事不可息이니 事不可息이면 則住與行이 勞
금 민 궁 병 피   이 사 불 가 식   사 불 가 식   즉 주 여 행   노

費正等이어늘 而不及蚤圖之하고 欲以一州之地로 與賊持久하니
비 정 등   이 불 급 조 도 지   욕 이 일 주 지 지   여 적 지 구

此는 臣之未解六也니이다.
차 신지미해육야

夫難平者事也니이다. 昔㊴先帝敗軍於楚하시니 當此時하여 曹操㊵拊手하여 謂天下已定이러니 然後先帝東㊶連吳越하고 ㊷西取巴蜀하여 擧兵㊸北征에 ㊹夏侯授首하니 此操之㊺失計요 而漢事將成也니이다.
부난평자사야 석 선제패군어초 당차시 조조 부수 위천하이정 연후선제동 련오월 서취파촉 거병 북정 하후수수 차조지 실계 이한사장 성야

然後㊻吳更違盟하여 關羽㊼毁敗하고 ㊽秭歸蹉跌하며 ㊾曹丕稱帝하니 凡事如是하여 難可㊿逆見이니이다. 臣(51)鞠躬盡瘁하여 死而後已요 至於成敗(52)利鈍하여는 非臣之明의 所能(53)逆覩也로소이다.
연후 오갱위맹 관우 훼패 자귀차질 조비칭 제 범사여시 난가 역견 신 국궁진췌 사 이후이 지어성패 리둔 비신지명 소능 역도야

주해 ① 王業(왕업)－제왕으로서 나라를 다스리는 위대한 사업.

② 偏安(편안)－한구석에서 만족하고 편안히 지냄.

③ 甘味(감미)－달게 먹음. 맛있게 먹음.

④ 幷日而食(병일이식)－하루치 식량을 이틀에 나누어 먹다.

⑤ 適(적)－마침. ㅇ疲於西(피어서)－서쪽에서 피폐해 있다. 건흥(建興) 5년 제갈량이 기산(祁山)을 공격하자, 남안(南安)·천수(天水)·안정(安定) 세 군이 모두 위(魏)를 배반하고 한(漢)에 항복한 사건을 말함.

⑥ 務於東(무어동)－동쪽에서 애쓰다. 위(魏)의 조휴(曹休)가 오(吳)의 육손(陸孫)과 석정(石亭)에서 싸워 대패한 사건을 말함.

⑦ 兵法(병법)－손자(孫子)가 지은 병법서인 《손자병법(孫子兵法)》을 가리킴. ㅇ乘勞(승로)－적이 피로한 틈을 타서 공격하다.

⑧ 高帝(고제)－한(漢) 고조(高祖) 유방(劉邦)을 가리킴.

⑨ 謀臣(모신)－지략있는 신하. ㅇ淵深(연심)－연못처럼 깊음.

⑩ 涉險被創(섭험피창)－한(漢) 고조(高祖)가 숱한 위험을 겪고 상처를 입으

면서 천하를 통일한 것을 말함. 피창(被創)은 고조가 광무(廣武)의 싸움에서 항우의 화살을 맞고 상처를 입은 것을 말함.

⑪ 良平(양평)-한(漢) 고조 때의 공신인 장량(張良)과 진평(陳平)을 말함.

⑫ 長策(장책)-좋은 계책. 원대한 계책.

⑬ 劉繇(유요)-자는 정례(正禮)로 삼국시대 오(吳)나라 모평(牟平) 사람이다. 양주(楊州) 태수로 곡아현(曲阿縣)에 있었으나, 손책(孫策)에게 쫓겨 단도(丹徒)로 달아났다. ㅇ王朗(왕랑)-자는 경흥(景興)으로 삼국시대 위(魏)나라 사람. 회계(會稽) 태수를 지내다가 손책의 공격을 받아 대패했다.

⑭ 論安言計(논안언계)-안위(安危)를 의논하고 계책을 이야기하다.

⑮ 動(동)-걸핏하면, 툭하면.

⑯ 孫策(손책)-오(吳)나라 손견(孫堅)의 장자(長子)이며 손권(孫權)의 형으로 자는 백부(伯符)이다. 손견이 죽자 남은 병력을 몰아 각처에서 승전하여 마침내 강동(江東) 지방을 평정하였다.

⑰ 江東(강동)-양자강(揚子江) 동쪽. 지금의 강소성(江蘇省) 지방.

⑱ 殊絶(수절)-훨씬 뛰어난, 특별히 뛰어남.

⑲ 髣髴(방불)-서로 비슷하여 구별하기 어려움. ㅇ孫吳(손오)-춘추시대 제(齊)나라 사람 손무(孫武)와 전국시대 위(衛)나라 사람 오기(吳起). 둘 다 병법에 정통한 사람이므로 용병에 뛰어난 자를 손오(孫吳)라 한다.

⑳ 困於南陽(곤어남양)-남양(南陽)에서 곤란함을 당하다. 건안(建安) 2년 조조가 남양에서 장수(張繡)와 싸우다가 빗나간 화살에 맞은 사건을 말한다.

㉑ 險於烏巢(험어오소)-오소(烏巢)에서 위험을 겪다. 원소(袁紹)가 조조의 군대를 관도(官渡)에서 막고 오소에 많은 군량과 무기를 모아 대비하고 있었다. 조조는 군량이 떨어져서 도저히 싸울 수 없는 지경이 되자 오소의 군량과 무기를 불태우고 도망했다.

㉒ 危於祁連(위어기련)-기련(祁連)에서 위기를 만나다. 기련은 도사성(都司城) 서남쪽에 있는 산 이름으로 조조는 이곳에서 흉노와 고전을 벌였다. 혹은 조조가 기련에서 원상(袁尙)을 포위공격할 때의 일을 말한다고 한다.

㉓ 偪於黎陽(핍어여양)-여양(黎陽)에서 쫓기다. 조조가 오(吳)와 촉(蜀)을 공격하기 위해 출정하자 여양에 주둔하던 원담(袁譚)이 배후공격을 해서

궁지에 몰렸던 일을 말한다.

㉔ 幾敗北山(기패북산) - 북산(北山)에서 거의 패망의 지경에 이르다. 북산은
백산(伯山)임. 하후연(夏侯淵)이 패하자 조조는 한중(漢中)을 공격하기
위해 북산에 수많은 군량미를 운반해 놓았다. 촉한(蜀漢)의 조운(趙雲)이
이들을 만나자 진영 안에 들어가 문을 닫아 버렸다. 이에 조조는 싸우지
않고 그냥 지나가려고 했는데 돌연 우레와 같은 북소리가 일어나고 화살
이 비오듯 쏟아져 조조의 군대가 대패한 사건을 말한다.

㉕ 殆死潼關(태사동관) - 동관(潼關)에서 거의 죽을 뻔하다. 조조가 동관에서
자신을 배반한 마초(馬超)・한수(韓遂)를 토벌하려고 황하를 넘어 정예부
대 백여 명을 거느리고 남쪽 강기슭에 올랐다. 이에 마초가 만여 명의 군
사를 거느리고 빗발치듯 화살을 쏘며 공격해 와서 허저(許褚)가 화살을
막으며 조조를 배에 태워 목숨을 건졌다.

㉖ 僞定(위정) - 조조가 천자 행세를 하며 천하를 평정시킨 것을 말함.

㉗ 五攻昌覇不下(오공창패불하) - 창패를 다섯 번이나 공격해도 함락되지 않
다. 창패는 동해군(東海郡)에 있는 지명. 조조에게 반기를 들고 유비에게
돌아서자 조조가 여러 차례 병사를 이끌고 공격했으나 함락되지 않았다.
하(下)는 항복하다, 함락되다라는 뜻.

㉘ 四越巢湖不成(사월소호불성) - 네 번이나 소호(巢湖)를 넘었으나 성공하
지 못하다. 소호는 합비(合肥) 동남쪽에 있는 호수 이름. 조조는 합비를
전략적인 요충지로 여기고 네 번이나 소호를 건너 합비를 포위했으나 성
공하지 못했다.

㉙ 李服(이복) - 《삼국지(三國志)》에 전기가 실려있지 않아 불확실하다. 동승
(董承)과 함께 조조를 죽이려고 도모했던 왕복(王服)이라고도 한다.

㉚ 夏侯(하후) - 조조의 사촌누이의 사위인 하후연(夏侯淵)을 말함. 조조가
한중(漢中)을 그에게 맡겨 다스리게 했으나 후에 유비의 장수 황충(黃忠)
의 공격을 받아 죽고 한중을 빼앗겼다.

㉛ 駑下(노하) - 둔한 말처럼 우둔하고 남보다 처진다는 뜻으로 자기를 낮추
어 일컫는 말.

㉜ 朞年(기년) - 만 1년.

㉝ 趙雲(조운)－자는 자룡(子龍)으로 유비가 조조에게 쫓겨 처자식을 버리고 남쪽으로 달아났을 때 유비의 아들 유선(劉禪)을 안고 감부인(甘夫人)을 보호하여 무사히 구출해낸 충신이다. ㅇ陽羣(양군)·馬玉(마옥)·閻芝(염지)·丁立(정립)·白壽(백수)·劉郃(유합)·鄧銅(등동)－모두 촉한의 장군들. 《삼국지》에 전기가 실려있지 않아 자세한 것을 알 수 없다.

㉞ 曲長(곡장)－부곡(部曲), 즉 항오(行伍)의 장(長). ㅇ屯將(둔장)－주둔부대의 장군.

㉟ 突將(돌장)－돌진하는 용감한 장수. ㅇ無前(무전)－향하는 곳에 적이 없음. 앞을 가로막는 적이 없음.

㊱ 賨叟(종수)－남만(南蠻) 출신의 장(長). ㅇ靑羌(청강)－서이(西夷) 출신의 장(長).

㊲ 散騎(산기)·武騎(무기)－둘 다 기마대의 부대 이름.

㊳ 精銳(정예)－뛰어나게 날랜 군사.

㊴ 先帝敗軍於楚(선제패군어초)－건안(建安) 12년, 유장(劉璋)이 유비에게 항복하자 유비는 항복한 군대를 거느리고 초지(楚地)인 양양(襄陽)으로 갔다. 조조는 유비가 군용물자가 있는 강릉(江陵)에 웅거할 것이라고 예측하고 유비의 군대를 추격하여 대패시켰다.

㊵ 拊手(부수)－손뼉을 치면서 기뻐함.

㊶ 連吳越(연오월)－오월(吳越)과 동맹을 맺다. 패주(敗走)하던 유비가 하구(夏口)에 이르러 제갈량을 보내 오(吳)의 손권(孫權)과 동맹을 맺었다.

㊷ 西取巴蜀(서취파촉)－서쪽으로 파촉(巴蜀)을 점령하다. 파촉은 익주(益州)를 말함. 건안(建安) 19년, 유비가 성도(成都)를 포위하여 유장(劉璋)을 항복시키고 익주를 점령하였다.

㊸ 北征(북정)－북쪽의 조조를 토벌함.

㊹ 夏侯(하후)－주해 ㉚ 참조. ㅇ授首(수수)－목을 내놓다. 즉, 참수(斬首)를 당함.

㊺ 失計(실계)－잘못 세운 계책. 실책.

㊻ 吳更違盟(오갱위맹)－오(吳)나라가 다시 맹약을 어김. 촉(蜀)과 동맹을 맺고 있던 오나라가 조조의 계략에 의해 맹약을 어기고 관우를 습격하여

죽이고 형주(荊州)를 차지했다.

㊼ 毁敗(훼패)－쳐부수다. 깨뜨리다.

㊽ 秭歸(자귀)－자귀현(秭歸縣). 지금의 호북성(湖北省) 귀주(歸州). ㅇ蹉跌
(차질)－발을 헛디뎌 넘어짐. 즉, 실패하여 적의 손에 넘어감을 말함.

㊾ 曹丕(조비)－조조의 장자(長子). 후한(後漢)의 헌제(獻帝)를 추방하고 위
(魏)나라를 세워 황제를 자칭했다.

㊿ 逆見(역견)－미리 추측함. 예측함.

51 鞠躬(국궁)－존경하는 뜻으로 몸을 굽힘. ㅇ盡瘁(진췌)－몸이 파리해지도
록 마음과 힘을 다함.

52 利鈍(이둔)－날카로움과 무딤. 즉, 이익과 손해.

53 逆覩(역도)－역견(逆見)과 같은 뜻. 주해 50 참조.

(해설) 이 글은 앞에 수록된 〈출사표(出師表)〉에 이어 건흥(建興) 6년(228)
에 지은 것이다. 당시 위(魏)나라 조휴(曹休)의 군대가 오(吳)나라와 싸
워 패하였으므로 이를 돕기 위해 군대가 동으로 내려가서 관중(關中)이
허술하였다. 이에 제갈량은 이 기회를 이용하여 관중을 공격하려고 하였
다. 그러나, 군신들이 주저하며 불안해하자 제갈량은 이 표(表)를 올리고
출전하였다.

이에 촉한(蜀漢)의 군대가 산관(散關)을 나와 진창(陳倉)을 포위하였
으나 위(魏)의 장군 조진(曹眞)이 방어를 잘하였다. 게다가 촉한(蜀漢)의
군량이 바닥나서 제갈량은 돌아오고 말았다.

이 글에서는 위(魏)와 촉(蜀)이 양립할 수 없는 적대관계이므로 위를
토벌해야 한다는 논지에 따라 이야기를 전개하고 있다. 제갈량은 군신들
이 주저하는 점을 하나하나 비판하며 위의 공격을 앉아서 기다리는 것보
다 중원(中原)에 나아가 싸워야 한다는 것을 강조하고 있다.

주덕송(酒德頌)

유령(劉伶)

대인선생(大人先生)이란 사람이 있었으니 천지개벽 이래의 시간을 하루아침으로 삼고, 만백년을 순간으로 삼으며, 해와 달을 창문으로 삼고, 광활한 천지를 뜰이나 길거리로 삼았다. 길을 감에 바퀴자국이 없고, 거처함에 한정된 집이 없이, 하늘을 천막으로 삼고 땅을 자리로 삼으며 마음이 가는대로 내맡긴다. 머물러 있을 때는 크고작은 술잔을 잡고, 움직일 때는 술통과 술병을 들고 오직 술 마시는 데에만 힘쓰니 어찌 그밖의 것을 알겠는가?

귀족 공자(公子) 및 고위관리와 은자(隱者)들이 대인선생의 소문을 듣고서 그러한 행동을 따지러 왔다. 곧 소매를 떨치며 옷깃을 걷어붙이고 눈을 부라리고 이를 갈면서, 예법을 늘어놓고는 칼끝처럼 날카롭게 시비를 따졌다.

대인선생은 이때에, 바로 술단지를 들고 술통을 받들고는 술잔을 입에 대고 탁주를 마시고서, 수염을 떨고 두 다리를 쭉 뻗고 앉아서는 누룩을 베개로 삼고 술지게미를 깔고 누웠는데, 생각도 없고 걱정도 없으며 오직 즐거움만이 도도하였다. 멍청히 취해 있는가 하면 어슴푸레 깨어있기도 하는데, 조용히 들어보아도 우렛소리가 들리지 않고, 자세히 보아도 태산의 형상이 보이지 않으며, 피부에 파고드는 추위와 더위나 기호와 욕심의 감정도 느끼지 못하였다. 만물을 굽어보니 어지러이 마치 장강이

나 한수(漢水)에 떠있는 부평초와 같았다. 따지러 온 두 호걸이 옆에 서
있어도 마치 나나니벌과 배추벌레나 같았다.

원문 有①大人先生하니 以天地爲一朝하고 ②萬期爲須臾하고 日月
유 대 인 선 생　　이 천 지 위 일 조　　만 기 위 수 유　　　일 월

爲③扃牖하고 八荒爲庭衢라. 行無④轍跡하며 居無室廬하고 幕天
위 경 유　　팔 황 위 정 구　　행 무 철 적　　거 무 실 려　　막 천

席地하여 ⑤縱意所如라. 止則⑥操卮執觚하며 動則挈榼提壺하여
석 지　　종 의 소 여　　지 즉 조 치 집 고　　동 즉 설 합 제 호

唯酒是務하니 焉知其餘리오?
유 주 시 무　　언 지 기 여

有⑦貴介公子와 ⑧縉紳處士가 聞吾風聲하고 議其所以라. 乃奮
유 귀 개 공 자　　진 신 처 사　　문 오 풍 성　　의 기 소 이　　내 분

袂攘衿하고 怒目切齒하여 陳說禮法하여 ⑨是非鋒起라.
몌 양 금　　노 목 절 치　　진 설 례 법　　시 비 봉 기

先生於是에 方⑩捧甖承槽하고 銜盃⑪漱醪하여 ⑫奮髥踑踞하여
선 생 어 시　　방 봉 앵 승 조　　함 배 수 료　　분 염 기 거

⑬枕麴藉糟하니 無思無慮요 其樂⑭陶陶라. ⑮兀然而醉하고 ⑯恍爾
침 국 자 조　　무 사 무 려　　기 락 요 요　　올 연 이 취　　황 이

而醒하여 靜聽不聞雷霆之聲이오 熟視不見⑰泰山之形이라. 不覺
이 성　　정 청 불 문 뇌 정 지 성　　숙 시 불 견 태 산 지 형　　불 각

⑱寒暑之切肌와 嗜慾之感情하여 俯觀萬物에 ⑲擾擾焉如江漢之
한 서 지 절 기　　기 욕 지 감 정　　부 관 만 물　　요 요 언 여 강 한 지

浮萍이오 二豪侍側焉에 如⑳蜾蠃之與螟蛉이러라.
부 평　　이 호 시 측 언　　여 과 라 지 여 명 령

주해 ① 大人先生(대인선생)-작자 유령(劉伶)이 자신을 가리켜 한 말이다.
대인은 노장(老莊)에서 말하는 천지자연의 대도(大道)를 얻은 사람. 곧
작자가 자신의 지기(志氣)의 광대함을 나타낸 말이다.

② 萬期(만기)-기(期)는 백년을 뜻함. 만백년은 헤아릴 수 없는 오랜 세월.
ㅇ須臾(수유)-잠깐, 아주 짧은 시간.

③ 扃牖(경유)-창문. ㅇ八荒(팔황)-광활한 천지.

④ 轍跡(철적)-수레바퀴의 자취. 즉 사람이나 수레가 언제고 다니는 길.

⑤ 縱意所如(종의소여)-마음이 가고자 하는대로 하다.

⑥ 操卮執觚(조치집고)-크고작은 술잔을 잡음. 치(卮)는 큰 술잔이고, 고(觚)는 모가 난 작은 술잔이다. ○挈榼提壺(설합제호)-술통을 끌어당기고 술병을 듦. 합(榼)은 술통. 제(提)는 거(擧)의 뜻.

⑦ 貴介(귀개)-신분이 귀한 사람. 개(介)는 대(大)의 뜻. ○公子(공자)-귀족의 자제.

⑧ 縉紳(진신)-본디는 홀(笏)을 조복의 대대(大帶)에 꽂는다는 뜻인데, 전하여 귀현(貴顯)한 사람. 즉 높은 벼슬아치. ○處士(처사)-초야에 묻혀 사는 덕이 높은 선비.

⑨ 是非鋒起(시비봉기)-옳고 그른 것을 따지는 것이 칼날의 끝으로 찌르듯 날카롭다.

⑩ 捧罌承槽(봉앵승조)-술단지를 들고 술통을 받듦. 앵(罌)은 작은 술단지. 조(槽)는 술을 저장해 놓는 통.

⑪ 漱醪(수료)-탁주(濁酒)로 양치질함. 즉 탁주를 마신다는 뜻이다.

⑫ 奮髥(분염)-수염을 떨침. 일설에는 술이 묻은 수염을 손으로 쓰다듬는다는 뜻이라고 함. ○踑踞(기거)-두 다리를 쭉 뻗고 앉음.

⑬ 枕麴藉糟(침국자조)-누룩을 베개삼고 지게미를 깔고 누움. 국(麴)은 누룩. 조(糟)는 술을 거른 지게미.

⑭ 陶陶(요요)-화락한 모양.

⑮ 兀然(올연)-아무것도 모르는, 멍청한.

⑯ 恍爾(황이)-희미한.

⑰ 泰山(태산)-산동성(山東省)에 있는 중국 제일의 명산. 혹 태산(太山)이라고도 함.

⑱ 寒暑之切肌(한서지절기)-살가죽을 파고드는 추위와 더위.

⑲ 擾擾(요요)-많은 것이 뒤섞여 어지러운 모양. ○江漢(강한)-장강(長江)과 한수(漢水). ○浮萍(부평)-부평초. 개구리밥.

⑳ 蜾蠃(과라)-나나니벌. 가늘고 작은 벌. ○螟蛉(명령)-나비나 나방류의 유충. 배추벌레. 나나니벌이 명령을 잡아다 새끼에게 먹이는데, 옛사람들

은 나나니벌이 명령을 잡아다가 나나니벌로 길러낸다고 생각했다.

해설 유령(劉伶, ?~300?)은 자가 백륜(伯倫)으로 진(晉)나라 건위참군(建威參軍)을 지냈다. 죽림칠현(竹林七賢)의 한 사람으로 완적(阮籍)·혜강(嵆康) 등과 교우하였다. 술을 매우 좋아하여 죽으면 술 한 병과 함께 묻어 달라고 유언할 정도였다.

이 글은 술을 찬송하면서 그 속에 그의 인생관과 철학을 담고 있다. 그의 사상에는 노장사상(老莊思想)의 영향이 커서 무위자연(無爲自然)의 인생관을 술의 세계에 담아 방일초탈(放逸超脫)의 삶을 노래하고 있다.

난정기(蘭亭記)

왕희지(王羲之)

영화(永和) 9년 계축(癸丑) 늦은 봄 초에 회계산(會稽山) 북쪽 난정(蘭亭)에 모였는데, 계제사(禊祭祀)를 지내기 위해서였다. 많은 현재(賢才)들이 모이고 젊은이, 나이 많은 이들이 모두 모였다. 이곳은 높은 산, 험준한 봉우리들이 있고, 무성한 숲과 길게 자란 대나무가 있다. 또 맑은 시냇물과 여울이 정자 좌우를 띠처럼 서로 비치며 둘러싸고 있다. 시냇물을 끌어들여 술잔을 띄울 굽이쳐 흐르는 물줄기를 만들어 놓고 차례로 줄지어 둘러앉았다. 비록 거문고나 피리 같은 음악이 있는 성대한 연회는 아닐지라도 술 한 잔 마시고 시 한 수 읊으니 또한 그윽한 감정을 펴기에 족하다.

이날, 하늘은 밝고 공기는 맑았으며, 향기로운 바람은 따스하고 부드러웠다. 우주의 광대함을 우러러보고, 고개 숙여 만물의 무성함을 살피면서 자유롭게 눈을 놀리며 마음 가는대로 생각을 달려보니, 눈으로 보고 귀로 듣는 즐거움을 다할 수 있게 되었다. 참으로 즐거운 일이다.

무릇, 사람이 세상에 태어나서 하늘을 우러르고 땅을 굽어보며 한평생을 살아감에 있어, 어떤 이는 회포를 끌어내어 벗들과 한 방에 마주 앉아 이야기하기도 하고, 또 어떤 이는 자기에게 기탁되어 있는 사상을 근거로 육체 밖에서 마음대로 놀게 하기도 한다. 이처럼 사람들은 비록 취향이 만 가지로 다르고 고요함과 시끄러움이 같지 않으나, 저마다 자신이

처한 경우가 기쁘게 느껴지는 때에는 잠시나마 자기 뜻을 얻어 스스로 득의하여 장차 노년이 다가오리라는 것조차 모르고 지낸다.

그러나 그가 즐기는 일에 권태를 느끼거나 또 자신의 감정이 그 일에 따라 옮겨가서 변하게 되면, 여러 가지 감회가 이어나온다. 이전의 즐거웠던 일이 짧은 순간에 낡은 과거의 자취가 되어 버리니, 특히 그것 때문에 감회가 일어나지 않을 수 없게 되는 것이다. 하물며 목숨이 길건 짧건 모두가 자연의 조화를 따라 마침내는 모두가 끝에 이르게 되는 데에야!

옛사람이 말하기를 "죽고 사는 것은 매우 큰일이다."고 하였으니, 이 어찌 가슴 아픈 일이 아니겠는가!

나는 옛사람들이 가졌던 감회를 일으켰던 까닭을 알게 될 적마다 마치 두 개의 부절(符節)을 하나로 맞춘 듯 내 생각과 똑같다는 것을 깨닫는다. 그러니 고인의 문장을 대할 때마다 탄식하고 슬퍼하지 않을 수 없고, 마음을 달래려 해도 그렇게 되지 않는다. 죽고 사는 일이 같은 일이라는 말이 허황되고, 팽조(彭祖)와 같이 오래 사는 것과 어려서 죽어 버리는 것이 같다고 하는 말 역시 함부로 지어낸 것이라는 사실을 잘 알고 있다. 후세 사람들이 지금 사람들을 볼 때도 또한 지금 우리가 옛사람들을 보는 것과 같을 터이니, 슬픈 일이다.

그래서 이곳에 모인 사람들의 이름을 순서대로 적고 그들의 시를 수록하였다. 비록 세상이 달라지고 세태도 변하겠지만 감회를 일으키게 되는 이치는 같은 것이다. 후세에 이 글을 읽는 사람도 이 문장에 대하여 감회가 없을 수 없을 것이다.

원문 ①永和九年②歲在癸丑暮春之初에　會于③會稽山陰之蘭亭하
영화구년 세재계축모춘지초　회우 회계산음지란정

니 ④修禊事也라. 羣賢⑤畢至하고 少長咸集이라. 此地有⑥崇山峻
수계사야　군현 필지　소장함집　차지유 숭산준

嶺과 ⑦茂林脩竹하고 又有⑧淸流激湍이 ⑨映帶左右라. 引以爲⑩流
령　무림수죽　우유 청류격단　영대좌우　인이위 류

觴曲水하여 列坐^⑪其次하니 雖無^⑫絲竹管絃之盛이나 ^⑬一觴一詠
상 곡 수　　　 열 좌 기 차　　　 수 무 사 죽 관 현 지 성　　　 일 상 일 영

이 亦足以^⑭暢叙幽情이라.
역 족 이　 창 서 유 정

是日也에 天朗氣淸하고 ^⑮惠風和暢이라. 仰觀宇宙之大하며 俯
시 일 야　 천 랑 기 청　　 혜 풍 화 창　　　 앙 관 우 주 지 대　　 부

察^⑯品類之盛하여 所以^⑰遊目騁懷가 足以極^⑱視聽之娛하니 ^⑲信
찰 품 류 지 성　　 소 이 유 목 빙 회 족 이 극 시 청 지 오　　　 신

可樂也로다.
가 락 야

夫人之相與^⑳俯仰一世에 或^㉑取諸懷抱하여 ^㉒悟言一室之内하
부 인 지 상 여 부 앙 일 세　 혹 취 저 회 포　　　 오 언 일 실 지 내

고 或^㉓因寄所託하여 ^㉔放浪形骸之外라. 雖^㉕趣舍萬殊하고 ^㉖靜
혹 인 기 소 탁　　　 방 랑 형 해 지 외　　 수 취 사 만 수　　　 정

躁不同이나 當其欣於^㉗所遇하여 ^㉘暫得於己하여는 ^㉙快然自得하
조 부 동　 당 기 흔 어 소 우　　　 잠 득 어 기　　　 쾌 연 자 득

여 曾^㉚不知老之將至라.
증 부 지 로 지 장 지

及其所之旣^㉛倦에 情隨事遷하여 ^㉜感慨係之矣라. ^㉝向之所欣이
급 기 소 지 기 권　 정 수 사 천　　　 감 개 계 지 의　　　 향 지 소 흔

^㉞俛仰之間에 以爲^㉟陳迹하니 尤不能不以之興懷로다. 況^㊱脩
면 앙 지 간　 이 위 진 적　　 우 불 능 불 이 지 흥 회　　　 황 수

短隨化하여 終期於盡이랴!
단 수 화　　 종 기 어 진

古人云；^㊲死生亦大矣니 ^㊳豈不痛哉아?
고 인 운　 사 생 역 대 의　 기 불 통 재

每攬昔人興感之由에 ^㊴若合一契하여 未嘗不臨文^㊵嗟悼하여
매 람 석 인 흥 감 지 유　 약 합 일 계　　 미 상 불 림 문 차 도

^㊶不能諭之於懷나 ^㊷固知一死生爲虛誕하고 ^㊸齊彭殤爲妄作이라.
불 능 유 지 어 회　 고 지 일 사 생 위 허 탄　　　 제 팽 상 위 망 작

後之視今이 亦^㊹猶今之視昔이리니 悲夫라!
후 지 시 금　 역 유 금 지 시 석　　　 비 부

故로 ^㊺列叙時人하고 錄其所述하니 雖^㊻世殊事異나 所以興懷
고　 열 서 시 인　　 녹 기 소 술　　 수 세 수 사 이 소 이 흥 회

⁴⁷其致는 一也라. 後之覽者도 亦將有感於斯文이리라.
기 치   일 야   후 지 람 자   역 장 유 감 어 사 문

주해 ① 永和九年(영화구년)－1354년. 영화는 동진(東晉)의 다섯 번째 임금
    목제(穆帝)의 연호.

② 歲在癸丑(세재계축)－곧 그 해의 간지(干支)가 계축년임. ㅇ暮春(모춘)－
    음력 3월, 만춘(晚春). ㅇ初(초)－3일을 말한다.

③ 會稽山陰(회계산음)－회계산의 북쪽. 음(陰)은 북(北)을 뜻한다. 회계산은
    절강성(浙江省) 소흥(紹興) 남동에 있는 명산.

④ 修禊事(수계사)－3월 삼진날, 물가에 가서 흐르는 물에 몸을 깨끗이 씻고
    신께 빌어 재앙을 없애고 복을 기원하는 계제사(禊祭祀)의 행사를 행하는
    것을 말한다. 수(修)는 행하는 것. 계사(禊事)는 계제사의 일.

⑤ 畢至(필지)－모두 모임.

⑥ 崇山峻嶺(숭산준령)－높은 산과 험준한 고개.

⑦ 茂林脩竹(무림수죽)－무성한 숲과 긴 대나무.

⑧ 淸流激湍(청류격단)－맑은 시냇물과 급격히 흐르는 여울.

⑨ 映帶(영대)－서로 비치고 어울려 있음.

⑩ 流觴曲水(유상곡수)－음력 삼월 삼진날, 구곡(九曲)의 유수(流水)에 잔을
    띄워놓고, 술을 마시며 시를 짓는 놀이. 상(觴)은 술잔. 곡수(曲水)는 이
    리저리 구부러져 흐르는 물.

⑪ 其次(기차)－각자가 앉아야 할 자리. 순서.

⑫ 絲竹管絃(사죽관현)－사(絲)는 현악기, 죽(竹)은 관악기. 통칭 음악을 말
    한다.

⑬ 一觴一詠(일상일영)－술 한 잔에 시 한 수. 자기 앞에 흘러온 잔을 받아
    술을 마신 다음, 그 잔을 물에 띄워 보내고, 다시 그 잔이 돌아오기 전까
    지 시를 완성하는 유상(流觴)의 놀이를 말한다.

⑭ 暢敍幽情(창서유정)－그윽한 정을 충분히 펴냄.

⑮ 惠風(혜풍)－봄바람. 향기로운 바람.

⑯ 品類之盛(품류지성)－만물이 한없이 무성함. 품류(品類)는 금수와 초목을

비롯한 만물을 가리킨다.

⑰ 遊目騁懷(유목빙회)-눈길을 들어 자유로이 바라보고, 마음에 품은 생각을 자유로이 마음껏 구사하는 것.

⑱ 視聽之娛(시청지오)-눈으로 보고 귀로 듣는 즐거움. 여기서는 경치를 즐기는 것을 말한다.

⑲ 信(신)-진실로.

⑳ 俯仰一世(부앙일세)-아래를 보기도 하고, 위를 보기도 하면서 살아가는 인간생활. 1세(世)는 사람이 생존해 있는 한 세상.

㉑ 取諸懷抱(취저회포)-자기 마음속에 품고 있는 생각을 끌어냄.

㉒ 悟言(오언)-오언(晤言)과 같음. 오(晤)는 만나서 이야기하는 것.

㉓ 因寄所託(인기소탁)-자기에게 기탁되어 있는 사상을 근거로 하여.

㉔ 放浪形骸之外(방랑형해지외)-육체의 밖에서 마음대로 떠돌게 함. 현실의 여러 가지 속박에서 벗어나 마음을 자유롭게 한다는 뜻.

㉕ 趣舍萬殊(취사만수)-나아가고 물러서는 취향이 만 가지로 다름. 인심의 진퇴(進退)가 하나같지 않음을 뜻함.

㉖ 靜躁不同(정조부동)-고요함과 시끄러움이 같지 않음. 사람들의 각기 다른 몸가짐을 말한다.

㉗ 所遇(소우)-만나는 일.

㉘ 蹔得於己(잠득어기)-잠시 자신의 기분에 듦. 잠(蹔)은 잠(暫)과 같은 글자임.

㉙ 快然(쾌연)-매우 즐거워함, 유쾌한 모양.

㉚ 不知老之將至(부지로지장지)-늙음이 오는 것을 모름.

㉛ 倦(권)-권태로움. 흥이 가심.

㉜ 感慨係之(감개계지)-감개가 그를 따라 일어남.

㉝ 向之所欣(향지소흔)-지난날의 즐거움. 향(向)은 향(嚮)과 같은 뜻으로, 전의.

㉞ 俛仰之間(면앙지간)-머리를 숙였다 다시 드는 사이. 즉 짧은 시간. 면(俛)은 부(俯)와 같은 뜻.

㉟ 陳迹(진적)-오랜 옛 자취.

㊱ 脩短隨化(수단수화)—생명의 긴 것과 짧은 것은 자연의 조화를 따른다.

㊲ 死生亦大矣(사생역대의)—삶과 죽음은 인생의 중대사임. 《장자(莊子)》덕
충부(德充符)에 나오는 말.

㊳ 豈不痛哉(기불통재)—어찌 가슴 아프지 않겠는가.

㊴ 若合一契(약합일계)—하나의 부절(符節)을 맞춘 것 같음. 계(契)는 부계
(符契), 또는 부절. 나무쪽 또는 대나무로 만든 부신(符信)으로 한 쪽은
조정에 두고, 한 쪽은 사신(使臣)이 지니고 다녔던 것. 부절을 맞춘 것 같
다 함은 똑같다는 뜻.

㊵ 嗟悼(차도)—탄식하고 슬퍼함.

㊶ 不能諭之於懷(불능유지어회)—마음을 타일러 달랠 수 없음. 슬퍼하지 않
으려 해도 그렇게 되지 않는다는 뜻.

㊷ 固(고)—참으로. ㅇ一死生(일사생)—살고 죽는 것이 하나임. 죽음도 삶도
본질적으로는 같다고 할 수 있다는 것이 노장(老莊)의 사상이다. ㅇ虛誕
(허탄)—허황되고 근거없음.

㊸ 齊彭殤(제팽상)—장수한 팽조(彭祖)와 일찍 죽은 아이가 같음. 제(齊)는
같다는 뜻. 팽(彭)은 요(堯)임금 때부터 은말(殷末)까지 7백년을 살았다
는 팽조, 상(殤)은 어려서 죽는 것. 《장자(莊子)》제물론(齊物論)에 7백
세를 산 팽조도 무한한 본체의 세계에서 본다면 지극히 짧은 인생이며,
어려서 죽은 아이도 하루살이와 비교한다면, 오래 산 것이라 하였다. ㅇ妄
作(망작)—망령된 짓.

㊹ 猶今之視昔(유금지시석)—마치 지금 우리가 옛것을 보는 것과 같을 것임.

㊺ 列敍時人(열서시인)—난정(蘭亭)의 잔치에 모인 사람들의 이름을 차례로
기록함.

㊻ 世殊事異(세수사이)—세상이 달라지고 세태가 변함.

㊼ 其致(기치)—감흥을 일으키는 이치.

(해설) 난정(蘭亭)은, 지금의 절강성(浙江省) 소흥현(紹興縣) 남서쪽에 있
는 정자의 이름이다. 정자는 없어지고 천장사(天章寺)라는 절만이 지금까
지 남아있다고 한다.

동진(東晉) 목제(穆帝) 영화(永和) 9년(354) 3월 3일, 당시 그곳 회계내사(會稽內史)로 있던 왕희지(王羲之, 321~379)를 비롯하여 손작(孫綽)·사안(謝安) 등 당시의 명사 42인이 모여 수계사(修禊事)를 행하고는 여럿이 모여 곡수에 띄운 술잔을 마시며 시를 짓는 곡수유상(曲水流觴)을 베풀어 그때 지은 시를 모아 시집을 만들고, 그 서문을 쓴 것이 난정기이다. 따라서 〈난정집서(蘭亭集序)〉라 하는 것이 옳은데, 후세에 잘못 난정기로 전해져 기류(記類)에 들어가게 된 것이다.

이 글은 왕희지가 서수필(鼠鬚筆 : 쥐의 수염으로 만든 붓)로 잠견지(蠶絹紙)에 쓴 글씨로 더욱 유명하다. 이 글을 쓴 왕희지의 글씨는 고금에 다시없는 명필로, 왕희지의 글씨 중에서도 가장 뛰어난 것이라 한다.

이 글은 자연을 사랑하는 마음, 인생을 즐기면서 영원한 것을 동경하는 인간의 애절한 소망, 유한한 인생의 덧없음을 슬퍼하는 마음이 통절히 표현된 명문이다.

상세창(桑世昌)의 《난정고(蘭亭考)》 상(上)에는 이 서문 다음에, 그날 지어진 시를 싣고 있는데, 4언·5언의 시를 한 수씩 지은 사람으로 왕희지·사안 등 11인(모두 22수), 4언이나 5언시 중 하나만 지은 사람으로 왕풍지(王豊之) 등 15인, 도합 37수가 실려있다. 그리고 왕헌지(王獻之) 등 16인은 시를 짓지 못해 당시의 관습대로 벌주삼거굉(罰酒三巨觥 : 벌주를 큰 잔으로 석 잔 마심)에 처해졌다고 기록되어 있다.

작자 왕희지는 진(晉) 회계(會稽) 사람으로 자를 일소(逸少)라고 한다. 벼슬은 우군장군(右軍將軍)·회계내사 등을 지냈는데, 무엇보다도 서예의 대가로 이름이 높다. 아들 헌지(獻之)와 더불어 이왕(二王)이라 불리어진다.

진정표(陳情表)

이밀(李密)

저는 불행하게도 일찍이 부모를 잃어, 생후 6개월 된 갓난아이 때 아버님과 사별하였고 나이 네 살 때 외삼촌이 어머니의 수절하려는 뜻을 빼앗아 버렸습니다. 조모 유씨(劉氏)께서 제가 고아가 되고 몸이 약한 것을 불쌍히 여기시어 몸소 어루만지며 키워주셨습니다. 저는 어릴 적에 병이 많아서 아홉 살이 되어도 걷지 못했고, 외롭고 쓸쓸하게 홀로 고생하면서 성인이 되었습니다. 제게는 숙부나 백부도 없고 형제도 없습니다.

가문이 쇠퇴하고 박복(薄福)해서 늦게서야 자식을 두었으니, 밖으로는 기복(朞服)이나 공복(功服)을 입을 만한 가까운 친척도 없고 안으로는 문앞에서 손님을 응대할 어린 시동(侍童) 하나 없습니다. 홀로 외롭게 살아가면서 내 몸과 그림자가 서로 위로할 따름인데, 조모 유씨도 일찍이 병에 걸려 늘상 자리에 누워 계십니다. 저는 탕약을 달여올리며 한 번도 곁을 떠난 적이 없습니다.

지금의 조정을 받들게 되면서 맑은 교화를 온몸에 입고 있습니다. 전의 태수인 가규(賈逵)는 저를 효렴(孝廉)으로 발탁하였고, 후에 자사(刺史)인 고영(顧榮)은 저를 수재(秀才)로 천거해 주셨습니다. 그러나, 저는 조모의 공양을 맡아줄 사람이 없어서 사퇴하고 부임하지 않았는데, 마침 조서가 특별히 내려져서 저를 낭중(郎中)으로 임명하였고, 얼마 안 있어 나라의 은혜를 입어 저에게 선마(洗馬)의 벼슬이 내려졌습니다. 외람되게도 미천한 몸으로 동궁(東宮)을 모시게 되니 제가 목을 바친다 해도 그 은혜를 다 보답할 수 없을 겁니다.

저는 사정을 모두 아뢰는 표(表)를 올리고 사퇴하여 관직에 나아가지 않았습니다. 다시 조서를 내리시어 절실하고도 준엄하게 제가 책임을 회피하고 태만함을 책망하고, 군(郡)과 현(縣)에서는 다그쳐서 제가 길을 떠나도록 재촉하며, 주(州)의 관리들도 문에 와서는 성화(星火)같이 서두르고 있습니다.

제가 조서를 받들어 빨리 달려가고 싶지만 조모 유씨의 병환이 날로 위독하고, 구차히 개인의 사정을 따르고자 하여 하소연해도 들어주지 않으니 제가 벼슬길에 나아가야 하는지 물러나야 하는지 참으로 낭패입니다.

엎드려 생각하옵건대 지금의 조정은 효도로써 천하를 다스려서 모든 노인들이 동정을 받아 양육되고 있습니다. 하물며 저는 홀로 고생하는 것이 남보다 더욱 심하니 말할 것도 없습니다.

또한, 저는 젊었을 때 위조(僞朝)인 촉(蜀)나라를 섬겨 낭서(郎署)에서 근무하였습니다. 본래 출세하기를 바랐을 뿐, 명예나 절개도 중히 여기지 않았습니다. 지금 저는 망국의 천한 포로로 지극히 미천하고 지극히 비루한데도 과분하게 발탁되니 어찌 감히 주저하며 바라는 것이 있겠습니까! 단지 조모 유씨가 마치 해가 서산에 지려는 것처럼 숨이 곧 끊어지려고 하여 사람의 목숨이 위태로우니 아침에 저녁일이 어찌 될지 알 수 없을 것이며 조모께서는 제가 없으면 여생을 마칠 수 없을 터이니, 조모와 손자 두 사람이 서로 목숨을 의지하고 있는 것입니다.

그런 까닭에 소심하여져서 놔두고 멀리 떠날 수가 없습니다. 신 밀(密)은 금년에 나이 44세이고, 조모 유씨는 금년에 연세가 96세입니다. 그러니, 제가 폐하께 충성을 다할 날은 길고 유씨께 은혜를 보답할 날은 짧습니다.

까마귀가 어미새의 은혜를 보답하려는 마음으로 조모가 돌아가시는 날까지 봉양하게 해주십시오. 저의 괴로움은 촉(蜀)의 인사(人士)들만이 아니라 양주(梁州)와 익주(益州) 두 주의 장관들도 훤히 아는 바이며 천지신명께서 실로 모두 보고 있는 바입니다.

원하옵건대, 폐하께서는 어리석은 저의 정성을 가엾게 여기시어, 저의 작은 뜻을 들어 주십시오. 제가 바라는 것은 조모 유씨께서 다행히 여생을 끝까지 보전하게 된다면 제가 살아서는 목숨을 바쳐 충성하고, 죽어서는 결초보은(結草報恩)하려는 것입니다. 저는 두려운 마음을 이기지 못해 삼가 재배하고 표를 올려 아뢰는 바입니다.

원문 臣以①險釁으로 夙遭②愍凶하여 ③生孩六月에 慈父④見背하고
신 이 험흔 숙조 민흉 생해육월 자부 견배

⑤行年四歲에 ⑥舅奪母志니이다. 祖母劉閔臣孤弱하여 ⑦躬親撫養
행년사세 구탈모지 조모유민신고약 궁친무양

이니이다. 臣少多疾病하여 九歲不行하고 ⑧零丁孤苦하여 至于⑨成
신소다질병 구세불행 영정고고 지우 성

立하니 旣無叔伯이오 終鮮兄弟니이다.
립 기무숙백 종선형제

門衰祚薄하여 晚有兒息하니 外無⑩朞功强近之親이오 內無
문쇠조박 만유아식 외무 기공강근지친 내무

⑪應門五尺之童이니이다. ⑫煢煢孑立하여 ⑬形影相弔어늘 而劉夙
응문오척지동 경경혈립 형영상조 이유숙

⑭嬰疾病하여 常在⑮牀褥하니 臣⑯侍湯藥하여 未嘗廢離로이다.
영질병 상재 상욕 신 시탕약 미상폐리

逮奉⑰聖朝에 ⑱沐浴淸化하여 前太守⑲臣逵가 察臣孝廉하고 後
체봉 성조 목욕청화 전태수신규 찰신효렴 후

刺史⑳臣榮이 擧臣㉑秀才하니이다. 臣以供養無主로 辭不赴러니
자사 신영 거신 수재 신이공양무주 사불부

㉒會詔書特下하사 ㉓拜臣郞中하시고 ㉔尋蒙國恩하여 ㉕除臣洗馬하시
회조서특하 배신낭중 심몽국은 제신선마

니 猥以微賤으로 當侍㉖東宮이라 非臣㉗隕首의 所能上報니이다.
외이미천 당시 동궁 비신 운수 소능상보

臣具以表聞하여 辭不就職이러니 詔書㉘切峻하여 責臣㉙逋慢하
신구이표문 사불취직 조서 절준 책신 포만

시고 郡縣^㉚逼迫하여 催臣上道하니 州司臨門이 ^㉛急於星火나이
군현 핍박 최신상도 주사림문 급어성화

다. 臣欲奉詔^㉜奔馳인댄 則以劉病日篤이오 欲苟順私情인댄 則告
신욕봉조 분치 즉이유병일독 욕구순사정 즉고

訴不許하니 臣之^㉝進退가 實爲狼狽로소니까.
소불허 신지 진퇴 실위낭패

^㉞伏惟聖朝가 以孝治天下하사 凡在^㉟故老라도 猶蒙^㊱矜育하니
복유성조 이효치천하 범재고로 유몽긍육

況臣孤苦가 特爲尤甚이리니까.
황신고고 특위우심

且臣少事^㊲僞朝하여 歷職^㊳郎署하니 本圖^㊴宦達하여 不矜名節
차신소사 위조 역직낭서 본도 환달 불긍명절

이니이다. 今臣亡國之賤俘라 至微至陋어늘 過蒙拔擢하니 寵命優
금신망국지천부 지미지루 과몽발탁 총명우

渥하니 豈敢^㊵盤桓하여 有所^㊶希冀리니까? 但以劉가 ^㊷日薄西山하
악 기감 반환 유소 희기 단이유 일박서산

여 ^㊸氣息奄奄하니 人命危淺하여 朝不慮夕이니이다. 臣無祖母면
기식엄엄 인명위천 조불려석 신무조모

無以至今日이오 祖母無臣이면 無以終餘年이니 母孫二人이 更
무이지금일 조모무신 무이종여년 모손이인 갱

相爲命이니이다.
상위명

顧以^㊹區區하여 不能廢遠이로소이다. 臣密은 今年四十有四오
고이 구구 불능폐원 신밀 금년사십유사

祖母劉는 今九十有六이니 是臣盡節於陛下之日은 長하고 報劉
조모류 금구십유육 시신진절어폐하지일 장 보류

之日은 短也니이다.
지일 단야

^㊺烏鳥私情이 願乞終養하노니 臣之^㊻辛苦는 非獨蜀之人士와
오조사정 원걸종양 신지 신고 비독촉지인사

及^㊼二州牧伯의 所見明知니이다. ^㊽皇天后土가 實所共鑑이시니
급 이주목백 소견명지 황천후토 실소공감

이다.

願陛下는 矜憫愚誠하사 聽臣微志하여 ^⑭庶劉僥倖하여 卒保餘
원 폐 하 긍 민 우 성   청 신 미 지   서 유 요 행   졸 보 여

年이면 臣生當隕首요 死當^⑩結草리이다. 臣不勝怖懼之情하여 謹
년   신 생 당 운 수 사 당 결 초   신 불 승 포 구 지 정   근

拜表以聞하노이다.
배 표 이 문

주해 ① 險釁(험흔)－운수가 좋지 않음. 불행함.

② 愍凶(민흉)－부모를 잃는 불행.

③ 生孩(생해)－갓난아이.

④ 見背(견배)－등지다. 사별하다.

⑤ 行年(행년)－그때의 나이.

⑥ 舅奪母志(구탈모지)－외삼촌이 어머니의 뜻을 빼앗다. 곧 수절하려는 어
머니를 외삼촌이 강제로 개가시켰다는 뜻.

⑦ 躬親(궁친)－몸소 친히. ㅇ撫養(무양)－어루만져 키움.

⑧ 零丁(영정)－외롭고 쓸쓸함. ㅇ孤苦(고고)－혼자서 고생함.

⑨ 成立(성립)－성인이 됨.

⑩ 朞功(기공)－기복(朞服)과 공복(功服). 모두 상복(喪服)의 이름이다. 기복
은 조부모나 백숙부모(伯叔父母)의 상을 당하여 1년 동안 입는 상복. 공
복은 대공(大功)과 소공(小功)이 있는데, 대공은 종형제의 상을 당하여 9
개월 간 입는 상복, 소공은 재종형제(再從兄弟)나 외조부모의 상을 당하
여 5개월간 입는 상복. ㅇ强近之親(강근지친)－억지로라도 가까이 따질
만한 친척.

⑪ 應門(응문)－문앞에서 손님을 응대함. ㅇ五尺之童(오척지동)－두 살 반이
1척(尺)이므로 5척은 12세가량. 12세가량의 어린 시동(侍童)을 말함.

⑫ 煢煢孑立(경경혈립)－홀로 외롭게 살아가다.

⑬ 形影相弔(형영상조)－자기의 몸과 그림자가 서로 위로한다는 뜻으로 매우
외로워서 의지할 곳이 없음을 말함.

⑭ 嬰(영)－병에 걸림.

⑮ 牀褥(상욕)－평상(平牀)과 이부자리.

⑯ 侍湯藥(시탕약)-탕약을 달여 올리며 모시다.

⑰ 聖朝(성조)-당대(當代)의 조정에 대한 존칭으로 지금 세상. 당대라는 뜻. 여기에서는 촉(蜀)나라가 망한 뒤 새로 선 진(晉)나라를 말함.

⑱ 沐浴(목욕)-머리를 감고 몸을 씻듯이 은혜를 온 몸에 흠뻑 입는 것을 말함. ㅇ淸化(청화)-맑은 교화. 맑은 덕화.

⑲ 臣逵(신규)-촉(蜀)나라 때의 태수인 가규(賈逵)를 말함. ㅇ察臣孝廉(찰신효렴)-신을 효렴으로 발탁하다. 찰(察)은 발탁·선발의 뜻. 효렴은 한대(漢代)에 채택된 과거시험 과목의 하나임.

⑳ 臣榮(신영)-오(吳)나라 사람으로 자사(刺史)를 지낸 고영(顧榮)을 말함.

㉑ 秀才(수재)-한대(漢代) 때 채택된 과거시험 과목의 하나임.

㉒ 會(회)-때마침. ㅇ詔書(조서)-천자의 명령을 적은 글.

㉓ 拜(배)-배수(拜受)하다. 벼슬을 주다. ㅇ郞中(낭중)-상서(尙書)를 보좌하여 정무에 참여하는 벼슬.

㉔ 尋(심)-이윽고. 얼마 안 있어.

㉕ 除(제)-벼슬을 줌. ㅇ洗馬(선마)-태자궁(太子宮)의 속관(屬官)으로 태자를 모시는 벼슬.

㉖ 東宮(동궁)-태자의 궁전. 흔히 태자를 가리키는 말로 쓰임.

㉗ 隕首(운수)-목이 떨어지다. 곧 죽는다는 뜻.

㉘ 切峻(절준)-절실하고 준엄한.

㉙ 逋慢(포만)-책임을 회피하고 태만함.

㉚ 逼迫(핍박)-억지로 하게 함. 다그침.

㉛ 急於星火(급어성화)-성화(星火)같이 서두르다. 유성(流星)의 빛처럼 빨리 서두른다는 뜻.

㉜ 奔馳(분치)-빨리 달림.

㉝ 進退(진퇴)-나아감과 물러남. 벼슬을 함과 그만둠.

㉞ 伏惟(복유)-공손히 엎드려 생각하옵건대.

㉟ 故老(고로)-노인.

㊱ 矜育(긍육)-가엾게 여겨 양육함.

㊲ 僞朝(위조)-정통(正統)이 아닌 조정이라는 뜻으로 망한 촉(蜀)나라를 가

리킴.

㊳ 郎署(낭서) - 상서랑(尙書郎)이 있는 관사.

㊴ 宦達(환달) - 출세함. 벼슬을 하여 영달함.

㊵ 盤桓(반환) - 뜻을 결정하지 못하고 머뭇거리는 모양. 주저하는 모양.

㊶ 希冀(희기) - 바람. 원함.

㊷ 日薄西山(일박서산) - 해가 서산에 가까이 있는 것처럼 남은 목숨이 얼마 되지 않는 것을 말함. 박(薄)은 박(迫 : 가까이하다)의 뜻.

㊸ 氣息奄奄(기식엄엄) - 숨이 곧 끊어지려고 함.

㊹ 區區(구구) - 소심해지는 모양.

㊺ 烏鳥私情(오조사정) - 까마귀가 자기를 길러준 어미새의 은혜를 갚는 것처럼 자식이 어버이에게 효도를 다하고자 하는 마음.

㊻ 辛苦(신고) - 매운 맛과 쓴 맛. 즉, 괴로움이나 고생을 비유함.

㊼ 二州(이주) - 양주(梁州)와 익주(益州). ○牧伯(목백) - 지방장관.

㊽ 皇天后土(황천후토) - 하늘의 신과 땅의 신. 천지.

㊾ 庶(서) - 바라다. 원하다.

㊿ 結草(결초) - 결초보은(結草報恩). 춘추전국시대에 진(晉)나라 위무자(魏武子)가 아들 위과(魏顆)에게 자기 첩을 개가시키지 말고 자기를 따라 순사(殉死)하게 하라고 유언하였는데 위과는 인정에 끌려 서모(庶母)를 개가하게 하였다. 그후 위과가 진(秦)나라와 싸울 때 서모의 아버지의 혼백이 나타나서 풀을 잡아매어 적장이 걸려 넘어져 위과의 포로가 되게 하였다는 고사로 죽어서 혼백이 되어도 은혜를 갚는다는 뜻이다.

해설 《촉지(蜀志)》 효우전(孝友傳)에 이밀(李密, ?~285?)의 전기가 실려 있다. 아버지는 일찍 죽고, 어머니 하씨(何氏)는 개가하였으므로, 조모의 손에 양육되었다. 효심이 두터워서 조모의 병을 간호하며 밤새 띠를 풀지 않았다. 진(晉)의 무제(武帝)가 조칙을 내려 태자선마(太子洗馬)로 임명하였으나, 밀(密)은 〈진정표〉를 올려 사퇴했다. 무제는 그의 성심에 탄복하여 노비 두 사람을 하사하고 군현의 관리에게 명령하여 밀의 조모에게 의식을 제공하도록 하였다. 조모가 죽은 후 밀은 한중(漢中)의 태수가 되었다 한다.

   예로부터 〈출사표〉를 읽고 눈물을 흘리지 않는 사람은 충신이 아니
고, 〈진정표〉를 읽고 눈물을 흘리지 않는 사람은 효자가 아니라고 하였
다. 그렇듯 이 글에서는 90이 넘은 조모를 위하는 지극한 효심이 구절구
절에 스며 있다.

귀거래사(歸去來辭)

도연명(陶淵明)

서(序)

나는 집이 가난하여 농사를 지어도 자급할 수 없었다. 어린것들은 많은데 쌀독에는 쌀이 없어, 생활비를 마련할 방도가 없었다. 친척과 벗들이 관리가 되라고 여러번 권하였고 나도 거리낄 것 없이 그런 의향을 품었으나 자리를 구하여도 길이 없었다. 마침 건위장군(建威將軍)의 명을 받들어 서울에 간 일이 있었는데, 제후께서 은혜로써 덕을 베푸셨고, 숙부께서도 나의 빈고(貧苦)함을 아시고 추천해 주셔서 마침내 소읍(小邑)의 벼슬아치로 등용되었다.

그때에는 천하가 아직 평온하지 못한 때라 멀리 나가서 일하기를 꺼려했으나, 팽택(彭澤)은 집에서 백리 정도 떨어져 있고, 공전(公田)의 수입으로 족히 생활해 나갈 수 있겠기에 이곳으로 가기를 구했다.

얼마 안 되어, 그리운 마음에 집에 돌아가려는 마음이 생겼다. 왜냐하면 천성이 자연을 좋아하는데 이는 억지로 고쳐질 수 있는 것이 아니며, 굶주림과 추위가 아무리 절박하다 하더라도 나의 천성과 위배되는 것은 더욱 괴로운 일이기 때문이다. 지난날 남을 따라 일을 한 것은 다 먹고살기 위해 한 일이니, 이에 서글프고 강개(慷慨)하여 평소에 지녔던 뜻을 생각하면 몹시 부끄러웠다. 1년이 되기를 기다려 의관을 챙겨 조용히 돌아가려 하던 차에, 얼마 안 있어 정씨(程氏)에게 출가한 누이가 무창(武

昌)에서 죽었다. 내 마음은 급히 달려가고 싶어 스스로 사직하였다. 음력 8월부터 겨울까지 관직에 있은 지 80여일이었다. 사정을 근거로 하고 마음을 좇아서 이 편명을 〈귀거래혜〉라 하였다. 을사(乙巳)년 11월의 일이다.

(원문) 余家貧하여 耕植不足以自給하고 幼稚盈室이나 ①餠無儲粟하
여 가 빈   경 식 부 족 이 자 급   유 치 영 실   병 무 저 속

여 ②生生所資가 未見其術이라. 親故多勸余爲③長吏러니 ④脫然
    생 생 소 자   미 견 기 술   친 고 다 권 여 위 장 리   탈 연

有懷하되 求之⑤靡途라. ⑥會有四方之事하여 諸侯以惠愛爲德이
유 회   구 지 미 도   회 유 사 방 지 사   제 후 이 혜 애 위 덕

러니 家叔以余貧苦하여 遂見用於小邑이라.
    가 숙 이 여 빈 고   수 견 용 어 소 읍

於時風波未淨하여 心憚遠役이러니 ⑦彭澤去家百里하고 公田
어 시 풍 파 미 정   심 탄 원 역   팽 택 거 가 백 리   공 전

之利가 足以爲潤이라. 故로 便求之라.
지 리   족 이 위 윤   고   변 구 지

少日에 ⑧眷然有歸與之情이라. 何則꼬? 質性自然은 非矯勵所
소 일   권 연 유 귀 여 지 정   하 즉   질 성 자 연   비 교 려 소

得이오 飢凍雖切이나 違己⑨交病이라. 嘗從人事러니 皆悵腹自役
득   기 동 수 절   위 기 교 병   상 종 인 사   개 창 복 자 역

이라. 於是悵然慷慨하여 深愧平生之志하고 猶望⑩一稔하여 當
    어 시 창 연 강 개   심 괴 평 생 지 지   유 망 일 임   당

⑪斂裳宵逝라. ⑫尋程氏妹喪於武昌하여 情在⑬駿奔하니 自免去
염 상 소 서   심 정 씨 매 상 어 무 창   정 재 준 분   자 면 거

職이라. 仲秋至冬하니 在官八十餘日이라. 因事順心하여 命篇曰
직   중 추 지 동   재 관 팔 십 여 일   인 사 순 심   명 편 왈

歸去來兮라. 乙巳歲十一月也라.
귀 거 래 혜   을 사 세 십 일 월 야

(주해) ① 餠(병)-곡식을 담아 두던 작은 항아리.

② 生生(생생)-삶을 영위하다. 생활하다.

③ 長吏(장리)-녹(祿) 6백 석(石) 이상의 벼슬(《漢書》景帝紀).

④ 脫然(탈연)－거리낄 것이 없는 모양.　ㅇ有懷(유회)－벼슬을 구할 마음.

⑤ 靡途(미도)－방도가 없다.

⑥ 會有四方之事(회유사방지사)－회(會)는 적(適)과 같다. 때마침의 뜻. 사방
은 제후를 가리킴. 도연명은 건위장군(建威將軍) 유경선(劉敬宣)의 막료
로서 수도(首都)에 간 적이 있었다.

⑦ 彭澤(팽택)－지금의 강서성(江西省) 호구현(湖口縣) 동쪽에 있던 고을
이름.

⑧ 眷然(권연)－그리워함.

⑨ 交病(교병)－더욱 괴롭게 하다.

⑩ 稔(임)－벼가 한 번 익는 기간이 1임(稔)이다. 곧 한 해를 말함.

⑪ 斂裳宵逝(염상소서)－의관을 챙겨 밤에 조용히 돌아감.

⑫ 尋(심)－오래지 않아. 얼마 안 있어.　ㅇ程氏妹(정씨매)－정씨(程氏)에게
출가한 누이동생.　ㅇ武昌(무창)－지금의 호북성(湖北省) 도시.

⑬ 駿奔(준분)－준(駿)은 빨리. 분(奔)은 달려가다. 혹은 분상(奔喪)하다.

1

돌아가자!
전원이 황폐해가는데 어찌 돌아가지 않는가?
이미 스스로 내 마음 육신을 위하여 부려왔거늘,
어찌 상심하여 홀로 슬퍼할 것인가?
이미 지난 일은 돌이킬 수 없으나,
앞으로 다가올 일은 추구할 수 있음을 알았다네.
실로 길을 잘못 들어 멀리 벗어나기 전에,
지금이 옳고 이전에는 틀렸었다는 것을 깨우쳤네.
배는 흔들흔들 가볍게 흔들리고,
바람은 살랑살랑 옷깃에 불어오네.
길손에게 앞 길 물어 가는데,

새벽빛 희미한 것이 한스럽네.

이윽고 초라한 우리집 보이자,

기뻐서 달려가네.

하인들이 기쁘게 맞아주고,

어린것들 대문에서 기다리네.

뜰 앞 오솔길은 황폐해 가나,

소나무와 국화는 그대로 있네.

아이들 손잡고 방으로 들어가니,

술독에 술이 가득.

술병과 잔 들고 자작하며,

뜰의 나뭇가지 바라보며 흐뭇한 얼굴 짓네.

남쪽 창에 기대고 거리낌없는 마음 푸니,

좁은 방이지만 편안함을 알겠네.

정원을 날마다 거니노라면 즐거운 정취 생겨나고,

문은 달아만 놓았지 항상 닫혀 있네.

지팡이 짚고 다니며 발길 멎는대로 쉬다가,

때로는 고개들어 먼 곳을 바라보네.

구름은 무심히 산봉우리에서 나오고,

날다가 지친 새는 돌아올 줄을 아네.

날이 어둑어둑해지며 해가 곧 지려 하는데,

외로운 소나무 어루만지며 서성이네.

원문 歸去來兮여, 田園將蕪胡不歸오?
　　　귀 거 래 혜　　전 원 장 무 호 불 귀

旣自以心爲①形役이어늘, 奚惆悵而獨悲오?
기 자 이 심 위　형 역　　　해 추 창 이 독 비

悟已往之不②諫이오, 知來者之可追라.
오 이 왕 지 불　간　　　지 래 자 지 가 추

實迷途其未遠하니, 覺^③今是而昨非로다.
실 미 도 기 미 원　각 금 시 이 작 비

舟^④搖搖以輕颺하고, 風飄飄而吹衣로다.
주 요 요 이 경 양　풍 표 표 이 취 의

問^⑤征夫以前路하니, 恨晨光之^⑥熹微로다.
문 정 부 이 전 로　한 신 광 지 희 미

乃^⑦瞻衡宇하니, ^⑧載欣載奔이라.
내 첨 형 우　재 흔 재 분

僮僕歡迎하고, 稚子候門이라.
동 복 환 영　치 자 후 문

^⑨三徑就荒이나, 松菊猶存이라.
삼 경 취 황　송 국 유 존

攜幼入室하니, 有酒盈樽이라.
휴 유 입 실　유 주 영 준

引^⑩壺觴以自酌하고, ^⑪眄庭柯以怡顔이라.
인 호 상 이 자 작　면 정 가 이 이 안

倚南窓以^⑫寄傲하니, ^⑬審容膝之易安이라.
의 남 창 이 기 오　심 용 슬 지 이 안

園日涉以成趣하고, 門雖設而常關이라.
원 일 섭 이 성 취　문 수 설 이 상 관

策^⑭扶老以流憩라가, 時^⑮矯首而遐觀하니,
책 부 로 이 류 게　시 교 수 이 하 관

雲無心以出岫하고, 鳥倦飛而知還이라.
운 무 심 이 출 수　조 권 비 이 지 환

^⑯景翳翳以將入하니, 撫孤松而^⑰盤桓이라.
경 예 예 이 장 입　무 고 송 이 반 환

주해　① 形(형)―육체.

② 諫(간)―말리다. 그만두게 하다.

③ 今是而昨非(금시이작비)―지금이 옳고 어제는 그르다.

④ 搖搖(요요)―가볍게 흔들리는 모습. ○颺(양)―양(揚)과 같다.

⑤ 征夫(정부)―길 가는 나그네.

⑥ 熹微(희미)―빛이 희미함.

⑦ 瞻(첨)-보이다. ○衡宇(형우)-형문옥우(衡門屋宇), 초라한 대문과 처마.
⑧ 載(재)-어조사(語助詞). 뜻이 없다.
⑨ 三徑(삼경)-뜰 앞에 난 세 개의 작은 길. 옛날 장후(蔣詡)란 사람이 집의 대나무 숲 사이에 세 가닥 길을 내놓고 오직 구중(求仲)과 양중(羊仲)이란 두 친구만 오게 하여 함께 놀았다 함. 여기에서 세 가닥 길[三徑]이 은사(隱士)가 사는 곳을 가리키게 되었다. ○就荒(취황)-사람이 다니지 않아 잡초가 무성해가는 것을 말함.
⑩ 壺觴(호상)-술병과 술잔.
⑪ 眄(면)-바라보다. ○庭柯(정가)-뜰의 나뭇가지. ○怡顔(이안)-흐뭇해하다.
⑫ 寄傲(기오)-거침없고 호방한 마음을 기탁한다. 의기양양해하다.
⑬ 審(심)-알다. ○容膝(용슬)-무릎을 겨우 들여놓을 정도로 집이 좁음을 말함. 《한시외전(韓詩外傳)》에 이르기를 '……북곽선생의 아내가 말했다. "수레와 가마가 줄을 이어도 편안한 장소는 무릎을 들여놓을 만큼의 넓이에 불과하다."' 하였다.
⑭ 扶老(부로)-지팡이. ○流憩(유게)-수시로 쉬다.
⑮ 矯首(교수)-고개를 들다. ○遐觀(하관)-먼 곳을 바라보다. 하(遐)는 원(遠).
⑯ 景(경)-햇빛. ○翳翳(예예)-어둑어둑해지는 모양.
⑰ 盤桓(반환)-앞으로 나아가지 않고 배회하며 서성거림.

2

돌아가자!
세상과의 교유를 끊어 버리자.
세상과 나는 서로 어긋났거늘,
다시 수레 타고 나간들 무엇을 얻겠는가?
친척들과의 정담(情談) 즐거워하고,

거문고와 책을 즐기며 시름을 달래네.
농부가 내게 봄이 왔다고 알려주면,
서쪽 밭의 농사일 준비하네.
어떤 때는 수레 타고,
어떤 때는 작은 배 저어,
깊숙한 골짜기를 찾아가고,
높고 험한 산길도 오르기도 하네.
나무들은 생기발랄 무성하게 자라고,
샘물은 졸졸 흘러내리니,
만물이 제 때를 만난 것 부러워하며,
나의 삶의 동정(動靜)을 느끼게 되네.
아서라!
이 몸을 세상에 깃들임이 그 얼마나 되리?
어찌 본심 따라 모든 행동을 맡기지 않겠는가?
무엇 때문에 허겁지겁하다가 어디로 가겠다는 말인가?
부귀(富貴)는 내가 바라는 게 아니요,
천국도 기대할 수 없는 것.
좋은 철이라 생각되면 홀로 거닐고,
때로는 지팡이 꽂아놓고 김매기 하네.
동쪽 언덕에 올라 긴 휘파람 불고,
맑은 시냇가에서 시를 짓기도 하네.
자연의 변화를 따라 죽음에로 돌아가리니,
주어진 천명(天命) 즐길 뿐, 다시 무얼 의심하랴!

원문 歸去來兮여, 請[1]息交以絶游로다.
　　　　귀 거 래 혜　　청 식 교 이 절 유

世與我而[2]相違어늘, [3]復駕言兮焉求리오?
세 여 아 이 상 위　　부 가 언 혜 언 구

悦親戚之情話하고, 樂琴書以消憂라.
열 친 척 지 정 화　　낙 금 서 이 소 우

農人告余以春及하니, 將④有事于西疇로다.
농 인 고 여 이 춘 급　　장 유 사 우 서 주

或命⑤巾車하고, 或棹孤舟하여
혹 명 건 거　　혹 도 고 주

旣⑥窈窕以尋壑이오, 亦⑦崎嶇而經丘로다.
기 요 조 이 심 학　　역 기 구 이 경 구

木⑧欣欣以向榮하고, 泉⑨涓涓而始流라.
목 흔 흔 이 향 영　　천 연 연 이 시 유

羡萬物之得時하니, 感吾生之⑩行休로다.
선 만 물 지 득 시　　감 오 생 지 행 휴

已矣乎인저! ⑪寓形宇內復幾時리오?
이 의 호　　우 형 우 내 부 기 시

曷不⑫委心任去留하고, ⑬胡爲乎遑遑欲何之오?
갈 불 위 심 임 거 류　　호 위 호 황 황 욕 하 지

富貴非吾願이오, ⑭帝鄕不可期라.
부 귀 비 오 원　　제 향 불 가 기

懷良辰以孤往하고, 或植杖而⑮耘耔라.
회 량 신 이 고 왕　　혹 식 장 이 운 자

登東皐以舒嘯하고, 臨淸流而賦詩라.
등 동 고 이 서 소　　임 청 류 이 부 시

⑯聊乘化以歸盡하니, 樂夫天命⑰復奚疑아!
요 승 화 이 귀 진　　낙 부 천 명 부 해 의

주해 ① 息交(식교)-교제를 그만둠. 식(息)은 휴(休), 중단함.

② 相違(상위)-서로 어긋나다.

③ 復駕言兮焉求(부가언혜언구)-가(駕)는 수레를 탐. 곧 세상에 나가 벼슬
길에 오르는 것을 말한다. 언(言)은 어조사. 언(焉)은 하(何)와 같다.

④ 有事(유사)-농사일. ㅇ西疇(서주)-서쪽 밭.

⑤ 巾車(건거)-포장이 쳐진 가벼운 수레.

⑥ 窈窕(요조)-깊고 그윽한 모양.

⑦ 崎嶇(기구)-높고 험준한 모양.

⑧ 欣欣(흔흔)-생기발랄한 모습. ㅇ向榮(향영)-영(榮)은 무성함. 곧, 무성하게 자람.

⑨ 涓涓(연연)-물이 가늘게 졸졸 흐르며 끊이지 않는 모양.

⑩ 行休(행휴)-행동과 휴식. 행동해야 할 때와 쉬어야 할 때.

⑪ 寓形宇內(우형우내)-육신을 이 세상에 기탁하고 살다. 우(寓)는 기탁함. 우내(宇內)는 세상, 천하.

⑫ 委心任去留(위심임거류)-마음에 맡겨 모든 행동을 자연의 섭리에 따름. 거류(去留)는 생사(生死)와 진퇴(進退).

⑬ 胡爲(호위)-어찌하여. 무엇 때문에. ㅇ遑遑(황황)-조급하여 안절부절못함.

⑭ 帝鄕(제향)-상제(上帝)가 사는 곳. 선계(仙界). 천국.

⑮ 耘耔(운자)-김매고 북돋움.

⑯ 聊(요)-차(且)와 같음. 잠시. ㅇ乘化(승화)-화(化)는 자연의 변화, 추이(推移). 자연의 변화를 타고. ㅇ歸盡(귀진)-다함으로 돌아감. 죽음으로 돌아감.

⑰ 復奚疑(부해의)-다시 무엇을 의심하리.

(해설) 도연명은 젊어서부터 높은 포부를 가졌고 박학능문(博學能文)했다. 일찍이 〈오류선생전(五柳先生傳)〉을 지어 자신에 비유하였다. 친로가빈 (親老家貧)하여 다섯 번이나 관리생활을 하기도 하였으나, 마지막으로 팽택령(彭澤令)이 되었다가 군(郡)에서 독우(督郵)가 나와 순시를 하자 "내 어찌 오두미(五斗米) 때문에 향리소아(鄕里小兒)들에게 허리를 굽힐소냐?"하고 사직하며 이 글로써 자신의 뜻을 읊었다고도 한다. 그 이후로는 오직 전원에서 궁경자급(躬耕自給)하며 시주(詩酒)를 즐기면서 일생을 보내니, 세상에서는 그를 정절선생(靖節先生)이라고 부른다.

이 작품은 한대(漢代) 사부(辭賦)의 면목을 일신(一新)한 작품이다. 한대의 부는 호화롭고 거창한 사물들을 아름다운 형식으로 멋지게 표현하는 데만 힘써서 결국 생명없는 귀족문학으로 행세하였으나, 이 작품에 이르러서는 전혀 다른 사부의 풍취를 엿볼 수 있게 된다.

그의 시 〈귀원전거(歸園田居)〉에서 '어려서부터 속세에 어울리는 취향이 없다[少無適俗韻]'고 읊었듯이, 생활을 위해 관리생활을 해보기도 하였으나, 어지러운 사회가 그의 기질에 맞을 리가 없었다. 그리하여 마침내 그는 이 작품에서 노래하고 있는 것처럼 전원 속에 자신을 묻고 자기 본성에 맞는 세계를 찾고 있는 것이다.

　송(宋)의 구양수(歐陽修)가 이 작품을 명문장이라 극찬한 것처럼, 여기에서는 전원으로 돌아가는 도연명의 자연애(自然愛)와 인생관이 싱싱하게 잘 노래되고 있다.

권 2

오류선생전(五柳先生傳)

도연명(陶淵明)

선생은 어디 사람인지 모르고 또 그의 성(姓)과 자(字)도 자세하지 않으나, 집 옆에 버드나무 다섯 그루가 있기에 그것으로써 호를 삼았다. 한적하고 조용하며 말이 적었고 명예나 실리를 바라지 않았다. 책읽기를 좋아하지만 깊이 파고들지는 않는다. 매번 뜻에 맞는 글이 있으면, 곧 즐거워 식사도 잊었다. 성품이 술을 좋아하지만 집이 가난하여 항상 마실 수는 없었다. 친구들이 이와 같은 처지를 알고는 때때로 술자리를 마련하여 그를 초청했다. 마시는 데에 이르러서는 언제나 다 마셔버려 반드시 취하고야 말았다. 취하고 난 후에는 물러나는데, 가고 머무름에 미련을 두지 않았다.

좁은 방은 쓸쓸하기만 하고 바람과 햇빛을 제대로 가리지도 못한다. 짧은 베옷을 기워 입고, 밥그릇이 자주 비어도 마음은 편안하다. 항상 문장을 지으며 스스로 즐기면서 자못 자신의 뜻을 나타내려 하였다. 득(得)과 실(失)에 대한 생각을 잊고서, 이러한 상태로 자신의 일생을 마치려 하였다.

찬(贊) : 제(齊)나라의 검루(黔婁)에 대해 말하기를 "빈천을 두려워하지 않으셨고 부귀에 급급해하지 않으셨다."고 했다. 그 말을 잘 새겨보면 검루는 오류선생과 같은 무리이다. 술을 흠뻑 마시고 시를 지음으로써 자신의 뜻을 즐겼으니 무회씨(無懷氏) 시대의 사람인가? 갈천씨(葛天氏) 시대의 사람인가?

(원문) ①先生은 不知何許人이오 亦不詳其姓字나 宅邊有五柳樹하
선생 부지하허인   역불상기성자   택변유오류수

여 因以爲號焉이라. ②閑靖少言하며 不慕榮利하고 好讀書하여
인이위호언   한정소언   불모영리   호독서

③不求甚解요 每有意會면 便④欣然忘食이라. 性嗜酒하되 家貧不
불구심해 매유의회   변 흔연망식   성기주   가빈불

能常得하니 親舊知其如此하고 或⑤置酒而招之면 ⑥造飮輒盡하여
능상득   친구지기여차   혹 치주이초지   조음첩진

期在必醉요 旣醉而退하여 曾⑦不吝情去留라.
기재필취   기취이퇴   회 불린정거류

⑧環堵蕭然하여 不蔽風日하고 ⑨短褐穿結하며 ⑩簞瓢屢空하되
환도소연   불폐풍일   단갈천결   단표루공

⑪晏如也러라. 常著文章自娛하여 頗示己志하고 忘懷得失하여 以
안여야   상저문장자오   파시기지   망회득실   이

此自終하니라.
차자종

⑫贊曰：⑬黔婁有言하되 不⑭戚戚於貧賤하고 不汲汲於富貴라
찬왈   검루유언   불 척척어빈천   불급급어부귀

하니 ⑮極其言이면 玆若人之儔乎인저! ⑯酣觴賦詩하여 以樂其志
극기언   자약인지주호   감상부시   이락기지

하니 ⑰無懷氏之民歟아 葛天氏之民歟아!
무회씨지민여   갈천씨지민여

(주해) ① 先生(선생)—도연명이 자기 스스로를 가공적인 인물로 그려 오류선
생(五柳先生)이라 한 것이다. ○何許(하허)—어디. 어느 곳.

② 閑靖(한정)—한가하고 고요하다.

③ 不求甚解(불구심해)—너무 지나치게 뜻을 따지거나 이론적으로 집착하지
않는 것을 말한다.

④ 欣然(흔연)—매우 즐거워함.

⑤ 置酒(치주)—술자리를 마련하다.

⑥ 造飮(조음)—술먹는 자리에 나가다. ○輒盡(첩진)—매번 있는 것. 모두를
다하다.

⑦ 不吝情去留(불린정거류)−떠나거나 머무르는 데에 미련을 두지 않음. 인
(吝)은 인(吝)과 같은 자임.

⑧ 環堵(환도)−환(環)은 동서남북의 사방. 도(堵)는 5판(版), 판은 1장(丈).
따라서 사방 1장 약간 넘는 방. 정확히 말하면 사방의 길이를 합치면 5장
이 되는 방. 곧 작은 방을 뜻함. ○蕭然(소연)−쓸쓸하고 조용함.

⑨ 短褐(단갈)−갈(褐)은 베옷. 단갈은 가난한 사람들이 입는 짧고 거칠게
짠 베옷.

⑩ 簞瓢(단표)−단(簞)은 대나 고리로 짠 바구니. 옛날에 가난한 사람들이
밥을 담아 먹었다. 표(瓢)는 표주박. 역시 가난한 사람들이 음료나 국을
담아 먹었다. 가난한 사람들의 음식기(飮食器)를 단표라고 통칭했다.

⑪ 晏如(안여)−편안하다.

⑫ 贊(찬)−전기문(傳記文) 뒤에 붙여서 주인공을 칭찬하는 글.

⑬ 黔婁(검루)−춘추시대 제(齊)나라의 은사(隱士). 청렴결백하여 벼슬살이
를 하지 않았다. 그가 죽자, 그의 시체는 누더기가 걸쳐진 상태였고, 시체
를 덮은 헝겊이 짧아 발이 다 드러났다. 문상(門喪)을 간 증자(曾子)가
헝겊을 비스듬히 돌려서 손발을 덮으려 하자, 검루의 처가 "고인께서는
바른 것을 좋아하셨습니다. 헝겊을 비뚤게 놓는 것은 사(邪)라 좋지 않습
니다. 또 고인께서는 빈천을 겁내지 않으셨고, 부귀를 부러워하지 않으셨
습니다."고 했다 한다.

⑭ 戚戚(척척)−두려워하고 걱정하는 것. ○汲汲(급급)−얻으려고 안달함.

⑮ 極其言(극기언)−그 말의 뜻을 깊이 생각하면.

⑯ 酣觴(감상)−술잔을 돌려가며 실컷 마심.

⑰ 無懷氏(무회씨)−갈천씨(葛天氏)와 함께 중국 태곳적 제왕. 무회씨는 도
덕으로 세상을 다스려 당시의 백성들은 모두 사욕이 없고 편안했으며, 갈
천씨 때는 교화를 펴지 않아도 저절로 교화가 이루어져 천하가 태평했다
한다. 무회씨의 백성 또는 갈천씨의 백성이라는 것은 욕심없이 순박한 사
람들을 뜻한다.

해설 이 〈오류선생전(五柳先生傳)〉은 탁전(託傳)으로 도연명이 자신을

오류선생이라고 스스로 호(號)하고 자신의 생활관과 인생관을 객관적으로 서술한 글이다. 매우 해학적인 문체로 후세 전기체(傳記體) 규범 중의 하나가 되었다.

북산이문(北山移文)

공치규(孔稚圭)

1

종산(鍾山)의 정령과 초당의 신령이 노하여 안개로 하여금 역로(驛路)를 달려가 이문(移文)을 종산의 등성이에 새기게 하였다. 무릇 은자(隱者)는 지조와 절개가 세속에서 빼어난 풍모가 있어야 하고, 마음이 씻은 듯이 맑고 깨끗하여 홍진(紅塵)을 뛰어넘는 기상이 있어야 하며, 몸은 흰 눈을 건너서 온 것처럼 결백하여야 하며, 뜻은 하늘의 푸른 구름을 능가하여 곧바로 하늘 위에 다다라야 하는 것이다. 나는 은자를 그렇게 알아 왔던 것이다.

은자란 만물 위에 우뚝 솟아있고 밝게 노을 같은 속세 밖에 빛나고 있어야 한다. 천금을 초개(草芥)같이 여겨 돌아보지 않고, 만승(萬乘) 천자의 자리조차도 신발짝을 벗어 버리듯하여야 한다. 주(周) 영왕(靈王)의 태자 진(晉)이 낙포(洛浦)에서 생황(笙簧)으로 봉황의 울음소리 내는 것을 들은 것과 같이, 또는 소문선생(蘇門先生)이 연뢰(延瀨)에서 나무꾼의 노래를 들었던 것처럼 참 은자도 이 세상에 있었다.

어찌 기약하였으랴! 주옹(周顒)의 마음은 처음부터 끝까지 들쭉날쭉 가지런하지 못하여 푸르름과 누름이 반복되었으니, 묵자(墨子)가 흰 실이 염색되는 것을 보고 눈물을 흘리고, 양주(楊朱)가 갈림길에서 통곡했을 때 같네. 잠깐 발걸음을 돌렸으나 마음은 속세에 물들고, 혹 전에는 지조가 곧았으나 후에는 더러워졌으니 어찌 그렇게도 그릇되었는가! 아아, 상생(尙生)은 이 세상에 있지 않고 중장통(仲長統)은 이미 가버렸으니, 산언덕 고요하고 적막해졌는데 천년을 두고 누가 감상해 줄 것인가?

세상에 주옹이라는 사람이 있는데, 세속에서는 아주 뛰어난 선비였다. 글 잘 짓고 학문도 넓게 통하였으며 현묘한 철학에 통달하고 역사에도 밝았다. 그러나 학문은 동로(東魯) 안합(顔闔)의 은둔 사상을 따랐고 습성은 남곽자기(南郭子綦)의 무아경(無我境)을 익혔다. 그러나 그는 은자도 아니면서 초당에서 거하였고, 북악(北岳)에서 함부로 은자들이 쓰는 두건을 쓰고 다녔다. 그는 나[北山]의 소나무와 계수나무를 유혹하였고 나의 구름과 골짜기를 속였다. 비록 그가 강호에서 은자를 흉내내었으나 마음은 좋은 작록(爵祿)에 얽매여 있었던 것이다.

그가 이 산에 들어왔을 때에는 소보(巢父)를 밀어낼 듯하였으며, 허유(許由)의 기세를 끌어내릴 듯하였고, 백세를 두고 오만하였으며 왕후도 멸시했었다. 그의 풍류스러운 마음은 햇살처럼 널리 퍼지고 서릿발 같은 기상은 가을하늘을 가로지르듯 했다. 때로는 은자들이 오래 전에 가버린 것을 탄식하기도 하였으며, 때로는 왕손(王孫)이 이곳에 노닐지 않는 것을 원망하기도 했다. 그는 불가(佛家)의 일체개공(一切皆空)의 논리를 담론하기도 했고 도가의 현묘한 진리를 탐구하기도 하였다. 그러니 무광(務光)이 어찌 족히 주옹과 비견될 수 있겠는가! 제(齊)나라의 연자(涓子)조차도 주옹과는 짝할 수 없었다.

(원문) ①鍾山之英과 ②草堂之靈이 ③馳煙驛路하여 ④勒移山庭이라.
종산지영 초당지령 치연역로 늑이산정

⑤夫以耿介拔俗之標와 ⑥蕭洒出塵之想으로 ⑦度白雪以方潔하고
부이경개발속지표 소쇄출진지상 도백설이방결

⑧干青雲而直上은 ⑨吾方知之矣라.
간청운이직상 오방지지의

若其 ⑩亭亭物表하고 ⑪皎皎霞外하여 ⑫芥千金而不眄하고 ⑬屣
약기 정정물표 교교하외 개천금이불면 사

萬乘其如脫하여 ⑭聞鳳吹於洛浦하고 ⑮値薪歌於延瀨라. 固亦有
만 승 기 여 탈　　　문 봉 취 어 낙 포　　치 신 가 어 연 뢰　　고 역 유

焉이라.
언

豈期始終⑯參差하고 ⑰蒼黃反覆하여 淚⑱翟子之悲하고 慟⑲朱
기 기 시 종 참 치　　창 황 반 복　　누 적 자 지 비　　통 주

公之哭하여 ⑳乍廻迹以心染하고 或先貞而後㉑黷이라. 何其謬哉
공 지 곡　　사 회 적 이 심 염　　혹 선 정 이 후 독　　하 기 류 재

오? 嗚呼라! ㉒尚生不存하고 ㉓仲氏既往하니 ㉔山阿寂寥하여 千載
오 호　　상 생 부 존　　중 씨 기 왕　　산 아 적 료　　천 재

誰賞꼬?
수 상

世有㉕周子하니 ㉖儁俗之士라. 既文既博이오 亦㉗玄亦史로다.
세 유 주 자　　준 속 지 사　　기 문 기 박　　역 현 역 사

然而㉘學遁東魯하고 習隱㉙南郭하여 ㉚竊吹草堂하고 ㉛濫巾北岳
연 이 학 둔 동 로　　습 은 남 곽　　절 취 초 당　　남 건 북 악

이라. 誘㉜我松桂하며 欺我雲壑하여 雖假容於㉝江皐나 乃㉞纓情
유 아 송 계　　기 아 운 학　　수 가 용 어 강 고　　내 영 정

於好爵이라.
어 호 작

其始至也에 將欲排㉟巢父拉許由하고 傲百世蔑王侯하여 ㊱風
기 시 지 야　　장 욕 배 소 보 랍 허 유　　오 백 세 멸 왕 후　　풍

情張日이오 ㊲霜氣橫秋하여 或歎㊳幽人長往하며 或怨王孫不游
정 장 일　　상 기 횡 추　　혹 탄 유 인 장 왕　　혹 원 왕 손 불 유

라. 談㊴空空於釋部하고 ㊵覈玄玄於道流하니 ㊶務光何足比며 ㊷涓
담 공 공 어 석 부　　핵 현 현 어 도 류　　무 광 하 족 비　　연

子不能儔라.
자 불 능 주

주해 ① 鍾山(종산)-북산(北山)을 가리킨다. 남경(南京) 동북쪽에 있는 산으로 부성(府城)의 동북에 있으므로 북산이라고 한다. ㅇ英(영)-정령. 초목이나 무생물에 깃들어 있다는 혼령을 말한다.

② 草堂(초당)-옛날에 촉(蜀)의 법사(法師)가 종산에 와서 그 산수의 빼어남을 보고 지었다고 한다. 초당사(草堂寺)를 가리킨다. 일설에는 주옹이

은거할 때 지었다고도 한다. o靈(령)-신령.

③ 馳煙驛路(치연역로)-안개로 하여금 역로(驛路)로 달리게 함. 산신령이 안개로 하여금 역로에 이문(移文)을 돌리게 한다는 말.

④ 勒(늑)-돌이나 쇠에 새김. 각(刻)과 같은 뜻이다. o移(이)-이문(移文). 여러 사람이 돌려보도록 만든 공문의 일종.

⑤ 夫(부)-대저, 무릇. o耿介(경개)-지조가 굳은 것. o拔俗之標(발속지표)-속세를 뛰어넘는 풍모가 드러남. 표(標)는 남보다 드러나는 풍채를 말한다.

⑥ 蕭洒(소쇄)-명리(名利)를 탐하지 않고 마음이 씻은 듯이 깨끗한 것.

⑦ 度(도)-도(渡)의 뜻. 건너다. o方(방)-비교하다.

⑧ 干(간)-능가함.

⑨ 吾方知之矣(오방지지의)-나는 모름지기 그러해야 한다고 알고 있다. 즉 그도 그러한 사람인 것으로 알아왔다는 뜻.

⑩ 亭亭(정정)-사람의 인격 등이 높은 것을 말한다. o物表(물표)-만물의 위.

⑪ 皎皎(교교)-희고 깨끗함. o霞外(하외)-놀 밖. 속세에서 벗어난 것을 뜻한다.

⑫ 芥(개)-티끌. 사소한 것.

⑬ 屣萬乘其如脫(사만승기여탈)-만승(萬乘)을 짚신처럼 여겨 가볍게 버림. 사(屣)는 짚신, 만승은 수레 만 대를 거느린다는 뜻으로 천자의 지위를 뜻한다.

⑭ 聞鳳吹於洛浦(문봉취어낙포)-낙포(洛浦)에서 봉황의 울음소리를 들음. 주(周)나라 영왕(靈王)의 태자 진(晉)은 생황(笙簧)을 불어 봉황새 소리를 내며 이수(伊水)와 낙수(洛水) 가에 놀면서 신선이 되었다고 한다.

⑮ 値薪歌於延瀬(치신가어연뢰)-연뢰(延瀬)에서 나무꾼의 노래를 들음. 치(値)는 만나다의 뜻. 신(薪)은 나무꾼. 진(晉)나라 손등(孫登)이 소문산(蘇門山)에 은거하였기 때문에 소문선생(蘇門先生)이라 칭하였다. 하루는 연뢰에서 노닐다 한 나무꾼을 만나자 "그대는 이곳에서 평생을 보낼 것인가?"라고 물었다. 이에 나무꾼은 "나는 이렇게 들었노라. 성인은 모든 상념을 끊고 다만 도덕만을 마음의 기둥으로 삼는다라고. 무엇을 이상히 여

기고 슬퍼할 것인가?"라고 답하고는 사라졌다. 나무꾼의 말을 빌어 은사(隱士)의 굳은 지조를 말하려는 것이다.

⑯ 參差(참치)−가지런하지 못함. 마음이 한결같지 않음을 말한다.

⑰ 蒼黃(창황)−푸른색과 누른색. 변덕이 심한 것을 말한다.

⑱ 翟子之悲(적자지비)−적자(翟子)는 전국시대 노(魯)나라의 사상가인 묵적(墨翟). 묵가(墨家)의 선구자이다. 그는 흰 바탕의 실이 노랗게도, 검게도 염색되는 것을 보고, 사람의 본시의 선한 마음도 악에 물든다고 생각하여 슬퍼하였다. 묵비사염(墨悲絲染)이라고도 한다.

⑲ 朱公之哭(주공지곡)−양주(楊朱)의 통곡. 양주가 기로(岐路)를 보고는 사람의 마음쓰기에 따라 이 길처럼 남으로 북으로 마음대로 갈 수 있다고 생각하여 선과 악의 갈림길에 대하여 슬퍼함. 양주읍기(楊朱泣岐)라고도 한다.

⑳ 乍廻迹(사회적)−잠깐 발걸음을 돌림. 사(乍)는 잠깐의 뜻. 주옹이 은자인 척하여 잠시 입산했던 것을 이른다. ○心染(심염)−마음이 물들음.

㉑ 黷(독)−더럽고 추악함.

㉒ 尙生不存(상생부존)−후한(後漢) 상장(尙長)의 일을 가리킨다. 상장의 자는 자평(子平)으로 자녀들을 결혼시키고 나자 산에 들어가 은거하면서 밖에 나오지 않았다고 한다.

㉓ 仲氏(중씨)−후한의 중장통(仲長統)을 말한다. 독립불굴의 의지가 있었고 언행이 일치했다. 군에서 부를 때마다 병을 핑계로 나가지 아니하였다고 한다. 《후한서(後漢書)》에 그에 대한 기록이 보인다.

㉔ 山阿(산아)−산 언덕.

㉕ 周子(주자)−주옹(周顒)을 가리킨다.

㉖ 雋俗之士(준속지사)−속세에서 뛰어난 선비. 준(雋)은 준(儁)과 통용되며 준(俊)의 뜻이다.

㉗ 玄(현)−현묘한 진리. 노장(老莊)의 철학을 말한다. ○史(사)−역사에 밝은 것. 또는 화사함. 장식이 있어 아름다운 것. 《논어(論語)》옹야(雍也)편에 '바탕이 문사보다 뛰어나면 야해지고, 문사의 수식이 바탕보다 뛰어나면 수식적이 된다[質勝文則野, 文勝質則史]'고 하였다.

㉘ 學遁東魯(학둔동로)－안합(顔闔)의 은둔의 도를 배움. 동로(東魯)는 동로
의 도인 안합을 가리킨다. 《장자(莊子)》 양왕(讓王)편에 보면, '노(魯)나
라 임금은 안합이 도를 터득한 사람이라는 말을 듣고 사자(使者)를 시켜
그에게 예물을 보내려 하였다. 사자가 안합의 집에 도착하여 임금이 보내
는 예물을 내놓자, 길을 잘못 들은 것이라 하고 다시 가서 잘 알아오라고
하였다. 사자가 예물을 받아야 할 사람을 확인한 뒤 다시 안합의 집을 찾
았을 때에는 안합은 이미 떠나고 없었다'고 하였다.

㉙ 南郭(남곽)－《장자(莊子)》 내편(內篇) 제물론(齊物論)에 나오는 은자 남
곽자기(南郭子綦)를 가리킨다. 제물론에는 은자인 남곽자기가 책상에 기
대앉아 하늘을 쳐다보고 망연자실하고 있는데, 그것은 마치 자기와 대립
하고 있는 모든 사물을 잊고 있는 듯했다고 한다.

㉚ 竊吹草堂(절취초당)－주옹이 은자도 아니면서 초당에서 은거한 것. 절취
(竊吹)라는 말은 《한비자(韓非子)》 내저설(內儲說) 상편(上篇)에 나온다.
제(齊)나라 선왕(宜王)은 피리[竽] 부는 소리를 즐겨, 피리 부는 사람을
3백 명이나 두었다. 남곽선생(南郭先生)은 피리를 전혀 불 줄 모르면서
그 사이에 끼어 녹을 먹었다. 선왕이 죽고 민왕(湣王)이 즉위하자 악인
(樂人)을 한 사람씩 불러 우를 불게 하였다. 이에 남곽선생은 도망쳐 버
렸다. 여기서는 주옹이 은자도 아니면서 초당에 은거했던 것을 남곽선생
이 피리도 불지 못하면서 거짓으로 악인 사이에 있었던 일로 비유한 것
이다.

㉛ 濫巾(남건)－건(巾)은 은자들이 쓰고 다니는 두건. 주옹이 은자도 아니면
서 두건을 함부로 쓰고 다닌 것을 말한다. ㅇ北岳(북악)－북산(北山), 즉
종산(鍾山).

㉜ 我(아)－북산(北山).

㉝ 江皐(강고)－강호(江湖).

㉞ 纓(영)－얽힘. 얽매여 있음. ㅇ好爵(호작)－좋은 작록(爵祿).

㉟ 巢父(소보)－요(堯)임금 때의 은자. 나무 위에 둥우리를 틀고 살아서 소
보라 불렀다. ㅇ許由(허유)－요(堯)임금 때의 은자. 요임금이 그에게 천하
를 선양하려 하자 몹쓸 소리를 들었다 하여 영천(潁川)에서 귀를 씻었다

한다.

㊱ 風情(풍정)―풍류스런 마음.

㊲ 霜氣(상기)―서릿발 같은 기상.

㊳ 幽人(유인)―세상을 피해 숨어사는 은자.

㊴ 空空(공공)―모든 것이 공(空)이라는 불교의 종지(宗旨). 일체개공(一切皆空). ○釋部(석부)―석가의 가르침. 불서(佛書).

㊵ 覈(핵)―탐구함. ○玄玄(현현)―현묘한 진리. 노장(老莊)의 가르침.

㊶ 務光(무광)―하(夏)시대의 은자. 탕왕(湯王)이 하(夏)의 폭군 걸(桀)을 치고자 무광에게 상의하려 하자, 세상일은 자신이 관여할 바가 아니라며 상대하지 않았다. 후에 탕왕이 천하를 그에게 물려주려 하였는데, 그는 이를 피해 멀리 숨어버렸다.

㊷ 涓子(연자)―제(齊)나라 사람으로 약초를 캐먹으며 탕산(宕山)에서 은거하여 선술(仙術)을 익혔다고 한다. ○儔(주)―짝하다.

2

그러나 사자를 태운 말이 울음소리를 내며 골짜기에 들어오고 은자(隱者)를 부르는 학두서(鶴頭書)가 산 언덕을 넘어오자 그는 정신없이 맞이하러 뛰어나가 넋이 흩어져 달아나 버리어 지조는 변하고 정신은 동요되어 버렸다. 그리고는 너무 기뻐 눈썹을 치켜올리고 자리에 나란히 앉고, 신이 나 소맷자락을 펄럭이며 자리 위에서 춤추었다. 그는 은자들이 입는 지제(芰製) 옷을 불살라버리고 연잎[荷衣]을 찢어버리고 먼지낀 얼굴을 꼿꼿하게 들고 속된 모습으로 마구 달려나갔다. 바람과 구름은 슬퍼하며 분노를 띠었고 돌 사이를 흐르는 시냇물은 오열(嗚咽)하며 구슬프게 흘러내려갔다. 수풀 우거진 산봉우리를 바라보니 실망하는 듯하였고 초목을 돌아보니 무언가 상실한 빛이었다.

마침내 주옹(周顒)은 현령의 동(銅)으로 만든 인장(印章)을 몸에 찼고, 검은 인끈을 꿰어차고 본주(本州)에 딸려있는 웅장한 성에 걸터앉아 사

방 백리인 현의 우두머리가 되었다. 바다가 가까운 해염현(海鹽縣)에 덕
풍(德風)을 널리 펴고 절강(浙江)의 오른쪽인 회계(會稽)에서 영예를 휘
날리게 되니, 도가(道家)의 책은 오랫동안 버리고 보지 않았고, 불법을
강론하던 자리를 오랫동안 묻어두고 쓰지 않았다.

　죄인을 매질하던 시끄러운 소리에 그의 생각이 침해를 받고, 공문서와
송사에 바쁘게 되어 그의 마음이 얽매이게 되니, 가야금과 노랫소리 이
미 끊어져버렸고 술마시며 시를 읊던 일도 계속할 수 없게 되었다. 항상
관리들의 업적 조사에 마음이 묶여있고 매번 옥사(獄事)의 시비를 판단
하는 재판에 마음이 어지럽게 되었다. 그러면서도 한대(漢代)의 명망이
높았던 고을 수령인 장창(張敞)과 조광한(趙廣漢)을 지나간 시대의 본보
기로 마음에 품었으며 후한(後漢)의 훌륭한 관리였던 탁무(卓茂)와 노공
(魯恭)을 이전 사람들 중의 본보기로 추가하였다. 그는 장안(長安)을 둘
러싼 삼보(三輔)의 장관의 발자취를 좇으려 하였으며, 온 천하의 지방 장
관 중에서 이름을 떨치려 하였다.

　그가 떠난 후 저녁 노을은 높이 떠 외로운 그림자를 던졌고 밝은 달도
외로이 떠있었다. 푸른 소나무 그늘을 짓고 흰구름 떠있으되 누구와 벗
할 것인가. 산골짜기의 집은 부서져서 더불어 돌아갈 이 없고, 돌 깔린
오솔길 황량하여 헛되이 목을 빼고 사람을 기다리면서 있게 한다. 회오
리바람 장막 속으로 불어 들어오고, 토해내는 듯한 안개는 기둥 사이에
서 생겨나오게 되자, 향초로 엮은 장막은 텅 비어 학은 밤마다 원망의 울
음 울고 산인(山人)이 떠나고 없어 새벽에 원숭이 놀라서 우는구나. 옛
날의 소광(疏廣)은 벼슬을 버리고 동해군(東海郡)의 향리로 돌아와 은거
했다고 들었는데, 지금 보니 주옹은 난(蘭) 띠를 풀어 던지고 속세의 먼
지 묻은 갓끈을 매었구나!

원문　及其①鳴騶入谷하고 ②鶴書赴隴에 形馳魄散하고 志變神動이
　　　　　급 기 　명 추 입 곡　　　학 서 부 롱　　　형 치 백 산　　　지 변 신 동

라. 爾乃③眉軒席次하고 ④袂聳筵上하여 焚⑤芰製而裂荷衣하고
　　　 이내　미헌석차　　　　　메용연상　　　　 분　기제이열하의

⑥抗塵容而走俗狀하니 風雲悽其帶憤하고 石泉咽而下愴이라. 望
　항진용이주속상　　　 풍운처기대분　　　 석천열이하창　　　　망

林巒而有失하고 顧草木而如喪이로다.
림만이유실　　　 고초목이여상

　　至其⑦紐金章⑧綰黑綬하여 ⑨跨屬城之雄하고 冠百里之首하여
　　 지기　뉴금장　관흑수　　　 과속성지웅　　　 관백리지수

張英風於⑩海甸하고 馳妙譽於⑪浙右하니 ⑫道帙長擯이오 ⑬法筵
장영풍어　해전　　　 치묘예어　절우　　　 도질장빈　　　　 법연

久埋라.
구매

　　　⑭敲扑諠囂가 犯其慮하고 ⑮牒訴倥傯이 裝其懷하니 ⑯琴歌旣
　　　 고복훤효　 범기려　　　 첩소공총　 장기회　　　 금가기

斷이오 酒賦無續하여 常⑰綢繆於結課하고 每⑱紛綸於折獄이라.
단　　　주부무속　　　 상　주무어결과　　　 매　분륜어절옥

⑲籠張趙於往圖하고 ⑳架卓魯於前籙하여 希蹤㉑三輔豪요 馳聲
농장조어왕도　　　 가탁노어전록　　　　 희종　삼보호　　　 치성

㉒九州牧이라.
구주목

　　使其高霞孤映하고 明月獨擧하니 靑松落陰이오 白雲誰侶아?
　　 사기고하고영　　　 명월독거　　　 청송락음　　　 백운수려

㉓碉戶摧絶無與歸요 石逕荒凉徒㉔延竚로다. 至於還飇入幕하고
　간호최절무여귀　　　 석경황량도　연저　　　 지어환표입막

㉕寫霧出楹하니 ㉖蕙帳空兮夜鶴怨이오 山人去兮曉猿驚이라. 昔聞
　사무출영　　　 혜장공혜야학원　　　　 산인거혜효원경　　　 석문

㉗投簪逸海岸이러니 今見解蘭㉘縛塵纓이로다.
　투잠일해안　　　　 금견해란　박진영

주해 ① 鳴騶(명추)－울부짖으며 오는 사자가 타고 오는 말.

② 鶴書(학서)－옛날에 천자가 은자를 부를 때 보내는 조서. 한대(漢代)에는
'척일간(尺一簡)'이라 했다. 그 문서 모양이 학의 머리처럼 생겼다 해서
붙여진 이름이다. '학두서(鶴頭書)'라고도 한다.

③ 眉軒(미헌)－눈썹이 높이 올라감. 기뻐하는 모양을 형용.

④ 袂聳筵上(메용연상)-소맷자락이 돗자리 위에서 춤을 춘다.

⑤ 芰製(기제)-마름풀을 엮어 만든 은자들의 옷. ㅇ荷衣(하의)-연잎을 엮어 만든 은자들이 입는다는 옷.

⑥ 抗塵容(항진용)-먼지 낀 얼굴을 꼿꼿하게 쳐들다.

⑦ 紐(유)-끈으로 묶음. ㅇ金章(금장)-동(銅)으로 만든 인장(印章)으로 현령이 차는 것.

⑧ 綰(관)-꿰다. ㅇ黑綬(흑수)-검은 끈.

⑨ 跨(과)-걸터앉다. ㅇ屬城(속성)-본주(本州)에 딸려 있는 성.

⑩ 海甸(해전)-바닷가에 가까운 지역. 여기서는 해염현(海鹽縣)을 말한다.

⑪ 浙右(절우)-절강(浙江)의 오른쪽. 회계(會稽)를 가리킨다.

⑫ 道帙(도질)-도가의 학설을 강론한 책.

⑬ 法筵(법연)-불법을 강론하는 자리.

⑭ 敲扑(고복)-죄인을 심문하기 위하여 매질함. ㅇ諠囂(훤효)-매우 시끄럽고 떠들썩함.

⑮ 牒訴(첩소)-공문서와 송사. ㅇ倥傯(공총)-몹시 바쁨.

⑯ 琴歌(금가)-거문고와 노랫소리. ㅇ酒賦(주부)-술마시며 시를 읊는 것. 모두 은자들이 즐기는 것이다.

⑰ 綢繆(주무)-얽매임. ㅇ結課(결과)-관리들의 업적을 조사함.

⑱ 紛綸(분륜)-매우 어지럽고 바쁨. ㅇ折獄(절옥)-재판을 함.

⑲ 籠(농)-가슴속에 간직함. ㅇ張趙(장조)-한대(漢代)의 고을 수령으로 명망이 높았던 장창(張敞)과 조광한(趙廣漢).

⑳ 架(가)-능가함. ㅇ卓(탁)-후한의 탁무(卓茂). 밀현(密縣)의 현령이 되어 어진 정치를 폈기 때문에 아래 관리들이 속이지 못했다 한다. ㅇ魯(노)-후한의 노공(魯恭). 중모현(中牟縣)의 현령이 되어 치적이 높았다고 한다. ㅇ前錄(전록)-전대의 모범이 될 기록.

㉑ 三輔豪(삼보호)-경조부(京兆府)·좌풍익(左馮翊)·우부풍(右扶風)의 세 곳을 말한다.

㉒ 九州(구주)-천하.

㉓ 磵戶(간호)-은자가 살던 골짜기의 집.

㉔ 延竚(연저) ― 목을 빼고 기다리며 서있는 것.

㉕ 寫霧(사무) ― 토해내듯이 솟아나는 안개. 사(寫)는 사(瀉)의 뜻.

㉖ 蕙帳(혜장) ― 혜초로 엮어 만든 장막.

㉗ 投簪逸海岸(투잠일해안) ― 관을 고정시키는 비녀. 곧 벼슬을 버리고 바닷가에서 은거함. 한(漢)나라 선제(宣帝) 때의 소광(疏廣)의 일을 말한다.

㉘ 縛(박) ― 속박됨. ○塵纓(진영) ― 속세의 먼지 묻은 갓끈을 매다.

3

이러하니 남산은 북산에게 조롱을 보내고, 북산의 작은 언덕들도 비웃음소리를 높였으며, 줄지어 있는 골짜기들은 다투어 꾸짖고, 옹기종기 모인 봉우리들은 소리높여 비난하였다. 떠나갔던 주옹(周顒)이 북산을 속인 것에 분개하고 위로하러 오는 사람이 없음을 슬퍼한다. 그러니 북산 우거진 숲의 치욕은 끝이 없고 시냇물의 부끄러움은 다함이 없다. 가을 계수나무는 바람을 피하여 보내고 봄의 여라(荔蘿)는 달을 밀쳐 버렸다. 백이(伯夷)·숙제(叔齊)의 은일하던 높은 뜻을 널리 선포하고, 동고(東皐)에 은거하던 완적(阮籍) 같은 이와의 소박한 사귐을 할 것을 선포한다.

이제 주옹은 해염현(海鹽縣)에서 행장을 수습하여 나와서 배를 타고 벼슬을 얻고자 경사(京師)로 향할 것이다. 비록 그의 마음이 벼슬을 하려 대궐에 두어져 있으나 혹시 거짓 발걸음으로 이 북산의 입구에 발을 들여놓을런지 모른다. 그렇다면 어찌 향기로운 두약(杜若)으로 하여금 얼굴을 두껍게 하며, 향초인 벽려(薜荔)로 하여금 수치를 모르게 하며, 푸른 산마루로 하여금 다시 욕보게 하며, 붉은 벼랑으로 하여금 다시 더러움을 입도록 하겠는가. 속진 속에 노닐던 발길이 혜초(蕙草)가 나 있는 길을 더럽히고, 맑은 연못을 주옹이 변절하였다는 말을 듣고 귀를 씻음으로써 더럽힐 수 있겠는가?

마땅히 산의 동굴에 장막을 쳐 막아버리고 구름으로 관문을 덮어버리고 가벼운 안개를 거두어들이고 소리내어 흐르는 시냇물을 감추어야 한다. 주옹이 타고 오는 수레의 끌채를 골짜기 입구에서 잘라버리고 망령되이 들어오려는 말고삐를 교외에서 막아야 한다.

이에 떨기를 이룬 나뭇가지는 놀란 듯이 눈을 부릅뜨고, 수많은 풀 이삭들은 혼이 날아갈듯이 노한다. 날아오르는 가지들은 수레바퀴를 부러뜨리려 하기도 하고 갑자기 가지를 낮게 드리워 발자국을 쓸어버리려 하기도 한다. 청컨대 속된 선비의 수레를 돌려보내어, 산신인 나를 위하여 거짓 은자(隱者)를 사절해야만 한다.

(원문) 於是에 南獄獻嘲하고 北隴①騰笑하며 列壑爭譏하고 攢峯
　　　　어 시　남 옥 헌 조　　북 롱 등 소　　열 학 쟁 기　　찬 봉

②竦誚라. 慨遊子之我欺하고 悲無人以③赴弔라. 故其林慙無盡하
송 초　개 유 자 지 아 기　　비 무 인 이 부 조　　고 기 림 참 무 진

고 澗愧不④歇하여 秋桂遣風하고 春蘿擺月하여 ⑤騁西山之逸議하
간 괴 불 헐　　추 계 견 풍　　춘 라 파 월　　　빙 서 산 지 일 의

고 馳⑥東皐之素謁이라.
치 동 고 지 소 알

今乃促裝⑦下邑하고 浪栧上京하여 雖情投於⑧魏闕이나 或假步
금 내 촉 장 하 읍　　낭 예 상 경　　수 정 투 어 위 궐　　혹 가 보

於山⑨扃이라. 豈可使芳杜厚顔하고 薜荔無恥하며 碧嶺再辱하고
어 산 상　　기 가 사 방 두 후 안　　벽 려 무 치　　벽 영 재 욕

丹崖重滓하여 塵遊躅於蕙路하고 汚淥池以洗耳리오?
단 애 중 재　　진 유 촉 어 혜 로　　오 록 지 이 세 이

宜扃⑩岫幌掩雲關하며 斂輕霧藏⑪鳴湍하여 ⑫截來轅於谷口하
의 경 수 황 엄 운 관　　염 경 무 장 명 단　　절 래 원 어 곡 구

고 ⑬杜妄轡於郊端이라.
두 망 비 어 교 단

於是에 ⑭叢條瞋膽하고 疊穎怒魄하여 或飛柯以折輪하며 ⑮乍
어 시　총 조 진 담　　첩 영 노 백　　혹 비 가 이 절 륜　　사

低枝而掃迹이라. 請廻俗士駕어다 爲君謝⑯逋客하라.
저 지 이 소 적　　청 회 속 사 가　　위 군 사 포 객

(주해) ① 騰笑(등소)－크게 웃어젖힘.

② 竦誚(송초)-꾸짖는 소리를 높임.

③ 赴弔(부조)-위로하러 옴.

④ 歇(헐)-멈추다.

⑤ 騁(빙)-달리다. 선포하다. 선언하다. 치(馳)도 비슷한 뜻임. ㅇ西山之逸 議(서산지일의)-서산은 수양산. 일의는 백이와 숙제가 은거를 논의하던 높은 뜻.

⑥ 東皐之素謁(동고지소알)-동고에서 은거하던 완적(阮籍)의 은일했던 소박한 사귐의 뜻.

⑦ 下邑(하읍)·上京(상경)-서로 대비되는 말로 하읍은 지방 현을 말하고, 상경은 경사(京師 : 서울)를 말한다.

⑧ 魏闕(위궐)-높은 대궐의 문.

⑨ 扃(상)-문 지도리. 문 어귀.

⑩ 岫幌(수황)-산 동굴에 장막을 침.

⑪ 鳴湍(명단)-소리내며 흘러가는 여울.

⑫ 截(절)-끊어버림.

⑬ 杜(두)-막다.

⑭ 叢條(총조)-떨기를 이룬 나뭇가지. ㅇ瞋(진)-성내어 눈을 부릅뜨다.

⑮ 乍(사)-갑자기.

⑯ 逋客(포객)-세상에서 도망하여 사는 사람. 은자. 여기서는 주옹을 말한다.

(해설) '북산(北山)'은 남경(南京) 동북쪽에 있는 산 이름으로 종산(鍾山)이라고도 부른다. '이문(移文)'은 공문의 일종으로 정부의 회장(廻狀)을 가리킨다.

　육조(六朝)의 송(宋)나라 사람인 주옹(周顒)은 자가 언륜(彦倫)인데, 처음 강소성(江蘇省) 강녕부(江寧府)에 있는 종산에서 은거하다가 북제(北齊)의 조정에 불려나가 회계군(會稽郡)의 해염현령(海鹽縣令)이 되었다. 해염현령의 임기를 마치고 도성(都城)으로 가는 길에 주옹은 다시 종산에 들르려 하였는데, 이때 그와 함께 종산에서 은거 생활을 하고 있던 공치규(孔稚圭)는 은자의 생활을 버리고 벼슬길에 나선 주옹을 심히 못

마땅하게 여겼다.

그래서 종산의 신령 이름을 가탁하여 관청의 통문(通文)을 본떠 이 글을 써서, 주옹이 두번 다시 종산에 발을 들여놓지 못하게 했다. 종산은 일명 북산이라고도 하며, 정부의 회장을 이문(移文) 또는 이서(移書)라고 하므로, 이 글을 〈북산이문(北山移文)〉이라 한 것이다.

공치규의 자는 덕장(德璋)으로 남북조시대 회계 사람이다. 문장에 뛰어나고 세속에 초탈한 성격이었으나, 그도 역시 벼슬길에 나가 제(齊)나라에서 태자첨사(太子詹事)까지 하였다.

북산의 신령과 초당의 정령의 뜻을 빌어 이문 형식으로 쓴, 착상이 매우 기발한 글이다. 고사가 많이 인용되고, 대구를 겹친 구법(句法)과 격구압운(隔句押韻)이 사용되어 완벽한 운문적 아름다움을 보이고 있다.

글이 변려체(騈儷體)이지만, 그 중에 〈초사(楚辭)〉의 구법도 볼 수 있고 '부(賦)'의 성질도 있는 변화가 많은 문장이다.

등왕각서(滕王閣序) 및 시(詩)

왕발(王勃)

서(序)

옛날에 남창군(南昌郡)이었던 이곳은, 지금은 홍도부(洪都府)가 되었다. 별자리로는 익성(翼星)과 진성(軫星)에 해당되며, 땅은 형산(衡山)과 여산(廬山)에 접해 있다. 세 강이 옷깃처럼 두르고 있으며, 다섯 호수가 띠처럼 둘러져 있다. 또한, 만형(蠻荊)을 억누르고, 구월(甌越)을 끌어당기는 위치에 있기도 하다.

이곳 물산의 정화는 하늘이 내린 보배이니, 용천검(龍泉劍)의 광채가 견우성(牽牛星)과 북두성(北斗星) 사이를 쏘았고, 이곳 인물들은 걸출하고 땅은 영기(靈氣)가 있어, 서유(徐孺)는 태수인 진번(陳蕃)이 걸상을 내려주며 맞이하게 하였다. 경치 좋은 고을들이 안개처럼 깔려 있고, 뛰어나게 빛을 발하는 인물들이 유성처럼 활약한다. 이곳의 누대와 해자는 이민족과 중국 사이에 임해 있고, 이곳에 모이는 손님과 주인은 모두 동남(東南)의 훌륭한 인물들이다.

이곳의 도독(都督) 염공(閻公)은 고상한 인망을 갖춘 인물로 계극(棨戟)을 앞세우고 멀리서 부임해 왔다. 본받을 만한 위의(威儀)를 갖춘 우문(宇文)은 신임태수로 부임해 가던 도중, 이곳에 잠시 수레를 멈추었다. 마침 10순(旬)의 휴가날이라, 훌륭한 벗들이 구름처럼 모여들고, 천리 먼 곳에 있는 사람까지도 맞이하여 대접하니, 인격이 높은 친구들이 자리에 가득하다. 솟아오르는 교룡(蛟龍) 같고 날아오르는 봉황 같은 문장을 쓰는 맹학사(孟學士)는 문장의 대가이고, 자줏빛 번개 같고 차가운 서릿발 같은 지조를 갖춘 이는 왕장군(王將軍)의 무기고처럼 다방면에 유능하다.

나의 부친께서 현령으로 계신 곳으로 가던 길에 유명한 이곳을 지나가게 되었으니, 어린 내가 무엇을 안다고 이 훌륭한 송별잔치에 직접 참석했겠는가!

때는 9월, 계절은 한가을이었다. 길바닥의 빗물은 다 말라 버리고, 찬 못물은 맑으며, 안개와 햇빛이 한데 엉기어, 해질녘 산은 자줏빛으로 물들어 있다. 네 마리 말들을 위엄있게 치장하고 수레를 달려, 높은 언덕으로 풍경을 찾아간다. 제자(帝子)가 누각을 세운 장주(長洲)가 내려다보이고, 그 좌우에 신선의 구관(舊館)이 있다. 중첩한 산들이 비취빛을 띠고 솟아 높이 하늘을 찌르고, 높은 누각의 단청 빛이 흐르는 강물에 붉게 비치며, 아래로 깊디깊은 강물에 임해 있다.

학이 노는 물가와 오리가 노는 모래톱이 섬을 빙 둘러있고, 계수(桂樹)로 지은 궁전과 목란(木蘭)으로 지은 대궐이 언덕과 산의 형세를 따라 줄지어 있다. 채색한 작은 문을 열고 조각한 용마루 얹은 누각 위에서 내려다보니 산과 들은 광활하여 시야에 가득 차고, 시내와 못을 바라보니 그 광대함이 보는 이의 눈을 놀라게 한다.

촌락이 지상에 빽빽하게 들어서 있는데, 종을 쳐서 식구들을 모아 솥을 늘어놓고 식사하는 대가(大家)들도 있다. 큰 배와 전함들이 나루에서 정박할 곳을 찾아 서성거리는데 청작(靑雀)과 황룡(黃龍)을 그린 뱃머리를 달고 있다.

무지개는 사라지고 비가 개어 햇빛이 허공에서 비치고 있다. 저녁놀은 짝 잃은 따오기와 나란히 떠있고, 가을 강물은 넓은 하늘과 같은 색이다. 고기잡이 배에서 저물녘에 노래 부르니 그 울림이 팽려(彭蠡)의 물가에까지 들리고, 기러기 떼는 추위에 놀라 소리가 형양(衡陽)의 포구까지 울린다. 먼 곳을 바라보며 읊조리고, 고개 숙이자 마음이 시원해지니 뛰어난 흥취가 재빨리 날아오른다. 상쾌하게 퉁소소리 일어나니 맑은 바람이 일고, 고운 노랫소리 엉기어 흰 구름에까지 다다른다.

휴원(睢園)의 푸른 대나무는 그 기상이 팽택현령(彭澤縣令)의 술잔을 능가하고, 업수(鄴水) 가의 붉은 연꽃처럼 빛이 임천내사(臨川內史)의 붓에 비친다.

오늘 이 자리에는 네 가지 아름다움을 모두 갖추었고, 두 가지 어려운 것도 함께 갖추었으니, 저 먼 하늘 눈길 닿는 곳까지 바라보며 이 한가한 날을 마음껏 즐긴다. 하늘은 높고 땅은 아득하니 이 우주가 무궁함을 깨닫고, 흥이 다하면 슬픔이 오니 성쇠에는 정해진 운명이 있다는 것을 알게 된다. 저 멀리 태양 아래 있는 장안(長安)을 바라보며, 구름들 사이로 오회(吳會)를 가리킨다.

지세가 다한 곳에 있는 남해(南海)는 깊고, 천주(天柱)는 높으며 북극성은 멀리 보인다. 관산(關山)은 넘기 어렵다는데 그 누가 길잃은 자를 슬퍼해 주겠는가? 부평초(浮萍草)와 물이 서로 만난 듯하나 모두가 우연히 만난 타향의 길손들이네.

제왕의 궁문은 그리워해도 보이지 않으니, 선실(宣室)에서 봉명(奉命)할 날이 언제일까. 아아! 시운(時運)이 고르지 못하고 운명은 어긋나는 일이 많구나. 풍당(馮唐)은 등용되기 전에 이미 늙어버렸고, 이광(李廣)은 공적이 있어도 봉해지기 어려웠으며, 가의(賈誼)는 장사(長沙)에서 실의한 채 지냈는데, 이것은 성왕이 없었기 때문이 아니네. 양곡(梁鵠)이 바닷가에 숨어산 것이 어찌 태평한 세상이 아니어서 그랬겠는가?

내가 믿는 바로는 군자는 가난을 편안하게 여기고 달인(達人)은 자신의 운명을 안다. 늙을수록 더욱 강해진다면 어찌 노인의 마음을 알겠는가! 가난할수록 더욱 굳건해진다면 청운의 뜻을 저버리지 않을 것이다. 탐천(貪泉)의 물을 마셔도 상쾌하기만 하고, 곤궁하게 살아도 오히려 기쁘기만 하다. 북해(北海)가 비록 멀리 떨어져 있어도 회오리바람을 타고 가면 이를 수 있다. 젊은 시절은 이미 지나가 버렸지만 노년기는 아직 이르지 않았다.

맹상(孟嘗)은 성품이 고결하였으나 부질없이 나라에 보답할 마음만 가졌고, 완적(阮籍)은 미친듯이 행동하여 길이 끝나는 곳에서는 통곡했다는데 어찌 이를 본받겠는가!

나 왕발(王勃)은 보잘것없는 목숨을 지닌 천한 일개 서생에 지나지 않아서, 밧줄을 청할 길 없으니 약관(弱冠)의 종군(終軍) 같은 사람을 기다려도 보고, 붓을 던질까 하는 생각도 하면서 종각(宗愨)의 장풍(長風)을 부러워하기도 한다. 백 살이 될 때까지 평생 벼슬하려던 생각을 버리고, 천만리 먼 곳에 계신 부친께로 가서 아침저녁 봉양해 드려야겠다. 나는 사(謝)씨 집안에서 바라던 보배로운 나무는 아니지만, 맹자(孟子)처럼 좋은 이웃을 만나야겠다. 훗날 정원을 종종걸음으로 지나가면서 이(鯉)가 공자(孔子)에게 배운 것처럼 나도 부친의 가르침을 외람되이 받고자 한다.

오늘 소매를 받쳐들고, 용문(龍門)에 기탁하니 그지없이 기쁘다. 양의(楊意) 같은 사람을 만나지 못해서 능운부(凌雲賦)를 읊으면서 홀로 애석해하지만, 종자기(鍾子期) 같은 사람은 이미 만났으니 흐르는 강물을 연주한다고 해도 무엇이 부끄럽겠는가!

아아! 명승지는 흔하지 않고, 성대한 잔칫자리에는 다시 참석하기 어렵다. 난정(蘭亭)은 버려진 채로 있고 재택(梓澤)은 폐허가 되었다.

이별에 임하여 이 글을 지어 올리게 된 것은 요행히 이 성대한 송별잔치에 참석하는 은혜를 받았기 때문이다. 등고(登高)하였으면 부(賦)를 지으라고 여러 공들에게 부탁하니, 내가 감히 보잘것없는 정성을 다하여 삼가 짧은 서문을 짓고, 한마디 부를 지어서 사운(四韻)으로 서문과 함께 완성하였다.

시(詩)

등왕(滕王)의 높은 누각 강 가에 임해 있는데,

패옥(佩玉)과 명란(鳴鸞) 울리던 가무도 다 끝났구나!

아름다운 누각 용마루 위에 아침에는 남포(南浦)의 구름 날고,

구슬 발 저녁때 걷어올리면 서산에 비 내리네.

한가로운 구름 연못에 잠기고 해는 유유히 지나가는데,

만물이 바뀌고 별자리 옮겨 가니 몇해가 지났는가?

누각 안에 있던 제자(帝子)는 지금 어디에 있는가?

난간 밖의 긴 강물은 무심히 홀로 흘러가네.

[원문] ①南昌故郡이오 洪都新府라. ②星分翼軫하고 地接③衡廬하니
　　　　남창고군　　홍도신부　　성분익진　　　지접 형려

④襟三江而⑤帶五湖하고 ⑥控蠻荊而⑦引甌越이라.
금삼강이 대오호　　공만형이 인구월

⑧物華天寶니 ⑨龍光射牛斗之墟하고 ⑩人傑地靈이니 ⑪徐孺下
물화천보　　용광사우두지허　　　인걸지령　　서유하

陳蕃之榻이라. ⑫雄州霧列하고 ⑬俊彩星馳하니 ⑭臺隍枕夷夏之交
진번지탑　　웅주무열　　　준채성치　　　대황침이하지교

하고 賓主盡東南之美라.
　　빈주진동남지미

⑮都督閻公之雅望은 ⑯棨戟遙臨하고 ⑰宇文新州之懿範은 ⑱襜
　　도독염공지아망　　계극요림　　　우문신주지의범　　 첨

帷暫駐라. ⑲十旬休暇하니 ⑳勝友如雲이오 千里㉑逢迎하니 高朋滿
유잠주　　십순휴가　　　승우여운　　천리 봉영　　　고붕만

座라. ㉒騰蛟起鳳은 ㉓孟學士之詞宗이오 ㉔紫電淸霜은 ㉕王將軍
좌　　등교기봉　　　맹학사지사종　　　자전청상　　왕장군

之武庫라.
지무고

㉖家君作宰하니 路出㉗名區라. 童子何知오? 躬逢㉘勝餞이라.
　가군작재　　노출 명구라. 동자하지　궁봉 승전

時維九月이오 ㉙序屬三秋라. ㉚潦水盡而寒潭淸하고 ㉛煙光凝而
시유구월　　서속삼추라. 노수진이한담청　　　연광응이

暮山紫라. ㉜儼驂騑於上路하여 訪風景於㉝崇阿라. 臨㉞帝子之長
모산자　　엄참비어상로　　　방풍경어 숭아라. 임 제자지장

洲하여 得^㉟仙人之舊館이라. ^㊱層巒聳翠하니 上出^㊲重霄하고 ^㊳飛
주   득 선인지구관   층만용취   상출 중소   비

閣流丹하니 下臨^㊳無地라.
각 유단   하림 무지

^㊵鶴汀鳧渚는 ^㊶窮島嶼之縈廻하고 桂殿蘭宮은 列^㊷崗巒之體勢
학정부저   궁도서지영회   계전난궁   열 강만지체세

라. 披^㊸繡闥하고 俯^㊹雕甍하니 山原曠其盈視하고 川澤^㊺盱其駭
피 수달   부 조맹   산원광기영시   천택 우기해

矚이라.
촉

^㊻閭閻撲地하니 ^㊼鍾鳴鼎食之家오 ^㊽舸艦迷津하니 ^㊾青雀黃龍
여염박지   종명정식지가   가함미진   청작황룡

之舳이라.
지 축

虹銷雨霽하니 ^㊿彩徹雲衢라. ⁵¹落霞與孤鶩齊飛하고 秋水共⁵²長
홍소우제   채철운구   낙하여고목제비   추수공   장

天一色이라. 漁舟唱晚하니 響窮⁵³彭蠡之濱하고 雁陣驚寒하니
천 일색   어주창만   향궁 팽려지빈   안진경한

⁵⁴聲斷衡陽之浦라. ⁵⁵遙吟俯暢하니 ⁵⁶逸興遄飛라 ⁵⁷爽籟發而清風
성단형양지포   요음부창   일흥천비   상뢰발이청풍

生하고 ⁵⁸纖歌凝而白雲過이라.
생   섬가응이백운알

⁵⁹睢園綠竹은 氣凌⁶⁰彭澤之樽이오 ⁶¹鄴水朱華는 光照⁶²臨川之
휴원녹죽   기릉 팽택지준   업수주화   광조 림천지

筆이라.
필

⁶³四美具하고 ⁶⁴二難幷하니 窮⁶⁵睇眄於中天하고 極娛遊於暇
사 미구   이난병   궁 제면어중천   극오유어 가

日이라. 天高地迥하니 覺宇宙之無窮이오 興盡悲來하니 識⁶⁶盈虛
일   천고지형   각우주지무궁   흥진비래   식 영허

之有數라. ⁶⁷望長安於日下하고 指⁶⁸吳會於雲間이라.
지유수   망장안어일하   지 오회어운간

地勢極而⁶⁹南溟深하고 ⁷⁰天柱高而北辰遠이라. ⁷¹關山難越하니
지세극이 남명심   천주고이북신원   관산난월

誰悲失路之人고? ⑫萍水相逢하니 盡是他鄕之客이라.
수 비 실 로 지 인　　평 수 상 봉　　진 시 타 향 지 객

　懷⑬帝閽而不見하니 奉⑭宣室以何年가? 嗚呼라! 時運不齊하고
　회 제 혼 이 불 견　　봉 선 실 이 하 년　　오 호　　시 운 부 제

⑮命途多舛하여 ⑯馮唐易老하고 ⑰李廣難封이라. ⑱屈賈誼於長沙
명 도 다 천　　풍 당 역 로　　이 광 난 봉　　굴 가 의 어 장 사

는 非無聖主요 ⑲竄梁鴻於海曲은 豈乏⑳明時아?
비 무 성 주　　찬 양 홍 어 해 곡　　기 핍　명 시

　所賴君子安貧하고 達人知命이라. ㉑老當益壯하니 ㉒寧知白首之
　소 뢰 군 자 안 빈　　달 인 지 명　　노 당 익 장　　영 지 백 수 지

心고? 窮且益堅하니 不墜靑雲之志라. ㉓酌貪泉而覺爽하고 ㉔處涸
심　　궁 차 익 견　　불 추 청 운 지 지　　작 탐 천 이 각 상　　처 학

轍以猶懽이라. 北海雖㉕賖나 ㉖扶搖可接이오 ㉗東隅已逝나 ㉘桑楡
철 이 유 환　　북 해 수 사　　부 요 가 접　　동 우 이 서　　상 유

非晚이라.
비 만

　㉙孟嘗高潔은　空懷報國之心이오　㉚阮籍猖狂은　豈効㉛窮途之
　맹 상 고 결　　공 회 보 국 지 심　　완 적 창 광　　기 효 궁 도 지

哭가?
곡

　勃은 ㉜三尺微命이오 一介書生이라. 無路㉝請纓하니 等終軍之
　발　　삼 척 미 명　　일 개 서 생　　무 로 청 영　　등 종 군 지

㉞弱冠이오 有懷㉟投筆하니 慕㊱宗慤之長風이라. 舍㊲簪笏於百齡
약 관　　유 회 투 필　　모 종 각 지 장 풍　　사 잠 홀 어 백 령

하고 ㊳奉晨昏於萬里라. 非㊴謝家之寶樹나 接㊵孟氏之芳隣이라.
봉 신 혼 어 만 리　　비 사 가 지 보 수　　접 맹 씨 지 방 린

他日㊶趨庭하야 叨陪鯉對라.
타 일 추 정　　도 배 리 대

　今晨㊷捧袂하니 喜託㊸龍門이라. ㊹楊意不逢하니 撫凌雲而自
　금 신 봉 메　　희 탁 용 문　　양 의 불 봉　　무 능 운 이 자

惜이오㊺鍾期旣遇하니 ㊻奏流水以何慙고?
석　　종 기 기 우　　주 류 수 이 하 참

　嗚呼라! 勝地不常이오 盛筵難再니 ㊼蘭亭已矣오 ㊽梓澤丘墟라.
　오 호　　승 지 불 상　　성 연 난 재　　난 정 이 의　　재 택 구 허

臨別贈言하니 幸承恩於偉餞이오 ⑩登高作賦하니 是所望於羣
임 별 증 언　　　행 승 은 어 위 전　　　　등 고 작 부　　　시 소 망 어 군

公이라. 敢竭鄙誠하여 ⑪恭疏短引이라. 一言均賦하니 ⑫四韻俱成
공　　　감 갈 비 성　　　공 소 단 인　　　일 언 균 부　　　사 운 구 성

이라.

滕王高閣臨江渚하니 ⑬佩玉鳴鑾罷歌舞라.
등 왕 고 각 림 강 저　　　패 옥 명 란 파 가 무

⑭畫棟朝飛南浦雲이오, 珠簾暮捲西山雨라.
화 동 조 비 남 포 운　　　주 렴 모 권 서 산 우

閑雲潭影日悠悠하니 物換⑮星移度幾秋아?
한 운 담 영 일 유 유　　　물 환　성 이 도 기 추

閣中帝子今何在오? 檻外長江空自流라.
각 중 제 자 금 하 재　　　함 외 장 강 공 자 류

주해　① 南昌(남창)－강서성(江西省)의 수도. 파양호(鄱陽湖) 남쪽에 있음.

② 星分翼軫(성분익진)－별자리로는 익성(翼星)과 진성(軫星)에 해당되는 구
역임. 옛날에 중국에서는 각 별들이 자신에게 배당된 땅을 관장한다는 믿
음에 의해 28수(宿)의 별자리에 따라 전 국토를 구분했음. 익성과 진성은
남부 지방을 관장하는 별임.

③ 衡廬(형려)－형산(衡山)과 여산(廬山). 형산은 오악(五嶽)의 하나로 호남
성(湖南省) 형산현(衡山縣)에 있음. 여산은 강서성(江西省) 구강부(九江
府)에 있는 명산.

④ 襟三江(금삼강)－세 강이 옷깃처럼 가장자리를 두르고 있음. 삼강(三江)
은 형강(荊江)·송강(松江)·절강(浙江)을 가리킴.

⑤ 帶五湖(대오호)－다섯 호수가 띠처럼 허리 부분을 빙 두르고 있음. 오호
(五湖)는 태호(太湖)·파양호(鄱陽湖)·청초호(靑草湖)·단양호(丹陽湖)·
동정호(洞庭湖)를 가리킴.

⑥ 控蠻荊(공만형)－만형(蠻荊)을 억누름. 곧 만형에 연해 있다는 뜻. 만형은
야만족인 초(楚) 민족이 사는 땅을 가리킴.

⑦ 引甌越(인구월)－구월(甌越)을 끌어들임. 곧 구월에 인접해 있다는 뜻. 구

월은 지명. 광동성(廣東省) 경산현(瓊山縣)에 있음.·

⑧ 物華(물화)-만물의 정화(菁華).

⑨ 龍光射牛斗之墟(용광사우두지허)-용천검(龍泉劍)의 빛이 북두성과 견우
성(牽牛星) 사이를 쏨. 용광(龍光)은 용천(龍泉)이라는 명검의 광채를 말
함. 허(墟)는 사이[間]의 뜻. 《진서(晉書)》장화전(張華傳)에 나오는 전
설. 오(吳)나라 때 북두성과 견우성 사이에 항상 보랏빛 기운이 감돌고
있었다. 이에 장화가 예장(豫章)의 유명한 점성가인 뇌환(雷煥)이라는 자
에게 물어보았더니 그는 보검(寶劍)의 빛이 하늘을 꿰뚫는 것이라고 대답
하였다. 다시 보검의 장소를 물으니 뇌환은 예장(豫章)의 풍성(豊城)에
있을 것이라고 말하였다. 이에 풍성령(豊城令)을 시켜 찾게 하니 과연 땅
속에서 용천(龍泉)과 태아(太阿)라는 보검이 들은 두 상자가 나왔다. 풍
성령은 한 자루는 장화에게 바치고 한 자루는 자기가 차고 다녔다. 후에
두 사람이 죽자 두 보검은 용이 되어 하늘로 올라갔다 한다.

⑩ 人傑地靈(인걸지령)-홍주(洪州)에서 걸출한 인물이 나오는 것은 이 땅이
영기(靈氣)를 발하기 때문이다.

⑪ 徐孺下陳蕃之榻(서유하진번지탑)-서유(徐孺)는 후한(後漢)의 서치(徐穉)
로, 그가 진번(陳蕃)에게 걸상을 내려주게 했다는 뜻. 홍주의 태수인 진번
은 여간해서는 손님들을 접대하지 않는데 오직 서유에게만은 예외여서,
그의 덕을 흠모하여 특별히 걸상을 만들어서 걸어놓았다가 그가 오면 내
려놓고 앉게 하였다 한다.

⑫ 雄州霧列(웅주무열)-경치 좋은 고을들이 안개처럼 자욱히 깔려있다. 웅
주(雄州)는 경치 좋은 고을, 혹은 지세가 좋은 땅. 무열(霧列)은 안개가
깔리듯이 대단히 많은 모양.

⑬ 俊彩星馳(준채성치)-뛰어나게 빛을 발하는 인물들이 별처럼 활약함. 준
채(俊彩)는 뛰어나게 빛을 발하는 인물. 성치(星馳)는 별똥이 떨어지듯
아주 빨리 달림. 곧 크게 활약함을 말함.

⑭ 臺隍(대황)-누대와 해자. 해자는 방어용으로 성 둘레에 판 못을 말함.
ㅇ枕(침)-임(臨)하다, 내려다보다. ㅇ夷夏之交(이하지교)-이적(夷狄)과
중국의 사이. 이(夷)는 이적(夷狄), 곧 오랑캐. 외국 민족을 말함. 하(夏)

는 중하(中夏), 곧 중국을 말함.

⑮ 都督(도독)-일군(一軍)의 총 대장. 군사권을 갖고 있는 장관. ㅇ雅望(아망)-바르고 고상한 인망.

⑯ 棨戟(계극)-적흑색 비단으로 싼 나무창. 관리가 행차할 때 맨 앞에 선 병사가 들고 감.

⑰ 宇文(우문)-호남(湖南)의 예주태수(澧州大守)로 부임해가는 우문균(宇文鈞)을 말함. ㅇ新州(신주)-새로 부임한 주(州)의 태수를 말함. ㅇ懿範(의범)-위의가 훌륭하여 본받을 만함.

⑱ 襜帷(첨유)-수레에 치는 휘장. 곧 수레를 말함.

⑲ 十旬休暇(십순휴가)-순(旬)은 10일. 따라서 10순은 백 일. 당제(唐制)에 의하면 관리는 1순(旬)에 2일씩 휴가를 받는데, 10순의 휴가는 백 일만에 오는 휴가로 20일이 된다.

⑳ 勝友如雲(승우여운)-훌륭한 벗들이 구름처럼 모이다. 승우(勝友)는 훌륭한 벗, 좋은 벗. 여운(如雲)은 구름처럼 모여들다, 운집하다.

㉑ 逢迎(봉영)-사람을 맞이하여 접대하다.

㉒ 騰蛟起鳳(등교기봉)-하늘로 솟아오르는 교룡과 깃을 펴고 날아오르는 봉황. 문장이 화려하고 재기가 넘침을 비유한 말.

㉓ 孟學士(맹학사)-맹호연(孟浩然), 혹은 맹가(孟嘉)라고 하나 확실하지 않음. ㅇ詞宗(사종)-문장의 대가.

㉔ 紫電淸霜(자전청상)-자줏빛 번개 같고 차가운 서릿발 같다. 자전(紫電)은 자줏빛을 띤 번개같이 칼날이 시퍼렇게 선 모양. 청상(淸霜)은 맑고도 차가운 서릿발같이 칼날이 번뜩이는 모양. 여기에서는 절개와 지조가 곧음을 비유한 말.

㉕ 王將軍(왕장군)-주담(主澹), 혹은 왕승변(王僧辯)이라고 하나 확실하지 않음. ㅇ武庫(무고)-무기고. 무기고에 여러 가지 무기들이 갖추어져 있듯이 다방면에 유능한 사람을 비유함. 진(晉)의 두예(杜預)는 대학자이면서 무인이었는데 무제(武帝)의 밑에서 7년 동안 일하면서 정사를 잘 다스렸으므로 그를 칭찬하여 두무고(杜武庫)라 하였다.

㉖ 家君(가군)-자기의 아버지. 왕발의 아버지인 왕복치(王福畤)를 말함.

ㅇ宰(재)-현령. 당시 왕복치는 교지(交趾) 현령을 지내고 있었다.

㉗ 名區(명구)-유명한 구역. 곧 홍주(洪州)를 말함.

㉘ 勝餞(승전)-훌륭한 송별잔치.

㉙ 序(서)-사시(四時), 춘하추동의 순서. ㅇ三秋(삼추)-가을은 7, 8, 9월 3 개월이니, 이를 삼추(三秋)라고 한다.

㉚ 潦水(노수)-비가 온 뒤에 길바닥에 고여 있는 물. ㅇ寒潭(한담)-물이 찬 못.

㉛ 煙光(연광)-안개와 햇빛.

㉜ 儼驂騑(엄참비)-수레를 끄는 말의 치장을 위엄있게 차리다. 엄(儼)은 위 엄있게 차린 모양. 참비(驂騑)는 수레를 모는 네 필의 말.

㉝ 崇阿(숭아)-높은 언덕.

㉞ 帝子(제자)-황제의 아들. 등왕(滕王)인 이원영(李元嬰)을 가리킴. ㅇ長 洲(장주)-긴 모래톱. 여기에서는 등왕이 등왕각을 세운 곳을 말함.

㉟ 仙人之舊館(선인지구관)-신선들이 있는 오래된 별관. 등왕각의 좌우에 오래된 별관이 있는데, 등왕각에 오르려는 사람들은 먼저 여기에 와서 쉰 다. 여기에서 쉬고 있는 사람들을 신선처럼 보고 이와 같이 표현함.

㊱ 層巒(층만)-중첩한 산봉우리. ㅇ聳翠(용취)-비취빛을 띠고 높이 솟아 있음.

㊲ 重霄(중소)-높은 하늘.

㊳ 飛閣(비각)-높이 치솟아 나는 듯한 누각. ㅇ流丹(유단)-붉게 칠한 누각 의 단청빛이 강물에 비쳐 마치 붉은 물이 흐르는 듯한 것.

㊴ 無地(무지)-물이 깊어서 바닥이 보이지 않는 모양.

㊵ 鶴汀鳧渚(학정부저)-학이 노는 물가와 물오리가 노니는 모래톱.

㊶ 窮島嶼之縈廻(궁도서지영회)-섬을 빈틈없이 빙 둘러쌈. 학과 물오리가 노는 모래톱이 섬가에 빙 둘러 있는 모양.

㊷ 崗巒之體勢(강만지체세)-언덕과 산의 형세.

㊸ 綉闥(수달)-화려하게 채색한 작은 문. 수(綉)는 오채(五彩)를 배합하여 화려하게 장식하는 것. 달(闥)은 궁중의 작은 문.

㊹ 雕甍(조맹)-조각한 용마루.

㊺ 盱(우)－눈을 크게 뜨고 멀리 바라봄. ㅇ駭矚(해촉)－놀라서 바라봄. 보는 사람의 눈을 놀라게 함.

㊻ 閭閻(여염)－본래는 마을의 입구에 세운 문을 가리키는데, 일반적으로 촌락의 뜻으로 쓰임. ㅇ撲地(박지)－지상에 하나 가득이라는 뜻. 박(撲)은 진(盡 : 모두)의 뜻.

㊼ 鍾鳴鼎食之家(종명정식지가)－종을 쳐서 식구들을 모으고 솥을 늘어놓고 식사하는 집안. 곧 가족이 많고 부유한 대가(大家)를 말함.

㊽ 舸艦(가함)－큰 배와 전함. ㅇ迷津(미진)－이미 배들이 꽉 들어찬 나루에서 많은 배들이 정박할 곳을 찾아 서성거리는 모양.

㊾ 青雀黃龍之舳(청작황룡지축)－푸른 익(鷁)새와 누런 용을 그린 이물. 축(舳)은 이물. 뱃머리.

㊿ 彩徹雲衢(채철운구)－광채가 허공에서 비치다. 철(徹)은 명(明)의 뜻. 운구(雲衢)는 구름이 다니는 길. 곧 허공을 말함.

(51) 落霞(낙하)－낙조, 저녁놀.

(52) 長天(장천)－높고 넓은 하늘.

(53) 彭蠡(팽려)－홍주(洪州)의 동북쪽에 있는 파양호(鄱陽湖)를 가리킴.

(54) 聲斷衡陽之浦(성단형양지포)－소리가 형양(衡陽)의 포구에까지 울리다. 형양은 호남성(湖南省)에 있는 현 이름.

(55) 遙吟俯暢(요음부창)－먼 곳을 바라보며 읊조리고 고개 숙이니 마음이 시원해짐.

(56) 逸興遄飛(일흥천비)－뛰어난 흥취가 빨리 날아오르다. 일흥(逸興)은 세속을 벗어난 뛰어난 흥취.

(57) 爽籟(상뢰)－상쾌한 퉁소 소리.

(58) 纖歌凝(섬가응)－고운 노랫소리가 엉기다. 섬가(纖歌)는 미인들이 부르는 가냘프고 고운 노랫소리. 응(凝)은 음조가 어우러지는 것. ㅇ遏(알)－정지하다. 머무르다.

(59) 睢園綠竹(휴원녹죽)－휴원(睢園)에 자라는 푸른 대나무. 휴원은 초나라에 있는 정원 이름. 양(梁) 효왕(孝王)이 만들었는데 이곳에 대나무를 많이 심었다고 한다. 여기에서는 등왕각을 비유함.

㉖ 彭澤之樽(팽택지준)-팽택현령(彭澤縣令)의 술잔. 술과 시를 좋아한 진 (晉)나라 도연명(陶淵明)의 술잔. 그는 팽택의 현령을 지낸 일이 있다.

㉑ 鄴水朱華(업수주화)-업수(鄴水) 가의 붉은 꽃. 업(鄴)은 위(魏)나라의 수도(首都). 조조(曹操)의 아들인 조식(曹植)이 업의 궁전에서 잔치를 베 풀면서 연못에 핀 붉은 연꽃을 노래하였다. 여기에서는 등왕각의 연꽃을 말함.

㉒ 臨川之筆(임천지필)-임천내사(臨川內史)의 붓. 진(晉)나라의 명필 왕희 지(王羲之)가 임천내사로 재직했으므로 임천은 그를 가리킴.

㉓ 四美(사미)-사영운(謝靈運)의 〈의위태자업중집시서(擬魏太子鄴中集詩 序)〉에, '천하에 좋은 날[良辰], 아름다운 경치[美景], 이를 감상하는 마 음[賞心], 즐거운 일[樂事] 이 네 가지를 모두 가지기는 어렵다'라는 구 절이 있다.

㉔ 二難幷(이난병)-두 가지 갖추기 어려운 것을 갖춤. 이난(二難)은 현주 (賢主)와 가빈(嘉賓)을 말함. 현명한 주인도 흔치 않고 훌륭한 손님도 흔 치 않은데, 이 두 가지 어려운 것을 갖추었다는 뜻.

㉕ 睇眄(제면)-눈을 가늘게 뜨고 곁눈질함.

㉖ 盈虛之有數(영허지유수)-성쇠에는 정해진 운명이 있다. 영(盈)은 차는 것. 곧 번성함. 허(虛)는 비는 것. 곧 쇠잔함. 수(數)는 운수. 운명.

㉗ 望長安於日下(망장안어일하)-태양 아래 보이는 장안(長安)을 바라보다. 왕발은 왕족들의 우열을 닭싸움에 비유한 〈투계격문(鬪鷄檄文)〉을 지었 다가 고종(高宗)의 노여움을 사서 교지(交趾)로 쫓겨가는 도중에 저 멀리 태양 아래 까마득하게 보이는 장안을 바라보며 그리워하는 것이다.

㉘ 吳會(오회)-오군(吳郡)과 회계군(會稽郡)을 말함. 혹은 오(吳)나라의 도 회지라고도 함.

㉙ 南溟(남명)-남해(南海).

㉚ 天柱(천주)-하늘을 괴고 있다는 기둥.《신이경(神異經)》에 '곤륜산(崑崙 山)에 청동기둥이 있는데, 그것이 하늘을 떠받치고 있어 천주라고 한다'라 는 구절이 나옴. ㅇ北辰(북신)-북극성(北極星).

㉛ 關山(관산)-관문(關門)과 산.

⑫ 萍水相逢(평수상봉)-부평초(浮萍草)와 물이 서로 만나듯 우연히 타향에
서 만나 알게 됨.

⑬ 帝閽(제혼)-제왕의 궁성(宮城)의 문.

⑭ 宣室(선실)-한(漢)나라 미앙궁(未央宮)의 정전(正殿). 한(漢)나라의 가
의(賈誼)가 참소를 입어 장사왕(長沙王)의 태부(太傅)로 좌천되었다. 후
에 문제(文帝)가 그의 재주를 아깝게 여겨 다시 불러 선실에서 귀신에 관
한 일을 물어보았다는 고사가 있음.

⑮ 命途(명도)-운명. ○多舛(다천)-어그러지는 일이 많다.

⑯ 馮唐(풍당)-풍당은 한(漢)나라 문제(文帝) 때 낭중서장(郞中署長)을 지
내다가 후에 거기도위(車騎都尉)가 되었다. 무제(武帝)가 즉위하여 현자
(賢者)를 구할 때, 그가 천거되었으나 나이가 이미 90여세이어서 관직을
맡을 수 없었다.

⑰ 李廣(이광)-한(漢)나라의 장군. 문제(文帝) 때 흉노를 70여 차례나 토벌
하여 큰 공을 세웠으나 제후로 봉해지지 않고, 도리어 공이 작은 자들이
봉해졌다.

⑱ 屈(굴)-본래는 몸을 굽힌다는 뜻으로, 뜻을 얻지 못해 실의한 모양, 좌절
한 모양을 말함. ○賈誼(가의)-앞에 나온 〈조굴원부(弔屈原賦)〉의 작가.

⑲ 竄梁鴻於海曲(찬양홍어해곡)-양곡(梁鵠)이 바닷가에 숨어살다. 홍(鴻)은
곡(鵠)자의 잘못임. 양곡은 위(魏)나라 무제(武帝) 때의 사람으로 팔분(八
分) 서체를 잘 썼다. 무제의 총애를 받았으나 후에 간신들의 참소를 받아
북해(北海) 가로 쫓겨났다.

⑳ 明時(명시)-태평한 세상. 잘 다스려지는 때.

㉑ 老當益壯(노당익장)-늙을수록 더욱 뜻이 강해지다. 후한(後漢) 때의 정
치가이자 장군인 마원(馬援)은 젊은 시절부터 큰 뜻을 품고 있었다. 어느
날 잔치를 열고 손님들에게 다음과 같은 말을 하였다. "대장부가 뜻을 품
으면 곤궁할수록 더욱 뜻을 견고하게 가지고, 늙을수록 더욱 뜻을 굳게
가져야 한다."

㉒ 寧知白首之心(영지백수지심)-어찌 노인의 마음을 알겠는가. 곧 늙을수록
더욱 뜻을 굳게 가져서 벼슬길에 나가려는 노인의 마음을 그 누가 알아주

겠는가.

⑧ 貪泉(탐천)-일명 석문수(石門水)라고도 하는데 이 물을 마시면 결백하던 성품도 변하여 천금의 물욕이 생긴다고 함.

⑧ 處涸轍(처학철)-수레바퀴 자국에 괸 물에 사는 붕어처럼 아주 곤궁하게 사는 것을 비유함.

⑧ 賒(사)-멀 원(遠)의 뜻.

⑧ 扶搖(부요)-회오리바람. 폭풍.

⑧ 東隅(동우)-동쪽의 해 뜨는 곳. 여기에서는 인생의 아침인 젊은 시절을 비유함.

⑧ 桑楡(상유)-지는 해의 그림자가 뽕나무와 느릅나무 끝에 남아 있다는 뜻으로 해가 지는 곳을 말함. 여기에서는 인생의 황혼기인 노년기를 말함.

⑧ 孟嘗(맹상)-후한(後漢) 때 사람으로 그가 합포태수(合浦太守)로 있을 때 선정을 베풀어 백성들을 잘살게 해주었다. 후에 그가 병으로 상경하려 하자 그곳 백성들이 수레를 잡고 만류하여 결국 그곳에 은거하게 되었다. 후에 상서(尚書) 양교(楊喬)가 일곱 번이나 그를 천거하였으나 다시 등용되지 않았다.

⑨ 阮籍(완적)-진(晉)나라의 시인으로 죽림칠현(竹林七賢) 가운데 한 사람이다. 구속받는 것을 싫어하고 술을 좋아했다. ㅇ猖狂(창광)-미쳐 날뜀.

⑨ 窮途之哭(궁도지곡)-길이 끝나는 곳에서 통곡하다. 완적은 가끔 간편한 차림으로 혼자 산을 오르곤 했는데 길이 끝나는 곳에 이르면 늘상 통곡을 하고는 돌아왔다.

⑨ 三尺微命(삼척미명)-작고 천한 몸. 3척은 작다는 뜻. 미명(微命)은 보잘것없고 천한 목숨이라는 뜻.

⑨ 請纓(청영)-밧줄을 청하다. 한(漢)나라 때 종군(終軍)은 18세에 박사제자(博士弟子)로 선발되고 후에 간대부(諫大夫)로 발탁되었는데, 20세 때 무제(武帝)가 남월(南越)을 굴복시키고자 하여 그를 사신으로 보내려고 하였다. 그는 왕이 자기에게 긴 밧줄을 하사해 주면 남월왕을 묶어 오겠다고 자청했다.

⑨ 弱冠(약관)-남자 나이 20세가 되면 처음으로 갓을 쓰는 예식을 치른다.

따라서 남자 나이 20세를 약관이라고 한다.

⑨⑤ 投筆(투필)－붓을 던지다. 곧 문(文)을 버리고 무(武)를 택함. 후한(後漢)의 반초(班超)는 집안이 가난하여 글 쓰는 일을 직업으로 하고 있었다. 어느 날 그는 붓을 던지면서 탄식을 하고는 "외국에 나가 공을 세워서 제후(諸侯)가 되어야겠다. 붓과 벼루 사이에서 오래 일한다고 해도 무슨 소용이 있겠는가！"라고 말했다. 그는 마침내 서역(西域) 정벌에 나가 50여 개국을 정벌하여 정원후(定遠侯)에 봉해졌다.

⑨⑥ 宗慤之長風(종각지장풍)－남북조시대 송(宋)나라 사람인 종각(宗慤)이 어릴 때 숙부가 그의 포부를 묻자 그는 장풍(長風)을 타고 만리의 물결을 헤치며 진무장군(振武將軍)이 되어 임읍국(林邑國)을 정벌하고, 보배가 산처럼 쌓여도 터럭 하나 건드리지 않는 것이라고 말하였다. 후에 그는 과연 자신의 포부대로 실행하여 조양후(洮陽侯)에 봉해졌다. 장풍은 먼 곳에서 불어오는 센바람을 말함.

⑨⑦ 簪笏(잠홀)－잠(簪)은 관(冠)에 꽂는 비녀. 홀(笏)은 왕명을 받았을 때, 이를 기록하기 위해 띠에 끼고 다니는 판(板). 잠홀은 예복을 입은 관리를 말함.

⑨⑧ 奉晨昏(봉신혼)－아침저녁 봉양하다. 《예기(禮記)》 곡례편(曲禮篇)에, "무릇 자식된 자로서의 예의는 겨울에는 따뜻하게 해드리고, 여름에는 시원하게 해드리며, 저녁에는 잠자리를 보살펴 드리고, 아침에는 안부를 묻는 것이다."라는 구절이 있다.

⑨⑨ 謝家之寶樹(사가지보수)－사(謝)씨 집안의 보배로운 나무. 진(晉)나라 사람 사현(謝玄)은 숙부인 사안(謝安)의 총애를 받고 있었다. 하루는 사안이 그에게 무엇을 바라느냐고 묻자, 그는 "영지(靈芝)나 난초(蘭草) 같은 보배로운 나무들을 정원의 계단 아래 심고 싶다고 비유할 수 있습니다."라고 대답했다. 여기에서 영지나 난초는 선인재자(善人才子)를 비유한다.

⑩⑩ 孟氏(맹씨)－맹모삼천지교(孟母三遷之敎)를 말함. 맹자(孟子)의 어머니는 자식의 교육에 적당한 곳을 찾아 세 번이나 이사를 다녔다.

⑩① 趨(추)－종종걸음으로 지나가다. 어른 앞을 지나갈 때는 경의를 표시하기 위해 종종걸음으로 지나간다. ㅇ叨陪(도배)－외람되이 받들다, 외람되이

모시다. ㅇ鯉對(이대)－이(鯉)가 아버지 공자(孔子)의 물음에 대답하다.
《논어(論語)》계씨편(季氏篇)에 나오는 이야기. 공자의 아들 이가 정원
을 지나가자, 공자가 그를 불러 《시경》을 공부하라는 가르침을 주었다.
이에 이는 물러나와 《시경》을 배웠다. 훗날 또 이가 정원을 지나가는데
공자가 그를 불러 예를 배우라는 가르침을 주었다. 이에 이는 물러나와
예를 배웠다 한다.

⑩ 捧袂(봉메)－소매를 눈높이까지 받쳐들고 절을 하는 것으로 위의를 차리
는 것을 말함.

⑩ 龍門(용문)－황하 상류에 있는 산 이름. 이곳에는 여울목이 하나 흐르는
데 잉어가 이곳을 거슬러 올라가면 용이 되어 승천한다고 함. 또, 후한(後
漢)의 이응(李膺)은 성품이 고결한 사람으로 남과 잘 만나지 않았다. 환
제(桓帝) 때 사례교위(司隸校尉)로 재직하면서 조정의 문란한 기강 속에
서도 홀로 고결하게 지내서 명성이 높았다. 선비들은 그를 가까이하는 것
을 용문에 오르는 것처럼 힘들다고 말했다. 여기에서는 염공(閻公)을 비
유한 것이다.

⑩ 楊意(양의)－한(漢)나라 무제(武帝) 때 구감(狗監)을 지낸 양득의(楊得
意)를 말함. 어느 날 무제가 〈자허부(子虛賦)〉를 읽으면서 이 글의 작가
와 같은 시대에 살지 않는 것을 한탄하자 득의가 자신의 고향 사람인 사
마상여(司馬相如)가 이 글의 작가라고 하자, 무제는 그를 즉시 불러오게
했다.

⑩ 凌雲(능운)－사마상여가 지은 〈대인부(大人賦)〉를 말함.

⑩ 鍾期(종기)－춘추시대 초나라 사람 종자기(鍾子期)를 말함. 같은 초나라
사람인 백아(伯牙)가 타는 거문고 소리를 들으면 반드시 그가 품고 있는
심정을 알아차렸다고 함. 종자기가 죽자 백아는 자기의 거문고를 알아주
는 사람이 없다고 탄식하고 다시는 거문고를 타지 않았다고 함. 여기에서
는 염공(閻公)을 비유함.

⑩ 奏流水(주류수)－흐르는 강물을 연주하다. 백아(伯牙)가 흐르는 강물을
생각하면서 거문고를 타자 종자기(鍾子期)가, "양양(洋洋)한 강하(江河)
같구나."라고 말했다고 함.

⑱ 蘭亭(난정)－절강성(浙江省) 소흥(紹興) 서남쪽에 있는 정자 이름. 동진(東晉)의 명필인 왕희지(王羲之)가 현자(賢者)들을 불러모아 잔치를 베풀던 곳.

⑲ 梓澤(재택)－금곡원(金谷園)의 별명. 금곡원은 진(晉)나라 석숭(石崇)이 만든 별장으로 그는 이곳에서 매일 명사들을 모아 큰 잔치를 벌였다. ㅇ丘墟(구허)－폐허. 빈 터.

⑩ 登高(등고)－높은 곳에 올라감. 반고(班固)는《한서(漢書)》예문지에서 '등고하면 부(賦)를 지을 줄 알아야만 대부라 할 수 있다'고 하였다.

⑪ 恭疏短引(공소단인)－삼가 짧은 서문을 짓다. 인(引)은 서문.

⑫ 四韻(사운)－네 구(句)에 압운(押韻)한 여덟 구의 시를 말함.

⑬ 佩玉(패옥)－사대부가 허리에 차는 옥. 걸을 때마다 서로 부딪쳐 소리가 난다. ㅇ鳴鑾(명란)－수레를 끄는 말의 고삐에 다는 방울.

⑭ 畫棟(화동)－아름다운 집의 용마루.

⑮ 星移(성이)－별의 위치가 옮겨지다. 곧 세월이 지나감을 말함.

(해설) 당(唐) 고조(高祖)의 아들인 이원영(李元嬰)이 홍주자사(洪州刺史)로 재직할 때 높고 화려한 누각을 지었다. 당시 그는 등왕(滕王)에 봉해져 있었으므로 이 누각을 등왕각(滕王閣)이라 하였다.

그후 고종(高宗) 상원(上元) 2년에 홍주태수 염백서(閻伯嶼)가 이 누각을 중수한 기념으로 9월 9일 중양절(重陽節)에 큰 연회를 베풀었다. 그는 사위인 오자장(吳子章)의 문필을 자랑하려는 의도로 미리 그에게 중수를 기념하는 서문을 지어놓게 하고는 참석한 손님들에게 즉석에서 서문을 짓게 하였다. 모두 그의 의도를 알아차리고 사양했다.

그런데, 당시 〈투계격문(鬪鷄檄文)〉을 지었다가 왕의 노여움을 사서 벼슬이 깎이고 아버지 왕복치(王福畤)가 있는 교지(交趾)로 가던 길에 들른 나이 어린 왕발(王勃)이 선뜻 지필(紙筆)을 받아들고 단숨에 글을 써내려가기 시작했다. 염백서는 이 뜻하지 않은 불손한 행동에 노하여 자리를 떠났으나 궁금하여 하인을 보내서 그가 지은 글을 보고하게 하였다. 처음에는 큰웃음을 치던 그가, '낙하여고목제비(落霞與孤鶩齊飛), 추수공

장천일색(秋水共長天一色)'이라는 구절에 이르자, 무릎을 치며 경탄하였다. 이에 다시 잔치를 벌여 그의 문재(文才)를 칭찬하였다.

왕발의 자는 자안(子安)이며 강주(絳州) 용문(龍門) 사람으로 초당사걸(初唐四傑) 가운데 한 사람이다. 그는 6세 때 이미 글을 할 줄 알았던 천재이다. 그는 글을 쓸 때는 언제나 먹을 잔뜩 갈아놓고 얼큰히 취해서 이불을 덮어쓰고 잤다. 잠이 깨면 즉시 붓을 잡고 써내려갔는데 한 글자도 다시 고치는 일이 없었다고 한다. 패왕(沛王) 현(賢)이 그의 명성을 듣고 왕부(王府)의 수찬(修撰)을 시켰는데, 29세의 나이로 남해(南海)에서 익사하여 요절했다.

춘야연도리원서(春夜宴桃李園序)

이백(李白)

천지라는 것은 만물이 잠시 쉬어 가는 여관이고, 시간이라는 것은 긴 세월을 거쳐 지나가는 길손이다. 이 덧없는 인생은 꿈같이 허망하니, 즐긴다 해도 얼마나 되겠는가? 옛사람들이 촛불을 들고 밤에도 노닌 것은 참으로 이유가 있었구나.

하물며 따스한 봄날이 안개 낀 아름다운 경치로 나를 부르고 천지가 나에게 글재주를 빌려 주었음에랴!

복숭아꽃·오얏꽃 핀 아름다운 정원에 모여 형제들이 즐거운 놀이 벌이는데, 여러 아우들은 글솜씨가 빼어나서 모두 혜련(惠連)에 버금가는데, 내가 읊은 시만이 강락(康樂)에게 부끄러울 뿐이다.

조용히 봄경치 감상이 끝나지도 않아서, 고아(高雅)한 담론은 더욱 맑아진다. 화려한 잔칫자리 벌여 꽃 사이에 앉아서 술잔을 던져 주고받으며 달에 취하네. 이럴 때 좋은 시 짓지 않는다면 무엇으로 고아한 심정 펴낼 수 있겠는가? 만약 시를 짓지 못하면 금곡(金谷)의 고사(故事)처럼 벌주(罰酒)를 마시게 하리라.

원문　夫天地者는 萬物之①逆旅요 ②光陰者는 ③百代之過客이라.
　　　 부 천 지 자 　만 물 지 　역 려 　　광 음 자 　　백 대 지 과 객

而④浮生若夢하니 爲歡幾何오? ⑤古人秉燭夜遊는 ⑥良有以也로다.
이 　부 생 약 몽 　 위 환 기 하 　　고 인 병 촉 야 유 　　양 유 이 야

況⑦陽春召我以⑧煙景하고 ⑨大塊假我以文章이랴!
황 양춘소아이 연경   대괴가아이문장

會桃李之芳園하여 ⑩序天倫之樂事하니 ⑪羣季俊秀는 皆爲⑫惠
회 도리지방원   서천륜지락사   군계준수   개위 혜

連이어늘 吾人詠歌獨慚⑬康樂이라.
련   오인영가독참 강락

⑭幽賞未已에 ⑮高談轉淸이라. 開⑯瓊筵以坐花하고 ⑰飛羽觴而
유상미이   고담전청   개 경연이좌화   비우상이

醉月하니 不有佳作이면 何伸⑱雅懷리오? 如詩不成이면 罰依⑲金
취월   불유가작   하신 아회   여시불성   벌의 금

谷酒數하리라.
곡주수

주해 ① 逆旅(역려) – 나그네를 맞는 곳. 즉, 여관. 역(逆)은 영(迎)의 뜻.

② 光陰(광음) – 광(光)은 일(日), 음(陰)은 월(月). 곧 시간. 세월.

③ 百代之過客(백대지과객) – 백대(百代)는 영원한 세월. 곧 영원한 세월을 거쳐 지나가는 길손.

④ 浮生(부생) – 뿌리를 내리지 못하고 떠도는 인생. 덧없는 인생.

⑤ 古人秉燭夜遊(고인병촉야유) – 옛사람들이 촛불을 들고 밤까지 놂. 전집(前集) 권2 〈고시〉에 '주단고야장(晝短苦夜長), 하불병촉유(何不秉燭遊)'라는 구절이 나옴.

⑥ 良有以也(양유이야) – 참으로 이유가 있다. 양(良)은 참으로 이(以)는 이유.

⑦ 陽春(양춘) – 따뜻한 봄날.

⑧ 煙景(연경) – 아지랑이 낀 봄날의 경치. 아름다운 경치.

⑨ 大塊(대괴) – 천지. 대지. 조물주. ㅇ假(가) – 빌려주다.《장자(莊子)》에 '대괴가아이형(大塊假我以形)'이라는 구절이 나옴.

⑩ 序天倫之樂事(서천륜지락사) – 형제들이 모여 즐거운 놀이를 벌임. 서(序)는 펼 서(舒)의 뜻. 천륜(天倫)은 부자형제 사이에 하늘이 정해준 질서. 여기서는 형제를 가리킴. 낙사(樂事)는 즐거이 노는 것.

⑪ 群季(군계) – 여러 아우들. 계(季)는 아우, 젊은이.

⑫ 惠連(혜련) – 중국 남북조시대 송(宋)의 사혜련(謝惠連, 397~433). 시인

사강락(謝康樂)의 족제(族弟)로 열 살 때 벌써 시를 잘 지었다. 사강락은 그와 함께 시를 지으면 좋은 시구가 생각났다고 함.

⑬ 康樂(강락) - 중국 남북조시대 송의 산수(山水)시인 사영운(謝靈運, 385~ 433). 강락후(康樂侯)에 봉해졌으므로 사강락이라고도 함.

⑭ 幽賞(유상) - 조용히 바라보며 감상함.

⑮ 高談(고담) - 고상한 이야기. ㅇ轉(전) - 더욱더.

⑯ 瓊筵(경연) - 옥같이 아름다운 자리. 곧 화려한 연회 자리.

⑰ 飛(비) - 술잔이 분주하게 오고감. ㅇ羽觴(우상) - 날개 달린 술잔. 술잔을 서로 던져주며 술을 마시는 것.

⑱ 雅懷(아회) - 고아(高雅)한 심회.

⑲ 金谷酒數(금곡주수) - 진(晉)의 석숭(石崇)이 금곡원(金谷園)에서 빈객들을 모아 연회를 베풀었을 때, 각각 시를 짓게 하여 시를 짓지 못하면 벌로 술 석 잔을 마시게 했다. 금곡은 하남성(河南省) 낙양현(洛陽縣)의 서쪽, 금수(金水)가 흐르는 골짜기.

(해설) 이백(李白)이 어느 봄날 밤, 복숭아꽃·오얏꽃이 핀 정원에서 형제들과 모여 잔치를 벌이며 시를 짓고 놀았는데, 이때 지은 시들을 모아 책으로 만들면서 그 서문으로 쓴 글이다.

꽃피는 정원에서 화려한 잔치를 벌이면서도 인생무상의 짙은 애수를 느끼고 있는 것이 특색이다. 방랑시인 이백의 낭만적인 면모가 잘 드러나는 작품이다.

여한형주서(與韓荊州書)

이백(李白)

1

제가 듣건대, 천하의 담론 잘하는 선비들이 서로 모여 말하기를 "태어나서 꼭 만호(萬戶)의 제후에 봉해질 필요는 없어도, 다만 한조종(韓朝宗)을 한 번 알기를 소원한다."고 합니다. 사람들로 하여금 앙모(仰慕)하게 하는 것이 어쩌면 이에 이르게까지 하실 수 있습니까? 이것이 어찌 주공(周公)의 풍도를 따라서 몸소 식사중에 밥알을 뱉어내고 머리를 감다가도 젖은 머리를 움켜쥐고 선비를 맞이한 때문에, 천하의 호걸과 준재들이 바삐 달려와 공께 귀의하는 것이 아니겠습니까?

한 번 용문(龍門)에 오르면 성가(聲價)가 열 배로 뛴다 합니다. 그러므로 웅크린 용 같고 빼어난 봉황 같은 선비들이, 모두들 공으로부터 명예를 얻고 성가(聲價)를 인정받고자 하는 것입니다. 공께선 자신이 부귀하다 하여 교만하지 않으시며, 상대방이 미천하다 하여 그들을 홀시하지 않습니다. 그런즉 3천 명의 식객 중에 반드시 모수(毛遂)와 같은 이가 있게 마련입니다. 저로 하여금 재능을 나타내 보이게 해주신다면, 바로 모수와 같은 사람이 될 것입니다.

저는 농서(隴西) 지방의 평민으로 형주(荊州) 지역을 떠돌아다녔습니다. 나이 열다섯 때에는 검술(劍術)을 좋아하고 두루 제후들을 찾아다니며 벼슬을 하려 했습니다. 30이 되어서는 문장을 짓게 되었는데 지나는 곳마다 공경(公卿)이나 재상을 만나보았습니다. 키는 비록 7척이 못되건만 마음은 만 명의 장부들보다 웅대합니다. 왕이나 공경대부들은 모두들 저의 기절(氣節)과 도의(道義)를 인정하였습니다. 이것이 지난날의 저의 마음씀과 행적이온대, 어찌 감히 공 앞에서 모든 것을 말씀드리지 않을 수 있겠습니까?

공의 문장은 천지신명의 솜씨와 같고, 덕행은 천지를 감동시키며, 필봉은 천지의 조화에 참여하고, 학문은 하늘과 인간의 원리를 다 추구했습니다. 바라옵건대 마음을 여시고 안색을 펴서, 오래 읍(揖)하고 있는 저를 거절하지 말아 주시기 바랍니다. 만일 반드시 성대한 연회로써 저를 접대하고, 제게 맑은 담론을 마음껏 하게 하신다면, 매일같이 만언(萬言)의 글을 써올리라고 청하신다 하더라도 말에 기대어 선 채 제 글을 기다려도 될 것입니다.

오늘날 세상 사람들은 공을 문장의 사활(死活)을 주재하는 신(神)으로 여기고 있으며, 인물을 재어보는 저울로 알고 있습니다. 한 번 공의 품평을 받고 나면 곧 훌륭한 선비가 됩니다. 그런데 지금 공께선 어찌하여 계단 앞 1척 남짓의 땅을 아끼시어 저로 하여금 눈썹을 치켜올리고 기상을 토하며, 청운(靑雲)의 뜻을 높이 펴내게 하지 않으시는 것입니까?

원문 ①白聞天下談士가 相聚而言曰; 生不用封 ②萬户侯요 但願
백문천하담사　　 상취이언왈　 생불용봉 만호후　　 단원

一識 ③韓荊州라 하니 何令人之 ④景慕가 一至於此오? 豈不以周公
일식 한형주　　　　 하령인지 경모　 일지어차　 기불이주공

之風으로 ⑤躬吐握之事하여 使海内豪俊으로 奔走而歸之아?
지풍　　　 궁토악지사　　　 사해내호준　　　 분주이귀지

⑥一登龍門이면 則聲價十倍니 所以 ⑦龍蟠鳳逸之士가 皆欲
일등용문　　　 즉성가십배　 소이 룡반봉일지사　　 개욕

⑧收名定價於君侯라. 君侯不以富貴而 ⑨驕之하고 ⑩寒賤而忽之면
수명정가어군후　　 군후불이부귀이 교지　　　 한천이홀지

則三千之中에 有 ⑪毛遂하리니 使白得 ⑫穎脱而出이면 卽 ⑬其人焉
즉삼천지중　 유 모수　　　 사백득 영탈이출　　 즉 기인언

이라.

白은 ⑭隴西布衣라. ⑮流落楚漢하여 十五好劍術하여 ⑯徧干諸
백　　　농서포의　　　유락초한　　　십오호검술　　　편간제

侯하고 三十成文章하여 ⑰歷抵卿相하니 雖⑱長不滿七尺이나 而心
후　　삼십성문장　　　역저경상　　수　장불만칠척　　　이심

⑲雄萬夫라. 皆王公大人이 ⑳許與氣義하니 此㉑疇曩心跡이라. 安
웅만부　　개왕공대인　　허여기의　　차　주낭심적　　　안

敢不盡於 君侯哉아!
감부진어 군후재

君侯㉒制作侔神明하고 德行動天地하고 筆㉓參造化하고 學㉔究
군후 제작모신명　　　덕행동천지　　　필 참조화　　　학 구

天人이라. 幸願㉕開張心顏하여 不以㉖長揖見拒하고 必若接之以
천인　　　행원 개장심안　　　불이　장읍견거　　　필약접지이

㉗高宴하며 ㉘縱之以淸談이면 請㉙日試萬言을 ㉚倚馬可待리라.
고연　　　종지이청담　　　청 일시만언　　　의마가대

今天下以君侯로 爲文章之㉛司命과 人物之㉜權衡하여 一經
금천하이군후　　위문장지 사명　　인물지 권형　　　일경

㉝品題면 便作佳士어늘 而今君侯何㉞惜階前盈尺之地하여 不使
품제　　변작가사　　　이금군후하 석계전영척지지　　　불사

白揚眉吐氣하여 激昂㉟靑雲耶아?
백양미토기　　　격앙 청운야

주해 ① 白聞(백문)－백(白)은 이백(李白)의 이름. 자신을 낮추어 이름을 불
렀다. 문(聞)은 듣다. '저는 들었습니다'의 뜻. ㅇ談士(담사)－담론(談論)
을 잘하는 선비들.

② 萬戶侯(만호후)－만호(萬戶)의 식읍(食邑)을 가진 제후.

③ 韓荊州(한형주)－한조종(韓朝宗)을 가리킴. 당(唐)나라 현종(玄宗) 때에
형주자사(荊州刺史)를 지냈음. 지방관을 지내면서 많은 숨은 인재들을 발
탁해내었다 함.

④ 景慕(경모)－앙모(仰慕). 우러러보고 사모함.

⑤ 躬(궁)－몸소 행하다. ㅇ吐握之事(토악지사)－주공(周公)이 선비를 맞이
하기 위해 먹던 밥을 뱉어내고 감던 머리를 움켜쥐고 달려나갔던 것을 가

리킴. 《사기(史記)》 노세가(魯世家)에는 주공 단(旦)이 아들 백금(伯禽)에게 훈계하여 말하기를, "나는 한 끼 밥을 먹다가 세 차례나 입 안의 밥을 뱉어내고, 한 번 머리를 감다가 세 차례나 젖은 머리를 움켜쥐고 달려나가 선비들을 맞이했다. 천하의 어진 선비들을 잃을까 두려워서였다."라 하였다.

⑥ 一登龍門(일등용문) – 한 번 용문(龍門)에 오르면. 용문은 황하(黃河) 상류에 있는 폭포인데, 전설에 의하면 동해(東海)의 고기들이 황하를 거슬러 올라와 용문으로 뛰어오르는 데 성공하면 용(龍)이 되어 하늘로 올라간다고 한다. 또 후한(後漢) 말의 이응(李膺)은 많은 인재를 등용시킨 것으로 유명한데, 그를 만나보기만 하면 등용이 된다 해서 그를 만나는 것을 등용문이라 했다고 한다. 여기서는 한조종(韓朝宗)을 한 번 만나는 것이 이응의 경우와 같이 용문에 오르는 결과를 준다는 것으로 한조종을 극구 칭찬한 말이다.

⑦ 龍蟠鳳逸之士(용반봉일지사) – 웅크린 용 같고 무리에서 빼어난 봉황 같은 선비. 반(蟠)은 몸을 사리고 엎드려 있는 것으로 용이 때를 못 만나 하늘로 오르지 못하고 있는 것을 뜻함. 일(逸)은 무리를 벗어나 홀로 노니는 것으로, 역시 봉황이 알아줌을 얻지 못해 혼자 떠돌고 있는 것을 뜻함. 두 가지 모두 재능은 있으나 세상에 등용되지 못하고 있는 선비를 뜻한다.

⑧ 收名(수명) – 이름을 얻다. 명성을 얻다. ○定價(정가) – 값을 정하다. ○君侯(군후) – 재상이나 제후를 부르는 말인데 이백은 한조종(韓朝宗)을 높여 이렇게 불렀다.

⑨ 驕之(교지) – 그것을 뽐내다. 교만히 여기다.

⑩ 寒賤(한천) – 가난하고 신분이 낮음. ○忽之(홀지) – 그를 소홀히 대하다.

⑪ 毛遂(모수) – 전국시대 조(趙)나라 평원군(平原君)이 거느렸던 3천 명의 식객(食客) 중의 한 사람. 《사기(史記)》 평원군전에 다음과 같은 이야기가 나온다. 진(秦)나라가 조나라의 수도인 한단(邯鄲)을 포위하자, 조나라에서는 평원군을 초나라에 보내 합종(合縱)의 동맹을 맺어 조나라를 구해주길 요청하게 되었다. 평원군은 식객 중에서 용기있고 문무의 덕을 겸비한 20명과 동행할 것을 조왕(趙王)과 약속했다. 그런데 19명은 뽑아냈으

나 나머지 한 사람을 구하지 못해 20명을 채울 수 없었다. 이때 문하인
중 모수(毛遂)라는 자가 나서서 자기를 자천하였다. "듣건대 공께서 초와
합종의 맹약을 맺기 위해 식객 20명과 함께 초나라로 가기로 왕과 약속
하였으나 현재 한 사람이 모자란다 하니 제발 저를 수행원으로 끼워 주십
시오." 평원군이 말했다. "선생은 나의 문하에 몇 해 동안이나 계셨는지?"
"3년이 되었습니다." "무릇 현명한 선비가 세상에 처하면, 예를 들면 송곳
이 주머니 속에 있는 것처럼 그 끝이 즉시 나타나는 법이오. 지금 선생은
나의 문하에 있은 지 3년이 되었지만, 내 주변 사람들이 아직도 선생을
칭찬한 바가 없으며 나도 선생에 관해 들은 바가 없소. 이것은 선생에게
가진 바 재능이 없기 때문이오. 선생은 수행할 만한 능력이 없으니 머물
러 있기를 바라오." "저는 오늘 비로소 주머니 가운데에 넣어주기를 청원
했을 뿐입니다. 저를 좀더 빨리 주머니 속에 넣어주셨더라면 자루까지 나
왔을 것입니다." 결국 평원군은 모수를 데리고 갔는데, 초나라와 동맹을
맺는 데에 크게 공을 세웠으므로 이후 평원군은 모수를 상객(上客)으로
대우했다고 한다. '모수자천(毛遂自薦)'이란 말은 이 고사에서 나온 것이다.
⑫ 穎脫(영탈)－주머니 속에 든 송곳 끝이 밖으로 뾰죽하게 나오는 것. 모수
(毛遂)의 고사에서 나온 말로 재능이 남달리 두드러지는 것을 뜻한다.
⑬ 其人(기인)－그 사람. 즉 모수.
⑭ 隴西(농서)－옛 현(縣) 이름. 고성(故城)이 지금의 감숙성(甘肅省) 농서
현(隴西縣) 서남쪽에 있음. ㅇ布衣(포의)－벼슬하지 않은 사람. 평민.
⑮ 流落(유락)－떠돌아다니다. 유랑하다. ㅇ楚漢(초한)－형주(荊州) 지방의
옛 이름.
⑯ 徧干(편간)－두루 찾아다니며 구하다. 간(干)은 벼슬을 구한다는 뜻.
⑰ 歷抵(역저)－지나는 곳마다 만나보다. 저(抵)는 지(至)의 뜻으로 경상(卿
相)의 지위에 있는 사람들에게 이르다. 즉 경상들을 만나보았다는 뜻이다.
혹은 저(抵)를 노여움을 샀다는 뜻으로 풀이하기도 한다.
⑱ 長(장)－신장(身長). 키.
⑲ 雄(웅)－웅대하다. ㅇ萬夫(만부)－만 명의 대장부.
⑳ 許(허)－허락하다. 인정하다. ㅇ氣義(기의)－기절(氣節)과 도의(道義).

㉑ 疇曩(주낭)−지난날. ㅇ心跡(심적)−마음씀과 행적.

㉒ 制作(제작)−문장을 짓는 것. ㅇ侔(모)−같다. 균(均)의 뜻. ㅇ神明(신명)−
천지신명.

㉓ 參造化(참조화)−천지의 조화에 참여하다.

㉔ 究天人(구천인)−하늘과 인간의 일을 다 통달하다.

㉕ 開張心顔(개장심안)−마음을 열고 안색을 펴다.

㉖ 長揖(장읍)−오래 읍(揖)하다. 읍은 두 손을 맞잡고 가슴 언저리까지 올
려 경례하는 것임.

㉗ 高宴(고연)−성연(盛宴). 성대한 연회.

㉘ 縱之(종지)−그에게 실컷 하게 하다. ㅇ淸談(청담)−청아(淸雅)한 담론
(談論).

㉙ 日試萬言(일시만언)−날마다 만언(萬言)의 문장을 쓰게 하다.

㉚ 倚馬可待(의마가대)−《세설신어(世說新語)》 문학편(文學篇)에 의하면 환
온(桓溫)이 선비족(鮮卑族)을 정벌하러 갔는데, 원호(袁虎)를 불러 진중
(陣中)의 격문인 노포문(露布文)을 짓게 했더니 원호는 말에 기댄 채 잠깐
사이에 일곱 장의 명문을 써냈다 한다. 이로부터 문장을 민첩하고 훌륭하
게 짓는 것을 '의마재(倚馬才)' 또는 '의마가대(倚馬可待)'라 하게 되었다.

㉛ 司命(사명)−생사를 주관하는 신. 하늘에 대사명(大司命)·소사명(少司
命)의 두 별이 있음.

㉜ 權衡(권형)−저울. 표준. 권(權)은 저울추. 형(衡)은 저울대.

㉝ 品題(품제)−품질을 평하여 값을 매기는 것.

㉞ 惜(석)−아끼다. ㅇ階前盈尺之地(계전영척지지)−당(堂) 아래 계단 앞에
있는 한 자 남짓한 땅. 즉 이백(李白)이 들어와 서서 면담할 장소를 뜻함.

㉟ 靑雲(청운)−푸른 구름, 높은 뜻에 비유함.

2

옛날에 왕자사(王子師)는 예주자사(豫州刺史)가 되었는데, 부임하는
수레에서 내리기도 전에 순자명(荀慈明)을 불렀고, 임지에 도착하여 수

레에서 내린 후에는 공문거(孔文擧)를 불러 썼습니다. 산도(山濤)는 기주자사(冀州刺史)를 지냈는데 30여명의 인재를 발탁하였으며 그 중에는 시중(侍中)과 상서(尙書)까지 된 사람도 있었으므로 전대(前代)에 칭송받는 바가 되었습니다.

그런데 공께서도 또한 한 번 엄협률(嚴協律)을 천거하시니 조정에 들어가 비서랑(秘書郞)이 되었습니다. 그 중 최종지(崔宗之)·방습조(房習祖)·여흔(黎昕)·허영(許瑩) 등의 무리는 어떤 이는 재명(才名)으로 알려지게 되었고, 어떤 이는 청백함으로 인정을 받게 되었습니다. 저 백(白)은 매번 그들이 은혜를 잊지 않고 몸을 닦으며 충의로써 분발하는 것을 보았습니다.

저는 이에 감격하였고 공께서 여러 현사(賢士)들의 복중(腹中)에 진심을 심어 주신다는 것을 알았습니다. 그러므로 다른 사람에게 귀의하지 않고, 공과 같이 나라에서 으뜸가는 선비에게 몸을 의탁하고자 원하는 것입니다. 만일 급한 곤경을 당하여 쓰실 일이 있게 된다면 저는 감히 미천한 몸이나마 최선을 다해 보겠습니다.

또한 사람은 모두가 요순(堯舜)과 같은 성인이 아니니, 누군들 완전히 잘할 수 있겠습니까? 제가 도모하고 계획하는 것이 또한 어찌 감히 자부할 만하다 하겠습니까? 하오나 문장을 짓는 일에 있어서는 이미 지은 것이 여러 권을 이루고 있으므로 공께 보여드림으로써 눈과 귀를 더럽히고자 합니다. 다만 벌레를 조각해 놓은 듯한 보잘것없는 재주이어서 어르신네에게 누가 되지 않을까 두렵습니다. 만일 공께서 보잘것없는 문장이나마 한번 보아주시겠다면, 청컨대 종이와 붓을 내려주시고 글씨 쓸 사람을 더불어 보내주십시오. 그런 후엔 조용한 방으로 물러나 깨끗이 치운 다음 다듬어 베끼도록 하여 공께 올리겠습니다.

바라옵건대, 명검(名劍) 청평(靑萍)과 같고 보옥(寶玉) 결록(結綠)과 같은 저의 글이 검(劍) 감정가 설촉(薛燭)과 옥(玉) 감정가 변화(卞和)와 같은 공의 문하에서 좋은 값을 받았으면 합니다. 부디 비천한 저를 밀어주셔서 크게 한 번 칭찬하고 장식해 주시기 바랍니다. 오직 공께서만 이 그것을 도모해 주실 수 있습니다.

(원문) 昔^①王子師爲豫州하여 ^②未下車에 卽^③辟荀慈明하며 旣下車
석 왕 자 사 위 예 주　　미 하 거　　즉 벽 순 자 명　　기 하 거

에 又辟^④孔文擧라. ^⑤山濤作冀州하여 ^⑥甄拔三十餘人하여 或爲
우 벽 공 문 거　　산 도 작 기 주　　견 발 삼 십 여 인　　혹 위

^⑦侍中尚書하니 先代所美라.
시 중 상 서　　선 대 소 미

而君侯亦一^⑧薦嚴協律하여 ^⑨入爲秘書郎하고 中間^⑩崔宗之·
이 군 후 역 일 천 엄 협 률　　입 위 비 서 랑　　중 간　　최 종 지·

房習祖·黎昕·許瑩之徒는 或以^⑪才名見知하며 或以^⑫清白見
방 습 조· 여 흔· 허 영 지 도　　혹 이 재 명 견 지　　혹 이　　청 백 견

賞하니 白每觀其^⑬銜恩撫躬하여 忠義奮發이라.
상　　백 매 관 기　　함 은 무 궁　　충 의 분 발

白以此感激하여 知君侯^⑭推赤心於諸賢腹中하니 所以不^⑮歸
백 이 차 감 격　　지 군 후 추 적 심 어 제 현 복 중　　소 이 불 귀

他人하고 而願^⑯委身國士라. ^⑰儻急難有用이면 敢^⑱効微軀리라.
타 인　　이 원 위 신 국 사　　당 급 난 유 용　　감 효 미 구

且人非^⑲堯舜이니 誰能盡善이리오? 白^⑳謨猷籌畫이 安能自矜
차 인 비 요 순　　수 능 진 선　　백 모 유 주 획　　안 능 자 긍

이리오? 至於^㉑制作하여는 積成^㉒卷軸하니 則欲^㉓塵穢視聽이나 恐
지 어 제 작　　적 성 권 축　　즉 욕 진 예 시 청　　공

^㉔雕蟲小技가 不合^㉕大人이로다. 若^㉖賜觀芻蕘인댄 請給紙筆하고
조 충 소 기　　불 합 대 인　　약 사 관 추 요　　청 급 지 필

兼之^㉗書人이면 然後退^㉘掃閒軒하여 ^㉙繕寫呈上하리라.
겸 지 서 인　　연 후 퇴 소 한 헌　　선 사 정 상

^㉚庶青萍結綠이 長價於^㉛薛卞之門이라. 幸推^㉜下流하여 大開
서 청 평 결 록　　장 가 어 설 변 지 문　　행 추 하 류　　대 개

^㉝獎飾이니 惟君侯^㉞圖之라.
장 식　　유 군 후 도 지

(주해) ① 王子師(왕자사)－후한(後漢) 때 사람인 왕윤(王允). 자사(子師)는 그
의 자. 황건적(黃巾賊)의 난이 일어난 영제(靈帝) 때에 예주자사(豫州刺

史)로 있었음. ○爲豫州(위예주)－예주자사가 되다. 예주는 지금의 하남성
(河南省).

② 未下車(미하거)－수레에서 내리기도 전에. 즉 임지에 도착하기도 전에.

③ 辟(벽)－부르다. 등용했다는 뜻. ○荀慈明(순자명)－후한 때 사람 순상(荀
爽). 자명(慈明)은 그의 자임. 학식이 뛰어났다 함. 왕윤(王允)과 함께 동
탁(董卓)을 죽이려 했으나 뜻을 못 이루고 병으로 죽었음.

④ 孔文擧(공문거)－후한 때 사람 공융(孔融), 문거(文擧)는 그의 자. 건안칠
자(建安七子)의 한 사람으로 문재가 뛰어났는데, 조조(曹操)의 미움을 사
죽음을 당하였음.

⑤ 山濤(산도)－자는 거원(巨源). 진(晉)나라 사람으로 죽림칠현(竹林七賢)
의 한 사람이기도 함. 무제(武帝) 때 이부상서(吏部尙書)가 되었고 후에
는 기주자사(冀州刺史)를 지냈다. ○冀州(기주)－옛 구주(九州)의 하나로
지금의 하북성(河北省) 지역.

⑥ 甄拔(견발)－살펴서. 발탁하다. 견(甄)은 주의하여 살피는 것.

⑦ 侍中尙書(시중상서)－시중(侍中)은 한대(漢代)에는 천자를 모시며 승여
(乘輿)와 복식(服飾)을 맡아보는 벼슬이었고, 위진대(魏晉代)에는 문하성
(門下省)의 장관이었다. 상서(尙書)는 궁중의 문서에 관한 일을 맡아보는
벼슬이다.

⑧ 薦(천)－천거하다, 추천하다. ○嚴協律(엄협률)－이름은 밝혀져 있지 않음.
협률(協律)은 음악에 관한 일을 맡아보는 벼슬. 협률랑(協律郎).

⑨ 入(입)－조정에 들어가는 것을 가리킴. ○秘書郞(비서랑)－궁중에서 도서
에 관한 일을 맡아보는 벼슬.

⑩ 崔宗之(최종지)－이름은 성보(成輔). 문장에 뛰어나 이백(李白)·두보(杜
甫)와 가까이 지냈으며 병주(幷州)의 장사(長史)에 습봉(襲封)되었다.
○房習祖(방습조)·黎昕(여흔)·許瑩(허영)－생평(生平)이 알려져 있지 않
으나 청백리(淸白吏)로 이름이 있었다 한다. 앞의 최종지와 함께 한조종
(韓朝宗)이 끌어 준 후진들이다.

⑪ 才名(재명)－재능으로 유명함. ○見知(견지)－지우(知遇)를 받다. 견(見)
은 피동의 뜻.

⑫ 淸白(청백)－청렴하고 결백함. ◦見賞(견상)－인정을 받다. 상(賞)은 인정,
상찬(賞讚).

⑬ 銜恩(함은)－은혜를 마음에 간직하다. ◦撫躬(무궁)－몸을 어루만지다. 은
혜를 갚을 때를 위해 자기 몸을 잘 가다듬고 있다는 뜻.

⑭ 推(추)－밀어넣다. 심어주다. ◦赤心(적심)－진심(眞心). 성심(誠心).《후
한서(後漢書)》광무기(光武紀)에 의하면 광무제가 진중(陣中)을 순시하는
데 항복한 사람들이 서로 말하기를, "소왕(蕭王 : 光武帝)은 진심을 사람
들의 배 속에 밀어 넣어주니, 어찌 목숨을 던지지 않을 수 있으리오?〔蕭
王推赤心置人腹中, 安得不投死乎〕"라 했다 한다.

⑮ 歸(귀)－귀의하다, 의탁하다.

⑯ 委身(위신)－몸을 맡기다. ◦國士(국사)－나라에서 으뜸가는 선비. 한조종
(韓朝宗)을 뜻함.

⑰ 儻(당)－만일. 당(倘)과 같음.

⑱ 効(효)－바치다. 헌(獻)의 뜻. ◦微軀(미구)－미약한 몸.

⑲ 堯舜(요순)－고대의 현명한 군주인 요(堯)임금과 순(舜)임금.

⑳ 謨猷籌畫(모유주획)－도모함과 계획함. 유(猷)는 도(圖)의 뜻.

㉑ 制作(제작)－문장을 짓는 일.

㉒ 卷軸(권축)－서책(書冊)을 뜻함. 옛날에는 책을 두루마리로 말아 두었음.
축(軸)은 책을 말아 두는 둥그런 굴대.

㉓ 塵穢(진예)－더럽히다. ◦視聽(시청)－눈과 귀. 자기의 글을 보아 달라는
것을 겸손하게 표현한 것.

㉔ 雕蟲小技(조충소기)－벌레를 새겨놓은 듯한 잔재주. 양웅(揚雄)이 부(賦)
를 짓는 것을 두고 '조충전각(雕蟲篆刻 : 벌레 모양이나 篆書를 새기는
것)'이라고 비난한 것에서 나온 말.

㉕ 大人(대인)－어르신네. 한조종(韓朝宗)을 가리킴.

㉖ 賜觀(사관)－보아줌을 베풀다. ◦芻蕘(추요)－꼴과 땔나무. 보잘것없는 문
장을 가리킴. 또는 아직 벼슬길에 오르지 못한 촌부(村夫)를 뜻한다고 보
기도 함.

㉗ 書人(서인)－글씨 쓰는 사람.

㉘ 掃(소) – 쓸다, 청소하다. ○閒軒(한헌) – 조용한 방.

㉙ 繕寫(선사) – 부족한 점을 보충하여 정서(淨書)함. 선(繕)은 깁다, 꿰매다.

㉚ 庶(서) – 바라다. ○靑萍(청평) – 월(越)나라 왕 구천(勾踐)이 가졌다고 하는 명검(名劍). 설촉(薛燭)의 감정을 받고 나서 그것이 명검임을 알았다고 함. ○結綠(결록) – 송(宋)나라에 있었던 보옥(寶玉)의 이름.

㉛ 薛卞之門(설변지문) – 설촉(薛燭)과 변화(卞和)의 문하. 설촉은 명검 청평(靑萍)을 감정해내었고, 변화는 보옥(寶玉) 결록(結綠)을 얻어 초왕(楚王)에게 바쳤으나 믿어주지 않다가 문왕(文王)에 의해 인정받았다고 한다. 두 사람 모두 뛰어난 감정가로서, 여기서는 한조종(韓朝宗)을 비유하고 있다.

㉜ 下流(하류) – 신분이 낮은 사람. 이백(李白)이 자기를 낮추어 한 말.

㉝ 獎飾(장식) – 장(獎)은 칭찬하는 것, 식(飾)은 꾸며주는 것.

㉞ 圖之(도지) – 그것을 도모할 수 있다. 즉 이백을 크게 칭찬하고 장식해 줄 수 있다.

해설 이 글은 이백이 32세 때, 당시 형주자사(荊州刺史)로 있던 한조종(韓朝宗)에게 자기를 천거하여 주기를 간청한 글이다. 한조종은 당(唐) 예종(睿宗) 때에 벼슬길에 올라 좌습유(左拾遺)를 지냈는데, 현종(玄宗)의 즉위가 너무 이르다고 간언하였다가 형주의 자사로 좌천되었다. 그래서 그를 한형주(韓荊州)라 부르기도 한다. 그는 지방관을 지내면서 많은 숨은 인재들을 발탁해내었으므로, 당시 사람들은 그를 한번 만나는 것을 '등용문(登龍門)'이라고까지 말하였다.

대시인으로 자처하는 이백까지도 그를 한번 만나 인정받고자 간절히 바라고 있는 것이 동정을 자아내나, 문장의 바닥에는 자기의 호협한 기개와 문장에 대한 자부심이 깔려 있음을 느낄 수 있다.

대보잠(大寶箴)

장온고(張蘊古)

1

옛날부터 지금에 이르기까지 몸을 굽혀 지상의 이치를 살피고 우러러 하늘의 이치를 살펴보건대, 오직 임금만이 복을 내릴 수 있으니, 군주가 되기란 참으로 어려운 것입니다.

임금님께서는 하늘 아래에 있는 모든 것의 주인이 되고 여러 제후와 삼공(三公)의 위에 높이 앉아, 토지에 따라 그가 필요한 것을 공물로 바치게 하고 관리를 임명하여 그들로 하여금 군주가 하고자 하는 말을 널리 펴게 합니다. 이렇기 때문에 두려워하는 마음이 날로 해이해지고 사악하고 편벽한 감정이 생겨 점차 방자해지는 것입니다. 큰일은 소홀히 하는 데에서 일어나고, 화는 뜻하지 않은 데에서 생겨나는 것임을 어찌 알겠습니까?

참으로 성인이 천명을 받아 제위에 오르는 것은 물에 빠져 허덕이는 백성을 구하고 막혀 있는 것을 풀어 통하게 하려는 것입니다. 군주는 모든 죄를 자신에게 돌려야 하며, 그 마음은 백성을 따라야 합니다.

밝은 해는 그 빛을 사사로이 비추어 주는 일이 없고, 지극히 공평한 이는 사사로이 친애하는 사람이 없는 법입니다. 그러므로 한 사람이 천하를 다스리는 것이지 천하가 한 사람의 군주를 받드는 것이 아닙니다. 예로써 사치에 빠지는 것을 금지하고 악(樂)으로써 방일에 흐르는 것을 막아야 합니다. 좌사(左史)는 군주의 말을 기록하고 우사(右史)는 군주의 일을 기록하게 하고, 궁중을 출입할 때에는 백성들을 경계시키고 길을 비키게 해야 합니다.

춘·하·추·동의 사시(四時)는 음양을 따라 조화되고, 일(日)·월(月)·성(星)의 삼광(三光)은 임금의 정치와 득과 실을 같이합니다. 그러므로 그의 몸은 법도가 되고 그의 말은 율법이 되는 것입니다.

하늘은 아무것도 모를 것으로 알아서는 안될 것이니, 높은 곳에 있으면서도 낮은 지상의 일들을 다 듣고 계십니다. 아무리 작은 것일지라도 무슨 해가 되랴 하고 생각하지 말 것이니, 작은 것들이 쌓여 크게 되는 것입니다. 즐거움은 다해서는 안될 것이니, 즐거움을 다하면 슬픔이 생기는 법입니다. 욕망대로 멋대로 하지 말 것이니, 멋대로 하고자 하는 마음은 재앙을 이룩합니다.

장대한 구중궁궐 안에 있다 해도 군주가 기거하는 자리는 무릎이 들어갈 수 있을 정도의 공간에 지나지 않습니다. 저 우매한 군주는 그걸 모르고 옥으로 그 누대를 짓고 옥으로 그 궁실을 장식합니다. 여덟 가지의 산해진미를 앞에 늘어놓아도 그가 먹는 것은 입에 맞는 것 약간에 지나지 않습니다. 다만 미친 군주가 망령된 생각으로 술찌꺼기로 언덕을 쌓고 술로 못[池]을 만들었던 것입니다.

안으로는 여색에 빠지지 마시고 밖으로는 수렵에 빠지지 마십시오. 얻기 어려운 보물을 귀중히 여겨서는 안되며 나라를 망치는 음악을 들어서는 안됩니다. 안으로 여색에 빠지면 인간의 본성을 해치게 되고, 밖으로 수렵에 빠지게 되면 사람의 마음이 방탕하게 됩니다. 얻기 어려운 보물은 사치를 즐기게 만들고, 나라를 망치는 음악은 음란하게 하기 때문입니다.

내가 존귀하다 여기고 현자(賢者)들에게 오만하고 선비들을 업신여기지 말 것이며, 내가 지혜롭다 여기고 간(諫)하는 말을 물리치고 자신을 뽐내지 마십시오. 듣건대, 하(夏)나라 우(禹)임금께서는 현사(賢士)가 오

면 식사 도중에도 자주 일어나 맞이하였다 하며, 위(魏) 문제(文帝)는 소
맷자락을 붙잡으며 간해도 하고자 하는 일을 그만두지 않았다고 합니다.
저 근심하는 자들을 안심시키기 위하여 봄볕 같고 가을 이슬같이 됨으로
써 높고 넓었던 한(漢) 고조(高祖)의 도량을 넓히십시오. 이런 여러 가
지 일을 실천하는 데 살얼음을 밟듯, 깊은 연못에 임하듯 두려워하고 지
극히 삼갔던 주(周) 문왕(文王)의 조심스런 마음을 본받으십시오.

원문 ①今來古往에 ②俯察仰觀하니 ③惟辟作福이라. ④爲君實難이로다.
　　　　금래고왕　　부찰앙관　　　유벽작복　　　위군실난

主⑤普天之下하고 處⑥王公之上하여 ⑦任土貢其所求요 具⑧寮
주 보천지하　　처 왕공지상　　　임토공기소구　　구 료

陳其所唱이라. 是故로 恐懼之心이 日弛하고 邪僻之情이 轉放
진기소창　　　시고　공구지심　　일이　　사벽지정　　전방

이라. 豈知事起乎所忽하고 禍生乎⑨無妄이리오?
　　　기지사기호소홀　　화생호　무망

⑩固以聖人受命하여 ⑪拯溺亨屯일새 ⑫歸罪於己코 ⑬因心於民
　고이성인수명　　　증닉형준　　　귀죄어기　　　인심어민

이라.

⑭大明無私照요 ⑮至公無私親이니 故以一人治天下요 不以天
　대명무사조　　지공무사친　　　고이일인치천하　　불이천

下奉一人이라. 禮以禁其奢하고 樂以防其⑯佚하며 ⑰左言而右
하봉일인　　　예이금기사　　　악이방기 일　　　좌언이우

事하고 ⑱出警而入蹕이라.
사　　　출경이입필

四時調其⑲慘舒하고 ⑳三光同其得失이라. 故로 ㉑身爲法度요
사시조기 참서　　　삼광동기득실　　　고　　　신위법도

而聲爲之律이라.
이성위지률

㉒勿謂無知니 ㉓居高聽卑요 勿謂何害니 ㉔積小就大니라. ㉕樂
　물위무지　　거고청비　　물위하해　　적소취대　　　낙

不可極이니 樂極生哀요 欲不可縱이니 縱欲成災라.
불가극　　　낙극생애　　욕불가종　　　종욕성재

壯㉖九重於内라도 所居不過㉗容膝이어늘 ㉘彼昏不知하여 ㉙瑤
장 구 중 어 내　소 거 불 과 용 슬　　피 혼 부 지　　요

其臺而瓊其室이오 羅㉚八珍於前이라도 所食不過適口어늘 ㉛唯狂
기 대 이 경 기 실　나 팔 진 어 전　소 식 불 과 적 구　유 광

罔念하여 ㉜丘其糟而池其酒로다.
망 념　　구 기 조 이 지 기 주

㉝勿内荒於色하며 ㉞勿外荒於禽하며 ㉟勿貴難得貨하며 勿聽
물 내 황 어 색　　물 외 황 어 금　　물 귀 난 득 화　　물 청

亡國音하라. ㊱内荒伐人性이오 ㊲外荒蕩人心이오 難得之貨侈요
망 국 음　　내 황 벌 인 성　　외 황 탕 인 심　　난 득 지 화 치

亡國之音淫이니라.
망 국 지 음 음

勿謂我尊而㊳傲賢慢士하며 勿謂我智而㊴拒諫矜己하라. 聞之
물 위 아 존 이 오 현 만 사　　물 위 아 지 이 거 간 긍 기　　문 지

㊵夏后據饋頻起하고 亦有㊶魏帝牽裾不止라. 安彼㊷反側을 如
하 후 거 궤 빈 기　　역 유 위 제 견 거 부 지　　안 피 반 측　여

㊸春陽秋露니 ㊹巍巍蕩蕩하여 恢㊺漢高大度하고 ㊻撫茲庶事를 如
춘 양 추 로　　외 외 탕 탕　　회 한 고 대 도　　무 자 서 사　여

㊼履薄臨深이니 ㊽戰戰慄慄하여 用㊾周文小心하라.
리 박 림 심　　전 전 률 률　　용 주 문 소 심

주해 ① 今來古往(금래고왕) – '고왕금래(古往今來)'라고도 하며, 옛날부터 지금에 이르기까지.

② 俯察仰觀(부찰앙관) – 《주역(周易)》 계사전(繫辭傳) 상(上)에 나오는 말. '하늘을 우러러 천문을 관찰하고 아래를 굽어 지리를 살핀다[仰以觀於天文, 俯以察於地理].' 하늘과 지상의 만물의 이치를 생각한다는 뜻.

③ 惟辟作福(유벽작복) – 오직 임금만이 복(福)을 짓는다. 《서경(書經)》 주서(周書) 홍범(洪範)편에 '오직 임금만이 복을 짓고, 임금만이 형벌을 짓는다[惟辟作福, 惟辟作威]'라 하였다. 여기서 벽(辟)은 임금, 위(威)는 형벌을 말한다.

④ 爲君實難(위군실난) – 임금 노릇하기가 진실로 어려움. 《논어(論語)》 자로편(子路篇)에 '임금 노릇 하기도 어렵고, 신하 노릇하기도 쉽지 않다[爲

君難 爲臣不易]'라는 구절이 있다.

⑤ 普天之下(보천지하)－하늘 아래의 모든 것. 《시경(詩經)》 북산(北山) 시
에, '하늘 아래의 어느 곳도, 임금의 땅 아닌 곳이 없어라[溥天之下 莫非
王土]'라는 구절이 있다.

⑥ 王公(왕공)－제후와 삼공(三公).

⑦ 任土(임토)－토지에 따라. ○貢其所求(공기소구)－임금이 요구하는 산물
을 공물로 바치게 함.

⑧ 寮(요)－요(僚)와 같음. 벼슬아치. 관리. ○陳其所倡(진기소창)－군주가
제창하는 바를 널리 펴다.

⑨ 無妄(무망)－원래는 망령됨이 없는 진실한 것을 무망이라 하는데(《易》괘
이름) 여기서는 망(妄)이 망(望)과 통하여 뜻하지 않은 것을 말한다.

⑩ 固以(고이)－참으로 ……라고 생각하다. 이(以)는 이위(以爲)의 뜻. ○受
命(수명)－하늘의 명을 받아 천자의 지위에 오름.

⑪ 拯溺(증닉)－물에 빠진 것을 건져냄. 즉 어려움에 처한 백성을 구한다는
뜻. ○亨屯(형준)－사물이 막혀 통하지 않는 것을 통하게 함. 준(屯)은 어
려움을 뜻한다.

⑫ 歸罪於己(귀죄어기)－죄를 자신에게 돌리다.《서경(書經)》탕고(湯誥)편
에 '백성들 가운데에서 죄를 짓는 자가 있으면, 그 죄는 바로 나 한사람에
게 있다[萬力有罪 在予一人]'라는 은(殷)나라 탕왕(湯王)의 말이 있다.

⑬ 因心於民(인심어민)－군주의 마음은 백성들을 따름.

⑭ 大明(대명)－태양과 같이 크게 밝은 것.

⑮ 至公(지공)－지극히 공평함. ○私親(사친)－개인적으로 친함. 사사로이
친함.

⑯ 佚(일)－도를 지나쳐 방종함. 음일(淫佚).

⑰ 左言而右事(좌언이우사)－옛날 군주는 좌사(左史)와 우사(右史)라는 사관
(史官)을 두었는데, 좌사는 군주의 말을 기록하고, 우사는 군주의 행동이
나 사건을 기록하여 군주의 그릇된 언행을 바로잡았다.

⑱ 出警而入蹕(출경이입필)－군주의 출입, 즉 나들이에 경필(警蹕)한다는 뜻
으로 군주가 출입할 때 군주의 행렬 앞에서 크게 소리쳐 백성들에게 군주

의 행차를 알려 경계시키고 길에 있는 사람들을 길 옆으로 피하게 하는 것.

⑲ 慘舒(참서)-음양(陰陽). 참(慘)은 음기(陰氣)가 만물을 쇠퇴시키는 것. 서(舒)는 양기(陽氣)가 만물을 성장시키는 것을 말한다. 군주의 덕이 바르면 춘하추동 사시(四時)에 음양이 잘 조화되어 만물의 생장·사멸이 때에 맞게 잘 이루어진다고 한다.

⑳ 三光同其得失(삼광동기득실)-삼광(三光)은 일(日)·월(月)·성(星)의 세 빛. 삼광은 늘 군주의 하는 바에 따라 변하며, 그 정치의 득실과 같이한다는 뜻이다. 이를테면 《춘추(春秋)》에 기록된 일식(日食)·월식(月食)·운성(隕星) 등과 같이 임금의 정치가 바르면 일·월·성이 바르게 운행되지만, 정치가 어지러워지면 일식·월식이 잦고 요성(妖星)이 나타난다고 하는 것이 이것이다.

㉑ 身爲法度(신위법도), 而聲爲之律(이성위지률)-몸의 행위는 법도가 되고, 말은 율법이 됨. 《사기(史記)》 하기(夏記)에, '우왕(禹王)에게서 나오는 소리는 율(律)이 되고, 그 행동은 그대로 법도가 되었다[禹聲爲律 身爲度]'라 하였다.

㉒ 勿謂無知(물위무지)-천도(天道)가 아무것도 모를 것이라고 생각하지 말라[勿謂天道之無所知也]. 하늘은 저 높은 곳에 있으면서도 인간 세상의 모든 일들을 다 알고 있다는 뜻.

㉓ 居高聽卑(거고청비)-높은 곳에 앉아 아래의 일을 다 들음.

㉔ 積小就大(적소취대)-작은 잘못이 쌓여 큰 죄가 됨. 《역경(易經)》 계사전(繫辭傳) 하(下)에 '소인은 작은 선행이라도 자기에게 이익이 없으면 행하지 않는다. 또한 작은 악이라도 자기에게 해가 되지 않는다면 그만두지 않는다. 이리하여 악행이 점점 쌓여 더이상 가릴 수 없게 되고 죄가 점점 커져서 해소할 수 없게 되는 것이다[小人以小善爲无益而弗爲也. 以小惡爲无傷而弗去也. 故惡積而不可掩, 罪大而不可解]'라고 하였다.

㉕ 樂不可極(낙불가극), 樂極生哀(낙극생애)-즐거움을 다하지 말라. 즐거움이 극에 이르면 슬픔이 생긴다.

㉖ 九重(구중)-궁중의 구중궁궐.

㉗ 容膝(용슬)-겨우 무릎이 들어갈 만한 좁은 공간. 도연명(陶淵明)의 〈귀거

래사(歸去來辭)〉에 '무릎 하나 들어갈 만한 좁은 곳이 편안함을 아네[審容膝之易安]'라는 구절이 있다.

㉘ 彼昏不知(피혼부지) – 저 우매하고 도리를 모르는 군주. 하(夏)의 걸왕(桀王)과 은(殷)의 주왕(紂王)을 가리킨다.

㉙ 瑤其臺而瓊其室(요기대이경기실) – 옥으로 누대를 짓고 붉은 옥으로 궁실을 지음.

㉚ 八珍(팔진) – 진귀한 여덟 가지 요리.《주례(周禮)》천관(天官) 선부(膳夫) 주에 팔진은 순오(淳熬)·순모(淳母)·포돈(炮豚)·포장(炮牂)·도진(擣珍)·오(熬)·적(漬)·간료(肝膋)라고 했다. 그러나 후세에 와서는 사치스러워져, 용간(龍肝)·봉수(鳳髓)·표대(豹胎)·이미(鯉尾)·효적(鴞炙)·성순(猩脣)·웅장(熊掌)·수락선(酥酪蟬)을 팔진으로 하였다.

㉛ 唯狂罔念(유광망념) – 다만 미친 군주는 바른 도리를 생각지도 않는다. 걸왕(桀王)과 주왕(紂王)이 광폭하여 인의(仁義)를 생각하지 않은 것을 가리킨다.

㉜ 丘其糟而池其酒(구기조이지기주) – 술찌꺼기로 언덕을 쌓고 술로 연못을 만듦.《사기》은본기(殷本記)에 '주왕(紂王)은 술로써 연못을 만들고 고기로써 숲을 이루었으며, 남녀들로 하여금 벌거벗게 하여 그 사이로 서로 쫓게 하면서 온 밤을 술을 마셨다'라는 기록이 있다.

㉝ 勿內荒於色(물내황어색) – 안으로는 여색에 빠지지 말라. 황(荒)은 절도를 잊고 즐거움에 미혹되는 것.

㉞ 勿外荒於禽(물외황어금) – 밖으로는 사냥에 빠지지 말라. 금(禽)은 새를 가리키나 수렵을 뜻함. 이 두 구절은《서경(書經)》오자지가(五子之歌)에 나오는 '안으로는 여색에 빠지고, 밖으로는 수렵에 빠진다[內作色荒, 外作禽荒]'는 말에 근거한 것이다.

㉟ 勿貴難得貨(물귀난득화) – 얻기 어려운 보화를 귀하게 여기지 말라.《노자(老子)》제3장에, '얻기 어려운 보화를 귀하게 여기지 않는 것이 백성들로 하여금 도둑이 되지 않게 하는 것이다'라고 하였다.

㊱ 內荒伐人性(내황벌인성) – 안으로 여색에 빠지게 되면 인간 본연의 성정(性情)을 해치게 됨.

㊲ 外荒蕩人心(외황탕인심)－밖으로 수렵에 빠지면 인간 본연의 심성이 방탕하게 됨.

㊳ 傲賢慢士(오현만사)－현명한 사람에게 오만하고 어진 선비를 업신여김.

㊴ 拒諫矜己(거간긍기)－간언을 물리치고 자기 자신을 자랑함.

㊵ 夏后(하후)－하(夏)의 군주. 즉 우왕(禹王)을 가리킨다. ㅇ饋(궤)－임금에게 올리는 진지. 수라(水剌).

㊶ 魏帝牽裾不止(위제견거부지)－위제(魏帝)는 옷소매를 잡아당겨도 그만두지 않음. 위문제(魏文帝 : 曹丕)가 기주(冀州)의 백성 10만 호를 하남(河南)으로 옮기려 하였다. 신비(辛毘)가 이의 부당함을 간하자 문제는 화를 내고는 대답도 하지 않고 일어나 내전(內殿)으로 들어가려 했다. 이에 신비는 그의 옷소매를 잡고 다시 간하자 문제는 옷소매를 뿌리치고 안으로 들어가버렸다. 《위지(魏志)》 신비열전(辛毘列傳)에 보인다.

㊷ 反側(반측)－마음이 불안하여 몸을 이리저리 뒤척이는 것.

㊸ 春陽秋露(춘양추로)－봄볕같이 따뜻하고 가을 이슬같이 맑은 군주의 덕을 베풀라는 뜻.

㊹ 巍巍蕩蕩(외외탕탕)－외외(巍巍)는 산이 높이 치솟은 모양. 탕탕(蕩蕩)은 물이 넓은 모양을 형용한 것.

㊺ 漢高大度(한고대도)－한(漢)나라 고조(高祖)와 같은 큰 도량. 한나라 고조 유방(劉邦)은 부하 장수들이 모반을 꾀하려 하자, 장량(張良)의 계책에 따라 평소 미워하던 옹치(雍齒)라는 자에게 영지를 주고 후(侯)로 봉했다. 이에 반심을 품고 있던 다른 장수들은 미워하는 자까지 후하게 대접하는 고조의 도량에 감격하여 모반할 생각을 버렸다고 한다.

㊻ 撫(무)－어루만짐. 즉 잘 처리한다는 뜻. ㅇ庶事(서사)－여러 가지 정사(政事).

㊼ 履薄臨深(이박림심)－살얼음을 밟는 듯, 깊은 연못에 임하듯 매우 조심하라는 뜻. 《시경》 소아(小雅) 소민(小旻)에 '두려이 여기고 경계하라. 깊은 연못에 임한 듯, 얇은 얼음을 밟는 듯[戰戰兢兢 如臨深淵 如履薄氷]'이란 구절이 있다.

㊽ 戰戰慄慄(전전률률)－두려워하며 몸을 떠는 것.

㊾ 周文小心(주문소심)—주(周)나라 문왕(文王)처럼 조심하고 삼가는 것.

2

《시경》에서는 주(周) 문왕(文王)이 '아무것도 모르고 알지도 못하면서 하늘의 법도만을 따랐다[不識不知]'라 했고, 《서경》에서는 '치우침이 없고 공평을 잃는 일이 없다[無偏無黨]'라고 하였습니다. 군주는 가슴속에서 이것과 저것을 구별지음이 없이 동일한 것으로 공평하게 생각하고 마음속에 있는 좋아하고 싫어하는 감정을 없애야 합니다. 많은 사람들이 내치고 난 다음에야 형벌을 가하고, 많은 사람들이 기뻐하게 된 다음에야 상(賞)을 내리셔야 합니다. 세력이 강한 자가 있으면 약하게 하고 어지럽히는 자가 있으면 다스려야 하며, 억울하게 눌려 있는 자가 있으면 펴주고 비뚤어진 자가 있으면 바르게 잡아주어야 합니다.

그러므로 말하기를 군주는 저울대나 저울추와 같이 물건에 한계를 정하지 않고 저울에 매달아 놓은 물건은 그 경중(輕重)이 저절로 드러나듯 해야 합니다. 또한 물같이 맑고 거울같이 밝아서 사물에 자신의 감정을 나타내지 않고, 비추어진 물건들은 아름다운 것과 추한 것이 저절로 드러나듯 해야 합니다.

군주의 마음은 혼탁하고 흐려서는 안되고, 너무 깨끗하고 맑기만 해서도 안됩니다. 흐릿하고 사리에 어두워서도 안되고 지나칠만큼 자세하고 밝아서도 안됩니다. 비록 면류관의 드리운 구슬이 눈앞을 가릴지라도 아직 채 드러나지 않은 것까지도 볼 수 있어야 하며 비록, 면류관에서 드리워진 노란 솜방울[黈纊]이 귀를 막았을지라도 아직 소리가 되어 흘러나오지 않은 백성들의 목소리까지도 들을 수 있어야 합니다.

마음은 고요하고 깊은 경지에 자유롭게 놓여지고 정신은 지고(至高)한 도(道)의 정수(精髓) 속에서 노닐게 해야 합니다. 그리하여 그것을 두드리는 자에게는 크고작은 일에 따라 소리를 내주어야 하고, 그것을 헤아리는 자에게는 얕고 깊은 일에 따라 모두 채워주어야 합니다. 그러므로 말하기를, "하늘에는 일정한 도리가 있고 땅에는 편안함이 있으며 왕에게는 바른 덕이 있다."고 한 것입니다.

춘하추동 사계절은 아무 말 없이도 순서에 따라 바뀌고, 만물 또한 아무 말 없이 변화를 이룹니다. 어찌 백성들이 황제의 힘으로 천하가 화평하게 다스려짐을 알겠습니까? 우리 황제께서는 난세를 다스림에 있어서 지혜와 힘으로써 승리를 거두시어, 백성들은 그 위세를 두려워하고 있으나 아직 황제의 덕은 모릅니다. 우리 황제께서는 천운(天運)을 잡으시고 순수한 기풍을 일으키시니 백성들은 그 시작은 좋아하나 그것이 끝까지 갈 것인지는 보장 못하고 있습니다.

이에 저는 금으로 만든 거울 같은 감계(鑑戒)의 글을 씀으로써, 황제께옵서 신과 같은 신성함과 성인과 같은 덕을 다하게 하고자 합니다. 사람을 부림에는 마음으로써 하고 말을 했으면 실천함으로써, 다스림의 본체를 잘 포괄하고, 천자의 조칙으로써 잘못한 자를 누르고 잘한 자는 드높여야 합니다. 천하를 공유의 것이 되어야만 천자에게 기쁨이 있게 됩니다. 은(殷)나라의 탕왕(湯王)은 그물을 열고 신에게 기원했고, 순(舜)임금은 거문고를 연주하며 시를 지어 노래했습니다. 하루 이틀의 짧은 시간에도 이를 생각하고 이러한 일을 행하도록 하십시오. 화나 복은 오로지 사람들이 불러들이는 것일 뿐이고 선한 사람은 하늘이 그를 돕습니다.

천자께 간언을 드리는 벼슬에 있는 신(臣)은 바른 도리를 담당하고 있기에, 감히 전의(前疑)에게 말씀을 올리는 바입니다.

원문 ①詩之不識不知와 書之②無偏無黨이 一彼此於胸臆하고 損好
시 지 불 식 부 지   서 지 무 편 무 당   일 피 차 어 흉 억   손 호

惡於心想이라. ③衆棄而後加刑하며 ④衆悅而後行賞이라. 弱其强
오 어 심 상   중 기 이 후 가 형   중 열 이 후 행 상   약 기 강

而治其亂하고 伸其⑤屈而直其枉이라.
이 치 기 란   신 기 굴 이 직 기 왕

故로 曰⑥如衡如石하여 不定物以限하니 物之懸者는 輕重自
고　왈　여형여석　　　부정물이한　　　물지현자　　경중자

見이오 ⑦如水如鏡하여 不示物以情하니 物之鑑者는 ⑧姸媸自生
현　　여수여경　　　불시물이정　　　물지감자　　연치자생

이라.

勿⑨渾渾而濁하며 勿⑩皎皎而淸하며 勿⑪汶汶而闇하며 勿⑫察
물 혼혼이탁　　　물 교교이청　　　물 문문이암　　　물 찰

察而明하라. 雖⑬冕旒蔽目이나 而視於未形이오 雖⑭黈纊塞耳나
찰이명　　　수 면류폐목　　　이시어미형　　　수 주광색이

而聽於無聲이라.
이 청어무성

縱心乎⑮湛然之域하고 遊神於⑯至道之精하여 ⑰扣之者應⑱洪
종심호 잠연지역　　　유신어 지도지정　　　구지자응　홍

纖而效響하고 ⑲酌之者隨淺深而皆盈이라. 故로 曰⑳天之經과 ㉑地
섬이효향　　　작지자수천심이개영　　　고　왈 천지경과　지

之寧과 ㉒王之貞이라.
지녕　　왕지정

㉓四時不言而代序하고 ㉔萬物無言而化成이니 ㉕豈知帝力而天
사시불언이대서　　　만물무언이화성　　　기지제력이천

下平이리오? ㉖吾王撥亂하여 ㉗戡以智力이니 民懼其威나 未懷其
하평　　　　오왕발란　　　감이지력　　　민구기위　　미회기

德이라. 我皇㉘撫運하여 ㉙扇以淳風하니 民懷其始나 未保其終
덕　　　아황 무운　　　선이순풍　　　민회기시　　미보기종

이라.

爰述㉚金鏡하여 ㉛窮神盡聖이라. 使人以心하며 應言以行하여
원술 금경　　　궁신진성　　　사인이심　　　응언이행

㉜包括治體하고 ㉝抑揚詞令하라. ㉞天下爲公에 一人有慶이라. ㉟開
포괄치체　　　억양사령　　　천하위공　　일인유경　　　개

羅起祝하고 ㊱援琴命詩하여 ㊲一日二日에 ㊳念玆在玆하라. ㊴惟人
라기축　　　원금명시　　　일일이일　　염자재자　　　유인

所召니 ㊵自天祐之리라.
소소　　자천우지

⁴¹諍臣司直일새 敢告⁴²前疑하노라.
　쟁 신 사 직　　　감 고　전 의

주해　① 不識不知(불식부지)−《시경》대아(大雅) 황의(皇矣)에 나오는 구절. '상제(上帝)가 문왕(文王)에게 말하기를, 나는 밝은 덕을 좋아하니, 소리나 얼굴 표정으로 크게 나타내지 않고, 중국을 다스림에 상제의 법을 개혁하지 않으면, 아무것도 모르고 아무것도 알지 못하며 오직 상제의 법칙만을 따르도록 하라〔帝謂文王, 予懷明德, 不大聲以色, 不長夏以革, 不識不知, 順帝之則〕.'

② 無偏無黨(무편무당)−《서경》주서(周書) 홍범(洪範)편에 나오는 말. '군주된 자는 사사로이 좋아하는 것을 버리고 왕도(王道)를 따라야 하고, 사사로이 싫어하는 것을 버리고 왕의 길을 따라야 한다. 치우침이 없고 공평함을 잃지 않으면 왕도(王道)는 넓고 넓을 것이며, 공평함을 잃지 않고 치우침이 없으면 왕도는 평평하리라〔無有作好 遵王之道 無有作惡 遵王之路 無偏無黨 王道蕩蕩 無黨無偏 王道平平〕'. 여기에서 '편(偏)은 치우친 것, 당(黨)은 공평하지 않은 것'을 의미한다.

③ 衆棄而後加刑(중기이후가형)−많은 사람들이 버리고 난 다음에야 형벌을 내림.《맹자(孟子)》양혜왕(梁惠王) 하(下)에 나오는 다음과 같은 말에 의거한 것이다. "……좌우에서 모두 죽여야 한다고 말하더라도 듣지 마십시오 여러 대부들이 모두 죽여야 한다고 말하여도 듣지 마십시오 나라 사람들이 모두 죽여야 한다고 말을 한 뒤에야 살펴서서 죽여야 한다고 인정이 되면 그 다음에 죽이십시오 그렇게 되면 나라 사람들이 그 사람을 죽인 것이라고 말할 수 있습니다. 이와 같이 한 뒤에야 백성들의 부모가 될 수 있는 것입니다. 〔……左右皆曰可殺 勿聽. 諸大夫皆曰可殺 勿聽. 國人皆曰可殺 然後察之, 見可殺焉 然後殺之. 故曰國人殺之也. 如此 然後可以爲民父母.〕"

④ 衆悅而後行賞(중열이후행상)−많은 사람들이 기뻐한 이후에야 상을 내림.

⑤ 屈(굴)−죄 없이 눌려 몸을 구부리고 있는 사람. ○枉(왕)−마음이 굽어있는 사곡(邪曲)된 사람.

⑥ 如衡如石(여형여석)－저울대 같고, 저울의 돌로 된 추 같음. 군주가 신하를 평가할 때, 주관적인 감정을 완전히 배제하고 마음을 평정하게 하면, 저울에 물건을 매달았을 때 그 무게가 저절로 드러나는 것처럼 상대방의 역량이 저절로 드러난다는 뜻.

⑦ 如水如鏡(여수여경)－마음이 물과 같이 맑고, 거울같이 밝은 것.

⑧ 姸(연)－아름다운 것. 고운 것. ㅇ媸(치)－추한 것. 미운 것.

⑨ 渾渾(혼혼)－혼탁한 모양.

⑩ 皎皎(교교)－희고 깨끗한 모양.

⑪ 汶汶(문문)－더럽고 흐릿한 모양.

⑫ 察察(찰찰)－자세하고 밝은 모양. 여기서는 자세하고 밝은 것이 지나쳐 번거롭고 자질구레한 것까지 놓치지 않고 샅샅이 살피는 것을 뜻한다.

⑬ 冕旒蔽目(면류폐목)－면류관의 구슬이 눈을 가림. 면(冕)은 관(冠). 유(旒)는 관 앞뒤에 드리워진 끈에 오채(五采)의 구슬을 꿴 것. 천자의 관에는 끈이 열두줄, 제후의 관에는 아홉줄, 상·하 대부의 관에는 각각 일곱줄과 다섯줄을 드리웠다. 천자의 관에 유를 드리우는 까닭은 사곡(邪曲)한 것과 자질구레한 것이 천자의 눈에 뜨이지 않도록 하려는 것이다.

⑭ 黈纊塞耳(주광색이)－주광(黈纊)이 귀를 막음. 주광은 천자의 면류관에 좌우로 달려 있는 노란색의 솜을 뭉쳐 만든 솜방울. 천자로 하여금 함부로 아무 말이나 듣지 않도록 하기 위함이다.

⑮ 湛然(잠연)－물이 깊고 고요한 모양.

⑯ 至道之精(지도지정)－지극한 도(道)의 정수(精髓).

⑰ 扣之(구지)－그것을 두드리다. 즉 뜻을 묻는다는 말.

⑱ 洪纖(홍섬)－넓고 큰 것과 가늘고 작은 것.

⑲ 酌之(작지)－물을 긷다. 즉 생각을 헤아린다는 뜻. ㅇ淺深(천심)－그릇의 깊고 얕은 것.

⑳ 天之經(천지경)－하늘의 변하지 않는 일정한 도리. 경(經)은 상(常)의 뜻.

㉑ 地之寧(지지령)－대지의 움직이지 않는 편안함.

㉒ 王之貞(왕지정)－제왕의 바르고 곧은 덕.

㉓ 四時不言而代序(사시불언이대서)－춘하추동의 사계절은 누가 명령의 말

을 하지 않아도 순서대로 바뀜.

㉔ 萬物無言而化成(만물무언이화성)—만물은 아무 말 없이도 변화하면서 생성발전(生成發展)을 이룸.

㉕ 豈知帝力而天下平(기지제력이천하평)—천자의 힘으로 천하가 화평해졌음을 어찌 알겠습니까?《통지(通志)》에 요(堯)임금 때의 격양가(擊壤歌)를 다음과 같이 말하고 있다. '때는 도당(陶唐 : 堯임금)의 세상으로, 세상은 밝고 백성들은 태평하였다. 어떤 노인이 길에서 땅을 두드리며 노래부르기를 "해 뜨면 나아가 일하고, 해 지면 들어와 쉬네. 우물 파서 물마시고, 땅 갈아 밥 먹으니, 임금의 힘인들 우리에게 무슨 아랑곳이 있으리?"〔陶唐之世, 俗熙民泰. 有老人 擊壤而歌於路曰 ; 日出而作, 日入而息. 鑿井而飮, 耕田而食. 帝力何有於我哉?〕.'

㉖ 吾王撥亂(오왕발란)—오왕(吾王)은 당(唐) 태종(太宗), 발란(撥亂)은 난을 다스려 세상을 평안하게 하는 것을 말함. 당 태종이 수(隋)나라 말의 난을 평정하고 당나라를 건국한 것을 가리킴.

㉗ 戡(감)—승(勝)과 같은 뜻. 이기다.

㉘ 撫運(무운)—천운(天運)을 손에 잡다. 천명으로 천자의 지위에 오르는 것을 뜻한다.

㉙ 扇(선)—부채질하다. 즉 부채질을 하여 바람을 일으키듯이 하다.

㉚ 金鏡(금경)—금으로 만든 거울. 즉 선악과 시비를 비추어 바르게 하는 거울과 같은 감계(鑑戒)의 말. 여기서는〈대보잠(大寶箴)〉을 가리킨다.

㉛ 窮神盡聖(궁신진성)—군주로서의 신성한 지덕(知德)을 다하도록 한다는 뜻.

㉜ 包括治體(포괄치체)—정치의 본체를 포괄한다는 뜻.

㉝ 抑揚詞令(억양사령)—억양(抑揚)은 누르기도 하고 올리기도 하는 것. 즉 천자의 사령으로 좋은 일을 한 자에게는 상을 주어 높여 주고 잘못한 자에게는 벌을 주어 누르는 것. 사령은 조칙과 명령을 뜻한다.

㉞ 天下爲公(천하위공)—천하를 만인의 공유물로 하는 것.《예기(禮記)》예운편(禮運篇)에 '대도(大道)가 행해진 시대에는 천하를 공유하여〔大道之行也, 天下爲公〕……'라고 했다.

㉟ 開羅起祝(개라기축)-그물을 열고 축도함. 나(羅)는 새나 짐승을 잡기 위해 설치한 그물.《사기(史記)》은본기(殷本紀)에 다음과 같은 말이 있다. '탕왕(湯王)이 궁 밖에 나갔더니, 들에 그물을 사면으로 쳐놓고 하늘에 축도하는 자가 있었다. "하늘에서 나는 놈, 땅에서 뛰는 놈, 사방의 모든 짐승이 모조리 내 그물에 걸리게 해주십시오." 이에 탕왕은 짐승들을 몰살시키게 될 그러한 사냥은 무도(無道)한 짓이라 생각하여, 사면의 그물 중 삼면의 그물을 치우고 기도하기를 "왼쪽으로 가고 싶은 것은 왼쪽으로 가고, 오른쪽으로 가고 싶은 것은 오른쪽으로 가라. 높이 날고 싶은 것은 높이, 낮게 날고 싶은 것은 낮게 날아 그물을 피하라. 내 명을 듣고 싶지 않은 것만 그물에 들어와라."라고 하였다. 제후들이 이것을 듣고는 "탕왕의 덕이 지극하여 금수에까지 미치도다."라고 말하였다.'

㊱ 援琴命詩(원금명시)-순(舜)임금은 즉위하자, 거문고를 연주하면서 〈남풍가(南風歌)〉를 노래하며 백성들이 편안하고 잘살기를 빌었다. "훈훈한 남풍이 부니, 우리 백성들의 원한 풀어줄 수 있겠네. 남풍이 때맞추어 부니, 우리 백성들의 재물이 풍족할 수 있겠네[南風之薰兮, 可以解吾民之慍兮. 南風之時兮, 可以阜吾民之財兮]."

㊲ 一日二日(일일이일)-《서경》우서(虞書) 고요모(皐陶謨)에 나오는 말로, 우왕(禹王)이 현신 고요(皐陶)와 정사를 이렇게 논하고 있다. "안일과 탐욕으로 나라를 다스리지 마시고, 조심하고 두려워하십시오 하루나 이틀의 짧은 기간에도 만가지 일의 조짐이 생깁니다[無敎逸欲有邦, 兢兢業業, 一日二日萬幾]."

㊳ 念玆在玆(염자재자)-《서경》우서(虞書) 대우모(大禹謨)에 나오는 말. 우왕(禹王)이 순(舜)임금에게 고요(皐陶)의 공적을 잊어서는 안된다고 하는 말이다. "고요는 힘써 덕을 심어 그 덕이 아래에까지 미쳤고 백성들은 그를 따르고 있습니다. 임금께서는 깊이 생각하소서! 그 사람을 생각함은 그의 공적 때문이고, 그 사람을 버려도 그의 공적은 그대로 있으며, 그 사람의 이름을 말하는 것도 그의 공적 때문이고, 그 사람에 대한 믿음이 우러나옴도 그의 공적 때문이니, 임금께서도 그의 공적을 생각하십시오[皐陶邁種德, 德乃降, 黎民懷之. 帝念哉! 念玆在玆, 釋玆在玆, 名言玆在玆,

允出玆在玆, 惟帝念功]." 여기서 '염자재자'는, 군주는 덕으로써 올바른
정사를 펼 것을 잊어서는 안된다는 뜻으로 쓰였다.

㊴ 惟人所召(유인소소)─오직 사람이 불러들이는 것이다. 화나 복은 자신의
행동에 따라 결정된다는 뜻.《좌전(左傳)》양공(襄公) 23년에, '화나 복은
출입하는 문이 없다. 오직 사람들이 불러들이는 바에 따라 출입한다[禍福
無門 唯人所召]'라는 말이 있다.

㊵ 自天祐之(자천우지)─사람이 선한 일을 하면 하늘로부터 도움을 받는
다.《역경(易經)》대유괘(大有卦) 상구(上九)에 나오는, '하늘이 그를 돕
는다. 길하여 불리함이 없다[自天祐之 吉无不利]'라는 말이 있다.

㊶ 諍臣(쟁신)─간하는 신하. 장온고(張蘊古) 자신을 가리킨다. ㅇ司直(사
직)─시비를 다스리는 관직. 바른 도리를 담당하는 관직.

㊷ 前疑(전의)─옛날에 군주의 전후좌우에서 군주를 보좌하는 관리.《예기
(禮記)》문왕세자편(文王世子篇) 소(疏)에 '앞의 사람을 의(疑), 뒤의 사
람을 승(丞), 왼쪽의 사람을 보(輔), 오른쪽의 사람을 필(弼)이라 한다'고
하였다. 전의(前疑)에게 고한다 함은, 필자가 겸손하여 직접 군주에게 올
리지 않고, 천자를 모시는 전의에게 올린 글로 표현하고 있다.

해설 《문심조룡(文心雕龍)》 주(註)에 의하면 '잠(箴)은 병을 고치는 침
(針)의 뜻'이라 했으니 잠이란 풍자하고 훈계하는 내용의 글이다. 잠은
크게 관잠(官箴)과 사잠(私箴)으로 나눌 수 있다. 관잠이란 남을 훈계하
고 깨우치게 하는 글이고, 사잠이란 자기 자신을 훈계하고 깨우치는 글을
말한다. 예를 들면 앞에 나온 장온고(張蘊古)의 〈대보잠(大寶箴)〉은 관
잠이고, 정정숙(程正叔)의 〈사잠(四箴 : 視箴·聽箴·言箴·動箴)〉은 사
잠(私箴)에 속한다.

이 〈대보잠〉은 당(唐) 태종(太宗) 때 중서성(中書省)의 관리로 있던
장온고가 그때 즉위한 지 얼마 안된 황제에게 올린 글이다. 대보(大寶)라
는 말은《역경》계사전(繫辭傳) 하(下)에 '천지의 대덕(大德)을 생(生)이
라 하고, 성인의 대보(大寶)를 위(位)라고 한다[天地之大德曰生, 聖人之
大寶曰位]'라고 한 말에서 인용한 것이다.

〈대보잠〉은 천자가 제위를 유지하기 위해 지켜야 할 일들을 쓴 것으로 대부분 대구로 이루어져 있고 고사를 인용하여 내용이 함축적이며 잠언으로서의 엄격한 형식을 지니고 있다. 당 태종은 이것을 받고는 감계(鑑戒)로 삼을 만하다고 크게 기뻐하여 비단 3백필을 내리고 직책을 대리시승(大里寺丞)으로 올려 주었다고 한다.

대당중흥송(大唐中興頌)

원결(元結)

　당(唐) 현종(玄宗) 천보(天寶) 14년에 안녹산(安祿山)이 낙양(洛陽)을 함락시키고, 그 다음해 장안(長安)도 함락시켰다. 천자는 촉(蜀) 지방으로 피란갔고 태자가 영무현(靈武縣)에서 황제에 즉위하였다. 다음해에 새 황제는 군대를 봉상현(鳳翔縣)으로 이동시켰다가 그해에 낙양과 장안을 수복하여 상황제(上皇帝)가 수도로 돌아왔다. 아! 전대(前代)의 제왕들 가운데 융성한 덕행과 위대한 업적을 남기신 분들은 반드시 찬미하는 노래를 지어 드러내야 한다. 지금 위대한 업적을 찬양하여 그것을 금석에 새기려 하는데, 문장과 학문에 노련한 사람이 아니면 그 누가 짓기에 마땅하겠는가? 다음과 같이 송가(頌歌)를 짓는다.

　아! 전(前) 왕조에서는 요망한 신하들이 간사하고 교만하여 어리석고 요사스런 짓을 했네.

　변방의 장수가 반란병을 끌고 와 국법을 해치고 어지럽히니, 모든 백성들이 안녕을 잃었구나.

　황제의 수레 남쪽으로 피란가고, 여러 관리들이 몸을 숨기거나 역적을 받들어 그의 신하라 일컬었네.

　하늘은 장차 당(唐)나라를 창성케 하고자, 이에 우리 황제를 돌보시어 북방에서 군대를 일으키게 하셨네.

　홀로 우뚝 서서 한바탕 외치시니 온갖 깃발 아래 병졸들 앞으로 내

달렸네.

우리 군대 동으로 진군하고, 태자께서도 종군하시어 흉악한 무리들 소탕하셨네.

다시 수복할 기한을 정하시고는 한 번도 시일을 어긴 일이 없으셨으니, 나라가 생긴 이래로 처음 있는 일이었네.

일에 지극한 어려움이 있었으나, 종묘는 다시 편안해지고 두 성군께서는 재회의 기쁨 누리셨네.

천지가 개벽되고 요망한 재앙이 말끔히 제거되니 상서로운 경사 크게 몰려왔네.

흉악한 무리와 반역자들마저도 천자의 은택에 흠뻑 젖으니, 살았거나 죽었거나 부끄러워해야만 할 일이었네.

공로가 있는 신하들은 지위가 높아지고, 충렬들은 이름이 영원히 남아 은택이 자손에게까지 전해지게 되었네.

황제의 크신 은혜 흥성해져서 산같이 높고 해같이 높이 오르니 만복을 누리게 된 것이네.

훌륭하신 대군의 명성과 용태 물흐르듯 전해지는 것은 이 문장 때문이 아니겠는가?

상강(湘江)의 동서쪽 중간에서 오계(浯溪)와 만나는 곳에 돌벼랑이 하늘에 솟아있네.

그것을 갈고 다듬어 이 송가를 새기는데, 어찌 천만년만 전해질까?

원문 ①天寶十四年에 ②安祿山陷洛陽하고 明年陷長安하니 天子
　　　천 보 십 사 년　　안 녹 산 함 낙 양　　명 년 함 장 안　　천 자

③幸蜀하시고 太子卽位於靈武라. 明年皇帝移軍④鳳翔하여 其年
　행 촉　　　태 자 즉 위 어 영 무　　명 년 황 제 이 군 봉 상　　기 년

復兩京하고 上皇還京師하니라.
복 양 경　　상 황 환 경 사

⑤於戲라! 前代帝王이 有盛德大業者는 必見於歌頌이라. 若今
　오 호　　전 대 제 왕　　유 성 덕 대 업 자　　필 현 어 가 송　　약 금

歌頌大業하여　刻之金石인댄　非⑥老於文學이면　其誰宜爲리오?
가 송 대 업　　　각 지 금 석　　　비　로 어 문 학　　　기 수 의 위

頌曰;
송 왈

⑦噫嘻! 前朝孽臣姦驕하여　爲昏爲妖로다.
희 희　전 조 얼 신 간 교　　　위 혼 위 요

⑧邊將騁兵하여　毒亂國經하니　羣生失寧이로다.
변 장 빙 병　　　독 란 국 경　　　군 생 실 녕

⑨大駕南巡하시니　百僚竄身하여　奉賊稱臣이로다.
대 가 남 순　　　백 료 찬 신　　　봉 적 칭 신

天將昌唐이시니　⑩繄睨我皇하여　匹馬北方이로다.
천 장 창 당　　　예 예 아 황　　　필 마 북 방

獨立一呼하니　⑪千麾萬旗에　戎卒前驅로다.
독 립 일 호　　　천 휘 만 여　　　융 졸 전 구

我師其東하니　⑫儲皇撫戎하여　蕩攘羣兇이로다.
아 사 기 동　　　저 황 무 융　　　탕 양 군 흉

⑬復復指期하여　曾不踰時하니　有國無之로다.
부 복 지 기　　　증 불 유 시　　　유 국 무 지

事有至難이나　宗廟再安하고　二聖重歡이라.
사 유 지 난　　　종 묘 재 안　　　이 성 중 환

地闢天開하여　⑭蠲除妖災하니　瑞慶大來로다.
지 벽 천 개　　　견 제 요 재　　　서 경 대 래

兇徒逆儔가　⑮涵濡天休하니　死生堪羞로다.
흉 도 역 주　　　함 유 천 휴　　　사 생 감 수

⑯功勞位尊하고　忠烈名存하니　澤流子孫이로다.
공 로 위 존　　　충 렬 명 존　　　택 류 자 손

盛德之興이　山高日昇하니　萬福是⑰膺이라.
성 덕 지 흥　　　산 고 일 승　　　만 복 시 응

能令大君으로　聲容⑱沄沄은　不在斯文가?
능 령 대 군　　　성 용 운 운　　　부 재 사 문

⑲湘江東西에　中直浯溪하니　石崖天齊라.
상 강 동 서　　　중 직 오 계　　　석 애 천 제

可磨可⑳鑴하여　刊此頌焉하니　何千萬年고?
가 마 가 전　　　간 차 송 언　　　하 천 만 년

주해 ① 天寶十四年(천보십사년)-755년. 천보(天寶)는 당(唐)나라 현종(玄宗)의 연호임.

② 安祿山(안녹산)-당나라 현종 때의 무장으로 오랑캐 출신. 현종의 총애를 한때 받았으나 하동(河東)의 절도사로 있을 때에 군대의 증강과 사유화를 도모하여 중앙의 실권자였던 양국충(楊國忠)과 반목하였다. 천보 14년에 범양(范陽), 곧 지금의 북경(北京)에서 거병하여 낙양(洛陽)을 공략한 후 대연황제(大燕皇帝)라 칭하였으나, 둘째 아들 경서(慶緒)에게 살해되었다.

③ 幸(행)-천자의 행차. 여기서는 현종이 안녹산의 난을 피해 장안을 탈출하여 촉(蜀)으로 떠난 것을 가리킨다. ㅇ太子(태자)-현종의 태자 형(亨)으로 후의 숙종(肅宗). ㅇ靈武(영무)-감숙성(甘肅省)의 지명. 현종이 촉으로 망명하자 태자인 형은 영무로 망명하였다가 그곳에서 군사를 일으키고 황제의 자리에 스스로 올랐다.

④ 鳳翔(봉상)-섬서성(陝西省)의 현(縣) 이름.

⑤ 於戲(오호)-오호(於乎). 감탄하는 소리.

⑥ 老於文學(노어문학)-문학에 노련한 사람.

⑦ 噫嘻(희희)-희호(噫乎). 감탄사. ㅇ前朝(전조)-현종의 시대를 가리킴. ㅇ孽臣(얼신)-요망한 신하.

⑧ 邊將(변장)-국경수비를 맡은 장수. 안녹산을 가리킴. ㅇ騁兵(빙병)-군사를 일으킴.

⑨ 大駕(대가)-천자의 수레. ㅇ竄(찬)-달아나 몸을 숨김.

⑩ 繄(예)-이에. 여기에. ㅇ睨(예)-눈길을 보내다. ㅇ匹馬北方(필마북방)-북방은 영무(靈武)를 가리킴. 영무에서 군대를 일으키다.

⑪ 千麾萬旟(천휘만여)-휘(麾)는 장수가 군대를 지휘하는 데 쓰는 기. 여(旟)는 행군할 때에 세우는 기. ㅇ戎卒(융졸)-융(戎)은 병사, 병기, 병거(兵車) 등을 뜻하고, 졸(卒)은 병졸을 뜻한다.

⑫ 儲皇(저황)-저(儲)는 예비로서 대기하는 것. 전(轉)하여 동궁(東宮)을 뜻하는데, 여기서는 숙종의 태자 광평군왕(廣平郡王) 숙(俶)을 말한다. ㅇ撫戎(무융)-무군(撫軍)과 같음. 직접 군대를 지휘함. ㅇ蕩攘(탕양)-소탕하여 물리침.

⑬ 復復(부복)-다시 회복함.

⑭ 蠲除(견제)-두 자 모두 제거하는 것을 뜻한다.

⑮ 涵濡(함유)-흠뻑 젖음. 은덕을 입는 것을 뜻한다. ○天休(천휴)-휴(休)는 선(善)의 뜻. 하늘의 은덕, 또는 천자의 아름다운 덕.

⑯ 功勞(공로)-안녹산의 난을 진압하는 데 공로가 많았던 신하들. 곽자의(郭子儀)·이광필(李光弼)·안진경(顔眞卿) 등과 같은 명장과 충신. ○忠烈(충렬)-안녹산의 난 때 장렬하게 죽은 안고경(顔杲卿)·장순(張巡)·허원(許遠) 등을 가리킨다.

⑰ 膺(응)-받다. 몸 가까이하다.

⑱ 汃汃(운운)-물이 그치지 않고 흐르는 것, 명성이 길이 전해지는 것을 뜻한다.

⑲ 湘江(상강)-호남성(湖南省) 동쪽에 있는 강으로 동정호(洞庭湖)로 흘러든다. ○浯溪(오계)-호남성의 영주(永州) 기양현(祁陽縣) 남쪽 5리에 있는 작은 강으로 상강으로 흘러든다.

⑳ 鐫(전)-각(刻)과 같은 뜻으로, 새기는 것. ○刊(간)-새기다.

해설 당나라 현종의 천보(天寶) 14년 11월에 안녹산이 난을 일으켜, 그 이듬해 장안(長安)이 함락되었다. 현종은 난을 피해 촉(蜀)으로 가고 태자가 제위에 올라 군사를 지휘하여 난을 평정했다. 당을 중흥시킨 숙종(肅宗)의 공적을 찬양한 글이 이 〈대당중흥송(大唐中興頌)〉이다.

송(宋)의 범성대(范成大)가 이 글을 비평하여, "송(頌)은 성덕을 찬미하는 글인데, 이 글에는 비록 부드럽기는 하나 비방의 뜻이 포함되어 있다."고 했는데 타당하지 않다.

이 글은 매우 짧지만 구의(句意)가 많으며, 당조(唐朝)의 흥망성쇠를 논하고 있다. 구양수(歐陽修)의 발(跋)에 의하면 〈대당중흥송〉은 원결(元結 : 자 次山)이 글을 짓고, 안진경(顔眞卿)이 글씨를 썼다고 한다. 오계(浯溪)의 마애(磨崖)에 새겼으므로 '마애비(磨崖碑)'라고도 하는데, 지금은 모두 손상되어 본래의 것은 전해지지 않는다.

원인(原人)

한유(韓愈)

위에서 형상으로 이루어진 것을 하늘이라 하고, 아래에서 형상으로 나타난 것을 땅이라 하며, 그 둘 사이에서 생명을 가지고 생겨난 것을 사람이라고 한다. 위에서 형상지어진 해·달·별은 모두 하늘의 것이다. 아래에서 형상지어진 풀·나무·산과 냇물 등은 모두 땅의 것이다. 그 둘 사이에서 생명을 가지고 있는 오랑캐와 새 짐승은 모두 사람의 것이다.

그렇다면 우리가 짐승을 사람이라 말해도 되겠는가? 안된다. 산을 가리켜 묻기를 산인가라고 한다면 산이라고 해도 된다. 산에는 풀·나무·짐승이 있는데 모두 함께 들어 말한 것이다. 산의 풀 한포기를 가리켜 묻기를 산인가라고 할 때 산이라 하면 안된다.

본디 하늘의 도가 어지러워지면 해·달·별들이 정상적인 운행을 하지 못하고, 땅의 도가 어지러워지면 풀·나무·산·냇물 등은 평안함을 얻지 못하며, 사람의 도가 어지러워지면 오랑캐와 새 짐승이 그들의 본성을 얻지 못한다.

하늘은 해·달·별들의 주인이며 땅은 풀·나무·산·냇물 등의 주인이며, 사람은 오랑캐와 새 짐승의 주인이다. 주인으로서 포악하게 굴면 주인된 도를 지키지 못하게 된다. 이런 까닭에 성인(聖人)은 모든 것을 하나같이 보고 똑같이 사랑하며 가까운 것을 도탑게 도와주고 먼 것도 함께 사랑해 준다.

원문 ①形於上者를 謂之天이오 形於下者를 謂之地오 ②命於其兩
　　　　형 어 상 자　위 지 천　　　형 어 하 자　위 지 지　　　명 어 기 양

間者를 謂之人이라. 形於上은 日月③星辰이 皆天也요 形於下는
간 자　위 지 인　　　형 어 상　일 월 성 신　개 천 야　　형 어 하

草木山川이 皆地也요 命於其兩間은 ④夷狄禽獸가 皆人也니라.
초 목 산 천　개 지 야　명 어 기 양 간　　이 적 금 수　개 인 야

　⑤曰然則吾謂禽獸曰人이 可乎아? 曰非也라 指山而問焉曰山
　활 연 즉 오 위 금 수 왈 인　가 호　　활 비 야　지 산 이 문 언 왈 산

乎인댄 曰山可也라 山有草木禽獸가 皆⑥擧之矣로되 指山之一草
호　　왈 산 가 야　산 유 초 목 금 수　개 거 지 의　　지 산 지 일 초

而問焉曰山乎인댄 曰山則不可니라.
이 문 언 왈 산 호　　왈 산 즉 불 가

　⑦故天道亂而日月星辰이 ⑧不得其行하며 地道亂而草木山川이
　고 천 도 란 이 일 월 성 신　부 득 기 행　　지 도 란 이 초 목 산 천

不得其⑨平하며 人道亂而夷狄禽獸가 不得其⑩情하니라.
부 득 기 평　　인 도 란 이 이 적 금 수　부 득 기 정

　天者日月星辰之主也요 地者草木山川之主也요 人者夷狄禽
　천 자 일 월 성 신 지 주 야　지 자 초 목 산 천 지 주 야　인 자 이 적 금

獸之主也니라. 主而暴之면 不得其爲主之道矣라. 是故로 聖人은
수 지 주 야　　주 이 폭 지　부 득 기 위 주 지 도 의　　시 고　성 인

⑪一視而同仁하고 ⑫篤近而擧遠이니라.
일 시 이 동 인　　독 근 이 거 원

주해 ① 形(형)-형상으로 나타나다. 형체를 이루다.

② 命(명)-생명을 받아 가지다. o 兩間(양간)-둘 사이. 하늘과 땅 사이.

③ 星辰(성신)-별. 신(辰)자가 별이란 뜻으로 독립적으로 쓰일 때는 '진'이
라고 읽는다.

④ 夷狄(이적)-오랑캐. 이민족. 원래 이(夷)는 동방의 오랑캐이고 적(狄)은
북방의 오랑캐인데 여기서는 오랑캐의 총칭으로 쓰였다. o 禽獸(금수)-
새 짐승. 원래 금(禽)은 날짐승이고 수(獸)는 네 발이 달리고 전신에 털
이 있는 동물. 여기서의 금수는 동물의 총칭.

⑤ 曰(왈)- ……라 말하다. 조사로 보아도 됨.

⑥ 擧(거) — 여(與)의 뜻으로, 더불다, 포함하다.

⑦ 故(고) — 본디, 본래.

⑧ 不得其行(부득기행) — 정상적인 운행을 얻지 못하다. 정상적으로 운행하지 못하다. 행(行)은 운행.

⑨ 平(평) — 평안함. 안정됨.

⑩ 情(정) — 본성. 진정.

⑪ 一視而同仁(일시이동인) — 하나같이 보고 똑같이 어질게 대하다. 일시(一視)는 차별적으로 보지 않는다는 뜻.

⑫ 篤近而擧遠(독근이거원) — 가까운 것을 도탑게 도와주고 먼 것도 함께하여 사랑하다. 거(擧)의 뜻은 ⑥에 설명되어 있음.

(해설)　《창려선생집(昌黎先生集)》권11　잡저(雜著)에는 〈원도(原道)〉·〈원성(原性)〉·〈원훼(原毁)〉·〈원인(原人)〉·〈원귀(原鬼)〉의 다섯 가지 원류(原類)의 글이 실려 있다. 이 〈원인〉편의 제목 아래에는 '혹작인(或作仁 : 혹은 仁으로 되어 있다)'으로 적혀 있으니 〈원인(原仁)〉이란 제목으로도 쓰여졌음을 알 수 있다.

　이 글은 사람의 도리, 곧 인(仁)을 논하고 있다. 이민족을 오랑캐라 하여 중국인과 구별하고 동물과 함께 언급한 데서 중국인의 중화사상이 엿보이긴 하지만 주인 노릇을 하기 위해서는 힘으로 다스릴 것이 아니라 인을 베풀어야 한다고 역설한 것은 유가(儒家)사상의 훌륭한 점이라 볼 수 있다.

원도(原道)

한유(韓愈)

1

널리 사랑하는 것을 인(仁)이라 하고, 행하여 이치에 맞는 것을 의(義)라 한다. 이를 따라가야만 하는 것을 도(道)라 하고, 자신에게 충족되어 있어 밖에 기대함이 없는 것을 덕(德)이라 한다. 인과 의는 고정된 이름이고 도와 덕은 공허한 자리이다. 그러므로 도에는 군자와 소인이 있고 덕에는 흉한 것과 길한 것이 있다.

노자(老子)가 인의를 하찮게 여긴 것은 그것을 헐뜯은 것이 아니라 그의 견식이 하찮았던 까닭이었다. 우물 안에 앉아서 하늘을 보고 하늘이 작다고 말하는 것은 하늘이 작은 것이 아니다. 그는 자그마한 은혜를 인이라 여기고 자그마한 선행을 의라 여겼으니 그가 하찮게 본 것은 마땅하다.

그가 말하는 도는 그가 도라고 여긴 바를 도라고 한 것이지 내가 말하는 도는 아니다. 그가 말하는 덕은 그가 덕이라고 여긴 바를 덕이라 한 것이지 내가 말하는 덕은 아니다. 무릇 내가 도나 덕이라고 말하는 것은 인과 의를 합하여 말한 것이고 천하의 공인된 말인데, 노자가 도나 덕이라 한 것은 인과 의를 떠나 말한 것이고 한 사람의 사사로운 말이다.

원문 博愛之謂仁이오 行而①宜之之謂義요 由②是而之焉之謂道요
박애지위인 　　행이　의지지위의　　유 시이지언지위도

足乎已無待於外之謂德이라. 仁與義는 爲③定名이오 道與德은 爲
족 호 이 무 대 어 외 지 위 덕　　인 여 의　위 정 명　　도 여 덕　　위

④虛位라. 故로 道는 有君子有小人하고 而⑤德은 有凶有吉이니라.
허 위　고 도　유 군 자 유 소 인　　이 덕　유 흉 유 길

老子之⑥小仁義는 非⑦毁之也요 其見者가 小也니라. 坐井而觀
노 자 지 소 인 의　비 훼 지 야　기 견 자　소 야　　좌 정 이 관

天曰天小者는 非天小也라. 彼以⑧煦煦爲仁하며 ⑨孑孑爲義하니
천 왈 천 소 자　비 천 소 야　피 이 후 후 위 인　혈 혈 위 의

其小之也則宜로다.
기 소 지 야 즉 의

⑩其所謂道는 道其所道니 非吾所謂道也요 ⑪其所謂德은 德其
기 소 위 도　도 기 소 도　비 오 소 위 도 야　　기 소 위 덕　덕 기

所德이니 非吾所謂德也라. 凡吾所謂道德云者는 合仁與義言之
소 덕　비 오 소 위 덕 야　범 오 소 위 도 덕 운 자　합 인 여 의 언 지

也니 天下之⑫公言也요 老子之所謂道德云者는 去仁與義言之
야　천 하 지 공 언 야　노 자 지 소 위 도 덕 운 자　거 인 여 의 언 지

也니 一人之私言也니라.
야　일 인 지 사 언 야

주해　① 宜(의)—옳다. 이치에 맞다.

② 是(시)—이것. 인(仁)과 의(義)를 가리킴.

③ 定名(정명)—고정된 이름.

④ 虛位(허위)—공허한 자리. 정해져 있지 않고 유동적인 위치란 뜻.

⑤ 德有凶有吉(덕유흉유길)—덕에는 흉한 덕과 길한 덕이 있다. 흉(凶)은 흉
덕(凶德), 악덕(惡德). 길(吉)은 길덕, 선한 덕.

⑥ 小(소)—비소(卑小)하게 여기다. 하찮게 여기다.

⑦ 毁(훼)—험담을 하다.

⑧ 煦煦(후후)—자그마한 은혜를 베푸는 모양. 햇빛이 약간 따스한 모양.

⑨ 孑孑(혈혈)—우뚝하게 솟아 빼어난 모양. 또는 조그마한 선행. 여기서는
후자의 뜻.

⑩ 其所謂道(기소위도)—그가 도라고 하는 것.

⑪ 其所謂德(기소위덕)—그가 덕이라고 하는 것.

⑫ 公言(공언)-공개하여 말함. 일반인에게 공인되는 말. 여기서는 후자의 뜻.

2

　주(周)나라의 도가 쇠미해지고 공자가 죽자, 진(秦)나라 때에는 책이 불태워졌으며 한(漢)나라 때에는 황로학(黃老學)이 성행하였으며 진(晉)나라·송(宋)나라·제(齊)나라·양(梁)나라·위(魏)나라·수(隋)나라 사이에는 불교가 성행하였다. 도덕과 인의를 말하는 자는 양주(楊朱)에 속하지 않으면 묵적(墨翟)에 속하였고, 노자(老子)에 속하지 않으면 불교에 속하였다. 저들에 속하면 곧 이 편으로부터 탈퇴하여, 거기에 속한 자는 저들을 주인으로 받들고 탈퇴자는 이를 노예처럼 멸시한다. 거기에 속한 자는 저들에 달라붙고 탈퇴자는 이를 더럽게 여겼다.

　아! 후세의 사람들이 인의와 도덕의 이야기를 듣고자 해도 그 누구를 좇아서 듣겠는가? 노자를 따르는 자들은 말하기를 "공자는 우리 선생님의 제자다."고 하고, 부처를 따르는 자들도 말하기를 "공자는 우리 선생님의 제자다."고 한다. 공자를 따르는 자들도 그러한 말을 익히 들어, 그들의 거짓말을 즐기며 스스로를 작게 여기어 역시 말하기를 "우리 선생님께서도 일찍이 그렇게 말씀하셨다."하고, 다만 입으로만 그 일을 거론하는 것이 아니라 또 그의 책에 그 일을 글로 써놓기도 하였다.

　아아! 후세 사람들이 비록 인과 의와 도와 덕에 관한 이론을 듣고자 한다 하더라도, 그 누구를 좇아서 구해 들을 수 있겠는가? 심하구나! 사람들이 괴이함을 좋아하는 것은! 그 실마리를 구하지 않고 그 결말을 묻지도 않고 오직 괴이한 것만을 듣고자 하는구나!

[원문] 周道衰하고 孔子沒하시니 ①火于秦하며 ②黃老于漢하며 佛于
주도쇠　공자몰　　화우진　　황로우한　　불우
晉宋齊梁魏隋之間이라. 其言道德仁義者는 不入于③楊이면 則入
진송제양위수지간　기언도덕인의자　불입우　양　즉입

于墨하고 不入于老면 則入于佛이라. 入于彼則出于此하여 ④入者
우묵　　　불입우로　　즉입우불　　　입우피즉출우차　　　　　입자

主之하고 ⑤出者奴之하며 入者附之하고 出者⑥汙之라.
주지　　　출자노지　　　입자부지　　　출자　오지

噫라! 後之人이 其欲聞仁義道德之說인들 孰從而聽之리오?
희　　후지인　　기욕문인의도덕지설　　　숙종이청지

⑦老者曰：孔子吾師之弟子也라 하고 ⑧佛者曰：孔子吾師之弟子
노자왈　공자오사지제자야　　　　　　불자왈　공자오사지제자

也라. 爲孔子者이 習聞其說하고 樂其⑨誕而自小也하여 亦曰吾
야　　위공자자　습문기설　　　낙기　탄이자소야　　　역·왈오

師亦嘗⑩云爾라 하여 不惟擧之於其口요 而又⑪筆之於其書라.
사역상　운이　　　　불유거지어기구　　이우　필지어기서

噫라! 後之人이 雖欲聞仁義道德之說인들 其孰從而求之리오?
희　　후지인　　수욕문인의도덕지설　　　기숙종이구지

甚矣라! 人之好⑫怪也여! 不求其⑬端하며 不⑭訊其末이오 惟怪之
심의　　인지호괴야　　　불구기단　　　불신기말　　　유괴지

欲聞이온저!
욕문

(주해) ① 火于秦(화우진)－진시황(秦始皇)은 분서갱유(焚書坑儒)를 행하여 의
학·점(占)·나무심기에 관한 책을 제외한 모든 책들을 불태우고 유생(儒
生)들을 죽였다. 이로 인해 중국의 옛 책들이 대부분 없어졌다.

② 黃老(황로)－황제(黃帝)와 노자(老子). 도가(道家)를 말한다. 도가에서는
노자의 도(道)가 전설상의 임금인 황제로부터 비롯되었다고 한다.

③ 楊(양)－양주(楊朱). 전국시대 사람으로 극단적인 '위아(爲我)'의 설을 주
장하여 이기적인 입장을 취하였다. ㅇ墨(묵)－묵적(墨翟). 전국시대 노(魯)
나라 사람으로 '겸애(兼愛)'를 주장하여 희생적·헌신적인 입장을 취했다.

④ 入者主之(입자주지)－가입자는 그 학파의 도(道)를 주인으로 삼음. 유가
를 벗어나 이단에 속하게 된 자들을 두고 하는 말.

⑤ 出者奴之(출자노지)－탈퇴한 자는 탈퇴한 도를 노예처럼 멸시하다. 유가
를 탈피한다는 말.

⑥ 汙(오)－더럽다. 오(汚)와 같은 글자.

⑦ 老者曰孔子吾師之弟子也(노자왈공자오사지제자야)－노자(老者)는 노자(老子)를 따르는 자. 《사기》 공자세가(孔子世家)와 《장자(莊子)》 천운(天運)·천지(天地)·천도(天道)·전자방(田子方)·지북유(知北游)편 등에 공자가 노자에게 배웠다는 기록이 있다.

⑧ 佛者(불자)…… －불자(佛者)는 불교를 받드는 사람. 《청정법행경(淸淨法行經)》에서는 공자를 유동보살(儒童菩薩)이라 하였고 《광홍영집(廣弘明集)》 지관보행전홍결(止觀輔行傳弘決) 제육지삼(第六之三)에서는 공자를 광정보살(光淨菩薩)이라 하였다.

⑨ 誕(탄)－거짓말. ○自小(자소)－스스로 작다고 여기다. 유가들이 유교를 하찮은 것으로 여긴다는 뜻.

⑩ 云爾(운이)－ ……라고 하다.

⑪ 筆之於其書(필지어기서)－서적에 기술하였다. 《공자가어(孔子家語)》 관주(觀周)편에 공자는 남궁경숙(南宮敬叔)과 함께 주(周)나라로 가서 노담(老聃)에게 예에 대해 물었다고 되어 있다.

⑫ 怪(괴)－괴이한 것, 유가를 제외한 이단을 가리킴.

⑬ 端(단)－단서. 시초.

⑭ 訊(신)－묻다. 추구하다. ○末(말)－결말. 결과.

3

옛날의 백성들은 네 부류였는데 오늘날의 백성들은 여섯 부류이다. 옛날의 가르치는 자는 한 가지였는데 오늘날의 가르치는 자는 세 가지가 되어 있다. 농사짓는 집은 하나인데 곡식을 먹는 자는 여섯이고, 공인의 집은 하나인데 물건을 쓰는 집은 여섯이며, 장사하는 집은 하나인데 가져다 쓰는 집은 여섯이다. 그러니 어찌 백성들이 곤궁하지 않고 도둑질하지 않겠는가?

(원문) 古之爲民者는 ①四러니 今之爲民者는 ②六이오 古之敎者는
고지위민자　　 사　　 금지위민자　　 육　　 고지교자

處其③一이러니 今之敎者는 處其④三이로다. 農之家一而食⑤粟之
처 기 일   금지교자   처 기 삼   농지가일이식 속지

家六이오 工之家一而用器之家六이오 ⑥賈之家一而⑦資焉之家六
가 육   공지가일이용기지가육   고지가일이 자언지가육

이라. 奈之何民不窮且盜也리오?
     내 지 하 민 불 궁 차 도 야

주해 ① 四(사)—사(士)·농(農)·공(工)·상(商)의 네 부류.

② 六(육)—사·농·공·상에 노자파(老子派)와 불도(佛徒)를 말한다.

③ 一(일)—유가(儒家).

④ 三(삼)—유가(儒家)와 불가(佛家)·도가(道家).

⑤ 粟(속)—조. 곡물의 범칭.

⑥ 賈(고)—앉아서 물건을 파는 장수, 상인.

⑦ 資(자)—취하다. 쓰다.

4

옛날에는 사람들의 피해가 많았는데, 성인(聖人)이 나타난 이후에 서
로 도우며 살아가는 도리를 가르치셨다. 임금이 되고 스승이 되어 벌레
와 뱀, 짐승을 몰아내고 중원(中原) 땅에 살게 하였다. 추워지자 옷을 만
들게 했고 굶주리자 음식을 마련하게 했다. 나무에서 살다가 떨어지기도
하고 땅에서 살다가 병이 나자 집을 짓게 했다. 공법(工法)을 가르쳐 주
어 기물(器物)을 풍족하게 했고 장사방법을 가르쳐서 있는 물건과 없는
물건을 유통하게 했다.

의약(醫藥)을 만들어 일찍 죽는 것을 구제하고, 장례와 제례를 만들어
은혜와 사랑을 길이 품도록 했고, 예법을 만들어 나이가 앞선 사람과 늦
은 사람의 차례를 정했고, 음악을 만들어 울적한 마음을 풀어주었다. 정
제(政制)를 만들어 태만함을 다스렸고, 형벌을 만들어 강폭함을 없앴다.
서로 속이니 부절(符節)과 도장·도량형을 만들어 신의를 지키게 하였고,

새로 빼앗으니 성곽과 갑옷·무기를 만들어 지키게 했다. 피해가 이르자 대비하게 하였고 환난이 생기자 방어하게 하였다.

지금 그들은 말하기를 "성인이 죽지 않으면 큰 도둑이 그치지 않고 말〔斗〕을 쪼개고 저울을 부수어 버려야만 백성들이 다투지 않게 된다."고 한다. 아! 그들은 매우 사려가 없기 때문인 것이다. 만약 옛날에 성인이 없었더라면 인류의 멸망은 오래 전에 되었을 것이다. 무엇 때문인가? 추위나 더위 속에서 지낼 수 있는 새깃·털·비늘·껍질이 없고 먹이를 다툴 수 있는 손톱이나 이빨이 없기 때문이다.

이런 까닭에 임금은 법령을 내는 자이고 신하는 임금의 법령을 시행하여 백성들에게 미치도록 하는 자이다. 백성은 곡식과 옷감을 내고 기물을 만들며 재화를 유통시켜 윗사람을 섬기는 자들이다. 임금이 법령을 내지 않으면 임금된 도리를 잃게 되고, 신하가 임금의 법령을 시행하여 백성들에게 이르게 하지 않는다면 신하된 도리를 잃게 되고, 백성이 곡식과 옷감을 내고 그릇을 만들며 재화를 유통시켜 윗사람을 섬기지 않으면 벌을 받게 된다.

지금 그들의 법은 "반드시 그대들의 임금과 신하를 버리고, 아버지와 아들을 떠나고 서로 도우며 사는 도리를 금하고 이른바 청정적멸(淸淨寂滅)의 경지를 추구해야 한다."고 한다. 아! 그들은 다행스럽게도 3대 이후에 나와서 우왕(禹王)·탕왕(湯王)·문왕(文王)·무왕(武王)·주공(周公)·공자(孔子)에게 배척당하지 않았구나. 그들은 또한 불행하게도 3대 이전에 나오지 않아서 우왕·탕왕·문왕·무왕·주공·공자에 의해 바로잡혀지지 못했구나.

원문 古之時에 人之害多矣러니 有聖人者立하사 然後敎之以①相生養之道라. 爲之君하며 爲之師하여 ②驅其蟲蛇禽獸하고 而處其

③中土라. 寒然後④爲之衣하며 飢然後⑤爲之食이라. 木處而顚하고
중토　　한연후 위지의　　　기연후 위지식　　　목처이전

土處而病也일새 然後⑥爲之宮室이라. ⑦爲之工하여 以⑧贍其器用
토처이병야　　연후 위지궁실　　　위지공　　　이 섬기기용

하며 ⑨爲之賈하여 以通其有無라.
　　위지고　　이통기유무

爲之醫藥하여 以濟其夭死하고 爲之葬埋祭祀하며 以長其恩愛
위지의약　　이제기요사　　　위지장매제사　　　이장기은애

하며 爲之禮하여 以次其先後하며 爲之樂하여 以宣其⑩湮鬱이라.
　　위지례　　　이차기선후하며 위지악　　　이선기 인울

爲之政하여 以率其⑪怠勌하며 爲之刑하여 以⑫鋤其强梗이라. 相
위지정　　이솔기 태권　　　위지형　　　이 서기강경　　　상

欺也일새 爲之⑬符璽斗斛權衡以信之하며 相奪也일새 爲之城郭
기야　　　위지 부새두곡권형이신지　　　상탈야　　　위지성곽

⑭甲兵以守之하여 害至而爲之備하고 患生而爲之防이라.
갑병이수지　　해지이위지비　　　환생이위지방

今⑮其言曰: 聖人不死면 大盜不止요 ⑯剖斗折衡而民不爭이라.
금 기언왈　성인불사　대도부지　부두절형이민부쟁

嗚呼라! 其亦不思而已矣로다. 如古之無聖人인들 人之類滅久矣
오호　　기역불사이이의　　　여고지무성인　　인지류멸구의

리라. 何也오? 無羽毛鱗⑰介以居寒熱也며 無⑱爪牙以爭食也라.
　리라. 하야　무우모린 개이거한열야　무 조아이쟁식야

是故로 君者出令者也오 臣者行君之令하여 而致之民者也요
시고　　군자출령자야　신자행군지령　　　이치지민자야

民者出粟米麻絲하며 作器皿通貨財하여 以事其上者也니라. 君不
민자출속미마사　　작기명통화재　　　이사기상자야　　　군불

出令이면 則失其所以爲君이오 臣不行君之令而致之民이면 則失
출령　　즉실기소이위군　　　신불행군지령이치지민　　　즉실

其所以爲臣이오 民不出粟米麻絲作器皿通貨財하여 以事其上이
기소이위신　　민불출속미마사작기명통화재　　　이사기상

면 則⑲誅라.
　즉 주

今其法曰: 必棄而君臣하며 去而父子하여 禁而相生相養之道
금기법왈　필기이군신　　거이부자　　　금이상생상양지도

하고 **以求其所謂**⑳**淸淨寂滅者**라. **嗚呼**라! **其亦幸而出於**㉑**三代之**
이 구 기 소 위　 청 정 적 멸 자　 오 호　 기 역 행 이 출 어　 삼 대 지

後하여 **而不見**㉒**黜於禹湯文武周公孔子也**요 **其亦不幸而不出於**
후　 이 불 견　 출 어 우 탕 문 무 주 공 공 자 야　 기 역 불 행 이 불 출 어

三代之前하여 **不見**㉓**正於禹湯文武周公孔子也**로다.
삼 대 지 전　 불 견　 정 어 우 탕 문 무 주 공 공 자 야

주해 ① 相生養之道(상생양지도)−서로 돕고 살아가는 도리.

② 驅其蟲蛇禽獸(구기충사금수)−구(驅)는 내몰다. 《맹자(孟子)》 등문공(滕文公) 상·하편에 순(舜)임금이 해로운 벌레와 짐승을 쫓아냈다는 이야기가 보인다.

③ 中土(중토)−중원(中原) 땅을 가리킨다.

④ 爲之衣(위지의)−황제(黃帝)가 사람들에게 양잠(養蠶)을 가르쳤다고 한다.

⑤ 爲之食(위지식)−후직(后稷)은 백성들에게 농사를 가르쳤다고 한다.

⑥ 爲之宮室(위지궁실)−궁실은 집을 말한다.

⑦ 爲之工(위지공)−공구(工具) 만드는 법을 가르쳐 주는 것. 《역경(易經)》 계사전(繫辭傳) 하(下)에는 복희씨〔包犧氏〕는 그물을 만들었고, 신농씨(神農氏)는 농기구를 만드는 법을 가르쳤고, 황제(黃帝)·요(堯)·순(舜)은 배를 만드는 법을 가르쳤다고 한다.

⑧ 贍(섬)−넉넉하게 하다.

⑨ 爲之賈(위지고)−장사를 가르쳐 하게 함. 《역경》 계사전 하에는 신농씨가 장사하는 법을 가르쳤다고 되어 있다.

⑩ 湮鬱(인울)−걱정으로 마음이 울적함.

⑪ 怠勌(태권)−태만함과 게으름.

⑫ 鋤其强梗(서기강경)−서(鋤)는 호미질, 제거하다는 뜻. 강경(强梗)은 억세어서 순하지 않은 자.

⑬ 符(부)−부절(符節). ㅇ璽(새)−도장. ㅇ斗(두)−말. ㅇ斛(곡)−스무 말. ㅇ權(권)−저울추. ㅇ衡(형)−저울대.

⑭ 甲兵(갑병)−갑옷과 무기.

⑮ 其(기)−이단을 가리킴. 이 구절은 《장자(莊子)》 거협편(胠篋篇)에 보인다.

⑯ 剖斗折衡(부두절형) - 말을 쪼개고 저울을 분지르다, 도량형기를 파괴해
 버리는 것.

⑰ 介(개) - 딱지. 갑각류(甲殼類)의 껍질.

⑱ 爪牙(조아) - 손톱과 이빨.

⑲ 誅(주) - 벌하다.

⑳ 淸淨(청정) - 노자(老子)의 사상, 마음을 맑고 깨끗하게 하다. ○寂滅(적멸) -
 불교의 사상. 번뇌를 끊고 불생불멸(不生不滅)의 경지에 들어가는 것.

㉑ 三代(삼대) - 하(夏) · 은(殷) · 주(周)의 세 왕조.

㉒ 黜(출) - 물리치다.

㉓ 正(정) - 바로잡다.

5

 '제(帝)'와 '왕(王)'은 그 호칭은 각기 다르지만 그들의 성인(聖人)됨은
같다. 여름에는 칡베옷을 입고 겨울에는 털가죽옷을 입으며 목이 마르면
물을 마시고 배고프면 먹는다. 그 일은 다르다고 할지라도 그들의 지혜
로움은 같은 것이다. 지금 그들은 말하기를 "어찌하여 태고의 일하지 않
는 생활을 하지 않는가?"라고 한다. 이것은 또한 겨울에 털가죽옷을 입
는 사람을 책망하여 어찌하여 칡베옷을 입는 쉬운 방법을 택하지 않는가
하고, 굶주리어 먹는 사람에게 어찌하여 물을 마시는 쉬운 방법을 택하
지 않는가라고 하는 것과 같다.

 《전(傳)》에 말하기를

 "옛날 천하에 밝은 덕을 밝히고자 한 사람은 먼저 그의 나라를 잘 다
스렸고, 그의 나라를 다스리고자 한 사람은 먼저 그의 집안을 다스렸고,
그의 집안을 다스리고자 한 사람은 먼저 그 자신을 수양하였으며, 그 자
신을 수양하고자 한 사람은 먼저 그의 마음을 바르게 하였고, 그의 마음
을 바르게 하고자 한 사람은 먼저 그의 뜻을 성실하게 하였다."
고 하였다.

　그러므로 옛날의 이른바 마음을 바르게 하고 뜻을 성실하게 한 사람은 장차 하고자 하는 바가 있었기 때문인 것이다. 지금은 그의 마음을 다스리고자 하면서 천하와 국가를 도외시하고 하늘의 영원한 이치를 없애어 자식은 아버지를 아버지로 섬기지 않고, 신하는 임금을 임금으로 섬기지 않으며, 백성은 그들의 일을 하지 않게 되었다.

　공자가 《춘추(春秋)》를 지을 때 제후가 오랑캐의 예법을 쓰면 오랑캐로 대우하고, 오랑캐라도 중국의 예법을 받아들이면 중국인으로 대우하였다. 경전에 말하기를 "동이(東夷)나 북적(北狄)에 임금이 있다 해도 중국에 임금이 없는 것보다 못하다."고 했고 《시경(詩經)》에 말하기를 "서쪽 오랑캐와 북쪽 오랑캐를 치고 남쪽의 형(荊)과 서(舒)를 징벌한다."고 했다. 지금은 오랑캐의 법을 들어 선왕(先王)의 가르침 위에 놓고 있으니 얼마 동안 지나면 모두 오랑캐가 되지 않겠는가?

［원문］ 帝之與王이 其號名殊나 其所以爲聖은 一也라. 夏①葛而冬裘하며 渴飮而飢食이 其事雖殊나 其所以爲智는 一也라. 今其言曰;②曷不爲太古之無事오 하니 是亦③責冬之裘者曰曷不爲葛之之易也며 責飢之食者曰曷不爲飮之之易也로다.

④傳曰;古之欲明明德於天下者는 先治其國하고 欲治其國者는 先齊其家하고 欲齊其家者는 先脩其身하고 欲脩其身者는 先正其心하고 欲正其心者는 先誠其意라.

然則古之所謂正心而誠意者는 將以有爲也라. 今也欲治其心而外天下國家者하고 滅其⑤天常하여 子焉而不父其父하며 臣焉

而不君其君하며　民焉而不事其事라.
이 불 군 기 군　　　민 언 이 불 사 기 사

孔子之作春秋也에　諸侯用夷禮則⑥夷之하고　夷狄⑦進於中國則
공 자 지 작 춘 추 야　　제 후 용 이 례 즉　이 지　　　이 적　진 어 중 국 즉

中國之하시니라.　⑧經曰；夷狄之有君이　不如諸夏之亡라.　詩曰；
중 국 지　　　　　　경 왈　이 적 지 유 군　불 여 제 하 지 무　　시 왈

⑨戎狄是膺하고　⑩荊舒是懲이라.　今也擧⑪夷狄之法하여　而加之
융 적 시 응　　　　형 서 시 징　　　금 야 거 이 적 지 법　　　이 가 지

⑫先王之敎之上하니　幾何其不⑬胥而爲夷也리오?
선 왕 지 교 지 상　　　기 하 기 불　서 이 위 이 야

주해　① 葛(갈)-칡. 칡베로 만든 옷을 입는 것. ○裘(구)-갖옷. 갖옷을 입
　　　는 것.

② 曷(갈)-어찌하여. ○太古之無事(태고지무사)-태고의 인위적인 일을 꾸
　　　미지 않는 생활. 도가(道家)는 태고의 무위자연의 소박한 생활을 이상으
　　　로 한다.

③ 責(책)-책망하다.

④ 傳(전)-성인의 말씀을 해석한 것. 여기서는 《대학(大學)》을 가리킨다.

⑤ 天常(천상)-상(常)은 항구불변한 이치. 하늘의 영원한 이치.

⑥ 夷之(이지)-오랑캐라 하다, 오랑캐로 대우하다.

⑦ 進於中國(진어중국)-오랑캐가 중국의 예법을 사용하는 것. ○中國之(중
　　　국지)-중국으로 여기다, 중국인으로 대우하다.

⑧ 經(경)-성인의 말씀을 기록한 글, 여기서는 《논어(論語)》를 가리킨다.

⑨ 戎狄(융적)-서쪽 오랑캐와 북쪽 오랑캐. ○膺(응)-정벌하다.

⑩ 荊(형)-초(楚)나라. ○舒(서)-초(楚)의 이웃 나라. ○懲(징)-징벌하다.
　　　《시경》 노송(魯頌) 비궁(閟宮)에 나온다.

⑪ 夷狄之法(이적지법)-오랑캐의 법. 도가(道家)와 불교의 법을 말한다.

⑫ 先王之敎(선왕지교)-선왕(先王)은　요·순·우·탕·문왕·무왕을　말한
　　　다. 유교를 가리킨 것.

⑬ 胥(서)-개(皆). 모두.

6

이른바 선왕(先王)의 가르침이란 무엇인가? 널리 인간을 사랑하는 것을 '인(仁)'이라 하고, 행하여 합당한 것을 '의(義)'라 하며 이를 따라서 가야만 하는 것을 '도(道)'라 하고, 자신에게 충족되어 있어 밖에 기대하지 않는 것을 '덕(德)'이라고 한다.

그 글은 《시(詩)》·《서(書)》·《역(易)》·《춘추(春秋)》이며, 그 법도는 예(禮)·악(樂)·형(刑)·정(政)이오, 그 백성은 선비·농사꾼·공인·상인이며, 그 위계(位階)는 임금·신하·아버지·아들·선생님·친구·손님·주인·형·동생·남편·아내이며, 그 옷은 베나 명주이고, 그 거처는 집이며, 그 음식은 조나 쌀·채소와 과실·어물과 육류이다. 그들의 도리는 명백히 알기가 쉽고 그들의 가르침은 실행하기가 쉽다.

이런 까닭에 그것으로 자기를 다스리면 순조롭고 잘되며, 이것으로 남을 다스리면 사랑하고 공평하게 된다. 이것으로 마음을 다스리면 평화롭고 공정하게 되며, 이것으로 천하와 국가를 다스리면 어떤 경우에도 합당치 않은 일이 없게 된다. 이런 까닭에 살아 있을 때는 본성을 얻고 죽으면 영원한 이치를 다하게 된다. 교제(郊祭)를 지내면 천신(天神)이 이르고, 종묘제사(宗廟祭祀)를 지내면 죽은 조상이 흠향하게 된다.

이 도라는 것이 무슨 도인가? 이것은 내가 말하는 도이고 앞에 말한 도가(道家)나 불가(佛家)의 도는 아니다. 요(堯)임금은 이것을 순(舜)임금에게 전했고, 순임금은 이것을 우(禹)임금에게 전했으며, 우임금은 이것을 탕왕(湯王)에게 전했고, 탕왕은 이것을 문왕(文王)·무왕(武王)·주공(周公)에게 전했으며, 문왕·무왕·주공은 그것을 공자(孔子)에게 전했고, 공자는 이것을 맹가(孟軻)에게 전했는데, 맹가가 죽자 이것이 전해지지 않게 되었다.

순자(荀子)와 양웅(揚雄)은 잘 선택하기는 하였으나 정밀하지 못했고, 말을 하였으나 상세하지 못했다. 주공 이전 사람들은 윗자리에서 임금

노릇을 하였기 때문에 그 도(道)가 시행되었으며, 주공 이후 사람들은 아 랫자리에서 신하로 있었기 때문에 그 말이 오래도록 전하여졌다.

　그렇다면 어떻게 하여야 옳은가? 막지 않으면 유전되지 못하고 멈추게 하지 않으면 행하여지지 않는다. 사람들을 정상의 사람으로 만들고, 그들 의 책을 불태워 없애며, 그들의 거처를 보통 집으로 만들고, 선왕의 도 (道)를 밝혀 그들을 인도하면 홀아비나 과부와 고아나 늙어서 자식이 없 는 자와 불구가 되어 고칠 수 없는 사람들을 보살펴 줄 수 있게 될 것이 다. 그래야만 옳음에 가깝게 된 것이라고 하겠다.

（원문）夫所謂先王之敎者는 何也오? 博愛之謂仁이오 行而宜之之
　　　　부소위선왕지교자　하야　　박애지위인　　행이의지지

謂義요 由是而之焉之謂道요 足乎己無待於外之謂德이라.
위의　유시이지언지위도　족호기무대어외지위덕

　其文은 ①詩書易春秋요 其法은 禮樂②刑政이오 其民은 士農工
　기문　시서역춘추　기법　예악　형정　　기민　사농공

賈요 其位는 君臣父子師友賓主③昆弟夫婦요 其服麻絲요 其居
고　기위　군신부자사우빈주　곤제부부　기복마사　기거

宮室이요 其食粟米④蔬果魚肉이라.
궁실　기식속미　소과어육

　其爲道易明이오 而其爲敎易行也라. 是故로 以之⑤爲己則順而
　기위도이명　　이기위교이행야　　시고　이지　위기즉순이

從하고 以之爲人則愛而公하고 以之爲心則和而平하고 以之爲天
종　이지위인즉애이공　이지위심즉화이평　이지위천

下國家에 無所處而不當이라. 是故로 生則⑥得其情하고 死則盡
하국가　무소처이부당　시고　생즉　득기정　사즉진

其⑦常하여 ⑧郊焉而天神假하고 廟焉而⑨人鬼饗이니라.
기상　교언이천신격　묘언이　인귀향

　曰⑩斯道也는 何道也오? 曰；斯吾所謂道也요 非向所謂老與
　왈사도야　하도야　왈　사오소위도야　비향소위노여

佛之道也라. 堯以是傳之舜하시고 舜以是傳之禹하시고 禹以是傳
불지도야　요이시전지순　순이시전지우　우이시전

之湯하시고 湯以是傳之文武周公하시고 文武周公이 傳之孔子하
지 탕　　　　탕 이 시 전 지 문 무 주 공　　　　문 무 주 공　　전 지 공 자

시고 孔子傳之⑪孟軻하사 軻之死에 不得其傳焉이라.
공 자 전 지　맹 가　　가 지 사　　부 득 기 전 언

⑫荀與揚也는 ⑬擇焉而不精하고 語焉而不詳이니라. 由周公而
순 여 양 야　　택 언 이 부 정　　어 언 이 불 상　　　　유 주 공 이

上은 上而爲君이니 故로 其事行하고 由周公而下는 下而爲臣이니
상　 상 이 위 군　　고　 기 사 행　　유 주 공 이 하　 하 이 위 신

故로 其說長이니라.
고　 기 설 장

然則如之何而可也오? 曰；⑭不塞不流요 不止不行이라. ⑮人其
연 즉 여 지 하 이 가 야　　왈　 불 색 불 류　부 지 불 행　　　 인 기

人하고 ⑯火其書하고 ⑰廬其居하여 明先生王之道하여 以⑱道之면
인　　　화 기 서　　　여 기 거　　명 선 생 왕 지 도　　　이 도 지

⑲鰥寡孤獨廢疾者가 有養也리라. 其亦⑳庶乎其可也니라.
환 과 고 독 폐 질 자　유 양 야　　기 역　서 호 기 가 야

(주해)　① 詩書易(시서역)—《시경》·《서경》·《역경》을 가리킴.

② 刑(형)—형벌. ㅇ政(정)—정제(政制)·정책.

③ 昆弟(곤제)—형제.

④ 蔬(소)—채소.

⑤ 爲己(위기)—자신을 다스리다. 위(爲)는 다스리다.

⑥ 得其情(득기정)—정(情)은 본성. 본성을 얻다.

⑦ 常(상)—상도(常道). 영원한 도리. 혹은 상례(常禮)로서 장례(葬禮)와 제
　례(祭禮)를 말한다.

⑧ 郊(교)—천자가 천신(天神)과 지지(地祇)에 지내는 제사. ㅇ假(격)—이르다.
　격(格)과 같은 뜻.

⑨ 人鬼(인귀)—인간의 영혼. 조상 귀신. ㅇ饗(향)—흠향함.

⑩ 斯道(사도)—유가의 도

⑪ 孟軻(맹가)—맹자(孟子). 가(軻)는 그의 이름.

⑫ 荀(순)—전국시대의 유학자인 순자(荀子). 성악설(性惡說)을 제창하여 정
　통에서 벗어난 유학으로 보며 법가(法家)인 한비자(韓非子)는 그의 제자

이다. ㅇ揚(양)-한(漢)대의 학자이며 부(賦) 작가인 양웅(揚雄).《논어
(論語)》를 본떠서《법언(法言)》을 지었다.

⑬ 擇焉而不精(택언이부정)-가리기는 잘하였지만 순수하지는 못하다. 순자
와 양웅은 유도(儒道)를 가려 택하였지만 유교의 도리를 바르게 계승하지
못했다. 맹자(孟子)는 성선설(性善說)을 주장한 것에 반해 순자는 성악설
(性惡說)을 주장했고, 양웅은 성선과 성악이 혼합된 설을 주장하였다.

⑭ 不塞不流(불색불류)-막지 않으면 흐르지 않는다. 색(塞)은 막는다는 뜻.
도교와 불교를 막지 않으면 유가의 도가 유행되지 않을 것이다.

⑮ 人其人(인기인)-앞의 '인(人)'은 동사로 쓰였으며 올바른 사람이 되게 한
다는 뜻. 뒤의 인은 도가나 불교의 사람들. 도사(道士)나 승려들을 올바른
사람이 되게 함.

⑯ 火其書(화기서)-도가나 불교의 책을 불태우는 것.

⑰ 廬其居(여기거)-여(廬)는 민간의 보통 주택으로 만들다. 거(居)는 도관
(道觀)이나 사원(寺院). 도관이나 사원을 일반 주택으로 바꾸다.

⑱ 道(도)-도(導). 인도하다.

⑲ 鰥(환)-홀아비. ㅇ寡(과)-과부. ㅇ孤(고)-부모 없는 고아. ㅇ獨(독)-늙
고 자식이 없는 사람. ㅇ廢疾(폐질)-불구. 병신. 고칠 수 없는 병이 든
사람.

⑳ 庶(서)-거의 가깝다.

(해설) 한유는 고문운동(古文運動)을 제창하면서 고도(古道)의 부활을 역설
하였다. 그는 유가의 도만이 올바른 도라고 보고 당시에 성행하던 불교나
도가사상을 배척하였다. 이 글에서 한유는 도가와 불교를 이단으로 보고
인의도덕(仁義道德)을 강조하였다.

그리고 그가 여기에서 유가의 도가 요순(堯舜)으로부터 우(禹)·탕(
湯)·문(文)·무(武)·주공(周公)을 거쳐 공자(孔子)와 맹자(孟子)에게
전해진 것이라고 주장한 이른바 유학의 도통론(道統論)은 후세에 발전한
신유학에 큰 영향을 주게 된다.

중답장적서(重答張籍書)

한유(韓愈)

1

그대는 나를 못난 인간이라 여기지 않고 여러 성현들의 경지에 밀어넣으려 하며, 사악한 마음을 떨쳐내고 그 고상하지 못한 바를 보충하게 하며, 나의 바탕이 도(道)에 이를 수 있다고 여기고 있다. 물의 근원을 준설하여 귀착할 곳으로 인도하며, 뿌리에 물을 대어 장차 그 열매를 먹을 수 있게 만들려 하고 있다. 이는 덕이 많은 사람도 사양해야 할 일이니 하물며 나 같은 사람이랴? 그러나 글 중에 마땅히 답변해야 할 것이 있으므로 가만히 있을 수 없게 되었다.

옛날에 성인 공자께서 《춘추(春秋)》를 지으심에 있어, 이미 그 글을 심오하게 쓰기는 하셨으나 감히 공공연히 그것을 말하여 전하시지 못하고 제자들에게만 입으로 전하셨다. 후세에 이르러서야 그 책이 나오게 되었는데, 그 환난을 걱정하는 방도를 은밀히 표현하고 계신 것이다.

오늘날 노자(老子)와 석가(釋迦) 두 사람을 종주(宗主)로 하여 섬기는 자들이 아래로 공경과 재상(宰相)에까지 이르고 있으니, 내가 어찌 감히 공공연한 말로 그들을 배척할 수 있겠는가? 말해도 좋을 만한 것을 골라서 깨우치는 데도, 오히려 시속(時俗)들이 나와 어긋나 비방하는 소리가 요란하다. 만일에 그에 관한 책을 짓는 일을 완성한다면, 보고서 화낼 사람이 틀림없이 많을 것이고, 또 반드시 나를 미쳤다거나 미혹되었다고 할 것이다. 자신의 몸을 돌보기조차 어려울진대 책을 짓는다는 것이 내게 무슨 의미가 있겠는가?

　공자는 성인이셨다. 그런데도 말씀하시기를, "내가 자로(子路)를 제자로 얻고부터는, 나를 비방하는 소리가 귀에 들어오지 않았다."고 하셨다. 그밖에도 공자를 보좌하고 돕는 이가 천하에 두루 있었는데도 진(陳)나라에 갔을 때는 양식이 끊겨 고생했고, 광(匡) 땅에 갔을 때는 위협을 당하였으며, 숙손(叔孫)에게 비방을 받았고 분주히 제(齊)·노(魯)·송(宋)·위(衛) 등의 나라를 돌아다니셔야 했다. 공자의 도(道)는 비록 존귀하였어도, 그가 당한 곤경은 매우 심했던 것이다. 따르는 제자들이 서로 그를 지켜준 데 힘입어 결국엔 천하에 자신의 가르침을 세우실 수 있었던 것이다. 가령 지난날 홀로 말씀하시고 홀로 그것을 글로 써놓았더라면 그것들이 남아 있으리라 기대할 수 있겠는가?

　지금은 저 노자와 석가 이씨(二氏)가 중국에서 행세하게 된 지 대략 6백여년이 되었다. 그 심은 바 뿌리가 단단하여졌고 그 흐름의 물결이 널리 퍼져 있으니 아침에 명령하여 저녁에 금지시킬 수 있는 처지가 아닌 것이다. 문왕(文王)이 죽은 후 무왕(武王)·주공(周公)·성왕(成王)·강왕(康王)이 서로 도(道)를 지켰으므로, 예(禮)와 악(樂)이 모두 보존되었고, 공자까지는 오랜 기간이 아니며, 공자로부터 맹자까지도 오랜 기간이 아니며, 맹자로부터 양웅까지도 오랜 기간이 아니다.

　그런데도 그 애쓰심이 이와 같고 곤경을 당함이 이와 같은 연후에야 세상에 가르침을 세워 놓을 수 있었다. 내가 어찌 쉽사리 그 일을 해낼 수 있겠는가? 만일 쉽게 할 수가 있는 일이라면, 그것이 전해짐이 멀지 못할 것이다. 그러므로 내가 감히 하지 않는 것이다.

[원문] ①吾子不以愈無似하여　意欲推而②納之聖賢之域하여　③拂其
　　　　오자불이유무사　　　의욕추이　납지성현지역　　　불기

邪心하며 ④增其所未高하고 謂愈之質이 有可至於道者라. ⑤浚其
사심　　　증기소미고　위유지질이　유가지어도자　　준기

源하여 道其所歸하며 ⑥漑其根하여 將食其實이라. 此⑦盛德者之
원   도기소귀   개기근   장식기실   차 성덕자지

所辭讓이온 ⑧況於愈者哉아? ⑨抑其中에 有宜復者일새 故不可遂
소사양   황어유자재   억기중   유의복자   고불가수

已로라.
이

  昔者⑩聖人之作春秋也에 旣⑪深其文辭矣로되 然猶不敢⑫公傳
  석자 성인지작춘추야   기 심기문사의   연유불감 공전

道之요 ⑬口授弟子하여 至於後世然後에 ⑭其書出焉하니 其所以
도지   구수제자   지어후세연후   기서출언   기소이

⑮慮患之道微矣라.
려환지도미의

  今夫⑯二氏之所宗而事之者가 ⑰下及公卿輔相하니 吾豈敢⑱昌
  금부 이씨지소종이사지자   하급공경보상   오기감 창

言排之哉아? 擇其⑲可語者하여 誨之라도 猶⑳時與吾悖하여 其聲
언배지재   택기 가어자   회지   유 시여오패   기성

㉑誦誦하니 若遂成其書면 則見而怒之者必多矣라. 必且㉒以我爲
뇨뇨   약수성기서   즉견이노지자필다의   필차 이아위

狂爲惑이리니 其身之㉓不能恤이어니 ㉔書於吾何有리오?
광위혹   기신지 불능휼   서어오하유

  ㉕夫子聖人也로되 且曰; ㉖自吾得子路而惡聲不入於耳라. ㉗其
  부자성인야   차왈   자오득자로이악성불입어이   기

餘輔而相者周天下로되 猶且㉘絶粮於陳하며 ㉙畏於匡하며 ㉚毁於
여보이상자주천하   유차 절량어진   외어광   훼어

叔孫하며 奔走於齊魯宋衛之郊하니 其道雖尊이나 其窮也亦甚矣
숙손   분주어제노송위지교   기도수존   기궁야역심의

라. ㉛賴其徒相與守之하여 卒有立於天下어니와 ㉜向使獨言而獨書
   뇌기도상여수지   졸유립어천하   향사독언이독서

之런들 ㉝其存也可冀乎아?
지   기존야가기호

  今夫二氏之行乎㉞中土也가 蓋㉟六百餘年矣니 其植根固하고
  금부이씨지행호 중토야   개 육백여년의   기식근고

其流波㊱漫하여 非可以㊲朝令而夕禁也라. 自文王沒에 武王周公
기류파 만   비가이 조령이석금야   자문왕몰   무왕주공

成康이 相與³⁸守之하여 禮樂皆在하니 至於夫子未久也요 自夫子
성 강 상 여 수 지   예 악 개 재   지 어 부 자 미 구 야   자 부 자

而至乎孟子未久也요 自孟子而至乎揚雄亦未久也라.
이 지 호 맹 자 미 구 야   자 맹 자 이 지 호 양 웅 역 미 구 야

然猶其勤若此하고 其困若此하여 而後能有所立하니 吾其可易
연 유 기 근 약 차   기 곤 약 차   이 후 능 유 소 립   오 기 가 이

而爲之哉아? 其爲也易면 則其傳也不遠이니 故로 余所以不敢也
이 위 지 재   기 위 야 이   즉 기 전 야 불 원   고   여 소 이 불 감 야

로라.

주해 ① 吾子(오자)—그대. 친밀한 사이에 부르는 호칭. ○愈(유)—한유(韓愈)
가 자기를 가리키는 말. ○無似(무사)—변변치 못함. 불초(不肖)와 같은
뜻으로 자기 자신이 남만 못하다고 겸손하게 말할 때 쓰임.

② 納(납)—넣다. 들여놓다. ○域(역)—경지. 영역.

③ 拂(불)—떨쳐내다. 털어내다. ○邪心(사심)—사악한 마음.

④ 增(증)—보태다. ○未高(미고)—고상(高尙)하지 못함.

⑤ 浚(준)—깊게 파다. 준설하다. ○其源(기원)—그 수원(水源).

⑥ 漑(개)—물을 대다. ○其根(기근)—그 뿌리. 역시 한유의 바탕을 뜻함.
○將食其實(장식기실)—장차 그 열매가 익게 하여 먹을 수 있도록 하다.

⑦ 盛德者(성덕자)—덕이 풍부한 사람.

⑧ 況於愈者哉(황어유자재)—하물며 나 유(愈)와 같은 사람에 있어서이랴?

⑨ 抑(억)—그러나. ○宜(의)—마땅히. ○復者(복자)—답변해야 할 것. 복(復)
은 답(答)의 뜻.

⑩ 聖人(성인)—공자를 가리킨다. ○春秋(춘추)—공자가 지었다는 사서(史
書). 노(魯)나라 은공(隱公)부터 애공(哀公)까지 242년간의 역사를 기록
하였는데, 수식이 가해지지 않은 기사문(紀事文)으로 쓰여졌다. 뒤에 그것
을 보충 해설한 해석서로《좌전(左傳)》·《공양전(公羊傳)》·《곡량전(穀
梁傳)》등이 나오게 되었다.

⑪ 深(심)—깊게 하다. 심오하게 하다. ○其文辭(기문사)—그 문장과 어휘.《춘
추》의 문장이 간략하지만 거기에 대의(大義)가 숨겨져 있다고 보는 말임.

⑫ 公(공) - 공공연히. 공적(公的)으로. ○傳道之(전도지) - 그것을 말하여 전하다. 도(道)는 말하다의 뜻. 지(之)는 《춘추》의 내용.

⑬ 口授(구수) - 입으로 전해 주다.

⑭ 其書(기서) - 《춘추》를 해설한 책들. 즉 《좌전》·《공양전》·《곡량전》.

⑮ 慮患(여환) - 환난을 염려하다. ○道微(도미) - 은미(隱微)하게 말하다. 뜻을 감추어 말하다.

⑯ 二氏(이씨) - 노씨(老氏)와 석씨(釋氏). 도가와 불가를 가리킨다.

⑰ 下及公卿輔相(하급공경보상) - 아래로 공경 및 보필하는 재상에까지 이르다. 이 구절 앞에 문맥상 '상급천자(上及天子)'라는 말이 있어야 하나, 천자를 비난할 수 없으므로 그것을 생략한 듯하다. 실제로 한유는 헌종(憲宗)이 불교를 믿어 궁중에 불골(佛骨)을 들여오려 하자 그것을 반대하는 서(書)를 올렸다가 유배된 일이 있다.

⑱ 昌言(창언) - 공언(公言). 공공연히 말함. ○排之(배지) - 그것을 배척하다. 이씨(二氏)를 신봉하는 것을 배척하다.

⑲ 可語者(가어자) - 말해도 괜찮은 것. ○誨之(회지) - 그들을 가르치다. 이씨(二氏)를 신봉하는 사람들을 깨우친다는 뜻.

⑳ 時與吾悖(시여오패) - 시속이 나와 어긋나다.

㉑ 譊譊(뇨요) - 다투는 소리. 요란하게 말다툼하는 소리.

㉒ 以我爲狂爲惑(이아위광위혹) - 나를 미쳤다거나 미혹되었다고 여기다.

㉓ 不能恤(불능휼) - 구휼하지 못하다. 돌보지 못하다.

㉔ 書於吾何有(서어오하유) - 책이 내게 무슨 의미가 있겠는가? 즉 책을 짓는 일보다 몸을 간수하는 것이 급하다는 뜻.

㉕ 夫子(부자) - 공자를 가리킴.

㉖ 自(자) - ……한 이후로부터. ○子路(자로) - 공자의 제자인 중유(仲由). 자로는 그의 자. 용맹하고 실천력이 강했으므로, 공자가 그를 제자로 얻고 나서부터는 공자를 욕하는 사람이 없어졌다고 한다(《史記》 仲尼列傳).

㉗ 其餘輔而相者(기여보이상자) - 자로 이외에, 그 나머지 공자를 보필하고 돕는 사람들. 공자에게는 72명의 제자와 3천 명의 문인이 있었다 함.

㉘ 絶粮於陳(절량어진) - 진(陳)나라에서 식량이 끊기다. 양(粮)은 양(糧)과

같은 자. 《사기》 공자세가(孔子世家)에 의하면, 공자가 초나라의 초빙을 받고 가던 중, 공자가 초나라에 기용될 것을 두려워한 진(陳)나라·채(蔡)나라의 대부들에 의해, 진과 채의 국경 지방에서 식량이 떨어져 곤경을 당하였다고 한다.

㉙ 畏於匡(외어광)─광(匡) 지방에서 위협을 당하다. 공자 일행이 송(宋)나라의 광성(匡城)을 지날 때 그 지방 사람들이 공자를 노나라의 대부인 양호(陽虎)로 착각하고 몽둥이를 들고 공자 일행을 겹겹이 둘러싼 일이 있다. 양호가 종종 이곳 사람들에게 무도한 짓을 했었기 때문이었다. 공자 일행은 큰 곤욕을 치른 뒤에야 오해에서 풀려났다(《論語》子罕篇).

㉚ 毁於叔孫(훼어숙손)─숙손(叔孫)에게서 비방을 받다. 《논어》 자장편(子張篇)에, 노나라의 대부인 숙손무숙(叔孫武叔)이 자공(子貢)을 존경하여 공자를 비방하고 자공이 공자보다 현명하다고 말했다는 기록이 나온다.

㉛ 賴(뇌)─힘입다. ○其徒(기도)─공자를 따르는 무리들.

㉜ 向(향)─지난날. ○使(사)─가령.

㉝ 其存也可冀乎(기존야가기호)─그것이 존재하기를 기대할 수 있겠는가? 즉 남아 있지 않았을 것이라는 뜻.

㉞ 中土(중토)─중국. 중화(中華)라고도 함.

㉟ 六百有餘年(육백유여년)─600여년. 후한(後漢) 명제(明帝) 때(67년)에 불교가 들어왔고, 그후 위진(魏晉)대(230년경)에 불교 및 도교가 성했으므로, 한유가 이 글을 쓴 때(800년)까지 대충 600여년이 된다.

㊱ 漫(만)─널리 퍼지다.

㊲ 朝令而夕禁(조령이석금)─아침에 명령을 내려 저녁이면 금지되다. 즉 하루 사이에 금지시킨다는 뜻.

㊳ 守之(수지)─그것을 지키다. 문왕(文王) 및 무왕(武王)·주공(周公)·성왕(成王)·강왕(康王) 등은 모두 주나라의 집권자들이므로, 그들이 주나라의 도를 지킨 것을 가리킨다. 곧 예(禮)와 악(樂)으로써 다스리는 덕치사상(德治思想)과 인의(仁義)를 중시하는 윤리관을 지켜왔다는 뜻이다.

2

그런데, 옛사람을 돌이켜보면, 시대를 잘 만나 그의 도(道)를 행할 수 있었을 경우엔 책을 짓지 않았다. 책을 지은 사람들은 모두 당대(當代)에 실행에 옮길 수 없었던 바가 있어 후세에 행하게 되도록 하고자 한 것이었다. 지금 나로서는 나의 뜻을 얻었는지 또는 잃었는지 아직 알 수 없는 일이니, 5, 60세가 되기를 기다려 짓는다 해도 늦지 않을 것이다.

하늘이 이 세상 사람들에게 도를 알리고자 하지 않는다면 나의 목숨은 기약할 수 없을 것이다. 만일 세상 사람들에게 알리고자 한다면 내가 아니고 누구이겠는가? 내가 도를 행하고 책을 짓고, 지금의 세상을 교화하고 후세에 전하는 일이 반드시 있게 될 것이다. 그대는 어찌하여 내가 책을 짓는 일에 대해 조급히 걱정하는가?

지난번 편지에 말하기를, 내가 다른 사람들과 상의하고 논의할 때에 심기(心氣)를 누르지 못하는 것이 마치 자신이 이기기만을 좋아하는 자 같다고 하였다. 실제로 그러한 점이 있을지는 모르나, 그것은 내가 이기기만을 좋아해서인 것이 아니라, 나의 도가 이기기를 좋아해서인 것이다. 나의 도란 공자·맹자·양웅(揚雄)이 전한 바의 도이다. 만일 이기지 못한다면 도라고 할 수가 없게 될 것이니, 내가 어찌 감히 이기기 좋아한다는 평판을 피하겠는가?

공자께서 말씀하시기를 "내가 안회(顏回)와 이야기를 하는데, 종일토록 어기는 일이 없어서 마치 어리석은 사람 같았다." 하였으니, 곧 공자도 여러 사람들과 논쟁한 일이 있다는 말이다.

내가 잡스럽다는 비난에 대해서는 지난번 편지에 다 말하였으니 그것을 다시 보기 바란다. 지난날 공자께서도 농담을 하신 적이 있었다. 《시경(詩經)》에도 말하지 않았는가? "장난과 농담을 잘하나, 지나치게는 하지 않네." 《예기(禮記)》에도 말하였다. "팽팽하게 당기고 늦추지 않는 것은 문왕(文王)·무왕(武王) 같은 분도 하시지 않았다." 그것이 어찌 도를 행하는 데 해가 되겠는가? 그대는 아직 그것을 생각해 보지 못했는가.

　맹군(孟君)이 장차 길을 떠나게 되었는데, 그대와 이별을 하고 싶어하니 한번 와 주기를 바라네. 유(愈)가 재배함.

원문　然觀古人이 ①得其時行其道면 則②無所爲書라. 爲書者는 皆
　　　　연관고인　　득기시행기도　　즉무소위서　　위서자　개

③所爲不得行乎今而行乎後者也라. 今吾之得吾志失吾志를 未可
소위부득행호금이행호후자야　　금오지득오지실오지　　미가

知인댄 ④俟五六十爲之라도 未失也라.
지　　사오륙십위지　　미실야

天不欲使⑤玆人으로 有知乎인댄 則吾之⑥命을 不可期어니와 如
천불욕사　자인　　유지호　　즉오지　명　　불가기　　여

使玆人으로 有知乎인댄 ⑦非我其誰哉리오? 其行道其爲書와 ⑧其
사자인　　유지호　　비아기수재　　기행도기위서　　기

化今其傳後가 必有在矣리라. 吾子其何⑨遽戚戚於吾所爲哉오?
화금기전후　필유재의　　오자기하　거척척어오소위재

⑩前書謂吾與人⑪商論에 不能⑫下氣하여 若⑬好己勝者然이라.
전서위오여인　상론　　불능　하기　　약　호기승자연

雖誠有之나 抑非好己勝也요 ⑭好己之道勝也라. 己之道는 乃⑮夫
수성유지　억비호기승야　　호기지도승야　　기지도　내부

子孟軻揚雄所傳之道也라. 若不勝이면 則⑯無以爲道니 吾豈敢避
자맹가양웅소전지도야　　약불승　　즉　무이위도　　오기감피

⑰是名哉아?
시명재

⑱夫子之言曰; 吾與⑲回言에 終日⑳不違如愚라 하시니 則㉑其
부자지언왈　　오여　회언　　종일　불위여우　　　　즉기

與衆人辯也有矣라.
여중인변야유의

㉒駁雜之譏는 ㉓前書盡之하니 吾子其復之하라. 昔者㉔夫子猶有
박잡지기　　전서진지　　오자기부지　　석자　부자유유

所戱하시니 ㉕詩不云乎아? ㉖善戱謔兮하니 不爲虐兮라하고 ㉗記
소희　　　　시불운호　　선희학혜　　불위학혜　　　기

曰; ㉘張而不弛는 文武不爲也라하니 豈害於道哉아? 吾子其㉙未
왈　장이불이　　문무불위야　　기해어도재　　오자기　미

之思乎인저!
지 사 호

　㉚孟君將有所適하여 思與吾子別하니 ㉛庶幾一來어다. 愈再拜하
　　맹 군 장 유 소 적　　　사 여 오 자 별　　　서 기 일 래　　　유 재 배
노라.

주해　① 得其時(득기시)―시기를 얻다. 즉 좋은 시대를 만나다.

② 無所爲書(무소위서)―책을 짓는 바가 없다. 책을 짓지 않는다는 뜻.

③ 所爲不得行乎今(소위부득행호금)―오늘날에 행할 수 없기 때문. 당대(當
代)에 실행에 옮길 수 없었던 바.

④ 俟(사)―기다리다. ○未失(미실)―잃는 것이 아님. 곧 늦는 것이 아님.

⑤ 玆人(자인)―이 세상 사람들.

⑥ 命(명)―목숨. 운명. ○不可期(불가기)―기약할 수 없다. 언제 죽을지 모
른다는 뜻.

⑦ 非我其誰哉(비아기수재)―내가 아니면 그 누구이겠는가? 자기밖에 없다
는 뜻. '천불욕사(天不欲使)~' 이하부터 이 구까지는 그 문장구조와 내용
면에서 《맹자》 공손추편(公孫丑篇)의 다음 부분과 같다. '대저 하늘이 아
직 천하를 태평하게 다스리려 하지 않는 것이다. 하늘이 천하를 바르게
다스리고자 한다면, 오늘날의 세상에 있어서 그 일을 맡을 사람이 나말고
누가 있겠는가?〔夫天未欲平治天下也. 如欲平治天下, 當今之世, 舍我其
共誰也〕.' 곧 맹자와 한유는 모두 자기들이 세상에 시행하고자 하는 바가
근본적으로는 하늘에 달려 있는 것이며, 그것이 시행되게 될 것이라면 자
기들 이외엔 맡아서 할 사람이 없다고 보는 점에서 운명론적·결정론적인
성향을 보여준다.

⑧ 其化今(기화금)―그가 오늘날의 세상을 교화하는 것. 기(其)는 한유를 가
리킴.

⑨ 遽戚戚(거척척)―조급히 걱정하다.

⑩ 前書(전서)―지난번 편지. 장적(張籍)이 한유에게 보낸 글.

⑪ 商論(상론)―상의하고 논의하다.

⑫ 下氣(하기)―심기(心氣)를 누르다.

⑬ 好己勝者(호기승자)-자기가 이기는 것을 좋아하는 사람.

⑭ 好己之道勝(호기지도승)-자기의 도가 이기기를 좋아함.

⑮ 夫子(부자)-공자. ㅇ孟軻(맹가)-맹자. 가(軻)는 맹자의 이름. ㅇ揚雄(양웅)-한(漢)대의 유학자.

⑯ 無以爲道(무이위도)-도라 여길 수가 없게 된다.

⑰ 是名(시명)-이 이름, 이 평판. 즉 '호기승자(好己勝者)'라는 평판.

⑱ 夫子之言(부자지언)-공자의 말씀. 《논어》 위정편(爲政篇)에 나오는 말.

⑲ 回(회)-안회(顔回). 공자의 뛰어난 제자로 자는 연(淵). 과묵하면서도 학덕이 깊어 아성(亞聖)이라 불리웠음.

⑳ 不違(불위)-어기지 않다. 즉 반론을 제기하지 않는다는 뜻.

㉑ 其與衆人辯(기여중인변)-그가 여러 사람들과 논변함.

㉒ 駁雜之譏(박잡지기)-박잡(駁雜)하다는 비난. 박잡은 순수하지 못하고 잡됨.

㉓ 前書(전서)-지난번 편지. 한유가 장적에게 보낸 답장을 가리킴. 이 글은 《한창려집(韓昌黎集)》에는 〈중답장적서(重答張籍書)〉로 되어 있으므로 한유는 이 편지 이전에 또 장적에게 답장을 보냈음을 알 수 있다. ㅇ盡之(진지)-그것을 다 말했다.

㉔ 夫子猶有所戲(부자유유소희)-공자도 또한 농담을 하신 적이 있다. 《논어》 양화편(陽貨篇)에 나오는 말을 가리킴. 공자가 그의 제자인 자유(子游)가 다스리는 무성(武城)에 갔을 때 현가(弦歌)의 소리를 듣고는 웃으며 말하였다. "닭을 잡는 데에 어찌 소잡는 칼을 쓰랴?" 공자는 큰인물인 자유가 작은 고을을 다스리면서 마치 한 나라를 다스리듯이 아악(雅樂)을 쓰는 것을 안스럽게 생각하고 농담삼아 한 소리였다. 이에 자유는 "저는 일찍이 '군자는 도를 배우면 백성들을 사랑하게 되고, 소인은 도를 배우면 다스리기 쉽게 된다'고 들었습니다."라고 대답하였다. 그러자 공자도 농담이 지나친 것을 시인하고 일행에게, "이 사람들아, 자유의 말이 옳네. 내가 한 말은 농담이었네."라 하였다고 한다.

㉕ 詩(시)-《시경》 위풍(衛風)의 기욱(淇澳)편을 가리킴. 이 시는 위(衛)나라의 무공(武公)이 농담을 잘하면서도 덕이 높음을 칭송한 시이다.

㉖ 善(선)-잘하다. ㅇ戲謔(희학)-우스개짓과 농담. ㅇ虐(학)-모진 짓. 지

나친 짓.

㉗ 記曰(기왈)―《예기(禮記)》 잡기(雜記) 하편(下篇)의 말을 가리킨다.

㉘ 張而不弛(장이불이), 文武不爲也(문무불위야)―팽팽하게 당기고 늦추지 않는 것은 문왕·무왕도 하시지 않는다. 《예기》에는 '장이불이(張而不弛), 교무불능야(交武弗能也)'로 되어 있다. 그 부분에 다음과 같은 이야기가 나온다. 자공이 농사를 마치고 지내는 사제(蜡祭)를 참관하고 있는데 공자가 물었다. "단목사(端木賜 : 자공의 이름)야! 재미있느냐?" 자공이 대답했다. "온 나라 사람들이 미친듯이 좋아하나, 저는 무슨 재미가 있는지 모르겠습니다." 이에 공자가 말하였다. "그들은 1년 동안 고생하다가 비로소 이날을 마음껏 즐기는 것이다. 이 행사의 이치를 자네는 모르겠지. 팽팽하게 긴장시키고 늦추어 주지 않는 일은 문왕·무왕도 할 수 없는 일이네. 또 풀어주기만 하고 긴장을 주지 않는 것은 문왕·무왕이 하지 않는 일이네. 때로는 긴장시키고 때로는 풀어주는 것이 문왕과 무왕의 도라네." 이 이야기는 백성들을 다스림에 있어 고(苦)와 악(樂)을 교체시켜야 한다는 뜻인데, 한유는 자기가 순수하지 못하고 잡스럽다는 비난을 변명하는 말로 끌어다 썼다. 즉 도를 위한 언행만으로 일관할 수는 없으며 농담이나 잡담을 하는 것이 죄가 되지 않는다는 소리이다.

㉙ 未之思(미지사)―아직 그것을 생각 못하다.

㉚ 孟君(맹군)―맹교(孟郊)를 가리킴. 한유의 제자로 시문에 뛰어났음. ○將有所適(장유소적)―장차 길을 떠나다. 적(適)은 행(行)의 뜻.

㉛ 庶幾(서기)―부디 ……하기 바란다.

해설) 이 글은 한유가 장적(張籍)에게 답한 것인데, 《한창려문집》에 〈중답장적서(重答張籍書)〉라 되어 있고, 내용상으로도 장적에게 전에 한 번 답장한 것이 언급되어 있으니 두 번째 답장임이 틀림없다. 장적은 정원(貞元) 15년(799)에 진사에 급제하고 국자박사(國子博士)를 지냈으며 악부체(樂府體)의 시에 뛰어난 시인이다.

그가 한유에게 처음 보낸 편지는, 한유의 재능이 맹자(孟子)나 양웅(揚雄) 등 대학자에 못지않으니, 잡박(雜駁)한 얘기나 바둑 같은 것에 시간

을 낭비하지 말고, 유가(儒家)의 도를 밝히는 책을 저술하여 그것을 보전
케 하기를 권유한 것이었다. 그에 대해 한유는 자기의 학식이 미숙하므로
5, 60세가 된 후에 저술하는 것이 좋겠고, 기타의 충고는 잘 생각해서 바
로잡아 보겠다고 답했다.

이에 장적은 거듭 편지를 보내어, 도교와 불교를 배척하고 유도(儒道)
를 밝히기 위하여는 책을 저술하는 것이 시급한 일이며, 5, 60세가 되면
늦을런지도 모른다고 독촉하였다. 그것에 대해 한유는 이 두 번째 답장을
써서, 책을 저술하여 도를 세상에 전하는 것이 하늘의 뜻이라면 그것은
분명히 이루어지게 되어 있으니 조급히 생각하지 말 것이며, 잡된 이야기
나 농담을 좋아하는 것은 성인(聖人)들도 마다하지 않은 것으로 도에 해
로운 것이 아니라고 반박하고 있다.

한유가 책을 짓는 일을 미룬 것은 그의 겸손한 마음 때문만이 아니라
세론(世論)을 두려워하여 몸을 사린 탓이기도 한 점이 흥미롭다. '하늘의
뜻'을 거론하는 결정론적 사고를 보여주는 한편, 글 쓰는 행위에 대해 신
중히 고려하는 현실주의적 면모가 잘 나타나 있다.

상장복야서(上張僕射書)

한유(韓愈)

1

9월 1일, 유(愈)가 재배 올립니다. 임명서를 받은 다음날, 저는 절도사의 관청에 있었습니다. 한 하급 관리가 관청 내에서 옛부터 지켜온 조례(條例) 10여 가지를 가지고 와서 제게 보여주었습니다. 그 중 옳지 않은 것이 있었는데, 9월부터 이듬해 2월이 끝날 때까지는 모두 새벽에 출근했다가 밤늦게 퇴근해야 하며, 질병이나 사고가 생긴 경우가 아니라면, 나가는 것을 허락할 수 없다는 것입니다. 당시는 처음 임명을 받은 때라서 감히 말씀드리지 못하였습니다.

옛사람의 말에, "사람에게는 저마다 잘하는 바와 잘할 수 없는 바가 있다."라 하였습니다. 그러한 일은 제가 잘할 수 있는 일이 아닙니다. 그런데도 참고 그렇게 행한다면 틀림없이 미쳐버리고 말 것입니다. 위로는 공(公)께 일을 받들어 해드릴 수 없게 되어, 장차 갚아야 할 은덕을 잊게 될 것이며, 아래로는 저 자신이 홀로 설 수 없게 되어 마음써야 할 바를 잃게 될 것입니다. 이와 같을진대 어찌 말씀을 올리지 않을 수 있겠습니까?

아마도 공께서 저 유(愈)를 택하신 것은, 제가 새벽에 출근하여 밤에 퇴근하는 일에 능숙하기 때문은 아니었을 것입니다. 반드시 어떤 취할 만한 점이 있었기 때문일 것입니다. 만일 취할 점이 있어서 취하셨다면,

비록 새벽에 출근했다가 밤늦게 퇴근하지 않는다 해도 그 취할 점은 여전히 그대로 있을 것입니다. 아랫사람이 윗사람을 섬기는 데엔 그 일이 한결같지는 않고, 윗사람이 아랫사람을 부리는 데도 그 일이 한결같지는 않습니다.

능력을 재어 임용하고, 재능을 헤아려 자리를 주어야 하며, 할 수 없는 일이라면 억지로 시키지 말아야 할 것입니다. 이런 까닭에 아래에 있는 사람은 윗사람에게 죄를 얻지 않게 되고, 위에 있는 사람은 아랫사람에게 원망을 사지 않게 되는 것입니다.

맹자께서 이르셨습니다.

"오늘날의 제후들이 크게 남달리 뛰어난 자가 없는 것은, 그들이 모두 가르칠 만한 신하들을 좋아하고, 가르침을 받을 만한 신하들은 싫어하기 때문이다."

지금에 와서는 맹자의 시대에 비해 더욱 그런 경향이 심해졌습니다. 모두들 명령을 듣고 뛰어다니는 사람을 좋아하지, 자신을 곧게 지키고 도를 행하는 사람은 좋아하지 않습니다. 명령을 듣고 뛰어다니는 사람은 이익을 좋아하는 사람이고, 자기 몸을 곧게 하여 도를 행하는 사람은 의(義)를 좋아하는 사람입니다.

이익을 좋아하면서 그 군주를 사랑한 사람은 없었으며, 의를 좋아하면서 그 군주를 잊은 사람은 없었습니다. 오늘날 왕족이나 공경대부들 중에, 오직 공만이 이 말씀을 들어주실 수 있고, 오직 저만이 공께 이 말씀을 올릴 수 있을 것입니다.

웬문 九月一日에 ①愈再拜하노라. 受②牒之明日에 在③使院中이러
구 월 일 일   유 재 배   수 첩 지 명 일   재 사 원 중

니 有小吏持院中④故事節目十餘事하여 來示愈라. 其中不可者는
유 소 리 지 원 중 고 사 절 목 십 여 사   내 시 유   기 중 불 가 자

有自九月至明年二月之終으로 皆⑤晨入夜歸하되 非有疾病事故어
유 자 구 월 지 명 년 이 월 지 종   개   신 입 야 귀   비 유 질 병 사 고

든 ⑥輒不許出이라. 當時以初受命으로 不敢言이라.
　　첩불허출　　　당시이초수명　　　불감언

⑦古人有言曰; 人各有能有不能이라. 若此者는 非愈之所能也
　고인유언왈　인각유능유불능　　　약차자　　비유지소능야

니 抑而行之면 必發⑧狂疾하여 上無以⑨承事于公하여 ⑩忘其將所
　억이행지　필발 광질　　　상무이 승사우공　　　망기장소

以報德者요 下⑪無以自立하여 ⑫喪失其所以爲心이라. 夫如是면
이보덕자　하 무이자립　　　상실기소이위심　　　부여시

則⑬安得而不言이리오?
즉 안득이불언

凡⑭執事之擇於愈者는 非謂其能晨入夜歸也라. 必將有以取之
범 집사지택어유자　비위기능신입야귀야　　　필장유이취지

니 苟有以取之면 雖不晨入夜歸라도 其所取者猶在也리라. 下之
　구유이취지　수불신입야귀　　　기소취자유재야　　　　하지

事上이 ⑮不一其事요 上之使下도 不一其事라.
사상　불일기사요　상지사하　불일기사

⑯量力而任之하며 ⑰度才而處之하여 其所不能을 ⑱不彊使爲라.
량력이임지　　　탁재이처지　　　기소불능　　불강사위

是故로 爲下者不獲罪於上하고 爲上者不得怨於下矣라.
시고　위하자불획죄어상　　　위상자부득원어하의

⑲孟子有云; 今之諸侯가 ⑳無大相過者는 以其㉑皆好臣其所敎
　맹자유운　금지제후　　무대상과자　이기 개호신기소교

요 而㉒不好臣其所受敎라. 今之時與孟子之時로 ㉓又加遠矣라.
이 불호신기소수교　　　금지시여맹자지시　　우가원의

皆好其㉔聞命而奔走者요 不好其㉕直己而行道者라. 聞命而奔走
개호기 문명이분주자　불호기 직기이행도자　　　문명이분주

者는 好利者也요 直己而行道者는 好義者也라.
자　호리자야요　직기이행도자　호의자야

未有好利而愛其君者며 未有好義而忘其君者라. 今之㉖王公大
미유호리이애기군자　미유호의이망기군자　금지　왕공대

人이 惟執事可以聞此言이오 惟愈於執事也에 可以此言進이라.
인　유집사가이문차언　　유유어집사야　가이차언진

─────────────────────

(주해)　① 愈(유)─한유가 자기를 가리킨 말.

② 牒(첩)−임명서. 첩지(牒紙)라고도 함. 한유는 덕종(德宗) 정원(貞元) 15
년 9월에 서주(徐州)의 절도추관(節度推官)으로 임명되었다.

③ 使院(사원)−절도사의 관청.

④ 故事節目(고사절목)−옛부터 지켜온 조례(條例).

⑤ 晨入夜歸(신입야귀)−새벽에 출근하여 밤늦게 퇴근하다. 절도사의 관청에
는 아침 일찍 출근하여 밤늦게 퇴근하는 규칙이 엄격히 지켜졌다 한다.

⑥ 輒(첩)−즉(則)과 같음. ……이면 곧. ㅇ不許出(불허출)−나가는 것을 허락
치 않는다. 퇴근을 허락치 않는다는 뜻이 아니라, 근무규칙이 엄격하여 규정
된 시간 동안은 반드시 자리를 지켜야 한다는 뜻으로 보아야 할 것이다.

⑦ 古人有言(고인유언)−《좌전(左傳)》 정공(定公) 5년조에 나오는 말로, 초
(楚)나라 사람 유우(由于)가 한 말임.

⑧ 狂疾(광질)−미친병. 광증.

⑨ 承事(승사)−일을 받들어 행하다.

⑩ 忘其將所以報德者(망기장소이보덕자)−장차 은덕을 갚아야 할 소임을
잊다.

⑪ 無以自立(무이자립)−스스로 설 수 없게 되다.

⑫ 喪失其所以爲心(상실기소이위심)−마음 써야 할 바를 잃다.

⑬ 安得而不言(안득이불언)−어찌 말하지 않을 수 있겠는가?

⑭ 執事(집사)−상대방을 높여 부르는 말. 여기서는 편지를 받을 장복야(張
僕射)를 가리킴. ㅇ擇於愈(택어유)−유(愈), 즉 한유를 택하다.

⑮ 不一其事(불일기사)−그 일이 한가지가 아니다. 한결같지 않다.

⑯ 量力(양력)−능력을 재다.

⑰ 度才(탁재)−재능을 헤아리다. ㅇ處之(처지)−그에게 자리를 주다.

⑱ 不彊使爲(불강사위)−억지로 시켜서 하게 하지 않는다.

⑲ 孟子有云(맹자유운)−《맹자》 공손추(公孫丑) 하편에 나오는 말임.

⑳ 無大相過者(무대상과자)−크게 남보다 뛰어난 사람이 없다.

㉑ 皆好臣其所敎(개호신기소교)−모두들 자기가 가르칠 수 있는 신하를 좋
아한다.

㉒ 不好臣其所受敎(불효신기소수교)−자기가 가르침을 받아야 할 신하는 싫

어한다. 《맹자》에서는 탕(湯)임금이 신하 이윤(伊尹)에게서 배웠고, 제
(齊)나라 환공(桓公)이 관중(管仲)에게서 배웠음을 예로 들면서, 오늘날
의 제후들 중 크게 뛰어난 자가 없는 것은 그처럼 배우기에 힘쓰지 않고
명령하기를 즐기기 때문이라고 말하였다.
㉓ 又加遠矣(우가원의) - 더욱 멀어져 가다. 곧 신하로부터 배우는 자세가 맹
   자 시대에 이미 시들해졌는데, 지금에 와서는 그러한 경향이 더욱 심해졌
   다는 뜻이다.
㉔ 聞命而奔走者(문명이분주자) - 명령을 받으면 바삐 뛰어다니며 일하는
   사람.
㉕ 直己而行道者(직기이행도자) - 자신을 곧게 지키며 도를 행하는 사람.
㉖ 王公大人(왕공대인) - 왕족이나 공경대부들.

2

저 유(愈)는 공의 총애를 입고 따르게 된 지 오래되었습니다. 만일 너
그러이 용서해 주시어 저의 천성을 잃지 않도록 해주시고, 특별히 대우
하시어 명분을 세우기에 족하도록 해주신다면, 새벽 4시경에 출근하여 8
시경이면 퇴근하고, 오후 4시경에 출근하여 6시경이면 퇴근하는 것을 상
규(常規)로 삼는다 하더라도 일에 태만하지는 않을 것입니다.

세상 사람들이 공께서 저를 이와 같이 대해 주신다는 것을 들으면, 틀
림없이 모두들 이렇게 말할 것입니다.

"공께서 선비를 사랑하심이 이와 같고, 공께서 선비를 예로써 대우하
심이 이와 같고, 공께서 사람을 부림에 있어 그 천성을 굽히지 않게 하
고 너그러이 허용할 수 있음이 이와 같고, 공께서 남의 명성을 이루어
주시고자 함이 이와 같고, 공께서 옛부터 알던 이를 후하게 대우함이 이
와 같다."

또 장차 이렇게 말할 것입니다.

"한유가 몸을 의탁할 사람을 알아봄이 이와 같고, 한유가 부귀한 사람

에게 아첨하고 굽히지 않음이 이와 같고, 한유의 현명함은 그의 주인으로 하여금 예로써 대우하게 함이 이와 같다."

그렇게 된다면 공의 문하에서 죽는다 해도 후회함이 없을 것입니다.

만약에 행렬을 따라 출근하게 하시고 대오(隊伍)를 쫓아 뛰어다니게 하시며, 말함에 있어 감히 성심을 다 펼쳐내지 못하고, 도를 행함에 있어 스스로 굽히는 바가 있게 된다면, 세상 사람들은 공께서 저를 이와 같이 대한다는 것을 듣고는 모두들 이렇게 말할 것입니다.

"공이 한유를 쓴 것은, 불쌍하고 궁하여 거두어 준 것일 뿐이다. 한유가 공을 섬기는 것은, 도 때문이 아니라 이익을 위해서였을 뿐이다."

만일 이같이 된다면, 비록 날마다 천금의 보수를 받고 1년에 아홉 번 승진하게 된다 해도, 은혜에 감격하는 일은 있겠습니다만 장차 세상에서 일컫기를 "공과 지기(知己)의 사이는 아니다."라 하게 될 것입니다.

엎드려 바라옵건대, 저의 부족함을 불쌍히 여기시고 저의 어리석음을 가련히 여기시어, 저의 죄를 새겨두지 마시고 저의 말씀을 잘 살피시고 어짊을 베풀어 받아들여 주시기 바랍니다. 유(愈)는 두려운 마음으로 재배 올립니다.

원문 愈①蒙幸於執事하여 其所從舊矣라. 若②寬假之하여 ③使不失
유 몽행어집사   기소종구의   약 관가지   사불실

其性하고 ④加待之하여 使足以爲名이면 ⑤寅以入하여 盡辰而退하
기성   가대지   사족이위명   인이입   진진이퇴

고 ⑥申而入하여 終酉而退를 ⑦率以爲常이라도 亦不⑧廢事리이다.
신이입   종유이퇴   솔이위상   역불 폐사

天下之人이 聞執事之於愈如是也면 必皆曰: 執事之好士也
천하지인   문집사지어유여시야   필개왈 집사지호사야

如此하고 執事之待士以禮如此하고 執事之使人⑨不枉其性而⑩能
야차   집사지대사이례여차   집사지사인 불왕기성이 능

有容如此하고 執事之欲⑪成人之名如此하고 執事之⑫厚於故舊如
유용여차   집사지욕 성인지명여차   집사지 후어고구여

此라 하리이다.
차

又將曰；韓愈之[13]識其所依歸也如此하고 韓愈之不[14]諂屈於富
우 장 왈 한 유 지 식 기 소 의 귀 야 여 차 한 유 지 불 첨 굴 어 부

貴之人如此하고 韓愈之賢이 能使其主로 待之以禮如此라 하리이
귀 지 인 여 차 한 유 지 현 능 사 기 주 대 지 이 례 여 차

다. 則死於執事之門이라도 無悔也리이다.
즉 사 어 집 사 지 문 무 회 야

若使[15]隨行而入하고 [16]逐隊而趨하여 言不敢盡其誠하고 道有所
약 사 수 행 이 입 축 대 이 추 언 불 감 진 기 성 도 유 소

屈於己면 天下之人이 聞執事之於愈如此하고 皆曰；執事之用
굴 어 기 천 하 지 인 문 집 사 지 어 유 여 차 개 왈 집 사 지 용

韓愈가 [17]哀且窮하여 [18]收之而已耳요 韓愈之事執事[19]不以道요
한 유 애 차 궁 수 지 이 이 이 한 유 지 사 집 사 불 이 도

[20]利之而已耳라 하리이다.
이 지 이 이 이

苟如是면 雖[21]日受千金之賜하고 [22]一歲九遷其官이라도 感恩則
구 여 시 수 일 수 천 금 지 사 일 세 구 천 기 관 감 은 즉

有之矣로되 將以稱於天下曰[23]知己則未也리이다.
유 지 의 장 이 칭 어 천 하 왈 지 기 즉 미 야

[24]伏惟哀其所不足하고 [25]矜其愚하며 [26]不錄其罪하고 察其辭하여
복 유 애 기 소 부 족 긍 기 우 불 록 기 죄 찰 기 사

而[27]垂仁採納焉하시이다. 愈恐懼再拜하노라.
이 수 인 채 납 언 유 공 구 재 배

주해 ① 蒙幸(몽행)－총애를 입다.

② 寬假(관가)－너그러이 용서하다. 가(假)는 서(恕)의 뜻.

③ 使不失其性(사불실기성)－그 천성을 잃지 않게 하다. 성(性)은 타고난
본성.

④ 加待之(가대지)－그를 특별히 대우하다. 그에게 대우를 더 잘해주다.

⑤ 寅(인)－인시(寅時). 새벽 3시부터 4시 사이의 시간. ㅇ辰(진)－진시(辰
時). 오전 7시부터 8시까지의 시간.

⑥ 申(신)－신시(申時). 오후 3시부터 5시까지의 시간. ㅇ酉(유)－유시(酉時).

오후 5시부터 7시까지의 시간.

⑦ 率以爲常(솔이위상) - 그렇게 하는 것을 상규(常規)로 하다. 솔(率)은 행(行)의 뜻, 상(常)은 상규, 상례.

⑧ 廢事(폐사) - 일을 그만두다. 일에 태만하다.

⑨ 不枉其性(불왕기성) - 그 천성을 굽히지 않는다.

⑩ 能有容(능유용) - 능히 용납함. 너그러이 허용함.

⑪ 成人之名(성인지명) - 남의 명성을 이루어 주다.

⑫ 厚(후) - 후하게 대하다. ㅇ故舊(고구) - 옛부터 알던 사람. 옛 친구.

⑬ 識其所依歸(식기소의귀) - 그가 몸을 의탁해야 할 곳을 알다.

⑭ 諂屈(첨굴) - 아첨하고 굽신거리다.

⑮ 隨行而入(수행이입) - 행렬을 따라 출근하다. 다른 동료들과 같이 새벽에 나란히 출근하는 것을 뜻함.

⑯ 逐隊而趨(축대이추) - 대오(隊伍)를 쫓아 뛰어다니다. 다른 동료들과 함께 행동함을 뜻함.

⑰ 哀且窮(애차궁) - 불쌍하고 궁한 것.

⑱ 收之而已耳(수지이이이) - 그를 거두었을 뿐이다.

⑲ 不以道(불이도) - 도 때문이 아니다. 도를 행하기 위해서가 아니다.

⑳ 利之而已耳(이지이이이) - 이익을 취하기 위해서였을 뿐이다.

㉑ 日受(일수) - 날마다 받다. ㅇ千金之賜(천금지사) - 천금의 보수. 사(賜)는 하사금.

㉒ 一歲(일세) - 1년. ㅇ九遷其官(구천기관) - 아홉 번 관직을 옮기다. 여기서는 아홉 번 승진한다는 뜻.

㉓ 知己則未也(지기즉미야) - 지기(知己)는 아니다. 장복야와 한유의 사이가 서로 알아주는 진실한 사이가 아니라는 뜻.

㉔ 伏惟(복유) - 엎드려 바라옵건대. ㅇ哀其所不足(애기소부족) - 그가 부족한 바를 불쌍히 여기다. 즉 한유 자신의 부족한 점을 불쌍히 여겨 달라는 뜻.

㉕ 矜其愚(긍기우) - 그의 어리석음을 가엾이 여기다.

㉖ 不錄其罪(불록기죄) - 그의 잘못을 새겨두지 말라. 즉 자기의 잘못을 용서해 달라는 뜻.

㉗ 垂仁採納(수인채납)―수인(垂仁)은 어짊을 베풀다, 채납(採納)은 의견을 받아들이다. 대개 낮은 신분의 사람이 윗사람에게 공손히 간원할 때 쓰는 말.

(해설) 이 편지는 한유가 15세 때, 당시 서주(徐州)의 절도사를 지내던 장건봉(張建封)에게 올린 글이다. 장건봉은 자가 본립(本立)이며, 등주(鄧州) 남양(南陽) 사람인데, 검교우복야(檢校右僕射)란 관직을 지냈으므로 장복야라 불리웠다. 한유는 정원(貞元) 15년(799) 2월, 변주(汴州)의 난을 피하여 서주의 장복야에게 의탁하게 되었는데, 가을에는 장복야의 속리(屬吏)인 절도추관(節度推官 : 형법을 담당하는 벼슬)으로 임명되었다.

절도사의 관청에서는 새벽에 출근하고 밤늦게까지 퇴근하지 못하는 규칙이 엄격히 지켜졌으므로, 그것이 한유의 체질에 맞지 않자 이 글을 올려 자기만은 특별대우를 해달라고 부탁한 것이다. 그 요청을 정당화하기 위하여 고사(故事)를 인용하여 설득하고, 또 그러한 요청을 들어 줄 경우와 그렇지 못할 경우의 세상 사람들의 반응을 가상형식으로 열거해 보임으로써 장복야로 하여금 들어주지 않을 수 없게끔 만들고 있다.

논리적 설득력이 강한 글이기는 해도, 한유가 자신을 남다른 인물로 자부하는 점은 다소 오만한 기분과 함께 젊은 객기를 느끼게 한다.

위인구천서(爲人求薦書)

한유(韓愈)

나무가 산에 있고 말이 시장에 있되 그들 앞을 지나면서 거들떠보지 않는 이가 하루에 수천 수만 명에 이른다 해서 재목감이 못된다거나 나쁜 말이 되는 것은 아닙니다. 그러나 유명한 목수 장석(匠石)이 그 앞을 지나면서도 눈여겨보지 않고, 유명한 말 감정가 백락(伯樂)이 그것을 대하고도 거들떠보지 않는다면, 그런 뒤에야 그것이 좋은 재목이 아니고 재빠른 발을 가진 말이 아님을 알게 됩니다.

모(某)는 공의 문하에서 지낸 지 하루이틀이 아니며, 또한 인척관계로도 욕되이 뒷자리를 차지하고 있으니, 이는 장석의 뜰에서 생장하고 백락의 마구간에서 자란 것과 같습니다. 여기에서 알아줌을 얻지 못한다면, 비록 보고 알아주는 사람이 천만 인이 있게 된다 해도 어찌 족하다 할 수 있겠습니까?

지금은 다행히도 천자께서 해마다 명을 내리시어 공경대부들에게 선비들을 추천케 하시는 덕분에, 모(某)와 비슷한 사람들도 모두 천거되어 알려졌습니다. 이 때문에 무례를 무릅쓰고 이러한 말씀을 올려 공께 누를 끼쳐 드리는 것입니다. 또한 스스로를 헤아리지 못한 짓이기도 합니다마는, 공께서는 모(某)를 어떠한 사람으로 알고 계시는지요?

옛날에 어떤 사람이 말을 시장에 내다 팔려고 했으나 팔리지 않자, 백락이 말을 잘 감정하는 것을 알고는 그에게 가서 말을 보아줄 것을 청했

답니다. 백락이 한번 보아주자, 말값이 세배로 뛰었다 합니다. 모(某)의 경우와 그 일이 몹시 비슷합니다. 그런 까닭에 처음부터 끝까지 그 이야기를 말씀드린 것입니다.

원문 木在山하며 馬在①肆하여 過之而不顧者가 雖曰累千萬人이라
       목 재 산   마 재 사   과 지 이 불 고 자   수 왈 루 천 만 인

도 未爲②不材與下乘也로되 及至③匠石過之而不睨하며 ④伯樂遇
  미 위 부 재 여 하 승 야   급 지 장 석 과 지 이 불 예   백 락 우

之而不顧면 然後知其非⑤棟梁之材와 ⑥超逸之足也니라.
지 이 불 고   연 후 지 기 비 동 량 지 재   초 일 지 족 야

以⑦某在公之宇下非一日이오 而又⑧辱居姻婭之後하니 是⑨生
이 모 재 공 지 우 하 비 일 일   이 우 욕 거 인 아 지 후   시 생

于匠石之園이오 ⑩長于伯樂之廐者也라. 於是而不得知면 ⑪假有
우 장 석 지 원   장 우 백 락 지 구 자 야   어 시 이 부 득 지   가 유

見知者千萬人이라도 亦何足云耳리오?
견 지 자 천 만 인   역 하 족 운 이

今幸⑫賴天子가 每歲詔公卿大夫⑬貢士하여 ⑭若某等比라도 咸
금 행 뢰 천 자   매 세 조 공 경 대 부 공 사   약 모 등 비   함

得以薦聞이라. 是以로 ⑮冒進其說하여 以累於執事하니 亦⑯不自
득 이 천 문   시 이   모 진 기 설   이 루 어 집 사   역 부 자

量己나 然執事其知某⑰何如哉오?
량 이   연 집 사 기 지 모 하 여 재

⑱昔人有鬻馬不售於市者러니 知伯樂之⑲善相也하고 從而求之
석 인 유 육 마 불 수 어 시 자   지 백 락 지 선 상 야   종 이 구 지

하여 伯樂一顧에 價增三倍라. ⑳某與其事로 頗相類라. 是故로 ㉑始
백 락 일 고   가 증 삼 배   모 여 기 사   파 상 류   시 고   시

終言之耳로다.
종 언 지 이

주해 ① 肆(사)—저자. 시장.

② 不材(부재)—재목감이 못됨. ㅇ下乘(하승)—하급의 말. 둔한 말.

③ 匠石(장석)—전국시대의 이름난 장인(匠人)으로 재목을 잘 감별하였다 함.
   ㅇ不睨(불예)—거들떠보지 않다. 예(睨)는 흘겨보다, 눈여겨보다.

④ 伯樂(백락) - 진(秦)나라 목공(穆公) 때 사람으로 본명은 손양(孫陽). 말을 잘 감정하는 것으로 유명했음.

⑤ 棟梁(동량) - 마룻대와 들보. 좋은 재목감을 뜻함.

⑥ 超逸之足(초일지족) - 재빠른 발을 가진 말. 준족지마(駿足之馬)를 뜻함.

⑦ 某(모) - 아무개. 한유가 이 서(書)를 통해 추천하려는 사람. 이 글은 고위직에 있는 사람에게 어떤 인물을 추천하고자 쓴 글이나, 추천서를 받은 사람이 누구인지 또 추천한 사람이 누구인지 밝혀지지 않고 있다. 어떤 이는 한유가 자기를 자천(自薦)한 글이라 보기도 한다.

⑧ 辱居姻婭之後(욕거인아지후) - 욕되이 인척관계상 뒷자리를 차지하다. 즉 추천서를 받을 사람과 추천하고자 하는 인물이 먼 친척관계임을 겸손하게 표현한 것임. 인(姻)은 사돈을 뜻하며 아(婭)는 동서(同壻)를 뜻하므로, 인아(姻婭)는 인척관계의 뜻.

⑨ 生于(생우) - ……에서 생장하다. ㅇ匠石之園(장석지원) - 장석(匠石)의 뜰. 재목감을 잘 알아보는 사람의 뜰.

⑩ 長于(장우) - ……에서 자라나다. ㅇ伯樂之廐(백락지구) - 백락의 마구간. 말을 잘 감별하는 사람의 마구간.

⑪ 假(가) - 설령. 가령.

⑫ 賴(뇌) - 입다. 의지하다.

⑬ 貢士(공사) - 선비를 뽑아 올리는 것. 조정에 선비를 천거하는 것.

⑭ 若某等比(약모등비) - 모(某)와 비슷한 사람들. 비(比)는 유(類)의 뜻.

⑮ 冒進(모진) - 실례를 무릅쓰고 올림.

⑯ 不自量(부자량) - 스스로를 헤아리지 못하다. 외람된 행동을 하였다는 뜻.

⑰ 何如哉(하여재) - 《한창려문집(韓昌黎文集)》에는 '여하재(如何哉)'로 되어 있다. '어떻게 ……하십니까?'

⑱ 昔人(석인)…… - 《춘추후어(春秋後語)》에 나오는 고사임. 전국시대에 소진(蘇秦)의 아우 소대(蘇代)가 제(齊)나라 왕을 만나려 했으나 제왕은 소진을 원망하고 있었기 때문에 소대를 만나주지 않았다. 이에 소대가 순우곤(淳于髡)에게 말하였다. "준마를 팔려는 사람이 있었는데, 사흘 동안 시장에 서 있었지만 말을 건네는 사람조차 없었다고 합니다. 그런데 백락이

지나가다가 되돌아와서 이 말을 보아주자, 말값이 하루아침에 열배나 올랐다고 합니다. 공께서는 저를 위해 백락이 되어 주실 수 없으신지요?"

ㅇ鬻馬(육마)-말을 팔다. 육(鬻)은 매(賣)의 뜻. ㅇ不售(불수)-팔리지 않다.

⑲ 善相(선상)-관상을 잘 보다. 여기서는 말을 잘 식별한다는 뜻.

⑳ 某與其事(모여기사)-모(某)의 경우와 그 일. 기사(其事)는 백락이 말을 파는 사람을 돌보아 준 것. ㅇ頗(파)-몹시. ㅇ相類(상류)-서로 비슷하다.

㉑ 始終(시종)-처음부터 끝까지. ㅇ言之(언지)-그것을 말했다. 즉 백락의 고사를 말했다.

해설 한유가 어떤 유력한 지위에 있는 사람에게 한 인물을 추천하기 위해 쓴 글이다. 추천서를 받은 사람이나 추천하는 인물은 밝혀져 있지 않은데, 어떤 사람은 한유가 자천(自薦)한 것으로 보기도 한다. 인물을 추천하는 데에 백락(伯樂)의 고사를 인용하는 것은 옛날에 많이 쓰이던 수법인 듯하나, 처음부터 끝까지 그것에 근거하여 논지를 편 점이 두드러진다.

답진상서(答陳商書)

한유(韓愈)

유(愈)가 말씀드립니다.

욕되이도 보내주신 편지는 어구(語句)가 고상하고 뜻이 심원하였습니다. 서너 차례 읽었으나 아직도 밝게 이해하지 못해 망연히 부끄러움에 얼굴 붉히기를 더할 뿐입니다. 또한 천하고 결점 많으며 남다른 지식을 가지지 못한 저를 몸소 지키시는 법도로써 깨우쳐 주시니, 감사한 마음 이를 데 없습니다. 제가 감히 진실한 감정을 토로하지 않을 수 있겠습니까? 그러나 선생께서 바라는 것을 채워주기에는 부족하다는 점은 스스로 잘 알고 있습니다.

제(齊)나라 왕은 우(竽)를 좋아했는데, 제나라에 벼슬을 구하려는 어떤 사람이 슬(瑟)을 가지고 가서 3년이나 궁문에 서있었으나, 안으로 들어갈 수 없었다 합니다. 이에 꾸짖어 말하기를

"내가 슬을 뜯으면 귀신도 오르내리게 할 수 있다. 내가 연주하는 슬 소리는 옛 황제(黃帝)의 가락과 합치한다."

하자 한 객(客)이 그를 꾸짖어 말했습니다.

"왕께선 우를 좋아하시는데, 그대는 슬을 연주했소. 슬 연주가 비록 뛰어나다 해도 왕께서 좋아하시지 않음을 어이하겠소?"

이것이 이른바 슬 연주에는 뛰어났지만, 제나라에서 벼슬을 구하는 데 엔 서툴렀다는 것입니다.

지금 선생은 이 세상에서 진사(進士)가 되어 세상에서 벼슬을 구하고 이 도를 행하고자 하고 있습니다. 그런데 문장을 지음에 있어선 언제나 세상 사람들이 좋아하지 않게 짓고 있으니, 슬을 가지고 제나라 궁문 앞에 서있던 사람과 비교가 되지 않을 수 있겠습니까? 문장은 실로 뛰어나다 하더라도 벼슬을 구하는 데에는 이롭지 못합니다. 구하여도 얻지 못하면 곧 노하고 원망하게 될 것입니다. 군자라면 반드시 그렇게 해야 하는 것인지 그렇게 하지 말아야 하는 것인지 잘 모르겠습니다.

그러므로 구구한 마음으로 매번 찾아오는 이가 있으면 모두 못난 저에게 구하는 바가 있어서인지라, 대개 사양치 않고 마침내 모든 말을 다 하고 맙니다. 오직 선생께서 너그러이 살펴주시길 바랄 뿐입니다.

원문 愈①白하노라.
유 백

②辱惠書하니 ③語高而旨深하여 三四讀에 尚不能④通曉니 ⑤茫
욕 혜 서   어 고 이 지 심   삼 사 독   상 불 능 통 효   망

然增愧赧이라. 又⑥不以其淺弊하고 無⑦過人智識이나 且⑧喻以所
연 증 괴 난   우 불 이 기 천 폐   무 과 인 지 식   차 유 이 소

守하니 幸甚이로라. 愈敢不吐露⑨情實이리오? 然自識其不足補
수   행 심   유 감 불 토 로 정 실   연 자 식 기 부 족 보

⑩吾子所須也로다.
오 자 소 수 야

⑪齊王好竽러니 有求仕於齊者가 操⑫瑟而往하여 立王之門三年
제 왕 호 우   유 구 사 어 제 자   조 슬 이 왕   입 왕 지 문 삼 년

에 不得入이라. ⑬叱曰：吾瑟鼓之면 能使鬼神上下하며 吾鼓瑟合
부 득 입   질 왈   오 슬 고 지   능 사 귀 신 상 하   오 고 슬 합

⑭軒轅氏之律呂라. 客⑮罵之曰：王好竽시어늘 而⑯子鼓瑟하니 瑟
헌 원 씨 지 율 려   객 매 지 왈   왕 호 우   이 자 고 슬   슬

雖工이나 ⑰如王之不好何오? 是所謂工於瑟而不工於⑱求齊也라.
수 공   여 왕 지 불 호 하   시 소 위 공 어 슬 이 불 공 어 구 제 야

今擧進士於此世하고 ⑲求祿利行道於此世나 而爲文이 必使一
금 거 진 사 어 차 세   구 록 리 행 도 어 차 세   이 위 문   필 사 일

世人不好하니 ⑳得無與操瑟立齊門者比歟아? 文誠工이나 不利於
세인불호　　　　득무여조슬립제문자비여　　문성공　　불리어

求요 ㉑求不得則怒且怨하리라. 不知君子는 ㉒必爾爲不也라.
구　　구부득즉노차원　　　　부지군자　　필이위불야

故로 ㉓區區之心이 每有來訪者면 皆㉔有意於不肖者也일새 略
고　　구구지심　　매유래방자　개　유의어불초자야　　　약

不辭讓하고 ㉕遂盡言하노라. 惟吾子㉖諒察하라.
불사양　　수진언　　　유오자 량찰

(주해) ① 白(백)—말씀드리다. 고하다의 뜻.

② 辱惠書(욕혜서)—욕되이도 편지를 보내다. 욕(辱)은 남이 편지를 보내준
　　것을 겸손하게 표현한 것. 혜서(惠書)는 남의 편지를 높여 하는 말.

③ 語高而旨深(어고이지심)—어구(語句)가 고상하고 뜻이 심원하다. 이 말은
　　진상(陳商)의 글을 칭찬하는 말 같지만, 속뜻은 그의 문장이 애매하고 난
　　해하다는 것을 비난하고 있다.

④ 通曉(통효)—밝게 이해하다. 효(曉)는 지(知)의 뜻.

⑤ 茫然(망연)—멍한 모양. ○愧赧(괴난)—부끄러움에 얼굴을 붉힘.

⑥ 不以(불이)—……하다고 여기지 않다. ○淺弊(천폐)—천박하고 결점이 많음.

⑦ 過人智識(과인지식)—남보다 뛰어난 지식.

⑧ 喩以所守(유이소수)—지키던 바로써 깨우쳐 주다. 즉 진상이 평소 스스로
　　법도로 삼는 것으로써 한유를 깨우쳐 주다. ○幸甚(행심)—대단히 감사하다.

⑨ 情實(정실)—진실한 감정.

⑩ 吾子(오자)—그대. 동년배나 자제(子弟)를 친근하게 부르는 말. 여기서는
　　동년배라 '선생'이라 옮겼다. ○所須(소수)—바라는 바.

⑪ 齊王好竽(제왕호우)—제(齊)나라 왕이 우(竽)를 좋아하다. 우는 큰 생황
　　(笙簧).《한비자(韓非子)》내저설(內儲說) 상편(上篇)에는 제나라 선왕
　　(宣王)이 우를 좋아하였는데 3백명이 일제히 불게 했다는 말이 나온다.
　　그런데 제나라 왕이 좋아하지 않는 슬(瑟)을 가지고서 제나라에 벼슬을
　　구하는 이야기는 한유가 지어낸 것이라 한다.《한창려집(韓昌黎集)》장지
　　교(蔣之翹)의 주에 이를 두고 "비유가 매우 적절하다. 참으로《전국책(戰

國策)》의 문장에 필적한다."라고 칭찬하였다.

⑫ 瑟(슬)-거문고와 비슷한 현악기. 25현 금(琴).

⑬ 叱曰(질왈)-꾸짖어 말하다.

⑭ 軒轅氏(헌원씨)-고대 오제(五帝)의 한 사람인 황제(黃帝). '헌원'은 황제가 살았던 언덕 이름이나, 황제의 이름과 호(號)로 쓰인다. 그의 신하 영륜(伶倫)이 명을 받고 육률(六律)과 육여(六呂)를 정하였는데, 양(陽)의 음을 율이라 하고, 음(陰)의 음을 여라 한다(《前漢書》律曆志).

⑮ 罵(매)-꾸짖다.

⑯ 子(자)-그대. ㅇ鼓瑟(고슬)-슬을 뜯다. 슬을 연주하다.

⑰ 如王之不好何(여왕지불호하)-왕이 좋아하지 않음을 어찌할 것인가? '여하'는 '어찌할 것인가?'의 뜻인데, 여(如)와 하(何) 사이에 목적어를 넣은 구문이다.

⑱ 求齊(구제)-제나라에서 벼슬을 구하는 것.

⑲ 求祿利(구록리)-녹봉을 구하다, 즉 벼슬자리를 얻으려 하다.

⑳ 得無與(득무여)……比歟(비여)-……과 비교가 되지 않을 수 있겠는가? 반어법으로 쓰인 말로, 뜻은 비교가 된다는 것. 여(與)는 ……와, 비(比)는 비교되다, 여(歟)는 의문어기사(疑問語氣辭).

㉑ 求不得則怒且怨(구부득즉노차원)-구하여도 얻지 못하면 곧 노하고 원망한다. 이는 벼슬자리를 얻으려고 진사(進士) 시험에 응시하나, 문장이 시험관의 구미에 맞지 않아 떨어지게 되면 자기의 문장 솜씨를 알아주지 못한다고 화내고 원망하게 될 것이라는 뜻이다. 아마도 한유가 받은 진상의 편지에는, 자기의 문장이 인정받지 못하는 것을 난해한 때문이 아니라 사람들의 무지 탓으로 원망하는 내용이 씌어 있었던 듯하다.

㉒ 必爾爲不(필이위불)-반드시 그래야 하는지 아니면 그렇게 하지 말아야 하는지. 이(爾)는 연(然)의 뜻. 이 말의 뜻은, 세상에서 벼슬을 구하려는 군자라면, 굳이 시험관이 요구하는 문장을 쓰지 않고 자기가 좋아하는 문장을 고집함으로써 시험에 떨어지고 그리하여 남을 원망하는 것이 옳겠는지 아닌지 모르겠다는 것이다. 한유의 본심은 군자라면 마땅히 그 정도의 상식은 갖고 시험관이 알아줄 수 있는 문장을 쓰도록 노력해야 한다는 데

있다.

㉓ 區區之心(구구지심)-구구(區區)한 마음. 구구는 작고 변변치 못한 모양.

㉔ 有意(유의)-뜻하는 바가 있다. 구하는 바가 있다. ㅇ不肖者(불초자)-못
난 사람. 한유가 자기를 겸칭한 말.

㉕ 遂(수)-드디어. 마침내. ㅇ盡言(진언)-말을 남김없이 다하다.

㉖ 諒察(양찰)-너그러이 생각하고 살펴주다.

[해설] 이 글은 당(唐) 덕종(德宗) 때, 마인산(馬仁山)에 은거하던 진상(陳
商)이란 사람에게 답한 편지이다. 진상은 학식이 풍부해 그를 찾아 배우
는 사람이 많았으며, 후에 황제까지 소문을 듣고 조서를 내려 그에게 등
용시험을 치르게 했다 한다.

그가 벼슬길에 오르기 전에는 몹시 난해한 문장을 즐겨 썼으며, 그 자
신도 그러한 문장이 세상에 맞지 않음을 알고 한유에게 가르침을 청한
것이다. 이에 대해 한유는 우(竽)를 좋아하는 제(齊)나라 왕에게 슬(瑟)
을 가지고 가서 벼슬을 구하려는 사람 이야기를 비유로 들며, 그의 문장
을 세상 사람들이 좋아할 만한 스타일로 바꾸도록 권유하고 있다.

우화(寓話)의 수법을 구사하여 설득력을 높이고 있는 점은 선진(先秦)
시대 제자철학(諸子哲學)의 문장기법을 연상케 해주며, 한유의 탁월한 문
장 능력을 알게 해준다.

여맹간상서서(與孟簡尙書書)

한유(韓愈)

선생님의 편지 받고 보니, 어떤 사람이 전하기를 제가 근래에 불교를 약간 받들게 되었다 하더라고 말씀하셨는데 그릇된 말입니다. 조주(潮州)에 있을 적에 한 늙은 중이 있어 호를 태전(太顚)이라 하였는데, 매우 총명하고 도리를 잘 알고 있었습니다. 먼 객지에 더불어 얘기할 만한 사람도 없었던 터이라 산으로부터 조주 외성(外城)으로 오도록 초청하여 수십 일을 머물게 한 일이 있습니다. 실로 육체는 도외시하고 이치를 스스로 내세움으로써 다른 일이나 물건의 침란(侵亂)을 받지 않았고, 그와 더불어 얘기를 할 적에 비록 모든 것을 이해하지는 못하였으나 요컨대 가슴속에 걸리고 막히는 것이 없었으니 얻기 어려운 상대라 여겼습니다.

그래서 서로 왕래를 하게 되었고, 바닷가로 가서 해신(海神)을 제사지낼 적에 마침내 그의 움막을 방문하기도 하였습니다. 그리고 원주(袁州)로 오게 되자 의복을 남겨놓고 작별을 하였는데 그것은 바로 인정이었습니다. 불법을 존숭하고 믿으며 행복과 이익을 추구하려는 것은 아니었습니다.

공자께서도 말씀하시기를 "내가 기도해 온 지 오래되었다."고 하셨습니다. 모든 군자들의 행동과 몸가짐에는 자연히 법도가 있게 마련이고, 성인과 현인들의 하신 업적이 모두 책에 적혀 있어서 본받을 수도 있고 배울 수도 있습니다. 우러러는 하늘에 부끄러워할 일이 없고, 굽혀서는 사람들에게도 부끄러워할 일이 없으며, 안으로는 마음에 부끄러워할 일이 없습니다. 선(善)을 쌓거나 악을 쌓으면 재앙이나 경사스런 일이 자연스럽게 각각 그 종류를 따라 찾아오게 될 것입니다. 어찌 성인의 도리를 떠나고 선왕들의 법도를 버리고서 오랑캐들의 가르침을 좇아 행복과 이익을 추구할 리가 있겠습니까?

《시경(詩經)》에 말하지 않았습니까? "의젓하신 군자께서는 복을 추구하심에 그릇됨 없네!"라고. 〈전(傳)〉에 또 말하기를, "위협 때문에 두려워하지 아니하고, 이익 때문에 마음고생 하지 않는다."고 하였습니다. 설사 부처님이 사람에게 재난이나 행복을 줄 수 있다손 치더라도 도(道)를 지키는 군자로서는 두려워할 바가 아닌데, 하물며 전혀 그러할 리도 없는 데에야 어떻겠습니까?

또한 그 부처라는 분은 과연 어떤 사람입니까? 그분이 한 일이 군자와 비슷합니까 소인과 비슷합니까? 만약 군자와 비슷하다면 반드시 도를 지키는 사람에게는 함부로 재난을 내리지 않을 것입니다. 만약 소인과 비슷하다면 그의 몸은 이미 죽었고 그 귀신은 신령스럽지 않을 것이며, 하늘의 신과 땅의 신이 밝게 빈틈없이 살피고 계시니 속일 수도 없을 것인데, 또 어찌 그 귀신으로 하여금 자기 생각대로 행동하며 세상에 불행과 행복을 마련할 수가 있겠습니까? 나아가고 물러남에 있어 의지할 곳이 없거늘 그를 믿고 받든다면 매우 미혹되었다 할 것입니다.

또한 저는 불교를 돕지 아니하고 배척한 사람이며, 그러한 나름대로의 이론이 있습니다. 《맹자(孟子)》에 이르기를, "지금 천하는 양자(楊子)에게로 기울지 않으면 묵자(墨子)에게로 기울고 있다." 하였습니다. 양자와 묵자가 함께 어지럽히어 성현의 도가 분명치 않게 되었고, 성현의 도가 분명치 않으면 곧 윤리가 어지러워지고 법도가 무너지게 될 것이며, 예악이 무너지면 오랑캐들이 횡행하게 될 것이니 어떻게 새나 짐승처럼 되지 않을 수가 있겠습니까? 그러므로 양자와 묵자를 막아야 한다고 말할 수 있는 자는 성인의 무리라고 말하는 것입니다.

양웅(揚雄)이 말하기를, "옛날에 양자와 묵자가 길을 막았었는데, 맹자께서 물리치고 길을 열어 훤하게 하셨다." 하였습니다. 그러나 양자와 묵자의 이론이 행해지면서 왕도(王道)를 무너뜨리어, 수백 년이 지나 진(秦)나라에 이르러는 마침내 선왕들의 법도를 망치고 경서들을 태워 없애고 선비들을 땅에 묻어 죽이게 되었으니 천하가 마침내 크게 어지러워졌던 것입니다.

진나라가 망하고 한(漢)나라가 일어나서도 백년이 지나도록 여전히 선왕의 도를 닦고 밝힐 줄 모르다가, 그 뒤에야 비로소 책을 끼고 다니는 것을 금하던 법률을 해제하고 없어진 책들을 좀 구하고 학자들을 불러들임으로써, 경서들을 약간 구하기는 하였으나 모두가 없어지고 빠진 것들이 있어서 열 가운데 두셋은 없어진 셈이었습니다.

그러므로 학자들은 대부분이 늙어 죽었고 새로운 사람들은 온전한 경서들을 보지 못하여 선왕들의 일을 완전히 알 수가 없게 되었습니다. 그래서 제각기 자기가 본 것만을 지키어 서로 학문이 떨어져나가고 어긋나게 되어 합당하지도 않고 공정하지도 않게 되었으니, 요(堯)·순(舜)과 3대 임금들 같은 여러 성인들의 도가 이에 크게 무너져 버리어 후세의 학자들로서는 다시 찾아볼 길이 없게 되어 지금에 이르기까지 잘 알아볼 수가 없게 된 것입니다. 그러한 화는 양자와 묵자의 이론이 멋대로 행해지고 있어도 그것을 전혀 금하지 않았던 까닭으로 생겨난 것입니다.

맹자가 비록 성현이라 하더라도 합당한 지위는 얻지 못하고 있었기 때문에, 공연히 말만 하였지 실천은 못하는 처지라 비록 말이 절실하다 하더라도 무슨 보탬이 되었겠습니까? 그렇지만 그분의 말씀 덕분에 지금의 학자들은 여전히 공자(孔子)를 높이고 인의를 존중하며 왕도(王道)를 귀히 여기고 패도(覇道)를 천히 여길 줄 알게 되었을 따름입니다. 그 위대한 강령과 위대한 법도는 모두 없어져서 찾아볼 수 없게 되고 부서지고 썩어서 거둬들일 수 없게 되었으니, 이른바 남은 것이란 백분의 1 정도라 할 것이니 어찌 길을 훤하게 할 수 있었다고 하겠습니까?

그렇지만 만약에 맹자가 없었다면 우리는 모두가 오랑캐들처럼 옷깃을 왼편으로 여미고 말도 오랑캐 말을 하게 되었을 것입니다. 그래서 제가 늘 맹자를 존숭하면서 그분의 공로가 우(禹)임금 못지않다고 여기고 있는 것도 이 때문입니다. 한(漢)나라 이래로 여러 유학자들이 조금씩 수정하고 보충함으로써 백 군데에 뚫린 구멍과 천 군데의 종기가 혼란 속에 없어지기도 하였으나, 그 위태로움은 한 가닥 머리카락으로 수천근의 무게를 끌고 있는 모양으로 연이어지면서 점점 소멸되어가고 있는 듯한 형편입니다.

이러한 시국에 거기에다 불교와 도교를 제창하면서 천하의 백성들을 충동하여 이에 따르도록 한다면, 아아, 그건 또한 너무나 어질지 않은 짓입니다. 불교와 도교의 해는 양자와 묵자보다도 더하나 이 한유(韓愈)의 현명함은 맹자에 미치지를 못합니다. 맹자도 아직 완전히 망하기 전에 그 형세를 구하지 못하였거늘, 이 한유가 이미 무너진 뒤에 그런 형세를 온전히 돌려놓고자 한다면, 아아, 그것은 또 그 자신의 능력도 헤아리지 못한 위에 또한 그 자신을 위태롭게만 하는 일이어서 죽음으로서도 그런 형세를 구할 수가 없는 일입니다.

그렇지만 그 올바른 도가 저로 말미암아 얼마간이라도 전하여지게 된다면 비록 죽어 없어진다 하더라도 절대로 한이 되지 않을 것입니다. 하늘과 땅의 귀신이 위에서 내려다보고 계시고 곁에서 확인하고 계시거늘, 또 어찌 한 번의 실패로 말미암아 스스로 그 올바른 도를 무너뜨리고 사악함을 따를 수가 있겠습니까? 장적(張籍)·황보식(皇甫湜) 같은 사람들이 비록 여러번 가르침을 주었으나 과연 배반하지 않을 수 있을지 어떨지 알지 못하겠습니다. 욕되이도 인형(仁兄)께서 두터이 돌보아주고 계시나 말씀대로 따르지 못하고 보니 오직 부끄러움과 두려움만이 더해질 따름이옵니다. 죽을 죄를 졌습니다, 죽을 죄를 졌습니다!

(원문) 蒙[1] 惠書云：有人傳[2] 愈近少奉[3] 釋氏者라 하니 妄也라. [4]潮
　　　　몽 혜서운　　유인전　유근소봉　석씨자　　　　　망야　　　　조

州時에 有一老僧號⑤太顚하니 頗聰明識道理라. 遠地無所可與語
者니 故로 自山召至州⑥郭하여 留十數日하니 實能⑦外形骸하고
以理自勝하여 不爲⑧事物侵亂이오 與之語에 雖不盡解나 要自胸
中에 ⑨無滯礙일새 以爲難得이라.

因與往來러니 及祭神至海上하여 遂⑩造其廬하여 及來⑪袁州에
留衣服爲別하니 乃人之情이오 非崇信其法하여 求⑫福田利益也라.
⑬孔子云; 丘之禱久矣라. 凡君子行己立身이 自有法度하니 聖
賢事業이 具在⑭方冊하여 可效可師라. 仰不愧天하며 俯不愧人하
며 內不愧心이라. 積善積惡에 殃慶自各以其類至하나니 何有去
聖人之道하며 捨先王之法하고 而從夷狄之教하여 以求福利也
리오?

⑮詩不云乎아? 愷悌君子여 求福不回라. ⑯傳又曰; 不爲威惕하
며 不爲利疚라. 假如釋氏가 能與人爲禍福이라도 非守道君子之
所懼也온 況萬萬無此理아?

且彼佛者는 果何人哉아? 其行事類君子邪아? 小人邪아? 若君
子也인댄 必不妄加禍於守道之人이오 如小人也인댄 其身已死하고
其鬼不靈하고 天地⑰神祇가 ⑱昭布森列하시니 非可誣也라. 又肯

令其鬼로 行胸臆作威福於其間哉아? 進退無所據어늘 而信奉之
령 기 귀 행 흉 억 작 위 복 어 기 간 재   진 퇴 무 소 거   이 신 봉 지

면 亦且惑矣로다.
면 역 차 혹 의

且愈不助釋氏而排之者는 其亦有說이라. [19]孟子云 : 今天下가
차 유 부 조 석 씨 이 배 지 자 기 역 유 설   맹 자 운 금 천 하

不之楊則之墨이라. 楊墨交亂而聖賢之道不明하니 聖賢之道不明
부 지 양 즉 지 묵   양 묵 교 란 이 성 현 지 도 불 명   성 현 지 도 불 명

이면 則[20]三綱淪而[21]九法斁하고 禮樂崩而夷狄[22]橫하리니 幾何其
이 면 즉 삼 강 윤 이 구 법 두   예 악 붕 이 이 적 횡 하 리 니 기 하 기

不爲禽獸也리오? [23]故로 曰 : 能言距楊墨者는 聖人之徒也라.
불 위 금 수 야 리 오   고   왈 능 언 거 양 묵 자 성 인 지 도 야

[24]揚子雲曰 : 古者에 楊墨塞路어늘 孟子辭而闢之廓如也니라.
양 자 운 왈 고 자 에 양 묵 색 로   맹 자 사 이 벽 지 곽 여 야

夫楊墨行하고 王道廢하여 且將數百年에 以至於秦하여 卒滅先王
부 양 묵 행   왕 도 폐   차 장 수 백 년 에 이 지 어 진   졸 멸 선 왕

之法하고 [25]燒除經書하며 坑殺學士하여 天下遂大亂이라.
지 법   소 제 경 서   갱 살 학 사   천 하 수 대 란

及秦滅漢興且百年에 尙未知修明先王之道러니 其後始除[26]挾
급 진 멸 한 흥 차 백 년 상 미 지 수 명 선 왕 지 도   기 후 시 제 협

書之律하고 稍求亡書招學士하여 經雖少得이나 尙皆[27]殘缺하여
서 지 률   초 구 망 서 초 학 사   경 수 소 득   상 개 잔 결

十亡二三이라.
십 망 이 삼

故로 學士多老死하고 新者不見全經하여 不能盡知先王之事요
고   학 사 다 로 사   신 자 불 견 전 경   불 능 진 지 선 왕 지 사

各以所見爲守하여 [28]分離乖隔하여 不合不公하니 [29]二帝三王羣聖
각 이 소 견 위 수   분 리 괴 격   불 합 불 공   이 제 삼 왕 군 성

人之道가 於是大壞하여 後之學者는 無所尋逐하여 以至于今[30]泯
인 지 도 어 시 대 괴   후 지 학 자 무 소 심 축   이 지 우 금 민

泯也니 其禍出於楊墨[31]肆行而莫之禁故也라.
민 야 기 화 출 어 양 묵 사 행 이 막 지 금 고 야

孟子雖聖賢이나 [32]不得位라 空言無施니 雖切何補리오? 然賴
맹 자 수 성 현   부 득 위 공 언 무 시 수 절 하 보   연 뢰

其言하여 而今學者尙知宗孔氏하고 崇仁義하며 ㉝貴王賤霸而已
기 언   이 금 학 자 상 지 종 공 씨   숭 인 의   귀 왕 천 패 이 이

라. 其㉞大經大法은 皆亡滅而不救하며 壞爛而不收하니 所謂存
기   대 경 대 법 은 개 망 멸 이 불 구   괴 란 이 불 수   소 위 존

十一於千百이라. 安在其能廓如也오?
십 일 어 천 백   안 재 기 능 곽 여 야

　然向無孟氏면 則皆㉟服左袵而言侏離矣라. 故로 愈常推尊孟氏
　연 향 무 맹 씨 즉 개 복 좌 임 이 언 주 리 의   고   유 상 추 존 맹 씨

하여 以爲功不在禹下者는 爲此也라. 漢氏以來로 羣儒㊱區區脩補
　　 이 위 공 부 재 우 하 자 위 차 야   한 씨 이 래 군 유 구 구 수 보

나 ㊲百孔千瘡이 隨亂隨失하여 其危如㊳一髮引千鈞하여 ㊴緜緜延
　 백 공 천 창   수 란 수 실   기 위 여 일 발 인 천 균   면 면 연

延하여 ㊵寢以微滅이라.
연   침 이 미 멸

　於是時也에 而唱㊶釋老於其間하여 鼓天下之衆而從之면 嗚呼
　어 시 시 야   이 창 석 로 어 기 간   고 천 하 지 중 이 종 지   오 호

라 其亦不仁甚矣로다. 釋老之害가 過於楊墨하고 韓愈之賢이 不
　 기 역 불 인 심 의   석 로 지 해 과 어 양 묵   한 유 지 현 이 불

及孟子라. 孟子不能救之於未亡之前이어늘 而韓愈乃欲全之於已
급 맹 자   맹 자 불 능 구 지 어 미 망 지 전   이 한 유 내 욕 전 지 어 이

壞之後면 嗚呼라 其亦不量其力이오 且見其身之危하되 莫之救以
괴 지 후 오 호 라 기 역 불 량 기 력 이 오 차 견 기 신 지 위   막 지 구 이

死也로다.
사 야

　雖然이나 使其道로 由愈而粗傳이면 雖滅死나 萬萬無恨이라. 天
　수 연 이 나 사 기 도 유 유 이 조 전   수 멸 사 만 만 무 한   천

地鬼神이 臨之在上하고 ㊷質之在傍하니 又安得因一摧折하여 自
지 귀 신 임 지 재 상   질 지 재 방   우 안 득 인 일 최 절   자

毀其道而從於邪也리오? ㊸籍湜輩雖屢指敎나 不知果能不叛去否
훼 기 도 이 종 어 사 야   적 식 배 수 루 지 교 부 지 과 능 불 반 거 부

라. 辱吾兄㊹眷厚로되 而不獲承命하니 唯增慚懼라. 死罪死罪로다.
라 욕 오 형 권 후   이 불 획 승 명   유 증 참 구   사 죄 사 죄

（주해） ① 惠書(혜서)－상대방의 편지를 높이어 부르는 말.

② 愈(유)-이 글의 작자 한유의 이름. 자신을 지칭함.

③ 釋氏(석씨)-부처, 석가모니. 불교의 창시자를 가리킴.

④ 潮州(조주)-지금의 광동성(廣東省) 해양현(海陽縣) 근처 고을 이름. 당
(唐)나라 헌종(憲宗) 때(元和 14년, 819) 봉상(鳳翔)으로부터 불골(佛骨)
을 궁중으로 모셔들이자, 한유는 그 부처의 뼈를 물이나 불에 던져 버려
야 한다는 내용의 〈불골표(佛骨表)〉를 올렸다가 죄를 지어 조주로 귀양
갔다. 뒤에 다시 원주(袁州)로 옮겨졌다.

⑤ 太顚(태전)-조주의 중 이름. 한유는 조주에서 그와 친히 지냈다.

⑥ 郭(곽)-외성(外城), 밖의 성.

⑦ 外形骸(외형해)-육체와 관계되는 일들은 도외시하다.

⑧ 事物侵亂(사물침란)-사물이 마음을 침범하고 어지럽히다. 세상 속사가
마음에 침범하고 어지럽히다.

⑨ 無滯礙(무체애)-두 사람의 가슴속에 걸리거나 막히는 일이 없었다. 서로
욕심없이 깨끗이 잘 뜻이 통하였음을 뜻함.

⑩ 造其廬(조기려)-그의 움막을 방문하다.

⑪ 袁州(원주)-지금의 강서성(江西省) 의춘현(宜春縣) 근처의 고을. 한유는
처음에 조주로 쫓겨났다가 같은 해에 곧 원주로 옮겨졌다.

⑫ 福田(복전)-불가어로 사람이 공양을 잘하여 뒤에 받게 되는 복보(福報)
를 뜻한다. 밭에 씨뿌리고 농사를 잘 지어 가을에 많은 추수를 한다는 데
서 뜻을 취한 것이다〈無量壽經〉淨影疏).

⑬ 孔子云(공자운)-《논어》술이(述而)편에 보이는 공자의 말. ㅇ丘(구)-공
자의 이름.

⑭ 方冊(방책)-책. 전적(典籍)을 가리킴.

⑮ 詩(시)-《시경》대아(大雅) 한록(旱麓) 시에 보이는 구절. ㅇ愷悌(개제)-
개제(豈弟)로도 쓰며 '낙이(樂易)'의 뜻〈毛傳〉). 곧 의젓한 것. ㅇ回(회)-
사(邪)의 뜻으로 그릇된 것, 비뚤어진 것.

⑯ 傳(전)-《좌전(左傳)》애공(哀公) 16년에 보이는 글과 비슷함. ㅇ威愓(위
척)-위협을 두려워하는 것. ㅇ利疚(이구)-이익 때문에 마음고생하는 것,
구(疚)는 오랜 병의 뜻.

⑰ 神祇(신기)－천신(天神)과 지기(地祇), 하늘의 신과 땅의 신.

⑱ 昭布森列(소포삼렬)－널리 빈틈없이 밝히고 살피는 것.

⑲ 孟子云(맹자운)－《맹자》 등문공(滕文公) 하편에서 맹자가 "양주(楊朱)와 묵적(墨翟)의 이론이 천하에 가득 차서, 천하의 이론이 양주에게로 돌아가지 않으면 묵적에게로 돌아가고 있다."고 한 말을 줄인 것이다. ○楊(양)－양주(楊朱), 전국시대 위(衛)나라 사람. 자기의 머리털 하나를 뽑아 천하를 이롭게 할 수 있다 해도 하지 않는다는 극단적인 이기주의를 주장했던 학자. ○墨(묵)－묵적(墨翟), 전국시대 노(魯)나라 사람으로, 모든 사람을 똑같이 사랑해야 한다는 극단적인 위타주의(爲他主義)의 겸애(兼愛)를 주장했던 사람. 묵가(墨家)의 창시자로 그에게는 《묵자》 15권의 저술이 있다.

⑳ 三綱(삼강)－군위신강(君爲臣綱)·부위자강(父爲子綱)·부위부강(夫爲婦綱)의 세 가지 유교의 기본 윤리. ○淪(윤)－물에 빠지다. 멸실되다.

㉑ 九法(구법)－《서경》 홍범(洪範)편에 나오는 구주(九疇)로, 천하를 다스리는 데 필요한 아홉 가지 원리. 오행(五行)·경용오사(敬用五事)·농용팔정(農用八政)·협용오기(協用五紀)·건용황극(建用皇極)·예용삼덕(乂用三德)·명용계의(明用稽疑)·염용서징(念用庶徵)·향용오복(嚮用五福)·위용육극(威用六極)의 아홉 가지임. ○斁(두)－무너지다, 패하다.

㉒ 橫(횡)－횡행하다.

㉓ 故曰(고왈)－이 구절도 《맹자》 등문공(滕文公) 하편에 보이는 맹자의 말임.

㉔ 揚子雲(양자운)－한(漢)대의 부(賦) 작가 양웅(揚雄). 자운(子雲)은 그의 자이며, 만년에는 부작(賦作)을 집어치우고 《논어》를 본떠서 《법언(法言)》을 지었다. 이곳의 말은 《법언》 오자(吾子)편에 보이는 말. ○塞路(색로)－올바른 길을 막는 것. ○廓如(곽여)－텅 빈 모양, 훤한 모양.

㉕ 燒除經書(소제경서), 坑殺學士(갱살학사)－경서들을 태워 없애고 선비들을 땅에 묻어 죽이다. 진시황이 학문을 통일하고 자기에 대한 비판을 막기 위해 시황 34년(기원전 213) 분서(焚書)를 하고 다음해 갱유(坑儒)를 했던 일을 가리킴.

㉖ 挾書之律(협서지률)－진시황이 이사(李斯)의 제의로 모든 문학시서백가

(文學詩書百家)에 관한 책들을 30일 안에 없애버리라고 내렸던 금령(禁令). 이 법률은 한(漢) 혜제(惠帝) 때에 이르러 정식으로 없어졌다.

㉗ 殘缺(잔결)－없어지고 빠지고 한 것.

㉘ 分離乖隔(분리괴격)－학문 방법과 내용이 서로 떨어져 멀어지고 서로 어긋나고 달라진 것.

㉙ 二帝三王(이제삼왕)－이제(二帝)는 요(堯)·순(舜), 삼왕(三王)은 하(夏) 우(禹)·상(商) 탕(湯)·주(周) 문왕(文王)과 무왕(武王).

㉚ 泯泯(민민)－없어진 모양, 어두운 모양, 잘 알아볼 수 없는 모양.

㉛ 肆行(사행)－멋대로 행해지는 것.

㉜ 不得位(부득위)－법령으로 사학(邪學)을 금할 위치를 얻지 못하다, 왕위에 오르지 못하다.

㉝ 貴王賤覇(귀왕천패)－왕도(王道[者])를 귀히 여기고 패도(覇道[者])를 천히 여기다, 덕으로 다스리는 것을 귀히 여기고 힘으로 다스리는 것을 천히 여기다.

㉞ 大經大法(대경대법)－세상을 올바로 이끄는 위대한 강령과 위대한 법도.

㉟ 服左衽(복좌임)－옷깃을 왼편으로 여미고 옷을 입는 것(곧 오랑캐 풍습임). ○侏離(주리)－오랑캐들의 말소리(《後漢書》 南蠻傳).

㊱ 區區(구구)－작은(또는 적은) 모양.

㊲ 百孔千瘡(백공천창)－백개의 구멍과 천개의 종기. 결함과 부족이 무수한 모양.

㊳ 一髮引千鈞(일발인천균)－한 가닥 머리카락으로 천균의 무게를 끌다. 1균은 30근(斤).

㊴ 緜緜延延(면면연연)－끊이지 않고 계속 이어지고 있는 모양.

㊵ 寖(침)－점점.

㊶ 釋老(석로)－석가모니와 노자(老子), 불교와 도교.

㊷ 質(질)－질정(質正)하다, 확인하다.

㊸ 籍湜(적식)－장적(張籍)과 황보식(皇甫湜). 장적은 한유의 문인이며 시인으로, 앞의 〈중답장적서(重答張籍書)〉를 보면 그가 한유에게 불교와 도교 배척에 관한 의견을 얘기했음을 알 수 있다. 황보식은 장적과 함께 문명

(文名)을 날린 시인으로 〈송손생서(送孫生序)〉에 그의 배불론(排佛論)이 보인다(《皇甫持正集》). 한유를 만나 이들은 여러번 이에 관한 의견을 교환했을 것이다.

㊹ 眷厚(권후)—두터이 잘 돌보아 주는 것.

(해설) 맹상서(孟尙書)는 맹간(孟簡)이며, 그는 자가 기도(幾道)이고 시인이다. 상서성(尙書省) 호부시랑(戶部侍郎) 벼슬을 지내 상서라 불렀다. 맹교(孟郊)의 종숙(從叔)이 되기도 한다. 그는 불교를 무척 좋아했고 한유가 조주(潮州)에서 태전(太顚)이란 중과 친했다 하여 오해를 하고 있으므로, 한유는 이 편지에서 자신의 불교·도교 등 이단을 배척하고 유학의 정통을 지키는 입장을 밝히고 있는 것이다.

이러한 한유의 도학적인 성격은 뒤 송대 성리학자들에게 큰 영향을 주었고, 또 그로 말미암아 한유는 송유(宋儒)들로부터 각별한 존경을 받게 된다.

송부도문창사서(送浮屠文暢師序)

한유(韓愈)

　사람들 중에는 본시 유가(儒家)의 명분을 내세우면서도 묵가(墨家)의 행동을 하는 사람이 있으니, 그의 명분에 대하여 물어보면 옳지만 그의 행동을 따져보면 잘못되었는데 그와 더불어 놀아도 괜찮겠는가? 만약에 묵가라는 명분을 내세우면서도 유가의 행동을 하는 이가 있다면, 그의 명분에 대하여 물어보면 잘못되었으되 그의 행동을 따져보면 옳은데, 그와 더불어 놀아도 괜찮겠는가? 양웅(揚雄)이 말하기를,

　"내 집 문앞이나 담에서 《묵자》의 책을 읽고 있으면 그를 쫓아버리지만 오랑캐 땅에서 그것을 읽고 있다면 그를 끌어들이겠다."

하였는데, 나는 그 말을 취하여 법도로 삼고 있다.

　문창(文暢)은 글짓기를 좋아하여 그는 천하를 두루 여행하였는데, 어디에 가거나 반드시 여러 지식인들에게 요청하여 자신의 뜻하는 바를 시로 읊어줄 것을 요청하였다. 정원(貞元) 19년(803) 봄에 동남쪽으로 여행을 떠나려 할 적에, 유종원(柳宗元)이 그를 위해 시를 지어줄 것을 요청하여 왔다. 그의 여장을 풀어보니 그가 지어 받은 시가 수백편이나 되었다 한다. 문학을 지극히 좋아하지 않았다면 어떻게 이처럼 많이 지어받을 수가 있겠는가?

　애석한 것은 그 중에는 성인의 도를 일러준 것은 없고, 부질없이 불교의 이론을 써준 것들이 전부였다는 것이다.

　문창은 중이다. 만약 불교의 이론에 대하여 듣고 싶었다면 마땅히 그의 스승에게 찾아가서 물었을 것인데, 무슨 까닭으로 우리 유학자들을 찾아와 의견을 요청하였겠는가? 그는 우리의 임금과 신하, 아버지와 아들 사이의 위대한 윤리와 문물과 예악의 성대함을 보고서 마음속으로 반드시 흠모하고 있었을 것이나, 그의 불법에 얽매어 이리로 들어오지는 못하고 있었을 것이다.

　그러므로 성인의 이론에 대하여 듣기를 좋아하여 시를 요청한 것일 것이니, 우리 유자(儒者)들은 마땅히 그에게 요·순과 3대 선왕들의 도와 해와 달과 별이 운행하는 원리와 하늘과 땅이 분명한 까닭과 귀신들이 눈에 보이지 않는 까닭과 사람과 만물이 번성하는 이유와 강물이 흐르고 있는 까닭을 일러주고 얘기해 주어야지, 더욱이 불교의 이론이나 펴면서 쓸데없는 것을 일러주어서는 안될 것이다.

　사람이 처음 생겨났을 적에는 본시 새나 짐승들과 같았는데, 성인이 나온 뒤에야 집을 짓고 살며 곡식을 먹고, 어버이를 받들고 윗사람들을 모시며, 산 사람은 부양하고 죽은 사람은 장사지낼 줄을 알게 되었다. 그러므로 도에 있어서는 인(仁)과 의(義)보다 더 큰 것이 없고, 가르침에 있어서는 예악과 형정(刑政)보다 더 바른 것이 없는 것이다. 그것들을 천하에 시행하면 만물이 모두 합당함을 얻게 되고, 그것들을 그 자신에게 적용하면 몸은 편안하고 기운은 평온하게 되는 것이다.

　요(堯)임금은 이것들을 순(舜)임금에게 전하였고, 순은 이것을 우(禹)왕에게 전하였으며, 우왕은 이것을 탕(湯)왕에게 전하였고, 탕왕은 이것을 문왕(文王)과 무왕(武王)에게 전하였으며, 문왕과 무왕은 이것을 주공(周公)과 공자에게 전하여, 그것을 책으로 지어놓아 중국인이라면 대대로 이를 지키고 있는 것이다. 지금의 불교라는 것은 누가 만들고 누가 전한 것인가?

　새들이 몸을 숙여 모이를 쪼다가 몸을 들어 사방을 둘러보고, 짐승들이 깊은 곳에 있으면서 드물게 나타나는 것은 다른 물건들이 자기를 해

칠까 두렵기 때문인 것이다. 그런데도 거기에서 벗어나지 못하고 약한 자의 고기를 강한 자가 먹고 있는 것이다. 지금 내가 문창과 함께 편안히 살면서 여유있게 먹고 지내고 유유히 살다가 죽을 수 있어서 새나 짐승 과는 다른데, 어찌 그 근원을 알지 않아도 괜찮겠는가?

알지 못하는 것은 그 사람의 죄가 아니나, 알면서도 따르지 않는 것은 미혹된 것이며, 옛것을 좋아하여 새로운 것으로 나아가지 못하는 것은 약한 것이며, 알면서도 그것을 일러주지 않는 것은 인(仁)하지 못한 것이 며, 일러주어도 사실로 받아들이지 않는 것은 믿음성이 없는 것이다.

나는 유종원의 요청을 중시한 위에 또 그가 중으로서 문학을 좋아함을 가상히 여기어, 이러한 말을 하게 된 것이다.

[원문] 人固有①儒名而墨行者하니 問其名則是요 ②校其行則非라.
인고유 유명이묵행자   문기명즉시   교기행즉비

可以與之游乎아? 如有墨名而儒行者하여 問其名則非요 校其行
가이여지유호   여유묵명이유행자   문기명즉비   교기행

則是면 可以與之游乎아? ③揚子雲稱; 在④門墻則揮之하고 在
즉시   가이여지유호   양자운칭 재 문장즉휘지   재

⑤夷狄則進之라. 吾取以爲法焉하노라.
이적즉진지   오취이위법언

文暢喜爲文章하여 其周遊天下에 凡有行이면 必請於⑥搢紳先
문창희위문장   기주유천하   범유행   필청어 진신선

生하사 以求⑦詠謌其所志라. ⑧貞元十九年春에 將行東南할새 ⑨柳
생   이구 영가기소지   정원십구년춘   장행동남   유

君宗元이 爲之請作詩라. 解⑩其裝하니 得所得⑪叙詩累百餘篇이
군종원   위지청작시   해 기장   득소득 서시루백여편

라. 非至篤好면 其何能致多如是邪아?
비지독호   기하능치다여시야

惜其無以聖人之道로 告之者요 而徒擧浮屠之說하여 贈焉이라.
석기무이성인지도   고지자 이도거부도지설   증언

夫文暢浮屠也라 如欲聞浮屠之說인댄 當自⑫就其師而問之니
부문창부도야   여욕문부도지설   당자 취기사이문지

何故로 謁吾徒而來請也리오? 彼見吾君臣父子之[13]懿와 文物禮
하고　알오도이래청야　　피견오군신부자지　의　문물예

樂之盛하고 其心必有慕焉이로되 拘其法而未能入이라.
악지성　기심필유모언　　구기법이미능입

故로 樂聞其說而請之니 如吾徒者宜當告之以[14]二帝三王之道
고　요문기설이청지　여오도자의당고지이　이제삼왕지도

와 日月星辰之所以行과 天地之所以著와 鬼神之所以幽와 人物
일월성신지소이행　천지지소이저　귀신지소이유　인물

之所以[15]蕃과 江河之所以流하여 而語之요 不當又爲浮屠之說하
지소이　번　강하지소이류　이어지　부당우위부도지설

여 而[16]瀆告之也라.
이　독고지야

民之初生에 固若禽獸然이러니 聖人者立然後에 知[17]宮居而粒
민지초생　고약금수연　성인자립연후　지궁거이입

食하며 [18]親親而尊尊하며 生者養而死者[19]藏이라. 是故로 道莫大
식　친친이존존　생자양이사자　장　시고　도막대

乎仁義요 敎莫正乎禮樂刑政이라. 施之於天下면 萬物得其宜하
호인의　교막정호예악형정　시지어천하　만물득기의

고 [20]措之於其躬에 體安而氣平이라.
조지어기궁　체안이기평

堯以是傳之舜하시고 舜以是傳之禹하시고 禹以是傳之湯하시고
요이시전지순　순이시전지우　우이시전지탕

湯以是傳之文武하시고 文武以是傳之周公孔子하사 書之於[21]冊
탕이시전지문무　문무이시전지주공공자　서지어　책

하여 中國之人이 世守之라. 今浮屠者는 孰爲而孰傳之邪아?
중국지인　세수지　금부도자　숙위이숙전지야

夫鳥[22]俛以啄하고 仰而四顧하며 夫獸深居而[23]簡出은 懼物之
부조　면이탁　앙이사고　부수심거이간출　구물지

爲己害也니라. [24]猶且不脫焉하고 弱之肉을 强之食이라. 今吾與
위기해야　유차불탈언　약지육　강지식　금오여

文暢으로 安居而[25]暇食하고 [26]優游以生死하여 與禽獸異者를 寧
문창　안거이가식　우유이생사　여금수이자　영

可不知其[27]所自耶아?
가부지기　소자야

夫不知者는 非其人之罪也나, 知而不爲之者는 惑也며 悅乎故
부 부 지 자   비 기 인 지 죄 야   지 이 불 위 지 자   혹 야   열 호 고

하여 不能卽乎新者는 弱也며 知而不以告之者는 不仁也며 告而
불 능 즉 호 신 자   약 야   지 이 불 이 고 지 자   불 인 야   고 이

不以實者는 不信也니라.
불 이 실 자   불 신 야

余旣重柳請하고 又嘉浮屠能喜文辭하여 於是乎言하노라.
여 기 중 류 청   우 가 부 도 능 희 문 사   어 시 호 언

주해 ① 儒名(유명) — 유학자라는 이름을 지니고 있는 것, 유사(儒士)라고 불
리우고 있는 것. ㅇ墨行(묵행) — 묵가의 행동을 하는 것, 묵자(墨子)의 가
르침을 따라 행동하는 것. 여기서는 묵(墨)으로 이단의 학문을 총칭한다.

② 校(교) — 조사하다, 따지다.

③ 揚子雲(양자운) — 한(漢)대의 부(賦) 작가인 양웅(揚雄). 이곳의 말은 《법
언(法言)》 수신(修身)편에 보인다. 어떤 사람이 "공자의 집 담에 기대어
서 어떤 사람이 음탕한 노래를 하거나 한비자(韓非子 : 法家)나 장자(莊
子 : 道家)의 책을 읽고 있다면 문 안으로 끌어들이겠는가?"고 물은 데
대한 대답으로 이와 비슷한 말을 하고 있다. 이단의 글이라도 공자의 집
곁에서 읽고 있는 자라면 쫓아버리지만, 오랑캐 땅에서 읽고 있는 자라면
맞아들인다는 뜻이다. 오랑캐 땅에서라면 이단의 공부라도 안하는 것보다
는 하는 편이 좋고, 또 그는 올바른 길로 인도해 줄 가능성이 있기 때문
이다.

④ 門墻(문장) — 집의 문과 담. ㅇ揮之(휘지) — 그를 쫓아 버리는 것.

⑤ 夷狄(이적) — 오랑캐. 동이(東夷)와 북적(北狄).

⑥ 搢紳先生(진신선생) — 옛날 지식인, 벼슬아치. 진신(搢紳)은 사대부가 관복
의 큰 띠[紳]에 홀(笏)을 꽂고[搢] 있는 것을 뜻하는 말임.

⑦ 詠謌(영가) — 읊고 노래하다, 시를 짓는 것을 뜻한다. ㅇ其所志(기소지) —
그가 뜻하고 있는 바, 그의 생각이나 사상 등을 가리킨다.

⑧ 貞元(정원) — 당(唐)나라 덕종(德宗)의 연호

⑨ 柳君宗元(유군종원) — 유종원(柳宗元). 한유와 함께 고문운동을 추진했던

문인. 〈작자약전〉 참고.

⑩ 其裝(기장)—그의 여장(旅裝).

⑪ 叙詩(서시)—남들이 지어 보내준 시.

⑫ 就(취)—찾아가다, 나아가다.

⑬ 懿(의)—큰 것, 위대한 윤리.

⑭ 二帝三王(이제삼왕)—요(堯)·순(舜)과 하(夏)나라 우왕(禹王)·상(商)나라 탕왕(湯王)·주(周)나라 문왕(文王)과 무왕(武王).

⑮ 蕃(번)—번성하다, 많아지다.

⑯ 瀆(독)—함부로, 어지러이.

⑰ 宮居(궁거)—집을 짓고 사는 것. ㅇ粒食(입식)—곡식으로 음식을 만들어 먹는 것.

⑱ 親親(친친)—어버이(또는 친척들)와 친근히 잘 지내는 것. ㅇ尊尊(존존)—윗사람을 잘 받들어 모시는 것.

⑲ 藏(장)—매장하다, 장사지내다.

⑳ 措(조)—놓다, 두다, 적용하다.

㉑ 冊(책)—대쪽, 죽간(竹簡). 옛날에는 대쪽에 글을 적어(종이 대신) 책을 엮었다.

㉒ 俛(면)—몸을 굽히는 것. ㅇ啄(탁)—먹이를 부리로 쪼는 것.

㉓ 簡出(간출)—때를 골라 위험하지 않을 때 나타나는 것. 간(簡)은 고르는 것[選].

㉔ 猶且(유차)—그리고도 또. ㅇ不脫(불탈)—해에서 벗어나지 못하는 것.

㉕ 暇食(가식)—여유있게 잘 먹고 지내는 것.

㉖ 優游(우유)—여유있게 마음대로 노니는 것.

㉗ 所自(소자)—그것이 온 바, 그 근원이 되는 것.

(해설) 부도(浮屠)는 '붓다'라는 범어(梵語)의 음역으로, 부처·불교 또는 중을 가리킨다. 문창(文暢)은 중의 법호(法號)이며, '사(師)'는 경칭으로 붙인 말이다. 이 글은 한유가 유종원(柳宗元)의 부탁을 받고 문창이란 문학을 좋아하는 중에게 써보낸 글로서, 그의 불교관이 잘 드러나 있다.

앞의 〈중답장적서(重答張籍書)〉 및 〈상불골표(上佛骨表)〉와 함께 한
유의 배불론(排佛論)을 대표하는 글의 하나이다. 그는 불승과 교유하며
그로부터 많은 지식을 흡수하면서도, 불교 그 자체에 대하여는 유가의
입장에서 철저한 배척을 하고 있다.

권 3

평회서비(平淮西碑)

한유(韓愈)

1

하늘은 당(唐)나라가 선왕의 덕을 잘 따르고, 성스러운 왕손(王孫)들이 연이어 왕업을 계승하여 천만년을 두고라도 공경하고 경계하며 게을리하지 않을 듯하여, 온 천하를 전부 맡기시었으니, 사방 바다 안 중국 땅의 안팎을 논할 것 없이 전체를 다스리어 모두가 신하 노릇을 하게 되었다.

고조(高祖, 618~626 재위)와 태종(太宗, 627~649 재위)께서 잘 정리하고 다스리시고, 고종(高宗, 650~683 재위)과 중종(中宗, 684~710 재위), 예종(睿宗, 711~712 재위)이 백성들을 쉬면서 보양케 하여 나라의 생산이 번성케 되었으며, 현종(玄宗, 713~756 재위)에 이르러는 그 결과를 받아들이어 발전시키니 지극히 왕성하고 풍부해졌으나, 물산이 많고 땅이 커서 그 사이에 혼란의 싹이 움트고 있었다. 숙종(肅宗, 757~762 재위)과 대종(代宗, 763~779 재위)과 덕종(德宗, 780~804 재위)·순종(順宗, 805 재위)께서는 부지런하고 너그러이 다스리시어 큰 죄인 안녹산(安祿山)은 잘 제거하였으나, 가라지풀 같은 잔적(殘賊)들은 다 뽑아버리지 못하였다. 그러나 재상들이나 장수들은 문인으로서 편안히 지내고 무인으로서 즐기기만 하려 하여, 보고 듣는 일들에 익숙하여져 당연하다고만 여기고 있었다.

성스러운 문무의 덕을 갖추신 헌종(憲宗, 806~820 재위) 황제께서는 여러 신하들의 입조(入朝)를 맞이하여 여러 고을의 지도를 연구하고 공물을 따져보신 다음 말씀하셨다.

"아아! 하늘은 이미 우리에게 온 천하를 내려주시고 다스리게 하시어, 지금은 차례를 따라 내게로 왕위가 전하여졌다. 내가 일을 제대로 처리하지 못한다면 어떻게 하느님과 조상들을 뵈올 수가 있겠는가?"

이에 여러 신하들은 떨리고 두려워서 부지런히 뛰어다니며 직책을 수행하게 되었다. 다음해(永貞 1년, 805)에는 하주(夏州)의 반적(叛賊)을 평정하고, 또 다음해(元和 원년, 806)에는 촉(蜀) 땅의 반적을 평정하고, 다시 다음해(元和 2년, 807)에는 강동(江東)을 평정하고, 또 다음해(元和 5년, 810)에는 택주(澤州)와 노주(潞州)를 평정하고 다시 역주(易州)와 정주(定州)를 평정한 뒤에, 위주(魏州)·박주(博州)·패주(貝州)·위주(衛州)·전주(澶州)·상주(相州)가 항복해서 뜻을 따르지 않는 일이 없게 되었다. 황제께서는 이때 "무력을 끝까지 쓸 수는 없으니 나도 좀 쉬어야 하겠다."고 하시었다.

원화(元和) 9년(814)에 채주(蔡州)의 장수 오소양(吳少陽)이 죽자 채주 사람들이 그의 아들 오원제(吳元濟)를 내세워 자사(刺史)로 삼고자 하여 소청하였으나 윤허가 나지 않자, 마침내는 무양(舞陽)을 불태우고 섭(葉)과 양성(襄城)을 침범하여 동도(東都) 낙양(洛陽)을 소동케 하며 군사들을 풀어 사방을 약탈하였다. 황제께서는 조정에서 여러 사람들에게 대책을 물으셨으나, 한두 신하 이외에는 모두 말하기를,

"채주의 장수가 조정의 명령을 따르지 않은 것은 지금까지 50년이나 됩니다. 그 사이 세 성(姓)의 네 장수에게 전하여지며 그 뿌리가 굳게 박히었고, 무기가 좋은 위에 병졸들도 완고해서 다른 곳과 같지 않습니다. 그러니 잘 달래어 거느리어야만 순종하게 되고 무사할 것입니다."
하였다.

대관들이 멋대로 결단을 내리고 소리쳐 아뢰니 모든 사람들의 입이 이에 부화하여 다같이 한가지 얘기만을 하여 그 굳은 뜻을 깨칠 수가 없을

듯하였다.

원문 天以唐①克肖其德하사 ②聖子神孫이 繼繼承承하여 於千萬年
　　　천 이 당　극 초 기 덕　　성 자 신 손　계 계 승 승　　어 천 만 년

에 敬戒不怠하여 ③全付所覆하시니 四海九州가 罔有內外하니 ④悉
　경 계 불 태　　　전 부 소 복　　사 해 구 주　망 유 내 외　　실

主悉臣이라.
주 실 신

　高祖太宗이 旣除旣治하시고 高宗中睿가 休養生息하사 至于
　고 조 태 종　기 제 기 치　　　고 종 중 예　휴 양 생 식　　지 우

玄宗하여 受報收功하시니 ⑤極熾而豊이라. 物衆地大에 ⑥蘖牙其
현 종　　수 보 수 공　　　극 치 이 풍　　물 중 지 대　　얼 아 기

間이어늘 肅宗代宗과 德祖順考가 以勤以容하사 ⑦大慝適去나 ⑧稂
간　　　숙 종 대 종　덕 조 순 고　이 근 이 용　　대 특 적 거　　낭

莠不薅러니 相臣將臣이 ⑨文恬武嬉하고 習熟見聞하여 以爲當然
유 불 호　　상 신 장 신　문 념 무 희　　습 숙 견 문　　이 위 당 연

이라.

　睿聖文武皇帝가 旣受羣臣朝하시고 乃⑩考圖數貢하사 曰；嗚
　예 성 문 무 황 제　기 수 군 신 조　　　내 고 도 수 공　　왈　오

呼라! 天旣全付予有家하시니 今⑪傳次在予라. 予不能⑫事事면 其
호　　천 기 전 부 여 유 가　　　금 전 차 재 여　　여 불 능 사 사　기

何以見于郊廟리오?
하 이 견 우 교 묘

　羣臣⑬震懾하여 ⑭犇走率職일새 明年⑮平夏하고 又明年⑯平蜀
　군 신 진 섭　　　분 주 솔 직　　명 년 평 하　　우 명 년 평 촉

又明年⑰平江東하고 又明年⑱平澤潞하고 遂⑲定易定하고 ⑳致魏
우 명 년 평 강 동　　우 명 년 평 택 로　　수 정 역 정　　치 위

博貝衛澶相하여 無不從志라. 皇帝曰；不可㉑黷武니 予其少息하
박 패 위 전 상　　　무 부 종 지　황 제 왈　불 가 구 무　　여 기 소 식

리라.

　九年에 ㉒蔡將死하니 蔡人立其子元濟以請이어늘 不許하니 遂燒
　구 년　　채 장 사　　채 인 립 기 자 원 제 이 청　　　불 허　　수 소

㉓舞陽하고 犯㉔葉襄城하여 以動㉕東都하고 放兵四劫이라. 皇帝歷
　무 양　　　범 섭 양 성　　　이 동 동 도　　　방 병 사 겁　　　황 제 력

問于朝하시니 一二臣外에 皆曰; 蔡帥之不庭授가 于今五十年이
문 우 조　　　일 이 신 외　　개 왈　채 수 지 부 정 수　　우 금 오 십 년

라. 傳㉖三姓四將하여 其樹本堅하고 兵利卒頑하여 不與他等하니
　　전　삼 성 사 장　　　기 수 본 견　　　병 리 졸 완　　　불 여 타 등

因㉗撫而有어야 順且無事리이다.
인　무 이 유　　　순 차 무 사

大官㉘臆決唱聲하니 萬口和附하여 幷爲一談하여 牢不可破라.
대 관　억 결 창 성　　　만 구 화 부　　　병 위 일 담　　　뇌 불 가 파

주해　① 克肖其德(극초기덕)－그 덕이 선왕들과 잘 닮도록 하다. 곧 선왕의
　　덕을 잘 본받는 것.

② 聖子神孫(성자신손)－성스러운 자식과 신령스런 손자, 곧 성스럽고 신령
　　스런 자손들. 당나라 역대 황제들을 가리킴.

③ 全付所覆(전부소복)－온 천하를 전부 맡기어 다스리게 하다. 소복(所覆)
　　은 하늘이 덮고 있는 온 천하를 가리킴.

④ 悉主悉臣(실주실신)－모든 고장의 임금노릇을 하며 모든 사람을 신하로
　　삼다.

⑤ 極熾而豊(극치이풍)－극히 성하고 풍부해지다.

⑥ 蘖牙其間(얼아기간)－그 사이에 걱정의 싹이 트다. 안녹산의 난이 일어났
　　던 것을 가리킴. 아(牙)는 아(芽)와 통함.

⑦ 大慝(대특)－크게 사악한 자. 안녹산을 가리킴.

⑧ 稂莠(낭유)－가라지풀, 못된 잔적(殘賊)들을 가리킴. ○薅(호)－풀 뽑다,
　　풀을 베다.

⑨ 文恬武嬉(문념무희)－문인으로 편안히 지내고, 무인으로는 즐기는 것.

⑩ 考圖數貢(고도수공)－여러 지방의 지도를 상고하고, 각지에서 바치는 공
　　물을 따져 보는 것. 곧 잔적(殘賊)이 있는 고장의 지형을 연구하고, 어느
　　곳에서 공물을 제대로 보내오지 않는가 따져 보는 것.

⑪ 傳次(전차)－왕위가 전하여지는 차례.

⑫ 事事(사사)-일을 제대로 처리하는 것.

⑬ 震慴(진섭)-떨며 두려워하는 것.

⑭ 犇走率職(분주솔직)-소가 놀란 듯 뛰어다니며 직책을 수행하는 것.

⑮ 平夏(평하)-하(夏)는 하주(夏州 : 陝西省 橫山縣 서쪽). 원화(元和) 원년
(806) 3월에 하수유후(夏綏留後) 양혜림(楊惠琳)이 반란을 일으켰는데,
하주병마사(夏州兵馬使) 장승금(張承金)이 그를 토벌하여 평정했다.

⑯ 平蜀(평촉)-검남절도사(劍南節度使) 위고(韋皐)가 죽자 행군사마(行軍
司馬) 유벽(劉闢)이 유후(留後)라 자칭하고 원화 원년 정월에 반란을 일
으켰는데, 그해 9월에 동천절도부사(東川節度副使) 고숭문(高崇文)이 그
를 토벌하였다. 평촉은 지금의 사천성(四川省) 지방인 촉(蜀)에서의 유벽
의 반란을 평정한 것을 가리킴.

⑰ 平江東(평강동)-원화 2년(807) 진해절도사(鎭海節度使) 이기(李錡)가
반란을 일으키자, 병마사인 장자량(張子良)이 그를 잡아 경사(京師)로 보
냈던 일을 가리킴.

⑱ 平澤潞(평택로)-원화 5년(810) 소의절도사(昭義節度使) 노종사(盧從史)
가 반란을 일으킨 것을 평정했던 일을 말함. 택주(澤州)는 지금의 산서성
(山西省) 진성현(晉城縣) 동북에, 노주(潞州)는 지금의 산서성 장치현(長
治縣)에 있던 고을 이름.

⑲ 定易定(정역정)-원화 5년에 의무절도사(義武節度使) 장무소(張茂昭)가
역주(易州)와 정주(定州)를 갖고 관군으로 붙었던 일을 가리킴. 두 고을
모두 후의 직례성(直隸省)에 속하게 된 지역임.

⑳ 致魏博貝衛澶相(치위박패위전상)-원화 7년(812) 10월 위박절도사(魏博節
度使) 전홍정(田弘正)이 그가 관할하던 여섯 고을을 갖고 관군에게 붙었던
일을 가리킴. 여섯 고을 모두 지금의 하남·하북 두 성(省)에 걸쳐 있었음.

㉑ 究武(구무)-무력을 궁극적으로 쓰다, 끝까지 무력을 쓰다.

㉒ 蔡將(채장)-채주(蔡州)의 장수. 회채절도사(淮蔡節度使)였던 오소성(吳
少誠)을 가리킴. 채주는 지금의 하남성 여남현(汝南縣)임.

㉓ 舞陽(무양)-지금의 하남성 무양현(舞陽縣).

㉔ 葉襄城(섭양성)-섭(葉)은 지금의 하남성 섭현(葉縣). 양성(襄城)은 지금

의 하남성 양성현(襄城縣).

㉕ 東都(동도)-장안에 대하여 낙양(洛陽)을 가리킴.

㉖ 三姓四將(삼성사장)-이충신(李忠臣)·진기(陳奇)·오소성(吳少誠)·이
희열(李希烈) 등 그곳 절도사를 지낸 세 가지 성의 네 명 장수를 가리킴.

㉗ 撫而有(무이유)-어루만지며 거느리다, 잘 달래며 거느리다.

㉘ 臆決唱聲(억결창성)-멋대로 그릇된 결단을 내리고 함께 소리내어 아뢰
는 것.

2

황제께서 말씀하셨다.

"하늘과 조상들께서 내게 막중한 책임을 부여한 까닭은 아마도 이런
때를 위해서일 것이니 내 어찌 노력하지 않겠는가? 하물며 한두 명의 신
하들은 내게 찬동하고 있으니 돕는 이가 없다고 할 수는 없다.

이광안(李光顔)이여! 그대를 진주(陳州)와 허주(許州)를 함께 다스리
는 충무절도사(忠武節度使)에 임명하니, 하동(河東)의 위주(魏州)·박주
(博州)·합양(郃陽)의 행영(行營) 중에 있는 삼군(三軍)을 그대가 모두
통솔하도록 하오!

오중윤(烏重胤)이여! 그대는 본시 하양(河陽)과 회주(懷州)를 맡고
있었으나, 이제 여주(汝州)도 그대에게 덧붙여 주노니, 북방의 의주(義
州)·성주(成州)·섬주(陝州)·익주(益州)·봉상(鳳翔)·연주(延州)·경
주(慶州)의 행영 중에 있는 칠군(七軍)을 그대가 모두 통솔하도록 하오!

한홍(韓弘)이여! 그대는 만 2천 명의 군사로 그대의 아들 공무(公武)
와 연락하여 그들을 토벌하도록 하오!

이문통(李文通)이여! 그대는 수주(壽州)를 수비하고 있으니, 선무(宣
武)·회남(淮南)·선섭(宣歙)·절서(浙西)의 사군(四軍)으로써 수주에 행
영하고 있는 군대를 그대가 모두 통솔하도록 하오!

이도고(李道古)여! 그대는 악주(鄂州)와 악주(岳州)의 관찰사 소임을

맡으시오!

이소(李愬)여! 그대는 당주(唐州)·등주(鄧州)·수주(隨州)의 절도사이니 따로 그곳 군대로써 나아가 싸우도록 하오!

배도(裴度)여! 그대는 어사중승(御史中丞)이니 가서 군사들을 돌보도록 하오!

배도여! 그대야말로 나와 뜻이 같으니, 그대는 내 재상이 되어 명을 잘 받드는가 받들지 못하는가를 따져 상이나 벌을 내리도록 하오!

한홍(韓弘)이여! 그대는 절도사로서 제군도통(諸軍都統)도 겸하도록 하오!

양수겸(梁守謙)이여! 그대는 내 가까이 출입하는 벼슬로서 가까운 신하이니 가서 군사들을 선무(宣撫)토록 하오!

배도여! 그대는 가서 의복과 음식을 군사들에게 대주어 헐벗고 굶주리지 않도록 함으로써 그 일을 완수하여 채주(蔡州) 사람들을 잘 살게 해주기 바라오! 그대에게 절부(節斧)와 통천어대(通天御帶)와 위졸(衛卒) 3백 명을 내리는 바이오! 여러 조정의 신하들은 그대가 택하여 자신을 따르도록 하되, 오직 현명하고 능력있는 사람들을 택할 것이며, 고관이라 하더라도 꺼리지 말고 택하시오! 경신(庚申)날에 내가 문앞에서 그대를 전송토록 하겠소!

어사(御史)여! 나는 사대부들이 싸움에 심한 고통을 겪는 것을 매우 가엾게 여기고 있으니, 지금부터는 교묘(郊廟)의 제사를 제외하고는 음악을 연주하는 일이 없도록 하시오!"

원문 皇帝曰 : 惟天惟祖宗이 所以付任予者는 庶其在此니 予何敢
　　　황제왈　　유천유조종　　소이부임여자　　서기재차　　　여하감

不力이리오? 況①一二臣同하니 不爲無助니라.
불력　　　　황 일이신동　　　불위무조

曰②光顏이여! 汝爲陳許帥니 維是③河東魏博鄖陽三軍之在行
왈　광안　　　　여위진허수니　유시　하동위박합양삼군지재행

者를 汝皆將之하라.
자   여개장지

曰④重胤이여! 汝故有河陽懷라 今益以汝하노니 維是朔方義成
왈 중윤   여고유하양회 금익이여   유시삭방의성

陜益鳳翔延慶七軍之在行者를 汝皆將之하라.
섬익봉상연경칠군지재행자 여개장지

曰⑤弘이여! 汝以卒萬二千으로 屬而子公武하여 征討之하라.
왈 홍   여이졸만이천   속이자공무   정토지

曰⑥文通이여! 汝守壽니 維是宣武淮南宣歙浙西四軍之行于壽
왈 문통   여수수 유시선무회남선섭절서사군지행우수

者를 汝皆將之하라.
자   여개장지

曰⑦道古여! 汝其觀察鄂岳하라.
왈 도고   여기관찰악악

曰⑧愬여! 汝帥唐鄧隨니 各以其兵으로 進戰하라.
왈 소   여수당등수 각이기병   진전

曰⑨度여! 汝長御史니 其往視師하라.
왈 도   여장어사 기왕시사

曰度여! 惟汝予同하니 汝遂⑩相予하여 以賞罰用命不用命하라.
왈도   유여여동   여수 상여   이상벌용명불용명

曰弘이여! 汝其以節度로 都統諸軍하라.
왈홍   여기이절도 도통제군

曰⑪守謙이여! 汝出入左右하니 汝惟近臣이라 其往撫師하라.
왈 수겸   여출입좌우   여유근신   기왕무사

曰度여! 汝其往하여 衣服飲食予士하여 無寒無飢하고 以⑫旣厥
왈도   여기왕   의복음식여사   무한무기   이 기궐

事하여 遂生蔡人하라. 賜汝⑬節斧와 ⑭通天御帶와 衛卒三百하노라.
사   수생채인   사여 절부 통천어대 위졸삼백

凡玆廷臣은 汝擇自從하되 惟其賢能이오 無憚大吏하라. 庚申에
범자정신 여택자종   유기현능   무탄대리   경신

予其臨門送汝하리라.
여기림문송여

曰御史여! 予閔士大夫가 戰甚苦하니 自今以往으로 非郊廟祭
왈어사   여민사대부 전심고   자금이왕   비교묘제

祀어든 **其無用樂**하라.
사   기 무 용 악

주해 ① 一二臣(일이신)—반란군을 평정하려는 황제의 뜻에 동의한 배도(裵
度)와 무원형(武元衡)을 가리킴.

② 光顔(광안)—원화(元和) 9년(814) 10월 진주자사(陳州刺史) 이광안(李光
顔)을 충무절도사(忠武節度使)에 임명하였는데, 충무절도사는 진주(陳州)
와 허주(許州)를 다스렸다.

③ 河東(하동)—산서성(山西省)의 황하 동쪽 지역을 가리킴. ○在行者(재행
자)—행영(行營)중에 있는 자들. 출동중의 군대들을 가리킴.

④ 中胤(중윤)—원화 9년 윤8월에 하양절도사(河陽節度使) 오중윤(烏重胤)
을 여주자사(汝州刺史)로 임명하고 하양회여절도사(河陽懷汝節度使) 직
책도 겸하도록 하였다. 하양·회주·여주 모두 지금의 하남성(河南省)에
있던 지명.

⑤ 弘(홍)—한홍(韓弘). 원화 10년 9월 선무절도사(宣武節度使)에서 회서제
군도통(淮西諸軍都統)이 되었는데, 그의 요청으로 아들 한공무(韓公武)가
만 3천명의 군대를 이끌고 와서 채하(蔡下)에서 만나 군사들에게 물자를
보급하였다.

⑥ 文通(문통)—원화 10년 12월에 좌금오대장군(左金吾大將軍) 이문통(李文
通)을 수주단련사(壽州團練使)에 임명하였다. 수주는 지금의 안휘성(安徽
省) 수현(壽縣)임.

⑦ 道古(도고)—원화 11년(816) 검주관찰사(黔州觀察使) 이도고(李道古)를
악악관찰사(鄂岳觀察使)에 임명하였다. 악주(鄂州)는 지금의 호북성 무창
현(武昌縣), 악주(岳州)는 호남성 파릉현(巴陵縣) 부근이었다.

⑧ 愬(소)—원화 11년 12월에 태자첨사(太子詹事) 이소(李愬)를 당등수절도
사(唐鄧隨節度使)에 임명했다. 당(唐)·등(鄧) 2주는 하남성, 수주(隨州)
는 호북성에 있었다.

⑨ 度(도)—배도(裵度). ○長御史(장어사)—배도는 어사중승(御史中丞)이어
서, 어사대(御史臺)의 우두머리란 뜻임. 이는 원화 10년의 일임.

⑩ 相予(상여)−내 재상이 되다. 원화 12년 배도는 재상으로서 회서선위처치
　사(淮西宣慰處置使)로 나갔다. 이때 한유는 그 밑에 행군사마(行軍司馬)
　로 따라갔다.

⑪ 守謙(수겸)−내시인 양수겸(梁守謙), 원화 11년 11월에 지추밀(知樞密)이
　었던 그로 하여금 군대를 선위(宣慰)하고 감독케 했다.

⑫ 旣厥事(기궐사)−그 일을 완성시키다. 반란 평정을 완성하다.

⑬ 節斧(절부)−황제가 대장에게 내리는 신표(信標)인 부절(符節)과 통수권
　의 상징인 도끼.

⑭ 通天御帶(통천어대)−황제의 권한을 대행하는 책임을 상징하는 띠. 원화
　12년 8월 배도가 회서(淮西)로 나갈 때 황제가 친히 외뿔소 뿔로 장식한
　서대(犀帶)를 내렸다.

3

　이광안(李光顏)과 오중윤(烏重胤)과 한공무(韓公武)가 그들의 북방을
함께 공격하여 열여섯 번 크게 싸우며 성책(城柵)과 고을 스물세 곳을
빼앗고 4만 명의 군졸을 항복케 하였다. 이도고(李道古)는 그들의 동남
쪽을 공격하여 여덟 번 싸우면서 군졸 3천 명을 항복케 하고 다시 신주
(申州)로 들어가 그 외성(外城)을 파괴하였다. 이문통(李文通)은 그곳
동쪽에서 10여 차례나 싸워 만 2천 명을 항복케 하였다. 이소(李愬)는
그곳 서쪽으로 쳐들어가 적장들을 사로잡았으나 그때마다 죽이지 않고
풀어주었는데, 그러한 계책을 씀으로써 싸움에는 더욱 큰 공을 끼쳤다.

　원화(元和) 12년(817) 8월에 승상(丞相) 배도(裴度)가 군중에 이르니,
도통(都統)인 한홍(韓弘)은 더욱 다급히 싸움을 독촉하였다. 이광안·오
중윤·한공무가 합쳐 싸우며 더욱 명령을 충실히 수행하니, 오원제(吳元
濟)는 그의 무리를 모두 모아 회곡(洄曲)에서 대비하였다. 10월 임신(壬
申)일에 이소는 그가 잡은 적장을 이용하여, 문성(文城)으로부터 큰 눈이
내리는 날에 120리나 급히 달려가 한밤중에 채주(蔡州)에 이르러 그 성

문을 깨트리고 오원제를 잡아 바친 뒤에 그의 부하들도 모두 사로잡았다.

신사(辛巳)일에 승상 배도가 채주로 들어와서 황제의 명으로 그곳 사람들을 용서하니 회서(淮西) 지방이 평정되었다. 크게 잔치를 벌여 공을 세운 사람들에게 상을 내리고, 군대가 개선하는 날에는 그때 장만했던 음식들을 채주 사람들에게도 내려주었다. 그리고 채주의 군졸 3만 5천 명 중 병졸 노릇을 좋아하지 않고 돌아가 농사를 짓기 바라는 자들이 열 명에 아홉 명 꼴이었는데, 그들을 모두 놓아주었다. 오원제는 경사(京師)에서 목이 잘리었다.

공로를 따져 한홍에게는 시중(侍中) 벼슬이 가해지고, 이소는 좌복야(左僕射)가 되어 산남동도(山南東道)의 절도사도 겸하였다. 이광안·오중윤에게는 모두 사공(司空) 벼슬이 보태어지고, 한공무는 산기상시(散騎常侍)로서 부방단연(鄜坊丹延)의 절도사도 겸하게 되었다. 이도고는 대부로 승진하였고, 이문통은 산기상시 벼슬이 보태어졌다. 승상 배도가 경사로 돌아와 황제께 나아가니, 진국공(晉國公)으로 봉해지고 금자광록대부(金紫光祿大夫)로 승진한 뒤 옛 벼슬대로 승상 직책을 그대로 맡게 되었으며, 그의 부사(副使)였던 마총(馬摠)은 공부상서(工部尚書)가 되어 채주를 다스리는 자사(刺史)가 되었다.

돌아와 전공을 상주하고 나자 여러 신하들이 위대한 공로를 기록하여 쇠나 돌에 새겨놓을 것을 요청하였다. 황제께서는 그것을 나 한유에게 명하셨으니, 나는 두 번 절하고 머리를 조아리며 다음과 같은 글을 지어 올리게 된 것이다.

원문 [1]顔胤武合攻其北하여 大戰十六에 得柵城縣二十三하며 降
　　　안 윤 무 합 공 기 북　　대 전 십 륙　　득 책 성 현 이 십 삼　　항

人卒四萬이라. 道古는 攻其東南하여 八戰에 降卒萬三千하고 再
인 졸 사 만　　도 고　　공 기 동 남　　팔 전　　항 졸 만 삼 천　　재

[2]入申하여 破其外城이라. 文通은 戰其東하여 十餘遇에 降萬二
입 신　　파 기 외 성　　문 통　　전 기 동　　십 여 우　　항 만 이

千이라. 愬는 入其西하여 ③得賊將하여 輒釋不殺하고 用其策하여
천   소   입기서   득적장   첩석불살   용기책

戰比有功하니라.
전 비 유 공

　十二年八月에 丞相度至師하니 都統弘이 責戰益急이라. 顏胤
　십 이 년 팔 월   승상도지사   도통홍   책전익급   안윤

武가 合戰益用命하니 元濟가 盡幷其衆하여 ④洄曲以備라. 十月
무   합전익용명   원제   진병기중   회곡이비   시월

壬申에 愬用所得賊將하여 自⑤文城으로 因天大雪하여 疾馳百二
임신   소용소득적장   자 문성   인천대설   질치백이

十里하여 用夜半到蔡하여 破其門하고 取元濟以獻하고 盡得其屬
십리   용야반도채   파기문   취원제이헌   진득기속

人卒이라.
인 졸

　辛巳에 丞相度入蔡하여 以皇帝命으로 赦其人하니 淮西平이라.
　신사   승상도입채   이황제명   사기인   회서평

⑥大饗賚功하고 師還之日에 因以其食으로 賜蔡人이라. 凡蔡卒三
대향뢰공   사환지일   인이기식   사채인   범채졸삼

萬五千에 其不樂爲兵코 願歸爲農者十九니 ⑦悉縱之하고 斬元
만 오 천   기불락위병   원귀위농자십구   실종지   참원

濟於京師하다.
제 어 경 사

　⑧冊功할새 弘加侍中하고 愬爲左僕射하여 ⑨帥山南東道하고 顏
　책공   홍가시중   소위좌복야   수산남동도   안

胤은 皆加司空하고 公武는 以散騎常侍로 ⑩帥廊坊丹延하고 道古
윤   개가사공   공무   이산기상시   수부방단연   도고

는 進大夫하고 文通은 加散騎常侍하고 丞相度가 朝京師하니 進封
　 진대부   문통   가산기상시   승상도   조경사   진봉

晉國公하여 進階金紫光祿大夫하여 以舊官으로 相하고 而以其
진국공   진계금자광록대부   이구관   상   이이기

⑪副摠으로 爲工部尚書하여 ⑫領蔡任하다.
부총   위공부상서   영채임

　旣還奏에 羣臣⑬請紀聖功하여 ⑭被之金石이라. 皇帝以命臣愈
　기환주   군신 청기성공   피지금석   황제이명신유

하시니 **臣愈再拜稽首而獻文**하여 ⑮**曰** :
　　　신 유 재 배 계 수 이 헌 문　　　왈

주해 ① 顔胤武(안윤무)－이광안(李廣顔)·오중윤(烏重胤)·한공무(韓公武)
세 사람.

② 入申(입신)－원화 12년(817) 이도고(李道古)가 신주(申州)를 공격하여,
그 외성을 무너뜨렸다. 신주는 지금의 하남성(河南省)에 있던 고을 이름.

③ 得賊將(득적장)－이소(李愬)는 적장 이우(李祐)를 사로잡았으나 죽이지
않고 잘 대우하여, 뒤에 적을 공격하는 데 이용하였다.

④ 洄曲(회곡)－시곡(時曲)이라고도 하며, 하남성 상수현(商水縣) 서남쪽에
있는 지명. 은수(溵水)가 여기에서 굽이쳐 흘러 회곡(洄曲)이란 이름이
생겼다.

⑤ 文城(문성)－문성책(文城柵), 하남성 수평현(遂平縣) 서남쪽에 있었다.

⑥ 大饗(대향)－크게 잔치를 벌이는 것. ㅇ賚功(뇌공)－공로가 있는 사람에
게 술·음식 따위를 내려주는 것.

⑦ 悉縱之(실종지)－그들을 모두 놓아주다.

⑧ 冊功(책공)－공로를 따져서 상을 내리는 것.

⑨ 帥山南東道(수산남동도)－산남동도절도사(山南東道節度使)를 겸한 것을
가리킴.

⑩ 帥鄜坊丹延(수부방단연)－부방단연절도사(鄜坊丹延節度使)를 겸직한 것
을 뜻함.

⑪ 副摠(부총)－배도(裵度) 아래 부사였던 마총(馬摠).

⑫ 嶺蔡任(영채임)－마총에게 채주자사(蔡州刺史)를 겸직시킨 것을 가리킴.

⑬ 請紀聖功(청기성공)－성스런 공로를 글로 기록할 것을 요청하다.

⑭ 被之金石(피지금석)－그 글을 쇠나 바위에 새겨놓는 것.

⑮ 曰(왈)－이 이하가 본격적인 비문(碑文)이다.

4

당나라가 천명을 받들어 온 천하를 신하로 삼았으니,

누가 가까운 땅에 살면서 반란과 도둑질로 미쳐 날뛰랴?

지난날 현종(玄宗) 때에는 극도로 흥성했다 무너졌네.

하북(河北) 지방엔 악독하고 교만한 자들 생기고 하남(河南) 지방에선 이를 따라 반란을 일으키니,

숙종(肅宗)·대종(代宗)·덕종(德宗)·순종(順宗)의 네 성왕께선 용서치 않으시고 여러번 군사 일으키어 정벌하셨고,

다 평정하지 못한 경우엔 병졸로써 수비를 강화하였네.

남자들은 농사지어도 먹지 아니하고 부인들은 길쌈하여도 입지 아니하며,

그것들을 수레로 날라다 병졸들의 군량으로 대어주었네.

그러나 밖으로는 내조하지 않는 자 많아져서 오랫동안 사악(四嶽)을 순수(巡狩)하지 않게 되었고,

여러 관리들은 업무에 태만하여 나랏일 옛날 같지 않게 되었네.

헌종(憲宗) 황제께서는 이런 때 왕위를 이으시어 사방을 돌아보고 한탄하셨네.

"그대들 문무백관들이여, 누가 우리 왕실을 구제해 주겠는가?"

그리고 오(吳)·촉(蜀) 지방을 평정하시고 곧 산동(山東) 지방도 되찾았으며,

위박(魏博)절도사가 가장 먼저 의로움을 깨달아 여섯 주(州)를 가지고 항복해 왔네.

회서(淮西) 채주(蔡州)만은 순종하지 않고 스스로 강하다 여기고서,

군사를 이끌고 시끄러이 굴며 옛날대로 버티려 하였네.

비로소 그들을 토벌하라는 명이 내려지니 그들은 마침내 이웃의 간사한 자들과 결탁하고,

몰래 자객을 보내어 재상 무원형(武元衡)을 해쳤네.

막 싸우기 시작하자 불리한 일이 생기니 안으로 온 장안을 경동(驚動)시켰고,

여러 신하들은 상주하여 은혜로써 달래는 게 좋을 거라 하였네.

원문 唐承天命하여 遂臣萬方하니
당 승 천 명　　수 신 만 방

孰居近土하여 ①襲盜以狂고?
숙 거 근 토　　습 도 이 광

往在玄宗에 ②崇極而圮라.
왕 재 현 종　　숭 극 이 비

③河北悍驕하고 ④河南附起어늘
하 북 한 교　　하 남 부 기

⑤四聖不宥하사 屢興師征이실새
사 성 불 유　　누 흥 사 정

有不能克이면 ⑥益戍以兵이라.
유 불 능 극　　익 수 이 병

夫耕不食하며 婦織不裳하고
부 경 불 식　　부 직 불 상

輸之以車하여 爲卒賜糧이라.
수 지 이 거　　위 졸 사 량

外多⑦失朝하고 ⑧曠不嶽狩하니
외 다 실 조　　광 불 악 수

⑨百隷怠官하여 ⑩事亡其舊러라.
백 례 태 관　　사 무 기 구

⑪帝時繼位하사 顧瞻咨嗟하시되
제 시 계 위　　고 첨 자 차

⑫惟汝文武여 孰恤予家오?
유 여 문 무　　숙 휼 여 가

旣⑬斬吳蜀하고 旋⑭取山東하니
기 참 오 촉　　선 취 산 동

⑮魏將首義로 六州降從이라.
위 장 수 의　　육 주 항 종

淮蔡不順하여 自以爲彊하여
회 채 불 순　　자 이 위 강

⑯提兵叫讙하여 欲事故常이어늘
제 병 규 환　　　욕 사 고 상

始命討之하시니 ⑰遂連姦鄰하여
시 명 토 지　　　　수 련 간 린

⑱陰遣刺客하여 來賊相臣이라.
음 견 자 객　　　내 적 상 신

方戰未利에 內驚京師하니
방 전 미 리　　내 경 경 사

羣公上言하되 莫若⑲惠來라.
군 공 상 언　　　막 약　혜 래

주해 ① 襲盜以狂(습도이광) — 반란과 도둑질로 미쳐 날뛰듯 행동하는 것.

② 崇極(숭극) — 흥성이 극도에 다다르는 것. ○圮(비) — 무너지다. 안녹산의 난이 일어나 세상의 평화가 무너진 것을 뜻함.

③ 河北悍驕(하북한교) — 하북 지방이 악독하고 교만하다. 안녹산의 난 뒤 연(燕)·조(趙)·위(魏) 지방에 연이어 반란이 일어났던 것을 가리킴.

④ 河南附起(하남부기) — 하남 지방에도 덩달아 반란이 일어나다. 운주(鄆州)·채주(蔡州) 등지에 반란이 일어났던 것을 가리킴.

⑤ 四聖(사성) — 당 현종을 뒤이은 숙종(肅宗)·대종(代宗)·덕종(德宗)·순종(順宗)의 네 황제를 가리킴.

⑥ 益成(익수) — 수병(戍兵)을 늘이다. 군사력으로 계속 견제함을 뜻함.

⑦ 失朝(실조) — 내조하지 않게 되다, 조정에 복종하지 않는 자들이 많아진 것을 뜻함.

⑧ 曠不嶽狩(광불악수) — 오랫동안 사악(四嶽)을 순수(巡狩)하지 못하다. 사악은 사방의 큰 산으로 전 국토를 뜻하며, 순수하지 못했다는 것은 제대로 통솔하지 못했음을 뜻한다.

⑨ 百隷(백례) — 모든 관리들.

⑩ 事亡其舊(사무기구) — 일이 옛날 같은 것이 없게 되다. 나랏일이 옛날처럼 잘 다스려지지 않게 된 것을 가리킴.

⑪ 帝(제)-당시의 헌종 황제.

⑫ 惟汝文武(유여문무)-이 구절은 앞머리의 "왈(曰) ; 오호(嗚呼)……" 구절
과 같은 내용임.

⑬ 斬吳蜀(참오촉)-앞머리의 '하주(夏州)를 평정하고, 촉(蜀)을 평정했다'는
내용과 같은 말.

⑭ 取山東(취산동)-앞에서 강동(江東)과 택주(澤州)·노주(潞州)를 평정하
고, 역주(易州)·정주(定州)를 안정시켰다고 한 것을 가리킴.

⑮ 魏將首義(위장수의)-위주(魏州)의 장수가 가장 먼저 의를 따르다. 곧 위
박절도사(魏博節度使) 전홍정(田弘正)이 자신이 관장하던 여섯 고을을
갖고 항복했던 일을 가리킴.

⑯ 提兵叫讙(제병규환)-오원제(吳元濟)가 스스로 채주자사(蔡州刺史)가 된
뒤, 군사를 일으키어 소란을 피운 것. 곧 앞에서 '무양(舞陽)을 불태우고
섭(葉)·양성(襄城)을 습격했다'고 한 일들을 가리킴.

⑰ 遂連姦鄰(수련간린)-마침내 간사한 이웃 사람과도 연합하다. 곧 오원제
가 왕승종(王承宗)·이사도(李師道) 등과도 손을 잡고 반란을 도모했던
일을 가리킴.

⑱ 陰遣刺客(음견자객)-남몰래 자객을 파견하다. 원화 10년(815) 6월에 재
상 무원형(武元衡)이 입조했을 때, 이사도가 자객을 보내어 그를 찌르게
하였고, 이때 배도도 습격을 받아 머리를 다쳤다.

⑲ 惠來(혜래)-은혜를 베풀어 잘 달래는 것.

5

황제께선 듣지 아니하시고 천신(天神)에게 의논하시어,
뜻이 같은 이들을 재상으로 삼으시고 하늘의 주벌(誅罰)을 내리
게 하셨네.
이에 이광안·오중윤과 이소·한공무·이도고·이문통에게 명을
내리어,
모두 한홍의 통솔을 받으며 각각 자신들의 공로를 발휘하게 하셨네.

이들이 세 방향으로 나뉘어 공격하니 그 군대는 5만 명이었고,

대군이 북쪽에서 가세하니 병력은 두 배가 되었네.

회곡(洄曲)을 치고 나니 적병들은 어지러워졌고,

능운(陵雲)을 뺏고 나니 채주의 졸개들은 크게 궁지에 몰렸네.

소릉(邵陵)에서도 싸워 이기니 언성(郾城)이 항복해 왔으나,

여름에서 가을에 이르기까지는 거듭 군대를 머물게 하며 관망하기만 했네.

싸움 멈추고 힘쓰지 않자 보고되어 오는 전과가 불리해졌는데,

황제께서는 출정한 군인들을 가엾게 여기시고 승상에게 명하시어 가서 돌보아주도록 하시니,

군사들은 배불리 먹고 노래하며 사기 드높고 말도 말구유 위로 뛰어오르며 싸우려 하게 되었네.

그들을 신성(新城)에서 싸우도록 해보니 적은 만나자마자 패하여 달아났네.

그곳에 있는 적들을 모두 무찌르고 다시 군사를 모아 우리편을 방위하게 하고는,

서편 군대로 하여금 쳐들어가게 하니 길에는 남아있는 적이 없게 되었네.

편안할 날 없던 채주 성은 그 땅이 사방 천리인데,

쳐들어가 점령하자 순종하며 처분을 기다리지 않는 자 없었네.

황제께선 은혜로운 말씀을 승상 배도(裵度)로 하여금 와서 선포하게 하니,

처벌은 그들 죄수에게만 그치고 그 아랫사람들은 모두 놓아준다는 것이었네.

원문 帝爲不聞하시고 與神爲謀하사
제 위 불 문　　　여 신 위 모

乃①相同德하여 以②訖天誅라.
내 상 동 덕　　이 흘 천 주

乃勅顔胤과 愬武古通하고
내 칙 안 윤　　소 무 고 통

③咸統於弘하여 各奏汝功이라.
함 통 어 홍　　각 주 여 공

④三方分攻하니 五萬其師요
삼 방 분 공　　오 만 기 사

大軍⑤北乘하니 厥數倍之라.
대 군 북 승　　궐 수 배 지

嘗兵⑥洄曲하니 軍士⑦蠢蠢이오
상 병 회 곡　　군 사 준 준

旣⑧翦陵雲하니 蔡卒大窘이라.
기 전 능 운　　채 졸 대 군

勝之⑨邵陵하니 ⑩郾城來降이오
승 지 소 릉　　언 성 래 항

自夏及秋로 ⑪複屯相望이라.
자 하 급 추　　복 둔 상 망

兵頓不勵하여 ⑫告功不時어늘
병 돈 불 려　　고 공 불 시

帝哀征夫하사 ⑬命相往釐하시니
제 애 정 부　　명 상 왕 리

士飽而歌하고 馬騰於槽라.
사 포 이 가　　마 등 어 조

試之⑭新城하니 賊遇敗逃러라.
시 지 신 성　　적 우 패 도

⑮盡抽其有하여 聚以防我어늘
진 추 기 유　　취 이 방 아

⑯西師躍入하니 道無留者라.
서 사 약 입　　도 무 류 자

⑰額額蔡城이 其疆千里로되
액 액 채 성　　기 강 천 리

旣入而有하니 莫不⑱順俟라.
기 입 이 유　　막 불 순 사

帝有恩言하사 ^⑲相度來宣하니
제 유 은 언   상 도 래 선

^⑳誅止其魁하고 釋其下人이라.
주 지 기 괴   석 기 하 인

주해 ① 相同德(상동덕)－황제와 뜻이 같은 사람을 재상에 임명하는 것.

② 訖天誅(흘천주)－하늘의 주벌(誅罰)이 이르게 하다, 하늘을 대신하여 반
역자들에게 벌을 내리다.

③ 咸統(함통)－모두 통솔을 받다.

④ 三方(삼방)－이도고(李道古)가 동남쪽에서, 이문통(李文通)이 동쪽에서,
이소(李愬)가 서쪽에서 적을 공격했던 것을 뜻한다.

⑤ 北乘(북승)－북쪽에서 기습하는 것. 이광안(李光顏)·오중윤(烏重胤)·한
공무(韓公武)가 북쪽에서 함께 공격한 것을 가리킨다.

⑥ 洄曲(회곡)－오원제(吳元濟)는 회곡(洄曲)에 그의 무리를 모아 저항하다
가 이소(李愬)에게 잡혔다(앞 서문 참조).

⑦ 蠢蠢(준준)－두려움이나 불안으로 동요하는 모양.

⑧ 翦陵雲(전능운)－능운을 쳐서 뺏다. 능운은 하남성 상수현(商水縣) 서북
쪽에 있던 성책(城柵) 이름.

⑨ 邵陵(소릉)－다음에 보이는 언성현(郾城縣) 동쪽에 있던 성 이름.

⑩ 郾城(언성)－하남성 임영현(臨潁縣) 남쪽에 있던 땅 이름. 원화 12년(817)
3월 이광안이 공격하자 그곳 수령과 수장(守將)이 모두 항복했다.

⑪ 複屯(복둔)－거듭 군대를 주둔시키며 수비만 하도록 하는 것.

⑫ 告功不時(고공불시)－전과의 보고가 불리하다. 시(時)는 시(是)와 통함.
원화 11년(816) 6월에 당등수절도사(唐鄧隨節度使) 고하우(高霞寓)가 철
성(鐵城)에서 패하고, 12년 8월 이광안이 고점(賈店)에서 패하고, 9월엔
적병이 은수진(溵水鎭)을 공격했던 일을 가리킴.

⑬ 命相往釐(명상왕리)－승상 배도에게 명하여 가서 군사들을 잘 돌보아주도
록 한 것.

⑭ 新城(신성)－언성(郾城) 근처에 있던 성책(城柵) 이름.

⑮ 盡抽(진추)-모두 뽑다, 모든 적을 쳐 없애다.
⑯ 西師躍入(서사약입)-서쪽에서 군대가 뛰어 들어가다, 서쪽으로부터 적을 기습하다.
⑰ 額額(액액)-쉴 사이가 없는 것, 편안한 날이 없는 것.
⑱ 順俟(순사)-순종하면서 처분을 기다리는 것.
⑲ 相度(상도)-승상 배도(裵度).
⑳ 誅止其魁(주지기괴)-주벌(誅罰)은 적의 괴수에서 머물다. 곧 적의 괴수만을 처형하는 것.

6

채주의 졸개들은 갑옷을 벗어던지고 소리치며 춤추고,
채주의 부녀자들은 문앞에 나와 마주보며 웃고 얘기하였네.
채주 사람들이 굶주림을 호소하자 배로 곡식을 날라다 먹여주고,
채주 사람들이 헐벗음을 호소하자 비단과 무명을 나누어 주었네.
처음엔 채주 사람들이 서로 왕래를 하지 않고 있었는데,
이제는 서로 희롱까지 하면서 마을 문을 밤에도 닫지 않고 열어놓게 되었네.
처음엔 채주 사람들이 싸우러 나갔다간 죽어 돌아왔는데,
이제는 늦게 일어나 밥도 먹고 죽도 먹게 되었네.
그들 위해 사람을 골라주어 남은 피곤을 회복시켜 주도록 하고,
관리들을 골라 뽑고 소도 내려주며 잘 교화하되 세금은 거둬들이지 아니했네.
채주 사람들은 말하기를 전에는 미혹되어 알지 못했으나,
지금에 와서야 크게 깨닫고 보니 전날의 행위가 부끄럽다 하였네.
채주 사람들이 말하기를 천자께서 명철하고 성스러우시니,
순종하지 않으면 온 집안이 처벌받을 것이나 순종하면 생명을 잘 보존하게 된다 하였네.

그대들 나를 못믿겠거든 이 채주 지방을 보라!

그 누가 순종 않으리? 가서 그의 목을 도끼질 할 것인데!

반란을 꾀하는 자 아직도 여럿 있어 기세를 믿고 서로 의지하고 있으나,

우리의 강함을 의지 못하겠다 하면서 그대들의 약함을 어찌 의존하겠는가?

가서 그대들 어른과 그대들 부형들에게 고하여,

급히 함께 달려와 우리와 함께 태평 누리세.

회서의 채주에서 반란을 일으키니 천자께서 이들을 토벌하셨고,

토벌한 뒤 이들이 굶주리자 천자께선 이들을 먹여 살리셨네.

처음 채주 토벌을 의논할 적에는 대신들이 아무도 따르지 아니하였고,

토벌을 시작한 지 4년이 되어도 위아래 신하들이 모두 의심만 했었네.

반란을 용서치 않고 토벌을 의심치 않은 것은 천자의 명철하심으로 말미암은 것이었네.

이 채주 정벌의 공은 오직 결단으로 이루어진 것일세.

회서의 채주를 안정시키고 나니 사방의 오랑캐들까지도 모두 내조(來朝)하게 되었네.

이에 명당(明堂)을 열어놓고 앉아서 나라 다스리게 된 것일세.

원문 蔡之卒夫는 投甲呼舞하고
채 지 졸 부　　투 갑 호 무

蔡之婦女는 迎門笑語러라.
채 지 부 녀　　영 문 소 어

蔡人告飢어늘 ①船粟往哺하고
채 인 고 기　　선 속 왕 포

蔡人告寒이어늘 賜以②繪布라.
채 인 고 한　　사 이　증 포

始時蔡人이 禁不往來러니
시 시 채 인   금 불 왕 래

今相從戱하여 里門夜開요
금 상 종 희   이 문 야 개

始時蔡人이 進戰退戮이러니
시 시 채 인   진 전 퇴 륙

今③旰而起하여 ④左餐右粥이라.
금 간 이 기   좌 찬 우 죽

爲之擇人하여 以⑤收餘儥하고
위 지 택 인   이 수 여 비

選吏賜牛하여 敎而不稅라.
선 리 사 우   교 이 불 세

蔡人有言하되 始迷不知러니
채 인 유 언   시 미 부 지

今乃大覺하여 羞前之爲로다.
금 내 대 각   수 전 지 위

蔡人有言하되 天子明聖하시니
채 인 유 언   천 자 명 성

不順族誅요 順保性命이라.
불 순 족 주   순 보 성 명

汝不吾信인댄 視此蔡方하라.
여 불 오 신   시 차 채 방

孰爲不順꼬? ⑥往斧其吭하리라.
숙 위 불 순   왕 부 기 항

凡叛有數하니 聲勢相倚라.
범 반 유 수   성 세 상 의

吾疆不支어든 汝弱奚恃리오?
오 강 부 지   여 약 해 시

其告⑦而長과 而父而兄하여
기 고 이 장   이 부 이 형

奔走偕來하여 同我太平하라.
분 주 해 래   동 아 태 평

淮蔡爲亂이어늘 天子伐之요
회 채 위 란   천 자 벌 지

旣伐而飢어늘 天子活之라.
기 벌 이 기   천 자 활 지

始議伐蔡에 卿士莫隨요
시 의 벌 채   경 사 막 수

旣伐四年에 小大并疑라.
기 벌 사 년   소 대 병 의

不赦不疑는 由天子明이라.
불 사 불 의   유 천 자 명

凡此蔡功은 惟斷乃成이라.
범 차 채 공   유 단 내 성

旣定淮蔡하니 ⑧四夷畢來라.
기 정 회 채   사 이 필 래

遂開⑨明堂하여 坐以治之로다.
수 개   명 당   좌 이 치 지

주해 ① 船粟往哺(선속왕포) — 배로 곡식을 실어 날라다 먹여주는 것.

② 繒布(증포) — 비단과 무명.

③ 旰(간) — 늦은 낮, 아침에 늦게.

④ 左餐右粥(좌찬우죽) — 마음대로 밥도 먹고 죽도 먹는 것.

⑤ 收餘憊(수여비) — 나머지 피곤함을 거두어들이게 하다. 전쟁 뒤의 백성들의 고통을 잘 돌보아주는 것.

⑥ 往斧其吭(왕부기항) — 가서 그의 목구멍을 도끼질하다, 가서 그의 목을 도끼로 자르다.

⑦ 而(이) — 너, 그대들.

⑧ 四夷(사이) — 사방의 오랑캐들.

⑨ 明堂(명당) — 천자가 정교(政敎)를 펴고 제후들의 내조를 받는 곳.

해설 회서(淮西)에서 반란을 일으켰던 오원제(吳元濟)를 평정한 공로를 쓴 비문(碑文)이다. 원화 9년(814) 창의절도사(彰義節度使) 오소양(吳少陽)이 죽자 그의 아들 오원제가 스스로 채주자사가 되어 이를 조정에 표청(表請)하였으나 윤허되지 않자 반란을 일으켰다. 회서는 회수(淮水)의 상류지방인 하남성 일대를 가리키며, 채주는 하남성 여남현(汝南縣)이다.

이때 헌종(憲宗)은 여러 신하들의 반대에도 불구하고, 자신과 의견이 같은 배도(裵度)를 승상으로 명한 다음 회서 토벌을 결행한다. 그 결과 원화 12년(817)엔 이소(李愬)가 오원제를 사로잡아 이 지역을 곧 평정하게 된다. 원화 14년에는 오원제의 무리였던 이사도(李師道)까지도 잡아 죽이게 된다.

원화 12년에 승상 배도는 회서선위처치사(淮西宣慰處置使)로 토벌군을 독려하러 나갔는데, 이때 이 글의 작자인 한유는 배도 밑의 행군사마(行軍司馬)로 따라갔다. 그해 회서를 평정하고 조정으로 돌아오자 헌종은 한유에게 〈평회서비문(平淮西碑文)〉을 지을 것을 명하여 이 글을 짓게 된 것이다.

한유가 지은 이 비문은 배도를 중심으로 그 공로가 서술되고 있다. 그러나 이때 오원제를 사로잡아 가장 큰 공을 세웠던 이소는 당안공주(唐安公主)의 사위여서 궁중을 자주 드나드는 처지였다. 이소는 한유의 비문이 사실과 어긋난다고 호소하여, 다시 단문창(段文昌)에게 〈평회서비문〉을 짓도록 했다 한다.

그러나 후세에까지도 단문창의 글은 별로 알려지지 아니하고 한유의 이 글이 널리 읽혀지고 있다. 이는 단지 문장만이 뛰어나기 때문이 아니라, 헌종의 뜻을 잘 받든 배도의 용단이나 행동을 높이 평가한 이 글의 내용도 그릇되지 않았기 때문일 것이다.

남해신묘비(南海神廟碑)

한유(韓愈)

바다는 하늘과 땅 사이의 물건으로는 가장 큰 것이어서, 하(夏)·은(殷)·주(周) 3대의 성왕(聖王)들로부터 시작하여 모두가 제사지내고 섬겨왔다. 옛글을 상고하여 보면 남해신(南海神)의 지위가 가장 높아서 북해·동해·서해의 세 신과 황하(黃河)의 신 하백(河伯)의 위에 있고, 축융(祝融)이라 불렀다.

천보(天寶) 연간(742~755)에 천자[玄宗]께서 옛날 작위에 있어서는 공후(公侯)보다 존귀한 것이 없다 하여, 바다와 산에 제사지냄에 있어서 희생과 폐물 같은 제물의 수를 거기에 따르고 의존하였는데, 대신(大神)에게 극도의 존경을 표하기 위해서였다. 그러나 지금 왕도 역시 작위인데 바다와 산을 예우함에 있어서 아직도 공후의 예를 따르면서 왕에 대한 의례는 젖혀놓고 쓰지 않는다면 극도로 존경을 표하려는 뜻에서 어긋나는 것이다. 그래서 남해신을 책명(冊命)으로 높이어 광리왕(廣利王)이라 하였으니, 호칭과 함께 제사지내는 예법이 지위와 함께 모두 높아졌다.

그 옛 묘가 오래되었다 하여 바꾸어 새로 지었는데, 지금의 광주(廣州) 땅 동남쪽 바닷길로 80리 되는 곳 부서(扶胥)의 어귀에 있는 황목만(黃木灣) 가에 있다.

언제나 입하(立夏)의 절기가 되면 광주자사(廣州剌史)에게 명하여 묘당에 제사를 지내고 제사가 끝나면 곧 역마(驛馬)를 놓아 보고하도록 하였다. 그러나 그곳 자사는 언제나 영남(嶺南) 5부(府)의 여러 군사들을 거느리면서 또 그곳 군읍(郡邑)의 정사도 보살피도록 되어 있었으니, 남쪽 땅의 일들은 통할하지 않는 것이 없는데다가 땅은 넓고 멀었기 때문에 언제나 중요한 인물을 선임하고 보니, 지위도 높고 부한데다가 바닷일에는 익숙치 않은 사람이었다. 또 제사지낼 무렵이 되면 바다에는 언제나 큰 바람이 일고 있어서, 가려니 근심과 걱정이 되고, 가보면 보이는 것 모두가 두렵고 떨리는 일이었다.

그래서 언제나 병을 핑계로 사양하고 제사를 부관(副官)에게 맡기는 것이 습관이 된 지 이미 오래이다. 그러므로 본당(本堂)이나 재실(齋室)이 위에는 비가 새고 옆에서는 바람이 새어들어도 제대로 막고 가려지지 않고, 형편없는 제물과 시어빠진 술을 임시로 가져다 갖추어만 놓으니, 바다와 육지에서 나는 물건으로 만든 제물 그릇은 어수선하게 놓여지고 잔을 따라 올리고 절하는 것들이 모두 법식에도 맞지 않았다. 관리들은 날이 갈수록 공손치 않게 되었고 신은 제사를 거들떠보지도 않아서, 사나운 바람과 괴상한 비가 절도도 없이 돌발하여서 사람들이 그 해를 입게 되었다.

원화(元和) 12년(817)에 비로소 전 상서우승(尙書右丞) 국자좨주(國子祭酒)였던 노(魯)나라의 공규(孔戣)를 임용하여 광주자사(廣州刺史) 겸 어사대부(御史大夫)로 삼아 남쪽 지방을 다스리도록 하였다. 공(公)은 정직하고 엄격하면서도 마음속은 즐겁고 편안해서, 직책을 공경스럽고도 신중하게 수행하였다. 사람들을 다스림에 있어서는 분명히 하였고 신을 섬김에 있어서는 정성으로 하면서 안팎으로 최선을 다하고 자신을 드러내려들지도 아니하였다.

광주에 부임한 다음해 여름이 되어갈 때 축책(祝冊)이 장안으로부터 도착하였다. 관리들이 즉시 보고하자 공은 곧 재계(齋戒)하여 부정함을 몰아낸 다음 책(冊)을 받아보고는 여러 관계 관원들에게 훈시하였다.

"책(冊)에는 황제의 성함이 있으니 곧 임금님께서 직접 서명한 것이오.

이 글에 이르기를 '천자 자리를 계승한 제가 삼가 모관(某官)에 있는 모씨(某氏)를 보내어 공경히 제사드립니다' 하였으니, 그 공경스럽고 엄숙하심이 이러한데 감히 제삿일을 잘 받들지 않을 수가 있겠소? 내일 나는 묘(廟) 옆에 묵으면서 아침 제사를 올리려 하오."

다음날 관리들이 비바람이 세다는 이유로 그만둘 것을 아뢰었으나 듣지 않았다. 이에 광주부(廣州府)의 문무 관원들 백여명이 번갈아가며 뵙고 다시 그만둘 것을 간청하였으나, 모두 허리를 굽히고 물러나는 수밖에 없었다.

공이 마침내 배 위로 오르자 비바람이 약간 누그러져 노젓는 사람들이 힘을 내자, 흐렸던 구름이 흩어져 햇빛이 구름을 뚫고 비쳐지고 물결도 잠잠히 일지 않았다. 제물을 준비하던 저녁에는 햇빛이 났다 구름이 끼었다 하더니, 제사를 지내려는 밤이 되자 하늘과 땅이 훤히 트이고 달과 별들이 밝고 깨끗이 드러났다. 오경(五更)의 북소리가 울리고 견우성(牽牛星)이 하늘 한가운데로 오자, 공이 곧 관복을 차려입고 홀(笏)을 들고 들어가 제사를 지내니, 문무 관속들도 머리를 숙이고 제자리를 찾아가 각기 자기의 직무를 다하였다.

제물은 기름지고 술은 향기로우며 술그릇과 술잔은 정결하고 의식에는 법도가 있으니 신도 모두 취하도록 마시고 배불리 드시는 듯하였다. 바다의 온갖 신령과 신괴(神怪)들도 황홀히 모두 나와서 꿈틀꿈틀거리며 음식들을 흠향(歆饗)하는 듯하였다. 묘 문을 닫고 배로 돌아오자 상서로운 바람이 불어 배를 밀어주고 여러 가지 깃발들이 펄럭이며 자욱히 해를 가리고, 징소리·북소리 요란하고 피리소리·나팔소리 신이 났다. 무인(武人)들은 힘을 내어 노를 젓고 악공(樂工)들은 이에 창화(唱和)하니, 큰 거북과 긴 고기들이 펄떡펄떡 뛰면서 앞뒤를 따랐고 하늘 가와 땅끝이 훤히 드러났다.

이 제사를 지낸 해에는 폭풍의 재난이 없어서 사람들은 물고기와 게를 싫도록 먹었고 오곡이 모두 잘 여물었다. 다음해 제사를 지내고 돌아와서는 다시 그 묘당을 넓히어 크게 짓고 그곳의 마당과 제단도 잘 손질한 위에 동서 양편의 담장과 재실(齋室) 및 주방을 다시 짓고 모든 용구를 다 갖추었다. 다음해 그때에도 공이 또다시 고집하여 가서는 더욱 경건히 게을리하지 않고 제사를 모시니, 그해의 날씨도 매우 순조로워 고로(故老)들이 그 은덕을 노래하며 칭송하였다.

처음 공은 그곳에 오자 명목에 없는 세금은 모두 없애고, 관리들 중에 벼슬을 그만두어야 할 자들에게는 먹여주고 입혀주던 일을 중지시켰고, 사방으로 다니는 사신(使臣)에게 자금을 대어주지 않았으며, 솔선수범하면서 제때에 잔치하고 제사지내고 절도있게 상을 내리니, 관청의 창고나 개인의 저축 할 것 없이 위아래가 모두 풍족하게 되었다.

여기에다 속주(屬州)에서 물지 못하고 미루던 돈 24만 전(錢)과 쌀 3만 2천 곡(斛)을 면제시켜 주고, 이들 주(州)에 부과하여 거둬들이던 금이 1년에 8백 금(金)이나 되는데 곤궁하여 물지 못하고 있던 것을 모두 없던 것으로 하여주었다. 서남쪽 고을 수령들의 봉록(俸祿)을 늘여주고 특히 불량하여 명령을 따르지 않는 자들은 처벌하였다. 이로 말미암아 모두가 자중하며 법을 신중히 지키게 되었다. 남쪽으로 옮겨와 돌아가지 못하는 인사들과 옮겨다니며 사는 자들의 후손 128족(族)에 대하여도 재능이 있고 훌륭한 자들은 벼슬에 임용하고 의지할 곳 없는 자들에게는 먹여주고, 그들의 결혼할 때가 된 아들딸들에게는 돈과 재물을 주어 때를 잃지 않고 혼인하게 하였다.

형벌과 은덕이 아울러 쓰여지자 사방 수천 리나 되는 땅이 도둑을 모르게 되어, 산이나 바닷가를 여행하다 머무름에 있어서 장소를 가릴 필요가 없게 되었다. 신을 섬기고 사람들을 다스리는 일이 모두 지극한 경지에 이르렀다 할 것이다. 모든 사람들이 묘의 돌에 이런 업적을 새기어 그분의 아름다움을 드러내고 이어 시도 뒤에 붙여 지어 줄 것을 바라게 되었다. 이에 다음과 같은 시를 지었다.

　　남해의 날 흐린 고장은 축융(祝融)이 다스리는 땅이어서,

　　그곳에 제사지내기로 하고 황제께선 남쪽 관장(官長)에게 그 일을 명하셨네.

　　그러나 관리들 게을러 직접 제사지내지 않았는데 지금 공(公)으로부터 제사 바로잡혔네.

　　제물과 의식을 밝게 행하여 우리나라를 복되게 하셨네.

　　명철하신 천자께서 신중히 그분을 임용하셨으니,

　　우리 공께서 부임하시자 신과 사람들 모두 기뻐하게 되었네.

　　바닷가 영남(嶺南) 땅이 풍족하고 윤택하게 되었으니,

　　어찌 그 일을 고루 넓힘으로써 중요한 일을 하시도록 해주지 않겠는가?

　　공의 행하시는 일 더디어도 안되고 공은 빨리 돌아가시도록 해도 안될 것이니,

　　내가 공을 개인적으로 칭송하는 것이 아니라 신과 사람들 모두가 그분을 의지하기 때문이네.

[원문] 海於天地間에 爲物最①鉅하니 自三代聖王으로 莫不祀事라.
해 어 천 지 간　위 물 최　거　　자 삼 대 성 왕　　막 불 사 사

考於傳記하니 而南海②神次最貴하여 在北東西三神③河伯之上하
고 어 전 기　　이 남 해 신 차 최 귀　　재 북 동 서 삼 신　하 백 지 상

니 號爲④祝融이라.
호 위　축 융

⑤天寶中에 天子以爲古爵이 莫貴於公侯니 故海岳之祀에 ⑥犧
천 보 중　천 자 이 위 고 작　막 귀 어 공 후　고 해 악 지 사　　희

幣之數를 ⑦放而依之하니 所以致崇極於大神이라. 今王亦爵也어
폐 지 수　　방 이 의 지　　소 이 치 숭 극 어 대 신　　금 왕 역 작 야

늘 而禮海岳에 尙循公侯之事하고 虛王儀而不用하니 非致崇極之
이 예 해 악　상 순 공 후 지 사　　허 왕 의 이 불 용　　비 치 숭 극 지

意也라 하여 由是로 ⑧冊尊南海神하여 爲廣利王하니 祝號祭式이
의 야　　　　유 시　책 존 남 해 신　　위 광 리 왕　　축 호 제 식

與次俱升이라.
여 차 구 승

因其故廟하여 易而新之하니 在今廣州治之東南, 海道八十里,
인 기 고 묘   역 이 신 지   재 금 광 주 치 지 동 남   해 도 팔 십 리

⑨扶胥之口, 黃木之灣이라.
부 서 지 구   황 목 지 만

常以⑩立夏氣至로 命廣州刺史하여 行事祠下하고 ⑪事訖驛聞이
상 이 입 하 기 지   명 광 주 자 사   행 사 사 하   사 흘 역 문

라. 而刺史常節度⑫五嶺諸軍하고 仍觀察郡邑할새 於南方事에 無
    이 자 사 상 절 도 오 령 제 군   잉 관 찰 군 읍   어 남 방 사   무

所不統이오 地大以遠이라. 故로 常選用重人하니 旣貴而富요 且
소 불 통   지 대 이 원   고   상 선 용 중 인   기 귀 이 부   차

不習海事라. 又當祀時에 海常多大風하니 將往皆⑬憂戚하고 旣進
불 습 해 사   우 당 사 시   해 상 다 대 풍   장 왕 개 우 척   기 진

觀顧⑭怖悸라.
관 고 포 계

故로 常以疾爲辭하고 而委事於其副하여 其來已久러라. 故로
고   상 이 질 위 사   이 위 사 어 기 부   기 래 이 구   고

⑮明宮齋廬가 上雨旁風하여 無所蓋障하고 ⑯牲酒瘠酸하고 ⑰取具
명 궁 재 려   상 우 방 풍   무 소 개 장   생 주 척 산   취 구

臨時하니 水陸之品이 ⑱狼藉籩豆하고 ⑲薦祼興俯가 不中儀式하니
임 시   수 륙 지 품   낭 자 변 두   천 관 홍 부   부 중 의 식

吏滋不恭이오 神不⑳顧享하여 盲風怪雨가 發作無節하니 人蒙其
이 자 불 공   신 불 고 향   맹 풍 괴 우   발 작 무 절   인 몽 기

害라.
해

元和十二年에 始詔用前尚書右丞國子祭酒魯國㉑孔公하여 爲
원 화 십 이 년   시 조 용 전 상 서 우 승 국 자 좨 주 노 국 공 공   위

廣州刺史하고 兼御史大夫하여 以㉒殿南服이라. 公正直方嚴하고
광 주 자 사   겸 어 사 대 부   이 전 남 복   공 정 직 방 엄

中心㉓樂易하여 ㉔祗愼所職하니 治人以明이오 事神以誠하여 內外
중 심 락 이   지 신 소 직   치 인 이 명   사 신 이 성   내 외

㉕殫盡하여 不爲㉖表襮이라.
탄 진   불 위 표 폭

至州之明年將夏에 ㉗祝冊自京師至어늘 吏以時告하니 公乃㉘齋
지 주 지 명 년 장 하　　축 책 자 경 사 지　　이 이 시 고　　공 내　재

祓視冊하고 ㉙誓羣有司曰；冊有皇帝名하니 乃上所自署라. 其文
불 시 책　　서 군 유 사 왈　책 유 황 제 명　　내 상 소 자 서　　기 문

曰；嗣天子某가 謹遣某官某敬祭라 하니 其恭且嚴如是어늘 敢有
왈　사 천 자 모　근 견 모 관 모 경 제　　　기 공 차 엄 여 시　　감 유

不承이리오? 明日吾將宿廟下하여 以供㉚晨事하리라.
불 승　　　명 일 오 장 숙 묘 하　　이 공　신 사

明日에 吏以風雨로 白이어늘 不聽하니 於是에 州府文武吏士凡
명 일　이 이 풍 우 로 백 이 어 늘　불 청 하 니　어 시　주 부 문 무 리 사 범

百數가 ㉛交謁更諫이로되 皆揖而退라.
백 수　교 알 갱 간 이 로 되　개 읍 이 퇴

公遂陞舟하니 風雨少㉜弛하여 ㉝棹夫奏功하니 雲陰㉞解駁하여
공 수 승 주　　풍 우 소　이 하 여　도 부 주 공　　운 음　해 박

日光㉟穿漏하고 波伏不興이라. ㊱省牲之夕에 ㊲載暘載陰이러니 將
일 광　천 루　　파 복 불 흥　　성 생 지 석　　재 양 재 음　　　장

事之夜에 天地開除하여 月星㊳明槪라. ㊴五鼓旣作에 ㊵牽牛正中
사 지 야　천 지 개 제　　월 성　명 개　　오 고 기 작　　견 우 정 중

이어늘 公乃盛服執笏하여 以入卽事하니 文武賓屬이 俯首聽位하여
공 내 성 복 집 홀　　이 입 즉 사　　문 무 빈 속　부 수 청 위

㊶各執其職이라.
각 집 기 직

牲肥酒香하고 樽爵淨潔하고 ㊷降登有數하니 神具醉飽라. 海之
생 비 주 향　　준 작 정 결　　강 등 유 수　　신 구 취 포　　해 지

百靈秘怪가 怳惚畢出하여 ㊸蜿蜿蜒蜒하여 來享飲食이러라. ㊹闔
백 령 비 괴　황 홀 필 출　　완 완 연 연　　내 향 음 식 이 러 라　합

廟旋艫에 ㊺祥飇送颿하니 ㊻旗纛旌麾가 飛揚㊼晻藹하고 鐃鼓㊽嘲
묘 선 로　상 표 송 범　　기 독 모 휘　비 양　엄 애　　요 고　조

轟하고 高管㊾嘐謑하여 武夫㊿奮棹하고 工師唱和하니 ○51穹龜長魚
굉　고 관 교 조　　무 부 분 도　　공 사 창 화　　궁 귀 장 어

가 踊躍后先이오 ○52乾端坤倪가 ○53軒豁呈露라.
용 약 후 선　건 단 곤 예　헌 활 정 로

祀之之歲에 風災熄滅하여 人厭魚蟹하고 五穀胥熟이러라. 明
사 지 지 세　풍 재 식 멸　　인 염 어 해　　오 곡 서 숙　　　명

年祀歸에 又廣廟宮而大之하여 治其庭壇하고 改作⁵⁴東西兩序하고
년 사 귀　우 광 묘 궁 이 대 지　치 기 정 단　개 작　동 서 양 서

⁵⁵齋庖之房과 百用具備라. 明年其時에 公又固往하여 ⁵⁶不懈益虔
재 포 지 방　백 용 구 비　명 년 기 시　공 우 고 왕　　불 해 익 건

하니 歲仍大和하여 ⁵⁷耄艾歌詠이러라.
　세 잉 대 화　　모 애 가 영

　始公之至에 盡除他名之稅하고 罷衣食於官之可去者하고 四方
　시 공 지 지　진 제 타 명 지 세　파 의 식 어 관 지 가 거 자　　사 방

之使를 不以⁵⁸資交하여 以身爲帥하고 燕享有時하며 賞與以節하
지 사　불 이　자 교　　이 신 위 수　　연 향 유 시　　상 여 이 절

니 公藏私蓄이 上下與足이라.
　공 장 사 축　상 하 여 족

　於是에 免屬州⁵⁹負逋之緡錢二十有四萬과 米三萬二千⁶⁰斛하고
　어 시　면 속 주 부 포 지 민 전 이 십 유 사 만　미 삼 만 이 천　곡

賦金之州耗金이 一歲八百이라. 困不能償이어늘 皆以⁶¹丐之하고
부 금 지 주 모 금　일 세 팔 백　　곤 불 능 상　　개 이　면 지

加西南守長之俸하고 誅其尤無良不聽令者니라. 由是로 皆自重
가 서 남 수 장 지 봉　주 기 우 무 량 불 청 령 자　　유 시　개 자 중

愼法하고 人士之落南不能歸者와 與⁶²流徙之胄百二十八族을 用
신 법　　인 사 지 락 남 불 능 귀 자　여　류 사 지 주 백 이 십 팔 족　용

其才良而⁶³廩其無告者하고 其女子可嫁者는 與之錢財하여 ⁶⁴令
기 재 량 이　늠 기 무 고 자　　기 여 자 가 가 자　여 지 전 재　　영

無失時라.
무 실 시

　刑德竝流하여 方地數千里가 不識盜賊하여 山行海宿에 不擇
　형 덕 병 류　　방 지 수 천 리　불 식 도 적　　산 행 해 숙　　불 택

處所라. 事神治人이 可謂備至矣로다. 咸願刻廟石하여 以著⁶⁵厥
처 소　사 신 치 인　가 위 비 지 의　　함 원 각 묘 석　　이 저　궐

美而繫以詩하니 乃作詩曰;
미 이 계 이 시　　내 작 시 왈

　南海⁶⁶陰墟는 祝融之宅이라.
　남 해 음 허　축 융 지 택

　卽祀于旁하여 帝命⁶⁷南伯이로다.
　즉 사 우 방　제 명　남 백

吏惰不躬이러니 正自今公이라.
이 타 불 궁   정 자 금 공

明用^⑱享錫하야 祐我家邦이로다.
명 용 향 석   우 아 가 방

惟明天子가 惟愼厥使하시니,
유 명 천 자   유 신 궐 사

我公在官에 神人至喜로다.
아 공 재 관   신 인 지 희

^⑲海嶺之陬는 旣足旣濡어늘,
해 령 지 추   기 족 기 유

胡不均弘하여 ^⑳俾執事樞오?
호 불 균 홍   비 집 사 추

公行勿遲나 公無遽歸어다.
공 행 물 지   공 무 거 귀

匪我私公이라 神人具依니라.
비 아 사 공   신 인 구 의

주해 ① 鉅(거)-크다, 거대함.

② 神次(신차)-신으로서의 차서(次序), 신으로서의 지위.

③ 河伯(하백)-황하의 신. 물의 신 풍이(馮夷)를 가리킴.

④ 祝融(축융)-불의 신 이름. 여름의 신, 남방의 신도 됨.

⑤ 天寶(천보)-당 현종의 연호, 742~755년.

⑥ 犧幣之數(희폐지수)-제사지낼 적에 신에게 바치는 제물인 희생과 폐물의
법수(法數).

⑦ 放而依之(방이의지)-공후(公侯)의 작위에 따르고 의지하여 제물을 바치
는 것.

⑧ 冊尊(책존)-황제의 책명(冊命)으로 높히는 것.

⑨ 扶胥(부서)-지금의 광동성(廣東省) 번우현(番禺縣) 동남쪽에 있는 땅 이
름. 황목만(黃木灣)도 그 곁에 있음.

⑩ 立夏(입하)-절기 이름. 5월 6일이나 7일에 해당한다.

⑪ 事訖驛聞(사흘역문)-제삿일이 끝나면 곧 역마(驛馬)를 이용하여 황제에

게 보고하는 것.

⑫ 五嶺諸軍(오령제군)－당(唐)대에는 영남(嶺南)에 5부(府)가 있었는데, 광주자사(廣州刺史)가 이 5부의 군무를 모두 보살폈다.

⑬ 憂戚(우척)－근심·걱정하는 것.

⑭ 怖悸(포계)－두려워 떠는 것.

⑮ 明宮齋廬(명궁재려)－남해신묘(南海神廟)의 본당과 재실(齋室).

⑯ 牲酒瘠酸(생주척산)－제물로 바치는 동물은 말랐고 술은 신것. 곧 성의없이 제물과 제주를 마련하는 것.

⑰ 取具臨時(취구임시)－임시로 구색만 갖추는 것.

⑱ 狼藉籩豆(낭자변두)－여러 가지 제기들이 어지러이 놓여 있는 것. 변(籩)은 대로 만든 마른 제물을 담는 제기, 두(豆)도 굽이 높은 제기의 일종.

⑲ 薦祼興俯(천관흥부)－천(薦)은 제물을 바치는 것. 관(祼)은 올렸던 술잔을 땅에 부으며 강신(降神)의 뜻을 표하는 것. 흥부(興俯)는 제사지내면서 몸을 굽혀 절하고 일어나고 하는 여러 가지 동작을 가리킴.

⑳ 顧享(고향)－신이 제사를 흠향하려 하다.

㉑ 孔公(공공)－공규(孔戣)를 가리킴.

㉒ 殿南服(전남복)－남쪽 먼 지방을 다스리게 하다, 남쪽 지역을 평정케 하다.

㉓ 樂易(낙이)－안락하고 평온한 것, 즐겁고 편한 것.

㉔ 祇愼(지신)－공경하고 삼가는 것.

㉕ 殫盡(탄진)－성의를 다하는 것.

㉖ 表襮(표폭)－자신의 공로나 능력을 겉으로 드러내는 것.

㉗ 祝冊(축책)－임금이 제사지낼 때 지어보내던 책(冊)의 일종, 제사지내면서 축관이 그것을 읽었다.

㉘ 齋祓(재불)－재계를 하고 부정한 것을 다 물리치는 것.

㉙ 誓(서)－장수가 부하들에게 하는 훈시.《서경(書經)》에는 일종의 문체를 이루고 있음.

㉚ 晨事(신사)－아침 제사를 가리킴.

㉛ 交謁更諫(교알갱간)－번갈아가며 찾아뵙고 거듭 간하며 만류하는 것.

㉜ 弛(이)－늦추어지다, 약해지다.

㉝ 棹夫奏功(도부주공)－노젓는 사람들이 공로를 나타내다, 곧 노를 제대로 저어 배를 나아가게 하는 것.

㉞ 解駁(해박)－흩어지다, 해산하다.

㉟ 穿漏(천루)－뚫고 새어나오다. 햇빛이 구름 사이로 비치는 것.

㊱ 省牲(성생)－제물로 동물을 잘 살피어 준비하는 것.

㊲ 載暘載陰(재양재음)－햇볕이 났다 구름이 끼었다 하는 것.

㊳ 明槩(명개)－밝고 깨끗이 빛나는 것.

㊴ 五鼓旣作(오고기작)－오경(五更)을 알리는 북소리가 울린 뒤. 곧 새벽이 된 것을 뜻함.

㊵ 牽牛(견우)－견우성. 별 이름. ㅇ正中(정중)－하늘 한가운데 위치하는 것.

㊶ 各執其職(각집기직)－각각 그의 직책을 집행하다.

㊷ 降登(강등)－내려가고 올라오고 하는 것, 제사지내는 의식을 가리킴. ㅇ有數(유수)－법도가 있는 것.

㊸ 蜿蜿蜒蜒(완완연연)－벌레 같은 것이 꿈틀거리며 움직이는 모양.

㊹ 闔廟旋艫(합묘선로)－묘당 문을 닫고 배 안으로 돌아오는 것(제사를 끝마치고).

㊺ 祥飆(상표)－상서로운 센 바람. ㅇ送颿(송범)－돛에 순풍이 불어 배를 가고자 하는 방향으로 보내는 것.

㊻ 旗纛(기독)－깃발과 새깃이나 짐승털로 장식한 독. ㅇ旄麾(모휘)－새깃으로 장식한 깃발과 대장 깃발.

㊼ 晻藹(엄애)－자욱히 햇빛을 가리는 것.

㊽ 嘲轟(조굉)－큰 소리를 내며 울리는 것.

㊾ 噭譟(교조)－요란하게 소리나는 것.

㊿ 奮棹(분도)－힘을 내어 노를 젓는 것.

51 穹龜(궁귀)－큰 거북.

52 乾端坤倪(건단곤예)－하늘 가와 땅 끝.

53 軒豁(헌활)－밝게 탁 트이는 것.

54 東西兩序(동서양서)－묘당 동서 양편의 담장.

55 齋庖之房(재포지방)－묘당의 재실과 부엌.

⑤ 不懈益虔(불해익건)-게을리하지 않고 더욱 경건히 제사지내는 것.

⑤ 耄艾(모애)-나이 많은 고로(故老)들.

⑤ 資交(자교)-자금을 보태주는 것.

⑤ 負逋之緡錢(부포지민전)-물지 못하여 미루고만 있던 돈.

⑥ 斛(곡)-1곡(斛)은 열 말, 양(量)의 단위.

⑥ 丏(면)-없던 것으로 하다, 면제해 주다.

⑥ 流徙之胄(유사지주)-이리저리 옮겨 다니며 살던 종족들의 후손들.

⑥ 廩(늠)-곡식을 대어주다, 먹여주다.

⑥ 令無失時(영무실시)-때를 놓치지 않고 결혼하게 해주는 것.

⑥ 厥美(궐미)-그 아름다움, 그 아름다운 선정(善政).

⑥ 陰墟(음허)-날 흐린 고장.

⑥ 南伯(남백)-남쪽의 방백(方伯), 남쪽의 관장(官長).

⑥ 享錫(향석)-제물을 바치고 제사지내는 의식.

⑥ 海嶺之陬(해령지추)-바다가 있는 영남(嶺南)의 외딴 고장.

⑦ 俾執事樞(비집사추)-중요한 일을 집행케 하다.

(해설) 이 글은 공규(孔戣)가 광주자사(廣州刺史)로 부임하여, 이전에는 소홀히 다루어지던 남해신에 대한 제사를 정중히 받든 위에 그 묘(廟)를 잘 수리하고, 훌륭한 정치를 하였던 업적을 기린 내용이다. 원화(元和) 15년(820)에 이 글이 새겨진 비석이 남해 신묘 앞에 세워졌다 한다.

쟁신론(爭臣論)

한유(韓愈)

1

어떤 사람이 간의대부(諫議大夫) 양성(陽城)에 관하여 나에게 이렇게 질문하였다.

"그분은 올바른 도를 터득한 선비라 할 수 있겠지요? 학문이 넓고 들어 아는 게 많지만 남들에게 명성이 알려지기를 추구하지는 않습니다. 옛사람들의 올바른 도를 행하며 산서(山西)의 시골에 살고 있는데, 산서의 시골 사람들 중에는 그의 덕에 감화되어 선량하게 된 이가 수천 명이나 됩니다.

한 대신이 그런 말을 듣고 천자에게 추천하여, 그는 간의대부가 되었습니다. 사람들은 모두 영예로운 일로 여겼으나 양성은 기뻐하는 기색도 없었습니다. 그 벼슬자리에 5년이나 있었지만 그의 거동을 보면 여전히 초야(草野)에 있을 때나 같았습니다. 그분이야말로 어찌 부귀 때문에 그의 마음을 바꿀 사람이라 하겠습니까?"

나는 그 말에 이렇게 대답하였다.

"그것은 《역경(易經)》에서 말한 바 '그의 덕이 일정한 것은 좋은 일이나, 남자로서는 흉할 것이다'고 한 것이니, 어찌 올바른 도를 터득한 선비라 할 수 있겠소?

《역경》 고괘(蠱卦)의 상구(上九)에 말하기를 '임금은 섬기지 아니하고 자기의 일만 고상히 지킨다' 하였고, 건괘(蹇卦)의 육이(六二)에선 또 말하기를 '임금의 신하는 충성을 다하는데 자신을 위한 때문이 아니다'고도 하였소. 이것은 그가 처신하는 때가 같지 않고, 그가 행할 덕행도 같지 않기 때문이 아니겠소? 만약 고괘의 상구처럼 나라에 아무 소용도 없는 처지에 있으면서 자신도 돌보지 않는 절의(節義)를 다한다든가, 건괘의 육이처럼 임금의 신하된 지위에 있으면서 임금은 섬기지 않고 자기만 고상히 지내려는 마음을 지닌다면, 함부로 나아가는 환난이 생겨나거나 관직을 태만히 한다는 비난이 생겨날 것입니다. 그의 뜻은 법도로 삼을 만한 게 못되고, 재앙이 끝내는 없을 수가 없게 될 것이오."

원문 或問①諫議大夫陽城於愈하되 可以爲有道之士乎哉아? 學廣
혹문 간의대부양성어유 가이위유도지사호재 학광

而聞多하고 不求②聞於人也하여 行古人之道하고 居於③晉之鄙하
이문다 불구 문어인야 행고인지도 거어 진지비

니 晉之鄙人이 ④薰其德而善良者幾千人이라.
진지비인 훈기덕이선량자기천인

⑤大臣聞以薦之天子하여 以爲諫議大夫하니 人皆以爲⑥華로되
대신문이천지천자 이위간의대부 인개이위 화

陽子不喜하고 居於位五年矣로되 視其德如在草野라. 彼豈以富
양자불희 거어위오년의 시기덕여재초야 피기이부

貴로 ⑦移易其心哉리오?
귀 이역기심재

愈應之曰; 是⑧易所謂; 恒其德貞이나 而夫子凶者也라. ⑨惡得
유응지왈 시 역소위 항기덕정 이부자흉자야 오득

爲有道之士乎哉아?
위유도지사호재

在易蠱之上九云; 不事王侯하고 ⑩高尚其事라. 蹇之六二則曰;
재역고지상구운 불사왕후 고상기사 건지육이즉왈

王臣⑪蹇蹇이 ⑫匪躬之故라. 夫不以⑬所居之時不一이오 而⑭所蹈
왕신 건건 비궁지고 부불이 소거지시불일 이 소도

之德不同也아? 若蠱之上九⑮居無用之地하여 而致匪躬之節하고
지덕부동야 약고지상구 거무용지지 이치비궁지절

蹇之六二在王臣之位하여 而高不事之心이면 則^⑯冒進之患生하고
건 지 육 이 재 왕 신 지 위   이 고 불 사 지 심   즉 모 진 지 환 생

^⑰曠官之刺興하여 志不可則이오 而^⑱尤不終無也라.
광 관 지 자 흥   지 불 가 칙   이 우 부 종 무 야

주해 ① 諫議大夫(간의대부)—후한(後漢) 때부터 있어온 관직으로, 천자 옆에
서 잘못된 정치를 간하거나 올바른 일을 알리는 직책을 지녔다. ㅇ陽城
(양성)—자는 항종(亢宗)이며, 정주(定州)의 북평(北平) 사람임.

② 聞於人(문어인)—사람들에게 그에 관한 명성이 알려지는 것.

③ 晉之鄙(진지비)—진(晉)나라의 시골. 진은 지금의 산서성(山西省) 지방임.

④ 薰其德(훈기덕)—그의 덕에 훈도(薰陶)되다, 그의 덕에 감화되다.

⑤ 大臣(대신)—양성(陽城)을 추천했던 대신은 재상자리에 있던 이비(李泌)임.

⑥ 華(화)—영화, 영예.

⑦ 移易其心(이역기심)—그 마음이 바뀌어지다.

⑧ 易(역)—《역경(易經)》. 여기에 인용한 말은 항괘(恒卦) 육오(六五)의 글
임. 본시는 '그의 덕이 일정한 것은 좋은 일이나, 부인들에게는 길하되 남
자들에게는 흉하다[恒其德貞, 婦人吉, 夫子凶]'로 되어 있다.

⑨ 惡得(오득)—어찌 ……이라 할 수 있겠는가? 하능(何能)과 비슷한 말.

⑩ 高尙其事(고상기사)—그 자신의 일만을 고상히 잘 처리하는 것, 자신만을
고상히 보전하는 것.

⑪ 蹇蹇(건건)—충성을 다해 일하는 모양.

⑫ 匪躬之故(비궁지고)—자신만을 위하려는 이유가 아니다, 자신만을 잘 보
전하려 생각하는 것이 아니다.

⑬ 所居之時(소거지시)—그가 처신하고 있는 때, 그가 살고 있는 시국.

⑭ 所蹈之德(소도지덕)—그가 실천하고 있는 덕행.

⑮ 居無用之地(거무용지지)—나랏일에 아무 소용도 없는 처지에 있는 것, 벼
슬을 하지 않고 있는 것.

⑯ 冒進(모진)—함부로 나아가는 것.

⑰ 曠官(광관)—관직을 태만히 하는 것. ㅇ刺(자)—풍자, 비난.

⑱ 尤(우)—허물, 불행, 재난.

2

"지금 양성(陽城)은 실로 한 명의 필부(匹夫)에 지나지 않소. 벼슬자리에 있은 지 오래되지 않은 것도 아니고, 천하의 정치에 관한 득실(得失)을 익히 들어 알지 못하는 것도 아니며, 그에 대한 천자의 대우도 융숭하지 않은 것이 아니오. 그런데도 일찍이 정치에 대하여는 한마디도 발언한 일이 없소. 정치에 관한 득실을 보는 눈이 마치 남쪽 월(越)나라 사람이 북쪽 진(秦)나라 사람들이 살지고 여윈 것을 보는 거와 같이 무관심하여 그의 마음에는 기쁨이나 슬픔이 일어나지 않고 있는 것이오.

그의 벼슬에 대하여 물어보면 간의대부라 하고, 그의 녹봉(祿俸)에 대하여 물어보면 하대부(下大夫)의 녹을 받는다고 하면서, 정치에 대하여 물어보면 곧 '나는 모른다'고 대답하고 있소. 올바른 도리를 터득하고 있는 선비라면 정말 이럴 수가 있겠소?

또한 내가 듣건대, 벼슬자리에 있는 사람은 그의 직책을 다할 수 없을 때에는 자리를 떠나야 하고, 언론의 책임을 진 사람이 그의 말을 제대로 할 수 없다면 그 자리를 떠나야 한다 하였소. 지금 양성은 그의 말을 제대로 하고 있다고 할 수가 있겠소? 그가 말해야 할 것은 알면서도 말하지 않는 것과 그가 말할 것을 알지 못하면서도 자리를 떠나지 않는 것은 모두가 옳지 않은 일이오.

양성은 봉록을 위해서 벼슬했던 것일까요? 옛날 사람들이 말하기를 '벼슬은 가난하기 때문에 하는 것은 아니나 가난하기 때문에 하는 경우도 있다' 하였는데, 봉록을 위해 벼슬하는 경우를 두고 말한 것이오. 그렇다면 마땅히 높은 자리는 사양하고 낮은 벼슬을 할 것이며, 부귀는 사양하고 가난한 자리에 처신해야 할 것이니, 문지기나 순라꾼 같은 것이 좋을 것이오.

공자(孔子)께서도 일찍이 창고의 출납관(出納官)인 위리(委吏)를 지냈고, 소양을 맡아 기르는 승전(乘田) 노릇도 하셨소. 그러나 감히 그의 직책을 태만히 하지는 아니하시고, 위리로서는 반드시 출납의 회계를 정확히 해야만 했고, 승전으로서는 반드시 소와 양을 잘 길러야만 한다고 하셨소. 양성의 직위와 봉록은 낮고 가난하지 않은 것이 분명한데도 이와 같으니, 그를 옳다고 할 수가 있겠소?”

원문 今陽子實一匹夫라. 在位不爲不久矣요 聞天下之[1]得失이 不
금 양 자 실 일 필 부　재 위 불 위 불 구 의　문 천 하 지　득 실　불

爲不熟矣요 天子待之不爲不[2]加矣라. 而未嘗一言及於政하고 視
위 불 숙 의　천 자 대 지 불 위 불　가 의　이 미 상 일 언 급 어 정　시

政之得失을 若越人이 視秦人之[3]肥瘠하여 [4]忽焉不加喜戚於其
정 지 득 실　약 월 인　시 진 인 지　비 척　　홀 언 불 가 희 척 어 기

心이라.
심

問其官則曰諫議也요 問其祿則曰[5]下大夫之秩也요 問其政則
문 기 관 즉 왈 간 의 야　문 기 록 즉 왈　하 대 부 지 질 야　문 기 정 즉

曰我不知也라하니 有道之士는 [6]固如是乎哉아?
왈 아 부 지 야　　유 도 지 사　고 여 시 호 재

且吾聞之하니 有[7]官守者는 不得其職則[8]去하고 有言責者는
차 오 문 지　유 관 수 자　부 득 기 직 즉 거　유 언 책 자

不得其言則去라. 今陽子以爲得其言乎哉아? 得其言而不言과 與
부 득 기 언 즉 거　금 양 자 이 위 득 기 언 호 재　득 기 언 이 불 언　여

不得其言而不去가 [9]無一可者也니라.
부 득 기 언 이 불 거　무 일 가 자 야

陽子將[10]爲祿仕乎아? 古之人有云: 仕不爲貧而有時乎爲貧이
양 자 장 위 록 사 호　고 지 인 유 운　사 불 위 빈 이 유 시 호 위 빈

라하니 謂祿仕者也라. 宜乎辭尊而居卑하며 辭富而居貧이니 若
위 록 사 자 야　의 호 사 존 이 거 비　사 부 이 거 빈　약

[11]抱關擊柝者可也라.
포 관 격 탁 자 가 야

蓋孔子嘗爲[12]委吏矣요 嘗爲[13]乘田矣시나 亦不敢曠其職이오 必
개 공 자 상 위 위 리 의　위 상 승 전 의　역 불 감 광 기 직　필

曰會計[14]當而已矣며 必曰牛羊[15]遂而已矣라. 若陽子之秩祿은 不
왈 회 계　당 이 이 의　필 왈 우 양　수 이 이 의　약 양 자 지 질 록　불

爲卑且貧이 ⑯章章明矣어늘 而如此其可乎哉아?
위 비 차 빈   장 장 명 의   이 여 차 기 가 호 재

(주해) ① 得失(득실)－정치를 잘하고 못하는 것, 정치의 잘잘못.

② 加(가)－대우를 잘해 주는 것.

③ 肥瘠(비척)－몸이 살진 것과 여윈 것.

④ 忽焉(홀언)－소홀히 하는 것, 무관심한 것. ㅇ喜戚(희척)－기쁨과 슬픔.

⑤ 下大夫(하대부)－옛날 대부들은 상·중·하의 세 구분이 있었다. ㅇ秩(질)－
등급, 등급에 따른 봉록(俸祿).

⑥ 固(고)－정말, 진실로.

⑦ 官守者(관수자)－관직을 맡고 있는 사람.

⑧ 去(거)－벼슬을 떠나는 것. 사직하는 것.

⑨ 無一可者(무일가자)－하나도 옳은 게 없다, 모두 잘못된 것이다.

⑩ 爲祿仕(위록사)－녹을 위해 벼슬하는 것, 먹고살기 위해 벼슬하는 것.

⑪ 抱關(포관)－문지기, 관문을 지키는 사람. ㅇ擊柝(격탁)－딱딱이를 두드리
는 사람, 곧 순라꾼, 야경꾼.

⑫ 委吏(위리)－창고를 지키며 물건의 출납을 관장하는 관리.

⑬ 乘田(승전)－소와 양을 기르는 관리, 목축관(牧畜官).

⑭ 當(당)－합당하다, 정확하다.

⑮ 遂(수)－성육(成育)시키다, 잘 기르다.

⑯ 章章(장장)－분명한 모양, 밝은 모양.

3

그 사람이 말하였다.

"아닙니다, 그렇지 않습니다. 양성은 윗사람을 비방하기 싫어하고, 신하로서 자기 임금의 잘못을 들추어내어 명성이 드러나는 것을 싫어하는 사람입니다. 그러므로 비록 임금을 간하기도 하고 주장을 내세우기도 하지만 다른 사람들로 하여금 알지 못하도록 하고 있는 것입니다.《서경

(書經)》에 이르기를 '그대에게 좋은 계책이나 좋은 방법이 있다면, 곧
들어가 안에서 그대 임금에게 고하고, 그대는 곧 밖에서 그것에 따르면
서 그 계책과 그 방법은 오직 우리 임금님의 성덕(聖德)에서 나온 것이
오 하고 말해야만 한다' 하였습니다. 양성의 마음씀도 이와 같은 경우일
것입니다."

나는 이 말에 이렇게 응답하였다.

"만약 양성의 마음씀이 그와 같다면 그것이야말로 미혹된 것이라 하겠
소. 들어가서는 그의 임금을 간하고 나와서는 남들이 알지 못하도록 한
다는 것은 대신과 재상들의 할 일이지 양성 같은 사람이 행해야 할 일이
아니오.

양성은 본시 평민으로서 초야(草野)에 숨어지내던 사람이오. 임금께서
는 그의 행실이 올바름을 가상히 여기시어 이런 자리에 발탁한 것인데,
이 벼슬은 간해야 하는 명분을 지닌 것이오. 진실로 올바로 그의 직책을
받들어, 사방 사람들과 후대 사람들로 하여금 조정에 곧은말을 하는 강
직한 신하가 있고 천자께서는 상을 잘못 내리는 일 없으시고 간하는 말
을 물이 흐르듯 따르시는 아름다운 행동이 있음을 알게 하여, 모든 동굴
에 숨어사는 선비들도 그런 말을 듣고 흠모하여 띠를 두르고 머리를 묶
어 몸을 단정히 하고 궁궐 아래로 나아가 그의 이론을 폄으로써 우리 임
금을 요순(堯舜)처럼 되게 하여 위대한 명성이 영원히 빛나게 하도록 하
여야만 할 것이오.

《서경》에 말한 것 같은 것은 대신과 재상들의 일이지 양성 같은 사람
이 행하여야 할 일이 아닌 것이오. 또한 양성의 마음이란 임금된 분으로
하여금 자신의 허물을 듣기 싫어하도록 만드는 길로 계도(啓導)하는 것
이오."

원문 或曰 : 否라 非若此也라. 夫陽子는 [1]惡訕上者요 惡爲人臣
　　　　혹왈　부　　비약차야　　부양자　　　오선상자　　오위인신

하여 ②招其君之過而以爲名者라. 故로 雖諫且議나 使人不得而
　　　　교 기 군 지 과 이 이 위 명 자　　고　　수 간 차 의　　사 인 부 득 이

知焉이라. ③書曰；爾有④嘉謀嘉猷어든 則入告爾⑤后于內하고 爾
지 언　　　　서 왈　　이 유 가 모 가 유　　즉 입 고 이 후 우 내　　　이

乃順之于外曰；斯謀斯猷는 惟我后之德이라. 夫陽子之用心이
내 순 지 우 외 왈　사 모 사 유　　유 아 후 지 덕　　　부 양 자 지 용 심

亦若此者니라.
역 약 차 자

愈應之曰；若陽子之用心이 如此면 玆所謂惑者矣라. 入則諫
유 응 지 왈　약 양 자 지 용 심　여 차　자 소 위 혹 자 의　　입 즉 간

其君하고 出不使人知者는 大臣宰相者之事니 非陽子之所宜行
기 군　　출 불 사 인 지 자　대 신 재 상 자 지 사　비 양 자 지 소 의 행

也라.
야

夫陽子本以⑥布衣로 隱於⑦蓬蒿之下라. 主上⑧嘉其行誼하여
부 양 자 본 이 포 의　은 어 봉 호 지 하　　주 상 가 기 행 의

擢在此位하시니 官以諫爲名이라. 誠宜有以奉其職하여 使四方後
탁 재 차 위　　관 이 간 위 명　성 의 유 이 봉 기 직　　사 사 방 후

代로 知朝廷有直言⑨骨鯁之臣이오 天子有不⑩僭賞從諫如流之
대　지 조 정 유 직 언 골 경 지 신　천 자 유 불 참 상 종 간 여 류 지

美하여 庶⑪巖穴之士가 聞以慕之하여 ⑫束帶結髮하고 願進於闕下
미　서 암 혈 지 사　문 이 모 지　　속 대 결 발　　원 진 어 궐 하

而伸其辭說하여 致吾君於堯舜이오 ⑬熙鴻號於無窮也라.
이 신 기 사 설　치 오 군 어 요 순　회 홍 호 어 무 궁 야

若書所謂는 則大臣宰相之事요 非陽子之所宜行也라. 且陽子
약 서 소 위　즉 대 신 재 상 지 사　비 양 자 지 소 의 행 야　차 양 자

之心이 將使君人者로 惡聞其過乎를 是⑭啓之也니라.
지 심　장 사 군 인 자　오 문 기 과 호　시 계 지 야

주해 ① 惡訕上(오선상)－윗사람을 비방하기 싫어ㅊ하는 것.

② 招(교)－드러내는 것.

③ 書(서)－《서경》 군진(君陳)편에 보이는 말.

④ 嘉謀嘉猷(가모가유)－좋은 계책과 좋은 생각(또는 일 처리 방법).

⑤ 后(후)－임금·제왕.

⑥ 布衣(포의)-무명이나 삼베옷을 입은 사람, 평민.

⑦ 蓬蒿(봉호)-쑥대, 여기서는 초야(草野) 또는 깊은 산골을 가리킴.

⑧ 嘉(가)-가상히 여기다, 훌륭히 여기다. ○行誼(행의)-행실이 빠른 것.

⑨ 骨鯁(골경)-짐승뼈와 생선뼈. 뼈처럼 굳은 것, 강직한 것.

⑩ 僭賞(참상)-상을 잘못 내리는 것. ○從諫如流(종간여류)-물이 흐르듯
신하의 간하는 말을 따르는 것. 모두 《좌전(左傳)》에 보이는(襄公 26년,
成公 8년) 표현임.

⑪ 巖穴之士(암혈지사)-바위 동굴에서 지내는 선비, 깊은 산 속에 숨어사는
선비.

⑫ 束帶結髮(속대결발)-띠를 두르고 머리를 묶다. 자기 몸을 단정히 매만지
는 것을 뜻함.

⑬ 熙(희)-빛내다. ○鴻號(홍호)-위대한 명성. 천자의 명성을 가리킴.

⑭ 啓之(계지)-그것을 계도(啓導)하다, 임금 자신의 잘못을 듣기 싫어하도
록 계도하다.

4

그 사람이 말하였다.

"양성은 명성이 알려지기를 바라지 않았으되 사람들이 그의 명성을 듣
게 되었고, 쓰여지기를 바라지 않았으되 임금이 그를 등용하였습니다. 부
득이하여 벼슬을 하게 되었지만 그의 도리를 변함없이 지켜왔거늘 어찌
하여 선생님께서는 이토록 심하게 비난하는 것입니까?"

내가 대답하였다.

"옛부터 성인이나 현명한 선비들은 모두 자기 명성이 알려지고 임금에
게 쓰여지기를 바라는 마음을 지니고 있지는 않았었소. 그 시대가 평화
롭지 아니하고 사람들이 잘 다스려지지 않음을 가엾이 여기어 자신이 터
득한 도리로써 감히 그 자신만을 잘 간수하지 아니하고 반드시 온 천하
를 아울러 구제하려고 쉬지 않고 열심히 노력하여 죽은 뒤에나 그만두려

고 하였소.

그러므로 하(夏)나라 우(禹)임금은 천하의 물을 다스리느라 그의 집 문앞을 지나면서도 들어가지 못하였고, 공자는 앉은 자리가 따스해질 겨를도 없이 돌아다녔고, 묵자(墨子)의 집 굴뚝은 까매질 여가가 없었소. 그들 두 분의 성인과 한 분의 현인들도 어찌 자신이 편안히 지내는 것의 즐거움을 알지 못하였겠소? 하늘의 명을 두려워하고 사람들의 곤궁함을 슬퍼했기 때문에 그랬던 것이지요.

하늘이 사람들에게 현명하고 성인다운 재능을 내려준 것은 어찌 자신만을 위하여 여유있게 그것을 지니라고 그런 것일 따름이겠소? 진실로 그것이 부족한 사람들을 보충해 주라는 뜻이 있는 것이오.

몸에 있어서의 귀와 눈을 보면 귀는 듣는 일을 맡고 눈은 보는 일을 맡아서, 옳고 그른 것을 들어 분별하고 험난하고 평이한 것을 보고 안 뒤에야 몸은 편안할 수가 있는 것이오. 성인과 현인이란 그 시대 사람들의 귀와 눈이나 같고, 그 시대 사람들이란 성인과 현인의 몸이나 같은 것이오. 그러니 양성이 현명하지 않다면 곧 몸에 부림을 받음으로써 그의 윗사람들을 받들어야 할 것이요, 만약 정말로 현명하다면 곧 진실되게 하늘의 명을 두려워하고 사람들의 곤궁함을 가엾이 여겨야만 할 것이오. 어찌 스스로 한가히 편하게 지내고 있을 수가 있겠소?"

원문 或曰:陽子之不①求聞而人聞之하고 不求用而君用之라. 不
혹왈 양자지불 구문이인문지 불구용이군용지 부

得已而起하여 守其道而不變이어늘 何子②過之深也오?
득이이기 수기도이불변 하자 과지심야

愈曰:自古聖人賢士가 皆非有心求於③聞用也라. ④閔其時之
유왈 자고성인현사 개비유심구어 문용야 민기시지

不平과 人之不⑤乂하여 得其道일새 不敢⑥獨善其身이오 而必⑦兼
불평 인지불 애 득기도 불감 독선기신 이필 겸

濟天下也하여 ⑧孜孜矻矻하여 死而後已라.
제천하야 자자골골 사이후이

故로 ⑨禹過家門不入하시고 ⑩孔席不暇暖하고 而⑪墨突不得黔
　　　우과가문불입　　　공석불가난　　　이 묵돌부득검

이라. 彼二聖一賢者가 豈不知自安逸之爲樂哉아? 誠畏天命而悲
　　피이성일현자　기부지자안일지위락재　　　성외천명이비

人窮也라.
인 궁 야

夫天授人以賢聖才能이 豈使⑫自有餘而已리오? 誠欲以補其不
부천수인이현성재능　기사 자유여이이　　　성욕이보기부

足者也라.
족 자 야

耳目之於身也에 耳司聞而目司見하여 聽其是非하고 視其⑬險
이목지어신야　이사문이목사견　　　청기시비　　　시기 험

易한 然後身得安焉이라. 聖賢者는 時人之耳目也요 時人者는 賢
이　연후신득안언　　　성현자　시인지이목야　시인자　　현

聖之身也라. 且陽子之不賢인댄 則將⑭役於身하여 以奉其上矣요
성지신야　차양자지불현　즉장 역어신　　　이봉기상의

若果賢인댄 則固畏天命而閔人窮也라. 惡得以自⑮暇逸乎哉아?
약 과 현　즉고외천명이민인궁야　　　오득이자 가일호재

주해 ① 求聞(구문) - 자기의 명성이 남에게 들려지기를 추구하다, 자기 명성
이 드러나기 바라다.

② 過之深(과지심) - 그의 잘못을 깊이 비난하다, 그를 심하게 비난하다.

③ 聞用(문용) - 자기 명성이 드러나는 것과 임금에게 쓰여 벼슬을 하는 것.

④ 閔(민) - 가엾이 여기다, 동정하다. ○不平(불평) - 평화롭지 않은 것, 평탄
치 않은 것.

⑤ 乂(애) - 잘 다스려지는 것, 올바른 것.

⑥ 獨善其身(독선기신) - 홀로 그 자신만을 잘 보전하는 것, 자신만을 잘 보
전하는 것.

⑦ 兼濟天下(겸제천하) - 천하를 아울러 구제하다, 온 천하를 위하여 일하는
것.

⑧ 孜孜矻矻(자자골골) - 자자(孜孜)는 열심히 애쓰는 모양, 골골(矻矻)은 힘
써 일하는 모양.

⑨ 禹過家門不入(우과가문불입)－우(禹)는 순(舜)임금의 명으로 장가든 지
  사흘만에 천하의 물을 다스리러 나가 8년 동안 쉴 사이 없이 노력하였는
  데, 그 사이 세 번이나 집앞을 지나갔으나 한 번도 들어가 보지 못했다
  한다(《孟子》 滕文公上).

⑩ 孔席不暇暖(공석불가난)－공자는 자기 가르침을 세상에 널리 펴기 위하
  여 자신이 앉았던 방석이 따스해질 겨를도 없이 여러 곳을 돌아다녔다 한
  다(《文中子》).

⑪ 墨突不得黔(묵돌부득검)－묵자(墨子)는 자신의 겸애(兼愛)와 비공(非攻)
  등의 사상을 실천하기 위하여 활동하느라고 집에는 붙어 있을 새가 없었
  고 또 검약을 실천했으므로, 그의 집에서는 밥을 지을 기회도 거의 없어
  집의 굴뚝이 검어질 겨를이 없었다는 것이다(《文中子》).

⑫ 自有餘(자유여)－자신만을 위하여 여유있게 지니고 쓰는 것.

⑬ 險易(험이)－험난한 것과 평이한 것.

⑭ 役於身(역어신)－몸에게 부림을 당하다.

⑮ 暇逸(가일)－한가히 편하게 지내는 것.

5

그 사람이 말하였다.

"제가 듣건대, 군자는 남에게 공격을 가하려 하지 않고 남의 잘못을
들추어 냄으로써 자신은 곧다고 여기는 것을 싫어한다 했습니다. 선생님
의 이론은 곧기는 곧으나 덕을 손상시키며 말을 허비하는 것이 아니겠습
니까? 할 말을 다 하면서 남의 허물을 들추어내기 좋아하는 것은 옛날
국무자(國武子)가 제(齊)나라에서 죽음을 당했던 까닭입니다. 선생님께
서도 그 일을 들으셨겠지요?"

내가 대답하였다.

"군자란 벼슬자리에 있게 되면 그 관직을 죽음으로써 수행하려 하고,
벼슬을 얻지 못하면 그의 이론을 닦아가지고 올바른 도리를 밝히려 하는

법이오. 나는 도리를 밝히려는 것이지 곧은 체하면서 남을 공격하려는 것
이 아니오. 또한 국무자는 착한 사람을 만나지 못했으면서도 어지러운 나
라에서 할 말을 다하기를 좋아했기 때문에 그래서 죽음을 당했던 것이오.
  전(傳)에 이르기를 '오직 착한 사람만이 할 말을 다하는 것을 받아줄
수 있다' 하였는데, 그것은 그 말을 듣고서 잘못을 고칠 수 있기 때문이
오. 당신은 내게 말하기를 '양성은 올바른 도를 터득한 선비라 할 수 있
다' 하였소. 지금은 비록 불충한 점은 있다 하더라도 양성은 착한 사람이
될 수가 없겠소?"

(원문) 或曰：吾聞君子不欲^①加諸人하고 而惡^②訐以爲直者라. 若
　　　　 혹왈   오문군자불욕 가저인   이오   알이위직자   약

吾子之論은 直則直矣나 無乃傷于德而^③費於辭乎아? 好^④盡言
오자지론   직즉직의   무내상우덕이 비어사호   호 진언

以招人過는 ^⑤國武子之所以見殺於齊也라. 吾子其亦聞乎아?
이초인과   국무자지소이견살어제야   오자기역문호

  愈曰：君子居其位則^⑥思死其官하고 未得位則思修其辭하여
  유왈   군자거기위즉 사사기관   미득위즉사수기사

以明其道라. 我將以明道也요 非以爲直而加人也라. 且國武子不
이명기도   아장이명도야   비이위직이가인야   차국무자불

能得善人이나 而好盡言於亂國일새 是以見殺이라.
능득선인   이호진언어란국   시이견살

  ^⑦傳曰：惟善人能受盡言이라하니 謂其聞而能改之也라. 子告
  전왈   유선인능수진언   위기문이능개지야   자고

我曰：陽子可以爲有道之士也라. 今雖不能及已나 陽子將不得
아왈   양자가이위유도지사야   금수불능급이   양자장부득

爲善人乎아?
위선인호

(주해) ① 加諸人(가저인) – 남에게 해 또는 공격을 가하다(《論語》公冶長편).
  ② 訐(갈) – 남의 단점이나 잘못을 들추어내는 것. 이 구절은 《논어》 양화(陽
    貨)편의 말을 따왔음.

③ 費於辭(비어사)—말을 허비하는 것, 말이 지나치게 많은 것.

④ 盡言(진언)—말을 하고 싶은대로 다 하는 것. ㅇ招人過(초인과)—남의 허물을 들추어내는 것.

⑤ 國武子(국무자)—춘추(春秋)시대 제(齊)나라의 대부. 그는 거침없이 하고 싶은 말을 다하고 남의 허물을 꼬집고 하다가, 결국 제나라 사람들의 원한을 사 죽음을 당하였다(《國語》周語,《左傳》成公 17~18년). ㅇ見殺(견살)—죽임을 당하다. 견(見)은 피동을 나타냄.

⑥ 思死其官(사사기관)—그의 관직을 죽음으로 수행할 것을 생각하는 것.

⑦ 傳(전)—앞에 보인 《국어(國語)》 주어(周語)를 가리킴.

【해설】 '쟁신(爭臣)'이란 천자 앞에서 곧은말을 하며 자기 뜻을 굽히지 않고 다투는 신하를 뜻한다. 중국에는 옛날부터 나라에 그처럼 올바른 말을 하는 사람이 필요하다 생각되어 간의대부(諫議大夫)란 벼슬자리를 두었다. 한유의 시대에는 양성(陽城)이란 사람이 높은 덕을 쌓았다는 평판에 힘입어 간의대부가 되었다. 그는 초야에 묻혀 살던 옛날과 조금도 다름없는 몸가짐이어서 많은 사람들이 그를 훌륭한 선비라고 칭찬했다. 그러나 한유는 이 글에서 간의대부에 임명된 지 5년이 되도록 올바른 말 한마디 않고 지내온 양성의 벼슬하는 태도를 공격하고 있는 것이다.

이 글은 한유가 과거를 준비하고 있던 스물다섯 살 때에 지은 것이라 한다. 젊은 학자로서의 패기가 엿보이는 글이다. 뒤에 당나라 조정에 정쟁(政爭)이 일어나, 배연령(裴延齡)이 정적인 육지(陸贄)를 추방하고 자기 자신이 재상이 되려고 했을 적에 양성은 입을 열어 배연령의 부정을 규탄하고 육지의 무고함을 주장하는 직언을 천자에게 올리게 된다. 양성이 한유의 이 글을 읽고 발분하여 뒤에는 그런 중요하고 곧은 발언을 하게 된 것이라 주장하는 사람들도 적지 않다.

송궁문(送窮文)

한유(韓愈)

원화(元和) 6년(811) 정월 을축(乙丑)날 저녁에, 주인이 하인 성(星)
으로 하여금 버드나무를 엮어 수레를 만들고 풀을 묶어 배를 만들게 한
다음, 미숫가루와 양식을 싣고서 멍에 밑에 소를 매고 돛대 위에는 돛을
달고 궁귀(窮鬼)에게 세 번 읍하며 그에게 말하였다.

"듣건대 그대에겐 떠나야 할 날이 있다고 합디다. 비루한 내가 감히
갈 길은 묻지 못하겠으나, 몸소 배와 수레를 마련하고 미숫가루와 양식
도 모두 실어놓았소.

날짜 길하고 시절도 좋은 때라서 사방으로 떠나도 이로울 것이니, 그
대는 밥 한 그릇을 먹고 술 한 잔 마신 다음 친구와 무리들을 이끌고 옛
고장을 떠나 새 고장으로 떠나도록 하오. 먼지 일으키며 수레 달리고 빠
른 바람 타고 배 몰아 번개와 앞다투며 간다면, 그대에게는 머물러 있다
는 허물이 없게 될 것이요, 나는 노자를 갖추어 전송한 은혜를 지니게 될
것인데, 그대들은 떠날 뜻이 있소?"

숨을 죽이고 조용히 들으니 말소리가 들리는 듯하였는데, 휘파람소리
와도 같고 우는 소리와도 같게 중얼중얼 자잘거리니 몸의 털과 머리카락
이 모두 곤두서고 어깨를 들추고 목을 움츠리게 하였다. 소리가 있는 듯
도 하고 없는 듯도 하다가 오랜 뒤에야 분명해졌는데, 다음과 같은 말을
하는 것이었다.

"나와 선생님이 함께 살아온 지는 40여년이나 되었습니다. 선생님이 어렸을 적에는 나는 선생님을 어리석게 여기지 아니하였고, 선생님이 공부도 하고 말도 갈면서 벼슬과 명예를 추구하는 동안에도 오직 선생님만을 따르며 처음처럼 끝내 변함이 없었습니다. 문의 신령들에게 나는 야단맞고 꾸중을 들으면서도 부끄러움을 참고 무조건 따르면서 딴 데에 뜻을 둔 적이 없었습니다.

선생님께서 남쪽 먼 곳으로 귀양갔을 적에는 뜨겁고 덥고 습기차고 찜질하는 듯하였으므로, 나는 그 고장에 익숙치 못하여 여러 귀신들이 속이고 능멸하고 하였습니다. 태학(太學)에서 4년 공부하는 동안에는 아침에는 부추, 저녁에는 소금으로 반찬하며 지냈으나, 오직 저만이 당신을 보살펴주었고, 사람들 모두가 당신을 싫어했으되 처음부터 끝까지 한 번도 당신을 배반한 일이 없었습니다. 마음속으로 다른 생각을 해본 일이 없고 입으로는 가겠다는 말을 전혀 한 일이 없는데, 어디에서 무슨 말을 듣고 저에게 가야 한다고 말씀하시는 것입니까?

이것은 필시 선생님께서 남이 모함하는 말을 믿고서 내게 거리를 두게 된 때문일 것입니다. 저는 귀신이지 사람이 아니거늘 수레와 배가 무슨 소용이 있겠습니까? 코로 추한 냄새와 향기나 맡고 지내니 미숫가루와 양식도 버리는 게 좋을 겁니다. 홀로 외짝인 한 몸인데 친구와 무리란 어떤 자들입니까? 선생께서 진실로 모두 알고 계시다면 그런가 그렇지 않은가 따지실 수 있을 것입니다. 선생께서 모두 말할 수 있으시다면 성인(聖人)이나 지인(智人)이라 할 수 있을 것입니다. 진실이 이미 드러나 있다면 감히 회피하지 않겠습니까?"

주인이 대답하였다.

"그대는 내가 정말로 알지 못하고 있다고 생각하오? 그대의 벗과 무리들은 여섯 명도 아니고 네 명도 아니며, 열에서 다섯을 뺀 숫자이고 일곱 중에서 둘을 덜어낸 숫자요. 제각기 주장하는 일이 있고 사사로이 이름을 내세우며, 남의 손을 비틀어 뜨거운 국을 덮고 노래를 하며 남의 꺼리

는 일을 들추어내었소. 모든 내 얼굴을 가증스럽게 하고, 하는 말을 무미
건조하게 하는 것이 모두 그대들의 뜻이었소.

그 첫째 이름은 지궁(智窮)인데, 고답적이면서도 뻣뻣하고 둥근 것은
싫어하고 모난 것을 좋아하며, 간사하고 속이는 것을 부끄러워하는데, 남
을 해치고 상케 하는 짓은 차마 하지 못하오.

그 다음은 이름을 학궁(學窮)이라 하는데, 법도와 명성에 대하여는 오
만하고, 심원하고 미묘한 것을 잡아내며 여러 가지 이론들을 높이 들추
어내어 신(神)의 기밀을 파악하지요.

또 그 다음은 문궁(文窮)이라 하는데, 한 가지 능력만을 오로지 추구
하지 않고 괴기한 표현을 일삼아 시국에 응용할 수가 없고 오직 스스로
즐길 따름이오.

다시 그 다음은 명궁(命窮)이라 하는데, 그림자와 형체가 달라서 얼굴
은 추하나 마음은 곱고, 이로운 일에는 다른 사람들 뒷전에 서고 책임질
일은 남들보다 앞장서지요.

또 그 다음은 교궁(交窮)인데, 살갗을 부비며 남과 가까이 지내고 마
음속을 다 토해내서 보여주고 발돋음하고 기다리며 남을 대우하고도 나
를 원수 자리에 놓이게 하는 것이오.

이 다섯 귀신들은 나의 다섯 가지 환난을 마련해 주어, 나를 굶주리게
하고 헐벗게 하며 내게 소동을 일으키고 비난을 받게 하여, 나를 미혹하
게 만들고 있지만 사람들은 아무도 이에 간섭하지 못하오. 아침에 그러
한 행동을 후회하지만 저녁이면 또 다시 그러하니, 파리떼가 붕붕거리고
개가 구차히 지내듯 염치도 없어 쫓아버려도 다시 돌아오지요."

말을 채 마치기도 전에, 다섯 귀신들이 모두 눈을 크게 뜨고 혀를 내
밀고 펄쩍펄쩍 뛰다가는 이리저리 나자빠지며, 손뼉을 치고 발을 구르며
실소하면서 서로 돌아다보고 천천히 주인에게 말하였다.

"선생께서 우리 이름과 모든 우리 행위를 아시고 우리를 내쫓아 떠나
라고 하시는데, 작게는 약지만 크게 바보스런 짓입니다. 사람이 나서 한

평생 얼마나 오래 사는 겁니까? 우리는 선생의 명성을 세워서 백세(百世) 뒤에도 지워지지 않게 하려는 것입니다. 소인과 군자는 그들 마음이 같지 않은 것이니, 오직 시국에 어긋나야만 비로소 하늘과 통하게 되는 것입니다. 아름다운 옥홀(玉笏)을 가지고 한 장의 양가죽과 바꾸고, 기름 지고 단것에 배가 불러 겨와 싸라기를 흠모하는 거나 같은 일이지요.

천하에서 선생님을 아는 데 있어서 누가 우리보다도 더 낫겠소? 비록 배척받아 쫓겨나게 되었다 하더라도 차마 선생님을 멀리하지 못하겠습니다. 나를 믿지 못하겠다면 《시경(詩經)》·《서경(書經)》을 놓고 질정(質正)해 보도록 하십시오."

주인은 그러자 머리를 떨구고 기가 죽어서 두 손을 들어 사과를 한 다음 수레와 배를 불사르고 그들을 마중하여 상좌(上座)에 앉히었다.

[원문] 元和六年正月乙丑①晦에 主人使②奴星으로 結柳作車하고
원 화 육 년 정 월 을 축 회   주 인 사 노 성   결 류 작 거

縛草爲船하여 ③載糗輿糧하고 牛繫④軛下하며 ⑤引帆上檣하여 三
박 초 위 선   재 구 여 장   우 계 액 하   인 범 상 장   삼

揖窮鬼而告之曰: 聞子⑥行有日矣라. ⑦鄙人不敢問⑧所途요 躬
읍 궁 귀 이 고 지 왈   문 자 행 유 일 의   비 인 불 감 문 소 도   궁

具船與車하여 備載糗糧이라.
구 선 여 거   비 재 구 장

日吉辰良하여 利行四方이니 子飯一盂하며 子啜一觴하고 ⑨攜
일 길 신 량   이 행 사 방   자 반 일 우   자 철 일 상   휴

朋挈儔하여 去故就新하라. ⑩駕塵彏風하여 與電爭先이면 子無
붕 계 주   거 고 취 신   가 진 확 풍   여 전 쟁 선   자 무

⑪底滯之尤요 我有⑫資送之恩이니 子等有意於行乎아?
저 체 지 우 아 유 자 송 지 은   자 등 유 의 어 행 호

⑬屛息潛聽하니 如聞音聲이 ⑭若嘯若啼하여 ⑮焉焱嚶嚶하니 毛
병 식 잠 청   여 문 음 성   약 소 약 제   혁 홀 우 영   모

髮盡竪하고 ⑯竦肩縮頸하여 疑有而無러니 久乃可明이라.
발 진 수   송 견 축 경   의 유 이 무   구 내 가 명

若有言者曰；吾與子居가 四十年餘이라. 子在⑰孩提에 吾不
약 유 언 자 왈　　　오 여 자 거　　사 십 년 여　　　자 재 해 제　　오 부

子愚하고 子學子耕하며 求官與名에 惟子是從하여 不變于初라.
자 우　　　자 학 자 경　　　구 관 여 명　　유 자 시 종　　　불 변 우 초

門神⑱戶靈을 我⑲叱我呵하여 ⑳包羞詭隨하니 志不在他라.
문 신 호 령　　아 질 아 가　　　포 수 궤 수　　　지 부 재 타

子遷㉑南荒에 ㉒熱爍濕蒸하니 我㉓非其鄕이여 百鬼㉔欺陵이라.
자 천 남 황　　　열 삭 습 증　　　아 비 기 향　　　백 귀 기 릉

太學四年에 ㉕朝虀暮鹽이니 惟我保汝요 人皆汝嫌이나 自初及終에
태 학 사 년　　조 제 모 염　　　유 아 보 여　　인 개 여 혐　　　자 초 급 종

未始背汝라. 心無異謀요 口絶行語어늘 於何聽聞코 云我當去오?
미 시 배 여　　심 무 이 모　　　구 절 행 어　　　어 하 청 문　　운 아 당 거

是必夫子信讒하여 有間於予也로다. 我鬼非人이어늘 安用車船
시 필 부 자 신 참　　　유 간 어 여 야　　　아 귀 비 인　　　안 용 거 선

이며 鼻嗅臭香이니 糗糧可㉖捐이오 單獨一身이어늘 誰爲朋儔오?
　　비 후 취 향　　　구 장 가 연　　　단 독 일 신　　　수 위 붕 주

子苟備知인댄 ㉗可數以不이로다. 子能盡言이면 可謂聖智라. 情狀
자 구 비 지　　　가 수 이 불　　　자 능 진 언　　　가 위 성 지　　　정 상

旣露니 敢不廻避리오?
기 로　　감 불 회 피

主人應之曰；子以吾로 爲眞不知也邪아? 子之朋儔는 非六非
주 인 응 지 왈　　자 이 오　　위 진 부 지 야 야　　자 지 붕 주　　비 육 비

四요 在十去五요 滿七除二라. 各有主張하고 私立名字하여 ㉘掩
사　　재 십 거 오　　만 칠 제 이　　　각 유 주 장　　　사 립 명 자　　　열

手覆羹하며 ㉙轉喉觸諱라. 凡所以使吾로 面目可憎하고 語言無
수 복 갱　　　전 후 촉 휘　　　범 소 이 사 오　　　면 목 가 증　　　어 언 무

味者는 皆子之志也라.
미 자　　개 자 지 지 야

其一名曰；智窮이니 ㉚矯矯亢亢하여 惡圓喜方하고 羞爲姦欺
기 일 명 왈　　지 궁　　　교 교 항 항　　　오 원 희 방　　　수 위 간 기

하여 不忍害傷이라.
　　불 인 해 상

其次名曰；學窮이니 ㉛傲數與名하여 ㉜摘抉杳微하고 ㉝高揜羣
기 차 명 왈　　학 궁　　　오 수 여 명　　　적 결 묘 미　　　고 읍 군

言하여 ㉞執神之機라.
언　　　집신지기

　　又其次日；文窮이니 ㉟不專一能하여 ㊱怪怪奇奇요 ㊲不可時施
　　우기차왈　문궁　　부전일능　　　괴괴기기　　　불가시시
코 ㊳秪以自嬉라.
　　지이자희

　　又其次日；命窮이니 ㊴影與形殊하여 面醜心妍하니 利居衆後
　　우기차왈　명궁　　영여형수　　　면추심연　　　이거중후
하며 責在人先이라.
　　책재인선

　　又其次日；交窮이니 ㊵磨肌憂骨하며 吐出㊶心肝하여 ㊷企足以
　　우기차왈　교궁　　마기알골　　　토출　심간　　　기족이
待라도 實我讐寃이라.
대　　치아수원

　　凡此五鬼가 爲吾五患하여 飢我寒我코 ㊸興訛造訕하여 能使我
　　범차오귀　위오오환　　기아한아　　　흥와조산　　　능사아
迷하되 人莫能間이라. 朝悔其行타가 暮已復然하고 ㊹蠅營狗苟하
미　　　인막능간　　　조회기행　　모이복연　　　승영구구
여 驅去復還이로다.
　　구거복환

　　言未畢에 五鬼相與㊺張眼吐舌하여 ㊻跳踉偃仆하며 抵掌頓脚
　　언미필　오귀상여　장안토설　　　도량언부　　　저장돈각
하고 失笑相顧하고 徐謂主人日；子知我名과 凡我所爲하고 驅
　　실소상고　서위주인왈　자지아명　　범아소위　　　구
我令去하니 ㊼小黠大癡로다. 人生一世에 其久幾何오? 吾立子名
아영거　　소할대치　　　인생일세　　기구기하　　오립자명
하여 百世不磨라. 小人君子는 其心不同하니 惟乖於時라야 乃與
　　백세불마　소인군자　　기심부동　　　유괴어시　　　내여
天通이라. 攜持㊽琬琰하여 易一羊皮하고 ㊾飫於肥甘하여 慕彼㊿糠
천통　　　휴지　완염　　　역일양피　　　어어비감　　　모피　강
糜아?
미

　　天下知子가 誰過於予리오? 雖遭斥逐이나 不忍子疎라. 謂予
　　천하지자　수과어여　　　수조척축　　　불인자소　　　위여

不信인댄 請質詩書하라. 主人於是에 垂頭喪氣하고 上手稱謝하
불 신　　청 질 시 서　　주 인 어 시　　수 두 상 기　　상 수 칭 사

여 燒車與船하고 ⑤延之上座하니라.
소 거 여 선　　　연 지 상 좌

주해 ① 晦(회)-저녁, 밤.

② 奴星(노성)-하인 성(星). 성은 하인의 이름.

③ 載糗輿粻(재구여장)-미숫가루를 수레에 싣고 양식을 수레에 싣는 것.

④ 軛(액)-멍에.

⑤ 引帆上檣(인범상장)-돛대를 세우고 돛을 다는 것.

⑥ 行有日(행유일)-떠나는 날이 있다. 떠나야 할 정해진 날이 있는 것.

⑦ 鄙人(비인)-비루한 사람, 시골 사람. 자신을 낮추어 부르는 말.

⑧ 所途(소도)-길 가는 곳, 갈 길.

⑨ 攜朋絜儔(휴붕계주)-친구를 데리고 무리들을 이끌고.

⑩ 駕塵(가진)-수레로 먼지를 일으키며 빨리 달리는 것. ㅇ 㬢風(확풍)-빠
른 바람을 타고 배를 모는 것.

⑪ 底滯之尤(저체지우)-오래 머물러 있다는 허물, 머물러 있는 죄.

⑫ 資送(자송)-노자와 물자를 준비해 주고 전송하는 것.

⑬ 屛息潛聽(병식잠청)-숨을 죽이고 가만히 듣다.

⑭ 若嘯若啼(약소약제)-휘파람 부는 것과도 같고 우는 소리와도 같은 것.

⑮ 㖞歘(혁홀)-후둑후둑 소리가 나다. 중얼중얼거리다. ㅇ嚶嚶(우앵)-재잘
거리는 소리가 나는 것.

⑯ 竦肩縮頸(송견축경)-두 어깨는 올라가고 목은 오므라드는 것. 두려움에
몸이 오므라드는 모양.

⑰ 孩提(해제)-안고 있는 아이, 어린 아기.

⑱ 戶靈(호령)-방문의 신령.

⑲ 叱(질)-꾸짖다. ㅇ呵(가)-꾸짖다.

⑳ 包羞(포수)-부끄러움을 견디다. ㅇ詭隨(궤수)-남을 속이면서도 따르는
것, 무조건 따르는 것.

㉑ 南荒(남황)－남쪽 먼 고장, 한유가 귀양갔던 양산(陽山：廣東省)을 가리킴.

㉒ 熱爍濕蒸(열삭습증)－덥기가 타는 듯하고 습기는 찌는 듯한 것.

㉓ 非其鄉(비기향)－그 고장에 적응치 못하다, 그 고장에 익숙치 않다.

㉔ 欺陵(기릉)－속이고 업신여기는 것.

㉕ 朝齏暮鹽(조제모염)－아침엔 부추요, 저녁엔 소금. 식사 때 반찬이 형편 없음을 뜻함.

㉖ 捐(연)－버리다.

㉗ 可數以不(가수이불)－그런가 그렇지 않은가 헤아릴 수 있다, 옳고 그름을 따질 수 있다. 이불(以不)은 이불(已不) 또는 여부(與否)와 같은 말임.

㉘ 振手覆羹(열수복갱)－남의 손을 비틀어 국을 덮다. 남 생각은 않고 자기 멋대로 억지 짓을 하는 데 비유한 말.

㉙ 轉喉(전후)－노래를 하는 것. ㅇ觸諱(촉휘)－남이 꺼리는 일을 들추어내는 것. 이 구절로 남이야 싫어하든 말든 자기 멋대로 행동함을 뜻하는 말임.

㉚ 矯矯(교교)－고답적(高踏的)인 모양. ㅇ亢亢(항항)－높은 모양, 뻣뻣한 모양.

㉛ 傲數與名(오수여명)－숫자 또는 법칙과 명성에 대하여는 오만한 것, 법칙 이나 명성 같은 것에는 초연한 태도를 지니는 것.

㉜ 摘抉(적결)－들추어내다, 집어내다. ㅇ杳微(묘미)－오묘하고 미묘한 것.

㉝ 高挹(고읍)－높이 들어내다. ㅇ羣言(군언)－여러 가지 이론, 여러 가지 학설.

㉞ 執神之機(집신지기)－신의 빌미를 파악하다. 신묘한 작용들을 파악하는 것.

㉟ 不專一能(부전일능)－한 가지 능력만을 전공하다. 문장에 있어서 시나 산 문 한 가지만을 오로지 추구하는 것.

㊱ 怪怪奇奇(괴괴기기)－기이한 표현을 추구하는 것. 특히 시에 있어서 문학 사가(文學史家)들은 한유를 괴탄파(怪誕派)의 대표적 작가로 친다.

㊲ 不可時施(불가시시)－시대에 베풀어지지 못하다, 시국에 적응하지 못하다.

㊳ 秪(지)－단지, 다만. 지(只)와 통함.

㊴ 影與形(영여형)－그림자와 형체. 사람의 마음이나 감정과 육체를 가리킨다.

㊵ 磨肌戛骨(마기알골)－살갗이 서로 닿아 갈리고 뼈도 서로 부딪치며 부벼 대는 것. 사람들이 아주 가까이 지냄을 형용하는 말임.

㊶ 心肝(심간)－마음과 간, 자기 마음속, 진정(眞情)을 뜻함.

㊷ 企足以待(기족이대)-발돋음을 하고 기다리다, 남을 진심으로 반갑게 대
해주는 것을 뜻함.

㊸ 興訛造訕(흥와조산)-소동을 일으키고 비방을 조성하다.

㊹ 蠅營狗苟(승영구구)-파리 떼가 붕붕거리며 쫓아도 다시 덤비듯 치사하게
행동하고, 개가 주인이 쫓아도 다시 눈치보며 따라오듯 구차히 지내는 것.

㊺ 張眼吐舌(장안토설)-눈을 크게 뜨고 혀를 내미는 것. 어처구니없는 말을
들었을 때 하는 행동임.

㊻ 跳踉偃仆(도량언부)-펄쩍펄쩍 뛰기도 하고, 이리저리 나자빠지는 것.

㊼ 小黠大癡(소할대치)-작게 약고 크게 바보이다. 작게 보면 약지만 크게
보면 바보짓이다.

㊽ 琬琰(완염)-완(琬)은 서옥(瑞玉)의 이름, 염(琰)도 미옥(美玉)의 이름임.

㊾ 飫(어)-배부른 것, 먹기 싫어지는 것.

㊿ 糠麋(강미)-벼와 싸라기.

○51 延(연)-마중하다, 모시다.

[해설] 작자가 해학을 통해서 자기의 사상을 드러낸 글이다. 그는 자기 자
신을 곤궁케 하는 귀신으로 지궁(智窮)·학궁(學窮)·문궁(文窮)·명궁
(命窮)·교궁(交窮)의 다섯이 있어 늘 자신을 붙어다니면서 자기와 세상
이 화합치 못하게 함으로써 자신을 곤궁케 한다고 생각하였다. 그래서 이
들에게 수레와 배를 마련해주고 이들을 모두 쫓아버리려 한다. 그러나 이
들 궁귀(窮鬼)가 그러한 주인의 뜻을 비웃으며, '사람이란 시국과 어긋나
야만 하늘과 통하게 되는 것'이라 하면서 자신들의 입장을 밝힌다.

여기에서 작자는 시국과 어긋나는 자신의 사상이나 학문·문장 등의
성격을 밝히며, 은근히 이를 받아들이지 못하는 세상을 비꼬고 있는 것이
다. 작자는 결국 궁귀들의 말을 듣고는 이들을 쫓아버릴 명분을 잃게 된
다. 이에 다시 작자 한유는 이들을 모셔들이고 그대로 전날처럼 궁하기는
하지만 뜻있는 삶을 추구한다는 것이다. 궁귀는 바로 한유의 성격에서 이
루어진 것이다.

한유의 글 중에서도 매우 해학적이면서도 재미있고 뜻있는 글이다.

진학해(進學解)

한유(韓愈)

1

국자선생(國子先生)이 아침 일찍 태학에 들어가 학생들을 불러 교사 (校舍) 아래에 세워 놓고 훈화(訓話)하셨다.

"학업(學業)은 부지런한 데서 정진(精進)되고 노는 데서 황폐해진다. 행실은 생각하는 데서 이루어지고 마음대로 하는 데서 허물어진다. 지금 성군(聖君)과 현명한 재상(宰相)이 서로 만나 법령(法令)을 고루 펼쳐 흉악하고 사악한 무리들은 제거해내고 영준(英俊)한 인재들을 등용하여 우대하고 있다.

조그만 장기라도 가진 자는 모두 수록되고 한 가지 재주라도 이름이 난 자는 쓰이지 않음이 없다. 손톱으로 긁어내고 그물질하기도 하고 척 결(剔抉)하기도 하여 때를 닦아내고 문질러 광을 내듯이 하고 있다. 대 개 요행으로 선택된 자도 있겠지만 누가 재주는 많은데 드날려지지 않았 다고 하겠는가? 제군(諸君)들은 학업이 정진되지 않음을 근심할 것이지 관리가 현명하지 못함을 근심하지는 말고, 행실이 완성되지 못함을 근심 할 것이지 관리가 공정하지 못함을 근심하지 말라."

원문 ①國子先生이 晨入②太學하여 招諸生하여 立舘下하고 誨之
　　　　국자선생　　신입　태학　　초제생　　　입관하　　회지
曰；業精于勤하고 荒于③嬉하며 行成于思하고 毀于④隨라. 方今
왈　업정우근　　　황우　희　　　행성우사　　　훼우　수　　방금

聖賢相逢하여 ⑤治具畢張하여 拔去兇邪하고 登崇俊良이라.
성현상봉   치구필장   발거흉사   등숭준량

⑥占小善者率以錄하고 名一藝者無不⑦庸하여 ⑧爬羅剔抉하고
점소선자솔이록   명일예자무불 용   파라척결

⑨刮垢磨光이라. 蓋有幸而獲選이언정 孰云多而不揚고? 諸生業
괄구마광   개유행이획선   숙운다이불양?   제생업

患不能精이오 無⑩有司之不明하며 行患不能成이오 無患有司之
환불능정   무환 유사지불명   행환불능성   무환유사지

不公하라.
불공

(주해) ① 國子先生(국자선생) – 한유가 자신을 이른 말. 당(唐)대에는 국자감
(國子監)에 박사(博士) 두 사람을 두어 학생들의 교육을 맡았다. 국자감
은 인재들을 가르치는 태학이다.

② 太學(태학) – 국자감을 가리킨다.

③ 嬉(희) – 놀다.

④ 隨(수) – 멋대로 하다.

⑤ 治具(치구) – 나라를 다스리는 도구. 법령이나 제도를 가리킨다.

⑥ 占(점) – 가지다. 지(持)의 뜻.

⑦ 庸(용) – 쓰다. 용(用)의 뜻.

⑧ 爬羅(파라) – 파(爬)는 손톱으로 긁어내는 것. 나(羅)는 그물로 새를 잡는
것. ㅇ剔抉(척결) – 척(剔)은 뼈를 발라내는 것. 결(抉)은 살을 긁어내는
것. 제거한다는 뜻.

⑨ 刮(괄) – 깎다. 닦다.

⑩ 有司(유사) – 관리.

2

말을 마치기도 전에 열(列) 중에서 웃는 자가 있었는데 말하였다.

"선생님은 저희들을 속이시는군요. 제자로서 선생님을 섬긴 지 지금까
지 오래되었습니다. 선생님은 입으로는 끊이지 않고 육예(六藝)의 문장

을 읊조리셨고 손으로는 쉴새없이 백가(百家)의 책을 펼치고 계셨습니다. 사실(事實)을 기록한 것은 반드시 요점을 파악하셨고 사상을 기록한 것은 반드시 현묘한 이치를 구명하셨습니다. 많은 것을 바라고 얻기를 힘쓰시며, 작은 것 큰 것 할 것 없이 버리지 않으셨습니다.

기름을 태워 낮을 이어 항상 쉬지 않고 한 해를 보내셨습니다. 선생님의 학업은 부지런하다고 할 수 있습니다. 이단(異端)을 배척하고 부처와 노자(老子)의 사상을 물리치셨고 틈과 새는 곳을 보완하셨고 오묘한 이치를 확대하여 밝히셨습니다. 희미하게 쇠퇴한 서업(緒業)을 찾아 홀로 널리 뒤져 멀리 이었습니다. 온갖 냇물을 막아 동쪽으로 흐르게 하고 이미 엎어진 데서 세찬 물결을 회복시켰습니다. 선생님은 유자(儒者)로서 노고를 다하셨다고 할 만합니다."

원문 言未①旣에 有笑于列者曰：先生欺余哉인저! 弟子事先生于
언미 기 유소우열자왈 선생기여재 제자사선생우

茲有時矣라. 先生口不絶吟於②六藝之文하며 手不停披於③百家
자유시의 선생구부절음어 육예지문 수부정피어 백가

之編하여 記事者는 必④提其要하고 纂言者는 必⑤鉤其玄하여 貪
지편 기사자 필 제기요 찬언자 필 구기현 탐

多務得하여 細大不⑥捐이라.
다무득 세대불 연

　焚膏油以⑦繼晷하여 恒⑧兀兀以窮年하니 先生之業이 可謂勤
분고유이 계귀 항 올올이궁년 선생지업 가위근

矣요 ⑨觝排異端하며 ⑩攘斥佛老하여 ⑪補苴罅漏하고 ⑫張皇幽眇
의 저배이단 양척불로 보저하루 장황유묘

라. ⑬尋墜緖之茫茫하여 獨旁搜而⑭遠紹라. ⑮障百川而東之하여
심추서지망망 독방수이 원소 장백천이동지

⑯廻狂瀾於旣倒라. 先生之於儒에 可謂勞矣라.
회광란어기도 선생지어유 가위로의

주해 ① 旣(기)－마치다. 끝나다.

② 六藝(육예)－시(詩)·서(書)·역(易)·예(禮)·악(樂)·춘추(春秋)의 육경

(六經)을 말한다.

③ 百家之編(백가지편) - 제자백가의 책.

④ 提其要(제기요) - 그 요점을 파악하다.

⑤ 鉤其玄(구기현) - 현묘한 이치를 구명하다. 구(鉤)는 인(引)의 뜻.

⑥ 捐(연) - 버리다.

⑦ 繼晷(계귀) - 낮을 이어 밤까지 일을 계속하다. 귀(晷)는 일광(日光).

⑧ 兀兀(올올) - 근면한 모양. ㅇ窮年(궁년) - 한평생을 다 보내다.

⑨ 觝排異端(저배이단) - 이단을 배척함. 이단이란 유가(儒家) 이외의 사상을 말한다. 저배(觝排)는 배척하는 것.

⑩ 攘斥(양척) - 물리치다.

⑪ 補苴罅漏(보저하루) - 틈과 새는 곳을 보완하다. 보저(補苴)는 보완한다는 뜻. 저(苴)는 미봉(彌縫)으로 깁다. 하(罅)는 틈. 누(漏)는 새는 곳. 유가의 결손된 부분을 보완한다는 뜻.

⑫ 張皇幽眇(장황유묘) - 오묘한 것을 넓히고 크게 함. 황(皇)은 대(大)의 뜻.

⑬ 尋墜緒之茫茫(심추서지망망) - 추서(墜緒)는 쇠퇴한 서업(緒業). 망망(茫茫)은 희미한 모양. 희미하게 쇠퇴한 유가의 도통(道統)을 찾는다는 뜻.

⑭ 遠紹(원소) - 멀리 잇다. 한유가 맹자의 도통을 이은 것을 말한다.

⑮ 障百川而東之(장백천이동지) - 모든 냇물을 막아 동쪽으로 흐르게 하다.

⑯ 廻狂瀾於旣倒(회광란어기도) - 이미 엎어진 데서 세찬 물결을 돌려놓다. 세찬 물결은 유도(儒道)의 부흥을 말한다. 기도(旣倒)는 이미 무너진 것. 이미 무너진 유도를 크게 흥성시킨다는 뜻. 혹은 세찬 물결을 도불(道佛)로 보고 그 세력을 돌려버린다고 풀이하기도 한다.

3

"훌륭하고 아름다운 글에 푹 젖어서 그 묘미를 머금고 씹으며 문장을 지으니 저서가 집에 가득합니다. 위로는 순(舜)임금과 우(禹)임금 때의 한없이 큰 문장, 주서(周書)의 고(誥)와 상서(商書)의 반경(盤庚)은 문장이 읽기 어렵고 이해하기 어려운 글, 《춘추(春秋)》의 근엄한 문장, 《좌전

《左傳》의 허식적이고 과장된 문장, 《역경(易經)》의 기이하면서도 법식에 맞는 문장, 《시경(詩經)》의 바르고 아름다운 문장을 본받으셨습니다.

아래로는 《장자(莊子)》와 《이소(離騷)》, 사마천(司馬遷)의 《사기(史記)》, 양웅(揚雄)과 사마상여(司馬相如)의 공교함은 같으나 취향이 다른 문장에까지 미치셨습니다. 선생님은 문장에 내용을 넓히고 표현을 자유롭게 하셨다고 할 만합니다.

어려서부터 학문을 알기 시작하여 행하는 데 용감하셨고 바른 도리에 통달하셔서 좌우 모든 일이 합당합니다. 선생님은 사람됨에 있어서 완성되었다고 할 수 있습니다.”

원문 ①沈浸醲郁하고 ②含英咀華하여 作爲文章하니 其書滿家라.
침침농욱　　함영저화　　작위문장　　기서만가

上③規姚姒의 ④渾渾無涯하고 ⑤周誥殷盤의 ⑥佶屈聱牙하고 春秋
상 규요사　　혼혼무애　　주고은반　　길굴오아　　춘추

謹嚴코 ⑦左氏浮誇코 ⑧易奇而法이오 ⑨詩正而葩라.
근엄　좌씨부과　역기이법　시정이파

下⑩逮莊騷와 ⑪太史所錄과 ⑫子雲相如는 ⑬同工異曲이라. 先生
하 체장소　태사소록　자운상여　동공이곡　선생

之於文에 可謂⑭閎其中而肆於外矣라.
지어문　가위　광기중이사어외의

少始知學하여 勇於敢爲하고 長通於⑮方하여 ⑯左右具宜라. 先
소시지학　용어감위　장통어 방　좌우구의　선

生之於爲人에 可謂成矣라.
생지어위인　가위성의

주해 ① 沈浸醲郁(침침농욱)－침침(沈浸)은 빠져 있다는 뜻. 농욱(醲郁)은 짙고 문채가 있는 것. 문장이 훌륭하고 아름다운 것을 가리킴.

② 含英咀華(함영저화)－영화를 함저(含咀)하다. 꽃을 머금고 씹는다는 뜻. 문장의 묘미를 맛보고 마음속에 저장해 둔다.

③ 規姚姒(규요사)－규(規)는 본받다. 요(姚)는 순(舜)임금의 성(姓). 사(姒)는 우(禹)임금의 성(姓). 《서경(書經)》에 있는 순임금 때의 기록이라는

〈요전(堯典)〉과 우임금 때의 기록이라는 〈순전(舜典)〉·〈우공(禹貢)〉을 말한다.

④ 渾渾無涯(혼혼무애) ─ 커서 끝이 없음. 혼혼(渾渾)은 '대(大)'의 뜻.

⑤ 周誥殷盤(주고은반) ─ 주고(周誥)는 《서경》 주서(周書)의 고(誥)라는 문장. 고는 문체의 이름으로 왕이 백성에게 포고(布告)하는 글이다. 그러나 주나라 때에는 신하가 왕에게 고(告)하는 글도 있었다. 〈대고(大誥)〉·〈낙고(洛誥)〉는 윗사람이 아랫사람에게 주는 글이었고 〈소고(召誥)〉·〈중훼지고(仲虺之誥)〉는 아랫사람이 윗사람에게 고하는 글이다. 은반(殷盤)은 《서경》 상서(商書)의 〈반경(盤庚)〉으로 은(殷)나라 반경임금이 백성들에게 고한 글임.

⑥ 佶屈聱牙(길굴오아) ─ 읽기 어려운 문장을 형용한 말.

⑦ 左氏浮誇(좌씨부과) ─ 《좌전(左傳)》의 사치스럽고 과장됨. 좌씨(左氏)는 좌구명(左丘明)인데 좌구명은 《좌전》을 지었다. 옛날부터 《춘추(春秋)》의 해설서로 전해졌다. 부과(浮誇)는 허식적이고 과장적인 것.

⑧ 易奇而法(역기이법) ─ 《주역(周易)》의 기이하면서도 법도에 맞는 글.

⑨ 詩正而葩(시정이파) ─ 《시경(詩經)》의 바르고 화려함. 파(葩)는 꽃으로 화려하다는 뜻.

⑩ 逮(체) ─ 미치다. ㅇ莊騷(장소) ─ 《장자(莊子)》와 《이소(離騷)》.

⑪ 太史所錄(태사소록) ─ 한(漢) 사마천(司馬遷)의 《사기(史記)》.

⑫ 子雲相如(자운상여) ─ 자운(子雲)은 양웅(揚雄). 상여(相如)는 사마상여(司馬相如). 모두 한(漢)대의 유명한 부가(賦家)이다.

⑬ 同工異曲(동공이곡) ─ 음악을 연주하는 기량은 같으나 연주하는 곡은 다르다. 시문을 짓는 기량은 같으나 작품의 취향이 다른 것.

⑭ 閎其中而肆於外(굉기중이사어외) ─ 중(中)은 내용, 외(外)는 표현. 문학의 내용을 넓히고 표현을 자유롭게 하다.

⑮ 方(방) ─ 마땅한 도리.

⑯ 左右具宜(좌우구의) ─ 좌우 어디서나 마땅하다.

4

"그러나 공적으로는 남에게 신임받지 못하고 사적으로는 친구에게 도움을 받지 못하고 있습니다. 앞으로 가도 넘어지고 뒤로 가도 자빠지며 움직이면 곧 허물을 얻게 됩니다. 잠시 어사(御史)가 되었다가 마침내 남쪽 오랑캐 지방으로 유배되고, 3년 동안 박사(博士)로 계셨지만 한 일 없이 아무 치적(治績)도 보일 수 없었습니다. 운명은 원수와 모의하였으니 실패한 적이 몇번입니까?

겨울이 따뜻해도 아이들은 춥다고 울부짖고, 풍년이 들어도 사모님께서는 배고파 우셨으며, 머리가 벗겨지고 이도 빠지셨으니 마침내 죽으면 무슨 보람이 있게 되겠습니까? 이것을 생각할 줄 모르시고 도리어 남들에게 교훈을 하시는 겁니까?"

원문 然而公不見信於人하며 私不見助於友하고 ①跋前躓後하여
         연 이 공 불 견 신 어 인   사 불 견 조 어 우   발 전 치 후

②動輒得咎라. ③暫爲御史라가 遂竄南夷하고 三年博士에 ④冗不
동 첩 득 구   잠 위 어 사   수 찬 남 이   삼 년 박 사   용 불

見治라. ⑤命與仇謀하여 取敗幾時오?
견 치   명 여 구 모   취 패 기 시

冬暖而兒號寒하고 年⑥登而妻啼飢하며 ⑦頭童齒豁하니 竟死何
동 난 이 아 호 한   연 등 이 처 제 기   두 동 치 활   경 사 하

⑧禪오? 不知慮此코 而反敎人爲아?
비   부 지 려 차   이 반 교 인 위

주해 ① 跋前躓後(발전치후)―앞으로 나아가기도 뒤로 물러서기도 힘들다는 뜻. 《시경》 빈풍(豳風)에 '낭발기호(狼跋其胡), 재치기미(載躓其尾)'라는 구절에서 나온 말이다. 늙은 이리는 턱밑에 살이 있어서 앞으로 가려 하면 턱살을 밟아 넘어지고, 뒤로 가려 하면 꼬리가 밟혀 넘어진다는 뜻이다.
② 動輒得咎(동첩득구)―움직이면 곧 허물을 얻는다.

③ 暫爲御史(잠위어사) 遂竄南夷(수찬남이)−어사(御史)란 비리를 탄핵하는 직책. 찬(竄)은 귀양가다.

④ 冗不見治(용불견치)−용(冗)은 한가함. 한유는 국자박사(國子博士)를 맡았는데 한가로운 직책이었고 치적(治績)을 보일 수 없었다.

⑤ 命與仇謀(명여구모)−운명이 원수와 함께 모의하다. 운이 나쁘다는 뜻.

⑥ 登(등)−숙(熟)의 뜻. 연등(年登)은 풍년이 들다.

⑦ 頭童齒豁(두동치활)−머리가 벗겨지고 이가 빠짐. 노인이 됨.

⑧ 裨(비)−돕다. 보태다. 학문을 닦아 세상에 보탬이 된다는 뜻.

5

내가 말하였다.

"아! 자네 앞으로 오게. 무릇 큰 나무는 들보가 되고 가는 나무는 서까래가 되며, 박로·주유·문지도리·문지방·빗장·문설주가 각기 마땅함을 얻어 집을 이루는 것은 목수의 공로이네. 옥찰(玉札)·단사(丹砂)·적전(赤箭)·청지(靑芝)나 소 오줌과 말의 똥이나 찢어진 북의 가죽을 모두 거두어 저축해 놓고 쓰일 때를 기다려 버리는 일이 없는 것은 의사의 현명함이네.

벼슬의 등용이 공명하고 선발이 공정하며 잘난 자와 못난 자를 뒤섞어 관직에 나아가게 하고, 재능이 풍부하여 여유작작한 자를 훌륭하다고 하고 탁월한 자를 준걸이라 하는데 장단점을 비교하고 헤아려 능력에 적합하도록 임명하는 것은 재상의 도리이네."

⟨원문⟩ 先生曰：①吁라! 子來前하라. 夫大木爲②栿이오 細木爲③桷이
선생왈　　우　자래전　　　부대목위망　　세목위각

오 ④欂櫨侏儒와 ⑤椳闑扂楔이 各得其宜하여 以成室屋者는 ⑥匠
박로주유　　외얼점설　　각득기의　　이성실옥자　　장

氏之功也라. ⑦玉札丹砂와 ⑧赤箭青芝와 ⑨牛溲馬勃과 敗鼓之皮
씨지공야　　옥찰단사　　적전청지　　우수마발　　패고지피

를 俱收幷蓄하여 待用無遺者는 醫師之良也라.
구 수 병 축　　　 대 용 무 유 자　　 의 사 지 량 야

登明選公하고 雜進巧拙하여 ⑩紆餘爲姸이오 ⑪卓犖爲傑이나 較
등 명 선 공　　　 잡 진 교 졸　　　 우 여 위 연　　　 탁 락 위 걸　　　 교

短量長하여 惟⑫器是適者는 宰相之方也라.
단 량 장　　 유 기 시 적 자　　 재 상 지 방 야

주해

① 吁(우)-감탄사. 아!

② 桭(망)-들보.

③ 桷(각)-서까래.

④ 欂櫨(박로)-기둥 위의 방목(方木). ○侏儒(주유)-난쟁이. 동자기둥. 여
기서는 후자를 가리킨다.

⑤ 椳闑扂楔(외얼점설)-외(椳)는 문지도리, 얼(闑)은 문지방, 점(扂)은 빗장,
설(楔)은 문설주.

⑥ 匠氏(장씨)-목공(木工).

⑦ 玉札丹砂(옥찰단사)-옥찰(玉札)은 약품의 이름. 단사(丹砂)도 약품의 이
름인데 수은과 유황의 화합물이고 붉은 물감의 원료로 쓰인다.

⑧ 赤箭靑芝(적전청지)-적전(赤箭)은 난초과에 속하는 기생초목. 화살깃 모
양의 잎이 줄기의 마디마다 남. 뿌리는 천마(天麻)라 하여 약재로 쓰임.
청지(靑芝)는 푸른 색깔의 영지(靈芝). 먹으면 장수한다고 한다.

⑨ 牛溲馬勃(우수마발)-우수(牛溲)는 소의 오줌. 마발(馬勃)은 말의 똥. 혹
은 속칭 마비발(馬屁勃)이라 부르는 담자균류식물(擔子菌類植物)이라고
도 함.

⑩ 紆餘(우여)-재능이 풍부하여 여유작작한 모양.

⑪ 卓犖(탁락)-탁월.

⑫ 器是適(기시적)-적기(適器)를 도치한 글. 시(是)는 강조, 기(器)는 역량.
역량에 맞게 하다.

6

"옛날에 맹자(孟子)는 변론(辯論)을 좋아하여 공자(孔子)의 도(道)를 밝혔으나 수레를 타고 천하를 돌아다니다 마침내 길에서 죽었다. 순자(荀子)는 바른 도리를 지켜 위대한 언론을 흥성시켰으나 참소(讒訴)를 피해 초(楚)나라로 도망하였다가 난릉(蘭陵)에서 죽었다. 이 두 유가(儒家)는 말을 내뱉으면 경전이 되고 일거일동이 법도가 되었으니, 범상(凡常)한 무리를 떠나 성역(聖域)에 들어섰었지만 세상에서의 조우(遭遇)는 어떠하였던가?

지금 나는 학업은 부지런히 하지만 도통(道統)을 계승하지 못했고, 말은 많지만 중심을 체득하지 못했고, 문장은 비록 기이하지만 세상에 쓰이지 않고, 행실은 닦아졌지만 여러 사람들에게 드러나지 않고 있다. 오히려 달마다 봉급만 낭비하고 해마다 창고 속의 곡식을 소비하고 있다. 아들은 농사지을 줄을 모르고 부인은 베를 짤 줄 모른다. 게다가 말을 타고 종자(從者)를 따르게 하며 편안히 앉아서 밥을 먹고 지낸다. 애쓰면서 평범한 길을 따라가며 옛날 책이나 보고 훔치는 짓을 하고 있다. 그러나 성명(聖明)하신 천자께서는 벌주지 않으시고 재상도 배척하지 않으니 이는 다행이 아닌가?

걸핏하면 비방을 듣고 불명예도 따라붙고 있으니 한산(閑散)한 직분에 처신하는 것이 분수에 맞는 일이다. 만약 재물의 있고 없음을 헤아리고 지위와 봉록의 높고 낮음이나 계산하면서 자기 역량에 적합한 자리를 잊고서 상관의 잘못이나 꼬집고 있다면, 이것은 이른바 말뚝으로 기둥을 삼지 않는다고 목공을 힐난하고, 의사가 창양(昌陽)으로 수명을 연장시키려 하는 것을 비평하며, 독초인 희령(狶苓)을 추천하는 것과 같은 일이라네."

원문 ①昔者에 ②孟軻好辯하여 孔道以明하되 ③轍環天下라가 ④卒
　　　　석 자　　맹 가 호 변　　　공 도 이 명　　　철 환 천 하　　　졸

老于行하고 苟卿守正하여 大論是弘이로되 ⑤逃讒于楚하여 ⑥廢死
로우행　순경수정　대론시홍　　　도참우초　　폐사

蘭陵이라. 是二儒者는 吐詞爲⑦經하고 擊足爲法하여 絶類離倫하
난릉　　시이유자　토사위경　　격족위법　　절류리륜

여 優入聖域이로되 ⑧其遇於世가 何如也오?
우입성역　　기우어세　하여야

　　今先生은 學雖勤而不⑨繇其統하며 言雖多而不要其中하며 文
　　금선생　학수근이불요기통　　언수다이불요기중　　문

雖奇而⑩不濟於用하며 行雖修而不顯於衆이어늘 猶且月費俸錢코
수기이부제어용　　행수수이불현어중　　유차월비봉전

歲⑪靡廩粟이라. 子不知耕하며 婦不知織이오 乘馬從⑫徒하여 安
세미름속　　자부지경　부부지직　승마종도　　안

坐而食이라. ⑬踵常途之役役하여 ⑭窺陳編以盜竊이라. 然而聖主
좌이식　　종상도지역역　　규진편이도절　　연이성주

不加誅하며 宰臣不見斥하니 玆非幸歟아?
불가주　재신불견척　자비행여

　　動而得謗이오 ⑮名亦隨之니 ⑯投閒置散은 乃⑰分之宜라. 若夫
　　동이득방　명역수지　투한치산　내분지의　약부

⑱商財賄之有亡하고 ⑲計班資之崇庳하여 忘己量之所⑳稱하고 指
상재회지유무　　계반자지숭비　　망기량지소칭　　지

㉑前人之瑕疵면 是所謂詰匠氏之不㉒以杙爲楹이오 而㉓訾醫師
전인지하자　시소위힐장씨지불이익위영　　이자의사

以昌陽引年코 欲㉔進其狶苓也니라.
이창양인년　욕진기희령야

주해 ① 昔者(석자)-옛날.

② 孟軻(맹가)-맹자(孟子)를 말한다. 가(軻)는 맹자의 이름이다. ㅇ好辯(호
　변)-변론(辯論)을 좋아하다. 《맹자》 등문공(滕文公) 하편에 '외부 사람들
　이 모두 선생님은 변론을 좋아한다고 합니다[外人皆稱夫子好辯]'라는 말
　이 있다.

③ 轍環(철환)-수레를 타고 돌아다니다. 철(轍)은 수레의 바퀴자국.

④ 卒老于行(졸로우행)-마침내 길에서 늙어버리다. 써 주는 사람이 없었다
　는 뜻.

⑤ 逃讒于楚(도참우초)-참소를 피해 초(楚)나라로 도망함. 순자는 제(齊)나라에 있다가 참소를 피해 초나라로 도망하였다.

⑥ 廢死蘭陵(폐사난릉)-난릉(蘭陵)은 초(楚)의 고을 이름. 초의 재상 춘신군(春申君)은 순자(荀子)를 난릉령(蘭陵令)으로 삼았는데 춘신군이 죽자 순경(荀卿)도 벼슬을 그만두고 그곳에서 지내다 죽었다. 순경은 순자.

⑦ 經(경)-성인(聖人)의 가르침. 경(經)은 상(常)의 의미로 항구불변하는 도를 가리킨다.

⑧ 其遇於世何如(기우어세하여)-세상에서의 만남이 어떠하였던가? 우(遇)는 경력(經歷). 불우하였다는 뜻.

⑨ 繇(요)-유(由)의 뜻. 말미암아 가다.

⑩ 不濟於用(부제어용)-제(濟)는 통(通)의 뜻. 세상에 통용되지 않는 것.

⑪ 靡廩粟(미름속)-미(靡)는 소비하다. 늠속(廩粟)은 나라 창고 속의 곡식.

⑫ 徒(도)-종자(從者).

⑬ 踵常途之役役(종상도지역역)-종(踵)은 밟다. 상도(常途)는 평범한 길. 역역(役役)은 일에 힘쓰는 모양.

⑭ 窺陳編以盜竊(규진편이도절)-규(窺)는 엿보다. 진편(陳編)은 옛날 책. 옛날 책을 읽어서 옛사람의 글을 도둑질하다.

⑮ 名亦隨之(명역수지)-비방을 듣는 동시에 나쁜 평판이 따른다.

⑯ 投閒置散(투한치산)-한산한 직책에 투치(投置)되다. 한가하고 중요하지 않은 관직에 있게 됨.

⑰ 分之宜(분지의)-분수의 마땅함. 분수에 맞다.

⑱ 商財賄之有亡(상재회지유무)-상(商)은 헤아리다. 재회(財賄)는 재물. 유무(有亡)는 유무(有無).

⑲ 計班資之崇庳(계반자지숭비)-반자(班資)는 지위와 봉록. 숭비(崇庳)는 고하(高下).

⑳ 稱(칭)-맞다. 적합하다.

㉑ 前人(전인)-상관(上官). 윗사람.

㉒ 以杙爲楹(이익위영)-익(杙)은 말뚝. 영(楹)은 기둥.

㉓ 訾(자)-헐뜯다. ㅇ昌陽(창양)-약초로써 생명을 연장시킨다고 한다. ㅇ引

年(인년)—수명을 늘이다.

㉔ 進(진)—추천하다는 뜻. ㅇ狶苓(희령)—독초의 이름.

해설 한유는 정원(貞元) 18년(802)과 원화(元和) 원년(806)에 국자박사 (國子博士)를 두 차례나 지낸 적이 있는데, 헌종(憲宗) 원화 6년(811)에 직방원외랑(職方員外郎)으로 있으면서 죄를 진 유간(柳澗)을 위해 변론 하다가 또 국자박사로 좌천되었다.

〈진학해(進學解)〉는 이때 지어진 글로 이 글에서 한유는 선생인 자신 과 제자와의 문답 형식을 취하여 학자는 오로지 학업과 덕행에 힘써야 함을 역설하고 있다. 그는 맹자(孟子)·순자(荀子)를 보기로 들며 뛰어난 덕과 재능을 지닌 성인들도 정치적으로는 불우한 일생을 보냈다고 하며, 은근히 자신도 맹자·순자와 같이 정치적으로는 능력을 인정받지 못하고 불우한 처지에 있음을 암시하고 있다. 당시 재상은 이 글을 보고 그를 비 부낭중(比部郎中)으로 승진시켰다고 한다.

이 글은 부체(賦體)와 같이 운을 달고 있고 해학적인 표현을 쓰고 있 는 재미있는 글이다.

악어문(鰐魚文)

한유(韓愈)

옛날 선왕께서는 천하를 다스리심에 있어서, 산과 연못을 벌려놓고 살피시어 그물과 올가미와 작살과 칼로 벌레와 뱀 같은 백성들에게 해를 끼치는 악한 물건들을 없애고, 그것들을 이 세상 밖으로 몰아내었다. 후세의 임금에 이르러는 덕이 엷어져서 멀리까지 통치하는 수가 없었으니, 곧 강수(江水)와 한수(漢水) 지방조차도 모두 버려두어 오랑캐들과 초(楚)나라・월(越)나라에게 주었는데, 하물며 조주(潮州)는 영남(嶺南) 바다 곁에 있고 장안(長安)으로부터 만리나 떨어져 있는데 어떠하였겠는가?

악어들이 여기에 잠복하여 알을 낳고 새끼를 기르는 것은 정말로 적당한 장소라 할 것이다. 지금 천자께서는 당나라 제위(帝位)를 계승하시어 신령스럽고 성인다우시며 자애롭고 용맹스러우시니, 온 세상 밖과 온 천하를 모두 달래어 잘 다스리고 계시다. 하물며 우(禹)의 발자국이 덮였었던 양주(楊州)에 가까운 고장이며, 자사(刺史)와 현령이 다스리는 곳으로써 공물(貢物)과 세금을 바치어 하늘과 땅의 신과 종묘(宗廟)와 온갖 신들을 제사지내도록 하는 땅이야 잘 다스리지 않겠는가? 악어는 자사와 함께 이 땅에 섞여 지낼 수가 없는 것이다.

자사는 천자의 명을 받들어 이 땅을 지키고 이곳 백성을 다스리는 사람이다. 그런데 악어가 눈을 부릅뜨고 계곡과 호수를 불안하게 하며 그곳을 근거로 백성들의 가축과 곰・멧돼지・사슴・노루를 잡아먹고 그의 몸을 살찌우고 그의 자손들을 불리면서, 자사에게 항거하여 우두머리 자리를 다투고 있다.

자사가 비록 우둔하고 약하다 하더라도 또한 어찌 악어에게 머리를 숙이고 기가 죽어서 두려워하며 가는 눈으로 바라보기만 하면서, 백성들의 관장(官長)이 되어가지고 여기에 구차히 살아가려 하겠는가? 또한 천자의 명을 받들어 이곳 관장으로 부임해 온 것이니, 진실로 그 형세가 악어에게 분별을 지어주지 않을 수가 없게 되어 있는 것이다. 악어도 지각이 있다면 자사의 말을 잘 듣도록 하라!

조주는 남쪽에 큰 바다가 있어서 고래나 붕(鵬)새 같은 큰 물건과 새우나 게 같은 미세한 물건들도 모두 받아들여 의지하여 살게 함으로써 그들이 살아가고 새끼를 기르게 하고 있다. 그런데 악어가 거기에서 아침에 출발하여 저녁에는 조주로 오고 있다. 지금 악어에게 엄명하노니, 3일이 다하기 전에 추악한 너의 무리들을 이끌고 남쪽 바다로 옮겨가서 천자의 명을 받은 관리를 피하도록 하라.

3일 안에 못하겠다면 5일이 되도록 참아주마. 5일 안에 못하겠다면 7일까지는 참아주마. 그러나 7일 안에도 못하겠다면 이는 끝내 옮겨가려 들지 않는 것이며, 이는 자사를 무시하고 그의 말을 따르지 않으려는 것이다. 그렇지 않다면 곧 악어가 어리석고 완고하며 신령스럽지 못하여 자사가 비록 말한다 하더라도 듣지도 못하고 알지도 못하는 것일 것이다.

어떻든 천자의 명을 받은 관리에게 오만히 굴며 그의 말을 듣지 않고 옮겨 피해가지 않으며, 우매하고 완고하며 신령스럽지 못해서 백성들과 만물에 해를 끼치는 것들은 모두 죽여야만 되겠다. 자사는 곧 재능이 있는 관리와 백성들을 골라 억센 활과 독화살로써 악어를 공격하여 반드시 모두 죽여버리고야 말 것이니, 후회하는 일 없도록 하라!

원문 昔先王이 旣有天下하시고 列山澤하며 ①罔繩擉刃으로 以除
석선왕 기유천하 열산택 망승착인 이제

蟲蛇惡物의 爲民害者하여 驅而出之四海之外라. 及後王이 德薄
충 사 악 물　위 민 해 자　　구 이 출 지 사 해 지 외　　급 후 왕　　덕 박

不能遠有니 則②江漢之間도 尙皆棄之하여 以與蠻夷楚越이어늘
불 능 원 유　즉　강 한 지 간　　상 개 기 지　　이 여 만 이 초 월

況③潮는 嶺海之間으로 去京師萬里哉아?
황 조　　영 해 지 간　　거 경 사 만 리 재

④鰐魚之涵淹卵育於此가 亦固其所라. 今天子嗣唐位하사 神
악 어 지 함 엄 난 육 어 차　역 고 기 소　　금 천 자 사 당 위　　신

聖慈武하사 四海之外와 ⑤六合之内를 皆撫而有之라. 況禹跡
성 자 무　　사 해 지 외　　육 합 지 내　　개 무 이 유 지　　황 우 적

所⑥撝揚州之近地의 刺史縣令之所治요 出貢賦以供天地宗廟百
소　암 양 주 지 근 지　자 사 현 령 지 소 치　　출 공 부 이 공 천 지 종 묘 백

神之祀之壤者哉아? 鰐魚其不可與刺史로 雜處此土也니라.
신 지 사 지 양 자 재　　악 어 기 불 가 여 자 사　　잡 처 차 토 야

刺史受天子命하며 守此土治此民이어늘 而鰐魚⑦睅然不安溪
자 사 수 천 자 명　　수 차 토 치 차 민　　이 악 어　한 연 불 안 계

潭하고 據食民畜熊豕鹿獐하여 以肥其身하며 以種其子孫하여 與
담　거 식 민 축 웅 시 록 장　　이 비 기 신　　이 종 기 자 손　　여

刺史亢拒하여 爭爲⑧長雄이라.
자 사 항 거　　쟁 위　장 웅

刺史雖駑弱이나 亦安肯爲鰐魚低首⑨下心하고 ⑩伈伈睍睍하여
자 사 수 노 약　　역 안 긍 위 악 어 저 수　하 심　　심 심 현 현

爲民吏差以偸活於此邪아? 且承天子命하여 以來爲吏하니 固其
위 민 리 차 이 투 활 어 차 야　차 승 천 자 명　　이 래 위 리　　고 기

勢가 不得不與鰐魚⑪辨이라. 鰐魚有知어든 其聽刺史言하라.
세　부 득 불 여 악 어　변　　악 어 유 지　　기 청 자 사 언

潮之州는 大海在其南하여 ⑫鯨鵬之大와 蝦蟹之細라도 無不
조 지 주　　대 해 재 기 남　　경 붕 지 대　　하 해 지 세　　무 불

⑬容歸하여 以生以養이라. 鰐魚朝發而夕至也라. 今與鰐魚約하노
용 귀　　이 생 이 양　　악 어 조 발 이 석 지 야　　금 여 악 어 약

니 盡三日토록 其率醜類하고 南徙于海하여 以避天子之命吏하라.
진 삼 일　기 솔 추 류　　남 도 우 해　　이 피 천 자 지 명 리

三日不能이어든 至五日이오 五日不能이어든 至七日이라. 七日
삼 일 불 능　　지 오 일　　오 일 불 능　　지 칠 일　　칠 일

不能이면 是終不肯徙也요 是不有刺史하여 聽從其言也라. 不然
불능　　　시종불긍사야　　시불유자사　　　청종기언야　　　불연

이면 則是鱷魚⑭冥頑不靈하여 刺史雖有言이나 不聞不知也라.
즉시악어　명완불령　　　자사수유언　　　불문부지야

夫傲天子之命吏하고 不聽其言하여 不徙以避之하며 與冥頑不
부오천자지명리　　　불청기언　　　불사이피지　　　여명완불

靈하여 而爲民物害者는 皆可殺이라. 刺史則選材技吏民하여 操
령　　　이위민물해자　　개가살　　　자사즉선재기리민　　　조

强弓毒矢하여 以與鱷魚從事하여 必盡殺乃止리니 其無悔하라.
강궁독시　　　이여악어종사　　　필진살내지　　　기무회

주해　① 罔繩擉刃(망승착인)－그물과 올가미와 작살과 칼. 모두 동물을 잡는
데 쓰는 도구들.

② 江漢(강한)－지금의 장강(長江)과 그 지류인 한수.

③ 潮(조)－조주(潮州). 지금의 광동성(廣東省)에 있던 고을 이름. ㅇ嶺海(영
해)－흥안령(興安嶺)과 바다. 조주는 이른바 영남의 바닷가에 있었다.

④ 鱷魚(악어)－조주의 악계(惡溪)에 살면서 가축과 농산물을 먹어치워 백성
들을 못살게 했다는 물속에 사는 동물 이름. ㅇ涵淹(함엄)－잠복하여 있
는 것.

⑤ 六合(육합)－동서남북 사방과 하늘·땅.

⑥ 揜(암)－손으로 가리는 것. 덮는 것. ㅇ揚州(양주)－옛 구주(九州)의 하나
로 남쪽의 강소(江蘇)·안휘(安徽)·강서(江西)·절강(浙江)·복건(福建)
지방이 이에 속하였다.

⑦ 睅然(한연)－눈을 부릅뜬 모양.

⑧ 長雄(장웅)－우두머리로서 뛰어난 사람.

⑨ 下心(하심)－마음으로 풀이 죽는 것. 기가 죽는 것.

⑩ 伈伈(심심)－두려워하는 모양. ㅇ睍睍(현현)－두려워서 눈을 제대로 뜨지
못하는 모양.

⑪ 辨(변)－분별을 지어 주는 것.

⑫ 鯨鵬(경붕)－고래와 붕새.《장자(莊子)》소요유(逍遙遊)편에 보면, 북극해

에 곤(鯤)이라는 큰 물고기가 있는데, 이 고기가 붕(鵬)으로 변하여 한번
에 남극해까지 날아간다 하였다.

⑬ 容歸(용귀) - 용납하고 귀의하게 하다. 받아들여주고 의지하며 살게 하다.

⑭ 冥頑(명완) - 어둡고 완고하다.

(해설) 이 글은 한유가 원화(元和) 30년(819)에 광동성(廣東省) 조주(潮州)
로 귀양가서 지은 것이다. 작자가 조주자사(潮州刺史)로 부임하니 그곳
사람들이 악계(惡溪)에 악어(鰐魚)라는 놈이 살고 있는데, 가축과 농산물
을 수시로 나와 먹어치워 살 수가 없다고 호소하는 것이었다.

한유는 곧 아랫사람들에게 한 마리의 양과 한 마리의 돼지를 잡아 악
계에 던져주어 악어에게 먹게 하는 이 글을 지었다 한다. 이 글을 지어
물에 던지자, 그날 저녁 폭풍이 불고 우레가 악계 가운데서 일어나며 수
일이 지나자 물이 모두 말라 서쪽으로 60리나 땅이 생겨나고, 이로부터
악어의 해가 없어졌다 한다.

유주나지묘비(柳州羅池廟碑)

한유(韓愈)

　나지묘란 전 자사(刺史) 유종원(柳宗元)의 묘이다. 유종원은 유주자사(柳州刺史)가 되어 그곳 백성들을 촌스럽다 보지 않고 예법(禮法)으로 감동시켰다. 3년이 되자 백성들은 각자 긍지를 갖고 분발하여 말하였다.
　"이 고장은 비록 장안으로부터 멀리 떨어져 있으나 우리도 역시 하늘의 백성이다. 지금 하느님께서 다행스럽게도 어진 자사를 보내주셨으니, 만약 잘 교화받고 복종하지 않는다면 우리는 사람이 아니라 할 것이다."
　이에 늙은이나 젊은이들이 서로 가르치고 말해주고 하여 자사의 명령을 어기지 않도록 하였다. 그 고장이나 또는 그들 집안에 어떤 행사가 있을 적에는 모두들 말하기를,
　"우리 자사께서 들으시고 그분 뜻에 맞지 않는 점은 없겠는가?"
라고 하면서, 모든 일을 잘 헤아린 연후에야 일을 행하였다. 언제나 명령의 기일이 되면 백성들이 서로 권하여 기일을 지키도록 하니, 기일에 뒤지거나 앞서는 일도 없이 반드시 그 시기를 지켰다.
　이에 백성들의 하는 일에는 법도가 있게 되고 관청에는 밀린 조세(租稅)가 없었으며, 떠돌아다니던 사람들도 사방에서 돌아와 생활을 즐기며 생업을 발전시켰다. 가옥은 새로운 집들이 세워지고 나루터에는 새로운 배가 떠있게 되었으며, 연못과 정원들이 깨끗이 수리되었다. 돼지와 소, 오리와 닭이 살지고 잘 번식하였으며, 자식은 엄격하고 아버지는 바르게

가르치며, 부인은 순종하고 남편은 옳게 지시하게 되었다. 시집가고 장가들고 장사지내는 일들에 모두 법식이 있게 되었고, 나가서는 서로 위해 주고 공경하며 들어와서는 서로 사랑하고 효도를 다하였다.

전에는 백성들이 가난하여 남녀들이 서로 저당잡히고 오래되어도 돈을 물지 못하면 모두가 종이 되어버리는 게 예사였다. 우리 자사께서 부임하시자, 나라의 옛 법도를 따라 일해 준 것으로써 본전을 공제하도록 하고 모두 빼앗아 돌려보내 주었다. 공자묘(孔子廟)를 크게 수리하고 성곽과 도로를 모두 잘 다스리어 반듯하게 만들고, 거기에 유명한 나무들을 심게 하니 유주의 백성들이 모두 즐거워하고 기뻐했다.

일찍이 그의 부장(部將)인 위충(魏忠)·사영(謝寧)·구양익(歐陽翼)과 함께 역정(驛亭)에서 술을 마시다가 그들에게 말하였다.

"나는 시국에 버림을 받아 이곳에 기착(寄着)하여 그대들과 잘 지내게 되었다. 내년에는 내가 죽을 것인데, 죽은 뒤에 신(神)이 될 것이니 3년 뒤에 묘(廟)를 짓고 나를 제사지내도록 하시오"

기일이 되자 그는 죽었고, 3년 뒤 첫 가을 신묘(辛卯)날에 유종원의 신이 유주의 후당(後堂)에 내리어, 구양익 등이 보고서 절을 하였다. 그날 저녁 구양익의 꿈에 나타나 말하였다.

"나의 묘를 나지(羅池)에 지어 주시오!"

그달 병진(丙辰)날 묘가 이루어져 큰 제사를 지냈다. 과객인 이의(李儀)라는 사람이 술에 취하여 묘당 위에서 함부로 굴다가 병이 났는데, 묘문 밖으로 메어내자마자 곧 죽어버렸다. 그 다음해 봄에 위충과 구양익이 사영으로 하여금 장안으로 가서 그 일들을 돌에 새겨주기를 요청했다.

내 생각으로는 유종원은 살아서 그곳 백성들에게 은택을 미치고, 죽어서는 사람들에게 화와 복을 내려주며 그들을 놀라게 함으로써 그 땅에서 제사를 받게 되었으니 신령스럽다 할 수 있을 것 같다. 신을 마중하고 전송하는 시를 지어 유주 백성들에게 주어 노래하면서 제사지내도록 하고,

아울러 이를 비석에 새기도록 하는 바이다. 유종원은 하동(河東) 사람이고, 이름은 종원이고, 자는 자후(子厚)이다. 현명하고 글을 잘 지었으며, 일찍이 조정에 벼슬하여 빛나는 위치에 있었으나 뒤에는 버림을 받아 등용되지 않았다. 그 시는 다음과 같다.

여지(荔支)는 빨갛고 바나나는 노란데,
안주와 채소 음식 섞어 자사의 묘당에 올리네.
자사가 타고 오시는 배엔 두 폭 깃발 꽂혀 있는데,
물 한가운데까지 건너와서는 바람 때문에 머무르네.
자사님 기다려도 오시지 않으니 우리 슬픔을 아시지 못하는 듯
하네.
자사님께서 망아지 타고 묘 안으로 들어오시니,
우리 백성들 위로받아 상 찡그리지 않고 모두 웃네.
산기슭엔 거위 놀고 물 가엔 버드나무 늘어섰으며,
계수나무엔 이슬 맺혀 있고 흰 돌들 대굴대굴거리고 있네.
자사께서 아침에 나가 노시다가 저녁에 돌아오시는데,
봄에는 원숭이와 더불어 시 읊고 가을에는 학과 더불어 날아다니
시네.
북쪽 조정의 사람들은 자사에 대한 시비가 많으나,
천년 만년토록 자사께서 우리를 버리지 않으시기를!
우리에게 복을 주고 우리를 오래 살게 하시며,
악한 귀신들은 산 저쪽으로 쫓아내시네.
낮은 곳도 습기로 인한 고통 없고 높은 곳은 메마름이 없으며,
메벼와 찰벼가 들에 가득 차고 뱀과 교룡(蛟龍)은 몸을 사리어
숨네.
우리 백성들 제사지내 보답하는 일 게을리하지 않으니,
지금 이 일 시작되었지만 대대로 후세들도 계속 공경하리라.

(원문) ①羅池廟者는 故刺史②柳侯廟也라. 柳侯爲州에 不鄙夷其民
나 지 묘 자　고 자 사　유 후 묘 야　유 후 위 주　불 비 이 기 민

하고 動以禮法이라. 三年에 民各自③矜奮曰；玆土雖遠京師나
동 이 예 법　　삼 년　민 각 자　긍 분 왈　자 토 수 원 경 사

吾等亦天氓이라. 今天幸惠仁侯하시니 若不化服이면 我則非人이라.
오 등 역 천 맹　　금 천 행 혜 인 후　　약 불 화 복　　아 즉 비 인

於是에 老少相敎語하여 莫違侯令이라. 凡有所爲於其鄕閭及
어 시　노 소 상 교 어　　막 위 후 령　　범 유 소 위 어 기 향 려 급

於其家면 皆曰；吾侯聞之에 得無不可於意否아하야 莫不④忖
어 기 가　개 왈　오 후 문 지　득 무 불 가 어 의 부　　　막 불　촌

度而後從事라. 凡令之期를 民勸趨之하여 無有後先이오 必以其
탁 이 후 종 사　범 령 지 기　민 권 추 지　　무 유 후 선　　필 이 기

時라.
시

於是에 ⑤民業有經하고 公無⑥負租하여 ⑦流逋四歸하여 樂生興
어 시　민 업 유 경　　공 무　부 조　　유 포 사 귀　　낙 생 흥

事라. 宅有新屋하며 ⑧步有新船하고 池園潔修하여 猪牛鴉鷄가
사　택 유 신 옥　　보 유 신 선　　지 원 결 수　　저 우 아 계

肥大蕃息이오 子嚴父詔하며 婦順夫指라. 嫁娶葬祭가 各有條
비 대 번 식　자 엄 부 조　　부 순 부 지　　가 취 장 제　각 유 조

法하고 出相⑨弟長하며 入相慈孝라.
법　　출 상　제 장　　입 상 자 효

先時民貧하여 以男女相⑩質하여 久不得贖이면 盡⑪沒爲隷라.
선 시 민 빈　이 남 녀 상　질　　구 부 득 속　　진　몰 위 례

我侯之至에 按國之⑫故하여 ⑬以傭除本하고 悉奪歸之라. 大脩孔
아 후 지 지　안 국 지　고　　이 용 제 본　　실 탈 귀 지　대 수 공

子廟하고 城郭巷道를 皆治使端正하고 樹以名木하니 柳民旣皆
자 묘　성 곽 항 도　개 치 사 단 정　　수 이 명 목　　유 민 기 개

悦喜라.
열 희

嘗與其部將魏忠·謝寧·歐陽翼으로 飮酒⑭驛亭할새 謂曰；
상 여 기 부 장 위 충　사 령　구 양 익　음 주　역 정　　위 왈

吾棄於時而寄於此하여 與⑮若等好也라. 明年吾將死라. 死而爲
오 기 어 시 이 기 어 차　　여　약 등 호 야　명 년 오 장 사　사 이 위

神하리니 後三年爲廟祀我하라.
신   후삼년위묘사아

及期而死하고 三年孟秋辛卯에 侯降于州之後堂하니 歐陽翼等
급 기 이 사   삼 년 맹 추 신 묘   후 강 우 주 지 후 당   구 양 익 등

이 見而拜之라. 其夕夢翼而告之曰 : ⑯舘我於羅池하라.
견 이 배 지   기 석 몽 익 이 고 지 왈   관 아 어 나 지

其月⑰景辰에 廟成大祭할새 過客李儀醉酒하여 侮慢堂上이라가
기 월 경 진   묘 성 대 제   과 객 리 의 취 주   모 만 당 상

得疾扶出廟門卽死라. 明年春에 魏忠·歐陽翼이 使謝寧으로 來
득 질 부 출 묘 문 즉 사   명 년 춘   위 충 구 양 익   사 사 영   내

京師하여 請書其事于石이라.
경 사   청 서 기 사 우 석

余謂柳侯가 生能澤其民하고 死能驚動禍福之하여 以食其土하
여 위 유 후   생 능 택 기 민   사 능 경 동 화 복 지   이 식 기 토

니 可謂靈也已로다. 作⑱迎享送神詩하여 遺柳民하여 俾歌以祀焉
가 위 령 야 이   작 영 향 송 신 시   유 유 민   비 가 이 사 언

하고 而幷刻之하노라. 柳侯河東人이니 諱宗元이오 字子厚라. 賢
이 병 각 지   유 후 하 동 인   휘 종 원   자 자 후   현

而有文章하고 嘗位於朝하여 光顯矣러니 已而⑲擯不用하니라. 其
이 유 문 장   상 위 어 조   광 현 의   이 이 빈 불 용   기

辭曰 ;
사 왈

⑳荔子丹兮蕉黃하니 雜㉑肴蔬兮進侯堂이라.
여 자 단 혜 초 황   잡 효 소 혜 진 후 당

侯之船兮㉒兩旗니 度中流兮風泊之라.
후 지 선 혜 양 기   도 중 류 혜 풍 박 지

待侯不來兮여 不知我悲로다.
대 후 불 래 혜   부 지 아 비

侯乘駒兮入廟하니 慰我民兮不㉓嚬以笑라.
후 승 구 혜 입 묘   위 아 민 혜 불 빈 이 소

鵝之山兮柳之水는 桂樹㉔團團兮여 白石㉕齒齒라.
아 지 산 혜 유 지 수   계 수 단 단 혜   백 석 치 치

侯朝出遊兮여 暮來歸하니
후 조 출 유 혜   모 래 귀

春與猿吟兮여 秋鶴與飛로다.
춘 여 원 음 혜　　추 학 여 비

㉖北方之人兮여 爲侯是非나
　북 방 지 인 혜　　위 후 시 비

千秋萬歲兮여 侯無我違라.
천 추 만 세 혜　　후 무 아 위

福我兮壽我하니 驅㉗厲鬼兮山之左라.
복 아 혜 수 아　　구　려 귀 혜 산 지 좌

下無苦濕兮여 高無乾하니
하 무 고 습 혜　　고 무 건

㉘秔稌充羨兮여 蛇蛟結蟠이로다.
　갱 도 충 선 혜　　사 교 결 반

我民報事兮無怠하니 其始自今兮여 ㉙欽于世世로다.
아 민 보 사 혜 무 태　　기 시 자 금 혜　　흠 우 세 세

주해　① 羅池(나지)—유주(柳州)에 있는 못 이름. 뒤에 이곳에 유주자사(柳州刺史)를 지낸 유종원(柳宗元)을 제사지내는 묘(廟)를 세웠다.

② 柳侯(유후)—유종원을 가리킴. 그는 원화(元和) 10년(815)에 유주자사가 되었다. 유주는 지금의 광서성(廣西省)에 있던 고을 이름.

③ 矜奮(긍분)—긍지를 갖고 분발하는 것.

④ 忖度(촌탁)—마음속으로 헤아리는 것.

⑤ 民業有經(민업유경)—백성들의 업무에 법도가 있는 것.

⑥ 負租(부조)—밀린 조세. 내지 못하고 있는 세금.

⑦ 流逋(유포)—딴 고장으로 도망쳐 떠돌아다니는 사람들.

⑧ 步(보)—나루터.

⑨ 弟長(제장)—아랫사람을 잘 돌보아주고 윗사람을 잘 받드는 것.

⑩ 質(지)—저당물. 저당으로 잡히는 것.

⑪ 沒爲隷(몰위례)—호적에서 빼어 노예로 삼다. 종으로 삼다.

⑫ 故(고)—옛 습관. 옛 법도

⑬ 以傭除本(이용제본)—일해준 것으로써 본전을 제하다.

⑭ 驛亭(역정)—옛날 역마제도에는 5리마다 단정(短亭), 10리마다 장정(長亭)이 있었다.

⑮ 若等(약등)-그대들.

⑯ 舘(관)-집을 짓다. 묘를 짓다.

⑰ 景辰(경진)-병진(丙辰). 당나라 때에는 병(丙)자를 휘(諱)하여 경(景)자로 썼다.

⑱ 迎享(영향)-신을 마중하여 제사를 모시는 것.

⑲ 擯(빈)-버림받다. 내쳐지다.

⑳ 荔子(여자)-여지(荔枝). 남방에 나는 과일 이름. ㅇ蕉(초)-향초(香蕉). 바나나. 역시 남쪽에 나는 과일 이름. 모두 제물로 바친 것임.

㉑ 肴蔬(효소)-육류로 만든 제물과 채소로 만든 제물.

㉒ 兩旗(양기)-두 개의 깃발. 옛날 남쪽 지방의 풍습이었다 한다.

㉓ 嚬(빈)-상을 찡그리는 것.

㉔ 團團(단단)-이슬이 방울방울 맺혀 있는 모양.

㉕ 齒齒(치치)-돌이 늘어서 있는 모양. 돌이 대굴대굴거리는 모양.

㉖ 北方之人(북방지인)-북쪽 장안(長安)의 조정 사람들.

㉗ 厲鬼(여귀)-사람들에게 병을 주거나 해를 끼치는 귀신들.

㉘ 秔稌(갱도)-메벼와 찰벼. ㅇ充羨(충선)-넘쳐흐르다. 넘쳐나다.

㉙ 欽(흠)-공경하다.

(해설) 유종원은 원화 10년(815), 유주자사(柳州刺史)로 가서 원화 14년에 세상을 떠났다. 그는 남쪽 먼 고장 유주의 자사로서 훌륭한 정치를 하여 그가 죽은 뒤 유주 사람들은 나지(羅池)란 곳에 그의 묘를 세우고 그를 제사지냈다.

유종원은 죽기 전에 사람들에게 자기의 죽음을 예언하고 자신의 묘를 나지에 짓고 제사지내 줄 것을 부탁했다는 전설 같은 얘기가 전한다.

한유는 그 시대 고문운동(古文運動)의 동지로서 유종원의 생전의 업적을 기리는 한편 죽어서도 신이 되어 영험을 발휘하는 그의 위대함을 칭송하는 비문(碑文)을 짓고 있는 것이다. 이 글은 보통 비문과는 다른 형식을 지닌 빼어난 문장이다. 특히 초사체(楚辭體)를 활용한 끝머리의 송사(頌辭)는 더욱 음미할 만한 글이다.

송맹동야서(送孟東野序)

한유(韓愈)

대개 만물은 평정(平靜)을 얻지 못하면 소리를 내게 된다. 초목은 소리가 없으나 바람이 흔들면 소리를 내게 되며, 물은 소리가 없으나 바람이 움직이면 소리를 내게 된다. 물이 뛰어오르는 것은 바위 같은 곳에 부딪쳤기 때문이며, 물이 세차게 흐르는 것은 한 곳에서 물결을 막기 때문이며, 물이 펄펄 끓어오르는 것은 불로 데우기 때문이다. 쇠나 돌은 소리가 없으나 치면 소리를 낸다. 사람이 말하는 데 있어서도 이와 같으니, 부득이한 일이 있은 뒤에야 말을 하게 된다. 노래를 하는 것은 생각이 있기 때문이며, 우는 것은 회포가 있기 때문이다.

음악이라는 것은 가슴속이 막혀 답답할 때 밖으로 새어 나오는 것이며, 소리를 잘 내는 것을 선택하여 이것을 빌려서 소리를 내게 된다. 쇠[金]·돌[石]·실[絲]·대[竹]·박[匏]·흙[土]·가죽[革]·나무[木] 등 여덟 가지 악기를 만드는 데 쓰이는 자료들은 만물 가운데 소리를 잘 내는 것들이다.

자연의 계절에 있어서도 역시 그러하니, 소리를 잘 내는 것을 선택하여 그것을 빌려서 소리를 내게 된다. 그러므로 새를 실려 봄의 소리를 내고, 우레를 빌려 여름의 소리를 내고, 벌레를 빌어 가을의 소리를 내며, 바람을 빌어 겨울의 소리를 낸다. 사계절이 서로 바뀌어 나타나는 현상은, 반드시 그 평정을 얻지 못했기 때문일 것이다.

이는 사람에게 있어서도 마찬가지이다. 사람의 소리 가운데 정묘(精妙)한 것이 언어이며, 문장의 표현은 언어 가운데에서도 더욱 정묘한 것이다. 그 중에서도 더욱 소리를 잘 내는 것을 선택하여 이를 빌려서 소리를 내게 된다.

당요(唐堯)·우순(虞舜)시대에는 고요(咎陶)와 우(禹)가 소리를 잘 내는 사람들이어서 그들을 빌려 소리를 냈다. 기(夔)는 문사(文辭)로써 소리를 내지는 못했으나 스스로 소(韶)를 빌려서 소리를 냈다. 하(夏)나라 때에는 오자(五子)가 노래를 불러 소리를 냈다. 이윤(伊尹)은 은(殷)나라에서 소리를 냈고, 주공(周公)은 주(周)나라에서 소리를 냈다.

무릇 《시(詩)》·《서(書)》등 육예(六藝)에 실린 것들은 모두 소리를 잘 낸 것들이다. 주(周)나라가 쇠퇴해지자 공자(孔子)의 무리들이 소리를 냈는데 그 소리는 크게 멀리 들렸다. 옛 서적에 '하늘이 장차 선생을 목탁(木鐸)으로 삼으려 하는구나!'라고 하였는데도 믿지 못하겠는가!

주(周)나라 말엽에 이르러서는 장주(莊周)가 황당한 문사로써 초(楚)나라에서 소리를 내었다. 초나라는 큰 나라였는데 망할 무렵이 되어 굴원(屈原)이 소리를 냈다. 장손진(臧孫辰)·맹가(孟軻)·순경(荀卿)은 도(道)로써 소리를 낸 자들이고, 양주(楊朱)·묵적(墨翟)·관이오(管夷吾)·안영(晏嬰)·노담(老聃)·신불해(申不害)·한비(韓非)·신도(愼到)·전변(田騈)·추연(鄒衍)·시교(尸佼)·손무(孫武)·장의(張儀)·소진(蘇秦)의 무리들은 모두 술법(術法)으로써 소리를 냈다,

진(秦)나라가 흥성하자 이사(李斯)가 소리를 냈으며, 한(漢)나라 때에는 사마천(司馬遷)·사마상여(司馬相如)·양웅(揚雄)이 가장 소리를 잘 낸 자들이다.

그후, 위(魏)·진(晉)시대에는 소리를 내는 자들이 옛날 사람들에 미치지 못했지만, 또한 아직 끊어지지는 않았다. 그 가운데 괜찮은 것들도 그 소리는 맑지만 경박하고, 그 음절은 빠르고 급하며, 그 문사는 음란하고 슬프며, 그 뜻은 느슨하고도 방자하며, 그 표현은 난잡하고 문채가 없었

으니, 하늘이 그 덕을 추하게 여겨 돌보지 않은 때문이었는가? 무엇 때문에 소리를 잘 내는 자들로 하여금 소리를 내게 하지 않았는가!

당(唐)나라가 천하를 장악하고 나서는 진자앙(陳子昻)·소원명(蘇源明)·원결(元結)·이백(李白)·두보(杜甫)·이관(李觀) 등이 모두 자신이 잘하는 것으로써 소리를 내었다.

현재 살아 있으면서 아랫자리에 있는 사람으로 동야(東野) 맹교(孟郊)가 비로소 시로써 소리를 내었다. 그는 위(魏)·진(晉)시대 사람들보다 훨씬 뛰어나며, 게을리하지 않으면 옛사람들의 수준에 미칠 수 있겠고, 그밖의 작품들은 한(漢)나라의 문풍(文風)에 젖어 있다. 나에게서 배운 자들로서 이고(李翶)와 장적(張籍)이 가장 뛰어나다. 이 세 사람의 소리는 진실로 훌륭하다.

그런데, 하늘이 장차 그들의 소리를 온화하게 하여 국가의 성대함을 소리내게 할 것인지, 아니면 장차 그들 자신을 가난하고 굶주리게 하고 그들의 마음을 근심스럽게 하여 그 불행을 스스로 소리내게 할 것인지 모르겠다. 이 세 사람의 운명은 하늘에 달려 있는 것이니, 윗자리에 있다고 해서 어찌 기뻐하겠으며 아랫자리에 있다고 해서 어찌 슬퍼하겠는가.

동야(東野)가 강남(江南)에 근무하러 떠나면서 즐거워하지 않는 것 같아서, 내가 그의 운명이 하늘에 달려 있다고 말하여 이를 풀어 주려고 하는 것이다.

원문 大凡物不得其平則鳴이라. 草木之無聲을 風撓之鳴하며 水
대범물부득기평즉명   초목지무성   풍요지명   수

之無聲을 風①蕩之鳴이라. 其躍也或激之하며 ②其趨也或梗之하
지무성   풍 탕지명   기 약 야 혹 격 지   기 추 야 혹 경 지

며 其沸也或③炙之라. 金石之無聲을 或擊之鳴이라. 人之於言也
기비야혹 자지   금석지무성   혹격지명   인지어언야

亦然하여 有不得已者而後言이라. 其謌也有思하며 其④哭也有
역연   유부득이자이후언   기 가 야 유 사   기 곡 야 유

⑤懷라. 凡出乎口而爲聲者가 其皆有弗平者乎인저!
회   범출호구이위성자   기개유불평자호

樂也者는 鬱於中而泄於外者也라. 擇其善鳴者而假之鳴하니
악야자   울어중이설어외자야   택기선명자이가지명

⑥金石絲竹匏土革木八者는 物之善鳴者也라.
금석사죽포토혁목팔자   물지선명자야

維天之於時也亦然하여 擇其善鳴者而假之鳴이라. 是故로 以
유천지어시야역연   택기선명자이가지명   시고   이

鳥鳴春하며 以雷鳴夏하며 以蟲鳴秋하며 以風鳴冬이라. ⑦四時之
조명춘   이뢰명하   이충명추   이풍명동   사시지

相推奪이 其必有不得其平者乎인저!
상추탈   기필유부득기평자호

其於人也亦然이라. 人聲之精者爲言이오 文辭之於言에 又其精
기어인야역연   인성지정자위언   문사지어언   우기정

者也라. 尤擇其善鳴者而假之鳴이라.
자야   우택기선명자이가지명

其在於⑧唐虞엔 ⑨咎陶·禹가 其善鳴者也어늘 而假之以鳴이
기재어 당우   고요 우   기선명자야   이가지이명

라. ⑩夔弗能以文辭鳴일새 又自假於⑪韶以鳴이라. 夏之時엔 ⑫五
라 기불능이문사명   우자가어 소이명   하지시   오

子以其歌鳴이라. ⑬伊尹鳴殷하고 ⑭周公鳴周라.
자이기가명   이윤명은   주공명주

凡載於⑮詩書六藝가 皆鳴之善者也라. 周之衰에 孔子之徒鳴
범재어 시서육예   개명지선자야   주지쇠   공자지도명

之하여 其聲大而遠이라. ⑯傳曰; ⑰天將以夫子爲木鐸이라하니 其
지   기성대이원   전왈   천장이부자위목탁   기

弗信矣乎아?
불신의호

其末也에 ⑱莊周以其荒唐之辭로 鳴於楚라. 楚大國也니라 其
기말야   장주이기황당지사   명어초   초대국야   기

亡也에 以⑲屈原鳴이라. ⑳臧孫辰·孟軻·荀卿은 以道鳴者也요
망야   이 굴원명   장손진 맹가 순경   이도명자야

㉑楊朱·墨翟·管夷吾·晏嬰·老聃·申不害·韓非·愼到·
양주 묵적 관이오 안영 노담 신불해 한비 신도

田騈·鄒衍·尸佼·孫武·張儀·蘇秦之屬은 皆以其術鳴이라.
전 변 추 연 시 교 손 무 장 의 소 진 지 속 개 이 기 술 명

秦之興에 ㉒李斯鳴之하고 漢之時에 ㉓司馬遷·相如·揚雄이
진 지 흥 이 사 명 지 한 지 시 사 마 천 상 여 양 웅

最其善鳴者也라.
최 기 선 명 자 야

其下魏晉氏는 鳴者不及於古나 然亦未嘗絶也라. 就其善鳴者
기 하 위 진 씨 명 자 불 급 어 고 연 역 미 상 절 야 취 기 선 명 자

라도 其聲㉔淸以浮하며 其節㉕數以急하며 其辭㉖淫以哀하며 其志
기 성 청 이 부 기 절 삭 이 급 기 사 음 이 애 기 지

㉗弛以肆라. 其爲言也가 ㉘亂雜而無章하니 將天醜其德하여 莫之
이 이 사 기 위 언 야 난 잡 이 무 장 장 천 추 기 덕 막 지

顧邪아? 何爲乎不鳴其善鳴者也오?
고 야 하 위 호 불 명 기 선 명 자 야

唐之有天下에 ㉙陳子昻·蘇源明·元結·李白·杜甫·李觀
당 지 유 천 하 진 자 앙 소 원 명 원 결 이 백 두 보 이 관

이 皆以其所能鳴이라.
개 이 기 소 능 명

其存而在下者㉚孟郊東野가 始以其詩鳴하니 其高出晉魏하여
기 존 이 재 하 자 맹 교 동 야 시 이 기 시 명 기 고 출 진 위

不懈而及於古요 其他㉛浸淫乎漢氏矣라. 從吾游者는 ㉜李翶·張
불 해 이 급 어 고 기 타 침 음 호 한 씨 의 종 오 유 자 이 고 장

籍이 其尤也라. 三子者之鳴이 信善鳴矣라.
적 기 우 야 삼 자 자 지 명 신 선 명 의

㉝抑不知天將和其聲하여 而使鳴國家之盛邪아? 抑將窮餓其身
억 부 지 천 장 화 기 성 이 사 명 국 가 지 성 야 억 장 궁 아 기 신

하며 思愁其心腸하여 而使自鳴其不幸耶아? 三子者之㉞命則懸
사 수 기 심 장 이 사 자 명 기 불 행 야 삼 자 자 지 명 즉 현

乎天矣라. 其在上也奚以喜며 其在下也奚以悲리오?
호 천 의 기 재 상 야 해 이 희 기 재 하 야 해 이 비

東野之㉟役於江南也에 有若不㊱懌然者라. 故로 吾㊲道其命於
동 야 지 역 어 강 남 야 유 약 불 역 연 자 고 오 도 기 명 어

天者하여 以解之하노라.
천 자 이 해 지

주해 ① 蕩(탕)-동(動), 곧 움직인다는 뜻.

② 其趨也或梗之(기추야혹경지)-물이 급히 세차게 흐르는 것은 한 곳을 막아 물의 흐름이 몰리기 때문이다. 추(趨)는 급(急), 빠를 질(疾)의 뜻. 경(梗)은 막는다는 뜻.

③ 炙(자)-굽다. 여기서는 불로 데운다는 뜻.

④ 哭(곡)-슬퍼서 큰 소리를 내며 욺.

⑤ 懷(회)-품고 있는 생각. 회포.

⑥ 金石絲竹匏土革木(금석사죽포토혁목)-모두 악기를 만드는 자료. 금(金)은 쇠붙이, 석(石)은 돌, 사(絲)는 현악기를 만드는 실, 죽(竹)은 대, 포(匏)는 표주박, 또는 박, 토(土)는 흙, 혁(革)은 가죽, 목(木)은 나무.

⑦ 四時之相推奪(사시지상추탈)-사계절이 번갈아 나타나는 현상이 마치 서로 앞의 것을 밀어 그 자리를 빼앗는 것과 같음을 말함.

⑧ 唐虞(당우)-당요(唐堯)와 우순(虞舜).

⑨ 咎陶(고요)-고요(皐陶)라고도 씀. 순(舜)임금 때의 현신(賢臣). 옥관(獄官)의 장(長)을 지냄. ○禹(우)-요순시대에 홍수를 다스리는 데 큰 공을 세운 인물. 후에 하(夏)나라를 세웠음.

⑩ 夔(기)-요순시대에 음악을 관장하던 현신(賢臣).

⑪ 韶(소)-순임금의 음악 이름.

⑫ 五子(오자)-우(禹)의 손자인 태강(太康)의 다섯 동생을 말함. 하(夏)나라 임금인 태강이 정사는 돌보지 않고 수렵을 떠난 사이에 쿠데타가 일어나자, 그의 다섯 동생들이 어머니를 모시고 낙수(洛水) 가에서 그를 기다리며 부른 노래. 《서경(書經)》에 수록되어 있음.

⑬ 伊尹(이윤)-은(殷)나라 재상으로 탕왕(湯王)을 도와 하(夏)를 정벌하였음.

⑭ 周公(주공)-문왕(文王)의 아들이자 무왕(武王)의 아우로서 무왕을 도와 은(殷)을 치고 주(周)를 세웠다. 무왕이 죽은 후 성왕(成王)을 도와 주(周)의 기초를 공고히 했다.

⑮ 詩書六藝(시서육예)-《시경(詩經)》·《서경(書經)》·《예기(禮記)》·《역경(易經)》·《춘추(春秋)》·《악기(樂記)》 등 육경(六經)을 말함.

⑯ 傳(전)-고서(古書), 고대의 서적. 여기에서는 《논어(論語)》를 말함.

⑰ 天將(천장)……木鐸(목탁)-하늘이 장차 선생을 목탁으로 삼으려고 함.
《논어》 팔일편(八佾篇)에 나옴. 목탁은 정부에서 시달사항을 전달하기 위
해 백성들을 모을 때 울리던 도구. 여기에서는 하늘이 공자를 목탁으로
삼아 소리를 내어 천하 사람들을 경각시킨다는 비유로 쓰였음.

⑱ 莊周(장주)-장자(莊子). 전국시대 사람으로 노자(老子)사상에 바탕을 두
어 허무(虛無)·무위자연(無爲自然) 사상을 제창하여 도가(道家)의 창시
자가 됨.

⑲ 屈原(굴원)-전국시대 초(楚)나라의 시인으로 초사(楚辭)의 창시자.

⑳ 臧孫辰(장손진)-춘추(春秋)시대 노(魯)나라의 대부(大夫) 장문중(臧文
仲).《논어》위령공편(衛靈公篇)에 공자가 그에게는 삼불인(三不仁)과 삼
부지(三不智)가 있다고 한 구절이 있음. ○孟軻(맹가)-맹자(孟子). 공자
를 이은 유가(儒家)의 정통적인 학자이며 성선설(性善說)을 주장했음.
○荀卿(순경)-순자(荀子). 전국시대의 철학자. 유가사상을 계승하면서
성악설(性惡說)을 주장했음.

㉑ 楊朱(양주)-전국시대의 철학자로서 철저한 개인주의·이기주의를 주장
함. ○墨翟(묵적)-묵자(墨子). 전국시대 철학자. 박애(博愛)·평등(平等)
의 겸애설(兼愛說)을 주장함. ○管夷吾(관이오)-관자(管子). 춘추시대 제
(齊)나라의 재상. 환공(桓公)을 도와 춘추오패(春秋五覇)의 으뜸이 되게
함. ○晏嬰(안영)-안자(晏子). 춘추시대 제나라의 재상. 근검역행(勤儉力
行)으로 제나라를 부강하게 함. ○老聃(노담)-노자(老子). 춘추시대 초나
라 사람. 무위자연설(無爲自然說)을 제창하여 도가(道家)를 창시함. ○申
不害(신불해)-전국시대의 정치가. 법치사상(法治思想)을 제창한 법가(法
家)의 창시자. ○韓非(한비)-한비자(韓非子). 전국시대 말엽의 법치주의
자(法治主義者). 이사(李斯)와 함께 순자(荀子)에게서 배웠으며, 법가사상
(法家思想)을 집대성하였음. ○愼到(신도)-전국시대 조(趙)나라 사람. 황
제(黃帝)와 노자(老子)의 도술(道術)을 익혀 법가사상을 제창함. ○田駢
(전변)-전국시대 제나라의 변론가(辯論家). ○鄒衍(추연)-전국시대 제나
라의 음양오행가(陰陽五行家). ○尸佼(시교)-전국시대 초나라 사람. 법가

사상가인 상앙(商鞅)의 스승. ㅇ孫武(손무)-손자(孫子). 춘추시대 제나라
의 병법가. 병가(兵家)의 창시자. ㅇ張儀(장의)-전국시대 위(魏)나라 사
람. 열국(列國)은 진(秦)을 섬겨야 한다는 연횡설(連衡說)로 유세하여 진
의 재상이 됨. ㅇ蘇秦(소진)-전국시대 낙양(洛陽) 사람. 진(秦)에 대항하
여 육국(六國)을 연맹시키는 합종책(合縱策)으로 유세하여 육국의 재상
이 됨.

㉒ 李斯(이사)-전국시대 초나라 사람으로 진시황제(秦始皇帝)를 도와 천하
를 통일하고 진나라 승상(丞相)이 됨.

㉓ 司馬遷(사마천)-〈창려문집서(昌黎文集序)〉 주해 ⑩ 참조. ㅇ相如(상여)-
〈창려문집서〉 주해 ⑪ 참조. ㅇ揚雄(양웅)-〈창려문집서〉 주해 ⑬ 참조.

㉔ 淸以浮(청이부)-맑지만 경박하다. 이(以)는 이(而)의 뜻. 부(浮)는 침착
하지 않고 경박하다는 뜻. 곧 어구가 맑고도 아름다우나, 실제로 담고 있
는 내용이 없어서 경박함.

㉕ 數以急(삭이급)-빠르고 급함. 곧 문장의 음절(音節)이 빠르고 급하여 여
유가 없음.

㉖ 淫以哀(음이애)-음란하면서 애절하다. 문사(文辭)가 지나치게 음란하면
서 감상적임.

㉗ 弛以肆(이이사)-느슨하면서 방자하다. 문장이 나타내고 있는 뜻이 느슨
하여 체계가 없고 방자하여 질서가 없음.

㉘ 亂雜而無章(난잡이무장)-난잡하면서 문채가 없다. 문장에 사용된 말들이
난잡하면서, 문장이 갖추어야 할 아름다움을 상실함.

㉙ 陳子昂(진자앙)-당(唐)나라 초기의 시인. 당시의 형식적인 유미주의(唯
美主義)를 반대하고 한(漢)·위(魏)의 고체(古體)로 돌아가자는 주장을
했음. ㅇ蘇源明(소원명)-당나라 무공(武功) 사람으로 문학가. 천보(天寶)
때에 진사에 급제하였으며 안녹산(安祿山)의 난(亂) 때 절개를 지키어 숙
종(肅宗) 때 고공낭중(考功郎中)이 되었다. ㅇ元結(원결)-당나라 무창
(武昌) 사람. 숙종 때의 문학가. ㅇ李白(이백)-성당(盛唐) 때의 대시인.
낭만적인 시를 많이 썼으며 시선(詩仙)으로 추앙받음. ㅇ杜甫(두보)-성
당(盛唐) 때의 대시인. 사실적인 사회시를 썼으며 시성(詩聖)으로 추앙받

음. ㅇ李觀(이관)－당나라 조주(趙州) 사람. 독창적인 문장으로 이름이 난 문학가.

㉚ 孟郊東野(맹교동야)－중당(中唐) 때의 시인 맹교(孟郊). 자가 동야(東野). 한유가 극찬했던 시인임.

㉛ 浸淫(침음)－차츰차츰 젖어들어감. 차차 그 영향을 받게 됨.

㉜ 李翺(이고)－당나라 조주(趙州) 사람. 한유의 제자로 당시에 저명했던 문학가. ㅇ張籍(장적)－당나라 화주(和州) 사람. 한유의 제자로 그의 추천을 받아 국자박사(國子博士)가 되었음. 사회시로 유명함.

㉝ 抑(억)－또한. 내용을 전환시킬 때 쓰는 어사(語辭).

㉞ 命則懸乎天(명즉현호천)－운명은 하늘에 달려 있다. 운명은 인간의 힘으로 결정할 수 없고 하늘에 의해 결정된다는 말.

㉟ 役於江南(역어강남)－강남에서 근무하다. 역(役)은 관직생활을 말함. 당시 맹교는 율양현위(溧陽縣尉)로 임명되었다.

㊱ 懌然(역연)－기뻐하는 모양. 석연(釋然)으로 된 판본도 있다.

㊲ 道(도)－말하다. 이야기하다.

(해설) 이 글은 한유가, 율양현위(溧陽縣尉)라는 작은 벼슬을 얻어 떠나는 맹교(孟郊)를 위로하며 쓴 글이다.

　맹교의 이름은 교(郊), 자는 동야(東野)이다. 그는 숭산(嵩山)에 은거하다가 50세에 비로소 진사에 급제하여 4년 후에 율양현위로 임명되었다. 그는 예술적인 기교에 주력하면서 신기하고 기이한 내용의 시를 써서 한유의 극찬을 받았다.

　한유는 이 글에서 문장이라는 것은 마음의 움직임이 밖으로 표출되는 것이므로 하늘이 맹교를 곤궁한 처지에 둔 것은, 그가 뛰어난 문장을 짓게 하기 위한 것이라는 논리를 제시하며 그를 위로하고 있다.

송양거원소윤서(送楊巨源少尹序)

한유(韓愈)

옛날에 소광(疏廣)·소수(疏受) 두 사람은 나이가 늙었다 하여 하루아침에 벼슬자리를 버리고 떠났다. 그때에 공경(公卿)들이 포장을 치고 술자리를 마련해놓고 도성 문밖에서 길제사를 지내며 송별 잔치를 벌였는데, 수레 수백량(輛)이 모여들었고, 길거리에서 구경하는 사람들은 대부분 탄식하며 눈물을 흘리면서 그들의 현명함을 얘기했다.

한(漢)나라 역사에는 그 일을 전하고 있거니와 또 후세에 그림을 잘 그리는 사람들은 그러한 자취를 그림으로 그리어 지금까지도 사람들의 귀와 눈에 비치고 있어, 어제일처럼 훤하게 전해지고 있다.

국자사업(國子司業) 양거원(楊巨源)은 마침 시를 잘 지어 후진들을 훈도하고 있었는데, 하루아침에 일흔살이 찼다 하여 역시 승상에게 아뢰고 벼슬자리를 떠나 그의 고향으로 돌아갔다. 세상에서는 늘 말하기를 "옛사람을 지금 사람들이 따를 수가 없다."고 하나, 지금 양거원의 경우는 소광·소수와 그 뜻이 무엇이 다르다 하겠는가?

나는 욕되이도 공경의 말석(末席)을 차지하고 있으면서 병이 나서 나가보지도 못하였으니, 양거원이 떠날 적에 성문 밖에서 전송한 이가 몇 사람이나 되었는지, 수레는 몇량이나 모였고, 말은 몇필이나 모였으며, 길가에서 구경하던 사람들이 역시 탄식을 하면서 그의 현명함을 알아주었는지 어쩐지 알지를 못한다.

그리고 사관(史官)은 또 그에 관한 일을 과장해 가지고 전함으로써 옛 두 소씨(疏氏)의 발자취를 계승토록 하려 한 것은 아닐까? 쓸쓸하지는 않았는가? 지금 세상을 보면 그림을 잘 그리는 이가 없으니, 그 광경을 그리고 그리지 않는 것은 본시 따지지 않기로 하였다.

그러나 내가 듣건대 양거원이 떠날 적에는 승상께서도 그를 애석히 여겨, 천자께 아뢰어 그의 고을의 소윤(少尹)으로 삼아주어 그의 녹이 끊이지 않도록 하고, 또 시를 지어 노래하며 그를 격려하니, 장안의 시를 잘 짓는 사람들은 모두 이에 따라 화시(和詩)를 지었다 한다. 그런데 옛날 두 소씨가 떠날 적에도 이런 일이 있었는지 어쩐지는 모를 일이다. 옛사람과 지금 사람의 같은 점과 다른 점은 잘 알 수가 없다.

중세(中世)의 사대부들은 관청을 집으로 삼고 있어서 벼슬을 그만두면 돌아갈 곳이 없었다. 양거원은 스무살이 되자마자 고향에서 추천을 받아 녹명(鹿鳴)을 노래부르며 과거를 보러 왔고, 지금 돌아감에 있어서 그곳의 나무를 가리키며 "저 나무는 나의 선친께서 심으신 것이다."하고, "저 냇물과 저 언덕은 내가 어렸을 적에 낚시하며 놀던 곳이다."고 말하며, 고향 사람들 모두가 더욱 존경하면서 그들 자손들에게 양거원이 그의 고향을 버리지 않은 것을 본받으라고 훈계할 것이다.

옛날부터 말하던 '고향 선배로서 죽은 다음 사(社)에 제사를 모실 수 있는 사람'이란, 바로 이런 사람이었을 것이다, 바로 이런 사람이었을 것이다!

원문 昔①疏廣受二子는 以年老로 一朝辭位而去라. 于時公卿이
석 소광수이자 이년로 일조사위이거 우시공경

設②供帳하고 ③祖道都門外할새 車數百兩이오 道路觀者는 多歎
설 공장 조도도문외 거수백량 도로관자 다탄

息泣下하며 共言其賢이라.
식읍하 공언기현

④漢史旣傳其事하고 而後世工畫者는 又圖其迹하여 至今照人
한사기전기사 이후세공화자 우도기적 지금조인

耳目하여 ⑤赫赫若前日事러라.
이목　　　 혁혁약전일사

⑥國子司業楊君巨源이 ⑦方以能詩로 訓後進이라가 一旦에 以
국자사업양군거원　　 방이능시　 훈후진　　　 일단에 이

年滿七十으로 亦⑧白丞相去하여 歸其鄕이라. 世常說⑨古今人이
년만칠십으로 역 백승상거하여 귀기향이라. 세상설 고금인이

不相及이나 今楊與二疏는 其意豈異也리오?
불상급이나 금양여이소는 기의기이야리오?

予⑩忝在公卿後하고 遇病不能出하니 不知楊侯去時에 城門外
여 첨재공경후하고 우병불능출하니 부지양후거시에 성문외

送者幾人이며 車幾兩이며 馬幾⑪駟이며 道傍觀者亦有歎息하여
송자기인이며 거기량이며 마기 사이며 도방관자역유탄식하여

知其爲賢與否라.
지기위현여부라.

而⑫太史氏가 又能⑬張大其事하여 爲傳繼⑭二疏蹤跡否아? 不
이 태사씨가 우능 장대기사하여 위전계 이소종적부아? 불

不⑮落莫否아? 見今世無工畵者나 而畵與不畵는 固不論也라.
불 락막부아? 견금세무공화자나 이화여불화는 고불론야라.

然吾聞⑯楊侯之去에 丞相有愛而惜之者하여 ⑰白以爲其都少
연오문 양후지거에 승상유애이석지자하여 백이위기도소

尹하여 不絶其祿하고 又爲歌詩以⑱勸之하니 京師之長於詩者는
윤하여 부절기록하고 우위가시이 권지하니 경사지장어시자는

亦⑲屬而和之라. 又不知當時二疏之去에 有是事否아? 古今人의
역 촉이화지라. 우부지당시이소지거에 유시사부아? 고금인의

同不同을 未可知也라.
동부동을 미가지야라.

⑳中世士大夫는 以官爲家하여 罷則無所於歸라. 楊侯㉑始冠에
중세사대부는 이관위가하여 파즉무소어귀라. 양후 시관에

擧於其鄕하여 歌㉒鹿鳴而來也하고 今之歸에 指其樹曰；某樹는
거어기향하여 가 녹명이래야하고 금지귀에 지기수왈；모수는

吾先人之所種也요 某水某丘는 吾童子時所釣遊也라 하여 鄕人이
오선인지소종야요 모수모구는 오동자시소조유야라 하여 향인이

莫不㉓加敬하고 誡子孫以楊侯不去其鄕으로 爲法이라.
막불 가경하고 계자손이양후불거기향으로 위법이라.

古之所謂^㉔鄕先生沒而可祭於社者는 其在斯人歟아 其在斯人
고 지 소 위 향 선 생 몰 이 가 제 어 사 자   기 재 사 인 여   기 재 사 인

歟아!
여

주해 ① 疏廣受(소광수)－한(漢)나라 선제(宣帝) 때 사람인 소광(疏廣)과 소
수(疏受). 소광은 자가 중옹(仲翁)으로, 선제 때 태자태부(太子太傅)를 지
냈고, 소수는 소광의 형의 아들로 자가 공자(公子)이며 태자소부(太子少
傅) 벼슬을 하고 있었다. 그러나 만년에는 사촌형제가 함께 하루아침에
벼슬을 버리고 고향으로 돌아갔다(《漢書》). 이들은 명리(名利)에 초연했
던 현명한 이들로 후세에 칭송되고 있다.

② 供帳(공장)－장막을 치고 여러 가지 잔치 준비물을 갖추어 놓은 것.

③ 祖道(조도)－조(祖)는 본시 여행을 떠나는 사람을 위해 길제사를 지내는
것. 그러나 아울러 전송하는 잔치도 베풀었으므로 길제사와 송별연을 통
틀어 가리키는 말로 발전함. ㅇ都門(도문)－도성 문. 장안 성문.

④ 漢史(한사)－반고(班固)의 《한서(漢書)》를 가리킴.

⑤ 赫赫(혁혁)－분명한 모양. 밝은 모양.

⑥ 國子司業(국자사업)－교육기관인 국자감(國子監)에 있어서의 차관급에
해당하는 벼슬 이름.

⑦ 方(방)－방금. 마침.

⑧ 白丞相(백승상)－승상에게 아뢰다. ㅇ去(거)－벼슬을 떠나는 것.

⑨ 古今人不相及(고금인불상급)－옛사람과 지금 사람이 서로 미치지 못한다.
실제로는 옛사람을 지금 사람이 따르지 못한다는 뜻.

⑩ 忝(첨)－욕된 것. 부끄러운 것. ㅇ公卿後(공경후)－공경 중의 말석. 이때
한유는 이부시랑(吏部侍郎) 벼슬로서 이는 이부(吏部)의 차관이니 결코
낮은 벼슬이 아니었으나 겸손하여 이런 표현을 쓴 것이다.

⑪ 駟(사)－수레 한 대를 끄는 네 마리의 말. 따라서 일사(一駟)는 네 마리
의 말임.

⑫ 太史氏(태사씨)－나라에서 역사를 기록하는 사관(史官)의 우두머리.

⑬ 張大(장대) ─크게 늘이다. 과장하다.

⑭ 二疏蹤跡(이소종적) ─한(漢)나라 소광과 소수의 발자취.

⑮ 落莫(낙막) ─쓸쓸한 것. 적막한 것.

⑯ 楊侯(양후) ─양거원(楊巨源)을 높이어 부른 말.

⑰ 白(백) ─천자에게 사건을 아뢰는 것. ㅇ其都少尹(기도소윤) ─그 고을의 소윤. 그는 고향인 산서성(山西省) 하중부(河中府)의 소윤을 제수받았다. 소윤은 부윤(府尹) 밑의 부관으로, 실제 직책은 없고 봉록만을 받도록 예우를 한 것이다.

⑱ 勸之(권지) ─그를 권면하다. 그를 격려하다.

⑲ 屬而和之(촉이화지) ─시를 지어 거기에 화하다. 그에 따라 화시(和詩)를 짓다. 촉(屬)은 글을 짓는다는 뜻.

⑳ 中世(중세) ─당대(唐代)의 글이므로 후한(後漢) 무렵을 가리킨다.

㉑ 始冠(시관) ─옛날에는 스무살에 관례(冠禮)를 치르고 어른 행세를 시작하였으므로, 스무살이 막 되어의 뜻. ㅇ擧於其鄕(거어기향) ─그의 고향에서 과거를 볼 향공(鄕貢)으로 추천되는 것. 당대(唐代)에는 국학(國學)의 학생과 향공이 된 사람만이 중앙에서 시행하는 과거시험을 볼 자격이 있었다.

㉒ 鹿鳴(녹명) ─《시경(詩經)》소아(小雅)의 첫머리 시. 조정에서 잔치를 벌이며 손님을 대접할 때 부르던 노래이다. 지방 장관이 그 고장의 향공(鄕貢)을 과거를 보러 장안으로 보낼 때 전송하는 연회 자리에서도 불렀다 한다.

㉓ 加敬(가경) ─더욱 존경하는 것.

㉔ 鄕先生(향선생) ─고향의 선배. 향리의 선배. ㅇ社(사) ─땅의 신을 모시는 사당. 크게는 나라에서부터 시작하여 작게는 마을 단위에 이르기까지 여러 등급의 사(社)가 나라에 있었다. 그 고장에 큰 공적이 있는 사람은 그 고장의 토지신과 합사(合祀)되었다.

(해설) 만년에 국자사업(國子司業)이란 벼슬을 그만두고 고향으로 돌아가 고향 하중부(河中府)의 소윤(少尹) 벼슬의 예우를 받았던 양거원(楊巨

源)의 귀향을 전송하는 글이다. 양거원은 정원(貞元) 5년(789)의 진사(進士)로 시를 잘 지었으며, 백거이(白居易)와도 사귀었다.

　글 제목은 양거원을 전송하는 글이지만, 실제로 내용은 양거원이 고향으로 돌아간 뒤 높은 벼슬자리에 연연하지 않고 나이가 많아지자 깨끗이 벼슬을 버리고 고향으로 돌아간 그의 인품을 칭송한 것이다. 장경(長慶) 2, 3년(822~823), 한유가 55, 6세 때 이부시랑(吏部侍郎)으로 있으면서 지은 글이다.

송석홍처사서(送石洪處士序)

한유(韓愈)

　하양군절도사(河陽軍節度使) 오공(烏公)이 절도사에 임명된 지 3개월 만에 자기 밑에서 일하는 현명한 사람들에게 뛰어난 선비를 구해 달라고 하였다. 어떤 이가 석(石)선생을 추천하자, 오공이 물었다.
　"석선생은 어떤 분이오?"
　그가 대답하였다.
　"석선생은 숭산(嵩山)과 망산(邙山) 및 전수(瀍水)와 곡수(穀水) 사이에 살면서, 겨울에는 한 벌의 갖옷으로 지내고 여름엔 한 벌의 칡베옷으로 지내며, 아침저녁으로 한 그릇의 밥과 한 접시 채소로 끼니를 때우고 있습니다. 사람들이 그분에게 돈을 주면 거절하고, 그에게 함께 나가 놀기를 요청하면 일찍이 일이 있다고 사절한 일이 없으며, 그분에게 벼슬살이를 권하면 대답도 하지 않습니다.
　그가 앉아있는 한 방에는 좌우로 도서가 꽉 차있고, 그와 더불어 도리를 얘기하고 고금 일들의 합당하고 합당치 않음을 비평하고, 인물들의 고결함과 비열함을 논하고 일이 뒤에 어떤 것이 성공하고 어떤 것이 실패할까를 논해 보면, 마치 황하(黃河)가 터져내려 동쪽으로 흘러가는 듯하고, 또 네 마리의 말이 끄는 가벼운 수레를 왕량(王良)과 조보(造父) 같은 유명한 수레몰이꾼이 몰면서 잘 아는 길을 앞서거니 뒤서거니 달려가는 것과도 같고, 또 촛불을 밝혀놓고 수를 헤아리고 거북점을 치는 것과 같이 분명합니다."

오대부(烏大夫)께서 말하였다.

"석선생은 자기 혼자 깨끗이 늙도록 살면서 남에게 바라는 것이 없는 분인데, 나를 위해 와서 일하려들겠소?"

아랫사람이 대답하였다.

"대부께서는 문무와 충효를 겸하셨고, 나라를 위해 선비를 구하시는 것이지 집에서 개인적으로 쓰려는 것이 아닙니다. 현재 적군(賊軍)은 항주(恒州)에 모여있고 관군(官軍)이 그 고장을 포위하고 있어서, 농사짓는 사람들은 경작도 수확도 못하고 재물과 식량은 다 바닥이 났습니다. 저희가 지금 있는 곳은 거기에 보급품을 수송할 길에 있으니, 정치면에 있어서나 전략면에 있어서나 의당히 내놓을 의견이 있을 것입니다. 석선생은 어질고도 용감하니 만약 의리를 내세워 초청하여 억지로 중대한 일을 맡긴다면 그가 무슨 말로 사양하겠습니까?"

이에 글을 짓고 말과 폐백(幣帛)을 갖춘 다음, 날을 받아 사자(使者)에게 주어 석선생의 움막을 찾아가 초청토록 하였다. 석선생은 처자들에게 말하지도 않고 친구들과 의논하지도 않고 의관(衣冠)을 차려 입고 나와 손님을 만나 글과 예물을 문 안에서 절하고 받았다. 밤이 되자 목욕을 하고 짐을 꾸리고 책과 함께 수레에 실은 다음 가야 할 길을 묻고 나서야 늘 내왕하던 사람들에게 길떠난다는 것을 알렸다.

아침이 되자 여러 사람들이 다 와서 상동문(上東門) 밖에 송별연을 벌였다. 술이 세 순배(巡杯) 돌아간 뒤 막 떠나려고 일어서려 하자 술잔을 들고 있던 한 사람이 말하였다.

"대부께서는 진실로 의리로써 사람을 잘 선택하셨고, 선생께서는 진실로 도리로써 잘 자신의 임무를 정하여 행동을 결정하셨다. 선생을 위하여 작별을 하고자 한다."

그리고는 또 술잔을 따른 다음 축원하였다.

"모든 행동의 나아가고 물러섬이 어찌 일정할 수 있겠는가? 오직 도리에 의존할 따름인 것이다. 끝으로 선생님의 건강을 빌고자 한다.”

또 술잔을 따르고는 이렇게 축원하였다.

“오대부께서는 늘 변함없이 초지(初志)를 지키어 그의 집안을 부하게 하기에 힘쓰느라 그의 군사들을 굶주리게 하는 일이 없고, 간사한 사람들을 달갑게 받아들이며 올바른 선비들을 겉으로만 존경하는 일이 없으며, 아첨하는 말에 맛들이지 아니하고 오직 석선생님의 의견을 따라서 성공을 거두어가지고 천자의 총애와 명령을 잘 보전하게 되기를!”

그리고는 또 축원하였다.

“석선생께서는 오대부에게서 이익을 추구하여 그 자신만을 홀로 위하려들지 않게 되기를!”

석선생은 일어나 절하며 축원하는 말에 감사드리며 말하였다.

“감히 아침 일찍부터 밤 늦게까지 부지런히 축원하시는 훈계를 따르려 애쓰지 않을 수 있겠습니까?”

이에 낙양(洛陽) 사람들은 모두가 오대부와 석선생이 서로 협력하여 공을 이루게 되리라는 것을 알았다. 마침내 각자가 6운(韻)의 시를 짓고 내게 보내어 이 서(序)를 짓게 하였던 것이다.

원문 河陽軍節度使[1]烏公이 爲節度之三月에 求士於[2]從事之賢
하 양 군 절 도 사 오 공   위 절 도 지 삼 월   구 사 어 종 사 지 현

者라. 有薦[3]石先生者어늘 公曰 : 先生何如오?
자   유 천 석 선 생 자   공 왈   선 생 하 여

曰 : 先生居[4]嵩邙瀍穀之間하여 冬一[5]裘夏一葛하며 朝夕飯一
왈   선 생 거 숭 망 전 곡 지 간   동 일 구 하 일 갈   조 석 반 일

[6]盂蔬一盤이라. 人與之錢則辭하고 請與出遊면 未嘗[7]以事免하
우 소 일 반   인 여 지 전 즉 사   청 여 출 유   미 상 이 사 면

며 勸之仕則不應이라.
   권 지 사 즉 불 응

坐一室에 左右圖書요 與之語道理하고 辨古今事當否하며 論
좌 일 실   좌 우 도 서   여 지 어 도 리   변 고 금 사 당 부   논

人高下하고 ⑧事後當成敗에 若河決下流而東注也며 若⑨駟馬駕
인 고 하   사 후 당 성 패   약 하 결 하 류 이 동 주 야   약 사 마 가

輕車就熟路而王良造父爲之先後也며 若⑩燭照數計而龜卜也니라.
경 거 취 숙 로 이 왕 량 조 보 위 지 선 후 야   약 촉 조 수 계 이 귀 복 야

⑪大夫曰；先生有以⑫自老요 無求於人하니 其肯爲某來邪아?
대 부 왈   선 생 유 이 자 로   무 구 어 인   기 긍 위 모 래 야

從事曰：大夫文武忠孝하여 求士爲國이오 不⑬私於家라. 方今
종 사 왈   대 부 문 무 충 효   구 사 위 국 이오   불 사 어 가   방 금

⑭寇聚於恒하고 ⑮師環其疆하여 農不耕收하고 財粟⑯殫亡이라. 吾
구 취 어 항   사 환 기 강   농 불 경 수   재 속 탄 망 이라   오

所處地는 ⑰歸輸之塗니 治法征謀가 宜有所出이라. 先生仁且勇
소 처 지   귀 수 지 도   치 법 정 모   의 유 소 출   선 생 인 차 용

하니 若⑱以義請而强委重焉이면 其何說之辭리오?
약 이 의 청 이 강 위 중 언   기 하 설 지 사

於是에 ⑲譔書詞하고 具⑳馬幣하여 ㉑卜日以授使者하여 求先生
어 시   선 서 사   구 마 폐   복 일 이 수 사 자   구 선 생

之廬而請焉이라. 先生不告於妻子하고 不謀於朋友하고 ㉒冠帶出
지 려 이 청 언   선 생 불 고 어 처 자   불 모 어 붕 우   관 대 출

見客하여 拜受書禮於門內라. 宵則沐浴하고 ㉓戒行李載書冊하여
견 객   배 수 서 례 어 문 내   소 즉 목 욕   계 행 리 재 서 책

問道㉔所由하고 告行於常所來往이라.
문 도 소 유   고 행 어 상 소 래 왕

晨則畢至하여 ㉕張筵於上東門外라. 酒㉖三行且起에 ㉗有執
신 즉 필 지   장 연 어 상 동 문 외   주 삼 행 차 기   유 집

而言者曰；大夫眞能以義取人하고 先生眞能以道自任하여 決
이 언 자 왈   대 부 진 능 이 의 취 인   선 생 진 능 이 도 자 임   결

㉘去就로다. 爲先生別이로다.
거 취   위 선 생 별

又酌而㉙祝曰；凡去就㉚出處何常이리오? 惟義之歸니라. 遂以
우 작 이 축 왈   범 거 취 출 처 하 상   유 의 지 귀   수 이

爲先生㉛壽하노라.
위 선 생 수

又酌而祝曰；使大夫恒無變其初하여 無務富其家而飢其師하
우 작 이 축 왈   사 대 부 항 무 변 기 초   무 무 부 기 가 이 기 기 사

며 無^㉜甘受佞人而外敬正士하며 無味於諂言하고 惟先生是^㉝聽
무 감수녕인이외경정사   무미어첨언   유선생시 청

하여 以能有成功하여 保天子之寵命이어다.
　　이능유성공   보천자지총명

又祝曰；使先生無圖利於大夫而^㉞私便其身이어다.
우축왈 사선생무도리어대부이 사편기신

先生起拜祝辭曰；敢不敬^㉟夙夜以求從祝規하리오?
선생기배축사왈 감불경 숙야이구종축규

於是東都之人이 咸知大夫與先生이 果能相與以有成也라. 遂
어시동도지인   함지대부여선생   과능상여이유성야   수

各爲歌詩^㊱六韻하고 遣愈爲之序^㊲云이라.
각위가시 육운   견유위지서 운

주해 ① 烏公(오공)─앞의 〈평회서비(平淮西碑)〉에 보였던 오중윤(烏重胤)임.

② 從事(종사)─그를 따라 일하는 사람. 부하. 속관(屬官).

③ 石先生(석선생)─석홍(石洪). 자는 준천(濬川). 낙양(洛陽) 사람. 호북성
(湖北省) 황주(黃州)의 녹사참군(錄事參軍)으로 있다가 벼슬을 그만두고
고향으로 돌아와 숨어살고 있었다. 이 석홍을 절도사 오중윤에게 참모로
추천하는 것이다.

④ 嵩邙瀍穀(숭망전곡)─숭산(嵩山)과 망산(邙山) 및 전수(瀍水)와 곡수(穀
水). 모두 낙양 변두리에 있다.

⑤ 裘(구)─갖옷. 짐승 털가죽 옷. ○葛(갈)─칡. 칡베옷.

⑥ 盂(우)─주발. 밥그릇. ○盤(반)─소반. 쟁반. 접시.

⑦ 以事免(이사면)─일을 핑계로 하지 않다. 일을 핑계로 사양하다.

⑧ 事後當成敗(사후당성패)─어떤 일이 뒤에 성공할까 실패할까 얘기하
는 것.

⑨ 駟馬(사마)─수레 한 대를 끄는 네 마리의 말. ○王良造父(왕량조보)─모
두 옛날 유명했던 수레몰이꾼. 왕량은 조간자(趙簡子)를, 조보는 주목왕
(周穆王)을 섬겼다 한다.

⑩ 燭照數計(촉조수계)─촛불을 켜놓고 물건의 수를 헤아리는 것. ○龜卜(귀
복)─큰 거북 껍질을 말려 두었다가 불로 지져 그 균열을 보고 길흉을 점

치는 것.

⑪ 大夫(대부)-오대부(烏大夫), 오중윤을 가리킴.

⑫ 自老(자로)-스스로 늙어 은퇴하여 여생을 편히 살아가는 것.

⑬ 私於家(사어가)-집안에서 개인적으로 부리고 쓰는 것.

⑭ 寇聚於恒(구취어항)-적군이 항주(恒州)에 모이다. 항주는 지금의 하북성(河北省) 정정현(正定縣). 원화(元和) 4년(809) 성덕군절도사(成德軍節度使) 왕사진(王士眞)이 죽자 그 아들 왕승종(王承宗)이 항주를 근거로 반란을 일으켰다.

⑮ 師環其疆(사환기강)-군사들이 그 땅[恒州]을 포위하다.

⑯ 殫亡(탄망)-다하고 없어지는 것.

⑰ 歸輸(귀수)-군수물자를 수송하는 것. ○塗(도)-길. 도(道)와 통함.

⑱ 以義請(이의청)-의리(義理)로써 초청하는 것. ○强委重(강위중)-억지로 중요한 직책을 위임하는 것.

⑲ 譔(선)-글을 짓는 것.

⑳ 馬幣(마폐)-말과 폐백. 말은 초청받은 사람이 타고 온 것이고, 폐백은 초견례(初見禮)로 보내는 예물.

㉑ 卜日(복일)-좋은 날을 점쳐서 가리는 것.

㉒ 冠帶(관대)-관을 쓰고 큰 띠를 매는 것. 곧 정장을 차려 입는 것.

㉓ 戒行李(계행리)-여행할 짐을 꾸리는 것.

㉔ 所由(소유)-경로. 지나갈 길.

㉕ 張筵(장연)-송별연을 베푸는 것. ○上東門(상동문)-낙양의 동쪽 성문 이름.

㉖ 三行(삼행)-술이 세 순배(巡杯) 돌아가는 것.

㉗ 有執爵而言者(유집작이언자)-술잔을 들고 말하는 사람이 있다. 술잔을 들고 있던 한 사람이 말하다.

㉘ 去就(거취)-벼슬자리에 나아가고 떠나고 하는 행동.

㉙ 祝(축)-축원하다. 빌다.

㉚ 出處(출처)-거취(去就)와 비슷한 뜻. 나아가고 머물고 하는 처신.

㉛ 壽(수)-장수를 빌다. 건강을 빌다.

㉜ 甘受(감수)−달갑게 받다. 좋아하며 받아들이다. ㅇ佞人(영인)−간사한 사람. ㅇ外敬(외경)−겉으로만 공경하는 체 하는 것.

㉝ 聽(청)−말을 듣고 따르는 것.

㉞ 私便(사편)−개인적인 이익을 추구하는 것.

㉟ 蚤夜(조야)−이른 새벽부터 밤늦게까지. 부지런히 쉬지 않고.

㊱ 六韻(육운)−여섯 구에 운을 밟은 시. 보통 짝수 구절에 운을 밟음으로, 곧 12구의 배율시(排律詩)를 뜻함.

㊲ 云(운)−문장 끝머리에 붙이는 조사. 보통 '……이라 한다'고 해석되나, 여기서는 순전한 허사(虛辭)로 쓰이고 있다.

(해설) 이 글은 원화(元和) 5년(810), 한유가 43세 되던 해에 지었다 한다. 하양군절도사 오중윤이 현명한 참모를 구한 끝에 벼슬을 버리고 고향인 낙양(洛陽)으로 돌아와 숨어살던 석홍(石洪)이란 깨끗한 인물을 등용하였다. 작자는 여러 사람들의 부탁을 받고 석홍을 낙양에서 전송하는 마음을 담아 이 글을 지은 것이다. 제목에서 석홍을 처사(處士)라 부르고 있는데, 그것은 벼슬을 않고 지내는 선비에게 붙여주던 존칭이다.

오중윤은 뒤에 석홍을 참모로 삼고 항주(恒州)로 가서 반란을 일으킨 왕승종(王承宗)을 무난히 토벌하여 큰 공을 세우게 된다. 그러나 석홍은 그 뒤로 다시 은퇴한 듯, 다시는 다른 곳에 그의 이름이 전하지 않는다.

송온조처사서(送溫造處士序)

한유(韓愈)

말의 전문가 백락(伯樂)이 기북(冀北)의 들판을 한 번 지나가기만 하면 말의 무리가 없어지고 말았다. 기북 땅에는 천하에서 말이 가장 많은 곳인데, 백락이 비록 말을 잘 알아본다손 치더라도 어찌 그 무리를 없어지게 할 수야 있겠는가?

이를 풀이하는 사람이 이렇게 말하였다.

"내가 말한 없어졌다는 것은 말이 없게 되었다는 말이 아니고 좋은 말이 없게 되었다는 뜻이다. 백락은 말을 잘 알아봄으로 그곳의 좋은 말은 만나기만 하면 가져가서, 그 무리 중에 좋은 말이 남은 게 없게 되는 것이다. 진실로 좋은 말이 없다면 비록 말이 없다고 말한대도 거짓말이 되지 않을 것이다."

동도(東都) 낙양은 본시 사대부들의 기북이나 같은 곳이다. 그의 재능에 의지하면서 깊이 숨어 자신을 드러내지 않는 사람으로는 낙수(洛水)의 북쪽 기슭에 석홍(石洪)이 있고, 그 남쪽 기슭에 온조(溫造)가 있다. 그러나 대부 오공(烏公)이 왕명을 받들어 하양(河陽)을 지키는 절도사가 된 지 석달만에, 석홍의 재능을 인정하고 예를 갖추어 초청하여 그의 휘하(揮下)로 끌어갔고, 또 몇달 되지 않아 온조의 재능을 인정하고 이번에는 석홍을 중개자로 삼아 예를 갖추어 초청하여 또 그의 휘하로 끌어갔다.

동도 낙양에 비록 재능있는 선비가 진실로 많다고 하더라도, 아침에 한 사람을 데려가면서 그 중 가장 뛰어난 인물을 뽑아가고, 저녁에 한 사람을 데려가면서 그 중 가장 뛰어난 인물을 뽑아간 것이다. 동도유수(東都留守)・하남윤(河南尹)을 비롯하여 여러 관청의 관리들과 우리 같은 낙양령(洛陽令)과 하남령(河南令)은 행정을 함에 있어서 잘 되지 않는 경우가 있게 되었으니, 일을 함에 있어서 의심스러운 점이 있다 하더라도 어디로 가서 물어보고 처리를 할 것이며, 사대부로서 벼슬자리를 떠나 민간에 살고 있던 사람들은 누구와 즐기며 놀아야 할 것이며, 젊은 후배들은 어디로 가서 도덕을 연마하고 학업을 질문해야 할 것이며, 점잖은 사람들이 동서로 여행을 하다가 이곳 동도를 지나게 된다 하더라도 그들 움막에 인사를 드리러 갈 곳이 없게 된 것이다.

이렇게 되었으니 말하기를,

"대부 오공이 하양절도사가 되자 동도 낙양 처사(處士)들의 움막에는 사람이 없게 되었다."

라고 한대도 어찌 말이 되지 않겠는가?

천자가 조정에서 천하를 다스림에 있어서 중대한 직책을 맡기고 그 힘을 의지하게 되는 사람들로는 재상과 장군이 있다. 재상이 천자를 위하여 조정에 인재를 등용하고, 장군은 천자를 위하여 막하(幕下)에 문사(文士)와 무사(武士)를 등용하면, 안팎이 제대로 다스려지지 않기를 바란다 해도 그렇게 될 수가 없을 것이다.

내가 이곳 벼슬에 얽매여 스스로 물러나 떠나가지 못하는 것은, 앞 두 분에 의지하여 노년을 보내려고 했기 때문이다. 지금 두 분 모두를 유력한 사람에게 빼앗겼으니 어찌 마음속에 불안한 느낌이 없을 수가 있겠는가?

온생(溫生)은 군문(軍門)에 가서 오공(烏公)을 뵙게 되거든, 나를 위해 이 글 앞에서 얘기한 말로써 천하를 위하여 축하를 드리고, 이 글 뒤에서 얘기한 말로써 나를 위해 모두를 빼앗아 간 개인적인 원한이 있음을 전해 주구려! 유수(留守) 대감께서 먼저 4운(韻)의 시를 지어 그런 일들을 노래하시기에 나는 그분의 뜻을 헤아려 이 글을 지은 것이다.

원문 ①伯樂一過冀北之野에 而馬羣遂空이라. 夫冀北은 馬多於天
백 락 일 과 기 북 지 야　이 마 군 수 공　　부 기 북　마 다 어 천

下니 伯樂雖善知馬나 ②安能空其羣邪아?
하　백 락 수 선 지 마　안 능 공 기 군 야

解之者曰；吾所謂空은 非無馬也요 無良馬也라. 伯樂知馬니
해 지 자 왈　오 소 위 공　비 무 마 야　무 량 마 야　백 락 지 마

遇其良輒取之하여 羣無留良焉이라. 苟無留其良이면 雖謂無馬라
우 기 량 첩 취 지　군 무 유 량 언　구 무 유 기 량　수 위 무 마

도 不爲③虛語矣타.
불 위 허 어 의

④東都는 固士大夫之冀北也라. 恃才能하고 ⑤深藏而不市者는
동 도　고 사 대 부 지 기 북 야　시 재 능　심 장 이 불 시 자

⑥洛之北涯曰石生이오 其南涯曰⑦溫生이라. 大夫烏公以⑧鈇鉞로
낙 지 북 애 왈 석 생　기 남 애 왈 온 생　대 부 오 공 이 부 월

⑨鎭洛陽之三月에 以石生爲才하고 以禮爲⑩羅하여 羅而致之幕
진 낙 양 지 삼 월　이 석 생 위 재　이 례 위 라　나 이 치 지 막

下하고 未數月也에 以溫生爲才하고 於是以石生爲⑪媒하여 以禮
하　미 수 월 야　이 온 생 위 재　어 시 이 석 생 위 매　이 례

爲羅하여 又羅而致之幕下라.
위 라　우 라 이 치 지 막 하

東都雖信多才士나 朝取一人焉하여 拔其⑫尤하고 暮取一人焉
동 도 수 신 다 재 사　조 취 일 인 언　발 기 우　모 취 일 인 언

하여 拔其尤라 自⑬居守河南尹과 以及⑭百司之執事와 與⑮吾輩
발 기 우　자 거 수 하 남 윤　이 급 백 사 지 집 사　여 오 배

二縣之大夫는 政有所不通이니 事有所可疑면 ⑯奚所諮而處焉하
이 현 지 대 부　정 유 소 불 통　사 유 소 가 의　해 소 자 이 처 언

며 士大夫之去位而⑰巷處者는 誰與⑱嬉遊며 小子後生이 於何考
사 대 부 지 거 위 이 항 처 자　수 여 희 유　소 자 후 생　어 하 고

德而⑲問業焉이며 ⑳搢紳之東西行過是都者라도 無所㉑禮於其
덕 이 문 업 언　진 신 지 동 서 행 과 시 도 자　무 소 례 어 기

廬라.
려

若是而稱曰；大夫烏公이 一鎭河陽而東都處士之廬에 無人
약 시 이 칭 왈　대 부 오 공　일 진 하 양 이 동 도 처 사 지 려　무 인

焉이 豈不可也오?
언　기 불 가 야

夫南面而聽天下에 其所㉒託重而恃力者는 惟㉓相與將耳라. 相
부 남 면 이 청 천 하　기 소 탁 중 이 시 력 자　유 상 여 장 이　　상

爲天子得人於朝廷하고 將爲天子得文武士於幕下면 求內外無
위 천 자 득 인 어 조 정　장 위 천 자 득 문 무 사 어 막 하　구 내 외 무

治라도 不可得也라.
치　불 가 득 야

愈㉔廖於玆하여 不能引去하고 ㉕資二生以待老러니 今皆爲有
유 미 어 자　불 능 인 거　자 이 생 이 대 로　금 개 위 유

力者奪之하니 其何能無㉖介然於懷邪아?
력 자 탈 지　기 하 능 무 개 연 어 회 야

生旣至하여 拜公於㉗軍門이어든 其爲吾以前所稱으로 爲天下
생 기 지　배 공 어 군 문　기 위 오 이 전 소 칭　위 천 하

賀하고 以後所稱으로 爲吾㉘致私怨於盡取也하라. ㉙留守相公이
하　이 후 소 칭　위 오 치 사 원 어 진 취 야　유 수 상 공

首爲㉚四韻詩하여 歌其事하니 愈因推其意而序焉하노라.
수 위 사 운 시　가 기 사　유 인 추 기 의 이 서 언

주해　① 伯樂(백락)―본시 별 이름으로 천마(天馬)를 관장한다 하였다. 춘추
　시대 손양(孫陽)이 말을 잘 알아보았으므로, 뒤에 그를 백락이라 부르게
　된 것이다. ㅇ冀北(기북)―기주(冀州)의 북쪽. 기주는 황하 이북 요하(遼
　河) 이서의 땅으로 말의 산지로 유명했다.

② 安(안)―어찌.

③ 虛語(허어)―허언(虛言). 거짓말.

④ 東都(동도)―서도(西都) 장안(長安)에 대하여 낙양(洛陽)을 가리킴.

⑤ 深藏而不市(심장이불시)―깊이 숨어 자신을 드러내지 않다. 깊이 숨어살
　며 벼슬하려들지 않다.

⑥ 洛(낙)―낙수(洛水). 낙양 남쪽에 흐르는 강물 이름. ㅇ石生(석생)―앞 〈송
　석홍처사서(送石洪處士序)〉에 보인 석홍(石洪)을 가리킴.

⑦ 溫生(온생)―온조(溫造). 자는 간여(簡輿). 이 글에 드러나는 것처럼 그는
　낙양에 숨어살다가 석홍에 뒤이어 하양군절도사(河陽軍節度使) 오중윤

(烏重胤)의 참모로 불려갔다.

⑧ 鈇鉞(부월)－도끼. 무기의 일종으로 군중에서 처형을 할 때 주로 썼고, 장
   군의 지휘권을 상징하기도 하였다. 여기서는 장군의 권력 상징으로 도끼
   를 천자에게서 받은 것. 절도사에 임명된 것을 뜻함.

⑨ 鎭(진)－지키다. 수비하다.

⑩ 羅(나)－그물. 그물로 새나 물고기를 잡듯 잡아들이는 것을 뜻함.

⑪ 媒(매)－중매. 중개자.

⑫ 尤(우)－특출한 것. 빼어난 사람.

⑬ 居守(거수)－낙양의 동도유수(東都留守)를 가리킴. 낙양의 가장 높은 관
   리임. ○河南尹(하남윤)－하남부의 장관. 낙양은 하남부에 속해 있어, 하
   남윤도 낙양에 있는 것이다.

⑭ 百司之執事(백사지집사)－여러 관청의 일을 맡은 관리들.

⑮ 吾輩(오배)－우리들. ○二縣之大夫(이현지대부)－낙양현(洛陽縣)과 하남
   현(河南縣)의 두 현령. 이 글의 작자 한유는 이때 하남현령이었다.

⑯ 奚所(해소)－어느 곳. ○諮(자)－묻다. 의논하다. ○處(처)－일을 처리하다.

⑰ 巷處(항처)－골목 안에 살다. 민간에 살다.

⑱ 嬉遊(희유)－즐기며 노는 것.

⑲ 問業(문업)－학업에 대하여 질문하는 것.

⑳ 搢紳(진신)－큰 띠[紳]에 홀(笏)을 꽂은 사람. 곧 높은 벼슬자리에 있거
   나 귀족인 점잖은 사람들을 가리킴.

㉑ 禮(예)－예방하다. 찾아 인사드리는 것.

㉒ 託重而恃力(탁중이시력)－중대한 임무를 맡기고, 그의 힘에 의지하는 것.

㉓ 相與將(상여장)－재상과 장군.

㉔ 縻於玆(미어자)－여기에 얽매어 있다. 이곳 현령 벼슬에 얽매어 있다.

㉕ 資(자)－근거로 하다. 의지하다. ○待老(대로)－늙기를 기다리다. 늙도록
   살아가다.

㉖ 介然(개연)－불안한 모양. ○懷(회)－마음속. 가슴속.

㉗ 軍門(군문)－절도사는 장군이므로 그가 있는 곳을 군문이라 하였음. 군영
   (軍營)의 문.

㉘ 致私怨(치사원)－개인적인 원망을 전하다. ㅇ盡取(진취)－두 사람을 모두
   데려간 것.

㉙ 留守相公(유수상공)－유수대감. 상공은 존칭이며, 이때 유수는 정여경(鄭
   餘慶)이었다.

㉚ 四韻詩(사운시)－네 구절에 운을 밟은 시, 곧 율시(律詩)를 가리킴.

해설 이 글도 앞의 〈송석홍처사서(送石洪處士序)〉와 함께 하양군절도사
오중윤의 참모로 뽑히어 떠나가는 온조(溫造)란 사람을 전송하는 뜻으로
쓴 것이다. 모두 한유가 직접 이들을 전송하며 지은 것은 아니나, 떠나는
사람들의 깨끗한 인품과 뛰어난 재능을 아쉬워하는 작자의 마음이 잘 드
러나 있다. 두 편의 글 모두 한유 고문(古文)의 특징을 잘 드러내 보이는
글로서, 빈틈없는 글의 짜임새의 이론을 전개하면서도 그 속에 넘치는 감
정이 물결치고 있는 듯하다.

권 4

송이원귀반곡서(送李愿歸盤谷序)

한유(韓愈)

태항산(太行山) 남쪽에 반곡(盤谷)이란 곳이 있다. 이 골짜기 안에는 샘물이 달고 토지가 비옥하여 초목이 무성하나 사는 사람은 드물다. 어떤 사람은 이곳이 두 산 사이에 둘러싸여 있어서 반(盤)이라 한다고 하며, 어떤 사람은 이 골짜기가 깊숙한 곳에 위치하고 있고 산세가 험해서 은자(隱者)들이 배회한다 하여 반(盤)이라 한다고 한다.

친구인 이원(李愿)이 바로 이곳에 살았는데 원이 말하였다.

"사람들이 대장부라고 말하는 사람에 대하여 나는 알고 있소. 남에게 이익과 혜택을 베풀고 당대에 명성을 빛내며 조정에 앉아 백관을 임면(任免)하며 천자를 보좌하여 명령을 내리오. 밖으로 행차할 때는 깃발을 세우고 활과 화살을 든 병사들이 죽 늘어서고 무사들이 앞에서 벽제(辟除)를 하며 수행원들이 길을 가득 채우고, 시종들이 각자 맡은 물품을 들고 길 양쪽에서 급히 따르지요. 그를 기쁘게 하면 상을 주고, 노엽게 하면 벌을 내리오. 준재(俊才)들이 앞에 가득 모여 고금(古今)을 애기하면서 성덕(盛德)을 칭송하니, 귀로 들어 거슬리는 소리가 없소.

또, 초승달 같은 눈썹에 도톰한 뺨, 맑은 목소리에 사뿐한 몸가짐, 외모는 수려하고 마음씨 유순(柔順)하며 하늘거리는 옷자락 나부끼고 긴 소맷자락 질질 끌며 흰 분 바르고 푸른 눈썹 그린 미녀들이 집안에 늘어서서 한가로이 살면서 총애를 시샘하고 뽐내면서 아름다움을 다투고 사랑을 구한다오. 대장부로서 천자에게 인정을 받고 당시에 재능을 발휘하는 자들이 하는 일이라오. 나는 이러한 일이 싫어서 도망한 것이 아니고, 이것은 운명이라서 요행히 될 수 있는 일이 아니라오.

가난하게 생활하며 산야에 묻혀 살면서, 높은 곳에 올라가 멀리 바라보기도 하고, 무성한 나무숲에 앉아 하루를 보내기도 하며, 맑은 샘물에 몸을 씻어 스스로 깨끗하게 하기도 하오. 산에서 나물을 캐면 맛이 좋아 먹음직하고, 물가에서 낚시질하면 신선하여 먹음직하오. 행동하는 데 있어서 정해진 일과가 없으니 오직 편한대로 따를 뿐이오. 앞에서 칭찬을 듣는 것이 어찌 뒤에서 비방을 듣지 않는 것만 하겠소. 일신(一身)을 편하게 하는 것이 어찌 마음에 근심이 없는 것만 하겠소.

거마(車馬)나 복식(服飾)에 얽매이지도 않고, 칼이나 톱에 잘리는 형벌도 받지 않고, 나라가 잘 다스려지는지 어지러운지도 알 바 아니며 면직(免職)이나 승진(升進) 소식도 들리는 바 없으니, 이러한 일들은 대장부로서 때를 만나지 못한 자가 할 일들이오. 내가 바로 그렇게 하고 있소.

고관의 집안을 방문하고 벼슬길을 분주히 뛰어다니며, 발은 나아가려고 해도 머뭇거리고, 입은 말을 하려고 해도 어물거리게 되며, 더러운 곳에 있어도 부끄럽게 여기지 않고 형벌을 받아 사형도 당하오. 만에 하나 요행을 바라며 늙어 죽게 된 후에야 그만두는 사람들의 사람됨이 현명한 것이겠소, 아니면 미련한 것이겠소?"

창려(昌黎) 한유(韓愈)가 그 말을 듣고 그의 뜻을 장하게 여겨 함께 술을 마시면서 그를 위해 다음과 같은 노래를 불렀다.

반곡 안은 그대의 집, 반곡 땅은 그대의 농토.
반곡의 샘물은 몸 씻고, 물 따라 거닐기 좋은 곳.
반곡은 험한 곳, 누가 그대 거처 차지하려 다투겠나?
그윽하고 깊숙하면서도 넓어서, 사람 살기에 좋고,

길은 구불구불 굽이져, 가는 것 같다가 제자리에 되돌아오네.

아! 반곡의 즐거움이여! 그 즐거움 다함 없네.

호랑이와 표범도 발길 멀리하고 교룡(蛟龍)도 달아나 숨어버리며,

귀신이 수호하여 상서롭지 못한 것들은 꾸짖어 못오게 하네.

먹고 마시며 장수하고 건강하네.

부족한 것 없으니 무엇을 바라리오?

내 수레에 기름치고 내 말에 먹이 먹여

반곡에 가서 그대를 따라 내 생명 다하도록

소요자적(逍遙自適)할거나.

원문 ①太行之陽에 有②盤谷하니 盤谷之間이 泉甘而土肥하여 草
태항지양　유반곡　　　반곡지간　천감이토비　　초

木叢茂하고 居民③鮮少라. 或曰謂其環兩山之間이니 故로 曰盤이
목총무　　거민 선소　　혹왈위기환량산지간　　　고　왈반

오 或曰是谷也라 ④宅幽而勢阻하여 隱者之所⑤盤旋이라.
　혹왈시곡야　택유이세조　　　은자지소 반선

　友人李愿居之러니 愿之言曰；人之稱大丈夫者를 我知之矣로
　우인이원거지　　　원지언왈　인지칭대장부자　　아지지의

라. 利澤施于人하며 名聲昭千寺하여 坐于⑥廟朝하여 ⑦進退百官
　이택시우인　　　명성소간사　　　좌우 묘조　　　진퇴백관

而佐天子出令하고 其在外則⑧樹旗旄羅弓矢하여 武夫⑨前呵하며
이좌천자출령　　　기재외즉 수기모라궁시　　　무부 전가

從者⑩塞塗하고 ⑪供給之人이 各執其物하여 夾道而疾馳하고 喜
종자 색도　　　공급지인　　각집기물　　　협도이질치　　　희

有賞하며 怒有刑하고 ⑫才畯滿前하여 道古今而譽盛德하되 入耳
유상　　　노유형　　　재준만전　　　도고금이예성덕　　　입이

而不煩이라.
이불번

　曲眉豊頰에 淸聲而⑬便體하며 ⑭秀外而惠中하여 ⑮飄輕裾翳長
　곡미풍협　청성이 편체　　　수외이혜중　　　표경거예장

袖하여 粉白黛綠者가 列屋而閑居하여 妬寵而⑯負恃하며 爭妍
수　　　분백대록자　열옥이한거　　　투총이 부시　　　쟁연

而^⑰取憐이라. 大丈夫之遇知於天子하여 用力於當世者之爲也라.
이 취 련　　　대장부지우지어천자　　용력어당세자지위야

吾非惡此而逃之요 是有命焉하여 不可幸而致也니라.
오비오차이도지　시유명언　　불가행이치야

窮居而^⑱野處하고 升高而望遠하여 坐茂樹以終日하고 濯淸泉
궁거이 야처　　　승고이망원　　　좌무수이종일　　　탁청천

以自潔하여 採於山^⑲美可茹요 釣於水鮮可食이라. ^⑳起居無時하
이자결　　　채어산 미가여　조어수선가식　　　기거무시

여 惟適之安이니 ^㉑與其譽於前으론 孰若無毁於其後며 與其樂於
유적지안　　　여기예어전　　　숙약무훼어기후　　여기락어

身으론 孰若無憂於其心고?
신　　　숙약무우어기심

^㉒車服不維하며 ^㉓刀鋸不加하고 ^㉔理亂不知하며 ^㉕黜陟不聞이
거복불유　　　도거불가　　　이란부지　　　출척불문

라. 大丈夫不遇於時者之所爲也니 我則行之라.
대장부불우어시자지소위야　아즉행지

^㉖伺候於公卿之門하며 奔走於^㉗形勢之途하여 足將進而^㉘趑趄
사후어공경지문　　　분주어 형세지도　　　족장진이 자저

하며 口將言而^㉙囁嚅하고 處^㉚穢汙而不羞하고 觸^㉛刑辟而誅戮이
구장언이 섭유　　　처 예오이불수　　　촉 형벽이주륙

라. ^㉜僥倖於萬一하여 老死而後止者는 其於爲人에 ^㉝賢不肖何如
요행어만일　　　노사이후지자　　　기어위인　　현불초하여

也오?
야

^㉞昌黎韓愈가 聞其言而壯之하여 與之酒而爲之歌라. 曰;
창려한유　문기언이장지　　　여지주이위지가　　　왈

盤之中이여 維^㉟子之宮이오
반지중　　　유 자지궁

盤之土여 維子之^㊱稼로다.
반지토　유자지 가

盤之泉이여 可濯可^㊲沿이오
반지천　　　가탁가 연

盤之阻여 誰爭子所오?
반지조　수쟁자소

窈而深하니 ^㊳廓其有容이오
요 이 심   확 기 유 용

^㊴繚而曲하니 如往而復이로다.
요 이 곡   여 왕 이 복

嗟盤之樂兮여 樂且^㊵無央이라.
차 반 지 락 혜   낙 차 무 앙

虎豹遠跡兮여 蛟龍遁藏이요
호 표 원 적 혜   교 룡 둔 장

鬼神守護兮여 ^㊶呵禁不詳이로다.
귀 신 수 호 혜   가 금 불 상

飮且食兮여 壽而康하니
음 차 식 혜   수 이 강

無不足兮여 奚所望고?
무 부 족 혜   해 소 망

^㊷膏吾車兮여 ^㊸秣吾馬하여
고 오 거 혜   말 오 마

從子于盤兮여 終吾生以^㊹徜徉하리라.
종 자 우 반 혜   종 오 생 이   상 양

주해 ① 太行(태항)-산 이름. 하남성(河南省)·하북성(河北省)·산서성(山西省)에 걸쳐 있음. ○陽(양)-산의 남쪽을 말함.

② 盤谷(반곡)-지명(地名). 태항산 남쪽 하남성 제원현(濟源縣)에 있음.

③ 鮮少(선소)-매우 드물다. 거의 없다.

④ 宅幽(택유)-깊숙한 곳에 위치하다. 택(宅)은 위치하다, 자리잡다의 뜻.
○勢阻(세조)-산세가 험준함.

⑤ 盤旋(반선)-배회함. 이리저리 거닐며 왔다갔다 함.

⑥ 廟朝(묘조)-조정. 정부를 말함.

⑦ 進退百官(진퇴백관)-모든 관리들을 임명하고 해직(解職)함.

⑧ 樹旗旄(수기모)-깃발을 세우다. 기(旗)는 곰과 범을 그린 기. 일반적으로 기의 총칭으로 쓰임. 모(旄)는 검은 소의 꼬리로 장식한 기.

⑨ 前呵(전가)-벽제(辟除)함. 귀인이 외출할 때 길가던 사람들의 통행을 금지하는 것.

⑩ 塞塗(색도)－길을 가득 채우다. 사람들이 대단히 많은 모양.

⑪ 供給之人(공급지인)－귀인의 측근에서 심부름하는 사람. 시종.

⑫ 才畯(재준)－재주가 뛰어난 사람.

⑬ 便體(편체)－몸가짐이 사뿐하고 날램.

⑭ 秀外而惠中(수외이혜중)－외모는 수려하고 속마음씨는 유순함.

⑮ 飄輕裾(표경거)－하늘거리는 옷자락이 걸을 때마다 바람에 나부끼는 모양. ㅇ翳長袖(예장수)－긴 소맷자락을 질질 끌고 다니는 모양. 예(翳)는 덮을 폐(蔽)의 뜻. 소맷자락이 길어 바닥을 덮어 가리는 모양을 말함.

⑯ 負恃(부시)－믿고 의지함. 곧 자신의 아름다움을 믿고 뽐냄.

⑰ 取憐(취련)－총애를 구함.

⑱ 野處(야처)－산야(山野)에서 삶.《역경(易經)》계사(繫辭) 하편에, '상고혈거이야처(上古穴居而野處), 후세성인역지이궁실(後世聖人易之以宮室)'이라는 구절이 나옴.

⑲ 美可茹(미가여)－맛이 좋아 먹음직하다. 미(美)는 맛이 좋다는 뜻. 여(茹)는 먹을 식(食)의 뜻.

⑳ 起居無時(기거무시)－기거동작에 정해진 결과가 없다. 기거(起居)는 기거동작. 행동거지. 무시(無時)는 일정한 때가 없다는 뜻.

㉑ 與其(여기)~孰若(숙약) －……하는 것이 어찌 ……만 하리오? 곧 ……하는 편이 낫다는 뜻. 이런 뜻의 숙어로는, 여기(與其)~불약(不若)~, 여기(與其)~불여(不如)~, 여기(與其)~영(寧)~ 등이 있다.

㉒ 車服不維(거복불유)－수레와 의복에 얽매이지 않음. 유(維)는 얽매이다, 구속받는다의 뜻.

㉓ 刀鋸(도거)－칼과 톱. 옛날에 칼은 궁형(宮刑 : 성기를 자름)에 쓰고, 톱은 월형(刖刑 : 발꿈치를 벰)에 씀. 곧 형벌을 말함.

㉔ 理亂(이란)－나라가 다스려짐과 어지러움.

㉕ 黜陟(출척)－면직과 승진.

㉖ 伺候(사후)－윗사람을 방문함. 윗사람을 찾아가 안부를 물음. ㅇ公卿(공경)－삼공(三公)과 구경(九卿). 즉, 고위관리를 말함.

㉗ 形勢之途(형세지도)－권세있는 사람이 있는 곳. 벼슬길. 형세(形勢)는 권문세가(權門勢家).

㉘ 趑趄(자저)-머뭇거리는 모양.

㉙ 囁嚅(섭유)-말을 하려다가 겁이 나서 어물거리는 모양.

㉚ 穢汙(예오)-더러움.

㉛ 刑辟(형벽)-형벌. ○誅戮(주륙)-죄인을 죽임.

㉜ 僥倖於萬一(요행어만일)-만에 하나도 있기 어려운 요행을 바람.

㉝ 賢不肖(현불초)-현명함과 어리석음.

㉞ 昌黎(창려)-지명(地名). 하북성(河北省)에 있는 현(縣) 이름. 한유(韓愈)
가 이곳 태생이므로 그를 창려선생이라고도 부름.

㉟ 子(자)-그대, 즉 상대방을 부르는 호칭.

㊱ 稼(가)-농사를 지음.

㊲ 沿(연)-물을 따라 거니는 것.

㊳ 廓(확)-텅 비고 넓음.

㊴ 繚而曲(요이곡)-구불구불 굽이짐.

㊵ 無央(무앙)-다함이 없다. 앙(央)은 다할 진(盡), 그칠 이(已)의 뜻.

㊶ 呵禁(가금)-꾸짖어 못오게 함.

㊷ 膏吾車(고오거)-수레에 기름을 침. 곧 수레를 손질함.

㊸ 秣(말)-말에게 먹이를 먹임.

㊹ 徜徉(상양)-배회함. 노닒. 소요자적(逍遙自適)함.

(해설) 이원(李愿)은 당(唐) 덕종(德宗) 때의 충신인 이성(李晟)의 아들로
서 원화(元和) 초에 절도사가 되었다가 목종(穆宗) 때에 수주자사(隋州
刺史)로 쫓겨나서 불우한 가운데 죽은 사람이다.

이 글은 이원이 반곡에 가서 은거하고자 하여 한유가 그를 송별하는
뜻으로 지은 것이다. 이 글에서는 대장부로서 출세한 자의 화려한 생활
과, 때를 만나지 못한 대장부의 은거생활을 대비하면서, 운명에 따라 은
자로서의 즐거움을 누리겠다는 의도를 밝히고 있다.

송(宋)의 소식(蘇軾)은 이 문장을 극구 칭찬하여, "당(唐)에는 문장다
운 문장이 없다. 오직 한퇴지(韓退之)의 〈송이원귀반곡서(送李愿歸盤谷
序)〉가 있을 뿐이다."라고 했다.

송육흡주참시서(送陸歙州傪詩序)

한유(韓愈)

정원(貞元) 18년(802) 2월 18일에 사부원외랑(祠部員外郎) 육군(陸君)이 흡주자사(歙州刺史)로 나가게 되었는데, 조정에서 새벽부터 밤늦게까지 부지런히 일하는 현명한 사람들과 장안으로 떠나와 사는 훌륭한 인물들이 탄식하고 눈물을 흘리면서 모두 그를 떠나보내지 않아야 한다고 여겼다. 흡주는 큰 고을이고 자사는 높은 벼슬이어서, 낭관(郎官)으로부터 부임한다는 일은 앞뒤 사람들 모두가 바라고 있는 일이다.

지금 천하에서 내고 있는 공부(貢賦)를 보면 강남(江南)에서 10분지 9가 나오고 있고, 선위사(宣慰使)가 살핀 바에 따르면 흡주는 부한 고을이어서, 그곳 자사는 재상급 신하들이 추천을 해서 천자가 직접 임명하는 것이니, 그 벼슬이 가볍지 않고 무겁다는 것도 분명한 일이다.

그런데도 한탄을 하고 눈물을 흘리면서 그가 떠나가서는 안된다고 여기는 것은, 육군의 도가 조정에서 행하여진다면 곧 천하가 그 은덕을 바랄 수 있지만 한 주의 자사가 되면 곧 은덕은 오로지 한 주에만 끼쳐지고 모두에게 끼칠 수 없게 되기 때문인 것이다. 한 주(州)를 중시하여 앞세우고 천하를 뒤로 미루는 일이 어찌 우리 임금님과 우리 재상들의 마음이겠는가? 이에 창려(昌黎) 한유(韓愈)가 그가 머물기를 바라는 이들의 마음을 드러내고 그들의 생각을 펴내어 다음과 같은 시를 지었다.

나의 옷 화려하고, 나의 패식(佩飾) 빛나는데,

육군 떠나가게 되었으니 누구와 더불어 노니나?

그의 큰 은혜를 거두어 한 고을에만 베풀게 하려 하네.

지금 그는 가려 하는데 어찌 머물게 하지 않는가?

내 이 시 지어 한길에서 노래하노니,

빨리 달려가지 말 것이니 천자께서 취소하는 조명(詔命) 내리시리라.

원문　①貞元十八年二月十八日에 祠部員外郞②陸君이 出刺③歙州
　　　정원십팔년이월십팔일　　사부원외랑 육군　출자 흡주

하니 朝廷④夙夜之賢과 都邑游居之良이 ⑤齋咨涕洟하여 ⑥咸以
　　조정 숙야지현　도읍유거지량　　재자체이　　함이

爲不當去러라. 歙은 大州也요 刺史는 尊官也라. 由郞官而往者는
위부당거　　흡 대주야 자사 존관야　유랑관이왕자

前後相望也라.
전후상망야

　　當今賦出於天下에 江南⑦居十九요 ⑧宣使之所察에 歙爲富州
　　당금부출어천하　강남 거십구　　선사지소찰　흡위부주

니 宰臣之所薦聞이오 天子之所選用이라. 其不輕而重也도 ⑨較
　재신지소천문　천자지소선용이라. 기불경이중야　　교

然矣라.
연의

　　如是而齋咨涕洟하여 以爲不當去者는 陸君之道가 行乎朝廷이
　　여시이재자체이　　이위부당거자는 육군지도　행호조정

면 則天下⑩望其賜하고 刺一州면 則⑪專而不能咸이라. 先一州而
　즉천하 망기사　　자일주 즉 전이불능함이라. 선일주이

後天下는 豈吾君與吾相之心哉리오? 於是昌黎韓愈가 道願留者
후천하　기오군여오상지심재리오? 어시창려한유　도원류자

之心而⑫泄其思하여 作詩曰:
지심이 설기사　　작시왈

　　我衣之華兮여 我佩之光이로다.
　　아의지화혜　아패지광

陸君之去兮여 誰與^⑬翺翔고?
육 군 지 거 혜　　수 여　　고 상

斂此大惠兮여 施于一州로다.
염 차 대 혜 혜　　시 우 일 주

今其去矣라 胡不爲留오?
금 기 거 의　　호 불 위 류

我作此詩하여 歌于^⑭遠道하니
아 작 차 시　　가 우　　규 도

無疾其驅어다 天子有詔시리라.
무 질 기 구　　　천 자 유 조

주해　① 貞元(정원)-당(唐)나라 덕종(德宗)의 연호. 정원 18년은 802년.

② 陸君(육군)-육참(陸傪)을 가리킴. 그가 흡주자사(歙州刺史)가 되어 떠나려 할 때 지은 글임.

③ 歙州(흡주)-지금의 강서성(江西省) 무원현(婺源縣) 근처의 땅 이름.

④ 夙夜(숙야)-새벽부터 밤까지. 곧 쉬지 않고 부지런히 일하는 것을 뜻함.

⑤ 齎咨(재자)-탄식하다. 한숨짓다. ○涕洟(체이)-눈물·콧물을 흘리며 우는 것.

⑥ 咸(함)-모두. 다.

⑦ 居十九(거십구)-10분의 9를 차지하다.

⑧ 宣使(선사)-벼슬 이름으로 선위사(宣慰使)를 가리킴. 왕명으로 지방의 백성들과 군대에 관한 일을 살피고 관장하였다.

⑨ 較然(교연)-분명한 모양.

⑩ 望其賜(망기사)-그가 정치를 잘하여 그의 은덕이 내려지기를 바라는 것.

⑪ 專而不能咸(전이불능함)-그의 선정의 은덕을 한 고을에서만 차지하고 모든 사람들에게 베풀어질 수가 없게 되는 것.

⑫ 泄其思(설기사)-그들의 생각을 펴내는 것.

⑬ 翺翔(고상)-새가 펄펄 날아다니는 것. 여기저기 노니는 것.

⑭ 逵道(규도)-길. 큰길.

해설　사부원외랑(祠部員外郞)을 지내던 육참(陸傪)이 흡주자사가 되어 떠나는 것을 송별하는 글이다. 낭관(郎官)에서 자사가 된다는 것은 영전이나, 그는 문맥을 바꾸어 육참의 위대한 인격을 칭송하면서 은근히 그가 장안(長安)을 떠나는 것을 아쉬워하고 있다. 이러한 글의 구성은 작자 한유의 특기였던 것 같다.

사설(師說)

한유(韓愈)

1

옛날의 학자는 반드시 스승이 있었다. 스승이란 도를 전하고 학업을 가르쳐 주며 의혹을 풀어주는 자이다. 사람은 나면서부터 아는 것이 아닌데, 누가 의혹이 없을 수 있겠는가? 의혹스러우면서도 스승을 따르지 않는다면 그의 의혹됨은 끝내 풀리지 않을 것이다. 나보다 앞에 태어나고 그가 도를 들음도 물론 나보다 앞섰다면 나는 그를 따라 스승으로 삼는다. 나보다 뒤에 태어났더라도 그가 도를 들음이 역시 나보다 앞섰다면 나는 그를 따라 스승으로 삼는다.

나는 도를 스승으로 삼는 것이니, 어찌 그 나이가 나보다 앞서 태어나고 늦게 태어남을 따지겠는가? 이런 까닭에 귀하다거나 천하다거나 나이가 많거나 적거나 할 것 없이 도가 있는 곳이 스승이 있는 곳이다.

원문 古之學者는 必有師니 師者는 所以傳①道授業解②惑也라. 人
고 지 학 자 　 필 유 사 　 사 자 　 소 이 전 　 도 수 업 해 혹 야 　 인

非③生而知之者인댄 孰能無惑이리오? 惑而不從師면 其爲惑也는
비 　 생 이 지 지 자 　 숙 능 무 혹 　 혹 이 부 종 사 　 기 위 혹 야

終不解矣라. 生乎吾前하여 其聞道也가 ④固先乎吾면 吾從而師
종 불 해 의 　 생 호 오 전 　 기 문 도 야 　 고 선 호 오 　 오 종 이 사

之하고 生乎吾後라도 其⑤聞道也가 亦先乎吾면 吾從而師之라.
지 　 생 호 오 후 　 기 문 도 야 　 역 선 호 오 　 오 종 이 사 지

吾師道也니 夫⑥庸知其年之先後生於吾乎리오? 是故로 無貴
오 사 도 야   부 용 지 기 년 지 선 후 생 어 오 호   시 고   무 귀

無賤하며 無長無少요 道之所存은 師之所存也라.
무 천   무 장 무 소   도 지 소 존   사 지 소 존 야

주해 ① 道(도)─인간이 행하여야 할 올바른 도리. ㅇ授業(수업)─학업을 가
      르쳐 주다. 업(業)은 시(詩)·서(書)·예(禮)·역(易)·춘추(春秋)·악(樂)
      의 육경(六經)의 학술을 말한다.
    ② 惑(혹)─마음속의 의문.
    ③ 生而知之者(생이지지자)─나면서부터 아는 자. 《중용(中庸)》 19장에 '혹
      생이지지(或生而知之), 혹학이지지(或學而知之), 혹곤이지지(或困而知之),
      급기지지일야(及其知之一也)'라는 구절이 있다.
    ④ 固(고)─원래. 물론.
    ⑤ 聞道(문도)─도를 듣다. 《논어(論語)》 이인편(里仁篇)에 '조문도석사가의
      (朝聞道夕死可矣)'라는 말이 있다.
    ⑥ 庸(용)─어찌.

        2

  아! 스승의 도가 전해지지 않은 지 오래되었으니, 사람들로 하여금 의
문이 없게 하려 해도 어려운 일이구나! 옛날의 성인은 보통사람들보다
훨씬 뛰어났지만 오히려 스승을 따라 물었는데 오늘날의 많은 이들은 성
인보다 훨씬 뒤떨어지지만 스승에게 배우기를 부끄러워한다.
  이런 까닭에 성인은 더욱 성명(聖明)해지고 어리석은 이는 더욱 어리
석게 된다. 성인이 성명해지고 우인(愚人)이 어리석게 되는 까닭이 모두
이에서 나온 것인가!

원문 ①嗟乎라! ②師道之不傳也久矣니 欲人之無惑也難矣라. 古
      차 호   사 도 지 부 전 야 구 의   욕 인 지 무 혹 야 난 의   고

之聖人은 其^③出人也遠矣로되 ^④猶且從師而問焉이어늘 今之衆人
지 성 인 　 기 　 출 인 야 원 의 　 　 유 차 종 사 이 문 언 　 　 금 지 중 인

은 其下聖人也亦遠矣로되 而恥學於師라.
　 기 하 성 인 야 역 원 의 　 　 이 치 학 어 사

是故로 聖益聖하고 愚益愚라. 聖人之所以爲聖과 愚人之所以爲
시 고 　 성 익 성 　 　 우 익 우 　 　 성 인 지 소 이 위 성 　 　 우 인 지 소 이 위

愚가 其皆出於此乎인저!
우 　 기 개 출 어 차 호

(주해) ① 嗟乎(차호)－감탄사.

② 師道(사도)－스승의 도(道).

③ 出人(출인)－남보다 뛰어남.

④ 猶且(유차)－오히려. 유(猶)는 오히려의 뜻. 차(且)는 유(猶)와 같은 뜻.

3

자식을 사랑하여 스승을 골라서 가르쳐 주면서도 그 자신에게는 스승 삼기를 부끄러워하니 미혹된 일이다. 저 어린아이의 스승은 책을 가르치고 읽는 법을 가르치는 자이지 내가 말하는 도를 전하고 미혹됨을 풀어 주는 자는 아니다. 책 읽는 법을 모르거나 미혹이 풀리지 않는 데 대하여, 혹은 스승을 삼기도 하고 혹은 그렇게 하지 않고 있다. 작은 것은 배우고 큰 것은 버리고 있으니 나는 그들이 현명하다고 할 수 없다.

무당이나 의사·악사(樂師)와 각종 직공(職工)들은 서로 스승을 삼기를 부끄러워하지 않는다. 그런데 사대부의 족속들은 스승이니 제자니 하는 자가 있으면 무리지어 모여서 그들을 비웃는다. 그 까닭을 물으면 "저 이와 저이는 나이가 서로 같고 도(道)도 서로 비슷하다."고 한다. 스승의 지위가 낮으면 부끄러운 일이라 여기고 스승의 벼슬이 높으면 아첨에 가깝다고 한다.

아! 스승의 도가 회복되지 않았음을 알만하구나. 무당이나 의사와 각

종 직공들은 군자(君子)들이 업신여기지만 지금 그들의 슬기는 도리어 미칠 수 없으니 정말 이상하구나.

원문 愛其子하여는 擇師而敎之하되 於其身也엔 則恥師①焉하니
애 기 자　　　　택 사 이 교 지　　　어 기 신 야　　　즉 치 사 　언

惑矣라. 彼童子之師는 授之書而習其②句讀者也니 非吾所謂傳
혹 의　　 피 동 자 지 사　수 지 서 이 습 기 구 두 자 야　비 오 소 위 전

其道解其惑者也라. ③句讀之不知와 惑之不解에 或師焉하며 或
기 도 해 기 혹 자 야　　　구 두 지 부 지　혹 지 불 해　혹 사 언　　　혹

不焉하니 小學而大遺라 吾未見其明也로라.
불 언　　 소 학 이 대 유　오 미 견 기 명 야

巫醫樂師④百工之人은 不恥相師어늘 士大夫之族은 曰師曰弟
무 의 악 사 백 공 지 인　불 치 상 사　　　사 대 부 지 족　　왈 사 일 제

子云者면 則羣聚而笑之라. 問之則曰；彼與彼로 年相似也요
자 운 자　즉 군 취 이 소 지　　 문 지 즉 왈　피 여 피　　연 상 사 야

道相似也라. 位卑則足羞요 官盛則近諛라하니라.
도 상 사 야　　위 비 즉 족 수　관 성 즉 근 유

嗚呼라! 師道之不⑤復을 可知矣로다. 巫醫百工之人을 君子不
오 호　　사 도 지 불 복　가 지 의　　무 의 백 공 지 인　　군 자 불

齒러니 今其智乃反不能及하니 可怪也歟인저!
치　　 금 기 지 내 반 불 능 급　　가 괴 야 여

주해 ① 焉(언)－어조사.

② 句讀(구두)－책 읽는 데 편하게 하기 위해 어조(語調)에 따라 숨을 쉬거
나 말을 끊는 것.

③ 句讀之不知(구두지부지)－이 구절은 '구두지부지(句讀之不知), 혹사언(或
師焉), 혹지불해(惑之不解), 혹불언(或不焉)'으로 해석해야 된다. 읽을 줄
을 모르면 스승을 찾아가 배우나 미혹이 풀리지 않는데도 스승을 찾지 않
는다는 뜻.

④ 百工(백공)－백관(百官)이란 뜻도 있고, 각종 직공들을 뜻하는 말로도 쓰
인다. 여기서는 후자의 뜻으로 쓰였다.

⑤ 復(복)－회복되다.

4

성인(聖人)인 공자(孔子)에게는 일정한 스승이 없었다. 공자는 담자
(郯子)·장홍(萇弘)·사양(師襄)·노담(老聃)에게 배웠으니, 담자의 무리
는 현명함이 공자에 미치지 못하였다. 공자는 "세 사람이 함께 길을 가게
되면 그 중에 반드시 나의 스승이 있다."고 하였다. 그러므로 제자가 반
드시 스승만 못하지도 않고 스승이 반드시 제자보다 낫지도 않다. 도(道)
를 들음에 있어 선후가 있고 학술과 직업에 전공이 있어서 이와 같이 되
었을 따름이다.

이씨(李氏)의 아들 반(蟠)은 나이 열일곱으로 고문(古文)을 좋아하여
육경(六經)의 경전을 모두 익혀 통달하였다. 시속(時俗)에 구애되지 않
고 내게 배우기를 청하니 나는 그가 옛 도를 행할 수 있음을 갸륵히 여
겨 〈사설(師說)〉을 지어 그에게 주는 바이다.

원문 聖人無常師라. 孔子師^①郯子·萇弘·師襄·老聃이시나 郯
　　　　성 인 무 상 사　　공 자 사　　담 자　　장 홍　　사 양　　노 담　　　　담

子之徒는 其賢이 不及孔子라. 孔子曰 ; 三人行에 則必有我師라.
자 지 도　　기 현　　불 급 공 자　　공 자 왈　　삼 인 행　　즉 필 유 아 사

是故로 弟子不必不如師요 師不必賢於弟子라. 聞道有先後요 術
시 고　　제 자 불 필 불 여 사　　사 불 필 현 어 제 자　　문 도 유 선 후　　술

業有專攻이니 如是而已라.
업 유 전 공　　여 시 이 이

　^②李氏子蟠이 年十七이라. 好^③古文하여 ^④六藝經傳을 皆通習
　　　이 씨 자 반　　연 십 칠　　호　고 문　　　육 예 경 전　　개 통 습

之러니 不拘於時하고 請學於余라. 余嘉其能行古道하여 作師說
지　　불 구 어 시　　청 학 어 여　　여 가 기 능 행 고 도　　작 사 설

以^⑤貽之하노라.
이　이 지

주해　① 郯子(담자)－담(郯)나라의 자작(子爵). 《좌전(左傳)》에는 공자(孔子)

가 그에게서 '관직(官職)'에 대하여 배웠다고 되어 있다. ○萇弘(장홍)—
주(周) 경왕(敬王)의 대부. 《예기(禮記)》와 《공자가어(孔子家語)》에 의하
면 공자가 장홍에게 악(樂)에 대하여 배웠다고 한다. ○師襄(사양)—악관
(樂官). 《공자세가》에는 공자가 사양에게서 '금(琴)'을 배웠다고 되어 있
다. ○老聃(노담)—노자(老子). 《공자가어》에는 공자가 노자에게서 예(禮)
를 배웠다고 되어 있다.

② 李氏子蟠(이씨자반)—이반(李蟠). 당(唐) 정원(貞元) 19년에 진사(進士)
가 되었다.

③ 古文(고문)—주(周)·진(秦)의 경전이나 제자백가·한대(漢代) 사전(史傳)
의 문체처럼 질박하고 힘찬 문장. 한유는 고문운동을 제창했다.

④ 六藝經傳(육예경전)—육예는 육경인 시(詩)·서(書)·역(易)·예(禮)·춘
추(春秋)·악(樂)을 말한다. 경(經)은 육경의 본문. 전(傳)은 육경에 대한
주석서.

⑤ 貽(이)—주다.

〔해설〕 유종원은 한유의 사설(師說)에 대해 욕서(辱書)에서 다음과 같이 적
고 있다.

'위(魏)·진(晉) 이래로 사람들은 스승을 섬기지 않았다. 오늘날에는
스승이 있다는 것을 듣지 못했다. 있다면 비웃거나 미친 사람으로 여겼
다. 다만 한유만이 세속의 비웃음이나 모욕을 돌아보지 않고 학생을 불
러모으고 〈사설〉을 지었으며 얼굴을 치켜들고 스승이 되었다.'

한유의 〈사설〉은 이러한 시속을 개탄하고 스승의 필요를 역설한 글
이다.

잡설(雜說)

한유(韓愈)

　세상에 백락(伯樂)이 있은 후에야 천리마가 있게 된다. 천리마는 항상 있지만 백락은 늘 있지 않다. 그래서 비록 명마(名馬)가 있을지라도 다만 노예의 손에서 욕이나 당하며 마구간에서 범마(凡馬)들과 나란히 죽게 되어 천리마로 불려지지 못한다. 천리마는 한끼에 간혹 곡식 한 섬을 먹어치운다. 말을 먹이는 자는 그 말이 천리를 달릴 수 있는지도 모르고 먹인다.

　이 말은 비록 천리를 달릴 능력이 있다 하더라도 먹는 것이 배부르지 않아 힘이 부족하여 재능의 훌륭함이 밖으로 드러나지 않고, 또한 보통 말과 같아지려 해도 될 수 없으니 어찌 그 말이 천리를 달릴 수 있기를 바라겠는가?

　채찍질을 하는 데 도리로써 하지 않고, 먹여주지만 재능을 다 발휘하게 하지 못하고, 울어도 그 뜻을 알아주지 못하면서 채찍을 쥐고 다가서서 말하기를 "천하에 말이 없다."고 한다. 아! 정말로 말이 없는가? 정말로 말을 알아보지 못하는 것인가?

(원문) 世有^①伯樂한 然後에 有千里馬라. 千里馬常有로되 而伯樂不
　　　　세유　백락　　연후　　유천리마　　천리마상유　　　　이백락불

常有라. 故로 雖有名馬나 秖辱於奴隷人之手하여 ^②駢死於槽櫪
상유　　고　　수유명마　지욕어노예인지수　　　　　변사어조력

之間이오 不以千里稱也라. 馬之千里者는 一食或盡③粟一石이어
지 간   불 이 천 리 칭 야   마 지 천 리 자   일 식 혹 진 속 일 석

늘 ④食馬者不知其能千里而食也라.
   사 마 자 부 지 기 능 천 리 이 사 야

是馬雖有千里之能이나 食不飽하며 力不足하여 才美不⑤外見
시 마 수 유 천 리 지 능   식 불 포   역 부 족   재 미 불 외 현

하여 且欲與常馬로 等이나 不可得이니 ⑥安求其能千里리오?
     차 욕 여 상 마   등   불 가 득   안 구 기 능 천 리

策之不以其道하며 食之不能盡其材하며 鳴之不能通其意하고
책 지 불 이 기 도   사 지 불 능 진 기 재   명 지 불 능 통 기 의

執策而臨之曰 : 天下無良馬라하니 嗚呼라! 其眞無馬耶아 其眞
집 책 이 림 지 왈   천 하 무 량 마   오 호   기 진 무 마 야   기 진

不識馬耶아?
불 식 마 야

주해 ① 伯樂(백락)-사람 이름. 성은 손(孫). 이름은 양(陽). 주(周)나라 때
   말을 잘 식별하기로 유명했던 사람.
② 騈死(변사)-나란히 함께 죽는 것. ㅇ槽櫪(조력)-조(槽)는 말구유. 역
   (櫪)은 마판(馬板).
③ 粟一石(속일석)-곡식 한 섬.
④ 食馬(사마)-말을 먹이다. 말을 먹여 기르다.
⑤ 外見(외현)-밖으로 드러나다.
⑥ 安(안)-어찌.

해설 말을 가지고 비유하여 영웅호걸은 자신을 알아주는 자를 만나 후한
대접을 받은 후에 그의 재능을 펼칠 수 있고 그렇지 않으면 매몰(埋沒)
될 것임을 말하였다.
   《한문공집(韓文公集)》에는 〈잡설(雜說)〉이라 하여 4편의 글로 되어 있
다. 첫편은 용(龍)에 대해, 둘째 편은 의(醫)에 대해, 셋째 편은 학(鶴)에
대해, 넷째 편은 마(馬)에 대해 이야기하고 있다. 본문에 실린 글은 넷째
편이다. 4편의 내용이 다르기 때문에 〈잡설〉이라 한 것 같다.

획린해(獲麟解)

한유(韓愈)

 기린의 신령함은 잘 알려져 있다. 《시경(詩經)》에서 읊고 있고 《춘추(春秋)》에 쓰여 있으며 전기(傳記)와 제자백가(諸子百家)의 책에 여기저기 나온다. 비록 부녀자나 어린아이라 할지라도 모두가 상서로운 것임을 안다. 그러나 기린이란 동물은 집에서 기르지 않고 항상 세상에 있는 것이 아니다. 그 모습은 유별나서 말·소·개·돼지·승냥이·이리·고라니·사슴 같지도 않다. 그래서 기린이 있다 할지라도 그것이 기린인 줄 모른다.

 뿔이 있는 것은 우리는 그것이 소인 줄 안다. 갈기가 있는 것은 우리는 그것이 말인 줄 안다. 개·돼지·승냥이·이리·고라니·사슴은 우리는 그것이 개·돼지·승냥이·이리·고라니·사슴인 줄 안다. 오직 기린만은 알 수 없다. 알 수 없으니 그것을 상서롭지 못하다고 해도 마땅하다.

 그렇더라도 기린이 나오면 반드시 성인(聖人)이 제위(帝位)에 있으니 기린은 성인을 위해 나오는 것이다. 그러니 기린은 과연 상서롭지 못한 것이 아니다. 또 말하건대 기린이 기린인 까닭은 덕 때문이지 생김새 때문이 아니다. 만약 기린이 나옴에 있어서 성인을 기다리지 않는다면 그것을 상서롭지 못하다고 해도 될 것이다.

원문 ①麟之爲靈이 ②昭昭也라. ③詠於詩하며 ④書於春秋하며 ⑤雜
  인지위령   소소야   영어시   서어춘추   잡

出於傳記百家之書라. 雖婦人小子라도 皆知其爲祥也라. 然이나
출 어 전 기 백 가 지 서　수 부 인 소 자　개 지 기 위 상 야　연

⑥麟之爲物이 不畜於家하며 不恒有於天下라. 其爲形也不類하여
인 지 위 물　불 휵 어 가　불 항 유 어 천 하　기 위 형 야 불 류

非若牛馬犬豕⑦豺狼麋鹿然이라. 然則雖有麟이나 不可知其爲麟
비 약 우 마 견 시 시 랑 미 록 연　연 즉 수 유 린　불 가 지 기 위 린

也니라.
야

角者는 吾知其爲牛요 ⑧鬣者는 吾知其爲馬요 犬豕豺狼麋鹿
각 자　오 지 기 위 우　엽 자　오 지 기 위 마　견 시 시 랑 미 록

은 吾知其爲犬豕豺狼麋鹿이로되 惟麟也不可知라. 不可知則其
오 지 기 위 견 시 시 랑 미 록　유 린 야 불 가 지　불 가 지 즉 기

謂知不祥也亦宜로다.
위 지 불 상 야 역 의

雖然이나 ⑨麟之出에 必有聖人이 在乎位니 麟은 爲聖人出也
수 연　인 지 출　필 유 성 인　재 호 위　인　위 성 인 출 야

라. ⑩聖人者는 必知麟이니 麟之果不爲不祥也로다. 又曰；麟之
성 인 자　필 지 린　인 지 과 불 위 불 상 야　우 왈　인 지

所以爲麟者는 以德이오 不以形이니 ⑪若麟之出이 不待聖人이면
소 이 위 린 자　이 덕　불 이 형　약 린 지 출　부 대 성 인

則其謂之不祥也라도 亦宜哉인저!
즉 기 위 지 불 상 야　역 의 재

주해　① 麟(인)-기린. 기(麒)는 수컷, 인(麟)은 암컷.

② 昭昭(소소)-밝은 모양.

③ 詠於詩(영어시)-시(詩)는 《시경(詩經)》. 《시경》에서 읊고 있다. 《시경》의
국풍(國風)에 〈인지지(麟之趾)〉라는 시가 있다.

④ 書於春秋(서어춘추)-《춘추》에 적혀 있다. 《춘추》는 공자가 지었다고 전
해지는 책으로 육경(六經) 중의 하나이다. 《춘추》에 '십유사년춘(十有四
年春) 서수획린(西狩獲麟)'이라 되어 있다. '애공(哀公) 14년 봄, 서쪽으
로 사냥갔다가 기린을 잡았다'는 뜻이다.

⑤ 雜出(잡출)-여기저기서 나온다. ○傳記百家(전기백가)-전기는 옛날의

일을 기술한 책. 백가는 제자백가(諸子百家)를 말한다.

⑥ 麟之爲物(인지위물)-기린이라는 동물은. 위물(爲物)은 동물됨.

⑦ 豺狼麋鹿(시랑미록)-승냥이·이리·고라니·사슴.

⑧ 鬣(엽)-갈기.

⑨ 麟之出(인지출) 必有聖人在乎位(필유성인재호위)-기린은 반드시 성인이 제위(帝立)에 있었던 복희(伏羲)·신농(神農)·황제(黃帝)·요(堯)·순(舜) 등 오제(五帝) 때와 우(禹)·탕(湯)·문왕(文王)의 삼왕(三王) 때에 나타났다고 한다.

⑩ 聖人者必知麟(성인자필지린)-성인은 반드시 기린을 알아본다. 춘추(春秋)시대에 기린이 나타나자 노(魯)나라 사람들은 알아보지 못하고 불길하다고 했는데 공자(孔子)만은 알아보았다고 한다.

[해설] 한유는 당대에 고문운동을 제창하고 유도(儒道)의 도통(道統)을 회복시킬 것을 주장하면서 자신은 공자(孔子)와 맹자(孟子)의 뒤를 이어 도통을 계승하였다고 자부하였다. 이 글에서는 함축적으로 기린이 나와도 알아보지 못하는 어지러운 세상을 개탄하며 자신을 성인이 제위에 있지 않은 때에 나온 기린에 비유하고 있다.

휘변(諱辯)

한유(韓愈)

1

나는 이하(李賀)에게 편지를 보내, 이하에게 진사 시험에 응시하도록 권하였는데, 이하가 진사에 합격하여 이름이 나게 되었다. 이하와 명성을 다투는 자가 그를 훼방하여 말하였다.

"이하의 아버지 이름이 진숙(晉肅 ; jìn sù)이니, 이하는 진사(進士 ; jìn shì)에 뽑히지 말았어야 옳고, 그를 응시하도록 권한 자도 옳지 못하다."

이 말을 들은 사람들은 자세히 살피지도 않고 한 사람의 말에 따라 덩달아 그렇게 떠들어대며 한결같이 같은 말을 한다. 황보식(皇甫湜)이 말하였다.

"선생님과 이하는 장차 죄를 얻게 될 것입니다."

내가 대답했다. "그렇다." 율법에 이르기를 "두 글자로 된 이름은 그 중 한 자를 쓰는 것은 휘(諱)하지 않는다." 하였다. 그것을 해석한 사람이 말하기를 [공자의 어머니 이름인 징재(徵在)를 예로 든다면] 징(徵)을 말할 때 재(在)를 말하지 않고, 재를 말할 때 징을 말하지 않는 것을 일컫는다." 하였다. 율법에 이르기를 "글자의 음이 비슷한 경우는 휘하지 않는다." 하였다. 그것을 해석한 사람이 말하기를 "우왕의 이름인 우(禹 ; yǔ)와 우(雨 ; yǔ), 공자의 이름인 구(丘 ; qiū)와 구(蓲 ; qiū) 같은 것을 일컫는다." 하였다.

지금 이하의 아버지 이름이 진숙(晉肅 ; jìn sù)인데, 이하가 진사(進士 ; jìn shì)로 뽑힌 것이 두 자로 된 이름은 한 자를 쓰는 것은 휘하지 않아도 된다는 율법을 범한 것이란 말인가? 비슷한 음을 가진 글자는 휘하지 않는다는 율법을 범한 것이란 말인가? 아버지의 이름이 진숙이라 하여 아들이 진사에 천거될 수 없다면, 만일 아버지의 이름이 인(仁 ; rén)인 경우에는 아들은 사람(人 ; rén)이 될 수도 없단 말인가?

대체 휘법(諱法)이 언제 시작된 것인가? 법제를 만들어 천하를 가르친 사람은 주공(周公)과 공자(孔子)가 아니었던가? 주공은 시(詩)를 지음에 있어 휘하지 않았고, 공자는 두 글자 이름의 경우 한 자를 쓰는 것을 휘하지 않았으며, 《춘추(春秋)》에서는 비슷한 음을 가진 이름 자(字)를 휘하지 않았다 해서 나무라지 않고 있다.

주(周)나라 강왕(康王) 교(釗 ; zhāo)의 자손이 실제로 소(昭 ; zhāo) 왕이었고, 증삼(曾參)의 아버지 이름은 석(晳 ; xī)인데 증자는 석(昔 ; xī)자를 휘하지 않았다. 주(周)나라 때에는 기기(騏期 ; qí qí)라는 사람이 있었고, 한(漢)나라 때에는 두도(杜度 ; dù dù)라는 사람이 있었다. 이 사람들은 그 자손들이 어떻게 휘했어야 하겠는가? 만일 그 비슷한 음의 글자를 휘한다면 결국 그 성(姓)을 휘해야 되지 않는가? 아니면 음이 비슷한 글자를 휘하지 말아야 하는가?

원문 ①愈與進士李賀書하여 勸賀②擧進士러니 賀擧進士有名이라.
　　　유 여 진 사 이 하 서　　　권 하 거 진 사　　하 거 진 사 유 명

與賀爭名者가 毁之曰 ; 賀父名은 ③晉肅이니 賀不擧進士爲是오
여 하 쟁 명 자　훼 지 왈　하 부 명　　진 숙　　하 불 거 진 사 위 시

勸之擧者爲非라. 聽者不察하고 ④和而唱之하여 同然⑤一辭라.
권 지 거 자 위 비　　청 자 불 찰　　화 이 창 지　　동 연　일 사

⑥皇甫湜曰 : ⑦子與賀且得罪로라.
황 보 식 왈　자 여 하 차 득 죄

愈曰：然하다. ⑧律曰；⑨二名不偏諱라. ⑩釋之者曰；謂若⑪言
유왈 연　　　율왈　　이명불편휘　　석지자왈　위약 언

徵不稱在하며 言在不稱徵이 是也라. 律曰；⑫不諱嫌名이라. 釋
징불칭재　　언재불칭징　 시야　　율왈　　불휘혐명　　　석

之者曰；謂若⑬禹與雨와 丘與蓲之類가 是也라.
지자왈　위약 우여우　 구여구지류　 시야

今賀父名晉肅이니 賀擧進士가 爲犯⑭二名律乎아? 爲犯⑮嫌名
금하부명진숙　　하거진사　 위범 이명률호　　 위범　혐명

律乎아? 父名晉肅에 子不得擧進士인댄 若父名仁이면 子⑯不得
률호　　부명진숙　 자부득거진사　　약부명인　　 자 부득

爲人乎아? 夫諱는 始於何時오?
위인호　　부휘　 시어하시

作法制하여 以敎天下者는 非周公孔子歟아? ⑰周公作詩不諱하
작법제　　이교천하자　 비주공공자여　　 주공작시불휘

고 ⑱孔子不偏諱二名하고 ⑲春秋에 不譏不諱嫌名이라.
　　공자불편휘이명　　 춘추　 불기불휘혐명

⑳康王釗之孫이 實爲㉑昭王이오 ㉒曾參之父名晳이로되 ㉓曾子
강왕교지손　 실위 소왕　　 증삼지부명석　　　 증자

不諱昔이라. 周之時에 有㉔騏期하며 漢之時에 有㉕杜度하니 此其
불휘석　　주지시　 유 기기　　 한지시　 유 두도　　 차기

子는 宜如何諱오? 將諱其嫌하여 遂諱其姓乎아? 將不諱其嫌者
자　 의여하휘　 장휘기혐　　 수휘기성호　　 장불휘기혐자

乎아?
호

주해 ① 愈(유)－작자의 이름. 자기를 가리키는 말. ○與(여)－주다, 보내다.
○李賀(이하)－자는 장길(長吉). 시와 문장에 뛰어났다. 어려서부터 귀재
(鬼才)로 불렸고 한유에게서 글을 배운 적이 있다. 헌종(憲宗) 때 협율
랑(協律郎)을 지냈으나 27세로 요절하였고 작품집으로 《창곡집(昌谷
集)》을 남겼다.
② 擧(거)－응시하다. ○進士(진사)－본래는 과거의 과목명이었으나 후에는
합격자를 뜻하는 말로 쓰였다.
③ 晉肅(진숙)－이하(李賀)의 아버지 이름. 종사관(從事官)을 지냈음. 그의

이름의 '진(晉)'자와 진사(進士)의 '진(進)'자가 음이 같고, '숙(肅)'자와 '사(士)'자의 음이 비슷해서 이하가 진사에 합격함에 논란이 생긴 것이다.

④ 和而唱之(화이창지)-한 사람의 말에 부화하여 그것을 떠들어대다.

⑤ 一辭(일사)-같은 말.

⑥ 皇甫湜(황보식)-자가 지정(持正)이며 공부낭중(工部郞中)을 지냈다. 한유의 문인이었고 이하를 위해 힘을 많이 썼다 함.

⑦ 子(자)-선생님. 한유를 가리킨 말. ㅇ且(차)-장차.

⑧ 律(율)-율법. 고대의 율법이 실려 있는 《예기(禮記)》를 가리킴.

⑨ 二名不偏諱(이명불편휘)-두 자로 된 이름은 그 중 한 자를 쓸 때는 휘하지 않는다. 편(偏)은 두 자 중 한 자를 쓰는 것. 휘(諱)는 왕이나 조상의 이름자를 피하여 쓰지 않는 것. 《예기》 곡례(曲禮) 상에 '곡(哭)이 끝나면 곧 휘한다. 예에 따르면 음이 비슷한 글자는 휘하지 않으며, 두 글자로 된 이름을 한 자 한 자로 쓸 때는 휘하지 않는다(卒哭乃諱, 禮不諱嫌名, 二名不偏諱.)'고 씌어 있다. 정현(鄭玄)의 주(注)에 의하면 혐명(嫌名)과 이명(二名)의 경우 휘하기가 어렵기 때문이라고 되어 있다. 그러므로 두 글자로 된 이름의 경우는 그 하나하나를 휘할 필요는 없고 두 글자를 모두 함께 쓰는 경우만 피하면 된다는 뜻이다.

⑩ 釋之者(석지자)-그것을 해석한 사람. 주를 단 정현을 가리킴.

⑪ 言徵不稱在(언징불칭재)-징(徵)자를 말할 때는 재(在)자를 부르지 않는다. 이는 정현이 이명(二名)의 경우를 해설한 것으로, 공자의 어머니 이름인 징재의 경우 징과 재를 따로 쓰는 것은 괜찮다고 말한 것이다.

⑫ 不諱嫌名(불휘혐명)-음이 비슷한 글자는 휘하지 않는다. 혐명은 휘하여야 할 자와 음이 같거나 비슷한 글자. 즉 음이 같더라도 뜻이 다르면 써도 괜찮다는 뜻이다.

⑬ 禹與雨(우여우)-우왕의 우(禹 : yǔ)자와 비 우(雨 : yǔ)자. 두 자는 중국음으로 음이 같으나 뜻이 다르다. ㅇ丘與蓲(구여구)-공자의 이름 구(丘 : qiū)자와 풀의 한 종류인 구(蓲 : qiū)자. 역시 음은 같으나 뜻이 다르다.

⑭ 二名律(이명률)-두 자로 된 이름의 휘법. 즉 두 이름자와 꼭같은 두 글

자를 쓰는 것을 피하는 법칙.

⑮ 嫌名律(혐명률)-휘하여야 할 자와 음이 같거나 비슷하더라도 뜻이 다르면 휘하지 않아도 되는 법칙. 즉 휘자(諱字)와 음과 뜻이 같은 글자만을 피하는 법칙. 결국 이하의 아버지 이름인 진숙(晉肅)은 진사(進士)와 두 글자가 다 같은 것도 아니며, 음은 비슷해도 뜻이 다르니 휘법상 아무런 저촉됨이 없다는 뜻이다.

⑯ 不得爲人(부득위인)-사람이 되지 못하다. 곧 음이 비슷하다고 해서 휘해야 한다면 아버지 이름이 인(仁 : rén)인 사람은 그와 음이 비슷한 인(人 : rén)이 될 수 없다는 소리이다.

⑰ 周公作詩不諱(주공작시불휘)-주공은 시를 지음에 있어 휘하지 않았다. 주공의 아버지 문왕(文王)의 이름은 창(昌)이고 형인 무왕(武王)의 이름은 발(發)이었는데, 주공이 그 두 사람을 제사지내는 시를 지음에 있어 그 두 자를 휘하지 않았던 것을 가리킨다(《시경》 周頌의 詩에 '發'자와 '昌'자가 보임).

⑱ 孔子不偏諱二名(공자불편휘이명)-공자는 두 글자로 된 이름을 한 자 한 자를 쓸 때는 휘하지 않았다. 앞에 나왔듯이, 공자가 어머니 이름인 징재(徵在)를 한 자씩 쓰는 것은 피하지 않은 것을 가리킴(《論語》 八佾篇에 '徵'자가 홀로 쓰인 예가 보임).

⑲ 春秋(춘추)-공자가 썼다는 사서(史書)로 노(魯)나라 은공(隱公)으로부터 애공(哀公)까지 242년간의 역사가 기록되어 있다. ㅇ不譏不諱嫌名(불기불휘혐명)-음이 비슷한 글자를 휘하지 않은 것을 탓하지 않다.

⑳ 康王(강왕)-주(周)나라 성왕(成王)의 아들이며 이름이 교(釗)였음.

㉑ 昭王(소왕)-강왕(康王)의 아들로 이름이 하(瑕)임.

㉒ 曾參(증삼)-공자의 제자로 이름이 자여(子輿)이며 효행으로 이름이 높았음. ㅇ晳(석)-증삼의 아버지의 자. 이름은 점(點)이므로 한유가 잘못 알고 이름을 석(晳)이라 한 듯하다.

㉓ 曾子(증자)-증삼을 가리킴. ㅇ不諱昔(불휘석)-석(昔)자를 피하지 않다. 《논어》 태백편(泰伯篇)에 석(晳 : xī)과 음이 같은 석(昔 : xī)자가 쓰였다(昔者吾友).

㉔ 騏期(기기)-주나라 때 사람.

㉕ 杜度(두도)-한(漢)대 사람. 자가 백도(伯度)이며 한대에 유행했던 초서체(草書體)인 장초(章草)에 뛰어났음. 기기와 두도 두 사람의 경우 성과 명(名)의 음이 같으므로, 만일 음이 같다고 해서 휘해야 한다면 그 자손들은 성을 바꿔야 된다.

2

한(漢)대에는 무제(武帝)의 이름인 '철(徹)'자를 휘하여 '통(通)'으로 썼으나, 또 '거철(車轍 : 수레바퀴 자국)'의 '철'자를 다른 자로 바꿔 썼다고는 듣지 못했다. 여후(呂后)의 이름 '치(雉)'자를 휘하여 '야계(野鷄)'로 썼으나, 또 '치천하(治天下)'의 '치'자를 다른 자로 바꿔 썼다고는 듣지 못했다.

오늘날 위로 올리는 글인 장(章)으로부터 아래로 내리는 글인 조(詔)에 이르기까지 '호(滸)'·'세(勢)'·'병(秉)'·'기(饑)' 등의 글자를 [혐명(嫌名)이 된다 하여] 휘하였다고는 듣지 못했다. 다만 환관(宦官)이나 궁녀들만이 [대종(代宗)의 휘자(諱字)인 예(豫)와 현종의 휘자인 융기(隆基)와 비슷한 글자인] '유(諭)'자와 '기(機)'자를 감히 말하지 않고 있으며, 그렇게 하면 휘법에 저촉되는 것으로 여기고 있다. 선비나 군자로서 말하고 일을 행함에 있어 어느 것을 본받아 지킴이 마땅하겠는가?

지금 그것을 경서(經書)에 비추어 생각해보고, 율법(律法)에 물어 따져보고, 국가의 법전에 의거해 헤아려보건대, 옳은 일인가, 옳지 못한 일인가? 무릇 부모를 섬김에 있어 증삼(曾參)만큼 해낼 수 있다면, 나무랄 바가 없다고 할 것이다. 또 사람됨에 있어서 주공이나 공자만큼 될 수 있다면 역시 더 바랄 것이 없다고 할 것이다.

오늘날의 선비들은 증삼·주공·공자의 행실을 행하고자 힘쓰지는 않으면서 어버이의 이름을 휘하는 것에 있어서는 증삼·주공·공자보다 낫

고자 힘쓰고 있으니, 역시 그 미혹되어 있음을 알 수 있다. 주공·공자·
증삼과 같은 사람은 아무리 해도 그들보다 더 나아질 수 없는 분들이다.
주공·공자·증삼보다 더 앞질러서 환관·궁녀들과 나란히 휘하고 있으
니, 이는 곧 환관이나 궁녀들이 어버이에 효도하는 것이 주공·공자·증
삼 같은 이들보다 현명하다는 말인가?

원문 漢諱武帝名하여 徹爲通이어니와 不聞又諱[1]車轍之轍하여 爲
某字也라. 諱[2]呂后名雉하여 爲野鷄어니와 不聞又諱治天下之治
하여 爲某字也라.

今上[3]章及詔에 不聞諱[4]滸勢秉饑也요 惟宦官宮妾이 乃不敢
言[5]諭及機하여 [6]以爲觸犯이라. 士君子立言行事를 宜何所法守
也오?

今[7]考之於經하며 [8]質之於律하며 [9]稽之以國家之典인댄 賀擧
進士爲可耶아 爲不可耶아? 凡事父母를 [10]得如曾參이면 可以[11]無
譏矣요 作人得如周公孔子면 亦[12]可以止矣라.

今世之士는 不務行曾參周公孔子之行이오 而諱親之名은 則務
勝於曾參周公孔子하니 亦見[13]其惑也로다. 夫周公孔子曾參은 [14]卒
不可勝이나 勝周公孔子曾參을 乃比於宦官宮妾이면 則是宦官
宮妾之孝於其親이 賢於周公孔子曾參者耶아?

주해 ① 車轍(거철)−수레바퀴 자국.

② 呂后(여후)−한(漢)나라 고조(高祖)의 황후.

③ 章(장)−신하가 천자에게 올리는 글. 유협(劉勰)의 《문심조룡(文心雕龍)》 장표편(章表篇)에 따르면 은혜에 감사드리는 글. ㅇ詔(조)−천자가 내리는 글. 조칙.

④ 淸(호)・勢(세)・秉(병)・饑(기)−호(淸 : hǔ)는 당(唐) 태조(太祖)의 이름인 호(虎 : hǔ)와 음이 같고, 세(勢 : shì)는 태종(太宗)의 이름인 세민(世民)의 세(世 : shì)와 음이 같고, 병(秉 : bǐng)은 세조(世祖)의 이름인 병(炳 : bǐng)과 음이 같으며, 기(饑 : jī)는 현종(玄宗)의 이름 융기(隆基)의 기(基 : jī)와 음이 같다. 즉 당나라 황제들의 이름과 음이 같은 혐명(嫌名)의 글자들.

⑤ 諭及機(유급기)−유(諭)와 기(機). 유(諭 : yù)는 대종(代宗)의 이름 예(豫 : yù)와 음이 같고, 기(機 : jī)는 현종의 이름 융기(隆基)의 기(基)와 음이 같다.

⑥ 以爲觸犯(이위촉범)−휘법에 저촉되는 것으로 여기다.

⑦ 考之於經(고지어경)−경서(經書)에 비추어 그것을 고찰하다. 올바른 휘법이 어떤 것인가를 경서를 통해 고찰하다.

⑧ 質之於律(질지어률)−율법에 그것을 따져보다. 질(質)은 의심스러운 것을 물어 확실히 하는 것.

⑨ 稽之以國家之典(계지이국가지전)−나라의 법전을 통해 그것을 생각해보다. 여기에서의 법전은 법조문이라기보다 현재 나라에서 시행되고 있는 법규를 뜻한다.

⑩ 得如(득여)−~만큼 해내다.

⑪ 無譏(무기)−나무랄 것이 없다.

⑫ 可以止矣(가이지의)−그칠 만하다. 더이상 바랄 것이 없다는 뜻.

⑬ 其惑(기혹)−그 미혹됨.

⑭ 卒不可勝(졸불가승)−끝내 이길 수 없다. 즉 아무리 해도 더 나아질 수는 없다는 뜻.

(해설) 중국에서는 군주나 부모의 사후(死後)에 예를 지키고자 생전의 이름자를 피하여 쓰지 않는 휘법(諱法)이 지켜졌었다. 이러한 습관은 주(周)대로부터 시작되었다 하는데, 진한(秦漢) 이후로는 살아 있는 사람의 이름도 피하여 쓰지 않게 되었고[生諱], 당(唐)대에 와서는 더욱 까다로워지고 엄격해져서 본래의 취지를 상실하게 되었다.

한유가 이 글을 지은 것은 물론 자신이 천거했던 이하(李賀)가 휘법과 관련되어 비난받는 것을 변호하고 시비를 가리고자 한 것이지만, 아울러 근거없는 휘법에 맹종하는 세태에 일침을 가하려는 의도도 곁들여져 있다.

먼저 휘에 관한 규칙이 적혀있는 《예기(禮記)》, 권위있는 경서 및 성인들의 휘례(諱例), 그리고 한유가 살았던 당시 시행되던 휘법에 비추어 따져볼 때 이하의 경우 아무런 저촉됨이 없음을 조리있게 밝혔다. 그런다음, 휘자와 음이 비슷한 글자를 쓰지 않는 경우는 환관이나 궁녀들뿐이니, 성인의 휘법을 따르지 않고 그것을 따르려는 것이냐는 물음으로 끝을 맺고 있다. 실로 반론의 여지를 남기지 않은 통쾌한 논변문(論辯文)이다.

남전현승청벽기(藍田縣丞廳壁記)

한유(韓愈)

현승(縣丞)의 직책은 현령의 부관(副官)이니, 한 고을에 있어서 묻고 간섭하지 않아도 되는 것이란 없는 것이다. 그 아래 벼슬은 주부위(主簿尉)이다. 주부위에게는 분담하는 직책이 있으나, 현승은 지위가 높고 권좌(權座)에 가까웠지만 보통 의심스럽다 하더라도 일을 부정할 수가 없었다. 문서를 돌릴 적에는 관리 혼자 초안을 만들어 가지고 현승을 찾아 뵙는데, 그 앞쪽은 말아서 왼손으로 쥐고 오른손으로 그 종이 꼬리 쪽을 집은 다음 기러기나 오리걸음으로 걸어가서 편안히 서서 현승을 흘겨보며 말한다.

"서명하시지요."

현승은 붓을 움직여 제자리를 찾아 서명하면서 오직 삼가 관리를 쳐다보고 되었소 안되었소하고 묻기만 한다.

관리가 "물러가시오."하면 곧 물러가는데, 감히 아무 절차도 생략하지 못했고, 아득히 무슨 일인지 알지도 못했었다. 벼슬은 비록 높았지만 힘과 권세는 도리어 주부위의 아래 있었다. 속담에 법도가 허술하면 틀림없이 '현승'이라고 하면서, 서로 흉보며 중얼거리는 지경에까지 이르렀다. 현승을 마련한 것이 어찌 부질없이 그렇게 하라는 것이었겠는가?

박릉(博陵)의 최사립(崔斯立)은 학문을 닦고 글공부를 하면서 그의 실력을 쌓아가니 큰물이 넘쳐흘러가듯 날로 커지고 막히는 곳이 없게 되었다.

정원(貞元) 초(788년경)에 그의 재능을 가지고 장안으로 와 과거를 보았는데, 두 번 나아가서 두 번 모두 사람들을 굴복시켰다. 원화(元和) 초(806년경)에는 전직이었던 대리평사(大理評事)로서 정치의 잘잘못을 논하다가 벼슬자리에서 쫓겨났고, 다시 바뀌어 이 고을의 현승이 되었던 것이다.

처음 부임하여 탄식하며 말하기를,

"벼슬엔 낮은 것이란 없는 것이나 다만 내 재능이 직책을 감당하기에 부족할 듯하다."

하였다. 입을 다물고 있어 일에 쓰임이 있을 수 없게 되자 또 탄식하면서 말하였다.

"현승이여, 현승이여! 나는 현승 벼슬 어기지 않았지만 현승 벼슬이 나를 어기는구나!"

그리고는 뻣뻣하고 모난 점을 모두 없애버리고 일체 옛 현승들의 발자취만을 밟으며 남과의 거리를 깨뜨리고 그 자리를 지켰다. 현승의 청사에는 옛날부터 기록이 있었는데 무너지고 비가 새어 더러워져 읽을 수가 없었다. 최사립은 서까래와 기와를 바꾸고 흙손질로 벽을 수리한 다음 전임자들의 성명을 모두 적어 놓았다.

정원에는 늙은 느티나무 네 그루가 있고, 남쪽 담 밑에는 굵은 대 천 줄기가 서로 의지하듯 엄연히 서있고, 물은 줄줄 섬돌을 따라 소리내며 흐르고 있었다. 최사립은 이곳을 철저히 물뿌리고 쓴 다음 맞은편에 소나무 두 그루를 심어놓고 매일 그 사이에서 시를 읊조리면서, 혹시 묻는 사람이 있으면,

"나는 지금 공사(公事)를 보고 있으니 당신은 돌아가야겠소."

하고 언제나 대답하였다 한다.

고공낭중(考功郎中) 지제고(知制誥) 한유가 적음.

원문 丞之職은 所以^①貳令이니 於一邑에 無所不當問이라. 其下는
　　　　승 지 직　　소 이　이 령　　　어 일 읍　　무 소 부 당 문　　　기 하

主簿尉라. 主簿尉는 乃有分職이로되 丞位高而②偪하여 例以嫌으
주부위　주부위　내유분직　　승위고이 핍　　예이혐

로 不可否事라. 文書行에 ③吏抱成案하고 詣丞하여 卷其前하여
　불가부사　문서행　이포성안　　예승　　권기전

④鉗以左手하고 右手로 摘紙尾하고 ⑤鴈鶩行以進하여 平立⑥睨丞
겸이좌수　　우수　적지미　　안목행이진　　평립 예승

曰；當署라 하면 丞⑦涉筆하여 ⑧占位署하되 惟謹이오 目吏問可不
왈 당서　　　승 섭필　　　점위서　　유근　목리문가불

可라.
가

吏曰得則退요 不敢略省하며 ⑨漫不知何事라. 官雖尊이나 力
이왈득즉퇴　불감략성　　만부지하사　관수존　　역

勢反在主簿尉下라. ⑩諺에 數慢이면 必曰丞이라하여 至以相⑪訾
세반재주부위하　　언 수만　　필왈승　　　　지이상 자

警라. 丞之設이 豈端使然哉아?
오　　승지설　기단사연재

⑫博陵崔斯立이 ⑬種學績文하여 以蓄其有하니 ⑭泓涵演迤하여
박릉최사립　　종학적문　　이축기유　　홍함연이

⑮日大以肆라. 貞元初에 挾其能하여 ⑯戰藝於京師러니 再進再
일대이사　정원초　협기능　　전예어경사　　재진재

⑰屈於人이라. 元和初에 以前⑱大理評事로 言得失이라가 黜官하여
굴어인　원화초　이전 대리평사　언득실　　　출관

再轉而爲丞茲邑이라.
재전이위승자읍

始至喟然曰；官無卑요 顧材不足⑲塞職이라. 旣噤不得施用에
시지위연왈 관무비　고재부족 색직　　기금부득시용

又喟然曰；丞哉丞哉여! 余不負丞이로되 而丞負余로다.
우위연왈 승재승재　여불부승　　　이승부여

則盡⑳劈去牙角하고 一躡故跡하여 破崖岸而爲之러라. 丞廳에
즉진 얼거아각　　일섭고적　　파애안이위지　　승청

故有記러니 壞漏하여 汚不可讀이라. 斯立이 易㉑桷與瓦하고 ㉒墁
고유기　괴루　　오불가독　　사립　역 각여와　　만

治壁하고 悉書前任人名氏하다.
치벽　실서전임인명씨

庭有老㉓槐四行하고 南墻에 ㉔鉅竹千挺이 儼立若相持하고 水
정유로 괴사행   남장   거죽천정   엄립약상지   수

㉕瀧瀧循除鳴이라. 斯立이 痛掃漑하고 對樹二松하여 日㉖哦其間하
곡곡순제명   사립 통소개   대수이송   일 아기간

니 有問者면 輒對曰; 余方有公事하니 子姑去하라. 考功郎中知
유문자 첩대왈   여방유공사   자고거   고공낭중지

制誥韓愈는 記하노라.
제고한유   기

주해 ① 貳令(이령)－현령의 부관(副官)을 뜻함.

② 偪(핍)－핍근하다. 권좌에 가까운 자리임을 뜻함.

③ 吏抱成案(이포성안)－담당관리가 혼자 초안을 만드는 것.

④ 鉗(겸)－움켜쥐다, 잡다.

⑤ 鴈鶩行(안목행)－기러기와 오리가 걸어가듯 걸어나가는 것.

⑥ 睨(예)－흘겨보는 것.

⑦ 涉筆(섭필)－붓을 종이 위에 움직이는 것.

⑧ 占位署(점위서)－제자리를 찾아 거기에 서명하는 것.

⑨ 漫(만)－아득한 모양.

⑩ 諺(언)－속담. ○數慢(수만)－법도나 법식이 허술한 것.

⑪ 訾謷(자오)－흉보고 중얼거리는 것.

⑫ 博陵(박릉)－지금의 하북성(河北省)에 있던 현(縣) 이름. ○崔斯立(최사립)－정원(貞元) 4년(788)에 과거를 보아 진사(進士)가 되었던 사람.

⑬ 種學績文(종학적문)－학문을 닦고 글공부를 하는 것.

⑭ 泓涵(홍함)－큰물이 넘쳐흐르는 모양. ○演迤(연이)－물이 넓게 흘러가는 것.

⑮ 日大以肆(일대이사)－날로 커지고 거리낌없게 되는 것.

⑯ 戰藝(전예)－학술로써 싸우다. 곧 과거를 보는 것.

⑰ 屈於人(굴어인)－사람들에게 굴복당하다. 그는 과거에 합격하였으므로 '사람들을 굴복시켰다'고 보아야 한다. 어(於)자가 잘못된 듯하며, 판본에 따라 이 구절에 차이가 있고 또 학자들의 의견도 구구하다.

⑱ 大理評事(대리평사) - 형옥(刑獄)을 관장하던 대리시(大理寺)의 낮은 속관(屬官) 명칭임.

⑲ 塞職(색직) - 직책을 담당하는 것.

⑳ 檗去(얼거) - 없애버리는 것. ㅇ牙角(아각) - 모나고 남과 부딪치는 것.

㉑ 桷與瓦(각여와) - 네모진 서까래와 기와.

㉒ 墁(만) - 흙손으로 벽에 흙을 바르는 것.

㉓ 槐(괴) - 느티나무.

㉔ 鉅竹千挺(거죽천정) - 큰 대나무 천 줄기.

㉕ 灔灔(괵괵) - 물이 줄줄 소리내며 흐르는 모양. ㅇ除(제) - 섬돌.

㉖ 哦(아) - 읊조리다, 시를 읊다.

[해설] 남전현(藍田縣)은 지금의 섬서성(陝西省) 장안현(長安縣) 동남쪽에 있던 고을 이름. 최사립(崔斯立)이란 사람이 그곳 현승(縣丞)이란 지위만 높고 할 일은 없는 직위에 부임하여 유유자적하는 생활을 하였다. 작자 한유는 그러한 최사립의 고고한 모습과 깨끗한 사람됨을 드러내기 위하여 이 글을 쓴 것이다.

상재상제삼서(上宰相第三書)

한유(韓愈)

　제가 듣건대 주공(周公)께서는 제왕을 보좌하는 재상이 되어 현명한 사람을 만나보기에 다급한 나머지, 밥 한끼를 먹는 동안에 그의 입 안의 음식을 세 번이나 토해놓기도 하였고, 한 번 머리 감는 동안에 세 번이나 젖은 머리를 움켜쥐고 나왔었다 합니다.

　그때로 말하면 천하의 현명한 인재들이 모두 이미 등용되었었고 간사하고 남을 모함하고 남을 속이는 무리 따위는 모두 이미 제거되었었으며, 온 천하가 모두 아무런 걱정이 없고 사방 먼 고장 밖에 있는 여러 오랑캐들까지도 모두 내조하여 공물을 바치고 있었고, 천재나 계절에 따른 이변과 곤충이나 초목의 요괴도 모두 이미 다스려져 없어졌고, 천하의 이른바 예악(禮樂)과 형정(刑政)과 교화의 제도가 모두 이미 잘 갖추어져 있었고, 풍속이 모두 이미 돈후하여졌었고, 동식물을 비롯하여 비바람과 서리 이슬에 적셔지는 것들이 모두 이미 합당하게 지내고 있었고, 아름다운 징조와 상서로운 일과 기린(麒麟)과 봉황(鳳凰) 및 큰거북과 용 같은 상서로운 동물들도 모두 이미 고루 나타나고 있던 때입니다.

　그런데 주공은 성인의 재능을 가지고서 또 임금의 숙부라는 친분이 있는데다가, 그분이 보좌하여 다스리고 교화한 공로가 모두 그처럼 분명하였으니, 찾아와 뵙고자 하는 선비들이 어찌 또 주공보다 현명한 사람이 있었겠습니까? 주공보다 현명하지 않았을 뿐만이 아닙니다. 어찌 또 그

때의 여러 관청일을 보던 사람들보다 현명한 사람이 있었겠습니까? 어찌 또 계획하고 논의함으로써 주공의 교화를 보좌할 수 있는 사람이 있었겠습니까?

그런데도 주공은 현명한 이를 구하는 일을 그와 같이 다급히 하셨습니다. 오직 눈과 귀로 보고 듣지 못하는 일이 있고 생각하는 것이 미흡한 점이 있어서, 성왕(成王)께서 주공에게 의탁하였던 뜻을 어기게 되고 천하 사람들의 마음을 얻지 못하게 될까 두렵기만 하였던 것입니다.

만약 그때에 임금을 보좌하여 다스리고 교화하는 공로가 모두 그처럼 분명히 드러나지 않고 있었고, 또 성인의 재능도 지니지 못하고 임금의 숙부라는 친분도 없었다면 곧 먹고 머리 감을 겨를조차도 없었을 것이니, 어찌 다만 먹던 음식을 토해놓고 젖은 머리를 움켜진 채 부지런히 사람들을 만나는 정도에 그쳤겠습니까? 그분이 그러하셨기 때문에 지금에 이르기까지도 성왕의 덕을 칭송하면서 주공의 공로도 찬양하는 말이 없어지지 않고 있는 것입니다.

지금 각하께서 제왕을 보좌하는 재상이 된 것은 주공과 비슷합니다. 그러나 천하의 현명한 인재들을 어찌 모두 등용했다 하겠으며, 간사하고 남을 모함하고 남을 속이는 무리들이 어찌 모두 제거되었다 하겠으며, 온 천하가 어찌 모두 걱정이 없다 하겠으며, 먼 고장 밖에 있는 여러 오랑캐들이 어찌 모두 내조하여 공물을 바치고 있다 하겠으며, 천재나 계절에 따른 이변과 곤충이나 초목의 요괴가 어찌 모두 없어졌다 하겠으며, 천하의 이른바 예악과 형정과 교화의 제도가 어찌 모두 잘 갖추어졌다 하겠으며, 풍속은 어찌 모두 돈후하여졌다 하겠으며, 동식물을 비롯하여 비바람과 서리 이슬에 적셔지는 것들이 어찌 모두 합당하게 지내고 있다 하겠으며, 아름다운 징조와 상서로운 일과 기린과 봉황 및 큰거북과 용 같은 상서로운 동물들도 어찌 모두 고루 나타났다 하겠습니까?

지금 나와 만나뵙기를 바라는 선비들은 비록 대단한 덕망의 사람이기를 바랄 수는 없을런지 모르나, 여러 관청의 관원들에 견주어 본다면 어찌 모두가 그들만 못한 자들이겠습니까? 그들이 내놓는 이론이 어찌 모두 아무 보탬도 됨이 없는 말들이겠습니까? 지금 비록 주공처럼 먹던 음식을 뱉어놓고 감던 머리를 움켜쥔 채 사람들을 만나보지는 못한다 하더라도, 또한 그들을 끌어들여 그들의 언동을 살피어 그들을 처리하여야지 묵묵히 계시기만 하면 안됩니다.

제가 하명(下命) 있으시길 기다린 지 40여일이 되는데, 글월을 두 번이나 올렸지만 뜻이 통할 수 없었고, 발은 세 번이나 문앞까지 찾아갔지만 문지기에게 거절당했습니다. 그러면서도 어둡고 어리석어 도망갈 줄은 모르기 때문에 다시 주공에 관한 말씀을 드리는 바입니다.

옛날 선비는 석달 벼슬을 하지 못하면 서로 위문을 하였습니다. 그러므로 자기 고장을 떠날 적에는 반드시 그 경우에 견딜 자본을 수레에 실었습니다. 그러다 스스로 나아가는 것을 중시하는 사람이란 그가 주(周)나라에서 받아들여지지 않는다면 곧 그곳을 떠나 노(魯)나라로 갔고, 노나라에서도 받아들여지지 않으면 곧 그곳을 떠나 제(齊)나라로 갔고, 제나라에서도 받아들여지지 않는다면 곧 그곳을 떠나 송(宋)나라에도 가고 정(鄭)나라에도 가고 진(秦)나라에도 가고 초(楚)나라에도 갔던 것입니다.

그런데 지금 천하에는 한 분의 임금뿐이고 온 천하는 한 나라이니, 이곳을 버린다면 곧 오랑캐 땅이 되고 부모의 나라를 떠나는 게 됩니다. 그러므로 선비로서 올바른 도를 행하려는 사람이 조정에서 뜻을 얻지 못한다면 곧 산림 속에 숨는 길뿐입니다. 산림 속이란 선비가 홀로 잘 지내며 자신이나 보양하는 곳이지 온 천하를 걱정하는 사람이 편안히 지낼 곳은 못됩니다. 만약 천하를 생각하는 마음이 있다면 숨을 수가 없는 것입니다.

그러므로 저는 늘 스스로 나아가면서도 부끄러운 줄을 모르고, 글월을 여러번 올리고 발은 자주 각하 문앞에 가는 일을 멈출 줄 모르고 있는 것입니다. 어찌 다만 그러할 따름이겠습니까? 걱정하면서 오직 크게 현

명한 이의 문하(門下)에 들어가지 못하는 것만을 두려워하고 있사오니,
얼마간 굽어 살펴주시기 바랍니다.

(원문) 愈聞周公之爲①輔相하여 急於見賢也에 方一食②三吐其哺하
유 문 주공 지 위　보 상　　급 어 현 현 야　　방 일 식 삼 토 기 포

며 方一③沐三握其髮이라.
방 일 목 삼 악 기 발

當是時하여 天下之賢才는 皆已擧用이오 ④姦邪讒佞欺負之徒는
당 시 시　　　천 하 지 현 재　개 이 거 용　　간 사 참 녕 기 부 지 도

皆已除去요 四海皆已⑤無虞⑥九夷八蠻在荒服之外者가 皆已
개 이 제 거　사 해 개 이　무 우　구 이 팔 만 재 황 복 지 외 자　개 이

⑦賓貢이오 天災時變昆蟲草木之妖가 皆已⑧銷息이오 天下之所
빈 공　　천 재 시 변 곤 충 초 목 지 요　개 이　소 식　　천 하 지 소

謂禮樂刑政敎化之具가 皆已修理요 風俗皆已敦厚요 動植之物
위 예 악 형 정 교 화 지 구 가　개 이 수 리　풍 속 개 이 돈 후　동 식 지 물

風雨霜露之所霑被者가 皆已得宜요 ⑨休徵嘉瑞麟鳳龜龍之屬이
풍 우 상 로 지 소 점 피 자　개 이 득 의　　휴 징 가 서 린 봉 귀 룡 지 속

皆已備至라.
개 이 비 지

而周公이 以聖人之才로 憑叔父之親하여 其所⑩輔理承化之功
이 주 공　이 성 인 지 재　빙 숙 부 지 친　　기 소　보 리 승 화 지 공

이 又盡⑪章章如是하니 其所求進見之士가 豈復有賢於周公者哉
우 진　장 장 여 시　　기 소 구 진 현 지 사　기 부 유 현 어 주 공 자 재

아? 不惟不賢於周公而已라. 豈復有賢於⑫時百執事者哉아? 豈
불 유 불 현 어 주 공 이 이　기 부 유 현 어　시 백 집 사 자 재　　기

復有所計議가 能補於周公之化者哉아?
부 유 소 계 의　능 보 어 주 공 지 화 자 재

然而周公求之를 如此其急하여 惟恐耳目有所不聞見하며 思慮
연 이 주 공 구 지　여 차 기 급　　유 공 이 목 유 소 불 문 견　　사 려

有所未及하여 以負成王託周公之意하고 不得於天下之心이라.
유 소 미 급　　이 부 성 왕 탁 주 공 지 의　부 득 어 천 하 지 심

設使其時에 輔理承化之功이 未盡章章如是요 而非聖人之才며
설 사 기 시　보 리 승 화 지 공　미 진 장 장 여 시　이 비 성 인 지 재

而無叔父之親이런들 則將不暇食與沐矣리니 豈特吐哺握髮爲勤
이무숙부지친　　　즉장불가식여목의　　　기특토포악발위근

而止哉리오? 惟其如是故로 于今頌成王之德而稱周公之功不衰라.
이지재　　　유기여시고　우금송성왕지덕이칭주공지공불쇠

今閤下爲輔相이 亦近耳라. 天下之賢才를 豈盡擧用이며 姦邪
금합하위보상　역근이　천하지현재　기진거용　　간사

讒欺佞欺負之徒를 豈盡除去며 四海豈盡無虞며 九夷八蠻之在
참기녕기부지도　기진제거　사해기진무우　구이팔만지재

荒服之外者가 豈盡賓貢이며 天災時變昆蟲草木之妖가 豈盡銷
황복지외자　기진빈공　천재시변곤충초목지요　　기진소

息이며 天下之所謂禮樂刑政敎化之具가 豈盡修理며 風俗豈盡
식　천하지소위예악형정교화지구　기진수리　풍속기진

敦厚며 動植之物風雨霜露之所霑被者가 豈盡得宜며 休徵嘉瑞
돈후　동식지물풍우상로지소점피자　기진득의　휴징가서

麟鳳龜龍之屬이 豈盡備至아?
린봉귀룡지속　기진비지

其所求進見之士가 雖不足以希望盛德이나 至比於百執事인댄
기소구진현지사　수부족이희망성덕　　지비어백집사

豈盡出其下哉아? 其所稱說이 豈盡無所補哉아? 今雖不能如周
기진출기하재　기소칭설　기진무소보재　금수불능여주

公吐哺握髮이나 亦宜引而進之하여 察其所以而去就之요 不宜默
공토포악발　역의인이진지　찰기소이이거취지　불의묵

默而已也라.
묵이이야

愈之待命이 四十餘日矣요 書再上而志不得通하고 足三及門
유지대명　사십여일의　서재상이지부득통　족삼급문

而⑬閽人辭焉이라. 惟其昏愚하여 不知逃遁일새 故復有周公之說
이 혼인사언　유기혼우　부지도둔　고복유주공지설

焉하노라.
언

古之士三月不仕則相⑭弔라. 故로 ⑮出疆必載質라. 然所以重
고지사삼월불사즉상 조　고　출강필재지　연소이중

於自進者는 以其於周不可면 則去之魯하고 於魯不可면 則去之
어자진자　이기어주불가　즉거지로　어로불가　즉거지

齊하고 於齊不可면 則去之宋之鄭之秦之楚也라.
제　　어제불가　즉거지송지정지진지초야

今天下一君이오 四海一國이라 舍乎此則夷狄矣요 去父母之邦
금천하일군　　사해일국　　사호차즉이적의　　거부모지방

矣라. 故로 士之行道者가 不得於朝면 則山林而已矣라. 山林者
의　고　사지행도자가　부득어조　즉산림이이의　　산림자

는 士之所獨善自養하여 而不憂天下者之所能安也니 如有憂天
　사지소독선자양　　이불우천하자지소능안야　　여유우천

下之心이면 則不能矣라.
하지심　　즉불능의

故로 愈每自進而不知愧焉하여 書⑯盂上하고 足⑰數及門而不
고　유매자진이부지괴언　　서　극상　　족　삭급문이부

知止焉이로라. 寧獨如此而已리오? ⑱惴惴焉惟不得出大賢之門下
지지언　　영독여차이이　　췌췌언유부득출대현지문하

를 是懼하노니 亦惟少垂察焉하라.
시구　　역유소수찰언

　① 輔相(보상)－임금을 보좌하는 재상.

② 三吐其哺(삼토기포)－주공(周公)은 재상 자리에 있으면서 찾아오는 사람
들을 만나기 위하여 한 끼의 밥을 먹는 사이에 '세 번이나 먹던 밥을 토해
놓고' 급히 나갔었다 한다(《史記》 魯世家).

③ 沐(목)－머리를 감는 것. ○三握其髮(삼악기발)－'세 번이나 젖은 그의 머
리를 움켜쥐고' 달려나가 사람들을 만난 것(《史記》 魯世家).

④ 姦邪讒佞欺負(간사참녕기부)－간사하고 사악하고 남을 모함하고 교활하
고 남을 속이고 남을 배신하는 것.

⑤ 無虞(무우)－걱정이 없는 것.

⑥ 九夷八蠻(구이팔만)－여러 오랑캐들을 가리킴. ○荒服(황복)－먼 국경 밖
의 지역. 옛 오복(五服)의 하나로 국경 밖 5백 리 지역이었다(《書經》 禹
貢).

⑦ 賓貢(빈공)－내조하여 공물을 바치는 것.

⑧ 銷息(소식)－없어지다, 멸식되다.

⑨ 休徵嘉瑞(휴징가서)-아름다운 징후와 상서로운 조짐.
⑩ 輔理承化(보리승화)-임금을 보좌하여 나라를 다스리고 선왕의 뜻을 받들
  어 백성을 교화하는 것.
⑪ 章章(장장)-밝은 모양, 분명한 모양.
⑫ 時百執事者(시백집사자)-당시의 여러 관직에 있던 사람들.
⑬ 閽人(혼인)-문지기.
⑭ 弔(조)-조상(弔喪)하다, 위문하다, 동정하다.
⑮ 出疆(출강)-자기 고장을 나가는 것, 다른 고장으로 가는 것. ○質(지)-
  전당물, 어떤 일을 보장할만한 재물.
⑯ 亟(극)-빨리, 자주.
⑰ 數(삭)-여러번, 자주.
⑱ 惴惴焉(췌췌언)-근심하고 두려워하는 모양.

(해설) 이 글은 한유가 28세 때인 정원(貞元) 11년(795)에 세 번째로 자천
(自薦)의 뜻을 관철하기 위하여 당시의 재상에게 올린 글이다. 그때의 재
상은 조경(趙憬)과 가탐(賈耽) 및 노매(盧邁)였다. 그는 정원 원년(785)
에 진사가 된 뒤 뜻대로 벼슬을 하지 못하자, 재상을 직접 뵙고 자기의
포부를 밝히려고 이런 글을 올렸던 것이다.
  그는 이처럼 세 번이나 당시의 재상에게 글을 올렸지만 끝내 아무런
반응도 얻지 못했었다 한다. 그의《한창려문집(韓昌黎文集)》(권3)에는
이에 앞서 올린 두 글도 모두 실려 있다.

전중소감마군묘명(殿中少監馬君墓銘)

한유(韓愈)

마군(馬君)의 이름은 계조(繼祖)인데, 사도(司徒)로서 태사북평장무왕(太師北平莊武王)이 추증되었던 마수(馬燧)의 손자이고, 소부감(少府監)으로서 태자소부(太子少傅)가 추증되었던 마창(馬暢)의 아들이다. 출생후 네 살 때에 집안의 공로로 태자사인(太子舍人) 벼슬이 내려졌고, 34년 동안 다섯 번 벼슬이 승진되어 전중소감(殿中少監)에 이르렀다. 나이 37세로 죽었는데, 아들 여덟 명과 딸 두 명을 두었다.

처음 내가 스무살이 되자마자 장안(長安)으로 과거를 보러 왔었는데, 궁하여 살아갈 수가 없을 형편이었다. 작고한 형이 잘 아는 사이여서 그의 어린 동생이라 하고 북평왕(北平王) 마수를 말머리에서 뵈었는데, 북평왕은 몇마디 물어보고는 나를 동정하여 다시 안읍리(安邑里)의 그분 댁으로 가서 뵙게 되었다.

북평왕께서는 내가 헐벗고 굶주리는 것을 가슴아파하면서 음식과 옷을 내려주셨고, 두 아드님을 불러 주인노릇을 하도록 하셨는데, 그 중 작은 아드님이 특별히 나를 후하게 대접했으며, 바로 그이가 소부감으로 태자소부에 추증되신 분이다. 그때 유모가 어린 아들을 안고 옆에 서있었는데, 눈썹과 눈이 그림 같고 머리털은 새까맣고, 살갗은 옥이나 눈 같았던 생각이 나는데, 그가 바로 전중소감 마군이었다.

그때에 북정(北亭)에서 북평왕을 뵈니, 마치 높은 산이나 깊은 숲 또

는 거대한 계곡과도 같아서 용이나 호랑이 같은 변화를 헤아릴 수가 없
는 영걸(英傑) 같았다. 물러나와 태자소부를 뵈니 푸른 대나 벽오동과도
같고 난(鸞)새나 고니가 산마루에 머물러 있는 것과도 같아서, 그의 가업
(家業)을 잘 지키실 분 같았다. 어린 아들은 예쁘고 잘생긴 위에 얌전하
고 빼어났으며, 좋은 옥과도 같고 난초 싹이 솟아난 것과도 같아서 그 집
안 아들로서는 잘 어울리고 있었다.

　그 뒤 4,5년만에 나는 진사(進士)가 되어 장안을 떠나 동쪽으로 여행
중이었는데, 북평왕께서 돌아가셨다는 소식을 객사에서 듣고 곡하였다.
다시 그 뒤 15,6년 되는 해에 나는 상서도관랑(尙書都官郎)이 되어 동
도(東都) 낙양(洛陽) 일을 나누어 맡고 있었는데, 태자소부께서 돌아가
시어 곡을 했었다. 다시 10여년 지나 지금은 소감 마군의 죽음을 곡하게
된 것이다.

　아아! 나는 아직 80대 늙은이도 못되었고, 처음부터 지금에 이르기까
지 40년도 못되었는데, 그들 할아버지·아들·손자 3대의 죽음을 곡하였
으니, 인간세상에 있어 어떤 경험이라 하겠는가? 사람들이 오래도록 죽
지 않고 이 세상을 구경하며 살려고 하는 것은 무엇 때문일까?

원문 君①諱繼祖니 司徒贈太師北平莊武王之孫이오 少府監贈太
　　군 휘 계 조　　사 도 증 태 사 북 평 장 무 왕 지 손　　소 부 감 증 태

子少傅諱暢之子라. 生四歲에 以②門功으로 拜太子舍人하고 積
자 소 부 휘 창 지 자　　생 사 세　　이 문 공　　배 태 자 사 인　　적

三十四年에 五轉而至③殿中少監이라. 年三十七以卒하니 有男八
삼 십 사 년　　오 전 이 지 전 중 소 감　　연 삼 십 칠 이 졸　　유 남 팔

人과 女二人하니라.
인　　여 이 인

　始余④初冠에 應⑤進士貢하여 在京師할새 窮不能自存하여 ⑥以
　시 여 초 관　　응 진 사 공　　재 경 사　　궁 불 능 자 존　　이

故人稚弟로 拜北平王於馬前하니 王問而憐之하여 因得見於安
고 인 치 제　　배 북 평 왕 어 마 전　　왕 문 이 련 지　　인 득 현 어 안

邑里第라.
읍 리 제

王^⑦軫其寒飢하여 賜食與衣하고 召二子하여 使爲之主러니 其
왕 진 기 한 기   사 식 여 의   소 이 자   사 위 지 주   기

^⑧季遇我特厚하니 少府監贈太子少傅者也라. ^⑨姆抱幼子立側에
계 우 아 특 후   소 부 감 증 태 자 소 부 자 야   무 포 유 자 립 측

眉眼如畵하고 髮漆黑하고 肌肉玉雪可念하니 殿中君也라.
미 안 여 화   발 칠 흑   기 육 옥 설 가 념   전 중 군 야

當是時하여 見王於北亭하니 猶高山深林에 龍虎變化不測하니
당 시 시   현 왕 어 북 정   유 고 산 심 림   용 호 변 화 불 측

^⑩傑魁人也라. 退見少傅하니 翠竹碧梧에 ^⑪鸑鷟停峙니 能守其業
걸 괴 인 야   퇴 현 소 부   취 죽 벽 오   난 혹 정 치   능 수 기 업

者也라. 幼子는 ^⑫娟好靜秀하여 ^⑬瑤環瑜珥요 蘭茁其芽하니 稱其
자 야   유 자   연 호 정 수   요 환 유 이   난 줄 기 아   칭 기

家兒也러라.
가 아 야

後四五年에 吾成進士하여 去而東游라가 哭北平王於客舍하고
후 사 오 년   오 성 진 사   거 이 동 유   곡 북 평 왕 어 객 사

後十五六年에 吾爲尙書都官郞하여 分司^⑭東都러니 而少傅卒하
후 십 오 륙 년   오 위 상 서 도 관 랑   분 사 동 도   이 소 부 졸

여 哭之하고 又十餘年에 至今哭少監焉이라.
곡 지   우 십 여 년   지 금 곡 소 감 언

嗚呼라! 吾未老^⑮耄요 自始至今이 未四十年이어늘 而哭其祖
오 호   오 미 로 모   자 시 지 금   미 사 십 년   이 곡 기 조

子孫三世하니 于人世에 何如也오? 人欲久不死而^⑯觀居此世者
자 손 삼 세   우 인 세   하 여 야   인 욕 구 불 사 이   관 거 차 세 자

는 何也오?
하 야

주해 ① 諱(휘)–죽은 사람의 이름.

② 門功(문공)–집안의 공로.

③ 殿中少監(전중소감)–궁 안의 물자보급을 관장하는 전중성(殿中省)의 전
중감(殿中監) 바로 밑의 자리임.

④ 初冠(초관)−20세가 되자마자. 옛날에는 20세에 보통 관례(冠禮)를 치르
  었다.

⑤ 進士貢(진사공)−중앙의 과거 시험. 공(貢)은 거(擧)로도 씀.

⑥ 以故人稚弟(이고인치제)−죽은 이의 어린 동생이라는 이유로. 여기서 '죽
  은 이'는 한유의 형 한엄(韓弇)을 가리킨다. 한엄은 정원 3년(787) 평량
  (平涼)에서 토번(吐蕃)이 난을 일으켰을 때, 전중시어사(殿中侍御史)로
  마수(馬燧) 밑에 있다가 죽음을 당하였다.

⑦ 軫(진)−가슴아파하는 것.

⑧ 季(계)−형제 중 막내, 작은아들.

⑨ 姆(무)−유모

⑩ 傑魁(걸괴)−인물이 뛰어난 것, 걸출한 것.

⑪ 鸞鵠停峙(난혹정치)−봉황 종류인 난새와 고니가 산마루에 머물러 있
  는 것.

⑫ 娟好(연호)−예쁘고 잘생긴 것.

⑬ 瑤環瑜珥(요환유이)−모두 좋은 옥 이름.

⑭ 東都(동도)−낙양(洛陽)을 가리킴.

⑮ 耄(모)−8, 90세 노인.

⑯ 觀居此世(관거차세)−이 세상을 구경하며 살아가는 것.

(해설) 글의 제명은 '묘명(墓銘)'이지만 내용은 추도문 같은 글이다. 한유가
  그의 집안과 친교가 있던 마계조(馬繼祖)의 죽음을 당하여, 그의 할아버
  지와 아버지까지 3대를 떠올리며 그의 죽음을 애도하고 있는 글이다.

모영전(毛穎傳)

한유(韓愈)

　모영(毛穎)은 중산(中山) 사람이었다. 그의 조상은 명시(明眎)란 토끼였는데, 우(禹)임금을 도와 동쪽 땅을 다스리고 만물을 양육하는 데 공을 세워 묘(卯) 땅을 봉(封)해 받았고, 죽어서는 12신(神)의 하나가 되었다. 일찍이 말하기를,

　"내 자손들은 신명(神明)의 후손이어서 다른 동물들과 같아서는 안될 것이니, 마땅히 자식을 입으로 토하여 낳을 것이다."

하였다. 그 뒤로 과연 그렇게 되었다.

　명시의 8대 손자가 누(𪎶)이다. 세상에 전해지는 말로는 은(殷)나라 때에 중산에 살다가 신선술(神仙術)을 터득하여 빛을 숨기고 물건을 부릴 줄 알게 되어, 항아(姮娥)는 불사약을 훔쳐가지고 두꺼비를 타고 달로 들어가서, 그의 후손들은 끝내 거기에 숨어살며 벼슬하지 않게 되었다 한다.

　동곽(東郭)에 사는 자로 준(㕙)이란 그의 후손이 있었다. 날래고 뜀박질을 잘하여 한로(韓盧)라는 개와 능력을 겨루었는데, 한로가 준을 따르지 못하였다. 한로는 화가 나서 송작(宋鵲)이란 개와 모의하여 준을 죽이고, 그 집안 사람도 모두 죽여 소금에 절였다 한다.

　진시황(秦始皇) 때에 몽염(蒙恬) 장군이 남쪽 초(楚)나라를 정벌하다가 중산에 묵게 되었는데, 크게 사냥을 함으로써 초나라가 두려워하도록

만들려 하였다. 먼저 좌우의 부대장들과 장교들을 불러놓고 연산(連山)
이란 점책으로 점을 쳤는데 하늘과 인문(人文)을 뜻하는 점괘가 나왔다.
　점쟁이가 축하하였다.
　"오늘 잡으실 짐승은 뿔도 없고 이빨도 없는 털 베옷을 입은 물건입니
다. 입은 언챙이고 긴 수염이 났으며, 몸에는 여덟 구멍이 있고 도사리고
앉는 게 보통입니다. 오직 그놈 털을 취하여 그것을 종이와 함께 쓰면 천
하의 자체(字體)가 통일될 것이니, 진(秦)나라는 마침내 여러 제후(諸侯)
들을 합병시키게 될 것입니다."
　마침내 사냥을 하였는데, 털짐승 무리들을 포위한 다음 그 중의 긴 털
을 골라잡아 모영(毛穎)도 함께 수레에 싣고 돌아와 장대궁(章臺宮)에서
임금에게 포로로서 바쳐졌고, 그의 족속들도 모아서 그와 함께 묶었다.
　진나라 황제는 몽염으로 하여금 그에게 목욕을 시키도록 한 다음 관성
(管城)에 그를 봉하고는 관성자(管城子)라 부르게 하였는데, 날로 황제
의 총애가 두터워져 큰일들을 맡아 처리하게 되었다.
　모영의 사람됨은 기억력이 좋고 약삭빨라서, 태고시대로부터 진나라에
이르기까지의 일들을 모두 글로 적었고, 음양과 복서(卜筮)와 점치고 관
상보는 것과 의약과 씨족과 산림과 지리와 자서(字書)와 회화와 제자백
가와 천인(天人)에 관한 글들로부터 붓다와 노자(老子)와 외국의 학설
등도 모두 자세히 기록하였다.
　또 그 시대의 업무에도 통달하여 공문과 장부와 사회의 문서와 돈거래
기록과 여러 가지 기록들을 오직 황제가 시키는대로 적으니, 진시황제와
태자인 부소(扶蘇)와 호해(胡亥)와 승상 이사(李斯)와 중거부령(中車府
令) 조고(趙高)로부터 아래로는 나라 사람들에 이르기까지 그를 사랑하
고 중히 여기지 않는 이가 없게 되었다.
　또 사람들의 뜻을 잘 따라서, 바르고 곧고 삐뚤어지고 굽고 교묘하고
졸렬한 것을 모두 그를 부리는 사람대로 따랐다. 비록 버려진다 하더라
도 끝내 입을 다물고 아는 일을 누설치 않았고, 오직 무인들은 좋아하지

않았으나 요청이 있으면 역시 곧 갔다.

벼슬은 중서령(中書令)에 올라 황제와 더욱 허물없이 지내게 되었고, 황제가 일찍이 그를 중서군(中書君)이라 불렀다. 황제가 친히 어떤 일을 결정할 때에는 무게와 양까지도 스스로 헤아려 결정했으므로, 비록 궁인(宮人)이라 하더라도 황제 좌우에 서있을 수가 없었으나, 오직 모영과 촛불을 든 사람만은 언제나 시종(侍從)하여, 황제가 쉴 적에야 그들도 비로소 쉴 수가 있었다.

모영은 강주(絳州 : 먹의 명산지임) 사람 진현(陳玄)과 홍농(弘農 : 벼루의 명산지임) 사람 도홍(陶泓)과 회계(會稽 : 종이의 명산지임) 사람 저선생(楮先生)과 친하게 벗하며 서로 밀어주고 이끌어주고 하며, 그들이 외출할 적에는 반드시 함께하였다. 황제가 모영을 부르면 이들 세 명은 조명(詔命)을 기다리지 않고 언제나 함께 갔으나, 황제도 이상하게 여긴 적이 없었다.

뒤에 그가 황제를 뵈었을 때 황제께서 그를 부리실 일이 있어서 그를 뽑아 쓰려 하자, 관을 벗고 사양하였다. 황제가 보니 그의 머리가 다 벗겨졌고 또 그가 그리는 것이 황제의 뜻에 들어맞지 않았다. 황제가 놀라 웃으면서 말씀하셨다.

"중서군(中書君)이 늙어서 머리가 벗겨지니 나의 쓰임을 감당할 수 없게 되었다. 나는 일찍이 군(君)은 글쓰기에 합당하다[中書] 말했었는데, 군은 이제는 글쓰기에 합당치 아니한가?"

그가 대답하였다.

"저는 이른바 마음을 다한 사람입니다."

그래서 다시는 불리워지지 않고 봉읍(封邑)으로 돌아가 관성(管城)에서 일생을 마쳤다. 그의 자손이 매우 많아져 중국과 오랑캐 땅에 흩어져 살게 되었는데, 모두 관성 사람이라 내세웠으나 오직 중산(中山)에 사는 사람들만이 조상의 가업을 잘 계승하였다.

태사공(太史公)은 이렇게 말하고 있다.

"모씨(毛氏)에는 두 족속이 있다. 그 중 하나는 희성(姬姓)인데 문왕(文王)의 아들로서 모(毛) 땅에 봉해진 사람들로 이른바 노(魯)나라와 위(衛)나라의 모담(毛聃)의 후손들이며, 전국(戰國)시대에는 모공(毛公)과 모수(毛遂)가 있었다.

다만 중산에 사는 족속들은 그 근본이 어디에서 나왔는지 알 수 없으되 자손들이 가장 번창하여 있다. 《춘추(春秋)》를 이룸에 있어서 공자(孔子)에 의하여 절필(絶筆)을 당하기도 하였으나 그들의 죄는 아니었다. 몽염 장군이 중산의 빼어난 털을 뽑아 진시황이 그들을 관성에 봉함으로써 세상에는 마침내 그 이름이 알려졌으나, 도리어 희성(姬姓)의 모씨는 보기 힘들게 되었다.

모영은 처음에 포로로 잡히어 황제를 뵈었지만 마침내는 벼슬에 임용되어, 진(秦)나라가 다른 제후들을 멸망시키는 데에 공을 세웠다. 그러나 그 공로에 대한 상은 주어지지 않고 늙었다 하여 버림받았으니, 진나라는 다만 적은 은총을 베푸는 데 그쳤음을 알겠다."

원문 ①毛穎者는 ②中山人也라. 其先③明眎니 佐禹治東方土하여 養
　　　모영자　　중산인야　기선 명시　좌우치동방토　　　양

萬物有功하니 因封於④卯地하고 死爲十二神이라. 嘗曰 : 吾子孫
만물유공　　인봉어 묘지하고　사위십이신　　　상왈　오자손

은 神明之後라. 不可與物同이니 當⑤吐而生이라하더니 已而果然
　신명지후　　불가여물동　　당 토이생　　　　　　이이과연
이라.

明眎八世孫이 ⑥氉니 世傳當殷時에 居中山이라가 得神仙之術
명시팔세손　　누　세전당은시　거중산　　　　득신선지술

하여 能⑦匿光使物하여 竊⑧姮娥騎蟾蜍入月하니 其後代에 遂隱不
능 익광사물　　절 항아기섬여입월　　　기후대　수은불

仕云이라.
사 운

居東郭者曰⑨夋이니 狡而善走라. 與⑩韓盧爭能할새 盧不及하니
거동곽자왈 준　교이선주　　여 한로쟁능　　　노불급

盧怒하여 與宋鵲謀而殺之하고 ⑪醢其家하니라.
노노 여송작모이살지 해기가

秦始皇時에 ⑫蒙將軍恬이 南伐楚라가 ⑬次中山하여 將大獵以
진시황시 몽장군염 남벌초 차중산 장대렵이

懼楚라. 召左右⑭庶長與軍尉하여 以⑮連山筮之하여 得天與人文
구초 소좌우 서장여군위 이 연산서지 득천여인문

之兆라.
지조

筮者賀曰; 今日之獲은 不角不牙요 衣⑯褐之徒라. 缺口而長
서자하왈 금일지획 불각불아 의 갈지도 결구이장

鬚요 ⑰八竅而趺居라. 獨取其髦하여 ⑱簡牘是資면 天下其⑲同書
수 팔규이부거 독취기모 간독시자 천하기 동서

니 秦其遂⑳兼諸侯乎인저!
진기수 겸제후호

遂獵圍毛氏之族하여 拔其㉑豪하여 載穎而歸하여 獻俘于㉒章
수렵위모씨지족 발기 호 재영이귀 헌부우 장

臺宮하고 聚其族而加束縛焉이라.
대궁 취기족이가속박언

秦皇帝使恬으로 賜之湯沐而㉓封諸管城하여 號曰管城子라하여
진황제사염 사지탕목이 봉저관성 호왈관성자

日見親寵任事라. 穎爲人이 ㉔强記而便敏하여 自㉕結繩之代以及
일견친총임사 영위인 강기이편민 자 결승지대이급

秦事를 無不纂錄하고 陰陽卜筮占相醫方族氏㉖山經地志字書圖
진사 무불찬록 음양복서점상의방족씨 산경지지자서도

畫㉗九流百家天人之書와 及至㉘浮圖老子外國之説을 皆所詳悉
화 구류백가천인지서 급지 부도노자외국지설 개소상실

이라.

又通於當代之務하여 官府簿書市井貨錢注記를 惟上所使하니
우통어당대지무 관부부서시정화전주기 유상소사

自秦皇帝及太子㉙扶蘇胡亥丞相斯中車府令高로 下及國人이 無
자진황제급태자 부소호해승상사중거부령고 하급국인 무

不愛重이라.
불애중

又善隨人意하여 正直邪曲巧拙을 一隨其人하여 雖見廢棄나
우 선 수 인 의   정 직 사 곡 교 졸   일 수 기 인   수 견 폐 기

終默不洩이오 惟不喜武士나 然見請亦時往이라.
종 묵 불 설   유 불 희 무 사   연 견 청 역 시 왕

累拜[30]中書令하여 與上益[31]狎하니 上嘗呼爲中書君이라. 上親
누 배 중 서 령   여 상 익 압   상 상 호 위 중 서 군   상 친

決事할새 以[32]衡石自程하여 雖宮人不得立左右하되 獨穎與執燭
결 사   이 형 석 자 정   수 궁 인 부 득 립 좌 우   독 영 여 집 촉

者常侍하여 [33]上休方罷러라.
자 상 시   상 휴 방 파

穎與[34]絳人陳玄과 [35]弘農陶泓과 及[36]會稽楮先生으로 友善하여
영 여 강 인 진 현   홍 농 도 홍   급 회 계 저 선 생   우 선

相[37]推致하니 其出處必偕라. 上召穎이면 三人者不待詔하고 輒俱
상 추 치   기 출 처 필 해   상 소 영   삼 인 자 부 대 조   첩 구

往이로되 上未嘗怪焉이러라.
왕   상 미 상 괴 언

後因進見에 上將有任使하여 拂拭之하니 因免冠謝라. 上見其
후 인 진 견   상 장 유 임 사   불 식 지   인 면 관 사   상 견 기

[38]髮禿하고 又所摹畫가 不能稱上意라. 上嘻笑曰;中書君老而
발 독   우 소 모 화   불 능 칭 상 의   상 희 소 왈 중 서 군 로 이

禿하니 不任吾用이라. 吾嘗謂君[39]中書러니 君今不中書邪아?
독   불 임 오 용   오 상 위 군 중 서   군 금 부 중 서 야

對曰;臣所謂盡心者로이다.
대 왈   신 소 위 진 심 자

因不復召하고 歸封邑하여 終于管城하니 其子孫甚多하여 散處
인 불 부 소   귀 봉 읍   종 우 관 성   기 자 손 심 다   산 처

中國夷狄하여 皆冒管城하되 惟居中山者가 能繼父祖業이러라.
중 국 이 적   개 모 관 성   유 거 중 산 자   능 계 부 조 업

[40]太史公曰;毛氏有兩族이라. 其一姬姓이니 文王之子로 封於
태 사 공 왈 모 씨 유 량 족   기 일 희 성   문 왕 지 자   봉 어

毛하니 所謂魯衛[41]毛聃者也라. 戰國時에 有毛公[42]毛遂라.
모   소 위 노 위 모 담 자 야   전 국 시   유 모 공 모 수

獨中山之族은 不知其本所出이로되 子孫最爲蕃昌하니 [43]春秋
독 중 산 지 족   부 지 기 본 소 출   자 손 최 위 번 창   춘 추

之成에 見絶於孔子나 而非其罪요 及蒙將軍이 拔中山之豪하여
지 성　　견 절 어 공 자　　이 비 기 죄　　급 몽 장 군　　발 중 산 지 호

始皇封諸管城하여 世遂有名而姬姓之毛無聞하니라.
시 황 봉 저 관 성　　세 수 유 명 이 희 성 지 모 무 문

　潁始以俘見이러니 卒見任使하여 秦之滅諸侯에 潁與有功이어
　영 시 이 부 현　　졸 현 임 사　　진 지 멸 제 후　　영 여 유 공

늘 賞不酬勞하고 以老見疎하니 秦直小恩哉인저!
　 상 불 수 로　　이 로 견 소　　진 직 소 은 재

주해 ① 毛穎(모영)—붓털을 가리킴. 영(穎)은 곡식의 이삭, 송곳 끝의 뜻이
　　　 있음. 여기서는 붓을 의인화(擬人化)하여 '모영'이라 가명을 붙인 것임.

② 中山(중산)—산 이름. 지금의 안휘성(安徽省) 선성현(宣城縣) 북쪽에 있
　 으며, 독산(獨山)이라고도 부른다. 좋은 토끼털이나 옛날부터 붓의 명산지
　 로 알려졌다.

③ 明眎(명시)—토끼의 별명(《禮記》).

④ 卯(묘)—12지(支)에 있어 토끼에 해당한다.

⑤ 吐而生(토이생)—옛날 중국 사람들은 '토끼는 털을 핥음으로써 새끼를 배
　 고 입으로 토하여 새끼를 낳는다'(王充 《論衡》)고도 생각했다.

⑥ 毚(누)—토끼의 속명.

⑦ 匿光使物(익광사물)—빛을 숨기고 물건을 부리다. 곧 남모르게 물건을 옮
　 기고 움직이고 하는 것.

⑧ 姮娥(항아)—상아(嫦娥)라고도 하여, 옛날 예(羿)의 처였는데 서왕모(西
　 王母)에게서 얻은 불사약(不死藥)을 훔쳐가지고 달나라로 도망쳐 산다는
　 선녀(《淮南子》 覽冥訓). ㅇ蟾蜍(섬여)—두꺼비. 달에 살고 있다는 전설적
　 인 동물. 항아가 섬여로 변하였다고도 한다(《後漢書》 天文志注).

⑨ 夋(준)—날랜 토끼의 이름.

⑩ 韓盧(한로)—뒤의 송작(宋鵲)과 함께 모두 좋은 개 이름.

⑪ 醢(해)—죽여서 시체를 소금에 절이는 것.

⑫ 蒙將軍恬(몽장군염)—몽염 장군. 진시황 때 장군으로 오랑캐를 치고 장성
　 (長城)을 쌓아 큰 공을 세웠던 사람. 그리고 대나무에 토끼털을 박아 만

든 붓을 그가 처음으로 발명하여 썼다고 전한다.

⑬ 次(차)−여행하다 머무는 것.

⑭ 庶長(서장)−여러 단위의 부대장. ○軍尉(군위)−장교들.

⑮ 連山(연산)−옛날 〈삼역(三易)〉 중의 하나. 《역경》은 본시 옛날의 점책이
   었음. ○筮(서)−시초(蓍草) 대로 만든 점가치를 이용하여 역점(易占)을
   치는 것.

⑯ 褐(갈)−털로 짠 허술한 옷.

⑰ 八竅(팔규)−사람의 몸에는 눈·코·귀·입·항문·생식기 등 아홉 구멍
   이 있으나, 토끼에게는 생식기가 없어 팔규임. ○跋居(부거)−무릎을 굽히
   고 도사리고 앉는 것.

⑱ 簡牘(간독)−대쪽과 나무쪽. 옛날에는 간독에 글을 썼으므로 후세의 종이
   에 해당한다. 간독시자(簡牘是資)는 자간독(資簡牘)의 도문(倒文)으로,
   종이와 함께 쓰는 것을 뜻함.

⑲ 同書(동서)−쓰는 글씨체가 같은 것. 진시황의 승상 이사(李斯)가 한자의
   자체(字體)를 소전(小篆)으로 통일했던 일을 가리킨다.

⑳ 兼諸侯(겸제후)−제후들을 겸병(兼倂)하다. 곧 천하를 통일함을 뜻한다.

㉑ 豪(호)−호걸(豪傑), 또는 긴 털.

㉒ 章臺宮(장대궁)−전국시대 진(秦)나라에 있던 궁전 이름.

㉓ 封諸管城(봉저관성)−관성에 봉하다. 토끼털을 모아 대끝에 끼워 붓을 만
   든 것을 상징함.

㉔ 强記(강기)−기억력이 좋아 많이 기억하는 것.

㉕ 結繩之代(결승지대)−결승을 하던 시대. 결승이란 새끼줄에 매듭을 지어
   기억의 보조수단으로 쓰는 것을 가리키며, 태곳적을 뜻한다.

㉖ 山經(산경)−산에 관한 기록이 되어있는 책.

㉗ 九流(구류)−《한서(漢書)》 예문지(藝文志) 제자략(諸子略)에 실려있는 소
   설가(小說家)를 제외한 유가·도가·음양가·법가 등 구가(九家)를 가리
   킨다. 곧 제자(諸子)를 가리킴.

㉘ 浮圖(부도)−붓다[佛陀]의 이역(異譯)임.

㉙ 扶蘇(부소)−진시황의 맏아들 이름. ○胡亥(호해)−진시황의 둘째 아들,

뒤에 진이세(秦二世)가 되었다. ㅇ丞相斯(승상사)−진시황 때의 승상 이사(李斯). ㅇ中車令高(중거령고)−진시황 때의 중거령 조고(趙高). 뒤에 진나라 정권을 멋대로 주물렀다.

㉚ 中書令(중서령)−천자 측근에서 천자의 중요한 일들을 돕는 벼슬 이름.

㉛ 狎(압)−친하게 지내는 것, 친하여 허물없이 지내는 것.

㉜ 衡石自程(형석자정)−저울과 말로 직접 무게를 달고 양을 재는 것. 곧 일의 자세한 사정을 따지는 것.

㉝ 上休方罷(상휴방파)−임금이 쉬어야 비로소 그만두었다.

㉞ 絳人陳玄(강인진현)−강주(絳州) 사람 진현. 강주는 산서성(山西省)에 있던 고을 이름으로 먹의 명산지. 진현은 먹을 의인화(擬人化)하여 이름붙인 것이다.

㉟ 弘農陶泓(홍농도홍)−홍농의 도홍. 홍농은 하남성(河南省)에 있던 고을 이름으로 와연(瓦硯)의 명산지. 따라서 도홍은 벼루를 의인화한 이름이다.

㊱ 會稽楮先生(회계저선생)−회계는 강소(江蘇)·절강(浙江) 두 성에 걸쳐 있던 고을 이름으로, 종이의 명산지. 저(楮)는 종이를 만드는 재료로 쓰이던 닥나무로 종이를 의인화한 것이다.

㊲ 推致(추치)−밀어주고 이끌어주고 하는 것.

㊳ 髮禿(발독)−머리가 다 빠지는 것. 머리가 벗겨지는 것.

㊴ 中書(중서)−글쓰기에 적합한 것. 중서령(中書令)이란 벼슬과 합치된다.

㊵ 太史公(태사공)−나라의 역사를 기록하는 사관(史官)의 우두머리.

㊶ 毛聃(모담)−《좌전(左傳)》 희공(僖公) 24년에 보이는 실제 인물. 중국 모씨의 조상이다.

㊷ 毛遂(모수)−조(趙)나라 사람으로 평원군(平原君)의 식객(食客)이었다.

㊸ 春秋之成(춘추지성)−《춘추》의 완성. 공자는 《춘추》를 기록함에 있어 노(魯)나라 은공(隱公) 원년에 시작하여, 노나라 애공(哀公) 14년 '임금이 서쪽으로 사냥을 나갔다가 기린을 잡았다[西狩獲麟]'는 데서 기록을 끝내고 있다. 이를 획린(獲麟)에서 '절필(絕筆)'하였다고 보통 말하고 있다.

(해설) 붓을 의인화(擬人化)한 소설류에 속하는 글이다. 소설 같은 글이면

서도 붓의 유래와 기능이 잘 표현되어 있고 문장의 구성이 재미있다. 한
유가 주장한 고문(古文)은 이런 성격의 글의 발굴을 통해서 또 다른 면
의 발전을 이룩하였던 것이다.

백이송(伯夷頌)

한유(韓愈)

　선비로서 빼어난 뜻을 지니고 탁월한 행동을 함으로써, 오직 의로움에 맞게 할 따름으로 사람들의 비평은 거들떠보지도 않는 사람이라면, 모두 위대하고 뛰어난 선비로서 독실히 올바른 도를 믿고 있고 그 자신의 지혜가 밝은 사람인 것이다. 온 집안이 그를 비난하더라도 힘써 할 일을 행하며 미혹되지 않는 사람은 드물다. 심지어 온 나라와 온 고을이 그를 비난한데도 힘써 할 일을 행하며 미혹되지 않을 사람이라면 아마도 온 천하에 한 사람 있을 정도일 것이다. 더욱이 온 세상이 그를 비난하더라도 힘써 할 일을 행하며 미혹되지 않을 사람이라면 곧 백 년이나 천 년에 한 사람 나올 수 있을 따름일 것이다.

　백이(伯夷) 같은 사람은 하늘과 땅의 끝에 이르기까지 또는 만고에 걸쳐서 아무것도 돌보지 않았던 사람이다. 훤한 해와 달도 밝다고 할 수가 없었고, 우뚝 솟은 태산도 높다고 할 수가 없었으며, 웅장한 하늘과 땅도 넓다고 할 수가 없었다. 은(殷)나라가 망하고 주(周)나라가 일어날 때에, 미자(微子)는 현명한 사람이라 제기(祭器)들을 안고 나라를 떠났고, 무왕(武王)과 주공(周公)은 성인(聖人)이라서 천하의 현명한 사람들을 이끌고 천하의 제후들과 함께 가서 은나라를 공격하였는데, 그들을 비난한 사람이 있었다는 말은 들어보지를 못하였다.

　저 백이와 숙제(叔齊)만은 옳지 않은 일이라 여겼다. 은나라가 멸망하여 온 천하가 주나라를 떠받들었지만 그들 두 사람만은 주나라의 녹속을 먹는 것을 부끄럽게 여기고 굶어 죽게 되는 일까지도 거들떠보지 않았다. 이로써 말할 것 같으면 어찌 추구하는 것이 있어서 그렇게 했다고 할 수 있겠는가? 오직 도를 독실히 믿었고 그들 자신의 지혜가 밝았기 때문이라 할 것이다.

지금 세상의 이른바 선비라는 사람들은 보통사람 하나가 그를 칭찬하기만 해도 곧 스스로 여유있다고 여기고, 보통사람 하나가 그를 비판하기만 해도 곧 스스로 부족하다고 여기고 있다. 백이와 숙제만이 성인들을 비난하며 그처럼 자신에 대한 신념이 있었던 것이다. 성인이란 바로 만세의 표준이 되는 분인 것이다.

나는 그래서 말하기를,

"백이 같은 사람은 빼어난 뜻을 지니고 탁월한 행동을 하여, 하늘과 땅의 끝에 이르기까지 또는 만고에 걸쳐서 아무것도 돌보지 않았던 사람이다."

고 한 것이다. 비록 그러하나 백이·숙제가 없었다면 나라를 어지럽히는 신하와 집안을 망치는 자식들이 후세에 연이어 나왔을 것이다.

원문 士之^①特立獨行하여 適於義而已이오 不顧人之是非는 皆豪
사지 특립독행 적어의이이 불고인지시비 개호

傑之士가 信道篤而自知明者也라. 一家非之라도 力行而不惑者
걸지사 신도독이자지명자야 일가비지 역행이불혹자

寡矣요 至於一國一州非之라도 力行而不惑者는 蓋天下一人而
과의 지어일국일주비지 역행이불혹자 개천하일인이

已矣요 若至於擧世非之라도 力行而不惑者는 則千百年乃一人
이의 약지어거세비지 역행이불혹자 즉천백년내일인

而已耳라.
이이이

若^②伯夷者는 窮天地亘萬古而不顧者也라. 昭乎日月이 不足
약 백이자 궁천지긍만고이불고자야 소호일월 부족

爲明이오 ③崒乎泰山이 不足爲高요 ④巍乎天地가 不足爲容也니
위 명   줄 호 태 산   부 족 위 고   외 호 천 지   부 족 위 용 야

라. 當殷之亡周之興에 ⑤微子는 賢也라 抱祭器而去之하고 武王
당 은 지 망 주 지 흥   미 자   현 야   포 제 기 이 거 지   무 왕

周公은 聖也라 率天下之賢者與天下之諸侯而往攻之로되 未嘗
주 공   성 야   솔 천 하 지 현 자 여 천 하 지 제 후 이 왕 공 지   미 상

聞有非之者也라.
문 유 비 지 자 야

彼伯夷叔齊者는 乃獨以爲不可라. 殷旣滅矣라 天下宗周어늘
피 백 이 숙 제 자   내 독 이 위 불 가   은 기 멸 의   천 하 종 주

彼二子乃獨恥食其粟하고 餓死而不顧하니 ⑥繇是而言이면 夫豈
피 이 자 내 독 치 식 기 속   아 사 이 불 고   요 시 이 언   부 기

有求而爲哉아? 信道篤而自知明也라.
유 구 이 위 재   신 도 독 이 자 지 명 야

今世之所謂士者는 一凡人譽之則自以爲有餘하고 一凡人⑦沮
금 세 지 소 위 사 자   일 범 인 예 지 즉 자 이 위 유 여   일 범 인   저

之則自以爲不足이라. 彼獨非聖人而自是如此라. 夫聖人乃萬世
지 즉 자 이 위 부 족   피 독 비 성 인 이 자 시 여 차   부 성 인 내 만 세

之標準也라.
지 표 준 야

余故로 曰:若伯夷者는 特立獨行하여 窮天地亘萬世而不顧
여 고   왈   약 백 이 자   특 립 독 행   궁 천 지 긍 만 세 이 불 고

者也라 하노라. 雖然이나 ⑧微二子면 亂臣賊子가 ⑨接跡於後世矣
자 야   수 연   미 이 자   난 신 적 자   접 적 어 후 세 의

리라.

주해 ① 特立獨行(특립독행)－빼어난 뜻을 지니고서 홀로 뛰어난 행동을 하
는 것.

② 伯夷(백이)－은(殷)나라 때 고죽군(孤竹君)의 아들. 그의 아버지가 동생
숙제(叔齊)에게 자리를 물려주려 하자, 아버지가 죽은 다음 동생에게 양
보하기 위해 나라 밖으로 도망을 쳤고, 숙제도 형이 있는데 자기가 왕위
에 오를 수 없다 하고 도망쳤다. 은나라가 망한 뒤에는 주(周)나라 녹속을
먹지 않겠다고 백이와 숙제 형제는 수양산(首陽山)으로 들어가 고비[薇]를

뜯어먹고 살다가 굶어 죽었다 한다.

③ 崒乎(줄호)-산이 높은 모양.

④ 巍乎(외호)-높고 큰 모양, 웅장한 모양.

⑤ 微子(미자)-은(殷)나라 주왕(紂王)의 형. 주왕의 음란함을 여러번 간하
　여도 듣지 않자 제기(祭器)를 갖고 은나라를 떠났다.

⑥ 繇是(요시)-유시(由是)와 같은 말, 이를 통하여, 이로써.

⑦ 沮(저)-막다, 방해하다, 비판하다.

⑧ 微(미)-비(非)와 통하여, 아니라면, 없었다면.

⑨ 接跡(접적)-발자취를 뒤잇다.

해설　〈백이송〉은 백이와 숙제를 칭송하는 글이다. 그들은 세속적인 눈으
로 보면 가장 어리석은 인간들이나, 한유는 가장 올바르고 깨끗하며 신념
에 찬 사람들이었다고 칭송하고 있다.

권 5

창려문집서(昌黎文集序)

이한(李漢)

　문장은 도(道)를 밝히는 도구이다. 이러한 도리에 깊이 통달하지 않고서 글을 잘 짓는 경지에 이른 사람은 없다. 《역경(易經)》은 점사(占辭)로서 효사(爻辭)와 상전(象傳)이 있고, 《춘추(春秋)》는 역사적인 사건을 기록했으며, 《시경(詩經)》은 노래를 읊고, 《서경(書經)》과 《예기(禮記)》는 거짓된 것을 제거한 것이니, 이들은 모두 심오한 책들이라 할 것이다.
　진(秦)・한(漢) 이전의 문장들은 그 기상이 조화를 이루었다. 그리고 사마천(司馬遷)・사마상여(司馬相如)・동중서(董仲舒)・양웅(揚雄)・유향(劉向) 등의 무리에 이르러서는 더욱 걸출했던 작가들이라고 할 수 있다.
　후한(後漢)・조위(曹魏)에 이르러서는 문장의 기상이 쇠약해졌고, 사마씨(司馬氏)의 진(晉) 이후로는 문장의 법도가 모두 사라져, 《역경》이후의 문장들을 고문(古文)이라 하고, 그 글귀를 빼앗고 훔쳐서 문장을 짓는 것을 잘하는 일이라고 여겼다. 문장과 도가 막혀버린 것도 진실로 알지 못하였다.
　선생께서는 대력(大曆) 무신(戊申)해에 태어나셨는데, 어렸을 때 고아가 되어 형님을 따라 소령(韶嶺)으로 옮겨 가 사셨다. 형님이 돌아가시고 나서는 형수에게 양육되며 고생을 하다가 고향으로 돌아오셨다. 책을 읽고 문장을 지을 줄 알면서부터 날마다 수천 수백 자의 글을 쓰셨고, 장년이 되어서는 경서를 연구하여 명확히 이해하셨으며, 불교를 몹시 배척하시고, 여러 가지 역사책과 제자백가(諸子百家)의 책을 두루 연구하여 모르는 것이 없었다.

문장은 광대하면서 고원하며, 심오하면서 청아하여, 기이하기는 마치 교룡(蛟龍)이 하늘을 나는 듯하고, 문채는 성하기가 마치 호랑이와 봉황이 뛰는 듯하며, 그 가락은 순(舜)임금의 음악인 소(韶)나 천제(天帝)의 음악인 균(鈞)이 울리는 듯하다. 태양처럼 빛나고 옥처럼 깨끗하며 주공(周公)의 정지(情志)와 공자(孔子)의 사상을 표현해 낸 듯하고, 천가지 모습과 만가지 표현이 모두 도덕과 인의(仁義)를 윤택하게 하여 밝게 하고 계시다. 만고의 문장을 통찰(洞察)하고 당시의 문장을 근심하여 마침내 퇴폐해진 문장의 기풍을 대대적으로 바로잡고, 사람들에게 스스로 바른 문장을 쓰도록 가르쳤다.

당시의 사람들은 처음에는 놀라더니 얼마 안 있어 비웃으며 배척했으나, 선생께서는 더욱 마음을 굳히셨으며, 결국에는 사람들이 모두 한마음으로 선생을 따라 문장의 방향을 정하게 되었다. 아! 선생께서 문장에 있어서 과거의 병폐를 떨쳐 버리고 깨끗하게 한 공로를 군인에 비유한다면 비상하게 뛰어난 영웅이라고 할 수 있겠다.

장경(長慶) 4년(824) 겨울에 선생께서 돌아가시니, 문인인 농서(隴西)에 사는 이한(李漢)은 욕되이도 선생께서 가장 두텁고도 친하게 알아주셨기에, 마침내 남겨놓은 글들을 모아 빠뜨리는 것 하나도 없이 합쳐서 약간의 권(卷)으로 엮어 《창려선생집》이라 이름 붙이는 바이다.

원문 文者는 ①貫道之器也라. ②不深於斯道요 有至者不也라. ③易
문 자　　관 도 지 기 야　　불 심 어 사 도　　유 지 자 불 야　　　역

繇爻象하고 ④春秋書事하고 ⑤詩詠歌하고 ⑥書禮剔其僞하니 皆深
주 효 상　　춘 추 서 사　　　시 영 가　　　서 례 척 기 위　　　개 심

矣乎인겨!
의 호

秦漢已前엔 其氣⑦渾然이오 迨乎⑧司馬遷相如董生揚雄劉向
진한이전　기기　혼연　　　태호　사마천상여동생양웅유향

之徒하여는 尤所謂傑然者也라.
지도　　　우소위걸연자야

至⑨後漢曹魏하여는 氣象⑩萎苶하고 ⑪司馬氏以來는 ⑫規範蕩悉
지 후한조위하여는　기상 위날하고　사마씨이래는　규범탕실

하여 謂易以下로 爲古文하여 ⑬剽掠潛竊爲工耳라. 文與道⑭蓁塞
하여 위역이하로 위고문하여 표략잠·절위공이　문여도 진색

을 固然莫知也러라.
을 고연막지야

先生生⑮大曆戊申하니 ⑯幼孤하여 隨兄⑰播遷韶嶺이라가 兄卒
선생생 대력무신하니　유고하여 수형 파천소령이라가　형졸

에 ⑱鞠於嫂氏러니 ⑲辛勤來歸라. 自知讀書爲文하여 日記數千百
에 국어수씨러니　신근래귀라　자지독서위문하여　일기수천백

言하고 ⑳比壯에 經書를 ㉑通念曉析하고 ㉒酷排釋氏하며 ㉓諸史百
언하고 비장에 경서를 통념효석하고　혹배석씨하며　제사백

子를 ㉔搜抉無隱이라.
자를 수결무은이라

㉕汗瀾卓踔하고 ㉖齋泫澄深하여 ㉗詭然而蛟龍翔이오 ㉘蔚然而
한란탁탁하고　윤현징심하여　궤연이교룡상이오　울연이

虎鳳躍이오 ㉙鏘然而韶鈞發이라. 日光玉潔이오 ㉚周情孔思며 千
호봉약이오　장연이소균발이라　일광옥결이오　주정공사며　천

態萬狀이 卒㉛澤於道德仁義하여 ㉜炳如也라. ㉝洞視萬古하고 ㉞愍
태만상이 졸 택어도덕인의하여　병여야라　통시만고하고　민

惻當世하여 遂大拯㉟頹風하여 ㊱敎人自爲라.
측당세하여 수대증 퇴풍하여　교인자위라

時人始而驚하고 中而笑且排어늘 先生益堅한대 終而㊲翕然隨
시인시이경하고 중이소차배어늘 선생익견한대　종이 흡연수

以定이라. ㊳嗚呼라! 先生於文에 ㊴摧陷廓淸之功이 比於武事면
이정이라　오호라　선생어문에　최함확청지공이　비어무사면

可謂㊵雄偉不常者矣라.
가위 웅위불상자의

長慶四年冬에 先生歿하니 門人㊶隴西李漢이 辱知最厚且親일
장경사년동에 선생몰하니 문인 농서이한이　욕지최후차친

새 **遂收拾遺文**하여 **無所失墜**하고 **合若干卷**하여 **目爲昌黎先生**
　수 수 습 유 문　　　　무 소 실 추　　　　합 약 간 권　　　　목 위 창 려 선 생
集하니라.
집

주해 ① 貫道之器(관도지기)－도(道)를 밝히는 도구. 관(貫)은 알 오(悟)·깨
　　달을 효(曉)의 의미. 곧 무형의 도(道)는 유형의 문장을 통해 알 수 있으
　　므로, 문장은 도를 밝히는 도구라고 함.

② 不深(불심)～不也(불야)～ －이 문장은 불심어사(不深於斯)에서 끊어 해
　　석하는 경우와, 불심어사도(不深於斯道)에서 끊어 해석하는 경우 두 가지
　　가 있다. 전자의 경우, 사(斯)는 문장을 가리키는 대명사로 보고, 문장에
　　깊이 통달하지 않고서 도(道)에 이른 사람은 없다로 해석된다. 후자의 경
　　우, 이러한 도리에 깊이 통달하지 않고서 문장을 제대로 짓는 경지에 이
　　른 자는 없다로 해석된다. 불(不)은 무(無)의 의미.

③ 易(역)－《주역(周易)》,《역경(易經)》. ㅇ繇(주)－점괘에 대한 점사(占辭)
　　를 뜻함. ㅇ爻象(효상)－효사(爻辭)와 상전(象傳). 효사는 육효(六爻) 아
　　래 각 효의 뜻을 설명해 놓은 글. 상전은 십익(十翼)의 하나로서 효의 형상
　　을 설명한 글.

④ 春秋(춘추)－공자가 지은 춘추시대의 역사책. 노(魯)나라 은공(隱公)부터
　　애공(哀公)까지 242년간의 역사적 사건들을 연대순으로 기록하였음.

⑤ 詩(시)－《시경(詩經)》. 주(周)나라의 노래 모음집. 공자가 편찬했다고 함.

⑥ 書(서)－《서경(書經)》. 혹은 《상서(尙書)》라고 함. 요(堯)·순(舜) 때로부
　　터 하(夏)·은(殷)·주(周) 3대에 이르기까지의 정사를 기록한 것을 공자
　　가 수집·편찬했다고 함. ㅇ禮(예)－《예기(禮記)》. 진(秦)·한(漢)시대에
　　주(周)대의 예에 관해 기록한 책.

⑦ 渾然(혼연)－둥글어 모가 없는 모양. 조화를 이루는 모양.

⑧ 司馬遷(사마천)－전한(前漢) 무제(武帝) 때의 역사가. 《사기(史記)》의 저
　　자. ㅇ相如(상여)－사마상여(司馬相如). 전한 무제 때의 문인. 사부(辭賦)
　　를 잘 지었음. ㅇ董生(동생)－동중서(董仲舒). 전한 무제 때의 학자. 《춘추
　　(春秋)》에 정통하여 《춘추번로(春秋繁露)》를 저술했음. ㅇ揚雄(양웅)－전

한 말엽의 대학자이자 문인. 저서로 《태현경(太玄經)》·《법언(法言)》 등
이 있음. ㅇ劉向(유향)－전한시대의 학자. 저서로 《열녀전(列女傳)》·《신
서(新序)》 등이 있음.

⑨ 後漢(후한)－전한을 무너뜨린 왕망(王莽)의 신(新)나라를 멸망시키고 다
시 한실(漢室)을 중흥시킨 나라. 광무제(光武帝) 유수(劉秀) 이후 효헌제
(孝獻帝)에 이르기까지 12대 196년간을 말함. ㅇ曹魏(조위)－후한을 멸망
시키고 조조(曹操)의 아들 조비(曹丕)가 세운 위나라.

⑩ 萎苶(위날)－쇠약해짐, 쇠미해짐. 위(萎)는 초목이 시든 모양. 날(苶)은
피곤한 모양.

⑪ 司馬氏(사마씨)－사마염(司馬炎)이 세운 진(晉)나라를 말함. 처음에는 낙
양(洛陽)에 도읍했다가 후에 건강(建康)으로 천도(遷都)하였음. 전자를
서진(西晉, 265~316), 후자를 동진(東晉, 317~420)이라 일컬음.

⑫ 規範(규범)－문장의 법도. ㅇ蕩悉(탕실)－죄다 써 버림. 흔적도 없이 사
라짐.

⑬ 剽掠(표략)－억지로 빼앗음. ㅇ潛竊(잠절)－몰래 훔침.

⑭ 蓁塞(진색)－초목이 무성하여 길이 막힌 모양.

⑮ 大曆戊申(대력무신)－대력은 당나라 9대 왕인 대종(代宗)의 연호. 무신은
대력 3년, 768년.

⑯ 幼孤(유고)－어릴 때 아버지를 여읨. 한유(韓愈)는 3세에 아버지 한중경
(韓中卿)을 잃었다.

⑰ 播遷韶嶺(파천소령)－소령(韶嶺)으로 옮겨감. 소령은 소주(韶州)를 가리
킴. 지금의 광동성(廣東省) 곡강현(曲江縣). 한유가 11세 때, 형 한회(韓
會)가 참소를 당하여 소령으로 유배되자, 형을 따라 옮겨가게 되었다.

⑱ 鞠(국)－기를 양(養)의 뜻. ㅇ嫂氏(수씨)－형수인 정씨(鄭氏)를 가리킴.

⑲ 辛勤(신근)－고생하며 부지런히 일함.

⑳ 比壯(비장)－장년이 될 무렵. 비(比)는 이를 지(至), 미칠 급(及)의 뜻.

㉑ 通念曉析(통념효석)－경전의 내용을 깊이 검토하여 분명하게 이해하다.

㉒ 酷排釋氏(혹배석씨)－불교를 철저하게 배척하다. 혹(酷)은 혹독하게, 철
저하게의 뜻. 석씨는 석가(釋迦)의 가르침인 불교를 가리킴.

㉓ 諸史(제사)-《사기(史記)》·《전한서(前漢書)》·《후한서(後漢書)》·《삼국지(三國志)》·《진서(晉書)》·《남사(南史)》·《수서(隋書)》 등의 여러 가지 역사책. ㅇ百子(백자)-제자백가(諸子百家). 노자(老子)·장자(莊子)·열자(列子)·묵자(墨子)·한비자(韓非子) 등 춘추전국시대에 활약한, 유가 이외의 학자들이 저술한 책.

㉔ 搜抉(수결)-샅샅이 뒤지다.

㉕ 汗瀾(한란)-물결이 광대하게 흐르는 모양. ㅇ卓踔(탁탁)-고원(高遠)함. 뛰어나고 높음.

㉖ 淪泫(윤현)-문장의 내용이 깊고도 넓은 모양. 윤(淪)은 샘이 깊고 넓은 모양. 현(泫)은 물이 흐르는 모양. ㅇ澄深(징심)-문장의 내용이 맑고도 깊은 모양.

㉗ 詭然(궤연)-기이한 모양.

㉘ 蔚然(울연)-성대한 모양. 무성한 모양.

㉙ 鏘然(장연)-옥 또는 방울 같은 것의 소리가 울리는 모양. 예로부터 문장을 옥에 비유해 왔으므로, 여기에서는 문장의 소리, 가락을 말함. ㅇ韶(소)-순(舜)임금이 지은 음악의 이름. ㅇ鈞(균)-균천광악(鈞天廣樂). 천제(天帝)가 연주하는 음악.

㉚ 周情孔思(주정공사)-주공(周公)의 정지(情志)와 공자(孔子)의 사상.

㉛ 澤(택)-은택(恩澤).

㉜ 炳如(병여)-빛남. 여(如)는 조자(助字)로서 연(然)의 뜻.

㉝ 洞視(통시)-통찰(洞察). ㅇ萬古(만고)-영원. 태고로부터 미래까지의 긴 세월.

㉞ 愍惻(민측)-근심하며 슬퍼함.

㉟ 頹風(퇴풍)-퇴폐해진 문장의 기풍.

㊱ 敎人自爲(교인자위)-사람들이 스스로 바른 문장을 쓰도록 가르치다. 도(道)와 분리된 문장을 짓는 당시의 그릇된 기풍으로부터 벗어나서 바른 문장을 쓰도록 가르친다는 뜻.

㊲ 翕然(흡연)-마음이 일치하는 모양.

㊳ 嗚呼(오호)-아아! 슬프거나 감탄할 때 내는 소리.

㉟ 摧陷(최함)-적진을 쳐부숴 무너뜨림. 당시의 그릇된 문장의 병폐를 배척한 것을 말함. ㅇ廓淸(확청)-더러운 것을 떨어버리고 깨끗하게 함.

㊵ 雄偉(웅위)-영웅답게 뛰어남.

㊶ 隴西(농서)-지금의 감숙성(甘肅省) 일대.

해설 한유(韓愈)가 죽은 뒤, 그의 제자이자 사위인 이한(李漢)이 유작(遺作)을 모아 문집을 만들면서 붙인 서문(序文)이다.

한유는 화려하기만 하고 내용이 없던 당시의 변려문(騈儷文)을 배격하고 도(道)를 전달하는 도구로서 내용있는 문장을 쓸 것을 주장하였다. 그는 문장의 모범으로 하(夏)·은(殷)·주(周) 삼대와 양한(兩漢)의 문장을 제시하며 이러한 고문(古文)을 통해 올바른 도리를 글로 써낼 것을 역설하였다. 이와 같이 고대의 문장으로 돌아가자는 고문운동(古文運動)은 한동안 세인(世人)들의 호응을 받아 발전하다가 송대(宋代)에 이르러 완전한 성공을 거두게 된다. 이 글은 이와 같은 한유의 사상과 그의 생애를 기린 것이다.

재인전(梓人傳)

유종원(柳宗元)

1

　배봉숙(裴封叔)의 집은 광덕리(光德里)에 있었는데 어느 날 목수 한 사람이 그 집에 찾아와 품삯으로 빈 방을 빌려 거처하기를 청하였다. 그의 일은 짧은 자와 긴 자, 그림쇠와 곡척(曲尺), 먹줄과 먹통을 갖고 하는 것이었으며 그에게는 갈고 쪼개고 하는 공구가 없었다. 무얼 잘하느냐고 묻자 그는 말하였다.

　"저는 목재를 잘 헤아립니다. 저는 집의 규격만 보면 높고 낮거나 둥글고 네모나거나 길고 짧은 적당한 나무들을 골라내어 공인(工人)들로 하여금 작업하도록 시킵니다. 제가 없으면 공인들은 한 채의 집도 짓지 못합니다. 그런 까닭에 관가(官家)에서 일을 할 때에는 다른 사람의 세 배 되는 공임(工賃)을 받고 사가(私家)에서는 반을 더 받습니다."

　며칠 후 그 목수의 방에 가 보았더니 침대의 다리가 망가져 있었는데도 그는 고칠 줄을 몰랐다. 그는

　"다른 목수를 불러다 고치려고 합니다."

하고 말하는 것이었다. 나는 그를 심히 비웃으며 공임과 돈만 탐내는 무능한 사람이라고 생각하였다.

　그후 경조윤(京兆尹)이 관청을 수리하게 되었는데 마침 그곳을 지난

적이 있었다. 수많은 목재가 쌓여 있었고 공인들이 여럿 모였는데 그들 가운데 어떤 이는 도끼를 잡고, 어떤 이는 톱을 쥐고, 그 목수를 향하여 둥그렇게 둘러 서있었다.

그 목수는 왼손엔 긴 자를, 오른손엔 막대기를 쥐고 가운데 있었다. 그는 집을 짓는 데 쓰일 목재들을 헤아리고 나무들의 용도를 살핀 뒤, 그의 막대기를 휘두르며 "저기엔 도끼!" 하고 말하니 도끼를 잡고 있던 공인이 오른쪽으로 뛰어갔다. 고개를 돌려 이번에는 손가락으로 가리키며 "저기엔 톱!"하고 말하니 톱을 쥔 공인이 왼쪽으로 뛰었다. 잠시 뒤 도끼로 깎고 톱으로 자르고 하는데 모두들 목수의 기색을 살피고 지시를 기다리면서 어느 한 사람도 감히 자기 멋대로 하지 못하였다.

제대로 작업을 해 내지 못하는 사람에게는 목수가 노하여 물러가게 하여도 아무도 감히 화를 내지 못했다. 그는 건물의 그림을 담 위에 그려놓았는데 크기는 한 척 정도밖에 안되었지만 규격은 매우 상세하고 정확하였으며 치밀한 계산으로 커다란 건물을 짓는 데 조금의 오차도 없었다.

집이 완성되자 대들보에 '몇년 몇월 몇일 아무개가 지음'이라고 썼는데 자신의 성명을 쓸 뿐 작업을 한 공인들은 열거하지 않았다. 나는 이곳 저곳을 두루 살펴본 뒤 크게 놀라고 나서야 그 목수의 기술이 교묘하면서도 대단하다는 것을 알았다.

원문 ①裴封叔之第는 在②光德里러니 有③梓人이 ④款其門하고 願
배 봉 숙 지 제   재 광 덕 리   유 재 인   관 기 문   원

⑤傭隙宇而處焉이라. 所職은 ⑥尋引規矩繩墨이오 家不⑦居礱斲之
용 극 우 이 처 언   소 직   심 인 규 구 승 묵   가 불 거 롱 착 지

器라.
기

問其能曰：吾善度材하여 視⑧棟宇之制의 高深圓方短長之
문 기 능 왈   오 선 탁 재   시 동 우 지 제   고 심 원 방 단 장 지

宜하노니 吾指使而羣工이 ⑨役焉이오 捨我면 衆莫能就一宇라.
의   오 지 사 이 군 공   역 언   사 아   중 막 능 취 일 우

故로 ⑩食官府에 吾受⑪祿이 三倍하고 作於私家에 吾收其⑫直이
고　　사 관 부　오 수 록　삼 배　　작 어 사 가　오 수 기 치

大半焉이로다.
대 반 언

他日에 入其室하니 其牀이 ⑬闕足이로되 而不能理하여 曰將求
타 일　입 기 실　기 상　궐 족　　이 불 능 리　왈 장 구

他工이라 하거늘 余甚笑之하여 謂其無能而貪祿嗜貨者라.
타 공　　　여 심 소 지　위 기 무 능 이 탐 록 기 화 자

其後에 ⑭京兆尹이 將⑮飾官署할새 余往過焉이라. ⑯委群材하고
기 후　경 조 윤　장 식 관 서　여 왕 과 언　　위 군 재

會衆工하여 或執斧斤하며 或執刀鋸하여 皆環立嚮之라.
회 중 공　혹 집 부 근　혹 집 도 거　개 환 립 향 지

梓人이 左執引하고 右執杖하여 而中處焉하여 ⑰量棟宇之任하
재 인　좌 집 인　우 집 장　이 중 처 언　양 동 우 지 임

여 視木之能擧하여 揮其杖曰斧라 하면 彼執斧者奔而右하고 顧
시 목 지 능 거　휘 기 장 왈 부　　피 집 부 자 분 이 우　　고

而指曰鋸라 하면 彼執鋸者趨而左하고 俄而요 斤者斲하며 刀者
이 지 왈 거　피 집 거 자 추 이 좌　아 이　근 자 착　도 자

削하되 皆視其色하고 俟其言하여 莫敢自斷者라.
삭　개 시 기 색　사 기 언　막 감 자 단 자

其不勝任者는 怒而退之하되 亦莫敢慍焉이라. ⑱畫宮於堵하되
기 불 승 임 자　노 이 퇴 지　역 막 감 온 언　화 궁 어 도

⑲盈尺而曲盡其制하여 計其毫釐而構大廈에 無⑳進退焉이라.
영 척 이 곡 진 기 제　계 기 호 리 이 구 대 하　무 진 퇴 언

旣成에 書于㉑上棟曰；某年某月某建이라 하니 則其姓字也요
기 성　서 우 상 동 왈　모 년 모 월 모 건　　즉 기 성 자 야

凡執用之工은 不在列이러라. 余㉒圜視大駭하여 然後知其術之工
범 집 용 지 공　부 재 열　　여 환 시 대 해　연 후 지 기 술 지 공

이 大矣라.
대 의

주해 ① 裴封叔(배봉숙)－유종원의 자부(姊夫)로 이름은 근(瑾)이다. ○第
(제)－주택.

② 光德里(광덕리)－당(唐)의 수도인 장안(長安)의 동리 이름.

③ 梓人(재인)-《주례(周禮)》고공기(考工記)에 보면 '나무를 다스리는 공인(工人)은 대개 일곱 종류로 나뉘는데 그 가운데 하나가 재인(梓人)으로, 주로 가래나무를 가지고 악기나 식기 또는 사후(射侯) 따위를 만든다'고 했는데 본문에서 말하는 재인은 오늘의 건축기사 정도로 볼 수 있겠으나 여기서는 편의상 '목수'로 풀이하였다.

④ 款(관)-'관(欵)'으로도 쓰며 문을 두드리는 것.

⑤ 傭(용)-남에게 고용되어 품삯을 받는 것. ◦隙宇(극우)-빈 방. '용극우(傭隙宇)'는 자신의 노동력 대신 빈 방을 품삯으로 임대받는 것을 말한다.

⑥ 尋引(심인)-'팔척왈심(八尺曰尋), 일장왈인(一丈曰引)', 각각 짧은 자와 긴 자를 말한다. ◦規矩(규구)-규(規)는 원을 그리는 데 쓰이는 자. 구(矩)는 정방형(正方形)을 그리는 데 쓰이는 곡척(曲尺). ◦繩墨(승묵)-승(繩)은 먹줄. 묵(墨)은 먹통.

⑦ 居(거)-'존(存)'과 같은 뜻. ◦礱斲(농착)-갈고 쪼갬. '농착지기(礱斲之器)'란 목공들이 흔히 사용하는 도끼나 톱 등의 공구를 말한다.

⑧ 棟宇(동우)-집의 마룻대와 추녀끝. 즉 가옥을 말한다.

⑨ 役(역)-작업을 함.

⑩ 食官府(사관부)-'사(食)' 다음에 '어(於)'자가 있는 판본도 있다. 관청에 고용되어 품삯을 받음.

⑪ 祿(녹)-녹봉(祿俸), 품삯.

⑫ 直(치)-'치(値)'와 통함. 공임(工賃). 품삯.

⑬ 闕(궐)-'결(缺)'과 통함.

⑭ 京兆尹(경조윤)-당대(唐代) 경조(京兆 : 서울)인 장안을 다스리던 관직.

⑮ 飾(식)-수리함.

⑯ 委(위)-쌓음. 여러 목재를 한데 모아놓았다는 뜻.

⑰ 量棟宇之任(양동우지임)-가옥의 각 부분에 쓰일 목재를 적절히 판단하여 선별하는 일을 말한다. 임(任)은 책임, 능력.

⑱ 畫宮於堵(화궁어도)-지으려고 하는 집의 설계도를 담에 그려놓음.

⑲ 盈(영)-'만(滿)'과 통함. '영척이곡진기제(盈尺而曲盡其制)'는 담에 그린 집의 설계도가 비록 한 척 정도에 불과하지만 집안 구석구석의 규격을 정

확하고 상세하게 표시하고 있다는 뜻.
⑳ 進退(진퇴)―오차.
㉑ 上棟(상동)―양(樑 : 대들보).
㉒ 圜視(환시)―사방을 두루 살펴봄.

2

이어서 나는 탄식하였다. 저 사람은 손기술을 버리고 오로지 마음의 지혜만을 사용하면서도 작업의 요체를 알고 있구나! 내가 듣건대 정신을 쓰는 사람은 다른 사람을 부리고, 육체의 힘을 쓰는 사람은 다른 사람에게 부림을 당한다고 하였는데 저 사람은 바로 정신을 쓰는 사람이 아닌가! 능력이 있는 사람은 실행을 하고 지혜로운 사람은 일을 계획한다고 하였는데 저 사람은 바로 지혜로운 사람이 아닌가! 이는 천자를 보좌하여 천하를 재상으로서 다스리는 법도라고 할 만하니 어떤 일도 이처럼 근사한 것은 없다.

천하를 다스리는 사람은 다른 사람에게 근본을 두기 마련이다. 하급의 공역(工役)은 차사(差使)나 향사(鄕師)·이서(里胥)이고, 그 위는 하사(下士)이며 또 그 위는 중사(中士)·상사(上士)가 있고 다시 위로는 대부(大夫)·경(卿)·공(公)의 직책이 있다. 중앙의 직분을 나누면 육관(六官)이 있고 다시 세분하면 백관(百官)이 된다.

밖으로는 사방의 변경에 이르기까지 방백(方伯)·태수(太守)가 있고, 군(郡)에는 수령(守令), 읍(邑)에는 현령(縣令)이 있는데 모두 보좌역을 데리고 있으며, 밑으로 다시 서리(胥吏)가 있고 다시 그 밑으로는 색부(嗇夫)·판윤(版尹) 등이 잡역을 처리한다. 이는 마치 수많은 공인들이 자신의 능력에 따라 생계를 유지하는 것과 같다.

천자를 도와 천하를 다스리는 재상은 많은 관리들을 천거하여 임무를 부여하고 지휘하고 부리면서, 정치의 기강을 바로잡아 신축성있게 운용하면서 법령과 제도를 통일하여 정돈한다. 이는 마치 목수가 그림쇠와 곡척, 먹줄과 먹통을 가지고 규격을 정하는 것과 마찬가지인 것이다. 천하의 인재를 골라 능력에 맞는 직분을 부여하고 천하의 사람들로 하여금 편안히 생업에 종사할 수 있게 함으로써, 도성을 보면 민간생활을 알 수 있고 민간생활을 보면 그 나라를 알 수 있으며 그 나라를 봄으로써 온 천하를 알 수 있게 된다.

이처럼 멀거나 가깝고 사소하거나 중대한 모든 일들을 계획에 따라 추구할 수 있는 것은 또한 목수가 담에 그림을 그려 놓고 거기에 따라 집을 완성하는 것과 같다. 능력있는 사람을 천거하여 직무를 부여해도 그로 하여금 사사로운 은혜로 생각하지 않도록 하고 무능한 사람은 일을 그만두고 물러나게 하여도 감히 화를 내지 못한다.

자신의 재능을 뽐내지도 않고 명예를 자랑하지도 않으며, 사소한 일에 직접 관여하지 않고 다른 여러 관직에도 간섭하지 아니한다. 날마다 천하의 영재와 국가의 법도를 논의할 뿐이니, 이는 마치 목수가 많은 공인들을 적절히 움직이면서도 자신의 기예를 뽐내지 않는 것과 같다. 이런 뒤에야 재상의 법도가 얻어지고 온 천하가 다스려지는 것이다.

원문 繼而歎曰; 彼將捨其手藝하고 專其心智하여 而能知①體要者歟인저. 吾聞②勞心者는 役人하고 勞力者는 役於人이라 하니 彼③其勞心者歟인저. 能者④用而智者謀라 하니 彼其智者歟인저! 是足爲佐天子相天下法矣니 物莫近乎此也라.

彼爲天下者는 本於人하니 其執役者는 爲⑤徒隸요 爲⑥鄕師里胥요 ⑦其上은 爲下士요 又其上은 爲中士요 爲上士요 又其上은

爲大夫요 爲卿爲公이오 [8]離而爲六職이오 [9]判而爲百役이라.
위 대부   위 경 위 공   이 이 위 육 직   판 이 위 백 역

外[10]薄四海에 有[11]方伯連帥하고 郡有[12]守하고 邑有宰로되 皆有
외 박 사 해 유 방 백 연 수   군 유 수   읍 유 재   개 유

[13]佐政하고 其下는 有[14]胥史하고 又其下는 有[15]嗇夫版尹하여 以
좌 정   기 하   유 서 사   우 기 하   유 색 부 판 윤   이

就役焉이라. 猶衆工之各有執伎하여 以[16]食力也라.
취 역 언   유 중 공 지 각 유 집 기   이 식 력 야

彼佐天子相天下者는 [17]擧而加焉하고 指而使焉하여 [18]條其紀綱
피 좌 천 자 상 천 하 자 거 이 가 언   지 이 사 언   조 기 기 강

而盈縮焉하고 齊其法度而整頓焉이라. 猶梓人之有規矩繩墨하여
이 영 축 언   제 기 법 도 이 정 돈 언   유 재 인 지 유 규 구 승 묵

以定制也라 擇天下之士하여 使稱其職하며 居天下之人하여 使
이 정 제 야 택 천 하 지 사   사 칭 기 직   거 천 하 지 인   사

安其業하여 視[19]都知野하며 視野知國하며 視國知天下라.
안 기 업   시 도 지 야   시 야 지 국   시 국 지 천 하

其遠邇細大를 可手據其圖而究焉이니 猶梓人이 畫宮於堵而
기 원 이 세 대 가 수 거 기 도 이 구 언   유 재 인   화 궁 어 도 이

[20]績于成也라. 能者는 進而由之하여 使無所[21]德하며 不能者는
적 우 성 야   능 자   진 이 유 지   사 무 소 덕   불 능 자

退而[22]休之로되 亦莫敢慍이라.
퇴 이 휴 지   역 막 감 온

不衒能하며 不矜名하며 [23]不親小勞하며 不侵衆官이라. 日與天
불 현 능   불 긍 명   불 친 소 로   불 침 중 관   일 여 천

下之英才로 討論其[24]大經이니 猶梓人之善運衆工而不[25]伐藝也
하 지 영 재 토 론 기 대 경   유 재 인 지 선 운 중 공 이 불 벌 예 야

라 夫然後에 相道得而萬國이 理矣라.
   부 연 후   상 도 득 이 만 국   이 의

주해 ① 體要(체요)―대강과 요체.

② 勞心者役人(노심자역인), 勞力者役於人(노력자역어인)―《맹자(孟子)》등
문공상(滕文公上)에는 '노심자치인(勞心者治人), 노력자치어인(勞力者治
於人)'으로 되어 있다.

③ 其(기)-'기(豈)'와 통함.

④ 用(용)-실행함.

⑤ 徒隷(도례)-감옥을 지키는 간수나 죄인을 잡기 위해 파견되는 차사(差使) 따위의 하급관리.

⑥ 鄕師(향사)·里胥(이서)-모두 지방의 말단관직.《주례(周禮)》에서의 여서(閭胥)·이재(里宰) 등이 그것이다.

⑦ 其上爲下士(기상위하사)~爲公(위공)-주(周)나라 때에는 관직을 공경(公卿)·대부(大夫)·사(士)의 3등급으로 나누었으며 사는 다시 상중하로 세분하였다.

⑧ 離(이)-나눔. ㅇ六職(육직)-중앙에 있는 여섯 개의 관직으로《주례》천관(天官) 소재(小宰)편에 의하면 치직(治職)·교직(敎職)·예직(禮職)·정직(政職)·형직(刑職)·사직(事職) 등이 그것이다.

⑨ 判(판)-나눔. ㅇ百役(백역)-백관(百官).

⑩ 薄(박)-'지(至)'와 통함.

⑪ 方伯(방백)-은(殷)·주(周)시대에 한 지역의 제후들을 총괄하던 대제후(大諸侯).《예기(禮記)》왕제(王制)편에서는 '천리 밖에 방백을 둔다'고 하였다. ㅇ連帥(연수)-연솔(連率)이라고도 하며 고을의 태수나 안찰사(按察使)를 가리킨다.

⑫ 守(수)-태수. ㅇ宰(재)-현령.

⑬ 佐政(좌정)-보좌관.

⑭ 胥史(서사)-'사(史)'는 '이(吏)'의 오자(誤字).

⑮ 嗇夫(색부)-옛날 지방관청에서 소송이나 부세(賦稅)를 관장하던 하급직. ㅇ版尹(판윤)-향청(鄕廳)에서 호적 등을 관리하던 하급직.

⑯ 食力(식력)-자신의 능력에 의해 생계를 꾸려감.

⑰ 擧(거)-많은 부하관리를 천거함. ㅇ加(가)-직책에 합당한 임무를 부여함.

⑱ 條(조)-일관되게 정리함. ㅇ盈縮(영축)-신축성있게 운용함.

⑲ 都(도)-도성. 임금이 거처하는 곳. ㅇ野(야)-교외, 민간.

⑳ 績(적)-공적. 일의 완수.

㉑ 德(덕)-사사로운 은혜. 또는 그것으로 여김.

㉒ 休(휴)-파면시킴.

㉓ 不親小勞(불친소로)-세세한 일에는 직접 관여하지 않음. ○不侵衆官(불침중관)-다른 직책에 대해서 월권행위를 하지 않음. 이는 모두 재상의 치국지도(治國之道)를 설명하는 것이다.

㉔ 大經(대경)-나라의 큰 법도. 국도(國道). 상도(常道).

㉕ 伐藝(벌예)-자신의 기술을 지나치게 뽐내는 것.

3

재상의 법도가 바로 서고 천하가 다스려진 후 세상의 모든 사람들이 재상을 우러러보며 "이는 우리 재상의 공적이다!"라고 말하고 후대 사람이 발자취를 따르며 "그는 재상의 재목이었다."라고 흠모하여 말할 것이다. 사대부들은 은(殷)·주(周), 잘 다스렸던 사람을 얘기할 때 이윤(伊尹)·부열(傅說)·주공(周公)·소공(召公)을 거론하면서도 무수한 관리들의 공로는 기록하지 않는다. 마치 목수가 완성된 건물에 자신의 이름은 기록하면서 작업에 참가한 공인의 이름을 열거하지 않는 것과 같다.

위대하도다, 재상이여! 이러한 도리에 통달한 사람은 이른바 재상이라고 일컬어질 만한 일이다. 그 요체를 모르는 사람은 이와 정반대이다. 곧 삼가며 애쓰는 것을 국가에 봉사하는 것으로 여기고 관청의 장부를 지나치게 존중하며, 자신의 능력을 뽐내고 명성을 자랑하며 사소한 일에 관여하고, 잡다한 직무에 간섭하고 6개 부처의 여러 관리들의 일을 몰래 빼앗으며, 조정에서는 끊임없이 논쟁하면서도 도리어 중요하고 원대한 계획은 빠뜨리는 것이니, 이른바 재상의 도를 전혀 모르는 사람이라고 할 수 있다.

마치 이는 목수이면서도 먹줄의 곧음을 모르고 그림쇠와 곡척의 둥글게, 그리고 모나게 그리는 용도를 모르며 긴 자와 짧은 자의 장단을 구별하지 못한 채, 공인의 도끼와 톱을 빼앗아 자신의 기예를 보충하고자 하나 작업을 완전하게 해내지 못하고 심지어 일을 망치어 이룬 것이 없게 되는 것과 같으니 이 얼마나 잘못인가!

어떤 사람이 말하였다.

"만약 그 집의 주인이 자신의 개인적인 지혜를 발휘하여 목수의 계획을 견제함으로써 목수가 대대로 이어진 경험을 빼앗긴 채 길 가던 사람의 계획이나 같은 것을 사용하였다면 비록 집이 완성되지 못한다 하더라도 어찌 그의 죄이겠는가? 이는 집주인이 목수를 신임하지 않았기 때문이다."

나는 이렇게 말하였다.

"그렇지 않다. 먹줄과 먹통, 그림쇠와 곡척이 정말 눈앞에 있다면 높은 것을 아래로 누를 수는 없고 좁은 것을 펴 넓힐 수는 없다. 내 방법을 쓰면 견고하고 내 방법을 버리면 망쳐지는데, 목수가 기꺼이 견고한 방법을 버리고 망쳐지는 편을 택한다면 자신의 기술과 지혜를 감추고 유유히 떠나는 셈이다.

자기의 법도를 굽히지 말아야 진실로 뛰어난 목수인 것이다. 간혹 재화를 탐낸 나머지 차마 그만두지 못하여 집을 짓는 법칙도 고려하지 않은 채 자신의 주장을 굽혀 지키지 못한 결과 대들보가 휘고 집이 무너졌는데 이는 내 잘못이 아니라고 말한다면 이것이야말로 말이 되겠는가?"

내 생각으로는 목수의 도는 재상의 그것과 비슷하다. 그러므로 여기에 적어 보존하고자 한다. 목수는 대개 옛날에는 목재의 곡직(曲直)과 면세(面勢)를 살펴내는 사람이었으나 지금은 도료장(都料匠)이라고 부른다. 내가 만난 사람은 성이 양씨(楊氏)이며 이름이 잠(潛)이다.

[원문] ①相道旣得이오 萬國旣理면 天下擧首而望曰；吾相之功也
상 도 기 득　　　만 국 기 리　　천 하 거 수 이 망 왈　오 상 지 공 야

라 하고 後之人循跡而慕曰；彼相之才也라 하여 士或談殷周之
후 지 인 순 적 이 모 왈　피 상 지 재 야　　사 혹 담 은 주 지

理者曰；②伊傅周召요 其百執事之勤勞는 而不得紀焉이라. 猶
리 자 왈　　이 부 주 소　기 백 집 사 지 근 로　이 부 득 기 언　　　유

梓人이 自名其功而執用者不列也라.
재인   자명기공이집용자불렬야

　大哉라 相乎여! 通得道者는 所謂相而己矣로다. 其不知體要者
　대재   상호   통득도자   소위상이기의   기부지체요자

는 反此라. 以③㤗勤爲公하며 ④簿書爲尊하며 術能矜名하며 親小
는 반차   이 각근위공   부서위존   현능긍명   친소

勞侵衆官하여 竊取六職百役之事하여 ⑤听听於府庭而遺其大
로침중관   절취육직백역지사   은은어부정이유기대

者遠者焉하니 所謂不通是道也라.
자원자언   소위불통시도야

　猶梓人而不知繩墨之曲直과 規矩之方圓과 尋引之短長하고
　유재인이부지승묵지곡직   규구지방원   심인지단장

姑奪衆工之斧斤刀鉅하여 以佐其藝요 又不能備其工하야 以至
고탈중공지부근도거   이좌기예   우불능비기공   이지

敗績用而無所成也하니 不亦謬歟아?
패적용이무소성야   불역류여

　或曰；彼主爲室者儻或發其⑥私智하여 牽制梓人之慮하여 奪
　혹왈   피주위실자당혹발기 사지   견제재인지려   탈

有⑦世守하고 而⑧道謀를 是用이면 雖不能成功이나 豈其罪邪아?
유 세수   이 도모   시용   수불능성공   기기죄야

亦在任之而已니라.
역재임지이이

　余曰：不然하다. 夫繩墨이 誠⑨陳하고 規矩誠設이면 高者를 不
　여왈   불연   부승묵   성 진   규구성설   고자   불

可抑而下也요 狹者를 不可張而廣也라. 由我則固요 不由我則
가억이하야   협자   불가장이광야   유아즉고   불유아즉

⑩玘이어늘 彼將樂去固而就玘也인댄 則⑪卷其術하고 默其智하여
비   피장락거고이취비야   즉 권기술   묵기지

⑫悠爾而去라.
유이이거

　不屈吾道면 是誠良梓人耳어니와 其或嗜其貨利하여 忍而不能
　불굴오도   시성량재인이   기혹기기화리   인이불능

捨也하며 喪其制量하여 屈而不能守也하고 ⑬棟橈屋壞라도 則曰
사야   상기제량   굴이불능수야   동뇨옥괴   즉왈

非我罪也라 하면 ⑭可乎哉아?
비 아 죄 야　　　　가 호 재

余謂梓人之道類於相이라 故書而藏之하니 梓人은 蓋古之⑮審
여 위 재 인 지 도 류 어 상　　故書而藏之하니　재 인　　개 고 지 심

曲面勢者라 今謂之⑯都料匠云이니 余所遇者는 楊氏니 潛其名이라.
곡 면 세 자　금 위 지　都料匠云이니　여 소 우 자　양 씨　잠 기 명

주해　① 相道(상도) — 재상으로서 나라를 다스리는 도리.

② 伊傅周召(이부주소) — 은(殷)나라의 현신(賢臣)인 이윤(伊尹)·부열(傅說) 과 주(周)나라의 현인(賢人)인 주공(周公)·소공(召公)을 지칭함.

③ 恪勤(각근) — 삼가며 정성껏 일함. ○公(공) — 나라에서 내린 일을 맡아 봉 직(奉職)함. '공(功)'으로 된 판본도 있음.

④ 簿書(부서) — 관청에서 쓰이는 서책(書冊)이나 표보(表報) 또는 출납부(出 納簿) 따위의 문서.

⑤ 听听(은은) — 논쟁하는 모양.

⑥ 私智(사지) — 집주인의 개인적인 지혜.

⑦ 世守(세수) — 목수의 집안 대대로 전해오는 경험적 기술.

⑧ 道謀(도모) — 길 가던 사람과 도모함. '도모시용(道謀是用)'은 전혀 문외한 (門外漢)인 사람의 견해를 받아들여 사용한다는 뜻.

⑨ 陳(진) — 진열되어 있음.

⑩ 圮(비) — 무너짐.

⑪ 卷(권) — '권(捲)'과 통함. 숨김.

⑫ 悠爾(유이) — 유유히. 기꺼이.

⑬ 棟橈(동뇨) — 대들보가 휨.

⑭ 可乎哉(가호재) — 이 다음에 같은 구절이 되풀되는 판본도 있다.

⑮ 審曲面勢(심곡면세) — 《주례(周禮)》 고공기(考工記)에는 '혹은 곡직(曲直) 이나 면세(面勢)를 잘 관찰함으로써 오재(五材 : 金木水火土)를 갖추고 백성들이 사용할 농기구 등을 만드는 사람을 일컬어 백공(百工)이라고 한 다'라고 했는데 여기서는 목수의 경우에만 한정하여 말한 것이다.

⑯ 都料匠(도료장) — 건축기사 혹은 목공의 우두머리.

(해설) 이 글은 지금으로 말하면 건축기사라고 할 수 있는 재인(梓人)을 비유로 하여 재상의 치국지도(治國之道)에 대하여 설명하고 있다. 제목은 〈재인전(梓人傳)〉이지만 전상체(傳狀體)의 문장으로는 볼 수 없으며 유종원이 중앙의 정치무대에서 밀려나기 전에 쓴 글인 듯, 곳곳에 천자를 보좌하여 이상적인 치국책(治國策)을 펼치고자 하는 작자의 포부가 보인다.

여한유논사서(與韓愈論史書)

유종원(柳宗元)

1

정월(正月) 21일, 유종원은 머리 숙여 십팔장(十八丈) 한유(韓愈) 선생의 시종을 통해 말씀드립니다. 전에 보내신 글에서는 역사에 관해서 말씀하면서, "유수재(劉秀才)에게 보낸 편지에 상세히 밝혔다."고 하셨습니다. 이제 그 글의 초고(草稿)를 보게 되니 제 마음이 심히 언짢습니다. 지난날 선생께서 역사에 대해 말씀하신 것과 매우 큰 차이가 있기 때문입니다. 만약 그 글의 내용대로라면 선생께서는 단 하루라도 사관(史舘)에 계셔서는 안됩니다. 어찌 재상의 뜻을 탐색하여 가지고서 구차히 역사를 기술하는 글로써 한유라는 한 사람을 영예롭게 할 수 있겠습니까!

만약에 그렇다고 하더라도 선생께서는 어찌하여 재상께서 내리신 자신의 영예를 거짓되이 받아들이고, 함부로 사관(史舘)이라는 정치적 중심권에 가까이 있으면서 녹봉을 받고 아랫사람들을 부리며 종이와 붓을 사용(私用)하여 사사로운 글을 쓰면서 자식들의 양육비를 얻어낸단 말입니까? 옛날의 지사(志士)들은 그렇게 행동하지 않았습니다.

또 선생께서는 역사를 기록하는 사람에게 천형(天刑)이나 인화(人禍)가 내린다고 하여 회피하고 직책을 맡지 않으려 하셨는데, 그것은 더욱 잘못된 생각입니다. 역사는 사람들을 포폄(褒貶)하는 것을 명분으로 하는 것이지만 그렇다고 두려워하여 감히 기록하지 못한다면, 선생께서 가령 어사중승(御史中丞)·어사대부(御史大夫)가 되었을 때는 다른 사람들을 포폄하고 그들의 잘잘못을 들추어내는 일이 더욱 잦아질 것이니 그 일을 두려워하는 정도도 더욱 클 것입니다.

그러니 바야흐로 의기양양하게 대부(臺府)로 들어가 좋은 음식과 편안한 자리를 즐기면서 조정에 호령하는 것으로 그치고 말겠습니까? 어사의 경우에도 이러하니, 가령 선생께서 재상이 되었을 때는 천하의 선비들을 죽이고 살리며 불러들이고 내쫓고 승진시키며 좌천시킴으로써 더더욱 많은 정적(政敵)이 생길 것입니다. 그러니 또 바야흐로 의기양양하게 정사당(政事堂)으로 들어가 좋은 음식과 편안한 자리를 즐기며 조정 안이나 밖으로 호령하는 것에서 그치고 말겠습니까? 그러니 역사를 기술하지도 않으면서 사관(史官)의 영예를 얻고 그 녹봉이나 받는 사람들과 무슨 차이가 있겠습니까?

또 선생께서는 인화(人禍)가 있지 않으면 반드시 천형(天刑)이 미칠 것이라고 말씀하셨습니다. 이 말씀은 마치 과거의 역사가를 비난하는 것처럼 들리는데 역시 대단히 미혹된 판단입니다. 대체로 사람들은 어떤 지위에 오르면 거기에 맞는 올바른 도를 행하고자 하는 바, 그 도가 진실로 바르다면 죽어도 굽힘이 없어야 할 것이요, 만약 굽히게 되었다면 곧바로 그 자리에서 떠나야 할 것입니다.

공자(孔子)가 노(魯)·위(衛)·진(陳)·송(宋)·채(蔡)·제(齊)·초(楚) 등의 나라에서 곤경을 겪었던 일이 바로 그런 경우입니다. 그 당시는 암울한 시대여서 제후들이 따르지 못했던 것이지, 공자가 불우하여 죽은 것은 《춘추(春秋)》를 지었기 때문이 아닙니다. 만약 당시에 공자가 《춘추》를 짓지 않았더라도 마찬가지로 공자는 불우하게 죽었을 것입니다. 주공(周公)이나 사일(史佚) 같은 경우는 언행이나 사실을 기록했지만 도리어 현달(顯達)하였으니 《춘추》로서 공자에게 누가 되도록 하여서는 안될 것입니다.

범엽(范曄)은 성격이 패덕(悖德)하였기 때문에 역사를 쓰지 않았더라도 일족이 모두 주살당했을 것입니다. 사마천(司馬遷)은 천자의 노여움을 건드렸고, 반고(班固)는 아랫사람들을 단속하지 못하였고, 최호(崔浩)는 강직함을 드러냄으로써 포악한 적들과 싸웠기 때문입니다. 이 모두는 중용의 도에서 벗어난 예입니다. 좌구명(左丘明)이 병으로 실명(失明)한 것은 불행했기 때문이며, 자하(子夏)는 역사를 쓰지 않았어도 또한 실명했으니, 이와 같은 예들로써 경계하도록 할 수는 없을 것이며 그 나머지도 이런 예들에서 벗어나지 않을 것입니다.

그러므로 선생께서는 중용의 도를 지키되 강직함을 잊어서는 안되며 다른 일로 스스로 두려움을 느낄 필요도 없습니다. 선생께서는 강직하지 못함과 중용의 도를 얻지 못함만을 두려워하셔야지 형화(刑禍)를 두려워하실 필요는 없습니다.

원문 ①正月二十一日에 ②某頓首 ③十八丈退之侍者라. 前④獲書言
정월 이십일 일 　모돈수 　십 팔 장 퇴 지 시 자 　전 획 서 언

史事云; 具與⑤劉秀才書라. 及今見⑥書槀하니 私心甚不喜니 與
사 사 운 구 여 유 수 재 서 　급 금 견 서 고 　사 심 심 불 희 　여

退知往年言史事로 甚⑦大謬로다. 若書中言인댄 退之不宜一日在
퇴 지 왕 년 언 사 사 　심 대 류 　약 서 중 언 　퇴 지 불 의 일 일 재

⑧舘下니 安有⑨探宰相意하여 以爲苟以⑩史筆로 榮一韓退之
관 하 　안 유 탐 재 상 의 　이 위 구 이 사 필 　영 일 한 퇴 지

邪아?
야

若果爾면 退之豈宜⑪虛受宰相榮己하여 而⑫冒居舘下近密地
약 과 이 　퇴 지 기 의 허 수 재 상 영 기 　이 모 거 관 하 근 밀 지

하여 食⑬奉養하고 役使⑭掌故하고 ⑮利紙筆爲私書하여 取以⑯供
　식 봉 양 　역 사 장 고 　이 지 필 위 사 서 　취 이 공

子弟費리오? 古之志於道者는 不宜若是리라.
자 제 비 　고 지 지 어 도 자 　불 의 약 시

且退之以爲紀錄者는 有⑰刑禍라 하여 避不肯就하니 尤非也라.
차 퇴 지 이 위 기 록 자 　유 형 화 　피 부 긍 취 　우 비 야

史以名爲褒貶이라　猶且恐懼不敢爲인댄　設使退之로 爲[18]御史中
사 이 명 위 포 폄　　유 차 공 구 불 감 위　　설 사 퇴 지　위 어 사 중

丞大夫면　其褒貶[19]成敗人이　愈益顯이니　其宜恐懼尤大也라.
승 대 부　　기 포 폄 성 패 인　　유 익 현　　기 의 공 구 우 대 야

則又將[20]揚揚入臺府하여　美食安坐하고 [21]行呼唱於朝廷而已
즉 우 장 양 양 입 대 부　　　미 식 안 좌　　　행 호 창 어 조 정 이 이

邪아?　在御史猶爾어든　設使退之爲宰相이면　生殺出入[22]升黜天
야　　재 어 사 유 이　　설 사 퇴 지 위 재 상　　생 살 출 입 승 출 천

下士하여　其敵益衆이니　則又將揚揚入[23]政事堂하여　美食安坐하
하 사　　기 적 익 중　　즉 우 장 양 양 입 정 사 당　　미 식 안 좌

여　行呼唱於内庭外衢而已邪아?　何以異不爲史而榮其號利其祿者
　　행 호 창 어 내 정 외 구 이 이 야　　하 이 이 불 위 사 이 영 기 호 리 기 록 자

也리오?
야

又言不有人禍면　必有天刑이라 하여　若以罪夫前古之爲史者然
우 언 불 유 인 화　　필 유 천 형 이 라 하 여　　약 이 죄 부 전 고 지 위 사 자 연

하니　亦甚惑이라.　凡居其位하여　思直其道이니　道苟直이면　雖死
　　역 심 혹　　　범 거 기 위　　사 직 기 도　　도 구 직　　수 사

不可[24]回也요　如回之면　莫若[25]亟去其位라.
불 가 회 야　　여 회 지　　막 약 극 거 기 위

孔子之困于魯衛陳宋蔡齊楚者[26]是也라.　其時暗諸侯가　不能
공 자 지 곤 우 노 위 진 송 채 제 초 자　시 야　　기 시 암 제 후　　불 능

[27]以也요　其不遇而死는　不以作春秋故也라.　當是時하여　雖不作
이 야　　기 불 우 이 사　　불 이 작 춘 추 고 야　　당 시 시　　수 부 작

春秋라도　孔子猶不遇而死也라.　若周公[28]史佚은　雖紀言書事나
춘 추　　공 자 유 불 우 이 사 야　　약 주 공 사 일　　수 기 언 서 사

猶遇且顯也니　又不得以春秋로　爲孔子累니라.
유 우 차 현 야　　우 부 득 이 춘 추　　위 공 자 루

[29]范曄悖亂하니　雖不爲史나　其宗族亦誅요 [30]司馬遷觸天子
범 엽 패 란　　수 불 위 사　　기 종 족 역 주　　사 마 천 촉 천 자

[31]喜怒하고 [32]班固不檢下하고 [33]崔浩沽其直하여　以鬪[34]暴虜하니
희 노　　　반 고 불 검 하　　　최 호 고 기 직　　이 투 폭 로

皆非中道라. [35]左丘明以疾盲하니　出於不幸이라　子夏不爲史라도
개 비 중 도　　좌 구 명 이 질 맹　　출 어 불 행　　자 하 불 위 사

亦盲이라. 不可以是爲戒요 ^㊱其餘皆不出此라.
역 맹　　　불 가 이 시 위 계　　　기 여 개 불 출 차

是退之宜守中道하여 不忘其直이오 無以他事自恐하라. 退之之
시 퇴 지 의 수 중 도　　　불 망 기 직　　　무 이 타 사 자 공　　　퇴 지 지

恐은 惟在不直不得中道요 刑禍非所恐也니라.
공　　유 재 부 직 부 득 중 도　　　형 화 비 소 공 야

주해　① 正月二十一日(정월이십일일)－원화(元和) 9년(814)의 정월을 가리킴.

② 某(모)－종원(宗元)이라는 본명 대신에 '모(某)'자로 겸칭한 것. ㅇ頓首(돈수)－머리 숙임. 편지 앞부분에 사용하는 경어(敬語).

③ 十八(십팔)－한유(韓愈)가 속한 형제의 항렬(行列)로 그는 열여덟번째에 속하였다. ㅇ丈(장)－연장자에게 붙이는 경어. ㅇ侍者(시자)－따르며 섬기는 사람. 시종(侍從).

④ 獲書(획서)－편지를 받다.

⑤ 劉秀才(유수재)－이름은 가(軻). 유가(劉軻)의 전기(傳記)는 미상. '수재'는 본래 과거의 한 과목이었으나 뒤에는 향공(鄕貢)에 급제한 사람을 부르는 호칭으로 변하였다. 〈여유수재서(與劉秀才書)〉는 현재 《한창려문집(韓昌黎文集)》에는 전하지 않고 《한문외집(韓文外集)》 권2와 《전당문(全唐文)》 권514에 각각 실려 있는데 원제는 〈답유수재론사서(答劉秀才論史書)〉이다. 유종원의 이 글은 바로 〈답유수재론사서〉를 구해 본 뒤 각각의 세목에 대하여 자세히 비판한 글이다. 한유의 〈답유수재론사서〉의 구체적인 내용에 대해서는 해설 참고.

⑥ 書槀(서고)－편지의 원고. '고(槀)'는 '고(稿)'와 같은 자.

⑦ 大謬(대류)－크게 어긋남.

⑧ 舘下(관하)－사관(史舘). '하(下)'는 의미없는 조자(助字).

⑨ 探(탐)－탐색함. ㅇ宰相意(재상의)－재상의 뜻.

⑩ 史筆(사필)－역사를 기술하는 글.

⑪ 虛受(허수)－거짓되이 받아들임. 여기서는 자격이 되지 않으면서도 재상이 자신에게 내려준 사관(史官)이라는 영예스러운 직책을 받는다는 뜻.

⑫ 冐(모)－'모(冒)'와 같은 글자. 함부로. ㅇ近密地(근밀지)－사관(史官)은

천자나 정치가 이루어지는 중심권에 가까이 있음을 뜻한다.

⑬ 奉養(봉양)－녹봉으로 살아가는 것.

⑭ 掌故(장고)－원래 한대(漢代)에 설치되어 예악의 고실(故實) 등을 관장하던 속관(屬官)이었으나 여기서는 하급의 사관을 지칭함.

⑮ 利(이)－사사로이 이용함.

⑯ 供(공)－갖춤. 취함.

⑰ 刑禍(형화)－천형(天刑)과 인화(人禍). 한유는 〈답유수재론사서(答劉秀才論史書)〉에서 사관에겐 천형이 내려지지 않으면 인화가 생긴다고 하였다.

⑱ 御史中丞大夫(어사중승대부)－백관의 비위(非違)나 행실을 감찰하는 것이 어사대(御史臺)의 임무이며 그곳의 장관은 어사대부(御史大夫), 부장관은 어사중승(御史中丞)이다. 한유가 사실(史實)을 기록하는 사관에겐 형화가 미칠 것이라고 한 말에 대해 유종원은 다른 사람의 손익에 결정적인 역할을 행사하는 어사대의 경우를 들어 비교 반박한 것이다.

⑲ 成敗人(성패인)－다른 사람의 잘잘못을 들추어 냄. 또는 그렇게 함으로써 다른 사람이 잘되고 못되고 하는 것을 결정함.

⑳ 揚揚(양양)－득의한 모습. ㅇ臺府(대부)－어사대의 관청.

㉑ 行呼唱(행호창)－호창(呼唱)을 행함. '호창'은 백관이 조정에 모여 조회시, 어사대부·중승이 열을 정렬하고 지휘하는 것을 뜻함.

㉒ 升黜(승출)－승진시키거나 좌천시킴.

㉓ 政事堂(정사당)－정사를 보는 곳. 곧 재상의 집무실.

㉔ 回(회)－굽힘. '곡(曲)'과 같은 뜻.

㉕ 亟(극)－빨리. 서둘러.

㉖ 是也(시야)－《유하동전집(柳河東全集)》에는 이 구절이 없다.

㉗ 以(이)－'용(用)'과 같은 뜻.

㉘ 史佚(사일)－주(周) 성왕(成王) 때의 사관(史官). 성은 윤(尹)이고 이름은 일(佚).

㉙ 范曄(범엽)－남조(南朝) 사람. 자는 울종(蔚宗). 《후한서(後漢書)》 90권을 지은 사관이자 문인. 원가(元嘉) 22년(445)에 모반을 일으켰다가 주살당하였다. ㅇ悖亂(패란)－도리에 어긋나는 행동을 하며 일을 어지럽게 함.

㉚ 司馬遷(사마천)―전한(前漢) 사람. 흉노와의 싸움에서 항복한 한(漢)의 장군 이릉(李陵)을 변호하다가 무제(武帝)의 노여움을 받아 궁형(宮刑)을 당함. 그후 오로지 역사를 기술하는 일에만 열중하여 마침내《사기(史記)》를 완성함.

㉛ 喜怒(희노)―이 경우 '노(怒)'의 뜻이 강조되는 복합사(複合辭)임.

㉜ 班固(반고)―후한(後漢) 사람. 자는 맹견(孟堅).《한서(漢書)》의 저자. ○不檢下(불검하)―아랫사람을 단속하지 못함. 반고가 정치권에서 물러나게 된 직접적인 동기는 반고의 종복(從僕)이 만취하여 낙양령(洛陽令)인 충긍(種兢)에게 무례한 행동을 보였기 때문이다. 이 사건으로 반고는 옥사하였다.

㉝ 崔浩(최호)―북조(北朝) 북위(北魏) 사람. 신가(神䴥) 2년(429)에 태무제(太武帝)가 조령을 내려 국사(國史)를 편찬하게 하였는데 최호는 이 작업에 참여하면서 평소 자신에게 쏟아졌던 모함이나 북조 조정의 부정까지도 직필(直筆)하였다. 이에 격분한 북조인들은 계략을 꾸며 최호가 천제(天帝)를 꿈꾸고 있다고 모함하니, 태무제는 노하여 치죄(治罪)한 뒤 최호를 비롯한 일족을 주살하였다. ○沽(고)―팔다. 여기서는 자랑삼아 드러낸다는 뜻.

㉞ 暴虜(폭로)―난폭한 적. 태무제(太武帝)를 위시한 이민족의 북조(北朝) 왕조를 지칭함.

㉟ 左丘明(좌구명)―《춘추》의 경문에 전(傳)을 붙인《춘추좌씨전(春秋左氏傳)》을 지었다고 하는 노(魯)나라의 사관.

㊱ 其餘(기여)―그 나머지. 한유의 〈답유수재론사서〉에는 이상의 사관 외에도《삼국지(三國志)》의 진수(陳壽),《진서(晉書)》의 왕은(王隱),《한진춘추(漢晉春秋)》의 습착치(習鑿齒),《후한서(後漢書)》의 위수(魏收) 등 여러 사람이 등장하나 유종원은 동류로 간주하여 생략하였다.

2

선생께서는 본조(本朝) 2백 년간 문무의 선비가 많다고 하셨는데 정말로 그렇습니다. 그러나 선생께서 지금 "나는 혼자이니 어떻게 역사를 밝혀낼 수 있단 말인가?"라고 하셨는데, 그렇다면 같은 임무를 맡은 동료도 그렇게 말할 것이요, 후대의 역사가들도 또한 그렇게 말하여 모두 "나 혼자다."라고 말할 것이니, 그렇다면 도대체 그 누가 역사를 쓸 수 있겠습니까? 다만 선생께서 듣고 아는 바로써 감히 태만하지 않고 부지런히 기록하고 같은 직책의 사람들과 후대의 역사가들도 각각 그들의 듣고 아는 것을 부지런히 기록하는 일에 힘쓴다면, 사관(史官)의 본분이 실추되지 않고 결국은 역사가 올바로 밝혀질 수 있음을 기대해도 될 것입니다.

그렇지 아니하고, 쓸데없이 다른 사람들의 말을 믿고, 늘 말을 달리하면서 계속해서 오래도록 간다면 선생께서 말씀하신 바 '천지간에 장쾌하게 우뚝 솟아 결코 사라지지 않는 것'은 난잡해져서 고증조차 못하는 지경에 이를 것입니다. 역사에 뜻을 지닌 사람이라면 이런 상태를 차마 방치할 수 없을 것입니다. 정말로 그런 뜻을 지녔다면 어찌하여 다른 사람의 독촉을 받은 뒤에야 관직의 임무를 수행한단 말입니까?

또 귀신의 일들은 알 수 없고 허황되어 믿을 수 없는 것입니다. 도리에 밝은 사람은 입에 담지 않을 것이거늘 선생 같은 지자(智者)께서 그처럼 두려워하신단 말입니까? 지금 선생처럼 학식이 깊고, 선생처럼 문장이 뛰어나며, 선생처럼 바른 이론을 좋아하며, 선생처럼 의기있게 스스로 정직한 행실을 행한다고 말하는 분이 그와 같이 말씀하시면 당나라 역사의 기술을 맡길 사람은 도대체 없는 것 아니겠습니까?

명천자(明天子)·현재상(賢宰相)이 선생과 같은 뛰어난 역사가를 만나고서도 역사를 제대로 쓰는 일을 하지 못한다면 매우 통탄할 일이 아니겠습니까?

선생께서는 마땅히 고쳐 생각하시어 할 수 있는 일이니 즉시 실행하십시오. 끝내 두려워서 감히 할 수 없다고 생각되면 곧바로 손을 털고 물러나면 그뿐이지 "조금 해보고 물러날 참이다."라고 말할 필요가 있겠습

니까? 지금 마땅히 해야 할 일을 하지도 않으면서 사관(史舘)의 동료나
후진들까지도 자기처럼 끌어들이려 한다면 이는 커다란 잘못입니다. 자
신은 노력하지 않으면서 다른 사람에게 노력하기를 강요하는 것은 어려
운 일이 아니겠습니까?

[원문] 凡言①二百年文武士多有하니 誠如此者라. 今退之曰：我一
　　　　범언　이백년문무사다유　　성여차자　　금퇴지왈　아일

人也何能明이리오 하니 則同職者又所云若是요 後來繼今者又所
인야하능명　　　　즉동직자우소운약시　　후래계금자우소

云若是하여 人人皆曰我一人이리니 則卒誰能紀傳之邪아? 如退
운약시　　인인개왈아일인　　즉졸수능기전지야　　여퇴

之但以所聞知로 ②孜孜不敢怠하고 同職者와 後來繼今者亦各以
지단이소문지　　자자불감태　　동직자　　후래계금자역각이

所聞知로 孜孜不敢怠면 則庶幾不③墜하여 使卒有明也리라.
소문지　자자불감태　즉서기불　추　　사졸유명야

不然이면 徒信人④口語하여 每每異辭하여 日以滋久면 則所云
불연　　도신인　구어　　매매이사　　일이자구　　즉소운

⑤磊磊軒天地者는 決必不沈沒이오 且亂雜無可考라. 非有志者
뢰뢰헌천지자　　결필불침몰　　차란잡무가고　　비유지자

所忍⑥恣也라. 果有志면 豈當待人⑦督責迫蹙然後에 爲⑧官守
소인　자야　　과유지　기당대인　독책박축연후　　위　관수

邪아?
야

又凡鬼神事는 ⑨眇茫荒惑하여 無可準이라. 明者所不道니 退之
우범귀신사　　묘망황혹　　　무가준　　명자소부도　퇴지

之智로도 而⑩猶懼於此아? 今學如退之하고 辭如退之하고 好言
지지　　이　유구어차　　금학여퇴지　　사여퇴지　　호언

論如退之하고 慷慨自謂正直行行焉이 如退之로되 猶所云若是
논여퇴지　　강개자위정직항항언　여퇴지　　유소운약시

면 則唐之史述이 其卒無可託乎아?
　　즉당지사술　기졸무가탁호

明天子賢宰相이 得史才如此로되 而又不果하니 甚可痛哉라.
명천자현재상　득사재여차　　이우불과　　심가통재

退之는 宜更思하여 可爲速爲요 果卒以爲恐懼不敢이어든 則一
퇴 지   의 갱 사   가 위 속 위   과 졸 이 위 공 구 불 감   즉 일
日可⑪引去니 又何以云⑫行且謀也오? 今當爲而不爲하고 又誘舘
일 가 인 거   우 하 이 운 행 차 모 야   금 당 위 이 불 위   우 유 관
中他人及後生者하니 此大惑已라. 不勉己而欲勉人이면 難矣哉라!
중 타 인 급 후 생 자   차 대 혹 이   불 면 기 이 욕 면 인   난 의 재

(주해) ① 二百年(이백년)－한유(韓愈)의 시대는 당(唐)이 건국된 지 약 2백
  년 정도가 흐른 때이다.

② 孜孜(자자)－부지런히 힘쓰는 모양.

③ 墜(추)－실추함. 여기서는 사관(史官)의 임무를 잃어버린다는 뜻.

④ 口語(구어)－사람의 입에서 나오는 말. 여기서는 사서(史書)의 기본이 되
  는 사료(史料)가 아닌 일반인들의 한담(閑談) 따위를 지칭함.

⑤ 磊磊(뇌뢰)－돌이 무더기로 쌓인 것처럼 장엄하고 쾌활함. ○軒天地(헌천
  지)－천지간에 높이 솟음.

⑥ 恣(자)－그대로 방치함.

⑦ 督責(독책)－독촉하고 추궁함. ○迫蹙(박축)－급박함. 여유가 없음.

⑧ 官守(관수)－관직의 임무를 수행함.

⑨ 眇茫(묘망)－아득하여 망망함. ○荒惑(황혹)－황당무계하고 미혹스러움.

⑩ 猶懼於此(유구어차)－이에 대하여 두려워하다. 곧 귀신을 두려워하는 것.

⑪ 引去(인거)－관직을 떠남.

⑫ 行且謀(행차모)－조금 해보다가 떠날 것을 도모함. 〈답유수재론사서(答劉
  秀才論史書)〉에서 '재상의 성지(盛指)를 감히 거역할 수 없어 조금 해보
  다가 떠나려고 한다'라고 하여 한유는 애당초 사관이라는 직책에 자신감
  이나 관심이 없었음을 암시하였다.

(해설) 한유에게 주는 역사를 논한 글로서 《유하동전집(柳河東全集)》에
  는 〈여한유론사관서(與韓愈論史官書)〉라 제목이 되어 있다. 한유의 〈답유
  수재론사서(答劉秀才論史書)〉의 대체적인 내용은 다음과 같다.
    첫째, 사관의 대법(大法)은 포폄(褒貶)인데 그것은 이미 《춘추(春秋)》

에서 갖추어졌으며 후세의 역사가들은 역사적 사실대로 기록할 뿐이지만 나같이 재주가 없는 사람은 사실의 기록마저도 못하겠다.

둘째, 사관에게는 인화(人禍)나 천형(天刑)이 미치니 공자(孔子)를 비롯하여 좌구명(左丘明)·사마천(司馬遷) 등 여러 가지 예를 보아도 이는 분명하다.

셋째, 당(唐)의 건국 이래 무수한 성군(聖君)·현상(賢相)·문무지사(文武之士)가 있었으니 나 혼자서는 역사를 기록하기가 벅차다.

넷째, 재상은 내가 아무런 재주를 가지고 있지 않은데도 늙은 이 몸이 세상에 어울리지 못하여 근심스럽게 일생을 마치지 않도록 영광스럽게도 사관이라는 직책을 주셨다. 급하게 독촉하시는 것은 아니지만 나는 각하의 뜻을 거역할 수 없으니 조금 해보다가 물러나려고 한다.

다섯째, 전해 내려오는 이야기는 다르고 선악은 사람마다 차이가 나니 역사를 포폄하는 데 있어 과거의 기준에 맞추어 할 수는 없다.

여섯째, 만약 내가 계속 사관의 직무를 수행한다면 설령 귀신이 없다고 하더라도 스스로 부끄러운 일이며, 귀신이 있다고 해도 다른 사람에게 도움이 되지는 못할 것이다.

일곱째, 당(唐)의 성스러운 사적은 결코 사라지지 않을 것이니 사관에 적임자가 없을지라도 반드시 후배 중에서 역사가가 나와 엄숙하게 역사를 편찬할 것이다.

이상의 내용에서 알 수 있는 바와 같이 한유는 애당초 사관수찬(史館修撰)이라는 직책에 열의를 갖지 않았다. 유종원은 이에 대해 조목조목 예를 들면서 한유의 글을 비판하였다. 본문은 유종원이 영주사마(永州司馬)로 좌천되어 있을 때 지은 것이다.

답위중립서(答韋中立書)

유종원(柳宗元)

1

21일에 유종원이 아룁니다. 보내주신 글에서 저를 스승으로 삼겠다고 하셨으나, 저는 도(道)도 두텁게 닦지 못하고 학업도 매우 천박하여 어디를 둘러보아도 스승으로 삼을 만한 점이 없습니다. 비록 언론을 좋아하고 글을 쓴다고 해도 스스로 매우 부족하게 여겨집니다.

그런데 뜻하지 않게도 선생이 경사(京師)로부터 오랑캐 고장인 영주(永州)로 오셔서 저를 다행히도 스승으로 선택하셨으나, 저는 스스로 스승이 될 만한 자격이 없다고 생각하고 있습니다. 설령 스승으로 삼았다고 해도 다른 사람의 스승은 감히 되지 못합니다. 보통사람들의 스승도 감히 못할 것이어늘 어찌 선생의 스승이 감히 될 수 있겠습니까?

맹자(孟子)는 "사람들의 폐단은 다른 사람의 스승이 되기를 좋아하는 데에 있다."라고 말했습니다. 위진(魏晉)시대 이후로는 사람들이 더욱 스승을 모시지 않게 되어 요즈음에는 스승이 있다는 소리는 들어 보지도 못했고, 또 있다고 하여도 모두가 비웃고 미친 사람이라고 여기는 지경에 이르렀습니다. 그러나 한유(韓愈)만은 분연히 유속(流俗)을 돌보지 않고 비웃음과 모욕을 무릅쓰면서 후진을 불러모으고 〈사설(師說)〉을 지은 뒤 엄숙한 얼굴을 하고 스승이 되었던 것입니다.

그러자 세상사람들은 과연 떼를 지어 이상하게 여기며 욕하고 손가락

질 곁눈질하며 서로 사람들을 끌어다 쓸데없는 말만 부풀려 놓았습니다. 한유는 이 때문에 미쳤다는 소리를 듣게 되었으며 장안(長安)에 있다가 밥도 익기 전에 황급히 동쪽으로 떠났는데, 이렇게 하기를 수차례나 하였습니다. 굴원(屈原)의 부(賦)에서는 '마을의 개들이 떼를 지어 짖는 것은 이상하게 보이는 사물에 대해서이다'라고 했습니다.

이전에 저는 '용(庸)·촉(蜀) 지방의 남쪽에는 항상 비가 오고 햇빛나는 날이 드물어 해가 뜨면 개들이 짖는다'라는 이야기를 들은 적이 있습니다. 저는 과장된 말로 여겼는데 6,7년 전 제가 남쪽 지방으로 온 지 두 번째 해 겨울에 큰눈이 내려 오령(五嶺) 너머 남월(南越)의 몇 주(州)까지 덮은 일이 있었는데, 그때 여러 주의 개들은 모두 놀라 짖고 물고 하면서 며칠 동안 미쳐 돌아다니다가 눈이 그친 뒤에야 잠잠해졌습니다. 그제서야 저는 전에 들었던 얘기를 믿게 되었습니다.

지금 한유는 스스로를 촉 땅의 해로 생각하게 되었지만, 선생은 또 나를 남월의 눈으로 만들려고 하니 이 어찌 해가 안되겠습니까? 더욱이 저만 해를 입는 것이 아니라 선생 또한 입게 됩니다. 하지만 해와 눈에게 무슨 잘못이 있겠습니까? 본시 짖는 것은 개들이었지만, 생각건대 요즈음 세상에 짖지 않는 사람이 몇이나 되겠습니까? 어느 누가 감히 군중들 눈을 돌게 하고 이상하게 함으로써 소란을 불러들이고 분노를 자초하려 하겠습니까?

원문 二十一日에 宗元白하노라. [①]辱書云 ; 欲相師라 하니 僕道不
　　　이 십 일 일　　종 원 백　　　　　　욕 서 운　　욕 상 사　　　　　복 도 부

篤하고 業甚淺近하여 環顧其中에 未見可師者라. 雖嘗好言論하
독　　　업 심 천 근　　　환 고 기 중　　미 견 가 사 자　　수 상 호 언 론

고 爲文章이나 甚不自是也라.
　　위 문 장　　　심 부 자 시 야

不意吾子自京都로 來[②]蠻夷間하여 乃幸見取나 僕[③]自卜固無
불 의 오 자 자 경 도　　내　만 이 간　　　내 행 견 취　　복　자 복 고 무

取요 假令有取라도 亦不敢爲人師라. 爲衆人師도 且不敢이온 況
취   가령유취   역불감위인사   위중인사   차불감   황

敢爲吾子師乎아?
감 위 오 자 사 호

孟子稱④人之患이 在好爲人師라. 由魏晉氏以下로 人益不事
맹자칭 인지환   재호위인사   유위진씨이하   인익불사

師하여 今之世에 不聞有師요 有輒譁笑之하여 以爲狂人이라. 獨
사   금지세   불문유사   유첩화소지   이위광인이라   독

韓愈奮不顧流俗하고 犯笑侮하고 收召後學하여 作⑤師説하고 因
한유분불고류속   범소모   수소후학   작 사설   인

⑥抗顔而爲師라.
항 안 이 위 사

世果羣怪聚罵하여 ⑦指目牽引하여 而增與爲言詞라. ⑧嘗以是로
세과군괴취매   지목견인   이증여위언사   상이시

得狂名하여 居長安에 ⑨炊不暇熟하고 又⑩挈挈而東하여 如是者
득광명   거장안   취불가숙   우 설설이동   여시자

數矣라. ⑪屈子賦曰 : ⑫邑犬羣吠는 吠所怪也라.
수의   굴자부왈   읍견군폐   폐소괴야

僕往聞⑬庸蜀之南은 恒雨少日하여 日出則犬吠라. 予以爲過
복왕문 용촉지남   항우소일   일출즉견폐   여이위과

言이러니 前六七年에 僕來南하여 二年冬에 幸大雪하여 踰⑭嶺被
언   전육칠년   복래남   이년동   행대설   유 령피

南越中數州하니 數州之犬이 皆⑮蒼黃吠噬狂走者累日하여 至無
남월중수주   수주지견   개 창황폐서광주자루일   지무

雪乃已라. 然後始信前所聞者로라.
설내이   연후시신전소문자

今韓愈旣自以爲蜀之日이어늘 而吾子又欲使吾爲越之雪하니 不
금한유기자이위촉지일   이오자우욕사오위월지설   불

以病乎아? 非獨見病이오 亦以病吾子로다. 然雪與日이 豈有過哉
이병호   비독견병   역이병오자   연설여일   기유과재

아? 顧吠者犬耳어니와 度今天下에 不吠者幾人고? 而誰敢衒怪
고   고폐자견이   탁금천하   불폐자기인   이수감현괴

於羣目하여 以召鬧取怒乎아?
어군목   이소뇨취노호

주해 ① 辱書(욕서)—욕되이도 편지를 보내주다.

② 蠻夷間(만이간)—옛날에는 장강(長江) 이남은 남쪽의 오랑캐가 잡거(雜居)한다고 하여 '남만(南蠻)'이라고 불리었는데, 여기서는 유종원이 유배당한 영주(永州)를 가리킨다.

③ 自卜(자복)—스스로 헤아림.

④ 人之患在好爲人師(인지환재호위인사)—《맹자(孟子)》 이루상(離婁上)편에 나오는 말.

⑤ 師說(사설)—한유가 지은 사도(師道)에 관한 글.

⑥ 抗顔(항안)—바른 얼굴을 함. 엄숙한 표정을 지음.

⑦ 指目(지목)—손가락질하고 흘겨봄. ㅇ牽引(견인)—사람들을 끌어모음. 또는 견제함.

⑧ 嘗(상)—《유하동전집(柳河東全集)》에는 '유(愈)'로 되어 있음.

⑨ 炊不暇熟(취불가숙)—밥을 지으려고 불을 때어 놓았으나 밥이 익을 겨를이 없음. 곧 황망한 상태를 일컬음.

⑩ 挈挈(설설)—바쁜 모양. 황급한 모양. '설설이동(挈挈而東)'은 원화(元和) 초년에 한유가 국자박사(國子博士)로 있다가 동도(東都 : 당나라 때의 낙양)의 관원외랑(官員外郎)으로 옮긴 일을 지칭함.

⑪ 屈子(굴자)—굴원(屈原).

⑫ 邑犬羣吠(읍견군폐), 吠所怪也(폐소괴야)—굴원의 작품 〈구장(九章)〉 회사(懷沙)편에 나오는 말.

⑬ 庸(용)—옛 나라 이름. 지금의 호북성(湖北省) 지방임.

⑭ 嶺(영)—오령(五嶺), 즉 대유령(大庾嶺)·기전령(騎田嶺)·도방령(都龐嶺)·맹저령(萌渚嶺)·월성령(越城嶺) 등으로, 서쪽으로는 귀주성(貴州省)부터 동으로는 복건성(福建省)까지 이름. ㅇ南越(남월)—옛 나라 이름으로 남월(南粵)이라고도 하여 한고조(漢高祖)가 조타(趙佗)를 남월왕으로 세운 이후 광동(廣東)·광서성(廣西省)의 양성(兩省)으로 이어짐.

⑮ 蒼黃(창황)—허둥지둥 당황함. 놀람. ㅇ噬(서)—씹다, 물다.

2

저는 폄적된 이후 뜻이 더욱 적어지고, 남쪽에서 거처한 9년 동안 각기병(脚氣病)이 심해져서 점점 복잡한 일은 좋아하지 않게 되었으니, 어찌 떠들썩하게 함으로써 밤낮으로 내 귀를 귀찮게 하고 내 마음을 어지럽게 할 수 있겠습니까? 그렇게 된다면 저는 정말 번잡함에 쓰러져 더더욱 잘 지내지 못할 것입니다. 평소에도 뜻하지 않게 구설수에 오르는 일이 적지 않은데, 더욱이 남의 스승이 되는 데에는 결함이 있는 사람입니다.

또 듣건대 옛날에 관례(冠禮)를 중시한 것은 그것으로써 성인(成人)의 도를 추궁하려고 했던 것이니, 이것은 성인(聖人)들이 특히 마음을 썼던 일이나 수백 년간 사람들은 다시 행하지 않았습니다.

그러다가 요즈음 손창윤(孫昌胤)이란 사람이 분연히 관례를 행하려고 했습니다. 그는 예를 치른 뒤 다음날 조정에 나가 외정(外廷)에 이르러 홀(笏)을 손으로 들어올리고서는 경사(卿士)들에게 "내 자식이 관례를 행하였소."라고 말하였으나 응대하던 사람들은 모두 멍청히 있기만 했습니다. 경조윤(京兆尹) 정숙칙(鄭叔則)이 성을 내면서 홀을 당기고 뒤로 물러나 서서 "그것이 우리하고 무슨 상관이 있단 말이오?"라고 하자 외정의 사람들은 모두 크게 웃기까지 하였습니다. 세상에서는 정숙칙을 비난하지 않고 손창윤을 이상하게 여겼는데 왜 그랬겠습니까? 그가 홀로 다른 사람들이 하지 않는 일을 했기 때문입니다. 지금 다른 사람의 스승이 되려 하는 것도 이와 비슷할 것입니다.

선생의 덕행은 두텁고 언사(言辭)는 깊어 지은 문장이 고인(古人)의 모습을 갖춘 듯 넓으니 설사 제가 스승이 된다 하여도 보탤 것이 어찌 있겠습니까? 가령 나이가 선생보다 많고 도(道)에 관하여 듣고 문장을 쓰기 시작한 날짜가 조금 이르다 하여, 정말로 선생이 왕래하며 서로의 지식을 이야기하고 싶다면 저는 기꺼이 심득(心得)한 전부를 펼쳐 보이겠으니 선생께서 스스로 선택하여 취할 것은 취하고 버릴 것은 버리는 일은 가능하겠습니다.

만약 시비를 정하여 선생을 가르치는 일은, 저의 재주도 부족하고 앞서 말한 것도 두려워 결코 감히 하지 못하겠습니다.

원문 僕自謫過以來로 益少志慮하고 ①居南中九年에 增脚氣病하
복자적과이래   익소지려   거남중구년   증각기병

여 漸不喜鬧하니 豈可使②呶呶者로 早暮③哮吾耳騷吾心이리오?
점불희뇨   기가사 노노자로 조모 효오이소오심

則固④僵仆煩憒하여 愈不可過矣라. 平居에 望外遭⑤齒舌不少하
즉고 강부번궤   유불가과의   평거   망외조 치설불소

니 獨欠爲人師耳라.
독흠위인사이

抑又聞之하니 古者重⑥冠禮는 將以責成人之道니 是聖人所尤
억우문지   고자중 관례   장이책성인지도   시성인소우

用心也나 數百年來에 人不復行이라.
용심야   수백년래   인불부행

近者에 孫昌胤者獨發憤行之하고 旣成禮에 明日造朝至⑦外廷
근자   손창윤자독발분행지   기성례   명일조조지 외정

하여 薦⑧笏言於卿士曰；某子冠畢이로라. 應之者咸⑨憮然이오
천 홀언어경사왈 모자관필이로라 응지자함 무연

⑩京兆尹鄭叔則이 ⑪怫然曳笏却立曰；何⑫預我邪아? 廷中皆大
경조윤정숙칙   불연예홀각립왈 하 예아야   정중개대

笑하니 天下不以非鄭尹而怪孫子는 何哉오? 獨爲所不爲也니라.
소   천하불이비정윤이괴손자   하재오   독위소불위야

今之命師者도 大類此니라.
금지명사자   대류차

吾子行厚而辭深하여 凡所作이 皆⑬恢然有古人形貌하니 雖僕
오자행후이사심   범소작 개 회연유고인형모   수복

敢爲師나 亦何所增加也리오? 假而以僕年先吾子하고 聞道著書
감위사 역하소증가야   가이이복년선오자   문도저서

之日不後라 하여 誠欲往來言所聞인댄 則僕固願悉陳⑭中所得者
지일불후   성욕왕래언소문   즉복고원실진 중소득자

하리니 吾子苟自擇之하여 取某事去某事則可矣라.
오자구자택지   취모사거모사즉가의

若定是非하여 以敎吾子인댄 僕才不足而又畏前所陳者니 其爲
약 정 시 비   이 교 오 자   복 재 부 족 이 우 외 전 소 진 자   기 위

不敢也決矣라.
불 감 야 결 의

주해 ① 居南中九年(거남중구년)—유종원은 영정(永貞) 원년(805)에 왕숙문
(王叔文) 당(黨) 사건에 연루되어 예부원외랑(禮部員外郎)에서 영주사마
(永州司馬)로 좌천되었다. 이 글이 원화 8년(813)에 지어졌으니 유종원이
좌천된 지 10년째가 되는 셈이다.

② 呶呶(노노)—떠들썩하여 시끄러운 모양.

③ 咈(불)—어김. 거슬림.

④ 僵仆(강부)—엎어져 넘어짐. ○煩憒(번궤)—심란하고 번잡함. 또는 그러한 일.

⑤ 齒舌(치설)—상찬(賞讚) 또는 비방. 여기서는 후자의 뜻.

⑥ 冠禮(관례)—남자 나이 20세에 관(冠)을 쓰고 성인이 되는 예식.

⑦ 外廷(외정)—임금이 청정(聽政)하는 곳.

⑧ 笏(홀)—조정의 관리들이 손에 드는 판(版)으로 조견시에 휴대하며, 유사
시에는 여기에다 글을 적어두기도 하였다 함. '천홀(薦笏)'은 조정의 관리
들이 접견시 홀을 손으로 올리고 예를 표하는 동작.

⑨ 憮然(무연)—멍청히 있는 모양.

⑩ 京兆尹(경조윤)—한대(漢代)부터 설치된 경사(京師 : 수도)를 총괄하는
관직.

⑪ 怫然(불연)—불끈하며 성을 내는 모양. ○却(각)—물러남.

⑫ 預(예)—미침. 상관함. 참여함.

⑬ 恢然(회연)—넓게 큰 모양. 여유가 많은 모양.

⑭ 中所得者(중소득자)—마음속으로 체득한 바. 심득(心得)한 바.

3

전에 선생이 보시고자 했던 내 글은 이미 모두 보여드렸지만 결코 그
대에게 자랑하기 위함이 아니라 단지 선생의 기색을 살펴 진실된 호오(好

惡)의 심정이 어떠한가를 알려고 한 것이었습니다. 오늘 보내신 글은 모두 너무 과분합니다. 선생은 분명 허황하게 칭찬하거나 거짓 아부하는 사람이 아니며 그저 제 글을 좋아하심이 심하기 때문에 그러셨을 것입니다.

과거 내가 젊었을 적에는 글을 지음에 문사(文辭)에 기교를 다하였으나, 조금 나이든 이후에야 문장이란 성인(聖人)의 도를 밝히는 것임을 알게 되었습니다. 진실로 문장은 구차히 겉만 아름답고 화려하게 짓거나 문채(文采)에 힘쓰고 성률(聲律)을 과식(誇飾)함으로써 능사(能事)를 삼아서는 안되는 것입니다. 대체로 제가 말한 바는 모두 제 스스로 도에 가깝다고 여기고 있으나, 과연 정말로 도에 가까운지 아니면 멀리 떨어진 것인지 알 수가 없습니다. 선생은 성인의 도를 좋아하여 제 글을 좋게 보셨으니 혹 도에서 멀리 떨어져 있지 않은지도 모르겠습니다.

그러므로, 저는 매번 문장을 지을 적마다 감히 가벼운 마음으로 짓지 않았으니 글이 경박하여 남게 되지 않는 것을 두려워한 때문이며, 감히 태만한 마음으로 쉽게 여기지 않았으니 글이 허술하여 엄숙하지 않음을 두려워한 때문이며, 감히 혼미한 정신으로 짓지 않았으니 글이 애매모호하여 번잡해지는 것을 두려워한 때문이며, 감히 오만한 자세로 짓지 않았으니 글이 교만하여 제멋대로인 것을 두려워한 때문입니다.

또 억누르는 것은 글을 보다 심오하게 하려 함이고, 발양(發揚)하는 것은 글을 명백하게 하려 함이며, 소통케 하는 것은 글을 통창(通暢)하게 하려 함이며, 살펴서 짓는 것은 글을 절제있게 하려 함이며, 자극하여 분발시키는 것은 글을 맑게 하려 함이며, 단단함을 보존하는 것은 글을 중후하게 만들려고 하는 것입니다. 이는 제가 성인의 도를 보좌하는 방법입니다.

그리고, 《서경(書經)》에 근본을 두어 질박함을 구하며, 《시경(詩經)》에 근본을 두어 장구함을 구하며, 《예기(禮記)》에 근본을 두어 적절함을 구하며, 《춘추(春秋)》에 근본을 두어 결단력을 구하며, 《역경(易經)》에 근본을 두어 움직임의 이치를 구하니, 이는 제가 도의 근원을 찾는 방법입니다.

또, 《곡량전(穀梁傳)》을 참고하여 글의 기세를 단련시키며,《맹자(孟
子)》《순자(荀子)》를 참고하여 글의 출로(出路)를 트이게 하며,《장자
(莊子)》《노자(老子)》를 참고하여 글의 단서를 개척하며,《국어(國語)》
를 참고하여 글의 정취를 넓히며, 〈이소(離騷)〉를 참고하여 글의 유심
(幽深)함을 다하고, 《사기(史記)》를 참고하여 글의 간결함을 밝힙니다.
이는 제가 여러 가지를 널리 참작하고 두루 통찰함으로써 글을 짓게 되
는 방법입니다.

이와 같은 방법들이 과연 옳은 것입니까, 틀린 것입니까? 아니면 취할
것이 있습니까, 취할 것이 없습니까? 선생께서 보신 뒤 선택하여 틈이
있으면 제게 알려주시기 바랍니다. 만약 선생께서 자주 와서 성인의 도
를 넓히고자 한다면 선생은 소득이 없다 하더라도 나는 얻는 바가 있을
것이니 어찌 스승 운운할 필요가 있겠습니까? 알맹이는 취하고 껍데기는
버리되 남월(南越)과 촉 땅의 개들의 괴상한 짖음이나 외정(外廷)의 비
웃음을 초래하지 않는다면 그저 다행이겠습니다.

(원문) 吾子前所欲見吾文을 旣悉以陳之하니 非以耀明于子요 聊
欲以觀子氣色하여 誠好惡何如也라. 今書來에 言者皆太過하니
吾子誠非①佞譽誣諛之徒요 直見愛甚故然耳라.

始吾幼且少하여 爲文章에 以辭爲工이러니 及長乃知文子는 以
②明道라. 固不苟爲③炳炳爛烺하여 務④采色夸聲音하여 而以爲
能也라. 凡吾所陳은 皆自謂近道나 而不知道之果近乎遠乎라.
吾子好道而可吾文하니 或者其於道에 不遠矣라.

故로 吾每爲文章에 未嘗敢以⑤輕心掉之하니 懼其⑥剽而不留
고 오매위문장   미상감이 경심도지   구기 표이불류

也요 未嘗敢以怠心⑦易之하니 懼其⑧弛而不嚴也요 未嘗敢以昏
야 미상감이태심 이지   구기 이이불엄야   미상감이혼

氣出之하니 懼其昧沒而雜也요 未嘗敢以矜氣作之하니 懼其⑨偃
기출지   구기매몰이잡야   미상감이긍기작지   구기 언

蹇而驕也라.
건 이교야

抑⑩之는 欲其奧요 揚之는 欲其明이오 疏之는 欲其通이오 ⑪廉
억 지   욕기오   양지   욕기명   소지   욕기통   염

之는 欲其節이오 激而發之는 欲其淸이오 固而存之는 欲其重이
지   욕기절   격이발지   욕기청   고이존지   욕기중

라. 此吾所以⑫羽翼夫道也라.
   차오소이 우익부도야

本之書以求其質하고 本之詩以求其⑬恒하고 本之禮以求其⑭宜
본지서이구기질   본지시이구기 항   본지례이구기 의

하고 本之春秋以求其⑮斷하고 本之易以求其⑯動하니 此吾所以
    본지춘추이구기 단   본지역이구기 동   차오소이

取道之原也라.
취도지원야

參之穀梁氏하여 以属其氣하고 參之孟荀하여 以⑰暢其支하고
참지곡량씨   이려기기   참지맹순   이 창기지

參之莊老하여 以肆其端하고 參之國語하여 以博其趣하고 參之離
참지장노   이사기단   참지국어   이박기취   참지이

騷하여 以致其幽하고 參之太史公하여 以著其潔하니 此吾所以
소   이치기유   참지태사공   이저기결   차오소이

⑱旁推交通而以爲文也라.
방추교통이이위문야

凡若此者는 果是邪아 非邪아? 有取乎아 抑其無取乎아? 吾子
범약차자   과시야 비야   유취호   억기무취호   오자

幸觀焉擇焉하여 有餘以告焉하라. 苟⑲亟來以廣是道인댄 子不有
행관언택언   유여이고언   구 극래이광시도   자불유

得焉이면 則我得矣리니 又何以師云爾哉리오? 取其實而去其名하
득언   즉아득의   우하이사운이재   취기실이거기명

여 **無招越蜀吠怪**요 **而爲外廷所笑**면 **則幸矣**라.
　　무 초 월 촉 폐 괴　　　이 위 외 정 소 소　　　즉 행 의

(주해) ① 佞譽(영예)－아첨하고 칭찬함. ㅇ諛諛(무유)－간사하게 아첨함.

② 明道(명도)－도를 밝힘. 이는 한유와 유종원이 함께 제창했던 당대(唐代) 고문운동(古文運動)의 '문이재도(文以載道)' 사상과 통한다.

③ 炳炳燺烺(병병당랑)－불이 활활 타는 것처럼 밝은 모양. 여기서는 문장의 화려함을 일컬음.

④ 采色(채색)－문장의 수식. ㅇ聲音(성음)－문장의 음성의 조화를 통한 수식. 성률(聲律).

⑤ 輕心(경심)－마음을 가볍게 함. 경솔한 마음가짐. ㅇ掉(도)－흔듦. 떨침. 여기서는 글을 짓기 위해 붓을 휘두르는 행위를 말함.

⑥ 剽(표)－가벼움. 여기서는 글의 경박함을 일컬음.

⑦ 易(이)－쉽게 여김. 글을 쉽게 지음.

⑧ 弛(이)－글의 체제가 느슨함.

⑨ 偃蹇(언건)－교만한 모양.

⑩ 之(지)・其(기)－여기서는 '문장'을 지칭하는 대명사.

⑪ 廉(염)－잘 살피는 것.

⑫ 羽翼(우익)－좌우에서 보좌함.

⑬ 恒(항)－《시경(詩經)》의 작품들처럼 오래도록 전송(傳誦)되는 장구성(長久性).

⑭ 宜(의)－합당한 것, 옳은 것.

⑮ 斷(단)－춘추필법(春秋筆法)과 같은 과감한 결단력과 포폄성(褒貶性).

⑯ 動(동)－움직임. 변화.

⑰ 暢其支(창기지)－문장의 가지. 곧 문장의 줄거리가 사방으로 통하게 하는 것.

⑱ 旁推交通(방추교통)－널리 참작하고 두루 통찰함.

⑲ 亟(극)－급히, 자주.

(해설) 제명이 《유하동전집(柳河東全集)》에는 〈답위중립론사도서(答韋中立

論師道書)〉라 되어 있다. 위중립(韋中立)은 담주자사(譚州刺史)였던 위표(韋彪)의 손자라는 정도밖에 알려지지 않고 있다. 위중립이 유종원에게 '스승이 되어 달라'는 편지를 보냈는데, 여기에 답하면서 스승이 되기 어려움과 학문을 하고, 글을 짓는 방법에 대해서 논한 글이다.

좌천되어 있는 상황에서도 굽히지 않는 지식인의 지조와 겸손함이 함께 깃들어 있으며, 후반부에서는 당시에 제창되었던 '고문운동'의 정신이 문장 창작방법을 통해 서술되었다.

포사자설(捕蛇者說)

유종원(柳宗元)

영주(永州)의 들녘에서는 기이한 뱀이 나는데 검은색 바탕에 흰색 무늬가 있다. 그 뱀이 초목에 닿기만 하면 모조리 죽었고 사람이 물리면 치료할 방법이 없었다. 하지만 그 뱀을 잡아 건육(乾肉)으로 만든 뒤 약용으로 먹으면 심한 중풍(中風)이나 팔다리가 굽는 병과 악성종양 등을 치료할 수 있고 썩은 피부나 삼시충(三尸蟲)도 없앨 수 있다고 한다.

애당초 어의(御醫)가 왕명에 의해 그 뱀들을 모아들였는데 1년에 두 마리를 진상토록 하였다. 그 뱀을 잘 잡는 사람을 모집하되 잡은 뱀으로 조세수입에 충당토록 하니 영주 사람들은 다투어 나서게 되었다.

장씨(蔣氏)라는 이가 있었는데 3대에 걸쳐 그 일에 종사하여 왔다. 그에게 물은즉 대답하기를

"제 조부도 그 뱀 때문에 죽었고, 부친도 그러하였으며, 제가 이 일을 이어맡은 지 12년이 되었지만 몇번이나 죽을 뻔했지요."

라고 말하는 모습이 꽤 슬퍼 보였다. 나는 측은한 생각이 들어

"그대는 그 일을 싫어하는가? 그렇다면 내가 담당관에게 이야기하여 그대의 일을 바꾸고 세금을 회복시켜 주면 어떻겠는가?"

라고 말했더니 장씨는 몹시 슬퍼하면서 눈물을 흘리며 다음과 같이 말을 이었다.

"선생께서는 저를 불쌍히 여기시어 계속 살 수 있도록 하실 작정입니

까? 제가 이 일에 종사함으로써 생기는 불행은 저의 세금이 다시 회복됨
으로써 생기는 불행처럼 심하지 않을 것입니다. 이전부터 제가 이 일에
종사하지 않았다면 저는 이미 오래 전에 살기 어려웠을 것입니다.

저희 가문이 3대에 걸쳐 이곳에서 산 지 지금껏 60년이 되었지만 이웃
사람들의 생활은 날로 궁핍해졌으며 땅의 소출과 수입마저 전부 고갈되
어 도와 달라고 외치면서 이리저리 떠돌다가 목마름과 굶주림에 쓰러지
기도 하였고, 비바람과 한서(寒暑)를 겪으면서 전염병에 걸려 죽은 사람
이 때때로 서로 깔고 깔릴만큼 많기도 하였습니다.

예전에 저의 조부와 함께 살았던 집안들 가운데 지금은 열에 하나도
남아 있지 않고 저의 부친과 함께 살았던 집안들 가운데 지금은 열에 두
셋도 남지 않았습니다. 저와 함께 12년 동안 이곳에서 살던 집안들 가운
데 지금은 열에 네다섯도 남지 않았습니다. 그들은 죽거나 아니면 떠나
버렸기 때문인데 오로지 저만은 뱀을 잡으면서 살고 있습니다.

또 혹독한 관리가 마을에 와서 사방으로 소란을 피우며 헤집고 다닐
때에는 모두들 잔뜩 놀라 시끌거리고 닭이나 개도 편안하지 못하지요.
하지만 저는 매일같이 천천히 일어나 항아리를 보고 아직도 뱀이 남아
있으면 안심하고 다시 눕지요. 조심하면서 뱀에게 먹이를 주어 때가 되
면 진상하고 돌아와서는 제 땅에서 나는 소출로 편안히 먹고 살면서 제
생애를 마칠 것입니다. 대체로 1년 중 죽음을 무릅쓰는 때는 두 번이고
그 나머지는 희희낙락할 수 있으니 어찌 이웃사람들처럼 매일같이 고통
스러움이 있는 것과 같을 수 있겠습니까? 지금 비록 이 일을 하다가 죽
더라도 이웃사람들에 비하면 늦게 죽는 셈이니 어찌 제가 이 일을 원망
하겠습니까?"

이야기를 듣고 나니 나는 더욱 슬퍼졌다. 공자는 "가혹한 정치가 호랑
이보다 더 무섭다."라고 하셨다. 나는 일찍이 이 말을 의심했었는데 지금
장씨의 경우로 보아 믿게 되었다. 아! 세금을 거둬들이는 혹독함이 그
뱀보다 더욱 심할 줄이야 누가 알겠는가? 그런 까닭에 이 글을 지어 민

풍(民風)을 관찰하는 사람들로 하여금 도움이 되도록 하려는 것이다.

원문 ①永州之野에 産異蛇하니 黑質白②章이라. 觸草木이면 盡死
영주지야   산 이 사   흑 질 백 장   촉 초 목   진 사

요 以③嚙人이면 無禦之者라. 然得而④腊之하여 以爲餌면 可以已
이 교 인   무 어 지 자   연 득 이 석 지   이 위 이   가 이 이

⑤大風攣踠瘻癘하고 去⑥死肌殺三蟲이라.
대 풍 련 원 루 려   거 사 기 살 삼 충

其始⑦太醫以王命聚之러니 歲賦其二라. 募有能捕之者하여 當
기 시 태 의 이 왕 명 취 지   세 부 기 이   모 유 능 포 지 자   당

其租入하니 永之人이 爭犇走焉이라.
기 조 입   영 지 인   쟁 분 주 언

有蔣氏者專其利三世矣라. 問之則曰；吾祖死於是하고 吾父
유 장 씨 자 전 기 리 삼 세 의   문 지 즉 왈   오 조 사 어 시   오 부

死於是하고 今吾嗣爲之十二年에 幾死者數矣로다. 言之에 貌若
사 어 시   금 오 사 위 지 십 이 년   기 사 자 삭 의   언 지   모 약

甚慼者라. 余悲之且曰；⑧若毒之乎아? 余將告于⑨莅事者하여
심 척 자   여 비 지 차 왈   약 독 지 호   여 장 고 우 이 사 자

更若役하고 復若⑩賦면 則何如오?
경 약 역   복 약 부   즉 하 여

蔣氏大慼하여 ⑪汪然出涕曰；君將哀而生之乎인댄 則吾斯役
장 씨 대 척   왕 연 출 체 왈   군 장 애 이 생 지 호   즉 오 사 역

之不幸이 未若復吾賦不幸之甚也라. 嚮吾不爲斯役이런들 則久
지 불 행   미 약 복 오 부 불 행 지 심 야   향 오 불 위 사 역   즉 구

已⑫疾矣랐다.
이 질 의

自吾氏三世居是鄕하여 積於今六十歲矣라. 而鄕隣之生이 日
자 오 씨 삼 세 거 시 향   적 어 금 육 십 세 의   이 향 린 지 생   일

⑬蹙하여 ⑭殫其地之出하고 竭其廬之入하여 號呼而轉徙하고 飢
축   탄 기 지 지 출   갈 기 려 지 입   호 호 이 전 사   기

渴而⑮頓踣하여 觸風雨犯寒暑하고 ⑯呼噓毒癘하여 往往而死者
갈 이 돈 부   촉 풍 우 범 한 서   호 허 독 려   왕 왕 이 사 자

⑰相藉也라.
상 자 야

曩與吾祖居者가 今其室十無一焉이오 與吾父居者가 今其室
낭 여 오 조 거 자   금 기 실 십 무 일 언   여 오 부 거 자   금 기 실

十無二三焉이오 與吾居十二年者가 今其室十無四五焉이니 非死
십 무 이 삼 언   여 오 거 십 이 년 자   금 기 실 십 무 사 오 언   비 사

則徙耳라. 而吾以捕蛇獨存이라.
즉 사 이   이 오 이 포 사 독 존

悍吏之來吾隣에 ⑱叫囂乎東西하며 ⑲隳突乎南北하고 ⑳譁然而
한 리 지 래 오 린   규 효 호 동 서   휴 돌 호 남 북   화 연 이

駭者가 雖鷄狗不得寧焉이라. 吾⑳恂恂而起하여 視其缶而吾蛇尚
해 자   수 계 구 부 득 녕 언   오 순 순 이 기   시 기 부 이 오 사 상

存이면 則⑳弛然而臥하고 謹食之하여 時而獻焉이오 退而甘食其
존 이면   즉 이 연 이 와   근 사 지   시 이 헌 언   퇴 이 감 식 기

土之有하여 以盡吾⑳齒하니 蓋一歲之犯死者二焉이오 其餘則
토 지 유   이 진 오 치   개 일 세 지 범 사 자 이 언   기 여 즉

⑳熙熙而樂하니 豈吾鄉隣之旦旦有是哉리오? 今雖死于此라도 比
희 희 이 락   기 오 향 린 지 단 단 유 시 재   금 수 사 우 차   비

吾鄉隣之死면 則已後矣니 又安敢毒耶아?
오 향 린 지 사   즉 이 후 의   우 안 감 독 야

余聞而愈悲하노라. 孔子曰 ; ⑳苛政猛於虎也라. 吾嘗疑乎是러
여 문 이 유 비   공 자 왈   가 정 맹 어 호 야   오 상 의 호 시

니 今以蔣氏觀之하니 尤信이로다. 嗚呼라! 孰知賦斂之毒이 有甚
금 이 장 씨 관 지   우 신   오 호   숙 지 부 렴 지 독   유 심

是蛇者乎아? 故爲之説하여 以俟夫⑳觀人風者得焉하노라.
시 사 자 호   고 위 지 설   이 사 부 관 인 풍 자 득 언

주해 ① 永州(영주)－주(州) 이름. 지금의 호남성(湖南省) 영릉현(零陵縣)에
해당.

② 章(장)－무늬.

③ 嚙(교)－물다. '설(齧)'로 된 판본도 있다.

④ 腊(석)－건육(乾肉). 말린 고기. ○餌(이)－몸을 튼튼하게 할 목적으로 먹
는 것.

⑤ 大風(대풍)－대마풍(大痲瘋). 심한 통증. ○攣踠(연원)－팔다리가 굽어져

퍼지지 않는 병. ㅇ瘻癧(누려)─목에 난 종기와 문둥병.

⑥ 死肌(사기)─혈액순환이 안되어 죽은 피부. 썩은 살갗. ㅇ三蟲(삼충)─삼
시충(三尸蟲).《포박자(抱朴子)》미지(微旨)편을 보면 '몸에는 삼시(三尸)
가 있다. 삼시의 물건됨은 비록 형체는 없으나 실은 혼령이나 귀신의 종
류여서 사람을 일찍 죽이려 할 때에는 이 삼시가 귀신이 되어 제멋대로
돌아다닌다'라고 하였다. 도가(道家)에서는 신체 중 뇌(腦)와 위장(胃
腸)·경혈(經穴)에 각각 삼시가 있다고 하여 극히 경계한다.

⑦ 太醫(태의)─어의(御醫).

⑧ 若(약)─너. '여(汝)'와 통함. ㅇ毒(독)─증오함. 원망함.

⑨ 莅事者(이사자)─일을 맡은 사람. 담당관리.

⑩ 賦(부)─세금. 전세(田稅).

⑪ 汪然(왕연)─눈물을 뚝뚝 흘리는 모양.

⑫ 疾(질)─곤고해짐. 가난으로 살기 어렵게 됨. '병(病)'으로 된 판본도 있다.

⑬ 蹙(축)─찌그러짐. 궁핍해짐.

⑭ 殫(탄)─다함. 없어짐.

⑮ 頓踣(돈부)─쓰러짐. 처경(處境)이 몹시 곤궁해짐을 비유한다.

⑯ 呼噓(호허)─숨을 들이마시고 내쉼. 호흡. ㅇ毒癘(독려)─역병(疫病). 전
염병.

⑰ 相藉(상자)─서로가 서로를 베고 자듯 겹쳐짐. 죽은 사람이 많음을 가리킴.

⑱ 叫囂(규효)─큰 소리로 떠듦.

⑲ 隳突(휴돌)─들이받아 무너뜨림. 소란피움.

⑳ 譁然(화연)─왁자하게 떠드는 모양.

㉑ 恂恂(순순)─진실성 있는 모양. 또는 느릿느릿한 모양.

㉒ 弛然(이연)─늦추는 모양. 또는 편안한 모양, 안심하는 모양.

㉓ 齒(치)─나이. 수명. 천년(天年).

㉔ 熙熙(희희)─화목한 모양. 즐거운 모양.

㉕ 苛政猛於虎(가정맹어호)─《예기(禮記)》단궁하(檀弓下)에서 인용한 구절
이다. '공자(孔子)가 태산(泰山) 기슭을 지나가는데 한 부인이 묘 앞에서
몹시 슬프게 울고 있었다. 공자가 허리를 굽혀 인사하고, 이야기를 들어

보기 위해 자로(子路)를 통하여 물었다. "그대의 울음소리를 듣고 보니 슬픈 일이 겹친 것 같습니다." 그러자 부인이 말했다. "그렇습니다. 전에 제 시아버지가 호랑이 때문에 돌아가셨고 제 남편도 호랑이에게 죽음을 당했는데 이제는 제 자식마저 호랑이에 물려 죽었습니다." 공자가 말했다. "다른 곳으로 떠나면 되지 않습니까?" 부인이 말했다. "이곳에는 가혹한 정치가 없기 때문입니다." 이에 공자가 말하였다. "애들아, 잘 알아두어라. 가혹한 정치가 호랑이보다 더 무섭다는 것을." '
㉖ 觀人風者(관인풍자)－민간 풍속이나 정세를 관찰하는 사람.

해설 뱀을 잡아 살아가는 한 인물을 통해 그릇된 정치가 백성들에게 끼치는 피해를 고발한 글이다. 유종원이 영주에 유배당했을 적에 지은 글이다. 적절한 비유를 사용한 문학적 특색으로 한유와 함께 그가 주장했던 고문운동의 문학정신을 잘 나타내 보여주고 있다.

종수곽탁타전(種樹郭橐駝傳)

유종원(柳宗元)

　　곽탁타(郭橐駝)는 원래의 이름이 무엇인지 알 수 없다. 곱사병을 앓아, 등이 우뚝 솟아 구부리고 다니기에 낙타와 비슷한 점이 있었다. 그래서 마을 사람들은 그를 타(駝)라고 불렀다. 타는 그것을 듣고 "참 좋은데. 이름이 나한테 꼭 맞아."라고 말했다. 그리하여 원래의 이름을 버리고, 또한 자신도 탁타라고 했다 한다. 그 마을은 풍악향(豊樂鄕)이라 하는데 장안(長安) 서쪽에 있다.

　　타는 나무 심는 것을 업(業)으로 삼고 있다. 모든 장안의 세도가와 부자들 및 정원을 관상하며 노는 사람들과 과실을 파는 사람들이 모두 다투어 그를 맞이하여 나무를 키우게 하려 했다. 타가 심은 나무를 보면 간혹 옮겨 심어도 살지 않는 것이 없었고, 무성히 잘 자라서 빨리 열매가 많이 열렸다. 나무 심는 다른 자들이 비록 몰래 엿보고 모방하여도 같게 할 수는 없었다.

　　어떤 사람이 그 까닭을 물었더니 대답하였다.

　　"나 탁타가 나무를 오래 살게 하고 잘 자라게 할 수 있는 것이 아닙니다. 나무의 천성을 잘 따르고 그 본성을 다하게 하기 때문이죠. 모든 나무의 본성은, 그 뿌리는 뻗어나가기를 바라고, 그 북돋움은 고르기를 바라며, 그 흙은 본래의 것이기를 바라고, 그 다짐에는 빈틈이 없기를 바랍니다. 이미 그렇게 하고 나면 건드려서도 안되며, 걱정해서도 안되고, 떠나가서 다시 돌아보지 않아야 합니다.

처음에 심을 때는 자식을 돌보듯 하지만 심고 나서는 내버린 듯이 합니다. 그래서 그 천성이 온전해지고, 그 본성이 얻어지게 됩니다. 그러므로 나는 나무의 자람을 방해하지 않을 따름이지 나무를 크고 무성하게 할 수 있는 것이 아닙니다. 나무의 열매 맺음을 억제하고 감소시키지 않을 따름이지, 열매를 일찍 많이 열리게 할 수 있는 것이 아닙니다.

다른 나무 심는 자들은 그렇게 하지 않습니다. 뿌리는 구부러지고 흙은 다른 것으로 바뀌며, 그것을 북돋움에는 지나치지 않으면 모자랍니다. 또한 이와 반대로 할 수 있는 자도 있으나, 그것을 사랑함에 지나치게 은혜롭고, 그것을 걱정함에 지나치게 부지런합니다. 아침에 보고 저녁에 어루만지며 이미 떠난 후에 다시 와서 돌보지요.

심한 자는 그 껍질을 긁어서 그것이 살았는지 죽었는지를 시험해 보고, 그 근간(根幹)을 흔들어서 심어진 상태가 성긴지 빽빽한지를 봅니다. 그래서 나무의 본성에서 날로 멀어지는 거지요. 비록 그것을 사랑한다고 하지만 사실은 그것을 해치는 겁니다. 비록 그것을 걱정한다 하지만 사실은 나무와 원수가 되는 거지요. 그러므로 나와 같을 수가 없는 것입니다. 내가 그밖에 또 무엇을 할 수 있겠습니까?"

묻는 자가 말하기를

"그대의 도(道)를 관청의 일을 다루는 것에 옮겨보면 괜찮겠소?"

하니 타가 말하였다.

"나는 나무 심는 것만을 알 뿐이지, 다스리는 것은 나의 본업이 아니지요. 그런데 내가 살고 있는 고을의 관청어른 되는 분을 보니 명령을 번거롭게 하기를 좋아하더군요. 백성을 매우 사랑하는 듯하지만 마침내는 그들에게 화를 입힙니다. 아침저녁으로 관리가 와서 소리칩니다. '관에서 명령하셨다. 너희들의 경작을 재촉하고, 너희들의 종식(種植)을 힘쓰게 하고, 너희들의 수확을 감독하라고. 빨리 누에고치에서 실을 뽑고, 빨리 실로 옷감을 짜라. 너희들의 자식을 잘 키우고, 너희들의 돼지와 닭을 잘 길러라!' 북을 울려 백성들을 모으고 딱딱이를 두드려 그들을 소집합니다.

우리 소인배들은 아침저녁으로 음식을 갖추어 가지고 관리들을 위로하기에도 겨를이 없습니다. 또 어떻게 우리들의 삶을 번성케 하고, 우리들의 본성을 편하게 하겠습니까? 그래서 병들고 게을러집니다. 이와 같으니 나의 직업과 또한 비슷한 점이 있지 않을까요?"

묻는 자가 기뻐하며 말하였다.

"매우 훌륭하지 않은가요? 나는 나무 키우는 것을 물었다가 사람 돌보는 방법까지 터득하였습니다. 그 일을 전하여서 관의 경계로 삼도록 하겠습니다."

원문 郭①橐駝는 不知始何名이라. 病②僂하여 隆然伏行하여 有類
곽 탁 타　　부 지 시 하 명　　병 루　　융 연 복 행　　유 류

橐駝者라. 故로 鄕人號之曰駝라. 駝聞之曰;甚善타. 名我固
탁 타 자　　고　　향 인 호 지 왈 타　　타 문 지 왈　심 선 타　　명 아 고

當이로다. 因捨其名하고 亦自謂橐駝云이라. 其鄕曰豊樂이니 鄕
당　　인 사 기 명　　　역 자 위 탁 타 운　　　기 향 왈 풍 악　　　향

在長安西라.
재 장 안 서

駝業種樹라. 凡長安③豪家富人과 爲觀遊及賣果者가 皆爭迎
타 업 종 수　　범 장 안 호 가 부 인　　위 관 유 급 매 과 자　　개 쟁 영

取養이라. 視駝所種樹면 或移徙라도 無不活이오 且④碩茂하고 蚤
취 양　　시 타 소 종 수　　혹 이 사　　무 부 활　　차 석 무　　조

實以蕃이라 他植者가 雖⑤窺伺傚慕나 莫能如也러라.
실 이 번　　타 식 자　　수 규 사 효 모　　막 능 여 야

有問之하니 對曰;橐駝非能使木壽且⑥孶也요 以能順木之天
유 문 지　　대 왈　탁 타 비 능 사 목 수 차 자 야　　이 능 순 목 지 천

하여 以致其性焉爾라. 凡植木之性이 其本欲舒하고 其⑦培欲平
이 치 기 성 언 이　　범 식 목 지 성　　기 본 욕 서　　기 배 욕 평

하고 其土欲故하고 其築欲密이라. 旣然已어든 勿動勿慮하고 去不
기 토 욕 고　　기 축 욕 밀　　기 연 이　　물 동 물 려　　거 불

復顧라.
부 고

其⑧蒔也若子하고　其置也若棄면　則其天者全而其性得矣라.
기　시야약자　　기치야약기　　즉기천자전이기성득의

故로　吾不害其長而已요　非有能碩而茂之也라. 不⑨抑耗其實而
고　　오불해기장이이　　비유능석이무지야　　불　억모기실이

已이오　非有能蚤而蕃之也라.
이　　비유능조이번지야

他植者則不然하니　⑩根拳而土易하고　其培之也若不過焉이면
타식자즉불연　　　근권이토역　　　기배지야약불과언

則不及焉이오　苟有能反是者인댄　則又愛之太恩하고　憂之太勤하
즉불급언　　구유능반시자　　　즉우애지태은　　　우지태근

여　旦視而暮撫하며　已去而復顧라.
　　단시이모무　　　이거이부고

甚者는　⑪爪其膚하여　以驗其生枯하며　搖其本하여　以觀其疎密
심자　　조기부　　　이험기생고　　　요기본　　　이관기소밀

하니　而木之性이　日以離矣라. 雖曰愛之나　其實害之요　雖曰憂之
하니　이목지성　　일이리의　　수왈애지　　기실해지　　수왈우지

나　其實讐之라. 故로　不我若也라. 吾又何能爲矣哉리오?
　　기실수지　　고　　불아약야　　오우하능위의재

問者曰; 以子之道로　移之⑫官理可乎아?
문자왈　　이자지도　　이지　관리가호

駝曰; 我知種樹而已요　理非吾業也라. 然吾居鄉하여　見長人
타왈　　아지종수이이　　이비오업야　　연오거향　　　견장인

者好煩其令하여　若甚憐焉이로되　而卒以禍라. 旦暮吏來而呼
자호번기령　　　약심련언　　　이졸이화　　단모리래이호

曰; 官命促⑬爾耕하며　勖爾植하며　督爾穫하며　蚤⑭繰而緒하며
왈　관명촉이경　　　욱이식　　　독이확　　　조　소이서

蚤織而縷하며　⑮字而幼孩하며　遂而鷄豚이라 하여　鳴鼓而聚之하고
조직이루　　　자이유해　　　수이계돈　　　　명고이취지

擊木而召之라.
격목이소지

吾小人은　具⑯饔飧以勞吏者라도　且不得暇어늘　又何以蕃吾生
오소인　　구옹손이로리자　　　차부득가　　　우하이번오생

而安吾性邪아? 故로　病且怠하니　若是則與吾業者로　其亦有類
이안오성야　　고　　병차태　　　약시즉여오업자　　기역유류

乎아?
호

問者喜曰 : 不亦善夫아? 吾問養樹라가 得⑰養人術이로다. 傳其
문 자 희 왈   불 역 선 부   오 문 양 수   득   양 인 술   전 기

事하여 以爲官戒也하노라.
사   이 위 관 계 야

주해 ① 槖駝(탁타)-탁은 주머니의 일종인 전대. 타는 낙타. 낙타의 등에는
   자루처럼 불룩 솟은 혹이 있어 탁타라 말하기도 한다.
② 僂(누)-등이 굽은 것. 또는 곱사등이. ㅇ隆然(융연)-높이 솟은 모양.
   ㅇ伏行(복행)-등을 구부리고 다님.
③ 豪家(호가)-호족(豪族). 그 지방의 돈 많고 권세 높은 집안. ㅇ觀遊(관
   유)-관상하며 노는 사람.
④ 碩茂(석무)-대단히 무성함. 석은 대(大)의 뜻. ㅇ蚤實以蕃(조실이번)-일
   찍 열매를 맺고 무성하다.
⑤ 窺伺(규사)-몰래 엿봄. 규도 사도 모두 엿본다는 뜻. ㅇ傚慕(효모)-배워
   본받음. 여기서는 모방하고 본뜨는 것을 뜻한다.
⑥ 孳(자)-자람. 번식함.
⑦ 培(배)-북돋움. 나무의 뿌리를 흙으로 덮어주는 것. ㅇ故(고)-나무가 맨
   처음 뿌리내렸던 흙. ㅇ築(축)-나무의 뿌리가 묻힌 데를 잘 다지는 것.
⑧ 蒔(시)-심음. 이식함.
⑨ 抑耗(억모)-억제하고 감소시키다.
⑩ 根拳(근권)-나무 뿌리를 주먹을 쥔 것처럼 구부림.
⑪ 爪其膚(조기부)-손톱으로 나무껍질을 긁거나 할퀴는 것.
⑫ 官理(관리)-관치(官治)의 뜻. 관에서 백성을 다스리는 것을 가리킨다.
⑬ 爾(이)-여(汝)와 같은 뜻으로 너. ㅇ勖(욱)-힘써 일하도록 권장함. ㅇ督
   (독)-감독하다.
⑭ 繰而緒(소이서)-소는 소(繰)와 같은 자, 누에고치에서 실을 뽑는 것. 이
   는 여(汝)와 같은 뜻으로, 너. 이하 이계돈(而鷄豚)까지의 네 개의 이(而)
   가 모두 '너'의 뜻으로 쓰였다.

⑮ 字(자)－양육하다는 뜻. ○遂(수)－가축을 기름.

⑯ 饔飧(옹손)－아침밥과 저녁밥.

⑰ 養人術(양인술)－백성을 다스리는 방법.

(해설) 유종원은 자가 자후(子厚)로 한유와 더불어 당대(唐代) 고문운동을 주도하였던 문장가이며 당송팔대가(唐宋八大家)의 한 사람이다. 또 그는 정치에 있어서도 남다른 업적을 올리어, 만년에 유주자사(柳州刺史)로 있을 때는 선정으로 평판이 높았다. 고로 그를 유류주(柳柳州)라고도 부른다.

이 글은 나무를 잘 심는 곽탁타(郭橐駝)의 전기라고 하나 곽탁타가 어떤 사람인지 전혀 알려져 있지 않다. 탁타는 곱추를 가리키는 말로서 등의 혹이 낙타의 등주머니 같다고 하여 붙여진 것이다. 세상에서 버림받는 불구자를 가공인물로 내세워, 이러한 불구자라도 자연의 순리에 잘 따르면 크게 성공할 수 있다는 것을 보여주는 글이다. 그는 나무 심는 것을 정치 원리에 비유하여 관리들에게 큰 교훈을 주고 있다. 매우 해학적이면서도 교훈을 남기는 글이다.

우계시서(愚溪詩序)

유종원(柳宗元)

관수(灌水) 북쪽에 시냇물이 있는데, 동쪽으로 소수(瀟水)로 흘러들어 가고 있다. 어떤 이가 말하기를, 염씨(冉氏)들이 여기에 산 일이 있었기 때문에 이 시냇물에 그 성을 붙여 염계(冉溪)라 부르게 되었다 하기도 하고, 어떤 이는 말하기를 이 시냇물로 물들일 수가 있어서 그 효능으로 이름을 붙여 염계라 부르게 된 것이라 말하기도 한다.

나는 어리석어 죄를 짓고 소수 가로 귀양을 왔는데, 이 시냇물을 사랑 하게 되어 2, 3리(里) 들어간 곳에 더욱 절경을 발견하고는 집을 짓고 살 게 된 것이다. 옛날에 우공곡(愚公谷)이 있었지만, 지금 내가 이 시냇물 가에 집을 짓고 살면서도 그 이름이 정해지지 않고, 이 고장에 사는 사람 들은 여러 가지 말이 많아 어떻든 이름을 바꾸지 않을 수가 없게 되기도 하여, 이름을 우계(愚溪)로 바꾸게 된 것이다.

우계 가의 작은 언덕을 사서 우구(愚丘)라 이름 붙이고, 우구로부터 동북쪽으로 60보(步) 정도 가서 샘물을 발견하여 또 그것을 사서 차지하 고 우천(愚泉)이라 부르게 되었다. 우천은 모두 여섯 구멍인데 모두 산 밑의 평지로 흘러가고 있다.

위에서 흘러나오면서 흐름이 합쳐져 구불구불 남쪽으로 흐르면서 우구 (愚溝)를 이루고, 뒤에 흙을 날라오고 돌을 갖다 쌓아 그 좁은 곳을 막게 되니 우지(愚池)가 이루어져 있으며, 우지의 동쪽에 우당(愚堂)이 있고,

그 남쪽에 우정(愚亭)이 있으며, 못 한가운데에 우도(愚島)가 이루어져 있다. 아름다운 나무와 기이한 돌들이 엇섞여 놓여 있어 모두가 산수로서도 특이한 것들이나, 나 때문에 모두가 어리석다는 '우(愚)'자 이름으로 욕을 보고 있는 것이다.

'물이란 지혜 있는 사람이 즐긴다'는 것이거늘, 지금 이 냇물만은 유독 '어리석다'는 이름으로 욕을 보고 있는 것은 어째서인가? 그 흐름은 매우 낮아서 논밭에 물을 댈 수가 없고, 또 심한 급류인 데다가 큰 돌들이 많아서 큰 배는 들어갈 수가 없고, 그윽하고 깊으면서도 얕고 좁아서 용들도 거들떠보지 않아 구름과 비를 일으키지도 못한다. 아무것도 세상에 이가 되는 것이 없는 게 꼭 나를 닮고 있다. 그러니 비록 그를 욕보이고 어리석다 해도 괜찮을 것이다.

옛날 영무자(甯武子)는 "나라에 올바른 도가 행해지지 않으면 어리석었다." 하였는데, 지혜로우면서도 어리석은 체했던 사람이다. 안회(顔回)는 "하루종일 가르침을 어기지 않기를 어리석은 자처럼 한다." 하였는데, 총명하면서도 어리석은 체했던 사람이라, 모두 진짜 어리석은 것이라 할 수는 없는 것이다. 지금 나는 올바른 도가 행해지고 있는 세상을 만났으면서도, 이치에 어긋나고 사리에 거슬리게 살고 있다. 그러므로 모든 어리석은 자들 가운데 나처럼 어리석은 자도 없는 것이다.

그래서 천하 사람 중에는 아무도 이 시냇물을 가지려고 다투는 사람이 없어 내가 독점을 하고 이름을 붙인 것이다. 시냇물이 비록 세상에 아무런 이익도 주지는 못하나, 만물을 잘 비추어 주고, 맑게 빛나며 빼어나게 통달하고, 쇳소리 돌소리 쟁쟁 울리어, 어리석은 자로 하여금 기뻐 웃으며 돌아보고 흠모해서 즐거움으로 이곳을 떠나지 못하게 할 수가 있는 것이다.

나는 비록 세속에 들어맞지는 못하나 또한 매우 글 쓰는 것으로 스스로 위로하면서 만물을 씻어내기도 하고 온갖 모습을 다 아울러 이를 피하는 일 없이, 어리석은 표현으로 우계를 노래할 것이다. 그러면 멍청하

면서도 도리를 어기는 일이 없고 잘 모르면서도 만물과 함께 귀착(歸着)
되어, 자연의 기운을 초월하여 보이지 않는 것, 들리지 않는 것들과 엇섞
이고 적막히 나 자신도 알지 못하게 될 것이다. 이에 팔우시(八愚詩)를
지어 시냇가 바위 위에 새기는 바이다.

(원문) ①灌水之陽에 有溪焉하여 東流入于②瀟水하니 或曰冉氏嘗
관 수 지 양　유 계 언　동 류 입 우 소 수　혹 왈 염 씨 상

居也라. 故로 姓是溪하여 爲冉溪요 或曰可以染也일새 ③名之以
거 야　고　성 시 계　위 염 계　혹 왈 가 이 염 야　명 지 이

其能이라 故로 謂之染溪라.
기 능　고　위 지 염 계

④余以愚觸罪하여 謫瀟水上이러니 愛是溪하여 入二三里에 得
여 이 우 촉 죄　적 소 수 상　애 시 계　입 이 삼 리　득

其尤絶者하여 家焉이라. 古有⑤愚公谷이어니와 今予家是溪而名
기 우 절 자　가 언　고 유 우 공 곡　금 여 가 시 계 이 명

莫能定하니 ⑥土之居者가 ⑦尤齗齗焉不可不以不更也라 故로 更
막 능 정　토 지 거 자　우 은 은 언 불 가 불 이 불 경 야　고　경

之爲愚溪라.
지 위 우 계

愚溪之上에 買小丘하여 爲愚丘하고 自愚丘로 東北行六十步에
우 계 지 상　매 소 구　위 우 구　자 우 구　동 북 행 육 십 보

得泉焉하여 又買居之하니 爲愚泉이라. 愚泉凡六穴이니 皆出山下
득 천 언　우 매 거 지　위 우 천　우 천 범 육 혈　개 출 산 하

平地라.
평 지

蓋上出也라 合流屈曲而南하여 爲愚溝하고 遂負土累石하여 塞
개 상 출 야　합 류 굴 곡 이 남　위 우 구　수 부 토 루 석　색

其隘하니 爲愚池라. 愚池之東이 爲愚堂이오 其南爲愚亭이오 池
기 애　위 우 지　우 지 지 동　위 우 당　기 남 위 우 정　지

之中爲愚島라. 嘉木異石錯置하니 皆山水之奇者이어늘 以余故로
지 중 위 우 도　가 목 이 석 착 치　개 산 수 지 기 자　이 여 고

咸以愚辱焉이라.
함 이 우 욕 언

⑧夫水는 智者樂也이어늘 今是溪獨見辱於愚는 何哉오? 蓋其
　　부수　　지자요야　　　금시계독견욕어우　　하재　　　개기

流甚下하니 不可以灌漑요 又峻急多⑨砥石하니 大舟不可入也요
유심하　　불가이관개　　우준급다　지석　　　대주불가입야

幽邃淺狹하여 蛟龍⑩不屑하니 不能興雲雨라 無以利世요 而適
유수천협　　　교룡　불설　　　불능흥운우　　무이리세　　이적

類於余하니 然則雖辱而愚之可也라.
유어여　　　연즉수욕이우지가야

⑪寗武子가 邦無道則愚하니 智而爲愚者也요 ⑫顔子終日不違
　영무자　　방무도즉우　　　지이위우자야　　　안자종일불위

如愚하니 ⑬睿而爲愚者也로 皆不得爲眞愚라. 今余遭有道하여
여우　　　예이위우자야　　　개부득위진우　　　금여조유도

而違於理하고 悖於事하니 故로 凡爲愚者莫我若也라. 夫然則天
이위어리　　　패어사　　　고　범위우자막아약야　　　부연즉천

下莫能爭是溪일새 余得專而名焉이라.
하막능쟁시계　　　여득전이명언

溪雖莫利於世나 而善⑭鑑萬類하여 淸瑩秀⑮徹하고 ⑯鏘鳴金石
계수막리어세　　이선　감만류　　　청형수　철　　　　장명금석

하여 能使愚者로 喜笑⑰眷慕하여 樂而不能去也라.
　　　능사우자　　희소　권모　　　낙이불능거야

余雖不合於俗이나 亦頗以文墨自慰하여 ⑱漱滌萬物하며 ⑲牢籠
여수불합어속　　　역파이문묵자위　　　수척만물　　　　뇌롱

百態하여 而無所避之니 以愚辭로 歌愚溪면 則茫然而不違하고
백태　　　이무소피지　　이우사　　가우계　　즉망연이불위

昏然而同歸하여 超⑳鴻蒙混㉑希夷하여 寂寥而莫我知也라. 於是
혼연이동귀　　　초　홍몽혼　희이　　　적요이막아지야　　　어시

에 作八愚詩하여 ㉒紀于溪石上하니라.
　　작팔우시　　　기우계석상

주해 ① 灌水(관수)―瀟水(소수)의 지류. ㅇ陽(양)―남쪽.

② 瀟水(소수)―영주(永州) 지방의 강물로 호남성(湖南省) 구의산(九疑山)에
　 서 시작하여 상수(湘水)로 흘러감.

③ 名之以其能(명지이기능)―그 공용(功用)을 취하여 이름을 지음.

④ 余以愚觸罪(여이우촉죄)―나는 어리석음으로 인하여 죄를 범하였다. 이는

당(唐) 헌종(憲宗, 805년) 때에 유종원이 왕숙문(王叔文) 당(黨) 사건에
연루되어 영주사마(永州司馬)로 좌천된 일을 가리킴.

⑤ 愚公谷(우공곡)-현재 산동성(山東省) 임치현(臨淄縣) 서쪽에 있는 골짜
기 이름.

⑥ 土之居者(토지거자)-'토'는《유하동전집(柳河東全集)》에 '사(士)'로 되어
있다.

⑦ 尤斷斷焉(우은은언)-더욱 말이 많은 것. 은은언(斷斷焉)은 말다툼하는
모양.

⑧ 夫水智者樂也(부수지자요야)-《논어》옹야(雍也)편에 나오는 말.

⑨ 砥(지)-《유하동전집》에는 '지(坻)'로 되어 있다. 물 속에 솟아오른 곳[水中
高地].

⑩ 不屑(불설)-경시함. 좋아하지 않음.

⑪ 甯武子(영무자)-'영(甯)'은 '영(寧)'의 와자(譌字).《논어》공야장(公冶長)
편에 '영무자는 나라가 안정되어 있을 때면 지혜를 발휘하였고, 나라가 어
지러울 때는 어리석은 행동을 하였다. 그가 지혜를 발휘하는 것은 다른 사
람이 미칠 수 있지만, 어리석게 행동하는 데는 미치지 못한다'라 하였다.

⑫ 顔子(안자)-안회(顔回).《논어》위정(爲政)편에 '나[孔子]와 안회가 하
루종일 이야기할 때 그는 바보처럼 아무 말 없이 듣기만 한다. 하지만 그
가 물러나 다른 사람과 개인적인 대화를 나누는 것을 살펴보면 나에 대해
서도 계발(啓發)하는 바가 있으니 그는 결코 바보가 아니다'라 하였다. 유
종원은 영무자와 안회의 예를 통하여 자신의 '진우(眞愚)'를 설명하고자
한 것이다.

⑬ 睿(예)-슬기로움. 통달함.

⑭ 鑑(감)-밝게 비침. ㅇ萬類(만류)-만물(萬物).

⑮ 徹(철)-《유하동전집》에는 '철(澈)'로 되어 있음. 바닥이 보일 정도로 물
이 맑고 투명함.

⑯ 鏘(장)-옥소리처럼 물 흐르는 소리가 남. ㅇ金石(금석)-악기의 통칭(通
稱). 물소리가 악기소리처럼 남.

⑰ 眷慕(권모)-잊지 못해 돌아보고 그리워함.

⑱ 漱滌(수척)-양치질하고 씻음.

⑲ 牢籠百態(뇌롱백태)-온갖 양상을 모두 포괄함.

⑳ 鴻蒙(홍몽)-천지자연(天地自然). 천지가 아직 나누어지지 않은 혼돈한 상태.

㉑ 希夷(희이)-《노자(老子)》제14장에 '보아도 보이지 않는 것과, 들어도 들리지 않는 것을 희(希)라 한다'라는 데에서 유래한 말이다.

㉒ 紀(기)-'기(記)'와 통함.

[해설] 유종원이 〈팔우시(八愚詩)〉를 지으면서 자신이 유배되어 있는 곳의 지형지물을 '우(愚)'자로 포괄하면서 자신의 처지를 묘사한 서문체(序文體)의 글이다. 전편에 '우(愚)'로 나타나는 농담조의 어투 속으로 유배생활의 비참함이 산견되지만, 후반부는 문인으로서의 자부심과 풍유성(諷諭性)을 교묘하게 숨기고 있어 앞의 부분과 묘한 대조를 이룬다. 글 속에 보이는 〈팔우시〉는 현존하지 않는 일시(逸詩)이다.

동엽봉제변(桐葉封弟辯)

유종원(柳宗元)

옛 서적에 이런 말이 있다. '성왕(成王)이 오동잎을 나이 어린 동생에게 주며 장난으로 말하였다. "이로써 너를 봉(封)하노라." 주공(周公)이 들어와 축하하였다. 왕이 말하였다. "장난이었소." 주공이 말하였다. "천자는 장난을 하실 수 없습니다." 이에 나이 어린 동생을 당(唐) 지방의 제후로 봉했다.'

나는 그렇지 않다고 생각한다. 왕의 동생이 마땅히 봉해질 만하였다면 주공은 의당 적절한 때에 왕에게 말씀드렸을 것이요, 그 장난을 기다렸다가 축하하며 그 일을 성취시키지는 않았을 것이다. 봉하는 게 부당한 일이었다면 주공이 그 도리에 맞지 않는 장난의 말을 성사시켜 토지와 백성을 어리고 악한 자에게 주어 주인으로 삼게 했다면 어찌 그를 성인(聖人)이라 할 수 있겠는가?

또 주공은 왕의 말이 구차해서는 안되는 것이라고 여겼으면 그만이지, 반드시 그 말을 따라 그 일을 성사시켜야만 했겠는가? 가령 불행히도 왕이 오동잎으로 부녀자나 환관에게 장난하였다면, 역시 이를 들춰내어 그것을 따르도록 해야만 했겠는가? 왕자의 덕은 행동이 어떠한가에 달려있다. 만일 도리에 합당치 못하다면 비록 열 번을 바꿔 행한다 해도 결점이 되지 않을 것이고, 만약 합당하다면 변경시켜서는 안될 것이니, 하물며 그것이 장난으로 한 것에 있어서랴? 만일 장난임에도 반드시 그것을 실행하게 한다면 이는 주공이 성왕에게 잘못을 수행케 하는 것이다.

나는 주공이 성왕을 보필함에 있어서는 의당 바른 도(道)로써 하며, 점잖고 부드러우며 여유있고 즐겁게 함으로써 위대한 중정(中正)으로 이끌려 했을 것이라 생각한다. 반드시 왕의 과실과 마주치길 기다려 그것을 구실로 삼지는 않았을 것이며, 또 왕을 속박하고 몰아부쳐 소나 말을 부리듯 하였을 리가 없으니, 급하게 다그치면 일은 실패하게 되기 때문이다. 더구나 일반 가정의 부자(父子) 사이라 하더라도 이런 방법으로는 일을 극복해 나가기 어려울 것인데, 하물며 명색이 군신관계인 경우에 있어서랴?

이러한 것은 실로 소인(小人)이 자잘한 지혜를 써서 하는 일이니, 주공이 썼을 리가 없으므로, 믿을 수 없는 일이다. 어떤 사람은 말하기를, 숙우(叔虞)를 당(唐) 지방에 봉한 일은 사일(史佚)이 한 일이라고 하였다.

[원문] ①古之傳者有言하되 ②成王以桐葉으로 與小弱弟戱曰：③以
고 지 전 자 유 언　　　성 왕 이 동 엽　　　여 소 약 제 희 왈　　　이
封汝하리라. ④周公入賀하니 王曰戱也로다. 周公曰：天子不可戱
봉 여　　　주 공 입 하　　　왕 왈 희 야　　　주 공 왈　천 자 불 가 희
라 하고 乃封小弱弟於⑤唐이라.
　　　내 봉 소 약 제 어 당

吾意不然이로다. 王之弟⑥當封邪인댄 周公宜以時言於王하여
오 의 불 연　　　왕 지 제 당 봉 야　　　주 공 의 이 시 언 어 왕
不待其戱而賀以成之也요 不當封邪인댄 周公乃成其⑦不中之戱
부 대 기 희 이 하 이 성 지 야　　부 당 봉 야　　　주 공 내 성 기 부 중 지 희
하여 以地以人으로 與小弱者爲之主면 其得爲聖乎아?
　　　이 지 이 인　　　여 소 약 자 위 지 주　　기 득 위 성 호

且周公以王之言이 不可⑧苟焉而已라 하여 必從而成之邪아?
차 주 공 이 왕 지 언　　불 가 구 언 이 이　　　　　필 종 이 성 지 야
⑨設有不幸하여 王以桐葉으로 戱⑩婦寺라도 亦將擧而從之乎아?
설 유 불 행　　　왕 이 동 엽　　　희 부 시　　　역 장 거 이 종 지 호
凡王者之德이 在行之何若이니 設未得其當이면 雖⑪十易之라도
범 왕 자 지 덕　　재 행 지 하 약　　　설 미 득 기 당　　　수 십 역 지

不爲病이오 要於其當이면 不可使易也니 而況以其戲乎아? 若戲
불 위 병   요 어 기 당   불 가 사 역 야   이 황 이 기 희 호   약 희

而必行之면 是周公敎王⑫遂過也로다.
이 필 행 지   시 주 공 교 왕   수 과 야

　吾意周公輔成王에 宜以道로 ⑬從容優樂하여 要歸之⑭大中而
　오 의 주 공 보 성 왕   의 이 도   종 용 우 락   요 귀 지   대 중 이

已요 必不逢其失而爲之辭며 又不當⑮束縛之⑯馳驟之하여 使若
이   필 불 봉 기 실 이 위 지 사   우 부 당   속 박 지   치 취 지   사 약

牛馬然이니 急則敗矣라. 且⑰家人父子도 尚不能以此⑱自克일진
우 마 연   급 즉 패 의   차   가 인 부 자   상 불 능 이 차   자 극

대 況號爲君臣者邪아?
　 황 호 위 군 신 자 야

　是直⑲小丈夫鈌鈌者之事니 非周公所宜用이라. 故로 不可信이
　시 직   소 장 부 결 결 자 지 사   비 주 공 소 의 용   고   불 가 신

니라. ⑳或曰：封唐叔은 ㉑史佚成之라 하니라.
　　　 혹 왈   봉 당 숙   사 일 성 지

주해　① 古之傳者(고지전자)－옛일을 전하는 책. 옛 서적. 성왕(成王)이 어린
　　　동생을 당(唐) 지방에 봉한 이야기는 한(漢)대 사람 유향(劉向)의 《설원
　　　(說苑)》 군도편(君道篇) 및 사마천(司馬遷)의 《사기(史記)》 진세가(晉世
　　　家)에 보인다. 《설원》에는 주공(周公)이 그 일을 성취시킨 것으로 되어
　　　있고, 《사기》에는 사관(史官) 윤일(尹佚)이 성취시킨 것으로 되어 있다.
　　　이 글에서는 주공이 한 것으로 되어 있으니 유향의 《설원》을 가리킨다고
　　　보아야 할 것이다.
　　② 成王(성왕)－주(周)나라 무왕(武王)의 아들. 어린 나이에 천자가 되었으
　　　므로 숙부인 주공이 섭정했음. ○以桐葉與小弱弟戲(이동엽여소약제희)－
　　　오동잎을 나이 어린 동생에게 주며 장난하다. 《사기》 진세가에 의하면, 성
　　　왕이 동생 숙우(叔虞)와 함께 놀다가 오동잎으로 만든 규(珪 : 제후를 표
　　　시하는 笏)를 동생에게 주며 제후에 봉하는 장난을 하였다 한다.
　　③ 以封汝(이봉여)－이것으로써 너를 봉한다. 성왕이 장난으로 동생에게 한 말.
　　④ 周公(주공)－주나라 문왕(文王)의 아들이며 무왕(武王)의 아우로서 문·
　　　무왕을 도와 주나라를 건국하는 데 공을 세웠다. 무왕의 뒤를 이어 나이

어린 성왕이 즉위하자, 섭정을 통해 주나라 왕실의 기초를 다졌고 문물제도와 예악을 정비하여 주나라 문화의 기틀을 세웠다. ㅇ入賀(입하)—들어와 축하하다. 성왕이 장난으로 한 것을 진실로 받아들이고 축하한 것임.

⑤ 唐(당)—지금의 하북성(河北省) 당현(唐縣)으로, 요(堯)임금이 다스렸던 곳.

⑥ 當封(당봉)—마땅히 봉해질 만하다.

⑦ 不中之戲(부중지희)—도리에 맞지 않는 장난.

⑧ 苟(구)—구차하다. 아무렇게나 하다.

⑨ 設(설)—설령, 가령.

⑩ 婦寺(부시)—부녀자와 환관. 궁중에서 일하는 남녀 종복.

⑪ 十易(십역)—열 번 바꾸다.

⑫ 遂(수)—이루다. 성(成)의 뜻.

⑬ 從容優樂(종용우락)—종용은 점잖고 부드러운 것. 우락은 여유있고 즐거운 것.

⑭ 大中(대중)—치우침이 없는 위대한 중정(中正). 위대한 올바름.

⑮ 束縛(속박)—속박하다. 얽어매다.

⑯ 馳驟(치취)—몰아붙이다. 치(馳)는 달리다, 취(驟)는 몰다.

⑰ 家人(가인)—일반 가정의 사람.

⑱ 自克(자극)—스스로 이겨내다.

⑲ 小丈夫(소장부)—소인배. ㅇ觖觖者(결결자)—자잘한 지혜를 쓰는 것. 결결(觖觖)은 결결(缺缺)과 같음.

⑳ 或曰(혹왈)—혹은 이렇게 말한다. 《사기》 진세가의 기록을 가리킴. ㅇ封唐叔(봉당숙)—숙우(叔虞)를 당(唐) 땅에 봉하는 것.

㉑ 史佚(사일)—태사(太史) 윤일(尹佚). 태사는 사관(史官)임.

(해설) 이 글은 당(唐)대의 문장가인 유종원이 고서(古書)에 실려 있는 미심쩍은 기록을 논하여 분명히 한 글이다. 《설원》과 《사기》에는 주초(周初)의 성왕(成王)이 오동잎으로 어린 동생을 제후에 봉하는 장난을 하였다가 그 말을 실행에 옮기게 되었다는 일화가 나온다.

필자는 성인(聖人)으로 일컬어지는 주공(周公)이라면 그런 장난을 실

행에 옮기도록 종용하는 분별없는 일은 하지 않았을 것이라고 논증하고
있다. 논증의 방법에는 아무런 실증적 사료가 동원되지는 않았지만, 성인
의 인품 및 군신의 도(道)를 논거(論據)로 하여 자기의 반론을 설득력있
게 펼쳐내었다.

진문공문수원의(晉文公問守原議)

유종원(柳宗元)

진(晉)나라 문공(文公)이 주왕(周王)으로부터 원(原) 땅을 받은 뒤, 그곳을 지키는 일이 어렵다고 생각하여 시인(寺人)인 발제(勃鞮)에게 물어 조최(趙衰)를 그곳에 임명하였다. 생각건대, 원의 태수를 정하는 것은 정치상의 중대한 일이다. 천자를 받들어 패자(覇者)의 공업(功業)을 세우며 제후에게 명을 이루게 하는 수단이므로 측근과 상의함으로써 왕명을 욕되게 해서는 안되는 것이다.

진나라 임금은 대임(大任)을 정하는 데 있어서 조정에서 공식적으로 의논하지 않고 사사로이 궁중에서 의논했으며, 공경(公卿)과 재상들로부터 널리 뜻을 구하지 않고 시인하고만 상의하였다. 비록 조최가 현명하여 태수의 직책을 잘 수행하고 나라의 정치가 어지러워지지 않았다 하더라도, 현신(賢臣)을 해치고 정치를 그르치는 발단이 여기서부터 시작되어 커지는 것이다. 하물며 당시처럼 언관(言官)이 부족하지 않았던 때에 있어서랴!

호언(狐偃)이 모신(謀臣)으로 있고, 선진(先軫)이 중군(中軍)의 장수로 있는데 진나라 임금은 이들을 멀리하고 자문을 구하지 않으며 밖으로 내치고 의견을 구하지 않더니 결국 내시에 의하여 결정되어 버리고 말았으니, 이 어찌 본받을 만한 일인가!

진나라 문공이 제(齊) 환공(桓公)의 공업을 계승하여 천자를 보좌하고

자 한 것은 웅지(雄志)라고 할 수 있다. 헌데, 제나라 환공은 관중(管仲)을 임명하여 성공하고 수조(竪刁)를 기용하여 실패하였던 바, 원 땅을 획득함으로써 국토를 넓힌 것은 때마침 정치의 시발점으로서 제후들에게 과시할 수 있는 계기가 될 만하였다. 그러나 그가 홍성해질 수 있는 길을 배반하고 실패의 요인만 도습하였다.

그러나, 제후들의 우두머리가 되는 데는 국토가 넓고 힘이 강하며 천자로부터 대의명분을 얻어야 한다. 그런데 제후들이 이런 점 때문에 정말로 진 문공을 두려워한다고 해도 어찌 제후들이 마음으로 복종하게 될 수 있겠는가? 그후 진(秦)의 경감(景監)이 위(衛)나라의 상앙(商鞅)을 재상으로 삼게 하고, 한(漢)나라의 환관인 홍공(弘恭)·석현(石顯)이 소망지(蕭望之)를 죽였으니, 그들 잘못의 원천은 진 문공에게 있었던 것이다.

아아! 현명한 신하를 찾아 대읍(大邑)의 태수직을 맡겼으니 의논은 비록 잘못되었다 하더라도 천거는 잘못된 천거가 아닌 것이다. 그런데도 당시에는 부끄러운 일이었고 후대에는 그처럼 오류를 남겼으니, 하물며 의논과 천거 두 가지가 모두 잘못된 경우에 있어서는 어떻게 되겠는가! 그것을 어떻게 구제하겠는가? 나는 그러므로 진 문공의 죄를 밝혀 《춘추》의 허(許)나라 세자(世子) 지(止)와 진(晉) 조순(趙盾)의 잘못을 기록한 뜻에 붙여놓는 바이다.

(원문) ①晉文公이 旣受原於王하고 ②難其守하여 問於③寺人勃鞮하
진문공　　기수원어왕　　　난기수　　　문어　시인발제

여 以④畀趙衰라. 余謂⑤守原은 政之大者也라. 所以承天子樹霸
이 비조최　　여위　수원　　정지대자야　　　소이승천자수패

功하여 致命諸侯이니 不宜謀及⑥褻近하여 以⑦忝王命이라.
공　　치명제후이니　불의모급 설근　　　이　첨왕명

而晉君擇大任에 不公議於朝하고 而私議於宮하며 不博謀於卿
이진군택대임　불공의어조　　이사의어궁　　　불박모어경

相하고 而獨謀於寺人이라. 雖或衰之賢足以守요 國之政不爲敗
상　　이독모어시인　　수혹최지현족이수　국지정불위패

라도 而賊賢失政之端이 由是滋矣라. 況當其時하여 不乏言議之
　　　이적현실정지단　　유시자의　　황당기시　　불핍언의지

臣乎아?
신호

⑧狐偃爲謀臣하고 ⑨先軫將中軍이어늘 晉君疏而不咨하며 ⑩外
호언위모신　　선진장중군　　진군소이부자　　　외

而不求하고 乃卒定於⑪內竪하니 其可以爲法乎아?
이불구　　내졸정어 내수　　기가이위법호

且晉君將襲齊桓之業하여 以翼天子하니 乃大志也라. 然而齊
차진군장습제환지업　　이익천자　　내대지야　　연이제

桓任⑫管仲以興하고 進⑬竪刁以敗하니 則獲原⑭啓彊이 適其始政
환임 관중이흥하고　진 수조이패　　즉획원 계강이 적기시정

이니 所以觀視諸侯也라. 而乃背其所以興하고 迹其所以敗라.
　　소이관시제후야　　이내배기소이흥　　적기소이패

然而能⑮伯諸侯者는 以土則大요 以力則强이오 以⑯義則天子
연이능 백제후자는　이토즉대요　이역즉강이오　이 의즉천자

之冊也라. 誠畏之矣언정 烏能得其⑰心服哉리오? 其後⑱景監得以
지책야　　성외지의언정　오능득기 심복재리오　기후 경감득이

相衛鞅하고 ⑲弘石得以殺望之하니 誤之者는 晉文公也라.
상위앙하고　홍석득이살망지하니　오지자는 진문공야

嗚呼라! 得賢臣하여 以守大邑하니 則⑳問雖失問이나 擧非失擧
오호라　득현신하여　이수대읍하니　즉 문수실문이나 거비실거

也라. 然猶羞當時㉑陷後代若此하니 況於問與擧又兩失者아? 其
야　연유수당시 함후대약차하니　황어문여거우량실자아　기

何以救之哉리오? 余故著晉君之罪하여 以附春秋㉒許世子止㉓晉
하이구지재리오　여고저진군지죄하여　이부춘추 허세자지 진

趙盾之義하노라.
조순지의

주해　① 晉文公(진문공)―춘추시대 진(晉)나라 헌공(獻公)의 둘째 아들로 이
　　　름은 중이(重耳)이다. 헌공이 후처인 여희(驪姬)를 총애하여 해제(奚齊)
　　　를 낳았는데 뒤에 헌공이 여희의 계략에 휘말려 첫째 아들인 신생(申生)
　　　을 죽이자 중이는 적(狄)으로 망명하였다. 중이는 자신을 따르는 개지추
　　　(介之推)·조최(趙衰) 등과 함께 괴로운 망명생활을 하다가 헌공이 죽은

뒤 진목공(秦穆公)의 도움을 받아 정권을 회복하였다. 진문공은 이어 호언(狐偃)·선진(先軫) 등의 현신을 기용하여 나라를 튼튼히 하였으며 제환공(齊桓公)의 뒤를 이어 제후의 맹주(盟主)가 되었다. 그는 주의 양왕(襄王)을 배알하는 자리에서 패자(覇者)의 공로로 원(原) 등의 주나라 직할지를 얻게 되었는데 원나라가 반대하자 무력으로 항복시킨 뒤 조최를 원대부(原大夫)로 삼았다.

② 難(난)－어려움. 여기서는 원(原) 태수라는 직책상의 어려움을 말한다.

③ 寺人(시인)－왕의 곁에서 시종하는 소신(小臣). 환관. ○勃鞮(발제)－시인의 이름.

④ 畀(비)－'여(與)'와 뜻이 같음. 주다, 임명하다. ○趙衰(조최)－진나라 대부 이름.

⑤ 守原(수원)－원(原)을 지키다. 원의 태수를 임명하다.

⑥ 媟近(설근)－친압하고 가까이하는 사람. 측근.

⑦ 忝(첨)－욕되게 함.

⑧ 狐偃(호언)－진(晉)의 명신(名臣)으로 자는 자범(子犯)이다. 진문공(晉文公)의 외삼촌인 호언은 19년의 망명생활을 함께하였으며 진문공이 정권을 잡은 뒤에는 대부로서 패업의 달성을 보좌하였다.

⑨ 先軫(선진)－'원진(原軫)'이라고도 하며 진(晉)의 중장군(中將軍)으로 활약한 명장.

⑩ 外(외)－밖으로 내침.

⑪ 內竪(내수)－환자(宦者). 궁중의 대수롭지 않은 벼슬아치. '수(竪)'는 '수(豎)'의 속자(俗字).

⑫ 管仲(관중)－제(齊)나라의 현신(賢臣)으로 이름은 이오(夷吾)이다. 어렸을 때부터 포숙아(鮑叔牙)와 친하여 '관포지교(管鮑之交)'란 말이 생겨났다. 후에 포숙아의 천거로 목숨을 잃을 위기에서 벗어나 제환공(齊桓公)의 재상이 되어 패업의 달성에 결정적인 공헌을 함.

⑬ 竪刁(수조)－제환공(齊桓公)의 신임을 받던 환관으로 요리를 잘했다고 함. 말년에 제환공이 병들자 역아(易牙)와 음모를 꾸며 궁문을 폐쇄하고 제환공을 고립시켰으며 환공이 죽은 뒤에는 역아와 함께 난을 일으켜 제

나라를 혼란에 빠뜨렸다.

⑭ 啓(계)-엶. 넓힘. ㅇ彊(강)-'강(疆)'의 오자(誤字). 국토. 영토.

⑮ 伯(백)-제후의 우두머리. 《유하동전집》에는 '패(覇)'로 되어 있음.

⑯ 義(의)-대의명분. ㅇ册(책)-제후가 봉해질 때 천자로부터 내려지는 사령을 적은 문서. 이것을 받게 될 때 제후는 해당국가를 다스릴 수 있는 대의명분을 천자로부터 승인받는 셈이 된다.

⑰ 心服(심복)-마음으로부터 진정으로 복종함. 《맹자(孟子)》 공손추상(公孫丑上)의 '힘으로 다른 사람을 굴복시킨다면 그것은 남을 마음으로부터 자기에게 복종시키는 것은 아니고, 대항할 힘이 모자라기에 굴복하는 데 불과하다'라는 말에서 나왔다.

⑱ 景監得以相衛鞅(경감득이상위앙)-경감이 상앙(商鞅)을 재상으로 삼게 하다. 경감은 춘추전국시대 진효공(秦孝公)의 환관이었다. 위(衛)나라의 상앙이 진효공이 인재를 구한다는 소식을 듣고 경감을 통해 여러 차례 진효공을 알현(謁見)한 끝에 능력을 인정받아 재상으로 기용되었다. 상앙·이사(李斯) 등의 정책은 법치(法治)에 의하여 부강한 진(秦)을 건설하려는 것이었다. 그러나 유종원은 진이 단명한 까닭이 상앙·이사 등의 반유교적 법치에 있었다고 믿기 때문에 결과론적으로 상앙의 등용은 중국 역사상의 오류로 볼 수 있다는 의도가 내포되어 있다.

⑲ 弘石得以殺望之(홍석득이살망지)-홍공(弘恭)·석현(石顯)이 소망지(蕭望之)를 죽이다. 홍공·석현은 전한(前漢) 선제(宣帝)·원제(元帝) 때의 환관이었는데 원제가 즉위 후 병으로 친정(親政)을 못하게 되자 당시 측근이었던 석현 등이 정치를 맡게 되었다. 석현 일파는 정권을 잡고 온갖 부정을 저질렀는데 소망지·주감(周堪)·유갱생(劉更生) 등이 상소하여 환관의 정치를 비판하였으나 도리어 석현의 음모에 말려 소망지는 자결하고 주감·유갱생은 감옥에 갇히었다.

⑳ 問雖失問(문수실문), 擧非失擧也(거비실거야)-이 구절은 《유하동전집》에는 '문비실거야(問非失擧也), 개실문야(蓋失問也)'라 되어 있고, '문비문(問非問), 거비거(擧非擧)' 혹은 '문비실문(問非失問), 거비실거야(擧非失擧也)'로 된 판본도 있다. 여기서는 《고문진보》 우리나라 판본을 따랐다.

㉑ 陷(함)－함정에 빠짐. 허물어뜨림. 그르치게 함.

㉒ 許世子止(허세자지)－'허'는 춘추시대의 나라 이름. '지'는 허나라 태자의 이름. 본래 허나라의 태자인 지는 효자로 아버지인 도공(悼公)이 학질에 걸리자 성심껏 간호했으나 도공은 태자가 권한 약을 먹은 직후 죽었다. 이에 태자 지는 화를 두려워해 진(晉)나라로 도망갔으며 《춘추(春秋)》의 경문은 태자가 국군(國君)을 시해한 것으로 기록하였다. 《좌전(左傳)》 소공(昭公) 19년조에 나온다.

㉓ 晉趙盾(진조순)－조순은 진(晉)의 대부로 당시 국군(國君)이던 영공(靈公)이 무도한 정치를 하자 수차례 간하였으나 도리어 미움을 받아 살해당할 위기에 처하여 국외로 망명하려 하였다. 그가 국경을 넘기 전 일족인 조천(趙穿)이란 자가 영공을 살해함으로써 조순은 망명을 포기하였다. 그러나 사관(史官)들이 '조순이 국군을 시해하였다'라고 기록하여, 조순이 정정(訂正)을 요청했지만 사관이 "그대는 정경(正卿)으로 망명하다 국경을 넘지 않고 돌아와서는 적을 토벌하지도 않았으니 그대가 잘못하지 않았으면 그 누구의 잘못이겠소?"라고 말하자 자신의 죄를 인정하였다. 《좌전》 선공(宣公) 2년조에 나온다. 허나라의 태자 지(止)나 진(晉)의 조순은 효자·충신으로 선한 인물의 전형이라고 볼 수 있으나 결과론적으로 작은 실수 때문에 자신의 국군을 시해한 책임을 맡게 되었다. 유종원은 《춘추》에서 펼쳐지는 위의 두 사건에 대한 엄격한 필법을 예로 들면서 진(晉)의 문공(文公)에 대해서도 동일한 비판적 태도를 유지하였다.

해설 〈진문공문수원의(晉文公問守原議)〉란 진(晉)의 문공(文公)이 원(原)지방의 태수 임명을 자문한 데 대한 의론체(議論體)의 글이다. 이 글에 나타난 사실(史實)은 《좌전》 희공(僖公) 25년조에 있다. 진후(晉侯)는 원나라의 태수에 어떤 인물이 적당한가에 대해 시인(寺人)인 발제(勃鞮)에게 자문하였다. 발제가 대답하기를 "옛날에 조최(趙衰)는 호리병에 식물을 담아 폐하를 시종하다가 홀로 좁은 길을 가게 되었어도 배고픔을 참고 먹지 않았습니다."고 하면서 조최를 추천하여 원의 대부로 삼게 하였다 한다.

진의 문공이 그처럼 현명한 인물을 등용하였다 하더라도 정책결정상 조의(朝議)를 거치지 않고 측근인 환관과 상의한 데 대하여 비판적인 주장을 편 정론문(政論文)이다. 일설에는 당나라 때에 점차 확장되어가던 환관의 세력을 견제하기 위하여 의도적으로 쓴 글이라고도 하나 확실하지 않다. 정도(政道)를 논함에 유종원의 다른 글에서 흔히 볼 수 있는 비유나 허구적 구성이 아닌 역사적 사실에 의한 정공법(正攻法)을 사용한 점이 특색이다.

연주군부유혈기(連州郡復乳穴記)

유종원(柳宗元)

석종유(石鍾乳)는 약용으로 쓰이는 것 중 가장 좋은 것이다. 남쪽 초 (楚)와 월(越) 지방의 산에서 많이 나는데 연주(連州)·소주(韶州)에서 생산되는 것이 특히 유명하다. 연주군의 사람들이 석종유의 고갈을 보고 한 지 5년이 지났는데 그것을 공물로 한 경우에는 다른 지방으로부터 매 입하여 조정에 바쳤다. 최근에 연주자사(連州刺史)로 최공(崔公)이 부임 한 후 한 달이 지난 무렵에 유혈(乳穴)을 지키던 사람이 와서 석종유가 복구되었음을 아뢰었다. 그곳 사람들은 이를 상서로운 징조라고 기뻐하 면서 왁자지껄 노래불렀다.

백성들이 기뻐함은 최공이 오셨기 때문이네.
공의 덕화(德化) 두루 미쳐 흙과 돌까지도 빛나는 공덕 입었네.
못 믿겠다면 일어나 종유혈을 보게나.

그러나 종유혈을 지키는 사람은 이를 비웃으며 말했다.
"이것이 상서로운 일이 될런지 어찌 알겠는가? 전의 자사들은 욕심이 많고 이득을 좋아하여 나를 노역에 부리면서도 돈을 주지 않아 나는 이 를 괴롭게 여긴 끝에 거짓말을 하였다. 그러나 새로 부임한 자사는 명령 이 바르고 뜻이 결백하며 백성들에게 먼저 선정(善政)을 베푼 뒤 나중에 노역을 시키니 속임수와 불신감은 사라지고 믿음과 순종이 아름답게 퍼져 이에 나는 진실을 보고하게 된 것이다.

한편 종유혈은 항상 심산(深山)의 깊은 숲속에 있어 얼음과 눈이 덮인 곳과 승냥이나 호랑이가 사는 지역을 거쳐 가야만 한다. 굴로 들어가서는 짙은 안개를 만나고 용과 뱀의 위험을 무릅쓰며 횃불로 유석의 위치를 확인하는 한편 줄을 이어 돌아갈 길에 표시해 두어야 한다. 그 어려움이 이와 같은데도 나와서는 내 노력에 상응하는 적절한 보수도 받지 못하니 어찌 석종유가 고갈되지 않았다고 보고할 수 있겠는가? 지금 자사는 훌륭한 분이어서 이에 진실을 보고하게 된 것이다. 무엇이 상서로운 징조란 말인가?"

한 선비가 이를 듣고 말하였다.

"노래를 부른 사람들의 상서로움이란 바로 이른바 기이함이고, 그 노래를 비웃는 사람의 상서로움은 바로 진정한 상서로움이라고 할 만하다. 군자의 상서로움은 올바른 정치로써 이루어야지 기이함에 의존해서는 안 되며, 온갖 사물의 본질에 성심(誠心)으로 임하고 도에 믿음을 두어야 한다. 그래야만 백성들은 그의 명령을 기꺼이 받아들이며 즐겁게 자신들이 가진 바를 전부 헌납하게 되는 것이다. 바로 이것이 정치라는 것이다. 또한 어찌 이것만이 상서로움이 아닐 수 있겠는가?"

〔원문〕 ①石鍾乳는 ②餌之最良者也라. ③楚越之山에 多産焉하되 于
석종유   이지최량자야   초월지산   다산언   우

④連于韶者獨名於世라. 連之人이 告盡焉者五載矣라 以貢則買
련우소자독명어세   연지인   고진언자오재의   이공즉매

諸⑤他部러니 今刺史⑥崔公이 至⑦逾月에 ⑧穴人來하여 以乳復告
제 타부   금자사 최공이 지 유월에 혈인래하여 이유부고

라. 邦人悦是祥也하여 ⑨雜然謠曰;
방인열시상야   잡연요왈

⑩旷之熙熙여 崔公之來로다.
맹지희희   최공지래

公化所⑪徹에 土石蒙⑫烈이로다.
공 화 소 　 철　 토 석 몽 　 렬

以爲不信인댄 起視乳穴하라.
이 위 불 신　　 기 시 유 혈

穴人笑之曰：是惡知所謂祥邪아? 嚮吾以刺史之⑬貪戾嗜利하
혈 인 소 지 왈　 시 오 지 소 위 상 야　　 향 오 이 자 사 지 　 탐 려 기 리

여 徒吾役而不吾貨也일새 吾是以⑭病而始焉이라. 今吾刺史令明
　 도 오 역 이 불 오 화 야　　 오 시 이 　 병 이 시 언　　 금 오 자 사 영 명

而志潔하고 先⑮賴而後力하여 欺誣⑯屏息하고 ⑰信順休洽하니 吾
이 지 결　　 선 　 뢰 이 후 력　　 기 무 　 병 식　　 신 순 휴 흡　　 오

以是로 誠告焉이라.
이 시　 성 고 언

且夫乳穴이 必在深山窮林하여 氷雪之所儲요 ⑱豺虎之所廬다.
차 부 유 혈　 필 재 심 산 궁 림　　 빙 설 지 소 저　 시 호 지 소 려

由而入者는 觸昏霧하며 ⑲扞龍蛇하여 束火以知其物하고 ⑳縻繩
유 이 입 자　 촉 혼 무　　 한 룡 사　　 속 화 이 지 기 물　　 미 승

以志其返이라. 其勤若是어늘 出又不得㉑吾直하니 吾用是로 安得
이 지 기 반　　 기 근 약 시　　 출 우 부 득 　 오 치　　 오 용 시　 안 득

不以盡告리오? 今㉒令人而乃誠吾告故也니 何祥之爲리오?
불 이 진 고　　 금 　 영 인 이 내 성 오 고 고 야　 하 상 지 위

士聞之曰：謠者之祥也는 乃其所謂怪者也요 笑者之非祥也는
사 문 지 왈　 요 자 지 상 야　 내 기 소 위 괴 자 야　 소 자 지 비 상 야

乃其所謂眞祥者也라. 君子之祥也는 以政이오 不以怪니 誠乎物
내 기 소 위 진 상 자 야　　 군 자 지 상 야　 이 정　 불 이 괴　 성 호 물

而信乎道라. 人樂㉓用命하여 熙熙然以㉔效其有하니 斯其爲政也라.
이 신 호 도　　 인 락 용 명　　 희 희 연 이 효 기 유　　 사 기 위 정 야

而獨非祥也歟아?
이 독 비 상 야 여

주해　① 石鍾乳(석종유)－석유(石乳)라고도 하며 《본초강목(本草綱目)》에 의
　　　 하면 천식(喘息)으로 피가 머리에 몰리는 증상을 없애고 눈을 밝게 하며
　　　 정력을 보충하고 내장을 안정시키는 효력을 지닌 약수(藥水)의 일종임.
　　　② 餌(이)－약용(藥用).

③ 楚越(초월)－초나라와 월나라. 모두 남쪽 지방의 나라임.

④ 連(연)－연주(連州)의 연산군(連山郡) 〔一作連州郡〕. ○韶(소)－소주(韶州). 이상 모두 현재 광동성(廣東省) 곡강현(曲江縣)·낙창현(樂昌縣) 등과 그 부근 지역에 해당됨.

⑤ 他部(타부)－타주(他州). 다른 지방.

⑥ 崔公(최공)－원화(元和) 4년(809)에 연주자사(連州刺史)로 부임한 최군민(崔君敏)을 가리킴.

⑦ 逾月(유월)－달을 넘김. 최공이 자사로 부임한 뒤 만 한 달의 시간이 흐름.

⑧ 穴人(혈인)－종유혈(鍾乳穴)을 지키는 사람.

⑨ 雜然(잡연)－사람들이 뒤섞여 왁자지껄한 모양.

⑩ 甿(맹)－백성. '맹(氓)'과 통함. ○熙熙(희희)－몹시 기뻐하는 모양.

⑪ 徹(철)－두루 미침.

⑫ 烈(열)－공업(功業).

⑬ 貪戾(탐려)－욕심이 많아 정도(正道)에서 벗어남.

⑭ 病(병)－괴로움을 느낌. 곤란함. ○始(시)－《유하동전집》에는 '태(紿)'라고 되어 있는데 여기서는 《전집》을 따름. '태(紿)'는 거짓말하는 것.

⑮ 賴(뇌)－덕을 입게 함. 백성들에게 선정을 베푼다는 뜻. ○力(역)－노력동원을 시킴.

⑯ 屛息(병식)－사라짐.

⑰ 信順(신순)－피지배자는 지배자에 순종하고 지배자는 피지배자에게 믿음을 보임. ○休洽(휴흡)－아름답게 퍼짐.

⑱ 豺(시)－승냥이. ○廬(여)－집. 사는 곳.

⑲ 扜(한)－맞닥뜨림.

⑳ 縻繩(미승)－줄을 얽어맴. ○志其返(지기반)－돌아갈 길에 표시를 함.

㉑ 吾直(오치)－자신의 노동력에 대한 값어치. 노력에 상응하는 보수.

㉒ 令人(영인)－착한 사람. 선인(善人).

㉓ 用(용)－'이(以)'와 통함.

㉔ 效(효)－힘씀. 힘써 다함. 헌납함.

(해설) 《유하동전집》에는 제목의 '연주군(連州郡)'이 '영릉군(零陵郡)'으로 표기되어 있는데 이는 잘못된 것이다.《신당서(新唐書)》지리지(地理志)에 의하면 영릉은 영주(永州)의 속군(屬郡)인데 본문의 내용과 일치하려면 연주군으로 표기되어야 한다.《신당서》지리지에도 연주의 연산군에서 종유(鍾乳)를 공납했다는 기록이 남아 있다.

그리고 이 글은 전형적인 잡기체(雜記體)의 글이다. 서두에서 석종유(石鍾乳)에 얽힌 객관적인 상황을 서술한 뒤 제3자의 입을 통하여 자신의 정치론을 간결히 피력하고 있다. 문장이 간결하면서도 뜻은 잘 표현되고 있는 유종원의 대표적인 기문체(記文體) 글이다.

송설존의서(送薛存義序)

유종원(柳宗元)

하동(河東)의 설존의(薛存義)가 길을 떠나려고 하기에 나는 그릇에 고기를 담고 술잔에 술을 가득 채워 따라가서 강가에서 그를 전송하며 그에게 술과 고기를 권했다. 그리고 다음과 같이 말했다.

"무릇 지방에서 관리노릇을 하는 자로서 자네는 자네의 직분을 아는가? 백성의 일꾼이 되는 것이지 백성을 부리기만 하는 것이 아닐세.

백성 가운데 토지를 경작하여 생활하는 사람들은 수확의 10분의 1을 내서 관리들을 고용하여 자신들의 치안을 담당하게 하고 있네. 오늘날 관리라는 자들은 봉급을 받으면서도 할 일은 태만히 하는 자들인데, 천하의 관리들이 모두 그 모양이네. 태만하다 뿐이겠는가? 게다가 더 나아가서 도둑질까지 한다네.

가령 집안에 사내를 한 사람 고용했는데 자네가 주는 보수를 받으면서도 자네가 시킨 일은 태만히 하고, 또 자네의 재물이나 그릇을 훔친다면 반드시 크게 노하여 그를 내쫓고 벌을 줄 걸세. 오늘날 천하의 관리들이 이와 대단히 흡사한데도, 백성들이 감히 마음대로 화를 내며 내쫓고 벌하지 못하는 이유가 무엇이겠는가? 바로 형세가 다르기 때문이네. 형세는 다르지만 이치는 같으니 우리 백성들을 어찌해야 하겠는가? 이치에 통달한 사람이라면 두려워하며 겁내지 않을 수 있겠는가?

존의(存義) 자네는 영릉(零陵)의 대리현령(代理縣令)으로 2년간 일하였

네. 일찍 일어나 일하고 밤늦게 사색하면서 힘써 일하며 애를 써왔네. 소송
은 공평하게 처리하고, 세금은 균등하게 부과했으며, 노약자들까지도 거짓
을 마음에 품거나 증오를 드러내지 않았네. 자네가 거저 봉급을 받지 않았
던 것이 확실하고, 또 자네가 겁내고 두려워할 줄 알았던 것도 분명하네.

　나는 천하고 욕된 몸이라서 관리들의 공과(功過)를 논의하는 데는 참
여할 수 없으나, 자네가 떠나간다고 하니, 술과 고기로써 상찬(賞讚)을
하며 글로써 거듭 그런 뜻을 나타내는 것일세."

[원문] ①河東薛存義將行할새　②柳子載肉于俎하고　③崇酒于觴하여
　　　　하동설존의장행　　　유자재육우조　　　숭주우상

追而送之江之④滸하여　飲食之라.　且告曰；凡吏于⑤土者로　⑥若知
추이송지강지호　　　음식지　　차고왈；범이우토자　　약지

其職乎아?　蓋⑦民之役이오　非以役民而已也라.　凡民之⑧食于土
기직호　　개민지역　　　비이역민이이야　　　범민지식우토

者는　⑨出其十一하여　傭乎吏하여　使⑩司平於我也라.　今受其
자　　출기십일　　　용호리　　　사사평어아야　　　금수기

⑪直하고　怠其事者가　天下皆然이로다.　豈惟怠之리오?　又從而⑫盜
치　　태기사자　　천하개연　　　기유태지　　　우종이도

之라.
지

⑬向使傭一夫於家에　受若直하고　怠若事하며　又盜若⑭貨器면
향사용일부어가　　수약치　　　태약사　　　우도약화기

則必甚怒而⑮黜罰之矣리라.　以今天下多類此로되　而民莫敢⑯肆
즉필심로이출벌지의　　　이금천하다류차　　　이민막감사

其怒與黜罰은　何哉오?　⑰勢不同也니라.　勢不同而理同하니　如吾
기노여출벌　하재　　세부동야　　　세부동이리동　　　여오

民何오?　有達于理者면　得不恐而畏乎아?
민하　유달우리자　득불공이외호

存義⑱假令零陵이　二年矣라.　⑲蚤作而夜思하고　勤力而勞心하
존의가령영릉　이년의　　조작이야사　　　근력이로심

여　訟者平하며　賦者均하고　老弱無⑳懷詐暴憎하니　其爲不㉑虛
송자평　　부자균　　　노약무회사폭증　　　기위불허

取直也^㉒的矣요 其知恐而畏也^㉓審矣라.
취 치 야 적 의   기 지 공 이 외 야 심 의

　吾^㉔賤且辱하여　不得^㉕與考績幽明之說이나　於其往也에　故
　오 천 차 욕　　　　부 득 여 고 적 유 명 지 설　　　어 기 왕 야　　고

賞以酒肉而^㉖重之以辭하노라.
상 이 주 육 이 중 지 이 사

주해　① 河東(하동)－산서성(山西省) 황하(黃河)의 동쪽 지역.

② 柳子(유자)－유종원 자신을 가리킴. ㅇ俎(조)－제사나 잔치 때 음식을 담는 그릇.

③ 崇(숭)－가득 채움. 충(充)의 뜻. ㅇ觴(상)－술잔.

④ 滸(호)－물가.

⑤ 土(토)－지방을 말함.

⑥ 若(약)－자네. 상대방을 가리키는 말.

⑦ 民之役(민지역)－백성의 일꾼이 되어 백성을 위해 일함.

⑧ 食于土(식우토)－토지를 경작하여 먹고 삶.

⑨ 出其十一(출기십일)－수확의 10분의 1을 세금으로 냄.

⑩ 司平(사평)－치안을 담당함.

⑪ 直(치)－임금. 품삯. 여기에서는 관리들의 봉급을 말함.

⑫ 盜之(도지)－도둑질하다. 백성들의 재산을 수탈하는 것을 말함.

⑬ 向使(향사)－가령.

⑭ 貨器(화기)－재물과 그릇. 곧 재산과 세간살이.

⑮ 黜罰(출벌)－내쫓고 벌함.

⑯ 肆(사)－마음대로 하다. 멋대로 하다.

⑰ 勢(세)－형세. 정세.

⑱ 假令(가령)－대리현령(代理縣令). 가(假)는 정식관리가 아니면서 그 직위와 임무를 대리하는 것을 말함. ㅇ零陵(영릉)－영주(永州)의 현(縣) 이름.

⑲ 蚤作而夜思(조작이야사)－아침에는 일찍 일어나서 정무에 힘쓰고, 밤에는 늦도록 정무에 관하여 생각함. 조(蚤)는 일찍 조(早)의 뜻. 작(作)은 일어날 기(起)의 뜻.

⑳ 懷詐暴憎(회사폭증)－거짓을 마음에 품고 증오를 노골적으로 드러냄. 폭 (暴)은 폭로하다, 드러내다라는 뜻.

㉑ 虛(허)－거저. 공짜로.

㉒ 的(적)－확실함. 분명함.

㉓ 審(심)－밝을 명(明)의 뜻. 분명함. 확실함.

㉔ 賤且辱(천차욕)－천하고 욕됨. 벼슬도 낮고, 욕되게 유배되어 있는 상황 을 말함. 유종원이 자신을 겸양하는 말임.

㉕ 與考績幽明之說(여고적유명지설)－관리들의 성적을 조사하여 암우(暗愚) 함과 현명함을 가리는 논의에 참여함. 고적(考績)은 관리들의 성적 및 공 과(功過)를 조사하여 승진시키거나 파면시키는 일. 유명(幽明)은 어리석 음과 현명함.

㉖ 重之(중지)－거듭하다. 되풀이하다.

해설 이 글은 영주(永州) 영릉(零陵)의 현령으로 있다가 다른 곳으로 전 임되어 떠나는 설존의(薛存義)라는 동향인을 전송하면서 유종원이 쓴 글 이다. 유종원은 당송팔대가(唐宋八大家)의 한 사람으로서 한유(韓愈)와 함께 고문운동을 전개한 문학자이다.

그는 이 글에서 관리의 임무를 역설하고 있는데, 관리가 백성의 봉사 자이지 백성의 주인이 아니라는 견해는 당시에 보기 드문 탁견(卓見)이 라고 하지 않을 수 없다. 백성에게 고용된 관리로서 백성을 두려워할 줄 모르고 직무를 태만히 해서는 안된다는 충고는 현대에 있어서도 적용될 관리론이라 할 수 있다.

양죽기(養竹記)

백거이(白居易)

대나무는 현명한 사람과 비슷한데, 왜 그런가? 대나무 뿌리는 단단하여, 단단함으로써 덕을 세우고 있다. 군자는 그 뿌리를 보면 곧 뽑히지 않는 훌륭한 덕을 세울 것을 생각하게 된다. 대나무의 성질은 곧아서, 곧음으로써 자신의 몸을 서게 하고 있다. 군자는 그 성질을 보면 곧 어느 편에도 의지하지 않는 마음이 서게 할 것을 생각하게 된다.

대나무 속은 비어서, 비어 있음으로써 도를 체득하고 있다. 군자는 그 빈 속을 보면 곧 자기 마음을 비우고 남을 받아들이는 방법을 응용할 것을 생각하게 된다. 대나무 마디는 곧아서, 곧음으로써 뜻을 세우고 있다. 군자는 그 마디를 보면 곧 자기 이름과 행실을 갈고 닦아서 순경(順境)에서나 험경(險境)에서나 한결같을 것을 생각하게 된다. 이러하기 때문에 군자들이 이것을 많이 심어 정원수로 삼고 있는 것이다.

정원(貞元) 19년 봄에 발췌과(拔萃科)에 급제하여 교서랑(校書郎) 벼슬이 제수되었다. 처음 장안(長安)에 와서 빌리어 살 곳을 구하다가 상락리(常樂里)의 작고하신 관상국(關相國) 사저(私邸)의 동쪽 정자에 거처하게 되었다. 다음날 정자의 동남쪽 모퉁이로 산책을 나갔다가 거기에 대나무숲이 있는 것을 발견하였는데, 가지와 잎새가 말라죽어 볼품이라고는 전혀 없었다.

관상국 댁의 늙은 하인에게 물어보니 이렇게 대답하였다.

"이것들은 관상국께서 손수 심었던 것입니다. 관상국께서 집을 내어놓아 다른 사람이 빌려 살게 되었는데, 이때부터 광주리를 만드는 자들이 베어가기도 하고 빗자루를 만드는 자들이 잘라가기도 하여, 형벌을 받듯 잘리우고 난 나머지 대나무들에는 한발 길이로 자란 것도 없고 그 수도 백이 되지 않게 되었습니다. 또 뭇 풀과 나무들이 그 속에 섞여 나서 무성히 잡생하게 되어 대나무는 없어진 듯한 마음까지 갖게 하는 형편이 되었습니다."

나는 이것들이 일찍이 훌륭한 분의 손을 거쳤으나 천하고 속된 사람들의 눈에 띄어 이처럼 잘려지고 버려지게 되었으나 그 본성만은 그대로 보존되고 있음이 애석하였다. 이에 무성한 초목은 잘라내고, 더러운 흙은 긁어내고, 대나무 사이를 틔워 주고, 그 아래 흙을 북돋아주었는데, 하루가 다 가기 전에 일을 끝내었다. 이렇게 하여 해가 뜨면 맑은 그늘이 생기고 바람이 불어오면 맑은 소리가 들리며, 휘청휘청 기쁜 듯하여, 마치 감정이 있어 은덕에 감사하고 있는 듯하였다.

아아! 대나무는 식물이다. 사람과 무슨 상관이 있는가? 대나무가 현명한 사람과 비슷하다고 해서 사람들은 그것을 사랑하고 아끼면서 심고 북돋아주고 있으니, 하물며 진정 현명한 사람에 대하여야 어떠하겠는가? 그러니 대나무를 보통 풀과 나무에 비긴다면 마치 현명한 사람과 보통 사람들을 견주는 거나 같은 것이다.

아아! 대나무는 스스로 기이함을 나타낼 수가 없는데도 사람들이 그것을 기이하게 대해주고 있다. 현명한 사람도 스스로 기이함을 나타낼 수는 없는 것이고 오직 현명한 사람을 등용해야 할 사람이 그를 기이하게 해주어야 한다. 그러므로 〈양죽기〉를 지어 정자의 벽에 써놓아 뒤에 여기에 살게 될 사람들에게 남겨주고, 또 그럼으로써 지금의 현명한 사람을 등용해야 할 사람들에게도 이 뜻이 알려지도록 하려는 것이다.

원문 竹似賢하니 何哉오? 竹本固하니 固以樹德이라. 君子見其本
죽 사 현　　하 재　　죽 본 고　　고 이 수 덕　　군 자 견 기 본

이면 **則思**①**善建不拔者**라. **竹性直**하니 **直以立身**이라. **君子見其**
즉사 선건불발자 죽성직   직이입신   군자견기

性이면 **則思中立不倚者**라.
성   즉사중립불의자

竹心空하니 **空以軆道**라. **君子見其心**이면 **則思應用**②**虛受者**라.
죽심공   공이체도   군자견기심   즉사응용 허수자

竹節貞하니 **貞以立志**라. **君子見其節**이면 **則思**③**砥礪名行**하여
죽절정   정이입지   군자견기절   즉사 지려명행

④**夷險一致者**라. **夫如是故**로 **君子人多樹之**하여 **爲**⑤**庭實焉**이라.
이험일치자 부여시고   군자인다수지   위 정실언

⑥**貞元十九年春**에 **居易以**⑦**拔萃選及第**하여 **授**⑧**校書郎**이라.
정원십구년춘   거이이 발췌선급제   수 교서랑

始於長安에 **求假居處**하여 **得常樂里故**⑨**關相國私第之東亭而處**
시어장안   구가거처   득상락리고 관상국사제지동정이처

之라. **明日屨及于亭之東南隅**하여 **見叢竹於斯**하니 **枝葉**⑩**殄瘁**하
지   명일구급우정지동남우   견총죽어사   지엽 진췌

여 ⑪**無聲無色**이라.
무성무색

詢乎關氏之老則曰；此相國之手植者라. **自相國捐館**으로 **他**
순호관씨지로즉왈 차상국지수식자   자상국연관   타

人假居하여 **繇是**⑫**筐篚者斬焉**하며 ⑬**簹篻者刈焉**하여 ⑭**刑餘之材**
인가거   유시   광비자참언   수추자예언   형여지재

가 **長無尋焉**이오 **數無百焉**이라. **又有凡草木**이 **雜生其中**하여
장무심언   수무백언   우유범초목   잡생기중

⑮**苯蓴薈蔚**하여 **有無竹之心焉**이라.
분준회울   유무죽지심언

居易惜其嘗經長者之手요 **而見賤俗人之目**하여 **翦棄若是**나
거이석기상경장자지수   이견천속인지목   전기약시

本性猶存이라. **乃刪**⑯**翳薈**하며 **除糞壤**하고 ⑰**疏其間**하며 ⑱**封其下**
본성유존   내산 예회   제분양   소기간   봉기하

하되 **不終日而畢**이라. **於是日出有清陰**하고 **風來有清聲**하여 **依**
부종일이필   어시일출유청음   풍래유청성   의

依然欣欣然하여 **若有情於**⑲**感遇也**러라.
의연흔흔연   약유정어 감우야

嗟乎라! 竹植物也라. 於人何有哉리오? 以其有似於賢일새 而人
차 호　　죽 식 물 야　 어 인 하 유 재　　이 기 유 사 어 현　　　　 이 인

猶愛惜之하며 封植之하니 況其眞賢者乎아? 然則竹之於草木에
유 애 석 지　　　 봉 식 지　　 황 기 진 현 자 호　　 연 즉 죽 지 어 초 목

猶賢之於衆庶라.
유 현 지 어 중 서

嗚呼라! 竹不能自異요 惟人異之라. 賢不能自異요 惟用賢者
오 호　　 죽 불 능 자 이　 유 인 이 지　　 현 불 능 자 이　 유 용 현 자

異之니라. 故作養竹記하여 書于亭之壁하여 以貽其後之居斯者하
이 지　　　 고 작 양 죽 기　　 서 우 정 지 벽　　 이 이 기 후 지 거 사 자

고 亦欲以聞於今之用賢者云이라.
　 역 욕 이 문 어 금 지 용 현 자 운

주해　① 善建不拔(선건불발) —《노자도덕경(老子道德經)》54장에 '덕을 잘
　　세우면 뽑히지 않는다'고 하였다. 대나무의 튼튼한 뿌리에 군자의 확고한
　　덕행을 비유한 표현이다.

② 虛受(허수) —자신의 마음을 비운 채 다른 사람의 의견을 받아들임.

③ 砥礪(지려) —부지런히 갈고 닦음.

④ 夷險(이험) —땅의 평탄함과 험함. 다시 말하면 인생에서의 역경(逆境)과
　　순경(順境)을 비유함. 또는 군자의 궁달(窮達).

⑤ 庭實(정실) —마당에 진열된 공물. 여기서는 정원수의 뜻.

⑥ 貞元十九年(정원십구년) —803년으로 백거이(白居易)가 32세 되던 해. 정
　　원 18년에 백거이는 이부(吏部)에서 실시한 시서판발췌과(試書判拔萃科)
　　에 급제함으로써 이듬해에 교서랑(校書郎)에 임명되었다.

⑦ 拔萃(발췌) —여럿 가운데에서 특별히 뛰어남. 여기서는 '시서판발췌과'를
　　지칭함.

⑧ 校書郎(교서랑) —서적 편찬에서 교열을 담당한 관리.

⑨ 關相國(관상국) —이름은 파(播). 전기(傳記) 미상.

⑩ 殄瘁(진췌) —병들어 없어짐.

⑪ 無聲無色(무성무색) —성색(聲色)이 전혀 없음. 물품이 형편없음.

⑫ 筐篚(광비) —대나무로 만든 광주리.

⑬ 篲箒(수추)-대나무로 만든 비.

⑭ 刑餘之材(형여지재)-형벌을 받고 남은 재목. 여기서는 잘려지고 베어지
고 난 다음의 나머지 대나무. ㅇ尋(심)-8척(尺). 한 발의 길이.

⑮ 苯蓴薈蔚(분준회울)-초목이 무성히 자라서 우거진 모양.《백거이집(白居
易集)》에는 '봉용회울(葑茸薈鬱)'로 되어 있는데 같은 뜻임.

⑯ 翳薈(예회)-무성하게 가리워진 초목.《백거이집》에는 '예회(翳薈)'로 되
어 있음.

⑰ 疏(소)-대나무 사이를 틔워 주는 것.

⑱ 封其下(봉기하)-아래 흙을 북돋아줌.

⑲ 感遇(감우)-은혜에 감사함.

해설 사군자 가운데 하나인 대나무에 대한 중국 문인들의 의식을 보여주
는 짧은 글이다. '군자(君子)'라는 말이 내포하는 정치적 함축성과 글의
후반에 나오는 '용현자(用賢者)'의 의미를 되새긴다면 단순히 대나무라는
식물에 대한 의식 표현에 그치지 않는, 간결하면서도 깊은 뜻이 담긴 글
임을 파악할 수 있을 것이다.

아방궁부(阿房宮賦)

두목(杜牧)

1

　전국(戰國)의 육국(六國)이 망하여 천하가 하나로 통일되고,
　촉산(蜀山)의 나무 잘려 우뚝해지며 아방궁이 출현했네.
　3백 리 땅을 뒤덮었고 하늘의 해를 격리시켰네.
　여산(驪山) 북쪽에 축조되어 서쪽으로 꺾여 곧장 함양(咸陽)에 이르렀고,
　두 강물 줄기가 유유히 궁 담 안으로 흘러들었네.
　5보(步)마다 한 개의 누각이요 10보마다 한 개의 고각이 서있으며,
　복도는 빙돌며 이어져 있고, 처마는 높이 솟아 있네.
　건물은 각기 지세에 따라 배치되었으며, 지붕은 갈고리가 엇이어지고 뿔이 서로 다투듯 이어졌네.
　건물들이 구불구불하고 이리저리 둘러져 있어서
　벌집과도 같고 소용돌이와도 같으며,
　우뚝 솟은 추녀에서 떨어지는 물줄기는 몇 천만 가닥인지 모르겠네.
　긴 다리가 물결 위에 놓여 있어, 구름도 없는데 웬 용인가 싶고,
　2층 복도가 허공을 가로지르니, 비갠 것도 아닌데 웬 무지개인가 싶네.
　높고 낮은 누각들로 어둡고 희미하여 동서의 분간을 못하겠네.

가대(歌臺)에서는 부드러운 노랫소리 봄볕같이 화락하고,

춤추는 전각(殿閣)에서는 찬 옷소매 나부껴 비바람같이 서늘하니,

하루 사이 한 궁전 안에서도 기후가 고르지 않은 듯하네.

여러 비빈(妃嬪)과 궁녀들, 왕자와 황손(皇孫)들이

자기 집을 떠나 수레 타고 진(秦)으로 모여와서는,

아침저녁으로 주악(奏樂)과 노래 즐기며

진나라의 궁인(宮人)이 되었다네.

별이 반짝인다 했더니 이들이 경대(鏡臺)의 거울을 여는 것이었고,

검푸른 구름이 뭉실뭉실 인다 했더니 이들이 새벽에 머리를 빗는 것이었고,

위수(渭水)에 기름기 흘러넘침은 이들이 연지 물을 버린 때문이며,

연기 오르고 안개 자욱한 것은 이들이 초란(椒蘭) 향을 태우는 때문이라네.

우렛소리에 깜짝 놀라 보니 궁전의 수레 지나가는 소리인데,

덜커덕덜커덕 멀리까지 들리니 아득하여 그 가는 곳을 모르겠네.

살결과 얼굴빛 하나하나가 교태를 다한 궁녀들이,

마냥 서서 멀리 바라보며 황제의 행차 기다렸지만,

36년 동안 황제를 한번도 뵙지 못한 이들도 있었다네.

원문 ①六王畢하니 ②四海一하고
　　　육 왕 필　　사 해 일

③蜀山兀하니 阿房出이라.
　촉 산 올　　아 방 출

④覆壓三百餘里하여 隔離天日하니
　복 압 삼 백 여 리　　격 리 천 일

⑤驪山北搆而西折하여 直走⑥咸陽하고
　여 산 북 구 이 서 절　　직 주　함 양

⑦二川溶溶하여 流入宮墻이라.
　이 천 용 용　　유 입 궁 장

五步一樓요 十步一閣이라.
오 보 일 루　　십 보 일 각

⑧廊腰縵廻하고 ⑨簷牙高啄하며
　낭 요 만 회　　첨 아 고 탁

各抱地勢하여 ⑩鈞心鬪角하니
각 포 지 세　　구 심 투 각

⑪盤盤焉하며 ⑫囷囷焉하여
　반 반 언　　　균 균 언

蜂房水渦이 ⑬矗不知其幾千萬落이로다.
봉 방 수 와　촉 부 지 기 기 천 만 락

長橋臥波하니 ⑭未雲何龍이며
장 교 와 파　　미 운 하 룡

⑮複道行空하니 ⑯不霽何虹가?
　복 도 행 공　　부 제 하 홍

高低冥迷하여 不知西東이라.
고 저 명 미　　부 지 서 동

歌臺暖響은 春光⑰融融하고
가 대 난 향　춘 광 융 융

舞殿⑱冷袖는 風雨⑲凄凄하여
무 전 냉 수　　풍 우 처 처

一日之內와 一宮之間에 而氣候不齊로다.
일 일 지 내　　일 궁 지 간　이 기 후 부 제

⑳妃嬪勝嬙과 王子皇孫이
　비 빈 잉 장　　왕 자 황 손

辭樓下殿하여 ㉑輦來于秦하여
사 루 하 전　　　연 래 우 진

朝歌夜絃하여 爲秦宮人이로다.
조 가 야 현　　위 진 궁 인

明星㉒熒熒은 開粧鏡也요
명 성 형 형　　개 장 경 야

㉓綠雲擾擾는 梳曉鬟也요
　녹 운 요 요　　소 효 환 야

渭流漲膩는 棄脂水也요
위 류 창 니   기 지 수 야

煙斜霧橫은 焚^㉔椒蘭也요
연 사 무 횡   분 초 란 야

^㉕雷霆乍驚은 宮車過也니
뇌 정 사 경   궁 거 과 야

^㉖轆轆遠聽에 ^㉗杳不知其所之也로다.
녹 록 원 청   묘 부 지 기 소 지 야

一肌一容이 盡態極姸하여
일 기 일 용   진 태 극 연

^㉘縵立遠視而^㉙望幸焉이로되
만 립 원 시 이   망 행 언

有不得見者가 ^㉚三十六年이라.
유 부 득 견 자   삼 십 육 년

주해 ① 六王畢(육왕필)−육왕은 전국시대 제(齊)·초(楚)·한(韓)·위(魏)·
연(燕)·조(趙) 여섯 나라의 왕을 말함. 여섯 나라가 진(秦)에게 망하다.

② 四海一(사해일)−천하가 통일되다.

③ 蜀山兀(촉산올)−촉산의 수목이 베어져 우뚝하고 평평해지다. 진시황(秦
始皇)이 궁전을 지으려고 촉산(蜀山)과 형산(荊山)의 목재를 벤 것을 말
함. 올(兀)은 높고 평평한 것.

④ 覆壓(복압)−뒤덮고 억누르다.

⑤ 驪山(여산)−섬서성(陝西省) 임동현(臨潼縣) 동남쪽에 있는 산. ㅇ搆(구)−
축조되다.

⑥ 咸陽(함양)−진(秦)의 서울.

⑦ 二川溶溶(이천용용)−두 물줄기가 유유히 흐르다. 이천(二川)이란 위수
(渭水)와 경수(涇水). 용용(溶溶)은 물이 도도히 흐르는 모양.

⑧ 廊腰縵廻(낭요만회)−낭요는 복도가 구부러진 곳을 말함. 만회는 빙빙 돌
아 길게 이어진 모양.

⑨ 簷牙高啄(첨아고탁)−처마끝이 높이 솟은 모습이 마치 새의 부리가 높은
곳을 쪼는 모습과 비슷함을 말함. 첨아(簷牙)는 처마끝.

⑩ 鉤心鬪角(구심투각)-지붕이 갈고리를 한데 모아놓은 듯하고 처마끝은 뿔이 서로 다투듯 이어져 있다. 궁실의 배치가 어지러이 섞여 있고 치밀하게 연이어 있는 것을 말함. 또는 건축가들이 세심하고 정성스럽게 설계하고 건축한 것.

⑪ 盤盤焉(반반언)-구불구불한 모양.

⑫ 囷囷焉(균균언)-빙빙 둘러 있는 모양.

⑬ 矗(촉)-우뚝 솟은 모양. ○落(낙)-처마에서 떨어지는 물줄기.

⑭ 未雲何龍(미운하룡)-구름이 일지도 않았는데 어찌 용이 있는가? 장교(長橋)를 물결 위에 놓인 큰 용에 비유한 것.

⑮ 複道行空(복도행공)-2층으로 된 복도가 공중에 놓여 있다.

⑯ 不霽何虹(부제하홍)-비가 갠 것도 아닌데 어찌 무지개가 있는가? 비가 그친 것을 제(霽)라 한다.

⑰ 融融(융융)-부드럽고 화락함.

⑱ 冷袖(냉수)-차가운 옷소매. 춤을 추느라 긴 옷소매를 흔들어 바람이 이는 것을 말함.

⑲ 凄凄(처처)-서늘함.

⑳ 妃嬪媵嬙(비빈잉장)-황후 다음이 비(妃)이고 그 다음이 빈(嬪)이다. 잉장(媵嬙)은 빈 다음가는 궁녀.

㉑ 輦(연)-천자가 타는 수레.

㉒ 熒熒(형형)-번쩍번쩍 빛남.

㉓ 綠雲擾擾(녹운요요)-녹색 구름이 어지러이 일어남. 녹운(綠雲)은 여자의 아름다운 머리카락을 형용한 것. 요요(擾擾)는 어지러이 일어나는 모양.

㉔ 椒蘭(초란)-산초와 난초. 향기가 좋은 것.

㉕ 雷霆乍驚(뇌정사경)-우렛소리에 깜짝 놀라다.

㉖ 轆轆(녹록)-수레 달리는 소리.

㉗ 杳(묘)-아득함. ○之(지)-가다.

㉘ 縵立(만립)-우두커니 서서 기다림.

㉙ 望幸(망행)-황제의 행차를 기다림.

㉚ 三十六年(삼십육년)-진시황의 재위기간이 36년임.

2

연(燕)·조(趙)에서 소중히 간직하던 보물,

한(韓)·위(魏)에서 애써 모은 보화와 제(齊)·초(楚)의 귀중품들은,

몇세(世) 몇년을 빼앗아 모은 것인지 산과 같이 쌓였는데,

하루아침에 이것들을 잃어 모두 진나라로 실어 왔다네.

보물인 정(鼎)이 보통 가마솥같이, 옥(玉)은 돌같이,

금은 흙덩이같이 진주는 조약돌처럼,

길에 가득히 내버려져 있는데,

진나라 사람들은 그것을 보고도 그리 아까워하지 않네.

아아! 황제 한 사람의 마음이 온 백성의 마음이거늘,

황제 한 사람이 호사함을 좋아하니 사람들도 자기 집의 부귀만을 생각하네.

어찌하여 작은 것까지도 남기지 않고 깡그리 거둬들이고는,

그것을 쓰기는 진흙 모래 쓰듯 한단 말인가?

대들보를 받친 기둥이 남쪽 밭의 농부 수보다 많고,

대들보에 걸린 서까래는 베짜는 여인보다 많으며,

못대가리 번쩍이는 것이 곳간의 곡식 낟알보다 많고,

기와의 이음매 들쭉날쭉한 것이 몸에 두른 비단실보다 많았으며,

가로세로 놓여진 난간은 전국에 있는 성곽보다 많고,

관현악기의 요란한 소리가 길거리 사람들 말소리보다 많네.

천하의 백성들로 하여금 감히 말도 못하고 화만 나게 하니,

외로운 폭군의 마음은 날로 더욱 교만하고 완고해졌네.

변방을 지키던 병사들이 소리치며 일어나자, 함곡관(函谷關)이 함락되고,

초(楚)나라 사람 한 자루 횃불에, 가련하게도 아방궁은 초토가 되어 버렸네.

아아! 육국(六國)을 멸한 것은 육국 자신이지 진나라가 아니요,

진나라를 족멸(族滅)한 것은 진나라 자신이지 천하가 아니었도다.

아아! 여섯 나라 왕이 각기 그 백성을 사랑했었다면,

충분히 진나라를 방어할 수 있었을 것이요,

진이 다시 여섯 나라의 백성을 사랑했다면,

2세(世)를 계승하여 만세에 이르기까지 왕위를 이어갈 수 있었을 것이니, 누가 그들을 멸할 수 있었겠는가?

진나라 사람들은 스스로 슬퍼할 겨를도 없었는데 후세 사람들이 그들을 슬퍼하고 있도다.

후세 사람들이 슬퍼하기만 하고 그것을 거울삼지 않는다면,

또한 그 후세 사람들이 다시 그들을 슬퍼하게 되리라.

원문

燕趙之[1]收藏과 韓魏之[2]經營과
연 조 지 수 장   한 위 지 경 영

齊楚之[3]精英을 幾世幾年에
제 초 지 정 영   기 세 기 년

[4]摽掠其人하여 [5]倚疊如山이라.
표 략 기 인   의 첩 여 산

一旦不能有하고 輸來其間하여
일 단 불 능 유   수 래 기 간

[6]鼎鐺玉石과 金塊珠礫을
정 쟁 옥 석   금 괴 주 력

[7]棄擲邐迤하되
기 척 리 이

秦人視之엔 亦不甚惜이라.
진 인 시 지   역 불 심 석

嗟乎라! [8]一人之心은 千萬人之心也라.
차 호   일 인 지 심   천 만 인 지 심 야

秦愛[9]紛奢어든 人亦念其家어늘
진 애 분 사   인 역 념 기 가

奈何取之를 盡[10]錙銖하고
내 하 취 지   진 치 수

用之如泥沙오?
용 지 여 니 사

使負棟之柱가 多於南畒之農夫며
사 부 동 지 주   다 어 남 견 지 농 부

架梁之椽이 多於機上之工女며
가 량 지 연   다 어 기 상 지 공 녀

釘頭⑪磷磷이 多於在⑫庾之粟粒이며
정 두 린 린   다 어 재 유 지 속 립

⑬瓦縫參差가 多於周身之帛縷며
와 봉 참 치   다 어 주 신 지 백 루

直欄橫檻이 多於⑭九土之城郭이며
직 란 횡 함   다 어 구 토 지 성 곽

管絃⑮嘔啞가 多於市人之言語라.
관 현 구 아   다 어 시 인 지 언 어

使天下之人으로 不敢言而敢怒하고
사 천 하 지 인   불 감 언 이 감 노

⑯獨夫之心이 日益驕固러니
독 부 지 심   일 익 교 고

⑰戍卒叫에 ⑱函谷擧하고
수 졸 규   함 곡 거

⑲楚人一炬에 可憐焦土로다.
초 인 일 거   가 련 초 토

嗚呼라! 滅六國者는 六國也요 非秦也며
오 호   멸 육 국 자   육 국 야   비 진 야

⑳族秦者는 秦也요 非天下也라.
족 진 자   진 야   비 천 하 야

嗟夫라! 使六國으로 各愛其人이면
차 부   사 육 국   각 애 기 인

則足以拒秦이오
즉 족 이 거 진

秦復愛六國之人이면 則㉑遞二世하여
진 부 애 육 국 지 인   즉 체 이 세

可至萬世而爲君이니 誰得而族滅也리오?
가 지 만 세 이 위 군   수 득 이 족 멸 야

秦人^㉒不暇自哀而後人哀之_요
진 인　불 가 자 애 이 후 인 애 지

後人哀之而不^㉓鑑之_면
후 인 애 지 이 불　감 지

亦使後人而復哀後人也_{리라.}
역 사 후 인 이 부 애 후 인 야

주해　① 收藏(수장)－거둬들여서 창고에 감춰 둔 보물.

② 經營(경영)－애써서 모은 보물.

③ 精英(정영)－정교하고 빼어난 값진 물건.

④ 摽掠其人(표략기인)－'인(人)'자는 '민(民)'으로 보아야 함. 당(唐) 태종(太宗) 이세민(李世民)의 '민'을 휘(諱)함. 백성들로부터 강제로 빼앗다.

⑤ 倚疊(의첩)－쌓다.

⑥ 鼎鐺玉石(정쟁옥석)－보물인 정(鼎)을 가마솥처럼 여기고 옥(玉)을 돌처럼 여김. 다음 구절 금괴주력(金塊珠礫)도 같은 구조임.

⑦ 棄擲邐迤(기척리이)－내버려서 길에 가득함. 기척(棄擲)은 내버리다. 이이(邐迤)는 연이어 있는 모양.

⑧ 一人之心(일인지심)－황제 한 사람의 마음.

⑨ 紛奢(분사)－호사스러운 사치.

⑩ 錙銖(치수)－중량을 나타내는 단위. 1량(兩)은 4치(錙)이고 1치는 6수(銖). 여기에서는 매우 하찮은 것, 작은 것을 뜻함.

⑪ 磷磷(인린)－반짝이는 모양.

⑫ 庾(유)－곳간.

⑬ 瓦縫(와봉)－기와가 서로 맞닿은 곳.

⑭ 九土(구토)－구주(九州). 곧 전국을 말함.

⑮ 嘔啞(구아)－요란한 악기 소리.

⑯ 獨夫(독부)－민심을 잃어 편들어 주는 이 없는 폭군.

⑰ 戍卒(수졸)－국경을 지키는 졸병. 진시황에게 최초로 반란을 일으킨 사람은 기현(蘄縣) 대택향(大澤鄕)의 진승(陳勝)과 오광(吳廣)이며, 이들에 뒤이어 천하가 들고일어났다.

⑱ 函谷擧(함곡거) - 함곡은 함양(咸陽)을 지키는 난공불락의 관문으로 알려져 있었는데 유방(劉邦)이 이를 함락시키고 함양에 입성했다. 거(擧)는 공격하여 빼앗음.

⑲ 楚人一炬(초인일거) - 거(炬)는 횃불. 혹은 불사르다. 초(楚) 항우가 함양에 입성하여 왕족들을 죽이고 궁실을 불태우니 그 불길이 3개월 동안 계속되었다 함.

⑳ 族(족) - 족멸(族滅)하다. 황족을 모두 죽임.

㉑ 遞(체) - 갈마들다. 바뀌어지다.

㉒ 不暇(불가) - ……할 겨를이 없다.

㉓ 鑑(감) - 거울로 삼아 경계하다.

해설 《사기(史記)》 진시황본기(秦始皇本記)에 의하면 아방궁은 지금의 섬서성(陝西省) 장안현(長安縣) 서북쪽에 있었던 궁전으로 위수(渭水) 남쪽 상림원(上林苑)에 지어졌다. 그 크기가 엄청나 동서로 5백 보, 남북으로 5백 장(丈)이나 되고 전상(殿上)에는 1만 명을 앉힐 수 있고 전하(殿下)에는 다섯 장(丈)의 기(旗)를 세울 수 있다. 건물과 건물을 잇는 복도(複道)를 통하여 곧바로 남산(南山)에 이를 수 있으며 2층의 복도는 위수를 건너 함양까지 연결되었는데, 이는 북두성이 은하를 건너 영실성(營室星)에 이르는 것을 상징했다.

아방궁은 완공되기 전에 소실되어 지명을 따서 아방(阿房)이라 불렀다. 이 궁은 죄수 70여만 명이 동원되어 북산(北山)의 돌과 촉(蜀)·형(荊) 두 지방의 목재로 건축되었는데, 완성되기 전에 시황제가 죽어, 다음 대에까지 공사가 계속되었다. 한때 재상이던 이사(李斯)가 백성들의 원성이 높다고 간하여 공사의 중단을 청하였으나 받아들여지지 않았고, 무리한 공사의 강행은 진나라 멸망의 주요 원인이 되고 말았다.

《당시기사(唐詩紀事)》의 기록에 의하면, 당 태화(太和) 초년의 태학박사(太學博士)이던 오무릉(吳武陵)이 이 글을 보고 예부시랑(禮部侍郞)에게 추천하여 두목(杜牧)을 과거에 급제케 했다고 한다. 두목은 25세에 급제했다니 그 이전에 이 작품은 지어진 것으로 봄이 옳을 것이다.

　　이 작품은 부(賦)의 특성인 묘사와 포장(舖張)의 방법으로, 전반부에서는 아방궁 건물과 그 안의 정경들을 세세히 묘사해 나가다가 마지막에 가서 '초인일거(楚人一炬), 가련초토(可憐焦土)'에 이르러 모든 것을 한 순간에 날려버리고는, 후세인들에 대한 훈계로써 끝을 맺고 있다.

조고전장문(弔古戰場文)

이화(李華)

 아득히 넓은 평평한 모래 벌판은 끝없이 펼쳐져 있어 멀리 둘러보아도 사람은 보이지 않는다. 황하(黃河)의 물은 굽이치며 흐르고 숱한 산들이 얽히어 흩어져 있다. 암담한 정경은 참담하고 처량한데, 바람은 슬피 울어대고 해는 어둑어둑하다. 쑥대는 꺾이어지고 풀은 말라서, 오싹함이 마치 서리 내린 새벽같다. 새들은 높이 날며 내려오려 하지 않고 짐승은 내달아 흩어져서 무리를 잃는다.
 그곳의 정장(亭長)이 내게 말했다.
 "이곳은 옛 싸움터인데, 일찍이 삼군(三軍)의 군사가 전멸당한 곳입니다. 곳곳에서 혼귀(魂鬼)가 우는 소리를 날이 흐릴 때면 들을 수 있습니다."
 마음이 아프구나! 진대(秦代)였을까? 한대(漢代)였을까? 아니면 근대였을까? 내가 들은 바로는, 옛날 제(齊)나라와 위(魏)나라는 수자리를 위해 군역(軍役)에 백성들을 끌어내고, 형(荆)나라와 한(韓)나라는 군사들을 뽑아 모았다고 한다. 그들은 만리의 전쟁터로 달려 나아가, 여러 해 동안 들판에서 지내며, 새벽에는 사막의 풀을 뜯어 말에게 먹이고, 밤에는 황하의 얼음 위를 건넜다고 한다. 땅은 넓고 하늘은 끝없이 멀어서, 돌아가는 길조차 알지 못하고, 몸을 칼 끝에 의지하였으니 답답하고 괴로운 마음 누구에게 호소할 수 있었겠는가?

진(秦)나라와 한(漢)나라 이래로, 사방의 오랑캐와 싸운 일이 하도 많아서, 중원의 국력이 소모되고 파괴됨은 어느 대고 없을 때가 없었다. 옛날에는 오랑캐와 중국 땅을 구별하고, 천자의 군대에는 대항하지 않는다 하였는데, 지금은 교화를 널리 펴지 못하고, 무인들의 기이한 계략을 써서 전쟁을 한다. 기이한 계략으로써 군사를 부림은 인의(仁義)와는 다른 것인데, 덕으로 다스리는 왕도정치는 우활한 짓이라 하여 어느 누구도 행하려 하지 않는다.

아아! 나는 북풍이 사막을 휘몰아치고 오랑캐 병사가 호시탐탐 기회를 엿보던 그때를 생각한다. 장군들은 적을 우습게 보고, 적이 영문(營門)에 이른 뒤에야 교전(交戰)을 하게 하였다. 들판에는 군기(軍旗)를 세우고 강가에는 갑옷과 전투복을 입은 병사들을 둘러세운다. 군법(軍法)의 엄중함에 병사들의 마음은 두려워 놀라는데, 장수의 지위는 높고 병사들의 목숨은 비천하다. 오랑캐의 날카로운 살촉은 뼈까지 꿰뚫고, 놀란 듯이 불어닥치는 모래는 얼굴을 들이친다. 적군과 아군이 서로 엉켜 싸우니, 산천이 진동하여 정신이 아찔하고, 싸우는 소리는 장강(長江)과 황하(黃河)를 찢고, 성난 기세는 우레와 번개가 치는 듯하다.

음기(陰氣)가 극에 이르러 모든 것이 얼어붙고 막히는 때에 이르면, 바닷가에는 살을 에는 듯한 삭풍이 몰아친다. 눈은 쌓여 정강이까지 빠지고, 수염에는 단단한 얼음이 엉겨붙는다. 사나운 새도 둥지를 떠나지 못하고, 싸움터에 나가는 말은 머뭇거리며 나아가지 못한다. 명주와 솜으로 짠 옷도 따뜻하지 않고, 손가락은 얼어 떨어지고 살갗은 찢겨지는 것 같다. 이렇게 혹독한 추위 때가 되면 하늘이 강인한 오랑캐에게 힘을 빌려주는 셈이 된다. 그들은 그 살벌한 기운을 타고 공격해 들어와 마구 베어 죽인다.

곧장 보급부대의 통로를 끊어버리고 측면에서 군사를 공격하여 온다. 부대장인 도위(都尉)는 바로 항복하고, 장군도 또 죽는다. 병사들의 시체는 큰 항구의 언덕을 메우고, 그들의 피는 장성의 동굴에 가득 찬다. 귀한 사람도 없고 천한 사람도 없이, 모두 마른 해골이 되고 마니 어찌 그 참상을 말로 다할 수가 있겠는가?

북소리는 약해지고 병사들의 힘도 다해 가는데, 화살은 바닥나고 시위마저 끊어졌다. 흰 칼날을 부딪치며 싸우다보니 보검(寶劍)마저 부러졌으되, 양쪽 군대 다가서서 생사를 결하고 싸운다. 항복을 하려니 평생 오랑캐 노릇하게 될 것이고, 싸우려니 모래와 자갈 위에 뼈를 드러내놓게 될 것이다.

새들은 우짖지 않고 산은 고요하다. 밤은 참으로 긴데 바람소리만 쓸쓸히 들린다. 혼백이 서로 엉키어 하늘은 자욱하고, 귀신이 모여들어 구름이 뒤덮인다. 햇빛이 차가우니 풀조차 자라지 않고, 달빛은 처량한데 서리가 하얗게 내린다. 이토록 사람의 마음을 아프게 하고 눈을 처참하게 하니, 이와 같은 곳이 또 어디에 있을까?

나는 이런 것을 들었다. 옛날 이목(李牧)은 조(趙)나라의 병졸을 써서 임호(林胡)라는 오랑캐족을 깨뜨리고 영토를 천리나 개척하여 흉노족(匈奴族)을 멀리 도망가게 했다고 한다. 한(漢)나라는 천하의 온 힘을 기울여 흉노와 싸웠지만, 결국 재화는 탕진되고 인력은 피폐해졌다. 중요한 일은, 사람을 잘 임용하는 데 있는 것이지, 어찌 그 병력의 많음에 있는 것이랴!

주(周)나라 때에는, 북쪽 오랑캐 험윤(獫狁)을 쫓아내어, 북쪽 태원(太原)에까지 이르렀고, 그후 북방에 성을 쌓고는 군사를 손실함 없이 전군사가 모두 돌아왔다. 종묘에 이르러 술을 마시고 공훈을 책(策)함에 모두 다 화락하고 즐거워서, 온화하고 점잖으니 군신간의 질서는 훌륭한 모습이었다.

진(秦)의 시황제(始皇帝)는 만리장성(萬里長城)을 쌓고 해안 끝에 관문(關門)을 세워, 많은 백성들을 고통스럽게 하고 만 리를 백성들의 피로 물들였다. 한(漢)나라 때에는 흉노를 쳐서 음산(陰山)을 손에 넣기는 하였지만, 전사자의 시체가 들판에 널렸으니, 그 전과는 그 피해를 보상할 수가 없었다.

머리 검은 저 많은 백성들, 그 누가 부모 없으리오? 부모는 자식의 손을 잡아 이끌어주고, 안고 업고 하며 행여나 오래 살지 못할까 두려워한다. 그 누가 형제 없으리오? 형제는 손과 같고 발과 같은 존재인 것이다. 그 누가 부부 아니리오? 부부는 서로 손님과 같이 공경하고 벗과 같이 사랑하면서 살아간다. 그런데 임금은, 그들이 살아 있을 때 무슨 은혜를 베풀었으며, 또 그들을 무슨 죄로 죽였는가? 그들이 죽었는지 살았는지, 집에서는 소식조차 알 수가 없다.

혹 인편에 소식이 와도, 믿을 것인가 의심할 것인가, 깊은 걱정에 마음과 눈이 항상 시름에 잠겼으니, 자나깨나 그가 눈앞에 보인다. 마침내, 제삿상을 차려 술잔에 술을 붓고, 통곡하면서 하늘 끝을 바라보니, 하늘도 땅도 그를 위해 슬퍼하고, 초목도 비통해한다. 영혼을 위로하는 제사가 지극하지 않으면 혼령도 의탁할 곳이 없으리니, 반드시 흉년이 들어서 백성들은 자기가 살던 곳을 잃고 흩어져 떠나간다.

아아! 이것은 시국 때문인가, 운명 때문인가? 옛부터 이러했다 하니 그것을 어찌하랴? 다만 나라의 수비는 사방의 오랑캐들을 잘 대처하는 데 있는 것이다.

[원문] ①浩浩乎平沙無垠하여 ②夐不見人하니 河水③縈帶하고 羣山
　　　　호호호평사무은　　　　형불견인　　　하수영대　　　군산

④糾紛이라. ⑤黯兮慘悴하여 風悲日⑥曛하고 ⑦蓬斷草枯하여 ⑧凜
규분　　　암혜참췌　　　풍비일훈　　　봉단초고　　　늠

若霜晨하니 鳥飛不下하고 ⑨獸挺亡羣이라.
약상신　　조비불하　　　수정망군

⑩亭長告余曰：此古戰場也라. ⑪嘗覆三軍하니 ⑫往往鬼哭하여
정장고여왈　차고전장야　　상복삼군　　　왕왕귀곡

天陰則聞이니라. 傷心哉라! 秦歟아 漢歟아? 將⑬近代歟아? 吾聞
천음즉문　　　상심재　　진여　한여　　장근대여　　오문

夫齊魏⑭徭戍하고 荊韓召募에 萬里奔走하고 連年⑮暴露하여 沙
부제위요수　　　형한소모　만리분주　　연년폭로　　사

草晨⑯牧하고 河冰夜渡하니 地濶天長하여 不知歸路라. 寄身鋒刃
초신 목　　하빙야도　　지활천장　　부지귀로　　기신봉인

하니 ⑰膈臆誰訴오?
　　픽억수소

　秦漢而還으로 ⑱多事四夷하여 ⑲中州耗斁가 無世無之로라. 古
진한이환　　다사사이　　중주모두　　무세무지　　고

稱⑳戎夏하고 不抗㉑王師러니 文敎㉒失宣하여 武臣用奇일새 奇兵
칭 융하　　불항 왕사　　문교 실선　　무신용기　　기병

有異於仁義하고 王道㉓迂闊而莫爲라.
유이어인의　　왕도 우활이막위

　㉔嗚呼噫嘻로다! 吾想夫北風振漠하고 胡兵㉕伺便하니 主將驕
　오호희희　　오상부북풍진막　　호병 사편　　주장교

敵하고 ㉖期門受戰이라. 野㉗竪旌旗하고 川回㉘組練하여 法重心
적　　기문수전　　야 수정기　　천회 조련　　법중심

駭코 位尊命賤이라. ㉙利鏃穿骨하고 ㉚驚沙入面하니 ㉛主客相搏
해　　위존명천　　이촉천골　　경사입면　　주객상박

에 山川震㉜眩하여 ㉝聲拆江河하고 勢㉞崩雷電이라.
　　산천진 현　　성탁강하　　세 붕뇌전

　至若㉟窮陰凝閉에 ㊱凛冽海隅하여 積雪沒脛하고 堅冰在鬚라.
　지약 궁음응폐　　늠렬해우　　적설몰경　　견빙재수

㊲贄鳥休巢하고 ㊳征馬踟躕로다. ㊴繒纊無溫하여 ㊵墮指裂膚라.
지조휴소　　정마지주　　증광무온　　타지열부

當此苦寒에 ㊶天假强胡하여 ㊷憑陵殺氣하여 以相㊸剪屠라.
당차고한　　천가강호　　빙릉살기　　이상 전도

㊹徑截輜重하며 橫攻士卒하니 ㊺都尉新降하고 將軍復沒하니
경절치중　　횡공사졸　　도위신항　　장군부몰

屍塡巨港之岸하고 血滿㊻長城之窟하여 無貴無賤이 同爲枯骨이
시전거항지안　　혈만 장성지굴　　무귀무천　　동위고골

라. ㊼可勝言哉아?
　　가승언재

　鼓衰兮力盡하고 矢竭兮弦絶이라. 白刃交兮寶刀折하니 兩軍
　고쇠혜력진　　시갈혜현절　　백인교혜보도절　　양군

㊽蹙兮生死決이라. 降矣哉아? 終身夷狄이오 戰矣哉아? 骨暴㊾沙
축혜생사결　　강의재　　종신이적　　전의재　　골폭 사

礫이로다.
력

鳥無聲兮山寂寂이오 夜正長兮風[50]淅淅이라.[51]魂魄結兮天[52]沈
조 무 성 혜 산 적 적　　　야 정 장 혜 풍　석 석　　　혼 백 결 혜 천　침

沈이오 鬼神聚兮雲[53]幂幂이라. 日光寒兮草短이오[54]月色苦兮霜
침　 귀 신 취 혜 운 멱 멱　　　일 광 한 혜 초 단　　　월 색 고 혜 상

白이로다. 傷心慘目이 有如是耶아?
백　　 상 심 참 목　 유 여 시 야

吾聞之하니[55]牧用趙卒하여 大破林胡하니 開地千里하며 遁逃
오 문 지　　　목 용 조 졸　　 대 파 임 호　　 개 지 천 리　　 둔 도

匈奴라. 漢傾天下하여[56]財殫力痛하니[57]任人而已라. 其在多乎아?
흉 노　 한 경 천 하　　　재 탄 력 부　　　임 인 이 이　 기 재 다 호

周逐[58]獫狁하여 北至[59]太原하고 旣城[60]朔方하여 全師而還하니
주 축 험 윤　　 북 지 태 원　　 기 성 삭 방　　 전 사 이 환

[61]飮至策勳에 和樂且閑하여[62]穆穆棣棣君臣之間이라. 秦起長城
음 지 책 훈　 화 락 차 한　　　목 목 태 태 군 신 지 간　　 진 기 장 성

하여 竟海爲[63]關하되[64]荼毒生靈하여[65]萬里朱殷이라. 漢擊匈奴하
경 해 위 관　　 도 독 생 령　　 만 리 주 은　　 한 격 흉 노

여 雖得[66]陰山이나[67]枕骸遍野하여 功不補患이라.
수 득 음 산　　 침 해 편 야　　 공 불 보 환

[68]蒼蒼烝民이 誰無父母리오?[69]提攜捧負하여 畏其不壽라. 誰
창 창 증 민　 수 무 부 모　　 제 휴 봉 부　　 외 기 불 수　 수

無兄弟오? 如足如手라. 誰無夫婦오? 如賓如友라.[70]生也何恩이
무 형 제　 여 족 여 수　 수 무 부 부　 여 빈 여 우　　 생 야 하 은

며 殺之何咎오? 其存其沒을 家莫聞知라.
살 지 하 구　 기 존 기 몰　 가 막 문 지

人或有言이면[71]將信將疑다.[72]悁悁心目이 寢寐見之하여[73]布
인 혹 유 언　　 장 신 장 의　　 연 연 심 목　 침 매 견 지　　 포

奠傾觴하고 哭望天涯하니 天地爲愁하고 草木凄悲라.[74]弔祭不至
전 경 상　 곡 망 천 애　　 천 지 위 수　　 초 목 처 비　　 조 제 부 지

면 精魂無依하니[75]必有凶年하여 人其[76]流離로다.
정 혼 무 의　　 필 유 흉 년　　 인 기 유 리

嗚呼噫嘻라! 時耶아 命耶아?[77]從古如斯라. 爲之奈何오?[78]守
오 호 희 희　 시 야　 명 야　　 종 고 여 사　 위 지 내 하　　 수

在四夷니라.
재 사 이

주해 ① 浩浩(호호)-광대한 모양. ○垠(은)-경계. 한(限)과 같음.

② 夐(형)-원(遠)의 뜻. 아득한.

③ 縈帶(영대)-둘러져 감김.

④ 糾紛(규분)-얽히어 뒤섞임.

⑤ 黯(암)-매우 어두움, 암담함. ○慘悴(참췌)-비참하고 처량함.

⑥ 曛(훈)-해가 저묾. 날이 어두워짐.

⑦ 蓬(봉)-쑥.

⑧ 凛(늠)-오싹 찬기운이 느껴짐.

⑨ 獸挺亡羣(수정망군)-정(挺)은 내닫는 모양. 망군(亡羣)은 짐승들이 제각기 내달아 자기 무리를 잃는 것.

⑩ 亭長(정장)-진(秦)·한(漢) 제도에는 10리를 1정(亭), 10정을 1향(鄕)이라 하였다. 정에는 정장이 있었는데, 도둑을 잡는 일을 맡아하였다. 촌장과 비슷하다.

⑪ 嘗(상)-일찍이. ○覆(복)-전멸함. ○三軍(삼군)-대군(大軍). 주(周) 제도에 천자는 6군이 있고, 대제후는 삼군이 있었다고 한다. 전군의 통칭으로 쓰임.

⑫ 往往(왕왕)-가는 곳마다. 흔히 있는 일이라는 뜻이다.

⑬ 近代(근대)-남북조(南北朝)·수(隋)·당초(唐初)를 가리킨다.

⑭ 徭戍(요수)-요(徭)는 역(役)의 뜻. 수(戍)는 변방을 지키는 것. 백성들을 변방의 수자리로 보낸다는 뜻.

⑮ 暴露(폭로)-햇빛에 그슬리고 이슬을 맞음. 들판에서 지냄.

⑯ 牧(목)-말을 먹임.

⑰ 膕臆(픽억)-숨이 막혀 답답하고 괴로운 것.

⑱ 多事四夷(다사사이)-사방의 오랑캐를 정전(征戰)하는 일이 많다.

⑲ 中州(중주)-중원(中原). ○耗斁(모두)-국력이 소모되고 파괴됨.

⑳ 戎夏(융하)-오랑캐와 중국. 융(戎)은 본디 서쪽 오랑캐를 뜻한다. 하(夏)

는 중원의 한족(漢族).

㉑ 王師(왕사)－천자의 군대.

㉒ 失宣(실선)－선양(宣揚)하는 데 실패하다.

㉓ 迂闊(우활)－지름길로 가지 않고 멀리 돌아서 감. 곧 사정에 어둡고 실용
에 맞지 않음.

㉔ 嗚呼噫嘻(오호희희)－모두 감탄사이다. 아아!

㉕ 伺便(사편)－기회를 엿봄.

㉖ 期門受戰(기문수전)－자기 영문(營門) 앞에 적을 끌어들이어 싸우기로
결정함.

㉗ 竪(수)－입(立)과 같은 뜻. ㅇ旌旗(정기)－군기(軍旗).

㉘ 組練(조련)－조(組)는 갑옷. 연(練)은 두터운 천으로 만든 전투복.

㉙ 利鏃(이촉)－예리한 활촉.

㉚ 驚沙(경사)－갑자기 바람에 날리는 모래.

㉛ 主客相搏(주객상박)－아군과 적군이 서로 싸우다.

㉜ 眩(현)－정신이 아찔함.

㉝ 聲拆江河(성탁강하)－싸우는 소리가 장강(長江)과 황하(黃河)를 찢는 듯함.

㉞ 崩(붕)－무너뜨림.

㉟ 窮陰凝閉(궁음응폐)－음기가 극에 이르러 모든 것이 얼어붙고 막힘. 궁음
(窮陰)은 음기가 극에 이르는 늦겨울, 곧 12월을 가리킴.

㊱ 凜冽(늠렬)－살을 에이는 듯한 추위.

㊲ 鷙鳥(지조)－사나운 새. ㅇ休巢(휴소)－둥우리 속에 머물고 나오지 않다.

㊳ 征馬(정마)－싸움터로 나가는 말. ㅇ踟蹰(지주)－머뭇거리며 나아가지 못
하는 모양.

㊴ 繒纊(증광)－비단과 솜으로 짠 두꺼운 군복.

㊵ 墮指裂膚(타지열부)－손가락이 떨어져나가고 살갗이 찢어짐.

㊶ 天假强胡(천가강호)－하늘이 강한 오랑캐에게 힘을 빌려 줌.

㊷ 憑陵殺氣(빙릉살기)－살벌한 기운을 타고 맹렬하게 침공해 옴. 빙릉(憑
陵)은 세력을 믿고 침범하는 것.

㊸ 剪屠(전도)－베어 죽임.

㊹ 徑截(경절)-곧장 끊음. 경(徑)은 재빨리. ㅇ輜重(치중)-짐을 나르는 수레. 치(輜)는 의복 따위를 싣는 수레이며, 중(重)은 병기 등의 무거운 것을 싣는 수레이다. 여기서는 군수부대(軍需部隊)의 뜻.

㊺ 都尉(도위)-한대(漢代)에 정벌의 일을 맡은 무장에게 내려지던 벼슬 이름.

㊻ 長城(장성)-만리장성. 감숙성(甘肅省)에서부터 요동(遼東)에까지 이르렀다. ㅇ窟(굴)-동굴.

㊼ 可勝言哉(가승언재)-말로 다할 수 있겠는가?

㊽ 蹙(축)-가까이 접근함.

㊾ 沙礫(사력)-모래와 자갈.

㊿ 淅淅(석석)-바람부는 소리를 형용한 말.

(51) 魂魄結(혼백결)-혼(魂)과 백(魄)이 흩어지지 않고 엉킴. 사람이 죽으면, 혼은 하늘로 올라가고 백은 땅으로 돌아간다고 한다. 그러나 비상(非常)한 죽음을 맞이한 사람은 혼백이 분리되지 않고 엉키어서, 사람들에게 재화를 준다고 한다.

(52) 沈沈(침침)-깊은 모양. 음울한 모양.

(53) 冪冪(멱멱)-뒤덮이는 모양.

(54) 月色苦(월색고)-달빛이 처량함.

(55) 牧用趙卒大破林胡(목용조졸대파임호)-이목(李牧)이 조(趙)나라의 병졸을 써서 임호족(林胡族)을 크게 쳐부숨. 목(牧)은 조나라의 명장 이목. 임호는 북방의 이민족으로 흉노의 일족. 이목은 흉노족의 침공을 막아, 10년 동안이나 흉노가 그를 두려워하여 감히 침공하지 못했다고 한다. 후에 조나라 왕이 진(秦)의 참언을 믿고 이목을 죽이자, 진이 공격하여 조나라를 멸망시켰다.

(56) 財殫力痡(재탄력부)-국가의 재력을 다하고 국력이 피폐됨.

(57) 任人(임인)-사람을 임용하는 것.

(58) 獫狁(험윤)-중국 북방의 만족(蠻族). 하(夏)나라 때에는 훈육(獯鬻), 한(漢)나라 때에는 흉노라 했다.

(59) 太原(태원)-지명. 지금의 감숙성(甘肅省) 고원(固原) 일대.

(60) 朔方(삭방)-북방.

(61) 飮至策勳(음지책훈)－종묘에 돌아와 술을 마시고, 공훈을 책정함. 음지(飮至)는 싸움에 이기고 돌아와 종묘에서 술을 마시는 개선식. 책훈(策勳)은 공훈을 책정하는 것.

(62) 穆穆棣棣(목목태태)－온화하고 점잖은 것.

(63) 關(관)－관문(關門).

(64) 荼毒(도독)－씀바귀와 독충(毒蟲). 모진 고통을 비유. ○生靈(생령)－많은 백성.

(65) 萬里朱殷(만리주은)－주(朱)는 붉은색. 은(殷)은 검붉은색. 백성들의 피로 만리가 물들었다는 뜻.

(66) 陰山(음산)－중국과 몽고 국경에 있는 산 이름.

(67) 枕骸(침해)－베개를 같이한 듯이 줄지어 있는 시체.

(68) 蒼蒼(창창)－새파란 것. 백성들의 머리가 검푸른 것을 형용한 것. ○烝民(증민)－많은 백성. 증(烝)은 중(衆)의 뜻.

(69) 提攜捧負(제휴봉부)－손을 잡아 이끌고, 안아주고 업어줌. 부모가 자식을 돌보고 키우는 것을 말함.

(70) 生也何恩(생야하은)·殺之何咎(살지하구)－살아 있을 때에 무슨 은혜를 베풀었으며, 그들을 무슨 죄로 죽였는가. 임금이 백성들에게 무슨 은혜를 베풀었기에 그들을 전쟁터로 보내며, 또 그들이 무슨 죄를 졌기에 전쟁터에서 죽게 하느냐는 뜻이다.

(71) 將信將疑(장신장의)－반신반의(半信半疑)함. 장(將)은 또한.

(72) 悁悁(연연)－매우 걱정하는 모양.

(73) 布奠(포전)－제물(祭物)을 차리다. ○傾觴(경상)－술잔에 술을 붓다.

(74) 弔祭不至精魂無依(조제부지정혼무의)－영혼을 위로하는 제사를 지내는 것이 지극하지 않으면, 영혼이 의지할 곳이 없음.

(75) 必有凶年(필유흉년)－반드시 흉년이 듦. 《노자(老子)》 제30장에, '군대가 머물던 곳에는 가시나무가 생기고, 큰 전쟁 뒤에는 반드시 흉년이 든다(師之所處, 荊棘生焉, 大軍之後, 必有凶年)'라고 하였다.

(76) 流離(유리)－살던 곳에서 흩어져 떠나가는 것.

(77) 從古如斯(종고여사)－예로부터 이와 같았음. 여사(如斯)는 전쟁이 그칠

날이 없고, 전쟁 뒤엔 흉년이 들어 백성들이 유랑하는 것.
⑱ 守在四夷(수재사이)—《좌전(左傳)》 소공(昭公) 22년에 실려 있는 글이다. 수(守)는 나라를 지키는 것. 군주가 인의(仁義)의 왕도정치로써 사방의 오랑캐를 귀복(歸服)시키는 것만이 천하를 태평하게 하는 길이라는 뜻이다. 이 구절은 본문의 주지가 담긴 글이라고 하여 많은 사람들의 주해(註解)가 있으나 결론은 군주의 인정(仁政)만이 전쟁을 종식시킬 수 있다는 것을 강조하고 있다.

해설 제목으로도 알 수 있듯이 이 글은 애제류(哀祭類)에 속한다. 사언유운(四言有韻)의 중간에 《초사(楚辭)》의 〈구가(九歌)〉식 구법이 섞여 있는 특수한 형식의 문장이다.

전쟁의 비참함과 백성들이 전쟁으로 인하여 얼마나 큰 댓가를 치르고 있는가 하는 참상을 선명하게 그려내고 있다. 그리하여 전쟁을 하지 않으려면 임금이 인정(仁政)을 베풀어 사방의 오랑캐까지 귀심(歸心)시켜야 함을 강조하고 있다. 이 글의 주지는 바로 제일 끝 구인 '수재사이(守在四夷)'에 있다.

〈조고전장문(弔古戰場文)〉의 작자 이화(李華)는 자가 하숙(遐叔)이며 개원(開元) 연간에 진사에 합격하여 벼슬이 감찰어사(監察御史)에까지 이르렀던, 당대의 명문장가이다. 이 글은 서경과 서정이 혼연한 명문으로 꼽힌다.

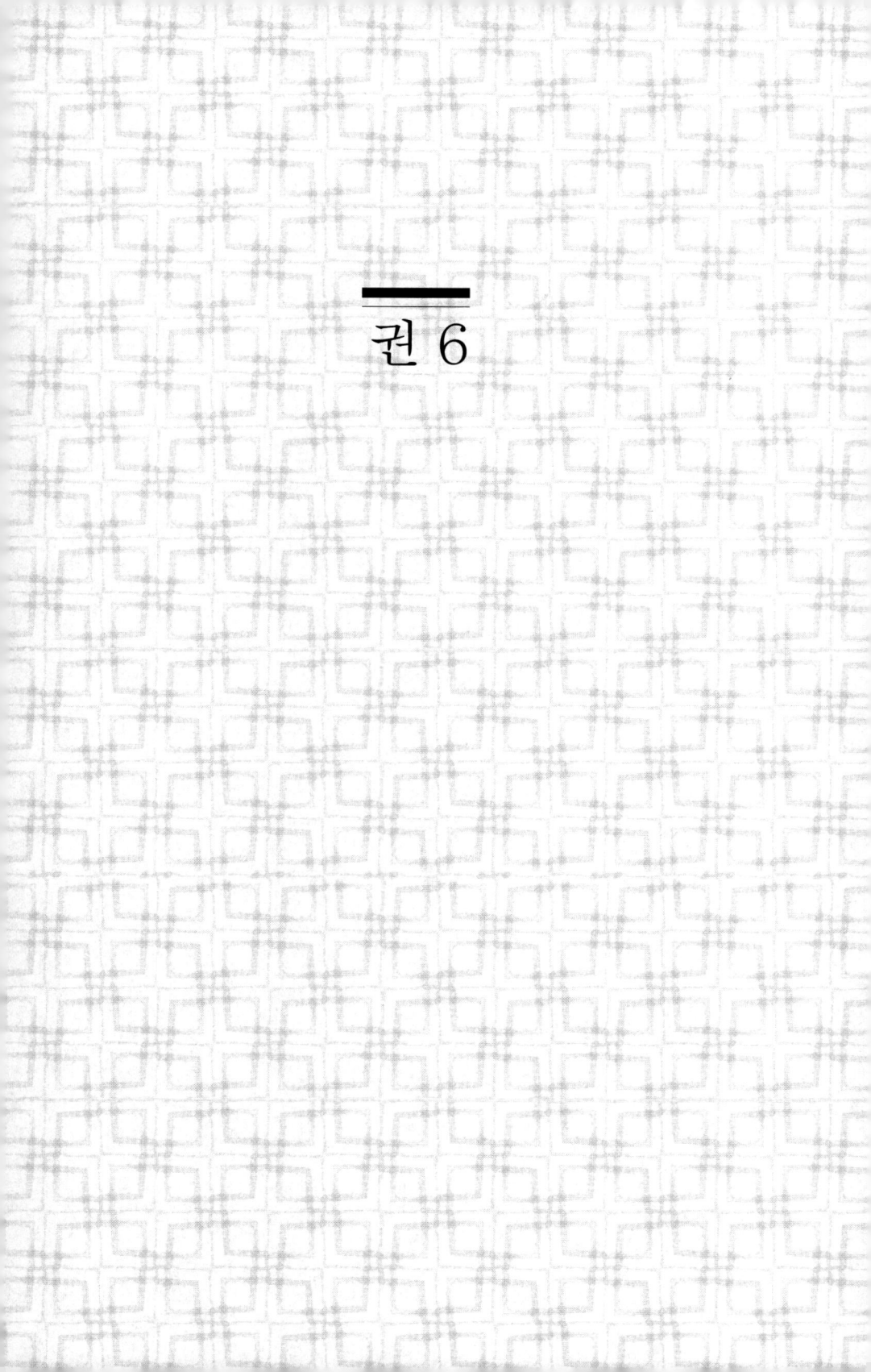

권 6

대루원기(待漏院記)

왕우칭(王禹偁)

하늘의 도(道)는 아무런 말을 하지 않아도, 세상 만물이 형통하고 한 해 동안의 성과를 이루어 놓는 것은 무엇 때문인가? 그것은 사시(四時), 곧 춘(春)·하(夏)·추(秋)·동(冬)이라는 관리들과 오행(五行), 곧 목(木)·화(火)·토(土)·금(金)·수(水)라는 보좌관들이 만물을 생육케 하는 기운을 널리 펴기 때문이다. 성인(聖人)은 아무 말을 하지 않아도, 백성들이 친화하고 만국(萬國)이 다 평안하게 되는 것은 무엇 때문인가? 삼공(三公)이 바른 도리를 논하고 육경(六卿)이 각자의 직분에 따라 백성들에 대한 교화를 넓히기 때문이다. 이것으로 알 수 있듯이, 천자는 높은 자리에서 편안히 있고 신하가 밑에서 수고를 하는 것은 하늘을 본뜬 것이다.

옛날부터 재상으로 천하를 잘 다스린 자는, 순(舜) 때의 고요(皐繇)·기(夔)에서부터 당태종(唐太宗) 때의 방현령(房玄齡)·위징(魏徵)에 이르기까지, 그 수를 헤아릴 수 있을 정도로 많지 않다. 이들은 모두 덕(德)을 가졌을 뿐만 아니라, 또한 모두 맡은 일에 힘썼다. 하물며 그들은 새벽에 일찍 일어나 밤늦도록 한 분 군주만을 섬겼음에랴! 공경이나 대부 또한 그러하니, 하물며 재상이랴!

송의 조정에서는 국초부터 옛 제도에 따라 재상이 시각을 기다리는 대루원(待漏院)을 단봉문(丹鳳門) 오른쪽에 설치했으니 그것은 정사에 힘쓰는 것을 나타내기 위해서이다. 궁성(宮城) 북쪽 문은 새벽의 어둠이 가시지 않고 동녘은 아직 밝지도 않았는데, 재상이 등청(登廳)하니 성안은 불빛으로 휘황하다. 이윽고 재상의 수레가 도착하고 쩔렁쩔렁 말방울 소리가 들려온다. 금문(金門)은 아직 열리지 않은 채 옥으로 만든 물시계는 물방울을 떨어뜨리고 있는데, 수레의 덮개가 벗겨지고 재상은 마차에서 내려 대루원에서 잠시 쉬게 된다. 시각을 기다리는 동안 재상은 무엇을 생각할 것인가?

어쩌면 온 백성이 아직 평안한 생활을 하지 못하고 있다면 그들을 태평하게 할 방법을 생각하고, 사방의 이민족이 아직 복종하지 않고 있다면 그들을 잘 귀부(歸附)케 할 것을 생각할 것이며, 전쟁이 아직 끝나지 않았다면 어떻게 해야 그것을 멈추게 할 수 있을까, 논밭이 많이 황폐해졌다면 어떻게 그것을 개간할 것인가를 생각하리라. 현명한 사람이 초야에 있다면 장차 그를 등용하려 할 것이며, 아첨하는 신하가 조정에 있다면 장차 그를 내치려 할 것이다. 육기(六氣), 곧 음(陰)·양(陽)·풍(風)·우(雨)·회(晦)·명(明)이 조화되지 않아 재난이나 전염병이 연이어 발생한다면, 자신이 직위에서 물러남으로써 재앙을 물리치게 될 것을 바랄 것이다. 형벌이 제대로 쓰이지 못하여 사기와 범죄가 끊이지 않는다면 자신이 덕을 닦아 세상을 잘 다스릴 수 있게 되기를 바라리라. 이런 저런 걱정에 마음 조이다가 동이 트면 궁중에 들어간다.

궁성의 구중문(九重門)은 이미 열리고 천자는 사방에서 일어난 일을 밝게 들으시려고 매우 가까운 곳에서 재상에게 말하게 하고 군주는 그것을 듣는다. 천자의 덕화의 영향이 맑고 고르게 퍼지고 온 백성이 이로써 부유하고 번성하게 된다.

만약 이렇게만 한다면, 백관(百官)의 우두머리 자리에 앉아 만량(萬兩)의 봉록을 누린들 그것은 요행이 아니라 지극히 당연한 일이다. 만약에 사사로운 원한관계를 갚지 못했다 하여 그를 쫓아낼 것을 생각하고, 옛날 은혜를 아직 갚지 못했다 하여 그를 영화롭게 해줄 것을 생각하며,

또 미인이나 옥과 비단과 같은 보물을 어떻게 하면 자기 손에 넣을까 궁리하고, 훌륭한 수레나 말과 기물(器物)이나 애완물 같은 것을 어떻게 하면 가질까 궁리하며, 간교한 사람이 권세에 아부해 오면 그를 윗자리에 승진해야겠다고 생각하고, 정직한 사람이 자기와 반대 의견을 말하면 장차 그를 몰아내야겠다고 생각하며, 삼시(三時), 곧 농사철인 봄·여름·가을에 천재(天災)가 일어났다는 보고가 있어 군주께서 걱정하는 빛을 보일 때 간교(奸巧)한 말을 꾸며 임금을 기쁘게 하려고만 하고, 많은 관리가 법률을 우롱하여 군주가 백성들에게서 원망하는 말을 들으면 아첨하는 얼굴로 듣기 좋은 말이나 하여 군주의 사랑이나 받을 것을 생각하는 자도 있으리라. 그런 자는 이런저런 자기 개인의 사심이 끝이 없어 졸면서 앉아 있으리라.

궁성의 구중문이 이미 열리고 천자가 여러 차례 돌아보시고 나서 재상은 자기의 생각하는 바를 말하는데, 군주는 미혹되어 정권은 이에 무너지게 되고, 제왕의 지위는 이로써 위태롭게 되는 것이다.

이같이 한다면, 설령 옥에 갇혀 죽게 되고, 멀리 쫓겨나는 신세가 된다 하더라도, 그것은 결코 불행한 일이 아니라 오히려 그렇게 되어 마땅한 일인 것이다. 이것으로 보아 한 나라의 정치와 만백성의 목숨이 모두 재상에게 달려 있음을 알 수 있으니, 가히 신중히 하지 않을 수 있겠는가?

또 남에게 헐뜯기지도 않고 칭찬받지도 않으며, 여러 사람들을 따라 앞으로도 나가고 뒤로도 물러나며, 자격도 없이 재상의 지위를 차지하고서 구차스럽게 봉록이나 타먹으며, 관원(官員)으로서의 머릿수만 채우면서 자신의 몸을 보전하고 있는 사람이 있다면, 이 또한 취할 바가 못된다. 대리시(大理寺)의 작은 관리인 나 왕우칭이 이 글을 지어 대루원(待漏院)의 벽에 기록하게 함으로써, 집정하는 재상이 경계(警戒)로 삼게 하려 한다.

원문 ①天道不言而品物亨하고 ②歲功成者는 何謂也오?
천도불언이품물형 세공성자 하위야

③四時之吏와 ④五行之佐가 ⑤宣其氣矣라. 聖人不言而百姓親
사시지리　　　 오행지좌　　　 선기기의　　　 성인불언이백성친

하고 萬邦寧者는 何謂也오? ⑥三公論道하고 ⑦六卿分職하여 ⑧張
만방녕자는　하위야　　　 삼공론도　　　 육경분직하여　　 장

其敎矣라. 是知君逸於上하고 臣勞於下는 法乎天也니라.
기교의　 시지군일어상　　　 신로어하는　법호천야

古之善相天下者는 自⑨咎夔로 至⑩房魏하여 ⑪可數也라. 是不
고지선상천하자는 자 고기 지 방위하여　　 가수야라　시부

獨有其德이오 亦皆務于勤爾니 況⑫夙興夜寐하여 以事一人은 卿
독유기덕이오 역개무우근이니 황 숙흥야매하여　이사일인은 경

大夫猶然이어든 況宰相乎아?
대부유연이어든　황재상호아

朝廷이 自國初因⑬舊制하여 設宰相待漏院于⑭丹鳳門之右하니
조정이 자국초인 구제하여　설재상대루원우 단봉문지우하니

示勤政也라. 至若⑮北闕向曙하고 東方未明에 相君⑯啓行하니
시근정야라. 지약 북궐향서하고 동방미명에　상군 계행하니

⑰煌煌火城이오 相君至止하니 ⑱嘻嘻鸞聲이라. 金門未闢하고 ⑲玉
황황화성이오 상군지지하니　해해난성이라. 금문미벽하고　옥

漏猶滴이나 ⑳撤蓋下車하여 于焉以息이라. 待漏之際에 相君其有
루유적이나 철개하거하여　우언이식이라. 대루지제에　상군기유

思乎아?
사호아

其或兆民未安이어든 思所泰之며 ㉑四夷未附어든 思所來之며
기혹조민미안이어든 사소태지며　사이미부어든　사소래지며

㉒兵革未息이어든 何以㉓弭之며 田疇多蕪어든 何以闢之며 賢人
병혁미식이어든　하이 미지며 전주다무어든 하이벽지며　현인

在野어든 我將進之며 ㉔佞臣在朝어든 我將斥之며 ㉕六氣不和하
재야어든 아장진지며　영신재조어든　아장척지며　육기불화하

여 ㉖災眚荐至어든 願㉗避位以禳之며 ㉘五刑未措하여 欺詐日生
여 재생천지어든 원 피위이양지며　오형미조하여　기사일생

이어든 請修德以㉙釐之리니 憂心㉚忡忡하여 待旦而入이라.
이어든 청수덕이 리지리니 우심 충충하여　대단이입이라

㉛九門旣啓에 ㉜四聰甚邇하니 相君言焉하고 時君納焉하여 ㉝皇
구문기계에　사총심이하니　상군언언하고 시군납언하여　황

風於是乎清夷하고 ^㉞蒼生以之而富庶라.
풍 어 시 호 청 이　　창 생 이 지 이 부 서

若然則總百官食萬錢이 非幸也요 宜也라. 其惑^㉟私讎未復이어
약 연 즉 총 백 관 식 만 전　비 행 야　의 야　기 혹　사 수 미 복

든 思所逐之며 舊恩未報이어든 思所^㊱榮之며 美女玉帛을 何以
　사 소 축 지　구 은 미 보　　사 소 영 지　미 녀 옥 백　하 이

致之며 車馬^㊲器玩을 何以取之며 ^㊳姦人附勢어든 我將^㊴陟之며
치 지　거 마 기 완 하 이 취 지　간 인 부 세　아 장 척 지

^㊵直士抗言이어든 我將^㊶黜之며 ^㊷三時告災하여 上有憂色이어
직 사 항 언　　아 장 출 지　삼 시 고 재 하여　상 유 우 색

든 構^㊸巧辭以悅之며 羣吏^㊹弄法하여 君聞怨言이어든 進^㊺諂容
　구 교 사 이 열 지　군 리 농 법　　군 문 원 언　진 첨 용

以媚之리니 私心^㊻悁悁하여 ^㊼假寐而坐라.
이 미 지　사 심 도 도　　가 매 이 좌

九門旣開에 ^㊽重瞳屢回하니 相君言焉하고 時君惑焉하여 ^㊾政
구 문 기 개　중 동 누 회　상 군 언 언　시 군 혹 언　정

柄於是乎隳哉오 帝位以之而危矣라.
병 어 시 호 휴 재　제 위 이 지 이 위 의

若然則死下獄^㊿投遠方이 非不幸也요 亦宜也라. 是知一國之
약 연 즉 사 하 옥 투 원 방　비 불 행 야　역 의 야　시 지 일 국 지

政과 萬人之命이 懸於宰相하니 可不愼歟아?
정　만 인 지 명　현 어 재 상　가 불 신 여

復有無⁵¹毁無譽하고 ⁵²旅進旅退하여 ⁵³竊位而苟祿하고 ⁵⁴備員
부 유 무 훼 무 예　여 진 여 퇴　절 위 이 구 록　비 원

而全身者는 亦無所取焉이라. ⁵⁵棘寺⁵⁶小吏王禹偁은 爲文請誌院
이 전 신 자　역 무 소 취 언　극 시 소 리 왕 우 칭　위 문 청 지 원

壁하여 用規于執政者하노라.
벽　용 규 우 집 정 자

주해　① 天道不言而品物亨(천도불언이품물형)－천도는 말이 없으되 만물이
형통함. 《논어(論語)》 양화편(陽貨篇)에 '하늘이 어찌 말을 하겠는가. 그
런 가운데서도 춘·하·추·동의 사계절은 어김없이 운행되고, 만물은 끊
임없이 생육 발전한다[天何言哉? 四時行焉, 百物生焉]'는 공자의 말과
같은 뜻이다.

② 歲功成(세공성)-춘·하·추·동 사계절이 때를 어기지 않아 만물이 제대
로 자라 열매 맺고 거두게 하는 것을 말한다.

③ 四時之吏(사시지리)-춘·하·추·동의 관리.

④ 五行之佐(오행지좌)-오행은 목(木)·토(土)·수(水)·화(火)·금(金)의 다
섯 원기(元氣).

⑤ 宣其氣(선기기)-기(氣)는 하늘이 만물을 생육하는 활동. 선(宣)은 그 활
동을 수행하는 것.

⑥ 三公(삼공)-삼인(三人)의 최고의 장관. 주대(周代)에는 태사(太師)·태
부(太傅)·태보(太保)를 최고 벼슬로 삼공이라 하였고, 전한(前漢) 때에
는 대사마(大司馬)·대사도(大司徒)·대사공(大司空)을, 그리고 후한에서
당송(唐宋)에 이르는 동안에는 태위(太尉)·사도(司徒)·사공(司空)을 삼
공이라 하였다.

⑦ 六卿(육경)-천(天)·지(地)·춘·하·추·동의 육관(六官)의 장(長). 내
정을 맡은 천관(天官)인 총재(冢宰), 교육을 맡은 지관(地官)인 사도(司
徒), 제사와 예악을 맡은 춘관(春官)인 종백(宗伯), 군정(軍政)을 맡은 하
관(夏官)인 사마(司馬), 사법을 맡은 추관(秋官)인 사구(司寇), 토지를 맡
은 동관(冬官)인 사공(司空) 등을 말한다.

⑧ 張其敎(장기교)-널리 교화시킴.

⑨ 咎(고)-순(舜)임금의 신하 고요(咎繇)를 가리킨다. 옥관(獄官)의 장(長)
을 지냈다. ㅇ夔(기)-순임금의 신하로서, 음악을 관장하는 전악(典樂)을
맡았다.

⑩ 房魏(방위)-당(唐) 태종(太宗) 때의 명신 방현령(房玄齡)과 위징(魏徵).

⑪ 可數(가수)-헤아릴 수 있다. 수가 많지 않음을 뜻함.

⑫ 夙興夜寐(숙흥야매)-아침 일찍 일어나고 밤늦게 잠자리에 듦. 부지런히
일을 하거나 학문을 닦는다는 뜻으로 쓰임.

⑬ 舊制(구제)-당(唐)나라 때 대루원이 설치된 것을 가리킨다.

⑭ 丹鳳門(단봉문)-황제가 거처하는 궁궐의 문[皇居門]. 우리나라의 비원에
도 있음.

⑮ 北闕(북궐)-궁성의 북쪽 문. 상주(上奏), 또는 알현하는 사람이 출입함.

○向曙(향서)-새벽으로 향하는 때.

⑯ 啓行(계행)-길을 나섬. 재상이 이른 새벽에 조정으로 출근하는 것을 말함.

⑰ 煌煌(황황)-불빛이 휘황함.

⑱ 喊喊(홰홰)-말방울 소리. ○鸞聲(난성)-자의(字義)대로 하면 난(鸞)의 울음소리이나 여기서는 방울소리를 말한다.

⑲ 玉漏猶滴(옥루유적)-옥으로 장식한 물시계의 물이 아직도 방울져 떨어짐. 즉 금문(金門)이 열릴 시각이 아직 안되었음을 뜻한다.

⑳ 撤蓋(철개)-수레 덮개를 벗김.

㉑ 四夷(사이)-동이(東夷)·서융(西戎)·남만(南蠻)·북적(北狄)의 네 오랑캐. ○未附(미부)-잘 따르지 않음.

㉒ 兵革(병혁)-병란(兵亂). 병(兵)은 무기. 혁(革)은 갑주(甲冑). ○未息(미식)-끊이지 않음.

㉓ 弭(미)-그치게 함. 지(止)·식(息)의 뜻.

㉔ 佞臣(영신)-아첨 잘하는 간사한 신하. ○斥(척)-물리침. 배척함.

㉕ 六氣(육기)-음(陰)·양(陽)·풍(風)·우(雨)·회(晦)·명(明)의 여섯 가지 기(氣). 곧 기후의 변화를 뜻한다.

㉖ 災眚(재생)-재(災)는 하늘이 내리는 재앙. 생(眚)은 인간이 스스로 불러들이는 화. ○荐至(천지)-자주 일어남.

㉗ 避位以禳之(피위이양지)-자리에서 물러나 재앙을 물리침. 양(禳)은 신에게 제사 지내어 재앙을 물리치는 것. 육기(六氣)가 고르지 못하여 재앙이 거듭 닥치는 것은 재상의 정사가 옳지 못하기 때문이니, 재상은 마땅히 지위에서 물러나 목욕재계하고 천신께 빌어 재앙을 물리쳐야 한다는 뜻.

㉘ 五刑(오형)-피부에 문신을 하는 묵(墨)·코를 베는 의(劓)·정강이를 자르는 비(剕)·불알을 까는 궁(宮)·목을 베어 죽이는 대벽(大辟)의 다섯 가지 형벌.

㉙ 釐(이)-치(治)와 같은 뜻. 다스림.

㉚ 忡忡(충충)-근심걱정으로 마음이 평온하지 못함.

㉛ 九門(구문)-천자가 계신 궁궐 안에 겹겹으로 있는 문을 뜻함.

㉜ 四聰甚邇(사총심이)-천자는 사방으로 눈과 귀를 활짝 열어 천하의 일을

잘 들어 먼 데 일을 매우 가까운 데의 일처럼 안다는 뜻.

㉝ 皇風(황풍)……淸夷(청이)－천자의 덕화의 영향이 맑고 고르게 퍼져 나라가 잘 다스려지는 것.

㉞ 蒼生(창생)－백성. ○富庶(부서)－부유하고 많아짐.

㉟ 私讐(사수)－개인적인 원한관계. ○未復(미복)－아직 보복하지 못함.

㊱ 榮之(영지)－부귀영화를 누리게 해줌.

㊲ 器玩(기완)－완상용 기구.

㊳ 姦人附勢(간인부세)－권세에 따르는 간사한 무리.

㊴ 陟(척)－등(登)과 같은 뜻. 관작을 올려줌.

㊵ 直士抗言(직사항언)－강직한 사람이 바른 소리를 하는 것.

㊶ 黜(출)－쫓아냄. 없애 버림.

㊷ 三時(삼시)－농사에 바쁜 봄·여름·가을의 세 철.

㊸ 巧辭(교사)－교묘하게 거짓 꾸며 하는 말.

㊹ 弄法(농법)－법을 멋대로 주물러, 죄인을 풀어주고 오히려 죄 없는 사람에게 죄를 씌움.

㊺ 諂容(첨용)－아첨하는 얼굴. ○媚(미)－아양을 떪.

㊻ 慆慆(도도)－오랫동안.

㊼ 假寐(가매)－어렴풋이 잠이 듦. 졸음.

㊽ 重瞳屢回(중동누회)－중동(重瞳)은 눈동자가 겹으로 있는 것으로 천자를 가리킴. 누회(屢回)는 천자가 자주 돌아보는 것을 뜻함.

㊾ 政柄(정병)－정권. ○隳哉(휴재)－무너져 내림.

㊿ 投(투)－유배되다.

(51) 毁(훼)－비방.

(52) 旅(여)－중(衆)과 같은 뜻. 여럿이.

(53) 竊位(절위)－하는 일 없이 벼슬자리에 눌러앉아 있는 것. ○苟祿(구록)－구차하게 녹만 받아먹음.

(54) 備員(비원)－사람 수만 채움.

(55) 棘寺(극시)－재판사건을 취급하고 형벌을 정하는 관청인 대리시(大理寺)를 가리킨다. 주위에 가시나무를 심어 놓았기 때문에 극시(棘寺)라 한 것

이다.

(56) 小吏(소리)－작자가 자신을 겸손하게 표현하여 작은 관리라 한 것이다.

해설 이른 아침에 대궐로 출근하러 나온 재상과 조정 대신들이, 대궐문이 열릴 때까지 대기하는 관사(官舍)를 대루원(待漏院)이라 한다. 왕우칭이 그 대루원의 벽에 써서 붙인 것이 이 〈대루원기(待漏院記)〉이다. '대루(待漏)'란 시각을 기다린다는 뜻이다.

누각(漏刻)은 옛날의 물시계이다. 밑에 구멍이 뚫린 그릇으로부터 조금씩 물이 새어나오도록 장치를 하고, 그 속에 누전(漏箭)이라는 눈금을 새긴 화살을 세워 새어나오는 물의 양으로써 시각을 측정하도록 되어 있었다.

이 글을 지을 당시 대리시(大理寺), 곧 재판을 관리하는 벼슬에 있던 왕우칭이 대루원의 벽에 이 글을 지어 붙여 당시의 재상 이하 관리들이 해야 할 의무를 각성케 한 것이다. 그러나 대리시의 벼슬에 있던 왕우칭 자신이 스스로 고관들을 훈계하기 위하여 지었다고 보기는 어려우며, 아마도 황제나 재상의 명으로 지은 것이 아닌가 생각된다.

황주죽루기(黃州竹樓記)

왕우칭(王禹偁)

　　호북(湖北) 황강(黃岡) 지방에는 대나무가 많은데, 큰 것은 서까래만 하다. 죽세공(竹細工)이 대나무를 쪼개고 그 마디를 긁어내어 가지고 기와 대신으로 쓴다. 집집마다 모두 그러하니 그것은 값이 싸고 일하는 품이 절약되기 때문이다.

　　황주성(黃州城) 본성 옆 작은 성 서북쪽 구석에는 성 위의 벽이 허물어져 잡초가 우거진 채 황량해진 곳이 있었다. 거기에 두 칸짜리 작은 누대(樓臺)를 짓고 월파루(月波樓)와 통하게 했다. 멀리는 산빛을 삼키고 있는 듯하고, 평평한 강물결은 손으로 퍼낼 수 있을 듯이 보이는데, 그 그윽하고 고요하며 멀고 아득한 조망(眺望)은 일일이 설명할 수가 없다.

　　여름에는 소나기가 일품이어서, 그 소리가 마치 폭포수 소리와 같다. 겨울이면 함박눈이 일품이어서, 마치 옥이 부숴지는 듯한 소리가 난다. 금(琴)을 타기에도 더없이 좋으니, 그 가락이 맑고 부드럽다. 시를 읊기에도 좋으니 시의 운치(韻致)가 비할 바 없이 맑다. 또 바둑 두기에도 좋으니 바둑돌 놓는 소리가 땅땅하고 울린다. 또 투호(投壺)놀이 하기에도 좋으니 화살소리가 쩡쩡하고 울린다. 이 모두가 죽루(竹樓)가 흥취를 돋우기 때문이다.

　　공사(公事)가 끝나 퇴청한 뒤의 여가에는 학(鶴)의 깃으로 만든 선의(仙衣)를 걸치고, 도사들이 쓰는 화양건(華陽巾)을 쓰고서, 손에는 《주역

《(周易)》한 권을 들고 향을 태우며 조용히 앉아 있으면 세상의 근심걱정이 사라진다. 강산 저편으로는 곧 바람을 안은 돛단배와 모래톱의 물새 떼, 그리고 연기처럼 피어오르는 구름과 대나무숲만이 보인다. 술기운이 가시고 차 끓이는 연기가 사라지는 것을 기다리며, 서산으로 지는 해를 보내고 동산에 떠오르는 흰 달을 맞는다. 이 또한 귀양살이하는 사람의 뛰어난 즐거움이다.

저 오대(五代)의 한포(韓浦)가 세웠다는 제운루(齊雲樓)나 오(吳)의 손권(孫權)이 세웠다는 낙성루(落星樓)는 높기는 높고, 한무제(漢武帝)가 세웠다는 정간루(井幹樓)나 위(魏)의 무제(武帝)가 세웠다는 여초루(麗譙樓)는 화려하기는 화려하다. 그러나 기녀들을 모아 노래하고 춤추게 하였을 뿐이니, 이런 것은 시인들이 할 일이 아니므로 난 그러고 싶지 않다.

나는 죽세공이 이렇게 말하는 것을 들었다.

"대나무로 만든 기와는 겨우 10년 가지만 만약 겹으로 덮으면 20년 갈 수 있습니다."

아! 나는 송(宋) 태종(太宗) 지도(至道) 원년 을미(乙未)년에 한림원에서 저주지사(滁州知事)로 나갔다가 다음해인 병신(丙申)년에 광릉지사로 옮겨가고, 또 그 다음해인 정유(丁酉)년에는 다시 중서성(中書省)에 들어갔다가 그 다음해인 무술(戊戌)년의 섣달 그믐날에 제안(齊安)으로 가라는 칙명(勅命)을 받았으며, 그 다음해인 기해(己亥)년의 윤삼월에 이 고을 황주(黃州)에 이르렀다. 이 4년 동안 바쁘게 뛰어다니다 보니 여가가 없었다.

내년이면 또 어디로 갈지 알지 못하니 어찌 죽루의 지붕이 쉬이 썩는 것을 두려워하랴? 뒤에 오는 사람이 나와 같은 뜻을 가져, 계속하여 지붕을 이어준다면 아마도 이 죽루가 썩지 않을 것이다.

함평(咸平) 2년 8월 보름날 쓰다.

원문 ①黃岡之地多竹하니 大者如②橡이라. 竹工破之하여 ③刳去其
황강지지다죽　　대자여　연　　죽공파지　　　　고거기

節하고 用代④陶瓦하여 ⑤比屋皆然하니 以其⑥價廉而工省也라.
절　　용대　도와　　비옥개연　　이기　가렴이공생야

⑦子城西北隅에 ⑧雉堞圮毁하고 ⑨蓁莽荒穢어늘 因作小樓二間
자성서북우　　치첩비훼　　　진망황예　　인작소루이간

하니 與⑩月波樓通이라. 遠呑山光하고 平⑪挹江瀨하여 ⑫幽闃遼敻
여　월파루통　　　원탄산광　　평　읍강뢰　　　유격료형

이 不可具狀이라.
불가구상

夏宜⑬急雨하니 有瀑布聲하고 冬宜⑭密雪하니 有碎玉聲하고 宜
하의 급우　　유폭포성　　동의 밀설　　유쇄옥성　　　의

鼓琴하니 琴調和暢하고 宜詠詩하니 詩韻淸絶하고 宜⑮圍棋하니
고금　　금조화창　　의영시　　시운청절　　의 위기

⑯子聲丁丁然이오 宜⑰投壺하니 矢聲⑱錚錚然이니 皆竹樓之所助
자성정정연　　의 투호　　시성 쟁쟁연　　개죽루지소조

也라.
야

⑲公退之暇에 披⑳鶴氅衣하고 戴㉑華陽巾하고 手執周易一卷하
공퇴지가　피 학창의　　대 화양건　　수집주이일권

고 焚香默坐하여 ㉒消遣世慮라. 江山之外에 第見風帆沙鳥와 煙
분향묵좌　　소견세려　　강산지외　　제견풍범사조　　연

雲竹樹而已라. 待其酒力醒하고 ㉓茶煙歇에 送夕陽하고 迎㉔素月
운죽수이이　　대기주력성　　　다연헐　송석양　　영 소월

하니 亦㉕謫居之勝槪也러라.
역 적거지승개야

彼㉖齊雲落星이 高則高矣요 ㉗井幹麗譙는 華則華矣나 止于貯
피 제운락성　　고즉고의　　정간여초　　화즉화의　　지우저

妓女藏歌舞라. 非㉘騷人之事니 吾㉙所不取로라.
기녀장가무　　비 소인지사　　오 소불취

吾聞竹工云; 竹之爲瓦僅十稔이나 若㉚重覆之면 得二十稔이라.
오문죽공운　죽지위와근십임　　약 중부지　　득이십임

噫라! 吾以㉛至道乙未歲로 自㉜翰林出滁上하고 丙申移㉝廣陵
희　　오이 지도을미세로　자 한림출저상　　병신이 광릉

하고 丁酉又入^㉞西掖하고 戊戌歲^㉟除日에 有齊安之命하여 己亥
정 유 우 입　서 액　　무 술 세　제 일　유 제 안 지 명　　기 해

閏三月到郡하니 四年之間에 奔走不暇라.
윤 삼 월 도 군　　사 년 지 간　분 주 불 가

未知明年에 又在何處니 豈懼竹樓之易朽乎리오? 後之人이 與
미 지 명 년　우 재 하 처　기 구 죽 루 지 이 후 호　　후 지 인　　여

我同志어든 嗣而^㊱葺之면 庶斯樓之不朽也라. 咸平二年八月十
아 동 지　사 이　즙 지　서 사 루 지 불 후 야　　함 평 이 년 팔 월 십

五日記하노라.
오 일 기

주해 ① 黃岡(황강)-대나무로 유명한 호북(湖北) 황주(黃州)의 군(郡) 이름.

② 椽(연)-서까래.

③ 刳去其節(고거기절)-마디를 긁어냄.

④ 陶瓦(도와)-오지 기와.

⑤ 比屋(비옥)-집집마다.

⑥ 價廉(가렴)-비용이 적게 듦. ㅇ工省(공생)-공력(功力)이 적게 듦.

⑦ 子城(자성)-황주부(黃州府)의 본성(本城)에 딸려 있는 작은 성.

⑧ 雉堞(치첩)-성 위에 나지막하게 쌓은 담. ㅇ圮毁(비훼)-허물어져 훼손됨.

⑨ 蓁莽(진망)-초목이 무성한 곳. ㅇ荒穢(황예)-거칠고 잡초만 무성한 곳.

⑩ 月波樓(월파루)-황주부의 군청 뒤에 있는 누각.

⑪ 挹(읍)-손으로 물을 뜨는 것. ㅇ江瀨(강뢰)-강여울.

⑫ 幽闃(유격)-그윽하고 고요함. ㅇ遼敻(요형)-멀고 아득함.

⑬ 急雨(급우)-갑자기 쏟아지는 소나기.

⑭ 密雪(밀설)-가루눈. 함박눈.

⑮ 圍棋(위기)-바둑을 둠.

⑯ 子聲(자성)-바둑돌을 바둑판에 놓는 소리. ㅇ丁丁然(정정연)-원래는 벌
목할 때에 온 산에 울려퍼지는 소리를 형용하는 말인데, 여기서는 바둑
둘 때에 바둑돌 소리가 크게 울리는 것을 뜻한다.

⑰ 投壺(투호)-어느 정도 떨어진 곳에 항아리를 놓고 거기에 화살을 던져넣
어 승부를 가리는 놀이.

⑱ 錚錚(쟁쟁)-쇳소리가 맑게 울리는 것을 형용. 항아리에 들어가는 화살소리를 가리킴.

⑲ 公退之暇(공퇴지가)-하루의 업무를 끝내고 퇴청한 뒤의 여가.

⑳ 鶴氅衣(학창의)-학의 깃털로 짠 옷으로 선인(仙人)이 입는 옷. 창(氅)은 새의 깃털.

㉑ 華陽巾(화양건)-은자(隱者)가 쓰는 두건. 양(梁)의 도홍경(陶弘景)은 화산(華山) 남쪽 기슭에 은거하면서 항상 이 두건을 쓰고 다녔다.

㉒ 消遣(소견)-없애버림. 근심걱정 따위를 떨쳐버림.

㉓ 茶煙(다연)-차 끓이는 연기. ○歇(헐)-그침.

㉔ 素月(소월)-희게 빛나는 달.

㉕ 謫居(적거)-귀양살이. ○勝槪(승개)-훌륭한 흥취.

㉖ 齊雲(제운)-누각의 이름. 오대(五代) 때 한포(韓浦)가 지은 것이라 하는데, 하도 높아 구름과 높이를 같이할 정도라 하여 제운(齊雲)이라 이름한 것이다. ○落星(낙성)-누각의 이름. 오(吳)의 손권(孫權)이 지은 것으로 유성(流星)이 가까이에 떨어질만큼 높다 하여 낙성(落星)이라 이름한 것이다.

㉗ 井幹(정간)-누각 이름. 한(漢) 무제(武帝)가 지은 것으로, 정자(井字) 모양으로 나무를 쌓아올려 지었다 하여 정간(井幹)이라 이름한 것이다. ○麗譙(여초)-위(魏)의 무제(武帝) 조조(曹操)가 지은 것. 초(譙)는 성문 위에 있는 망루.

㉘ 騷人(소인)-시인 또는 우수에 젖은 사람. 초(楚)의 굴원(屈原)이 〈이소(離騷)〉를 지은 다음부터는 은둔시인을 뜻하게 되었다.

㉙ 所不取(소불취)-취할 바가 아님.

㉚ 重覆(중부)-거듭 덮음. 대나무기와를 두 벌로 덮는 것. 복(覆)자는 엎어지다의 뜻일 때는 '복'으로, 덮개, 덮다의 뜻일 때에는 '부'로 읽힌다.

㉛ 至道(지도)-송(宋)나라 태종(太宗)의 연호.

㉜ 翰林(한림)-한림학사(翰林學士)의 관청인 한림원(翰林院). ○滁上(저상)-저수(滁水) 가. 곧 저주(滁州)를 뜻함.

㉝ 廣陵(광릉)-양주(揚州)의 광릉(廣陵).

㉞ 西掖(서액)-액(掖)은 곁에 있는 것. 겨드랑이. 궁정 곁의 사(舍)를 액정

(掖庭)이라고 한다. 서액은 중서성(中書省)으로 조칙(詔勅)을 기초하는 관청.

㉟ 除日(제일)—섣달 그믐날.

㊱ 葺(즙)—지붕을 이음.

(해설) 이 글은 왕우칭이 죄를 지어 호북성(湖北省)의 황주(黃州)로 유배되어 그곳 태수로 있을 때에, 황주의 명산인 큰 대나무를 베어다가 기와 대신 그것으로 지붕을 덮은 누(樓)를 만든 후 쓴 것이다.

죽루(竹樓) 주변의 사계절의 즐거움을 각각 죽루에서 들을 수 있는 소리를 중심으로 하여 이야기하고, 또 그곳에서의 아취(雅趣)와 아름다운 주변 풍경을 묘사하면서, 세상일에 초연한 맑고 깨끗한 풍정을 잘 나타내고 있다.

엄선생사당기(嚴先生祠堂記)

범중엄(范仲淹)

선생은 한(漢)나라 광무제(光武帝)와 친구였다. 둘이는 서로 도의(道義)로써 존경하였다. 황제의 적부(赤符)를 장악하고, 여섯 마리의 용을 타고, 성인(聖人)으로서의 때를 얻어 억조창생(億兆蒼生)을 다스렸으니, 천하에 고귀함이 이보다 더할 수 있겠는가? 오직 선생만은 절개로써 스스로를 높였다. 별자리의 모양을 움직이고서 강호로 돌아와, 성인의 맑음을 얻어 대관(大官)의 수레나 면류관(冕旒冠)을 진흙처럼 여겼으니, 천하에 이보다 더 고고한 것이 있겠는가? 오직 광무제만은 예의로써 그 앞에서 스스로를 낮추었다.

《역경(易經)》고괘(蠱卦) 상구(上九)에는 여러 사람들이 모두 뜻있는 일을 하고 있으나 홀로 왕후에게 봉사하지 않고 자기의 일을 고결하게 한다 하였는데, 선생께선 그 말을 실천하셨다.《역경》둔괘(屯卦)의 초구(初九)엔 밝은 덕이 마침 통달되어, 귀한 몸으로 비천한 곳까지 스스로를 낮출 수 있으면 크게 민심을 얻는다 하였는데 광무제는 그 말을 실천하셨다.

선생의 마음은 해와 달보다도 높고, 광무제의 도량은 천지의 바깥까지도 감싸안을 만하구나! 선생이 아니라면 광무제의 위대함이 이루어질 수 없었으며, 광무제가 아니라면 어찌 선생의 고결함이 이룩되었겠는가? 탐욕스러운 사람을 결렴하게 하고 나약한 사람을 일으켜 세워주니, 명분과 교화에 커다란 공로가 될 것이다.

나 중엄(仲淹)이 이곳 엄주(嚴州)의 태수로 와서, 이제야 비로소 사당을 짓고 제사를 지내노라. 그리고, 선생의 후예인 네 집안의 조세를 면제해 주어 선생의 제사를 받들도록 하였다. 그리고 또 이에 따라 다음과 같은 노래를 지었다.

구름 위에 솟은 산 푸르고
강물은 깊고 넓네.
선생의 덕풍(德風)은
산같이 높고 물처럼 영원하네.

원문 先生은 漢光武之①故人也라. ②相尚以道러니 及帝握③赤符하고 ④乘六龍하여 ⑤得聖人之時하여 ⑥臣妾億兆하니 天下⑦孰加焉고? 惟先生⑧以節高로라. 旣而⑨動星象하고 ⑩歸江湖하여 得聖人之淸하여 ⑪泥塗軒冕하니 天下孰加焉고? 惟光武⑫以禮下之라.

在⑬蠱之上九에 衆方有爲어늘 而獨不事王侯하고 高尚其事라하니 先生以之라. 在⑭屯之初九에 ⑮陽德方亨이어늘 而能以貴下賤하여 大得民也라하니 光武以之라.

蓋先生之心은 出乎日月之上하고 光武之⑯量은 包乎天地之外라. 微先生이면 不能成光武之大요 微光武면 豈能遂先生之高哉아? 而使⑰貪夫廉하고 ⑱懦夫立하니 是大有功於⑲名敎也라.

仲淹來守是邦하여 始構堂而⑳奠焉이라. 乃㉑復其爲後者四家하

여 **以奉祠事**하고 **又從而歌曰 :**
　　이 봉 사 사　　　우 종 이 가 왈

雲山⑳**蒼蒼**하고 **江水**㉓**泱泱**이라
　운 산　창 창　　　강 수　앙 앙

㉔**先生之風**은 **山高水長**이로다.
　선 생 지 풍　　　산 고 수 장

주해　① 故人(고인)-옛 친구.

② 相尙以道(상상이도)-서로가 올바른 도의(道義)로써 존경함.

③ 赤符(적부)-적복부(赤伏符)의 약(略). 부(符)는 예언서. 곧 부서(符書).
적(赤)은 불[火]의 빛깔. 오행설에 의해 한(漢) 왕조는 화(火)의 덕으로
일어났다고 생각하였기 때문에 적(赤)을 존중한 것이다. 옛 기록에 보면
강화(彊華)라는 유생이 유수(劉秀)에게 적복부를 올렸다. 그것은 유수가
한(漢)의 제위에 오르리라는 예언서였다. 유수는 바로 후한의 광무제(光
武帝)이다.

④ 乘六龍(승육룡)-천자의 수레는 여섯 마리의 용이 이끈다고 한다. 말의
키가 6척이 넘는 것을 용이라고 한다는 설도 있고 또 왕의 상징이 용이므
로 상징적인 표현이라고도 한다.

⑤ 得聖人之時(득성인지시)-성인이 되어야 할 때를 얻음.

⑥ 臣妾(신첩)-신(臣)은 신하. 첩(妾)은 계집종. 남자는 신하로, 여자는 계
집종으로 부린다는 뜻. 황제가 되어 천하 백성을 다스리는 것. ○億兆(억
조)-억조창생(億兆蒼生). 천하 백성을 총칭한 것.

⑦ 孰加焉(숙가언)-누가 이보다 더할 수 있겠는가?

⑧ 以節高之(이절고지)-절조를 지켜 스스로 고상하게 만들다.

⑨ 動星象(동성상)-엄광(嚴光)은 광무제(光武帝)가 황제의 지위에 오르자,
이름을 바꾸고 세상에서 자취를 감추었으나 광무제가 그를 제(齊)에서 기
어코 찾아내었다. 광무제는 그를 궁중에 머물게 하여 잠자리를 함께하며
그에게 벼슬을 하도록 권했다. 밤에 함께 잠을 자는데 엄광은 일부러 자
기의 발을 황제의 배 위에 얹어 황제가 자기를 싫어하게 만들려고 했으나

황제는 개의치 않았다. 다음날 천문(天文)을 맡은 태사(太史)가 황급히 들어와서 황제에게 주상(奏上)하기를 "지난 밤에 천상(天象)을 보았더니 한 개의 객성(客星)이 북극성의 좌(座)를 범하였으니 큰일났습니다."라고 했다. 북극성좌는 바로 황제의 좌이다. 이에 광무제는 웃으면서, "나는 친구인 엄자릉(嚴子陵)과 함께 잤을 뿐이야."라고 대답했다. 동성상은 바로 그 고사를 말한다.

⑩ 歸江湖(귀강호)–강호는 지방의 총칭. 엄광(嚴光)은 절강(浙江) 부춘산(富春山)으로 들어갔다.

⑪ 泥塗(이도)–진흙. 가벼이 여긴다는 뜻. ○軒冕(헌면)–헌(軒)은 대부가 타는 수레. 면(冕)은 대부 이상의 존귀한 사람이 쓰는 관. 높은 벼슬하는 것을 뜻한다.

⑫ 以禮下之(이례하지)–예를 존중하여 자기를 상대방보다 낮춤.

⑬ 蠱之上九(고지상구)–《역경(易經)》고괘(蠱卦) 상구(上九)의 효사(爻辭)에는 '왕후에 종사하지 않고, 스스로의 일을 고결하게 한다[不事王侯, 高尙其事]'고 되어 있다. 이 구절 위의 중방유위(衆方有爲)는 상구의 효사는 아니나, 부연 강조하여 문맥을 잇기 위한 문구이다.

⑭ 屯之初九(둔지초구)–《역경》둔괘(屯卦) 초구(初九)의 효사에는 '귀함으로써 비천함에 겸양하니, 민심을 크게 얻는다[以貴下賤, 大得民也]'라고 되어 있다.

⑮ 陽德方亨(양덕방형)–밝은 덕이 통함. 앞의 효사와 문맥을 짓기 위한 문구.

⑯ 量(양)–도량.

⑰ 貪夫(탐부)–욕심이 많은 사람.

⑱ 懦夫(나부)–나약하고 겁이 많은 사람.

⑲ 名敎(명교)–명분과 교화.

⑳ 奠(전)–죽은 사람의 영전에 제물을 바치고 제사 지내는 일.

㉑ 復(복)–조세를 면제해 줌.

㉒ 蒼蒼(창창)–짙게 푸름.

㉓ 泱泱(앙앙)–물이 깊고 넓은 모양.

㉔ 先生之風(선생지풍)–선생의 덕풍(德風). 원래 이 문구는 선생지덕(先生

之德)이었는데, 덕보다는 풍(風)이 좋겠다는 친구 이태백(李泰伯)의 의견
을 쾌히 받아들여 고친 것이라고 한다.

해설 범중엄이 절강(浙江)의 엄주(嚴州) 태수였을 때, 엄광(嚴光)의 사당
을 짓고, 그 후손을 불러 제사를 지내도록 하였다. 그때에 이 글을 쓴 것
이다.

엄광은 절강성 여항현(餘抗縣) 사람으로 자는 자릉(子陵)이다. 후한(後
漢) 광무제(光武帝) 유수(劉秀)와는 동문수학한 사이였는데 유수가 제위
에 오르자, 엄광은 이름을 바꾸고 몸을 숨겼다. 광무제는 제(齊)에서 양
피(羊皮)를 입고 낚시질하는 그를 찾아내어 벼슬자리를 주어서 궁중에
머무르게 하려고 하였으나, 그는 끝내 황제의 간곡한 권유를 마다하고 절
강의 부춘산(富春山)으로 돌아가, 밭갈고 낚시질하며 살았다. 이 글은 엄
광의 고결한 덕을 기리기 위해 지은 것이다.

악양루기(岳陽樓記)

범중엄(范仲淹)

송(宋)나라 인종(仁宗) 경력(慶曆) 4년 봄, 등자경(滕子京)이 유배되어 파릉군(巴陵郡)의 태수가 되었다. 이듬해가 되자, 정치가 잘 행해져 인심이 화합하고, 그 전의 온갖 그릇된 일들이 모두 새로 잘 되었다. 그러자, 그는 악양루(岳陽樓)를 중수하였는데, 옛 규모를 더욱 늘리고 당대(唐代)의 뛰어난 문인들과 오늘날 사람들의 시(詩)와 부(賦)도 그 위에 새겨넣었으며, 나에게는 문장을 써서 그 일을 기록해 달라고 부탁하였다.

내가 보기엔 파릉의 뛰어난 경치는 오로지 동정호(洞庭湖) 하나이다. 동정호는 먼 산을 머금고, 장강(長江)의 흐름을 삼키고 있는 듯 물결이 널리 넘실거리고 있으며, 그 너비는 남북으로 가로질러 끝이 없으며, 아침 햇살이 비칠 때나 어스름 저녁이 되면 기상이 천태만상으로 변화한다.

이것이 바로 악양루에서 본 위대한 풍광으로서, 옛사람들이 모두 상세히 기술하였다. 그런데 북쪽으로는 무협(巫峽)에까지 통해 있고 남쪽으로는 소수(瀟水)와 상수(湘水)에까지 이르고 있어 옛부터 유배된 사람들이나 시름에 젖은 시인들이 이곳에 많이 모여들었다. 그러나 그들이 경물(景物)을 보는 감정은 각기 다르지 않을 수가 있겠는가?

만약 장맛비가 계속 내려 몇달이고 개지 않으면 음산한 바람이 성난듯 불어와 흙탕물진 파도가 하늘에 치솟아 해와 별이 빛을 감추고, 여러 산들이 모습을 숨기며, 장사꾼과 나그네의 발길이 끊어지고, 배의 돛대가 기울어져 노가 부러지며, 어둘녘 날이 컴컴하면 호랑이 울고 원숭이 울부짖는다.

　이 누각에 오르게 된다면, 멀리 서울[國都]을 떠나 고향을 그리는 마음이 일고, 무고(誣告)를 당할까 모략에 걸릴까 걱정하고 두려워하는 듯한 정이 일어, 눈에 보이는 모든 것이 쓸쓸하게 느껴질 터이니 감정이 격동하여 슬퍼질 것이다.

　봄기운이 온화하고 경치가 청명하며, 파도가 잔잔할 때면, 하늘과 물이 모두 하늘빛으로 온통 푸르게 널리 펼쳐 있게 된다. 물가에 갈매기떼 날아들고 아름다운 비단물고기가 헤엄쳐 다니며, 언덕 위에 궁궁이풀, 물가에는 난초가 푸릇푸릇 향기로우며, 때로는 긴 안개가 하늘 가득히 퍼지고, 하얀 달빛이 천리 멀리까지 비쳐 달빛 받은 물결이 금빛으로 일렁거리고, 고요한 달그림자는 마치 구슬이 가라앉아 있는 것 같다. 그 속에 어부들의 노랫소리 오가니, 그 즐기는 마음에 어찌 다함이 있겠는가?

　이 누각에 오르면 마음이 넓어지고 정신이 편안해져서 영광스런 일, 욕된 일을 모두 잊고 술잔을 들고서 바람을 쐬게 될 것이니, 그 기쁨은 크고 또 클 것이다.

　아아! 나는 일찍부터 옛 어진 사람들의 마음을 살펴보았는데, 아마도 앞서 든 두 가지 예와는 다른 듯하니 무엇 때문일까? 그들은 외부의 사물을 보고 기뻐하지는 않으며, 또 자신의 개인적인 일로 슬퍼하진 않기 때문이다.

　조정의 높은 직위에 있으면 백성들을 걱정하고, 물러나서 멀리 강호(江湖)에 거처하게 되면 임금을 걱정했다. 그러니 조정에 나아가서도 걱정, 물러나서도 걱정이었으니 어느 때에나 즐거울 수 있겠는가? 틀림없이 하는 말들은

　"천하의 근심은 누구보다도 먼저 근심하고, 천하의 즐거움은 모든 사람이 즐거워한 뒤에 즐긴다."

라는 것일 것이다. 아아! 그와 같은 어진 이들이 없었다면 나는 누구를

본받고 의지하며 살아갈 것인가!

(원문) ①慶曆四年春에 ②滕子京謫守巴陵郡이라. 越明年에 ③政通
경력사년춘　등자경적수파릉군　월명년　정통

人和하여 ④百廢俱興이라. 乃重修岳陽樓하여 增其舊制하고 刻唐
인화　백폐구흥　내중수악양루　증기구제　각당

賢今人詩賦于其上하고 屬予作文以記之라.
현금인시부우기상　촉여작문이기지

予觀夫巴陵⑤勝狀이 在洞庭一湖라. ⑥銜遠山하고 ⑦吞長江하여
여관부파릉 승상　재동정일호　함원산　탄장강

⑧浩浩湯湯하여 ⑨橫無際涯하니 ⑩朝暉夕陰이 氣象萬千이라.
호호상상　횡무제애　조휘석음　기상만천

此則岳陽樓之大觀也니 ⑪前人之述備矣라. 然則北通⑫巫峽하
차즉악양루지대관야　전인지술비의　연즉북통 무협

고 南極⑬瀟湘하여 ⑭遷客騷人이 多會于此라. 覽物之情이 得無異
남극 소상　천객소인　다회우차　남물지정　득무이

乎아?
호

若夫⑮霪雨霏霏하여 連月不開면 ⑯陰風怒號하고 濁浪排空하여
약부 음우비비　연월불개　음풍노호　탁랑배공

日星⑰隱曜하고 山岳⑱潛形하니 商旅不行하고 ⑲檣傾楫摧요 ⑳薄
일성 은요　산악 잠형　상려불행　장경집최　박

暮冥冥하여 ㉑虎嘯猿啼라.
모명명　호소원제

登斯樓也면 則有去國懷鄕과 ㉒憂讒畏譏하여 ㉓滿目蕭然이 ㉔感
등사루야　즉유거국회향　우참외기　만목소연　감

極而悲者矣라.
극이비자의

㉕至若春和景明하고 波瀾不驚하면 ㉖上下天光이 ㉗一碧萬頃이
지약춘화경명　파란불경　상하천광　일벽만경

라. 沙鷗翔集하고 錦鱗游泳이오 岸㉘芷汀蘭은 ㉙郁郁靑靑이라. 而
사구상집　금린유영　안 지정란　욱욱청청　이

或㉚長煙一空하고 皓月千里니 ㉛浮光躍金하고 靜影㉜沈璧이라. 漁
혹 장연일공　호월천리　부광약금　정영 침벽　어

歌互答하니 此樂何極가?
가 호 답　　차 락 하 극

　　登斯樓也면 則有^㉝心曠神怡하여 ^㉞寵辱俱忘하고 把酒臨風하여
　　등 사 루 야　즉 유　심 광 신 이　　　총 욕 구 망　　파 주 림 풍

其喜洋洋者矣라.
기 희 양 양 자 의

　　^㉟嗟夫라! 予嘗求古仁人之心이 或異二者之爲니 何哉오? 不
　　차 부　여 상 구 고 인 인 지 심　혹 이 이 자 지 위　하 재　불

^㊱以物喜하며 ^㊲不以己悲라.
이 물 희　불 이 기 비

　　居^㊳廟堂之高면 則憂其民하고 處^㊴江湖之遠이면 則憂其君이라
　　거　묘 당 지 고　즉 우 기 민　처　강 호 지 원　즉 우 기 군

是進亦憂요 退亦憂니 然則何時而樂耶아? 其必曰 ^㊵先天下之憂
시 진 역 우　퇴 역 우　연 즉 하 시 이 락 야　기 필 왈　선 천 하 지 우

而憂하고 後天下之樂而樂歟인저! 噫라! 微^㊶斯人이면 ^㊷吾誰與
이 우　후 천 하 지 락 이 락 여　　회　미 사 인　오 수 여

歸리오?
귀

주해 ① 慶曆(경력)-송(宋)나라 인종(仁宗)의 연호.

② 滕子京(등자경)-하남(河南) 사람으로, 이름은 종량(宗諒), 자를 자경(子京)이라 한다. 범중엄과 같은 해의 진사(進士). 공전(公錢)을 낭비한 혐의로 탄핵을 받았는데, 범중엄의 적극적인 변호로 큰 화는 면하고 관직을 낮추어 멀리 괵주(虢州)의 지사(知事)로 갔다가 후에 악주(岳州) 파릉군(巴陵郡)의 태수가 되었다. ㅇ謫(적)-죄를 입어 귀양을 감. ㅇ巴陵郡(파릉군)-호남성(湖南省) 악주(岳州)를 가리킴.

③ 政通人和(정통인화)-정치가 올바르게 행해지고 인심이 화합됨.

④ 百廢俱興(백폐구흥)-피폐해졌던 많은 일들이 다시 올바로 됨.

⑤ 勝狀(승상)-뛰어난 경치.

⑥ 銜遠山(함원산)-멀리 있는 산을 입에 문다는 뜻. 멀리 산을 끼고 호수가 펼쳐져 있는 모양.

⑦ 呑長江(탄장강)-양자강을 삼킴. 양자강의 물이 동정호(洞庭湖)로 흘러드

는 것을 묘사한 것.

⑧ 浩浩湯湯(호호상상)−한없이 넓고도 큰 물이 넘실거림. 호호(浩浩)는 물이 넓고 큰 모양. 상상(湯湯)은 탕탕(蕩蕩)과 같은 뜻으로 물이 성하게 넘실거리는 모양.

⑨ 橫(횡)−악양루에서 보아 남북쪽. 동서를 종(縱)이라 하고 남북을 횡(橫)이라 한다. ○際涯(제애)−끝.

⑩ 朝暉夕陰(조휘석음)−아침 햇빛과 저녁 구름.

⑪ 前人之述備矣(전인지술비의)−악양루의 경치에 대하여 전대의 사람들이 남김없이 시문에 담아 표현하였음. 비(備)는 진(盡)의 뜻.

⑫ 巫峽(무협)−호북성(湖北省) 파동현(巴東縣)의 서쪽에 있는 협곡. 양안(兩岸)이 절벽으로 된 아주 험준한 곳이다.

⑬ 瀟湘(소상)−동정호 남쪽에 있는 소수(瀟水)와 상수(湘水). 그 부근에는 소상팔경(瀟湘八景)이 있어 절경을 이룬다.

⑭ 遷客騷人(천객소인)−천객(遷客)은 죄를 입어 유배된 사람. 소인(騷人)은 우수에 젖은 시인.

⑮ 霪雨霏霏(음우비비)−장맛비가 몹시 쏟아짐. 음우(霪雨)는 장맛비로 10일 이상 계속 내리는 비. 비비(霏霏)는 비나 눈이 많이 오는 모양.

⑯ 陰風(음풍)−음산한 바람.

⑰ 隱曜(은요)−빛을 감춤.

⑱ 潛形(잠형)−모습을 감춤.

⑲ 檣傾楫摧(장경집최)−돛대는 기울고 노는 부러짐.

⑳ 薄暮(박모)−땅거미질 무렵. 어둘녘.

㉑ 虎嘯猿啼(호소원제)−호랑이 울부짖고 원숭이 울어댐.

㉒ 憂讒畏譏(우참외기)−참소당함을 걱정하고 비난받는 것을 두려워함. 참(讒)은 있지도 않은 일을 꾸며내어 헐뜯는 것. 기(譏)는 나무라는 것.

㉓ 滿目蕭然(만목소연)−눈에 보이는 것마다 모두가 쓸쓸하게 여겨짐.

㉔ 感極而悲者(감극이비자)−감정이 극에 달하여 슬퍼지는 것.

㉕ 至若(지약)−만약 ~와 같은 때에 이르러서는.

㉖ 上下天光(상하천광)−위도 아래도 하늘빛. 위의 하늘이 아래 호수에 비쳐

　　분별하기 어려운 상태를 뜻함.

㉗ 一碧萬頃(일벽만경) - 만경(萬頃)이 오직 푸른빛 일색임. 만경은 백만 이
　　랑. 넓은 호수를 말함.

㉘ 芷(지) - 어수리. 궁궁이풀. 미나리과에 속하는 향초.

㉙ 郁郁(욱욱) - 향기가 짙은 것을 형용하는 말.

㉚ 長煙一空(장연일공) - 하늘에 안개가 길게 드리워 있음.

㉛ 浮光躍金(부광약금) - 흐르는 물에 달빛이 비쳐, 마치 금빛 물결이 출렁이
　　는 것 같음.

㉜ 沈璧(침벽) - 물 속에 잠긴 옥.

㉝ 心曠神怡(심광신이) - 마음속이 활짝 열리는 듯하고 정신이 즐거운 것.

㉞ 寵辱(총욕) - 임금에게서 받은 총애와 치욕.

㉟ 嗟夫(차부) - 아! 감탄사.

㊱ 不以物喜(불이물희) - 경물(景物)을 보고 그것에 의하여 기뻐하지 않다.

㊲ 不以己悲(불이기비) - 자기 자신의 개인적인 일로 슬퍼하지 않다.

㊳ 廟堂(묘당) - 조정.

㊴ 江湖(강호) - 은자(隱者)가 거처하는 곳. 전하여 민간, 세간이라는 뜻.

㊵ 先天下之憂而憂(선천하지우이우), 後天下之樂而樂(후천하지락이락) - 천
　　하의 근심할 일은 제일 먼저 걱정하고, 천하의 즐거운 일은 가장 나중에
　　즐거워함.

㊶ 斯人(사인) - 옛 어진 사람을 가리킨다.

㊷ 吾誰與歸(오수여귀) - 내 누구와 더불어 돌아가리? 내가 누구를 본받고
　　의지하겠는가?

(해설) 악양루(岳陽樓)는 호남성(湖南省) 악양현에 있는 누각으로, 중국 최
대의 절승지인 동정호(洞庭湖)를 한눈에 내려다볼 수 있는 곳에 위치하
고 있다. 누가 세웠는지는 확실하지 않지만 당(唐) 개원(開元) 4년 중서
령 장열(張說)이 이곳 태수로 부임해 오자, 날마다 재자(才子)들과 이 누
각에 올라 시를 읊었다고 한다.
　등자경(滕子京)이 경력(慶曆) 5년, 이것을 수리하였고 범중엄이 이 글

을 지었으며, 소순흠(蘇舜欽)이 그 글을 쓰고, 소소(邵疎)가 전액(篆額)을 썼다. 당시 사람들이 이들 네 사람의 문장가와 명필이 쓴 작품을 칭송하여 사절(四絶)이라 불렀다 한다.

이 글은 누상(樓上)에서 바라다보이는 풍경을 기술하고서, 그것을 보는 사람의 마음이 쓸쓸하고 즐거운 것은 그 사람이 처해진 상황에 의한 것이라 서술한 다음 '불이물희(不以物喜), 불이기비(不以己悲), 선천하지우이우(先天下之憂而憂), 후천하지락이락(後天下之樂而樂)'이라 하여, 군자 된 자의 마음가짐을 밝히고 있다.

격사홀명(擊蛇笏銘)

석개(石介)

천지란 지극히 큰데, 그 사이에 사악한 기운이 끼어 가지고 흉악하고 포악한 짓을 하고 남을 상하게 하고 해치는 짓을 하는데도, 멋대로 행하여지도록 내버려두어서 마치 천지가 이들을 양육하며 전혀 막지 않고 있는 것만 같다. 사람이란 가장 영특한 존재인데, 간혹 특이한 물건들이 겉으로 나타나서 요상스럽고 괴이한 짓을 하고 음란하고 미혹된 짓을 하는데도 그 기이한 꼬투리를 내버려두어서, 마치 사람들이 이것들을 덮어주어 드러나지 않도록 해주는 것만 같다.

상부(祥符) 연간(1008~1016)에 영주(寧州)의 천경관(天慶觀)에 요상한 뱀이 있었는데 매우 괴이하였다. 고을의 자사(刺史)는 하루에 두 번이나 그 마당으로 찾아가서 뵈었고, 사람들은 그것을 용이라 생각하여 온 고을사람들이 안팎과 멀고 가까움을 가릴 것 없이 모두 그 문 앞으로 달려가 뵙고 공경스럽고 엄숙히 절하는 일을 아무도 감히 게을리하지 않았다.

지금 용도대제(龍圖待制) 공공(孔公)이 그때 이 고장 자사의 막료로 일하고 있어서 그곳 자사를 따라 천경관 마당에까지 따라갔다. 공공이 말하기를,

"밝으면 예악이 있게 되고, 어두우면 귀신이 있게 된다. 이 뱀은 속임수가 아니겠는가? 우리 백성들을 미혹시키고 우리 풍속을 어지럽히고 있

으니 용서 않고 죽여야만 하겠다."
라고 하면서 손에 들었던 홀(笏)로 뱀의 머리를 쳐서 그 앞에서 죽이고
말았는데, 뱀은 아무런 이변도 드러내지 않았다.

　고을의 자사와 안팎의 멀고 가까운 백성들이 몽매함으로부터 환하게
깨어나 푸른 하늘을 보고 밝은 해를 보듯 깨달았다. 그러므로 뱀은 흉악
하고 사람을 해치는 짓을 멋대로 하지 못하고 요상함으로써 미혹시키는
일을 성공시키지 못하였다. 《역경(易經)》에 '이런 까닭에 귀신의 실상을
알게 된다' 하였는데, 공공을 두고 한 말인 듯하다.

　하늘과 땅 사이에는 순수하며 강직하고 지극하고 바른 기운이 있어서
혹은 물건에 뭉쳐져 있기도 하고, 혹은 사람에게 뭉쳐져 있게도 된다. 사
람에겐 죽음이 있고 물건에는 다하는 때가 있으나, 이 기운만은 타오르
듯 멸망하지 않고 억만 년에 걸쳐 언제나 존재하는 것이다.

　요(堯)임금 때에는 간사한 자를 가리키는 풀이 되었고, 노(魯)나라에
있어서는 공자(孔子)가 소정묘(少正卯)를 베는 칼날이 되었고, 진(晉)나
라와 제(齊)나라에 있어서는 동호(董狐)와 남사씨(南史氏)의 붓이 되었
고, 한(漢)나라 무제(武帝)시대에는 동방삭(東方朔)의 창이 되었고, 성제
(成帝) 때에는 주운(朱雲)의 칼이 되었고, 동한(東漢)에 있어서는 장강
(張綱)의 수레바퀴가 되었으며, 당(唐)나라에 있어서는 한유(韓愈)의 〈논
불골표(論佛骨表)〉와 〈축악어문(逐鱷魚文)〉이 되었고, 또 단수실(段秀
實)이 모반한 주자(朱泚)를 쳤던 홀이 되었는데, 지금 와서는 공공의 격
사홀(擊蛇笏)이 된 것이다.

　그래서 간사한 자들이 떠나가 요임금의 덕이 밝아졌고, 소정묘를 죽임
으로써 공자의 법도가 드러났다. 임금을 죽인 진(晉)나라 조순(趙盾)의
죄를 밝히어 진나라 사람들을 두려워하게 하고, 제(齊)나라 임금을 죽인
최저(崔杼)를 내침으로써 제나라의 형법이 밝아졌다. 한(漢)나라에 와서
는 동언(董偃)의 방자함을 막고 장우(張禹)의 간사함을 꺾었으며, 양기
(梁冀)의 부정을 탄핵하여 한나라가 잘 다스려졌다. 한유로 말미암아 불

교와 도교가 쇠약하여지자 성인의 도리가 행하여지게 되었고, 악어가 도망가자 조주(潮州)의 환난이 없어졌으며, 반란을 일으키려던 주자가 부상함으로써 당나라는 세력이 떨쳐졌으며, 괴이한 뱀이 죽자 요상한 기운이 흩어졌다.

아아! 하늘과 땅은 순수하고 강직하고 지극하고 바른 기운을 공공의 홀에 모아놓았으니, 어찌 한 마리 뱀만을 죽이는 데 그치고 말겠는가? 궁전 섬돌 아래에 임금을 속이고, 부모의 뜻을 받들어 효도하는 백성들을 기만하는 자가 있으면 공공은 이 홀로 그를 지적할 것이다. 묘당(廟堂) 위에 현명함을 가리고 법을 어기고 기강을 어지럽히는 악한 행위를 덮어주는 자가 있다면 공공은 이 홀로 그를 물리칠 것이다. 조정 안에 아첨하는 얼굴에 간사한 빛을 띠고 사악한 자들에 붙어 올바름을 배반하는 자가 있다면 공공은 이 홀로 그를 칠 것이다.

그렇게 하면 궁전 섬돌 아래의 어질지 못한 자들이 떠나게 될 것이고, 묘당 위에는 간신(奸臣)이 없게 될 것이고, 조정 안에는 간사한 위인이 없게 될 것이니, 그것은 홀의 공로라 할 것이다. 어찌 한 마리 뱀을 없애는 데에 그치겠는가? 공공은 이 홀로써 책임을 수행하고, 홀은 공공을 만나 제대로 쓰이게 된 것이다. 공공은 지금 조정의 올바른 사람이 되어 있고, 홀은 지금 공공의 훌륭한 연모가 되어 있다. 감히 공공과 덕을 대칭시키며 다음과 같은 〈홀명(笏銘)〉을 짓는 바이다.

지극히 올바른 기운 하늘과 땅 사이에 있는데,
홀은 신령스런 물건이라 홀이 바로 그것을 받았네.
홀이란 물건의 성질은 순수하고 강직하며 바르고 곧은데,
공공은 올바른 사람이라 공이 바로 그것을 얻게 되었네.
홀은 공소(公所)에 있어서 음란함과 요사스러움 깨치고
공공은 조정에 있어서 남을 모함하는 자를 없애시네.
신령스런 기운 다하지 않는다면 이 홀 부러지는 일 없을 것이고,

올바른 도리 없어지지 않는다면 이 홀 숨기어지지 않으리라.

오직 공공이 이를 보배로 간직했으니 훨훨 그 불빛 발하게 하리라.

원문 天地至大어늘 有邪氣[1]干於其間하여 爲凶暴爲殘賊이라도
천 지 지 대   유 사 기   간 어 기 간   위 흉 폭 위 잔 적

[2]聽其肆行하여 如天地卵育之而莫禦也라. 人生最靈이어늘 或異
청 기 사 행   여 천 지 란 육 지 이 막 어 야   인 생 최 령   혹 이

類出於其表하여 爲妖怪[3]爲淫惑이라도 [4]信其異端하여 如人蔽覆
류 출 어 기 표   위 요 괴   위 음 혹   신 기 이 단   여 인 폐 부

之而莫露也라.
지 이 막 로 야

[5]祥符年에 [6]寧州天慶觀에 有蛇妖하여 極怪異라. 郡刺史日兩
상 부 년   영 주 천 경 관   유 사 요   극 괴 이   군 자 사 일 량

至於其庭하여 朝焉하고 人以爲龍하여 擧州人內外遠近이 罔不
지 어 기 정   조 언   인 이 위 룡   거 주 인 내 외 원 근   망 부

駿奔於門以覲하여 [7]恭莊肅祗하여 無敢怠者라.
준 분 어 문 이 근   공 장 숙 지   무 감 태 자

今[8]龍圖待制孔公이 時[9]佐幕在是邦일새 亦隨郡刺史於其庭이
금 용 도 대 제 공 공   시 좌 막 재 시 방   역 수 군 자 사 어 기 정

라. 公曰; 明則有禮樂이오 幽則有鬼神이라. 是蛇不以誣乎아?
공 왈   명 즉 유 예 악   유 즉 유 귀 신   시 사 불 이 무 호

惑吾民하며 亂吾俗하니 殺無赦라. 以[10]手板으로 擊其首하여 遂斃
혹 오 민   난 오 속   살 무 사   이 수 판   격 기 수   수 폐

於前하니 則蛇無異焉이라.
어 전   즉 사 무 이 언

郡刺史[11]暨內外遠近庶民이 [12]昭然若發蒙하여 見靑天覩白日하
군 자 사   기 내 외 원 근 서 민   소 연 약 발 몽   견 청 천 도 백 일

니 故로 不能肆其凶殘而成其妖惑이라. [13]易曰; 是故로 知鬼神
고   불 능 사 기 흉 잔 이 성 기 요 혹   역 왈   시 고   지 귀 신

之情狀이라하니 公之謂乎인저!
지 정 상   공 지 위 호

夫天地間에 有[14]純剛至正之氣하여 或[15]鍾於物하며 或鍾於人하
부 천 지 간   유 순 강 지 정 지 기   혹 종 어 물   혹 종 어 인

니 人有死物有盡이어니와　此氣不滅烈烈하여　^⑯彌亘億萬世而長
　인 유 사 물 유 진　　　　차 기 불 멸 렬 렬　　　　미 긍 억 만 세 이 장
在라.
재

　在堯時에　爲^⑰指佞草하고　在魯爲^⑱孔子誅少正卯刃하고　在晉
　　재 요 시　　위 지 녕 초　　　재 로 위 공 자 주 소 정 묘 인　　　　재 진
在齊爲^⑲董史筆하고　在漢武帝朝爲^⑳東方朔戟하고　在成帝朝爲
재 제 위 동 사 필　　　재 한 무 제 조 위 동 방 삭 극　　　　재 성 제 조 위
^㉑朱雲劍하고　在東漢爲^㉒張綱輪하고　在唐爲^㉓韓愈論佛骨表와
　주 운 검　　　재 동 한 위 장 강 륜　　　　재 당 위 한 유 론 불 골 표
逐鰐魚文하고　爲^㉔段太尉擊朱泚笏이러니　今爲公擊蛇笏이라.
축 악 어 문　　위 단 태 위 격 주 자 홀　　　　금 위 공 격 사 홀

　故로　佞人去에　堯德聰하고　少正卯戮에　孔法擧고　罪趙盾이　晉
　고　 영 인 거　　요 덕 총　　　소 정 묘 륙　　공 법 거　　죄 조 순　 진
人懼하고　辟崔子에　齊刑明하고　距董偃하며　折張禹하며　劾梁冀에
인 구　　　벽 최 자　　제 형 명　　　거 동 언　　　절 장 우　　　핵 량 기
漢室^㉕乂하고　佛老微에　聖道行하고　鰐魚徙에　潮患息하고　朱泚傷
한 실　예　　　불 노 미　　성 도 행　　　악 어 사　　조 환 식　　　주 자 상
에 唐朝振하고　怪蛇死에　妖氣散이라.
　당 조 진　　　괴 사 사　　요 기 산

　噫라!　天地鍾純剛至正之氣하여　在公之笏하니　豈徒斃一蛇而
　희　　천 지 종 순 강 지 정 지 기　　　재 공 지 홀　　　기 도 폐 일 사 이
已리오?　^㉖軒陛之下有罔上欺民하고　^㉗先意順旨者어든　公以此笏
이　　　　 헌 폐 지 하 유 망 상 기 민　　　선 의 순 지 자　　　공 이 차 홀
指之하고　廟堂之上有蔽賢蒙惡違法亂紀者어든　公以此笏^㉘麾之
지 지　　　묘 당 지 상 유 폐 현 몽 악 위 법 란 기 자　　　공 이 차 홀　휘 지
하고　朝廷之內에　有^㉙諛容佞色附邪背正者어든　公以此笏擊之
　　　조 정 지 내　　유 유 용 녕 색 부 사 배 정 자　　　공 이 차 홀 격 지
리라.

　夫如是則軒陛之下에　不仁者去하고　廟堂之上에　無奸臣하고
　부 여 시 즉 헌 폐 지 하　　불 인 자 거　　묘 당 지 상　　무 간 신
朝廷之內에　無佞人하리니　則笏之功也라　豈止在一蛇리오?　公以笏
조 정 지 내　　무 녕 인　　　즉 홀 지 공 야　　기 지 재 일 사　　공 이 홀

爲任하고 笏得公而用이라. 公方爲朝廷正人하고 笏方爲公之良器
위 임   홀 득 공 이 용   공 방 위 조 정 정 인   홀 방 위 공 지 량 기

하니 敢稱德于公하여 作笏銘하노라. 曰 ;
   감 칭 덕 우 공   작 홀 명   왈

至正之氣가 天地則有하니
지 정 지 기   천 지 즉 유

笏爲靈物일새 笏乃能受로다.
홀 위 령 물   홀 내 능 수

笏之爲物이 純剛正直하니
홀 지 위 물   순 강 정 직

公惟正人일새 公乃能得이로다.
공 유 정 인   공 내 능 득

笏之在公에 能破淫妖하고
홀 지 재 공   능 파 음 요

公之在朝에 讒人乃消로다.
공 지 재 조   참 인 내 소

靈氣未竭이면 斯笏不折이오
영 기 미 갈   사 홀 부 절

正道未亡이면 斯笏不藏이니
정 도 미 망   사 홀 부 장

惟公寶之하여 ㉚烈烈其光이로다.
유 공 보 지   열 렬 기 광

주해 ① 干(간)-범하다. 끼다.

② 聽其肆行(청기사행)-그가 멋대로 행하는 것을 내버려두다.

③ 爲淫惑(위음혹)-음란하고 미혹된 짓을 하는 것.

④ 信其異端(신기이단)-그 기이한 꼬투리를 내버려두는 것. 그의 이단적인 행동을 버려두는 것.

⑤ 祥符(상부)-송(宋)나라 진종(眞宗)의 연호, 1008~1016.

⑥ 寧州(영주)-지금의 운남성(雲南省)에 있던. 고을 이름. ○天慶觀(천경관)- 도교의 절 이름.

⑦ 恭莊肅祗(공장숙지)-공경스럽고 엄숙하게 절하고 모시는 것.

⑧ 龍圖待制(용도대제)－용도각(龍圖閣)의 직학사(直學士) 바로 아래의 벼슬자리. 용도각은 송나라 진종(眞宗) 때 세워졌고, 임금의 글과 문서 따위를 다루는 곳이었다.

⑨ 佐幕(좌막)－그곳 자사(刺史)의 막료로 일하고 있는 것.

⑩ 手板(수판)－손에 든 판. 곧 홀(笏)을 뜻한다. 홀은 옛날 천자로부터 사(士)에 이르기까지 예복을 갖추었을 때 손에 들던 작은 판때기. 신분에 따라 옥·상아·대쪽 등으로 만들어 신분을 나타내고, 또 임금의 명을 적는 등 여러 가지 용도가 있었다.

⑪ 曁(기)－~과. 여(與)의 뜻.

⑫ 昭然(소연)－밝아지는 모양. ㅇ發蒙(발몽)－몽매함으로부터 깨어나는 것.

⑬ 易(역)－《역경》 계사(繫辭) 상편에 보이는 말임.

⑭ 純剛至正(순강지정)－순수하고 강직하고 지극하고 바른 것.

⑮ 鍾(종)－모이다. 뭉치다.

⑯ 彌亘(미긍)－오래도록 이어지는 것.

⑰ 指佞草(지녕초)－간사한 자를 지적해 내는 풀. 굴질(屈軼)이라고도 부르는데, 요임금 때에 있었다고 하나(《博物志》), 황제(黃帝) 때에 있던 풀이라고도 한다(《宋書》符瑞志).

⑱ 孔子誅少正卯(공자주소정묘)－공자는 55세 때(기원전 497) 노(魯)나라의 형정(刑政)을 관장하는 대사구(大司寇)가 되었는데, 부임한 지 7일만에 노나라의 대부 소정묘를 나라를 어지럽힌다는 죄목으로 죽여 그의 시체를 사흘 동안 저자에 내걸었다 한다(《史記》孔子世家).

⑲ 董史筆(동사필)－진(晉)나라 동호(董狐)와 제(齊)나라 남사씨(南史氏)의 사필(史筆). 진나라 영공(靈公) 때, 영공이 조순(趙盾)을 죽이려 하니 그는 국외로 도망갔는데, 뒤에 조천(趙穿)이 영공을 죽이자 조순은 귀국하여 조천을 처벌하지 않았다. 이때 사관(史官)인 동호가 '조순이 그의 임금을 죽였다'고 썼다 한다(《左傳》宣公 2년). 또 제나라의 권신인 최저(崔杼)가 그의 임금을 죽이고 사관에게 그 사실을 기록하지 못하도록 위협하였으나 제나라 사관이었던 남사씨는 목숨을 걸고 그 사실을 기록하였다(《左傳》襄公 25년). 모두 훌륭한 사관의 본보기로 후세에까지 칭송되

고 있다.

⑳ 東方朔戟(동방삭극)—동방삭의 창. 한(漢)나라 무제(武帝) 때 동언(董偃)
이란 천한 출신의 사람이 잘생긴 용모와 여러 가지 놀이재주로 무제의 총
애를 받고 있었다. 무제가 궁전에서 두태후(竇太后)와 잔치를 벌이고 놀
며 동언을 부르자, 동방삭은 섬돌 아래 창을 들고 있다가 나와서 동언이
나라의 정치를 어지럽히는 죄목을 하나하나 들며 간하면서 잔치를 그만두
게 하였고, 이로 말미암아 동언은 황제의 총애를 차츰 잃어 서른살에 죽
었다 한다.

㉑ 朱雲劍(주운검)—주운의 칼. 한나라 성제(成帝) 때 재상 장우(張禹)가 간
사한 짓을 하자 성제에게 칼을 빌어 재상인 장우의 목을 치겠다고 나섰던
사람. 성제는 노하여 그를 죽이려다 결국은 그의 강직함을 알게 되었다.

㉒ 張綱輪(장강륜)—장강의 수레바퀴. 후한(後漢) 순제(順帝) 때에는 환관들
이 나라의 정치를 멋대로 주무르고 있었는데, 장강은 어사(御史)로서 민
정을 살피고 오라는 명을 받았다. 그는 이미 여러번 환관들의 횡포에 대
하여 간했지만 효과가 없던 터라, 자기의 수레바퀴를 땅에 묻고 "승냥이
와 이리가 조정에 있는데, 여우와 너구리는 따져 무엇하랴?"고 하면서
환관인 대장군 양기(梁冀)를 탄핵하였다. 다만 양기의 세도는 너무 강하
여 임금도 그를 어쩔 수가 없었다.

㉓ 韓愈(한유)—그의 〈논불골표〉는 이단과 불교를 배척한 대표적인 글이며,
〈축악어문〉은 앞 권3에 실려 있으니 참고 바람.

㉔ 段太尉(단태위)—당나라 때의 단수실(段秀實). 덕종(德宗) 때에 사농경
(司農卿)이 되었는데, 주자(朱泚)가 모반하려 하자 단수실은 그의 얼굴에
침을 뱉고 욕을 하면서 들고 있던 홀(笏)로 그를 쳐서 부상을 입히어 반
란을 막았다 한다.

㉕ 乂(예)—잘 다스려지는 것.

㉖ 軒陛(헌폐)—전폐(殿陛). 궁전의 섬돌.

㉗ 先意順旨(선의순지)—부모의 뜻을 미리 알아차리고 그 부모의 속뜻을 따
라 효도를 지극히 잘 하는 것. 선의승지(先意承旨)라고도 한다.

㉘ 麾(휘)—휘두르다. 휘둘러 물리치는 것.

㉙ 諛容佞色(유용녕색)－아첨하는 얼굴과 간사한 얼굴빛.

㉚ 烈烈(열렬)－불꽃이 타오르는 모양.

[해설] 이 글은 송나라 초기의 성리학자인 석개가 쓴 글로, 당시의 용도대
제(龍圖待制)였던 공도보(孔道輔)가 영주자사(寧州刺史)의 막료로 있을
적에 자신의 홀(笏)로 요사스런 뱀을 쳐 죽임으로써 미신과 이단을 깨치
고 올바른 도를 밝히었던 일을 기린 글이다.

　명(銘)이란 돌 같은 곳에 새기는 글이니, 공도보의 뱀을 쳐 죽인 홀의
덕을 기리어 그 글을 돌 같은 데 새겨놓음으로써 많은 사람들의 교훈이
되게 하려는 것이다.

간원제명기(諫院題名記)

사마광(司馬光)

옛날에는 간언(諫言)을 천자에게 드리는 관직이 따로 정해져 있지 않았다. 공경대부에서부터 공상인(工商人)에 이르기까지 누구든지 천자에게 간할 수 있었던 것이다. 한(漢)나라가 흥기한 이래로 처음으로 간관이 설치되었다. 즉 천하 정치에의 득실과 사해(四海) 백성들과 이해가 간관(諫官)이라는 한 관직에 모두 집중되어 그로 하여금 말하게 했으니, 그 맡은 임무는 매우 중대하다.

이 관직에 있는 사람은 당연히 큰 일에 뜻을 두고 자질구레한 것은 버리며, 급한 것을 먼저 하고 급하지 않은 것은 뒤로 미루며 오로지 국가를 이롭게 하고, 자기 자신을 위해 일하지는 말아야 한다. 그들이 명예를 얻고자 애쓰는 것은 사사로운 이익을 위해 애쓰는 것과 같으니, 그 두 가지 일 사이의 거리가 어찌 멀다고만 하겠는가?

천희(天禧) 초년에 진종황제께서는 간관 6명을 두어 그 직책에 책임을 지도록 조명(詔命)을 내리셨다. 인종(仁宗) 황제의 경력(慶曆) 연중에 간관이 된 전곤(錢昆)은 이전에 간관이었던 사람들의 이름을 목판에 써서 비치해 두었다. 나 사마광(司馬光)은 오랜 세월이 지나면 그 글자들이 지워질까 걱정이 되어 가우(嘉祐) 8년에 다시 그것을 돌에 새겼다.

후세 사람들이 이 이름들을 낱낱이 가리키면서 평할 것이다.

"누구는 충성스러웠고, 누구는 간사했으며, 누구는 정직했고, 누구는 부정했다."

아아! 두려워하지 않을 수가 있겠는가?

(원문) ①古者諫無官하니 自公卿大夫로 至于工商히 無不得諫者라.
고 자 간 무 관   자 공 경 대 부   지 우 공 상   무 부 득 간 자

漢興以來로 ②始置官이라. 夫以天下之政과 四海之衆으로 ③得失
한 흥 이 래   시 치 관   부 이 천 하 지 정   사 해 지 중   득 실

利病이 萃于一官하여 使言之하니 其爲任이 亦重矣라.
이 병   췌 우 일 관   사 언 지   기 위 임   역 중 의

居是官者는 當志其大하고 捨其細하며 先其急하고 後其緩하여
거 시 관 자   당 지 기 대   사 기 세   선 기 급   후 기 완

專利國家요 而不爲身謀라. 彼④汲汲於名者는 猶汲汲於利也니
전 리 국 가   이 불 위 신 모   피 급 급 어 명 자   유 급 급 어 리 야

其間相去何遠哉리오?
기 간 상 거 하 원 재

⑤天禧初에 眞宗詔置諫官六員하여 ⑥責其職事라. ⑦慶曆中에
천 회 초   진 종 조 치 간 관 육 원   책 기 직 사   경 력 중

⑧錢君始書其名於版하니 光恐久而⑨漫滅일새 ⑩嘉祐八年에 刻著
전 군 시 서 기 명 어 판   광 공 구 이 만 멸   가 우 팔 년   각 저

于石이라.
우 석

後之人이 將⑪歷指其名而議之曰：某也忠하고 某也詐하며 某
후 지 인   장 력 지 기 명 이 의 지 왈   모 야 충   모 야 사   모

也直하고 某也曲이라 하리라.
야 직   모 야 곡

嗚呼라! 可不懼哉아?
오 호   가 불 구 재

(주해)   ① 古者諫無官(고자간무관) ─ 옛날에는 간(諫)하는 벼슬아치가 따로 없
었다.

② 始置官(시치관) ─ 간관(諫官)을 두기 시작함. 전한(前漢)의 문제(文帝) 때
에 이르러, 현인 가운데 정직한 사람을 골라 간하는 일을 맡도록 했으며

무제(武帝) 원수(元狩) 5년에 비로소 간의대부(諫議大夫)를 두었다 한다.

③ 得失(득실)-정치의 잘됨과 못됨. ㅇ利病(이병)-백성의 이익과 손해.

④ 汲汲(급급)-무슨 일에 마음을 쏟아 쉴 사이가 없음.

⑤ 天禧(천희)-송(宋) 진종황제(眞宗皇帝) 때의 연호. 진종은 송의 제3대
천자. 998년부터 1022년까지 재위.

⑥ 責(책)-책임을 지움.

⑦ 慶曆(경력)-송 인종(仁宗) 때의 연호.

⑧ 錢君(전군)-우간의대부(右諫議大夫)였던 전곤(錢昆)을 가리킴. 오월왕
(吳越王) 양(凉)의 아들로, 자는 유지(裕之).

⑨ 漫減(만멸)-문자가 닳고 깎이어 분명하지 않게 됨.

⑩ 嘉祐(가우)-인종 때의 연호.

⑪ 歷指(역지)-한쪽에 있는 것부터 차례대로 하나하나 손가락질해 가리킴.

[해설] '간원(諫院)'이란 간관(諫官)이 일하는 곳이다. 천자의 행위에 잘못
이 있으면 그것을 간하는 관리가 간관이다. 간관은 간정(諫正)·사간(司
諫)·보궐(補闕)·습유(拾遺)라고도 한다. 보궐은 임금의 부족한 점을 보
충한다는 의미이고, 습유는 임금이 흘린 것을 줍는다는 의미로, 임금의
소홀한 점을 지적해 줌을 뜻한다. 한대의 무제 원수(元狩) 5년 처음으로
간대부(諫大夫)가 두어졌다.

천희(天禧) 초년에 송의 진종황제가 간관을 두고, 경력(慶曆) 중에는
전곤(錢昆)이 간관을 지낸 사람들의 이름을 판(板)에 써두었는데, 이것을
가우(嘉祐) 8년 돌에 새기게 된 내력을 기록한 것이 〈간원제명기(諫院題
名記)〉이다.

독락원기(獨樂園記)

사마광(司馬光)

나 우수(迂叟)는 평소 독서함에 있어 위로는 성인(聖人)을 스승으로 모시고 아래로는 많은 어진 이들을 벗삼으며, 인(仁)과 의(義)의 근원을 살피고, 예(禮)와 악(樂)의 실마리를 탐색한다. 만물의 형체가 형성되지 않았을 때부터, 사방에 이르는 끝없는 외부세계까지 이르는 사이의 사물의 이치가 온통 눈앞에 모이게 된다. 그러한 것 중 가능한 것도 다 배우지 못하였는데, 가능한 것을 두고 어찌 남에게 배우기를 구하겠으며, 또 어찌 밖에서 배우기를 기대하겠는가?

마음이 권태롭고 몸이 피곤하면 낚싯대를 물에 던져 고기를 낚거나, 옷자락을 걷어 쥐고 약초를 캐거나, 아니면 도랑을 내어 꽃나무에 물을 주거나, 토끼를 잡고 대나무를 쪼개거나, 한 대야의 물로 더위를 씻어버리거나, 높은 곳에 올라 눈 가는 대로 경치를 바라보기도 하고, 이리저리 거닐며 오직 마음 내키는 대로 하기도 한다.

밝은 달이 때 맞추어 떠오르고, 맑은 바람이 저절로 불어오면, 이끄는 것이 없어도 이끌려 가고, 붙잡는 것이 없어도 멈추게 된다. 귀도 눈도 폐(肺)도 장(腸)도, 모두 거두어 내 소유로 하게 되니, 홀로 멋대로 걷고 마음은 거칠 것 없이 넓고 넓도다! 하늘과 땅 사이에 이것과 바꿀 수 있는 즐거움이 또 있는지 모르겠노라.

그런 까닭에 이 모든 이유를 합쳐 '홀로 즐긴다'는 뜻의 '독락(獨樂)'이라 이름한다.

원문 ①迂叟平日讀書에 上師聖人하고 下友羣賢하여 窺仁義之原
　　　우수평일독서　　상사성인　　　하우군현　　　규인의지원

하며 探禮樂之②緒하여 ③自未始有形之前으로 ④曁四達無窮之外
　　　탐예악지　서　　자미시유형지전　　　　기사달무궁지외

하여 事物之理가 擧集目前이라. ⑤可者學之未至하니 夫可何求
　　　사물지리　거집목전　　　　가자학지미지　　부가하구

於人이며 何待於外哉아?
어인　　하대어외재

志倦體疲則⑥投竿取魚하여 ⑦執袵采藥하고 ⑧決渠灌花하며 ⑨操
지권체피즉투간취어　　집임채약　　　결거관화　　　조

斧剖竹하고 ⑩濯熱盥水하며 ⑪臨高縱目하고 ⑫逍遙徜徉하여 ⑬惟
부부죽　　탁열관수　　　임고종목　　　소요상양　　　유

意所適이라.
의소적

明月時至하고 淸風自來면 行無所牽하며 止無所⑭扼하여 耳目
명월시지　　청풍자래　행무소견　　　지무소　니　　　이목

肺腸이 ⑮卷爲己有라. ⑯踽踽焉⑰洋洋焉하여 不知⑱天壤之間에
폐장　권위기유　　　우우언　양양언　　　부지　천양지간

復有何樂이 可以代此也로다.
부유하락　가이대차야

因合而命之曰獨樂이라.
인합이명지왈독락

주해 ① 迂叟(우수)―작자 사마광(司馬光)의 호. 자기를 가리킴.

② 緖(서)―실마리. 시단(始端).

③ 自未始有形之前(자미시유형지전)―아직 만물의 형태가 이루어지기 전의
때로부터. 미시유형(未始有形)은 아직 물형(物形)이 이루어지지 않은 원
초의 상태를 말한다.

④ 曁(기)―급(及)과 같은 뜻으로, 미치다. ○四達無窮之外(사달무궁지외)―
사방에 이르는 끝없는 이 세상 밖.

⑤ 可者(가자)―옳은 것. 가능한 것.

⑥ 投竿(투간)－낚싯대를 던짐. 간(竿)은 본래 대나무 장대.

⑦ 執袵采藥(집임채약)－옷자락을 거머쥐고 약초를 캠.

⑧ 決渠灌花(결거관화)－도랑을 터 꽃나무에 물을 줌.

⑨ 操斧剖竹(조부부죽)－도끼를 잡고 대를 쪼갬.

⑩ 濯熱盥水(탁열관수)－더위를 식히기 위해 물을 끼얹음.

⑪ 臨高縱目(임고종목)－높은 데에 올라가 눈 가는 대로 바람봄.

⑫ 逍遙徜徉(소요상양)－소요(逍遙)는 목적없이 거니는 것. 상양(徜徉)도 같은 뜻으로, 일 없이 배회하는 것.

⑬ 惟意所適(유의소적)－오직 마음 가는 대로 함.

⑭ 扺(이)－지(止)와 같은 뜻으로 멈추게 하다.

⑮ 卷爲己有(권위기유)－거두어들여 모두 자기 소유로 하다. 권(卷)은 수(收)의 뜻.

⑯ 踽踽(우우)－홀로 걷는 모양을 형용하는 말.

⑰ 洋洋(양양)－마음이 끝없이 넓어 거리낄 것이 없음. 원래는 물이 한없이 넓은 것을 형용하는 말.

⑱ 天壤(천양)－천지와 같은 뜻으로 하늘과 땅.

해설　작자 사마광은 송(宋)의 명재상이며 청렴고결하게 살았던 사람이다. 그는 조정에서 퇴근한 뒤에는 언제나 동산에서 홀로 소요하며 책을 읽었다고 한다. 그리하여, 참된 즐거움이란 이런 것이다라고 하면서 정원의 이름을 독락원(獨樂園)이라 이름 지은 것이다.

이 글은 〈독락원기〉 가운데 앞뒤 글을 끊어내고 '독락'이란 이름을 붙이게 된 유래를 밝힌 대목만 실은 것이다. 짧고 간결한 글 속에, 작자의 맑고 격조있는 마음이 잘 나타나 있다.

독맹상군전(讀孟嘗君傳)

왕안석(王安石)

세상 사람들은 모두 맹상군(孟嘗君)은 선비를 잘 구했다고 한다. 선비들은 그래서 그에게로 모여들어서, 마침내는 그들의 힘을 빌려 호랑이나 표범 같은 진(秦)나라에서 벗어날 수 있었다는 것이다.

아! 맹상군은 다만 닭의 울음소리나 내고, 개 짖는 소리나 내는 무리들의 우두머리일 뿐이다. 어찌 선비를 구했다고 말할 수 있겠는가?

그렇지 않다면, 강한 제(齊)나라를 마음대로 하는 사람으로서, 올바른 선비 한 사람만 구했어도 천자가 되어 진(秦)을 제압할 수 있었을 것인데, 어찌 닭 울음소리나 내고 개 짖는 소리를 내는 무리들의 힘을 빌려야 했겠는가? 닭 울음소리나 내고 개 짖는 소리나 내는 무리들이 그의 문하에서 나왔으니, 이것이 바로 진짜 선비들이 찾아가지 않았던 까닭인 것이다.

원문 世皆①稱孟嘗君은 能得士라. 士②以故로 歸之하여 而卒③賴其力하여 以脫於④虎豹之秦이라.

嗟乎라! 孟嘗君은 特鷄鳴狗吠之雄耳라. 豈足以言得士리오?

不然이면 ⑤擅齊之强하여 得一士焉이라도 宜可以⑥南面而制秦

이어니 **尚取鷄鳴狗吠之力哉**아? **鷄鳴狗吠之出其門**이니 **此士之**
　　　상 취 계 명 구 폐 지 력 재　　　계 명 구 폐 지 출 기 문　　　차 사 지

所以⑦不至也니라.
소 이　부 지 야

주해 ① 稱(칭) - 일컫다. ○ 孟嘗君(맹상군) - 성은 전(田), 이름은 문(文)이다.
제(齊)의 정곽군(靖郭君) 전영(田嬰)의 아들이다. 전영은 위왕(威王)의
작은아들이고 선왕(宣王)의 동생이다. 맹상군은 일찍부터 천하의 현사(賢
士)들을 빈객으로 모아 후히 대접하여 그의 식객수는 수천명에 달했으며
온갖 재능을 가진 사람이 모두 모였다고 한다. 한번은 진(秦)의 소왕(昭
王)이 그의 학식과 현명함을 듣고는 그를 재상으로 초빙하였는데, 소대
(蘇代)라는 사람이 만류하여 가지 않았다. 그후 소왕이 다시 초빙하므로
그의 정성에 마음이 움직여 갔더니 과연 재상으로 모셨다. 그런데 진나라
사람 중에 그를 모함하는 자가 있어 왕에게 맹상군은 제나라 사람이 되어
후에 반드시 진을 멸망시키고 제를 패국(霸國)으로 삼을 것이라고 했다.
이에 소왕은 그 말을 옳다고 믿고는 그를 가두었다. 그러나 맹상군은 빈
객 중 개의 흉내를 잘 내는 사람과 닭 울음소리를 잘 내는 사람의 도움으
로 진나라를 무사히 탈출하여 목숨을 구할 수 있었다 한다.

② 以故(이고) - 그 때문에.

③ 賴(뇌) - 힘입다.

④ 虎豹之秦(호표지진) - 호랑이나 표범같이 사나운 진나라.

⑤ 擅(천) - 마음대로 하다.

⑥ 南面(남면) - 제왕(帝王)의 자리. 즉 제왕. 옛날에 천자나 제후는 남쪽을
향하여 자리잡고 신하는 임금과 마주하는 북쪽에 있었다.

⑦ 不至(부지) - 오지 않다.

해설 송대의 가장 뛰어난 정치가이며 대문호인 왕안석의 글이다. 이 글은
왕안석이 《사기(史記)》 열전에 나오는 맹상군전(孟嘗君傳)을 읽고 감상
문을 쓴 것이다.

　매우 짧은 문장이면서 날카롭게 정곡(正鵠)을 찌르고 있어서, 왕안석의 날카로운 비판의식과 그의 높은 식견, 그리고 그의 혁신적인 사상을 엿볼 수 있다.

　왕안석은 맹상군이 빈객 수천명을 거느렸다면서 천하통일을 이룩하는 데 기여할 만한 위대한 인물이 없었다는 것은 맹상군이 현사(賢士)를 제대로 구하지 못한 때문이며, 결국 '계오구폐(鷄鳴狗吠)'나 하는 잡배(雜輩)의 우두머리밖에 되지 못하였던 것이라고 비판하고 있는 것이다.

상범사간서(上范司諫書)

구양수(歐陽修)

1

지난 달에 진주원(進奏院)의 관보(官報)를 보니 진주(陳州)로부터 대궐로 불려들어가서 사간(司諫)에 임명되셨다 하더군요. 곧 편지라도 써서 축하드리고자 하였으나 일도 많고 바빠서 하지 못하였습니다.

사간은 7품(品)의 벼슬이니 선생으로서는 그 벼슬을 얻었다 해도 기뻐할 것이 못될 것이나 오직 곰상스럽게도 축하를 드리려고 하는 것은, 진실로 간관에게는 천하의 정치적인 잘잘못과 한때의 공론(公論)이 매여 있는 벼슬이기 때문입니다. 지금 세상의 벼슬로는 구경(九卿)과 여러 관리들로부터 시작하여 밖으로 한 군(郡)이나 현(縣)의 관리들에 이르기까지 그의 도리를 행할 수 있는 귀한 벼슬이나 큰 관직이 없는 것은 아닙니다.

그러나 현이라면 그 현의 경계를 넘어서, 군이라면 그 군의 경계를 넘어서는 비록 현명한 수령(守令)이라 할지라도 아무 일도 행할 수가 없는데, 그것은 그가 지키는 한계가 있기 때문입니다. 이부(吏部)의 관리는 병부(兵部)의 일을 다스릴 수가 없고, 홍려경(鴻臚卿)은 광록(光祿)에 관한 일을 볼 수가 없는데, 모두 그들의 직책이 있기 때문입니다.

천하 정치의 잘잘못과 백성들의 이해관계와 조정의 큰 계획을 오직 보고 듣는 대로 처리하고 맡은 직책에 얽매이지 않는 사람으로는, 오직 재상이 그것에 관한 것을 실천할 수가 있고 간관이 그것에 관하여 말할 수 있을 뿐입니다. 그러므로 선비가 옛날 일을 공부하여 도리를 알게 되어 조정에 벼슬할 적에는, 재상이 되지 못한다면 반드시 간관이 되려 하였던 것입니다.

간관은 지위가 낮기는 하지만 재상과 비등합니다. 천자가 안된다 하더라도 재상은 된다고 하고, 천자가 그렇다고 하더라도 재상은 그렇지 않다고 말하고 있습니다. 묘당(廟堂) 위에 앉아서 천자와 서로 된다, 안된다 하는 사람이 재상입니다. 천자가 옳다고 하더라도 간관은 그르다 하고, 천자가 반드시 행해야겠다 하더라도 간관은 반드시 행하지 않도록 해야 한다고 말하고 있습니다.

궁전의 섬돌 앞에 서서 천자와 옳고 그름을 다투는 사람이 간관인 것입니다. 재상은 존귀한 자리로서 그의 도리를 실행하고, 간관은 낮은 자리로서 말하는 일을 행하는데, 말이 실행되면 그의 도리도 실행되는 것입니다.

구경과 여러 관리와 군·현의 관리들은 한 가지 직책만을 지키는 사람들이라 한 가지 직책에 대한 책임만 지지만, 재상과 간관은 천하의 모든 일에 연관되어 온 천하에 대하여 책임을 지게 됩니다. 그런데 재상과 구경 이하 관리로서 직책을 수행하지 못하는 자들은 그 일을 맡은 관리들로부터 책임추궁을 당하지만, 간관이 직책을 수행하지 못했을 적에는 군자들로부터 비판을 받게 됩니다.

해당 관리의 법은 한때 집행될 뿐이나 군자들의 비평은 그것이 책에 기록됨으로써 분명히 밝혀져 수천 년이 지나도 없어지지 않을 것이니 매우 두려워할 만한 것입니다. 7품의 관리가 천하에 대하여 책임을 지고 수천 년의 비평을 두려워해야 하니 어찌 중대한 일이 아니겠습니까? 재능이 있고 현명하지 않은 사람이라면 해낼 수가 없는 일입니다.

원문 前月中에 得①進奏吏報하니 云：自②陳州김至闕하여 拜司
　　　 전 월 중　 득 진 주 리 보　　 운　 자 진 주 소 지 궐　　　 배 사

諫이라. 卽欲爲一書以賀로되 多事③匆卒하여 未能也로라.
간   즉욕위일서이하   다사 총졸   미능야

司諫은 七品官爾라. 於④執事得之不爲喜나 而獨⑤區區欲一賀
사간   칠품관이 어 집사득지불위희 이독 구구욕일하

者는 誠以諫官者는 天下之⑥得失과 一時之公議⑦繫焉이라. 今世
자 성이간관자 천하지 득실과 일시지공의 계언이라   금세

之官이 自⑧九卿百執事로 外至一郡縣吏하여 非無貴官大職이
지관이 자 구경백집사로 외지일군현리하여 비무귀관대직이

可以行其道也라.
가이행기도야

然이나 縣越其⑨封하며 郡踰其境하여는 雖賢守長이라도 不得行
연   현월기 봉하며 군유기경하여는 수현수장이라도 부득행

은 以其有守也라. ⑩吏部之官이 不得理兵部하고 ⑪鴻臚之卿이
은 이기유수야라   이부지관이 부득리병부하고 홍려지경이

不得理⑫光祿은 以其有⑬司也라.
부득리 광록은 이기유 사야

若天下之得失과 生民之利害와 社稷之大計를 惟所見聞而不
약천하지득실과 생민지리해와 사직지대계를 유소견문이불

係職司者는 獨宰相이 可行之요 諫官이 可言之爾라. 故로 士學
계직사자는 독재상이 가행지요 간관이 가언지이라 고로 사학

古懷道者가 仕於朝에 不得爲宰相인댄 必爲諫官이라.
고회도자가 사어조에 부득위재상인댄 필위간관

諫官雖卑나 與宰相等이라. 天子曰不可라도 宰相曰可라 하며
간관수비나 여재상등이라   천자왈불가라도 재상왈가라 하며

天子曰然이라도 宰相曰不然이라. 坐乎⑭廟堂之上하여 與天子相
천자왈연이라도 재상왈불연이라   좌호 묘당지상하여 여천자상

可否者는 宰相也라. 天子曰是라도 諫官曰非라 하며 天子曰必行
가부자는 재상야라 천자왈시라도 간관왈비라 하며 천자왈필행

이라도 諫官曰必不可行이라.
이라도 간관왈필불가행

立乎殿陛之前하여 與天子爭是非者가 諫官也라. 宰相尊이라
입호전폐지전하여 여천자쟁시비자가 간관야라   재상존이라

行其道하고 諫官卑라 行言이니 言行이면 道亦行也라.
행기도하고 간관비라 행언이니 언행이면 도역행야라

九卿百司郡縣之吏는 守一職者라 任一職之責하고 宰相諫官은
구경백사군현지리　수일직자　임일직지책　　재상간관

繫天下之事라 亦任天下之責이니라. 然이나 宰相九卿而下失職者
계천하지사　역임천하지책　　연　　재상구경이하실직자

는 受責於有司어니와 諫官之失職也는 取⑮譏於君子라.
　수책어유사　　간관지실직야　취　기어군자

有司之法은 行乎一時하고 君子之譏는 著之簡册而昭明하여
유사지법　행호일시　　군자지기　저지간책이소명

垂之百世而不⑯泯하니 甚可懼也라. 夫七品之官이 任天下之責하
수지백세이불　민　　심가구야　부칠품지관　임천하지책

고 懼百世之譏하니 豈不重耶아? 非材且賢者면 不能爲也라.
구백세지기　　기부중야　비재차현자　불능위야

주해 ① 進奏吏報(진주리보)-진주원(進奏院)의 관보(官報). 진주원은 옛날
지방관(州·鎭)들이 서울에 두었던 관청으로, 임금의 명령을 받아 지방에
하달하고 각 지방에서 올리는 글과 공문을 위에 올리는 연락사무소 같은
관청이다.

② 陳州(진주)-하남성(河南省)에 있던 고을 이름.

③ 匆卒(총졸)-바쁘고 틈이 없는 것.

④ 執事(집사)-일을 하는 사람. 편지에서 상대방을 부르는 말로 흔히 쓰임.

⑤ 區區(구구)-작은 모양. 곰상스러운 것.

⑥ 得失(득실)-정치를 제대로 하고 잘 못하고 하는 것.

⑦ 繫(계)-매어져 있다. 관계되어 있다.

⑧ 九卿(구경)-아홉 명의 장관급 벼슬아치. ○百執事(백집사)-여러 조정의
관리들.

⑨ 封(봉)-봉계(封界). 현(縣)의 경계.

⑩ 吏部(이부)-옛 조정의 육부(六部)의 하나로 문관(文官)들의 인사업무를
맡았다.

⑪ 鴻臚之卿(홍려지경)-홍려는 조정의 전례(典禮)를 주관하던 관청으로, 그
곳의 장관이 경(卿)이다.

⑫ 光祿(광록)-궁전의 건물과 음식을 관장하던 관청 이름.

⑬ 司(사)-맡은 일. 직책.
⑭ 廟堂(묘당)-조정의 정당(政堂).
⑮ 譏(기)-꾸짖다. 비관하다.
⑯ 泯(민)-지워지다. 없어지다.

2

근래 선생께서 처음 진주(陳州)에서 소명(召命)을 받았을 적에 낙양
(洛陽)의 사대부들이 서로 이렇게 말했습니다.

"나는 범군(范君)을 알고 있고 그의 재능도 잘 압니다. 그분이 온다면
어사(御史), 아니면 반드시 간관(諫官)에 임명될 것입니다."

임명이 되고 보니 과연 그러했는데, 또 그들은 서로 다음과 같이 말했
습니다.

"나는 범군을 알고 있고 그의 재능도 잘 압니다. 다음날부터 천자의
섬돌 아래 서서 곧은 말과 단정한 얼굴빛으로 면전에서 다투며 조정 일
을 토론하는 것을 듣게 될 것은, 다른 사람이 아니라 반드시 범군을 통해
서일 것입니다."

벼슬에 임명된 이후로 목을 빼고 발돋움하고 우두커니 서서 어떤 말이
있을 것을 기대하였으나 끝내 허사였습니다. 이 때문에 속으로 당혹하였
으니, 어찌 낙양의 사대부들은 앞일은 제대로 헤아리었는데 뒷일은 제대
로 헤아리지 못했다는 말입니까? 선생께서 기다리는 바가 있어서 그렇게
하시는 것입니까?

옛날에 한유(韓愈)는 〈쟁신론(爭臣論)〉을 지어 양성(陽城)이 적극적
으로 간하지 못하는 것을 비판했는데, 끝에 가서는 간하는 것으로써 유
명해졌습니다. 사람들은 모두 말하기를 양성이 간하지 않았던 것은 대체
로 기다리는 바가 있어서 그랬던 것인데, 한유는 그의 뜻을 알지 못하고
함부로 비평한 것이라 했습니다.

저는 홀로 그렇지 않다고 여기고 있습니다. 한유가 〈쟁신론〉을 쓸 적에 양성은 간의대부(諫議大夫)가 된 지 이미 5년이나 되었고, 그 뒤 또 2년이 지나서야 비로소 육지(陸贄)와 정론을 펴고 배연령(裵延齡)이 재상이 되는 것을 막으며 그의 예복을 찢으려 하였으며, 겨우 이 두 가지 일밖에 한 것이 없습니다.

당나라 덕종(德宗) 때는 사건이 많은 시대였다고 할 수 있습니다. 벼슬을 주고받는 일이 바르게 행해지지 않아 반란을 일으킨 장수와 강권을 휘두르는 신하들이 천하에 줄지어 있다시피 하였고, 또 시기심이 많아 소인들을 임용하고 있었습니다. 이러한 시대에 어찌 말할 만한 일이 한 가지도 없어서 7년을 기다렸다는 말입니까? 그때의 일에 어찌 배연령이 재상이 되는 것을 막고 육지와 논쟁을 벌이는 두 가지 일보다 다급한 것이 없었단 말입니까?

생각컨대 마땅히 아침에 벼슬자리에 임명되었으면 저녁에는 상주(上奏)하고 항소(抗疏)하고 해야 할 것입니다. 요행히도 양성은 간관이 된 지 7년만에 마침 배연령과 육지의 일을 만나서 한 번 간하고 그만둠으로써 그의 책임을 면하였던 것입니다. 만약에 5년이나 6년에 끝내고, 맡았던 일이 바뀌어졌더라면, 그는 끝내 한마디 말도 없이 떠났을 것이니, 취할 바가 무엇입니까?

지금의 벼슬살이는 대략 3년만에 한 번씩 옮겨지고, 혹은 1~2년만에 옮겨지기도 하며 심지어는 반년만에 옮겨지기도 하니, 이래서는 더욱이 7년을 기다릴 수가 없는 것입니다.

(원문) 近執事가 始被召於陳州에 ①洛之士大夫相與語曰 : 我識范
근 집사   시 피 소 어 진 주   낙 지 사 대 부 상 여 어 왈   아 식 범

君知其材也라. 其來에 不爲②御史면 必爲諫官이리라.
군 지 기 재 야   기 래   불 위   어 사   필 위 간 관

及命下果然하니 則又相與語曰 : 我識范君知其賢也라. 他日
급 명 하 과 연   즉 우 상 여 어 왈 아 식 범 군 지 기 현 야   타 일

聞有立天子陛下하여 直辭正色하여 ③面爭廷論者는 非它人이오
문 유 립 천 자 폐 하　직 사 정 색　면 쟁 정 론 자　비 타 인

必范君也리라.
필 범 군 야

　拜官以來로 ④翹首企足하여 ⑤竮乎有聞이로되 而卒未也라. 竊
　배 관 이 래　요 수 기 족　저 호 유 문　이 졸 미 야　절

惑之하노니 豈洛之士大夫이 能料於前而不能料於後也아? 將執
혹 지　기 낙 지 사 대 부　능 료 어 전 이 불 능 료 어 후 야　장 집

事⑥有待而爲也아?
사　유 대 이 위 야

　昔韓退之作⑦爭臣論하여 以譏陽城不能極諫이러니 卒⑧以諫顯
　석 한 퇴 지 작 쟁 신 론　이 기 양 성 불 능 극 간　졸　이 간 현

이라. 人皆謂城之不諫이 蓋有待而然이어늘 退之不識其意而妄
이라　인 개 위 성 지 불 간　개 유 대 이 연　퇴 지 불 식 기 의 이 망

譏라.
기

　修獨⑨以謂不然이라. 當退之作論時에 城爲諫議大夫己五年이
　수 독　이 위 불 연　당 퇴 지 작 론 시　성 위 간 의 대 부 이 오 년

오 後又二年에 始廷論⑩陸贄及⑪沮裵延齡作相하여 欲裂其⑫麻
오　후 우 이 년　시 정 론　육 지 급　저 배 연 령 작 상　욕 열 기　마

하니 纔兩事耳라.
하니　재 량 사 이

　當德宗時에 可謂多事矣라. ⑬授受失宜하여 叛將强臣이 羅列
　당 덕 종 시　가 위 다 사 의　수 수 실 의　반 장 강 신　나 열

天下하고 又多猜忌하여 ⑭進任小人이라. 於此之時에 豈無一事可
천 하　우 다 시 기　진 임 소 인　어 차 지 시　기 무 일 사 가

言而⑮須七年耶아? 當時之事가 豈無急於沮延齡論陸贄兩事
언 이　수 칠 년 야　당 시 지 사　기 무 급 어 저 연 령 론 육 지 양 사

耶아?
야

　謂宜朝拜官而夕奏疏也니라. 幸而城謂諫官七年에 適遇延齡
　위 의 조 배 관 이 석 주 소 야　행 이 성 위 간 관 칠 년　적 우 연 령

陸贄事하여 一諫而罷以⑯塞其責이라. ⑰向使止五年六年而遂遷
육 지 사　일 간 이 파 이　색 기 책　향 사 지 오 년 육 년 이 수 천

⑱司業이면 是終無一言而去也니 ⑲何所取哉리오?
　사 업　　　시 종 무 일 언 이 거 야　　　하 소 취 재

今之居官者는 率三歲而一遷하고 或一二歲하고 甚者半歲而遷
금 지 거 관 자　　솔 삼 세 이 일 천　　혹 일 이 세　　심 자 반 세 이 천

也니 此又非可以待乎七年也라.
야　 차 우 비 가 이 대 호 칠 년 야

주해　① 洛(낙)-낙양(洛陽). 하남성(河南省)에 있던 이른바 동도(東都). 북
　　송의 수도인 변경(汴京, 지금의 開封縣)도 같은 하남성에 있었다.
　② 御史(어사)-임금의 명령을 집행하고 관리들을 탄핵하는 등의 임무를 지
　　닌 어사대(御史臺)의 관리.
　③ 面爭(면쟁)-천자의 면전에서 논쟁하는 것. ㅇ廷論(정론)-조정의 일을
　　토론하는 것.
　④ 翹首企足(요수기족)-목을 길게 뽑고 발돋움을 하는 것. 곧 어떤 일을 고
　　대하는 모양.
　⑤ 竚(저)-오래 서있는 것.
　⑥ 有待而爲(유대이위)-기다리는 일이 있어서 그렇게 하는 것.
　⑦ 爭臣論(쟁신론)-한유가 지은 글로, 이 책 앞의 권3에 들어 있음.
　⑧ 以諫顯(이간현)-간함으로써 유명해지다.
　⑨ 以謂(이위)-여기다. 생각하다.
　⑩ 陸贄(육지)-당(唐)나라 덕종(德宗) 때 한림학사(翰林學士)로서 임금의
　　신임이 매우 두터웠던 사람임. 뒤에 재상에까지 올랐다.
　⑪ 沮(저)-막다. ㅇ裵延齡(배연령)-덕종의 신임을 받았으며, 뒤에 육지를
　　밀어냈다.
　⑫ 麻(마)-마의(麻衣). 옛날 삼베로 만들었던 예복.
　⑬ 授受(수수)-주고받는 것. 주로 벼슬을 내리는 것을 뜻함.
　⑭ 進任(진임)-임용하다. 추천하고 임명하다.
　⑮ 須(수)-기다리다.
　⑯ 塞其責(색기책)-그의 책임을 막다. 그의 책임을 면하다.
　⑰ 向使(향사)-전에 만약. 만약에.

⑱ 司業(사업)—맡은 일. 직책.

⑲ 何所取(하소취)—취할 바가 무엇인가. 그를 평가해 줄 일이 무엇인가.

3

지금 천자께서는 서정(庶政)을 친히 처리하시어 교화와 다스림이 맑고 밝습니다. 비록 무사하다고는 하지만 천리 떨어진 곳으로부터 선생에게 조명(詔命)을 내리어 이 벼슬에 임명하신 것은 어찌 올바른 이론을 듣고 훌륭한 말을 즐기고자 하신 때문이 아니겠습니까? 그러나 지금껏 올바른 이론을 통하여 천하로 하여금 조정에 올바른 선비가 있어서 우리 임금님 께 간하는 말을 받아들이게 하여 총명하심을 밝혀주고 있다는 얘기는 들어 본 일이 없습니다.

무명옷에 가죽 띠를 두르고서 초가집에 궁색하게 살면서 글과 역사책이나 앉아서 읽으며 늘 임용되지 못함을 한하고 있다가 임용이 되면 또 말하기를 "이것은 내게 맞는 직책이 아니라 감히 말하지 않겠다."라고 하고, 혹은 말하기를 "내 지위가 아직도 낮아서 말하지 못하겠다."고 하다가, 말할 수 있게 되면 또 말하기를 "나는 기다리는 것이 있다."고 한다면, 끝내 한 사람도 말하지 않게 될 것이니 애석하지 않다 할 수 있겠습니까?

엎드려 바라옵건대, 선생께서는 천자에게 쓰이게 된 뜻을 생각하고 또 수천년에 걸친 군자들의 비평을 두려워하여, 훌륭한 말씀을 한번 펴시어 많은 사람들의 소망에 부응하고 또 낙양 사대부들의 의혹을 풀어 주십시오. 그러면 매우 다행이겠습니다.

(원문) 今天子躬親庶政하사 ①化理清明이라. 雖爲無事나 然自千
금 천 자 궁 친 서 정   화 리 청 명   수 위 무 사   연 자 천

里로 詔執事而拜是官者는 豈不欲聞正議而樂②讜言乎아? 然今
리   조 집 사 이 배 시 관 자   기 불 욕 문 정 의 이 락 당 언 호   연 금

未聞有所言說하여　使天下知朝廷有正士요　而彰吾君納諫之明
미 문 유 소 언 설　　사 천 하 지 조 정 유 정 사　　이 창 오 군 납 간 지 명
也라.
야
　夫③布衣韋帶之士가　窮居④草茅하여　坐誦書史하며　常恨不見
　부 포 의 위 대 지 사　　궁 거 초 모　　좌 송 서 사　　상 한 불 견
用이라가　及用也엔　又曰：彼非我職이니　不敢言이오　或曰：我
용　　급 용 야　우 왈　피 비 아 직　　불 감 언　　혹 왈　아
位猶卑하여　不得言이오　得言矣엔　又曰：我有待라　하면　是終無
위 유 비　　부 득 언　　득 언 의　우 왈　아 유 대　　　　시 종 무
一人言也니　可不惜哉아?
일 인 언 야　가 불 석 재
　伏惟執事는　思天子所以見用之意하고　懼君子百世之譏하여
　복 유 집 사　사 천 자 소 이 견 용 지 의　　구 군 자 백 세 지 기
⑤一陳昌言하여　以塞⑥重望하고　且解洛之士大夫之惑則幸甚이라.
일 진 창 언　　이 색 중 망　　차 해 낙 지 사 대 부 지 혹 즉 행 심

주해　① 化理(화리)－백성을 교화하고 나라를 다스리는 것.

② 讜言(당언)－훌륭한 말.

③ 布衣韋帶(포의위대)－무명옷에 가죽 띠. 벼슬 안한 서민들의 복장임.

④ 草茅(초모)－풀과 띠풀. 여기서는 초가집을 가리킴.

⑤ 一陳昌言(일진창언)－훌륭한 말을 한번 펴내다.

⑥ 重望(중망)－여러 사람들의 중대한 소망.

해설　구양수가 당시의 명신 중의 한 사람인 범중엄(范仲淹)이 사간(司諫)의 벼슬자리를 맡았을 때 보낸 편지이다. 편지의 내용은 앞권, 한유(韓愈)의 〈쟁신론(爭臣論)〉처럼 나라의 올바른 정치를 위하여는 특히 벼슬에 있는 사람들이 공정한 의견을 숨김없이 임금에게 아뢰어야 함을 강조한 것이다.

　뒤에는 구양수 자신도 간관(諫官)이 되어 자기의 이러한 의견을 실천하여, 또 다른 올바른 말을 잘했던 간관인 채양(蔡襄)·여정(余靖)과 함

께 범중엄·구양수의 네 사람을 '경력사간관(慶曆四諫官)'이라 부르며 후
인들이 칭송하게 되었다. '경력'은 송나라 인종(仁宗)의 연호(1041~
1048)이다.

상주주금당기(相州畵錦堂記)

구양수(歐陽修)

벼슬길에 나아가 장군이 되고 재상이 되어 부귀를 안고 고향으로 돌아오는 것은, 사람들 모두가 영예롭게 여기는 바이며 예나 지금이나 다를 바가 없는 것이다. 대체로 선비가 곤궁하여 시골에서 괴로운 생활을 할 때면, 범용(凡庸)한 사람과 철부지에게까지도 가벼이 여겨지고 멸시를 당하기 일쑤이다. 예를 들면, 소진(蘇秦)이 그 형수에게 푸대접을 받고, 주매신(朱買臣)이 그의 아내로부터 버림을 받았던 것 등이 그것이다.

그러나, 일단 두 사람이 네 필이 끄는 높은 마차에 올라 의장용 기를 든 부하들의 인도와 기마병들의 호위를 받게 되자, 길 양편에 늘어선 사람들이 어깨를 나란히 하고 발꿈치를 맞댄 채 우러러보며 탄식하였다. 그들을 업신여기던 범용한 사람들과 어리석은 부녀자들은, 급히 뛰어다니며 놀라서 식은땀을 흘리면서 부끄러워 땅에 엎드린 채, 수레 먼지와 말발굽 사이에서 자신들의 지난날의 잘못을 뉘우쳤다.

이처럼 한 선비가 그 시대에 뜻을 이루어 의기(意氣)가 성해지는 것을, 옛사람은 이를 일러 '의금지영(衣錦之榮)', 곧 비단옷을 입고 고향으로 돌아오는 영광이라 했다.

오직 대승상(大丞相) 위국공(魏國公)만은 그렇지 않았다. 공(公)은 상주(相州) 안양(安陽) 사람이다. 그의 집안은 대대로 선덕(善德)을 쌓은 당대의 유명한 공경(公卿)이었다. 공은 이미 어린 나이에, 뛰어난 성적으로 과거에 급제하여 높은 벼슬에 올랐다. 세상의 선비들이 공의 높은 덕망을 들으려 하고, 그의 명망을 흠모해 온 지 여러 해 되었다.

　이른바 장군이나 재상이 되어 부귀하게 됨은 모두 공이 본래부터 가지고 있었던 것이지 결코 곤궁했던 사람이 요행으로 한때 뜻을 얻어, 하찮은 범부와 우매한 부녀자들의 뜻밖의 일이라 그들을 깜짝 놀라게 하고, 자신의 출세를 뽐내는 것과는 다른 것이다.

　그러므로, 상아(象牙)로 장식한 깃발과 쇠꼬리를 단 기를 앞세우고 행차하는 것은 공의 영예가 되기에는 부족하며, 삼공(三公)의 표지인 환규(桓圭)를 손에 쥐고, 곤룡(袞龍)의 관복을 걸치는 것도 공에게는 귀한 것이 못된다. 다만 공의 덕이 백성들에게 미치고, 그의 공훈이 국가와 사직을 위해 세워져서, 그 공적이 비석 등에 새겨지고, 시와 음악으로 전하여져 후세에까지 빛나고 무궁토록 전해지는 것만이 바로 공의 뜻이며 세상의 선비들도 그렇게 되기를 공에게 바라고 있다. 어찌 한때의 자랑과 한 고을의 영예에 그치겠는가?

　공은 인종(仁宗) 지화(至和) 원년에, 무강군(武康郡)의 절도사(節度使)가 되어 고향인 상주를 다스리게 되었다. 그때에 후원에 주금당(晝錦堂)을 짓고, 또 시를 지어서 돌에 새겨 상주 사람들에게 남겼다. 그 시에 "은혜나 원한을 마음 내키는 대로 갚거나 명예를 자랑하는 것은 경박한 짓이다."라고 하였다. 이것은 옛사람들이 자랑으로 여기던 일을 영광스럽게 생각하지 않고, 그것을 경계하려고 한 것이다. 이것을 보아 공이 부귀(富貴) 보기를 어떻게 하였는가를 알 수 있다. 어찌 공의 뜻을 쉽게 헤아릴 수 있겠는가?

　그런 까닭에 조정 밖에서는 장군이 되고, 조정 안에서는 재상이 되어 왕가(王家)를 위해 힘써 일하며, 나라가 태평할 때나 위태로울 때나 한결같이 절개를 지켰다. 국가의 대사(大事)를 놓고 큰일을 논의할 때에는, 큰 띠를 길게 드리우고 홀(笏)을 바로잡고는, 조금도 말소리나 얼굴빛이 달라지는 일 없이 하여, 천하를 태산(泰山)같이 평안하게 하였다. 공이야

말로 사직을 짊어진 신하라 할 수 있을 것이다.

공이 남긴 많은 공훈과 성대한 업적이 제기와 솥[鼎]에 새겨지고, 악기로 연주되고 노래불리워지는 것은 바로 국가의 영광이지, 고향 마을의 영광뿐이 아닌 것이다. 내가 비록 공이 지은 주금당에는 아직 올라가 보지 못했지만, 다행히도 공의 시만은 속으로 외우고 있어서, 공의 뜻이 성취되었음을 기쁘게 여겨 기꺼이 세상사람들에게 널리 알리려고 이에 글을 쓰는 것이다.

원문 ①仕宦而至將相하고　富貴而歸故鄕은　此②人情之所榮이오
사환 이지장상　　　부귀이귀고향　　차 인정지소영

而今昔之所同也라. 蓋士方窮時에　③困阨閭里하여　④庸人孺子가
이 금석지소동야　개사방궁시　　곤액여리　　　용인유자

皆得⑤易而侮之니　若⑥季子不禮於其嫂하고　⑦買臣見棄於其妻라.
개득 이이모지　약 계자불례어기수　　　매신견기어기처

一旦⑧高車駟馬로　⑨旗旄導前而騎卒⑩擁後하여　夾道之人이　相
일단 고거사마　기모도전이기졸 옹후　　　협도지인　상

與⑪駢肩累跡하여　⑫瞻望咨嗟하고　而所謂庸夫愚婦者가　奔走⑬駭
여 변견루적　　　첨망자차　　이소위용부우부자　분주 해

汗하며　⑭羞愧俯伏하여　以自悔罪於⑮車塵馬足之間이라.
한　　　수괴부복　　　이자회죄어 거진마족지간

此一介之士가　得志當時하여　而意氣之盛을　昔人比之⑯衣錦之
차일개지사　득지당시　　　이의기지성　석인비지 의금지

榮也라.
영야

惟大丞相⑰魏國公則不然이라.　公⑱相人也라.　⑲世有令德하여
유대승상 위국공즉불연　　　공 상인야　　　세유령덕

爲時⑳名卿이오　自公少時로　已㉑擢高科登㉒顯仕하여　海內之士가
위시 명경이오　자공소시　이 탁고과등 현사　　　해내지사

聞㉓下風而望餘光者가　蓋亦有年矣라.
문 하풍이망여광자　개역유년의

所謂將相而富貴가　皆公所宜素有요　非如㉔窮阨之人이　僥倖
소위장상이부귀　개공소의소유　비여 궁액지인　요행

得志於一時하여　出於庸夫愚婦之不意하여　以驚駭而㉕誇耀之
득 지 어 일 시　　　출 어 용 부 우 부 지 불 의　　　이 경 해 이　과 요 지

也라.
야

　然則㉖高牙大纛이　不足爲公榮이며　㉗桓圭袞裳이　不足爲公貴
　연 즉　고 아 대 독　부 족 위 공 영　　　환 규 곤 상　부 족 위 공 귀

요　惟德被生民而功施㉘社稷하여　㉙勒之金石하며　㉚播之聲詩하여
　유 덕 피 생 민 이 공 시　사 직　　　늑 지 금 석　　　파 지 성 시

以㉛耀後世而垂無窮이　此公之志요　而士亦以此로　望於公也라.
이 요 후 세 이 수 무 궁　차 공 지 지　이 사 역 이 차　망 어 공 야

豈止㉜夸一時而榮一鄕哉아?
기 지　과 일 시 이 영 일 향 재

　公在㉝至和中에　嘗以㉞武康之節로　來治於相일새　乃作晝錦之
　공 재 지 화 중　상 이　무 강 지 절　내 치 어 상　　　내 작 주 금 지

堂于後㉟圃하고　旣又刻詩於石하여　以遺相人이라.　其言以㊱快恩
당 우 후 포　기 우 각 시 어 석　이 유 상 인　　　기 언 이 쾌 은

讐矜名譽爲可薄하니　蓋不以昔人所夸者爲榮이오　而以爲戒라.
수 긍 명 예 위 가 박　개 불 이 석 인 소 과 자 위 영　이 이 위 계

於此에　見公之視富貴爲如何며　而其志豈易量哉아?
어 차　견 공 지 시 부 귀 위 여 하　이 기 지 기 이 량 재

　故能出入將相하여　勤勞王家하되　而㊲夷險一節하고　至於臨大
　고 능 출 입 장 상　근 로 왕 가　이　이 험 일 절　지 어 림 대

事決大議하여는　㊳垂紳正笏하여　㊴不動聲色하고　而措天下於㊵泰
사 결 대 의　수 신 정 홀　부 동 성 색　이 조 천 하 어　태

山之安하니　可謂社稷之臣矣라.
산 지 안　가 위 사 직 지 신 의

　其㊶豊功盛烈이　所以㊷銘彝鼎而被絃歌者가　乃㊸邦家之光이오
　기 풍 공 성 렬　소 이　명 이 정 이 피 현 가 자　내　방 가 지 광

非閭里之榮也니라.　余雖不獲登公之堂이나　幸嘗㊹竊誦公之詩하
비 여 리 지 영 야　여 수 불 획 등 공 지 당　행 상 절 송 공 지 시

여　樂公之志有成이오　而喜爲天下㊺道也일새　於是乎書하노라.
　낙 공 지 지 유 성　이 희 위 천 하 도 야　어 시 호 서

주해　① 仕宦(사환)-벼슬을 하는 것.

② 人情(인정)-세상의 일반적 인심. ㅇ榮(영)-명예. 영광.

③ 困阨(곤액)-고생하다. ㅇ閭里(여리)-마을. 향리의 작은 촌락. 25가구가
   모여 사는 곳을 여, 50가구가 모여 사는 곳을 이라 하였다.

④ 庸人孺子(용인유자)-범용한 사람과 어린아이.

⑤ 易而侮之(이이모지)-가벼이 여겨 업신여김. 이(易)는 경(輕)의 뜻.

⑥ 季子不禮於其嫂(계자불례어기수)-계자(季子)는 소진(蘇秦)의 자. 소진이
   형수에게서 제대로 대접받지 못한 것을 두고 하는 말임. 소진은 낙양(洛
   陽) 사람으로 귀곡선생(鬼谷先生)에게 배웠으나 성공하지 못하고 초라한
   모습으로 고향에 돌아왔다. 그러자 모두들 소진을 업신여겨, 아내는 베틀
   에서 내려오지도 않았고 형수는 밥조차 주지 않았다. 소진은 다시 각고의
   노력 끝에 육국(六國)의 재상이 되어 다시 집으로 돌아왔다. 이번엔 아내
   도 형수도 모두 눈을 아래로 깐 채, 바로 쳐다보지도 못했다. 소진이 웃으
   며 그리도 거만하더니 이번엔 어찌해서 이토록 공손하냐고 묻자 그 형수
   는 "지위가 높고 돈이 많아졌기 때문이오."라고 대답했다 한다(《史記》蘇
   秦列傳 참조).

⑦ 買臣見棄於其妻(매신견기어기처)-매신이 그의 아내로부터 버림을 받다.
   한의 주매신(朱買臣)은 오(吳)의 회계(會稽) 사람으로, 호는 옹자(翁子)
   이다. 가난하였지만 책읽기를 무척 좋아하였다. 땔나무를 해다 팔아서 연
   명하였는데, 나무를 지고 가는 동안에도 손에는 항상 책이 들려 있었다.
   하루는 가난을 부끄럽게 여긴 그의 아내가 인연을 끊고자 했다. 매신이
   달래며 "나는 50세쯤 되면 부귀해질 것이오. 이제 내 나이 40세이니, 그
   동안 고생이 많았소. 부귀하게 되면 그때에는 꼭 당신의 은공을 갚으리
   다."라고 하였다. 그의 아내는 "그 꼴에 무슨 부귀요? 필경 도랑 옆에서
   물만 마시다 굶어 죽게 될 것이오."라고 말하며 화를 내었다. 이에 매신은
   더이상 붙잡을 수 없음을 알고 가게 하였다. 뒤에 매신은 한무제에게 발
   탁되었는데, 무제는 "부귀하여 고향에 돌아가지 않는 것은, 비단옷을 입고
   밤길을 가는 것과 같다(富貴不歸故鄕如衣繡夜行)."고 하며 매신을 그의
   고향 회계의 태수로 보내주었다. 고향에 돌아오니, 그를 버리고 갔던 옛
   아내와 그녀의 새 남편이 몹시 부끄러워하였다. 매신은 전에 자신에게 은

혜를 베풀었던 사람들에게 보답하고, 옛 아내와 그녀의 남편에게도 녹(祿)을 주어 편히 먹고살도록 했다. 그러나 그의 옛 아내는 부끄러운 나머지, 목매어 죽고 말았다《한서》朱買臣列傳 참조).

⑧ 高車駟馬(고거사마)─네 마리 말이 끄는 덮개가 높은 마차.

⑨ 旗旄(기모)─의장용 깃발.

⑩ 擁後(옹후)─뒤에서 호위함.

⑪ 駢肩累跡(변견루적)─어깨를 나란히 하고 발꿈치를 맞댐. 구경하는 사람들이 많이 모여든 것을 형용함.

⑫ 瞻望咨嗟(첨망자차)─우러러보며 탄식함.

⑬ 駭汗(해한)─놀라 식은땀을 흘림.

⑭ 羞愧俯伏(수괴부복)─부끄럽게 여겨 고개 숙이고 땅에 엎드림.

⑮ 車塵(거진)─수레가 지나간 뒤에 일어나는 먼지.

⑯ 衣錦之榮(의금지영)─출세하여 고향으로 돌아오는 영광.

⑰ 魏國公(위국공)─한기(韓琦)는 위국공에 봉(封)해졌었다.

⑱ 相人(상인)─상주(相州) 안양(安陽) 사람.

⑲ 世有令德(세유령덕)─대대로 덕망이 있음. 영덕은 미덕의 뜻.

⑳ 名卿(명경)─이름있는 고관.

㉑ 擢高科(탁고과)─높은 성적으로 과거에 급제함. 탁은 선(選)과 같은 뜻.

㉒ 顯仕(현사)─높은 지위의 관직.

㉓ 下風(하풍)─본래는 바람이 불어간다는 뜻인데, 여기서는 아래로 미치는 높은 사람의 덕을 뜻함.

㉔ 窮阨之人(궁액지인)─곤궁한 사람. 앞서 예를 든 소진이나 주매신과 같은 사람.

㉕ 誇耀(과요)─크게 자랑하고 떠듦.

㉖ 高牙(고아)─깃대 위를 상아로 장식한 기(旗)로, 임금이나 장군이 행차할 때에 세운다. 대아(大牙)라고도 한다. ○大纛(대독)─털이 긴 쇠꼬리를 단 기로 수레 앞에 세운다. 고아·대독 모두 고관의 위엄을 뜻한다.

㉗ 桓圭(환규)─규는 고대에 제후가 조회·회동할 때에 손에 드는 길쭉한 옥(玉)으로, 위가 둥글고 아래가 모나게 생겼다. 임금은 진규(鎭圭), 공(公)

은 환규(桓圭), 후(侯)는 신규(信圭), 백(伯)은 궁규(躬圭)를 드는데, 환규
는 길이가 아홉 치, 신규와 궁규는 길이가 일곱 치이다. ○袞裳(곤상)-곤
룡(袞龍)의 관복.

㉘ 社稷(사직)-사는 토지신이며, 직은 곡물의 신. 군주가 나라를 세우면 반
드시 단(壇)을 세우고 이 두 신께 제사를 지냈기 때문에 나라와 조정을
상징하는 말로 자주 쓰인다.

㉙ 勒之金石(늑지금석)-공적을 금석에 새김. 늑(勒)은 각(刻)과 같은 뜻.

㉚ 播之聲詩(파지성시)-시를 지어 그것을 음악으로 옮겨 널리 폄. 파는 포
(布)와 같은 뜻.

㉛ 耀後世(요후세)-후세에까지 빛냄.

㉜ 夸一時(과일시)-한때에 뽐냄.

㉝ 至和(지화)-인종 때의 연호.

㉞ 武康之節(무강지절)-무강군(武康郡)의 절도사. 절은 천자의 사자가 지니
는 부절.

㉟ 圃(포)-원래는 밭이란 뜻이지만, 여기서는 원(園)의 뜻.

㊱ 快恩讐(쾌은수)-과거에 은덕을 입었던 사람에게는 보답하고, 원한이 있
던 사람에게는 마음대로 원수를 갚음.

㊲ 夷險(이험)-이는 평이(平夷), 곧 태평한 때. 험은 나라가 어지러운 때.
○一節(일절)-절개가 변함이 없음.

㊳ 垂紳(수신)-신(紳)을 늘어뜨림. 신은 고귀한 사람이 의관속대(衣冠束帶)
할 때에 매는 큰 띠. ○正笏(정홀)-홀을 바르게 함. 홀은 조회할 때에 조
복(朝服)을 입고 손에 잡는 물건으로, 신분에 따라 재료 크기의 차이가
있다. 보통, 길이가 한 자가량이며 너비가 두 치 정도로, 얇고 갸름하게
생겼다.

㊴ 不動聲色(부동성색)-목소리와 얼굴빛이 변하지 않음.

㊵ 泰山之安(태산지안)-태산과 같은 안정.

㊶ 豐功盛烈(풍공성렬)-많은 공훈과 성대한 공업.

㊷ 銘彝鼎(명이정)-제기(祭器)와 솥에 이름이 새겨짐. 이정은 항상 종묘에
갖추어 두는 동으로 만든 제기. ○被絃歌(피현가)-국가 공신의 공적을

시가로 지어서 이를 음악으로 연주함.

㊸ 邦家(방가) — 국가.

㊹ 竊誦(절송) — 남몰래 외움.

㊺ 道也(도야) — 널리 알림. 도(道)는 언(言)과 같은 뜻.

(해설) 송대에 재상을 지낸 한기(韓琦)와 구양수(歐陽修)는 매우 가까운 친구였다. 한기는 상주(相州) 사람으로, 자를 치규(稚圭)라 한다. 20세의 약관에 진사에 급제하고, 뒤에 송 인종 때 무강군(武康郡)의 절도사(節度使)가 되어 고향인 상주로 금의환향(錦衣還鄕)했다. 그는 관저의 후원에 당(堂)을 짓고 주금당(晝錦堂)이라고 이름을 붙였다. 금의환향한 것을 대낮에 비단옷을 입고 돌아다니는 것에 비유한 옛말에다 자신의 상황을 빗대어 그런 명칭을 붙인 듯하다.

구양수는 친구로서 그의 성공을 축복하는 것과 함께, 그가 입신하였다고 해서 교만한 마음을 가지지 말라고 권계(勸戒)하는 뜻에서 이 글을 지었다고 한다.

소진과 주매신의 금의환향에 얽힌 일화를 상기시키면서 한기의 금의환향이 갖는 의미를 설명한 것은 매우 인상적이고 호소력이 있다.

취옹정기(醉翁亭記)

구양수(歐陽修)

저주(滁州)를 둘러싸고 있는 것은 온통 산이다. 그 서남쪽의 여러 산 봉우리에는 숲과 골짜기가 더욱 아름다운데, 그곳을 바라볼 때 초목이 우거지고 깊고 높게 솟은 산이 바로 낭야산(瑯琊山)이다. 산으로 6, 7리 쯤 들어가면 차츰 물소리가 졸졸 들리는데 산의 양쪽 봉우리에서 흘러나오는 소리이다. 이것이 양천(釀泉)이라는 샘물이다. 산봉우리를 돌아 산 길을 따라 오르면 정자가 우뚝이 새 날개를 펼친 듯 양천 가에 서있는데, 이것이 취옹정(醉翁亭)이다.

이 정자를 세운 이가 누구인가? 이 산에 사는 승려 지선(智仙)이다. 취옹정이라 이름붙인 이가 누구인가? 이곳 태수로 자기의 호(號)를 딴 것이다. 태수는 여러 손님들과 더불어 이곳에 술마시러 오곤 하는데, 조금만 마셔도 금방 취하고, 또 손님 중에 나이가 가장 많아서, 스스로 호를 '술취한 늙은이[醉翁]'라 한 것이다. 정작 취옹의 뜻은 술에 있지 않고 산수의 즐거움에 있다. 산수의 즐거움은 마음으로 얻어지는 것이면서도 술을 구실로 삼은 것이다.

아침해가 솟으면 숲속의 안개가 걷히고, 저녁 구름이 돌아오면 바위동굴이 컴컴해지는데, 어두웠다 밝았다 변화하는 것이 산속의 아침과 저녁이다. 들에 꽃이 아름답게 피어 그윽한 향기를 풍기고, 아름다운 나무들이 높이 뻗어 무성한 그늘을 이루며, 바람은 높게 일고 서리는 하얗게 내리며, 시냇물이 줄어서 바닥의 돌이 드러나는 것이 산속의 네 계절이다. 아침이 되면 나가 다니고, 저녁이면 집에 돌아오는데, 사계절의 경치가 모두 다르니 즐거움 또한 끝이 없다.

짐을 진 자는 길을 가면서 노래부르고, 길 가던 사람은 나무 아래서 쉬며, 앞서가는 자가 소리쳐 부르면 뒤에 가는 자가 대답하고, 서로 몸을 굽혀 손을 잡고 끌어 주며 산을 오르내리는 행렬이 끊이지 않는 것은 저 주 사람들이 놀이를 오기 때문이다. 시냇가에서 물고기를 낚으니 물은 깊고 고기는 살이 쪘고, 양천 샘물로 술을 담그니, 샘물이 맑고 차서 술이 향기롭다. 산나물 안주에 푸성귀 곁들여 어지럽게 앞에 벌여놓은 것은 바로 태수가 베푸는 연회이다.

연회에서의 즐거움은 현악기와 관악기가 필요없다. 활쏘기 하는 자들은 과녁을 맞추려 하고, 바둑 두는 자들은 이기려 하는데, 큰 쇠뿔 벌주잔과 벌배(罰杯)를 세는 산가지가 어지럽게 뒤섞이고, 일어섰다 앉았다 왁자지껄 떠드는 것은, 모인 손님들이 즐거워하는 것이다. 푸른 얼굴에 백발을 한 늙은이 하나가 그 가운데 쓰러져 있는 것은 주인인 태수가 취한 것이다.

어느새 저녁해가 산에 걸리고, 사람들의 그림자도 하나둘 어지러이 흩어진다. 태수를 따라 손님들이 돌아가는 것이다. 숲에 저녁 그림자가 드리워지고, 새들의 울음소리만 여기저기서 들려오니 이제 사람들이 가버리자 새들이 즐기는 것이다. 그러나, 새들은 산림에서 노는 즐거움은 알아도 사람들의 즐거움은 모르리라. 또, 다른 사람들도 모두 태수를 따라 놀고 즐거워할 줄은 알아도, 태수가 모든 이들의 즐거움을 자신의 즐거움으로 삼고 있다는 것은 알지 못하리라.

술이 취하여서는 그들과 즐거움을 같이할 수 있고, 술이 깨어서는 문장으로 그것을 기술할 수 있는 것이 태수이다. 태수란 누구인가? 바로 여릉(廬陵)의 구양수(歐陽修)이네.

원문 ①環滁皆山也라. 其西南諸峰에 林壑尤美하여 望之②蔚然而
환 저 개 산 야　기 서 남 제 봉　임 학 우 미　망 지 울 연 이

深秀者는 ③瑯琊也라. 山行六七里에 漸聞水聲④潺潺하여 而瀉
심 수 자　낭 야 야　산 행 육 칠 리　점 문 수 성 잔 잔　이 사

出于兩峰之間者는 ⑤釀泉也라. 峰回路轉에 有亭⑥翼然하여 臨
출 우 량 봉 지 간 자　양 천 야　봉 회 로 전　유 정 익 연　임

于泉上者는 醉翁亭也라.
우 천 상 자　취 옹 정 야

作亭者誰오? 山之僧⑦智仙也라. 名之者誰오? 太守自謂也다.
작 정 자 수　산 지 승 지 선 야　명 지 자 수　태 수 자 위 야

太守與客으로 來飲于此할새 飲少⑧輒醉하고 而年又最高라. 故로
태 수 여 객　내 음 우 차　음 소 첩 취　이 년 우 최 고　고

自號曰⑨醉翁也라. 醉翁之意는 不在酒요 在乎山水之樂也라. 山
자 호 왈 취 옹 야　취 옹 지 의　부 재 주　재 호 산 수 지 락 야　산

水之樂은 得之心而寓之酒也라.
수 지 락　득 지 심 이 우 지 주 야

若夫日出而⑩林霏開하고 ⑪雲歸而巖穴暝하여 晦明變化者는
약 부 일 출 이 임 비 개　운 귀 이 암 혈 명　회 명 변 화 자

山間之朝暮也라. ⑫野芳發而幽香하고 嘉木秀而⑬繁陰하며 ⑭風
산 간 지 조 모 야　야 방 발 이 유 향　가 목 수 이 번 음　풍

霜高潔하고 ⑮水落而石出者는 ⑯山間之四時也라. 朝而往하고 暮
상 고 결　수 락 이 석 출 자　산 간 지 사 시 야　조 이 왕　모

而歸에 四時之景이 不同而樂亦無窮也라.
이 귀　사 시 지 경　부 동 이 락 역 무 궁 야

至於⑰負者歌于塗하며 行者休于樹하고 前者呼하면 後者應하여
지 어 부 자 가 우 도　행 자 휴 우 수　전 자 호　후 자 응

⑱傴僂提攜하여 往來而不絶者는 ⑲滁人遊也라. 臨溪而漁하니 溪
구 루 제 휴　왕 래 이 부 절 자　저 인 유 야　임 계 이 어　계

深而魚肥하고 釀泉爲酒하니 ⑳泉冽而酒香이라. ㉑山肴野蔌이 雜
심 이 어 비　양 천 위 주　천 렬 이 주 향　산 효 야 속　잡

然而前陳者는 太守宴也라.
연 이 전 진 자　태 수 연 야

㉒宴酣之樂은 非絲非竹이라. ㉓射者中하며 奕者勝하고 ㉔觥籌交
연 감 지 락　비 사 비 죽　사 자 중　혁 자 승　굉 주 교

錯하여 起坐而^㉕諠譁者는 衆賓歡也라. ^㉖蒼顔白髮이 ^㉗頹乎其間
착　　기좌이　훤화자　중빈환야　　창안백발　　퇴호기간

者는 太守醉也라.
자　태수취야

　^㉘已而夕陽在山하고 人影散亂은 太守歸而賓客從也요 樹林陰
　이이석양재산　인영산란　태수귀이빈객종야　수림음

翳하여 鳴聲上下는 遊人去而禽鳥樂也라. 然而禽鳥知山林之樂
예　명성상하　유인거이금조락야　연이금조지산림지락

이오 而不知人之樂하고 人知從太守遊而樂이오 而不知^㉙太守之
이오　이부지인지락　인지종태수유이락　이부지　태수지

樂其樂也라.
락기락야

　醉能^㉚同其樂하고 醒能述以文者는 太守也라. 太守謂誰오?
　취능　동기락　성능술이문자　태수야　태수위수

^㉛廬陵歐陽修也라.
여릉구양수야

주해　① 環(환)—옥고리처럼 빙 둘려 있는 것. ㅇ滁(저)—안휘성(安徽省)의
저주(滁州)를 가리킨다.
② 蔚然(울연)—초목이 무성하게 우거져 있는 모양.
③ 瑯琊(낭야)—산 이름.
④ 潺潺(잔잔)—물이 졸졸 흐르는 것을 형용하는 말.
⑤ 釀泉(양천)—샘 이름. 양은 술을 빚는다는 뜻. 이 샘물로 술을 빚으면 술
맛이 좋다 하여 양천이라 이름지었다 한다.
⑥ 翼然(익연)—새가 날개를 활짝 펼친 듯한 모양.
⑦ 智仙(지선)—낭야산에 사는 중의 이름.
⑧ 輒(첩)—문득. 언제나.
⑨ 醉翁(취옹)—술에 취한 늙은이. 구양수는 경력(慶曆) 5년 39세 때 저주지
사(滁州知事)로 가서 다음해인 경력 6년에는 스스로 취옹이라는 호를 붙
였다. ㅇ寓之酒(우지주)—술을 구실삼음.
⑩ 林霏(임비)—숲에 엉긴 안개.

⑪ 雲歸(운귀) – 저녁에 구름이 펼쳐지는 것이 마치 구름이 돌아가는 것 같은 느낌을 준다는 말.

⑫ 野芳(야방) – 들에 핀 이름 모를 꽃.

⑬ 繁陰(번음) – 나무가 무성하여 생기는 그 밑의 그늘.

⑭ 風霜高潔(풍상고결) – 바람은 높이 불고 서리는 희고 깨끗함. 모두 가을 풍경을 묘사하고 있다.

⑮ 水落而石出(수락이석출) – 물이 줄어들어 돌이 드러남. 물이 줄어 시내 바닥의 돌이 드러나게 되는 겨울 풍경을 나타냄.

⑯ 山間之四時(산간지사시) – 사계절에 따라 달라지는 산의 풍경.

⑰ 負者(부자) – 짐을 진 사람. ㅇ歌于塗(가우도) – 길에서 노래를 부름. 도(塗)는 도(道)와 같은 뜻.

⑱ 傴僂(구루) – 몸을 굽힘. ㅇ提攜(제휴) – 손을 잡음.

⑲ 滁人(저인) – 저주 사람들.

⑳ 泉冽(천렬) – 샘물이 차고 맑음.

㉑ 山肴(산효) – 산나물로 만든 안주. ㅇ野蔌(야속) – 야채, 푸성귀.

㉒ 宴酣之樂(연감지락) – 잔치의 무르익는 즐거움. ㅇ非絲非竹(비사비죽) – 사는 현악기, 죽은 관악기. 곧 음악 없이도 충분히 흥겹다는 뜻.

㉓ 射者(사자) – 활쏘는 사람. ㅇ奕者(혁자) – 바둑 두는 사람.

㉔ 觥籌交錯(굉주교착) – 벌주잔과 산가지가 뒤섞여 있음. 굉(觥)은 쇠뿔로 만든 큰 술잔으로 벌배(罰杯)를 내릴 때에 쓰는 벌주잔. 주(籌)는 벌주의 수효를 세기 위해 준비한 산가지[算枝].

㉕ 誼譁(훤화) – 왁자지껄 떠듦.

㉖ 蒼顔白髮(창안백발) – 푸른색을 띤 얼굴과 흰머리. 노인의 용모를 형용한 것.

㉗ 頹(퇴) – 무너짐. 술에 취하여 아무렇게나 쓰러져 있다는 뜻.

㉘ 已而(이이) – 얼마 안 되어. ㅇ陰翳(음예) – 그늘져 어두워짐.

㉙ 太守之樂其樂也(태수지락기락야) – 태수는 사람들이 즐거워하는 것을 즐거워한다.

㉚ 同其樂(동기락) – 같이 즐거워함.

㉛ 廬陵(여릉) – 작자 구양수의 고향으로 강서성(江西省) 길주(吉州)에 있다.

(해설) 작자 구양수는 인종(仁宗) 경력(慶曆) 5년 39세 때에, 조정에서 참소를 당해 저주(滁州)의 지사로 좌천되었다. 《서청시화(西淸詩話)》에 의하면, 구양수는 저주의 태수로 있으면서 낭야(瑯琊)의 계곡에 성심(醒心)·취옹(醉翁)의 두 정자를 세웠다고 한다. 이 글은 그 중의 하나인 취옹정의 유래와 그곳의 경치, 그리고 그 자신의 생활과 정취를 기술한 것이다.

구양수의 문장은 간결하며 객관적인 묘사에 뛰어나다. 이 글 역시 미사여구나 화려한 기교를 부리지 않고 평이한 표현을 썼기 때문에, 간결하면서도 생동적인 그 특유의 멋이 엿보인다.

추성부(秋聲賦)

구양수(歐陽修)

구양자(歐陽子)가 밤에 책을 읽고 있다가 서남쪽에서 들려오는 소리를 들었다. 섬찟 놀라 귀기울여 들으며 말했다.

"이상하구나!"

처음에는 바스락바스락 낙엽지고 쓸쓸한 바람부는 소리더니 갑자기 물결이 거세게 일고 파도치는 소리같이 변하였다. 마치 파도가 밤중에 갑자기 일고 비바람이 몰아치는 것 같은데, 그것이 물건에 부딪쳐 쨍그렁 쨍그렁 쇠붙이가 모두 울리는 것 같고, 또 마치 적진으로 나가는 군대가 입에 재갈을 물고 질주하는 듯 호령 소리는 들리지 않고, 사람과 말이 달리는 소리만이 들리는 듯했다.

내가 동자(童子)에게 물었다.

"이게 무슨 소리냐? 너 좀 나가 보아라."

동자가 말하였다.

"별과 달이 밝게 빛나고 하늘엔 은하수가 걸려 있으며, 사방에는 인적이 없으니 그 소리는 나무 사이에서 나고 있습니다."

나는 말했다.

"아, 슬프도다! 이것은 가을의 소리구나. 어찌하여 온 것인가? 저 가을의 모습이란, 그 색은 암담(暗淡)하여 안개는 날아가고 구름은 걷힌다. 가을의 모양은 청명하여 하늘은 드높고 태양은 빛난다. 가을의 기운은 살이 저미도록 차가와 피부와 뼛속까지 파고들며, 가을의 뜻은 쓸쓸하여 산천이 적막해진다.

그러기에, 그 소리가 처량하고 애절하며 울부짖는 듯 떨치고 일어나는 듯한 것이다. 풍성한 풀들은 푸르러 무성함을 다투고, 아름다운 나무들은 울창하게 우거져 볼만하더니, 풀들은 가을이 스쳐가자 누렇게 변하고, 나무는 가을을 만나자 잎이 떨어진다. 그것들이 꺾여지고 시들어 떨어지게 되는 까닭은 바로 한가을 기운이 남긴 매서움 때문이다.

가을은 형관(刑官)이요, 때로 치면 음(陰)의 때요, 전쟁의 상(象)이요, 오행(五行)의 금(金)에 속한다. 이는 천지간의 정의로운 기운이라 하겠으니, 항상 냉엄하게 초목을 시들어 죽게 하는 본성을 지니고 있다. 하늘은 만물에 대해 봄에는 나고 가을에는 열매 맺게 한다. 그러므로, 음악으로 치면 가을은 상성(商聲)으로, 서방(西方)의 음을 주관하고, 이칙(夷則)으로 7월의 음률에 해당한다. 상(商)은 상(傷)의 뜻이다. 만물이 이미 노쇠하므로 슬프고 마음 상하게 되는 것이다. 이(夷)는 육(戮)의 뜻이다. 만물이 성한 때를 지나니 마땅히 죽이게 되는 것이다.

아! 초목은 감정이 없건만 때가 되니 바람에 날리어 떨어지도다. 사람은 동물 중에서도 영혼이 있는 존재이다. 온갖 근심이 마음에 느껴지고 만사가 그 육체를 수고롭게 하니, 마음속에 움직임이 있으면 반드시 그 정신이 흔들리게 된다. 하물며 그 힘이 미치지 못하는 것까지 생각하고 그 지혜로는 할 수 없는 것까지 근심하게 되어서는, 마땅히 홍안이 어느새 마른 나무같이 시들어 버리고 까맣던 머리가 백발이 되어 버리는 것도 당연하다 할 수 있다.

금석(金石) 같은 바탕도 아니면서 어찌하여 초목과 더불어 번영을 다투려 하는가? 생각컨대 누가 저들을 죽이고 해하고 하는가? 또한 어찌 가을의 소리를 한하는가?"

동자는 아무 대답 없이 머리를 떨구고 자고 있다. 단지 사방 벽에서 벌레 우는 소리만 찌륵찌륵 들리는데, 마치 나의 탄식을 돕기나 하는 듯하다.

원문 ①歐陽子方夜讀書러니 聞有聲自西南來者라. ②悚然而聽之
　　　구 양 자 방 야 독 서　　　문 유 성 자 서 남 래 자　　　송 연 이 청 지

曰；異哉라!
왈　　이 재

初③淅瀝以蕭颯이라가 忽④奔騰而澎湃로다. 如波濤夜驚하며
초　석 력 이 소 삽　　　홀　분 등 이 팽 배　　　여 파 도 야 경

風雨⑤驟至하니 其觸於物也에 ⑥鏦鏦錚錚하여 金鐵皆鳴하고 又
풍 우 취 지　　기 촉 어 물 야　　　창 창 쟁 쟁　　　금 철 개 명　　우

如赴敵之兵이 ⑦銜枚疾走하여 不聞⑧號令이오 但聞人馬之行聲
여 부 적 지 병　　함 매 질 주　　　불 문　호 령　　　단 문 인 마 지 행 성

이라.

予謂童子하되 此何聲也오? 汝出視之하라.
여 위 동 자　　차 하 성 야　　　여 출 시 지

童子曰；星月⑨皎潔하고 ⑩明河在天하니 四無人聲이오 聲在樹
동 자 왈　성 월　교 결　　　명 하 재 천　　　사 무 인 성　　　성 재 수

間이더이다.
간

予曰；⑪噫嘻悲哉라! 此秋聲也로다. ⑫胡爲乎來哉오? ⑬蓋夫
여 왈　희 희 비 재　　차 추 성 야　　　호 위 호 래 재　　　개 부

秋之爲狀也는 其色⑭慘淡하여 ⑮煙霏雲斂하고 其容淸明하여 天
추 지 위 상 야　　기 색　참 담　　　연 비 운 렴　　　기 용 청 명　　천

高日⑯晶하고 其氣⑰慄冽하여 ⑱砭人肌骨하고 其意⑲蕭條하여 山
고 일　정　　　기 기　율 렬　　　폄 인 기 골　　　기 의　소 조　　산

川⑳寂寥라.
천　적 료

故로 其爲聲也가 ㉑淒淒切切하고 ㉒呼號憤發하여 豊草㉓綠縟
고　　기 위 성 야　　처 처 절 절　　　호 호 분 발　　　풍 초　녹 욕

而爭茂하며 佳木㉔葱蘢而可悅이라가 草㉕拂之而色變하며 木遭之
이 쟁 무　　가 목　총 롱 이 가 열　　　초　불 지 이 색 변　　　목 조 지

而葉脫하니 其所以㉖摧敗零落者가 乃㉗一氣之餘烈이라.
이 엽 탈　　기 소 이　최 패 영 락 자　　내　일 기 지 여 렬

夫秋[28]刑官也라. 於時爲[29]陰이오 又[30]兵象也라. [31]於行爲金이니
부 추　형 관 야　　어 시 위　음　　우　병 상 야　　　어 행 위 금

是謂天地之[32]義氣요 常[33]以肅殺而爲心이니라. 天之於物에 春生
시 위 천 지 지　의 기　상　이 숙 살 이 위 심　　　천 지 어 물　춘 생

秋實하나니 故其在樂也에 [34]商聲主西方之音하고 [35]夷則爲七月
추 실　　　고 기 재 악 야　상 성 주 서 방 지 음　　　이 칙 위 칠 월

之律이라. 商傷也니 物旣老而悲傷이오 夷戮也니 物過盛而當殺
지 율　　상 상 야　물 기 로 이 비 상　　이 륙 야　물 과 성 이 당 살

이니라.

嗟乎라! 草木無情이로되 有時[36]飄零하나니 人爲動物하여 惟物
차 호　　초 목 무 정　　　유 시 표 령　　　인 위 동 물　　　유 물

之靈이라. 百憂感其心하며 萬事勞其形하여 [37]有動于中이면 必搖
지 령　　백 우 감 기 심　　만 사 로 기 형　　　유 동 우 중　　　필 요

其精이니 而況思其力之所不及하며 憂其智之所不能이온여! 宜其
기 정　　이 황 사 기 력 지 소 불 급　　우 기 지 지 소 불 능　　　의 기

[38]渥然丹者爲槁木이오 [39]黟然黑者爲星星이라.
악 연 단 자 위 고 목　　　이 연 흑 자 위 성 성

奈何非金石之質이어늘 欲與草木而爭榮인고? 念誰爲之[40]戕賊
내 하 비 금 석 지 질　　　욕 여 초 목 이 쟁 영　　　염 수 위 지　장 적

이완대 亦何恨乎秋聲가?
　　　역 하 한 호 추 성

童子莫對하고 垂頭而睡하니 但聞四壁에 蟲聲[41]喞喞하여 如助
동 자 막 대　　수 두 이 수　　단 문 사 벽　　충 성　즉 즉　　　여 조

予之歎息이로다.
여 지 탄 식

주해　① 歐陽子(구양자)—작자 자신을 가리킴.

② 悚然(송연)—깜짝 놀라는 모양.

③ 淅瀝(석력)—낙엽 지는 소리. ㅇ蕭颯(소삽)—바람소리.

④ 奔騰(분등)—물결이 기운차게 달림. ㅇ澎湃(팽배)—물결이 서로 부딪치는
소리.

⑤ 驟至(취지)—갑자기 들이닥침.

⑥ 鏦鏦錚錚(창창쟁쟁)－쇠붙이가 서로 부딪치는 소리.

⑦ 銜枚(함매)－매는 나무로 만든 젓가락처럼 생긴 것으로 양쪽 끝에 끈을 매어 목에 걸도록 되어 있다. 원래는 옛날 큰 제사를 지낼 때 입에 재갈같이 물게 하여 말하거나 떠들지 못하도록 한 것임. 이것을 진(秦)나라 이후로는 밤에 적군을 기습할 때 병사들이 말을 하지 못하도록 입에 물게 하였다 함.

⑧ 號令(호령)－명령하는 소리.

⑨ 皎潔(교결)－밝고 깨끗함.

⑩ 明河(명하)－은하수.

⑪ 噫嘻(희희)－감탄사. 아!

⑫ 胡爲乎來哉(호위호래재)－어찌하여 오는 것인가. 호(胡)는 의문사.

⑬ 蓋夫(개부)－아마도. 별로 뚜렷한 뜻은 없음.

⑭ 慘淡(참담)－암담(暗淡)하다.

⑮ 煙霏雲斂(연비운렴)－안개가 날아오르고 구름이 걷히다.

⑯ 晶(정)－찬란히 빛남.

⑰ 慄冽(율렬)－매우 차가움.

⑱ 砭人肌骨(폄인기골)－사람의 피부와 뼈를 찌르다.

⑲ 蕭條(소조)－쓸쓸하고 한적함.

⑳ 寂寥(적료)－적막하고 조용함.

㉑ 淒淒切切(처처절절)－처량하고 애절함.

㉒ 呼號憤發(호호분발)－울부짖으며 떨치어 일어남.

㉓ 綠縟(녹욕)－풀이 무성하고 푸른 것을 형용.

㉔ 葱蘢(총롱)－푸르게 무성한 것.

㉕ 拂之(불지)－지(之)는 대명사로 가을 기운을 가리킨다.

㉖ 摧敗零落(최패영락)－꺾여서 시들고 말라 떨어짐.

㉗ 一氣之餘烈(일기지여렬)－가을 기운이 남겨 놓은 매서움.

㉘ 刑官(형관)－《주례(周禮)》에 의하면 관제를 여섯으로 나누어 천(天)·지(地)·춘(春)·하(夏)·추(秋)·동(冬)이라 하였으며 그 중 추관은 형(刑)을 관장하였다. 가을을 형관이라 한 것은 가을이 만물을 말려 죽이기 때문

이다.

㉙ 陰(음)-사계절을 음양(陰陽)으로 따지면 봄·여름은 양에 속하고 가을·
겨울은 음에 속한다.

㉚ 兵象(병상)-병기(兵器)의 형상. 가을 기운이 만물을 말려 죽이는 것이
병기가 사람을 상하게 하는 것과 같다고 하여 이렇게 말한 것.

㉛ 於行爲金(어행위금)-오행으로 치면 금(金)이 된다. 행은 오행. 옛사람들
은 오행을 우주 사이의 다섯 가지 원소로 보아서, 오행의 변화를 통하여
인생과 우주의 모든 현상을 설명하였다.

㉜ 義氣(의기)-정의로운 기운.

㉝ 以肅殺而爲心(이숙살이위심)-냉혹한 기후로 시들고 마르게 하는 것을
마음으로 삼다.

㉞ 商聲主西方之音(상성주서방지음)-고대의 방위에서 금(金)은 서방(西方)
이고, 계절은 추(秋)이고, 음은 상성(商聲)이다. 상성은 서쪽의 소리를 주
관한다.

㉟ 夷則(이칙)-옛날의 12율(律)은 황종(黃鐘)·대려(大呂)·태주(太簇)·협
종(夾鐘)·고선(枯洗)·중려(仲呂)·유빈(蕤賓)·임종(林鐘)·이칙(夷則)·
남려(南呂)·무역(無射)·응종(應鐘)의 열두 가지인데, 이 12율을 12개월
에 각각 배치하여 이칙은 7월, 곧 가을에 해당한다.

㊱ 飄零(표령)-나뭇잎이 바람에 나부끼어 떨어짐.

㊲ 有動于中(유동우중)-마음속에 느끼어 움직이는 바가 있음.

㊳ 渥然(악연)-붉고 윤이 나는 모양.

㊴ 黟然(이연)-머리가 새까만 것. ㅇ星星(성성)-백발이 성성함.

㊵ 戕賊(장적)-죽이고 상해(傷害)함.

㊶ 喞喞(즉즉)-벌레가 우는 소리.

해설 구양수는 송(宋) 초기의 대문호로 시(詩)·산문(散文)·사(詞) 등
각 방면에서 송대 문학의 선봉이 된 작가이다. 그는 문학뿐만 아니라 학
술·정치면에서도 그 시대의 영도자적 위치에 있었으며, 그로 인하여 송
대 문학과 학술이 개혁될 수 있었다. 그의 문장은 쉬우면서도 유창하고

서술이 섬세한 경향을 보여준다.

　이 글은 그가 52세 때의 가을에 처량한 가을 소리를 듣고 일어나는 감흥을 동자(童子)와의 대화 형식을 빌어 써낸 것이다. 가을바람의 쓸쓸함과 만물이 조락(凋落)하는 경물(景物)을 보고 자연현상의 추이(推移)와 인간생활을 연관시켜 인생의 덧없음을 탄식한 작품이다.

　한대(漢代)에 이미 발전을 극(極)한 부(賦)는 위(魏)·진(晉)·남북조(南北朝)와 당(唐)대를 거치면서 지나친 형식미만을 추구하는 배부(排賦)와 율부(律賦)로 변천해 왔다. 송대에 이르러 구양수와 소식(蘇軾) 등에 의해 당 두목(杜牧)의 〈아방궁부(阿房宮賦)〉에서 비롯된 문부(文賦)가 다시 발전되어 작자의 개성이 담긴 산문적인 부의 양식이 확립되었으며 이 〈추성부〉는 소식의 〈적벽부(赤壁賦)〉와 함께 그 대표작이라 할 수 있다.

증창승부(憎蒼蠅賦)

구양수(歐陽修)

1

쉬파리야, 쉬파리야! 나는 네가 살아가는 것을 슬퍼한다. 벌이나 전갈 같이 독있는 꼬리도 없고, 또 모기나 등에처럼 날카로운 부리가 있는 것도 아니어서, 다행히 사람들이 무서워하지는 않지만 어찌하여 사람들이 좋아하는 존재가 되지는 못하는가? 너는 모양이 지극히 작으니 네 욕심도 쉽게 채워진다. 술잔에 남은 찌꺼기나 도마 위에 남은 비린 고기 정도이니, 바라는 바가 아주 미소하며 너무 많으면 감당치 못한다.

그런데도 괴롭게 무엇을 구하여 부족하길래 종일토록 윙윙거리며 다니느냐? 냄새 따라 향내 찾아 이르지 못하는 곳이 없구나. 잠깐 사이에 모여드는 것은 누군가가 서로 일러주기 때문인가? 생물들 중에서 비록 미미한 존재이긴 하나, 그것이 끼치는 해는 지극히 심하다.

원문 ①蒼蠅蒼蠅아! 吾②嗟爾之爲生하노라. 旣無③蜂蠆之毒尾하고
　　　　 창 승 창 승　　　　오 차 이 지 위 생　　　　기 무 봉 채 지 독 미

又無④蚊虻之利觜라. 幸不爲人之畏어니 胡不爲人之喜오? 爾形
우 무 문 맹 지 리 취　　　 행 불 위 인 지 외　　 호 불 위 인 지 희　　　 이 형

⑤至眇하고 爾欲易盈이라. ⑥盃盂殘瀝과 ⑦砧几餘腥에 所希⑧秒
지 묘　　　 이 욕 이 영　　　 배 우 잔 력　　　 침 궤 여 성　　 소 희 묘

忽이니 過則難勝이라.
홀　　　 과 즉 난 승

苦何求而不足하여 乃終日而⑨營營고? 逐氣尋香하여 無處不到
고 하 구 이 부 족　　　내 종 일 이 영 영　　축 기 심 향　　　무 처 부 도

일새 ⑩頃刻而集하니 誰相告報오? 其在物也雖微나 其爲害也至
　　　경 각 이 집　　　수 상 고 보　　기 재 물 야 수 미　기 위 해 야 지

要라.
요

주해 ① 蒼蠅(창승)—쉬파리. 이 작품에서는 전편(全篇)을 통하여 소인배, 혹
　　은 간사한 무리를 비유하고 있다.

② 嗟(차)—슬퍼하다. 탄식하다. o 爾(이)—너. o 爲生(위생)—사는 것. 살아
　　가는 것.

③ 蜂蠆(봉채)—벌과 전갈.

④ 蚊虻(문맹)—모기와 등에. o 利觜(이취)—날카로운 부리. 날카로운 주둥이.

⑤ 至眇(지묘)—지극히 작음.

⑥ 盃盂(배우)—술잔과 바리. 혹은 술잔. o 殘瀝(잔력)—남은 찌꺼기.

⑦ 砧几(침궤)—도마. o 餘腥(여성)—남은 비린 날고기.

⑧ 秒忽(묘홀)—지극히 작음.

⑨ 營營(영영)—윙윙거리며 왔다 갔다 함.

⑩ 頃刻(경각)—눈 깜빡할 사이.

2

　　서까래가 화려한 넓은 집의 진귀한 대나무 자리를 깐 침상에 더운 바
람 불어 찌는 듯이 덥고 여름날은 길기도 하여, 정신이 혼미해지고 숨이
콱 막히고 땀은 비오듯 흐르며, 사지가 축 늘어져 거동할 수가 없고 두
눈은 흐릿하고 아득할 적에는, 오직 베개를 높이 베고 한잠 푹 자서 무더
위를 잠시나마 잊어볼까 하게 된다. 너에게 무슨 잘못을 했다고 생각하
길래 내가 이런 해를 당해야 하느냐?

　　머리에 찾아오고 얼굴에 부딪치며, 소매 속에 들어가고 바지 속으로

파고들어가기도 하며, 눈썹 끝에 앉기도 하고 눈두덩을 따라 기어다니기
도 하니, 눈을 감으려 하다가 다시 깨어나고, 팔이 저려오는데도 여전히
휘둘러 쫓아야만 하네. 이러한 때에는 공자(孔子)인들 어찌 주공(周公)
을 꿈에서라도 비슷이 볼 수가 있겠으며, 장자(莊子)는 어떻게 나비가 되
어 날아오를 수 있겠는가?

쓸데없이 하인들과 계집종들에게 큰 부채를 들고 부치게 하지만, 머리
숙여 졸아 팔에 힘이 빠지거나, 선 채로 졸다 뒤로 자빠지기 일쑤이다.
이것이 쉬파리가 끼치는 첫 번째 해이다.

[원문] ①若乃華榱廣廈와 ②珍簟方牀에 炎風之③燠이요 夏日之長이라
　　　　 약 내 화 최 광 하　진 점 방 상　염 풍 지 욱　　하 일 지 장

神昏④氣蹙하고 流汗成⑤漿하여 委四肢而莫擧하고 ⑥眊兩目其茫
신 혼　기 축　유 한 성 장　위 사 지 이 막 거　모 량 목 기 망

洋하니 惟高枕之⑦一覺하여 ⑧冀煩歊之蹔忘이라. 念於爾而何負
양　유 고 침 지 일 각　기 번 효 지 잠 망　염 어 이 이 하 부

완대 乃於吾而見殃고?
　　　내 어 오 이 견 앙

尋頭撲面하며 入袖穿裳하고 或集眉端하며 或沿⑨眼眶하여 目
심 두 박 면　입 수 천 상　혹 집 미 단　혹 연 안 광　　목

欲瞑而復警하고 臂已痺而猶攘이라. 於此之時에 ⑩孔子何由見
욕 명 이 부 경　비 이 비 이 유 양　어 차 지 시　공 자 하 유 견

周公於髣髴이며 ⑪莊生安得與蝴蝶而飛揚가?
주 공 어 방 불　장 생 안 득 여 호 접 이 비 양

徒使⑫蒼頭丫髻로 巨扇揮颺하여 或頭垂而腕脫하고 或立寐
도 사 창 두 아 계　거 선 휘 양　혹 두 수 이 완 탈　혹 립 매

而⑬顚僵하니 此其爲害者一也라.
이 전 강　차 기 위 해 자 일 야

[주해] ① 若乃(약내)—아래 말을 뒤의 말로 연결시키는 말. ㅇ華榱(화최)—화
려하게 꾸민 서까래. ㅇ廣廈(광하)—크고 넓은 집.
② 珍簟(진점)—진귀한 대나무 자리.

③ 燠(욱)－무더움.

④ 氣蹙(기축)－숨이 막힘.

⑤ 漿(장)－미음처럼 묽은 액체. 여기서는 땀이 많이 난 것의 형용.

⑥ 眊(모)－눈이 흐릿하고 정신이 어두움.

⑦ 一覺(일각)－한잠 자다.

⑧ 冀煩歊之暫忘(기번효지잠망)－찌는 듯한 무더위를 잠시 잊기를 바라다.

⑨ 眼眶(안광)－눈두덩.

⑩ 孔子何由(공자하유)－공자인들 이렇게 파리가 달려들면 어떻게 꿈에 주공 (周公)을 볼 수가 있겠는가?《논어(論語)》술이(述而)편에 '심하도다, 나의 노쇠함이여! 꿈에 주공을 못뵌 지가 오래되었도다[甚矣, 吾良也, 久矣, 吾不復夢見周公]'라는 구절이 나온다.

⑪ 莊生(장생)－장자(莊子)라도 꿈에 나비가 되어 날아다닐 수는 없으리라. 《장자(莊子)》제물론(齊物論)에 장자가 꿈에 나비가 되어 훨훨 날아다녔다는 얘기가 있다.

⑫ 蒼頭丫髻(창두아계)－남녀 종들. 창두는 남자종, 아계는 여자종.

⑬ 顚僵(전강)－넘어지다.

3

또, 지붕이 우뚝 솟은 고대광실에서 귀한 손님을 맞아서, 술과 포(脯)를 사다가 자리깔고 주연을 베풀며 하루의 남은 여가를 즐기려 하는데, 너희 무리들이 어찌나 많이 밀려오는지 당해낼 수가 없다. 그릇과 접시에 모여들기도 하고, 술상과 선반 위에 진(陣)을 치기도 하고, 진한 술에 취하여 그 때문에 떨어져 빠져 버리기도 하고, 뜨거운 국 속에 몸을 던져 혼백을 날려 버리기도 하니, 정말이지 비록 죽더라도 후회는 없을 것이나, 이득을 탐하는 자들에게는 경계가 될 만하다.

더욱 피해야 할 놈은 붉은 머리를 한 놈이니 이름은 경적(景迹)이라고 한다. 이것이 한번 적시어 더럽혀 놓으면 사람은 아무도 먹지 못하는데,

무리들을 끌어오고, 친구들을 불러와서는 머리를 흔들고 날개를 퍼덕이며, 모였다 흩어지길 순식간에 하고 왕래가 끊이지 않고 이어지는 것을 어찌할 수가 있겠는가? 손님과 주인이 막 술잔을 주고받고 하며 의관(衣冠)을 엄정히 하고 있다가도, 나로 하여금 손을 휘두르고 발을 구르며 몸가짐을 흐트려뜨리고 낯빛을 바꾸게 한다.

이러한 때에 왕연(王衍)은 어느 겨를에 청담(淸談)을 논하겠으며, 가의(賈誼)도 어떻게 차마 큰 탄식이 나올 수 있겠는가? 이것이 쉬파리가 끼치는 두 번째 해이다.

원문 又如①峻宇高堂에 ②嘉賓上客이 ③沽酒市脯하고 鋪筵設席하
　　　　우 여　준우고당　　가빈상객　　　고주시포　　　　포연설석

여 聊娛一日之餘閑이로되 奈爾眾多之莫敵이라. 或集器皿하며 或
　　요오일일지여한　　　　내이중다지막적　　　혹집기명　　　혹

④屯几格하며 或醉⑤醇酎하여 因之沒溺하며 或投熱羹하여 遂喪
　둔궤격　　　혹취 순주　　　인지몰닉　　　혹투열갱　　　수상

其魄하니 ⑥諒雖死而不悔나 亦可戒夫⑦貪得이라.
기백　　　　양수사이불회　　역가계부 탐득

尤忌⑧赤頭는 號爲⑨景迹이니 一有⑩霑汙면 人皆不食이어늘 奈
우기 적두　　호위 경적　　　일유 점오　　인개불식　　　　내

何引類呼朋하여 搖頭鼓翼하고 聚散⑪倏忽하여 往來⑫絡繹고? 方
하인류호붕　　　요두고익　　　취산 숙홀　　　왕래 낙역　　방

其賓主⑬獻酬하고 衣冠儼飾에 使吾揮手頓足하여 改容失色이라.
기빈주 헌수　　　의관엄식　　사오휘수돈족　　　개용실색

於此之時에 ⑭王衍何暇於淸談이며 ⑮賈誼堪爲之太息이리오?
어차지시　　왕연하가어청담　　　가의감위지태식

此其爲害者二也라.
차기위해자이야

주해 ① 峻宇高堂(준우고당)─높이 솟은 지붕이 있는 큰 집. 훌륭한 집.

② 嘉賓上客(가빈상객)─반가운 손님과 존귀한 손님.

③ 沽酒市脯(고주시포)─술을 사고 포를 삼. 고(沽)와 시(市)는 모두 산다

[買]는 뜻.

④ 屯几格(둔궤격)-식탁과 선반에 모여들다. 둔은 병사가 진(陣)을 치는 것. 파리가 모여드는 것을 비유함.

⑤ 醇酎(순주)-진국 술. 진한 술.

⑥ 諒(양)-진실로.

⑦ 貪得(탐득)-이득을 탐하다.

⑧ 赤頭(적두)-머리가 붉은 파리.

⑨ 景迹(경적)-경(景)은 대(大)와 같다. 큰 자취를 남긴다는 뜻에서 이런 이름을 붙인 것 같다.

⑩ 霑汗(점오)-적시어서 더럽힘.

⑪ 倏忽(숙홀)-갑자기. 순식간에.

⑫ 絡繹(낙역)-왕래가 끊이지 아니하는 모양.

⑬ 獻酬(헌수)-술잔을 주고받음.

⑭ 王衍(왕연)-진(晉)나라 사람으로 자는 이보(夷甫)이다. 종일토록 청담(淸談)을 이야기하며 노장(老莊)의 설을 논했다 함.

⑮ 賈誼(가의)-전한(前漢) 사람. 그의 〈상문제서(上文帝書)〉에 '통곡해야 할 일이 세 가지, 탄식해야 할 일이 여섯 가지 있다'라는 글이 있다. 가의라도 이러한 상황에서는 탄식이 나올 여유가 없으리라는 말.

4

또 육장(肉漿)을 맛보고 장조림을 만들 때에는 제때가 될 때까지 담가 놓게 되는데 독이나 항아리 뚜껑을 단단히 간수하도록 조심해야 한다. 그런데도 이들은 힘을 합쳐 구멍을 뚫고 온갖 수단을 다하여 틈을 엿본다.

큼직한 고기토막이나 살찐 제물과 좋은 안주나 맛있는 음식 같은 것은 간직할 때 조금이라도 들어나거나 틈이 나거나, 지키는 사람이 혹시 깜빡 졸아 약간이라도 엄중한 방비를 태만히 하면, 어느새 그 씨를 남겨놓아 틀림없이 키우고 번식시키니 고기는 질척질척 썩어 버리게 된다. 이럴 때 친지나 벗들이 갑자기 들이닥치면 내어놓을 것이 없어 쓸쓸하여 즐거움이 없어져, 남녀 종들은 이 때문에 근심에 싸이고 죄를 짓게 된다. 이것은 그 세 번째 해이다.

이런 것들은 모두 큰 예이고 나머지 것들은 일일이 들어 말하기가 어렵다. 아!《시경(詩經)》소아(小雅)에 지극(止棘)의 시가 육경(六經)으로서 전해지고 있다. 여기에서 시인들이 사물을 널리 알고 있으며 비흥(比興)의 수법을 정교하게 사용하였음을 알 수 있다. 너로써 참소꾼들이 나라를 어지럽히는 것을 풍자한 것은 참으로 마땅한 일이다. 정말이지 밉고 가증스럽다.

원문 又如①醯醢之品과 ②醬醢之制에 及時月而收藏하여 謹③餠甖
우 여 혜 해 지 품 · 장 니 지 제 급 시 월 이 수 장 근 병 앵

之固濟어늘 乃衆力而攻鑽하여 極④百端而窺覬라.
지 고 제 내 중 력 이 공 찬 극 백 단 이 규 기

至於⑤大戡肥牲과 ⑥嘉殽美味라도 蓋藏稍露而⑦罅隙이며 守者
지 어 대 자 비 생 가 효 미 미 개 장 초 로 이 하 극 수 자

或時而⑧假寐하여 ⑨纔少怠於放嚴이면 已輒遺其種類하여 莫不養
혹 시 이 가 매 재 소 태 어 방 엄 이 첩 유 기 종 류 막 불 양

息⑩蕃滋하고 ⑪淋漓敗壞하여 ⑫使親朋卒至에 ⑬索爾而無歡하고
식 번 자 임 리 패 괴 사 친 붕 졸 지 삭 이 이 무 환

⑭臧獲懷憂하여 因之而得罪라. 此其爲害者三也라.
장 획 회 우 인 지 이 득 죄 차 기 위 해 자 삼 야

是皆大者요 餘悉難名이로다. 嗚呼라! ⑮止棘之詩가 垂之六經하
시 개 대 자 여 실 난 명 오 호 지 극 지 시 수 지 륙 경

니 於此見詩人之博物과 ⑯比興之爲精이라. 宜乎以爾로 ⑰刺讒人
어 차 견 시 인 지 박 물 비 흥 지 위 정 의 호 이 이 자 참 인

之亂國이라. 誠可嫉而可憎이로다.
지 란 국 성 가 질 이 가 증

주해 ① 醯醢(혜해)-국물이 많은 육장(肉漿).
② 醬醢(장니)-고기와 뼈를 섞어 만든 장조림.

③ 餠甖(병앵)-단지나 항아리. o固濟(고제)-단단히 막다.

④ 百端(백단)-온갖 수단. o窺覬(규기)-틈을 엿보다. 들여다보다.

⑤ 大胾(대자)-큼직하게 저며 놓은 고기. o肥牲(비생)-살진 제물.

⑥ 嘉殽(가효)-맛좋은 안주.

⑦ 罅隙(하극)-틈. 틈새.

⑧ 假寐(가매)-잠깐 졸다.

⑨ 纔少(재소)-약간만. 조금만.

⑩ 蕃滋(번자)-무성하게 퍼짐. 여기서는 파리의 새끼들이 번식함을 말함.

⑪ 淋漓(임리)-물이 줄줄 흐르는 모양. 여기서는 고기가 썩어서 질척질척하게 된 것을 말함. o敗壞(패괴)-썩어서 문드러짐.

⑫ 使(사)-만약. 가령.

⑬ 索爾(삭이)-삭연(索然)과 같음. 쓸쓸하고 삭막함. 여기서는 내어놓을 것이 없어서 쓸쓸함.

⑭ 臧獲(장획)-남녀 하인.

⑮ 止棘之詩(지극지시)-《시경(詩經)》 소아(小雅)의 청승(靑蠅)편에 다음과 같은 구절이 있다. '앵앵거리며 날던 쉬파리, 가시나무에 앉았네. 참소꾼이 법도가 없어 나라를 온통 어지럽히네[營營靑蠅, 止于棘, 讒人罔極, 交亂四國].'

⑯ 比興(비흥)-시경의 육의(六義) 중의 비(比)와 흥(興). 비는 비유법. 흥은 작가의 주관적 연상을 말한다.

⑰ 刺(자)-풍자하다.

(해설) 이 작품은《시경(詩經)》 소아(小雅)의 청승(靑蠅)을 모방하여서 참소꾼을 쉬파리에 비유하여 비난한 것이다. 쉬파리가 보잘것없는 미물(微物)이면서도 사람에게 해를 끼치는 것이 마치 간악한 소인배들이 참언으로 나라를 어지럽히는 것이나 같다고 이 글에서는 풍자하고 있다. 그러한 작자의 의도는 이 작품의 마지막 단락에서 잘 나타나고 있다.

매우 해학적이면서 쉬파리의 습성을 잘 묘사한 풍자적인 내용이다.

명선부(鳴蟬賦)

구양수(歐陽修)

가우(嘉佑) 원년(1056) 여름에 큰비가 내리어 임금의 명을 받들어 예천궁(醴泉宮)에서 날 개이기를 빌었는데 매미 울음소리를 듣고 느낀 바 있어서 부(賦)를 지었다.

엄숙한 묘정(廟庭)에서 공경히 제사지내며,
묘당의 높이 솟은 모습 바라보네.
보고 들음 거두어들이고 맑게 해서,
내 마음의 생각 깨끗이 하고 정성들이네.
고요한 마음바탕으로 움직이는 물건들 추구하니,
만물의 실정이 보이네.
이에 아침비 갑자기 멎고 잔바람도 일지 아니하니
사방 구름 한 점 없이 푸른 하늘 드러나고,
우렛소리 우르릉 여향(餘響)만이 들리네.
향기로운 자리 깔고 앉아 화려한 문앞 바라보니,
고목 몇 그루가 빈 뜰 풀밭 사이에 있네.
여기에 한 물건 있어 나무 끝에서 우는데,
맑은 바람 끌어들이며 긴 휘파람 불기도 하고,
가는 가지 끌어안고 긴 한숨 짓기도 하네.

맴맴 우는 소리 피리와는 다르고,

맑은 소리 거문고 비슷하네.

찢어지는 소리로 부르짖다가는 다시 흐느끼기도 하고,

처량하게 끊어질 듯하다가도 다시 이어지네.

독특한 노래 토하고 있어 음률 가늠하긴 어렵지만,

오음(五音)의 자연스런 소리 품고 있네.

나는 그것이 어떤 물건인지 알지 못하지만,

그 이름이 매미라네.

어찌 물건에 따라 형체를 만들어 변화할 수 있는 놈이 아닌가?

더러운 땅에서 나와

청허(淸虛)함을 흠모하는 놈인가?

바람을 타고 높이 날다가

머물 곳을 아는 놈인가?

좋은 나무 무성하여 그 맑은 그늘을 좋아하는 놈인가?

바람과 이슬 마시고 살다가 형체만 버리고 신선되어 가버리는 놈

인가?

아리땁게 두 갈래로 머리가 길고 아름다운 놈인가?

그 소리는 즐겁지도 않고, 슬프지도 않으며, 궁음(宮音)도 아니고,

치음(徵音)도 아니네.

어찌 그렇게 울고 또 어찌 그렇게 멈추는가?

나는 일찍이 만물이 모두가 울기 좋아함을 슬퍼했었네.

사철이 엇바뀌어질 때에는 여러 새들이 울고,

한 가지 절후(節候)가 올 때마다 여러 가지 벌레들이 놀라네.

귀여운 아이나 예쁜 소녀들처럼 꾀꼬리 지저귀고,

베짜는 소리 내는 베짱이처럼 귀뚜라미 소리 내어 우네.

혀 놀리며 여러 가지 소리 내는 새들 진실로 사랑스럽고,

배 잡아늘이고 다리 움직이며 우는 벌레는 어찌 억지로 그렇게 하

고 있는 것이겠는가?

심지어 더러운 연못 흐린 물에서도 비 오면 맹꽁이 소리 시끄럽고,

땅속 물 마시고 흙 먹으며 지렁이는 밤새도록 노래하는데,

맹꽁이는 본시 바라는 바가 있는 듯하지만,

지렁이는 또 무엇을 추구하는 것일까?

그 나머지 크고 작은 갖가지 실태는 일일이 들 수도 없는데,

각각 절기에 따라 다른 종류들이 있어 만물의 형상을 따르고,

스스로 그만둘 줄 몰라서 마치 능력을 다투는 듯하네.

갑자기 시절이 변하여 만물도 바뀌어지면 모두 잠잠히 소리 내지 않게 되네.

아아! 만사에 통달한 사람은 가지런히 만물은 한 종류라 본다네.

사람이 그 사이에 사는데 가장 귀중한 까닭은,

그의 말을 교묘히 하고 또 그것을 글로 전하기 때문이네.

그래서, 그의 사려를 다하고 그의 혈기를 소모하며,

혹은 그의 궁핍한 시름을 읊기도 하고,

혹은 그의 뜻과 의기를 드러내기도 하네.

비록 만물과 같이 죽음이 있다 하더라도,

백세(世)를 두고 오래오래 소리 울린다네.

내가 그러함을 어찌 의식하겠는가?

잠시 즐기며 스스로 좋아 글 지을 따름이네.

막 득실을 생각하고 이동(異同)을 따지고 있는데,

갑자기 검은 구름 다시 일고

천둥 번개 함께 치면서

큰 비 쏟아지니 매미 소리 멎고 마네.

원문 [1]嘉祐元年夏에 大雨水하여 奉詔祈晴於[2]醴泉宮일새 聞鳴蟬
　　　 가 우 원 년 하　 대 우 수　　봉 조 기 청 어 예 천 궁　　 문 명 선

하고 有感而賦云이라.
유 감 이 부 운

③肅祠庭以祗事兮여 瞻④玉宇之崢嶸이라.
숙 사 정 이 지 사 혜　　첨　옥 우 지 쟁 영

牧視聽以⑤齋淸兮여 慮予心以薦誠이라.
목 시 청 이　재 청 혜　　여 여 심 이 천 성

因以靜而求動兮여 見乎萬物之情이라.
인 이 정 이 구 동 혜　　견 호 만 물 지 정

於是朝雨⑥驟止하고 微風不興하니
어 시 조 우　취 지　　미 풍 불 흥

四無雲而靑天이오 雷⑦曳曳其餘聲이라.
사 무 운 이 청 천　　뇌　예 예 기 여 성

乃⑧席芳葯臨華軒하니
내　석 방 약 림 화 헌

古木數株요 空庭草間이라.
고 목 수 주　공 정 초 간

爰有一物이 鳴于樹顚하니
원 유 일 물　명 우 수 전

引淸風以長嘯하고 抱⑨纖柯而永歎이라.
인 청 풍 이 장 소　　포　섬 가 이 영 탄

⑩嘒嘒非管이오 ⑪泠泠若絃이라.
혜 혜 비 관　　영 령 약 현

⑫裂方號而復咽하고 凄欲斷而還連이라.
열 방 호 이 부 열　　처 욕 단 이 환 련

吐⑬孤韻以難律하고 含⑭五音之自然이라.
토　고 운 이 난 률　　함　오 음 지 자 연

吾不知其何物이나 其名曰蟬이라.
오 부 지 기 하 물　　기 명 왈 선

豈非因物造形하여 能變化者耶아?
기 비 인 물 조 형　　능 변 화 자 야

出自⑮糞壤하여 慕淸虛者耶아?
출 자　분 양　　모 청 허 자 야

凌風高飛타가 知所止者耶아?
능 풍 고 비　　지 소 지 자 야

嘉木茂盛에 喜淸陰者耶아?
가 목 무 성　　희 청 음 자 야

呼吸風露하여 能⑯尸解者耶아?
호 흡 풍 로　　능　시 해 자 야

⑰綽約雙鬢이 ⑱修嬋娟者耶아?
작 약 쌍 빈　　수 선 연 자 야

其爲聲也不樂不哀하고 非⑲宮非徵라.
기 위 성 야 불 락 불 애　　비　궁 비 징

⑳胡然而鳴하며 亦胡然而止아?
호 연 이 명　　역 호 연 이 지

吾嘗悲夫萬物이 莫不好鳴이라.
오 상 비 부 만 물　　막 불 호 명

若乃四時㉑代謝에 百鳥㉒嚶兮며
약 내 사 시 대 사　　백 조　앵 혜

一氣候至에 百蟲驚兮라.
일 기 후 지　　백 충 경 혜

㉓嬌兒姹女語鸝庚兮요 ㉔鳴機絡緯響蟋蟀兮라.
교 아 차 녀 어 이 경 혜　　명 기 락 위 향 실 솔 혜

㉕轉喉弄舌이 誠可愛兮요
전 후 롱 설　　성 가 애 혜

㉖引腹動股가 豈勉强而爲之兮아?
인 복 동 고　　기 면 강 이 위 지 혜

至於汙池濁水에 得雨而㉗聒兮며
지 어 오 지 탁 수　　득 우 이　괄 혜

飮泉食土하고 長夜而歌兮니
음 천 식 토　　장 야 이 가 혜

彼㉘蝦蟆는 固若有欲이나
피　하 마　　고 약 유 욕

而㉙蚯蚓은 亦何求兮오?
이　구 인　　역 하 구 혜

其餘大小萬狀은 不可㉚悉名이로되
기 여 대 소 만 상　　불 가 실 명

各有氣類하여 隨其物形이니
각 유 기 류　　수 기 물 형

不知自止하여 有若爭能이라.
부 지 자 지　　　유 약 쟁 능

忽時變以物改면 咸漠然而無聲이라.
홀 시 변 이 물 개　 함 막 연 이 무 성

嗚呼라! ^㉛達士所齊는 萬物一類라.
오 호　　　　　달 사 소 제　　만 물 일 류

人於其間에 所以爲貴는
인 어 기 간　　소 이 위 귀

蓋以巧其語言코 又能傳於文字라.
개 이 교 기 어 언　　우 능 전 어 문 자

是以로 窮彼思慮하며 耗其血氣하여
시 이　　궁 피 사 려　　　모 기 혈 기

或^㉜吟哦其窮愁하며 或發揚其志意라.
혹　 음 아 기 궁 수　　　혹 발 양 기 지 의

雖共盡於萬物이나 乃長鳴於百世라.
수 공 진 어 만 물　　　내 장 명 어 백 세

予亦安知其然哉아? 聊爲樂以自喜로다.
여 역 안 지 기 연 재　　요 위 락 이 자 희

方將考得失較同異러니 俄而雲陰復興하고
방 장 고 득 실 교 동 이　　　아 이 운 음 부 흥

雷電俱擊하여 大雨旣作하니 蟬聲遂息이러라.
뇌 전 구 격　　　대 우 기 작　　선 성 수 식

주해　① 嘉祐(가우)—송나라 인종(仁宗)의 연호. 그 원년은 1056년.

② 醴泉宮(예천궁)—섬서성(陝西省) 인유현(麟遊縣)에 있던 구성궁(九成宮). 당(唐) 태종(太宗)이 그곳으로 피서를 갔다가 물맛이 단 샘물[醴泉]을 발견했다 한다.

③ 肅祠庭(숙사정)—엄숙한 묘정(廟庭). ㅇ祗事(지사)—공경히 제사를 지내는 것.

④ 玉宇(옥우)—크고 화려한 집. 여기서는 예천궁의 건물을 가리킴. ㅇ崢嶸(쟁영)—우람하게 높이 솟은 모양.

⑤ 齋淸(재청)—생각을 깨끗이 재계(齋戒)하는 것. ㅇ薦誠(천성)—정성을 다

바치다. 정성을 들이다.

⑥ 驟止(취지)-갑자기 멎다.

⑦ 曳曳(예예)-우렛소리가 은근히 울리는 모양.

⑧ 席芳药(석방약)-약은 백지(白芷)라는 일종의 향초, 따라서 백지를 섞어 짠 향기로운 자리를 깔고 앉은 것인 듯하다. ㅇ臨華軒(임화헌)-화려한 집 앞뜰을 바라보는 것.

⑨ 纖柯(섬가)-가는 나뭇가지.

⑩ 嘒嘒(혜혜)-맴맴 매미가 우는 소리.

⑪ 泠泠(영령)-맑고 시원한 것.

⑫ 裂方號(열방호)-천을 찢는 소리로 막 부르짖다. ㅇ咽(열)-흐느끼다.

⑬ 孤韻(고운)-외로운 소리. 자기만의 독특한 노래. ㅇ難律(난률)-음률을 가늠하기 어려운 것.

⑭ 五音(오음)-옛날의 궁(宮)·상(商)·각(角)·치(徵)·우(羽)의 다섯 음계.

⑮ 糞壤(분양)-더러운 흙. 매미는 흙속에 굼벵이로 있다 밖으로 나와 허물을 벗고 매미가 된다.

⑯ 尸解(시해)-자기의 형체는 버리고 신선(神仙)이 되어 날아가는 것.

⑰ 綽約(작약)-아리따운 모양. ㅇ雙鬢(쌍빈)-두 갈래 머리.

⑱ 修(수)-긴 것. ㅇ嬋娟(선연)-아름다운 것. 예쁜 것.

⑲ 宮(궁)-치(徵)와 함께 오음(五音)의 하나.

⑳ 胡然(호연)-어찌 그렇게. 하연(何然).

㉑ 代謝(대사)-엇바뀌는 것.

㉒ 嚶(앵)-새가 우는 것.

㉓ 嬌兒姹女(교아차녀)-귀여운 아이와 예쁜 소녀. 소년소녀. ㅇ鸝庚(이경)-꾀꼬리.

㉔ 鳴機(명기)-베틀에서 베짜는 소리를 내는 것. ㅇ絡緯(낙위)-베짱이. 곤충 이름. ㅇ蟋蟀(실솔)-귀뚜라미.

㉕ 轉喉弄舌(전후농설)-목을 굴리고 혀를 희롱한다. 새가 여러 가지 소리로 우는 것.

㉖ 引腹動股(인복동고)-배를 잡아늘이고 다리를 움직이다. 벌레들이 울 때

의 모양임.

㉗ 聒(괄)-요란한 것. 시끄러운 것.

㉘ 蝦蟆(하마)-두꺼비. 맹꽁이.

㉙ 蚯蚓(구인)-지렁이.

㉚ 悉名(실명)-자세히 이름을 대다. 일일이 설명하다.

㉛ 達士(달사)-모든 이치에 통달한 선비. ㅇ所齊(소제)-같다고 보는 것. 제일(齊一)하다 여기는 것.

㉜ 吟哦(음아)-시를 읊는 것.

해설 매미 울음소리를 듣고 지은 부(賦)이다. 매미의 울음소리를 빙자해서 만물의 울음을 논하며, 특히 사람들의 울음이라 할 수 있는 문장론에도 언급되고 있다. 앞에 보인 〈추성부(秋聲賦)〉와 함께 그의 문부(文賦)의 대표적인 작품의 하나이다.

권 7

송서무당남귀서(送徐無黨南歸序)

구양수(歐陽修)

풀·나무·새·짐승 등의 동식물과 여러 사람들의 사람으로서의 성격은, 그들이 사는 데 있어서는 비록 서로 다르나 죽는 데 있어서는 서로 같아서, 한결같이 썩어 문드러져 없어지게 될 따름인 것이다. 그런데 여러 사람들 중에는 성현(聖賢)이란 사람이 있는데, 역시 그들도 세상에 살고 있다가 죽어버린다. 그러나 풀·나무·새·짐승 및 여러 사람들과 유독 다른 점은 비록 몸은 죽어도 그 이름은 사라지지 않고 오래 갈수록 더욱 존재가 두드러지는 것이다.

그들이 성현이라 불리게 되는 까닭은, 수신(修身)하여 덕행을 쌓고, 중요한 일에 종사하여 공업(功業)을 쌓고, 또 그것을 말로 표현하여 글로 적어 놓기 때문이다. 이 세 가지가 그 이름이 사라지지 않고 존재를 두드러지게 하는 근거인 것이다.

수신을 한 사람은 얻지 못하는 것이 없게 되나, 중요한 일에 종사하는 사람은 성공하는 사람이 있고 성공치 못하는 사람이 있으며, 그것들을 말로 표현하여 글을 쓰는 사람은 또 잘 쓰는 사람이 있고 잘 쓰지 못하는 사람이 있다. 중요한 일에 종사한다면 말로 표현하여 글로 쓰지 않아도 괜찮을 것이다. 《시경(詩經)》·《서경(書經)》·《사기(史記)》에 전해지고 있는 사람들은 그 자신이 어찌 반드시 모두가 글을 잘 쓰는 사람이었다 하겠는가?

수신을 잘한다면 중요한 일에 종사하지 않고 말로 표현하여 글로 쓰지 않아도 괜찮은 것이다. 공자(孔子)의 제자들을 보면 정사(政事)에 유능했던 사람도 있고 언어(言語)에 유능했던 사람도 있었는데, 안회(顔回) 같은 사람은 궁벽한 골목에 살면서 팔베개를 하고 배고픈 채 누워 잤을 뿐이었고, 또 여러 사람들과 함께 있을 적에도 하루종일 침묵을 지키어 어리석은 사람 같았었다. 그러나 당시의 여러 제자들은 모두 그를 존경하여 감히 그의 수준에 미치기를 바라지도 못할 것으로 여기었고, 후세에 수백 수천년이 지나서도 역시 그에게 미칠 수 있을 만한 사람이 없었다. 그의 이름이 영원히 지워지지 않고 존재가 두드러지는 것은 진실로 중요한 일에 종사한 때문이 아니니, 하물며 말 때문이었겠는가?

내가 반고(班固)의 《한서(漢書)》 예문지(藝文志)와 《당서(唐書)》 경적지(經籍志)를 읽어보건대, 거기에 열거되어 있는 삼대(三代)로부터 시작하여 진한(秦漢) 이래의 책을 저술한 사람들을 보면, 많은 사람은 100여 편에 이르고 적은 사람도 3~40편이나 되며 그 사람들의 수는 이루 다 헤아릴 수가 없는 정도인데, 그들의 저술은 흩어져 없어지고 닳아 없어져서 백분의 1, 2도 남아 있지 않은 실정이다.

나는 속으로 슬퍼하였으니, 그 사람들의 문장은 아름답고 말 표현은 훌륭하지만, 그것은 초목의 아름다운 꽃이 바람에 날려 버리고, 새나 짐승의 아름다운 울음소리가 귀를 스쳐 지나가는 것과 다를 바가 없다고 생각된 것이다. 그들이 마음과 힘을 쓴 수고로움이 여러 사람들이 살아가기에 급급했던 것과 무엇이 다르겠는가?

그리고 갑자기 죽어버리는, 시기가 늦기도 하고 빠르기도 하나 결국은 초목과 조수와 여러 사람들이나 마찬가지로 다 같이 멸실됨으로 귀결되고 있는 것이다. 말의 표현을 믿을 수 없는 것이 대체로 이와 같은 것이다. 지금 학자들은 모두가 옛 성현이 영원히 지워지지 않는 이름을 남긴 것을 흠모하여 일생을 부지런히 힘쓰며 글을 쓰는 일에 마음을 다하고 있으나, 모두 슬퍼할 만한 일인 것이다.

　　동양(東陽)의 서군(徐君)은 젊어서부터 나에게 배워 글을 짓는 일로 약간 사람들의 칭송을 받고 있다. 그리고 나를 떠나가서는 여러 선비들과 함께 예부(禮部)의 시험을 보아 높은 등급으로 급제하였다. 이로부터 이름이 알려지고 그의 문장은 날로 발전하여 물이 솟아오르고 산이 우뚝 솟은 듯이 되었으므로, 나는 그의 성한 기운을 꺾고 그가 사색에 힘쓰도록 해주려는 것이다.

　　그래서 그가 돌아감에 있어서 이런 말들을 일러주게 된 것이다. 그러나 나도 본시 글을 짓기를 좋아하는 자이므로, 또한 이를 근거로 스스로 경계하고자 한다.

원문　草木鳥獸之爲物과　衆人之爲人이　其爲生雖異나　而爲死則
　　　　초목조수지위물　　중인지위인　　기위생수이　　이위사즉

同하여　①一歸於腐壞漸盡泯滅而已라　②而衆人之中에　有聖賢者
동　　　일귀어부괴시진민멸이이　　　이중인지중　　유성현자

하니　固亦生且死於其間이나　而獨異於草木鳥獸衆人者는　雖死
　　　고역생차사어기간　　　이독이어초목조수중인자　　수사

而不朽하고　愈遠而③彌存也라.
이불후　　　유원이　미존야

　　其所以爲聖賢者는　④修之於身하며　⑤施之於事하며　⑥見之於言
　　기소이위성현자　　수지어신　　　시지어사　　　현지어언

이니　是三者는　所以能不朽而存也라.
　　　시삼자　　소이능불후이존야

　　修於身者는　⑦無所不獲이오　施於事者는　有得有不得焉이오　其
　　수어신자　　무소불획　　　시어사자　　유득유부득언　　　기

見於言者는　則又有能有不能焉이라.　施於事矣인댄　不見於言可
현어언자　　즉우유능유불능언　　　시어사의　　　불현어언가

也니　自詩書史記所傳으로　其人豈必皆能言之士哉아?
야　　자시서사기소전　　　기인기필개능언지사재

　　修於身矣인댄　而不施於事하고　不見於言亦可也니　⑧孔門弟子
　　수어신의　　　이불시어사　　　불현어언역가야　　　공문제자

가　有能政事者矣요　有能言語者矣로되　若⑨顔回者는　在⑩陋巷하
　　유능정사자의　　유능언어자의　　　약　안회자　　재　누항

여 ⑪曲肱飢臥而已요 其羣居則⑫默然終日하여 如愚人然이로되
곡굉기와이이　기군거즉묵연종일　여우인연

自當時羣弟子로 皆推尊之하여 以爲⑬不敢望而及이오 而後世
자당시군제자　개추존지　이위 불감망이급　이후세

⑭更千百歲에 亦未有能及之者하니 其不朽而存者가 固不待施於
경천백세　역미유능급지자　기불후이존자　고부대시어

事니 況於言乎아!
사　황어언호

予讀⑮班固藝文志와 ⑯唐四庫書目하니 見其所列이 自⑰三代
여독 반고예문지　당사고서목　견기소열이　자 삼대

秦漢以來로 著書之士가 多者至百餘篇이오 少者猶三四十篇이며
진한이래　저서지사　다자지백여편　소자유삼사십편

其人不可勝數로되 而散亡磨滅하여 百不一二存焉이라.
기인불가승수　이산망마멸　백불일이존언

予竊⑱悲其人의 文章麗矣요 言語工矣로되 無異草木榮華之
여절 비기인　문장려의　언어공의　무이초목영화지

⑲飄風과 鳥獸好音之⑳過耳也라. 方其用心與力之勞가 亦何異衆
표풍　조수호음지 과이야　방기용심여력지로　역하이중

人之㉑汲汲營營이리오?
인지 급급영영

而忽然以死者는 雖有遲有速이나 而卒與㉒三者로 同歸於泯滅
이홀연이사자　수유지유속　이졸여 삼자　동귀어민멸

이라. 夫言之不可恃가 蓋如此라. 今之學者는 莫不慕古聖賢之不
부언지불가시　개여차　금지학자　막불모고성현지불

朽로되 而勤一世하여 以盡心於文字間者니 皆可悲也라!
후　이근일세　이진심어문자간자　개가비야

㉓東陽徐生이 少從予學하여 爲文章稍稍見稱於人이라. 旣去에
동양서생　소종여학　위문장초초견칭어인　기거

乃與羣士로 試於禮部하여 得㉔高第라. 由是知名이오 其文辭가
내여군사　시어예부　득 고제　유시지명　기문사

日進하여 如水涌而山出하니 予欲㉕摧其盛氣而勉其思也라.
일진　여수용이산출　여욕 최기성기이면기사야

故於其歸에 告以是言하노라. 然予固亦喜爲文辭者니 亦因以
고어기귀　고이시언　연여고역희위문사자　역인이

自警焉이로라.
자 경 언

(주해) ① 一(일)-모두. 일체가. ㅇ腐壞(부괴)-썩어 문드러짐. ㅇ澌盡泯滅(시
진민멸)-형체며 기운이 모조리 없어지는 것.

② 而(이)-그러나.

③ 彌存(미존)-존재가 더욱 드러나다. 존재가 더욱 뚜렷해지다.

④ 修之於身(수지어신)-수신함. 즉 덕행을 쌓음으로써 심신을 수양함.

⑤ 施之於事(시지어사)-일에 베풂. 자신의 덕행을 바탕으로 하되 주로 정치
에 종사함으로써 공적을 이룩함.

⑥ 見之於言(현지어언)-말로 표현함. 즉 언어를 통하여 문장으로 나타냄.

⑦ 無所不獲(무소불획)-'무소부득(無所不得)'과 마찬가지의 뜻.

⑧ 孔門(공문)-《구양수전집》에는 '공자(孔子)'로 되어 있음.

⑨ 顔回(안회)-자는 자연(子淵). 공자보다 30세가 적은 제자로 덕행에 있어
서 공자의 신임을 가장 많이 받았던 인물.

⑩ 陋巷(누항)-누추한 골목. 즉 안회가 거처하던 누추한 집이 있던 마을.《논
어》옹야(雍也)편에 '공자가 말하였다. "어질도다, 회(回)여! 한 그릇의 밥
과 한 바가지 물에 누추한 집, 이런 고통을 다른 사람들은 감당하지 못하
는 데 회는 그 즐거움을 고치려 하지 않는구나. 어질도다, 회여!" '라고 한
것에서 유래하였다.

⑪ 曲肱(곡굉)-팔을 굽혀 베개로 삼음.《논어》술이(述而)편에 공자가 말하
기를 "거친 밥을 먹고 맹물을 마시며 팔베개로 눕는 가운데에서도 즐거움
은 얼마든지 있다."라고 한 것에서 유래하였다. ㅇ飢臥(기와)-배고픔을
참고 누워 있음. 이는《논어》선진(先進)편에 공자가 말하기를 "회(回)는
거의 도를 터득하였으나 쌀통은 자주 비었었다."라고 한 것에서 그 유래
를 찾을 수 있다.

⑫ 默然終日如愚人(묵연종일여우인)-《논어》위정(爲政)편에 공자가 말하기
를 "회(回)는 나와 하루종일 이야기하는 때에 마치 바보처럼 조용히 듣기
만 할 뿐 질문이나 반론이 없다."라고 한 것에서 유래하였다.

⑬ 不敢望而及(불감망이급)—이는 《논어》 공야장(公冶長)편에 '공자가 자공 (子貢)에게 물었다. "너와 회(回) 중 누가 뛰어난가?" 자공이 대답하였다. "제가 어찌 감히 회와 비교될 수 있겠습니까? 회는 하나를 듣고 열을 깨 닫지만 저는 하나를 듣고 둘을 깨달을 따름입니다."'라고 한 것에서 유래 하였다.

⑭ 更(경)—지남. 흘러감.

⑮ 班固藝文志(반고예문지)—후한(後漢)의 반고가 지은 《한서》 예문지. 전한 유흠(劉歆)의 《칠략(七略)》을 모방하여 그 체제가 집략(輯略)·육예략 (六藝略)·제자략(諸子略)·시부략(詩賦略)·병서략(兵書略)·술수략(術 數略)·방기략(方技略) 등 일곱 부분으로 구성되어 있으며 중국사상 최고 의 도서목록으로 평가된다.

⑯ 唐四庫書目(당사고서목)—송인(宋人) 송기(宋祁)와 구양수가 함께 편찬한 《신당서(新唐書)》 예문지 서에서 "……한(漢) 이래 사관들은 작가의 이름 이나 작품의 편제를 분류함에 있어 육예(六藝)·구종(九種)·칠략(七略) 등으로 하였으나 당(唐)에 이르러 비로소 경(經)·사(史)·자(子)·집(集) 의 사류(四類)로 나누게 되었다."라고 하였다. 즉 《한서》 예문지(藝文志) 를 통하여 내려오던 전통적인 칠략의 도서목록 분류법이 당대에는 경사자 집의 사문(四門)으로 변경, 정착된 것이다. '사고'는 당대에 경사자집 각 부문을 네 장소의 서로 다른 서고에 보관시키던 방법으로 경·사· 자·집을 뜻하며, '사부(四部)'라고도 한다(《舊唐書》 經籍志 참고).

⑰ 三代(삼대)—하(夏)·상(商)·주(周)의 세 나라.

⑱ 悲其人(비기인)—그 사람들을 안타깝게 생각함. 즉 자신들이 지은 글 가 운데 단지 백분의 1,2 정도만이 후세에 전하는 작가들을 불쌍하게 여긴 다는 뜻.

⑲ 飄風(표풍)—바람에 날리다.

⑳ 過耳(과이)—귀를 스쳐 지나감. '표풍'이나 '과이'는 울창한 나무와 만발한 꽃, 동물의 아름다운 노랫소리가 순식간에 사라져 감을 비유한 말.

㉑ 汲汲(급급)—부지런한 모양. 서두르는 모양. ㅇ營營(영영)—이익을 추구하 기에 급급한 모양.

㉒ 三者(삼자)—서두에서 언급한 초목·조수·중인의 세 종류.

㉓ 東陽(동양)—지금의 절강성(浙江省) 영강현(永康縣)임. ○徐生(서생)—서무당(徐無黨). 구양수에게 고문(古文)을 배웠고, 황우(皇祐) 연간(1049~1053)에 예부시(禮部試)에 급제하여 군교수(郡敎授) 벼슬까지 지내다 세상을 떠남. 이 글은 서무당이 고향으로 돌아갈 때에 구양수가 써준 서(序)체의 글임.

㉔ 高第(고제)—높은 점수로 합격함.

㉕ 摧其盛氣(최기성기)—왕성한 기운을 억제함. 재능만 믿다가 일을 그르치는 경우를 사전에 예방하고자 하는 뜻. ○勉其思(면기사)—사색을 북돋움. 곧 학문과 문장에 신중하도록 함을 뜻함.

[해설] 이 글은《구양수전집》권43 서류(序類)에 속한 증서체(贈序體)의 문장이다. 같은 형식의 다른 글들이 대부분 그러한 것처럼 여기에도 떠나는 사람을 전송할 때 흔히 느끼는 아쉬움이나 서글픔은 극도로 절제되어 있는 반면, 사제 사이에서 흔히 있음직한 권면(勸勉)으로 내용이 일관된다. 너무 글짓는 일에 자만하며 정력을 낭비하지 말라는 교훈이 담겨 있다.

종수론(縱囚論)

구양수(歐陽修)

신의(信義)는 군자(君子)에게 행하여지고, 형벌은 소인(小人)에게 행하여진다. 사형을 당할 정도의 범법자의 죄는 중대하고 극악한데 이는 소인 중에서도 특히 심한 자이다. 차라리 의롭게 죽을지언정 구차하게 요행으로 살지 않으며, 죽음을 마치 귀향(歸鄕)하는 것처럼 여기는 태도는 또한 군자로서도 특히 어려운 일이다.

당태종(唐太宗) 6년에는 명부에 기재된 사형수가 3백여명 있었는데, 그들을 석방하여 귀가시키면서, 때가 되면 스스로 돌아와 사형에 응할 것을 약속하였다. 이는 군자도 하기 어려운 일을 소인 중에서도, 특히 심한 소인배들에게 틀림없이 해낼 것을 기대한 것이었다. 그 사형수들은 약속한 때가 되자 모두 스스로 돌아왔으며, 뒤처진 자가 없었다. 이는 군자도 하기 어려운 일을 소인들이 쉽게 행한 것이니, 어찌 인정에 가깝다고 볼 수 있겠는가?

혹자가 말하기를

"죄가 크고 극악한 것은 분명 소인들이다. 그러나, 은덕을 베풀면서 그들을 대하면 그들도 군자로 변하게 할 수 있다. 은덕이 인심에 깊은 영향을 끼치고 사람을 변화시킴이 빠른 것이 그와 같은 것이다."

라고 하였다.

나는 이렇게 말하겠다.

"태종이 그런 조치를 취한 까닭은 은덕을 베풀었다는 미명(美名)을 얻기 위해서였다. 그러나, 태종이 사형수들을 석방하여 귀가시킬 때, '그들을 놓아보내더라도 틀림없이 돌아와 사면을 바랄 것이므로 그들을 석방하겠다'는 생각을 하지 않았음을 어찌 알 수 있겠는가? 또 사형수들이 석방되어 귀가할 때 '우리가 자진하여 돌아오면 반드시 사면될 것이므로 우리는 돌아온다'라는 생각을 하지 않았음을 어찌 알 수 있겠는가?

무릇 반드시 돌아올 것을 예상하여 석방한 것은, 윗사람이 아랫사람의 심정을 꿰뚫어보았기 때문이며, 반드시 사면되리라고 예상하여 돌아온 것은, 아랫사람이 윗사람의 심중을 꿰뚫어보았기 때문이다. 내가 보건대 윗사람과 아랫사람이 서로의 심중을 헤아렸기에 이런 미명이 이룩되었던 것이다. 어찌 이른바 은덕을 베풀거나 신의를 아는 따위의 일들이 있었기 때문이겠는가?

만약 위와 같지 않다면, 태종이 온 세상에 은덕을 베풀어 당시까지 6년이란 세월이 흘렀는데도 소인배들로 하여금 극악하고 막대한 범죄를 짓지 않도록 하지 못하고 있다가 하루아침의 은덕에 의해 그들로 하여금 죽음을 마치 귀향하는 것처럼 느끼게 하고 신의를 보존케 하였다는 것인데, 이는 말도 안되는 이야기이다."

그렇다면, 어떻게 해야 되겠는가? 생각컨대, 사형수들을 석방시켰다가 그들이 돌아오면 사면함이 없이 사형을 집행한다. 그후 다시 사형수들을 석방시켰는데도 돌아온다면, 그제서야 은덕의 지극함을 알게 된 것이라 할 수 있다. 그러나, 이는 결코 있을 수 없는 일이다. 사형수들을 석방시켰는데 다시 돌아와 사면시키는 일은 어쩌다 한번으로 그쳐야 한다. 만약 그런 조치를 자꾸 취한다면, 살인범들은 모두 죽지 않을 것이니, 이래서야 어찌 천하의 상법(常法)이라고 할 수 있겠는가?

일정한 법률로 되지 못한다면 어찌 성인의 법이라고 할 수 있겠는가? 때문에 요순(堯舜)과 삼왕(三王)의 정치는 반드시 인정에 근본을 둘 뿐, 특이한 조치를 하여 고상하다고 여기게 하지 않았고, 인정을 위반함으로써 명예를 구하는 일과 같은 따위는 결코 없었던 것이다.

원문 信義行於君子하고 而刑戮施於小人이라. 刑入于死者는 乃
　　　신 의 행 어 군 자　　　이 형 륙 시 어 소 인　　　형 입 우 사 자　　　내

罪大惡極이니 此又小人之尤甚者也라. 寧以義死언정 不苟幸生하
죄 대 악 극　　　차 우 소 인 지 우 심 자 야　　　영 이 의 사　　　불 구 행 생

여 而視死如歸는 此又君子之尤難者也라.
여　　　이 시 사 여 귀　　　차 우 군 자 지 우 난 자 야

方唐①太宗之六年에 錄②大辟囚三百餘人할새 ③縱使還家하여
방 당　 태 종 지 육 년　　　녹 대 벽 수 삼 백 여 인　　　종 사 환 가

約其自歸以就死하니 是以君子之難能으로 期小人之尤者而必
약 기 자 귀 이 취 사　　　시 이 군 자 지 난 능　　　기 소 인 지 우 자 이 필

能也. 其囚及期而卒自歸하여 ④無後者하니 是君子之所難이어
능 야　 기 수 급 기 이 졸 자 귀　　　무 후 자　　　시 군 자 지 소 난

늘 而小人之所易也라. 此豈近於人情哉이리오?
늘　　　이 소 인 지 소 이 야　　　차 기 근 어 인 정 재

或曰; 罪大惡極은 誠小人矣나 及施恩德以臨之면 可使變而
혹 왈　 죄 대 악 극　　　성 소 인 의　　　급 시 은 덕 이 림 지　　　가 사 변 이

爲君子라. 蓋恩德入人之深而⑤移人之速이 有如是者矣.
위 군 자　 개 은 덕 입 인 지 심 이　　　이 인 지 속　　　유 여 시 자 의

曰太宗之爲此는 所以求⑥此名也라. 然安知夫縱之去也에 不
왈 태 종 지 위 차　　　소 이 구　 차 명 야　　　연 안 지 부 종 지 거 야　　　불

意其必來以冀免하여 所以縱之乎며 又安知夫被縱而去也에 不
의 기 필 래 이 기 면　　　소 이 종 지 호　　　우 안 지 부 피 종 이 거 야　　　불

意其自歸而必獲免하여 所以復來乎아?
의 기 자 귀 이 필 획 면　　　소 이 복 래 호

夫意其必來而縱之는 是上⑦賊下之情也요 意其必免而復來는
부 의 기 필 래 이 종 지　　　시 상　 적 하 지 정 야　　　의 기 필 면 이 복 래

是下賊上之心也라. 吾見上下交相賊하여 以成此名也라. ⑧烏有
시 하 적 상 지 심 야　　　오 견 상 하 교 상 적　　　이 성 차 명 야　　　오 유

所謂施恩德과 與夫知信義者哉아?
소 위 시 은 덕　　　여 부 지 신 의 자 재

不然이면 太宗施德於天下는 ⑨於玆六年矣라. 不能使小人으로
불 연　　　태 종 시 덕 어 천 하　　　어 자 육 년 의　　　불 능 사 소 인

不爲極惡大罪하고 而一日之恩으로 能使視死如歸而存信義라 하
불 위 극 악 대 죄   이 일 일 지 은   능 사 시 사 여 귀 이 존 신 의

니 此又不通之論也라.
　　차 우 불 통 지 론 야

然則何爲而可오? 曰縱而來歸어든 殺之無赦하고 而又縱之而
연 즉 하 위 이 가   왈 종 이 래 귀   살 지 무 사   이 우 종 지 이

又來면 則可知爲恩德之致爾라. 然此必無之事也라. 若夫縱而來
우 래   즉 가 지 위 은 덕 지 치 이   연 차 필 무 지 사 야   약 부 종 이 래

歸而赦之는 可偶一爲之爾오 若屢爲之면 則殺人者皆不死하리니
귀 이 사 지   가 우 일 위 지 이   약 루 위 지   즉 살 인 자 개 불 사

是可爲天下之常法乎아?
시 가 위 천 하 지 상 법 호

不可爲常者면 其聖人之法乎아? 是以로 堯舜⑩三王之治는 必
불 가 위 상 자   기 성 인 지 법 호   시 이   요 순 삼 왕 지 치   필

本於人情이니 不立⑪異以爲高요 不逆情以⑫干譽니라.
본 어 인 정   불 립 이 이 위 고   불 역 정 이 간 예

주해　① 太宗六年(태종육년)－정관(貞觀) 6년(632).

② 大辟(대벽)－주대(周代)의 오형(五刑) 중 가장 무거운 형벌인 사형. 오형
　　은 묵(墨 : 刺文)·의(劓 : 코를 자르는 것)·월(刖 : 발꿈치를 자르는
　　것)·궁(宮 : 去勢하는 것)·대벽 등이다.

③ 縱(종)－석방함.

④ 無後者(무후자)－뒤에 도착한 사람이 없음.

⑤ 移(이)－변하게 함. 변화시킴.

⑥ 此名(차명)－이러한 명예. 곧 은덕을 베풀었다는 미명(美名).

⑦ 賊(적)－탐색함, 헤아림. 즉 도둑처럼 다른 사람이 가진 바를 유심히 살펴
　　본다는 것에서 유래한 뜻.

⑧ 烏有(오유)－어찌 ……이 있겠는가?

⑨ 於玆六年(어자육년)－당태종은 정관 원년(627)에 즉위하였고 사형수를 석
　　방시킨 것은 정관 6년이므로 6년의 시간이 흘렀음.

⑩ 三王(삼왕)－하(夏)·상(商)·주(周)의 3대 초기의 임금들.

⑪ 異(이)−'상(常)'과 반대되는 의미로 일정치 못한 제멋대로의 조치.

⑫ 干譽(간예)−명예를 구함.

해설 당태종은 정관 6년에 사형수들을 친히 살펴본 뒤, 불쌍히 여겨 다음 해 가을인 9월에 돌아와 사형집행에 임할 것을 약속하고 그들을 석방하였다. 정관 7년 9월이 되자, 과연 석방되었던 사형수 390명 모두가 제 시간에 맞추어 돌아왔으며, 이에 태종은 그들을 사면하였다.

구양수는 이러한 사실에 대해 논변체(論辨體)의 글로 시비를 가린 것인데, 사형수들을 사면한 조치 자체는 시험적인 사실로 인정한 반면, 그러한 조치의 문제점을 비판하는 데 초점을 두고 있다.

붕당론(朋黨論)

구양수(歐陽修)

제가 듣건대 붕당에 관한 말은 옛날부터 있었으니, 오직 바라는 것은 임금이 그들이 군자인지 소인인지만을 분별해 주시는 일입니다. 대체로 군자와 군자는 그들의 도(道)가 같기 때문에 무리를 이루게 되고, 소인과 소인은 그들의 이익이 같다는 이유로 무리를 이루게 되는데, 이것은 자연의 이치입니다. 그러나, 저는 소인들에게는 벗이 없고, 오직 군자들에게만 벗이 있다고 여기고 있습니다. 그 까닭은 무엇이겠습니까?

소인들이 좋아하는 것은 이익과 봉록(俸祿)이요, 탐내는 것은 재물과 돈입니다. 그들의 이익이 같을 때에는 잠시 서로 한 무리로 끌어들이어 벗을 삼기도 하지만 그것은 거짓입니다. 그들은 이익을 보게 되면 서로 앞을 다투며, 간혹 이익이 다 없어지게 되면, 교분도 멀어져서 심한 자들은 반대로 서로 해치게 되므로, 비록 그의 형제나 친척들이라 하더라도 보호받을 수가 없게 됩니다. 그러므로, 저는 소인들에게는 벗이 없고, 그들이 잠시 벗을 이루는 것은, 거짓이라 생각하는 것입니다.

군자들은 그렇지 않습니다. 그들이 지키는 것은 도의(道義)이고, 행하는 것은 충신(忠信)이며, 아끼는 것은 명예와 절조(節操)입니다. 이런 것으로써 몸을 닦으면, 곧 도(道)가 같아서 서로 유익되게 하고, 이런 것으로써 나라를 섬기면, 곧 마음이 같아서 함께 일을 이룩하는데, 처음부터 끝까지 그러합니다. 이것이 군자들의 벗입니다. 그러므로 임금자리에 있는 분이 다만 소인의 거짓된 무리를 물리치고, 군자의 참된 무리를 등용하기만 하면, 천하는 다스려지게 되는 것입니다.

요(堯)임금 때에 소인인 공공(共工)·환두(驩兜) 등 네 명이 한 개의 붕당을 이루고, 군자인 팔원(八元)·팔개(八愷) 16명이 한 붕당을 이루고 있었습니다. 순(舜)이 요임금을 보좌하여 네 명의 흉악한 소인의 무리들을 물리치고, 팔원·팔개의 군자의 무리들을 등용해서, 요임금의 천하는 크게 잘 다스려졌습니다. 순이 스스로 천자가 되자, 고요(皐陶)·기(夔)·후직(后稷)·설(契) 등 22명이 모두 조정의 벼슬을 맡아, 서로 좋은 점을 보충해주고 서로 미루고 사양하며 일했습니다. 이들 22명이 한 붕당을 이루었으나 순임금은 이들을 모두 등용하여 천하는 역시 크게 잘 다스려졌습니다.

《서경(書經)》에 말하기를

"상(商)나라 주(紂)왕에게는 신하 억만 명이 있었으나, 또한 억만 갈래의 마음이 있었고, 주(周)나라에는 신하 3천 명이 있었으나, 모두가 오직 한마음이었다."

하였습니다. 상나라 주왕 때에는 억만 명이 각각 다른 마음을 지녔었으니, 붕당을 이루지 않았다고 말할 수 있을 것입니다. 그러나 주왕은 그 때문에 나라를 망쳤습니다. 주나라 무왕(武王)의 신하는 3천 명이 한 개의 큰 붕당을 이루었지만, 주나라는 그들을 등용함으로써 일어났던 것입니다.

후한(後漢) 헌제(獻帝) 때에 천하의 명사들을 모두 잡아 감금해놓고 그들을 당인(黨人)이라 불렀는데, 황건적(黃巾賊)이 일어나서 한나라가 크게 어지러워진 뒤에야 비로소 깨닫고 후회하여, 당인들을 모두 풀어 석방시켰으나, 이미 구제받을 수가 없게 되었습니다. 당(唐)나라 만년에는 점차 붕당에 관한 의론이 생겨나, 소종(昭宗) 때에 이르러는 조정의 명사들을 모두 죽였는데, 한번은 그들을 황하(黃河)에 던지면서

"이 무리들은 청류(淸流)라 하니, 탁류(濁流)에 던지는 게 좋겠다."

하였다 합니다. 그래서 당나라는 마침내 망해 버렸습니다.

전세의 임금들 중에 모든 사람들로 하여금, 다른 마음을 갖도록 하여 붕당을 이루지 못하도록 한 이로는, 주왕만한 이가 없고 착한 사람들로 하여금 붕당을 이루는 것을 막았던 이로는, 한나라 헌제만한 이가 없고, 청류(淸流)의 무리들을 죽여 없앤 것으로는 당나라 소종 시대만한 때가 없었습니다. 그러나, 모두 그의 나라를 어지럽히어 망하게 하였습니다.

서로 아름다움을 칭찬하며, 미루고 사양하면서, 스스로 의심하지 않았던 사람들로는 순임금 밑의 22명만한 이들이 없었으나, 순임금도 역시 의심하지 않고 그들을 모두 등용했습니다. 그러나, 후세에도 순임금이 22명의 붕당에게 속임을 당했다고 욕하지 아니하고, 순임금을 총명했던 성인(聖人)이라 일컫는데, 그것은 군자와 소인을 잘 분별할 수 있었기 때문입니다.

주나라 무왕시대에는 온 나라의 신하 3천 명이 모두가 한 무리를 이루었으니, 자고로 붕당을 이룬 중에 사람수가 많고 규모가 크기로 주나라 때만한 적이 없었습니다. 그러나, 주나라는 이들을 등용함으로써 흥성해졌으니, 착한 사람들은 아무리 많다 하더라도 나쁘지 않은 것입니다. 나라가 일어나고 망하고 다스려지고 어지러워지고 했던 발자취를 임금된 사람은 거울삼아야만 할 것입니다.

[원문] 臣聞朋黨之說이 自古有之하니 ①惟幸人君辨其君子小人而
신 문 붕 당 지 설   자 고 유 지   유 행 인 군 변 기 군 자 소 인 이

已라. 大凡君子與君子로 以②同道爲朋하고 小人與小人으로 以
이   대 범 군 자 여 군 자   이 동 도 위 붕   소 인 여 소 인   이

同利爲朋하나니 此自然之理也라. 然臣謂小人無朋이오 惟君子
동 리 위 붕   차 자 연 지 리 야   연 신 위 소 인 무 붕   유 군 자

則有之라. 其故何哉오?
즉 유 지   기 고 하 재

小人所好者利祿也요 所貪者財貨也라. 當其同利之時에 暫相
소 인 소 호 자 리 록 야   소 탐 자 재 화 야   당 기 동 리 지 시   잠 상

③黨引하여 以爲朋者僞也라. 及其見利而爭先하고 或利盡而交
당인   이위붕자위야   급기견리이쟁선   혹리진이교

疎하여 甚者反相④賊害하여 雖其兄弟親戚이라도 不能相保라. 故
소   심자반상 적해   수기형제친척   불능상보   고

로 臣謂小人無朋이오 其暫爲朋者僞也니이다.
신위소인무붕   기잠위붕자위야

君子則不然하니 所守者道義요 所行者忠信이오 所惜者名節이
군자즉불연   소수자도의   소행자충신   소석자명절

라. 以之修身이면 則同道而相益하고 以之事國이면 則同心而⑤共
이지수신   즉동도이상익   이지사국   즉동심이 공

濟하여 終始如此하나니 此君子之朋也라. 故로 爲人君者는 但當退
제   종시여차   차군자지붕야   고   위인군자   단당퇴

小人之僞朋이오 用君子之眞朋이면 則天下治矣리이다.
소인지위붕   용군자지진붕   즉천하치의

堯之時에 小人⑥共工驩兜等四人爲一朋하고 君子⑦八元八愷
요지시   소인 공공환두등사인위일붕   군자 팔원팔개

十六人爲一朋이어늘 舜佐堯하사 退四凶小人之朋하고 而進元愷
십륙인위일붕   순좌요   퇴사흉소인지붕   이진원개

君子之朋하여 堯之天下大治하고 及舜自爲天子로 而⑧皐夔稷契
군자지붕   요지천하대치   급순자위천자   이 고기직설

等二十二人이 幷列于朝하여 更相補美하며 ⑨更相推讓하여 凡二
등 이십이인   병렬우조   갱상보미   갱상추양   범이

十二人爲一朋이어늘 而舜皆用之하여 天下亦大治라.
십이인위일붕   이순개용지   천하역대치

⑩書曰: 紂有臣億萬하나 惟億萬心이어니와 周有臣三千이나 惟
서왈   주유신억만   유억만심   주유신삼천   유

一心이라. 紂之時에 億萬人各異心하니 可謂不爲朋矣로되 然紂
일심   주지시   억만인각이심   가위불위붕의   연주

以此亡國하고 周武王之臣은 三千人爲一大朋이로되 而周用以興
이차망국   주무왕지신   삼천인위일대붕   이주용이흥

이라.

後漢⑪獻帝時에 盡取天下名士하여 囚禁之하여 目爲黨人이러니
후한 헌제시   진취천하명사   수금지   목위당인

及^⑫黃巾賊起하여 漢室大亂일새 後方悔悟하여 盡解黨人而釋之
급　황건적기　　한실대란　　후방회오　　진해당인이석지

라. 然已無救矣라. ^⑬唐之晚年에 漸起朋黨之論이러니 及^⑭昭宗
　연이무구의　　당지만년　점기붕당지론이러니　급　소종

時에 盡殺朝之名士하여 或投之黃河曰; 此輩淸流니 可投濁流
시　진살조지명사하여　혹투지황하왈　차배청류니　가투탁류

라 하니 而唐遂亡矣라.
　　　　이당수망의

夫前世之主가 使人人異心하여 不爲朋이 莫如紂요 能禁絶善
부전세지주가　사인인이심하여　불위붕이　막여주요　능금절선

人爲朋이 莫如漢獻帝요 能誅戮淸流之朋이 莫如唐昭宗之世나
인위붕이　막여한헌제요　능주륙청류지붕이　막여당소종지세나

然皆亂亡其國이라.
연개란망기국

更相稱美推讓하여 而不自疑가 莫如舜之二十二人이오 舜亦不
갱상칭미추양하여　이부자의가　막여순지이십이인이오　순역불

疑而皆用之나 然而後世에 不^⑮誚舜爲二十二人朋黨所欺요 而
의이개용지나　연이후세에　불　초순위이십이인붕당소기요　이

稱舜爲聰明之聖者는 以其能辨君子與小人也라.
칭순위총명지성자는　이기능변군자여소인야

周武之世에 擧其國之臣三千人이 共爲一朋하니 自古爲朋之
주무지세에　거기국지신삼천인이　공위일붕하니　자고위붕지

多且大는 莫如周나 然周用此以興者는 善人雖多而^⑯不厭也라.
다차대는　막여주나　연주용차이흥자는　선인수다이　불염야

夫興亡治亂之迹을 爲人君者는 可以^⑰鑑矣니이다.
부흥망치란지적을　위인군자는　가이　감의

주해 ① 惟幸(유행)─오직 ~을 바라다.

② 同道(동도)─함께 올바른 도리를 지키는 것.

③ 黨引(당인)─자기 당으로 끌다. 한 무리로 끌어들이다.

④ 賊害(적해)─해치다.

⑤ 共濟(공제)─함께 힘을 모아 일을 이룩하는 것.

⑥ 共工驩兜(공공환두)─모두 요·순 때의 신하 이름.《서경》순전(舜典)에

의하면, '사흉(四凶)'은 공공과 환두 이외에 삼묘(三苗)와 곤(鯀)을 합친
네 사람임.

⑦ 八元八愷(팔원팔개)—옛날 요임금 때 일처리를 잘하였던 여덟 명의 신
하와 재능과 덕을 갖추었던 다른 여덟 명의 신하(《左傳》文公 18년). 원
(元)은 선(善)과 통하여 '훌륭한 사람'. 개(愷)는 화락의 뜻으로 모든 일을
조화있게 잘 처리한 사람을 뜻함.

⑧ 皐夒稷契(고기직설)—고는 고요(皐陶)로 순임금 때의 법무장관인 사(士).
기는 교육과 음악을 관장하던 전악(典樂). 직은 기가 담당하였던 후직(后
稷)으로 농업장관. 설은 민정장관인 사도(司徒)직에 있던 순임금의 신하
들임(《書經》舜典). ㅇ二十二人(이십이인)—순임금 밑의 사악(四岳) 한 사
람과 9관(官 : 중앙장관)·12목(牧 : 지방장관)의 22명(《서경》순전).

⑨ 更相(갱상)—서로, 상호.

⑩ 書曰(서왈)—《서경》태서(泰誓) 상편에 보이는 말.

⑪ 獻帝(헌제)—후한(後漢)의 마지막 임금. 190~220 재위. 위(魏)나라 조비
(曹丕)에게 쫓겨나 산양공(山陽公)이 되었음.

⑫ 黃巾賊(황건적)—후한의 영제(靈帝) 중평(中平) 원년(184) 봄에 일어났던
도둑 무리. 황건적이 일어나자 황보숭(皇甫嵩) 같은 사람들이 당금(黨禁)
을 풀어줄 것을 건의하여 이에 따랐다. 또 앞에 얘기한 당인(黨人)을 잡
아가두고(桓帝 延熹 9년, 166) 명사들을 당인이라 하여 잡아 죽이고 한
일(靈帝 建寧 2년, 169)도 모두 헌제 이전의 일이나, 이런 일들로 말미암
아 후한이 헌제 때에 망했기 때문에 모두 헌제에 붙여 얘기한 듯하다.

⑬ 唐之晚年(당지만년)—당나라 헌종(憲宗, 806~820)·목종(穆宗 821~
824) 이후를 가리킴.

⑭ 昭宗時(소종시)—당나라 말기의 임금 소선제(昭宣帝) 천우(天祐) 2년
(905)을 소종 때의 일로 잘못 쓴 것임.

⑮ 誚(초)—꾸짖다. 욕하다.

⑯ 不厭(불염)—싫어하지 않다. 만족하지 않고 더 바라다.

⑰ 鑑(감)—거울. 거울로 삼다.

(해설) 송나라 인종(仁宗)의 경력(慶曆) 3년(1043), 이 글의 작자 구양수는 간관(諫官)이 되어 임금에게 올바른 말을 하기에 힘쓰고 있었다. 그때 강직하기로 이름난 재상 범중엄(范仲淹)이 귀양을 가게 되자, 그는 윤수(尹洙)·여정(余靖) 등과 함께 범중엄의 곧음을 변호하였다.

이때 여러 간사한 자들은 이들을 당인(黨人)이라 보게 되어 붕당에 관한 논쟁이 일어났다. 그래서, 구양수는 자신들의 입장을 밝히기 위하여 이 〈붕당론(朋黨論)〉을 썼다 한다. 그의 이론은 사람들이 붕당을 이루었다는 사실보다도, 모인 사람들이 군자냐 소인이냐 하는 문제가 더 중요함을 강조하고 있다.

족보서(族譜序)

소순(蘇洵)

소씨족보(蘇氏族譜)는 소씨 일족의 계보를 기록한 것이다. 소씨는 '전욱(顓頊)'에게서 나와 온 천하로 뻗어나간 것이다. 당(唐)나라 고조(高祖) 초기에 장사(長史) 소미도(蘇味道)가 미주자사(眉州刺史)로 있다가, 벼슬자리에 있으면서 졸하였는데, 한 아들이 미주에 남아서 미주에 소씨가 있게 된 것이 여기에서 비롯되었다.

족보로서도 미치지 못하는 사람은 친족관계가 없어졌기 때문이다. 친족관계가 없어지면 어째서 미치지 못하게 되는가? 족보는 친족을 위하여 만들어지는 것이기 때문이다. 모든 자식들에 대하여는 기록하면서 손자에 대하여는 기록하지 못하는 것은 어째서인가? 한 세대를 드러내기 위해서이다.

나의 아버지로부터 나의 고조(高祖)에 이르기까지는 벼슬을 하고 하지 않은 것과, 어느 집안에 장가든 것과, 몇살까지 사신 것과, 어느 날 돌아가신 것을 모두 쓰면서, 다른 분들에 대하여는 쓰지 않는 것은 어째서인가? 내가 나온 계보를 자세히 하기 위해서이다.

나의 아버지로부터 나의 고조에 이르기까지 모두 휘(諱)가 무엇이었다고 말하면서, 다른 분들은 모두 이름을 쓰는 것은 어째서인가? 내가 나온 계보를 존중하기 위해서이다. 족보는 소씨를 위하여 짓는 것이거늘 오직 내가 나온 계보만을 자세히 하고 존중하는 것은 어째서인가? 족보는 내가 만드는 것이기 때문이다.

아아! 나의 족보를 보는 사람들은, 효도를 하고 우애를 지니려는 마음이, 구름이 피어나듯 생겨나게 될 것이다. 정이 친족관계에 드러나고 친족관계는 상복(喪服)에 드러나는 것인데, 상복은 최복(衰服)에서 시작하여 시마(緦麻)에 이르고, 또 상복을 입지 않는 관계에 이르고 있는 것이다. 상복을 입지 않는다면 친족관계는 없어진 것이며, 친족관계가 없어지면 정도 없어지게 되고, 정이 없어지면 기쁜 일에도 함께 경하하지 않고, 걱정되는 일이 생겨도 함께 슬퍼하지 않게 되는데, 기쁜 일에도 함께 경하하지 않고 걱정되는 일이 생겨도 함께 슬퍼하지 않는다면, 곧 길거리의 남인 것이다.

내가 길거리의 남처럼 서로 보고 있는 사람이라 하더라도, 처음에는 모두 형제였고, 형제는 처음에 한 사람의 몸이었던 것이다. 슬프도다! 한 사람의 몸이 분파하여 길거리의 남이 되기까지에 이르고 있으니, 내가 족보를 만들게 된 까닭인 것이다.

족보를 만든 뜻은, 한 사람이 분파되어 길거리의 남에 이르게 되는 것이 형세인데, 이 형세는 나로서 어찌할 수가 없는 것이다. 다행히도 길거리의 남에 이르지 않고 있는 사람들은, 소홀히 하고 있게 되는 일이 없도록 해야만 되겠다는 것이다. 아아! 나의 족보를 보는 사람들은, 효도를 행하고 우애를 지니려는 마음이, 구름이 피어나듯 생겨나게 될 것이다. 여기에 다음과 같은 시를 붙여 놓는 바이다.

내 아버지 아들이 지금은 나의 형이니,
내게 몸에 병이 생기면 형도 신음하며 편치 않게 된다네.
그러나, 몇대 뒤에는 누가 누구인지 모르게 되어,
그들이 죽거나 태어나거나 슬퍼하거나 기뻐하지도 않게 된다네.
형제의 정이 자기 손발 같다고 하나, 그 정이 얼마나 갈 수가 있는가?
저들이 서로 기쁨과 슬픔을 함께할 수 없는 것은, 저들이 어떤 마음을 지녔기 때문인가?

원문 蘇氏族譜는 譜蘇氏之族也라. 蘇氏出於①高陽하여 而蔓延於
소씨족보　보소씨지족야　소씨출어　고양　이만연어

天下라. 唐②神堯初에　③長史味道가　刺④眉州라가　卒于官하고　一
천하　당신요초　장사미도　자미주　졸우관　일

子留于眉하니 眉之有蘇氏는 自此始라.
자유우미　미지유소씨　자차시

而譜不及者는　⑤親盡也라. 親盡則曷爲不及고? 譜爲親作也라.
이보불급자　친진야　친진즉갈위불급　보위친작야

凡⑥子得書而孫不得書者何也오? 著代也라.
범　자득서이손부득서자하야　저대야

自吾之父로 以至吾之高祖는 仕不仕와 娶某氏와 享年幾와 某
자오지부　이지오지고조　사불사　취모씨　향년기　모

日卒을 皆書하고 而⑦它不書者는 何也오? 詳吾之所自出也라.
일졸　개서　이 타불서자　하야　상오지소자출야

自吾之父로 以至吾之高祖는 皆曰諱某요 而它則遂名之何也
자오지부　이지오지고조　개왈휘모　이타즉수명지하야

오? 尊吾之所自出也라. 譜爲蘇氏作이어늘 而獨吾之所自出을 得
존오지소자출야　보위소씨작　이독오지소자출　득

詳與尊은 何也오? 譜는 吾作也일새라.
상여존　하야　보　오작야

嗚呼라! 觀吾之譜者는　⑧孝悌之心이 可以⑨油然而生矣리라.
오호　관오지보자　효제지심　가이 유연이생의

情見于親하고 親見于服이니 服始于⑩衰하여 而至于⑪緦麻하며
정현우친　친현우복　복시우 최　이지우 시마

而至于無服이라. 無服則親盡이오 親盡則情盡이오 情盡則喜不
이지우무복　무복즉친진　친진즉정진　정진즉희불

慶憂不弔하나니 喜不慶憂不弔면 則⑫塗人也라.
경우부조　희불경우부조　즉 도인야

吾所與相視如塗人者는 其初兄弟也요 兄弟其初는 一人之身
오소여상시여도인자　기초형제야　형제기초　일인지신

也라. 悲夫라! 一人之身이 分而至於塗人이니 吾譜之所以作也라.
야　비부　일인지신　분이지어도인　오보지소이작야

其意曰 : 分而至於塗人者勢也이니 勢吾無如之何也라. 幸其
기 의 왈   분 이 지 어 도 인 자 세 야   세 오 무 여 지 하 야   행 기

未至於塗人也는 使其⑬無致於忽忘焉可也라. 嗚呼라! 觀吾之譜
미 지 어 도 인 야   사 기 무 치 어 홀 망 언 가 야   오 호   관 오 지 보

者는 孝悌之心이 可以油然而生矣리라. 系之以詩曰 ;
자   효 제 지 심   가 이 유 연 이 생 의   계 지 이 시 왈

吾父之子가 今爲吾兄이니
오 부 지 자   금 위 오 형

吾疾在身이면 兄呻不寧이라.
오 질 재 신   형 신 불 녕

數世之後엔 不知何人하여
수 세 지 후   부 지 하 인

彼死而生을 不爲⑭戚欣이로다.
피 사 이 생   불 위 척 흔

兄弟之情이 如足如手나 其能幾何오?
형 제 지 정   여 족 여 수   기 능 기 하

彼不相能은 彼獨何心고?
피 불 상 능   피 독 하 심

주해 ① 高陽(고양) — 옛날 황제(黃帝)의 손자이며, 삼황오제(三皇五帝) 중의
한 사람으로 치는 전욱(顓頊). 처음에 고양에 도읍을 정하였다 하여 흔히
고양씨(高陽氏)라 부른다.

② 神堯(신요) — 당(唐)나라 고조(高祖) 이연(李淵)을 가리킴.

③ 長史(장사) — 벼슬 이름으로 본시는 승상(丞相) 바로 밑의 온 나라 일을
관장하던 벼슬. 후세에는 자사(刺史)도 그렇게 부르는 경우가 있게 되었
다. ㅇ味道(미도) — 소미도(蘇味道). 20세에 과거에 급제하여 진사(進士)가
된 뒤 봉각시랑(鳳閣侍郎)의 벼슬까지 올랐다가 미주(眉州)로 귀양갔다.
문장을 잘 지어 이교(李嶠)와 함께 이름을 날렸다.

④ 眉州(미주) — 지금의 사천성(四川省) 미산현(眉山縣) 근처 땅 이름. 소순
(蘇洵)은 미주 사람이다.

⑤ 親盡(친진) — 친함이 다하다. 곧 친족관계가 없어지는 것.

⑥ 子得書(자득서)－족보에 누구나 자식에 관하여 쓰는 것. 손자에 관하여는 쓰지 않는다.

⑦ 它(타)－자기 아버지에서 고조에 이르는 분들 이외 분들.

⑧ 孝悌(효제)－효도와 형제간의 우애.

⑨ 油然(유연)－구름 같은 것이 솟아오르는 모양.

⑩ 衰(최)－상복 중 가장 무거운 것으로 삼년상에 입는 참최(斬衰)를 가리킨다. 옛날 상복. 오복(五服)이라 하여, 참최·자최(齊衰)·대공(大功)·소공(小功)·시마(緦麻)의 다섯 등급으로 나뉘어 있었다.

⑪ 緦麻(시마)－상복 중 가장 가벼운 것으로 석달의 상을 지키는 경우에 입었다.

⑫ 塗人(도인)－길거리 사람. 길거리의 남.

⑬ 無致於忽忘(무치어홀망)－소홀히 하고 잊는 지경에 이르지 않게 하는 것.

⑭ 戚欣(척흔)－슬퍼하고 기뻐하는 것.

(해설) 소순이 소씨 집안의 족보를 처음으로 만들고, 거기에 쓴 서문으로, 족보를 만드는 이유가 간결히 설명되어 있다.

중국의 일반 사람들 집안 족보는, 이 소씨 집안의 족보에서 비롯되어, 후세로 가면서 성행하게 된 것이다. 우리나라 각 성씨의 족보도 말할 것도 없이 이를 중국 족보의 목적과 편찬 방법을 배워 만들게 되었다.

소순은 이 글 이외에도 〈족보정기(族譜亭記)〉도 남겼는데, 거기에 따르면 그 시대에 소씨 문중에서 상복을 입는 관계에 있는 사람들이 백명을 넘지 않는 형편이어서 '소씨족보'를 만든 다음, 그의 고조의 묘 서남쪽에 족보정(族譜亭)을 세우고, 그곳 비석에 이름들을 새겨놓았다고 말하고 있다.

장익주화상기(張益州畵像記)

소순(蘇洵)

　지화(至和) 원년(1054) 가을, 촉(蜀) 지방 사람들이 전하기를, 도둑떼가 변방으로 몰려와 수병(戍兵)이 밤에 소리지르고 들판에는 아무도 살지 않게 되었으며 요사스런 소문이 떠돈다고 하였다. 경사(京師)에서는 크게 놀라 장수를 뽑아 출병(出兵)을 명하려 하였다. 이때 천자께서 말씀하셨다.

　"난을 키워서도 안되고 변고를 조장해서도 안된다. 여러 의견이 분분하지만 짐(朕)의 뜻은 안정되어 있다. 외란(外亂)이 일어나지 않았는데도 변고가 안에서 일어나려고 하니, 글로 명령하여 처리할 수 없거니와 또 무력으로 싸울 수도 없는 형편이다. 짐의 몇 안되는 대관(大官) 중에 이 문무지간(文武之間)의 일을 처리할 수 있는 사람이 누구인가? 그 사람에게 명하여 가서 짐의 군사들을 무마(撫摩)하도록 하겠노라."

　이에 누군가가 말씀드렸다.

　"장방평(張方平) 공이 적당한 인물인 듯하옵니다."

　천자께서도 "그렇다."고 하셨다. 장공은 부모님 부양을 핑계로 사양하였으나, 천자께서 윤허(允許)하지 않았다.

　장공은 마침내 출발하여, 그해 겨울 11월에 촉에 도착하였다. 도착한 날, 그는 주둔군을 돌려보내고 수비병을 철수시키고, 사자(使者)를 파견하여 군수(郡守) 현령(縣令)에게 다음과 같이 고하였다.

"도둑떼가 온다고 하여도 내가 있으니 너희들이 애쓸 필요가 없다."

이듬해 정월 초하루 아침에 촉 지방 사람들은 평소와 다름없이 서로 새해를 경축하였고, 끝내 아무 일도 없었다. 다시 그 다음해 정월이 되자, 사람들은 서로 상의하여 장공의 초상을 정중사(淨衆寺)에 모시기로 하였는데, 장공은 이를 막을 수가 없었다. 미양(眉陽)의 소순(蘇洵)이 여러 사람들에게 이렇게 말하였다.

"난은 일어나기 전에도 다스리기 쉽고, 난이 일어난 뒤에도 다스리기 쉬우나, 난리의 싹은 있으면서도 난리의 형상은 이루어지지 않은 상태를 난이 일어나려 하는 것이라 말하는데, 난이 일어나려 하는 것은 다스리기가 어려운 것이다. 난이 일어난 것처럼 다급하게 굴 수도 없고, 난이 없는 것처럼 해이(解弛)된 상태로 있어서도 안된다.

이 지화(至和) 원년의 가을은 마치 그릇이 기울어지기만 하고 아직 땅에는 떨어지지 않은 것 같은 상태였는데, 오직 그대들의 장공(張公)께서는 곁에 편안히 앉아 있는 채로 얼굴빛조차 변하지 않았으며, 서서히 일어나서는 그 기울어진 것을 바로잡았고, 바로잡고 난 뒤에는 의젓이 물러났는데 뽐내는 얼굴이 아니었다. 천자를 위하고 낮은 백성을 돌보는 일에 게을리함이 없었던 이가 바로 그대들의 장공이시다. 그대들은 그분으로 말미암아 잘살게 되었으니 그대들의 부모와 같은 분이시다.

또한, 장공께서 언젠가 나에게 말씀하셨다. 백성들이란 일정한 성품이 없이 오직 윗사람에게 기대만 걸고 있다. 이전 사람들은 모두 촉(蜀) 사람들에게는 변고가 많다고 하면서, 이에 도둑을 대하는 뜻으로 그들을 대하고 도둑을 단속하는 법으로 그들을 단속하여, 두려워 발을 떨며 서 있고, 숨도 제대로 못 쉬는 백성들을 모탕과 도끼 같은 명령으로 다스렸던 것이다. 이래서 백성들이 처음에는 그의 부모처자들이 우러르며 의지하는 몸인데도, 도둑들에게 버렸던 것이다.

그러므로, 언제나 크게 난리가 났었다. 그러나, 그들을 예로써 단속하고 법으로써 몰고 보니, 촉 사람들도 다스리기가 쉬워진 것이다. 그들에게 다급한 일이 있어서 변고가 생기게 되는 것 같은 것은, 비록 제(齊)·노(魯) 사람들이라 하더라도 역시 그러한 것이다. 내가 제·노 사람들처럼 촉 사람들을 대우하니, 촉 사람들도 스스로 제·노 사람들처럼 그 자신을 대하게 되었던 것이다. 법률 밖의 방법을 멋대로 발동시켜, 위압으로 제 땅 사람들을 위협하는 것 같은 일은, 나는 차마 할 수도 없는 일이다.

아아! 촉 사람들을 이처럼 깊이 사랑하고, 촉 사람들을 이처럼 후하게 대접하는 일을, 장공 이전에는 나는 본 일이 없었다."

모든 사람들이 두 번 절하고 머리를 조아리며 "그렇습니다." 하고 말하였다.

이에 소순이 다시 말하였다.

"장공의 은혜는 당신들 마음속에 있으니, 당신들이 죽는다 하더라도 당신들 자손들에게 전하여져 있게 될 것이고, 그분의 공로와 업적은 사관(史官)들에 의하여 기록될 것이니, 화상은 상관이 없는 일이다. 또한 장공의 뜻이 그것을 바라지 않고 있으니 어찌하면 되겠는가?"

모두가 이렇게 말하였다.

"장공께서야 이 일에 어찌 관심을 두겠습니까? 그러나, 우리들 마음에 석연치 않은 점이 있는 것입니다. 지금 평소에 한 가지 선한 얘기를 듣기만 하여도 반드시 그 선을 행한 사람의 성명과, 그의 사는 마을이 있는 곳이며, 그의 귀가 크고 작고 몸집이 크고 작고 잘생기고 못생긴 모습에 이르기까지도 묻게 되고, 심지어 어떤 사람은 그가 평생에 좋아하던 일에 대하여도 물으면서, 그의 사람됨을 생각하여 보려 하게 됩니다. 그리고, 사관(史官)도 그러한 것들을 그의 전기에 써놓음으로써 천하 사람들로 하여금 그분을 마음속으로 생각하기만 하면, 곧 그분 모습이 이 눈에도 선하게 떠오르고 저 눈에도 선하게 떠오르게 하고자 합니다. 그러므로 그들이 마음속에 그분을 생각하는 것이 확고해지게 됩니다. 이로써 본다면 화상도 아무 도움이 되지 않는 것이 아닌 것입니다."

소순은 더 따질 것이 없어서, 마침내 화상기(畵像記)를 이렇게 쓰게 된 것이다.

장공은 남경(南京) 사람이고, 사람됨이 의기가 강하고 큰 절조가 있어서, 도량(度量)에 있어서는 천하에서도 뛰어나다. 천하에 큰일이 생기게 되면 장공에게 해결을 부탁하면 될 것이다. 여기에 다음과 같은 시를 덧붙여 놓는 바이다.

천자께서 즉위하신 갑오(甲午)년에,

서쪽 사람들이 말 전하기를, 도둑들이 울 밖에 와 있다 하였네.

조정에는 무신(武臣)도 있고 계책에 뛰어난 인물 구름 같았지만,

천자께선 "그렇지!" 하시고는 우리 장공에게 하명하셨네.

장공이 동쪽으로부터 오시는데, 깃발과 새깃 장식 너풀거렸네.

서쪽 사람들 모여 구경하는데, 골목이고 길거리고 가득 찼네.

장공은 위엄있고 무서울 줄 알았는데, 장공 오시는 것 보니 의젓하고 부드러우셨네.

장공께서 서쪽 사람들에게 이르기를,

그대들 집안 안정시키고 조금도 거짓말하지 말라!

거짓말은 상서롭지 않은 것이니 가서 그대들 일상적인 일 하되,

봄에는 뽕나무 가지의 뽕 따고, 가을에는 타작마당 손질하라!

서쪽 사람들은 머리 조아리고 장공은 우리의 부형이라 하였네.

장공이 서쪽 정원에 계시게 되자 초목이 무성해졌고,

장공이 그의 막료들 잔치 벌이니 북소리 둥둥 울렸네.

서쪽 사람들 와서 구경하며 장공의 수 만년을 누리도록 빌었네.

우리 딸이 있어 어여쁜데 규문(閨門) 안에서 얌전하고,

우리 아들 있어 앙앙 우는데 이때 말할 줄 알았었네.

옛날 장공이 오시기 전에는 그대들을 내다버리려 하였다네!

밭에는 벼와 삼대 무성하고 창고엔 물건 높이 쌓였네.

아아! 우리 부녀자식들까지도 이해의 풍년 즐기네.

장공 조정에 있어서는 천자의 팔다리시니,

천자께서 "돌아오라!" 하시니 장공 감히 명 받들지 않겠는가?

그분 화당(畵堂) 지으니 엄숙한데, 행랑채도 있고 정원도 있네.

장공의 화상 그 가운데 있는데, 조복에 관을 쓰고 계시네.

서쪽 사람들 서로 이르기를 감히 함부로 행동하지 말라!

장공 경사로 돌아가시지만, 공의 화상 이 화당에 계시네!

원문 ①至和元年秋에 蜀人傳言하되 有寇至邊하여 邊軍夜呼하며
지화원년추   촉인전언   유구지변   변군야호

野無居人하고 ②妖言流聞이라. 京師震驚하고 方命④擇帥할새 天
야무거인   요언류문   경사진경   방명택수   천

子曰; 毋養亂하며 毋助變하라. ⑤衆言朋興이나 朕志自定이라. 外
자왈 무양란   무조변   중언붕흥   짐지자정   외

亂不作이라도 變且中起니 旣不可以⑥文令이오 又不可以⑦武競이
란부작   변차중기   기불가이문령   우불가이무경

라. 惟朕一二大吏는 孰能爲⑧處玆文武之間고? 其命往⑨撫朕師
유짐일이대리   숙능위처자문무지간   기명왕무짐사

하라.

乃惟曰;⑩張公方平이 其人이니이다.
내유왈   장공방평   기인

天子曰;然이라. 公⑪以親辭하되 不可라.
천자왈 연   공이친사   불가

遂行하여 冬十一月至蜀이라. 至之日에 ⑫歸屯軍하며 ⑬撤守備
수행   동십일월지촉   지지일   귀둔군   철수비

하고 ⑭使諭郡縣하되 寇來在吾니 無以勞苦하라.
    사유군현   구래재오   무이로고

明年正月⑮朔旦에 蜀人相慶如它日하여 遂以無事라. 又明年
명년정월 삭단   촉인상경여타일   수이무사   우명년

正月에 相告留公像于淨衆寺하니 公不能禁이라.
정월   상고류공상우정중사   공불능금

⑯眉陽蘇洵言于衆曰: 未亂易治也요 旣亂易治也나 有亂之萌
미 양 소 순 언 우 중 왈　미 란 이 치 야　기 란 이 치 야　　유 란 지 맹

하고 無亂之形이 是謂將亂이니 將亂難治라. 不可以有亂急이오
　　　무 란 지 형　시 위 장 란　　장 란 난 치　　불 가 이 유 란 급

亦不可以無亂弛라.
역 불 가 이 무 란 이

惟是元年之秋가 如器之⑰欹未墜於地어늘 惟爾張公이 安坐於
유 시 원 년 지 추　여 기 지　의 미 추 어 지　　유 이 장 공　　안 좌 어

旁하여 其顔色不變하고 徐起而正之러니 旣正⑱油然以退하여 無
방　　기 안 색 불 변　　서 기 이 정 지　　기 정　유 연 이 퇴　　무

矜容이라. 爲天子牧小民不倦이 惟爾張公이라. 爾⑲繄以生하니
긍 용　　위 천 자 목 소 민 불 권　유 이 장 공　　이 예 이 생

惟爾父母니라.
유 이 부 모

且公嘗爲我言하되 民無⑳常性하여 ㉑惟上所待라. 人皆曰蜀人
차 공 상 위 아 언　　민 무 상 성　　유 상 소 대　　인 개 왈 촉 인

多變이라 하여 於是待之以待盜賊之意하고 而㉒繩之以繩盜賊之
다 변　　　어 시 대 지 이 대 도 적 지 의　　이 승 지 이 승 도 적 지

法하여 ㉓重足屛息之民을 而以㉔碪斧令이라. 於是에 民始忍以其
법　　중 족 병 식 지 민　이 이 침 부 령　　어 시　민 시 인 이 기

父母妻子之所仰賴之身으로 以棄之於盜賊이다.
부 모 처 자 지 소 앙 뢰 지 신　이 기 지 어 도 적

故로 每每大亂이라. 夫約之以禮하고 驅之以法하니 惟蜀人爲
고　매 매 대 란　　부 약 지 이 례　　구 지 이 법　　유 촉 인 위

易라. 至於急之而生變은 雖㉕齊魯亦然이라. 吾以齊魯待蜀人하니
이　지 어 급 지 이 생 변　수 제 로 역 연　　오 이 제 노 대 촉 인

而蜀人亦自以齊魯之人待其身이라. 若夫㉖肆志於法律之外하여
이 촉 인 역 자 이 제 노 지 인 대 기 신　　약 부 사 지 어 법 률 지 외

㉗以威劫齊民은 吾不忍爲也라.
이 위 겁 제 민　오 불 인 위 야

嗚乎라! 愛蜀人之深하고 待蜀人之厚를 自公而前으론 吾未視
오 호　　애 촉 인 지 심　　대 촉 인 지 후　자 공 이 전　　오 미 시

見也로라.
견 야

皆再拜稽首曰; 然하다.
개 재 배 계 수 왈   연

蘇洵又曰; 公之恩在爾心이니 爾死在爾子孫하고 其功業在史
소 순 우 왈   공 지 은 재 이 심   이 사 재 이 자 손   기 공 업 재 사

官하니 無以像爲也라. 且公意不欲하니 如何오?
관   무 이 상 위 야   차 공 의 불 욕   여 하

皆曰; 公則㉘何事於斯리오? 雖然이나 於我心有㉙不釋焉이라.
개 왈   공 즉 하 사 어 사   수 연   어 아 심 유   불 석 언

今夫平居聞一善이면 必問其人之姓名與其鄉里之所在와 以至
금 부 평 거 문 일 선   필 문 기 인 지 성 명 여 기 향 리 지 소 재   이 지

於其長短大小美惡之狀하고 甚者或詰其平生所嗜好하여 以想見
어 기 장 단 대 소 미 악 지 상   심 자 혹 힐 기 평 생 소 기 호   이 상 견

其爲人이라.
기 위 인

而史官亦書之於其傳하여 意使天下之人으로 思之於心이면 則
이 사 관 역 서 지 어 기 전   의 사 천 하 지 인   사 지 어 심   즉

存之於目하고 存之於目이라. 故로 其思之於心也固라. 由此觀之
존 지 어 목   존 지 어 목   고   기 사 지 어 심 야 고   유 차 관 지

像亦不爲無助니라.
상 역 불 위 무 조

蘇洵無以詰하여 遂爲之記하노라.
소 순 무 이 힐   수 위 지 기

公南京人이오 爲人㉚慷慨有大節하여 以度量㉛雄天下라. 天下
공 남 경 인   위 인 강 개 유 대 절   이 도 량 웅 천 하   천 하

有大事면 公可㉜屬이니라. 系之以詩曰;
유 대 사   공 가 촉   계 지 이 시 왈

天子㉝在祚하신 歲在㉞甲午에
천 자 재 조   세 재 갑 오

西人傳言하되 有寇㉟在垣이라.
서 인 전 언   유 구 재 원

庭有武臣하고 謀夫如雲이어늘
정 유 무 신   모 부 여 운

天子曰㊱嘻라 하시고 命我張公이셨다.
천 자 왈 희   명 아 장 공

公來自東하니 ^{③⑦}旗纛舒舒라.
공 래 자 동　　기 독 서 서

西人聚觀하여 于巷于塗로다.
서 인 취 관　　우 항 우 도

謂公^{③⑧}曁曁러니 公來^{③⑨}于于라.
위 공 기 기　　공 래 우 우

公謂西人하되 安爾室家하여
공 위 서 인　　안 이 실 가

無或敢訛하라.
무 혹 감 와

訛言不詳이니 往卽爾常하여
와 언 불 상　　왕 즉 이 상

春以^{④⓪}條桑코 秋以^{④①}滌場하라.
춘 이 조 상　　추 이 척 장

西人稽首하고 公我父兄이로다.
서 인 계 수　　공 아 부 형

公在西圉하니 草木^{④②}駢駢이오.
공 재 서 유　　초 목 변 변

公宴其僚하니 ^{④③}伐鼓淵淵이라.
공 연 기 료　　벌 고 연 연

西人來觀하고 祝公萬年이로다.
서 인 래 관　　축 공 만 년

有女^{④④}娟娟하니 ^{④⑤}閨闥閑閑하고
유 여 연 연　　규 달 한 한

有童^{④⑥}哇哇하니 亦旣能言이라.
유 동 와 와　　역 기 능 언

昔公未來에 期汝棄捐이러니
석 공 미 래　　기 여 기 연

禾麻^{④⑦}芃芃하며 ^{④⑧}倉庾崇崇이라.
화 마 봉 봉　　창 유 숭 숭

嗟我婦子아 樂此歲豊이로다!
차 아 부 자　　낙 차 세 풍

公在朝廷이면 天子^{④⑨}股肱이니
공 재 조 정　　천 자 고 굉

天子曰歸하시니 公敢不承이리오?
천 자 왈 귀　　공 감 불 승

作⁵⁰堂嚴嚴하니 有⁵¹廡有庭이라.
작 당 엄 엄　　유 무 유 정

公像在中하니 朝服⁵²冠纓이로다.
공 상 재 중　　조 복 관 영

西人相告하되 無敢⁵³逸荒하라.
서 인 상 고　　무 감 일 황

公歸京師나 公像在堂이니라.
공 귀 경 사　　공 상 재 당

주해 ① 至和(지화)－송 인종(仁宗)의 연호. 그 원년은 1054.

② 妖言(요언)－요사스런 말. 요상한 소문.

③ 震驚(진경)－매우 놀라는 것.

④ 擇帥(택수)－(도둑들을 물리칠) 장수를 뽑는 것.

⑤ 衆言(중언)－여러 사람들의 말. 앞의 요언과 함께 여러 신하들의 분분한 의견까지 포함된 것임. ㅇ朋興(붕흥)－한꺼번에 일어나는 것.

⑥ 文令(문령)－글로 명령하는 것. 문화적인 교화정책을 펴는 것.

⑦ 武競(무경)－무력으로 싸우는 것. 무력으로 억누르는 정책을 펴는 것.

⑧ 處玆文武之間(처자문무지간)－이 문령(文令)의 해결 방법과 무경(武競)의 해결 방법 사이에서 일을 적절히 처리하는 것.

⑨ 撫朕師(무짐사)－나의 군대를 어루만져 잘 다스리다.

⑩ 張公方平(장공방평)－장방평. 자는 안도(安道), 호는 낙전거사(樂全居士)였다. 그는 익주(益州, 지금의 四川省) 자사(刺史)를 지냈기 때문에 글의 제목에서 '장익주(張益州)'라 부르고 있는 것이다. 참지정사(參知政事) 벼슬이 내려졌으나 벼슬자리에 나아가지 않은 일도 있으며, 벼슬은 선휘사 태자태보(宣徽使太子太保)까지 했다.

⑪ 以親辭(이친사)－부모를 핑계로 사양하는 것.

⑫ 歸屯軍(귀둔군)－도둑 때문에 그곳에 와서 주둔하던 군대를 제자리로 되돌려 보내는 것.

⑬ 撤守備(철수비)-사방의 도둑에 대한 수비를 철수시키는 것.

⑭ 使謂郡縣(사위군현)-사자를 촉(蜀)의 군수(郡守)와 현령(縣令)들에게 보내어 말하게 하는 것.

⑮ 朔旦(삭단)-초하룻날 아침.

⑯ 眉陽(미양)-미주(眉州)의 미산(眉山) 남쪽.

⑰ 欹未墜(의미추)-기울어지기만 하고 아직 떨어지지는 않은 것.

⑱ 油然(유연)-멋지게 새로 솟아나는 모양. 의젓한 모양.

⑲ 繄以(예이)-시이(是以)나 같은 뜻으로, 그로 말미암아.

⑳ 常性(상성)-일정하게 변하지 않는 성품.

㉑ 惟上所待(유상소대)-오직 윗사람들에게만 기대를 걸고 있는 것.

㉒ 繩(승)-목수들이 쓰는 먹[墨繩]. 먹줄에서 어떤 기준이나 법도의 뜻이 나오고, 다시 기준을 정하여 놓고 단속한다는 뜻으로도 쓰였다.

㉓ 重足(중족)-두려워서 발이 떨려 포개져서 앞으로 나아가지 못하는 것. ○屏息(병식)-두려워서 숨을 죽이고 있는 것.

㉔ 碪斧(침부)-침(碪)은 침(椹)과 통하여, 장작을 팰 때 밑에 받치는 모탕과 도끼. 엄한 법령이나 위압적인 명령을 가리킨다.

㉕ 齊魯(제로)-제나라와 노나라. 지금의 산동성(山東省) 지방으로 공자와 맹자의 고향이 그곳에 있고, 유학(儒學)과 중국문화의 중심지를 뜻한다.

㉖ 肆志(사지)-뜻을 멋대로 하다. 법 이외의 위압적인 수단도 마음대로 쓰는 것.

㉗ 以威劫齊民(이위겁제민)-위압으로 제나라 백성들(문화적인 사람들)을 위협하는 것.

㉘ 何事於斯(하사어사)-이것(화상을 모시는 일)에 어찌 관심을 갖겠는가?

㉙ 不釋(불석)-풀리지 않는 것. 석연치 않은 것.

㉚ 慷慨(강개)-의기(意氣)가 높은 것.

㉛ 雄(웅)-뛰어난 것.

㉜ 屬(촉)-맡기다. 부탁하다.

㉝ 在祚(재조)-왕위에 오르는 것.

㉞ 甲午(갑오)-인종(仁宗)의 지화(至和) 원년(1054).

㉟ 在垣(재원)－담에 있다. 담 가까이에 와있는 것.
㊱ 嘻(희)－놀라는 뜻을 나타내는 감탄사.
㊲ 旗纛(기독)－깃발과 새깃 또는 쇠꼬리 등으로 장식한 큰 깃발 같은 것. 모두 군대에서 쓰던 것임. ㅇ舒舒(서서)－너풀거리는 모양.
㊳ 暨暨(기기)－엄하고 무서운 모양.
㊴ 于于(우우)－아무것도 개의치 않는 듯한 모양. 의젓하고 부드러운 모양.
㊵ 條桑(조상)－뽕나무 가지를 잘라 내려놓고 뽕잎을 따는 것.
㊶ 滌場(척장)－추수한 곡식을 타작할 마당을 손질하고 치우는 것.
㊷ 駢駢(변변)－무성한 모양.
㊸ 伐鼓(벌고)－북을 치는 것. ㅇ淵淵(연연)－북소리가 둥둥 울리는 모양.
㊹ 娟娟(연연)－예쁜 모양. 아름다운 모양.
㊺ 閨闥(규달)－규방의 문. ㅇ閑閑(한한)－얌전한 것. 의젓한 것.
㊻ 哇哇(와와)－어린아이가 우는 모양.
㊼ 芃芃(봉봉)－초목이 무성한 모양.
㊽ 倉庾(창유)－창고. ㅇ崇崇(숭숭)－물건이 높이 쌓여 있는 모양.
㊾ 股肱(고굉)－다리와 팔.
㊿ 堂(당)－화상을 모신 화당(畵堂). ㅇ嚴嚴(엄엄)－엄숙한 모양. 위엄이 있는 것.
(51) 廡(무)－행랑채.
(52) 冠纓(관영)－예관(禮冠)에 끈을 매어 쓰는 것.
(53) 逸荒(일황)－안이하게 빗나간 행동을 하는 것. 아무렇게나 버려두는 것.

해설 이 글은 도둑들로 말미암아 민심이 흉흉하던 작자 소순(蘇洵)의 고향에 왕명으로 장방평(張方平)이 자사(刺史)로 부임해 와 민생을 안정시키는 선정을 한 공적을 기린 글이다. 장방평은 특히 무력보다도 법과 질서를 존중토록 하여 민생을 안정시켰기 때문에 보다 큰 칭송을 받을 만하였다.

뒤에 장방평이 그곳을 떠나 조정으로 돌아가게 되자, 촉(蜀) 사람들은 그의 화상(畵像)을 화당(畵堂)에 모셔놓고 그의 큰 공적을 기리고자 하였다. 그때 소순이 쓴 글이 이 〈장익주화상기(張益州畵像記)〉인 것이다.

관중론(管仲論)

소순(蘇洵)

1

관중(管仲)은 제(齊)나라 위공(威公)의 재상이 되어 제후들 가운데 패자(覇者)가 되게 하고 오랑캐들을 물리쳐서, 그의 평생 동안 제나라가 부강하여 제후들이 감히 배반하지를 못하게 했다. 관중이 죽자 수조(竪刁)·역아(易牙)·개방(開方)이 임용되어, 위공은 혼란중에 죽었고 다섯 명의 공자(公子)들이 왕위를 서로 다투어 그 화가 뻗치어서 간공(簡公)에 이르기까지 제나라는 편안했던 해라고는 없었다.

모든 공로가 이루어지는 것은 그것을 이룬 날에 모두 이룩된 것이 아니라 반드시 이룩하게 된 연유가 있는 것이다. 화가 일어나는 것도 화가 일어난 날에 모두 일어난 게 아니라, 역시 꼭 그것이 시작된 근원이 있는 것이다. 그래서 제나라가 잘 다스려졌던 것이 나는 관중 때문이 아니고 포숙(鮑叔) 덕분이라고 주장하고, 제나라가 혼란케 된 것은 나는 수조와 역아와 개방 때문이 아니라, 관중 때문이었다고 말하는 것이다.

왜 그런가 하면 수조·역아·개방의 세 사람은 본시가 나라를 어지럽힐 인물들이었고 바로 그들을 임용한 자는 위공이었기 때문이다. 순(舜)임금이 있었기 때문에 사흉(四凶)을 내칠 줄 알았던 것이고, 공자가 계셨기 때문에 소정묘(少正卯)를 제거할 줄 알았던 것이다. 저 위공은 어떤 사람이었는가? 그런데 위공으로 하여금 그 세 사람들을 임용할 수 있도록 한 것은 관중이었던 것이다.

원문 ①管仲相威公하여 ②霸諸侯하고 ③攘夷狄하여 終其身토록 齊
관 중 상 위 공　패 제 후　양 이 적　종 기 신　제

國富强하여 諸侯不敢叛이라. 管仲死에 ④竪刁易牙開方用하여 威
국 부 강　제 후 불 감 반　관 중 사　수 조 역 아 개 방 용　위

公⑤薨於亂하고 五公子爭立하여 其禍蔓延하여 ⑥訖簡公에 齊無
공 홍 어 란　오 공 자 쟁 립　기 화 만 연　흘 간 공　제 무

寧歲라.
영 세

夫功之成이 非成於之日이오 蓋必有⑦所由起라. 禍之作이 不
부 공 지 성　비 성 어 지 일　개 필 유 소 유 기　화 지 작　부

作於作之日이오 亦必有⑧所由兆라. 則齊之治也를 吾不曰管仲
작 어 작 지 일　역 필 유 소 유 조　즉 제 지 치 야　오 불 왈 관 중

而曰⑨鮑叔이오 及其亂也를 吾不曰竪刁易牙開方而曰管仲이라.
이 왈 포 숙　급 기 란 야　오 불 왈 수 조 역 아 개 방 이 왈 관 중

何則竪刁易牙開方三子는 彼固亂人國者어니와 ⑩顧其用之者는
하 즉 수 조 역 아 개 방 삼 자　피 고 란 인 국 자　고 기 용 지 자

威公也라. 夫有舜而後에 知放⑪四凶하고 有仲尼而後에 知去⑫少
위 공 야　부 유 순 이 후　지 방 사 흉　유 중 니 이 후　지 거 소

正卯라. 彼威公은 何人也오? 顧其使威公으로 得用三子者는 管
정 묘　피 위 공　하 인 야　고 기 사 위 공　득 용 삼 자 자　관

仲也라.
중 야

주해 ① 管仲(관중)－춘추시대 제(齊)나라 대부. 이름은 이오(夷吾), 자가 중
이다. 시(諡)를 경(敬)이라 하여 경중(敬仲)이라고도 부른다. 처음엔 많은
실패를 하였으나 친구 포숙(鮑叔)의 추천으로 제 환공(桓公)의 재상이 되
어 나라를 부강하게 하고 제후들을 규합(糾合)하여 주(周) 왕실을 받들며
오랑캐들을 물리쳤다. 환공도 그를 높이어 중부(仲父)라 불렀다. ㅇ威公
(위공)－제나라 환공. 송(宋)나라 흠종(欽宗)의 이름이 환(桓)이어서, 송
나라 사람들은 '환'을 '위'로 바꾸어 불렀다.
② 霸(패)－패자가 되는 것. 춘추시대에는 이른바 오패(五霸)가 있어 여러

제후들을 이끌며 주나라 왕실을 받들어 천하의 질서를 유지하고 힘을 합
쳐 오랑캐들을 물리쳤다.

③ 攘(양)-물리치다.

④ 竪刁(수조)-춘추시대 제나라 환공의 내시(內侍). 매우 총애를 받았으나,
환공이 죽은 뒤, 같은 내시인 역아(易牙)·개방(開方)과 함께 많은 신하
들을 죽이며 제나라를 크게 어지럽혔다. 역아는 뛰어난 요리사로 적아(狄
牙)라고도 부르며, 환공의 비위를 맞추기 위하여 자기 아들을 삶아 요리
하여 올렸다고도 한다.

⑤ 薨於亂(훙어란)-수조(竪刁) 등의 난리통에 죽다. ㅇ五公子(오공자)-환
공의 아들은 여섯 명이었으나 그 중 공자(公子) 소(昭)는 뒤에 효공(孝
公)이 되고, 나머지 다섯 공자들. 곧 무맹(武孟)·원(元)·번(潘)·상인
(商人)·옹(雍).

⑥ 訖(흘)-……에 이르기까지. ㅇ簡公(간공)-이름은 임(壬). 도공(悼公)의
아들. 환공으로부터 11대 임금. 춘추시대 제나라는 간공에 이르러 혼란이
극심하였다.

⑦ 所由起(소유기)-생겨난 바. 생겨나게 된 연유.

⑧ 所由兆(소유조)-시작된 바. 시작이 된 근원.

⑨ 鮑叔(포숙)-포숙아(鮑叔牙). 제나라 대부. 젊어서부터 관중(管仲)의 친구
로서 여러 가지 일로 관중을 이해해 주고 도와주었으며, 뒤에는 관중이
공자(公子) 규(糾)를 섬기다가 잡혔는데, 관중이 그를 제 환공(桓公)에게
추천하여 재상이 되도록 밀었다.

⑩ 顧(고)-생각컨대. 바로.

⑪ 四凶(사흉)-순(舜)에 의하여 추방되었던 네 악인으로, 환두(驩兜)·공공
(共工)·곤(鯀)·삼묘(三苗)(《書經》舜典).

⑫ 少正卯(소정묘)-춘추시대 노(魯)나라의 대부. 공자가 노나라의 대사구
(大司寇)가 된 뒤, 그가 정치를 어지럽힌다 하여 처형했다.

2

관중이 병이 났을 때에 위공(威公)이 그에게 재상에 관하여 물었다. 바로 그때 나는 관중이라면 천하의 현명한 사람을 천거하는 대답을 할 줄 알았는데, 그의 말은 다만

"수조·역아·개방 세 사람은 인정이 없으니 가까이해서는 안됩니다." 하고 말하였을 뿐이었다.

아아! 관중은 위공이 과연 그 세 사람들을 쓰지 않으리라고 생각했던 것일까? 관중은 위공과 함께 몇년을 지냈으니 위공의 사람됨을 잘 알았을 것이 아닌가? 위공은 귀에 음악이 끊이지 않도록 하고 눈에는 미색(美色)이 끊어지지 않도록 하였던 사람이었고, 그들 세 사람이 아니면 그러한 욕망을 채울 수가 없는 처지였다.

그가 처음에 그들을 쓰지 않았던 까닭은 다만 관중이 있기 때문이었다. 어느 하루에 관중이 없게 된다면 그들 세 사람은 벼슬을 하려고 관의 먼지를 털어 쓰면서 서로 축하했을 것이다. 관중은 죽으려 할 때 그의 말이 위공의 팔다리를 매어둘 수 있다고 생각한 것일까?

제나라로서는 세 사람이 있는 것이 환난이 되는 것이 아니라, 관중이 없는 것이 환난이 되는 것이다. 관중이 있으면 곧 세 사람은 세 명의 필부(匹夫)일 따름이다. 그렇지 않다면 천하에 어찌 세 사람과 같은 무리들이 적겠는가? 비록 위공이 다행히도 관중의 말을 듣고 이 세 사람을 처형하였다 하더라도, 그 나머지 사람을 관중이 모두 헤아리어 제거시킬 수가 있었겠는가?

아아! 관중은 근본을 알지 못하는 사람이었다고 할 수가 있는 것이다. 위공의 질문을 기화로 하여 천하의 현명한 사람을 추천함으로써 자신을 대신케 하였다면, 곧 관중이 죽는다 하더라도 제나라에는 관중이 없는 형편이 되지 않았을 것이다. 그런데, 어째서 세 사람들을 걱정했는가? 그 말은 하지 않았어도 되는 것이다.

　　오패(五覇)는 제나라 위공과 진(晉)나라 문공보다 더 세가 성한 사람들이 없었다. 그런데 문공의 재능은 위공보다 뛰어나지 않았고 그의 신하도 모두 관중에 미칠 수가 없었으며, 진나라 영공(靈公)의 포악함은 제나라 효공의 관후함에 견줄 바가 못되었다. 그러나 진나라는 문공이 죽어도 제후들이 감히 진나라를 배반하지 않았고, 진나라는 문공의 남은 위세를 이어받아 그대로 제후들의 맹주(盟主) 노릇을 백여년이나 할 수 있었다. 어째서인가? 그 나라 임금은 비록 못났지만 그 나라에 노련하고 훌륭한 사람들이 있었기 때문이다.

(원문) 仲之疾也에 公①問之相이라. 當是時也에 吾以仲且擧天下之
　　　　중 지 질 야　　공 문 지 상　　　　당 시 시 야　　오 이 중 차 거 천 하 지

賢者以對러니 而其言乃不過曰：竪刁易牙開方三子는 ②非人情
현 자 이 대　　　　이 기 언 내 불 과 왈　　수 조 역 아 개 방 삼 자　　　　비 인 정

이니 不可近而已라.
　　　불 가 근 이 이

　嗚呼라! 仲以爲威公果能不用三子矣乎아? 仲與威公으로 處幾
　오 호　　중 이 위 위 공 과 능 불 용 삼 자 의 호　　중 여 위 공　　처 기

年矣니 亦知威公之爲人矣乎아? 威公聲不絶乎耳하며 色不絶於
년 의　　역 지 위 공 지 위 인 의 호　　위 공 성 부 절 호 이　　　색 부 절 어

目이오 而非三子者면 則無以遂其欲이라.
목　　　이 비 삼 자 자　　즉 무 이 수 기 욕

　彼其初之所以不用者는 ③徒以有仲焉耳라. 一日無仲이면　則
　피 기 초 지 소 이 불 용 자　　도 이 유 중 언 이　　일 일 무 중　　　즉

三子者가 可以④彈冠而相慶矣라. 仲以爲將死之言이 可以⑤縶威
삼 자 자　가 이 탄 관 이 상 경 의　　중 이 위 장 사 지 언　　가 이 집 위

公之手足耶아?
공 지 수 족 야

　夫齊國不患有三子요 而患無仲이라. 有仲則三子者는　三匹夫
　부 제 국 불 환 유 삼 자　이 환 무 중　　　유 중 즉 삼 자 자　　삼 필 부

耳라. 不然이면 天下豈少三子之徒리오? 雖威公幸而聽仲하여　誅
이　　　불 연　　천 하 기 소 삼 자 지 도　　수 위 공 행 이 청 중　　　주

此三人이라도 而其餘者를 仲能⑥悉數而去之耶아?
차 삼 인　　　이 기 여 자　　중 능　실 수 이 거 지 야

嗚呼라! 仲可謂不知本者矣로다. 因威公之問하여 擧天下之賢
오 호　　　중 가 위 부 지 본 자 의　　인 위 공 지 문　　거 천 하 지 현

者以自代면 則仲雖死나 而齊國未爲無仲也라. 夫何患三子者리
자 이 자 대　　즉 중 수 사　이 제 국 미 위 무 중 야　　부 하 환 삼 자 자

오? 不言可也라.
　　불 언 가 야

⑦五覇莫盛於⑧威文이라. 文公之才는 不過威公이오 其臣又皆
오 패 막 성 어　위 문　　문 공 지 재　　불 과 위 공　　기 신 우 개

不及仲이오 ⑨靈公之虐이 不如⑩孝公之寬厚라. 文公死에 諸侯
불 급 중　　영 공 지 학이　불 여　효 공 지 관 후　　문 공 사　　제 후

不敢叛晉하고 晉襲文公之餘威하여 猶得爲諸侯之盟主⑪百餘年
불 감 반 진　　진 습 문 공 지 여 위　　유 득 위 제 후 지 맹 주　백 여 년

이라. 何者오? 其君雖不肖나 而尚有⑫老成人焉이라.
　　하 자　기 군 수 불 초　이 상 유　노 성 인 언

주해 ① 問之相(문지상)－그에게 재상에 관하여 묻다. 재상으로 임용할 사람에 대하여 묻다.

② 非人情(비인정)－인정을 갖고 있지 않다. 사람답지 않은 정의 소유자다.

③ 徒(도)－다만. 부질없이.

④ 彈冠(탄관)－관의 먼지를 털다. 관을 쓰고 벼슬자리에 나아가려는 것을 말함.

⑤ 縶(집)－말을 매다. 잡아매다.

⑥ 悉數而去(실수이거)－모두 헤아려서 제거하다. 모두 수대로 제거하다.

⑦ 五覇(오패)－춘추시대의 다섯 명의 패자(覇者). 제(齊) 환공(桓公)·진(晉) 문공(文公)·진(秦) 목공(穆公)·송(宋) 양공(襄公)·초(楚) 장왕(莊王)《孟子》告子 趙岐 注). 진 목공과 송 양공 대신 오(吳) 합려(闔閭)와 월(越) 구천(句踐)을 넣기도 한다《荀子》王覇).

⑧ 威文(위문)－제나라 환공과 진나라 문공.

⑨ 靈公(영공)－진 문공의 손자. 무도한 임금으로 유명하다.

⑩ 孝公(효공)−제나라 환공의 아들. 후덕한 임금으로 알려졌다.

⑪ 百餘年(백여년)−진(晉)나라는 문공 이후 도공(悼公)에 이르기까지 패업
　　이 계승되었다.

⑫ 老成人(노성인)−나이도 많고 경험도 많은 훌륭한 사람.

3

위공이 죽게 되자 단번에 형편없이 혼란해질 것은 의심할 게 없는 일
이었다. 그는 오직 한 사람 관중을 의지하고 있었는데 관중이 죽어버렸
기 때문이다. 천하에는 현명한 사람이 없었던 때란 없으니, 대체로 올바
른 신하는 있으되 올바른 임금이 없는 경우가 있는 것이다. 위공이 있는
데도 "천하에 다시는 관중 같은 사람이 있지 않게 되었다."고 말하는 것
은 나는 믿지 못하겠다.

관중의 글에 쓰여있기를, 그는 죽음에 임박하여 포숙(鮑叔)과 빈서무
(賓胥無)의 사람됨을 논함에 있어서 각각 그들의 단점을 아뢰었다. 그러
니 그는 마음속으로 이들 몇 사람들은 모두 나라를 기탁하기에는 부족한
인물이라 생각하였던 듯하나 또 그가 곧 죽을 것이라는 것도 미리 알고
있었다면 그의 글은 멋대로 거짓말을 쓴 것이어서 믿을 수가 없을 것만
같다.

내가 보건대 위(衛)나라 사추(史鰌)는 거백옥(蘧伯玉)을 벼슬자리에
나아가게 하고 미자하(彌子瑕)를 물러나게 하지 못하자, 죽은 뒤에도 시
신(屍身)으로 간하게 하였다. 한(漢)나라 소하(蕭何)는 죽음을 맞게 되자
조참(曹參)으로 자신을 대신케 했다. 대신의 마음씀은 본래 마땅히 이와
같아야 하는 것이다.

한 나라는 한 사람으로 말미암아 홍성하기도 하고 한 사람으로 말미암
아 망하기도 하는 것이다. 현명한 사람은 그 자신의 죽음은 슬퍼하지 않
고 그의 나라가 쇠멸하는 것을 걱정하는 것이다. 그러므로 반드시 다시

현명한 사람이 있도록 한 뒤에야 자신의 죽음을 맞이했던 것이다. 저 관중은 어떻게 죽음을 맞이했겠는가?

원문 威公之死也에 ①一亂塗地無惑也라. 彼獨恃一管仲이라가 而
위공지사야　　일란도지무혹야　　피독시일관중　　　　이

仲則死矣라. 夫天下未嘗無賢者요 蓋有有臣而無君者矣어니와
중즉사의　　부천하미상무현자　　개유유신이무군자의

威公在焉而曰;天下不復有管仲者는 吾不信也로라.
위공재언이왈　천하불부유관중자　오불신야

　②仲之書有記하되 其將死에 論鮑叔③賓胥無之爲人하고 且各
중지서유기　　기장사　논포숙　빈서무지위인　　차각

④疏其短이라. 是其心以爲是數子者는 皆不足以托國이나 而又逆
소기단　　시기심이위시수자자　개부족이탁국　　이우역

知其將死면 則其書⑤誕謾不足信也라.
지기장사　즉기서　탄만부족신야

　吾觀⑥史䲡以不能進蘧伯玉而退彌子瑕하니 故로 有身後之諫
오관　사추이불능진거백옥이퇴미자하　　고　　유신후지간

이라. ⑦蕭何且死에 擧曹參以自代라. 大臣之用心이 固宜如此也
　　소하차사　거조참이자대　　대신지용심　고의여차야

니라.

　一國以一人興하고 以一人亡이다. 賢者不悲其身之死요 而憂
일국이일인흥　　이일인망　　현자불비기신지사　이우

其國之衰라. 故로 必復有賢者而後에 有以死라. 彼管仲은 何以
기국지쇠　고　　필부유현자이후　유이사　　피관중　하이

死哉오?
사재

주해 ① 一亂塗地(일란도지)—단번에 형편없이 혼란에 빠지는 것. ○無惑(무혹)—의심할 바 없다.

② 仲之書(중지서)—관중이 지었다는 《관자(管子)》를 가리킴. 지금 24권이 전하나 후인의 손질이 많이 가해진 것으로 여겨지고 있음.

③ 賓胥無(빈서무)—제나라 대부(大夫) 이름.

④ 疏其短(소기단) − 그들의 단점을 아뢰이다. 중병이 든 관중에게 위공이 위문을 가서 묻자 관중은 "포숙(鮑叔)의 사람됨은 매우 정직하기는 하지만 나라를 부강케 할 수는 없고, 빈서무의 사람됨은 매우 착하기는 하지만 다른 나라들을 굴복케 하지는 못할 것입니다."고 대답하였다.

⑤ 誕謾(탄만) − 함부로 거짓말을 하는 것.

⑥ 史鰌(사추) − 사어(史魚)라고도 부르며, 위(衛)나라 대부. 위 영공(靈公) 때 거백옥(蘧伯玉)을 벼슬자리에 천거하고 간사한 미자하(彌子瑕)를 내치려고 여러번 간하였으나 뜻대로 되지 않았다. 그는 죽게 되자 아들에게 나라를 위하여 뜻을 이루지 못하였으니 자신을 예(禮)를 갖추어 장사지내지 말도록 유언하였다. 영공이 조문을 와서 예대로 다루어지지 않은 시신(屍身)을 보고 그 연유를 물어보고 나서야 크게 깨닫고, 다시 거백옥을 등용하고 미자하를 내쳤다 한다(《孔子家語》 困誓편, 《論語》 衛靈公편).

⑦ 蕭何(소하) − 한(漢) 고조(高祖)의 재상으로 천하를 통일하는 데 큰 공을 세운 사람. 소하는 죽음을 앞두고 동료인 조참(曹參)을 추천하여, 조참이 그를 이어 재상이 되었었다.

(해설) 작자 소순의 역사적인 인물론 중의 하나이다. 관중을 평가하는 작자의 독특한 견해가 날카롭다.

관중은 살아서 제나라 환공의 재상으로 많은 공을 세웠던 사람인데, 실은 그 공은 관중 자신보다도 그를 환공에게 천거하였던 포숙(鮑叔)의 공로로 보아야 한다는 게 그의 입장이다. 관중이 앓아누워 죽음을 눈앞에 두고 있을 때 환공이 문병을 가서 그의 뒤를 이을 재상감에 대하여 물었다. 그러나 관중은 수조(竪刁) 같은 간사한 자들을 멀리할 것을 진언하는 한편, 몇몇 대신들의 단점만 얘기하고 자기 후임자를 추천하지 않았다. 제나라는 관중이 죽은 뒤 크게 혼란에 빠졌는데, 그것은 곧 현명한 사람을 추천하지 않았던 관중에게 원인이 있다는 것이다.

제나라의 큰 공신으로 보는 일반적인 평가를 뒤엎는 그의 관중론이 후세 사람들에게도 많은 교훈을 안겨주고 있다.

목가산기(木假山記)

소순(蘇洵)

나무의 삶은 혹은 움이 나서 자라다가 죽기도 하고, 혹은 한줌 굵기도 못되어 일찍 죽기도 하고, 다행히 기둥이나 들보가 될 만하게 자라면 잘리우게 된다. 불리한 경우에는 바람에 뽑혀지고 물에 떠내려가다가 혹은 깨어지고 꺾여지고 혹은 썩게 되며, 다행히도 깨어지고 꺾여지거나 썩지 않게 된다면 곧 사람들이 재목이라 여기게 되어 도끼에 찍히는 환난을 당하게 되는 것이다.

그 중에서도 가장 다행스러운 놈은 여울물 모래 사이를 떠올랐다 가라앉았다 하고 솟아올랐다 묻혀 버렸다 하며 몇 백년이나 지나는지 알지 못하지만 물에 씻기우고 모래에 부딪히며 뜯기고 먹히어 나간 나머지가 간혹 산과 비슷하게 된 놈이 있어서 호사가(好事家)들이 그것을 가져다가 억지로 산처럼 만들어 놓은 것이다. 그렇게 된 뒤에는 진흙과 모래에서 벗어나고 도끼로부터 멀어지게 되는 것이다.

그러나 거친 강가에 그렇게 되는 것이 몇이나 될 것이며, 또 호사가들 눈에 발견되지 않고 나무꾼이나 들판 사람들의 땔나무가 되어 버리고 마는 것도 어찌 그 수를 다 헤아릴 수가 있겠는가? 그러니 그 가장 다행스런 것들 중에도 또 불행한 것들이 있는 것이다.

우리집에는 세 봉우리의 나무 산이 있는데, 내가 이에 대하여 생각해 볼 때마다 거기에는 운수가 있는 것이 아닌가 여겨진다.

그놈이 움이 나서 자라다가 죽지 아니하고, 한줌 굵기가 되어서도 일찍 죽지 아니하고, 기둥이나 들보감이 되어서도 잘리우지 아니하고, 바람에 뽑히어 물에 떠내려오면서도 깨어지거나 꺾여지지 아니하고 썩지도 아니하였으며, 깨어지거나 꺾여지지 아니하고 썩지도 아니하면서도 사람들에게 재목이라 여겨져서 도끼질을 당하는 일이 없었고, 여울물과 모래 사이를 뚫고 나와서도 나무꾼이나 들 사람들의 땔나무가 되지 아니하고, 그리고 나서야 이곳으로 오게 되었으니 그 이치가 우연만은 아닌 듯하다.

그러니 내가 이것을 사랑하는 것은 곧 다만 그것이 산을 닮았대서가 아니라 여기에 감회가 있기 때문이며, 다만 이에 대하여 감회만이 있을 뿐만이 아니라 또한 존경하는 바가 있기 때문이다. 내가 보건대 가운데 봉우리는 장대한 모양으로 떡 웅크리고서 의기도 장중하게 보이어 마치 그 곁의 두 봉우리를 거느리고 있는 듯하다.

두 봉우리는 장엄하면서도 빼어나서 엄연히 범할 수가 없는 형세이니, 비록 그 형세가 가운데 봉우리에 복종하고는 있으면서도 우뚝 전혀 아부하는 뜻은 없는 것이다. 아아! 존경할 만한 모양이 아닌가! 그러니 감회가 있을 만하지 않은가!

[원문] 木之生은 或①孼而殤하며 或②拱而夭하고 幸而至於③任爲棟
목지생　　혹　얼이상　　　혹　공이요　　　행이지어　임위동

樑則伐이라. 不幸而爲風之所拔하여 水之所漂하여 或破折或腐하
량즉벌　　불행이위풍지소발　　　수지소표　　　혹파절혹부

고 幸而得不破折不腐면 則爲人之所材하여 而有④斧斤之患이라.
　행이득불파절불부　　즉위인지소재　　　이유　부근지환

其最幸者는 ⑤漂沈汩沒於湍沙之間하여 不知其幾百年이나 而
기최행자　　표침골몰어단사지간　　　부지기기백년　　　이

其⑥激射齧食之餘는 或⑦髣髴於山者면 則爲好事者取去하여 强
기　격석요식지여　　혹　방불어산자　　즉위호사자취거　　　강

之以爲山이라. 然後可以脫泥沙而遠斧斤이라.
지이위산　　　연후가이탈니사이원부근

而荒江之濱에　如此者幾何며　不爲好事者所見而爲樵夫野人
이 황 강 지 빈　　여 차 자 기 하　　불 위 호 사 자 소 견 이 위 초 부 야 인

⑧所薪者가 何可勝數리오? 則其最幸者之中에　又有不幸者焉이라.
소 신 자　하 가 승 수　　즉 기 최 행 자 지 중　　우 유 불 행 자 언

予家有⑨三峰하니　予每思之則疑其有⑩數存乎其間이라.
여 가 유　삼 봉　　여 매 사 지 즉 의 기 유　수 존 호 기 간

且其糵而不殤하며　拱而不夭하고　任爲棟樑而不伐하고　風拔水
차 기 얼 이 불 상　　공 이 불 요　　임 위 동 량 이 불 벌　　풍 발 수

漂而不破折不腐하고　不破折不腐而不爲人所材以及於斧斤하고
표 이 불 파 절 불 부　　불 파 절 불 부 이 불 위 인 소 재 이 급 어 부 근

出於湍沙之間而不爲樵夫野人之所薪하여　而後得至乎此하니　則
출 어 단 사 지 간 이 불 위 초 부 야 인 지 소 신　　이 후 득 지 호 차　　즉

其理似不偶然也라.
기 리 사 불 우 연 야

然予之愛之는　則非徒愛其似山而又有⑪所感焉이오　非徒感之
연 여 지 애 지　　즉 비 도 애 기 사 산 이 우 유　소 감 언　　비 도 감 지

而又有所敬焉이라.　予見中峰은　⑫魁岸踞肆하고　意氣⑬端重하여
이 우 유 소 경 언　　여 견 중 봉　　괴 안 거 사　　의 기　단 중

若有以服其旁之二峰이라.
약 유 이 복 기 방 지 이 봉

二峰者는　⑭莊栗刻削하여　⑮凜乎不可犯하니　雖其勢服於中峰이
이 봉 자　　장 률 각 삭　　늠 호 불 가 범　　수 기 세 복 어 중 봉

나　而⑯岌然決無阿附意라.　吁라! 其可敬也夫인저! 其可以有所
이　급 연 결 무 아 부 의　　우　기 가 경 야 부　　기 가 이 유 소

感也夫인저!
감 야 부

주해　① 糵(얼)―나무의 움이 돋는 것. 여기서는 싹이 돋는 것도 아울러 뜻할
　　　것이다. ○殤(상)―죽다.
② 拱(공)―두 팔로 끌어안는 것. 그러나 여기에서는 '공파(拱把)'에서 공을
　　생략한 '한줌 굵기'로 보아야 할 것이다. ○夭(요)―일찍 죽는 것. 요절
　　(夭折).
③ 任爲棟樑(임위동량)―기둥이나 들보가 될 만한 것.

④ 斧斤之患(부근지환)－도끼에 찍히어 베어지는 환난.

⑤ 漂沈(표침)－떴다 가라앉았다 하는 것. ○汨沒(골몰)－물 위로 솟았다 물
   속으로 들어갔다 하는 것. ○湍沙(단사)－여울물과 모래.

⑥ 激射(격석)－물에 부딪히고 물건에 부딪히고 하는 것. ○齧食(요식)－씹
   히고 먹히다. 뜯기고 부식되고 하는 것.

⑦ 髣髴(방불)－비슷한 것. 흡사한 것.

⑧ 所薪者(소신자)－땔나무가 되는 것들.

⑨ 三峰(삼봉)－세 봉우리의 산 모양을 이룬 나무토막.

⑩ 數(수)－운수(運數).

⑪ 所感(소감)－느끼는 바. 감회.

⑫ 魁岸(괴안)－장대한 모양. ○踞肆(거사)－멋대로 편안히 앉아 있는 모양.

⑬ 端重(단중)－단아하고 장중한 것.

⑭ 莊栗(장률)－장엄한 모양. ○刻削(각삭)－높이 솟은 모양.

⑮ 凜乎(늠호)－엄연한 모양. 위엄이 있는 모양.

⑯ 岌然(급연)－산이 높이 솟은 모양.

(해설) 큰 나무토막이 물과 모래 사이를 흘러내려오는 중에 몇백년을 지나
큰 산 모양으로 된 것을 '목가산(木假山)'이라 한 것이며, 이 글은 소순이
자기 집에 있는 세 봉우리로 이루어진 목가산을 두고 지은 글이다.

   그는 이 목가산이 이루어지기까지의 험난한 과정과 행운을 논하면서,
이 나무토막의 산 모습을 자기 3부자에 은근히 비기고 있는 듯도 하다.

고조론(高祖論)

소순(蘇洵)

한(漢)나라 고조(高祖)는 술수를 가지고 술법을 씀으로써 한때의 이해를 제어하는 데 있어서는 진평(陳平)만 못하였고, 천하의 형세를 헤아리어 손가락을 들어올리고 눈을 움직임으로써 항우(項羽)를 위협하고 통제하는 데 있어서는 장량(張良)만 못하였다. 이들 두 사람이 아니었다면 천하는 한나라의 것으로 돌아가지 않았을 것이고, 고조는 곧 나무처럼 뻣뻣한 사람으로 그치고 말았을 것이다.

그러나, 천하가 평정된 뒤에 후세 자손들을 위하는 계획에 있어서는, 진평과 장량의 지혜가 미치지 못하는 점까지도 고조는 언제나 먼저 계획을 세워서 조치를 취하였고, 후세에 할 일들을 분명히 눈으로 그 일을 직접 보는 것처럼 분명히 알고 처리하였다. 대체로 고조의 지혜가 큰일에는 밝지만 작은 일에는 어두웠음은 여기에 이르러서야 비로소 드러났던 것이다.

고조가 일찍이 여후(呂后)에게 말했다.

"주발(周勃)은 중후하고 겉치레는 적소. 그러나 유씨(劉氏)를 안정케 해 줄 사람은 반드시 주발일 것이니, 그를 태위(太尉)에 임명하는 것이 좋을 것이오."

바로 그때는 유씨들이 이미 안정되어 있던 때였다. 주발이 또 그 누구를 안정케 해준다는 것이었을까? 그러므로 나의 생각으로는, 고조가 태

위의 벼슬을 주발에게 주라고 부탁한 것은 여씨(呂氏)에 의한 재화(災禍)가 있을 것을 알았기 때문일 것이다.

그렇다고 한다면 그가 여후를 제거하지 않은 것은 어째서였을까? 형세가 그래서는 안되었기 때문이다. 옛날 주(周)나라 무왕(武王)이 죽었을 때 성왕(成王)이 어려서 삼감(三監)이 반란을 일으켰다. 고조의 생각으로는 백년 뒤에 장군이나 재상·대신들과 제후들 중에 무경(武庚)과 녹보(祿父) 같은 자가 있는데도 그들을 제어할 방법이 없게 될런지도 모른다고 여겼을 것이다.

고조는 홀로 계책을 세우면서 이렇게 생각하였다.

"집안에 주부가 있으면 기운 있는 노복이나 사나운 노비가 있다 하더라도 감히 약한 자식에 대하여 항거하지 못한다. 여씨는 나를 도와서 천하를 평정하여 여러 장수나 대신들이 평소에도 두려워하고 복종하는 대상이 되어 있다. 오직 그만이 그들의 사악한 마음을 진압하여 뒤를 이을 자식놈이 장성하도록 기다릴 수 있게 할 것이다."

그러므로 여후를 제거하지 아니하였던 것은 혜제(惠帝)를 위한 계책이었던 것이다.

여후는 기왕 제거할 수가 없었으므로, 그의 무리들을 삭감하고 그들 권력을 줄임으로써, 만약 변고가 생긴다 하더라도 천하가 요동치 않도록 해야만 했던 것이다. 그러므로 번쾌(樊噲)와 같이 공(功)이 큰 사람도 하루아침에 그를 아무런 의심도 없이 버리려 하게 되었던 것이다.

아아! 그가 오직 번쾌에게만 인자하지 않았던 것이겠는가? 또한, 번쾌는 고조와 함께 군사를 일으키어 적의 성을 함락시키고 적진을 쳐부수며 적지 않은 공을 세웠고, 홍문(鴻門)에서 범증(范增)이 항장(項莊)을 시켜 고조를 죽이려 했을 때에 번쾌가 항우를 꾸짖지 않았더라면, 곧 한나라가 뒤의 한나라처럼 되었을런지도 알 수 없는 일이다.

어느 날 아침 어떤 사람이 번쾌가 척씨(戚氏)를 멸하려 한다고 나쁘게 말하자, 그때 번쾌는 연(燕)나라를 정벌하러 나가 있었는데 즉시 진평과 주발에게 명하여 군중으로 가 번쾌를 참(斬)하도록 하였던 것이다.

그때 번쾌의 죄는 이루어진 것도 아니었고, 그를 나쁘게 말한 자의 말이 진실인지 허위인지도 확인할 수 없었으며, 또한 고조가 한 여자 때문에 천하의 공신을 버리지 않았을 것임도 명백한 일이었다. 그러나 번쾌는 여씨 집안에 장가들어 있었다. 여씨 족속 중의 여산(呂産)이나 여록(呂祿) 같은 무리들은 모두 용렬한 인물이어서 걱정할 것이 못되었다. 오직 번쾌만은 호걸이어서 여러 장수들도 제어할 수가 없는 인물이었으니, 후세의 환난에도 이보다 더 큰 것이 있을 수가 없었다.

고조가 여후를 보는 태도는 마치 의사가 독초(毒草)를 보는 것과 같았다. 그 풀의 독으로 사람들의 병을 치료하게만 해야지 사람을 죽이게 되어서는 안된다는 생각일 따름이었다. 번쾌가 죽는다면 여씨의 독은 사람들을 죽이게 되지는 않을 거라는 것이었다. 고조는 그래야만 죽은 뒤에도 걱정이 없게 될 거라고 여겼던 것이다.

저 진평과 주발은 고조의 걱정을 후세에까지 남겨 놓았던 사람들이다. 번쾌가 혜제(惠帝) 6년에 죽은 것은 천명(天命)이었다. 만약 그가 그대로 살아 있었더라면 곧 여산과 여록을 속여 넘길 수가 없었을 것이고, 태위인 주발이 북군(北軍)으로 들어가 여씨들을 다 죽여 버리지는 못하였을 것이다.

어떤 이는 말하기를,

"번쾌는 고조와 가장 친했었다. 만약 그가 그대로 살아 있었다 하더라도 여산·여록과 꼭 반란을 일으키지는 않았을 것이다."

고 한다. 그런데, 한신(韓信)·경포(黥布)·노관(盧綰)은 모두 왕으로 행세하고 있었고, 노관은 또 가장 임금의 총애를 받았다. 그러나 고조가 죽기도 전에 모두 연이어 반역죄로 처형을 당하고 있는 것이다.

백년 지난 뒤에 사람을 때려죽여 땅에 묻고 개백정 노릇이나 하던 사람들이 그들 친척이 제왕이 되는 것을 보고서 기뻐하며 그를 따르지 않으리라는 것을 누가 알 수 있겠는가? 나는 그 때문에

"저 진평과 주발은 고조의 걱정을 후세에까지 남겨 놓았던 사람들
이다."

라고 말했던 것이다.

원문 ①漢高祖가 ②挾數用術하여 以制一時之利害는 不如③陳平이
　　　　한고조　　협수용술　　이제일시지리해 · 불여 진평

오 ④揣摩天下之勢하여 ⑤擧指搖目하여 以⑥劫制項羽는 不如⑦張
　　쳬마천하지세　　거지요목　　이 겁제항우　　불여 장

良이라. ⑧微此二人이면 則天下不歸漢이오 而高帝乃⑨木彊之人
량　　　미차이인　　즉천하불귀한　　이고제내 목강지인

而止耳라.
이 지 이

　然天下已定하여 後世子孫之計가 陳平張良智之所不及은 則
　연천하이정　　후세자손지계　　진평장량지지소불급　　즉

高帝常⑩先爲之規畫處置하여 使夫⑪後世之所爲를 ⑫曉然如目
고제상 선위지규획처치　　사부 후세지소위　　효연여목

見其事而爲之者라. 蓋高帝之智가 明於大而暗於小는 至於此而
견기사이위지자라. 개고제지지　　명어대이암어소　　지어차이

後⑬見也라.
후　현야

　帝嘗語⑭呂后曰 ; ⑮周勃重厚⑯少文이라. 然安⑰劉氏者必勃也
　제상어 여후왈　주발중후 소문　　연안 유씨자필발야

니 可令爲⑱太尉니라.
　가령위 태위

　方是時에 劉氏旣安矣라. 勃又將誰安耶아? 故로 吾之意曰 ; 高
　방시시　유씨기안의　　발우장수안야　　고　오지의왈　고

帝之以太尉⑲屬勃也는 知有⑳呂氏之禍也니라.
제지이태위 촉발야　지유 여씨지화야

　雖然其不去呂后는 何也오? 勢不可也라. 昔者武王沒에 成王
　수연기불거여후　하야　　세불가야　　석자무왕몰　성왕

幼而㉑三監叛이라. 帝意百歲後에 將相大臣及諸侯王이 有如武
유이 삼감반　　제의백세후　장상대신급제후왕　유여무

庚祿父而無有以㉒制之也다.
경녹보이무유이 제지야

㉓獨計以爲家有主母면 而㉔豪奴悍婢가 不敢與弱子抗이라. 呂
독계이위가유주모　이　호노한비　불감여약자항　　여

氏佐帝定天下하여 爲諸侯大臣㉕素所畏服이라. 獨此可以鎭壓其
씨좌제정천하　위제후대신　소소외복　　독차가이진압기

邪心하여 以待㉖嗣子之壯이라. 故로 不去呂后者는 爲惠帝計
사심　이대　사자지장　고　불거여후자　위혜제계

也라.
야

呂后旣不可去니 故로 ㉗削其黨하고 以損其權하여 使雖有變이라
여후기불가거　고　삭기당　이손기권　　사수유변

도 而天下不搖라. 是故로 以㉘樊噲之功으로 ㉙一旦遂欲斬之而
이천하불요　시고　이 번쾌지공　일단수욕참지이

無疑라.
무의

嗚呼라! 彼獨於噲不仁耶아? 且噲與帝㉚偕起하여 拔城陷陣하
오호　피독어쾌불인야　차쾌여제 해기　발성함진

여 功不爲少요 方㉛亞父嗾項莊時에 微噲㉜譙羽면 則漢之爲漢을
공불위소　방 아보주항장시　미쾌 초우　즉한지위한

未可知也라. 一旦人有㉝惡噲欲滅戚氏者라 하니 時噲出伐㉞燕이
미가지야　일단인유 악쾌욕멸위씨자　시쾌출벌 연

어늘 立命平勃하여 卽軍中斬之라.
입명평발　즉군중참지

夫噲之罪㉟未形也요 惡之者㊱誠僞를 未必也요 且帝之不以一
부쾌지죄 미형야　오지자 성위　미필야　차제지불이일

女子로 斬天下功臣亦明矣라. ㊲彼其娶於呂氏하니 呂氏之族若
여자　참천하공신역명의　피기취어여씨　여씨지족약

㊳産祿輩는 皆㊴庸才라 不足㊵恤이오 獨噲豪健하여 諸將所不能
산록배　개용재　부족 휼　독쾌호건　제장소불능

制니 後世之患이 無大於此矣라.
제　후세지환　무대어차의

夫高帝之視呂后가 猶醫者之視㊶董也라. 使其毒으로 可使治
부고제지시여후　유의자지시 근야　사기독　가사치

病이오 而無至於殺人而已라. 噲死則呂氏之毒이 將不至於殺
병　이무지어살인이사　쾌사즉여씨지독　장부지어살

人이라. 高帝以爲是足以死而無憂矣라.
인   고 제 이 위 시 족 이 사 이 무 우 의

彼平勃者는 [42]遺其憂者也로다. 噲之死於[43]惠帝之六年은 天也
피 평 발 자   유 기 우 자 야   쾌 지 사 어   혜 제 지 육 년   천 야

니 使之尚在면 則産祿不可[44]給요 太尉不得入北軍矣리라.
사 지 상 재   즉 산 록 불 가 태   태 위 부 득 입 북 군 의

或謂噲於帝最親하니 使之尚在라도 未必與産祿叛이라. 夫[45]韓
혹 위 쾌 어 제 최 친   사 지 상 재   미 필 여 산 록 반   부 한

信黥布盧綰이 皆[46]南面稱孤하고 而綰又最爲親幸이나 然及高帝
신 경 포 노 관 개 남 면 칭 고   이 관 우 최 위 친 행   연 급 고 제

之未崩也하여 皆相繼以逆誅라.
지 미 붕 야   개 상 계 이 역 주

誰謂百歲之後에 [47]椎埋屠狗之人이 見其親戚得爲帝王하고 而
수 위 백 세 지 후   추 매 도 구 지 인   견 기 친 척 득 위 제 왕   이

不欣然從之耶아? 吾故로 曰 : 彼平勃者는 遺其憂者也니라.
불 흔 연 종 지 야   오 고   왈   피 평 발 자   유 기 우 자 야

(주해) ① 漢高祖(한고조)―유방(劉邦). 항우(項羽)와 진(秦)나라를 멸망시키고
나서 천하를 다툰 끝에 한나라를 세웠던 임금. 기원전 206~기원전 195
사이 재위(在位).
② 挾數(협수)―술수를 지니고 있는 것. 수(數)는 술(術)과 뜻이 같음.
③ 陳平(진평)―고조(高祖)를 도와 천하를 차지하게 한 공신(功臣) 중의 한
사람. 특히 책사(策士)로 알려졌다.
④ 揣摩(췌마)―미루어 헤아리다. 상상하다.
⑤ 擧指搖目(거지요목)―손가락을 들고 눈을 움직이는 것. 손가락짓과 눈짓.
간단한 행동을 뜻함.
⑥ 劫制(겁제)―위협하고 제어(制御)하는 것. ○項羽(항우)―이름은 적(籍).
힘이 장사인 촉(蜀) 땅을 근거로 한 장수이나, 뒤에 한나라 고조에게 천
하를 다투다가 패하여 죽었다.
⑦ 張良(장량)―한 고조를 섬겼던 공신(功臣) 중의 한 사람. 군사(軍師)로서
유명했다.

⑧ 微(미)―非(비)와 같음. ~이 아니라면.

⑨ 木彊之人(목강지인)―나무처럼 뻣뻣한 사람. 강직한 사람. 여기서는 강직하기만 하고 아무것도 한 일은 없는 사람을 가리킨다.

⑩ 先爲之規畫(선위지규획)―먼저 그들(후세 사람들)을 위하여 계획을 세우는 것. ㅇ處置(처치)―일을 처리하는 것.

⑪ 後世之所爲(후세지소위)―후세에 하는 일.

⑫ 曉然(효연)―분명한 모양. 밝은 모양. ㅇ目見其事(목견기사)―눈으로 그 일들을 직접 보는 것.

⑬ 見(현)―드러나다. 현(現)과 같음.

⑭ 呂后(여후)―한 고조가 젊었을 때에 고향에서 결혼한 본실 부인. 여후의 아버지가 고조를 일찍이 알아보고 딸을 주었고, 여후는 여장부로, 고조가 죽은 뒤에는 스스로 권력을 잡은 끝에 여제(女帝)가 되었다.

⑮ 周勃(주발)―고조의 공신 중의 한 사람. 성품이 매우 질박(質朴)하였다.

⑯ 少文(소문)―겉치레가 적은 것. 꾸밈이 적은 것. 주발의 성품이 질박함을 뜻한다.

⑰ 劉氏(유씨)―한나라 왕실(王室)을 가리킴.

⑱ 太尉(태위)―한나라 때 승상(丞相)·어사대부(御史大夫)와 함께 삼공(三公)이라 불리었다. 승상이 행정, 어사대부가 사법의 최고 책임자였고, 태위는 군사의 최고 책임자였다.

⑲ 屬(촉)―부탁하다. 당부하다.

⑳ 呂氏之禍(여씨지화)―고조가 죽은 뒤 여후가 권력을 잡고, 자기가 낳지 않은 고조의 자식들은 모두 죽이고, 자기 여씨 집안 사람들에게 모든 높은 벼슬을 주었으며, 특히 고조가 사랑했던 척부인(戚夫人)은 팔다리를 자르고 눈을 멀게 하고 귀까지 먹게 하여 '사람돼지'를 만들어 놓았던 잔인성은 유명하다.

㉑ 三監(삼감)―주(周)나라 무왕(武王)은 은(殷)을 쳐부순 다음 주왕(紂王)의 아들 무경(武庚)과 녹보(祿父)를 자기네 옛땅에 봉해 주고, 자기 형제인 관숙(管叔)·채숙(蔡叔)·곽숙(霍叔)으로 하여금 이들을 감시케 하였다. 그러나, 무왕이 죽고 주공(周公)이 섭정(攝政)을 하자 이들은 오히려

주왕의 아들과 공모하여 난을 일으켰는데, 이를 삼감지란(三監之亂)이라 한다. 주공이 동정(東征)하여 이들을 평정하였다.

㉒ 制之(제지)—그들을 제어하다. 그들을 통제한다.

㉓ 獨計(독계)—홀로 계획하다. ○主母(주모)—주부(主婦). 한 집안의 본실 부인.

㉔ 豪奴(호노)—기운 센 노복. ○悍婢(한비)—사나운 노비.

㉕ 素(소)—평소. 평상시.

㉖ 嗣子(사자)—뒤를 이을 아들. 혜제(惠帝, 기원전 194~기원전 188 재위)를 가리킴.

㉗ 削其黨(삭기당)—그들 무리의 수를 삭감하다.

㉘ 樊噲(번쾌)—고조의 공신 중의 한 사람. 유명한 홍문연(鴻門宴)에서 항우의 동생 항장(項莊)이 칼춤을 추며 고조를 죽이려 했을 때에, 용감히 홍문 안으로 뛰어들어 고조를 구해냈다. 그리고 그는 여후의 동생에게 장가들어 공신들 중에서는 여씨 집안과 가장 친밀한 관계였다.

㉙ 一旦(일단)—하루 아침. 어느 날 아침. 어떤 사람이 고조에게, 번쾌가 고조가 죽으면 여후와 힘을 합쳐 척부인(戚夫人)과 그의 집안을 없애려 한다고 모함을 하였다. 바로 그때를 뜻한다.

㉚ 偕起(해기)—함께 군사를 일으키다.

㉛ 亞父(아보)—항우의 군사(軍師)인 범증(范增). 항우가 평소에 그를 존경하여 숙부(叔父)나 비슷한 말로 '아보'라 불렀다. 홍문(鴻門)에서 항우가 유방을 불러 잔치를 벌였을 때, 범증은 항우의 아우 항장(項莊)을 사주(使嗾)하여, 술자리에서 칼춤을 추다가 기회를 엿보아 고조 유방을 찔러 죽이라고 했었다. 그러나, 뒤에 번쾌가 이를 알고 뛰쳐 들어와 큰소리치는 바람에 유방은 죽음을 면할 수 있었다. ○嗾(주)—사주하다. 유방을 죽이라고 지시하다.

㉜ 譙羽(초우)—항우를 꾸짖다. 항우를 질책하다.

㉝ 惡(악)—나쁘게 말하다. 모함하다.

㉞ 燕(연)—지금의 하북성(河北省) 지방. 고조의 친구였던 공신 노관(盧綰)이 반란을 일으키려 한다 하여 번쾌는 대장으로 정벌에 나섰다. 고조는

"군중으로 가서 번쾌를 죽여라."하고 진평과 주발에게 명하였으나, 진평은 여후의 보복이 두려워 번쾌를 죽이지 않고 장안으로 호송하였다. 그가 장안에 도착하자 고조가 이미 죽은 뒤라서, 번쾌는 바로 석방되었고, 진평도 무사할 수 있었다.

㉟ 未形(미형)—겉으로 형성되지 않다. 아직 이루어지지 않다.

㊱ 誠僞(성위)—진위(眞僞). 참말인가 거짓말인가.

㊲ 彼(피)—그, 번쾌. 그는 여후의 동생에게 장가들었다.

㊳ 産祿(산록)—여산(呂産)과 여록(呂祿). 각각 여후의 오빠 아들. 이들 두 사람을 필두로 하여 여씨 집안 사람들은 모두 왕후에도 봉해지고 높은 벼슬자리에도 올랐다.

㊴ 庸才(용재)—평범한 인재. 용렬한 사람.

㊵ 恤(휼)—걱정하다.

㊶ 菫(근)—독초(毒草)의 일종. 잘 쓰면 병을 고치지만 잘못 쓰면 사람을 죽게도 하는 약초임.

㊷ 遺其憂(유기우)—고조의 걱정을 후세에까지 남기는 것. 곧 번쾌를 죽이지 않았던 일을 가리킴.

㊸ 惠帝之六年(혜제지육년)—번쾌는 혜제 6년에 병으로 죽었다. 여후가 죽고 여씨 일가가 멸망된 것은 그로부터 9년 뒤의 일이다.

㊹ 紿(태)—속이다. 여후가 죽은 뒤, 장안의 군대는 남북 양군으로 나뉘어져 있었으나 여산과 여록 두 사람이 지휘를 맡아, 태위(太尉)인 주발도 군중으로 들어갈 수가 없었다. 마침 제왕(帝王)이 여씨 토벌의 군사를 일으키자, 주발은 진평과 의논한 끝에, 여록에게 첩자를 보내어 여록으로 하여금 자기 영지(領地)인 조(趙)로 돌아가도록 하였다. 그러면 여씨가 제위를 탐내지 않는다는 것이 밝혀서 제왕의 군대도 저절로 수그러질 것이라는 것이었다. 여록은 그 말을 믿고 북군의 지휘권을 즉시 내놓았다. 그러자, 주발은 곧장 북군으로 들어가 군사들을 선동하여 여씨 일족을 모두 잡아 죽여 버렸다. 만약 번쾌가 살아 있었더라면 여씨 일족이 그토록 당하지는 않았을 것이라는 뜻이다.

㊺ 韓信(한신)—고조의 장군으로, 항우와의 싸움에서 가장 큰 공을 세웠다.

그러나, 뒤에 후왕(侯王)이 된 다음 반란을 꾀하다가 죽임을 당하였다. ○黥布(경포)-본명은 영포(英布). 묵형(墨刑)을 받아 경포라고도 부른다. 항우를 섬기다가 고조에게로 와서 많은 공을 세웠다. 한신이 죽임을 당하자 선수를 치려고 반란을 꾀하다가 역시 죽임을 당하였다. ○盧綰(노관)-고조와 동향으로 어릴 때부터 친구였다. 건국 공신 중 고조와 가장 친하였으나, 연왕(燕王)에 봉해진 뒤 모반을 했다는 혐의로 정토(征討)되었다.

㊻ 南面稱孤(남면칭고)-왕은 남쪽을 향해 앉아 신하들을 맞아 조회를 하고 자신을 '고(孤)'라 부른다. 따라서, 임금노릇 하는 것을 뜻한다.

㊼ 椎埋(추매)-사람을 쳐죽여 땅에 묻어 버리는 무법자. ○屠狗(도구)-개 백정.

[해설] 이 글은 독특한 방향에서 한나라 고조의 인물을 논한 글이다. 곧 고조는 전쟁의 계략이나 작은 일의 처리에 있어서는 신하인 진평(陳平)이나 장량(張良)만 못하였지만, 한나라의 장래를 계획하고 위하는 면에서는 다른 어떤 사람보다도 뛰어났다는 것이다.

소순은 고조가 여씨들의 환란을 미리 예견하고 주발(周勃)을 태위에 임명하였고, 여씨들의 환란을 예견하면서도 자기 뒤를 이을 혜제(惠帝)를 무사히 장성케 하기 위하여 여후를 제거하지 않았다는 것이다. 다만 여후의 세력을 약화시키기 위하여 진평과 주발에게 번쾌(樊噲)를 죽이도록 하였는데, 이들이 죽지 않음으로써 결국 여씨네 환란이 일어나게 되었고, 다행히 번쾌가 미리 죽었기 때문에 뒤에 여씨 일족이 주발에 의하여 모두 잡혀 죽게 되었다는 것이다. 결국 진평과 주발은 번쾌를 죽이지 않음으로써 '고조의 걱정을 후세까지 남겨 놓았던 사람들'이라 말하고 있다.

앞뒤 논리의 연결에는 약간 문제가 있는 듯도 하나 매우 재미있는 독특한 인물론이라 할 것이다. 소순의 재기(才氣)가 번뜩이는 글이다.

상구양내한서(上歐陽內翰書)

소순(蘇洵)

저는 평민으로 궁하게 살면서 늘 속으로 스스로 탄식하면서 천하의 사람들은 모두가 현명할 수가 없고 모두가 못날 수도 없는 것이니, 이 때문에 현명한 사람과 군자들은 세상에 처신함에 있어서 합쳐졌다가는 반드시 떨어지게 되고, 떨어졌다가는 반드시 합쳐지게 되는 것이라 여겨왔습니다.

전날 천자[仁宗]께서 막 정치에 뜻을 세우고 계실 때에는, 범중엄(范仲淹)공이 참지정사(參知政事)로 계셨고, 부필(富弼)공이 추밀부사(樞密副使)로 계셨으며, 선생님과 여정(余靖)공과 채양(蔡襄)공이 간관(諫官)이 되었으며, 윤수(尹洙)공은 아래위로 뛰어다니면서 전쟁이 있는 고장에서 힘을 다하고 있었습니다. 이러한 때에는 천하 사람들이 머리털이나 실과 좁쌀 같은 재능을 가지고도 분분히 일어나서 하나로 합쳐졌습니다.

그러나, 저는 스스로 생각하기를 어리석고 둔하여 쓸 데가 없는 몸이니 그런 사이에 스스로 분발하며 나서기에는 부족하다 여기고서, 물러나 마음을 보양(保養)하여 다행히도 올바른 도(道)가 이룩된다면 다시 그 세상의 현명한 사람과 군자들을 만날 수 있을 거라고 생각했습니다.

불행히도 올바른 도를 이룩하기도 전에, 범중엄공은 서쪽 지방관으로 나가셨고, 부필공은 북쪽 지방관으로 나갔으며, 선생님과 여정공·채양공은 흩어져 사방으로 나갔고, 윤수공도 세력을 잃고 작은 벼슬로 바삐 뛰어다니는 형편이 되었습니다. 저는 그때 서울에 있으면서 친히 그러한 일들을 보고서 맥없이 하늘을 우러러 탄식하며, 이런 분들이 떠나간 마당에는 올바른 도가 비록 이룩되었다 하더라도 다시는 영화로운 것이라 할 수 없는 것이라 여기게 되었습니다.

그 뒤 다시 스스로 생각해 보니, 지난날 여러 군자들이 조정에 나아갔던 것은 처음에 반드시 착한 사람이 있어서 그들을 추천했기 때문일 것이고, 지금 와서는 또한 반드시 소인이 있어 그들을 이간질하고 있기 때문에 그렇게 된 것입니다. 지금 세상에 다시는 착한 사람이 없게 되었다면 그만이겠지만 만약 그렇지 않다면 제가 무엇을 걱정해야겠습니까? 잠시 마음을 보양하면서 올바른 도가 크게 이룩되기를 기다리는 것이 무슨 손실이 되겠습니까?

물러나 10년을 지나면서, 비록 감히 스스로 올바른 도를 이룩하였다고 말할 수는 없다 하더라도 가슴속이 탁 트여서 옛날과는 다르게 된 것 같았습니다. 그리고, 여정공께서는 마침 남방에서 공을 이룩하셨고, 선생님과 채양공이 다시 연이어 조정으로 올라오시고, 부필공이 다시 밖으로부터 들어와 재상이 되셨으니, 그때의 형세는 다시 하나로 합쳐지는 듯했습니다. 기뻐하고 또 스스로 축하도 하면서, 올바른 도도 이미 대강은 이룩되었으니 이제는 그것을 발휘해야만 하겠다고 여기게 되었습니다.

그리고 나서 또 돌이켜 생각해 보니, 그 전에 흠모하고 우러러보며 사랑하고 좋아하면서도 뵈올 수가 없었던 분들이 모두 여섯 분이었습니다. 지금 와서 그분들을 찾아가 뵈려니, 여섯 분 가운데 이미 범중엄공과 윤수공 두 분은 돌아가셔서, 그분들 때문에 줄줄 눈물을 흘리며 슬퍼하게 되었습니다.

아아! 그 두 분은 다시 뵈올 수가 없게 되었지만 그분들에게 의지하여 이 마음을 위로받을 수 있는 분들이 아직도 네 분이 있습니다. 그래서, 또 이렇게 스스로의 마음을 풀고 생각이 그 네 분께로 향하고 보니, 또 서둘러 그분들의 얼굴을 한번 뵙고서 마음속으로 말하고자 하던 것을 펴보고 싶었습니다.

그러나 부필공은 다시 천자의 재상이 되셨으니, 먼 곳의 빈한한 선비로서는 갑자기 말로써 그분 앞에 통해질 수가 없을 것이고, 또 여정공과 채양공은 먼 만리 밖에 계시며, 오직 선생님만이 조정 안에 계시고 그 지위의 차등도 대단히 존귀하지는 않으시니, 소리쳐 부여잡고 올라가 말로써 아뢸 수가 있을 듯합니다. 그러나 굶주리고 헐벗고 쇠약해지고 늙은 병이 또한 고질이 되어 남아 있어, 스스로 선생님댁 마당으로 갈 수가 없게 하고 있습니다.

그 사람을 흠모하고 우러러보며 사랑하고 좋아하는 마음을 갖고 있으면서도 10년 동안이나 뵙지를 못하고, 또 그 사람들 중에는 범중엄공과 윤수공 두 분처럼 이미 작고한 이들도 있으니, 나머지 네 분 중에 그 형세가 황급히 말로써 뜻을 통할 수 있는 이가 있다면 어찌 스스로 찾아가지를 못하고 갑자기 그만둘 수가 있겠습니까?

선생님의 문장은 천하 사람들이 알지 못하는 이가 없습니다. 그러나 저는 속으로 제가 거기에 대하여 아는 것은 특히 깊어서 천하 사람들보다 더 낫다고 여기고 있습니다. 어째서이겠습니까?

맹자(孟子)의 글은 말은 간략하면서도 뜻이 깊어 깎고 새기고 베고 자른 말이 아니지만 그 예봉(銳鋒)은 범할 수가 없습니다. 한유(韓愈)의 글은 마치 긴 강물과 거대한 황하가 질펀히 흐르며 감도는 것 같아서 물고기와 큰 자라와 교룡과 용 등 만가지 괴물들이 정신 못차리도록 있으되, 그것들을 억누르고 막고 가리고 덮어서 스스로 드러나지 않게 하고 있습니다. 그러나, 사람들이 그 깊숙한 빛과 푸른 색깔을 바라보고는 또한 스스로 두려워하고 피하면서 감히 가까이 가보지도 못하는 것 같습니다.

선생님의 글은 이리저리 구부러지며 모든 것을 다 갖추어 왔다갔다하며 무수히 꺾이어지되, 조리가 창달되어 거침이 없고 중간에 끊이는 일이 없으며, 기운을 다하고 말을 다하여 다급히 표현하며 이론을 다 펴되 여유가 있고 한가한 듯하여 힘들고 애쓴 것 같은 모양이 없습니다. 이 세

분들은 모두가 결단코 스스로 일가(一家)를 이룬 문장이라 하겠습니다.

다만 이고(李翱)의 글은 그 맛이 맥없는 듯하지만 길고, 그 빛은 빛나는 듯하면서도 그윽하며, 움직임이 겸손하여 선생님과 같은 모양이 있습니다. 육지(陸贄)의 글은 말의 사용과 뜻의 표현이 정확하고 확실하여 선생님과 같은 내용이 있습니다. 그러나, 선생님의 재능은 또한 스스로 남보다 뛰어난 점이 있습니다. 대체로 선생님의 글은 맹자나 한유의 글도 아니고 구양수 자신의 글인 것입니다.

남의 훌륭함을 얘기하기 좋아하지만 그것이 아첨이 되지 않는 것은 그 사람이 진실로 그런 칭송을 받을 만하기 때문입니다. 그것을 알지 못하는 사람들은 곧 남을 칭찬함으로써 그가 자기를 좋아하게 되기를 바라는 것이라 여길 것입니다. 남을 칭찬함으로써 그가 자기를 좋아하게 되기를 바라는 짓은 저도 역시 하지 않을 것이지만, 선생님의 밝게 빛나는 성대한 덕을 얘기함에 있어서 스스로 멈출 줄도 모르고 있는 것은, 또한 선생님께서 제가 선생님을 알고 있다는 것을 아시기를 바라기 때문입니다.

그러나 선생님의 이름은 천하에 가득 차서 비록 선생님의 글을 보지 않았다 하더라도 구양수란 분이 계시다는 것은 일찍부터 알고 있었습니다. 그러나 저는 불행하여 초야의 진흙 속에 떨어져 지내왔었으니 올바른 도를 알려는 마음이 근래에야 대략 이루어져서, 맨손으로 짧은 글을 받쳐들고 스스로 선생님께 의탁하려는 것입니다. 선생님으로 하여금 어찌하면 그런 뜻을 알게 하고 어찌해야 그런 뜻을 믿을 수 있게 할 수 있겠습니까?

저는 젊어서는 공부를 못하고 스물다섯 살이 되어서야 비로소 글을 읽을 줄 알게 되어 선비들을 따라 놀았습니다. 나이가 이미 많았으나 끝내 뜻을 세워 행실을 닦았는데, 옛사람들과 같이 되려고 스스로 노력한 것이 아니라 자기와 같은 대열에 있는 사람들이 모두 자기보다 더 낫지 않음을 보게 되기만 하면 마침내 되는 것이라 여겼습니다.

그 뒤로 곤경이 더욱 심해져서 다시 옛사람들의 글을 가져다 읽어 보고는 비로소 그분들의 말씀하신 뜻이 저와는 크게 다르다는 것을 깨닫게 되었습니다. 그때 다시 안을 돌아보며 스스로의 재능을 생각해 보니 또한 거기에만 그치고 말 따름이 아닌 듯이 여겨졌습니다.

그래서 옛날에 지었던 글 수백 편을 모두 태워 버리고, 《논어(論語)》·《맹자(孟子)》·《한유문집(韓愈文集)》과 그밖의 성인과 현인들의 글을 갖다놓고 꿋꿋이 단정하게 앉아서 하루종일 그것들을 읽기 7, 8년이나 하였습니다. 막 그렇게 시작할 때에는 그 속에 들어가 당황하여 어쩔 줄 몰랐고, 그 밖을 널리 보고서는 깜짝 놀랐습니다.

그렇게 하기 오래되어 그것들을 더욱 정세히 읽자 가슴속이 탁 트이며 밝아져서, 남의 말들은 진실로 망연한 것같이 느끼게 되었으나 감히 스스로 자기의 이론을 펴내지는 못했었습니다. 그러나 시일이 더 오래 지나자 가슴속에 하고자 하는 말이 날로 더욱 많아져서 자제할 수가 없게 되어, 시험삼아 이를 밖으로 써 내고, 그리고 나서 거듭하여 그것들을 읽어 보니 심대(深大)하여 글짓는 일이 쉬워졌음을 느끼게 되었습니다.

그러나 아직도 감히 자신이 옳다고 여기지는 않고 있습니다. 근래 지은 〈홍범론(洪範論)〉·〈사론(史論)〉 등 7편은 선생님께서 보시기에 어떻습니까?

아아! 구구하게 스스로를 말하는 것을 알지 못하는 사람들은, 또한 스스로를 칭찬함으로써 남이 자기를 알아주기 바라는 것이라 할 것입니다. 오직 선생님께서는 10년을 두고 생각하던 마음이 그와 같이 만드는 것이지 우연한 일이 아니라는 것을 살펴 주십시오 이만 줄이며 소순이 두 번 절하는 바입니다.

원문 洵①布衣窮居하여 常②竊自歎하고 以爲天下之人不能皆賢이오 不能皆不肖니 是以로 賢人君子之處於世에 合必離하고 離必

合이라.
합

往者^③天子方有意於治하실새 而^④范公在相府하고 ^⑤富公在樞
왕자 천자방유의어치 이 범공재상부 부공재추

密하고 ^⑥執事與余公蔡公爲諫官하고 ^⑦尹公馳騁上下하여 用力
밀 집사여여공채공위간관 윤공치빙상하 용력

於^⑧兵革之地라. 方是之時에 天下之人이 毛髮絲粟之才로 紛紛
어 병혁지지 방시지시 천하지인 모발사속지재 분분

而起하여 ^⑨合而爲一이라.
이기 합이위일

而洵也^⑩自度其愚魯無用之身이니 不足以自奮於其間일새 退
이 순야 자탁기우로무용지신 부족이자분어기간 퇴

而養其心하여 ^⑪幸其道之將成이어든 而可以復見於當世之賢人
이 양기심 행기도지장성 이 가이부견어당세지현인

君子러라.
군자

不幸道未成에 而范公^⑫西하고 富公^⑬北하고 執事與余公蔡公은
불행도미성 이범공 서 부공 북 집사여여공채공

^⑭分散四出하고 而尹公亦失勢奔走於^⑮小官이라. 洵時在京師하여
분산사출 이윤공역실세분주어 소관 순시재경사

親見其事하고 ^⑯忽忽仰天歎息하여 以爲斯人之去에 而道雖成이
친견기사 홀홀앙천탄식 이위사인지거 이도수성

나 不復足以爲榮也라.
불부족이위영야

旣復自思念하니 往者衆君子之進於朝에 其始也에 必有善人
기부자사념 왕자중군자지진어조 기시야 필유선인

焉^⑰推之요 今也에 亦必有小人焉^⑱間之라. 今世無復有善人也인
언 추지 금야 역필유소인언 간지 금세무부유선인야

댄 則已矣거니와 ^⑲如其不然也인댄 吾何憂焉이리오? 姑養其心하
즉 이 의 여기불연야 오하우언 고양기심

여 使其道로 大有成而待之가 何傷이리오?
사기도 대유성이대지 하상

退而處十年에 雖未敢自謂其道有成矣나 然^⑳浩浩乎其胸中이
퇴이처십년 수미감자위기도유성의 연 호호호기흉중

若與㉑曩者異라. 而余公適亦有㉒成功於南方하고　執事與蔡公이
약 여　낭자이　　이여공적역유　성공어남방　　　집사여채공

復相繼登於朝하고　富公復自外로　入爲宰相하여　其勢將復合于
부상계등어조　　　부공부자외　　입위재상　　　기세장부합우

一이라. 喜且自賀하여　以爲道已㉓粗成이오　而果將有以㉔發之也라.
일　　희차자하　　　이위도이　조성　　　이과장유이　발지야

　旣又反而思하니　其㉕向之所慕望愛悦之而不得見之者가　蓋有
　기우반이사　　　기　향지소모망애열지이부득견지자　　　개유

六人焉이라. 今將往見之矣로되　而六人者에　已有范公尹公二人
육인언　　　금장왕견지의　　　이육인자　　이유범공윤공이인

亡焉이니　則又爲之㉖潸焉出涕以悲라.
망언　　　즉우위지　산언출체이비

　鳴呼라! 二人者는　不可復見矣어니와　而所恃以慰此心者는　猶
　오호　　이인자　　불가부견의　　　　이소시이위차심자　　유

有四人也라. 則又以自解하여　思其止於四人也일새　則又㉗汲汲欲
유사인야　　즉우이자해　　　사기지어사인야　　　즉우　급급욕

一識其面하여　以發其心之所欲言이라.
일식기면　　　이발기심지소욕언

　而富公又爲天子之宰相하니　遠方寒士가　未可㉘遽以言通於其
　이부공우위천자지재상　　　원방한사　　미가　거이언통어기

前이오　而余公蔡公遠者는　又在㉙萬里外하고　獨執事在朝廷間
전　　　이여공채공원자　　우재　만리외　　　독집사재조정간

이오　而其位差不甚貴하니　可以㉚叫呼攀援而聞之以言이나　而飢
　　　이기위차불심귀　　　가이　규호반원이문지이언　　　이기

寒衰老之病이　又㉛痼而留之하여　使不克自至於執事之庭이라.
한쇠로지병　우　고이류지　　　사불극자지어집사지정

　夫以慕望愛悦其人之心으로　十年而不得見하고　而其人已死如
　부이모망애열기인지심　　　십년이부득견　　　이기인이사여

范公尹公二人者하니　則四人之中에　非其勢不可遽以言通者면　何
범공윤공이인자　　　즉사인지중　　비기세불가거이언통자　　하

可以不能自往而㉜遽已也리오?
가이불능자왕이　거이야

　執事之文章을　天下之人이　莫不知之라. 然竊以爲洵之知之也
　집사지문장　　천하지인　　막부지지　　　연절이위순지지지야

가 特深하여 愈於天下之人이라. 何者오?
　特심　　　유어천하지인　　　하자

　孟子之文은 語約而意深하여 不爲^㉝巉刻斬截之言이로되 而其
　맹자지문　어약이의심　　　불위 참각참절지언　　　　　이기

鋒不可犯이라. 韓子之文은 如長江大河가 ^㉞渾浩流轉하여 魚^㉟黿
봉불가범　　　한자지문　여장강대하　　혼호류전　　　어원

蛟龍이 ^㊱萬怪惶惑이로되 而^㊲抑遏蔽掩하여 不使自露오 而人望
교룡　　만괴황혹　　　이 억알폐엄　　　불사자로　이인망

見其^㊳淵然之光과 ^㊴蒼然之色에 亦自畏避하여 不敢^㊵迫視라.
견기 연연지광　　　창연지색　　역자외피　　　불감 박시

　執事之文은 ^㊶紆餘委備하여 ^㊷往復百折이로되 而^㊸條達疏暢하
　집사지문　우여위비　　　왕복백절　　　이 조달소창

여 無所間斷하고 氣盡語極하여 ^㊹急言竭論이로되 而^㊺容與閑易하
여 무소간단　　기진어극　　　급언갈론　　　이 용여한이

여 無艱難辛苦之態라. 此三者는 皆斷然自爲一家之文也라.
여 무간난신고지태　차삼자　개단연자위일가지문야

　惟^㊻李翶之文은 其味^㊼黯然而長하고 其光^㊽油然而幽하여 ^㊾俯
　유 이고지문　기미 암연이장　　　기광 유연이유　　　부

仰揖遜하여 有執事之態라. ^㊿陸贄之文은 ^㊶遣言措意가 ^㊷切近的
앙읍손　　　유집사지태　　육지지문　　견언조의　　　절근적

當하여 有執事之實이라. 而執事之才가 又自有過人者라. 蓋執事
당　　　유집사지실　　　이집사지재　　우자유과인자　개집사

之文은 非孟子韓子之文이오 而歐陽子之文也라.
지문　비맹자한자지문　　이구양자지문야

　夫樂道人之善이나 而^㊹不爲諂者는 以其人誠足以^㊺當之也라.
　부락도인지선　　이 불위첨자　이기인성족이 당지야

彼不知者는 則以爲^㊻譽人以求其悅己也라. 夫譽人以求其悅己는
피부지자　즉이위 예인이구기열기야　부예인이구기열기

洵亦不爲也로되 而其所以道執事光明盛大之德하여 而不自知止
순역불위야　　이기소이도집사광명성대지덕　　이부자지지

者는 亦欲執事之知其知我也라.
자　역욕집사지지기지아야

　雖然이나 執事之名이 滿於天下하여 雖不見其文이라도 而固已
　수연　　집사지명　만어천하　　　수불견기문　　　이고이

知有歐陽子矣라. 而洵也不幸하여 墮在⁵⁶草野泥塗之中이나 而其
지 유 구 양 자 의   이 순 야 불 행   타 재 초 야 니 도 지 중   이 기

知道之心이 又近而粗成하니 欲⁵⁷徒手奉咫尺之書하여 ⁵⁸自托於
지 도 지 심   우 근 이 조 성   욕 도 수 봉 지 척 지 서   자 탁 어

執事라. 將使執事로 何從而知之며 何從而信之哉아?
집 사   장 사 집 사   하 종 이 지 지   하 종 이 신 지 재

洵少年不學하고 生二十五歲에 始知讀書하여 從士君子游라.
순 소 년 불 학   생 이 십 오 세   시 지 독 서   종 사 군 자 유

年旣已晚이라 而又不遂⁵⁹刻意属行하여 以古人自期요 而視與己
연 기 이 만   이 우 불 수 각 의 려 행   이 고 인 자 기   이 시 여 기

同列者가 皆不勝己면 則遂以爲可矣라.
동 렬 자   개 불 승 기   즉 수 이 위 가 의

其後困益甚하여 復取古人之文而讀之하니 始覺其出言用意가
기 후 곤 익 심   부 취 고 인 지 문 이 독 지   시 각 기 출 언 용 의

與己大異라. 時復⁶⁰內顧하여 自思其才하니 則又似夫不遂止於
여 기 대 이   시 부 내 고   자 사 기 재   즉 우 사 부 불 수 지 어

是而已者라.
시 이 이 자

由是盡燒其囊時所爲文數百篇하고 取論語孟子韓子와 及其他
유 시 진 소 기 낭 시 소 위 문 수 백 편   취 논 어 맹 자 한 자   급 기 타

聖人賢人之文하여 而⁶¹兀然端坐하여 終日以讀之者가 七八年矣
성 인 현 인 지 문   이 올 연 단 좌   종 일 이 독 지 자   칠 팔 년 의

라. 方其始也에 入其中而⁶²惶然以惑하고 博觀於其外而⁶³駭然以
라   방 기 시 야   입 기 중 이 황 연 이 혹   박 관 어 기 외 이 해 연 이

驚이라.
경

及其久也에 讀之益精하여 而其胸中이⁶⁴豁然以明하니 若人之
급 기 구 야   독 지 익 정   이 기 흉 중 이 활 연 이 명   약 인 지

言固當然者나 然猶未敢⁶⁵自出其言也라. 時旣久에 胸中之言日
언 고 당 연 자   연 유 미 감 자 출 기 언 야   시 기 구   흉 중 지 언 일

益多하여 不能自制일새 試出而書之하고 已而再三讀之하니 ⁶⁶渾
익 다   불 능 자 제   시 출 이 서 지   이 이 재 삼 독 지   혼

渾乎覺其來之易也라.
혼 호 각 기 내 지 이 야

然猶未敢自以爲是也라. 近所爲^{⑥⑦}洪範論史論凡七篇은　執事
연 유 미 감 자 이 위 시 야　　근 소 위　홍 범 론 사 론 범 칠 편　　　집 사

觀其如何오?
관 기 여 하

噫嘻!　^{⑥⑧}區區而自言을　不知者는　又將以爲自譽以^{⑥⑨}求人之知
희 희　　　구 구 이 자 언　　부 지 자　　우 장 이 위 자 예 이　구 인 지 지

己也리라. 惟執事는　思其十年之心이　如是之不偶然也而察之하
기 야　　　유 집 사　　사 기 십 년 지 심　　여 시 지 불 우 연 야 이 찰 지

라.^{⑦⓪}不宣하고　洵再拜하노라.
　　불 선　　　　순 재 배

주해 ① 布衣(포의)―무명옷. 평민이 입는 옷으로, 평민 또는 서민을 뜻함.

② 竊(절)―몰래. 속으로.

③ 天子(천자)―송나라 인종(仁宗)을 가리킴. 이때는 인종 경력(慶曆) 3년
(1042)임.

④ 范公(범공)―범중엄(范仲淹). 자는 희문(希文). 진사(進士)가 된 뒤 서하
(西夏)의 침입을 막은 공으로 인종 때 추밀부사(樞密副使)를 거쳐 참지정
사(參知政事)가 되었다. 사람됨이 후하고도 곧고 뜻이 높아 많은 사람들
의 존경을 받았다. ㅇ相府(상부)―재상(宰相) 자리. 송나라 때에는 동평장
사(同平章事)가 재상. 참지정사가 부상(副相)의 지위였다.

⑤ 富公(부공)―부필(富弼). 자는 언국(彦國). 인종 때 거란(契丹)을 제어하
는 데 큰 공을 세워 추밀부사가 되었다. 영종(英宗) 때는 추밀사가 되었
고, 왕안석(王安石)의 신법(新法)에 반대하여 치사(致仕)했는데, 사공(司
空) 벼슬이 가해지고 한국공(韓國公)에 봉해졌다. ㅇ樞密(추밀)―추밀원
(樞密院). 송대에는 중서성(中書省)과 함께 양부(兩府)라 일컬었고, 추밀
사와 추밀부사가 그곳의 우두머리로 나라의 군사를 장악하였다.

⑥ 執事(집사)―일을 집행하는 분의 뜻으로 상대방을 높이어 부르는 말. ㅇ余
公(여공)―여정(余靖), 자는 안도(安道). 인종 초에 과거에 급제한 뒤 정
언(正言)이 되어 구양수(歐陽修)·왕소(王素)·채양(蔡襄)과 함께 '사간
(四諫)'이라 불리었다. 뒤에 벼슬은 공부상서(工部尚書)까지 지냈다. ㅇ蔡
公(채공)―채양(蔡襄), 자는 군모(君謨). 인종 때 진사(進士)가 된 뒤 간

원(諫院)에서 활약하였고, 뒤엔 복주(福州)·천주(泉州)·항주(杭州) 등의 지사(知事)를 역임했다. 성질이 충성스럽고도 곧았으며, 시문과 서법에도 뛰어났다.

⑦ 尹公(윤공)─윤수(尹洙), 자는 사로(師魯). 박학하였고 고문(古文)에도 뛰어났다. 인종 초에 과거에 급제하여 이때엔 섬서경략(陝西經略)으로 활약하였다. 뒤에는 벼슬이 기거사인(起居舍人)에까지 이르렀다.

⑧ 兵革(병혁)─본시는 무기와 갑옷의 뜻이나, 여기서는 전쟁을 가리킨다.

⑨ 合而爲一(합이위일)─군자들이 올바른 도리를 따라서 합쳐져서 하나가 되는 것.

⑩ 自度(자탁)─스스로 헤아리다. 스스로 생각하다. ○愚魯(우로)─어리석고 우둔한 것.

⑪ 幸(행)─다행히. 또는 바라다. ○其道(기도)─올바른 도. 여기서는 수신(修身)과 학문을 총칭하는 말임.

⑫ 西(서)─서쪽으로 가다. 이때 범중엄은 섬서선무(陝西宣撫)로 나갔다.

⑬ 北(북)─이때 부필은 하북선무(河北宣撫)로 나갔다.

⑭ 分散四出(분산사출)─흩어져 사방으로 나가다. 구양수는 하북도전운(河北都轉運), 여정은 길주(吉州), 채양은 복주(福州)의 지사(知事)로 나갔다.

⑮ 小官(소관)─윤수는 호주(濠州)의 통판(通判)이란 작은 벼슬로 밀려나 있었다.

⑯ 忽忽(홀홀)─뜻을 잃은 모양. 맥이 빠져 있는 모양.

⑰ 推(추)─추천하는 것.

⑱ 間(간)─이간질을 하는 것.

⑲ 如其不然(여기불연)─만약 그렇지 않다면. 곧 '올바른 사람을 추천해 줄 착한 사람들이 있다면'의 뜻.

⑳ 浩浩乎(호호호)─탁 트인 모양. 광대한 모양.

㉑ 曩者(낭자)─전날. 옛날.

㉒ 成功於南方(성공어남방)─남쪽에서 공을 이룩하다. 여정은 계주(桂州)지사로 있으면서 반란을 일으킨 농지고(儂智高)를 평정하는 데 큰 공을 세워, 뒤에 공부시랑(工部侍郞)이 되었다. 이 대목은 인종 지화(至和) 3년

(1056)의 일임.

㉓ 粗成(조성)－대강 이루어지다.

㉔ 發之(발지)－이룩된 올바른 도를 발휘하는 것.

㉕ 向之(향지)－전에. 그 전에. ○慕望愛悅(모방애열)－흠모하고 우러러보며 사랑하고 좋아하는 것. 앞에 든 여섯 사람에 대한 작자의 감정을 표현한 말임.

㉖ 潸焉(산언)－눈물을 줄줄 흘리는 모양.

㉗ 汲汲(급급)－쉬지 않는 모양. 서두르는 모양.

㉘ 遽(거)－갑자기. 황급히.

㉙ 萬里外(만리외)－만리 밖에. 여정은 청주(靑州), 채양은 복주(福州)의 지사로 나가 있었다.

㉚ 叫呼(규호)－소리치는 것. ○攀援(반원)－부여잡고 올라가는 것.

㉛ 痼(고)－고질. 병이 깊이 들어 오래된 것.

㉜ 遽已(거이)－갑자기 그만두다. 갑자기 중지하다.

㉝ 巉刻(참각)－참각(劖刻). 깎고 새기는 것. ○斬截(참절)－베고 자르는 것. 모두 문장을 심하게 다듬는 일에 비유한 말임.

㉞ 渾浩流轉(혼호유전)－큰 물이 질펀히 흐르며 감도는 것.

㉟ 黿(원)－큰 자라. ○蛟(교)－교룡.

㊱ 萬怪(만괴)－만 가지 괴이한 것. ○惶惑(황혹)－당혹하고 미혹케 하는 것. 정신을 못차리게 하는 것.

㊲ 抑遏蔽掩(억알폐엄)－억누르고 막고 가리고 덮는 것.

㊳ 淵然(연연)－깊숙한 모양. 심오한 모양.

㊴ 蒼然(창연)－파란 모양.

㊵ 迫視(박시)－가까이 가서 보는 것.

㊶ 紆餘(우여)－이리저리 굽은 모양. ○委備(위비)－모든 것을 두루 갖추는 것.

㊷ 往復(왕복)－왔다갔다 하는 것. ○百折(백절)－무수히 꺾이어지는 것.

㊸ 條達(조달)－글의 조리(條理)가 잘 통달되는 것. ○疏暢(소창)－글뜻이 거침없이 잘 소통되는 것.

㊹ 急言(급언)－다급히 말하다. 급박하게 표현하다. ○竭論(갈론)－이론을 다

펴는 것.

㊺ 容與(용여)－여유가 있는 것. ㅇ閑易(한이)－한가하고 안락한 것.

㊻ 李翺(이고)－당(唐)대의 문인. 자는 습지(習之). 한유(韓愈)에게 고문(古文)을 배웠다. 진사(進士)가 된 뒤에도 성질이 강직하여 벼슬길은 여의치 못하였다. 산남동도절도사(山南東道節度使)를 지냈다.

㊼ 黯然(암연)－맥이 빠지고 기운이 없는 모양. 어두운 모양.

㊽ 油然(유연)－새로 솟아나는 모양.

㊾ 俯仰(부앙)－몸을 숙이고 젖히고 하는 것. 곧 몸을 움직임. ㅇ揖遜(읍손)－겸손한 것. 점잖은 것.

㊿ 陸贄(육지)－당(唐)나라 때의 학자. 자는 경여(敬與). 성격이 충실하고 곧았으며, 진사가 된 뒤 덕종(德宗) 때 한림학사(翰林學士)가 되었다. 많은 좋은 계책을 내고 곧은말을 많이 하여, 나라의 중요한 일들이 그에 의하여 결정되었으므로 사람들이 '내상(內相)'이라 불렀다 한다. 중서시랑(中書侍郎)·동평장사(同平章事)까지 지냈으며, 그의 글은 주의(奏議)로써 특히 유명하다.

(51) 遣言(견언)－말의 사용. 문장의 표현. ㅇ措意(조의)－뜻의 표현.

(52) 切近(절근)－아주 사실에 가깝게 표현하는 것. ㅇ的當(적당)－확실하고 정확하게 표현하는 것.

(53) 不爲諂(불위첨)－아첨이 되지 않다.

(54) 當之(당지)－그 칭송하는 말을 듣기에 합당한 것.

(55) 譽人以求其悅己(예인이구기열기)－남을 칭송함으로써 그 사람이 자기를 좋아하게 하려는 것.

(56) 草野泥塗(초야니도)－초야의 진흙. 시골에 형편없는 처지로 지내는 것을 뜻함.

(57) 徒手(도수)－맨손. ㅇ咫尺之書(지척지서)－짧은 글. 길지 않은 편지.

(58) 自托(자탁)－스스로 위탁하다. 스스로 기탁하다.

(59) 刻意(각의)－뜻을 세우는 것. ㅇ厲行(여행)－힘써 행하는 것. 올바른 행실에 힘쓰는 것.

(60) 內顧(내고)－안으로 돌아보다. 반성하는 것.

㉑ 兀然(올연)−우뚝한 모양. 꼿꼿한 모양. ○端坐(단좌)−똑바로 앉다. 단정 히 앉다.

㉒ 惶然(황연)−당황하는 모양. 어쩔 줄 모르는 것.

㉓ 駭然(해연)−놀라는 모양.

㉔ 豁然(활연)−탁 트이는 모양. 환한 모양.

㉕ 自出其言(자출기언)−스스로 그러한 말을 내다. 자신이 그러한 글을 짓는 것을 뜻함.

㉖ 渾渾乎(혼혼호)−깊고 큰 모양. 심대(深大)해지는 것.

㉗ 洪範論(홍범론)−사론(史論)과 함께 소순이 지은 글 제목.

㉘ 區區(구구)−잡다한 모양.

㉙ 求人之知己(구인지지기)−남이 자기를 알아주기를 바라는 것.

㉚ 不宣(불선)−하고 싶은 말이 많으나 다 하지 못하고 이만 그친다는 뜻.

해설　구양수에게 올린 글이다. '내한(內翰)'은 한림(翰林)의 별칭으로, 이 때 구양수는 한림원(翰林院)의 시독학사(侍讀學士)로 있었다. 구양수뿐 만이 아니라 범중엄(范仲淹) 등 당시 조정에서 활약하던 강직한 여섯 군 자들을 흠모하는 정을 나타낸 뒤에, 구양수의 문장을 극구 칭송하면서 만 나뵙게 되기를 요청하고 있다. 그리고 자기 자신의 학문과 문장 능력에 대하여도 스스로 선전하는 일도 잊지 않고 있다.

이러한 상대방에 대한 칭송과 자신에 대한 자찬이 아첨으로 보이기 쉽 다는 점은 소순 자신도 의식하고 있는 일이다. 그러나 이러한 칭송과 자 찬은 사실이고 진정한 것이기에 아첨이 될 수 없다는 신념을 갖고 이 글 을 쓰고 있다.

이 글을 읽어 보면 소순이 그의 아들 소식(蘇軾)·소철(蘇轍)과 함께 구양수의 문하로 들어가 고문(古文)의 대가가 되고, 한때 문호로서 이름 을 날리게 되었음은 당연한 일이라 여겨진다. 더구나 25세에 공부를 시작 하여 스스로도 대성(大成)한 위에 자기 두 아들까지도 대가로 길러낸 소 순의 의지와 노력에는 머리가 숙여진다.

상전추밀서(上田樞密書)

소순(蘇洵)

하늘이 우리에게 자질을 부여해 준 까닭이 어찌 우연한 일이겠습니까? 요(堯)임금도 자질을 단주(丹朱)에게 부여할 수가 없었고, 순(舜)임금도 자질을 상균(商均)에게 부여할 수가 없었으며, 고수(瞽瞍)는 또한 그것을 순으로부터 뺏을 수도 없었던 것입니다. 그것은 그의 마음을 통하여 발휘되고 그의 말을 통하여 표현되고 그의 일을 통하여 드러나는 것이어서, 확고하게 바뀌어질 수가 없는 것입니다. 성인(聖人)도 남에게 물려줄 수가 없고, 아버지도 그의 아들로부터 빼앗을 수가 없는 것입니다. 이것으로써 하늘이 우리에게 자질을 부여해 준 까닭은 우연한 일이 아님을 알 수 있습니다.

자질을 우리에게 부여해 주신 까닭은 반드시 우리를 쓸 곳이 있기 때문입니다. 우리가 그것을 알고서도 그것으로 행동을 하지 못하고 그것으로 사람들에게 일러주지 못한다면, 하늘은 진실로 쓰시려 하는데도 우리가 실은 그것을 방치하는 것입니다. 이것을 '하늘을 버리는 것[棄天]'이라 부릅니다. 스스로를 비하하면서 그의 말이 받아들여지기를 바라며, 스스로를 낮추면서 그의 도(道)가 쓰여지기를 바라기도 하는데, 하늘이 우리에게 자질을 부여해준 까닭이 무엇이길래 우리가 그처럼 행동한다는 것입니까?

그것을 '하늘을 모독하는 것[褻天]'이라 부릅니다. '하늘을 버리는 것'도

우리의 죄이고 '하늘을 모독하는 것'도 우리의 죄입니다. '버리지도' 않고 '모독하지도' 않는데도 사람들이 나를 쓰지 않는다면, 그것은 나를 쓰지 않는 사람들의 죄가 됩니다. 이것을 '하늘을 거역하는 것[逆天]'이라 부릅니다.

그러니 '하늘을 버리는 것'과 '하늘을 모욕하는 것'은 그 책임이 나에게 있고, '하늘을 거역하는 것'은 그 책임이 남에게 있는 것입니다. 책임이 내게 있는 것은, 내가 나의 힘으로 할 수 있는 것들을 다함으로써 하늘이 나에게 자질을 부여하신 뜻에 보답하면서 온 천하와 후세 사람들의 비평을 면하도록 하기만 하면 됩니다. 그러나 책임이 남에게 있는 일은 나로서야 어찌 알 수가 있겠습니까? 저는 제 한 몸의 책임을 면하려 하는 데에도 겨를이 없거늘 남을 위하여 걱정할 겨를까지야 있겠습니까?

공자와 맹자께서 불우하실 때에는 길거리에서 늙어가고 있는 형편이었지만, 게을리하지 않으시고 성내지 않으시고 부끄러워하지 않으시고 기운을 잃지 않으셨던 것은 진실로 그 책임이 있는 곳을 알고 계셨기 때문입니다. 위(衛) 영공(靈公)·노(魯) 애공(哀公)·제(齊) 선왕(宣王)·양(梁) 혜왕(惠王)의 무리들은 함께 어울리어 뜻있는 일을 하기에는 부족한 사람들이라는 것은 우리 모두가 알고 있는 일이지만, 그러나 그분들로서는 나의 마음을 다할 따름이었던 것입니다.

나의 마음을 다하지 않는다면 천하와 후세 사람들이 위 영공·노 애공·제 선왕·양 혜왕의 무리들을 책임 추궁할 방법이 없게 될런지도 모르고, 또 그들 스스로가 그 책임에 대하여 변명할 근거가 있게 될지도 모른다고 두려워했던 것입니다. 그렇게 되었다면 공자와 맹자께서는 지하에서도 눈을 제대로 감지 못하였을 것입니다.

성인과 현인의 마음쓰임은 진실로 이와 같습니다. 이와 같이 하면서 살아가고, 이와 같이 하면서 죽어가고, 이와 같이 하면서 빈천히 지내기도 하고, 이와 같이 하면서 부귀를 누리기도 합니다. 그리고 올라가서는 하늘처럼 되고, 가라앉으면 심연(深淵)처럼 되고, 흐르면 냇물처럼 되고,

멈춰지면 산처럼 됩니다. 그들이 나의 일에 간섭하지 않으면 나의 일은 그것으로 끝나게 됩니다.

제가 괴이하게 생각하는 것은, 후세의 현명한 사람들은 그 자신을 스스로 처치하지 못하고 굶주림과 헐벗음과 궁함과 곤경을 이겨내지 못하게 되면 남에게 구원을 소리치게 되는 것입니다. 아아! 내가 진실로 굶주림과 헐벗음과 곤경과 궁함으로 인하여 죽게 된다면 천하와 후세 사람들의 책임 추궁을 할 상대가 반드시 있게 될 것입니다. 저편에서 그들 자신들의 책임을 스스로 책임질 걱정을 하도록 하지 아니하고, 내가 그 책임을 가져다가 내 자신에게 씌워놓는다면 또한 잘못된 일이 아니겠습니까?

지금 저와 같은 못난 사람이 어찌 감히 스스로 성현들의 대열에 끼려 들겠습니까? 그러나 저의 마음만은 매우 스스로를 가벼이 하지 않으려는 바가 있습니다. 왜 그런고 하니 천하의 학자들이 어느 누가 한꺼번에 성인의 영역에 이르려고 하지 않겠습니까? 그러나 그가 성공하지 못했을 때에는 올바른 도에 가까운 한마디 말을 구하려 해도 할 수가 없기 때문입니다.

천금(千金)의 부잣집 아들은 남을 가난하게 할 수도 있고 남을 부하게 할 수도 있지만, 하늘이 부여하지 않는다면 비록 남을 가난하게 하고 남을 부하게 할 수 있는 권세를 가졌다 할지라도 올바른 도에 가까운 한마디 말은 구하려 해도 구할 수가 없습니다. 천자의 재상은 사람을 살릴 수도 있고 사람을 죽일 수도 있지만, 하늘이 부여하지 않는다면 비록 사람을 살리고 사람을 죽일 수 있는 권세를 가졌다 할지라도 올바른 도에 가까운 한마디 말은 구하려 해도 구할 수가 없는 것입니다.

지금 저는 성인과 현인의 술법에 힘을 써 온 지 매우 오래되었습니다. 저의 이론과 저의 문장이 과연 지금 세상에 유용할 수 있을런지, 그리고 후세에 전하여질 수 있을지 없을지 비록 알 수는 없지만, 홀로 괴이하게 여기는 것은 그것들을 터득하는 데에 수고를 하지 않아도 되고, 마음속

으로 사색을 하게 되면 마치 누가 끌어 일으켜 주는 듯하며, 마음속에 그
것을 터득하여 그것을 종이에 쓰게 되면 마치 누가 도와주는 듯이 됩니
다. 그러니 어찌 올바른 도에 가까운 것이 한마디도 없겠습니까?

천금의 부자 자식과 천자의 재상이 구하여도 얻지 못하는 것이 하루아
침에 제게 있게 되었던 것입니다. 그러므로 제 마음속으로 그것을 지녔
음을 자부하고 있는데, 아마도 하늘은 그것을 나에게 부여해 주신 까닭
이 있을 것입니다.

옛날에 선생님을 익주(益州)에서 뵈었는데, 그때의 글은 얕고 좁아서
가소로웠습니다. 굶주림과 헐벗음과 궁함과 곤경이 마음을 어지럽히고,
글의 성률(聲律)과 잡된 지식이 그 위에 그 몸을 파괴하고 있어서 볼 것
이 없었습니다. 이미 몇년 이래로 산야(山野)에 물러나 살면서 세상으로
부터 영영 버려진 것을 자신의 분수로 여기며 세속과 날로 멀리 떨어져
가서, 온 정력을 문장에 크게 발휘할 수 있게 되었습니다.

《시경(詩經)》작자들의 여유와 자유스러움, 《초사(楚辭)》작자들의 맑
음과 깊음, 맹자·한유의 온화함과 진실함, 사마천(司馬遷)·반고(班固)
의 빼어남과 강함, 손자(孫子)·오자(吳子)의 간결함과 절실함 등이 그곳
으로 향하려 하기만 하면 뜻대로 이루어지지 않는 게 없게 된 것입니다.

일찍부터 이렇게 생각해 보았습니다. 한(漢)나라 동중서(董仲舒)는 성
인의 경전을 터득했었지만, 그의 잘못은 우활(迂闊)함으로 흘러갔다는
것입니다. 조조(鼂錯)는 성인의 권도(權道)는 터득하였지만, 그의 잘못은
사도(詐道)로 흘러갔다는 것입니다. 이들 두 사람의 재능을 지녔으면서
도 다른 곳으로 흘러가지 않았던 이는 가의(賈誼)라 할 것입니다. 애석
하게도 지금 세상에서는 저는 그러한 사람을 보지 못하였습니다. 이에
두 편의 책론(策論)을 지어 〈심세(審勢)〉·〈심적(審敵)〉이라 제목을 붙
였고, 글 열 편을 지어 〈권서(權書)〉라 제목을 붙였습니다.

제게는 산 속의 밭 1경(頃)이 있어서 흉년만 아니라면 굶주림이 없을
수 있고, 힘써 농사지으며 쓰는 것을 절약하면 스스로 늙기까지 살기에

도 족할 것입니다. 이 못난 자신은 아까울 게 없으나 하늘이 부여해 주신 것은 차마 버릴 수도 없고 또한 감히 더럽힐 수도 없습니다. 선생님의 명성은 천하에 가득 찼고, 천하 선비들을 쓰고 쓰지 않고 하는 것은 선생님께 달려 있습니다.

그러므로 감히 이른바 책론 두 편과 권서 열 편을 바치는 바입니다. 평생에 지은 글은 멀어서 많이 보내드릴 수가 없으나, 〈홍범론(洪範論)〉과 〈사론(史論)〉 열 편을 근래 내한(內翰) 구양수(歐陽修)공에게 바쳤습니다. 생각컨대, 선생님께서는 그분과 더불어 아침저녁으로 어울리시어 천하의 일을 의논하고 계실 것이니, 그 글들도 선생님 앞에 펴지게 될 수 있을 것이라 믿습니다.

그 말들이 쓸 만한 것인가, 또 그 사람을 귀하게 해줄 만한가 어떤가는 선생님께서 결정하실 일이며 선생님의 책임이기도 합니다. 제가 어찌 관여할 일이겠습니까?

【원문】 天之①所以與我者가 夫豈偶然哉아? 堯不得以與②丹朱요 舜不得以與③商均이오 而④瞽瞍不得奪諸舜이라. 發於其心하며 出於其言하며 ⑤見於其事하여 確乎其不可易也라. 聖人不得以與人이오 父不得奪諸其子라. 於此見天之所以與我者가 不偶然也라.

夫其所以與我者는 必有以用我也라. 我知之나 不得行之하고 ⑥不以告人이면 天固用之어늘 我實⑦置之라. 其名曰棄天이라. 自卑以求⑧幸其言하며 自少以求用其道인댄 天之所以與我者何如완대 而我如此也오?

其名曰^⑨褻天이라. 棄天我之罪也며 褻天亦我之罪也라. 不棄
기 명 왈 설 천　　　기 천 아 지 죄 야　　　설 천 역 아 지 죄 야　　　불 기

不褻而人不我用은 不我用之罪也라. 其名曰逆天이라.
불 설 이 인 불 아 용　　불 아 용 지 죄 야　　　기 명 왈 역 천

然則棄天褻天者는 其責在我하고 逆天者는 其責在人이라. 在
연 즉 기 천 설 천 자　　기 책 재 아　　　역 천 자　　기 책 재 인　　　　재

我者는 吾將盡吾力之所能爲者하여 以^⑩塞夫天之所以與我之意
아 자　　오 장 진 오 력 지 소 능 위 자　　　이 색 부 천 지 소 이 여 아 지 의

하고 而求免夫天下後世之^⑪譏라. 在人者는 吾何知焉이리오? 吾
　　　이 구 면 부 천 하 후 세 지　기　　재 인 자　　오 하 지 언　　　　　오

求免夫一身之責之^⑫不暇어니 而暇爲人憂乎哉아?
구 면 부 일 신 지 책 지　불 가　　이 가 위 인 우 호 재

孔子孟軻之不遇에　^⑬老於道途하되 而不^⑭倦不慍不怍不沮者는
공 자 맹 가 지 불 우　　노 어 도 도　　　이 불　권 불 온 부 작 부 저 자

夫固知夫責之所在也니라. ^⑮衛靈魯哀齊宣梁惠之徒가 不足相與
부 고 지 부 책 지 소 재 야　　　위 영 노 애 제 선 양 혜 지 도　　부 족 상 여

以^⑯有爲也를 我亦知之也로되　^⑰抑將盡吾心焉耳라.
이　유 위 야　아 역 지 지 야　　　억 장 진 오 심 언 이

吾心之不盡이면 吾恐天下後世가 無以責夫衛靈魯哀齊宣梁惠
오 심 지 부 진　　오 공 천 하 후 세　　무 이 책 부 위 영 노 애 제 선 양 혜

之徒요 而彼亦將有以^⑱辭其責也라. 然則孔子孟軻之目이 將^⑲不
지 도　　이 피 역 장 유 이　사 기 책 야　　　연 즉 공 자 맹 가 지 목　　장 불

瞑於地下矣라.
명 어 지 하 의

夫聖人賢人之用心也가 固如此라. 如此而生하고 如此而死하고
부 성 인 현 인 지 용 심 야　　고 여 차　　여 차 이 생　　　여 차 이 사

如此而貧賤하고 如此而富貴라. 升而爲天하고 沈而爲淵하고 流
여 차 이 빈 천　　　여 차 이 부 귀　　승 이 위 천　　　침 이 위 연　　　유

而爲川하고 止而爲山이라. 彼不^⑳預吾事니 吾事^㉑畢矣라.
이 위 천　　지 이 위 산　　　피 불　예 오 사　　오 사　필 의

竊怪夫後之賢者가 不能自處其身也하고 飢寒窮困之不勝而
절 괴 부 후 지 현 자　　불 능 자 처 기 신 야　　　기 한 궁 곤 지 불 승 이

^㉒號於人이라. 嗚呼라! 使吾誠死於飢寒困窮耶인댄 則天下後世
호 어 인　　　오 호　　사 오 성 사 어 기 한 곤 궁 야　　　즉 천 하 후 세

之責이 將^㉓必有在니라. ^㉔彼其身之責을 不自任以爲憂하고 而我
지책　　장　필유재　　　피기신지책　　부자임이위우　　　이아

取而加之吾身이면 不亦過乎아?
취이가지오신　　불역과호

今洵之不肖가 何敢亦自列於聖賢이리오? 然其心이 有所甚不
금순지불초　하감역자열어성현　　　연기심　유소심부

自輕者라. 何則고 天下之學者가 孰不欲^㉕一蹴而造聖人之域이리
자경자　하즉　천하지학자　숙불욕　일축이조성인지역

오? 然及其不成也엔 求一言之^㉖幾乎道나 而不可得也라.
연급기불성야　구일언지　기호도　　이불가득야

^㉗千金之子는 可以貧人이며 可以富人이나 非^㉘天之所與면 雖
천금지자　가이빈인　　가이부인　　비　천지소여　　수

以貧人富人之權으로도 求一言之幾乎道나 不可得也라. 天子之
이빈인부인지권　　　구일언지기호도　불가득야　　천자지

宰相이 可以生人이며 可以殺人이나 非天之所與면 雖以生人殺
재상　가이생인　　가이살인　　비천지소여　　수이생인살

人之權으로도 求一言之幾乎道나 不可得也라.
인지권　　　구일언지기호도　불가득야

今洵用力於聖人賢人之術이 亦已久矣라. 其言語와 其文章이
금순용력어성인현인지술　역이구의　기언어　기문장

雖不識其果可以有用於今이며 而傳於後與否나 ^㉙獨怪夫得之之
수불식기과가이유용어금　이전어후여부　독괴부득지지

不勞하여 方其^㉚致思於心也에 ^㉛若或起之하며 得之心而書之紙
불로　　방기　치사어심야　약혹기지　　득지심이서지지

也에 ^㉜若或相之라. 夫豈無一言之幾於道者乎아?
야　약혹상지　부기무일언지기어도자호

千金之子와 天子之宰相이 求而不得者가 ^㉝一旦在己라. 故로
천금지자　천자지재상　구이부득자　일단재기　　고

其心得以自負하니 或者天其亦有以與我也아?
기심득이자부　혹자천기역유이여아야

曩者에 見執事於^㉞益州하니 當時之文이 淺狹可笑라. 飢寒窮
낭자　견집사어　익주　　당시지문　천협가소　　기한궁

困이 亂其心하고 而^㉟聲律記問이 又從而破壞^㊱其體하여 不足觀
곤　난기심　　이　성률기문　우종이파괴　기체　　부족관

也己라. 數年來에 退居山野하니 ③⑦自分永棄하고 與世俗日③⑧疎濶
야 이　수년래　퇴거산야　　자분영기　　여세속일　소활

하여 得以③⑨大肆其力於文章이라.
득이　대사기력어문장

⑷⓪詩人之優遊와 ④①騷人之淸深과 孟韓之④②溫醇과 ④③遷固之雄剛
시인지우유　소인지청심　맹한지　온순　천고지웅강

과 ④④孫吳之簡切이 ④⑤投之所向에 無不如意라.
손오지간절　투지소향　무불여의

嘗試以爲④⑥董生은 得聖人之經이나 其失也流而爲④⑦迂라. ④⑧鼂
상시이위　동생　득성인지경　기실야류이위　우　조

錯는 得聖人之④⑨權이나 其失也流而爲⑤⓪詐라. 有二子之才而不流
조　득성인지　권　기실야류이위　사　유이자지재이불류

者는 其惟⑤①賈生乎인저! 惜乎아 今之世에 愚未見其人也로라. 作
자　기유　가생호　석호　금지세　우미견기인야　작

⑤②策二道曰；審勢審敵이오 作⑤③書十篇曰；權書라.
책이도왈　심세심적　작　서십편왈　권서

洵有山田一⑤④頃하니 非凶歲면 可以無飢요 力耕而節用이면 亦
순유산전일　경　비흉세　가이무기　역경이절용　역

足以⑤⑤自老라. 不肖之身은 不足惜이로되 而天之所與者를 不忍
족이　자로　불초지신　부족석　이천지소여자　불인

棄요 且不敢褻也라. 執事之名이 滿天下하고 天下之士의 用與不
기　차불감설야　집사지명　만천하　천하지사　용여불

用이 在執事라.
용　재집사

故로 敢以所謂策二道와 權書十篇으로 爲獻하노라. 平生之文이
고　감이소위책이도　권서십편　위헌　평생지문

遠不可多致나 有⑤⑥洪範論史論十篇하여 近以獻內翰歐陽公이라.
원불가다치　유　홍범론사론십편　근이헌내한구양공

⑤⑦度執事與之朝夕相從하여 議天下之事하니 則斯文也其亦庶乎
탁집사여지조석상종　의천하지사　즉사문야기역서호

⑤⑧得陳於前矣리라.
득진어전의

若夫言之可用과 與其身之可貴與否者는 執事事也요 執事責
약부언지가용　여기신지가귀여부자　집사사야　집사책

也라. **於洵**에 **何有哉**리오?
야   어 순   하 유 재

주해 ① 所以與我(소이여아)-내게 자질을 부여해 준 까닭. 여기의 자질은 특히 학문과 글의 재주를 가리킨다.

② 丹朱(단주)-요(堯)임금의 아들. 아둔하여 임금자리를 순(舜)에게 물려주었다.

③ 商均(상균)-순임금의 아들. 역시 어리석어 순임금은 임금자리를 우(禹)에게 물려주었다.

④ 瞽瞍(고수)-순임금의 아버지. 순임금이 어렸을 적에 계모와 함께 학대한 것으로 유명하다.

⑤ 見(현)-드러나다.

⑥ 不以告人(불이고인)-하늘에게서 부여받은 자질을 근거로 사람들에게 애기해 주지 않다. 곧 조정에 나가 정치에 참여하거나, 물러나 젊은이들을 가르치지 않음을 뜻한다.

⑦ 置之(치지)-방치하다. 버려두다.

⑧ 幸其言(행기언)-자기 말이 남에게 받아들여지는 것.

⑨ 褻(설)-함부로 하다. 모독하다.

⑩ 塞(색)-막다. 충당하다. 보답하다.

⑪ 譏(기)-욕하다. 비평하다.

⑫ 不暇(불가)-겨를이 없다. 틈이 없다.

⑬ 老於道塗(노어도도)-길거리에서 늙다. 자기의 이상을 추구하며 돌아다니는 사이에 나이가 먹어 늙음을 뜻한다.

⑭ 倦(권)-게을리하는 것. ○慍(온)-성내다. 화를 내다. ○怍(작)-부끄러워하다. ○沮(저)-기운을 잃다. 기세를 잃다.

⑮ 衛靈(위영)-위나라 영공. 노(魯)나라 애공(哀公)과 함께 공자가 활약하던 때의 제후로, 모두 공자를 만났으나 공자의 가르침을 받아들이지 않았다. ○齊宣(제선)-제나라 선왕. 양(梁) 혜왕(惠王)과 함께 맹자 시대의 제후들로, 《맹자》 속에는 이들과 맹자의 대화가 많은 분량 들어 있다.

⑯ 有爲(유위) - 뜻있는 일을 하는 것.

⑰ 抑(억) - 그러나. 또한.

⑱ 辭(사) - 변명을 하는 것.

⑲ 不瞑(불명) - 눈을 제대로 감지 못하는 것.

⑳ 預(예) - 간섭하다. 상관하다.

㉑ 畢(필) - 끝나다. 그만이다.

㉒ 號於人(호어인) - 남에게 소리쳐서 구원을 요청하는 것.

㉓ 必有在(필유재) - 반드시 있는 곳이 있다. 반드시 자기가 가난하게 살다 죽은 책임을 추궁할 상대가 있다는 뜻.

㉔ 彼(피) - 책임을 질 사람. 자기를 임용치 않은 사람을 가리킴.

㉕ 一蹴(일축) - 단번에. 바로. ○造(조) - 이르다.

㉖ 幾乎道(기호도) - 올바른 도에 가까운 것.

㉗ 千金之子(천금지자) - 천금을 지닌 부잣집 자식.

㉘ 天之所與(천지소여) - 하늘이 부여한 자질. 역시 학문과 문장의 재능을 주로 뜻한다.

㉙ 獨怪(독괴) - 홀로 괴이하게 여기다. ○得之(득지) - 성현의 학문과 이상을 터득하는 것. 학문과 문장을 이해하는 것.

㉚ 致思(치사) - 사색을 하다.

㉛ 若或起之(약혹기지) - 어떤 이가 자기 생각을 끌어 일으켜 주는 듯하다는 뜻.

㉜ 若或相之(약혹상지) - 어떤 존재가 자기 글 쓰는 것을 도와주듯 슬슬 잘 쓰여진다는 뜻.

㉝ 一旦(일단) - 하루아침에. 돌연히 또는 뜻하지 않게 갑자기 된 것을 뜻한다.

㉞ 益州(익주) - 지금 사천성(四川省)의 고을 이름. 소순은 그 고장 사람이었다.

㉟ 聲律(성률) - 문장을 짓는 데 있어서의 글자들의 성조(聲調)와 음률에 관한 규범. 문장을 아름답게 표현하는 방법을 뜻함. ○記問(기문) - 여러 가지 기록과 물음을 통해서 얻어진 잡다한 지식들을 가리킴.

㊱ 其體(기체) - 문장의 체. 따라서 위의 기심(其心)은 문장의 내용을 뜻한다.

㊲ 自分永棄(자분영기) - 세상으로부터 영원히 버려진 것을 스스로의 분수라 여기다.

㊳ 踈闊(소활)－관계가 멀어지는 것.

㊴ 大肆(대사)－크게 멋대로 발휘하는 것.

㊵ 詩人(시인)－《시경(詩經)》의 작자를 가리킴. ㅇ優遊(우유)－여유있고 자유스러운 것. 한가하고 자득(自得)한 모양.

㊶ 騷人(소인)－《초사(楚辭)》의 작자. 서정적인 부(賦)의 작자.

㊷ 溫醇(온순)－온화하고 진실된 것.

㊸ 遷固(천고)－전한(前漢) 《사기(史記)》의 작자인 사마천(司馬遷)과 후한(後漢) 《한서(漢書)》의 작자인 반고(班固).

㊹ 孫吳(손오)－전국시대 병가(兵家)인 손빈(孫臏)과 오기(吳起). 각각 병서(兵書)로 《손자(孫子)》와 《오자(吳子)》를 남기고 있다. ㅇ簡切(간절)－간결하고도 절실한 것.

㊺ 投(투)－몸을 던지는 것. 일정한 방향으로 행동을 하는 것.

㊻ 董生(동생)－한(漢) 무제(武帝) 때의 유학자인 동중서(董仲舒). 《춘추번로(春秋繁露)》의 작자임.

㊼ 迂(우)－우활(迂闊)한 것. 사실과 거리가 먼 것.

㊽ 鼂錯(조조)－한나라 문제(文帝) 때의 학자. 냉혹한 정치가로 유명하다.

㊾ 權(권)－권도(權道). 임기응변(臨機應變)하는 도리.

㊿ 詐(사)－사도(詐道). 남을 속이는 술책을 쓰는 것.

(51) 賈生(가생)－한나라 초기의 가의(賈誼). 문제(文帝) 때의 박사였고, 부(賦) 작가로 유명하다.

(52) 策(책)－대책(對策)·책론(策論). 임금이 질문한 책문(策問)에 대한 응답으로 쓰여진 글임. ㅇ二道(이도)－두 편. 도(道)는 책론을 세는 단위. 〈심세〉·〈심적〉의 두 편은 가의가 지은 책론을 모범으로 하여 지은 것이다.

(53) 書十篇(서십편)－글 열 편. 〈심술(心術)〉·〈법술(法術)〉·〈공수(攻守)〉·〈강약(强弱)〉·〈용간(用間)〉의 다섯 편과 〈고조론(高祖論)〉·〈항적론(項籍論)〉·〈자공론(子貢論)〉·〈손무론(孫武論)〉·〈육국론(六國論)〉의 다섯 편. ㅇ權書(권서)－권(權)에 관한 글의 뜻.

(54) 頃(경)－넓이의 단위. 대략 1경은 8헥타르임.

(55) 自老(자로)－스스로의 힘으로 늙도록 잘 살아가는 것.

㊱ 洪範論(홍범론)-〈사론(史論)〉과 함께 앞의 〈상구양내한서(上歐陽內翰書)〉에서도 작자가 구양수에게 보냈다고 한 글임.

㊲ 度(탁)-헤아리다. 생각하다.

㊳ 得陳於前(득진어전)-선생님 앞에 벌려지게 될 것이다. 곧 선생님 앞에 펼쳐져서 읽어볼 수 있게 될 것이라는 뜻.

해설 이 글은 〈전추밀(田樞密)에게 올리는 글〉이다. 전추밀은 전황(田況)으로 자는 원균(元均)이다. 이때 추밀원부사(樞密院副使)를 지내고 있었다. 앞의 〈상구양내한서〉나 마찬가지로 자기의 포부와 학문 및 문장 수양을 구구히 설명하면서 취직운동을 한 편지이다.

  소순은 고향인 사천성(四川省)으로부터 서울로 멀리 떠나와 이러한 글들을 요로에 보내며 취직운동을 했던 것이다. 그러는 중에도 자기 학문과 문학의 이념을 버리지 않고 추구하고 있다는 점은 존경할 만한 일이다.

명이자설(名二子說)

소순(蘇洵)

　수레바퀴와 수레바퀴 살과 수레 덮개와 수레 뒤의 가로나무는 모두 수레에서 맡은 일이 있으나, 수레 앞 가로나무만은 홀로 하는 일이 없는 것 같다. 그렇더라도 수레 앞 가로나무를 없애버리면 우리는 그것이 온전한 수레가 된다고는 보지 않는다. 식(軾)아! 나는 네가 겉치레를 않음을 두려워한다.

　천하의 수레는 수레의 바퀴자국을 따라가지 않음이 없으나, 수레의 공로를 말함에 수레의 바퀴자국은 끼어들지 않는다. 그렇지만 수레가 넘어지고 말이 죽어도 재난이 수레의 바퀴자국에는 이르지 않는다. 이 수레의 바퀴자국이라는 것은 화(禍)와 복(福) 사이에 있는 것이다. 철(轍)아! 나는 네가 화를 면할 것임을 알겠구나.

원문 ①輪輻蓋軫이 皆有職乎車로되 而②軾獨若無所爲者라. 雖然
　　　윤 폭 개 진　개 유 직 호 거　　이 식 독 약 무 소 위 자　　수 연

이나 去軾則吾未見其爲完車라. 軾乎여! 吾懼汝之不③外飾也로라.
거 식 즉 오 미 견 기 위 완 거　식 호　　오 구 여 지 불 외 식 야

天下之車가 莫不由④轍이로되 而言車之功에 轍不與焉이라. 雖
천 하 지 거　막 불 유 철　　이 언 거 지 공　철 불 여 언　　수

然이나 車⑤仆馬斃라도 而患不及轍이라. 是轍者는 ⑥禍福之間이
연　　거 부 마 폐　　이 환 불 급 철　　시 철 자　　화 복 지 간

라. **轍乎**여! **吾知**⑦**免矣**라.
　　철　호　　　오 지　　면 의

(주해)　① 輪輻蓋軫(윤폭개진) − 윤은 수레바퀴. 폭은 바퀴살. 개는 수레 덮개.
　　진은 수레의 뒤에 있는 가로나무.

　② 軾(식) − 수레 앞에 있는 가로나무.

　③ 外飾(외식) − 겉치장. 언행을 꾸며 세상일에 융통성있게 대처하는 것.

　④ 轍(철) − 수레의 바퀴자국.

　⑤ 仆(부) − 넘어지다. ○斃(폐) − 죽다.

　⑥ 禍福之間(화복지간) − 화도 받지 않고 복도 받지 않는 중간.

　⑦ 免(면) − 위험을 모면하는 것.

(해설)　소순(蘇洵)이 두 아들에게 식(軾)과 철(轍)이라는 이름을 지어 준 까
닭을 설명한 글이다. 소순과 소식·소철의 소씨 삼부자는 모두 당송팔대
가로서 유명하다. 소식은 마음속의 생각을 거침없이 말하는 솔직한 성격
이었다. 소순은 아들의 직선적인 언행을 우려하면서 식이라는 이름을 지
어주는 동시에 자첨(子瞻)이란 자를 지어 주었다. 첨(瞻)이란 바라보기만
하고 말을 많이 하지 말라는 뜻이다. 과연 소식은 왕안석(王安石)의 신법
(新法)을 반대하다가 유배되는 등 굴곡이 심한 생애를 보냈다.

　소철은 남을 잘 따르는 유순한 성격을 지녔다. 이에 소순은 철이란 이름
을 지어주고 자유(子由)라는 자를 지어 주었다. 유(由)도 역시 따른다는
뜻이다. 소철은 소순이 짐작한 대로 풍파없이 원만한 생애를 보냈다.

　소순은 두 아들의 성품을 잘 알고 이름을 지어 주었다고 볼 수 있다.

권 8

조주한문공묘비(潮州韓文公廟碑)

소식(蘇軾)

1

평민으로서 백대토록 추앙받는 스승이 되기도 하고, 한마디 말로 천하의 법도가 되게 하기도 한다. 이것은 모두 천지의 조화에 참여하고 천하가 성쇠하는 운명에 관련되는 바가 있어, 그 태어남에는 스스로 태어나게 된 까닭이 있고, 그 죽음에 있어서도 이루어 놓는 일이 있다. 그런 까닭에 주(周)나라 신백(申伯)과 여후(呂侯)는 숭산(嵩山)에서 인간세상으로 내려왔으며, 은(殷)나라 부열(傅說)은 죽은 후 하늘의 별자리가 되었다고 한다. 옛부터 오늘날까지 전해오는 말이니 속임이라 할 수 없다.

맹자가 말하였다. "나는 나의 호연지기를 잘 기른다." 이 기(氣)라는 것은 평범한 것 안에 깃들어져 있으며 하늘과 땅 사이에 가득 차 있다. 갑자기 그것을 만나게 되면 제왕이나 공경(公卿)이라 해도 그의 고귀함을 잃게 되며, 진(晉)나라와 초(楚)나라라 해도 그 부강함을 잃게 되고, 장량(張良)과 진평(陳平)이라 해도 그 지혜로움을 잃게 되며, 맹분(孟賁)과 하육(夏育)이라 해도 그 용맹함을 잃게 되며, 장의(張儀)와 소진(蘇秦)이라 해도 그 구변을 잃게 된다. 이는 무엇이 그렇게 만드는 것일까?

그것은 반드시 일종의 형체에 의거하지 않고 설 수 있으며, 힘에 의지하지 않고도 운행되고, 생명에 의지하지 않고도 존재하며, 죽음에 따라 없어져 버리지도 않는 것일 것이다. 그러므로 하늘에 있으면 별이 되고,

땅에 있으면 강과 산이 되며, 어두운 데에서는 귀신이 되고, 밝은 데에서는 다시 사람이 되는 것이다. 이 이치는 늘 그러한 것이니 괴이하다고 할 것이 없다.

동한(東漢) 이래로 도(道)가 쇠미해지고 문장이 피폐해져 이단의 설이 아울러 일어났다. 당(唐)대에 이르러 정관(貞觀)·개원(開元)의 번창할 때를 지나면서 방현령(房玄齡)·두여회(杜如晦)·요숭(姚崇)·송경(宋璟) 등의 보필이 있었지만 그것을 구제할 수 없었다. 오직 한문공(韓文公)만이 평민으로 입신하여 담소하며 그것을 물리치시니 천하가 쏠리듯이 공을 따라 다시 정도(正道)로 돌아오게 되었는데 지금에 이르기까지 3백여년이 되었다.

문장에 있어서는 8대에 걸친 쇠퇴함을 일으켰고, 도에 있어서는 천하의 타락함을 구해냈으며, 충성심은 임금의 노여움 범하는 것을 두려워하지 않았고, 용맹은 삼군(三軍)의 장수를 승복시킬 만하셨다. 이것이 어찌 천지의 조화에 참여하고 천하의 성쇠에 관계하는 것이 아니겠으며, 호연의 기(氣)로써 홀로 존재하는 것이 아니겠는가?

〔원문〕 ①匹夫而爲百世師하며 一言而爲天下法은 是皆有以②參天
필부이위백세사 일언이위천하법 시개유이 참천

地之化하고 ③關盛衰之運하여 其生也有自來요 其④逝也有所爲
지지화 관성쇠지운 기생야유자래 기 서야유소위

라. 故로 ⑤申呂自嶽降하고 ⑥傅說爲列星하니 古今所傳을 不可
고 신여자악강 부열위열성 고금소전 불가

⑦誣也니라.
무야

孟子曰; ⑧我善養吾浩然之氣라. 是氣也가 ⑨寓於尋常之中하
맹자왈 아선양오호연지기 시기야 우어심상지중

고 而⑩塞乎天地之間이라. ⑪卒然遇之에 ⑫王公失其貴하며 ⑬晉
이 색호천지지간 졸연우지 왕공실기귀 진

楚失其富하며 ⑭良平失其智하며 ⑮賁育失其勇하며 ⑯儀秦失其辯
초실기부 양평실기지 분육실기용 의진실기변

하나니 是孰使之然哉오?
　　시 숙 사 지 연 재

其必有不依形而立하며 不⑰恃力而行하며 不待生而存하며 不
기 필 유 불 의 형 이 립　　불 시 력 이 행　　부 대 생 이 존　　불

隨死而亡者矣라. 故로 在天爲星辰이오 在地爲⑱河嶽이오 ⑲幽
수 사 이 망 자 의　고　재 천 위 성 신　　재 지 위 하 악　　　　유

則爲鬼神이오 而⑳明則復爲人이라. 此理之常이 無足怪者니라.
즉 위 귀 신　이　명 즉 부 위 인　　차 리 지 상　　무 족 괴 자

自㉑東漢以來로 ㉒道喪文弊하여 ㉓異端竝起하니 ㉔歷唐貞觀開
자 동 한 이 래　　도 상 문 폐　　이 단 병 기　　역 당 정 관 개

元之盛하여 ㉕輔以房杜姚宋이라도 而不能救라. 獨韓文公起㉖布
원 지 성　　보 이 방 두 요 송　　이 불 능 구　　독 한 문 공 기 포

衣하여 談笑而㉗麾之하니 天下㉘靡然從公하여 復歸于正이 蓋
의　　담 소 이 휘 지　　천 하 미 연 종 공　　부 귀 우 정　　개

㉙三百年於此矣라.
삼 백 년 어 차 의

文起㉚八代之衰요 而道㉛濟天下之溺하고 忠犯㉜人主之怒요
문 기 팔 대 지 쇠　이 도 제 천 하 지 닉　　충 범 인 주 지 노

而㉝勇奪三軍之帥라. 此豈非參天地關盛衰하여 ㉞浩然而獨存者
이 용 탈 삼 군 지 수　　차 기 비 참 천 지 관 성 쇠　　호 연 이 독 존 자

乎아?
호

주해　① 匹夫(필부)-평범한 남자. 보통 남자. ○百世師(백세사)-1세(世)는
30년, 따라서 3천년을 두고 숭앙받을 스승. 백대를 두고 존경받을 스승.
② 參天地之化(참천지지화)-천지의 조화에 참여하다. 천지지화는 만물을 생
성화육(生成化育)하는 천지의 활동.
③ 關盛衰之運(관성쇠지운)-(천하가) 성하고 쇠하는 운명에 관계하다.
④ 逝(서)-죽음.
⑤ 申呂自嶽降(신여자악강)-신백(申伯)과 여후(呂侯)는 주 선왕(宣王) 때에
주나라를 중흥시켰던 공신. 이들은 숭상(嵩山)의 신령이 세상에 내려왔던
것이라 한다.

⑥ 傳說爲列星(부열위열성)-부열이 별자리의 하나가 되다. 부열은 은나라 때 사람으로 본래 도로 공사장에서 노예로 일했는데 은나라 왕 무정의 눈에 띠어 기용되었고 명재상으로 이름나게 되었다. 전설에 의하면 그가 죽은 후 그의 영혼은 하늘에 올라가 북두성과 기성(箕星)을 연결하는 밧줄을 타고 가다가 기성과 미성(尾星) 사이에 걸터앉아 별자리의 하나가 되었다 한다.

⑦ 誣(무)-속임. 속임의 말.

⑧ 我善養吾浩然之氣(아선양오호연지기)-나는 나의 호연지기를 잘 기른다. 이 말은 《맹자》 공손추 상편에 나오는 말로서, 공손추가 맹자에게 무엇을 잘하는가 묻자 그렇게 답한 것이다. 공손추가 또 '호연지기'가 무엇이냐고 묻자, 맹자는 "기(氣)라고 하는 것은 지극히 크고 지극히 강하며, 곧게 길러서 해됨이 없으면 천지간에 충만하게 된다. 그 기라는 것은 의(義)와 도(道)를 짝하는 것으로 이것이 없으면 이지러지게 된다[其爲氣也, 至大至剛, 以直養而無害, 則塞于天之間. 其爲氣也, 配義與道, 無是, 餒也]." 고 하였다. 결국 호연지기란 도와 의에 근거하는 천지간에 충만한 정기이며, 그것을 잘 기른다는 것은 자기가 타고난 정기를, 도와 의에 따라 행동함으로써 위축되지 않도록 잘 키운다는 뜻이다. 여기서는 한유가 바로 호연지기를 잘 길렀다고 칭송하기 위해 인용되고 있다.

⑨ 寓(우)-깃들다. ㅇ尋常(심상)-심은 8척, 상은 16척의 뜻이 있으므로 얼마 안되는 길이, 곧 평범한 것을 가리킨다.

⑩ 塞(색)-충만하다. 가득 채우다.

⑪ 卒然(졸연)-갑자기. 홀연히.

⑫ 王公(왕공)-제왕과 공경.

⑬ 晉楚(진초)-진나라와 초나라. 춘추전국시대에 가장 부강했던 두 나라.

⑭ 良平(양평)-장량(張良)과 진평(陳平). 한 고조가 천하를 통일하도록 도왔던 지략가.

⑮ 賁育(분육)-맹분(孟賁)과 하육(夏育). 맹분은 제나라, 하육은 위(衛)나라 사람인데 둘 다 용맹하기로 이름이 높았음.

⑯ 儀秦(의진)-장의(張儀)와 소진(蘇秦). 두 사람 모두 전국시대의 외교가

로 변설에 뛰어났으며, 장의는 연횡법을, 소진은 합종법을 주장했음.

⑰ 恃(시)-의지하다.

⑱ 河嶽(하악)-하천과 산악. 강과 산.

⑲ 幽(유)-저승. 어두운 세계.

⑳ 明(명)-이승. 밝은 세계.

㉑ 東漢(동한)-후한. 동도인 낙양에 도읍을 정하였으므로 동한이라 함.

㉒ 道喪(도상)-도가 상실되다. 유학의 도가 끊기었음을 가리킴. ○文弊(문폐)-문장이 피폐해지다. 육조시대를 거치면서 변려문(駢儷文)이 유행하여 형식미만을 추구하는 문장이 유행한 것을 가리킴.

㉓ 異端(이단)-정통이 아닌 사설. 여기서는 유학 이외의 도가와 불가의 학설을 뜻함.

㉔ 歷(역)-지나다. ○貞觀(정관)-당나라 태종의 연호(627~649). ○開元(개원)-당나라 현종의 연호(713~741). 앞의 정관과 함께 나라가 잘 다스려졌던 시기임.

㉕ 輔(보)-보필하다. ○房(방)·杜(두)·姚(요)·宋(송)-방현령·두여회·요숭·송경. 앞의 두 사람은 정관 연간의 명신이었고, 뒤의 두 사람은 개원 연간의 명신이었음.

㉖ 布衣(포의)-무명옷. 평민을 뜻함.

㉗ 麾(휘)-손짓하다. 손을 저어 쫓는 것.

㉘ 靡然(미연)-쏠리듯이. 초목이 바람에 나부끼어 쏠리는 모양.

㉙ 三百年(삼백년)-한유가 활약했던 당 헌종 때로부터 소식이 이 글을 쓴 송 철종 때까지의 기간이 280여년이 되므로 3백년이라 하였음.

㉚ 八代(팔대)-동한(東漢)·위(魏)·진(晉)·송(宋)·제(齊)·양(梁)·진(陳)·수(隋)를 가리킴. 즉 동한 이후로부터 한유의 당(唐) 이전까지의 시기를 가리킴.

㉛ 濟(제)-구하다. 구(救)와 같은 뜻. ○天下之溺(천하지닉)-천하의 사람들이 물에 빠져 헤어나오지 못하는 것.

㉜ 人主之怒(인주지노)-천자의 노여움. 당나라 헌종이 불교에 빠져 불골을 궁중에 들여오려 하자, 한유가 〈논불골표(論佛骨表)〉를 올려 극간했는데,

결국 이 일로 헌종의 노여움을 사 조주로 귀양가게 되었다.

㉝ 勇奪三軍之帥(용탈삼군지수) - 용맹함이 삼군의 장수를 승복시킬 만했다. 3군은 본래는 대제후의 군대란 뜻인데 후에는 대군의 뜻으로 쓰였다. 당나라 목종 때에 진주(鎭州)에서 군란이 일어나 전홍정(田弘正)을 죽이고 왕정주(王廷湊)를 절도사로 옹립하였다. 조정에서 한유를 병부시랑에 임명하여 난을 진압하게 하자, 한유는 목숨을 걸고 왕정주의 진중으로 가 순역(順逆)의 도리를 논함으로써 왕정주를 설복시켰다.

㉞ 浩然而獨存者(호연이독존자) - 호연히 정기를 잘 기름으로써 홀로 당당히 존재하는 것.

2

나는 일찍이 하늘과 사람의 구별을 논하여 이렇게 생각하였다.

'인간은 하지 않는 바가 없으나, 다만 하늘은 거짓을 허용치 않으신다. 지혜는 왕이나 공경(公卿)을 속일 수는 있어도 돼지와 물고기를 속일 수는 없다. 힘은 천하를 얻을 수는 있다 해도 평범한 서민 남녀의 마음까지 얻을 수는 없다.'

그런 까닭에 공의 정성은 형산(衡山)의 구름을 걷히게 할 수는 있어도 헌종(憲宗)의 미혹됨은 돌이킬 수 없었던 것이고, 악어의 포악함을 길들일 수는 있어도 황보박(皇甫鎛)·이봉길(李逢吉)의 비방을 그치게 할 수는 없었던 것이며, 남해의 백성들에게 신망을 얻어 백세토록 제향을 받들게 할 수는 있어도 그 몸을 조정에 있어서는 하루도 편안히 할 수 없었던 것이다. 공이 잘할 수 있었던 것은 하늘의 일이고, 잘할 수 없었던 것은 인간의 일이었던 것 같다.

처음에 조주(潮州) 사람들은 학문을 몰랐었다. 공이 진사 조덕(趙德)에게 명하여 그를 스승으로 삼게 하니 이로부터 조주의 선비들은 모두 문장과 행실에 독실하여져 모든 백성들에까지 미치게 되었고 지금에 이르기까지 다스리기 쉬운 곳으로 일컬어지고 있다. 참이로다!

공자의 말씀에 "군자가 도(道)를 배우면 백성을 사랑하게 되고 소인이
도를 배우면 부리기가 쉬워진다."고 하셨다. 조주 사람들은 공을 섬김에
있어 음식이 있으면 반드시 공께 제사지내고, 홍수나 가뭄이나 질병이
발생할 때 등 도움이 필요한 일이 있으면 반드시 공께 기도하였다. 그
런데 묘당이 자사(刺史)의 관청 뒤에 있어서 백성들이 출입하기가 어
려웠다.

전의 태수가 조정에 청하여 새 묘당을 짓고자 하였으나 결실을 거두지
못했다. 원우(元祐) 5년에 조산랑(朝散郎)인 왕척(王滌)이 이 고을의 태
수로 부임하였는데 선비를 양성하고 백성을 다스리는 모든 일에 있어서
한결같이 공을 본받아 하였으므로 백성들이 기꺼이 복종했다. 그러자 영
(令)이 내려 '공의 묘당을 새로 짓고자 하는 소원을 들어 주겠다'고 하였
다. 백성들은 기꺼이 그 일에 달려들어 조주성(潮州城) 남쪽 7리쯤에 좋
은 터를 잡고 1년만에 묘당을 완성하였다.

어떤 사람이 말하였다.

"공은 국도(國都)에서 만리나 떠나 조주에 귀양왔다가 1년도 못되어
되돌아가셨다. 공이 죽은 후에 비록 지각이 있다 할지라도 조주를 그리
워하지 않을 것은 틀림없다."

내가 대답하였다.

"그렇지 않다. 공의 신이 천하에 있음은 마치 물이 땅속에 있음과 같아
서 가는 곳이면 어디든 있지 않은 곳이 없다. 그런데 조주 사람들은 유독
그를 믿는 것이 깊고, 그리워함이 지극하여 향을 피워 올리고 감동에 젖음
이 마치 그를 직접 보듯한다. 비유컨대 우물을 파서 샘물을 얻은 다음, 물
은 오로지 이곳에만 있다고 말한다면 어찌 이치에 맞는다 하겠는가?"

원문 蓋嘗論①天人之辨하니 以謂人②無所不至요 惟天③不容僞라.

智可以欺王公이로되 不可以欺④豚魚요 力可以得天下로되 不可

以得匹夫匹婦之心이라.
이 득 필 부 필 부 지 심

故로 公之精誠能⑤開衡山之雲이로되 而不能⑥回憲宗之惑하고
고 　 공 지 정 성 능 　 개 형 산 지 운 　 　 　 이 불 능 　 회 헌 종 지 혹

能⑦馴鰐魚之暴로되 而不能⑧弭皇甫鎛李逢吉之謗하고 能信於
능 　 순 악 어 지 포 　 이 불 능 　 미 황 보 박 이 봉 길 지 방 　 　 능 신 어

⑨南海之民하여 ⑩廟食百世로되 而不能使其身으로 一日安於朝
남 해 지 민 　 　 묘 식 백 세 　 　 이 불 능 사 기 신 　 　 일 일 안 어 조

廷之上이라. 蓋公之所能者는 天也요 其所不能者는 人也라.
정 지 상 　 　 개 공 지 소 능 자 　 천 야 　 기 소 불 능 자 　 인 야

始潮人未知學이러니 公命進士⑪趙德하여 爲之師하니 自是潮之
시 조 인 미 지 학 　 　 공 명 진 사 　 조 덕 　 　 위 지 사 　 　 자 시 조 지

士가 皆⑫篤於文行하여 ⑬延及齊民이라. 至于今號稱⑭易治하니
사 　 개 독 어 문 행 　 　 연 급 제 민 　 　 지 우 금 호 칭 　 이 치

⑮信乎라!
신 호

孔子之言曰：⑯君子學道則愛人이오 小人學道則易使也라. 潮
공 자 지 언 왈 　 군 자 학 도 즉 애 인 　 　 소 인 학 도 즉 이 사 야 　 　 조

人之事公也飮食必祭하며 ⑰水旱疾疫凡有求에 必⑱禱焉하되 而
인 지 사 공 야 음 식 필 제 　 　 수 한 질 역 범 유 구 　 필 도 언 　 　 이

廟在⑲刺史公堂之後하니 民以出入爲艱이라.
묘 재 자 사 공 당 지 후 　 　 민 이 출 입 위 간

前守欲⑳請諸朝하여 作新廟라가 不果라. ㉑元祐五年에 ㉒朝散
전 수 욕 청 저 조 　 　 작 신 묘 　 　 불 과 　 　 원 우 오 년 　 　 조 산

郎王君滌이 來守㉓是邦할새 凡所以養士治民者를 一以公爲師
랑 왕 군 척 　 내 수 시 방 　 　 범 소 이 양 사 치 민 자 　 일 이 공 위 사

하니 民旣㉔悅服이라. 則出令曰：願新公廟者聽이라 하니 民㉕讙
민 기 　 열 복 　 　 즉 출 령 왈 　 원 신 공 묘 자 청 　 　 민 　 환

趨之하여 ㉖卜地於州城之南七里하여 ㉗朞年而廟成하니라.
추 지 　 　 복 지 어 주 성 지 남 칠 리 　 　 기 년 이 묘 성

或曰：公㉘去國萬里而㉙謫于潮하여 不能一歲而歸하니 ㉚沒而
혹 왈 　 공 거 국 만 리 이 적 우 조 　 　 불 능 일 세 이 귀 　 　 몰 이

有知면 其不㉛眷戀于潮也審矣라.
유 지 　 기 불 권 련 우 조 야 심 의

軾曰; 不然하다. 公之神이 在天下者가 如水之在地中하여 無
식왈 불연   공지신   재천하자   여수지재지중   무

所往而不在也라. 而潮人獨信之深하고 思之至하여 ㉜焄蒿悽愴하
소왕이부재야   이조인독신지심   사지지   훈호처창

고 若或見之라. 譬如㉝鑿井得泉而曰水專在是라 하면 豈理也哉
약혹견지   비여 착정득천이왈수전재시   기리야재

리오?

주해 ① 天人之辨(천인지변) - 하늘과 사람의 분별.

② 無所不至(무소부지) - 이르지 않는 곳이 없다. 곧, 하지 않는 바가 없다.

③ 不容(불용) - 용납하지 않는다.

④ 豚魚(돈어) - 돼지와 물고기.

⑤ 開衡山之雲(개형산지운) - 형산의 구름을 걷히게 하다. 형산은 오악의 하나인 남악으로, 호남성에 있다. 한유가 일찍이 형산에 올랐을 때, 마침 가을비가 내리려 하므로 지성을 다해 기도하였더니 구름이 깨끗이 걷혔다 한다. 한유에게는 〈알형산남악묘시(謁衡山南嶽廟詩)〉가 있다.

⑥ 回憲宗之惑(회헌종지혹) - 헌종이 미혹되어 있는 것을 돌이키다. 헌종이 불(佛)을 신봉하여 불골을 맞아들이려 하자 한유가 〈논불골표〉를 올려 만류하려 했던 것을 가리킨다.

⑦ 馴(순) - 길들이다. ㅇ鰐魚之暴(악어지포) - 악어의 포악함. 한유가 조주에 온 후 백성들에게 괴로움이 무엇인지 물었더니 군의 서쪽 추수(湫水)에 사는 악어가 가축을 먹어치우는 것이라 하였다. 이에 한유가 〈악어문(鰐魚文)〉을 지어 판관 진제(秦濟)로 하여금 제사를 지내게 하였더니 그날 밤부터 폭풍이 일어 추수의 물을 서쪽 60리 밖으로 옮겨놓았고 악어의 피해도 없어졌다 한다.

⑧ 弭(미) - 그치게 하다. ㅇ皇甫鎛(황보박) - 헌종 때의 재상. 헌종이 한유를 조주로 귀양보낸 것을 후회하고 서울로 되부르려 하자 소를 올려 한유를 비방하고 원주(袁州)로 옮기게 하였다. ㅇ李逢吉(이봉길) - 목종 때의 재상. 한유와 이신(李紳)을 다투게 하여 한유를 병부시랑으로 쫓아냈다. ㅇ謗(방) - 비방.

⑨ 南海(남해)-군 이름으로 오늘날의 번우현(番禺縣). 조주를 가리킴.

⑩ 廟食(묘식)-묘당에서 제사를 받아먹다. 조주 사람들에 의해 묘당에 모셔지고 제사를 받게 되었다는 뜻.

⑪ 趙德(조덕)-당나라 해양(海陽) 사람으로 진사에 급제했음. 한유가 조주 자사로 부임해 올 때 조덕에게 해양현위(海陽縣尉)로 부임할 것을 청하여 학문에 관한 일을 전담케 하였다.

⑫ 篤(독)-도탑다. 독실하다. ㅇ文行(문행)-학문과 덕행.

⑬ 延及(연급)-뻗쳐서 미치다. ㅇ齊民(제민)-일반 백성.

⑭ 易治(이치)-다스리기 쉬움.

⑮ 信乎(신호)-참이로다!

⑯ 君子學道(군자학도)~則易使也(즉이사야)-《논어》 양화편에 나오는 말. '군자가 도를 배우면 백성들을 사랑하게 되고, 소인이 도를 배우면 부리기가 쉽게 된다'는 말.

⑰ 水旱疾疫(수한질역)-수는 홍수. 한은 가뭄. 질역은 전염병, 질병.

⑱ 禱(도)-기도하다.

⑲ 刺史(자사)-주의 장관. ㅇ公堂(공당)-관청.

⑳ 請諸朝(청저조)-조정에 청하다. 저는 '지어'와 같으며 '……에'의 뜻. ㅇ不果(불과)-결실을 거두지 못하다.

㉑ 元祐(원우)-송나라 철종의 연호(1086~1093). 원우 5년은 1090년.

㉒ 朝散郞(조산랑)-산관(散官). 조정에 이름난 자에게 직무를 맡기지 않고 내리는 관직명. ㅇ王君滌(왕군척)-왕척(王滌). 군은 존칭어.

㉓ 是邦(시방)-이 고을. 즉 조주(潮州).

㉔ 悅服(열복)-기꺼이 복종하다.

㉕ 讙趨(환추)-기꺼이 추진하다.

㉖ 卜地(복지)-점을 쳐서 길지(吉地)를 고르다. 택지(擇地)와 같은 뜻.

㉗ 朞年(기년)-만 1년.

㉘ 去國(거국)-국도를 떠나다.

㉙ 謫(적)-귀양가다. ㅇ潮(조)-조주.

㉚ 沒(몰)-죽다.

㉛ 眷戀(권련)—돌아보고 그리워하다. ○審(심)—확실함. 틀림없음.

㉜ 焄蒿悽愴(훈호처창)—향을 피우며 감동된 마음을 지니는 것. 훈호는 향을 피우는 것. 처창은 마음이 감동된 모양.

㉝ 鑿井(착정)—우물을 파다.

3

원풍(元豐) 원년에 천자께서 조칙을 내려 공을 창려백(昌黎伯)으로 봉하셨으므로 묘당의 현판에 '창려백 한문공지묘(昌黎伯韓文公之廟)'라 하였다. 조주 사람들이 그 일을 비석에 써주기를 청하였다. 그리하여 시를 지어 그들에게 주고 노래를 부름으로써 공을 제사지내게 했다. 그 가사는 다음과 같다.

  공께선 본디 용을 타고 하늘의 백운향(白雲鄉)에서 노닐며
  손으로 은하수를 잘라내어 하늘의 문장을 쓰시니
  직녀는 그를 위해 옷을 지을 구름비단을 짰네.
  표연히 바람타고 황제(皇帝) 옆으로 오셨는데
  혼탁한 속세로 내려오셔서는 벼쭉정이와 쌀겨들을 쓸어내셨네.
  서쪽으로 함지(咸池)에서 노닐고 동쪽 부상(扶桑)을 지나시니
  초목들은 밝게 두루 비추는 빛을 듬뿍 입었네.
  이백(李白)과 두보(杜甫)를 뒤쫓아 함께 하늘 높이 날으시니
  장적(張籍)과 황보식(皇甫湜)이 땀을 흘리며 달리고 엎어지며 따랐어도
  지는 해의 그림자 같아 바라볼 수조차 없었네.
  글을 써서 불교를 비판하고 임금을 나무랐다가
  남해를 둘러보고 형산(衡山)과 상수(湘水)를 엿보게 되어
  순(舜)임금이 묻힌 구의산(九疑山)을 지나 아황(娥皇)·여영(女英)을 조상하셨네.

불의 신 축융(祝融)이 앞장서 인도하니 바다의 신 해약(海若)은 숨
어 버렸고

교룡과 악어를 붙들어매어 양떼 몰듯 몰아내셨네.

하늘에는 사람이 없어 천제께서 슬퍼하시다가

무양(巫陽)을 보내어 노래부름으로써 그를 불러오게 하셨네.

들소 제물 올리고 닭뼈로 점치며 저희들이 잔을 올리는데

찬란한 붉은 여지(荔枝)와 누런 향초(香蕉)도 갖추었나이다.

공께서 잠시라도 머물지 아니하시면 저희들은 눈물 줄줄 흘릴 것
이니

너풀너풀 머리칼 휘날리시며 이 땅으로 내려오소서.

(원문) ①元豊元年에 ②詔封公昌黎伯이라. 故로 ③榜曰昌黎伯韓文公
　　　　 원풍원년　　조봉공창려백　　　고　　방왈창려백한문공

之廟라. 潮人請書其事于石하니 因爲作詩以遺之하여 使歌以祀公
지묘　 조인청서기사우석　　 인위작시이유지하여　사가이사공

이라. 其辭曰 ;
　　　 기사왈

公昔騎龍④白雲鄕하여 手⑤抉雲漢分天章하니
공석기룡 백운향　 　　수　결운한분천장

⑥天孫爲織雲錦裳이라.
　천손위직운금상

飄然乘風來⑦帝旁하여 下與濁世⑧掃粃糠이라.
표연승풍래 제방　　 하여탁세　소비강

西游⑨咸池略扶桑하니 草木⑩衣被昭回光이라.
서유　함지략부상　　 초목　의피소회광

⑪追逐李杜參翶翔하니 ⑫汗流籍湜走且僵이나
　추축이두참고상　 　 한류적식주차강

⑬滅沒倒景不得望이라.
　멸몰도영부득망

⑭作書詆佛譏君王하고 要⑮觀南海窺衡湘하여
　작서저불기군왕　　 요　관남해규형상

歷舜⑯九疑弔英皇이라.
역 순 구 의 조 영 황

⑰祝融先驅海若藏하니 ⑱約束鮫鰐如驅羊이라.
축 융 선 구 해 약 장   약 속 교 악 여 구 양

⑲鈞天無人帝悲傷하여 ⑳謳吟下招遣巫陽이라.
균 천 무 인 제 비 상   구 음 하 초 견 무 양

㉑爆牲鷄卜羞我觴하니 於粲㉒荔丹與蕉黃이라.
박 생 계 복 수 아 상   오 찬 여 단 여 초 황

公不少留㉓我涕滂하니 ㉔翩然被髮下大荒이라.
공 불 소 류 아 체 방   편 연 피 발 하 대 황

주해 ① 元豐(원풍)—송나라 신종의 연호(1078~1085). 원풍 원년은 1078년.

② 詔封(조봉)—천자가 조서를 내려 봉하다. ㅇ昌黎伯(창려백)—창려는 군 이름으로 지금의 하북성 통현(通縣). 한유의 선조가 살던 곳. 백은 오등작 〔公·侯·伯·子·男〕 중의 하나.

③ 榜(방)—현판. 액(額)과 같음.

④ 白雲鄕(백운향)—천제가 계신 곳. 하늘나라.

⑤ 抉(결)—도려내다. 잘라내다. ㅇ雲漢(운한)—은하수. ㅇ天章(천장)—하늘의 문장.

⑥ 天孫(천손)—직녀.

⑦ 帝旁(제방)—황제의 곁. 당나라에 태어난 것을 뜻함.

⑧ 掃粃糠(소비강)—벼쭉정이와 쌀겨를 쓸어내다. 비강은 변려문(駢儷文), 또는 유가에서 이단시하는 불교나 도교를 비유한다.

⑨ 咸池(함지)—해가 목욕한다는 못으로, 서쪽 끝 해지는 곳에 있음. ㅇ略 (약)—지나다. ㅇ扶桑(부상)—부상은 동해 끝에 있는 신목(神木)인데 아침 마다 해가 그 나뭇가지를 스쳐 지난다고 함.

⑩ 衣被(의피)—입다. 둘러쓰다. ㅇ昭回光(소회광)—밝게 두루 비치는 빛. 한 유의 덕광이 태양빛처럼 동과 서를 고루 비춰준다는 뜻.

⑪ 追逐(추축)—뒤따르다. 뒤쫓다. ㅇ李杜(이두)—이백과 두보. 한유가 흠모 했던 성당(盛唐)의 시인들. ㅇ參翶翔(참고상)—높이 날으는 데 참여하다.

함께 높이 날다.

⑫ 汗流(한류)—땀을 흘리다. ○籍湜(적식)—장적과 황보식. 둘 다 한유의 문인으로 문장에 뛰어났음. ○僵(강)—넘어지다. 쓰러지다.

⑬ 滅沒(멸몰)—멸하여 없어지다. 소멸하다. 여기서는 지는 해를 뜻함. ○倒景(도영)—거꾸로 비친 그림자.

⑭ 作書詆佛(작서저불)—글을 지어 불교를 꾸짖다. 서는 헌종이 불골을 들여오려는 것을 극간한 〈논불골표(論佛骨表)〉를 가리킴. ○譏君王(기군왕)—헌종을 나무라다.

⑮ 觀南海(관남해)—남해를 둘러보다. 남해는 한유가 유배되었던 조주 지방. ○窺(규)—엿보다. 잠깐 보다. ○衡湘(형상)—형산과 상수. 한유가 조주에서 원주로 유배지를 옮길 때 지났던 곳.

⑯ 九疑(구의)—구의산(九疑山). 순임금은 남쪽을 순유하다가 창오(蒼梧)의 들에서 죽어 구의산에 묻혔다 함. ○弔(조)—조문하다. 조상하다. ○英皇(영황)—여영(女英)과 아황(娥皇). 요(堯)임금의 두 딸로, 둘 다 순(舜)임금의 비가 되었는데, 순임금이 창오에서 죽자 그 뒤를 따라 상수에 빠져 죽었다고 한다.

⑰ 祝融(축융)—불의 신. 남방 또는 남해의 신인 염제(炎帝). ○海若(해약)—바다의 신. ○藏(장)—자취를 감추다. 숨다.

⑱ 約束(약속)—구속하다. 붙들어 매다. ○鮫鰐(교악)—교룡과 악어.

⑲ 鈞天(균천)—옛날에는 하늘을 팔방과 중앙으로 나누었는데, 중앙을 균천이라 하였다. 천제의 도읍이 있는 하늘의 중심부를 가리킨다.

⑳ 謳吟(구음)—노래를 부르다. 주문을 읊조리다. ○遣(견)—보내다. ○巫陽(무양)—하늘의 신무(神巫).

㉑ 犦牲(박생)—들소 제물. 박은 들소 생은 제사에 쓰이는 짐승. ○鷄卜(계복)—닭의 뼈로 점치는 것. 남방의 풍속임. ○羞(수)—음식이나 술 등을 올리다. ○我觴(아상)—저희들의 술잔. 상은 술잔.

㉒ 荔丹(여단)—붉은 여지(荔枝) 열매. ○蕉黃(초황)—노란 파초(芭蕉)의 열매. 곧, 바나나. 한유가 유종원을 추모하여 쓴 〈나지묘비명(羅池廟碑銘)〉에 '여자단혜초엽황(荔子丹兮蕉葉黃)'이란 구절이 있다.

㉓ 我涕滂(아체방)－저희들은 눈물을 줄줄 흘립니다. 체방은 눈물이 비오듯 쏟아지는 것.

㉔ 翩然(편연)－너풀너풀거리는 모양. ○被髮(피발)－머리를 풀어헤치다. ○大荒(대황)－땅. 원야(原野). 한유의 〈잡시(雜詩)〉에 '너풀너풀 광야로 내려와서 머리칼 휘날리며 기린을 탄다[翩然下大荒, 被髮騎騏驎]'라는 구절이 있다.

해설 이 글은 송대의 문호인 소식이 당대의 문장가 한유를 추모하여 쓴 비문이다. 한유는 후한 이래로 유행해 온 변려문(駢儷文)의 폐단을 바로 잡고자 고문운동을 펴는 한편, 맹자 이래 끊긴 유가의 도통을 부활시키고자 유학 이외의 학설을 배척하였다.

그런데 원화(元和) 14년(807) 헌종이 불골을 궁중에 들여오려 하였으므로 그것을 반대하는 〈논불골표(論佛骨表)〉를 올렸다가 조주(潮州)로 좌천되게 되었다. 그는 그곳에서 1년 남짓밖에 머물지 않았지만 그의 덕망은 조주 사람들을 감화시켜 백대가 지난 소식(蘇軾)의 시대에까지도 그의 묘당에는 제향이 끊이지 않았고 철종 때에는 묘당을 개축하기에 이르렀다.

소식은 평소 한유를 흠모하였으므로 조주 사람들이 그에게 비문 써주기를 청하자 기꺼이 이 글을 쓴 것이다. 그가 한유를 평하여 '문장은 8대의 쇠미함을 일으켰고, 도는 천하의 타락함을 구제하였다[文起八代之衰, 道濟天下之溺]'라 한 것은 특히 명구로 알려져 있다.

전체 문장은 산문과 운문의 두 부분으로 되어 있는데 앞의 산문 부분은 한유의 사적 및 덕행을 기록하고 있고, 뒤의 운문 부분은 '양'운으로 매구마다 압운(押韻)한 송가(頌歌)이다. 칠언시 형식으로 되어 있기는 해도 내용상으로는 초현실적 취향이 강했던 초사(楚辭)의 전통을 이어받고 있는 점이 두드러진다.

전적벽부(前赤壁賦)

소식(蘇軾)

임술(壬戌)년 가을 칠월 열엿새
나는 객과 더불어 배를 띄우고 적벽(赤壁) 아래에서 놀았다.
맑은 바람 서서히 불어와 물결 일지 않는데
잔 들어 객에게 권하며 명월(明月) 시를 읊조리고
요조(窈窕) 시를 노래하는데 곧 달이 동산 위로 솟더니
북두성과 견우성 사이를 배회한다.
흰 이슬이 강물 위에 비껴 내리고 물빛은 하늘에 닿아 있다.
한 조각 작은 배 가는 대로 내어맡겨 망망한 만경창파를 건너간다.
넓고도 넓은 것이 허공 타고 바람을 모는 듯 그 머무는 곳을 모르겠고
가벼이 떠올라 속세를 버리고 우뚝 솟은 듯 날개 돋아 신선이 되어 하늘에 오르는 듯했다.
이에 술 마시고 매우 즐거워서 뱃전을 두드리며 노래를 불렀다.
노래하기를 "계수나무 노와 모란 상앗대로
물에 비친 달그림자를 치며 달빛 흐르는 강물을 거슬러 올라간다.
넓고 아득한 나의 마음이여
하늘 저 끝에 있는 임을 그리도다." 하였다.
객 중에 퉁소 부는 사람이 있어 노래에 맞춰 반주하니

그 소리 구슬퍼서 원망하는 듯 사모하는 듯 흐느끼는 듯 하소연하
는 듯

여음(餘音)이 가냘프고 길게 이어져 실가닥처럼 끊어지지 않으니
깊은 골짜기에 잠겨 있는 용을 일어나 춤추게 하고
외로운 배의 과부를 울릴 듯하다.
나는 얼굴빛을 바꾸고 옷깃을 여미고는 고쳐 앉으며 객에게 물었다.
"어째서 그토록 슬프오?"
객이 말했다.
" '달 밝으니 별은 드물게 보이고 까막까치 남으로 날아가네'
하고 읊은 것은 조조(曹操)의 시가 아니오?
서쪽으로 하구(夏口)를 바라보고 동쪽으로 무창(武昌)을 바라보니
산천은 서로 뒤엉켜서 울울창창 우거져 있는데
이곳은 바로 조조가 주유(周瑜)에게 곤욕을 치렀던 그곳이 아니오?
그가 막 형주(荊州)를 파하고 강릉(江陵)으로 내려와
물결따라 동쪽으로 내려갈 때 배는 꼬리를 물고 천리에 이어졌고
깃발들은 하늘을 뒤덮었는데 강물을 대하여 술 따르며
긴 창 비껴들고 시를 지었으니 참으로 일세(一世)의 영웅이었는데
그러나 지금은 어디에 있는가?
하물며 나와 그대는 강가에서 고기잡고 나무하며
물고기·새우들과 짝하고 고라니·사슴들과 벗하며
일엽편주 타고 쪽박 술잔을 들어 서로 권하며
하루살이 같은 목숨으로 천지간에 붙어 있으니
망망한 바닷속의 한 알 좁쌀처럼 보잘것없소.
우리 삶이 잠깐임이 슬프고 장강(長江)은 끝없음이 부러워서
하늘 나는 신선과 어울려 즐거이 놀고 밝은 달을 안고 오래오래 살
려고 하나
그것이 쉽사리 될 수 있는 일이 아님을 깨닫고

서글픈 여음을 슬픈 가을바람에 실어 본 거라오."

내가 말했다.

"그대도 저 물과 달을 알고 있소?

가는 것은 이와 같이 쉬지 않고 흐르지만

영영 흘러가 버리는 것이 아니오.

차고 이지러지는 것은 저 달과 같지만

끝내 아주 없어지지도 더 늘어나지도 않는다오.

변한다는 관점에서 보면 천지간에 한순간이라도 변하지 않는 것이 없고

변하지 않는다는 관점에서 보면 만물과 나는 모두 무궁한 것이니

또 무엇을 부러워하겠소?

게다가 천지 사이의 모든 사물은 각기 그 주인이 있어서

나의 것이 아니면 털끝 하나라도 취할 수 없지만

오직 강 위를 부는 맑은 바람과

산 사이에 뜨는 밝은 달은 귀로 들어오면 소리가 되고

눈에 담겨지면 색깔을 이룩하는데

이를 취하여도 막는 사람이 없고

아무리 써도 없어지지 않소.

이는 조물주가 주신 무진장한 보배이며

나와 그대가 함께 즐기고 있는 것이오."

객이 기뻐 웃으며 잔 씻어 다시 술 따른다.

안주가 이미 바닥나고 술잔과 쟁반은 어지러이 흩어졌다.

서로를 베개삼아 배 안에 누우니 동녘이 이미 밝아오고 있는 것도 모른다.

원문 ①壬戌之秋七月 ②旣望에 ③蘇子與客으로 泛舟遊於赤壁之下
         임 술 지 추 칠 월   기 망   소 자 여 객   범 주 유 어 적 벽 지 하

하니

淸風徐來하고 水波不興이라.
청풍서래   수파불흥

擧酒④屬客하고 誦⑤明月之詩하며
거주 촉객   송 명월지시

歌⑥窈窕之章이라.
가 요조지장

⑦少焉에 月出於東山之上하여 徘徊於⑧斗牛之間하니
소언   월출어동산지상   배회어 두우지간

白露橫江하고 水光接天이라.
백로횡강   수광접천

縱⑨一葦之所如하여 ⑩凌萬頃之茫然하니
종 일위지소여   능 만경지망연

⑪浩浩乎如憑虛御風而不知其所止하고 ⑫飄飄乎如遺世獨立하여
호호호여빙허어풍이부지기소지   표표호여유세독립

⑬羽化而登仙이라.
우화이등선

於是飮酒樂甚하여 ⑭扣舷而歌之라.
어시음주락심   구 현이가지

歌曰;
가 왈

⑮桂棹兮蘭槳으로 ⑯擊空明兮泝流光이로다.
계도혜란장   격공명혜소유광

⑰渺渺兮余懷여 望美人兮天一方이로다.
묘묘혜여회   망미인혜천일방

客有吹⑱洞簫者하여 倚歌而和之하니
객유취 통소자   의가이화지

其聲⑲嗚嗚然하여 如怨如慕하며
기성 오오연   여원여모

如泣如訴하고 餘音⑳嫋嫋하여
여읍여소   여음 요요

不絶如縷하니 舞㉑幽壑之潛蛟하고
부절여루   무 유학지잠교

泣孤舟之^㉒嫠婦라.
읍 고 주 지   이 부

蘇子^㉓愀然正襟하고 ^㉔危坐而問客曰；何爲其然也오?
소 자   초 연 정 금   위 좌 이 문 객 왈   하 위 기 연 야

客曰；^㉕月明星稀하고 烏鵲南飛라 함은
객 왈   월 명 성 희   오 작 남 비

此非^㉖曹孟德之詩乎아?
차 비   조 맹 덕 지 시 호

西望^㉗夏口하고 東望^㉘武昌하니
서 망   하 구   동 망   무 창

山川^㉙相繆하여 鬱乎蒼蒼이라.
산 천   상 무   울 호 창 창

此非孟德之困於^㉚周郎者乎아?
차 비 맹 덕 지 곤 어   주 랑 자 호

方其破^㉛荊州下江陵하여 順流而東也에
방 기 파   형 주 하 강 릉   순 류 이 동 야

^㉜舳艫千里요 ^㉝旌旗蔽空이라.
축 로 천 리   정 기 폐 공

^㉞釃酒臨江하고 橫^㉟槊賦詩하니
시 주 림 강   횡   삭 부 시

固一世之雄也러니 而今安在哉오?
고 일 세 지 웅 야   이 금 안 재 재

況吾與子로 漁樵於江渚之上하여
황 오 여 자   어 초 어 강 저 지 상

侶魚鰕而友麋鹿이라.
여 어 하 이 우 미 록

駕一葉之扁舟하여 擧^㊱匏樽以相屬하니
가 일 엽 지 편 주   거   포 준 이 상 촉

^㊲寄蜉蝣於天地에 ^㊳渺滄海之一粟이라.
기 부 유 어 천 지   묘 창 해 지 일 속

哀吾生之^㊴須臾하고 羨長江之無窮하여
애 오 생 지   수 유   선 장 강 지 무 궁

^㊵挾飛仙以遨遊하고 抱明月而^㊶長終이라.
협 비 선 이 오 유   포 명 월 이   장 종

知不可乎^㊷驟得일새 託遺響於^㊸悲風이라.
지 불 가 호 취 득 탁 유 향 어 비 풍

蘇子曰:客亦知夫水與月乎아?
소 자 왈 객 역 지 부 수 여 월 호

^㊹逝者如斯로되 而^㊺未嘗往也며
서 자 여 사 이 미 상 왕 야

^㊻盈虛者如彼로되 而卒^㊼莫消長也라.
영 허 자 여 피 이 졸 막 소 장 야

蓋^㊽將自其變者而觀之면 則^㊾天地曾不能以一瞬이오.
개 장 자 기 변 자 이 관 지 즉 천 지 증 불 능 이 일 순

自其不變者而觀之면 則物與我皆無盡也어늘
자 기 불 변 자 이 관 지 즉 물 여 아 개 무 진 야

而又何羨乎리오?
이 우 하 선 호

且夫天地之間에 物各有主라.
차 부 천 지 지 간 물 각 유 주

苟非吾之所有인댄 雖一毫而莫取나
구 비 오 지 소 유 수 일 호 이 막 취

惟江上之淸風과 與山間之明月은
유 강 상 지 청 풍 여 산 간 지 명 월

耳得之而爲聲하고 目寓之而成色하여
이 득 지 이 위 성 목 우 지 이 성 색

取之無禁이오 用之不竭이라.
취 지 무 금 용 지 불 갈

是造物者之無盡藏也요 而吾與子之所共樂이니라.
시 조 물 자 지 무 진 장 야 이 오 여 자 지 소 공 락

客喜而笑하고 洗盞更酌하니
객 희 이 소 세 잔 갱 작

^㊿肴核旣盡이오 盃盤^{⑤①}狼藉이라.
효 핵 기 진 배 반 랑 적

相與^{⑤②}枕藉乎舟中하여 不知東方之旣^{⑤③}白이러라.
상 여 침 자 호 주 중 부 지 동 방 지 기 백

주해 ① 壬戌(임술)-송나라 신종(神宗) 원풍(元豊) 5년(1082).

② 旣望(기망)-음력 16일.

③ 蘇子(소자)-작자 자신.

④ 屬客(촉객)-객에게 술을 권하다.

⑤ 明月之詩(명월지시)-《시경》 진풍(陳風)의 월출(月出)편을 말함.

⑥ 窈窕之章(요조지장)-같은 월출편의 '요규(窈糾)'를 말한다고 하기도 하고, 주남(周南) 관저(關雎)편을 말한다고 하기도 함.

⑦ 少焉(소언)-잠시 후에.

⑧ 斗牛之間(두우지간)-북두성과 견우성 사이.

⑨ 一葦(일위)-한 잎 갈대. 작은 배를 비유함. ㅇ所如(소여)-가는 대로. 여(如)는 왕(往)의 뜻.

⑩ 凌萬頃之芒然(능만경지망연)-넓은 만경창파를 건너다. 능(凌)은 배 같은 것을 타고 건너다. 만경(萬頃)은 광활한 것을 말함. 망연(芒然)은 넓고 커서 끝이 없음을 말함.

⑪ 浩浩乎(호호호)-매우 넓은 것의 형용. ㅇ馮虛御風(빙허어풍)-허공을 의지하여 바람을 몰고 다님.

⑫ 飄飄乎(표표호)-가벼이 떠있는 모양. ㅇ遺世(유세)-세속을 버리다. 세속을 떠나다.

⑬ 羽化而登仙(우화이등선)-날개가 돋아 신선이 되어 하늘에 오르다.

⑭ 扣舷(구현)-뱃전을 두드리다.

⑮ 桂棹(계도)-계수나무로 만든 노. ㅇ蘭槳(난장)-목란(木蘭)으로 만든 상앗대.

⑯ 擊空明兮泝流光(격공명혜소류광)-물에 비친 달그림자를 치며 달빛 어린 강물을 거슬러 올라간다. 공명은 달이 물에 비친 것을 말함. 소(泝)는 거슬러 올라가다. 유광은 흐르는 달빛, 곧 달빛이 물결따라 흘러감을 말함.

⑰ 渺渺(묘묘)-아득히 멀다. ㅇ予懷(여회)-나의 회포와 심정.

⑱ 洞簫(통소)-퉁소.

⑲ 嗚嗚然(오오연)-구슬픈 소리의 형용.

⑳ 嫋嫋(요요)-소리가 길고 가늘게 이어짐.

㉑ 幽壑(유학)-깊은 골짜기. ㅇ潛蛟(잠교)-숨어 있는 교룡(蛟龍).

㉒ 嫠婦(이부)-과부.

㉓ 愀然(초연)-감상에 젖어 얼굴빛이 변하다. ㅇ正襟(정금)-옷깃을 단정하게 함.

㉔ 危坐(위좌)-몸을 바로하고 단정히 앉다.

㉕ 月明星稀(월명성희), 烏鵲南飛(오작남비)-조조(曹操)가 지은 〈단가행(短歌行)〉의 두 구절. '달이 밝아서 별이 드물게 보이고, 까막까치 남으로 날아간다'. 이 〈단가행〉은 조조가 적벽에서 지은 작품이다.

㉖ 曹孟德(조맹덕)-조조의 자가 맹덕이다.

㉗ 夏口(하구)-지명. 지금의 호북성(湖北省) 한구(漢口).

㉘ 武昌(무창)-지명.

㉙ 相繆(상무)-서로 얽혀 하나가 됨.

㉚ 周郎(주랑)-오(吳)의 주유(周瑜). 유비(劉備)를 쫓던 조조의 백만대군이 적벽에서 주유의 3만 군사에게 참패당한 일을 일컬음.

㉛ 荊州(형주)·江陵(강릉)-지명.

㉜ 舳艫千里(축로천리)-뱃머리와 배꼬리가 천리나 잇닿아 있음. 축은 배의 고물. 노는 이물.

㉝ 旌旗弊空(정기폐공)-깃발들이 하늘을 덮었다.

㉞ 釃酒(시주)-술을 거르다. 여기에서는 술을 따라 마심.

㉟ 槊(삭)-여덟 자 길이의 긴 창.

㊱ 匏樽(포준)-바가지로 만든 술잔.

㊲ 寄蜉蝣於天地(기부유어천지)-하루살이 같은 목숨을 천지에 기탁함. 부유는 하루살이.

㊳ 渺滄海之一粟(묘창해지일속)-넓은 바다에 떠있는 한 알의 좁쌀처럼 보잘것없는 것.

㊴ 須臾(수유)-잠시 동안.

㊵ 挾飛仙以遨遊(협비선이오유)-하늘을 나는 신선과 어울려 즐겁게 놀다.

㊶ 長終(장종)-오래오래 살다.

㊷ 驟得(취득)-금방, 쉽사리 얻다.

㊸ 悲風(비풍)-가을바람.

㊹ 逝者如斯(서자여사)－흘러가는 것은 저 강물과 같이 끊임없이 흐르지만. 《논어》 자한(子罕)편에 '가는 것은 모두 이와 같은가? 밤낮으로 흘러 쉬는 일이 없도다[逝者如斯夫, 不舍晝夜]'라고 하였다. 사는 강물을 가리킴.

㊺ 未嘗往(미상왕)－다 흘러가 버리지는 않고 계속해서 물이 흐른다. 결국 이 구절은 만물이 시시각각으로 변하긴 하나 그 본질은 실제로 변화가 없음을 말한다.

㊻ 盈虛者如彼(영허자여피)－차고 이지러짐이 저 달과 같지만. 영은 달이 차는 것이고 허는 달이 이지러지는 것.

㊼ 莫消長(막소장)－아주 없어지거나 더 늘어나지는 않는다.

㊽ 將自其變者而觀之(장자기변자이관지)－변한다는 관점으로부터 사물을 보면.

㊾ 天地曾不能以一瞬(천지증불능이일순)－천지간의 모든 만물이 한순간이라도 변하지 않고 그대로 있는 것이 없음.

㊿ 肴核(효핵)－효는 고기안주. 핵은 과일안주.

(51) 狼藉(낭적)－어지러이 흩어져 있음. 자(藉)는 압운 관계로 여기서는 적으로 읽음.

(52) 枕藉(침자)－서로 베고 깔고 자다.

(53) 白(백)－하얗게 날이 밝다.

해설 황주(黃洲)에 유배된 소식(蘇軾)이 원풍(元豐) 5년에 양세창(楊世昌)과 함께 적벽에서 두 차례 뱃놀이를 하고 그 감회를 써낸 것이 〈전·후적벽부(前·後赤壁賦)〉이다.

호북(湖北)에는 적벽이라 불리는 곳이 네 곳 있다. 하나는 가어(嘉魚)현 동북쪽 장강(長江)변에 있으며 이곳이 삼국시대 주유(周瑜)가 조조(曹操)를 대파한 적벽지전(赤壁之戰)이 벌어졌던 곳이다. 또 하나는 무창(武昌)현에, 또 하나는 한양(漢陽)현에, 마지막 하나는 황강(黃岡)현 성 밖에 있는데, 이곳이 소식이 뱃놀이를 했던 곳이다. 소식은 적벽대전을 했던 곳이 이곳인 줄로 잘못 알고 이 작품에 적벽대전의 고사를 인용하였고, 후에 이것이 잘못되었음을 인정하였다.

소식은 당쟁으로 혁신당에게 몰려 사형당할 뻔했다가 황주(黃州)로 유배되어갔다. 이러한 역경 가운데서 그는 자연으로부터 안위받고 새로운 삶의 의미를 찾아가는 마음을 이 작품에서 표현해 내고 있다.

이 〈적벽부〉는 이른바 문부(文賦) 형식으로, 소식의 거시적 인생관이 서정적 분위기와 함께 격조있게 나타나 있다.

후적벽부(後赤壁賦)

소식(蘇軾)

이해 시월 보름에 설당(雪堂)에서 걸어나와 임고정(臨皐亭)으로 돌아가려 하는데 두 손님이 나를 따라왔다. 황니(黃泥) 고개를 지나는데 이미 서리와 이슬이 내려 나뭇잎은 모두 지고 사람의 그림자가 땅에 비치고 있기에, 고개들어 밝은 달을 쳐다보고 주위를 돌아보며 즐거워하며 걸어가면서 노래불러 서로 화답하였다.

조금 있다가 내가 탄식하며 말했다.

"객은 있는데 술이 없고, 술이 있더라도 안주가 없네. 달 밝고 바람 맑은 이런 좋은 밤을 어찌 지내야 하나?"

객이 말했다.

"오늘 해질 무렵에 그물로 고기를 잡았소. 입이 크고 비늘이 가는 것이 꼭 송강(松江)의 농어같이 생겼소. 허나 술을 어디에서 얻는다?"

집에 돌아와 아내와 상의했더니 아내가 말했다.

"제게 술 한 말이 있는데 저장해 둔 지 오래된 것입니다. 당신이 갑자기 찾을 것에 대비하여 둔 거지요."

이리하여 술과 고기를 가지고 다시 적벽 아래에 가서 놀게 되었다. 강물은 소리내어 흐르고 깎아지른 언덕은 천척이나 되었다. 산이 높아 달은 작은데 강물이 줄어서 돌들이 드러나 있었다. 그후로 세월이 얼마나 지났다고 강산을 다시 알아볼 수 없단 말인가?

나는 옷을 걷고 올라가 높이 솟은 바위를 밟으며 무성히 자란 풀숲을 헤치고 호랑이나 표범 모양의 바위에 걸터앉기도 하고 이무기와 용 모양의 나무에 오르기도 하며 매가 사는 높은 가지의 둥지도 잡아보고 풍이(馮夷)의 궁전이 있는 깊은 물속도 내려다보았다. 그러나 두 객은 나를 따르지 못하였다.

문득 긴 휘파람소리 나더니 초목이 진동하고 산이 울고 골짜기가 메아리치며 바람이 일고 강물은 솟구쳤다. 나도 또한 쓸쓸하여 슬퍼지고 숙연하여 두려워지며 몸이 오싹하여 더 머무를 수 없었다.

되돌아와 배에 올라 강 가운데에서 물 흐르는 대로 내어맡겨 배가 멈추는 데서 멈추게 하였다. 때는 거의 한밤으로 사방을 둘러보니 적막한데 마침 외로운 학 한 마리가 강을 가로질러 동쪽에서 날아오는데 날개는 수레바퀴처럼 크고 검은 치마 흰 저고리 입은 듯한데 끼룩끼룩 길게 소리내어 울며 우리 배를 스쳐서 서쪽으로 날아갔다.

잠시 후 객들은 돌아가고 나도 잠자리에 들었다. 꿈에 한 도사가 새털로 만든 옷을 펄럭이며 날아서 임고정(臨皐亭) 아래를 지나와 내게 읍(揖)하며 말했다.

"적벽의 놀이가 즐거웠소?"

나는 그의 성명을 물었으나 그는 머리를 숙인 채 대답하지 않았다.

"아하! 알았소, 지난 밤에 울면서 나를 스쳐 날아간 것이 바로 그대가 아니오?"

도사는 고개를 돌리며 웃었다. 나도 또한 놀라 잠에서 깨어나 문을 열고 내다보았으나 그가 있는 곳을 찾을 수 없었다.

(원문) ①是歲十月之望에 步自②雪堂하여 將歸于③臨皐할새 ④二客
　　　　시세시월지망　　　보자　설당　　　장귀우　림고　　　　이객

從予라. 過黃泥之坂하니 ⑤霜露旣降하고 木葉盡脫이라. 人影在地
종여　과황니지판　　　상로기강　　　목엽진탈　　　　인영재지어늘 仰見明月이라. 顧而樂之하여 行歌相答이라.
앙견명월　　고이락지　　행가상답

[6]已而歎曰; 有客無酒요 有酒無肴니 月白風淸의 如此良夜何
이이탄왈　유객무주　유주무효　월백풍청　여차량야하

오? 客曰; [7]今者薄暮에 擧網得魚나니 巨口細鱗이 狀如[8]松江之
객왈　금자박모　거망득어　거구세린　상여　송강지

鱸라. [9]顧安所得酒乎오? 歸而[10]謀諸婦하니 婦曰; 我有[11]斗酒하
로　고안소득주호　귀이　모저부　부왈 아유 두주

여 藏之久矣요 以待子[12]不時之需로라.
장지구의　이대자　불시지수

於是攜酒與魚하고 復遊於赤壁之下하니 江流有聲이오 [13]斷岸千
어시휴주여어　부유어적벽지하　강류유성　단안천

尺이라. 山高月小하고 [14]水落石出이로다. 曾[15]日月之幾何오? 而
척　산고월소　수락석출　증　일월지기하　이

[16]江山不可復識矣라.
강산불가부식의

予乃[17]攝衣而上하여 履[18]巉巖하고 披蒙茸하며 [19]踞虎豹하고 登虬
여내섭의이상　이　참암　피몽용　거호표　등규

龍하며 [20]攀棲鶻之危巢하고 [21]俯馮夷之幽宮하니 蓋二客之不能從
룡　반서골지위소　부풍이지유궁　개이객지불능종

焉이라.
언

[22]劃然長嘯하니 草木震動하고 山鳴谷應이오 風起水涌이라. 予
획연장소　초목진동　산명곡응　풍기수용　여

亦[23]悄然而悲하고 [24]肅然而恐하여 [25]凛乎其不可留也라.
역 초연이비　숙연이공　늠호기불가류야

反而登舟하고 放乎中流하여 [26]聽其所止而休焉이라. 時夜將半
반이등주　방호중류　청기소지이휴언　시야장반

이라 四顧寂寥러니 適有孤鶴이 橫江東來하여 翅如車輪하고 [27]玄
사고적요　적유고학　횡강동래　시여거륜　현

裳縞衣로 [28]戛然長鳴하여 [29]掠予舟而西也러라.
상호의　알연장명　약여주이서야

須臾客去하고 予亦就睡러니 夢一道士가 [30]羽衣翩躚하여 過臨
수유객거　여역취수　몽일도사　우의편선　과임

皐之下라가 ㉛揖予而言曰; 赤壁之遊樂乎아?
고 지 하　　　읍 여 이 언 왈　　적 벽 지 유 락 호

問其姓名하니 ㉜俛而不答이라.
문 기 성 명　　　면 이 부 답

㉝烏呼噫嘻라!　我知之矣라.　㉞疇昔之夜에　飛鳴而過我者가
오 호 희 희　　　아 지 지 의　　　주 석 지 야　　비 명 이 과 아 자

㉟非子也耶아?
비 자 야 야

道士顧笑하고 予亦驚悟하여 開戶視之하니 不見其處라.
도 사 고 소　　　여 역 경 오　　　개 호 시 지　　불 견 기 처

주해 ① 是歲(시세)－송나라 신종(神宗)의 원풍(元豐) 5년(1082). ○望(망)－
보름.

② 雪堂(설당)－소식은 원풍 3년(1080)에 황주(黃州)로 유배되었는데, 원풍
5년 그곳에 눈이 내릴 적에 초가집을 짓고 사방 벽에 설경(雪景)을 그려
넣어 이름을 설당이라 하였다.

③ 臨皐(임고)－소식이 처음 황주에 왔을 때는 정혜선사(定惠禪寺)에 있다가
후에 이 임고정(臨皐亭)으로 거처를 옮겼다.

④ 二客(이객)－한 사람은 양세창(楊世昌)으로 자는 자경(子京)이며 여산(廬
山)으로부터 황주로 찾아와 소식과 함께 두 차례에 걸쳐 적벽에서 뱃놀이
를 하게 된다. ○黃泥之坂(황니지판)－황니라 불리는 고개.

⑤ 霜露旣降(상로기강)－서리와 이슬이 이미 내렸다. 호북(湖北) 일대는 음
력 9월이면 서리가 내리기 시작하여 나뭇잎이 지게 된다.

⑥ 已而(이이)－시간 부사. 곧, 얼마 안 있어.

⑦ 今者薄暮(금자박모)－금자는 금일, 박모는 해질 무렵. 여기에서 박은 근
(近)과 같은 뜻으로 쓰임.

⑧ 松江之鱸(송강지로)－강소성(江蘇省) 송강의 농어는 맛이 뛰어나서 옛부
터 유명하다.

⑨ 顧(고)－그러나. 하지만.

⑩ 謀諸婦(모저부)－아내에게 그것을 의논하다. 저는 '지어(之於)'의 뜻.

⑪ 斗酒(두주)-한 말의 술.

⑫ 不時之需(불시지수)-뜻하지 않은 때에 필요한 것.

⑬ 斷岸(단안)-깎아지른 듯한 강 언덕.

⑭ 水落石出(수락석출)-물이 줄어들어 돌들이 드러남.

⑮ 日月之幾何(일월지기하)-지난번, 곧 〈전적벽부〉를 지은 후로 세월이 얼마나 지났던가?

⑯ 江山不可復識(강산불가부식)-강산의 모습이 너무 달라져 알아볼 수가 없다.

⑰ 攝衣(섭의)-옷자락을 걷어올리다.

⑱ 巉巖(참암)-깎아지른 듯 높고 험준한 바위. ㅇ蒙茸(몽용)-풀이 더부룩하고 무성하게 난 모양.

⑲ 踞虎豹(거호표)-호랑이나 표범같이 생긴 바위에 걸터앉다. ㅇ登虯龍(등규룡)-이무기와 용처럼 구부러진 고목(枯木)에 올라가다.

⑳ 攀棲鶻之危巢(반서골지위소)-매가 깃들어 사는 높은 둥지에까지 올라가다.

㉑ 俯馮夷之幽宮(부풍이지유궁)-풍이가 사는 깊은 못 속의 궁전을 내려다 봄. 풍이는 수신인 하백(河伯).

㉒ 畫然(획연)-돌연.

㉓ 悄然(초연)-쓸쓸한 모양.

㉔ 肅然(숙연)-삼가고 두려워하는 모양.

㉕ 凛乎(늠호)-써늘한 것.

㉖ 聽其所止而休焉(청기소지이휴언)-그것이 머무는 대로 그곳에서 쉬게 내버려두다. 청은 종(從)과 같다. 언은 '어차(於此)'의 뜻.

㉗ 玄裳縞衣(현상호의)-검은 치마에 흰 저고리. 학의 외모를 형용한 말. 학은 날개 끝과 꼬리가 검고 온몸이 희므로 이렇게 표현했다. 호는 백색.

㉘ 戛然(알연)-금속이 서로 부딪쳐 나는 소리. 여기서는 맑고 격양된 학의 울음소리를 형용한 것.

㉙ 掠(약)-살짝 스치고 지나감.

㉚ 羽衣翩躚(우의편선)-새 깃털로 만든 옷을 입고 펄럭이며 날다.

㉛ 揖(읍)―두 손을 맞잡아 예를 표함.

㉜ 俛(면)―고개를 숙이다.

㉝ 嗚呼噫嘻(오호희희)―감탄사.

㉞ 疇昔之夜(주석지야)―어젯밤.

㉟ 非子也耶(비자야야)―그대가 아니었나요? 야야는 의문·반어(反語)를 나타내는 조사.

해설 소식은 〈전적벽부〉를 쓴 뒤 3개월 후에 다시 적벽에 놀러가 이 〈후적벽부〉를 짓게 되었다. 불과 석 달 사이에 강산의 경치는 몰라보게 달라져 있었다. 그러나 소식은 변함없이 자연의 즐거움을 만끽하게 된다. 그가 당한 폄적(貶謫)에도 불구하고 그의 마음은 여전히 넓고 광활함을 볼 수 있다.

　이 작품은 앞의 작품과 작법이 서로 다르다. 앞의 작품은 실제의 풍경을 통한 서정을 쓴 것이고, 이 작품은 허경(虛景)의 묘사가 중심이 되어 있다. 신선의 화신인 선학(仙鶴)을 등장시키고 또 꿈에 신선이 등장하는 몽경(夢境)까지도 그려냈다. 옛사람이 말하기를 "적벽부 양편(兩篇)을 읽으면《장자(莊子)》한 부(部)를 읽은 것보다 낫다."고까지 말했을 정도이다.

제구양문충공문(祭歐陽文忠公文)

소식(蘇軾)

　아아, 슬프도다! 공이 세상에 살아계신 66년 동안에는 백성들에게는 부모가 있었고, 나라는 자문(諮問)할 곳이 있었고, 성인(聖人)의 도리가 씌어진 글은 전하여지는 바가 있었고, 학자들에게는 스승이 있었으며, 군자들은 의지할 곳이 있어 두려워하지 않았고, 소인들은 겁나는 곳이 있어 나쁜 짓을 하지 못하였습니다. 마치 큰 강물과 높은 산이 비록 그들의 활동은 드러내지 않으면서도 만물에 공덕과 이익을 미치게 해주는 것과 같이 숫자로 헤아리어 정확히 알려줄 수는 없을 정도입니다.

　지금 공께서 돌아가시고 나니 갓난아기 같은 백성들은 우러르고 보호 받을 곳이 없게 되었고, 조정은 어려운 일을 자문할 곳이 없게 되었고, 성인의 도리는 이단으로 변하여 가고 있고, 학자들은 오랑캐 법도를 채용하는 지경에 이르렀으며, 군자들은 훌륭한 일을 행하는 것을 밀어줄 이가 없다고 여기게 되었고, 소인들은 신이 나서 스스로 때를 만났다고 여기게 되었습니다. 마치 깊은 산과 큰 호수에서 용이 없어지고 호랑이가 떠나 버리자 곧 괴이한 일이 갖가지로 생겨나고 미꾸라지와 뱀장어가 춤추고 여우와 너구리가 소리치게 된 거나 같습니다.

　공께서 벼슬에 임용되기 전에 천하 사람들은 그것은 잘못이라 생각했고, 공께서 벼슬에 임용된 다음에는 또 그것은 좀 늦은 일이라 생각했고, 벼슬을 버리고 떠나시게 되자 모두가 다시 벼슬에 임용되시기를 바랐고,

늙음을 이유로 고향으로 돌아가시게 됨에 이르러서는 모두가 슬퍼하며 실망했으나 그래도 만의 하나 희망을 지녔던 것은 다행히도 공께서 쇠약하시지 않았기 때문입니다.

그런데 공께서 더 이상 이 세상에 뜻을 두지 아니하시고 갑자기 떠나시어 우리는 쫓아갈 수도 없게 될 줄이야 그 누가 알았겠습니까? 어찌 세상의 혼탁함이 싫으셔서 자신을 깨끗이 하려고 떠나셨단 말씀입니까? 또는 백성들에게 복이 없어서 하늘이 공을 여기에 남겨두시지 않은 것입니까?

옛날 저의 선친이 재능을 품고서도 세상에서 숨어살고 있었을 때 공이 아니었다면 다시 세상에 나오시게 할 수가 없었을 것입니다. 그리고 못난 저도 보잘것없었으되 인연이 있어 공의 문하를 출입하며 가르침을 받은 것이 이제까지 16년이나 됩니다. 공께서 돌아가셨다는 소식을 들었으면 의당히 네 발로 뛰어가서 조상(弔喪)해야만 할 것이나, 벼슬에 매이어 가지를 못하고 있으니 옛분들에게 부끄럽고 송구스러울 따름입니다. 천리 먼 곳에서 이 제문을 부치어 큰 슬픔을 실어보낼 따름입니다. 위로는 온 천하를 위하여 애통하고 아래로는 제 개인적인 정으로 통곡하는 바입니다.

[원문] 嗚呼哀哉! 公之生於世①六十有六年에는 民有父母하며 國有
오호 애재   공지생 어세 육십유육년   민유부모   국유

②著龜하며 ③斯文有傳하며 學者有師하여 君子有所恃而不恐하고
시귀   사문유전   학자유사   군자유소시 이불공

小人有所畏而不爲다. 譬如大川④喬嶽이 雖不見其運動이나 而功
소인유소외이불위   비여대천 교악   수불견기운동   이공

利之及於物者를 蓋不可數計而⑤周知라.
리지급어물자   개불가수계이 주지

今公之⑥沒也에 ⑦赤子無所仰庇하며 朝廷無所⑧稽疑하며 斯文
금공지 몰야   적자무소앙비   조정무소 계의   사문

化爲⑨異端하며 學者至於⑩用夷하여 君子以爲無與爲善이오 而小
화위 리단   학자지어 용이   군자이위무여위선   이소

人⑪沛然自以爲得時라. 譬如深山大澤에 龍亡而虎逝하니 則⑫變
인 패연자이위득시　비여심산대택　용망이호서　　즉변

怪百出하여 舞⑬鰌鱔而號狐狸라.
괴백출　　무　추선이호호리

公之未用也엔 天下以爲⑭病이오 而其旣用也엔 則又以爲遲요
공지미용야　천하이위 병이오　이기기용야　즉우이위지

及其釋位而去也엔 莫不⑮冀其復用이오 至於請老而歸也엔 莫不
급기석위이거야　막불 기기부용　지어청로이귀야　막불

⑯悵然失望이로되 而猶⑰庶幾於萬一者는 幸公之未衰라.
창연실망　　이유 서기어만일자　행공지미쇠

孰謂公無復有意於斯世也하여 ⑱奄一去而莫予追오? 豈厭世之
숙위공무부유의어사세야　　엄일거이막여추　기염세지

⑲溷濁하여 潔身而逝乎아? ⑳將民之無祿하여 而天莫之㉑遺아?
혼탁　　결신이서호　　장민지무록　　이천막지 유

昔我先君이 ㉒懷寶遯世에 非公則莫能㉓致오 而㉔不肖無狀하
석아선군　회보둔세　비공즉막능 치　이 불초무장

되 ㉕夤緣出入하여 受教門下者가 十有六年於斯라. 聞公之喪에
　인연출입　　수교문하자　십유육년어사　문공지상

義當㉖匍匐往弔어늘 而㉗懷祿不去하니 愧古人以㉘忸怩라. ㉙緘辭
의당 포복왕조　　이 회록불거　　괴고인이 뉵니　　함사

千里하여 以㉚寓一哀而已라. 蓋上以爲天下慟이오 而下以哭吾私
천리　　이 우일애이이　개상이위천하통　　이하이곡오사

로라.

(주해) ① 六十有六年(육십유육년)－구양수(歐陽修)는 송(宋) 진종(眞宗)의 경
덕(景德) 4년(1007)에 나서 신종(神宗)의 희령(熙寧) 5년(1072)에 죽었다.

② 蓍龜(시귀)－시초(蓍草)와 거북. 옛날 중국에서는 시초로 만든 점가치를
이용하여 점을 치는 역점(易占)과 큰 거북 껍질을 말려두었다가 그것을
불로 지져 그 균열(龜裂)을 보고 길흉을 판단하는 거북점의 두 가지가 있
었다. 그리고 이 두 가지 점은 사람들의 이성으로 판단하기 어려운 여러
가지 일을 결정하는 수단으로 크게 존중되었다. 따라서 시귀는 중요한 나
랏일을 자문하는 곳을 뜻한다.

③ 斯文(사문)-성인의 도리가 적혀 있는 글(《論言》子罕).

④ 喬嶽(교악)-크고 높은 산.

⑤ 周知(주지)-두루 알리다. 정확히 알다.

⑥ 沒(몰)-죽는 것. 몰(歿).

⑦ 赤子(적자)-갓난아기. 백성을 가리킴. ㅇ仰庇(앙비)-우러르고 보호받는 것.

⑧ 稽疑(계의)-의심스런 점을 묻는 것. 어려운 일에 대한 자문을 구하는 것.

⑨ 異端(이단)-올바른 학설에 위배되는 이론(《論語》爲政).

⑩ 用夷(용이)-오랑캐의 방법(문화)을 사용하는 것.

⑪ 沛然(패연)-성하여 남음이 있는 모양. 신이 나는 모양.

⑫ 變怪百出(변괴백출)-괴이한 일이 여러 가지 생겨나다.

⑬ 鰌鱔(추선)-미꾸라지와 뱀장어.

⑭ 病(병)-병폐. 잘못.

⑮ 冀(기)-바라다. 희망하다.

⑯ 悵然(창연)-슬퍼하는 모양.

⑰ 庶幾(서기)-바라다. 희망을 지니다. ㅇ萬一(만일)-만의 하나. 만의 하나
의 요행.

⑱ 奄(엄)-갑자기.

⑲ 溷濁(혼탁)-어지럽고 더러운 것. 혼탁한 것.

⑳ 將(장)-또한. 그렇지 않으면. ㅇ祿(록)-복(福).

㉑ 遺(유)-남겨두다.

㉒ 懷寶遯世(회보둔세)-재능을 품고서도 세상에서 숨어사는 것.

㉓ 致(치)-불러 내오는 것.

㉔ 不肖(불초)-못난 것. 자신을 가리키는 겸칭. ㅇ無狀(무장)-보잘것없는
것. 선장(善狀 : 훌륭한 행실)이 없는 것.

㉕ 夤緣(인연)-인연이 있는 것. 기회가 닿는 것. 인연(因緣)으로도 씀.

㉖ 匍匐(포복)-기는 것. 네 발로 뛰는 것. ㅇ往弔(왕조)-가서 조상(弔喪)하
는 것.

㉗ 懷祿(회록)-녹을 생각하다. 벼슬자리에 끌리다.

㉘ 恧怩(뉵니)-부끄러운 것. 송구스러운 것.

㉙ 緘辭(함사) - 글, 곧 제문을 지어 봉하여 보내는 것.
㉚ 寓一哀(우일애) - 한 슬픔을 기탁하다. 곧 슬픔을 싣다.

해설 이 글은 소식이 항주통판(杭州通判)으로 있으면서 스승 구양수의 부음을 듣고 지어보낸 제문이다. 구양수는 죽은 뒤 문충(文忠)이라 시(諡)하였기 때문에 제목에서 〈제구양문충공문〉이라 한 것이다.

소식의 아버지 소순(蘇洵)은 인종(仁宗) 만년에 고향 사천성(四川省)을 떠나 소식·소철 두 아들을 데리고 변경(汴京)으로 왔다. 그는 구양수에게 문장 실력을 인정받아 구양수의 추천으로 비서성(秘書省) 교서랑(校書郞) 벼슬을 시작했으며, 소식도 가우(嘉祐) 2년(1057) 구양수가 예부(禮部)의 전시(殿試)를 맡았을 때 과거에 급제하여, 이후 스스로 구양수의 문하생으로 자처하였다.

이 제문에는 스승 구양수를 존경하는 소식의 마음이 잘 드러나 있다.

육일거사집서(六一居士集序)

소식(蘇軾)

1

이론에는 크기는 하면서도 과장되지는 않은 것이 있는데 사리에 통달한 사람은 그것을 믿고 보통 사람들은 의심을 하고 있다. 공자(孔子)께서 말씀하시기를,

"하늘이 성왕의 도리가 쓰인 글을 없애버리려 하셨다면 후세의 사람들이 성왕의 도리가 쓰여진 글을 접할 수가 없게 되었을 것이다."

고 하였다.

맹자(孟子)께서 말씀하시기를,

"우(禹)는 홍수를 다스리시고, 공자께서는 《춘추(春秋)》를 지으셨는데 나는 양주(楊朱)와 묵적(墨翟)의 학설을 막았다."

하면서 그의 일을 우임금의 업적에 짝지우고 있는 것이다. 문장을 접할 수 있게 되고 소멸되고 하는 것이 하늘과 무슨 상관이 있는가? 그리고 우의 공로는 하늘 땅과 나란히 놓일 만한 것인데 공자와 맹자는 공연한 말로써 여기에 짝지우고 있으니 과장된 것이 아니겠는가?

《춘추》가 지어진 이래로 혼란을 일삼는 신하와 해로운 짓을 하는 자식들이 두려워하게 되었고, 맹자의 말씀이 행하여지면서 양자와 묵자의 학설이 소멸되었다. 천하 사람들은 이것을 본시부터 그러했던 것이라고만 여기고 그분들의 큰 공로는 알지 못하고 있는 것이다. 맹자께서 돌아가

신 뒤로 신불해(申不害)·상앙(商鞅)·한비(韓非)의 학문이 올바른 도리를 어기고 이익만을 좇게 하여 백성들이 잘사는 것을 해치게 되었다.

그들의 학설은 지극히 비루한 것이었으나 선비들은 이것을 근거로 그들의 임금을 속였고, 윗사람들은 모든 공로를 분수넘치게 바라면서 모두가 그것을 따랐다. 그러나 세상에는 그 근본과 말단을 미루어 밝히고 그 화복(禍福)의 가볍고 무거운 점을 잘 따져서 그들을 미혹으로부터 구해 줄 만한 공자나 맹자와 같은 위대한 선생님이 계시지 않았다.

그러므로 그들의 학문이 마침내 행해져서 진(秦)나라는 이로 말미암아 멸망을 당하였고 천하는 어지러워져서 진승(陳勝)·오광(吳廣)·유방(劉邦)·항우(項羽) 등의 전란(戰亂)에는 죽은 자들이 열 명 가운데 8, 9명이나 될 정도여서 온 천하가 어수선하였다. 홍수의 환란도 이 정도에 이르지는 않았을 것이다.

진(秦)나라가 뜻을 이루지 못했을 즈음에 만약 다시 한 분의 맹자만 계셨더라면 곧 신불해와 한비의 학설이 공연한 이론이 되고 말았을 것이며, 사람들 마음에 작용하여 그들의 일을 해치고 그들이 하는 일에 작용하여 그 나라 정치를 해치게 되었던 일이 반드시 그처럼 심한 지경에 이르지는 않았을 것이다. 만약 양주나 묵적이 천하에서 뜻을 얻게 되었다 하더라도 그 화는 어찌 신불해와 한비보다 적었겠는가? 이렇게 논하고 보면 비록 맹자를 우(禹)에게 짝지운다 하더라도 괜찮은 일일 것이다.

원문 夫言有大而非誇하니 [1]達者信之하고 衆人疑焉이라. [2]孔子
부 언 유 대 이 비 과   달 자 신 지   중 인 의 언   공자

曰: 天之將[3]喪斯文也인댄 [4]後死者가 不得與於斯文也라.
왈   천 지 장 상 사 문 야   후 사 자   부 득 여 어 사 문 야

[5]孟子曰: [6]禹抑洪水하고 孔子作春秋하고 而余距[7]楊墨이라
맹 자 왈   우 억 홍 수   공 자 작 춘 추   이 여 거 양 묵

하고 蓋以是配禹也라. 文章之得喪이 [8]何與於天고? 而禹之功은
개 이 시 배 우 야   문 장 지 득 상   하 여 어 천   이 우 지 공

與天地竝이어늘 孔子孟子以空言配之하니 不已誇乎아?
여 천 지 병　　　공 자 맹 자 이 공 언 배 지　　불 이 과 호

⑨自春秋作而亂臣賊子懼하고 孟子之言行而楊墨之道廢하니 天
　자 춘 추 작 이 란 신 적 자 구　　맹 자 지 언 행 이 양 묵 지 도 폐　　　천

下以爲是固然이오 而不知大其功이라. 孟子旣沒에 有⑩申商韓非
하 이 위 시 고 연　　이 부 지 대 기 공　　맹 자 기 몰　　유　신 상 한 비

之學이 達道而趨利하고 殘民以厚生이라.
지 학　　위 도 이 추 리　　잔 민 이 후 생

其說至陋也어늘 而士以是로 ⑪罔其上하고 上之人이 ⑫僥倖一
기 설 지 루 야　　이 사 이 시　　망 기 상　　　상 지 인　　요 행 일

切之功하여 ⑬靡然從之하되 而世無大人先生如孔子孟子者하여
절 지 공　　　미 연 종 지　　　이 세 무 대 인 선 생 여 공 자 맹 자 자

推其本末하고 ⑭權其禍福之輕重하여 以救其惑이라.
추 기 본 말　　　권 기 화 복 지 경 중　　　이 구 기 혹

故로 其學遂行하여 秦以是喪하고 天下⑮陵夷하여 至於⑯勝廣
고　　기 학 수 행　　　진 이 시 상　　　천 하　룽 이　　　지 어　승 광

劉項之禍에 死者⑰十八九요 天下⑱蕭然하니 洪水之患이 蓋不至
유 항 지 화　　사 자　십 팔 구 요　천 하　소 연　　　홍 수 지 환　　개 부 지

此也라.
차 야

方秦之未得志也에 使復有一孟子면 則申韓爲空言이오 ⑲作於
방 진 지 미 득 지 야　　사 부 유 일 맹 자　　즉 신 한 위 공 언　　　작 어

其心하여 害於其事하며 作於其事하여 害於其政者가 必不至若
기 심　　　해 어 기 사　　　작 어 기 사　　　해 어 기 정 자　　필 부 지 약

是烈也라. 使楊墨으로 得志於天下런들 其禍豈減於申韓哉아? 由
시 렬 야　　사 양 묵　　　득 지 어 천 하　　　기 화 기 감 어 신 한 재　　유

此言之건대 雖以孟子配禹라도 可也라.
차 언 지　　　수 이 맹 자 배 우　　　가 야

주해　① 達者(달자)—모든 사리에 통달한 사람.

② 孔子曰(공자왈)—《논어》 자한(子罕)편에 보이는 말.

③ 喪(상)—없애다. ○斯文(사문)—성인의 도리가 적혀 있는 글. 전통적인 유
교문화를 가리키는 말로도 볼 수 있다.

④ 後死者(후사자)-뒤에 죽을 사람. 곧 후인, 공자 자신도 포함된다. ㅇ與 (여)-함께하다. 접하다.

⑤ 孟子曰(맹자왈)-《맹자》등문공(滕文公) 하(下)편에 이 세 구절이 각각 따로 떨어져 실려 있다.

⑥ 禹(우)-순(舜)임금의 신하로서 천하의 홍수를 다스리어 그 공로로 하 (夏)나라의 첫째 임금이 되었던 사람.

⑦ 楊墨(양묵)-양주(楊朱)와 묵적(墨翟). 전국시대 사상가들로 양주는 모두 가 자기만을 위하고 돌보면 된다는 극단적 위아주의(爲我主義)를 주장했 고, 묵적은 모든 남도 자기와 같이 사랑하고 위해야 한다는 양주와는 정 반대의 겸애주의(兼愛主義)를 내세웠다.

⑧ 何與(하여)-무슨 상관이 있는가?

⑨ 自春秋作(자춘추작)-이 구절은 《맹자》등문공 하편의 글임.

⑩ 申商韓非(신상한비)-신불해(申不害)·상앙(商鞅)·한비의 세 사람, 모두 법가(法家)에 속하는 사상가. 신불해는 전국시대 한(韓)나라 사람으로, 황로(黃老)를 바탕으로 하여 형명(刑名)을 주장했던 법가의 선구자. 상앙 은 전국시대 위(衛)나라 사람으로 형명과 법술(法術)을 공부하여 뒤에 진(秦)나라 재상이 되어 많은 공로를 세웠다. 한비는 전국 말엽 한(韓)나 라 사람으로 법가를 대표하는 저술 《한비자(韓非子)》20권을 지은 사람.

⑪ 罔(망)-함부로 속이는 것.

⑫ 僥倖(요행)-분에 넘치는 일의 결과를 바라는 것.

⑬ 靡然(미연)-모두가 좇고 따르는 모양. 모두가 한편으로 쏠리는 모양.

⑭ 權(권)-저울질하다. 따지다.

⑮ 陵夷(능이)-정의가 쇠퇴하는 것. 혼란해지는 것.

⑯ 勝廣劉項(승광유항)-진승(陳勝)·오광(吳廣)·유방(劉邦)·항우(項羽)의 네 사람. 모두 진(秦)나라 말기에 각지에서 일어나 천하를 다투었던 사람 들. 이중 유방은 뒤에 한(漢)나라 고조(高祖)가 되었다.

⑰ 十八九(십팔구)-십중팔구. 10명 중에서 8,9명.

⑱ 蕭然(소연)-어수선한 모양.

⑲ 作(작)-작용하다. 작동하다.

2

사마천(司馬遷)이 말하기를,

"합공(蓋公)은 황제(黃帝)와 노자(老子)의 학문을 얘기하고 가의(賈誼)와 조조(晁錯)는 신불해와 한비의 학문을 밝혔다."

하였다. 조조는 말할 상대가 못되지만 가의도 역시 법가의 학문을 하였으니 나는 이로써 그릇된 학설의 사람들에 대한 영향은 비록 호걸다운 선비라 할지라도 면치 못하는 경우가 있음을 알고 있다. 하물며 보통 사람들이야 어떠하겠는가?

한(漢)나라 이후로도 나라의 도리와 정치의 술법을 공자를 근거로 하지 않음으로써 천하를 어지럽힌 경우가 많았었다. 진(晉)나라는 노자(老子)와 장자(莊子)의 학문 때문에 망하였고 양(梁)나라는 불교 때문에 망하였으나 아무도 전혀 이를 바로잡지 못하고 있었다. 5백여년 뒤에야 한유(韓愈)가 나와서 학자들은 한유를 맹자에게 짝지우고 있는데 아마도 올바른 일이라 할 것이다.

한유 뒤 3백여년만에 구양자(歐陽子)가 나왔는데, 그의 학문은 한유와 맹자를 밀고 나가서 공자에게까지 도달하는 것이다. 예악(禮樂)과 인의(仁義)의 내용을 드러내어 위대한 도리에 합치시키고 있다. 그의 이론은 간단하고도 분명하며 진실되고도 통달되고 있으며, 만물을 끌어들여 이를 서로 연결시키고 지극한 이치에 절충시킴으로써 사람들의 마음을 감복시키고 있다. 그러므로 천하 사람들이 한꺼번에 그분을 스승으로 존경하게 되었다.

구양자께서 생존하신 이래로 세상의 그를 좋아하지 않는 자들은 시끄럽게 그분을 공격하여 그의 몸을 곤경에 빠뜨릴 수는 있었으나 그의 이론을 굽힐 수는 없었다. 선비들은 현명한 이 못난 이 할 것 없이 의논하지 않고도 모두 똑같이 이렇게 말하게 되었다.

"구양자는 지금의 한유시다."

송(宋)나라가 일어난 지 70여년이 되는 동안 백성들은 전쟁을 몰랐고 풍부해지고 교화를 받아서 천성(天聖)·경우(景祐) 연간에는 극성을 이루었다. 그러나 성인의 학문은 끝내 옛날에 비하여 부끄러운 점이 있었고 선비들도 고루하고 구습만을 지키어 이론은 비루하고 기상은 허약했다. 구양자가 나온 뒤로는 천하 사람들이 다투어 스스로를 씻고 갈고 함으로써 경전에 통달하고 옛것을 공부하는 것을 고상하게 여기고, 시국을 구하고 올바른 도리를 행하는 것을 현명하다 여기고, 천자 면전에서도 과감히 간하는 것을 충성이라 여기어 학문이 발전하고 훌륭한 기풍이 이룩되었다.

가우(嘉祐) 말엽에는 많은 훌륭한 선비가 있었다고 일컬어지고 있는데 구양자의 공이 다대(多大)하였다. 아아! 이 어찌 사람의 힘이겠는가? 하늘이 아니고 그 누가 그렇게 만들 수가 있겠는가?

구양자께서 돌아가신 지 10여년 되자 선비들은 신학(新學 : 王安石의 新法)을 시작하였는데 불교나 도교와 비슷한 방법으로 주공(周公)과 공자의 학문 내용을 어지럽히었다. 식자들은 이를 걱정하고 있었는데 천자께서 명철하신 덕분에 취사법(取士法)을 조명(詔命)으로 고치고 학자들을 독려하여 오로지 공자의 학문만을 공부하고 이단을 내치도록 하여 주셨다.

그런 뒤에야 세상 풍속이 일변해져서 스승과 학우들의 연원과 계보를 연구하여 다시 구양자의 글을 외우고 익힐 줄을 알게 된 것이다. 나는 그분의 아들 비(棐)에게서 그분의 시와 산문 766편을 얻어 차례대로 책으로 엮고 그에 대하여 이렇게 논하는 바이다.

"구양자는 위대한 도를 논함에 있어서는 한유와 같고, 일을 논하는 데 있어서는 육지(陸贄)와 같고, 일을 기록하는 점에서는 사마천(司馬遷)과 같고, 시부(詩賦)는 이백(李白)과 비슷하다. 이는 나의 말이 아니라 온 천하의 말인 것이다."

구양자는 이름이 수(修)이고 자는 영숙(永叔)이며 늙은 뒤에는 스스로 육일거사(六一居士)라 부르셨다.

원문 ①太史公曰 ; ②蓋公言黃老하고 ③賈誼鼂錯는 明④申韓이라. 錯
　　　　태사공왈　　합공언황로　　　가의조조　　명 신한　　　조

는 不足道也어니와 而誼亦爲之하니 余以是로 知邪說之⑤移人이
　부족도야　　　　이의역위지　　　여이시　　지사설지　이인

雖豪傑之士라도 有不免者은 況衆人乎아?
수호걸지사　　　유불면자　　황중인호

　　自漢以來로 ⑥道術不出於孔氏오 而亂天下者多矣라. 晉以老
　　자한이래　　도술불출어공씨　　이란천하자다의　　　진이노

莊亡하고 梁以佛亡하되 莫或正之러니 五百餘年而後得韓愈하니
장망　　　양이불망　　막혹정지　　　오백여년이후득한유

學者以愈配孟子가 或⑦庶幾焉이라.
학자이유배맹자　혹 서기언

　　愈之後三百有餘年而後得⑧歐陽子하니　其學推韓愈孟子하여
　　유지후삼백유여년이후득 구양자　　　　기학추한유맹자

以達於孔氏하고 著禮樂仁義之實하여 以合於大道라. 其言簡而
이달어공씨　　　저예악인의지실　　　이합어대도　　기언간이

明하며 ⑨信而通이오 ⑩引物連類하여 折之於至理하여 以服人心이
명　　　신이통　　　인물련류　　　절지어지리　　　이복인심

라. 故로 天下⑪翕然師尊之라.
　　고　　천하 흡연사존지

　　自歐陽子之存에 世之不悅者가 ⑫譁而攻之하여 能⑬折困其身하
　　자구양자지존　세지불열자　　화이공지　　　능 절곤기신

되 而不能屈其言이라. 士無賢不肖히 不謀而同曰 ; 歐陽子는 今
이불능굴기언　　　사무현불초　　불모이동왈　구양자　　금

之韓愈也라.
지한유야

　　宋興七十餘年에 民不知兵하고 富而敎之하여 至⑭天聖景祐에
　　송흥칠십여년　민부지병　　　부이교지　　　지 천성경우

極矣라. 而⑮斯文終有愧於古하고 士亦因陋守舊하여 論卑而氣弱
극의　　이 사문종유괴어고　　　사역인루수구　　　논비이기약

이라. 自歐陽子出에 天下爭自⑯濯磨하여 以通經學古爲高하며 以
이라　자구양자출　천하쟁자 탁마　　　이통경학고위고　　　이

救時行道爲賢하며 以[17]犯顔敢諫爲忠하여 [18]長育成就라.
구 시 행 도 위 현　　이 범 안 감 간 위 충　　　장 육 성 취

　至[19]嘉祐末에 號稱多士하니 歐陽子之功爲多라. 嗚呼라! 此豈
　지 가 우 말　호 칭 다 사　구 양 자 지 공 위 다　　오 호　　차 기

人力也哉아? 非天其孰能使之리오?
인 력 야 재　비 천 기 숙 능 사 지

　歐陽子歿十有餘年에 士始爲[20]新學하여 以佛老之似로 亂[21]周
　구 양 자 몰 십 유 여 년　사 시 위 신 학　　이 불 로 지 사　난 주

孔之實하니 識者憂之라. 賴天子明聖하사 詔修取士法하여 [22]風厲
공 지 실　식 자 우 지　뇌 천 자 명 성　조 수 취 사 법　　풍 려

學者하여 專治孔氏하고 黜異端이라.
학 자　전 치 공 씨　출 이 단

　然後風俗一變하여 考論師友에 淵源所自하여 復知誦習歐陽子
　연 후 풍 속 일 변　고 론 사 우　연 원 소 자　부 지 송 습 구 양 자

之書라. 予得其詩文七百六十六篇於[23]其子棐하고 乃次而論之
지 서　여 득 기 시 문 칠 백 육 십 육 편 어 기 자 비　내 차 이 론 지

曰; 歐陽子論大道는 似韓愈하고 論事似[24]陸贄하고 記事似司馬
왈　구 양 자 론 대 도　사 한 유　논 사 사 육 지　기 사 사 사 마

遷하고 詩賦似李白이라. 此非予言也요 天下之言也니라.
천　시 부 사 이 백　차 비 여 언 야　천 하 지 언 야

　歐陽子諱修요 字永叔이며 旣老에 自謂六一居士云이라.
　구 양 자 휘 수　자 영 숙　기 로　자 위 육 일 거 사 운

주해　① 太史公(태사공) ―《사기(史記)》의 저자 사마천(司馬遷). 이 글은《사
　　　기》태사공자서(太史公自序)에 보임.

　② 蓋公(합공) ― 한(漢) 초기 사람. 조참(曹參)이 제상(齊相)이 된 뒤 여러
　　　가지 일을 합공과 의논함으로써 제나라를 잘 다스렸다 한다. ㅇ黃老(황
　　　로) ― 황로지학(黃老之學). 도가(道家)사상에 신선술(神仙術)이 가미되면
　　　서 그들은 교조로 노자 외에 또 황제(黃帝)까지 끌어들여 뒤에는 도교(道
　　　敎)로 발전케 된다.

　③ 賈誼(가의) ― 한(漢)나라 낙양(洛陽) 사람. 문제(文帝) 때 박사(博士)가
　　　되었고, 초기의 부(賦) 작가로 유명하다. ㅇ晁錯(조조) ― 한나라 문제 때

태상장고(太常掌故)를 지냈고, 경제(景帝) 때에는 어사대부(御史大夫)도 지냈다. 문제 때 왕명으로 복생(伏生)에게 《서경(書經)》을 전수받아 유명하다.

④ 申韓(신한)—전국시대 사상가로 신불해(申不害)와 한비(韓非). 법가(法家).

⑤ 移人(이인)—사람에게 영향을 끼치어 변화시키는 것.

⑥ 道術(도술)—나라의 도리와 정치의 술법.

⑦ 庶幾(서기)—거의 옳다. 아마도 올바른 것이다.

⑧ 歐陽子(구양자)—송(宋) 구양수(歐陽修)를 가리킴.

⑨ 信而通(신이통)—진실되고 모든 것에 통달한 것.

⑩ 引物連類(인물련류)—만물을 끌어들여 여러 가지 종류들을 연결시키는 것. 곧 만물의 진리와 모든 존재의 상호관계를 규명하고 있음을 뜻함.

⑪ 翕然(흡연)—많은 것이 모여드는 모양.

⑫ 譁(화)—시끄러운 것. 소란한 것.

⑬ 折困(절곤)—곤경에 빠뜨리는 것.

⑭ 天聖景祐(천성경우)—송나라 인종(仁宗)의 연호(1023~1037).

⑮ 斯文(사문)—성인의 가르침이 적힌 글. 성인의 학문.

⑯ 濯磨(탁마)—씻고 가는 것. 이단을 버리고 올바른 학문을 하는 것.

⑰ 犯顏敢諫(범안감간)—임금의 면전에서 과감히 올바른 건의를 하는 것.

⑱ 長育成就(장육성취)—올바른 학문이 길리워져 발전하여 곧 성과를 이룩하는 것.

⑲ 嘉祐(가우)—송 인종의 연호(1056~1063).

⑳ 新學(신학)—왕안석(王安石)의 신법(新法)을 가리킴.

㉑ 周孔之實(주공지실)—주(周)나라 주공과 공자의 학문 내용.

㉒ 風厲(풍려)—격려하는 것.

㉓ 其子棐(기자비)—그의 아들 비(棐). 구양수의 셋째아들 이름이 비임.

㉔ 陸贄(육지)—당(唐)나라 덕종(德宗) 때의 학자. 덕종 때 한림학사(翰林學士)로서 올바른 건의를 많이 하여, 실질적인 재상이란 뜻으로 사람들이 내상(內相)이라 불렀다 한다. 주자(朱泚)의 난을 평정할 때 공을 세웠고, 뒤에는 중서시랑동평장사(中書侍郞同平章事) 벼슬까지 했다.

해설 소식이 스승 구양수의 문집을 편찬하고 그 앞에 써놓은 서문이다. 앞의 〈제구양문충공문〉이나 마찬가지로 작자의 스승에 대한 존숭이 잘 드러나 있다. 소식은 유학의 도통론(道統論)을 바탕으로 하여 공자와 맹자의 학문은 당대에 이르러 한유(韓愈)에 의하여 다시 계승 발전되었는데 다시 송대에 와서는 구양수에 이르러 그것이 계승되었다는 것이다.

당대 한유·유종원(柳宗元)을 중심으로 전개되었던 고문운동(古文運動)은 사상적인 면에서는 유학의 새로운 전통을 확립하려는 데 그 특징이 있었다. 고문운동은 송대에 이르러 구양수가 다시 계승 발전시킴으로써 성공을 거두게 되므로 사상적인 면에서 구양수를 이토록 크게 평가할 수가 있는 것이다.

우리는 지금 송대의 문인이란 점에서만 구양수를 보기 쉬우나 실제로는 문학사상으로 송대 문학의 건설자요 시·사·부·산문 등의 만능작가였을 뿐 아니라 새로운 송대 학문을 발전시킨 학자요 사상가이며 그 시대 정계를 이끈 정치가이기도 하고, 또 그 문하에서 소식·왕안석 등 무수히 위대한 인물들을 배출한 교육가이기도 한 것이다.

삼괴당명(三槐堂銘)

소식(蘇軾)

   하늘의 뜻이 반드시 실현된다고 하겠는가? 현명한 사람이 반드시 귀해 지지 않고, 어진 사람이 반드시 오래 살지 않고 있다. 하늘의 뜻은 절대로 실현되지 않는 것인가? 어진 사람은 반드시 후에 복을 받게 되는 것이다. 이 두 가지를 어떻게 절충해야 되겠는가?

   내가 듣건대 신포서(申包胥)는 말하기를,

   "사람이 많으면 하늘의 뜻을 이길 수가 있고, 하늘의 뜻이 정해지면 또한 사람들을 이기게 된다."

하였다. 세상에 하늘의 뜻을 논하는 사람들은 모두 하늘의 뜻이 정해지기를 기다리지 않고 하늘의 뜻을 추구하고 있다. 그러므로, 하늘은 아득하기만 한 것이라 여기고 착한 사람은 태만히 하고 악한 자들은 멋대로 행동하게 되는 것인데, 도척(盜跖)이 오래 살고 공자(孔子)와 안회(顏回)가 재난을 당한 것은 모두가 하늘의 뜻이 정해지지 않은 상태인 것이다.

   소나무와 잣나무가 산 숲속에 나서 처음에는 쑥대 같은 잡풀에게 곤경으로 몰리고 소와 양에게 재난을 당하기도 하다가, 마지막에 가서 사철을 통하여 변함없고 천년을 지나면서도 바뀌어짐이 없는 것이 하늘의 뜻이 정해진 모습이다. 선악의 응보(應報)가 자손들에게까지 미치게 되는 하늘의 뜻이 정해진 것은 오래된 일이다. 내가 듣고 본 바를 통하여 상고하여 보건대 하늘의 뜻이 반드시 정하여진다는 것은 확실한 일이다.

나라가 흥성해지려 할 적에는 반드시 선대에 대대로 덕을 쌓은 신하가 있어, 두터이 은덕을 베풀고도 그 응보를 다 받아 누리지 않아서 뒤에 그의 자손이 문화를 지키며 태평을 유지하는 임금과 함께 천하의 복을 누리는 이가 있는 것이다. 옛날 병부시랑(兵部侍郎)을 지낸 진국공(晉國公) 왕호(王祜)는 후한(後漢)·후주(後周)에서도 이름을 드러냈고 송(宋) 태조(太祖)와 태종(太宗)을 연이어 섬겼는데, 학문도 깊고 무예에도 뛰어나며 충성을 다하고 효성스러우니 천하 사람들은 그를 재상으로 임용하기를 바랐으나, 왕공은 끝내 강직한 바른 도를 지키어 시세에 용납되지 못했다.

그는 일찍이 마당에 손수 세 그루 느티나무를 심으면서 말하기를,

"내 자손 중에 반드시 삼공(三公)이 되는 자가 있을 것이다."

하였다 한다. 뒷날 그의 아들 위국(魏國) 문정공(文正公)이 진종(眞宗)의 경덕(景德)·상부(祥符) 연간(1004~1016)에 재상이 되어 조정은 맑고 밝았으니, 천하가 무사한 때에 그의 복록과 영예로운 명성을 누리기를 18년이나 하였다.

지금 물건을 다른 사람에게 맡기었다가 다음날 그것을 찾는다 하더라도 소득이 있을 수도 있고 없을 수도 있는데, 진국공은 자신의 덕을 닦고서 하늘에 그 응보의 책임을 맡기면서 반드시 수십 년 뒤에 그 응보를 받을 것이라 하였는데, 계약을 한 거나 같이 뒤에 그대로 들어맞았다. 나는 이것으로써 하늘의 뜻은 결국 반드시 실현됨을 아는 것이다.

나는 위국공(魏國公)은 뵙지 못하고 그분의 아드님 의민공(懿敏公)은 뵈었는데, 직간(直諫)으로 인종(仁宗)황제를 섬기고 조정을 드나들면서 시종(侍從)과 장수 노릇을 30여년이나 하였는데, 그의 직위가 그 덕에는 차지 못하는 것이었다. 하늘은 장차 왕씨 집안을 부흥시키려는 것일까? 어찌하여 그분 자손 중에는 현명한 분들이 많은가?

세상에서는 진국공을 당(唐)나라 이서균(李棲筠)에게 비기기도 하는데, 그들의 뛰어난 재주와 강직한 기운이 진실로 엇비슷하다 하겠다. 그

런데 이서균의 아들 길보(吉甫)와 손자 덕유(德裕)도 공로와 명성 및 부
귀함에 있어서는 대략 왕씨 집안과 같았으나, 충성스럽고 신의가 있고
어질고 후덕함에 있어서는 그들이 위국공(魏國公) 부자를 따르지 못할
것이다. 이로써 본다면 왕씨 집안의 복은 아직 끊이지 않은 듯하다.

　의민공의 아드님 공(鞏)은 나와 함께 잘 교유하고 있다. 덕이 있고 글
도 잘하며 그의 집안을 잘 계승하고 있으니, 나는 이런 연유를 다음과 같
이 명문(銘文)으로 기록하는 바이다.

　　아아, 아름답도다!
　　위국공의 유업(遺業)이 느티나무와 함께 싹이 텄으니,
　　나무를 심고 북돋은 공은 기필코 다음 세대에 이룩되었네.
　　진종의 재상이 되어 온 세상 태평케 하고,
　　돌아와 그의 집 둘러보니 느티나무 그늘 뜰 안을 채웠네.
　　우리는 소인이라 아침에 저녁 일도 올바로 계획하지 못하고,
　　때를 엿보아 이익이나 뒤쫓는데 덕을 걱정할 겨를이 있겠는가?
　　요행이나 바라고 씨뿌리지 않고 거두려 하지.
　　군자가 아니라면 그 어찌 나라 다스리겠는가?
　　왕성(王城) 동쪽에 진국공 저택 있는데,
　　울창한 세 그루 느티나무여! 그분 덕의 증거일세.
　　아아, 아름답도다!

원문　①天可必乎아? 賢者不必貴요 仁者不必壽니라. 天不可必乎
　　　　　천 가 필 호　　현 자 불 필 귀　　인 자 불 필 수　　　천 불 가 필 호

아? 仁者必有後니라. ②二者將安收衷哉아?
　　인 자 필 유 후　　　이 자 장 안 수 충 재

吾聞之③申包胥曰 : 人衆者勝天이오 ④天定亦能勝人이라. 世之
오 문 지 신 포 서 왈　인 중 자 승 천　　　천 정 역 능 승 인　　　세 지

論天者皆不待其定而求之라. 故로 以天爲⑤茫茫하여 善者以怠하
론 천 자 개 부 대 기 정 이 구 지　　고　이 천 위　망 망　　　선 자 이 태

고 惡者以⑥肆하니 ⑦盜跖之壽와 ⑧孔顔之厄은 此皆天之未定者
　　악 자 이　사　　　도 척 지 수　　공 안 지 액　　차 개 천 지 미 정 자

也라.
야

　松栢生於山林하여 其始也困於⑨蓬蒿하며 厄於牛羊이라가 而其
　송 백 생 어 산 림　　기 시 야 곤 어　봉 호　　액 어 우 양　　　이 기

終也에 ⑩貫四時閱千歲而不改者는 其天定也라. 善惡之報가 至於
종 야　관 사 시 열 천 세 이 불 개 자　기 천 정 야　　선 악 지 보　지 어

子孫則其定也久矣라. 吾以所見所聞而考之컨대 其可必也⑪審矣
자 손 즉 기 정 야 구 의　　오 이 소 견 소 문 이 고 지　　기 가 필 야　심 의

로다.

　國之將興에 必有⑫世德之臣이 ⑬厚施而不食其報하고 然後其
　국 지 장 흥　필 유　세 덕 지 신　　후 시 이 불 식 기 보　　연 후 기

子孫이 能與⑭守文太平之主로 共天下之福이라. 故⑮兵部侍郎晉
자 손　능 여　수 문 태 평 지 주　공 천 하 지 복　　고　병 부 시 랑 진

國王公이 ⑯顯於漢周之餘하고 歷事太祖太宗하여 文武忠孝하니
국 왕 공　현 어 한 주 지 여　　역 사 태 조 태 종　　문 무 충 효

天下望而爲相이로되 而公卒以直道로 不容於時라.
천 하 망 이 위 상　　　이 공 졸 이 직 도　불 용 어 시

　蓋嘗手植三槐於庭曰：吾子孫必有爲⑰三公者라. ⑱已而其子
　개 상 수 식 삼 괴 어 정 왈　오 자 손 필 유 위　삼 공 자　　　이 이 기 자

魏國文正公이 相眞宗皇帝於景德祥符之間하여 朝廷淸明하니 天
위 국 문 정 공　상 진 종 황 제 어 경 덕 상 부 지 간　　조 정 청 명　　천

下無事之時에 享其福祿榮名者가 十有八年이라.
하 무 사 지 시　향 기 복 록 영 명 자　십 유 팔 년

　今夫⑲寓物於人하여 明日而取之라도 ⑳有得有否어늘 而晉公修
　금 부　우 물 어 인　　명 일 이 취 지　　유 득 유 부　　이 진 공 수

德於身하여 ㉑責報於天하고 取必於數十年之後하되 如持㉒左契하
덕 어 신　　책 보 어 천　　취 필 어 수 십 년 지 후　　여 지　좌 계

여 ㉓交手相付라. 吾以是로 知天之果可必也로다.
　교 수 상 부　　오 이 시　지 천 지 과 가 필 야

　吾不及見魏公이오 而見其子㉔懿敏公하니 以直諫으로 事仁宗
　오 불 급 견 위 공　　이 견 기 자　의 민 공　　　이 직 간　사 인 종

皇帝하여 出入侍從將帥三十餘年에 位不滿其德이라. 天將復興
황제 출입시종장수삼십여년 위불만기덕 천장부흥

王氏也歟아? 何其子孫之多賢也오?
왕 씨 야 여 하 기 자 손 지 다 현 야

世有以晉公으로 比²⁵李棲筠者하니 其雄才直氣가 直不相上下
세 유 이 진 공 비 이 서 균 자 기 웅 재 직 기 직 불 상 상 하

라. 而棲筠之子²⁶吉甫와 其孫²⁷德裕는 功名富貴가 略與王氏等이
이 서 균 지 자 길 보 기 손 덕 유 공 명 부 귀 약 여 왕 씨 등

나 而忠信仁厚가 不及魏公父子라. 由此觀之컨댄 王氏之福이 蓋
이 충 신 인 후 불 급 위 공 부 자 유 차 관 지 왕 씨 지 복 개

未²⁸艾也로다.
미 애 야

懿敏公之子²⁹鞏이 與吾遊好라. 德而文하여 以世其家하니 吾
의 민 공 지 자 공 여 오 유 호 덕 이 문 이 세 기 가 오

是以로 錄之하노라. 銘曰;
시 이 녹 지 명 왈

嗚呼³⁰休哉라!
오 호 휴 재

魏公之業이 與槐俱³¹萌이로다.
위 공 지 업 여 괴 구 맹

³²封植之功이 必世乃成이라.
봉 식 지 공 필 세 내 성

旣相眞宗하니 四方³³砥平하고
기 상 진 종 사 방 지 평

歸視其家하니 槐陰滿庭이라.
귀 시 기 가 괴 음 만 정

³⁴吾儕小人이니 朝不謀夕하여
오 제 소 인 조 불 모 석

³⁵相時射利어니 ³⁶皇卹厥德이리오?
상 시 사 리 황 휼 궐 덕

³⁷庶幾僥倖하여 不種而穫이라.
서 기 요 행 부 종 이 확

不有君子면 其何能國이리오?
불 유 군 자 기 하 능 국

王城之東은 晉公[38] 所廬니
왕 성 지 동　　　진 공　　소 려

[39]鬱鬱三槐여 惟德之[40] 符로다.
울 울 삼 괴　　　유 덕 지　부

嗚呼休哉라!
오 호 휴 재

주해　① 天可必(천가필)—하늘은 반드시 ~한다고 할 수 있다. 하늘의 뜻은
반드시 실현된다고 할 수 있다.

② 二者(이자)—천가필(天可必)과 천불가필(天不可必)의 두 가지. ㅇ安(안)—
어떻게. 어찌. ㅇ收衷(수충)—절충하다. 올바름을 판단하는 것.

③ 申包胥(신포서)—춘추시대 초(楚)나라의 대부(大夫). 성은 공손(公孫). 이
름이 포서. 뒤에 신(申) 땅에 봉해져 신포서라 흔히 부른다. 초나라에 큰
공을 세웠던 사람. 여기에 인용된 말은《국어(國語)》초어(楚語)에 보인다.

④ 天定(천정)—하늘이 정하는 것. 하늘의 뜻이 결정되는 것.

⑤ 茫茫(망망)—넓고 아득한 것.

⑥ 肆(사)—멋대로 행동하는 것. 방자한 것.

⑦ 盜跖(도척)—옛날의 유명했던 강도 이름.

⑧ 孔顏(공안)—공자와 그의 제자 안회(顏回). ㅇ厄(액)—불운. 재난.

⑨ 蓬蒿(봉호)—쑥대 같은 잡초.

⑩ 貫四時(관사시)—1년 사철을 똑같이 관통하는 것. ㅇ閱千歲(열천세)—천
년 지나는 것.

⑪ 審(심)—사실이다. 분명하다.

⑫ 世德之臣(세덕지신)—몇 대를 두고 덕을 쌓아온 신하.

⑬ 厚施(후시)—후덕을 베푸는 것. ㅇ不食其報(불식기보)—그 응보는 먹지
아니하다. 그 응보는 누리지 않다.

⑭ 守文太平(수문태평)—문화를 잘 지키며 나라를 태평하게 잘 다스리는 것.

⑮ 兵部侍郎晉國王公(병부시랑진국왕공)—송나라 때의 왕호(王祜). 송나라
태조(太祖) 때 재상을 삼으려 했으나, 부언경(符彦卿)의 무죄를 황제 앞
에 밝히려고 끝까지 버티는 바람에 재상이 되지 못했다. 태종(太宗) 때

병부시랑 벼슬을 하고. 뒤에 진국공(晉國公)에 봉해졌다.

⑯ 顯(현)-명성이 드러나는 것. ㅇ漢周之餘(한주지여)-송나라 바로 앞 오
대(五代)의 후한(後漢)과 후주(後周)를 가리킴.

⑰ 三公(삼공)-주(周)나라 때는 태사(太師)·태부(太傅)·태보(太保)를 삼
공이라 하였다. 후세엔 이름이 바뀌었으나 나라에서 가장 높은 재상급
의 세 벼슬자리를 가리킴.

⑱ 已而(이이)-그 뒤. 뒷날. ㅇ魏國文正公(위국문정공)-왕호의 아들 왕단
(王旦). 진종 때 태보(太保)가 되었고, 죽은 뒤 위국공(魏國公)에 봉해지
고, 시(諡)를 문정(文正)이라 하였다.

⑲ 寓物於人(우물어인)-남에게 물건을 맡기다.

⑳ 有得有否(유득유부)-소득이 있기도 하고 없기도 한 것.

㉑ 責報(책보)-응보를 책임지우다. 보답을 책임지게 하다.

㉒ 左契(좌계)-옛날 계약을 할 적에는 대쪽에 글을 써서 좌우 두 쪽으로
나누어 양편이 각기 하나씩 지녔다. 뒤에 이 대쪽[契]을 갖고 와서 맞춰
보고 그 계약을 확인했다. 따라서 '좌계(左契)'를 지니고 있다는 말은 계
약을 맺고 그 증서를 지니고 있다는 것과 같은 뜻이다.

㉓ 交手相付(교수상부)-계약을 했던 대쪽을 두 사람이 꺼내어 서로 맞추어
보는 것. 계약대로 실행되었음을 뜻한다.

㉔ 懿敏公(의민공)-왕소(王素). 인종을 섬기어 벼슬이 공부상서(工部尚書)
에 이르렀다. 시(諡)가 의민이다.

㉕ 李棲筠(이서균)-당(唐)나라 대종(代宗) 때 어사대부(御史大夫)를 지냈
던 사람.

㉖ 吉甫(길보)-이서균의 아들로 덕종(德宗) 때 재상을 지냈음. 시는 충의
(忠懿).

㉗ 德裕(덕유)-이길보의 아들. 문종(文宗) 때 재상으로 기용하려 했으나 반
대파의 반대로 뜻을 이루지 못하다가 무종(武宗) 때 재상이 되었음.

㉘ 艾(애)-늙다. 끊이다. 멎다.

㉙ 鞏(공)-왕소의 아들. 소식과 친하였고 시를 잘 지었다. 다만 벼슬로는 출
세하지 못하였다.

㉚ 休(휴)-아름답다. 훌륭하다.

㉛ 萌(맹)-싹이 트다.

㉜ 封植(봉식)-북돋고 심는 것.

㉝ 砥平(지평)-태평스러운 것. 지(砥)는 숫돌로 역시 평평한 것을 가리킨다.

㉞ 吾儕(오제)-우리들. 나와 같은 무리.

㉟ 相時射利(상시사리)-때를 엿보아 이익을 추구하다.

㊱ 皇卹厥德(황휼궐덕)-그의 덕을 걱정할 겨를이 있겠는가? 황(皇)은 황 (遑). 휼(卹)은 휼(恤)과도 통함.

㊲ 庶幾(서기)-바라다.

㊳ 所廬(소려)-집짓고 사는 곳. 집이 있는 곳.

㊴ 鬱鬱(울울)-울창한 모양. 잘 자란 모양.

㊵ 符(부)-부험(符驗)·부신(符信). 증거가 되는 것.

(해설) 이 글은 생전에 은덕을 쌓았던 송(宋)나라 초기의 왕호(王祜)란 사람을 칭송하는 것이다. 임금이 그를 재상으로 삼으려 하였으나 임금 앞에서도 늘 너무나 강직하게 행동하여 재상이 못되고 말았다. 그러나, 집 앞에 삼공(三公)을 상징하는 세 느티나무를 심어놓고 자기 자손 중 재상이 나오기를 바랐다.

그 결과 바로 아들인 왕단(王旦)이 진종(眞宗) 밑에서 18년 간의 명재상 노릇을 하였고, 또 그의 손자 왕소(王素), 증손자 왕공(王鞏)도 모두 훌륭한 인물들이니, 왕씨 집안은 앞으로 더욱 발전할 것이라는 것이다. 소식은 이처럼 음덕이 후세에까지 끼치는 큰 영향을 강조하고 있다.

'삼괴당(三槐堂)'은 바로 왕호의 집 당명(堂銘)이며, '명(銘)'은 일종의 문체로서 옛날 자기 좌우의 늘 보는 기물(器物)에 훈계가 될 만한 글을 새겨놓던 글이다.

표충관비(表忠觀碑)

소식(蘇軾)

희령(熙寧) 10년(1077) 시월 무자(戊子)날에 자정전대학사우간의대부(資政殿大學士右諫議大夫) 지항주군사(知杭州軍事)인 신하 조변(趙抃)이 아뢰었다.

"옛 오월국왕(吳越國王) 전씨(錢氏)의 무덤과 그의 아버지·할아버지 및 부인과 자손들의 묘가 전당(錢塘)에 스물여섯이 있고, 임안(臨安)에 열하나가 있습니다. 모두 황폐하여진 채로 손질하지 않아 그곳을 지나는 부로(父老)들 중에는 눈물을 흘리는 이들이 있습니다.

삼가 생각하여 보건대, 옛날 무숙왕(武肅王) 전류(錢鏐)가 처음 지방의 군사로써 황소(黃巢)의 난군을 쳐부수어 달아나게 하여 이름이 강회(江淮) 지방에 알려졌고, 다시 팔군(八郡)의 군사로써 유한굉(劉漢宏)을 쳐서 월주(越州)에 임명됨으로써 동창(董昌)을 받들면서 자신은 항주(杭州)에 머물고 있었습니다. 그러나 동창이 월주를 근거로 반란을 일으키자 곧 동창을 쳐죽이고 월주와 함께 절강(浙江) 동서쪽 지방을 모두 차지하였고, 그것을 그의 아들 문목왕(文穆王) 전원관(錢元瓘)에게 전해주었습니다.

그의 손자 충헌왕(忠獻王) 전인좌(錢仁佐)에게 이르러는 마침내 이경(李景)의 군사를 쳐부수어 복주(福州)를 빼앗았고, 전인좌의 동생 충의왕(忠懿王) 전숙(錢俶)이 또 크게 군사를 동원하여 이경을 공격하고 주

세종(周世宗)의 군사들을 마중해 들였습니다. 그 뒤에 마침내는 나라를 들어 송(宋)나라 천자를 찾아와 뵈었으니, 전씨네 3대에 걸친 네 왕들은 오대(五代)와 더불어 활동을 개시하고 끝맺었던 것입니다.

천하가 크게 혼란하자 호걸들이 벌떼처럼 일어났습니다. 그러한 때에 몇 고을의 땅으로써 자신의 명성을 훔치려던 자들이 이루 헤아릴 수 없을 정도로 많았고, 종당엔 그의 집안을 망치고 무고한 백성들에게까지도 그 피해를 끼치어 남겨진 자손이 하나도 없게 되었습니다. 그러나 오월(吳越)은 땅이 사방 천리나 되고 무장한 군사가 10만이었고, 산에서 광석을 채굴하여 녹여 동(銅)을 생산하고 바닷물을 끓여 소금을 생산하였으며, 상아와 외뿔소의 뿔과 진주와 보옥의 부함은 천하의 으뜸이 되었었습니다.

그러나 끝내 신하로서의 절조를 잃지 않아 그 공헌이 어디에나 허다하게 눈에 뜨일 정도입니다. 그래서 그 고장 백성들은 늙어 죽을 때까지 전쟁을 모르고 사철 즐겁게 놀아, 노래와 악기 소리가 어디에나 들리어 지금에 이르기까지도 없어지지 않고 있으니, 그가 이곳 백성들에게 끼친 은덕은 매우 두터운 것임을 알 수 있습니다.

송(宋)나라가 천명(天命)을 받자, 사방의 반란이 차례로 평정되어갔으나, 서촉(西蜀)과 강남(江南) 지방은 그곳 지형이 험난하고 거리가 먼 것을 믿고 있어서, 군대가 그들 성 밑에까지 육박하여 힘이 모자라고 형세가 불리하게 된 뒤에야 손을 들었고, 하동(河東)의 유씨(劉氏)는 백번 싸울 때마다 죽음으로써 수비하며 관군(官軍)에 대항하여, 시체가 성처럼 쌓이고 흘린 피가 연못을 이루어 천하의 힘을 다하게 만든 뒤에야 겨우 그들을 정복할 수가 있었습니다.

유독 오월만은 명령을 기다리지 않고 자진하여 창고들을 봉해 놓고 군현의 장부들을 정리하고 조정 관리들의 처분을 요청하였으니, 그의 나라를 떠나는 것을 머물고 있던 여관을 떠나듯하였습니다. 그들이 조정에 끼친 공로는 매우 컸습니다.

옛날 후한(後漢) 두융(竇融)은 하서(河西) 땅을 가지고 한나라에 귀의(歸依)했는데, 광무제(光武帝)는 그에게 우부풍(右扶風) 벼슬을 내리고 그의 부모와 조상들의 묘를 수리하고, 대뢰(大牢)의 제물로서 제사지내도록 했습니다. 지금 전씨(錢氏)들의 공덕은 두융보다도 더한데, 백년도 못되어 그들의 분묘를 손질하지도 못하여 길가는 사람들이 가슴아파하면서 탄식하게 되었으니, 공신들을 권장하는 방법과 민심을 위로하는 뜻에서 매우 어긋나는 일입니다.

제가 바라옵건대, 용산(龍山)의 낡은 절인 묘인원(妙因院)을 도관(道觀)으로 개조하여 전씨네 자손인 자연(自然)이라는 도사(道士)로 하여금 거기에 살면서 모든 전당에 있는 그들의 묘는 모두 자연에게 맡기고, 임안에 있는 묘는 그 고을 정토사(淨土寺)의 중 도미(道微)에게 맡기도록 하십시오. 해마다 그들의 무리 중에서 한 사람을 세속을 벗어나오게 하여 대대로 그 묘들을 관장케 하고, 그 땅의 수입을 정리하여 제때에 그 사당을 수리하고 화초와 나무들을 심고 북돋아 주도록 하십시오.

잘 관리하지 못하는 자가 있는지 고을의 영승(令丞)으로 하여금 그것을 살피게 하고, 심한 자가 있으면 그 사람을 바꾸도록 하면 아마도 영원히 태만해지지 않고 조정에서 전씨를 후대하려는 뜻에 합치되게 될 것입니다. 신하 변(抃)은 죽음을 무릅쓰고 아뢰는 바이옵니다.”

이에 응락하는 어명이 내리고, 묘인원은 표충관(表忠觀)이라 고쳐진 이름이 하사되었다. 여기에 다음과 같은 비명(碑銘)을 짓는 바이다.

　천목산(天目山)에서 초수(苕水) 흘러내리는데
　용이 날고 봉이 춤추듯 뛰어난 인물들 임안(臨安)으로 모여들었네.
　이인(異人)을 일부러 내시어 보통 사람들과 달리 빼어났으니
　떨치고 나와 크게 소리치니 따르는 사람들 구름 같았네.
　하늘 우러러 강물 두고 맹세하니 달과 별도 기운에 가리워 어두워
졌고

강한 쇠뇌로 물결을 쏘니 강물 바닷물 동쪽으로 쏠렸네.

유한굉(劉漢宏) 죽이고 동창(董昌) 쳐 없애고 오월 땅 차지하니

공신에게 내리는 금권(金券)과 옥책(玉冊) 받고 병권을 장악하는 부절(符節) 받았네.

큰 성을 차지하고 그곳 산천을 아울러 다스리니

왼편엔 강 오른편엔 호수 있고 남쪽의 오랑캐들도 이끌었네.

해마다 철 되면 돌아와 쉬면서 어른들 모시고 잔치 벌이니

빛남이 신인(神人) 같았고 관복에 옥대(玉帶) 두르고 큰 말 탔네.

41년에는 공경하고 두려워하며 조심하여

그들의 조공(朝貢) 바구니 갖고 내조하였는데 값비싼 비단과 남금(南金)을 바쳤네.

오대(五代)는 혼란해서 나라를 기탁할 만한 사람 없는데

전씨네 삼왕(三王)은 선대 계승하면서 덕 있는 분 기다렸네.

귀의할 곳 얻고 나자 누구와 상의하거나 물어보지도 않고

선왕의 뜻을 오로지 실행하였네.

하늘의 복 충실하고 두터워 대대로 벼슬하며 고을에 봉해졌고

진실로 글도 잘하고 무예도 잘하며 자손은 천억명으로 불었네.

황제께선 고을 수령에게 말씀하시어 그들 사당과 묘 손질하게 하여

다시는 거기서 땔나무하고 가축 풀먹이어 그의 후손들 부끄러워지는 일 없도록 하셨네.

용산(龍山) 남쪽 기슭에 높다랗게 새로운 사당 서니

전씨네를 사사로이 보아주시는 게 아니라 오직 그들의 충성 드러내기 위함이네.

충성이 아니라면 임금도 없을 것이고 효도가 아니라면 어버이도 없을 것이니

여러분 모두 여기 새겨진 글 잘 보도록 하시오.

원문

①熙寧十年十月戊子에　資政殿大學士右諫議大夫知杭州軍
희령십년시월무자　자정전대학사우간의대부지항주군

事臣②抃言：故吳越國王③錢氏墳墓와　及其父祖妃夫人子孫之墳
사신 변언　고오월국왕 전씨분묘　급기부조비부인자손지분

이 在④錢塘者二十有六이오 在⑤臨安者十有一이라. 皆⑥蕪廢不治
재 전당자이십유륙　재 임안자십유일　개 무폐불치

하여 父老過之에 有流涕者라.
부로과지　유류체자

　謹按故武肅王鏐가 始以鄕兵으로 破走⑦黃巢하여 名聞⑧江淮하
근안고무숙왕류　시이향병　파주 황소　명문 강회

고 復以八郡兵으로 討⑨劉漢宏하고 拜⑩越州하여 以奉⑪董昌而自
부이팔군병　토 유한굉　배 월주　이봉 동창이자

居於⑫杭이라. 及昌以越叛에 則誅昌而竝越盡有⑬浙東西之地하여
거어 항　급창이월반　즉주창이병월진유 절동서지지

傳其子文穆王⑭元瓘이라.
전기자문목왕 원관

　至其孫忠獻王⑮仁佐하여 遂破⑯李景兵하여 取⑰福州하고 而仁
지기손충헌왕 인좌　수파 이경병　취 복주　이인

佐之弟忠懿王⑱俶이 又大出兵攻景하고 以迎⑲周世宗之師라. 其
좌지제충의왕 숙　우대출병공경　이영 주세종지사　기

後卒⑳以國入覲하니 ㉑三世四王이 與㉒五代로 相終始라.
후졸 이국입근　삼세사왕　여 오대　상종시

　天下大亂에 豪傑蜂起라. 方是時에 以數州之地로 盜名字者가
천하대란　호걸봉기　방시시　이수주지지　도명자자

不可勝數러니 旣覆其族하고 ㉓延及于無辜之民하여 罔有㉔孑遺라.
불가승수　기복기족　연급우무고지민　망유 혈유

而吳越地方千里요 ㉕帶甲十萬이오 ㉖鑄山煮海하고 ㉗象犀珠玉之
이오월지방천리　대갑십만　주산자해　상서주옥지

富가 ㉘甲于天下라.
부　갑우천하

　然終不失臣節하여 貢獻相望於道라. 是以로 其民이 至於老
연종불실신절　공헌상망어도　시이　기민　지어로

死히 不識㉙兵革하여 四時嬉遊에 歌鼓之聲이 相聞하여 至于今
사 불식 병혁　사시희유　가고지성　상문　지우금

不廢하니 其有德於斯民이 甚厚라.
불폐   기유덕어사민   심후

皇宋受命하사 四方^㉚僭亂이 以次削平이나 ^㉛西蜀江南은 負其
황송수명   사방 참란   이차삭평   서촉강남   부기

險遠하여 兵至城下라야 力屈勢窮然後^㉜束手하고 而^㉝河東劉氏는
험원   병지성하   역굴세궁연후 속수하고 이 하동유씨

百戰守死하고 以抗王師하여 積骸爲城하고 ^㉞釃血爲池하니 竭天
백전수사   이항왕사   적해위성   시혈위지   갈천

下之力하여 僅乃^㉟克之라.
하지력   근내 극지

獨吳越은 不待告命하고 ^㊱封府庫하며 ^㊲籍郡縣하여 請吏于
독오월   부대고명   봉부고   적군현   청리우

朝하여 視去其國을 如去^㊳傳舍라. 其有功於朝廷甚大라.
조   시거기국 여거 전사   기유공어조정심대

昔^㊴竇融이 以^㊵河西歸漢이어늘 光武詔^㊶右扶風하여 修理其父
석 두융이 이 하서귀한   광무조 우부풍   수리기부

祖墳塋하고 祠以^㊷大牢라. 今錢氏功德이 殆過於融이어늘 而未及
조분영   사이 대뢰   금전씨공덕   태과어융   이미급

百年에 墳墓不治하여 行道^㊸傷嗟하니 甚非所以勸獎功臣하고 ^㊹慰
백년   분묘불치   행도 상차   심비소이권장공신   위

答民心之義也니이다.
답민심지의야

臣願以^㊺龍山廢佛寺曰妙因院者爲^㊻觀하여 使錢氏之孫爲道士
신원이 용산폐불사왈묘인원자위 관   사전씨지손위도사

曰自然者居之하여 凡墳墓之在錢塘者는 以付自然하고 其在臨安
왈자연자거지   범분묘지재전당자   이부자연   기재임안

者는 以付其縣之淨土寺僧曰道微하소서. 歲各^㊼度其徒一人하여
자   이부기현지정토사승왈도미   세각 도기도일인

使世掌之하고 ^㊽籍其地之所入하여 以時修其祠宇하며 封植其草
사세장지   적기지지소입   이시수기사우   봉식기초

木하소서.
목

有不治者어든 縣令丞察之하고 甚者易其人이면 ^㊾庶幾永終不
유불치자   현령승찰지   심자역기인   서기영종불

墜하여 以稱朝廷待錢氏之意리이다. 臣抃은 [50]昧死以聞하니이다.
추   이 칭 조 정 대 전 씨 지 의   신 변   매 사 이 문

[51]制曰可라 하고 其妙因院을 改賜名曰表忠觀이라. 銘曰;
제 왈 가   기 묘 인 원 개 사 명 왈 표 충 관   명 왈

[52]天目之山에 苕水出焉하니
천 목 지 산 초 수 출 언

[53]龍飛鳳舞하여 [54]萃于臨安이라.
용 비 봉 무   췌 우 임 안

篤生異人하여 絶類離羣하니
독 생 이 인 절 류 리 군

[55]奮挺大呼에 從者如雲이라.
분 정 대 호 종 자 여 운

仰天誓江하니 月星[56]晦蒙이오
앙 천 서 강 월 성 회 몽

[57]强弩射潮하니 江海爲東이라.
강 노 사 조 강 해 위 동

殺宏誅昌하여 奄有吳越하니
살 굉 주 창 엄 유 오 월

[58]金券玉册과 [59]虎符龍節이라.
금 권 옥 책 호 부 룡 절

大城其居하니 [60]包絡山川하여
대 성 기 거 포 락 산 천

[61]左江右湖요 [62]控引島蠻이라.
좌 강 우 호 공 인 도 만

歲時歸休하여 以[63]燕父老하니
세 시 귀 휴 이 연 부 로

[64]曄如神人이 [65]玉帶毬馬라.
엽 여 신 인 옥 대 구 마

[66]四十一年에 [67]寅畏小心하여
사 십 일 년 인 외 소 심

[68]厥篚相望하니 [69]大貝南金이라.
궐 비 상 망 대 패 남 금

五朝昏亂하여 罔堪託國일새
오 조 혼 란 망 감 탁 국

三王相承하여 以待有德이라.
삼 왕 상 승　　이 대 유 덕

旣獲所歸하니 ⑦弗謀弗咨요
기 획 소 귀　　불 모 불 자

先王之志를 我維行之라.
선 왕 지 지　　아 유 행 지

⑦天祚忠厚하여 世有爵邑하니
천 조 충 후　　세 유 작 읍

⑦允文允武하여 子孫千億이라.
윤 문 윤 무　　자 손 천 억

帝謂守臣하사 治其⑦祠墳하여
제 위 수 신　　치 기　사 분

⑦母俾樵牧하여 愧其⑦後昆하라.
무 비 초 목　　괴 기　후 곤

龍山之⑦陽에 ⑦歸然新宮이니
용 산 지　양　　귀 연 신 궁

匪私于錢이오 惟以表忠이니라.
비 사 우 전　　유 이 표 충

非忠無君이오 非孝無親이니
비 충 무 군　　비 효 무 친

⑦凡百有位는 視此刻文하라.
범 백 유 위　　시 차 각 문

주해 ① 熙寧(희령)—송나라 신종(神宗)의 연호(1068~1077).

② 抃(변)—조변(趙抃). 자는 열도(閱道). 진사(進士)가 된 뒤로 성격이 강직하여 올바른 말 잘하기로 유명하였다. 신종 때엔 참지정사(參知政事)까지 되었고, 왕안석(王安石)과 뜻이 맞지 않아 벼슬을 그만두었다.

③ 錢氏(전씨)—뒤에 다시 보이는 전유(錢鏐). 오대(五代) 때 후량(後梁) 태조(太祖)로부터 오월왕(吳越王)에 봉해졌다. 시호가 무숙(武肅)임.

④ 錢塘(전당)—지금의 절강성(浙江省) 항현(杭縣)에 있던 땅 이름.

⑤ 臨安(임안)—지금의 절강성 항주시(杭州市).

⑥ 蕪廢(무폐)—황폐하여진 것.

⑦ 黃巢(황소)-당(唐)나라 때 소금 장수로 돈을 번 집안 출신으로, 희종(僖宗) 때 왕선지(王仙芝)가 난을 일으키자(874) 그에 호응하여 난을 일으키어 한때는 장안(長安)까지 함락시키고 제제(齊帝)를 자칭했다. 그러나, 몇 년 뒤 관군에게 패망하였다.

⑧ 江淮(강회)-장강(長江)과 회수(淮水) 지방. 지금의 강소(江蘇)·안휘(安徽) 지방.

⑨ 劉漢宏(유한굉)-연주(兗州)의 낮은 관리로 대장을 따라 왕선지(王仙芝)를 토벌하다가 반대로 군비를 가로채어 반란을 일으켰다. 그러나, 항복하여 다시 황제를 따르다가 의승군절도사(義勝軍節度使)에 임명된 뒤 다시 그의 아우와 모반하다가 전유에게 잡혀 죽었다.

⑩ 越州(월주)-지금의 절강성(浙江省) 소흥현(紹興縣) 지방.

⑪ 董昌(동창)-당나라 임안(臨安) 사람. 희종(僖宗) 때 의승군절도사(義勝軍節度使)가 된 이래 임금의 신임을 받아 검교태위동중서문하평장사(檢校太尉同中書門下平章事) 벼슬까지 오르고 농서군왕(隴西郡王)이 되었다. 그러나, 소종(昭宗) 때에 스스로 국호를 대월라평(大越羅平)이라 하고 제왕이 되었으나 전유에게 패하여, 잡혀 죽었다. 전유는 그 전에는 동창의 장수로 활약했다.

⑫ 杭(항)-항주(杭州). 지금의 절강성에 있음.

⑬ 浙(절)-절강(浙江). 절강성 안을 흘러 바다로 들어가는데, 점수(漸水)·곡강(曲江)·전당강(錢塘江) 등 여러 가지 이름으로도 불리운다. 절강성 서북부를 절서(浙西), 그 동남부 지방을 절동(浙東)이라 흔히 부른다.

⑭ 元瓘(원관)-전유의 일곱 번째 아들. 학문과 시를 좋아했고, 전유가 죽은 뒤 오월국왕(吳越國王)을 습봉(襲封)하였다. 시호가 문목(文穆)이다.

⑮ 仁佐(인좌)-전유의 손자. 시호는 충헌(忠獻)임.

⑯ 李景(이경)-오대(五代) 때 남당(南唐)의 임금. 남당은 그의 아들 욱(煜 : 後主) 때에 송나라에게 멸망됨.

⑰ 福州(복주)-지금의 복건성(福建省)에 있던 고을 이름.

⑱ 俶(숙)-전원관(錢元瓘)의 아홉 번째 아들. 뒤에 오월국왕 자리를 계승했다. 송나라 태종(太宗) 때(978) 그가 입조했으며, 강남 땅을 평정하는 데

큰 공을 세웠다. 시호는 충의(忠懿).

⑲ 周世宗(주세종)―후주(後周)의 임금. 이름은 영(榮). 후주 태조(太祖)의 양자. 문무를 아울러 잘하였고, 훌륭한 정치를 한 것으로 이름이 알려지고 있다. 후주는 주 세종이 죽은 직후 공제(恭帝) 때에 송나라에게 멸망당했다.

⑳ 以國入覲(이국입근)―나라를 들고 송나라 태종(太宗)을 찾아뵙는 것. 송나라 천자에게 충성을 맹세하는 것이다.

㉑ 三世四王(삼세사왕)―전유와 그의 아들 전원관, 그의 손자 전인좌와 전숙의 네 오월국왕.

㉒ 五代(오대)―당나라와 송나라 사이의 약 50년 사이에 생겨났다 망해 버린 다섯 나라. 곧 후량(後梁)・후당(後唐)・후진(後晉)・후한(後漢)・후주(後周)를 가리킴.

㉓ 延及(연급)―멸망의 화가 연이어져 미치는 것.

㉔ 孑遺(혈유)―살아 남은 자손들.

㉕ 帶甲(대갑)―갑옷 입은 군사. 무장한 군사.

㉖ 鑄山煮海(주산자해)―산에서 광석을 채굴하여 녹이어 동(銅)을 생산하고, 바닷물을 끓여 소금을 생산하는 것.

㉗ 象犀(상서)―상아(象牙)와 외뿔소의 뿔.

㉘ 甲(갑)―으뜸가는 것.

㉙ 兵革(병혁)―무기와 갑옷. 뜻이 전하여 전쟁을 가리킴.

㉚ 僭亂(참란)―참람된 짓을 하고 혼란을 일삼는 것.

㉛ 西蜀(서촉)―지금의 사천성(四川省) 지방. ○江南(강남)―장강(長江) 이남 지방.

㉜ 束手(속수)―손을 묶다. 손을 드는 것.

㉝ 河東劉氏(하동유씨)―하동은 황하(黃河) 동쪽 지방. 지금의 산서성(山西省) 지경 안의 황하 동쪽 지방. 유씨는 후한(後漢)의 고조(高祖) 유지원(劉知遠)을 가리킨다.

㉞ 釃血(시혈)―피를 흘리는 것.

㉟ 克之(극지)―그들을 이기다. 그들을 쳐부수다.

㊱ 封府庫(봉부고)―나라 창고의 문을 봉해놓고 손대지 않는 것.

㊲ 籍郡縣(적군현)－지방 여러 고을의 문서들까지 잘 정리해 놓고 처분을 기다리는 것.

㊳ 傳舍(전사)－여관. 객주집.

㊴ 竇融(두융)－동한(東漢) 때 사람. 왕망(王莽) 밑에서 파수장군(波水將軍)을 지냈고, 왕망이 죽은 뒤엔 회양왕(淮陽王)에게 붙어 거록태수(鉅鹿太守) 등을 지냈다. 뒤에 여러 사람의 지지를 받아 하서(河西) 오군(五郡)의 대장군 일을 맡았다. 광무제(光武帝)가 즉위하자 곧 한(漢)나라로 귀부(歸附)하여, 뒤에 대사마(大司馬)까지 되고 안풍후(安豐侯)에 봉해졌다.

㊵ 河西(하서)－황하 서쪽 지방으로, 지금의 섬서(陝西)·감숙(甘肅) 두 성과 수원(綏遠)·영하(寧夏) 두 성의 일부가 이에 해당한다.

㊶ 右扶風(우부풍)－경조윤(京兆尹)·좌풍익(左馮翊)과 함께 삼보(三輔)라 부르던, 나라의 중심지역을 관장하던 벼슬 이름. 우부풍은 지금의 섬서성 중부의 장안현(長安縣) 서편에 해당하는 데 있던 군(郡) 이름이기도 했다.

㊷ 大牢(대뢰)－천자와 제후와 경대부(卿大夫)들이 제사지낼 때 쓰던 제물 이름으로, 소·양·돼지의 세가지 제물이 갖추어진 것을 말함(《禮記》 王制). 여기에서 소가 빠지면 소뢰(少牢)라 불렀다.

㊸ 傷嗟(상차)－가슴아파하면서 탄식하는 것.

㊹ 慰答(위답)－위로해 주고 보답하는 것.

㊺ 龍山(용산)－절강성 항주(杭州) 근처에 있는 산 이름. 그 아래 용정(龍井)이 더욱 유명하다.

㊻ 觀(관)－도관(道觀). 도교(道敎)의 절.

㊼ 度(도)－세속을 떠나 중이나 도사가 되는 것.

㊽ 籍(적)－물건을 받아서 장부에 기록 정리하는 것.

㊾ 庶幾(서기)－아마도 ～할 것이다. ㅇ永終(영종)－영원히. 끝내. ㅇ不墜(불추)－일을 빠뜨리지 않다. 일에 태만하지 않은 것.

㊿ 昧死(매사)－죽음을 무릅쓰는 것.

(51) 制(제)－임금의 명령.

(52) 天目山(천목산)－초수(苕水)와 함께 모두 항주(杭州)에 있는 산과 강물.

(53) 龍飛鳳舞(용비봉무)－용과 봉은 모두 빼어난 인물에 비유한 말. 빼어난

인물들이 재능을 발휘하는 것을 뜻한다.

(54) 萃(췌)－모으다.

(55) 奮挺(분정)－떨치고 나서는 것.

(56) 晦蒙(회몽)－가리어져 어두워지는 것.

(57) 强弩射潮(강노사조)－강한 쇠뇌로 조수(潮水)를 쏘다. 해마다 항주(杭州)에는 조수가 밀려와서 곧바로 절강(浙江)의 나찰석(羅刹石)이란 곳 바위를 치며 밀려오고 있었다. 오월왕 전유(錢鏐)가 강한 쇠뇌를 들고 있다 조수가 밀려올 때 이에 맞서서 화살을 쏘아대자 조수가 물러갔다는 전설이 있다(《北夢瑣言》).

(58) 金券玉冊(금권옥책)－금권(金券)은 금서철권(金書鐵券)이라고도 하며, 공신에게 내리어 대대로 그것을 전하여 갖고 있게 하고 죄를 면하게 해주던 물건. 옥책(玉册)은 옛날 임금이 신하들에게 작위를 내릴 때 주던 존귀한 책서(册書)의 일종임.

(59) 虎符龍節(호부룡절)－군대 통솔권을 상징하는 부절(符節)을 임금으로부터 받은 것. 군대의 통솔권을 장악함을 뜻함.

(60) 包絡(포락)－포라(包羅). 곧 함께 아울러 다스리는 것.

(61) 左江右湖(좌강우호)－절강성 항주(杭州) 동남쪽에 절강(浙江)이 흐르고 있고 서쪽에는 유명한 서호(西湖, 일명 전당호)가 있다.

(62) 控引(공인)－이끌다. ㅇ島蠻(도만)－남쪽 섬에 사는 오랑캐들. 실제로는 남쪽 오랑캐들을 가리킴.

(63) 燕父老(연부로)－나이 많은 노인들에게 잔치를 베푸는 것.

(64) 曄(엽)－빛나는 것.

(65) 玉帶(옥대)－옥으로 장식한 관복(官服)의 띠를 두르는 것. ㅇ毬馬(구마)－큰 말. 구(毬)는 국(鞠)과 통하여 높다란 것을 뜻함.

(66) 四十一年(사십일년)－전숙(錢俶)이 오월왕이 된 지 41년 되던 해일 것이다.

(67) 寅畏(인외)－공경하고 두려워하는 것.

(68) 厥篚(궐비)－그들의 바구니. 바구니는 공물을 담은 바구니를 뜻함.

(69) 大貝南金(대패남금)－좋은 비단과 남쪽에서 나는 금. 모두 중국 남쪽의 값비싼 특산물임.

⑩ 弗謀弗咨(불모불자)─누구에게 상의하거나 물어보지도 않는 것.

⑪ 天祚(천조)─하늘의 복. 타고난 복.

⑫ 允(윤)─진실로.

⑬ 祠墳(사분)─사당(祠堂)과 무덤.

⑭ 毋俾樵牧(무비초목)─그의 무덤 근처에서 땔나무를 하거나 가축에게 풀을 먹이지 않게 하는 것. 곧 그의 사당과 무덤이 거칠어지지 않도록 조치해 줌을 뜻한다.

⑮ 後昆(후곤)─후손들.

⑯ 陽(양)─산의 남쪽 기슭.

⑰ 歸然(귀연)─높은 모양.

⑱ 凡百有位(범백유위)─모든 분들. 여러분들. 제위(諸位).

해설 이 글은 오대(五代) 때 절강(浙江) 지방을 잘 다스리다가 송나라 초기에는 자기 나라를 들어 송나라에 귀의하여 남방을 안정시키는 데 큰 공을 세웠던 오월국왕(吳越國王) 전유(錢鏐) 집안의 사당으로 세운 '표충관(表忠觀)' 앞에 세운 비문으로 쓴 것이다.

오월국왕 전유와 그의 아들 손자로 이어지는 삼대사왕(三代四王)들의 공덕(功德)이 잘 드러난 글이며, 사람들에게 나라에 대한 충성의 뜻을 잘 일깨워준다.

특히 앞머리의 산문으로 이루어진 서문(序文)은 처음부터 끝까지 강직하고 올바른 진언(進言)을 잘하기로 유명했던 송나라 초기의 조변(趙抃)의 주언(奏言)으로 채우고 있는 것이 가장 두드러진 특징이다. 이는 당(唐)나라 유종원(柳宗元)이 〈수주안풍현효문명(壽州安豐縣孝門銘)〉에서 그 앞의 서문을 모두 수주자사(壽州刺史)의 주언으로 채웠던 수법을 응용한 것이다.

능허대기(凌虛臺記)

소식(蘇軾)

대(臺)가 남산 아래에 있다면 의당 그곳에서의 생활은 산과 접하여 있게 될 것이다. 사방의 산들은 남산보다 더 높은 것이 없고, 도읍에서 가장 아름다운 곳으로는 부풍(扶風)을 따라올 곳이 없다. 지극히 가까운 곳에서 가장 높은 것을 찾는다면 그 형세로 보아 반드시 남산을 발견하게 될 것이나, 태수(太守)는 이곳에 살면서도 일찍이 산이 있다는 것조차도 의식하지 못하고 있었다. 비록 어떤 일에 손해나 이익이 되는 것은 아니나 사물의 이치에 있어서는 당연하지 않은 일이었으니, 이것이 능허대를 쌓는 까닭이다.

능허대를 쌓기 전에 태수인 진공(陳公)이 지팡이 짚고 짚신 신고 그 아래를 거닐다가 나무 숲 위로 산이 솟아난 것이 올망졸망하여 마치 담 밖으로 길을 가는 사람들의 상투가 보이는 듯함을 발견하였다. 이것은 반드시 특이한 점이 있을 것이라 하고, 공인들을 시켜 그 앞에 네모난 연못을 파게 하고 그 흙으로 대를 쌓았는데, 지붕 추녀 위로 솟아난 높이에서 멈추었다.

그러한 뒤에는 사람들이 그 위에 올라와 보고는 황홀한 듯 대가 높은 것은 모르고 산이 튀어 솟아나온 것이라 여기게 되었다. 진공께서 이곳은 의당히 능허라 이름지어야겠다 하고는 그의 밑에서 일하는 소식(蘇軾)에게 고하여 그에 관한 글을 짓도록 하였다.

나 소식은 진공에게 이렇게 아뢰었다.

"만물이 멸망하고 생겨나는 것과 이루어지고 무너지는 것은 알 수가 없는 일입니다. 옛날에는 거친 풀 우거진 들과 밭으로 서리와 이슬이 자욱히 덮이고 여우와 독사가 숨어 엎드려 있던 곳이었으니, 그러한 때에야 어찌 이 능허대가 있게 될 줄 알았겠습니까? 멸망하고 생겨나고 이루어지고 무너지는 것은 끝없이 서로 이어져 찾아오는 것이니, 이 대가 다시 거친 풀 우거진 들과 밭이 될런지도 모두 알 수 없는 일입니다.

시험삼아 공을 모시고 대에 올라가 바라보니, 그 동쪽은 진(秦) 목공(穆公)의 기년궁(祈年宮)과 탁천궁(橐泉宮)이 있던 곳이고, 그 남쪽은 한(漢)나라 무제(武帝)의 장양궁(長楊宮)과 오조궁(五祚宮)이 있던 자리이며, 그 북쪽은 수(隋)나라의 인수궁(仁壽宮)과 당(唐)나라의 구성궁(九成宮)이 있던 곳입니다. 그 한때의 성함을 헤아려 보건대, 장대하고 화려하며 견고해서 움직일 수 없는 정도가 어찌 이 능허대의 백배에 그칠 따름이겠습니까?

그러나, 몇 세대 뒤에 그 비슷한 모습이라도 찾아보려 해도 깨어진 기와나 무너진 담장조차도 남아 있는 것이라고는 없고, 이미 벼와 기장이 자라고 가시덩굴이 우거진 언덕과 둔덕 및 밭이랑으로 변하여 있습니다. 그런데, 하물며 이 대야 어찌되겠습니까? 이러한 대도 오래도록 의지할 수가 없는 것이거늘 하물며 갑자기 갔다가 갑자기 오기도 하는 사람들 일의 득실(得失)이야 어떠하겠습니까?

그런데도 어떤 사람이 세상에 뽐내면서 자기만족을 추구하려 한다면 잘못일 것입니다. 세상에는 의지할 만한 것이 있기는 하지만, 그것은 이 대의 존망에 관계되는 것은 아닙니다."

진공에게 다 말씀드리고 나서 물러나와 그것을 글로 적는 바이다.

원문 臺於①南山之下하니 宜若②起居飲食이 與山接也라. 四方之山
대 어 남 산 지 하　　의 약 기 거 음 식　여 산 접 야　　사 방 지 산

이 莫高於終南이오 而都邑之最麗者가 莫近於③扶風이라. 以至近
　　막고어종남　　이도읍지최려자　　막근어 부풍　　　　이지근

求最高면 其勢④必得이어늘 而太守之居에 未嘗知有山焉이라. 雖
구최고　기세 필득　　　이태수지거　미상지유산언　　　수

非事之所以損益이나 而物理有不當然者니 此凌虛之所爲築也라.
비사지소이손익　　이물리유부당연자　차릉허지소위축야

　方其未築也에 太守⑤陳公이 ⑥杖屨逍遙於其下라가 見山之出
　방기미축야　태수 진공　　장구소요어기하　　　견산지출

於林木之上者가 ⑦纍纍然如人之旅行於墻外而見其⑧髻也라. 曰
어림목지상자　유류연여인지려행어장외이견기 계야　　　왈

是必⑨有異라 하여 使工⑩鑿其前爲方池하고 以其土築臺하여 出於
시필 유이　하여 사공 착기전위방지　　　이기토축대　　　출어

⑪屋之簷而止라.
옥지첨이지

　然後人之至於其上者가 ⑫怳然不知臺之高요 而以爲山之⑬踊
　연후인지지어기상자　　황연부지대지고　　이이위산지 용

躍奮迅而出也라. 公曰；是宜名凌虛라 하고 以告其⑭從事蘇軾
약분신이출야　공왈 시의명능허　하고 이고기 종사소식

而俾爲之記라.
이비위지기

　軾⑮復於公曰：物之廢興成毀를 不可得而知也라. 昔者에 荒
　식 복어공왈 물지폐흥성훼　불가득이지야　　석자　황

草野田으로 霜露之所⑯蒙翳요 ⑰狐虺之所竄伏이니 方是時에 豈
초야전　　상로지소 몽예　호훼지소찬복이니　방시시　기

知有凌虛臺耶아? 廢興成毀가⑱相尋於無窮하니 則臺之復爲荒草
지유능허대야　폐흥성훼가 상심어무궁　　즉대지부위황초

野田을 皆不可知也로다.
야전　개불가지야

　嘗試與公으로 登臺而望하니 其東則⑲秦穆公之祈年橐泉也요
　상시여공　　등대이망　　　기동즉 진목공지기년탁천야

其南則漢武之長楊五柞요 而其北則隋之仁壽요 唐之九成也라.
기남즉한무지장양오조　이기북즉수지인수요　당지구성야

計其一時之盛컨댄 ⑳宏傑詭麗하고 堅固而不可動者가 豈特百倍
계기일시지성　　굉걸궤려　　　견고이불가동자　기특백배

於臺而已哉아?
어 대 이 이 재

　然而數世之後에 欲求其㉑彷彿이나 而破瓦㉒頹垣이 無得存者하
　연 이 수 세 지 후　 욕 구 기 방 불　　이 파 와 퇴 원　무 득 존 자

여 旣已化爲㉓禾黍荊棘과 ㉔丘墟隴畝矣라. 而況於此臺歟아? 夫
　기 이 화 위　화 서 형 극과　구 허 롱 묘 의　이 황 어 차 대 여　　부

臺猶不足恃以長久어늘　而況於人事之㉕得喪이　忽往而忽來者
대 유 부 족 시 이 장 구　　 이 황 어 인 사 지 득 상　　홀 왕 이 홀 래 자

歟아?
여

　而或者欲以㉖夸世而自足則過矣라. 蓋世有足恃者라. 而不在
　이 혹 자 욕 이　 과 세 이 자 족 즉 과 의　 개 세 유 족 시 자　　이 부 재

乎臺之存亡也니라.
호 대 지 존 망 야

　旣已言於公하고 退而爲之記하노라.
　기 이 언 어 공　　퇴 이 위 지 기

주해　① 南山(남산)—종남산(終南山)이라고도 부르며 주봉(主峯)이 섬서성
　　　(陝西省) 장안현(長安縣) 남쪽에 있는 산임.
　　② 起居飮食(기거음식)—사람의 생활을 뜻한다.
　　③ 扶風(부풍)—지금의 섬서성 함양현(咸陽縣) 동쪽에 있던 곳으로, 봉상부
　　　(鳳翔府)의 별명이다. 작자는 이 글을 지을 때(28세) 봉상부 태수 진희량
　　　(陳希亮) 밑에 첨서판관사(簽書判官事) 벼슬을 하고 있었다.
　　④ 必得(필득)—반드시 얻게 되다. 반드시 종남산을 발견하게 됨을 뜻한다.
　　⑤ 陳公(진공)—진희량. 자는 공필(公弼). 강직하고 올바른 사람이었으며, 이
　　　때 봉상현 태수로 있으면서 이 능허대를 건축했다.
　　⑥ 杖屨(장구)—지팡이 짚고 짚신 신는 것. 노인이 외출할 때의 모습임. ○逍
　　　遙(소요)—왔다갔다 거니는 것.
　　⑦ 纍纍然(유류연)—올망졸망한 모양. 여러개의 물건들이 불쑥 크고 작게 솟
　　　아 있는 모양.
　　⑧ 髻(계)—상투.

⑨ 有異(유이)-특이함이 있다. 특별한 풍경을 가리킴.

⑩ 鑿(착)-파다.

⑪ 屋之簷(옥지첨)-집의 처마. 지붕 추녀.

⑫ 怳然(황연)-황홀한 모양. 정신이 아득해지는 모양.

⑬ 踴躍奮迅(용약분신)-뛰어서 떨치고 달려 나오는 것.

⑭ 從事(종사)-밑에서 일하는 사람. ○俾(비)-시키다. 사(使)와 같음.

⑮ 復(복)-복명(復命)하다. 대답하여 아뢰는 것.

⑯ 蒙翳(몽예)-자욱히 가리는 것. 덮고 가리는 것.

⑰ 狐虺(호훼)-여우와 독사. ○竄伏(찬복)-숨어 엎드려 있는 것. 도망다니고 숨는 것.

⑱ 相尋(상심)-서로 찾아오다. 번갈아 이어지다.

⑲ 秦(진)-뒤의 한(漢)·수(隋)·당(唐) 모두 장안(長安)을 중심으로 한 이 근처에 궁성이 있었음.

⑳ 宏傑(굉걸)-광대하고 빼어난 것. 장대한 것. ○詭麗(궤려)-특이하게 화려한 것. 장려한 것.

㉑ 彷彿(방불)-비슷한 것.

㉒ 頹垣(퇴원)-무너진 담.

㉓ 禾黍荊棘(화서형극)-벼와 기장과 가시덩굴과 가시나무.

㉔ 丘墟(구허)-언덕과 둔덕. ○隴畝(농묘)-밭둔덕과 밭이랑.

㉕ 得喪(득상)-득실(得失). 이익과 손실. 잘되는 것과 못되는 것.

㉖ 夸世(과세)-세상에 뽐내는 것.

해설 이 글은 봉상부(鳳翔府) 태수였던 진희량(陳希亮)이 지은 능허대(凌虛臺)에 관한 글이다. 이때(嘉祐 8년, 1063) 소식은 28세의 젊은 나이로 진희량 밑에서 첨서판관사(簽書判官事)란 벼슬을 하고 있었다. 소식은 태수의 분부를 받아 이 글을 지었다는데, 능허대의 승경(勝景)에 관하여는 간략히 기술하고 그보다도 사람이 만든 물건이란 영원할 수 없는 것임을 강조하는 것이 주된 내용이다.

옛날 제왕들이 건설했던 장대한 궁전들도 모두 흔적조차 남기지 않고 사라져 버렸으니 소식의 견해는 옳다. 이런 물건이나 사람들의 일보다는 영원한 것이 있다고만 하였는데, 그것은 아무래도 학문이나 윤리 같은 것임을 암시한다고 보아야 할 것이다. 능허대에 관한 글치고는 독특한 결론이다.

권 9

이군산방기(李君山房記)

소식(蘇軾)

　상아(象牙)·물소 뿔·진주·옥 같은 진귀하고 괴이한 물건은 사람들의 귀와 눈을 즐겁게 해주기는 하지만 쓰임에는 적합하지 않다. 쇠와 돌과 초목과 명주실과 삼베와 다섯 가지 곡식과 여섯 가지 물건들은 쓰임에는 적합하지만, 그것을 쓰면 해지고 그것들을 채취하면 그 물건이 없어지게 된다. 사람들의 귀와 눈에 즐겁고도 쓰임에도 적합하며, 그것을 써도 해지지 아니하고 그것들을 채취해도 없어지지 아니하며, 현명한 사람과 못난 사람들이 거기에서 얻는 것은 제각기 그들의 재능을 따르고, 어진 사람과 지혜있는 사람이 거기에서 발견하는 것은 제각기 그들의 분수를 따라 결정되는데, 재능과 분수가 서로 같지 않다 하더라도 추구하여 얻지 못하는 사람이 없는 것은 바로 책일 것이다.

　공자와 같은 성인으로서도 그의 학문은 반드시 책을 보는 데에서 시작되었다. 그때에는 오직 주(周)나라 주하사(柱下史)인 노담(老聃)만이 책이 많았고, 진(晉)나라 한선자(韓宣子)는 노(魯)나라를 방문한 뒤에야 《역상(易象)》과 《노춘추(魯春秋)》를 볼 수가 있었으며, 오(吳)나라 계찰(季札)도 상국(上國)인 노(魯)나라에 사신으로 가서야 《시경》의 풍(風)·아(雅)·송(頌)을 들을 수 있었으며, 초(楚)나라에서는 오직 좌사(左史) 의상(倚相)만이 삼분(三墳)·오전(五典)·팔색(八索)·구구(九丘)를 읽을 수가 있었다.

이때에 살았던 선비들 중에는 육경(六經)을 볼 수 있었던 사람이 거의 없었으니 그들은 공부하기가 어려웠다고 말할 수가 있을 것이다. 그러나 모두 예악(禮樂)을 잘 익혔고 도덕을 깊이 체득하여 후세의 군자들이 따를 수 있는 바가 아니었다.

진(秦)·한(漢) 이래로 책의 저자들이 더욱 많아지고, 종이와 글자획이 날로 더욱 간편해져서, 책이 더욱더 많아져 세상 어느 곳에도 없는 곳이 없게 되었다. 그러나 학자들은 더욱 구차히 간략함을 찾게 된 것은 어째서인가? 나는 전에 늙은 선비 한 분을 뵈온 일이 있는데, 그분 스스로 말하기를 그분이 젊었을 때에는 《사기(史記)》나 《한서(漢書)》를 구하고자 해도 구하기가 어려웠고, 다행히 그것을 구하게 되면 모두 손수 스스로 베끼어 밤낮으로 읽고 외우면서 오직 제대로 공부 못할까 두려워하기만 했다고 하였다.

근세에는 시장 사람들이 서로 돌려가며 옛 책을 그대로 각인(刻印)하여 제자백가(諸子百家)의 책들도 하루 만권씩 전해지게 되고 있으니, 학자들에게 책이 많아지고 구하기 쉽기가 이처럼 된 것이다. 그들의 문장과 학문은 마땅히 옛사람들에 비하여 10배 이상 되어야 할 터인데도 후세의 선비나 과거 공부하는 사람들은 모두 책을 묶어둔 채 보지 않고 근거 없이 함부로 얘기하고만 있으니 그것은 또 어째서인가?

내 친구 이상(李常)은 젊었을 때에 여산(廬山) 오로봉(五老峯) 밑의 백석암(白石菴)이라는 절에서 공부를 했다. 이상은 이미 떠났으나 산 속에 있는 사람들이 그를 생각하고, 그가 거처하던 집을 '이씨산방(李氏山房)'이라 부르게 되었는데 장서가 9천여 권이나 되었다. 이상은 이미 거기의 여러 학파들의 책을 공부하고 그들의 근원을 탐구하며 그들의 꽃과 열매를 채취하고 그 기름진 맛을 씹음으로써 그것들을 자기 것으로 만든 뒤에, 그것을 문장으로 써내기도 하고 그것을 일을 하는 데 드러내기도 하며 지금 세상에 이름이 알려져 있다.

그러나, 책들은 여전히 전과 같아서 조금도 손상받지 않았으니, 그것들을 뒷사람들에게 남겨주어 그들의 끝없는 요구에 호응케 하여 그들의 재능과 분수로써 당연히 터득할 수 있는 바를 충족시켜 줄 수 있게 하였다. 그래서 책을 자기 집에 두지 않고 옛날 거처하던 절에 두었으니 이것은 어진 사람의 마음씨인 것이다.

나는 노쇠하고 또 병조차 나서 세상에 쓰일 곳이 없게 되었으므로 몇 년 사이의 여가가 생겨 그곳의 아직 보지 못했던 책들을 모두 읽으려 하고 있다. 그리고 여산은 본시 한번 가서 놀고 싶었으면서도 가보지 못한 곳이니 그곳에 가서 노년을 보내고자 한다. 이상의 장서를 모두 들춰내어 그곳에 버려진 것들을 주워서 자신을 보충한다면 아마도 유익한 일이 아니겠는가?

그런데 이상이 나에게 기문(記文)을 지어줄 것을 요구하기에 한마디 함으로써, 뒷사람들로 하여금 옛날 군자들은 책을 보기조차도 어려웠고, 지금의 학자들은 책이 있는데도 읽지 않는 것이 애석한 일임을 알도록 하려는 것이다.

원문 ①象犀珠玉珍怪之物은 有悅於人之耳目이로되 而不適於用이라. 金石草木과 絲麻②五穀六材는 有適於用이로되 而用之則弊하며 取之則竭이나 悅於人之耳目而適於用하며 用之而不弊하고 取之則不竭하여 賢不肖之所得이 ③各因其材하고 仁智之所見이 ④各隨其分하여 才分不同이라도 而求無不獲者惟書乎인저! 自孔子聖人으로 其學必始於觀書라. 當是時하여 惟周之柱下史⑤老聃爲多書하고 ⑥韓宣子適魯然後에 見易象與魯春秋하고 ⑦季札聘於上國然後에 得聞詩之風雅頌하며 而楚獨有左史⑧倚相이

能讀三墳五典八索九丘라.
능 독 삼 분 오 전 팔 색 구 구

士之生於是時에 得見六經者蓋⑨無幾니 其學可謂難矣라. 而
사 지 생 어 시 시　득 견 육 경 자 개　무 기　기 학 가 위 난 의　이

皆習於禮樂하고 深於道德하여 非後世君子所及이라.
개 습 어 예 악　심 어 도 덕　비 후 세 군 자 소 급

自秦漢以來로 作者益衆하고 紙與⑩字畫이 日趨於簡便하며 而
자 진 한 이 래　작 자 익 중　지 여　자 획　일 추 어 간 편　이

書益多하여 世莫不有라. 然學者益以⑪苟簡은 何哉오? 余猶及見
서 익 다　세 막 불 유　연 학 자 익 이　구 간　하 재　여 유 급 견

老儒先生自言하되 其少時欲求史記漢書而不可得이오 幸而得之
노 유 선 생 자 언　기 소 시 욕 구 사 기 한 서 이 불 가 득　행 이 득 지

면 皆手自書하여 日夜誦讀하고⑫惟恐不及이라.
면　개 수 자 서　일 야 송 독　유 공 불 급

近世市人이 轉相⑬模刻하여 諸子百家之書가 ⑭日傳萬紙하니
근 세 시 인　전 상 모 각　제 자 백 가 지 서　일 전 만 지

學者之於書에 多且易致如此라. 其⑮文辭學術이 當⑯倍蓰於昔人
학 자 지 어 서　다 차 이 치 여 차　기　문 사 학 술 이　당　배 사 어 석 인

이어늘 而後生科擧之士가 皆束書不觀하고 遊談無根하니 此又何
이 후 생 과 거 지 사　개 속 서 불 관　유 담 무 근　차 우 하

也오?
야

余友⑰李公擇이 少時讀書於⑱廬山五老峰下白石菴之僧舍라.
여 우　이 공 택　소 시 독 서 어 여 산 오 로 봉 하 백 석 암 지 승 사

公擇旣去而山中之人思之하여 指其所居爲李氏山房이라하니 藏
공 택 기 거 이 산 중 지 인 사 지　지 기 소 거 위 이 씨 산 방　장

書凡九千餘卷이라. 公擇旣己⑲涉其流⑳探其源하고 ㉑採剝其華
서 범 구 천 여 권　공 택 기 이　섭 기 류　탐 기 원　채 박 기 화

實하며 而㉒咀嚼其膏味以爲己有하여 發於文辭하고 見於行事하여
실　이　저 작 기 고 미 이 위 기 유　발 어 문 사　현 어 행 사

以聞名於當世矣라.
이 문 명 어 당 세 의

以書㉓顧自如也요 未嘗少損하니 將以遺來者하고 供其無窮之
이 서　고 자 여 야　미 상 소 손　장 이 유 래 자　공 기 무 궁 지

求하여 而各足其才分之所當得이라. 是以로 不藏於家하고 而藏
구　　　이 각 족 기 재 분 지 소 당 득　　　시 이　　부 장 어 가　　　이 장

於故所居之僧舍하니 此仁者之心也라.
어 고 소 거 지 승 사　　　차 인 자 지 심 야

余旣衰且病하여 無所用於世니 惟^㉔得數年之間하여 盡讀其所
여 기 쇠 차 병　　　무 소 용 어 세　　유　득 수 년 지 간　　　진 독 기 소

未見之書라. 而廬山은 固所願遊而不得者니 蓋將^㉕老焉이라. 盡
미 견 지 서　　이 여 산　　고 소 원 유 이 부 득 자　　개 장　로 언　　　진

發公擇之藏하여 拾其遺棄以自補면 庶有益乎아!
발 공 택 지 장　　　습 기 유 기 이 자 보　　서 유 익 호

而公擇求余文以爲記하니 乃爲一言하여 使來者로 知昔之君子
이 공 택 구 여 문 이 위 기　　　내 위 일 언　　　사 래 자　　지 석 지 군 자

는 見書之難이오 而今之學者는 有書而不讀이 爲可惜也로라.
　　견 서 지 난　　　이 금 지 학 자　　유 서 이 부 독　　위 가 석 야

주해 ① 象犀(상서)－상아(象牙)와 물소뿔.

② 五穀(오곡)－다섯 가지 곡식. 벼·메기장·찰기장·보리·콩《孟子》滕文公注). o六材(육재)－흙·쇠·돌·나무·짐승·풀 등 자연의 여섯 가지 기본 물자(《禮記》).

③ 各因其才(각인기재)－각각 그들의 재능에 따른다.

④ 各隨其分(각수기분)－각각 그들의 분수에 따른다.

⑤ 老聃(노담)－노자(老子). 주하사(柱下史)는 후세의 어사(御史)와 같은 벼슬. 노자의 이름은 이이(李耳). 자는 백양(伯陽). 시(諡)가 담(聃)이며, 주나라 수장실(守藏室)의 사(史)였고, 공자도 주나라로 그를 찾아가 예에 관하여 배웠다 한다(《史記》老莊申韓列傳).

⑥ 韓宣子(한선자)－춘추시대 진(晉)나라 사람. 이름은 한기(韓起). 선(宣)은 시(諡)이며, 노(魯)나라에 사신으로 가서 태사씨(太史氏)에게서 《역상(易象)》과 《노춘추(魯春秋)》를 보고 "주례(周禮)는 모두 노나라에 있구나!" 하고 감탄했다 한다(《左傳》昭公 2년).《역상》과 《노춘추》는 후세에 전하지 않는 옛 책이름임.

⑦ 季札(계찰)－춘추시대 오(吳)나라 공자(公子). 노나라에 사신으로 와

서 《시경(詩經)》의 국풍(國風)·소아(小雅)·대아(大雅)·송(頌)을 차례
로 감상하고 평하는 기록이(《좌전》 襄公 29년) 보인다.

⑧ 倚相(의상)−춘추시대 초(楚)나라의 좌사(左史)로서 《삼분(三墳)》·《오
전(五典)》 등의 옛 책을 잘 읽었다 한다(《좌전》 昭公 12년). 《삼분》·《오
전》·《팔색(八索)》·《구구(九丘)》는 모두 옛 책이름.

⑨ 無幾(무기)−얼마 되지 않다. 거의 없다.

⑩ 字畫(자획)−글자 획. 진(秦)나라 이후로 한자 자체가 통일되고 날로 간
소화된 것을 뜻함.

⑪ 苟簡(구간)−구차하고 간략함을 따르는 것.

⑫ 惟恐不及(유공불급)−오직 미치지 못할까 두려워하다. 오직 책을 제대로
읽어 이해하지 못할까 두려워하는 것.

⑬ 模刻(모각)−옛 책을 따라 각인하는 것.

⑭ 日傳萬紙(일전만지)−하루에 만 장의 종이가 전해지다. 하루에 만 가지
책이 전해지다.

⑮ 文辭學術(문사학술)−문학과 학문.

⑯ 倍蓰(배사)−배(倍)는 두 배. 사(蓰)는 다섯 배임.

⑰ 李公擇(이공택)−이름은 상(常). 자가 공택(公擇). 송나라 사람으로 왕안
석(王安石)과 친했으나 그의 신법(新法)은 반대했다. 벼슬은 철종(哲宗)
때 어사중승(御史中丞)까지 지냈다.

⑱ 廬山(여산)−강서성(江西省) 구강현(九江縣)에 있는 유명한 산 이름.

⑲ 涉其流(섭기류)−장서 중의 여러 학파들의 책을 섭렵하다. 그곳 여러 학
파들의 책을 공부하다.

⑳ 探其源(탐기원)−여러 학파들 학문의 근원을 탐구하다.

㉑ 採剝其華實(채박기화실)−여러 학파들 학문의 꽃과 열매에 해당하는 중
심 사상을 채취하다.

㉒ 咀嚼其膏味(저작기고미)−학문의 기름진 맛을 씹어 먹다.

㉓ 顧(고)−도리어. 그러나.

㉔ 得數年之間(득수년지간)−몇년의 여유를 얻다.

㉕ 老(노)−노년을 보내다.

(해설) 이상(李常)이 여산(廬山) 아래 자기가 공부하던 백석암(白石菴)에 자기 장서를 남겨놓아 이룩된 '이군산방(李君山房)'이라는 일종의 도서관에 관한 글이다.

소식은 책의 효용과, 옛날보다 지금은 책이 많아졌는데도 지금 사람들은 공부를 게을리함을 한탄한 뒤에, 이러한 막대한 장서를 여러 사람들을 위해 내놓은 이상의 뜻을 기린 글이다. 이 글을 쓴 소식 자신도 앞으로 여산으로 은퇴하여 그곳의 책을 읽겠다는 뜻을 쓰면서, 아울러 여러 사람들에게 책을 읽고 공부할 것을 권한 글이다.

희우정기(喜雨亭記)

소식(蘇軾)

정자 이름에 '비 우(雨)'자를 쓴 것은, '기쁨[喜]'을 기억해 두기 위한
것이다. 옛날에는 기쁜 일이 있으면 그 일을 들어 물건에 이름을 붙이곤
했는데, 그것은 기쁨을 잊지 않고자 함 때문이었다. 옛날 주공(周公)은
좋은 곡식[嘉禾]을 얻자 〈가화편(嘉禾篇)〉을 지었고, 한무제(漢武帝)는
보배로운 솥[鼎]을 얻자 그때의 연호를 '원정(元鼎)'이라 이름하였으며,
노(魯)의 숙손(叔孫)은 오랑캐인 장적(長狄)과 싸워 이긴 후 적장의 이
름을 따서 그의 아들을 '교여(僑如)'라고 하였다. 그 기쁨의 크고 작음은
차이가 있더라도, 그 기쁨을 잊지 않고 오래 기억하고자 하는 마음에는
차이가 없는 것이다.

내가 부풍현(扶風縣)에 온 이듬해, 관사(官舍)를 수리하고, 공당(公堂)
북쪽에 정자를 짓고, 그 남쪽엔 못을 파서 흐르는 물을 끌어들이고 둘레
에 나무를 심어 쉴 곳으로 삼으려고 하였다.

바로 그해 봄, 기산(岐山) 남쪽 기슭에 보리가 비오듯 쏟아져서, 점을
쳐보았더니 풍년의 징조라는 것이었다. 그런데 그후 한 달이 지나도록
비가 내리지 않아 백성들의 근심이 한창이었는데, 사흘 더 지나 을묘일
(乙卯日)에 비가 오고, 갑자(甲子)일에 또 비가 내렸다.

백성들은 아직도 부족하다고 여기고 있던 중에 정묘(丁卯)일에 큰비가
사흘을 내린 뒤 그쳤다. 관리들은 관청의 뜰에 모여 서로 경축하고, 장사

치들은 시장판에서 서로 노래를 불렀으며, 농부들은 들에서 서로 손뼉을 치며 춤을 추었다. 근심에 싸였던 이들이 즐거워하였으며 걱정하던 자들도 기뻐하게 되었는데, 나의 정자도 마침 이때 완성을 보았던 것이다.

그래서, 나는 정자에 술잔치를 벌여놓고 손님들에게 술을 권하며 물었다.

"닷새동안 더 비가 안 내렸어도 괜찮았을까요?"

"비가 닷새를 안 내렸다면 보리가 없어졌을 테지요."

"열흘 동안 비가 오지 않아도 괜찮았을까요?"

"열흘이나 비를 볼 수 없었다면 벼가 없어졌을 것입니다."

보리도 벼도 없어졌다면 흉년이 들어 기근이 닥칠 것이며, 소송사건이 빈번히 일어나고, 도둑떼가 더욱 들끓게 될 터이니, 내가 몇몇 술벗들과 함께 이 정자에서 마음 편히 놀면서 즐기고자 한들 그럴 수 있겠는가?

이제 하늘이 백성을 버리지 않으시고, 처음엔 가물었다가 이내 비를 내려주셔서, 나로 하여금 몇몇 술벗들과 이 정자에서 어울리어 한가로이 놀면서 즐길 수 있게 하였으니, 이는 모두 비의 덕택이다. 어찌 잊을 수 있겠는가?

이에 정자에 이름을 붙이고 나서 그것을 따라 다음과 같이 노래불렀다.

하늘이 구슬을 뿌려준다 해도
헐벗는 자 그것으로 옷 마련할 수 없고
하늘이 옥을 뿌려준다 해도
굶주리는 자 그것으로 곡식 삼을 수 없네.
한번 비가 내리자 사흘이나 온 것은
그 누구의 힘이었는가?
백성들은 태수 덕분이라 하지만
태수는 그렇지 않다 하고

그 공을 천자에게 돌리니

천자께서도 그렇지 않다 하시고

그 공을 조물주에게로 돌리시네.

조물주께서도 스스로 자기 공로가 아니라 하고

그 공을 태공(太空)으로 돌리는데,

태공은 까마득하여

이름 붙일 수가 없으니

나는 그대로 내 정자를 이름하여 '희우정'이라 하노라.

원문 亭以雨名은 ①志喜也라. 古者有喜면 卽以名物하니 示不忘也
　　　정 이 우 명 　　지 희 야 　 고 자 유 희 　 즉 이 명 물 　 시 불 망 야

라. 周公②得禾以名其書하고 ③漢武得鼎하여 以名其年하고 ④叔孫
　 주 공 득 화 이 명 기 서 　 한 무 득 정 　 이 명 기 년 　　 숙 손

勝敵하여 以名其子라. 其喜之大小不齊나 其示不忘一也라.
승 적 　 이 명 기 자 　 기 희 지 대 소 부 제 　 기 시 불 망 일 야

予至⑤扶風之明年에 始治官舍할새 爲亭於堂之北하고 而⑥鑿池
여 지 　 부 풍 지 명 년 　 시 치 관 사 　 위 정 어 당 지 북 　 이 착 지

其南하여 引流種樹하여 以爲休息之所라.
기 남 　 인 류 종 수 　 이 위 휴 식 지 소

是歲之春에 ⑦雨麥於岐山之陽하니 ⑧其占爲有年이라. 旣而⑨彌
시 세 지 춘 　 우 맥 어 기 산 지 양 　 기 점 위 유 년 　 기 이 　 미

月不雨하여 民方以爲憂러니 ⑩越三日乙卯乃雨하고 甲子又雨라.
월 불 우 　 민 방 이 위 우 　　 월 삼 일 을 묘 내 우 　 갑 자 우 우

民以爲未足이러니 丁卯大雨三日乃止라. 官吏相與慶於庭하고
민 이 위 미 족 　　 정 묘 대 우 삼 일 내 지 　 관 리 상 여 경 어 정

⑪商賈相與歌於市하고 農夫相與⑫抃於野라. 憂者以樂하고 病者
상 고 상 여 가 어 시 　 농 부 상 여 　 변 어 야 　 우 자 이 락 　 병 자

以喜러니 而吾亭適成이라.
이 희 　　 이 오 정 적 성

於是⑬擧酒於亭上하여 以⑭屬客而告之曰: 五日不雨可乎아?
어 시 　 거 주 어 정 상 　 이 　 촉 객 이 고 지 왈 　 오 일 불 우 가 호

曰；五日不雨則無麥이니라.
왈　오일불우즉무맥

十日不雨可乎아?
십일불우가호

曰；十日不雨則無禾니라.
왈　십일불우즉무화

無麥無禾면 ⑮歲且荐饑니 ⑯獄訟繁興하고 而盜賊⑰滋熾하리니
무맥무화　세차천기　옥송번흥　이도적 자치

則吾與二三子로 雖慾⑱優遊以樂於此亭이나 其可得耶아?
즉오여이삼자　수욕 우유이락어차정　기가득야

今天不遺斯民하사 始旱而賜之以雨하여 使吾與二三子로 得相
금천불유사민　시한이사지이우　사오여이삼자　득상

與優遊以樂於此亭者는 皆雨之賜也니 其又可忘耶아?
여우유이락어차정자　개우지사야　기우가망야

旣以名亭하고 又從而歌之曰；
기이명정　우종이가지왈

使天而雨珠라도 寒者不得以爲⑲襦오
사천이우주　한자부득이위 유

使天而雨玉이라도 飢者不得以爲粟이라.
사천이우옥　기자부득이위속

一雨三日이 伊誰之力고?
일우삼일　이수지력

民曰⑳太守라.
민왈 태수

太守不有하고 歸之天子라.
태수불유　귀지천자

天子曰不然이라하고 歸之㉑造物이라.
천자왈불연　귀지 조물

造物不自以爲功이오
조물부자이위공

歸之㉒太空하니 太空㉓冥冥하여
귀지 태공　태공 명명

不可得而名이니 吾以名吾亭하노라.
불가득이명　오이명오정

주해　① 志喜(지희)―기쁨을 기념하다. 지(志)는 기억하고 잊지 않음을 뜻한다.

② 得禾以名其書(득화이명기서)―곡식을 얻고 그 글의 이름을 붙이다. 주(周) 성왕(成王) 때에 왕의 동생인 당숙(唐叔)이 각기 다른 밭에서 난 벼 이삭이 서로 합쳐진 것을 얻어 이것을 왕에게 바쳤더니 왕이 보고 이것은 천하가 화합하는 상이라 하여 주공(周公)에게 보내었다. 이에 주공은 그 일을 글로 적으니 바로 〈가화편(嘉禾篇)〉이다. 이 글은 본래 《서경(書經)》에 들어 있었는데 지금은 없어져 볼 수 없다.

③ 漢武得鼎(한무득정)―한(漢) 무제(武帝)가 솥을 얻다. 한 무제는 원수(元狩) 6년 여름, 분수(汾水) 가에 있는 후토사당(后土祠堂) 옆에서 솥[鼎]을 얻은 후 연호를 원정(元鼎)이라 고쳤다.

④ 叔孫勝敵以名其子(숙손승적이명기자)―숙손(叔孫)은 승리를 기념하기 위해, 적장의 이름을 아들 이름으로 함. 노(魯)나라 숙손이 북쪽 오랑캐인 장적(長狄)과 싸워 대장 교여(僑如)를 사로잡자, 그 공을 길이 기념하기 위하여 자기 아들의 이름을 교여라 하였다.

⑤ 扶風(부풍)―장안(長安) 서쪽에 있는 현(縣) 이름.

⑥ 鑿(착)―우물이나 못 따위를 팜.

⑦ 雨麥(우맥)―하늘에서 보리비가 내렸음. '한(漢) 여후(呂后) 3년, 진(秦)에 큰 좁쌀비가 내렸다', '무제(武帝) 때 광양현(廣陽縣)에 보리비가 내렸다', '선제(宣帝) 때 기근으로 인하여 사람이 서로 잡아먹는 지경에 이르렀다. 하늘에서 천곡(天穀)이 비처럼 내렸다' 등의 기록이 있다. ○岐山之陽(기산지양)―기산의 남쪽 기슭. 양(陽)은 산의 남쪽. 음(陰)은 북쪽을 가리킨다.

⑧ 其占爲有年(기점위유년)―점에 풍년[有年]이라고 함.

⑨ 彌月(미월)―만 한 달. 1개월을 뜻한다.

⑩ 越(월)―지나다. 넘다.

⑪ 商賈(상고)―장사치. 상(商)은 행상하는 것을 가리키고, 고(賈)는 같은 자리에 앉아 장사하는 것을 말한다.

⑫ 抃(변)―손뼉을 침. 손뼉을 치며 기뻐하고 춤추는 것.

⑬ 擧酒(거주)−술잔을 들어 술을 마심.

⑭ 屬客(촉객)−술을 따라 손님에게 권함.

⑮ 歲且荐饑(세차천기)−해마다 기근이 거듭됨. 천(荐)은 거듭. 여러해.

⑯ 獄訟(옥송)−소송.

⑰ 滋熾(자치)−더욱 성해짐.

⑱ 優遊(우유)−한가롭게 노닒. 마음 편히 즐김.

⑲ 襦(유)−짧은 속옷. 저고리.

⑳ 太守(태수)−진희량(陳希亮)을 가리킨다. 자는 공필(公弼)이며, 당시 부풍(扶風)의 태수로, 소식의 상관이었다.

㉑ 造物(조물)−조물주.

㉒ 太空(태공)−대공(太空). 하늘.

㉓ 冥冥(명명)−아득히 높고 까마득한 것.

해설 희우정(喜雨亭)은 송 인종(仁宗) 가우(嘉祐) 7년에 소식이 지은 정자 이름이다.

소식은 가우 6년 11월에 첫 벼슬자리로 봉상부(鳳翔府) 첨판(僉判)에 임명되었다. 그가 부임한 다음해인 가우 7년 봄에 가뭄이 들어 고을 백성들이 모두 큰 걱정을 하던 중 큰비가 내려 가뭄을 면하게 되었다. 이 무렵 소식은 관아(官衙) 동북쪽에 정자를 짓고 있었는데, 마침 비가 오고 난 후에 낙성(落成)이 되어 여러 친구들과 낙성식을 베풀면서, 정자의 이름을 희우정이라 하였다. 이 글은 정자 이름을 희우정이라 붙인 연유를 쓴 것이다.

사보살각기(四菩薩閣記)

소식(蘇軾)

본시 나의 선친께서는 물건에 있어서 좋아하는 것이 없었고, 평소의 생활도 재계(齋戒)하듯 하셔서 말씀하시고 웃고 하시는 것도 일정한 때 뿐이었으나, 다만 일찍부터 그림은 좋아하셨다. 제자와 문인(門人)들은 달리 기쁘게 해드릴 것이라고는 없으므로, 다투어 선친이 좋아하실 것을 가져와 선친께서 한 번이라도 얼굴을 펴시기를 바랐다. 그러므로 비록 평민의 신분이었으나 모아진 그림은 공경(公卿)들이나 같을 정도였다.

장안(長安)에는 오래된 장경감(藏經龕)이 있었는데 당(唐)나라 현종(玄宗)이 세운 것이다. 그곳의 문은 사방 여덟 쪽인데 모두 오도자(吳道子)의 그림이 붙어 있었다. 겉은 보살(菩薩) 그림이고 안은 천왕(天王) 그림이어서 모두 열여섯 장이었다.

그러나 광명(廣明) 연간(880) 황소(黃巢)의 난 때 난적들이 불을 질렀는데, 이름 모를 한 중이 병화(兵火) 가운데에서도 그 중의 네 쪽을 떼어 가지고 도망을 쳤다. 무거워서 짊어질 수도 없고 또 난적들에게 쫓기기도 하여, 전부를 보전할 수 없게 될까 두렵기도 하여 마침내 그 두 쪽에 구멍을 뚫어서 짊어졌다. 서쪽 기산(岐山)으로 도망하여 그곳 오아(烏牙)의 절간에 몸을 죽을 때까지 의탁하여, 문짝들이 여기에 남아 있은 지 180년이 지났다.

어떤 나그네가 10만 전(錢)으로 그것을 사 가지고 와서 내게 보이기에, 내가 그 값을 물어주고 그것을 사가지고 선친에게 갖다드렸다. 선친께서 좋아하시는 그림이 백여 점이나 있었으나 하루아침에 이 네 쪽이 으뜸가는 것이 되었다. 치평(治平) 4년(1067)에 선친께서 서울에서 돌아가셨다. 내가 변경(汴京)으로부터 회수(淮水)로 들어와서는 다시 강수(江水)를 거슬러 올라가면서도 이 네 쪽의 그림은 싣고 돌아왔다.

탈상(脫喪)을 하고 난 뒤 일찍부터 서로 내왕이 있던 스님 유간(惟簡)이 자기 스승의 말을 전하면서 나에게 선친을 위하여 시주(施主)를 하되, 반드시 매우 아끼던 물건과 차마 버리기 싫어하는 것으로 하도록 전하였다. 내가 그 말을 따라 선친께서 매우 아끼시던 물건과 내가 차마 버리기 싫어하는 물건이 무엇인가 생각해 보니 이 그림쪽보다 더한 것이 없었다. 그러므로 마침내 그것들을 주게 되었던 것이다.

그때 그에게 말하였다.

"이것은 당나라 현종으로서도 지키지를 못하여 난적들 손에 불탔던 것이니, 하물며 나야 어찌 지키겠습니까? 내가 보건대 천하에는 이런 것을 지닌 자들이 많지만, 삼대를 보전할 수 있던 사람이 있습니까? 처음에는 그것을 구하지 못할까 걱정하며 구하고, 취득하고 나서는 오직 그것을 잃지는 않을까 두려워하지만, 그들 자손대에 가서는 그것으로 옷과 먹을 것을 바꾸지 않는 자가 드뭅니다. 내 스스로 생각해 보아도 이것을 오래도록 지킬 수는 없을 것 같습니다. 그래서 이것을 바치는 바인데, 스님께서는 이것을 어떻게 지키도록 하겠습니까?"

유간이 대답하였다.

"저는 제 몸으로 지키겠습니다. 내 눈이 멀게 되고 제 다리가 잘려질지언정 이 그림은 뺏기지 않도록 하겠습니다. 그렇게 하면 충분히 지킬 수 있겠지요?"

내가 말하였다.

"부족합니다. 스님의 평생 동안만 충분할 따름입니다."

유간이 말하였다.

"내가 또 부처님께 맹세하고 귀신으로 하여금 그것을 지키도록 하여, 누구든 이것을 가져가는 자와 이것을 남에게 주는 자는 그 죄를 정해진 율법을 따르도록 하겠습니다. 그렇게 하면 이것을 지키기에 충분하겠지요?"

내가 말하였다.

"안됩니다. 세상에는 부처님을 무시하고 귀신을 업신여기는 자들이 있습니다."

"그러면 어떻게 지켜야 된다는 것입니까?"

"제가 이것을 스님께 드리는 것은 선친을 위하여 버리는 것입니다. 천하에 어찌 아비 없는 사람이 있겠습니까? 그 누가 차마 가져가겠습니까? 만약 이런 사정을 듣고서도 그만두지 않고, 한 번 보는 데 그칠 뿐만이 아니라 꼭 이것을 가져간 뒤에야 마음이 시원해지겠다면, 곧 그 사람의 현명하고 어리석은 정도가 광명 연간에 이것을 불태웠던 자들이나 같을 것입니다. 그의 자손을 온전히 하기 어려울 것이거늘 하물며 이것을 오래 지닐 수가 있겠습니까?

그런데 가져가서는 안된다는 이치는 스님에게 간직되어 있고, 가져가고 가져가지 않고 하는 것은 남에게 달려 있는 것이니, 스님께서는 힘쓰셔야 할 것입니다. 스님의 가져가서는 안된다는 것으로 끝나 버린다면 또한 남이 어찌 알겠습니까?"

그리고는 유간에게 주자 유간은 백만 전(錢)으로 설계하여 누각을 짓고 그것을 넣어두고, 또 선친의 화상을 그 위에 모시기로 하였다. 나는 그 돈의 20분지 1을 도와주고, 내년 겨울에 누각을 낙성시키기로 하였다.

희령(熙寧) 원년(1068) 시월 모일 씀.

원문 始吾①先君이 於物無所好하고 ②燕居如齋하여 ③言笑有時로
시 오 선군   어 물 무 소 호   연 거 여 재   언 소 유 시

되 ④顧嘗嗜畫라. 弟子門人이 無以悅之니 則爭致其所嗜하여 ⑤庶
고 상 기 화   제 자 문 인   무 이 열 지   즉 쟁 치 기 소 기   서

幾一解其顏이라. 故로 雖爲布衣나 而致畫與公卿等이라.
기 일 해 기 안   고   수 위 포 의   이 치 화 여 공 경 등

長安有故⑥藏經龕하니 唐⑦明皇帝所建이라. 其門⑧四達八板이
장 안 유 고 장 경 감   당 명 황 제 소 건   기 문 사 달 팔 판

니 皆⑨吳道子畫라. ⑩陽爲菩薩하고 ⑪陰爲天王하여 凡十有六
개 오 도 자 화   양 위 보 살   음 위 천 왕   범 십 유 륙

⑫軀라.
구

⑬廣明之亂에 爲賊所焚하니 有僧忘其名이 於兵火中에 拔其
광 명 지 란   위 적 소 분   유 승 망 기 명   어 병 화 중   발 기

四板以逃라. 旣重不可負요 又迫於賊하여 恐不能皆全일새 遂⑭竅
사 판 이 도   기 중 불 가 부   우 박 어 적   공 불 능 개 전   수 규

其兩板하여 以受荷라. 西奔於⑮岐而託死於⑯烏牙之僧舍하니 板
기 양 판   이 수 하   서 분 어 기 이 탁 사 어 오 아 지 승 사   판

留於是가 百八十年矣라.
류 어 시   백 팔 십 년 의

客有以錢十萬으로 得之하여 以示軾者어늘 軾⑰歸其直而取之하
객 유 이 전 십 만   득 지   이 시 식 자   식 귀 기 치 이 취 지

여 以獻諸先君이라. 先君之所嗜가 百有餘品이로되 一旦以是四
이 헌 저 선 군   선 군 지 소 기   백 유 여 품   일 단 이 시 사

板⑱爲甲이라. ⑲治平四年에 先君沒于京師라. 軾自⑳汴入淮하여
판 위 갑   치 평 사 년   선 군 몰 우 경 사   식 자 변 입 회

㉑泝于江할새 載是四板以歸라.
소 우 강   재 시 사 판 이 귀

旣免喪에 所嘗與往來㉒浮屠人惟簡이 誦其師之言하여 敎軾爲
기 면 상   소 상 여 왕 래 부 도 인 유 간   송 기 사 지 언   교 식 위

先君㉓捨施하되 必所甚愛와 與所不忍捨者라. 軾用其說하여 思
선 군 사 시   필 소 심 애   여 소 불 인 사 자   식 용 기 설   사

先君之所甚愛와 軾之所不忍捨者가 莫若是板이니 故로 遂以與
선 군 지 소 심 애   식 지 소 불 인 사 자   막 약 시 판   고   수 이 여

之라.
지

且告之曰；此明皇帝之所不能守而焚於賊者也니 而況於余乎
차 고 지 왈   차 명 황 제 지 소 불 능 수 이 분 어 적 자 야   이 황 어 여 호

아? 余視天下之蓄此者多矣로되 有能及三世者乎아? 其始求之
여시천하지축차자다의　　유능급삼세자호　　기시구지

^㉔若不及이오 旣得惟恐失之러니 而其子孫이 不以易衣食者鮮矣
약불급　　기득유공실지　　이기자손　　불이역의식자선의

라. 余自度不能長守此也라. 是以로 予子하니 子將何以守之오?
여자탁불능장수차야　　시이　　여자　　자장하이수지

簡曰; 吾以身守之하여 吾眼可^㉕矐이오 吾足可^㉖斲이언정 吾畫
간왈　오이신수지　　오안가 획　　오족가 착　　　오화

不可奪이라. 若是면 足以守之歟아?
불가탈　　약시　족이수지여

軾曰; 未也라. 足以^㉗終子之世而已니라.
식왈　미야　족이　종자지세이이

簡曰; 吾又盟於佛하고 而以鬼守之하고 凡取是者와 與凡以是
간왈　오우맹어불　　이이귀수지　　범취시자　여범이시

予人者는 其罪^㉘如律이라 하리라. 若是足以守之歟아?
여인자　기죄　여율　　　약시족이수지여

軾曰; 未也라. 世有無佛而蔑鬼者라. 然則何以守之오?
식왈　미야　세유무불이멸귀자　연즉하이수지

曰; 軾之以是予子者는 凡以爲先君捨也라. 天下豈有無父之
왈　식지이시여자자　범이위선군사야　　천하기유무부지

人歟아? 其誰忍取之리오? 若其聞是而不^㉙悛하고 不惟一觀而已요
인여　기수인취지　　약기문시이부 전　　불유일관이이

將必取之然後爲快면 則其人之賢愚가 與廣明之焚此者一也라.
장필취지연후위쾌　즉기인지현우　여광명지분차자일야

全其子孫難矣리니 而況能久有此乎아?
전기자손난의　　이황능구유차호

且夫不可取者는 ^㉚存乎子하고 取不取者는 存乎人하니 子勉
차부불가취자　존호자　　취불취자　존호인　　자면

之矣어다. 爲子之不可取者而已니 又何知焉이리오?
지의　위자지불가취자이이　우하지언

旣以予簡하니 簡以錢百萬으로 度爲閣以藏之하고 且畫先君像
기이여간　　간이전백만　　도위각이장지　　차화선군상

其上이라. 軾助錢二十之一하여 期以明年冬에 閣成이라. ^㉛熙寧元
기상　식조전이십지일　　기이명년동　각성　　　희령원

年十月日記하노라.
년 시 월 일 기

주해 ① 先君(선군)-선친. 소식의 아버지 소순(蘇洵)을 가리킴.

② 燕居如齋(연거여재)-평소 생활을 재계하듯 하는 것. 평소 생활을 근엄하게 하는 것.

③ 言笑有時(언소유시)-말하고 웃고 하는 것이 일정한 때가 있는 것. 아무 때나 말하고 웃고 하지 않는 것.

④ 顧(고)-도리어. 그러나.

⑤ 庶幾(서기)-바라다. ㅇ一解其顔(일해기안)-그의 얼굴을 한번 펴게 하다. 그를 한번 즐겁게 해주다.

⑥ 藏經龕(장경감)-불경을 넣어두는 감실(龕室).

⑦ 明皇帝(명황제)-당나라 현종(玄宗).

⑧ 四達八板(사달팔판)-사방의 문이 여덟 쪽으로 이루어져 있는 것.

⑨ 吳道子(오도자)-이름은 도현(道玄). 도자는 그의 자이며, 당나라 때의 유명한 화가. 특히 불상과 산수에 뛰어났다.

⑩ 陽(양)-겉. ㅇ菩薩(보살)-범어(梵語)로 정사(正士)의 뜻이며 불과(佛果)를 추구하는 사람들의 통칭임.

⑪ 陰(음)-뒤쪽. 안. ㅇ天王(천왕)-곧 사천왕(四天王). 불경에 의하면 수미산(須彌山) 중턱의 유건다라(由犍陀羅)산의 네 봉우리에 각각 있으면서 세상의 여러 가지를 지키는 역할을 맡고 있다.

⑫ 軀(구)-몸. 화상(畫像)의 수를 세는 단위.

⑬ 廣明之亂(광명지란)-광명은 당나라 희종(僖宗)의 연호(880). 이 해에 황소(黃巢)의 난이 일어났다.

⑭ 竅(규)-구멍. 구멍을 뚫다.

⑮ 岐(기)-기산(岐山). 섬서성(陝西省) 기산현(岐山縣) 동북쪽에 있다. ㅇ託死(탁사)-죽음을 기탁하다. 죽도록 자기 몸을 의탁하고 사는 것.

⑯ 烏牙(오아)-기산의 절 이름.

⑰ 歸其直(귀기치)-그 값을 올려주는 것.

⑱ 爲甲(위갑)-첫째가는 것이 되다. 최고의 것이 되다.

⑲ 治平(치평)-송나라 영종(英宗) 때의 연호. 그 4년은 1067. 실제로 소순은 치평 3년 4월에 죽어, 소식이 호상귀장(護喪歸葬)하였다. 여기에서 4년이라 한 것은 착각인 듯하다.

⑳ 汴(변)-변경(汴京). 지금의 하남성(河南省) 개봉(開封). 북송 때의 서울임. ㅇ淮(회)-회수(淮水). 하남성에서 시작하여 안휘(安徽)·강소(江蘇) 두 성의 북부를 거쳐 바다로 흘러든다. 소식은 귀장(歸葬)하려고 먼저 배로 회수를 따라 바다로 나와 다시 장강(長江)을 거슬러 올라가 사천성(四川省)으로 갔던 것이다.

㉑ 泝(소)-물길을 거슬러 올라가는 것. ㅇ江(강)-장강(長江). 양자강(揚子江).

㉒ 浮屠(부도)-범어로 붓다[佛陀]의 이역(異譯). 불교를 뜻함. ㅇ惟簡(유간)-중의 이름.

㉓ 捨施(사시)-부처님께 시주를 하는 것.

㉔ 若不及(약불급)-미치지 못하는 듯이 하다. 손에 넣지 못할까 걱정하면서 구하는 것.

㉕ 矐(획)-눈이 머는 것.

㉖ 斲(착)-베다. 자르다.

㉗ 終子之世(종자지세)-그대의 평생이 끝나도록. 그대의 평생 동안.

㉘ 如律(여율)-율법대로 하다. 율법을 따라 엄벌함을 뜻함.

㉙ 悛(전)-고치다. 그치다.

㉚ 存乎子(존호자)-그대에게 존재하다. 그대에게 간직되어 있다.

㉛ 熙寧(희령)-송나라 신종(神宗)의 연호. 그 원년은 1068.

(해설) 이 글은 전에 소식이 구하여 그림을 좋아하는 아버지 소순(蘇洵)에게 드렸던 당(唐) 현종(玄宗) 때의 화가 오도자(吳道子)가 그린 네 쪽의 보살상(菩薩像)에 대한 글이다.

소순이 죽은 뒤 소식은 자기와 친한 중 유간(惟簡)의 권유로 소순이 가장 좋아하던 이 보살상들을 아버지를 위하여 절에 시주한다. 그리고, 이 그림의 보관을 각별히 부탁하여 유간은 특별히 '사보살각(四菩薩閣)'을 지어 이 그림과 함께 소순의 화상까지 모시기로 한다. 소식이 '사보살각'이 지어진 유래를 쓴 것이 이 글이다.

전표성주의서(田表聖奏議序)

소식(蘇軾)

고 간의대부(諫議大夫)로 사도(司徒)가 추증된 전석(田錫)의 〈주의(奏議)〉 10편이다. 전공은 옛날의 유풍(遺風)을 따라 곧은 도리를 지킨 분이다. 그가 하고 싶은 말을 거리낌없이 다한 것은, 그의 적이 되는 사람이 그런 말을 들었다 하더라도 참고 있기 어려울 듯한 경우가 있는데, 하물며 임금의 경우야 어떠했겠는가? 나는 이것을 통해서도 송나라 태종(太宗)과 진종(眞宗)은 성인이셨음을 알게 된다.

태종의 태평흥국(太平興國) 연간 이래로 진종의 함평(咸平) 연간에 이르기까지는 천하가 크게 다스려졌고 천년에 한번 있을까 말까 한 일이라 할 수 있다. 그런데도 전공의 말을 보면 늘 예측할 수 없는 걱정이 아침저녁으로 가까이에 있는 듯한 것은 어째서인가?

옛날의 군자들은 반드시 치세(治世)에 걱정을 하였고 명철한 임금을 위태롭게 여겼기 때문이다. 명철한 임금은 남보다 뛰어난 자질을 지녔고, 치세에는 두려워할 만한 방비가 없어도 된다. 그런데 남보다 뛰어난 자질을 지니고 있으면 반드시 그의 신하를 가벼이 여기게 되고, 두려워할 만한 방비가 없어도 되면 반드시 그의 백성을 허술히 여기게 된다. 이것은 군자로서는 매우 두려워해야 할 일이었던 것이다.

한(漢)나라 문제(文帝) 때에는 형벌은 그대로 두고 쓰지 않고 무기와 갑옷은 시험해보지도 않던 때였지만, 가의(賈誼)는

"천하에는 길게 한숨쉬게 하는 일들이 있고, 눈물을 흘리게 하는 일들이 있으며, 통곡하게 하는 일들이 있다."

고 말하고 있다. 후세 사람들은 이 때문에 한나라 문제를 작게 보지 않고 또한 이 때문에 가의가 너무 심했다고 여기지도 않고 있다. 이로써 본다면 군자로서 치세를 만나 명철한 임금을 섬길 때의 방법이 마땅히 이와 같아야만 하는 것이다.

가의는 비록 불우했었다고는 하지만 그가 말한 것들이 대략은 시행되었는데, 불행하게도 일찍 죽어서 그의 공로가 그 시대에 드러나지 않았던 것이다. 그러나 가의는 일찍이 건의하여 제후왕들의 자손으로 하여금 각각 차례대로 땅을 나누어 받도록 하자고 하였으나, 문제는 그 제의를 채용하지 못하였고, 효제(孝帝)·경제(景帝)를 지나 무제(武帝)에 이르러서야 주보언(主父偃)이 그 제의를 실천하여, 한나라는 그 덕분에 안정되었던 것이다.

지금 전공의 말은 열 가지 중에 대여섯 가지는 쓰이지 못하고 있으나, 후세에 주보언 같은 사람이 나와서 그것을 실천하지 않을 것임을 어찌 알겠는가? 바라건대 그의 책을 세상에 널리 펴고 보면 반드시 전공과 뜻이 맞는 사람들이 나오게 될 것이니, 그러면 이들도 충신과 효자의 뜻을 지닌 사람들인 것이다.

원문 故諫議大夫[1]贈司徒田公表聖의 [2]奏議十篇이라. 嗚呼라! 田公은 古之[3]遺直也라. 其[4]盡言不諱가 蓋自[5]敵以下로 受之에 有不能堪者은 而況於人主乎아? 吾以是로 知[6]二宗之聖也로라. 自[7]太平興國以來로 至于[8]咸平하여 可謂天下大治요 [9]千載一時矣라. 而田公之言이 常若有[10]不測之憂가 近在朝夕者는 何

哉오?
재

    古之君子는 必憂治世而危明主라. 明主는 有絶人之資요 而
    고지군자　필우치세이위명주　명주　유절인지자　이

治世無⑪可畏之防이라. 夫有絶人之資면 必輕其臣이오 無可畏之
치세무　가외지방　부유절인지자　필경기신　무가외지

防이면 必⑫易其民이라. 此君子之所甚懼者也라.
방　필　이기민　차군자지소심구자야

    方⑬漢文時에 ⑭刑措不用하고 ⑮兵革不試어늘 而⑯賈誼之言曰：
    방　한문시　형조불용　병혁불시　이　가의지언왈

天下有可長太息者하며 有可流涕者하며 有可痛哭者라. 後世不
천하유가장태식자　유가류체자　유가통곡자　후세불

以是로 少漢文하고 亦不以是로 甚賈誼라. 由此觀之컨댄 君子之
이시　소한문　역불이시　심가의　유차관지　군자지

遇治世而事明主가 ⑰法當如是也니라.
우치세이사명주　법당여시야

    誼雖不遇나 而其所言이 ⑱略已施行하고 不幸早世하여 功業不
    의수불우　이기소언　약이시행　불행조세　공업부

著於時라. 然誼嘗建言하여 使諸侯王子孫으로 各⑲以次受分地리
저어시　연의상건언　사제후왕자손　각　이차수분지

니 文帝未及用하고 歷孝景至武帝하여 而⑳主父偃이 擧行之하여
문제미급용　역효경지무제　이　주보언　거행지

漢㉑受以安이라.
한　수이안

    今公之言이 十未用五六也나 安知來世不有若偃者가 擧而行
    금공지언　십미용오륙야　안지래세불유약언자　거이행

之歟아? 願廣其書於世면 必有與公合者리니 此亦忠臣孝子之志
지여　원광기서어세　필유여공합자　차역충신효자지지

也라.
야

주해 ① 贈司徒(증사도)－죽은 뒤 사도 벼슬이 주어진 것. ㅇ田公表聖(전공
    표성)－전석(田錫). 자가 표성(表聖). 송 태종(太宗) 때 간의대부(諫議大
    夫)·사관수찬(史館修撰) 등을 지냈으며, 임금에게 바른말을 많이 한 것

으로 유명하다.

② 奏議(주의)-임금에게 자기 의견을 아뢰는 글.

③ 遺直(유직)-옛사람의 유풍(遺風)을 따라 바르고 곧은 도리를 지키는 사람.

④ 盡言不諱(진언불휘)-모두 말하고 꺼리지 않다. 거리낌없이 하고 싶은 말을 다하는 것.

⑤ 敵以下受之(적이하수지)-원수보다 더한 사람들이 그의 하는 말을 듣는다 해도

⑥ 二宗(이종)-송나라 태종(太宗)과 진종(眞宗). 전석이 활약했던 시대의 두 임금임.

⑦ 太平興國(태평흥국)-송 태종의 연호(976~983).

⑧ 咸平(함평)-송 진종의 연호(998~1003).

⑨ 千載一時(천재일시)-천 년에 한때만 있는 것. 기회가 극히 적은 것을 뜻함.

⑩ 不測之憂(불측지우)-헤아릴 수 없는 걱정. 언제 닥칠지 모를 우환(憂患).

⑪ 可畏之防(가외지방)-두려워할 만한 방비. 실제로는 꼭 방비를 잘 해야만 할 두려운 일을 뜻함.

⑫ 易其民(이기민)-그 백성들을 가벼이 여기다.

⑬ 漢文(한문)-한나라 문제(文帝).

⑭ 刑措不用(형조불용)-형벌은 버려두고 쓰지 않음.

⑮ 兵革不試(병혁불시)-무기와 갑옷을 시험하지 않음. 무력을 써보지도 않는 것.

⑯ 賈誼(가의)-한(漢) 초의 부(賦) 작가. 임금에게 많은 의견을 상주(上奏)하여 유명하다.

⑰ 法當如是(법당여시)-방법이 마땅히 이와 같아야 한다.

⑱ 略已施行(약이시행)-대략 이미 시행되다.

⑲ 以次受分地(이차수분지)-차례대로 땅을 나누어 받다. 본시 옛 봉건제도(封建制度)는 종법제(宗法制)여서, 제후나 대부 모두 맏아들만이 아버지 국(國)과 가(家)를 계승했다. 그러나, 가의는 이런 제후와 대부의 세력을 약화시키는 방법으로, 아버지가 죽으면 그 땅과 재산을 모든 아들들에게

차례대로 나누어 줄 것을 건의했다. 뒤에 이 방법이 채택되어 옛 봉건체
제는 완전히 무너지고 황권(皇權)이 절대화하게 된다.

⑳ 主父偃(주보언)-한(漢) 무제 때 사람. 장단종횡술(長短從橫術)을 배우
고 《역(易)》·《춘추(春秋)》와 제자서도 공부하였다. 술수를 잘 썼으며,
많은 활동을 하였다.

㉑ 受以安(수이안)-그 덕분으로 편안해지다.

해설   송나라 태종(太宗)·진종(眞宗) 때의 언관(言官)으로 활약하며 올바
른 말을 많이 한 전석(田錫)이 임금에게 올린 글을 모은 〈전표성주의(田
表聖奏議)〉에 쓴 서문이다. 정치가 잘되고 명철한 임금이 다스리는 세상
에도 올바른 건의(建議)가 얼마나 중요한가를 소식은 시종 강조하고 있
다. 이런 기풍 때문에 송대에는 어느 시대보다도 임금 앞에서 바른말을
한 신하들이 많이 나왔다.

전당근상인시집서(錢塘勤上人詩集序)

소식(蘇軾)

옛날 한(漢)나라의 적공(翟公)이 정위(廷尉) 벼슬을 그만두자 찾아오는 손님이 하나도 없었는데, 그 뒤에 다시 벼슬을 하자 손님들이 다시 찾아오려 하였다. 이에 적공은 그의 집 대문에 이렇게 크게 써붙였다.

"한번 죽고 한번 살아나 보아야만 사귀던 정을 알 수가 있고, 한 번 가난해졌다 한 번 부해져 보아야만 사귀던 실태를 알 수가 있고, 한 번 귀한 자리에 있었다가 한 번 천한 신분이 되어 보아야 사귀던 정이 드러나게 된다."

세상에서는 이것을 얘깃거리로 삼았다. 그러나 나는 일찍이 그의 사람됨을 천박하게 보고, 손님들도 비루하기는 하나 적공이 손님을 대하는 방법도 매우 졸렬한 것이 아닌가 하고 생각했다.

옛날 태자태사(太子太師)였던 구양수(歐陽修) 공은 선비를 좋아함이 천하에서 첫째가는 정도였다. 선비가 한마디 말이라도 도리에 맞는 것이 있기만 하면 천리를 멀다하지 아니하고 그를 찾아가서, 선비들이 구양수 공을 찾아가는 것보다 더욱 열심이었다. 그 때문에 천하의 호걸들을 모두 모아들여 용렬한 보통사람으로서 세상에 유명해진 사람들이 진실로 많았다. 그러나 선비들 중에는 구양수 공을 배반하는 자도 가끔 있었다.

그래서 일찍이 크게 한숨을 쉬면서 사람을 알아보기 어렵다는 것으로써 선비를 좋아하는 사람들의 훈계가 되도록 했다. 속으로 구양수 공은 선비들에 대하여 이로부터 약간 싫증이 났을 것으로 여겼는데, 그가 영수(穎水) 가로 물러나 노년을 보내고 있을 때에 내가 찾아가 뵈오니 여전히 선비 중의 현명한 사람에 대하여 논하면서 오직 세상에서 그 이름이 알려지지 않을까 두려워하고 계셨다. 자신을 배반한 사람들에 대하여는 곧 그것은 나에게 죄가 있는 것이지 그의 잘못이 아니라고 말하는 것이었다.

적공의 손님들은 적공을 죽고 살고 또 신분이 귀하고 천한 사이에서 배반했던 것이고, 구양수 공의 선비는 구양수 공을 눈 깜짝하는 잠깐 사이에 배반했던 것이다. 적공은 손님들에게 그 죄를 돌렸으나 구양수 공은 그 죄를 자기에게 돌리고 선비들과 더욱 두터이 사귀었으니, 옛사람보다도 훨씬 현명했던 것이다.

구양수 공은 불교와 도교를 좋아하지 않았으나 그 무리 중에《시경》·《서경》에 대한 학문이나 인의(仁義)의 이론을 공부한 사람이 있기만 하면 반드시 그를 끌어들여 밀어주었다. 부처를 받드는 중 혜근(惠勤)은 구양수 공을 따라 30여년이나 노닐었다. 구양수 공이 일찍이 그를 총명하고 재주와 지혜가 있고 학문을 갖춘 사람이며 더욱이 시를 잘 짓는다고 칭찬한 일이 있다. 구양수 공이 여음(汝陰)에서 돌아가시자 나는 그의 집에서 곡(哭)을 하였는데, 그 뒤에 혜근을 만났을 때 얘기가 구양수 공에 미치기만 하면 눈물을 흘리며 울지 않는 적이 없었다.

혜근은 본시 세상에서 추구하는 바가 없었고 또 구양수 공은 혜근에게 은덕이 있었던 것도 아닌데, 그가 눈물 흘리며 울면서 잊지 못하는 까닭이 어찌 이익 때문이겠는가? 나는 그런 일이 있은 뒤에야 더욱 혜근이 현명함을 알게 되었으니, 만약 그가 사대부들 사이에 끼어서 공명(功名)을 다투는 일에 종사하였다면 그가 구양수 공의 바람을 배반하지 않았을 것이 확실하다.

희령(熙寧) 7년에 내가 전당(錢塘)으로부터 고밀(高密)로 떠나가려 할 때에, 혜근이 그의 시 약간 편을 내놓고 내게 글을 써주기 바라면서 그것을 통하여 그 시들이 세상에 전해지게 될 거라는 것이었다. 나는 시란 글을 통해서 전해지는 것이 아니라고 생각하지만, 그의 사람됨의 대략은 이 글이 아니라면 전해질 수가 없을 것이라 여겨진다.

원문 昔①翟公罷廷尉에 賓客無一人至者러니 其後復用하니 賓客
석 적공파정위 빈객무일인지자 기후부용 빈객

欲往이라. 翟公大書其門曰；一死一生에 乃知交情이오 一貧一
욕왕 적공대서기문왈 일사일생 내지교정 일빈일

富에 乃知交態요 一貴一賤에 交情乃見이라.
부 내지교태 일귀일천 교정내현

世以爲②口實이라. 然余嘗③薄其爲人하여 以爲客則陋矣어니와
세이위 구실 연여상 박기위인 이위객즉루의

而公之所以待客者가 獨不爲小哉아?
이공지소이대객자 독불위소재

故太子太師④歐陽公이 好士爲天下第一이라. 士有一言中於道
고태자태사 구양공 호사위천하제일 사유일언중어도

면 不遠千里而求之하여 甚於士之求公하니 以故로 盡致天下豪傑
불원천리이구지 심어사지구공 이고 진치천하호걸

하여 自⑤庸衆人以顯於世者가 固多矣라. 然士之⑥負公者가 亦時
자 용중인이현어세자 고다의 연사지 부공자 역시

有之라.
유지

蓋嘗⑦慨然太息하여 以人之難知로 爲好士者之戒라. ⑧意公之
개상 개연태식 이인지난지 위호사자지계 의공지

於士에 自是少倦이러니 而其⑨退老於潁水之上에 余往見之하니
어사 자시소권 이기 퇴로어영수지상 여왕견지

則猶論士之賢者하여 惟恐其不聞於世也라. 至於負者하여는 則曰
즉 유론사지현자 유공기불문어세야 지어부자 즉왈

是罪在我요 非其過라.
시죄재아 비기과

翟公之客은 負公於死生貴賤之間이오 而公之士는 叛公於⑩瞬
적공지객 부공어사생귀천지간 이공지사 반공어 순

息俄頃之際라. 翟公罪客이나 而公罪己하고 與士益厚하니 賢於古
식아경지제 적공죄객 이공죄기 여사익후 현어고

人遠矣라.
인 원 의

　公不喜佛老로되 其徒有治詩書學仁義之説者면 必⑪引而進之
　공불희불노　　기도유치시서학인의지설자　　필 인이진지

라. 佛者⑫惠勤이 從公游三十餘年이라. 公嘗稱之爲聰明才智有
불자 혜근　종공유삼십여년이라　　공상칭지위총명재지유

學問者요 尤長於詩라. 公⑬薨於汝陰이어늘 余⑭哭之於其室하고
학문자　우장어시　　공　홍어여음이어늘　여 곡지어기실

其後見之에 語及於公이면 未嘗不涕泣也라.
기후견지　어급어공　　미상불체읍야

　勤固無求於世요 而公又非⑮有德於勤者니 其所以涕泣不忘은
　근고무구어세　이공우비 유덕어근자　　기소이체읍불망

豈爲利哉아? 余然後益知勤之賢이니 使其得列於士大夫之間하여
기위리재　여연후익지근지현이니　사기득렬어사대부지간

而從事於功名이면 其不負公也⑯審矣라.
이종사어공명　기불부공야 심의

　⑰熙寧七年에 予自⑱錢塘으로 將赴⑲高密할새 勤出其詩若干篇
　희령칠년에　여자 전당으로　장부 고밀할새　근출기시약간편

하여 求予文以傳於世라. 余以爲詩非待文而傳者也나 若其⑳爲人
구여문이전어세라　여이위시비대문이전자야　약기 위인

之大略은 則非斯文이면 莫之傳也라.
지대략　즉비사문　　막지전야

주해 ① 翟公(적공)-한(漢) 문제(文帝) 때 사람. 이 글에 나오는 정도의 사
　적이 알려져 있고, 뒤에 그의 집에 아무도 찾아오지 않아 '문에 참새 그물
　을 칠 만하게 되었다[門可羅雀]'는 말이 생겨났다. ㅇ廷尉(정위)-법과
　형벌을 관장하던 대신.

② 口實(구실)-얘깃거리.

③ 薄(박)-천박하게 여기다. 시원찮게 보다.

④ 歐陽公(구양공)-구양수(歐陽修).

⑤ 庸衆人(용중인)-용렬한 보통사람.

⑥ 負公(부공)-공을 어기다. 공의 뜻을 배반하다.

⑦ 慨然(개연)−크게 탄식하는 모양.

⑧ 意(의)−생각하다.

⑨ 退老(퇴로)−벼슬에서 물러나 노년을 보내다. ○潁水(영수)−하남성(河南省)에서 시작하여 안휘성(安徽省)의 태화(太和)·부양(阜陽)·영상(潁上) 등의 현을 거쳐 회수(淮水)에 합쳐지는 강물 이름. '영수 가'란 영상을 가리킨다.

⑩ 瞬息(순식)−눈 깜빡거리고 숨 한번 쉬는 짧은 동안. ○俄頃(아경)−짧은 동안. 갑작스런 동안.

⑪ 引而進之(인이진지)−그를 끌어들여 밀어주는 것.

⑫ 惠勤(혜근)−항주(杭州) 서호(西湖)에 있던 중. 구양수는 그에게 산중악(山中樂) 3장(章)을 지어준 일이 있다.

⑬ 薨(흥)−돌아가다. 죽다. ○汝陰(여음)−지금의 안휘성(安徽省) 부양현(阜陽縣). 영상현(潁上縣)과 접해 있음.

⑭ 哭(곡)−곡하다. 복상(服喪)을 하는 것. ○其室(기실)−혜근의 집을 가리킴. 소식이 항주(杭州)의 통판(通判)으로 있을 때에 구양수가 죽었는데, 소식은 혜근의 집에서 7년 동안 스승을 위하여 곡을 하였다 한다.

⑮ 有德於勤(유덕어근)−혜근에게 은덕을 베푼 것이 있는 것.

⑯ 審(심)−잘 안다. 확실하다.

⑰ 熙寧(희령)−송 신종(神宗)의 연호. 그 7년은 1074.

⑱ 錢塘(전당)−항주(杭州)의 별명. 소식은 그곳 통판으로 있었음.

⑲ 高密(고밀)−지금의 산동성(山東省) 교현(膠縣) 서북쪽의 고을 이름. 그때 소식은 그곳을 관할하는 밀주(密州)의 지사로 갔다.

⑳ 爲人之大略(위인지대략)−혜근의 사람됨에 관한 대략.

(해설) 이 글은 '항주(杭州)의 혜근(惠勤) 스님의 시집'에 서문으로 써준 글이다. 소식은 스승 구양수(歐陽修)를 통하여 혜근을 알게 되었고, 그 뒤로 상당히 두터운 교분을 지녔다. 앞부분에서는 주인공인 혜근보다도, 혜근을 이끌어 준 스승 구양수의 인덕이 더 크게 드러나고 있다. 그러한 위대한 인덕의 품속에서 혜근 같은 훌륭한 중도 존재할 수 있었던 셈이다.

가설송동년장호(稼說送同年張琥)

소식(蘇軾)

일찍이 부자의 농사를 보지 않았는가? 전답은 아름답고 많으며 식량은 넉넉하고 남음이 있다. 전답이 아름답고 많으면 번갈아 놀려서 지력이 온전할 수 있고, 식량이 넉넉하고 남음이 있으면 씨뿌릴 때 언제나 때에 뒤지지 않고 거둠에 언제나 잘 익을 때를 기다릴 수 있다. 그래서 부자의 농사는 늘 아름다워서, 쭉정이는 적고 열매가 많으며, 오래 저장하여도 썩지 않게 되는 것이다.

지금 우리는 열 식구의 가정인데 백묘(畝)의 밭을 함께 갈면서 한 치 한 치마다 농사를 지어 밤낮으로 바라보면서, 호미질·고무래질·낫질·곡식베기가 밭 위에 계속 이어지는 것이 고기비늘 같아, 지력이 다하고, 씨뿌리는 것은 늘 제때에 하지 못하고 거두는 것은 늘 익기를 기다리지 못한다. 이래서야 어찌 또 아름다운 농사가 있을 수 있겠는가?

옛사람은 재능이 지금 사람보다 훨씬 뛰어났던 것은 아니다. 평소에 스스로를 수양하여 함부로 가벼이 쓰지 않고 완성되기를 기다렸던 것이니, 근심걱정함이 어린아이가 자라는 것을 바라보는 것 같았다. 약한 자는 수양하여 강해지고 허한 자는 수양하여 충실해져서, 서른 살이 된 후에야 벼슬하여 쉰 살이 된 후에야 작위(爵位)를 받았다.

오랫동안 구부려져 있다가 펴고, 충분해진 이후에야 쓰이며, 넘치고도 남게 된 뒤에야 흐르고, 시위를 한껏 당긴 끝에야 쏘는 듯이 하였다. 이

것이 옛 군자(君子)가 남보다 훨씬 뛰어나고, 지금의 군자들이 미치지 못하는 까닭이다.

　나는 어려서부터 학문에 뜻을 두고 있었는데, 불행히도 일찍 그대와 같은 해에 과거에 급제했던 것이다. 그대가 과거에 급제한 것도 늦다고 할 수는 없다. 나는 지금 비록 스스로 부족하다고 여겨지기 바라고 있으나, 많은 사람들이 망령되이 밀어주고 있다.

　아! 그대는 이곳을 떠나게 되었으니 학문에 힘쓰게. 널리 보고 요약해서 취하며 두텁게 쌓고 엷게 드러내게. 내가 그대에게 일러주는 말은 이에서 그치네. 자네가 돌아가다가 서울을 지나게 되거든 찾아주게나. 철(轍) 자유(子由)라고 하는 자가 있는데 내 동생이라네. 그에게도 또한 이것을 말해 주게.

원문 蓋嘗觀於富人之①稼乎아? 其田美而多하고 其食足而有餘라.
개 상 관 어 부 인 지　가 호　　기 전 미 이 다　　기 식 족 이 유 여

其田美而多면 則可以②更休하여 而地力得完이오 其食足而有餘
기 전 미 이 다　　즉 가 이　경 휴　　이 지 력 득 완　　기 식 족 이 유 여

면 則種之常不後時요 而③斂之常及其熟이라. 故로 富人之稼常
면　즉 종 지 상 불 후 시　이　렴 지 상 급 기 숙　　고　부 인 지 가 상

美하여 少④秕而多實하고 久藏而不腐라.
미　　소　비 이 다 실　　구 장 이 불 부

　今吾는 ⑤十口之家而共百⑥畝之田하여 ⑦寸寸而取之하고 日夜
금 오　십 구 지 가 이 공 백　묘 지 전　　촌 촌 이 취 지　　일 야

而望之하여 ⑧鋤耰銍刈가 ⑨相尋於其上者⑩如魚鱗이니 而地力
이 망 지　　서 우 질 예　　상 심 어 기 상 자　여 어 린　　이 지 력

⑪竭矣요 種之常不及時요 而斂之常不待其熟이라. 此豈能復有美
갈 의　종 지 상 불 급 시　이 렴 지 상 부 대 기 숙　　차 기 능 부 유 미

稼哉아?
가 재

　古之人이 其才非有大過今之人也라. 其平居에 所以自養而不
고 지 인　기 재 비 유 대 과 금 지 인 야　　기 평 거　소 이 자 양 이 불

敢輕用하여 以待其成者가 ⑫閔閔焉如嬰兒之望長也라. 弱者養之
감 경 용　　　 이 대 기 성 자　　　 민 민 언 여 영 아 지 망 장 야　　　 약 자 양 지

以至於剛하고 虛者養之以至於充하여 三十而後仕하고 五十而後
이 지 어 강　　 허 자 양 지 이 지 어 충　　 삼 십 이 후 사　　　 오 십 이 후

爵이라.
작

　⑬伸於久屈之中하여　而用於至足之後하고　流於⑭旣溢之餘요
　　 신 어 구 굴 지 중　　　 이 용 어 지 족 지 후　　　 유 어　기 일 지 여

而⑮發於持滿之末이라. 此古人之所以大過人이오 而今之君子所
이　발 어 지 만 지 말　　 차 고 인 지 소 이 대 과 인　　 이 금 지 군 자 소

以不及也니라.
이 불 급 야

　吾少也에 有志於學이러니 不幸而⑯早得與吾子同年이라. 吾子
　오 소 야　 유 지 어 학　　　 불 행 이　조 득 여 오 자 동 년　　　 오 자

之得이 亦不可謂不早矣라. 吾今雖欲自以爲不足이나 而衆且⑰妄
지 득　 역 불 가 위 부 조 의　　 오 금 수 욕 자 이 위 부 족　　 이 중 차　망

推之矣라.
추 지 의

　嗚呼라! 吾子其去此而務學也哉어다! ⑱博觀而約取하고 ⑲厚積
　오 호　　 오 자 기 거 차 이 무 학 야 재　　　 박 관 이 약 취　　　 후 적

而薄發이니 吾告吾子止於此矣로라. 子歸過京師而問焉하라. 有
이 박 발　　 오 고 오 자 지 어 차 의　　 자 귀 과 경 사 이 문 언　　　 유

曰⑳轍子由者는 吾弟也라. 其亦以是語之하라.
왈　철 자 유 자　 오 제 야　　 기 역 이 시 어 지

주해　① 稼(가)-농사. 곡식을 심는 것.

② 更休(경휴)-번갈아가며 쉬게 하다. 매년 농사를 짓지 않고 번갈아가며
　땅을 놀리어 땅의 비옥함을 유지하는 것.

③ 斂(염)-거두다. 수확하다.

④ 秕(비)-쭉정이.

⑤ 十口之家(십구지가)-열 식구의 집안.

⑥ 畝(묘)-넓이의 단위. 대략 우리나라의 '마지기'와 비슷한 넓이였음.

⑦ 寸寸而取之(촌촌이취지)-한 치의 땅도 남기지 않고 이용하다. 한 치 한

치 모두 경작하다.

⑧ 鋤耰銍刈(서우질예)－서(鋤)는 호미 또는 호미질. 우(耰)는 고무래 또는 고무래질. 질(銍)은 낫 또는 낫질. 예(刈)는 곡식 베기.

⑨ 相尋於其上(상심어기상)－심(尋)은 계속 이어진다는 뜻. 밭 위에 계속 이어지다.

⑩ 如魚鱗(여어린)－물고기 비늘처럼 연이어 있음. 쉴새없이 농사짓는 것을 말함.

⑪ 竭(갈)－다하다.

⑫ 閔閔焉(민민언)－걱정하는 모양. 근심하는 것.

⑬ 伸(신)－뻗다. ㅇ久屈(구굴)－오랫동안 굽혀 있는 것. 곧 오랫동안 고생하는 것을 뜻함.

⑭ 旣溢之餘(기일지여)－물이 넘치고도 남음이 있게 된 뒤.

⑮ 發(발)－발사하다. 쏘다. ㅇ持滿(지만)－활시위를 당길 수 있는 것. 잔뜩 잡아당기는 것.

⑯ 早得(조득)－일찍 과거에 급제하다. 소식은 일찍 과거에 급제하였기 때문에 학문에 정진할 수 없었다고 여긴 것이다. ㅇ與吾子同年(여오자동년)－그대와 같은 해에 진사(進士)에 급제하다. 오자(吾子)는 상대방을 지칭하는 말로 그대.

⑰ 妄推(망추)－망령되이 벼슬길로 밀어주다. 벼슬하는 것이 오히려 불행이라는 입장을 밝히고 있다.

⑱ 博觀而約取(박관이약취)－널리 보고 배우되 활용할 때는 요약하여 취해 쓰는 것.

⑲ 厚積而薄發(후적이박발)－두텁게 학문을 쌓아가되 아는 것을 밖으로 엷게 드러내는 것.

⑳ 轍子由(철자유)－소식의 아우 소철(蘇轍). 자유는 그의 자임.

해설 ‘가설(稼說)’이라 간단히 제명을 부르기도 하는데, 그것은 ‘농사에 대한 논설’이란 뜻이다. 소식이 친구 장호(張琥)와 이별하면서 고향으로 돌아가는 그를 격려하기 위해 쓴 글이다. 농사일을 들어 학문 수양에 비유

하면서 낙향하는 친구의 불행한 처지를 학문수양을 위한 좋은 기회라고
설득하고 있다. 현실적인 불행을 거시적인 안목에서 차원 높은 행복으로
전환시키는 지혜를 보여주고 있다.

왕자불치이적론(王者不治夷狄論)

소식(蘇軾)

　　논하노니, 오랑캐들은 중국의 정치로써 다스릴 수는 없는 것이다. 비유를 들면 마치 새나 짐승과 같아서, 그들이 크게 다스려지기를 추구한다면 반드시 크게 혼란에 빠지게 될 것이다. 옛 훌륭한 임금들은 그들이 그러함을 알았으니, 그래서 다스리지 않는 방법으로 그들을 다스렸던 것이다. 그들을 다스림에 있어서 다스리지 않는 방법을 쓴다는 것은 바로 그들을 철저히 다스리는 방법이 되었던 것이다.

　　《춘추(春秋)》에 씌어 있기를, '공(公)이 오랑캐를 잠(潛)에서 만났다' 하였다. 하휴(何休)는 이에 대하여,

　　"왕자는 오랑캐를 다스리지 않는다. 오랑캐에 대하여 기록한 것은, 찾아오는 자는 거절하지 않고, 떠나가는 자는 쫓아가 말리지 않는 법이기 때문이다."

고 설명하고 있다.

　　천하에서 가장 엄격하며, 적용하는 법칙이 가장 상세한 것으로는 《춘추》보다 더한 것이 없다. 대체로 《춘추》에서 '공(公)'이라 쓰기도 하고 '후(侯)'라 쓰기도 하며, 자(字)를 쓰기도 하고 이름을 쓰기도 함으로써, 그 임금이 제후의 신분이 될 수 있고, 그 신하가 대부의 신분이 될 수 있는 것은 모두가 제(齊)나라와 진(晉)나라의 경우이다. 그렇지 않은 경우가 있다면 곧 제나라와 진나라의 동맹국들이다.

거기에 주(州)를 쓰기도 하고 나라[國]를 쓰기도 하며, 씨(氏)를 쓰기도 하고 사람[人]을 쓰기도 함으로써, 그 임금에 제후의 신분이 될 수 없고, 그 신하가 대부의 신분이 될 수 없는 것은 모두가 진(秦)나라와 초(楚)나라의 경우이다. 그렇지 않은 경우가 있다면 곧 진나라와 초나라의 동맹국들이다.

제(齊)나라와 진(晉)나라의 임금이 그의 나라를 다스리고 천자를 옹호하며 백성을 사랑하고 보양하는 방법이 어찌 모두가 옛날 법도와 같을 수가 있겠는가? 대체로 사술(詐術)과 권력을 쓰면서 인의(仁義)를 거기에 혼용했던 듯하다. 그러니 제나라와 진나라도 순수한 중국이 될 수가 없는 것이다. 진(秦)나라와 초(楚)나라도 모두가 탐욕스럽고 수치를 몰라서 멋대로 행동하며 아무것도 돌보지 않은 것은 아니다. 거기에도 도를 지키고 의를 행하는 임금이 있었던 것이다. 그러니 진나라와 초나라도 순수한 오랑캐가 되지는 못하고 있는 것이다.

제나라와 진나라의 임금들은 순수한 중국을 이루지 못하고 있는데도 《춘추》에서는 그들을 편들고 있는 것이 언제나 드러나고 있다. 훌륭한 것이 있으면 서둘러서 그것을 써서 오직 그것이 후세에 알려지지 않을까 두려워하는 듯이 하며, 잘못한 것이 있으면 여러 방면에서 널리 용서해 줌으로써 오직 그들이 군자가 되지 못할까 두려워하는 듯이 하고 있다.

진나라와 초나라의 임금은 순수한 오랑캐가 되지는 못하고 있는데도 《춘추》에서는 그들을 편들지 않고 있는 것이 언제나 눈에 뜨인다. 훌륭한 것이 있으면 그것이 쌓여진 뒤에야 드러내고, 악한 것이 있으면 생략하고 기록하지 않았는데, 기록할 만한 것이 못된다고 여겼기 때문이다.

이것은 오직 제나라와 진나라에게만은 개인적으로 호의를 보이고 진나라와 초나라에게만은 특별한 미움을 지녔기 때문이 아니다. 그럼으로써 중국에 대하여는 하루도 등을 돌려서는 안되고, 오랑캐들에 대하여는 하루도 그 편으로 향해서는 안됨을 보여주고 있는 것이다. 그러한 순수하지 않은 자들에 대하여는 그들이 좋고 나쁘다는 비판을 하기에도 부족한 상대라 여겼으니, 곧 순수한 자들에 대하여는 어떻게 했을까 알 수 있는 일이다. 그러므로 '천하에서 가장 엄격하며, 적용하는 법칙이 가장 상세한 것으로는 《춘추》만한 것이 없다'고 하는 것이다.

오랑캐는 어찌 다만 진나라와 초나라처럼 타락하여 오랑캐로 흘러들어간 자들 같은 것들뿐이겠는가? 그런데 《춘추》에서는 '공(公)이 잠(潛)에서 오랑캐와 만났다'고 쓰고 있다. 그 은공(隱公)에 대하여 비판하는 말도 없고 오랑캐와 만나도 되는 것 같은데, 이것은 또 어째서인가? 오랑캐가 회견의 예를 따라 은공을 만나지 못했을 것도 분명한 일이다. 이 점이 학자들이 깊은 의혹을 지니고 그 이유를 추구하게 된 까닭인 것이다. 그래서

"왕자는 오랑캐를 다스리지 않는다. 오랑캐에 대하여 기록한 것은, 찾아오는 자는 거절하지 않고, 떠나가는 자는 쫓아가 말리지 않는 법이기 때문이다."

고 설명했던 것이다.

오랑캐란 교화하고 가르치고 달래고 복종시킬 수가 없는 자들이기 때문에, 그들이 사납게 무기를 들고 우리와 변경지방에서 전쟁을 하지 않는 것만으로도 진실로 다행스런 일인 것이다. 그러니 하물며 이른바 '회견(會見)'이란 것이 있음을 알고 그것을 행하려 한다면, 이 어찌 그들의 뜻을 매우 가상히 여기기에 부족하다 하겠는가? 그렇게 여기지 않고 그들의 예를 모름을 깊이 책망하려 한다면 그들은 견디지를 못하게 되어 그들의 사나운 노여움을 터뜨리게 될 것이니, 그 화는 막대한 것이다.

공자께서도 이것을 매우 걱정하셨으므로 그들이 노(魯)나라로 찾아온 것을 회견한 것으로 써놓고 그만하면 충분하다고 생각하셨던 것이다. 그것은 다스리지 않는 방법으로 그들을 철저히 다스리려 하였던 것이다. 이로써 본다면 《춘추》에서 오랑캐를 미워하고 있는 것은 순수한 오랑캐를 미워하고 있는 것이 아닌 것이다. 그들이 중국이면서도 타락하여 오

랑캐로 흘러들어간 것을 미워했던 것이다.

원문　論曰；①夷狄은 不可以中國之治로 治也라. 譬若禽獸然하여
　　　　논왈　　이적　　불가이중국지치　　치야　　비약금수연

求其大治면 必至於大亂이라. 先王知其然이니 是故로 以不治로
구기대치　필지어대란　　선왕지기연　　시고　이불치

治之라. 治之以不治者는 乃所以②深治之也라.
치지　치지이불치자　내소이　심치지야

　③春秋書；公會戎于④潛이라 하니 ⑤何休曰；王者不治夷狄이
　춘추서　공회융우 잠　　하니　하휴왈　왕자불치이적

라. 錄戎은 來者不拒요 去者不⑥追也라.
녹융　내자불거　거자불 추야

夫天下之至嚴而用法之至詳者는 莫過於春秋라. 凡春秋之⑦書
부천하지지엄이용법지지상자　막과어춘추　범춘추지 서

公書侯와 書字書名으로 其君得爲諸侯요 其臣得爲大夫者는 舉
공서후　서자서명　기군득위제후요　기신득위대부자　거

皆⑧齊晉也요 不然則齊晉之⑨與國也라.
개 제진야　불연즉제진지 여국야

　其⑩書州書國과 書氏書人으로 其君不得爲諸侯요 其臣不得爲
　기 서주서국　서씨서인　기군부득위제후요　기신부득위

大夫者는 舉皆⑪秦楚也요 不然則秦楚之與國也라.
대부자　거개 진초야　불연즉진초지여국야

　夫齊晉之君이 所以治其國家하고 擁衛天子而愛養百姓者가 豈
　부제진지군이　소이치기국가　옹위천자이애양백성자　기

能盡如古法哉아? 蓋亦⑫出於詐力이오 而⑬參之以仁義라. 是齊晉
능진여고법재　개역 출어사력이오　이 참지이인의　시제진

亦未能純爲中國也라. 秦楚者는 亦非獨⑭貪冒無恥하여 ⑮肆行而
역미능순위중국야　진초자　역비독 탐모무치　　사행이

不顧也요 蓋亦有秉道行義之君焉이라. 是秦楚亦未至於純爲夷狄
불고야　개역유병도행의지군언　　시진초역미지어순위이적

也라.
야

　齊晉之君이 不能純爲中國이어늘 而春秋之⑯所與者常嚮焉이라.
　제진지군이　불능순위중국이어늘　이춘추지 소여자상향언

有善則^⑰汲汲而書之하여 惟恐其不得聞於後世하며 有過則^⑱多方
유선즉 급급이서지　　　유공기부득문어후세　　　유과즉 다방

而開赦之하여 惟恐其不得爲君子라.
이개사지　　　유공기부득위군자

　秦楚之君이 未至於純爲夷狄이어늘 而春秋之所不與者常在焉
　진초지군 미지어순위이적　　　　이춘추지소불여자상재언

이라. 有善則^⑲累而後進하며 有惡則略而不錄하여 以爲不足錄
이라.　유선즉 누이후진　　　유악 즉략이불록　　　이위부족록

也라.
야

　是非^⑳獨私於齊晉이오 而^㉑偏疾於秦楚也라. 以見中國之不可
　시비 독사어제진　　　이 편질어진초야　　　이견중국지불가

以一日背요 而夷狄之不可以一日^㉒嚮也라. 其不純者도 不足以
이일일배　이이적지불가이일일 향야　　　기불순자　부족이

寄其^㉓襃貶이니 則其純者는 可知矣라. 故로 曰；天下之至嚴而
기기 포폄　　　즉기순자　가지의　　　고　왈　천하지지엄이

用法之至詳者가 莫如春秋니라.
용법지지상자　막여춘추

　夫戎者는 豈特如秦楚之^㉔流入於夷狄而已哉아? 然而春秋書之
　부융자 기특여진초지 유입어이적이이재　　　연이춘추서지

曰；公會戎于潛이라. 公無所貶이오 而戎爲可會니 是獨何歟아?
왈　공회융우잠　　　공무소폄　　　이융위가회　시독하여

夫戎之不能以^㉕會禮會公이 亦明矣라. 此學者之所以深疑而^㉖求
부융지불능이 회례회공 역명의　　　차학자지소이심의이 구

其說也라. 故로 曰；王者不治夷狄이라. 錄戎은 來者不拒요 去
기설야　고　왈　왕자불치이적　　　녹융　내자불거　거

者不追也라.
자불추야

　夫以戎之不可以^㉗化誨懷服也니 彼其不^㉘悍然執兵하여 以與
　부이융지불가이 화회회복야　피기불 한연집병　　　이여

我^㉙從事於邊鄙가 固亦幸矣라. 又況知有所謂^㉚會者而欲行之면
아 종사어변비　고역행의　　　우황지유소위 회자이욕행지

是豈不足以^㉛深嘉其意乎아? 不然이오. 將深責其禮면 彼將有所
시기부족이 심가기의호　　불연　　　장심책기례　피장유소

不堪하여 而發其暴怒하리니 則其禍大矣라.
불 감   이 발 기 폭 노   즉 기 화 대 의

　仲尼深憂之하사 故로 因其來而書之以會하고 曰若是足矣라.
　중 니 심 우 지   고   인 기 래 이 서 지 이 회   왈 약 시 족 의

是將以不治深治之也라. 由是觀之컨대 春秋之疾戎狄者는 非疾
시 장 이 불 치 심 치 지 야   유 시 관 지   춘 추 지 질 융 적 차   비 질

純戎狄也라. 疾其以中國而流入於戎狄者也니라.
순 융 적 야   질 기 이 중 국 이 류 입 어 융 적 자 야

주해 ① 夷狄(이적)－오랑캐. 동쪽 오랑캐는 이(夷), 남쪽은 만(蠻), 서쪽은
융(戎), 북쪽은 적(狄)이라 했다 하나, 여기서는 오랑캐의 총칭. ○中國之
治(중국지치)－중국의 다스림. 중국을 다스리는 방법의 정치.

② 深治(심치)－깊이 다스리다. 철저히 다스리다.

③ 春秋(춘추)－《춘추》 은공(隱公) 2년에 보이는 구절임.

④ 潛(잠)－노(魯)나라에 있던 땅 이름.

⑤ 何休(하휴)－후한(後漢) 때 사람.《춘추공양전해고(春秋公羊傳解詁)》의
작자. 여기에 인용한 글도 거기에 보이는 글귀임.

⑥ 追(추)－뒤쫓아가 떠나는 것을 말리는 것.

⑦ 書公書侯(서공서후)－《춘추》에서 제후들에 관하여 기록할 때에, 죽은 뒤
에는 나라 이름과 시(諡) 밑에 '공(公)'을 붙여 예를 들면 '진문공(晉文
公)'·'제환공(齊桓公)'처럼 부르고, 살아있는 동안에는 나라 이름에 작위
(爵位)를 붙여 예를 들면 '진후(晉侯)'·'제후(齊侯)'(그들은 모두 侯爵이
었음)라 부른 것을 가리킨다. ○書字書名(서자서명)－신하인 대부들에 관
하여 기록할 때에는, 이름을 부르는 것이 통례이나 가끔 자(字)도 사용함
으로써 그들에 대하여 존중하고 있음을 나타내는 것을 가리킨다.

⑧ 齊晉(제진)－춘추시대에 제나라는 지금의 산동성(山東省), 진나라는 산서
성(山西省)에 있으면서, 제환공(齊桓公)과 진문공(晉文公)이 각각 패자
(覇者)로서 제후들을 이끌며 '존왕양이(尊王攘夷)'의 대세를 이룩하였던
중원(中原)의 중심을 이루었던 두 나라임.

⑨ 與國(여국)－함께하는 나라. 동맹국. 송(宋)·위(衛)·진(陳)·정(鄭) 등

의 나라처럼 '존왕양이' 정책에 적극 참여했던 나라들을 가리킴.

⑩ 書州書國書氏書人(서주서국서씨서인)-'주를 쓰기로 한다'는 주(州)는 중국을 9주(州)로 나누었을 때의 주여서, 나라[國]는 그 안에 있다. 《공양전(公羊傳)》 장공(莊公) 10년에는 초(楚)나라를 주명(州名)인 형(荊)으로 부른 데 대하여 "주는 나라를 호칭함만 못하고, 나라는 씨(氏)를 호칭함만 못하고, 씨는 사람을 호칭함만 못하고, 사람은 이름을 호칭함만 못하고, 이름은 자를 호칭함만 못하고, 자는 자라 호칭함만 못하다."고 설명하고 있다. 씨는 종족제(宗族制)하에 성(姓)에서 갈려나간 씨족의 호칭인데, 후세에는 대체로 모두 성이 되었다.

⑪ 秦楚(진초)-춘추시대에 왕을 참칭(僭稱)하며 오랑캐들 비슷하게 '존왕양이'의 명분에 벗어나는 행동을 하던, 중원으로부터 약간 벗어난 두 나라. 진은 지금의 섬서성(陝西省), 초는 호북성(湖北省)에 있었다.

⑫ 出於詐力(출어사력)-사술(詐術)과 권력으로 나오다. 속임수와 권력 곧 권모술수를 쓰는 것.

⑬ 參(참)-섞다. 혼용하다.

⑭ 貪冒(탐모)-탐욕스러운 것. 이익을 함부로 취하려 드는 것. ○無恥(무치)-부끄러움을 모르는 것.

⑮ 肆行(사행)-자기 멋대로 행동하는 것.

⑯ 所與(소여)-함께 하고 있는 것. 편들고 있는 것. ○常嚮(상향)-언제나 그 편으로 향하다. 언제나 그러함이 드러나는 것.

⑰ 汲汲(급급)-서두르는 모양. 애쓰는 모양.

⑱ 多方(다방)-많은 방향에서 봐주는 것. 여러 가지 방법으로 봐주는 것. ○開赦(개사)-널리 용서하다. 너그러이 용서하다.

⑲ 累而後進(누이후진)-(선이) 쌓여진 뒤에야 드러내 주다. 착한 일을 거듭하여야만 기록해 주는 것.

⑳ 獨私(독사)-오직 개인적으로 좋아하고 봐주는 것.

㉑ 偏疾(편질)-치우치게 미워하는 것. 한편만을 싫어하는 것.

㉒ 嚮(향)-향하다. 그쪽으로 몸을 돌리는 것.

㉓ 襃貶(포폄)-칭찬하여 드러내고 비판하여 깎아내리는 것.

㉔ 流入(유입)－흘러들어가다. 타락하여 그 속으로 끼어들게 되는 것.

㉕ 會禮(회례)－회견의 예의.

㉖ 求其說(구기설)－그 이론을 추구하다. 그 이유를 추구하다.

㉗ 化誨懷服(화회회복)－교화하고 가르치고 달래고 복종시키는 것.

㉘ 悍然(한연)－사나운 모양. 거친 모양.

㉙ 從事(종사)－전쟁을 하는 것을 뜻함. ○邊鄙(변비)－변경 지방. 국경 지역.

㉚ 會者(회자)－회견이라는 것.

㉛ 深嘉其意(심가기의)－그 뜻을 깊이 가상하게 여기다. 그 뜻을 매우 훌륭하게 여기다.

해설 이 글은 작자 소식이 21세 되던 해(嘉祐 6년, 1061) 과거에 합격했을 당시 썼던 답안이다. 이때의 시험문제가 '왕자불치이적(王者不治夷狄)을 논하라'는 것이었다. '왕자는 오랑캐를 다스리지 않는다'는 뜻의 이 구절은《춘추》은공(隱公) 2년 기록에 '공[魯 隱公]이 잠(潛)에서 오랑캐를 만났다[公會戎于潛]'고 쓰인 글에 대한《공양전》의 하휴(何休：後漢人)의〈해고(解詁)〉에 보이는 글이다.

이 글에서는 중국사람들의 중화사상(中華思想)과 함께 이른바 미언대의(微言大義)를 추구하려던 중국학자들의《춘추》에 대한 연구태도를 엿볼 수가 있다.

범증론(范增論)

소식(蘇軾)

한(漢)나라에서 진평(陳平)의 계책을 써서 초(楚)나라 임금과 신하 사이를 벌어지게 하니, 항우(項羽)는 범증(范增)이 한나라와 개인적으로 통하고 있다고 의심하고는 그의 권리를 조금씩 빼앗았다. 범증은 크게 노하여,

"천하의 일은 대체로 결정되었다. 임금께서 멋대로 해보시라지! 나는 벼슬을 그만두고 고향으로 물러나 졸개의 신분으로 돌아가고 싶소!"

하고 말하였다. 그리하여 돌아가는 길에 팽성(彭城)도 채 못가서 등창이 나서 죽어버렸다.

나는 이렇게 생각한다. 범증이 항우로부터 떠나갔던 일은 잘한 것이다. 떠나가지 않았다면 항우는 반드시 범증을 죽였을 것이다. 오직 떠나기를 빨리 하지 않은 것이 한이 될 따름이다. 그렇다면 어떤 일이 있었을 때 범증은 떠나야만 했을까?

범증이 항우에게 유방(劉邦)을 죽이라고 권했을 적에 항우가 말을 듣지 않아 끝내는 이 때문에 천하를 잃게 되었으니, 마땅히 그때 떠났어야만 했을까? 아니다! 범증이 유방을 죽이고자 했던 것은 신하된 사람으로서의 본분이었고, 항우가 그를 죽이지 않은 것은 임금으로서의 도량이 있었기 때문이라고 할 수 있다. 범증이 어찌 이 때문에 떠나야만 했겠는가?

《역경》에 이르기를,

"빌미를 안다는 것은 신(神)의 작용이다."

하였고, 《시경》에 이르기를

"저 눈이 내리는 걸 보라.

먼저 습기가 모여 싸락눈으로 내린다."

하였다. 범증이 떠날 시기는 항우가 의제(義帝)의 장군 송의(宋義)를 죽였을 적이었다.

진섭(陳涉)이 백성들의 지지를 얻었던 것은 항연(項燕)과 부소(扶蘇) 덕분이었다. 항씨(項氏)가 흥기한 것은 초(楚) 회왕(懷王)의 손자 심(心)을 옹립한 덕분이었다. 그리고 제후들이 항우를 배반한 것은 의제를 죽였기 때문이었다. 또한 의제가 왕위에 오른 것은 범증이 주모자였다. 의제가 살고 죽는 것이 어찌 초나라의 성쇠만을 뜻하겠는가?

또한 범증도 그와 더불어 화복을 함께하고 있었던 것이다. 의제가 죽었는데도 범증만이 오래 잘살 수는 없는 처지였다. 항우가 의제의 장군 송의를 죽인 것은 바로 의제를 죽이려는 전조(前兆)였던 것이다. 그리고 의제를 죽인다는 것은 범증을 의심하는 뿌리였던 것이다. 어찌 반드시 진평의 계책을 기다려야 하겠는가?

물건이란 반드시 먼저 썩은 뒤에야 벌레가 거기에 생기게 되는 것이고, 사람이란 반드시 먼저 의심을 하게 된 뒤에야 모함이 먹혀들어갈 수가 있게 되는 것이다. 진평이 비록 지혜가 많다 하더라도 어찌 의심도 없는 임금을 이간질할 수가 있었겠는가?

나는 언젠가 의제는 천하의 현명한 임금이었음을 논하였다. 그는 오직 유방만을 보내어 함곡관(函谷關) 안으로 들어가게 하고 항우는 들여보내지 않았으며, 경자관군(卿子冠軍) 송의를 많은 사람들 가운데서 알아보고 그를 상장(上將)으로 발탁했던 사람이다. 현명하지 않다면 그렇게 할 수가 있었겠는가?

항우가 송의를 속여서 죽이고 난 뒤에는 의제로서는 반드시 참고만 있을 수가 없었을 것이니, 항우가 의제를 죽이지 않았다면 의제가 항우를 죽였을 것임은 지혜로운 사람이 아니라 하더라도 알 수 있는 일이다. 범증이 처음에 항량(項梁)에게 권하여 의제를 임금자리에 앉히자 제후들은 그 때문에 복종케 되었던 것이다. 중도에 의제를 죽인 것은 범증의 뜻이 아니었던 것이다. 어찌 그의 뜻이 아닌 것일 따름이겠는가?

반드시 힘써 다투며 막았는데도 말을 들어주지 않았을 것이다. 그의 말은 듣지 않고 그가 옹립하였던 임금을 죽였으니, 항우의 범증에 대한 의심은 반드시 이때로부터 시작되었을 것이다.

항우가 송의를 죽였을 적에는 범증은 항우와 어깨를 나란히 하고 의제를 섬기어, 항우와 범증 사이의 임금과 신하의 구분이 아직 확정되지 않았었다. 범증을 위한 계책으로는, 항우를 죽일 능력이 있다면 곧 항우를 죽이고, 죽일 능력이 없다면 곧 그로부터 떠나가는 것이라 하겠다. 어찌 그것이 꿋꿋한 대장부가 아니겠는가?

범증은 그때 나이 이미 70이었다. 뜻이 맞으면 남아 있고, 맞지 않는다면 떠나야만 했다. 그때에 거취의 한계를 분명히 하지 않고 항우에 의지하여 공명을 이룩하려 하였으니, 비루한 일이었다. 비록 그러하나 범증은 고조(高祖) 유방이 두려워하는 사람이었다. 범증이 떠나지 않았다면 항우는 망하지 않았을 것이다. 아아! 범증도 역시 인걸(人傑)이었던 것이다.

원문 漢用①陳平計하여 ②間疏楚君臣하니 項羽疑③范增與漢有私
한 용 진 평 계　　　간 소 초 군 신　　　항 우 의　범 증 여 한 유 사

하여 ④稍奪其權이라. 增大怒曰；天下事大定矣라. 君王自爲之하
초 탈 기 권　　　증 대 노 왈　천 하 사 대 정 의　　군 왕 자 위 지

라. 願⑤賜骸骨歸卒伍하노라. 歸未至⑥彭城하여 ⑦疽發背死하니라.
원　사 해 골 귀 졸 오　　　귀 미 지　팽 성　　　달 발 배 사

蘇子曰；增之去善矣라. 不去羽必殺增이리라. 獨恨其⑧不蚤耳
소 자 왈　증 지 거 선 의　　불 거 우 필 쇄 증　　　독 한 기　부 조 이

로다. 然則當以何事去오? 增勸羽殺⑨沛公하되 羽不聽하여 終以此
연 즉 당 이 하 사 거　　증 권 우 살　패 공　　　우 불 청　　　종 이 차

失天下하니 當於是去耶아?
실 천 하　　당 어 시 거 야

　　曰；否라. 增之欲殺沛公은 ⑩人臣之分也요 羽之不殺은 猶有
　　왈　부　　증지욕살패공　　인신지분야　　우지불살　　유유

⑪君人之度也라. 增曷爲以此去哉리오? ⑫易曰；知幾其神乎인저.
군인지도야　　증갈위이차거재　　　　역왈　　지기기신호

⑬詩曰；相彼雨雪한대 ⑭先集維霰이라. 增之去는　當於羽殺⑮卿
시왈　상피우설　　　선집유선　　　증지거　　당어우살 경

子冠軍時也라.
자 관 군 시 야

　　⑯陳涉之得民也는 以⑰項燕扶蘇라. ⑱項氏之興也는 以立⑲楚懷
　　진섭지득민야　이 항연부소　　　항씨지흥야　　이립 초회

王孫心이라. 而諸侯叛之也는 以⑳弑義帝라. 且義帝之立에 增爲
왕손심　　이제후반지야　　이 시의제　　차의제지립　증위

㉑謀主矣라. 義帝之存亡이 豈㉒獨爲楚之盛衰리오?
모주의　　의제지존망　기 독위초지성쇠

　　亦增之㉓所與同禍福也라.　未有義帝亡而增獨能久存者也라.
　　역증지 소여동화복야　　미유의제망이증독능구존자야

羽之殺卿子冠軍也는 是弑義帝之㉔兆也라. 其弑義帝는　則疑增
우지살경자관군야　　시시의제지 조야　　기시의제　　즉의증

之㉕本也라. 豈必待陳平哉리오?
지 본야　　기필대진평재

　　物必先腐也而後蟲生之하고 人必先疑也而後㉖讒入之라. 陳平
　　물필선부야이후충생지　　인필선의야이후 참입지　　진평

雖智나 安能間無疑之主哉리오?
수지　안능간무의지주재

　　吾嘗論義帝는 天下之賢主也라. 獨㉗遣沛公入關而不遣項羽하
　　오상론의제　천하지현주야　　독 견패공입관이불견항우

고 識卿子冠軍於㉘稠人之中하여 而擢以爲上將이라. 不賢而能如
고 식경자관군어 주인지중하여　이탁이위상장　　불현이능여

是乎아?
시 호

　　羽旣㉙矯殺卿子冠軍이면 義帝必㉚不能堪이니 非羽弑帝면　則
　　우기 교살경자관군　　의제필 불능감　　비우시제　　즉

帝殺羽는 不待智者而後知也라. 增始勸項梁立義帝하니 諸侯以
제 살 우   부 대 지 자 이 후 지 야   증 시 권 항 량 립 의 제   제 후 이

此服從이라. 中道而弑之는 非增之意也라. 夫豈獨非其意리오?
차 복 종   중 도 이 시 지   비 증 지 의 야   부 기 독 비 기 의

將必^㉛力爭而不聽也라. 不用其言而殺其所立하니 羽之疑增
장 필   역 쟁 이 불 청 야   불 용 기 언 이 살 기 소 립   우 지 의 증

이 必自此始矣라.
필 자 차 시 의

方羽殺卿子冠軍에 增與羽比肩而事義帝하여 ^㉜君臣之分이 未
방 우 살 경 자 관 군   증 여 우 비 견 이 사 의 제   군 신 지 분   미

定也라. 爲增計者는 力能誅羽則誅之요 不能則去之라. 豈不^㉝毅
정 야   위 증 계 자   역 능 주 우 즉 주 지   불 능 즉 거 지   기 불   의

然大丈夫也哉리오?
연 대 장 부 야 재

增年已七十이라. 合則留요 不合則去라. 不以此時明^㉞去就之
증 년 이 칠 십   합 즉 류   불 합 즉 거   불 이 차 시 명   거 취 지

分하고 而欲依羽以成功名하니 陋矣로다. 雖然이나 增高帝之所畏
분   이 욕 의 우 이 성 공 명   누 의   수 연   증 고 제 지 소 외

也라. 增不去면 項羽不亡이라. 嗚呼라! 增亦人傑也哉인저!
야   증 불 거   항 우 불 망   오 호   증 역 인 걸 야 재

주해 ① 陳平(진평)—한(漢) 고조(高祖) 유방(劉邦)을 도와 천하를 통일케 한
책사(策士). 항우(項羽)의 군대가 범증의 도움으로 한 고조의 군대를 포
위했을 때, 항우의 사자가 찾아왔다. 이때 진평의 계책을 따라, 그 사자
앞에서 굉장한 음식을 장만하다가 "아보(亞父, 范增의 별칭)께서 보낸 사
자가 아니고, 항우의 사자입니까?"하고 물어보고는 형편없는 음식을 대접
하였다. 이 사자는 돌아가 항우에게 이 사실을 강조하여 보고하자, 항우는
범증이 고조와 내통하고 있는 게 아닌가 의심하기 시작하였다. 진평의 계
책이 들어맞았던 것이다.

② 間疏(간소)—사이가 멀어지게 하다. 이간질하다. ㅇ楚君臣(초군신)—초나
라의 임금과 신하. 곧 항우와 범증을 가리킴.

③ 范增(범증)—초나라 항우의 군사(軍師). 항우가 그를 존경하여 아보(亞父)

라고까지 불렀다.

④ 稍奪(초탈)-조금씩 뺏다.

⑤ 賜骸骨(사해골)-벼슬을 내놓고 고향으로 돌아가 늙도록 살다 죽을 수 있도록 허락되는 것. ○歸卒伍(귀졸오)-졸개로 돌아가다. 곧 평민으로 돌아가는 것.

⑥ 彭城(팽성)-지금의 강소성(江蘇省) 동산현(銅山縣) 근처. 항우의 거성(居城)이 그곳에 있었다.

⑦ 疽發背(달발배)-큰 부스럼이 등에 나다. 등창이 나다.

⑧ 不蚤(부조)-빠르지 않다. 조(蚤)는 조(早)와 같은 뜻.

⑨ 沛公(패공)-한 고조를 가리킴. 황제가 되기 전에는 패공이라 불렀다. 홍문연(鴻門宴) 때 범증은 항우에게 유방을 죽이라고 권했다.

⑩ 人臣之分(인신지분)-신하로서의 본분. 항우의 신하로서 장차 천하를 다투게 될 상대이니 유방을 죽이라 한 것이다.

⑪ 君人之度(군인지도)-임금된 사람으로서의 도량.

⑫ 易(역)-《역경》계사전(繫辭傳) 하(下)에 보이는 말. ○幾(기)-빌미, 기미, 어떤 일의 근본 징후. ○神(신)-신 같은 마음의 작용. 미묘한 정신적 작용.

⑬ 詩(시)-《시경》소아(小雅) 규변(頍弁) 시에 보이는 구절.

⑭ 先集(선집)-먼저 습기가 모여서 어는 것. ○霰(선)-싸락눈. 아직 눈꽃을 완전히 형성치 못한 처음 눈이 내리기 시작할 때 내리는 눈.

⑮ 卿子冠軍(경자관군)-초(楚)나라 의제(義帝)의 장군 송의(宋義). 처음에 진(秦)나라에 대항하는 세력은 초나라 임금의 자손을 임금으로 모셔 그를 의제라 부르고 명분을 내세웠다. 이때 송의가 상장(上將), 항우는 차장(次將)이었으며, 송의를 존경하여 '경자관군'이라 불렀다. 그러나, 뒤에 항우는 송의를 죽이고 자신이 상장으로 올랐다.

⑯ 陳涉(진섭)-오광(吳廣)과 함께 진(秦)나라에 반기를 들어 진왕 타도의 선봉이 되었던 사람. 본시 평민 출신이었고, 결국은 패하여 죽고 말았다.

⑰ 項燕(항연)-항우의 할아버지인 초나라의 장군. ○扶蘇(부소)-진시황(秦始皇)의 태자 이름. 진섭은 처음에 군사를 일으키면서, 이들 두 사람이 지

도자라고 거짓 명분을 내세워 사람들의 호응을 얻었다.

⑱ 項氏(항씨)—항우는 숙부인 항량(項梁)과 함께 군사를 일으켰기 때문에 '항씨'라 합쳐 부르고 있는 것이다.

⑲ 楚懷王孫心(초회왕손심)—초나라 회왕의 손자 심(心). 전국시대 말엽에 초나라 회왕은 진(秦)나라에 갔다가 붙잡혀 거기에서 객사하였다. 그래서 초나라는 특히 진나라에 대한 원한이 컸다. 이런 심리를 이용하기 위하여 범증은 항량에게 권하여 회왕의 손자 심을 임금으로 내세워, 그를 의제(義帝)라 부르게 되었다.

⑳ 弑義帝(시의제)—항우는 진(秦)나라를 멸망시키고 나서 의제를 호남성(湖南省) 장사(長沙)로 옮겨놓았다가 암살하였다.

㉑ 謀主(모주)—주모자.

㉒ 獨爲(독위)—오직 ~만을 나타내다. 오직 ~과만 관계가 있다.

㉓ 所與同禍福(소여동화복)—함께하며 화와 복을 동시에 받는 것.

㉔ 兆(조)—징조·전조·조짐.

㉕ 本(본)—근본·뿌리·근원.

㉖ 讒(참)—참해(讒害). 모함.

㉗ 遣沛公入關(견패공입관)—패공 유방을 보내어 함곡관(函谷關)으로 들어가게 하다. 본시는 항우가 먼저 함곡관으로 들어가 진(秦)나라 함양(咸陽)을 공격하겠다고 나섰으나, 의제는 항우가 난폭하여 민심을 잃을 거라 생각하고 너그러운 패공으로 하여금 먼저 함양을 공격하게 하였다 한다(《史記》 高祖本紀). 함곡관을 거쳐 들어가야만 동남쪽으로부터 진나라 함양으로 갈 수가 있다.

㉘ 稠人(주인)—많은 사람들. 빽빽한 사람들.

㉙ 矯殺(교살)—속여 죽이다. 항우는 군중에서 경자관군 송의를 죽이고는, 그가 제(齊)나라와 내통하고 반란을 꾀했기 때문에 의제의 명을 받아 송의를 죽인 것이라고 거짓말을 했다 한다.

㉚ 不能堪(불능감)—참지 못하다. 감내하지 못하다.

㉛ 力爭(역쟁)—힘써 다투며 의제의 죽음을 막는 것.

㉜ 君臣之分(군신지분)—임금과 신하의 구분. 그때는 항우도 아직 임금이 아

니었기 때문에 항우와 범증 사이는 임금과 신하의 관계가 아니었다.

㉝ 毅然(의연) ― 꿋꿋한 모양. 굳센 모양.

㉞ 去就之分(거취지분) ― 거취의 분계(分界). 벼슬자리에 나아가고 떠나가고 할 때의 구별.

(해설) 소식이 지은 〈조조론(鼂錯論)〉·〈유후론(留侯論)〉·〈순경론(荀卿論)〉 등 여러 편의 인물론 중의 하나이다. 이 글의 자료는 《사기(史記)》 항우본기(項羽本紀)에서 나온 것이다.

소식은 범증을 한나라 고조도 두려워했던 위대한 인물이라고 인정하면서도, 그가 항우를 섬긴 태도에는 약간 불만을 지녔던 듯하다. 그래서 특히 범증이 끝내는 한나라 진평(陳平)의 계책으로 항우로부터 의심을 받게 된 뒤에야, 항우 곁을 떠나 고향으로 돌아간 사실을 중심으로 범증을 비판하고 있다. 곧, 범증은 항우 곁을 떠나는 시기가 너무 늦었다는 것이다. 별로 큰 문제가 아닌 듯한데도, 소식의 논리가 상당한 설득력을 느끼게 하는 것은 그의 문장의 힘일 것이다.

상추밀한태위서(上樞密韓太尉書)

소철(蘇轍)

저는 타고난 성격이 글을 좋아하여 거기에 대하여 깊이 생각해 본 결과 '글이란 기(氣)에 의하여 이루어지는 것'이라 여기고 있습니다. 그런데 글이란 배움으로써 잘 지을 수 있는 것이 아니나, 기란 보양(保養)함으로써 얻어질 수가 있습니다. 맹자(孟子)께서 말씀하시기를,

"나는 나의 호연지기(浩然之氣)를 잘 보양한다."

하였습니다.

지금 그분의 문장을 볼 것 같으면 넓고도 두텁고 크고도 탁 트여서 하늘과 땅 사이에 가득 차 있어 그분의 기의 크기와 어울리고 있습니다. 사마천(司馬遷)은 천하를 여행하면서 온 세상의 유명한 산과 큰 강물을 두루 구경하고, 연(燕)나라 조(趙)나라 지방의 호걸 명사들과 교유하였습니다. 그러므로, 그의 글은 거리낌이 없고 매우 기특한 기운이 있습니다. 이들 두 분은 어찌 일찍이 붓을 들고 이러한 글을 짓는 일을 배운 일이 있겠습니까?

그분들의 기가 그분들 속에 가득 차서 그분들 외모로 넘쳐흐르며, 그분들 말 속에 움직이고 그분들 글 속에 드러나는 것인데, 그분들 자신은 알지도 못하고 있는 일입니다.

저는 나이 열아홉 살입니다. 집에 살아오면서 함께 교유한 사람들이란 불과 이웃마을 한고장 사람들이고, 본 것이란 불과 수백 리 사이입니다.

올라가고 구경함으로써 스스로를 넓힐 만한 높은 산과 큰 들도 없었습니다. 제자백가(諸子百家)들의 책을 비록 읽지 않은 것이 없다고는 하더라도 모두가 옛사람들의 낡은 발자취에 지나지 않아, 저의 뜻과 기를 격발시키기에는 부족한 것이었습니다.

마침내는 저의 뜻과 기가 없어져 버리고 말까 두려워서 결연히 고향을 버리고, 천하의 특이한 견문과 장관을 찾아나섬으로써 천지의 광대함을 알려 하게 되었습니다.

진(秦)나라와 한(漢)나라의 옛 도읍을 찾아가서는 종남산(終南山)과 숭산(嵩山)·화산(華山)의 높은 모습을 실컷 구경하였고, 북쪽으로는 황하(黃河)의 세찬 흐름을 둘러보면서 옛날의 호걸들을 감개 속에 생각하여 보았으며, 서울 변경(汴京)에 이르러 천자의 궁궐의 장대함과 곡식창고 재물과 무기창고 및 성과 해자, 숲과 호수의 풍부하고도 광대함을 우러러 구경하게 되었습니다.

그런 뒤에야 천하의 광대하고 장대함을 알게 된 것입니다. 한림(翰林) 구양공(歐陽公)을 뵈어 그분 이론의 광대한 논리를 듣고 그분 용모의 빼어나고 위대함을 본 다음, 그분 문인들인 현명한 사대부(士大夫)들과 교유한 뒤에야, 천하의 문장이 모두 여기에 모여 있다는 것을 알게 되었습니다.

태위께서는 재능과 지략에 있어서 천하의 으뜸이 되시어, 온 천하가 의지하고 걱정하지 않을 수 있고 또 사방의 오랑캐들이 꺼리어 감히 싸움을 걸지 못하게 하시는 분이십니다. 나라 안으로 들어와서는 천하를 평화롭게 한 주(周)나라 무왕(武王) 때의 주공(周公)과 소공(召公)같이 하시고, 나라 밖으로 나가셔서는 주(周) 선왕(宣王) 때 넓은 땅을 경략(經略)한 방숙(方叔)과 소호(召虎)처럼 활동하셨습니다. 그러나 저는 아직도 뵙지를 못하고 있습니다.

또한 사람이 학문을 함에 있어서 그의 뜻이 크지 않다면 비록 많이 배운다 하더라도 무슨 소용이 있겠습니까? 저는 고향을 떠나와 산에 있어서는 종남산·숭산·화산의 거대함을 보았고, 강물에 있어서는 황하의 광대하고도 깊음을 보았고, 사람에 있어서는 구양공을 뵈었지만 아직 태위님은 뵙지 못하였음을 유감으로 여기고 있습니다.

그러므로 현명한 사람의 광채를 뵙고 한말씀 들음으로써 스스로를 장대하게 할 수 있게 되기를 바라고 있습니다. 그런 뒤에야 천하의 위대한 경관(景觀)을 다 구경함으로써 유감이 없게 될 수 있으리라 믿습니다.

저는 나이가 적어 아직도 관청의 일을 다 익히지 못하였습니다. 전에 고향을 떠나왔던 것은 몇 말의 녹(祿)을 받으려는 목적이 아니었으나, 우연히 녹을 받게 된 것이어서 그것을 즐거워하고 있는 것은 아닙니다. 그러니 다행히도 고향으로 돌아가 다시 벼슬자리에 뽑히기를 기다릴 수 있는 허락을 받아 몇년 동안 여유있게 지내면서 저의 글을 더욱 닦고 또 정사에 대하여도 배울 수 있게 되기를 바라고 있습니다. 태위께서 진실로 가르칠 만한 상대라 여기시고 욕되이도 저를 가르쳐만 주신다면 더욱 다행이겠습니다.

원문 轍生好爲文하여 思之至深하되 以爲文者는 ①氣之所形이라.
철 생 호 위 문　　　사 지 지 심　　　이 위 문 자　　　기 지 소 형

然文不可以學而能이오 氣可以②養而致라. ③孟子曰：我善養吾
연 문 불 가 이 학 이 능　　　기 가 이 양 이 치　　　맹 자 왈　아 선 양 오

④浩然之氣라.
호 연 지 기

今觀其文章이 ⑤寬厚宏博하여 充乎天地之間하여 ⑥稱其氣之
금 관 기 문 장　　　관 후 굉 박　　　충 호 천 지 지 간　　　칭 기 기 지

小大라. ⑦太史公行天下에 周覽四海名山大川하고 與⑧燕趙間豪
소 대　　태 사 공 행 천 하　　주 람 사 해 명 산 대 천　　여　연 조 간 호

俊交遊라. 故로 其文⑨疏蕩하여 頗有奇氣라. 此二子者는 豈嘗
준 교 유　　고　기 문 소 탕　　파 유 기 기　　차 이 자 자　　기 상

執筆하여 學爲如此之文哉아?
집 필　　학 위 여 차 지 문 재

其氣充乎⑩其中而溢乎其貌하고 動乎其言而⑪見乎其文하여 而
기 기 충 호 기 중 이 일 호 기 모　　동 호 기 언 이 현 호 기 문　　이

不自知也라.
부자지야

轍生十有九年矣라. 其所居家與遊者가 不過其⑫鄰里鄕黨之人
철 생 십 유 구 년 의   기 소 거 가 여 유 자   불 과 기 린 리 향 당 지 인

이오 所見不過數百里之間이라. 無高山大野를 可登覽以⑬自廣이
소 견 불 과 수 백 리 지 간   무 고 산 대 야   가 등 람 이 자 광

라.⑭百氏之書를 雖無所不讀이나 然皆古人之⑮陳迹이니 不足激
백 씨 지 서 수 무 소 부 독   연 개 고 인 지 진 적   부 족 격

發其志氣라.
발 기 지 기

恐遂⑯汩沒하여 故로 決然⑰捨去하여 求天下之奇聞壯觀하여
공 수 골 몰 하여 고로 결 연 사 거 하여 구 천 하 지 기 문 장 관 하여

以知天地之廣大라.
이 지 천 지 지 광 대

過⑱秦漢之故都라가 ⑲恣觀終南嵩華之高하고 北顧黃河之奔流
과 진 한 지 고 도 라가   자 관 종 남 숭 화 지 고   북 고 황 하 지 분 류

하여 ⑳慨然想見古人之豪傑이오 至㉑京師하여 仰觀天子宮闕之
개 연 상 견 고 인 지 호 걸 이오 지 경 사 하여 앙 관 천 자 궁 궐 지

壯과 與㉒倉廩府庫㉓城池苑囿之富且大也라.
장 여 창 름 부 고 성 지 원 유 지 부 차 대 야

而後知天下之巨麗라. 見翰林㉔歐陽公하여 聽其議論之㉕宏辨
이 후 지 천 하 지 거 려   견 한 림 구 양 공 하여 청 기 의 론 지 굉 변

하며 觀其容貌之秀偉하고 與其門人賢士大夫遊하여 而後知天下
관 기 용 모 지 수 위   여 기 문 인 현 사 대 부 유 하여 이 후 지 천 하

之文章이 聚乎此也라.
지 문 장 취 호 차 야

太尉以㉖才略으로 冠天下하니 天下之所恃以無憂요 ㉗四夷之所
태 위 이 재 략 으로 관 천 하   천 하 지 소 시 이 무 우 사 이 지 소

憚而不敢發이라. 入則㉘周公召公이오 出則㉙方叔召虎라. 而轍也
탄 이 불 감 발   입 즉 주 공 소 공 이오 출 즉 방 숙 소 호 라 이 철 야

未之見焉이로라.
미 지 견 언

且夫人之學也에 不志其大면 雖多而㉚奚爲리요? 轍之來也에
차 부 인 지 학 야 부 지 기 대   수 다 이 해 위   철 지 래 야

於山見終南嵩華之高하고 於水見黃河之大且深하고 於人見歐陽
어산견종남숭화지고　　어수견황하지대차심　　어인견구양

公이로되 而猶以未見太尉也라.
공　　이유이미견태위야

故로 願得觀賢人之^㉛光耀하여 聞一言以自壯이라. 然後可以盡
고　원득관현인지　광요　　문일언이자장　　연후가이진

天下之^㉜大觀而無憾者矣라.
천하지　대관이무감자의

轍年少하여 未能通習吏事라. ^㉝嚮之來는 非有取於^㉞升斗之祿
철년소　미능통습리사　　향지래　비유취어　승두지록

이러니 偶然得之하니 非其所樂이라. 然幸得賜歸^㉟待選하여 使得
우연득지　비기소락　　연행득사귀　대선　　사득

^㊱優游數年之間하여 將以益治其文하고 且學爲政이라. 太尉苟以
우유수년지간　장이익치기문　　차학위정　　태위구이

爲可敎하여 而辱敎之면 又幸矣라.
위가교　이욕교지　우행의

주해　① 氣(기) - 기운. 기량(氣量), 재기(才氣) 같은 것을 말한다.

② 養而致(양이치) - 잘 보양(保養)함으로써 얻어지다.

③ 孟子(맹자) - 《맹자》 공손추(公孫丑)편에 보이는 말임.

④ 浩然之氣(호연기기) - 자연에 어울리는 커다란 사람의 기운.

⑤ 寬厚宏博(관후굉박) - 관대하고 온후하고 굉원(宏遠)하고 광박(廣博)한 것.
여유있고 두텁고 크고 넓은 것.

⑥ 稱(칭) - 어울리다. ○小大(소대) - 크기.

⑦ 太史公(태사공) - 한(漢)나라 사마천(司馬遷). 유명한 《사기(史記)》 130권
의 작자.

⑧ 燕趙(연조) - 연나라는 지금의 하북성(河北省) 지방, 조나라는 산서성(山
西省) 일대임.

⑨ 疏蕩(소탕) - 탁 트이고 거침없이 자유로운 것.

⑩ 其中(기중) - 그의 몸 가운데.

⑪ 見(현) - 드러나다.

⑫ 鄰里鄕黨(인리향당)－이웃마을 한고장. 본시 옛날 행정단위로는 '다섯 집이 인(鄰), 5인이 이(里)가 되었고'(《周禮》地官 遂人) 또 '5백가(家)가 당(黨), 만 2천5백가가 향(鄕)을 이루었다'(《周禮》地官 大司徒 注) 하였다.

⑬ 自廣(자광)－자신의 견식을 넓히는 것.

⑭ 百氏(백씨)－제자백가(諸子百家)를 가리킴.

⑮ 陳迹(진적)－낡은 발자취. 과거의 흔적.

⑯ 汨沒(골몰)－멸망되는 것. 없어지는 것.

⑰ 捨去(사거)－고향을 버리고 딴 고장으로 떠나는 것.

⑱ 秦漢之故都(진한지고도)－진나라와 한나라의 옛 도읍. 진나라는 함양(咸陽, 陝西省), 한나라는 장안(長安, 陝西省)이 수도였다.

⑲ 恣觀(자관)－마음껏 구경하다. ㅇ終南(종남)－산 이름. 섬서성(陝西省) 남쪽에 있음. ㅇ嵩(숭)－산 이름. 하남성 등봉현(登封縣) 북쪽에 있음. ㅇ華(화)－산 이름. 섬서성 화음현(華陰縣) 남쪽에 있음.

⑳ 慨然(개연)－감개를 느끼는 모양.

㉑ 京師(경사)－북송(北宋)의 수도 변경(汴京). 지금의 하남성 개봉현(開封縣).

㉒ 倉廩(창름)－곡식을 저장하는 창고. 곡식을 저장하는 곳이 창(倉), 쌀을 저장하는 곳이 늠(廩)(《禮記》月令 疏). ㅇ府庫(부고)－부(府)는 문서 같은 것을 보관하는 창고, 고(庫)는 무기나 수레 같은 것을 보관하는 창고임(《說文》).

㉓ 城池(성지)－성과 해자[濠]. ㅇ苑囿(원유)－숲과 호수를 보호하여 새와 짐승을 돌보아 기르는 곳(《說文》段注).

㉔ 歐陽公(구양공)－구양수(歐陽修). 한림학사(翰林學士) 등의 벼슬을 하였고, 소식(蘇軾)·소철(蘇轍) 형제뿐만이 아니라 그들 아버지 소순(蘇洵)까지도 구양수의 추천으로 벼슬을 하고 그를 스승으로 받들었다.

㉕ 宏辨(굉변)－이론의 내용이 광대하고 또 말 표현에 조리가 있는 것.

㉖ 才略(재략)－재능과 지략.

㉗ 四夷(사이)－사방의 오랑캐들. ㅇ憚(탄)－꺼리다. 두려워하다. ㅇ發(발)－

전쟁을 발동하는 것.

㉘ 周公召公(주공소공)―주(周)나라 무왕(武王)을 보좌하여 천하를 평정하였던 현명한 사람들. 모두 무왕의 형제들이며 소공은 이름이 단(旦), 소공은 이름이 석(奭)이었다.

㉙ 方叔召虎(방숙소호)―주(周)나라 선왕(宣王) 때 형만(荊蠻)・회이(淮夷)를 정벌하여 중국 영토를 개척하고 주나라를 중흥시키는 데 큰 공헌을 했던 두 사람. 《시경(詩經)》에는 이들의 활동과 관계되는 작품이 여러 편 들어 있다.

㉚ 奚爲(해위)―무엇을 하나? 하위(何爲).

㉛ 光耀(광요)―광휘. 광채.

㉜ 大觀(대관)―위대한 경관. ○無憾(무감)―유감이 없는 것.

㉝ 嚮(향)―전날. 옛날.

㉞ 升斗之祿(승두지록)―몇 되 몇 말의 봉록. 적은 녹.

㉟ 待選(대선)―뽑히어 벼슬에 임용되기를 기다리는 것.

㊱ 優游(우유)―여유있게 지내는 것. 한가롭게 잘 지내는 것.

(해설) '추밀(樞密)'은 벼슬 이름으로. 송나라 추밀원은 군사와 국방에 관한 업무를 장악하였다. '태위(太尉)'는 진(秦)・한(漢)대에 있어서 군사를 맡은, 지위가 승상(丞相)과 같았던 벼슬이었다. '한태위(韓太尉)'는 한기(韓琦, 1008~1075)를 가리키며, 그가 나라의 최고 군사 책임자인 당시의 추밀사(樞密使)였으므로 그렇게 부른 것이다.

이 글에는 작자 소철의 문론, 인물론 같은 것들도 보이지만 요점은 당시의 고관인 한기에게 한번 뵈올 수 있게 해 달라는 뜻을 완곡히 표현한 것이다. 한편 앞으로 자신을 문생(門生)으로 받아들여 잘 이끌어 달라는 간접적인 당부도 곁들여 있다.

원주학기(袁州學記)

이구(李覯)

    인종(仁宗) 황제께서 즉위한 지 23년 되던 해, 각 주현(州縣)에 학교를 세우라는 칙명을 내리셨다. 그 당시 주현(州縣)의 태수와 현령 중에는 슬기로운 사람도 있고 어리석은 사람도 있었다. 온갖 힘을 다하고 마음을 다하여 삼가 성덕(聖德)의 뜻을 따르는 사람도 있었고, 도관(道觀)을 빌어 학교라 하며 교사의 지위를 명목상으로만 차지하여 구차히 문서만 갖추는 사람도 있었다. 혹은 여러 성에는 글을 읽는 소리나 거문고를 연주하는 소리가 들리지 않았고, 천자의 주장에 지방관이 호응하지 않아 교육이 정지된 채로 행하여지지 않는 곳도 있었다.

    인종 즉위 32년에 범양(范陽) 사람 조무택(祖無擇)이 원주(袁州)의 지사가 되었다. 처음 부임하자 여러 학생들을 불러들여 보고 학교가 제 모양을 갖추지 못하고 있는 상태임을 알았고, 인재가 방치되어 없어져 유학(儒學)의 교육이 허술하여 제대로 이루어지지 않아, 천자의 뜻에 부합되지 못함을 크게 걱정하였다.

    통판(通判) 벼슬에 있던 영천(穎川) 사람 진신(陳侁)은 조무택의 그러한 얘기를 듣고는 그것을 옳게 여기어 그와 함께 의논하니 의견이 하나로 들어맞았다. 이에 옛 공자묘(孔子廟)를 보았더니 너무 좁아서 개축하기에는 부적당하였으므로 주(州) 관아(官衙) 동쪽에 새로 세우기로 하였다. 그곳의 토지는 마르고 굳으며, 위치는 남향이고, 목재는 매우 좋은 것을 썼다. 기와·벽돌·검은칠·흰칠·붉은칠·옻칠이 모두 옛 법식을 따랐고, 전각(殿閣)의 당(堂)과 방들과 행랑채와 문들이 각기 법도에 맞았다.

학생과 교사가 기거할 숙사가 있게 되고, 부엌과 쌀창고도 질서있게 갖추었다. 갖가지 기구가 갖추어지고 여러 사람들이 손을 모아 공사를 하니, 일꾼들은 일을 잘하고 관리들은 부지런하여, 새벽부터 밤까지 부지런히 힘써서, 이듬해 낙성(落成)을 보게 되었다. 이제 사채(舍菜)의 예(禮)를 지낼 날짜도 받아놓았다.

우강(盱江) 사람인 나 이구(李覯)는 여러 사람에게 다음과 같이 고하는 바이다.

"우(虞)·하(夏)·은(殷)·주(周)대의 학교 교육은 여러 경전을 통해 고찰해 보면 잘 알 수 있다. 진(秦)은 산서 지방을 근거로 하여 한(韓)·위(魏)·연(燕)·조(趙)·제(齊)·초(楚)의 6국을 멸망시키고 만세(萬世)까지 황제가 되고자 했다. 그러나, 유방(劉邦)이 한바탕 소리치자, 진군(秦軍)은 함곡(函谷)의 관문도 지키지 못하여, 진나라 무사와 용장들은 앞을 다투어 행여 남에게 뒤질세라 항복하고 말았으니 왜 그랬던가?

그것은 《시경(詩經)》·《서경(書經)》의 바른 도리가 끊어지고 사람들은 오로지 이익만 보고 의(義)를 알지 못하였기 때문인 것이다.

한(漢)나라 무제(武帝)는 전대의 풍부한 재력을 이용하고, 후한 광무제(光武帝)는 전쟁을 통하여 제위에 오르셨는데 두 분 모두 학술에 힘쓰셨다. 풍속과 교화가 돈후하여져서, 후한 말의 영제(靈帝)·헌제(獻帝)에까지 그것이 이어졌다. 초야에 묻혀 벼슬을 하지 않은 선비들 중에도 올바른 말을 서슴치 않아, 그 일로 목이 잘리게 되더라도 후회하지 않는 이가 있었다. 또 공훈이 군주를 진동시킬 만한 실력자들도 군명(君命)을 들으면 군사를 풀고 복종했다. 많은 영웅들이 서로 눈치를 살피며 감히 신하의 지위를 떠나지 못하는 일이 수십 년을 두고 계속되었다. 교화의 도(道)가 사람들의 마음을 맺어 놓았기 때문에 그러하였던 것이다.

지금의 시대는 성스럽고 신령스런 천자를 만났고, 또 그대 원주(袁州)

는 현명한 군자인 조무택을 얻었다. 이분들은 그대들에게 이 학교로부터 옛 성인들의 발자취를 배우게 할 것이다. 천하가 잘 다스려질 때에는 예(禮)와 악(樂)을 담론하여 우리 원주의 백성을 훈도하고, 또 국가에 일단 불행한 일이라도 닥치면 더욱이 큰 절의에 따라, 신하로서 죽음으로 충성하고 자식으로서는 죽음으로 효도를 하여야 한다. 이렇게 사람들로 하여금 의지할 것이 있고, 또 본받을 것이 있게 되어야 한다.

이것이 바로 조정이 백성들에게 학문을 가르치는 뜻이라 할 것이다. 만약 붓과 먹을 놀려, 이익과 영달(榮達)을 구하려는 것뿐이라면, 어찌 그대들 몇 사람만의 수치이겠는가? 그것은 나라를 다스리는 사람으로서 걱정스러운 일인 것이다."

[원문] ①皇帝二十有三年에 制詔州縣立學이라. 惟時②守令이 有哲
황제 이십유삼년 　　제 조 주 현 립 학 　　유 시 수 령 　　유 철

有愚라. 有③屈力殫慮하여 ④祗順德意하고 有⑤假宮借師하여 ⑥苟
유 우 　　유 굴 력 탄 려 　　지 순 덕 의 　　유 가 궁 차 사 　　구

具文書라. 或連⑦數城에 ⑧亡誦絃聲하여 ⑨倡而不和하니 ⑩敎尼不
구 문 서 　　혹 련 수 성 　　무 송 현 성 　　창 이 불 화 　　교 니 불

行이라.
행

⑪三十有二年에 范陽⑫祖君無擇이 知袁州라. 始至에 進諸生하
삼 십 유 이 년 　　범 양 조 군 무 택 　　지 원 주 　　시 지 　　진 제 생

여 知學宮⑬闕狀하고 ⑭大懼人材放失하며 儒敎⑮闊疏하여 無以
지 학 궁 궐 상 　　대 구 인 재 방 실 　　유 교 활 소 　　무 이

⑯稱上意旨라.
칭 상 의 지

⑰通判潁川陳君侁이 聞而是之하여 議以⑱克合이라. 相舊⑲夫子
통 판 영 천 진 군 신 　　문 이 시 지 　　의 이 극 합 　　상 구 부 자

廟⑳隘隘하여 不足改爲일새 乃營⑳治之東이라. 厥土㉑燥剛하고 厥
묘 협 애 　　부 족 개 위 　　내 영 치 지 동 　　궐 토 조 강 　　궐

位㉒面陽하고 厥材㉓孔良이라. ㉔瓦甓黝堊丹漆이 擧以㉕法故하고
위 면 양 　　궐 재 공 량 　　와 벽 유 악 단 칠 　　거 이 법 고

㉖殿堂室房廡門이 各得其度라.
전 당 실 방 무 문　각 득 기 도

㉗生師有舍하고 ㉘庖廩有次라. ㉙百爾器備하여 ㉚竝手偕作하니
생 사 유 사　　　포 름 유 차　　百이 기 비　　　병 수 해 작

工善吏勤하여 晨夜展力하여 越明年成이라. ㉛舍菜且有日이라.
공 선 리 근　　신 야 전 력　　월 명 년 성　　　사 채 차 유 일

旴江李覯㉜諗于衆曰；惟㉝四代之學은 考㉞諸經可見已라. 秦
우 강 이 구　심 우 중 왈　유　사 대 지 학　고　제 경 가 견 이　　진

以㉟山西蹙六國하여 欲帝萬世라가 ㊱劉氏一呼에 而關門不守하여
이　산 서 오 육 국　　욕 제 만 세　　유 씨 일 호　　이 관 문 불 수

㊲武夫健將이 ㊳賣降恐後何耶오?
무 부 건 장　　매 항 공 후 하 야

㊴詩書之道廢하여 人惟見利而不聞義焉耳라.
시 서 지 도 폐　　인 유 견 리 이 불 문 의 언 이

㊵孝武乘豊富하고 ㊶世祖出戎行하여 皆㊷孳孳學術이라. ㊸俗化
효 무 승 풍 부　　세 조 출 융 행　　개　자 자 학 술　　　속 화

之厚가 延于㊹靈獻하여 ㊺草茅危言者가 折首而不悔하고 ㊻功烈震
지 후　연 우 영 헌　　초 모 위 언 자　절 수 이 불 회　　공 렬 진

主者는 聞命而釋兵이라. 羣雄相視하여 不敢去臣位가 尙數十年이
주 자　문 명 이 석 병　　군 웅 상 시　　불 감 거 신 위　상 수 십 년

라. 敎道之結人心이 如此라.
　　교 도 지 결 인 심　여 차

今代遭㊼聖神하고 ㊽爾袁得賢君이라. ㊾俾爾由庠序하여 踐古人
금 대 조 성 신　　이 원 득 현 군　　비 이 유 상 서　　천 고 인

之迹이라. 天下治則㊿譚禮樂以陶吾民하고 一有不幸이면 尤當
지 적　　천 하 치 즉　담 예 악 이 도 오 민　　일 유 불 행　　우 당

(51)仗大節하여 爲臣死忠하며 爲子死孝하여 使人有所賴요 且有所
장 대 절　　위 신 사 충　　위 자 사 효　　사 인 유 소 뢰　차 유 소

法이라.
법

是惟(52)朝家敎學之意라. 若其弄筆墨하여 以(53)徼利達而已인댄
시 유　조 가 교 학 지 의　약 기 롱 필 묵　　이　요 리 달 이 이

豈徒二三子之羞리오? 抑亦爲國者之憂니라.
기 도 이 삼 자 지 수　　억 역 위 국 자 지 우

주해 ① 皇帝(황제)—송(宋)나라 인종(仁宗). 인종 23년은 경력(慶曆) 4년 (1044)임.

② 守令(수령)—주현(州縣)의 태수와 현령.

③ 屈力(굴력)—힘을 다하는 것. 굴(屈)은 다한다는 뜻으로 탄(殫)과 같음. ㅇ殫慮(탄려)—생각을 다함. 탄(殫)은 진(盡)과 같은 뜻.

④ 祗(지)—경(敬), 또는 근(謹)의 뜻으로 '삼가'.

⑤ 假宮借師(가궁차사)—도교의 궁관(宮觀)을 빌어 학교라 하고 교사의 지위를 명목상으로만 차지하고 있는 것. 이름만 학교일 뿐 학교라고 할 수 없는 상태를 설명하고 있음.

⑥ 苟具文書(구구문서)—구차스럽게 문서를 갖춤. 궁여지책으로 문서상으로만 학교인 것처럼 꾸며놓은 것.

⑦ 數城(수성)—여러 성읍(城邑).

⑧ 亡誦絃聲(무송현성)—책 외는 소리와 금(琴)타는 소리가 없음. 금서지락 (琴書之樂)이라 하여 옛날 선비는 책으로 공부를 하고, 음악으로 성정(性情)을 깨끗이 하였다.

⑨ 倡而不和(창이불화)—주창(主唱)하여도 응하지 않음. 창(倡)은 창(唱)의 뜻. 화(和)는 응(應)과 같은 뜻.

⑩ 敎尼不行(교니불행)—교화의 도(道)가 막혀 행해지지 않음. 이(尼)는 지 (止)의 뜻.

⑪ 三十有二年(삼십유이년)—인종(仁宗) 32년, 지화(至和) 원년(元年:1054)에 해당된다.

⑫ 祖君無擇(조군무택)—조무택은 자를 택지(擇之)라 하며 범양(范陽, 지금의 河北省 고을 이름) 사람으로 당시의 명관(名官)이었다.

⑬ 闕狀(궐상)—비어 있는 상태. 궐(闕)은 결(缺). 제 모양을 갖추지 못하고 있는 것.

⑭ 大懼(대구)—크게 두려워함.

⑮ 闊疏(활소)—어설프고 실제와 거리가 먼 것.

⑯ 稱(칭)—적합함.

⑰ 通判(통판)—통판관(通判官)을 말한다. 지부(知府)·지주(知州)와 함께

정사를 맡아 행하는 관리로 조정에 있을 때에는 정사에 관여하고 조정 밖에서는 현(縣)의 행정을 안찰(按察)하며 군(軍)에 있을 때에는 군량의 일을 맡는다. ㅇ陳君佖(진군신)－영천(穎川 : 지금의 河南省 고을 이름) 사람 진신(陳佖). 자는 부지(復之)였음.

⑱ 克合(극합)－뜻이 하나로 모아짐. 극(克)은 능(能)의 뜻.

⑲ 夫子(부자)－공자(孔子)를 가리킴.

⑳ 治(치)－정사를 맡아보는 곳. 주(州)의 청사(廳舍).

㉑ 燥剛(조강)－건조하고 단단함.

㉒ 面陽(면양)－남쪽으로 향하고 있음.

㉓ 孔(공)－심(甚)의 뜻으로 매우.

㉔ 瓦甓(와벽)－기와·벽돌. ㅇ黝堊丹漆(유악단칠)－검은칠·흰칠·붉은칠·옻칠.

㉕ 法故(법고)－옛 법식을 따르는 것.

㉖ 殿(전)－전각(殿閣). ㅇ堂(당)－집의 중심이 되는 대청에 해당되는 곳. ㅇ廡(무)－행랑채.

㉗ 生師(생사)－학생과 선생.

㉘ 庖廩(포름)－부엌과 쌀광.

㉙ 百爾(백이)－갖가지. 이(爾)는 별 뜻 없이 형용의 조사로 쓰였음.

㉚ 竝手偕作(병수해작)－손을 모아 함께 만듦.

㉛ 舍菜(사채)－옛날 학교에서 채소를 놓고 지내는 공자(孔子)의 제사. 석채(釋菜) 또는 전채(奠菜)라고도 한다. ㅇ且有日(차유일)－날짜를 받아놓음. 얼마 남지 않았음.

㉜ 諗(심)－여러 사람에게 고함. 원래는 임금이나 윗어른에게 간한다는 뜻.

㉝ 四代之學(사대지학)－우(虞)·하(夏)·상(商)·주(周)의 네 왕조의 학문.

㉞ 諸經(제경)－시(詩)·서(書)·역(易)·춘추(春秋)·예(禮)·악(樂)의 여러 가지 경전.

㉟ 山西(산서)－진(秦)이 일어났던 곳. 효산(崤山) 서쪽을 산서(山西), 동쪽을 산동(山東)이라 한다. ㅇ鏖(오)－모조리 무찔러 죽임. ㅇ六國(육국)－전국시대 진(秦)에게 멸망당한 한(韓)·위(魏)·연(燕)·조(趙)·제(齊)·초

(楚)의 여섯 나라.

㊱ 劉氏(유씨)—한(漢) 고조(高祖)가 된 유방(劉邦)을 가리킨다.

㊲ 武夫健將(무부건장)—병사와 용맹한 장수.

㊳ 賣降(매항)—장사치가 이익을 위하여 물건을 팔 듯, 목숨을 아끼고 이익을 얻기 위하여 항복하는 것을 말한다.

㊴ 詩書之道廢(시서지도폐)—시황제는 6국을 멸한 뒤, 법가(法家)인 이사(李斯)의 제안을 받아들여 시(詩)・서(書) 등의 경전은 물론 백가의 서를 불사르고, 유자(儒者)들을 생매장하여[焚書坑儒], 공자의 인의(仁義)의 도를 폐하였다.

㊵ 孝武(효무)—한(漢)의 무제(武帝). 문제(文帝)・경제(景帝)의 뒤를 이었다.

㊶ 世祖(세조)—후한(後漢)의 광무제(光武帝). 전한 경제(景帝)의 자손으로, 이름은 유수(劉秀). 왕망(王莽)이 세운 신(新)을 멸하고 후한을 일으켰다. ○出戎行(출융행)—군진(軍陣)의 행렬에서 몸을 일으킴.

㊷ 孶孶(자자)—부지런히 힘쓰는 것을 말함.

㊸ 俗化(속화)—속(俗)은 풍속. 화(化)는 교화.

㊹ 靈獻(영헌)—영제(靈帝)와 헌제(獻帝).

㊺ 草茅(초모)—초망지신(草莽之臣), 벼슬을 하지 않고 초야에 묻혀 사는 선비. ○危言(위언)—직언(直言). 위험을 무릅쓰고 하는 바른말.

㊻ 功烈震主(공렬진주)—곧 공로를 떨치어 군주를 놀라게 한 사람. 후한 말의 효웅(梟雄) 동탁(董卓)・원소(袁紹)・조조(曹操) 등을 말함.

㊼ 聖神(성신)—인종(仁宗) 황제를 극찬한 말.《맹자》진심(盡心) 하편에 '위대하여 사람을 감화시키는 것을 성(聖)이라 하고, 성스러워 헤아릴 수 없는 것을 신(神)이라 한다[大而化之謂之聖, 聖而不可知謂之神]'고 하였다.

㊽ 爾袁(이원)—너 원주(袁州). 그대 원주 사람들. 이(爾)는 여(汝)와 같은 뜻. ○賢君(현군)—원주의 태수 조무택(祖無擇)을 가리킴.

㊾ 俾(비)—사(使)와 같은 뜻으로 '하여금'. ○庠序(상서)—향리의 학교 이름. 은대(殷代)에는 서(序)라 하였고, 주대(周代)에는 상(庠)이라 하였다.

㊿ 譚(담)—담(談)과 같은 뜻으로 얘기하는 것. ○陶(도)—질그릇을 만들 듯이 사람을 훈도함.

(51) 仗(장)-의(倚)의 뜻으로, 기대다. 의지하다. ㅇ大節(대절)-큰 절조.
(52) 朝家(조가)-조정을 가리킨다.
(53) 徼利達(요리달)-이익과 영달을 구함. 요(徼)는 구(求)의 뜻.

해설 원주(袁州)는 강서성(江西省)에 속해 있는 고을로 지금의 의춘현(宜春縣)이다. 당나라 천보(天寶) 5년, 태수 방관(房琯)이 공자묘를 성 북문 밖에 세워 교육에 힘쓴 것이 원주 학교의 시초였다. 그후 송나라 인종(仁宗) 때, 각 주현(州縣)에 학교를 세우라는 황제의 조칙에 의해 학교가 세워짐으로써, 다시 교육이 크게 일어나게 되었다. 인종의 황우(皇祐) 5년, 태수 조무택(祖無擇)이 이제까지의 학교가 너무 궁색했음을 살펴보고, 원주 청사(廳舍) 동쪽에 새로이 학교를 세웠는데, 이것이 원주의 주학이다.

그 주학이 낙성된 후, 이구(李覯)가 학교 교육의 뜻을 밝히면서 올바른 교육을 강조하기 위해 쓴 글이다.

약계(藥戒)

장뢰(張耒)

　손님 중에 속병을 앓는 사람이 있었는데, 뱃속에 쌓이는 것들은 체하여 내려가지를 않고, 밖으로부터 들어오는 것들은 딱딱해서 받아들일 수가 없었다. 의원에게 찾아가 물어보니, 속의 것들을 내려보내지 않으면 안된다는 것이었다. 돌아와서 의원이 준 약을 마시니, 마시고 나자 갑자기 내려가 버리어, 하루가 다 가지도 않아서 전에 체하여 있던 것들이 흩어져 남아 있는 게 없게 되었고, 진에 딱딱하던 것들이 부드러워져서 걸리지 않게 되었다.

　내장과 가슴속이 탁 트이고 호흡이 순조로워져서, 상쾌하게 처음부터 병이 없었던 것처럼 되었다. 며칠 안 가서 속병이 다시 일어났으며 전의 약을 먹자 깨끗이 낫는 것이 역시 처음이나 같았다.

　이로부터 한 달도 넘지 않는 사이에 속병이 다섯 번 일어났으나 다섯 번 속의 것을 내려보냈고, 속의 것들을 내려보낼 때마다 병이 완쾌되었다. 그러나 그 손님의 기운은 한마디 말을 하는 데 세 번이나 말을 끌게 되었고, 몸에서는 일하지 않아도 땀이 났으며, 다리는 걷지 않아도 떨리게 되었다. 살갗과 피부는 전보다 여윈 것이 없으면서도 그 속은 맥이 없이 되었는데, 그 이유를 알 수가 없었다.

　아아! 속병은 속의 것을 내려버리지 않고는 낫게 할 수가 없는 것이다. 나는 그래서 속의 것을 내려보냈으나, 그 술법이 좋지를 못하여 맥이 없게 되었으니, 어째서인가?

초(楚)나라 남쪽에 훌륭한 의원이 있다는 말을 듣고 찾아가서 물어보니 의원이 이렇게 말하는 것이었다.

"당신은 몸이 그렇게 된 것을 탄식하지 마시오! 당신이 병을 고친 술법이 본시 그처럼 맥이 없도록 만드는 것이었소. 앉으시오. 내 당신에게 설명해 주리다. 천하의 이치는, 자기 마음에 매우 상쾌함을 주는 것들이란 종말에 가서는 반드시 그를 손상케 하는 것이니, 종말에 가서 손상받지 않기를 바란다면 곧 처음부터 자기 마음을 상쾌하게 할 것을 바라지 말아야만 할 것이오.

대체로 음(陰)이 체하여 걸리고 양(陽)이 모여, 기운과 피가 순환되지 않음으로써 속병이 되어가지고 그대의 가슴속에 가로놓이게 되는 것이니, 그 쌓인 것이 큰 것이오. 그것을 쳐서 제거함에 있어서 잠깐도 못되는 사이에 매우 크게 쌓인 것을 제거해 버리려면 부드럽고 평이한 물건으로는 할 수가 없고, 반드시 세게 쳐서 진동을 시킨 연후에야 가능하게 되는 것이오. 사람의 화기(和氣)란 부드러우면서도 매우 미세하여 조용하면서도 위태로워지기 쉬운 것이니, 세게 쳐서 진동시키는 효과가 이루어지기도 전에 당신의 화기에는 이미 병이 생기게 되는 것이오.

이렇게 볼 것 같으면 곧 당신의 속병은 한 번 완쾌될 때마다 당신의 화기는 한 번 손상을 받았던 것이오. 한 달이 다 가기도 전에 다섯 번이나 완쾌시켰다면 곧 당신의 화평한 기운은 이미 없어져 버리지 않았겠소? 그래서 피부에서는 일하지 않아도 땀이 나고 다리는 걷지 않아도 떨리며 맥이 없어져 하루를 넘기기도 못할 것처럼 된 것이오. 당신의 속병을 없애버리면서 화기도 해치지 않고 싶겠지요? 당신은 돌아가 집에서 석 달을 잘 지낸 다음에 내가 주는 약을 쓰면 될 것이오."

손님은 집으로 돌아가 석 달을 보낸 다음 재계(齋戒)를 하고는 다시 찾아와 의원을 뵈었다. 의원이 말하였다.

"당신의 기운이 약간 회복되었소."

그리고 약을 지어 주면서 말하였다.

"이것을 복용하면 석 달만에 병이 약간 덜해지고, 또 석 달 지나면 약간 편안해지고, 이 해가 다 갈 무렵이면 원상대로 회복될 것이오. 그러니 약을 마시는 데 있어서 너무 자주 마셔도 안되는 것이오"

손님은 돌아가 의원의 말대로 실행하였다. 그런데 처음에는 사람이 답답하게 느끼도록 효과가 더디어 세 번 약을 먹으면 세 번 모두 병이 제자리로 되돌아가는 듯하였다. 그러나, 하루에는 병이 고쳐지는 효과가 보이지 않는 듯하였는데, 대략 한 달만에 보면 달라지고 한 철을 두고 보면 전혀 다르게 나아가서, 한 해가 끝날 무렵에는 병이 완쾌되었다.

손님은 의원을 찾아가 정중히 두 번 절하며 감사를 표시하고는 앉아서 그 까닭을 물었다. 의원이 이렇게 말하였다.

"이것은 나라의 병도 고칠 이론이오. 어찌 다만 사람의 병만 고칠 뿐이겠소? 당신은 어찌 진(秦)나라의 정치를 보지 못하였소? 그 나라 백성들은 사나워서 명령을 따르지 않고, 게을러서 일에 힘쓰지 아니하며 방종해서 법을 두려워하지 않았소. 그들에게 명령을 내려도 따르지 아니하고, 그들을 다스려도 변화할 줄 몰랐으니, 곧 진나라 백성은 일찍이 속병에 걸렸던 셈이지요.

상앙(商鞅)이 그 속병을 보고서 형벌과 법령으로 엄히 다스리고 목베고 치고 하는 것으로 위협하면서 사납고 맹렬하게 다루어 터럭끝만한 일도 용서치 않으면서 철저히 잘라내고 힘써 뽑아내었소. 이에 진나라의 정치는 높은 곳에서 물병의 물을 쏟듯이 거침없이 흘러 사방으로 통하게 되어 감히 아무도 거역할 수가 없었으니, 진나라의 속병은 일찍이 한 번 쾌유되었었소. 진나라 효공(孝公)으로부터 이세(二世)에 이르기까지 모두 몇번이나 속병이 났다가 몇번이나 쾌유되었던가?

완고했던 것은 이미 무너지고 강했던 것은 이미 부드러워졌으나 진나라 백성들에게는 기쁜 마음이 없어졌소. 그러므로, 사나운 정치로써 한 번 병을 쾌유시키는 것은 백성들의 기쁜 마음을 한 번 없애버리는 것이 되오. 여러번 끊임없이 병을 쾌유시키자 진나라의 사지(四肢)는 맥도 없어져 공연히 그러한 물건이 달려 있을 따름이 되었소.

백성들의 마음은 날로 떠나가서 임금은 윗자리에 외로이 서있게 되니, 그래서 필부(匹夫)가 나와 크게 한 번 소리치자 하루도 넘기지 않는 사이에 백 가지 병이 한꺼번에 생겨났던 것이오. 진나라는 그의 손발과 어깨, 등허리를 움직여 보려 했지만 까마득히 어느 것도 호응하여 움직여지지 않았소. 그러므로, 진나라가 망했던 것은 바로 병을 쾌유시키기를 좋아했던 잘못 때문이라 할 것이오.

옛날 훌륭한 임금들의 백성도 처음에는 역시 모두 속병이 있었소. 훌륭한 임금들이 어찌 분연히 그들을 쳐서 쫓아버리는 것이 빠른 방법임을 몰랐겠소? 오직 그들은 종말을 두려워했던 것이오. 그러므로 감히 내 마음을 상쾌하게 해주는 방법을 추구하지 아니하고 부드럽게 그들을 어루만져 주었소.

그들을 인의(仁義)로써 가르치고 예악(禮樂)으로 인도하여 은연중 그들의 혼란을 해결하고 그들의 체한 것을 제거해 줌으로써, 그들로 하여금 유유히 편안하게 스스로 쾌유되는 방향으로 나아가면서도 스스로는 잘 알지도 못하게 하였던 것이오. 그들의 병이 쾌유되기 전까지는 옆에서 보는 사람들 중에는 답답하게 여기는 이들도 있었소. 그러나 한 달을 두고 헤아려보고 1년을 두고 살펴보면, 지난해의 사람들 습속과 금년의 습속이 달라져 있음을 알 수 있었소.

치지도 않고 때리지도 않으며 그들을 거스리는 일도 없었으니, 그래서 날로 그들의 사나운 기운은 제거되면서도 그들의 기쁜 마음도 다치지 않았던 것이오. 이에 정치가 이루어지고 교화가 통달되어 안락함이 유구해져서 후환이 없게 되었던 것이오. 그러니 하(夏)·은(殷)·주(周) 삼대(三代)의 정치도 모두 몇분의 성인을 거치고 수백 년의 세월을 겪은 뒤에야 그들의 습속을 이룩할 수 있었던 것이오. 그러니 내가 준 약이 한 해가 지나야만 병을 완쾌시키는 것도 괴이하다고 여길 게 못되는 것이오.

그러므로 천하의 이치는, 내 마음을 매우 상쾌하게 해주는 것은 그 종말에 가서는 반드시 나를 손상시킨다고 하는 것이오. 그 종말에 가서 손상이 없기를 바란다면 곧 처음에 내 마음을 상쾌하게 해주기를 바라지 않아야 되는 것이오 그러나 어찌 다만 천하를 다스리는 일만이 그러하겠소?"

손님은 두 번 절하고는 그의 이론을 기록하였다.

원문 客有①病痞하여 ②積於其中者가 ③伏而不能下하고 ④自外至
객유 병비 적어기중자 복이불능하 자외지

者가 ⑤捍而不得納이라. 從醫而問之하니 曰; 非⑥下之不可라. 歸
자 한이부득납 종의이문지 왈 비 하지불가 귀

而飲其藥하니 旣飮而⑦暴下하여 不終日而⑧向之伏者는 散而無
이음기약 기음이 폭하 부종일이 향지복자 산이무

餘하고 向之捍者는 柔而⑨不支라.
여 향지한자 유이 부지

⑩焦鬲導達하고 呼吸⑪開利하여 快然若未始有疾者라. 不數日
초격도달 호흡 개리 쾌연약미시유질자 불수일

에 痞復作이어늘 投以故藥하니 其快然也가 亦如初라.
비부작 투이고약 기쾌연야 역여초

自是不逾月而痞五作五下하여 每下輒愈라. 然客之氣가 一語
자시불유월이비오작오하 매하첩유 연객지기 일어

而⑫三引하고 體不勞而汗하고 股不步而⑬慄이라. ⑭膚革無所耗於
이 삼인 체불로이한 고불보이 률 부혁무소모어

前이로되 而⑮其中繭然하여 莫知其所來라.
전 이 기중이연 막지기소래

嗟夫라! 心痞는 非下不可已라. 予從而下之하되 ⑯術未爽也하여
차부 심비 비하불가이 여종이하지 술미상야

繭然獨何歟오?
이연독하여

聞楚之南有良醫焉하고 往而問之하니 醫曰; 子無歟是然者也
문초지남유량의언 왕이문지 의왈 자무탄시연자야

어다. 凡子之術이 固爲是繭然也니라. 坐하라. 吾語女하리라. 天下
　　범자지술　　고위시이연야　　　좌　　　　오어여　　　　천하

之理가 有甚快於予心者는 其末必有傷이니 求無傷於終者인댄 則
지리　유심쾌어여심자　　기말필유상　　구무상어종자　　　즉

初無望於快吾心이어다.
초무망어쾌오심

　夫⑰陰伏而陽蓄하여 氣與血不運而爲痞하여 橫乎子之胸中者가
　　부 음복이양축　　　기여혈불운이위비　　　횡호자지흉중자

其⑱累大矣라. 擊而去之하여 ⑲不須臾而除甚大之累는 ⑳和平之
기　루대의　　격이거지　　　불수유이제심대지루　　　화평지

物不能爲也요 必將㉑擊搏震撓而後可라. 夫人之和氣는 ㉒沖然而
물불능위야　필장　격박진뇨이후가　　부인지화기　　　충연이

甚微하여 ㉓泊乎其易危하니 擊搏震撓之功未成而子之和蓋已病
심미　　　박호기이위　　　격박진요지공미성이자지화개이병

矣라.
의

　由是觀之컨댄 則子之痞가 凡一快者에 子之和가 一傷矣라. 不
　유시관지　　　즉자지비　　범일쾌자　　자지화　　일상의　　부

終月而快者五면 則子之和平之氣가 不旣㉔索乎아? 故로 膚不勞
종월이쾌자오　　즉자지화평지기　　불기　삭호　　　고　부불로

而汗하고 股不步而慄하여 繭然如不可終日也니라. 蓋將去子之
이한　　　고불보이률　　　이연여불가종일야　　　개장거자지

痞요 而無害於和乎아? 子歸㉕燕居三月而後에 予之藥을 可爲
비　　이무해어화호　　자귀연거삼월이후　　　여지약　　가위

也라.
야

　客歸燕居三月에 齋戒而復請之하니 醫曰；子之氣少復矣로다.
　객귀연거삼월　　재계이부청지　　　의왈　자지기소복의

取藥而授之曰；服之三月而病少平하고 又三月而少康하고 終是
취약이수지왈　복지삼월이병소평　　　우삼월이소강　　　종시

年而㉖復常하리라. 且飮藥不得㉗亟進이라.
년이　복상　　　　차음약부득　극진

　客歸而行其說이라. 然其初에 使人㉘懣然遲之하여 蓋㉙三投藥
　객귀이행기설　　　연기초　　사인　만연지지　　　개　삼투약

而三反之也라. 然日不見其㉚所攻之效나 ㉛較則月異而時不同하
이 삼 반 지 야　　연 일 불 견 기　소 공 지 효　　　교 즉 월 이 이 시 부 동

여 蓋終歲疾平이라.
　　개 종 세 질 평

容謁醫再拜而謝之하고 坐而問其故라. 醫曰; 是醫國之說也
객 알 의 재 배 이 사 지　　좌 이 문 기 고　　　의 왈　시 의 국 지 설 야

라. 豈特醫之於疾哉리오? 子獨不見夫秦之治乎아? 民㉜悍而不聽
라　기 특 의 지 어 질 재　　자 독 불 견 부 진 지 치 호　　민 한 이 불 청

令하며 惰而不勤事하며 ㉝放而不畏法이라. 令之不聽하고 治之
령　　타 이 불 근 사　　　방 이 불 외 법　　　영 지 불 청　　　치 지

㉞不變이니 則秦之民이 嘗痞矣라.
불 변　　즉 진 지 민　　상 비 의

㉟商君見其痞也하고 ㊱屬以刑法하며 ㊲威以斬伐하되 ㊳悍戾猛
상 군 견 기 비 야　　　여 이 형 법　　　위 이 참 벌　　　한 려 맹

鷙하여 ㊴不貸毫髮하고 ㊵痛劃而力鋤之라. 於是乎秦之政이 ㊶如
지　　　부 대 호 발　　　통 잔 이 력 서 지　　어 시 호 진 지 정　　　여

建瓴하여 ㊷流蕩四達하고 無敢或拒니 而秦之痞가 嘗一快矣라. 自
건 령　　　유 탕 사 달　　　무 감 혹 거　　이 진 지 비　　상 일 쾌 의　　자

㊸孝公以至二世也로 凡幾痞而幾快矣乎아?
효 공 이 지 이 세 야　　범 기 비 이 기 쾌 의 호

㊹頑者已圮하고 强者已柔나 而秦之民이 無歡心矣라. 故로 猛
완 자 이 비　　　강 자 이 유　　이 진 지 민　　무 환 심 의　　　고　　맹

政一快者는 ㊺懽心一亡이라. 積快而不已하여 而秦之四支가 ㊻枵
정 일 쾌 자　　환 심 일 망　　　적 쾌 이 불 이　　　이 진 지 사 지　　　효

然徒有其物而已라.
연 도 유 기 물 이 이

民心日離하여 而君孤立於上하니 故로 ㊼匹夫大呼에 不終日而
민 심 일 리　　　이 군 고 립 어 상　　　고　　필 부 대 호　　부 종 일 이

百病皆起라. 秦欲運其手足㊽肩膂로되 而漠然不我應矣라. 故로
백 병 개 기　　진 욕 운 기 수 족 견 려　　　이 막 연 불 아 응 의　　　고

秦之亡者는 是好爲快者之過也니라.
진 지 망 자　　시 호 위 쾌 자 지 과 야

昔先王之民도 其初亦嘗痞矣라. 先王豈不知㊾㸌然擊去之以爲
석 선 왕 지 민　　기 초 역 상 비 의　　선 왕 기 부 지　획 연 격 거 지 이 위

速也리오? 惟其有懼於終也라. 故로 不敢求快於吾心이오 ^⑩優柔
속 야　　유 기 유 구 어 종 야　　고　　불 감 구 쾌 어 오 심　　　　우 유

而撫存之라.
이 무 존 지

　教以仁義하고 導以禮樂하여 ^⑪陰解其亂而除去其滯하여 使其
　교 이 인 의　　도 이 예 악　　　음 해 기 란 이 제 거 기 체　　사 기

^⑫悠然自趨於平安而不自知라. ^⑬方其未也에 ^⑭旁視而懣然者가
유 연 자 추 어 평 안 이 부 자 지　　　방 기 미 야　　　방 시 이 만 연 자

有之矣라. 然月計之하며 歲察之면 前歲之俗이 非今歲之俗也라.
유 지 의　　연 월 계 지　　세 찰 지　　전 세 지 속　　비 금 세 지 속 야

　不擊不搏하여 無所^⑮忤逆하니 是以로 日去其^⑯戾氣요 而不^⑰嬰
　불 격 불 박　　무 소　오 역　　시 이 로　일 거 기　여 기　이 불　　영

其歡心이라. 於是에 政成敎達하여 安樂悠久而無後患矣라. 是以
기 환 심　　　어 시　　정 성 교 달　　　안 락 유 구 이 무 후 환 의　　시 이

로 三代之治가 皆更數聖人하고 歷數百年而後俗成이라. 則予之
　삼 대 지 치　　개 경 수 성 인　　　역 수 백 년 이 후 속 성　　　즉 여 지

藥이 終年而愈疾이 蓋無足怪니라.
약　　종 년 이 유 질　　개 무 족 괴

　故로 曰；天下之理가 有甚快於吾心者면 其末也에 必有傷이라.
　고　　왈　천 하 지 리　　유 심 쾌 어 오 심 자　　기 말 야　　필 유 상

求無傷於其終인댄 則初無望於快吾心이라 雖然이나 豈獨於治天
구 무 상 어 기 종　　　즉 초 무 망 어 쾌 오 심　　　수 연　　　기 독 어 치 천

下哉리오?
하 재

　客再拜而記其說하니라.
　객 재 배 이 기 기 설

---

^{주해} ① 病痞(병비)―속병을 앓다. 비(痞)는 가슴과 뱃속이 막힌 듯 답답해
지는 병.

② 積於其中(적어기중)―그의 몸 가운데 쌓이는 것(음식이나 병의 원인이 되
는 물건들이).

③ 伏(복)―체하다. 밑으로 쌓이다.

④ 自外至者(자외지자)―몸 밖으로부터 들어오는 것. 곧 음식 같은 것을 가

리킨다.

⑤ 捍(한)-딱딱해지다. 굳어지다.

⑥ 下之(하지)-체한 것을 내려보내는 것.

⑦ 暴下(폭하)-갑자기 내려가다. 단번에 내려가다.

⑧ 向(향)-전에. 옛날에.

⑨ 不支(부지)-걸리지 않다.

⑩ 焦鬲(초격)-삼초(三焦)와 흉격(胸鬲). 삼초는 육부(六腑) 중의 하나로 상초(上焦)·중초(中焦)·하초(下焦)가 있고, 흉격은 심장과 내장 사이의 기관이다.

⑪ 開利(개리)-열리어 순조롭게 되는 것.

⑫ 三引(삼인)-세 번 끌다. 한 번 말하는 사이에 호흡이 가빠서 세 번 말을 끌면서 힘들여 말하는 것.

⑬ 慄(율)-떨다.

⑭ 膚革(부혁)-살갗과 피부. ㅇ耗(모)-여위다. 마르다.

⑮ 其中(기중)-그의 몸 속. ㅇ薾然(이연)-지쳐서 기운이 없는 모양. 맥이 빠진 모양.

⑯ 術未爽(술미상)-병을 고치는 의술이 깨끗치 않다. 곧 병의 쾌유가 완전한 상태가 아님을 뜻한다.

⑰ 陰伏(음복)-음기가 체하여 걸려 있는 것. ㅇ陽蓄(양축)-양기가 모여 걸려 있는 것.

⑱ 累大(누대)-쌓인 것이 크다. 누적이 크다.

⑲ 不須臾(불수유)-얼마 되지 않아서. 잠깐 사이도 되지 않아서.

⑳ 和平之物(화평지물)-온화하고 평이한 물건. 부드럽고 쉬운 방법.

㉑ 擊搏(격박)-치고 때리고 하는 것. ㅇ震撓(진뇨)-진동시키고 요동시키는 것.

㉒ 沖然(충연)-부드러운 모양. 허(虛)한 모양.

㉓ 泊乎(박호)-고요한 모양. 조용한 모양. ㅇ易危(이위)-위태로워지기 쉬운 것.

㉔ 索(삭)-다하다. 없어지다.

㉕ 燕居(연거) — 집에서 편안히 지내는 것.

㉖ 復常(복상) — 본래대로 회복되는 것.

㉗ 亟進(극진) — 자주 약을 먹는 것.

㉘ 懣然(만연) — 답답해하는 모양. ㅇ遲之(지지) — 약효가 더딘 것.

㉙ 三投藥而三反之(삼투약이삼반지) — 세 번 투약을 하니 세 번 모두 병이 원상으로 되돌아가다. 약을 먹는 효과가 눈에 띄지 않음을 형용한 말임.

㉚ 所攻之效(소공지효) — 병이 고쳐지는 효과. 약을 먹는 효과.

㉛ 較則(교즉) — 대체적으로 보면. ㅇ月異(월이) — 한 달을 두고 보면 달라지는 것. ㅇ時不同(시부동) — 한 철을 두고 보면 같지 않게 되는 것.

㉜ 悍(한) — 사나운 것. 거친 것.

㉝ 放(방) — 방종한 것.

㉞ 不變(불변) — 변화하지 않다. 올바로 다스려지지 않음을 뜻한다.

㉟ 商君(상군) — 상앙(商鞅). 성은 공손씨(公孫氏). 위(衛)나라 공자로서 형명지학(刑名之學)을 좋아하였다. 뒤에 진(秦)나라 효공(孝公)의 재상이 되어 법술(法術)로써 나라를 부강하게 하였다. 상(商) 땅에 봉해져서 흔히 상군이라 부르며, 법의 운용을 엄격히 하여 다른 신하들의 원한을 많이 사서, 효공이 죽자 그도 몸을 수레에 매어 찢기는 형벌을 받고 죽었다.

㊱ 厲(여) — 엄히 하다. 힘써 권장하다.

㊲ 威(위) — 위협하다. ㅇ斬伐(참벌) — 목을 베고 치고 하는 것.

㊳ 悍戾(한려) — 사납고 매서운 것. ㅇ猛鷙(맹지) — 맹렬하고 억센 것.

㊴ 不貸毫髮(부대호발) — 머리 터럭만한 작은 잘못도 용서하지 않는 것.

㊵ 痛剗(통잔) — 철저히 법을 어기는 자들을 잘라내는 것. ㅇ力鋤(역서) — 힘써 법을 어기는 자들을 뿌리뽑는 것.

㊶ 如建瓴(여건령) — 높은 곳에서 물병을 쏟는 것과 같다. 건은 기울이는 것. 영(瓴)은 큰 물병.

㊷ 流蕩四達(유탕사달) — 거침없이 흘러서 사방으로 통달케 되는 것.

㊸ 孝公(효공) — 전국시대 초기의 진(秦)나라 임금. 이름은 거량(渠梁). 상앙(商鞅)을 등용하여 변법(變法)을 씀으로써 진나라를 부강케 하여 국세를 크게 떨치게 하였다. ㅇ二世(이세) — 진시황(秦始皇)의 둘째 아들. 이름은

호해(胡亥). 진시황이 죽은 뒤 이사(李斯)와 조고(趙高)가 태자 부소(扶蘇)를 죽이고 대신 옹립하였다. 그러나 3년만에 조고에게 죽음을 당하고 말았다.

㊹ 頑(완)-완고한 것. 딱딱한 것. ㅇ圮(비)-무너지다.

㊺ 懽心(환심)-기쁜 마음. 환(懽)은 앞의 환(歡)과 같은 글자임.

㊻ 枵然(효연)-텅 빈 모양. 기운이 없는 모양.

㊼ 匹夫大呼(필부대호)-필부가 크게 소리치다. 진나라 말엽에 진승(陳勝)과 오광(吳廣) 등이 진나라에 대항하여 무력봉기했던 것을 가리킴.

㊽ 肩膂(견려)-어깨와 등허리.

㊾ 砉然(획연)-분연(奮然)히. 갑자기 힘을 내는 모양.

㊿ 優柔(우유)-부드러운 모양. ㅇ撫存(무존)-어루만져 보호해 주는 것.

⑤ 陰(음)-모르는 중에, 살며시.

⑤ 悠然自趨(유연자추)-유유히 스스로 나아가다.

⑤ 方其未(방기미)-아직 병이 다 쾌유되지 않았을 적.

⑤ 旁視(방시)-곁에서 보고 있는 것.

⑤ 忤逆(오역)-정면으로 거스리는 것.

⑤ 戾氣(여기)-사나운 기운.

⑤ 嬰(영)-다치다. 부딪히다.

(해설) 이 글은 '약을 통한 교훈'이란 뜻의 제목이다. 병을 너무 빨리 서둘러 고치려 들고 보면, 그 병은 고쳐질지 모르나 다른 곳에 또 병이 생기고 만다는 것이다. 그처럼 나라를 다스리는 일은 물론 모든 일에 있어서 잘못을 바로잡으려면, 서서히 해 가야지 너무 다급히 서두르면 오히려 또 다른 잘못을 불러일으키어 혼란을 더하게 된다는 것이다.

특히 성격이 괄괄하고 감정적인 성향이 많은 우리나라 사람들이 귀담아들어야 할 훈계인 듯하다. 무슨 일이나 서둘러 급히 하는 것보다는 서서히 완전하게 해 나가는 것이 확실한 성공의 길임을 명심해야 한다.

권 10

송진소장서(送秦少章序)

장뢰(張耒)

《시경》에도,
"갈대 무성한데
흰 이슬 서리되어 내리네."
라고 읊지 않았던가? 물건이란 변화를 받아들이지 않으면 재목을 이루지 못하고, 사람은 어려움을 겪지 않으면 지혜가 총명해지지 않는 법이다.

늦은 가을달이면 천지가 움츠러들기 시작하고 차가운 기운이 닥쳐오기 시작한다. 바로 이때에 천지간의 모든 식물이 봄 여름의 비와 이슬을 먹어 온 여택(餘澤) 덕분에 화사한 윤택이 차고 넘치고 가지와 마디가 아름답고 무성한 모습을 보이고 있다가, 된서리가 밤에 내린 뒤에 아침에 일어나 보면 마치 전쟁에 패한 군대가 깃발을 말아들고 북도 내던진 채 상처를 싸매고 달리어 장교와 사병 모두 사람의 빛을 잃은 것과 같이 되어 있다.

어찌 유독 그러하기만 할 뿐이겠는가? 이로부터 천지가 닫혀져서 겨울이 되면 꺾이고 부서지고 부러지고 무너지는 것들이 반도 넘으니, 그 변화가 매우 참혹하다. 그러나 여기에서 약한 것은 튼튼해지고 텅 빈 것은 충실해지고 물기 넘치던 것은 건조해지면서, 모두가 그의 꽃답고 화려한 것을 뱃속으로 거두어들이어 그러한 성취를 나타내게 되는 것이다. 깊은 산의 나무가 위로는 푸른 구름 사이로 솟아오르고 아래로는 천명을 가려

줄 만한 것이라 하더라도 이런 변화를 걱정하지 않을 수 없을 것인데, 하물며 이른바 갈대야 어떠하겠는가?

그러나 장석(匠石)이 도끼를 들고 산과 숲을 돌아다니다가, 한꺼번에 나무들을 다 베어 가지고 대들보·들보·말뚝·수레바퀴·수레바탕·바퀴테·바퀴살에 충당시켜, 크고 가늘고 강하고 약한 것이 그 소임을 감당해내지 않는 것이 없도록 만든다. 이것이 손상시켜 유익하게 만들고 무너뜨리어 이룩하고 모질게 대함으로써 즐겁게 해준다고 말하는 바로 그것일 것이다.

우리 고장에 진소장(秦少章)이란 사람이 있는데, 내가 태학(太學) 벼슬을 하고 있을 때에 자기 글을 나에게 보여주면서, 얼굴빛을 바로잡으며 나에게 말하였다.

"우리집은 가난해서 아버님 명을 받들어 과거를 보기 위한 글공부에 힘쓰고 있습니다. 전날 자신의 뜻을 따라 시와 고문(古文)을 지어 보니 어떤 것은 청려(淸麗)하고 기특하고 뛰어나서 과거 공부보다는 백배나 잘된 것 같습니다."

원우(元祐) 6년(1091)에 과거에 급제하여 임안(臨安)의 주부(主簿)로 임명되었는데, 과거를 보려던 사람이 급제하였으니 약간 즐길 수도 있을 것이나 진소장은 내가 볼 때마다 늘 즐겁지 않았다. 내가 그 이유를 물으니 진소장이 이렇게 대답하였다.

"저는 세상의 강직한 선비입니다. 성격상 즐겁지 않은 일은 하지 못하고, 말이 합치되지 않는 사람이면 사귀지를 못하며, 먹고 마시고 생활하여 갖가지 행동을 함에 있어서 억지로 남을 따르지 못합니다.

지금 한번 관리가 되고 보니 자기는 모두 잃고 오직 사물에 대응하기만 하고 있습니다. 젊어서 스스로 줏대없이 이러하니 불행이 이에 따라 닥칠 것을 후회하고 있습니다. 전날에는 이 몸을 부모에 힘입어 보양(保養)했지만, 지금은 처자들이 저를 우러르며 먹고 살고 있어서 관리 노릇을 그만두고 싶어도 그럴 수가 없습니다. 지금부터는 옻칠로 머리를 감으면서 머리를 펴려고 하는 것과 같을 것입니다."

나는 이에 대하여 다음과 같은 풀이를 해주었다.

"그대의 전날은 봄 여름의 초목이었다면, 오늘 그대를 걱정케 하는 것은 갈대에 내린 서리나 같은 것이오. 대체로 사람의 본성이란 편안함을 추구하게 마련이지만, 편안함이란 천하의 큰 환난인 것이오. 다른 곳으로 옮겨가는 것이 소중하니, 옛날 진(晉)나라 중이(重耳)가 19년 동안 나라 밖에 가 있지 않았다면 뒤에 돌아와 문공(文公)이 되어 패자(覇者)가 될 수 없었을 것이며, 초(楚)나라 오자서(伍子胥)가 오(吳)나라로 도망치지 않았다면 원수를 갚기 위하여 초나라 도성 영(郢)으로 쳐들어갈 수가 없었을 것이오.

이 두 사람은 그들이 궁지에 몰리고 환난을 당하고 있을 적에 남몰래 그의 단점을 보강하고 그가 할 수 없었던 일을 발전시켰으니, 입과 귀를 통하여 배운 것처럼 얕고 가벼운 것이 아니었소. 지금으로부터 당신도 전에 한 일들을 생각해 보면 후회할 만한 일도 많을 것이나 아는 것도 더욱 많아질 것이니, 자신을 반성하고 편안히 지낸다면 곧 천하에서 행동함에 거리낄 것이 없게 될 것이오.

남에게 음식을 양보하고 줄 수 있는 사람이란 언제나 굶주리는 사람이며, 그에게 수레와 말을 주어도 사양할 수 있는 사람이란 걷기를 두려워하지 않는 사람인 것이오. 진실로 굶주림을 두려워하고 걷기를 싫어한다면 곧 구차히 그것들을 구하려는 마음이 생길 것이니, 해가 되는 것이 많지 않겠소? 그러므로, 서리가 내려도 시들지 않는다는 것은 식물로서는 재난이 되는 일이고, 평생 편히 즐기기만 하는 것은 인간으로서의 행복이 아닌 것이오."

원우(元祐) 7년(1092) 2월 11일에 씀.

원문 ① 詩不云乎아? ② 蒹葭蒼蒼하니 白露爲霜이로다. 夫物不受變
시 불 운 호   겸 가 창 창   백 로 위 상   부 물 불 수 변

則材不成하고 人不^③涉難則智不明하나니라.
즉 재 불 성　　인 불　섭 난 즉 지 불 명

　季秋之月에 天地始^④肅하여 寒氣欲至라. 方是時에 天地之間에
　계 추 지 월　　천 지 시　숙　　한 기 욕 지　　방 시 시　　천 지 지 간

凡植物出於春夏雨露之餘하여 ^⑤華澤充溢하고 支節美茂라가 及
범 식 물 출 어 춘 하 우 로 지 여　　화 택 충 일　　지 절 미 무　　급

^⑥繁霜夜零에 旦起而視之하니 如戰敗之軍이 卷旗棄鼓하고 ^⑦裏
번 상 야 령　단 기 이 시 지　　여 전 패 지 군　권 기 기 고　　과

瘡而馳하여 ^⑧吏士無人色이라.
창 이 치　　이 사 무 인 색

　豈特如是而已리오? 於是에 天地^⑨閉塞而成冬이면 則 ^⑩摧敗拉
　기 특 여 시 이 이　　어 시　　천 지　폐 색 이 성 동　　즉　　최 패 랍

毁之者過半이니 其爲變亦酷矣라. 然이나 自是로 弱者堅하고 虛
훼 지 자 과 반　　기 위 변 역 혹 의　　연　　자 시　　약 자 견　　허

者實하고 ^⑪津者燥하여 皆^⑫斂其英華於腹心하여 而各效其成이라.
자 실　　진 자 조　　개 렴 기 영 화 어 복 심　　이 각 효 기 성

深山之木이 上^⑬撓青雲하고 下^⑭庇千人者도 莫不病焉이온 況所
심 산 지 목　　상　요 청 운　　하　비 천 인 자　　막 불 병 언　　황 소

謂蒹葭者乎아?
위 겸 가 자 호

　然이나 ^⑮匠石操斧以遊汕林이라가 一擧而盡之하여 以充^⑯棟梁
　연　　장 석 조 부 이 유 산 림　　일 거 이 진 지　　이 충　동 량

桷杙輪輿輹輻하여 巨細强弱이 無不勝其任者라. 此之謂損之而
각 익 륜 여 복 복　　거 세 강 약　　무 불 승 기 임 자　　차 지 위 손 지 이

益이오 敗之而成이오 虐之而樂者가 是也라.
익　　패 지 이 성　　학 지 이 락 자　　시 야

　吾黨有^⑰秦少章者하니 自余爲大學官時로 以其文章示余하고
　오 당 유　진 소 장 자　　자 여 위 대 학 관 시　　이 기 문 장 시 여

^⑱愀然告我曰 ; 余家貧에 奉命大人而勉爲科擧之文也러라. ^⑲異
초 연 고 아 왈　　여 가 빈　　봉 명 대 인 이 면 위 과 거 지 문 야　　이

時率其意하여 爲詩章古文하니 往往清麗奇偉하여 工於^⑳擧業百
시 솔 기 의　　위 시 장 고 문　　왕 왕 청 려 기 위　　공 어　거 업 백

倍라.
배

㉑元祐六年及第하여 調㉒臨安主簿하니 ㉓擧子中第니 可少樂矣
원우육년급제　　　　조 임안주부　　　　거자중제　　가소락의

로되 而秦子每見余에 輒不樂이라. 余問其故한대 秦子曰；余世
이진자매견여　　첩불락　　　여문기고　　　　진자왈；여세

之㉔介士也라. 性所不樂을 不能爲하고 言所不合을 不能交하고
지 개사야　　　성소불락　　불능위　　　언소불합　　불능교

飮食起居와 ㉕動靜百爲를 不能勉以隨人이라.
음식기거　　동정백위　　불능면이수인

　今一爲吏에 皆失己而惟物之應이라. 少自㉖偃蹇이니 悔禍㉗響
금일위리　　개실기이유물지응　　　소자 언건　　　회화 향

至라. 異時一身㉘資養於父母라가 今則婦子㉙仰食於我하니 欲不
지 　이시일신 자양어부모　　　금즉부자 앙식어아　　　욕불

爲吏나 又不可得이라. 自今以往으로 如㉚沐漆而求解矣로다.
위리　　우불가득　　　자금이왕　　　여 목칠이구해 의

　余解之曰；子之前日은 春夏之草木也요 今日之病子者는 兼
여해지왈；자지전일　　춘하지초목야　　금일지병자자는 　겸

葭之霜也라. 凡人性惟安之求나 夫安者는 天下之大患也라. 能
가지상야　　범인성유안지구　　부안자　　천하지대환야　　능

㉛遷之爲貴니 ㉜重耳不十九年於外則歸不能霸하고 ㉝子胥不奔則
천지위귀　　중이불십구년어외즉귀불능패　　　자서불분즉

不能入郢이라.
불능입영

　二子者가 方其㉞羇窮憂患之時에 ㉟陰益其所短而進其所不能
이자자　　방기 기궁우환지시　　　음익기소단이진기소불능

者하니 非如學於口耳者之㊱淺淺也라. 自今吾子思前之所爲면 其
자　　비여학어구이자지 천천야　　　자금오자사전지소위　기

可悔者衆矣나 其所知益加多矣니 反身而安之則行於天下에
가회자중의　　기소지익가다의　　반신이안지즉행어천하

無可憚者矣리라.
무가탄자의

　能㊲推食與人者는 常飢者也요 賜之車馬而辭者는 不畏徒步者
능 추식여인자는　상기자야　　사지거마이사자는 불외도보자

也라. 苟畏飢而惡步則將有㊳苟得之心하리니 爲害不旣多乎아?
야　　구외기이오보즉장유 구득지심하리니　위해불기다호

故로 ^㉟隕霜不殺者는 物之^㊵災也요 逸樂終身者는 非人之福也
고　　운상불살자는　물지　재야　일락종신자는　비인지복야
니라.

元祐七年仲春十一日에 書하노라.
원우칠년중춘십일일　　서

주해　① 詩(시)-《시경》진풍(秦風) 겸가(蒹葭)편에 보이는 시임.

② 蒹葭(겸가)-겸(蒹)과 가(葭) 모두 갈대의 종류. ㅇ蒼蒼(창창)-푸른 모
양. 무성한 모양.

③ 涉難(섭난)-어려움을 겪는 것. 고난을 경험하는 것.

④ 肅(숙)-축(縮)과 통하여 동식물이 움츠르드는 것(《詩經》豳風 七月 注).

⑤ 華澤(화택)-화려한 윤택. 아름다운 윤택.

⑥ 繁霜(번상)-많은 서리. 된서리. ㅇ夜零(야령)-밤에 내리다.

⑦ 裹瘡(과창)-상처를 싸매는 것.

⑧ 吏士(이사)-군사들. 장교와 졸병들.

⑨ 閉塞(폐색)-닫히고 막히는 것. 식물을 성장케 하는 따스한 기운이 없어
지는 것을 뜻함.

⑩ 摧敗拉毁(최패랍훼)-꺾이고 부숴지고 부러지고 무너지는 것.

⑪ 津者燥(진자조)-물기가 많던 것이 건조해지는 것.

⑫ 斂(염)-거두다. 거둬들이다. ㅇ英華(영화)-꽃답고 성한 기운. 아름답고
왕성한 것. ㅇ腹心(복심)-마음속. 뱃속.

⑬ 撓(요)-소란케 하는 것. 흔드는 것.

⑭ 庇(비)-가리다. 덮다.

⑮ 匠石(장석)-옛날의 유명한 장인(匠人) 석(石). 석은 그의 이름(《莊子》徐
无鬼).

⑯ 棟梁(동량)-대들보와 들보. ㅇ桷杙(각익)-네모진 서까래와 말뚝. ㅇ輪
輿(윤여)-수레바퀴와 수레바탕. ㅇ輹輻(복폭)-바퀴테 또는 바퀴통과 바
퀴살.

⑰ 秦少章(진소장)-진구(秦覯). 자가 소장. 당시의 유명한 시인 진관(秦觀)

은 그의 형임.

⑱ 愀然(초연) - 얼굴빛이 변하는 모양.

⑲ 異時(이시) - 그 전날.

⑳ 擧業(거업) - 과거를 위한 공부.

㉑ 元祐(원우) - 송나라 철종(哲宗)의 연호. 원우 6년은 1091년.

㉒ 臨安(임안) - 지금의 절강성(浙江省) 항주시(杭州市). ○主簿(주부) - 여러
관청 또는 지방 관청에서 부서(簿書)를 주관하던 벼슬 이름.

㉓ 擧子(거자) - 과거를 보려는 사람. ○中第(중제) - 과거에 급제하는 것.

㉔ 介士(개사) - 강직한 선비. 절조가 꿋꿋한 선비.

㉕ 動靜(동정) - 행동하는 것. ○百爲(백위) - 갖가지 행위.

㉖ 偃蹇(언건) - 굽히어 따르는 모양. 줏대없이 잘 따르는 모양.

㉗ 響至(향지) - 소리의 울림처럼 어떤 일을 따라오는 것.

㉘ 資養(자양) - 힘입어 보양(保養)되다. 양육받다.

㉙ 仰食(앙식) - 우러르며 먹고살다. 의지하여 먹고살다.

㉚ 沐漆(목칠) - 옻칠로 머리를 감는 것. 머리가 도리어 모두 엉기고 달라붙
을 것이다.

㉛ 遷之(천지) - 그전의 자리에서 옮겨가는 것. 안락함으로부터 옮겨가는 것.

㉜ 重耳(중이) - 춘추시대 진(晉)나라 헌공(獻公)의 아들. 그는 포성(蒲城)에
살았는데 뒤에 헌공이 아랫사람을 시켜 포성을 치게 하자, 아버지와 싸울
수 없다 하고 나라 밖으로 도망하였다. 제(齊) · 조(曹) · 송(宋) · 정(鄭) ·
초(楚) · 진(秦) 등 여러 나라에 19년 동안 망명한 뒤 진목공(秦穆公)의
도움에 힘입어 진(晉)나라로 돌아가 뒤에 문공(文公)이 되었다. 그리고
제(齊) 환공(桓公)을 뒤이어 이른바 춘추오패(春秋五覇) 중의 한 사람이
되었다.

㉝ 子胥(자서) - 오원(伍員). 춘추시대 초(楚)나라 사람. 초나라 평왕(平王)에
게 자기 아버지 오사(伍奢)와 형 오상(伍尙)이 억울하게 죽임을 당하자
오(吳)나라 합려(闔閭)에게 도망쳤다. 뒤에 오나라 장수가 되어 초나라에
쳐들어가 도읍인 영(郢)을 무찔러 아버지와 형의 원수를 갚았다. 뒤에 오
왕(吳王) 부차(夫差)에게 죽임을 당하였다.

㉞ 羈窮(기궁)－궁지에 몰려 있는 것.
㉟ 陰(음)－남몰래. 슬며시.
㊱ 淺淺(천천)－개울물이 얕고 급하게 흐르는 모양. 얕고 가벼운 모양.
㊲ 推食與人(추식여인)－자기는 먹지 않고 음식을 양보하여 남에게 주는 것.
㊳ 苟得(구득)－구차히 음식이나 수레와 말을 구하려 하는 것.
㊴ 隕霜(운상)－서리가 내리는 것. ㅇ殺(살)－시들고 마르는 것(식물이).
㊵ 灾(재)－재난. 재(災)와 같은 글자.

해설 작자인 장뢰(張耒)가 시와 고문(古文)을 좋아하는 진구(秦覯)에게 보내준 글이다. 글의 내용은 먹고살기 위하여 벼슬을 해야 하는 자기 처지를 한탄한 진구에게 장뢰가 자신의 인생관을 밝히며 진구를 격려한 것이다. 곧 사람이란 어려운 변화에 적응해야 하며, 어려움을 극복하고 올바른 길을 추구하는 데에서 더욱 위대한 성과를 이룩할 수 있고, 또 그러한 가운데 진정한 삶의 뜻이 있음을 밝히고 있다. 그러니 처자를 위한 벼슬살이 정도에 절망하지 말고, 더욱 분발하여 공부하라는 격려의 뜻이 담겨 있는 것이다.

그러나 진구는 그의 형 진관(秦觀)만큼 사(詞)와 시문(詩文)에 있어서의 명성을 이룩하지는 못하였다.

서오대곽숭도전후(書五代郭崇韜傳後)

장뢰(張耒)

옛날부터 대신이 권세가 극히 융성해지고 부귀가 높고 충만하여져서 나아가도 더 이상 바랄 것이 없게 되면 곧 물러나 자기 몸을 걱정하게 된다.

그 스스로가 특이한 뜻을 품은 크게 간악한 영웅이나 매우 용렬하고 아둔하고 어리석은 자가 아니라면 그렇지 않은 사람이 매우 드물 것이다. 그런데 그것을 계획하는 일은 실로 어려운 것이니, 걱정하고 생각한 것이 깊지 않은 것도 아니고 계획이 잘 짜이지 않은 것도 아니라 하더라도 뒷날 말썽이 일어나게 되는 것은 흔히 지극히 깊고 지극히 잘 짜였던 데서 말미암는다.

그러므로 일은 올바르게 하는 것보다 좋은 것은 없다. 올바름이란 것은 지키는 술법이 간단하면서도 완벽하지만, 지혜라는 것은 하는 일은 많으면서도 졸렬하게 하는 것이다. 올바름이란 것은 일을 두고 따로 계획하는 것이 없고 당연한 것을 행하는 것이기 때문에, 비록 원수라 하더라도 감히 그것을 비평할 수 없을 것인데 하물며 그를 계승하는 사람이 현명하다면 더 말할 것이 있겠는가?

곽숭도(郭崇韜)는 오대(五代)에 있어서 매우 총명하고 권세와 지혜가 있던 선비이다. 후당(後唐) 장종(莊宗)을 보좌하여 계책을 세워 후량(後梁)을 멸망시킴으로써 마침내 천하를 통일했다. 스스로 자기의 공로도 크고 권세도 무거우나 간사한 자들이 자기를 비평하고 또 장종은 어리석어 의지할 만하지 못하다 여기고서 이에 스스로를 보안하는 계책을 세웠다.

이때 유씨(劉氏)는 임금의 총애를 받고 있었고 장종은 그를 편애하고 있었다. 그래서 유씨를 황후(皇后)로 책립하도록 함으로써 장종의 욕망을 채워주는 한편 또 유씨와 서로 돕는 관계를 맺었으니, 이것은 유씨에게 있어서는 막대한 은혜였다. 그리고 장종은 날로 주색에 빠져들어 안으로 부인의 말을 듣고 따르게 되었으니, 계책으로 말할 것 같으면 이처럼 훌륭한 것이 있을 수 없다 할 것이다.

그러나 끝에 가서 곽숭도를 죽인 사람은 유씨였다. 만약 곽숭도가 잘못된 계책을 세웠다 하더라도 다만 유씨의 도움을 받는 일이 없었을 따름이었을 것인데, 그의 손에 자신이 죽게 될 줄이야 어찌 알았으랴? 계책을 좋아하는 사람은 계책 때문에 실패하고, 말하기를 좋아하는 사람은 말 잘하는 것 때문에 실패하게 되지만, 오직 올바른 도덕을 지키는 사람만은 무궁히 발전하는 것이다. 그러니 재난과 행복의 변화를 어찌 사람의 생각만으로 구명할 수가 있겠는가?

[원문] 自古大臣權勢已[1]隆極하고 富貴已[2]亢滿하여 前無所希則退
자 고 대 신 권 세 이 융 극　　부 귀 이 항 만　　전 무 소 희 즉 퇴
爲身慮니라.
위 신 려

自非大[3]姦雄包異志와 與夫[4]甚庸駑昏闒茸이면 鮮有不然者라.
자 비 대 간 웅 포 이 지　　여 부 심 용 노 혼 탑 용　　선 유 불 연 자
其[5]爲謀實難하니 不憂思之不深과 計之不工이나 然異日[6]釁之
기 위 모 실 난　　불 우 사 지 불 심　　계 지 불 공　　연 이 일 흔 지
所起가 往往自夫至深至工이라.
소 기　　왕 왕 자 부 지 심 지 공

是故로 莫若以正이라. 夫正者는 [7]操術簡而周나 智者[8]爲緒多
시 고　　막 약 이 정　　부 정 자　　조 술 간 이 주　　지 자 위 서 다

而拙이라. 夫正者는 無所事計也요 行所當然하여 雖怨讐不敢^⑨議
이 졸   부정자   무소사계야   행소당연   수원수불감 의

之온 況繼之者賢乎아?
지   황계지자현호

^⑩郭崇韜於五代에 亦聰明權智之士也라. 佐莊宗하여 決策滅梁
곽숭도어오대   역총명권지지사야   좌장종   결책멸양

하고 遂一天下라. 自見功高權重이니 姦人議己요 而莊宗之昏爲
     수일천하   자견공고권중   간인의기   이장종지혼위

不足賴也라 하여 乃爲^⑪自安之計라.
부족뢰야   내위 자안지계

時^⑫劉氏有寵하여 莊宗^⑬嬖之라. 因請立爲后而^⑭中莊宗之欲하
시 유씨유총   장종 폐지   인청입위후이 중장종지욕

고 又結劉氏之援하니 此於劉氏에 爲莫大之恩이라. 而莊宗日
   우결유씨지원   차어유씨   위막대지은   이장종일

以^⑮昏湎하여 內聽婦言하니 其爲計가 宜無如是之良者라.
이 혼면   내청부언   기위계   의무여시지량자

然卒之殺崇韜者는 劉氏也라. 使崇韜^⑯繆計라도 不過劉氏不能
연졸지살숭도자   유씨야   사숭도 류계   불과유씨불능

有所助而已니 豈知身死其手哉아? 好謀之士敗於謀하고 好辯之
유소조이이   기지신사기수재   호모지사패어모   호변지

士敗於辯이나 惟道德之士爲無窮이라. 而禍福之變을 豈思慮能
사패어변   유도덕지사위무궁   이화복지변   기사려능

究之哉아?
구지재

주해 ① 隆極(융극)-융성함이 극에 이르다. 극히 융성하다.

② 亢滿(항만)-벼슬이 높아지고 재물이 가득 찬 것.

③ 姦雄(간웅)-간사한 영웅.

④ 甚庸(심용)-매우 용렬한 것. ㅇ駑昏(노혼)-아둔하고 사리에 어두운 것.
   ㅇ闒茸(탑용)-어리석고 못난 것.

⑤ 爲謀(위모)-자신을 걱정하여 자기를 위한 계책을 세우는 것.

⑥ 釁(흔)-말썽. 분쟁.

⑦ 操術(조술)-지키는 술법. ㅇ簡而周(간이주)-간단하면서도 완벽한 것.

⑧ 爲緖(위서)-하는 일. 사단(事端)을 만드는 것.

⑨ 議(의)-의논하다. 비평하다.

⑩ 郭崇韜(곽숭도)-후당(後唐) 장종(莊宗) 때 병부상서(兵部尙書)·추밀사
(樞密使)를 지냈다. 뒤에 후당을 멸한 공로로 시중(侍中)과 성덕군절도
(成德軍節度)가 되었다. 그러나 뒤에 유황후(劉皇后)의 명을 받은 환관
마언규(馬彦珪)의 손에 죽임을 당하였다.

⑪ 自安之計(자안지계)-자신이 편안히 살아갈 계획.

⑫ 劉氏(유씨)-장종의 황후가 되었던 여자임.

⑬ 嬖(폐)-사랑하다. 편애하다.

⑭ 中莊宗之欲(중장종지욕)-장종의 욕심에 맞추다. 장종의 욕심을 채워주다.

⑮ 昏湎(혼면)-혼미하게 빠지다. 주색에 빠지다.

⑯ 繆計(유계)-그릇된 계획을 세우다. 잘못된 계책을 세우다.

해설 작자가 《오대사(五代史)》의 곽숭도전(郭崇韜傳)을 읽고 느낌을 적
은 글이다. 곽숭도는 후당(後唐)을 위하여 큰 공을 세운 뒤 유씨(劉氏)를
이용하여 앞으로 편히 잘살아 가려고 그를 황후가 되도록 밀어주지만 결
국은 자신이 그 여자에게 죽임을 당하게 된다. 그러니 사람은 뛰어난 지
혜를 이용한 계책으로 일을 하기보다는 언제나 올바르고 당당한 방법으
로 살아가야만 한다는 것이다.

답이추관서(答李推官書)

장뢰(張耒)

남쪽으로 와 일이 많아 오랫동안 독서를 못하고 있었는데, 어제 편지를 배달하는 사람이 돌아오는 편에 문득 욕되이도 지으신 병서부(病暑賦)와 잡시(雜詩)들을 보내주신 것을 받아 외우고 읊으며 좋아하여 탄식하면서 바로 물이 다 마르는 듯한 생각이 일어나기도 했고, 또 세상의 학자들이 근래에는 조금씩 옛사람들의 문장을 좇아서 지은 글의 체제가 더러 옛 수준에 이르게 되었음을 기뻐하게 되었습니다.

저는 재주는 없지만 젊었을 적에 글짓기를 좋아하고 사람들과 어울릴 적에는 또 문장을 논하기를 좋아하였으니, 제가 글을 좋아한다고 말하는 것은 괜찮지만 글을 잘 짓는다고 생각하는 것은 세상에 달리 잘하는 사람이 있으니 절대로 제가 해당되는 것은 아닙니다. 선생께서는 저와 평시에 마시고 먹고 웃고 얘기할 적에 제가 불안하게 행동하던 일은 잊어버리시고, 갑자기 큰 두루마리에다가 가늘게 저의 벼슬과 성명까지 제서(題書)하여 마치 미천한 사람이 존귀한 사람을 대하듯 하고 계시니, 이건 어찌된 일입니까?

어찌 망령되이도 제가 글을 안다고 잘못 생각하시고 가르침을 청하는 사람처럼 공경하는 것은 아니신지요? 글을 받아들이고 싶기도 하고 좋아하여 완상하기를 탐하고 있어 그것을 버릴 수 없는 형세이니, 비록 걱정스러워 스스로 편히 지낼 수 없다 해도 이미 간곡하고 진실한 부탁을 받앗으니 옆사람들에게 알고 있는 것을 감히 숨길 수 없게 되었습니다.

선생의 글은 기특(奇特)하다고 할 수 있습니다. 문장의 일반적인 체례(體例)를 버리고 힘써 기특하고 험괴하려 하여, 사람들로 하여금 그 글을 읽으면 마치 수천년 전의 과두문(蝌蚪文)이나 새 발자국을 본뜬 글씨체로 기록한, 악기를 울리며 노래하던 가사와 여러 가지 동기(銅器)에 새겨진 글을 읽는 것처럼 느끼게 하고자 하고 있습니다. 선생께서 좋아하시는 것이 이러하다는 것은 본시 좋지 않을 것은 없는 것이지만, 그러나 제가 듣고 또 말하고자 하는, 글을 잘 짓는다는 것이 어찌 글을 기특하게 짓는 것을 뜻하겠습니까?

글을 잘 짓는다는 것은 본시 기특한 것을 위주로 하는 것이 아닙니다. 문장이란 무엇 때문에 마련된 것이겠습니까? 이치를 알지 못하는 사람은 말을 할 수가 없는 것인데, 세상에는 말을 잘하는 사람이 많습니다. 그러나 문장이라는 것만이 전해지게 되는데, 어찌 오직 전해지기만 하는 것이겠습니까?

글을 잘 짓는 것으로 말미암아 말도 더욱 잘하게 되고, 말을 잘하는 것으로 말미암아 이치도 더욱 분명해지는 것이니, 그래서 성인들이 글을 귀중히 여기셨던 것입니다. 육경(六經)으로부터 아래로는 제자백가(諸子百家)의 저술과 시부(詩賦)의 작품과 변사(辯士)들의 논술이 대체로 모두가 이치를 실어 표현하는 용구로 삼으려던 것이었습니다. 그런 까닭에 이치에 뛰어난 사람은 글을 잘 쓰려 하지 않아도 잘 쓰게 되고, 이치에 어두운 사람은 글을 꾸미는 일에 능하다 하더라도 빈틈이 여러 가지로 생기는 것입니다.

이것은 마치 두 사람이 고소장을 써가지고 소송을 함에 있어서, 정직한 사람은 붓을 잡고 번거로이 생각하며 쓰지 않았으되 그것을 읽어 보면 대쪽이 갈라지듯이 거침이 없고 옆으로 비껴보고 되풀이해 보더라도 자연스럽게 절목들이 딱 들어맞지만, 비뚤어진 사람은 비록 자공(子貢)에게서 말재주를 빌리고 양웅(揚雄)에게 글솜씨에 대하여 물었다 하더라도 여러 가지 양념을 늘어놓기만 했지 조화를 시키지는 못하여 그것을 입에 넣고 먹어 보면 하나도 뜻에 맞는 것이 없는 것과 같습니다. 어찌 그것을 하물며 사람들에게 완상하고 맛보도록 할 수가 있겠습니까?

그러므로 글을 공부하는 단서(端緒)로서는 이치에 밝게 되는 일이 다급한 것입니다. 글을 지을 줄 모르는 사람이라면 다시 말할 것도 없거니와, 만약 글을 알면서도 이치에 대하여는 힘쓰지 아니하고 글이 잘 지어지기를 추구한다면, 세상에 일찍이 된 일이 없었던 짓을 하는 것입니다.

장강(長江)·황하(黃河)·회수(淮水)와 호수의 물이 터져서 물이 물길을 따라 내려가면서 도도히 콸콸 밤낮을 쉬지 않고 흘러, 지주산(砥柱山)에 부딪치고 여량산(呂梁山)을 무너뜨리기도 하면서 강물과 호수를 이루면서 바다로 흘러들어갈 적에, 서서히 흐르는 곳에서는 잔물결 치고 세차게 흐르는 곳에서는 큰 물결 치며 회오리바람이 불면 격동하기도 하고 우레가 치면 성난 듯 움직이기도 하며, 교룡(蛟龍)과 용과 물고기와 큰 자라들이 용솟음치며 나왔다 들어갔다 하는데, 이것이 물의 기특한 변화인 것입니다. 그러나 물이 처음부터 어찌 그러한 것이겠습니까?

물길을 따라 터져 흘러가면서 물이 만나는 것들로 말미암아 변화가 생기는 것입니다. 도랑물은 동쪽이 터졌다 하면 서쪽은 말라버리고 아래쪽이 찼다 하면 위쪽은 비게 되며, 밤낮으로 그 물을 격동시켜 기특한 모습을 드러내 보고자 하더라도 거기에 몰려드는 것들이란 개구리나 거머리 따위인 것입니다.

강수·황하·회수·호수의 물은 이치에 통달한 글과 같아서 기특함을 추구하지 않아도 기특함에 이르고 있습니다. 도랑물을 격동시켜 물이 기특하기를 추구하는 것은 바로 이치에 대하여는 아는 것이 없으면서도 말과 글귀만으로 기특한 글을 지으려는 것이나 같은 일입니다.

육경(六經)의 글로서는 《역경(易經)》보다 더 기특한 게 없고 《춘추(春秋)》보다 더 간결한 게 없습니다. 어찌 기특함과 간결함에 힘써서 그런 것이겠습니까? 형세가 자연히 그렇게 만든 것입니다. 《역경》에 말하기를,

"길한 사람은 말이 적다." 하였지만, 그들이 어찌 번거로움은 싫어하고 적은 것을 좋아하여 그렇게 되는 것이겠습니까? 비록 번거롭게 말을 하려 하더라도 되지 않는 것입니다.

당(唐)나라 때로부터 지금에 이르기까지 문인들 중에는 기특함을 좋아하는 사람이 하나둘이 아닙니다. 심한 경우에는 간혹 한 구절을 빼먹거나 글귀를 중단하여 문맥이 이어지지 않게 만들기도 하고, 또는 옛사람들의 해석으로써 보고 듣기 어려운 것들을 취하여 겉을 꾸미고 서로 이어놓기도 합니다. 혹시 그 글자 뜻은 맞는다 하더라도 그 구절의 뜻은 이루지 못하며, 혹은 그 구절의 뜻은 맞는다 하더라도 그 대목의 글뜻은 이루지 못하여, 되풀이하여 음미해 보아도 끝내 아무것도 없으니, 이것이 가장 글 중에서도 비루한 것입니다.

선생의 글은 비록 그러하지는 않다 하더라도 그 뜻이 애매하여 마치 기특함을 위주로 한 것 같습니다. 그래서 미리 선생께 그 점을 말씀드리는 것이니, 바라건대 제 말이 질박하고 이속(俚俗)하다 해서 깨닫지 못하는 일이 없도록 하십시오.

[원문] 南來多事하여 久廢讀書러니 昨送簡人還에 忽辱惠及所作病
남 래 다 사　　　구 폐 독 서　　　작 송 간 인 환　　　홀 욕 혜 급 소 작 병

暑賦及雜詩하니 誦詠愛歎하여 旣有以[1]起竭涸之思요 而又喜世
서 부 급 잡 시　　　송 영 애 탄　　　기 유 이　　기 갈 학 지 사　　　이 우 희 세

之學者가 [2]比來稍稍追古人之文章하니 [3]述作體製가 往往己有
지 학 자　　　비 래 초 초 추 고 인 지 문 장　　　술 작 체 제　　　왕 왕 기 유

[4]所到也라.
소 도 야

未不才나 少時喜爲文辭하고 與人遊에 又喜論文字하니 謂之
뇌 부 재　　　소 시 희 위 문 사　　　여 인 유　　　우 희 론 문 자　　　위 지

嗜好則可어니와 以爲能文則世自有人이니 決不在我라. 足下與
기 호 즉 가　　　이 위 능 문 즉 세 자 유 인　　　결 부 재 아　　　족 하 여

未로 平居飮食笑語에 忘去[5]屑屑而忽持大軸하여 細書題官位姓
뇌　　　평 거 음 식 소 어　　　망 거 설 설 이 홀 지 대 축　　　세 서 제 관 위 성

名하여 如卑賤之見尊貴하니 此何爲者오?
명　　여비천지견존귀　　차하위자

豈妄以耒爲知文하여 ⑥繆爲恭敬若請敎者乎아? 欲⑦持納而貪
기망이뢰위지문　　유위공경약청교자호　　욕　지납이탐

於愛玩이라 勢⑧不可得捨니 雖⑨怛然不以自寧이나 而⑩旣辱勤厚
어애완　　세　불가득사　　수　달연불이자녕　　이　기욕근후

일새 不敢隱其所知於左右也로다.
　　　불감은기소지어좌우야

足下之文이 可謂奇矣라. ⑪捐去文墨常體하고 力爲⑫瑰奇險怪
족하지문　　가위기의　　연거문묵상체　　역위　괴기험괴

하여 務欲使人讀之에 如見數千歲前⑬蝌蚪鳥跡所記⑭絃匏之歌
　　　무욕사인독지　　여견수천세전　과두조적소기　현포지가

와 ⑮鍾鼎之文也라. 足下之所嗜者如此가 固無不善者로되 ⑯抑
　　종정지문야　　족하지소기자여차　　고무불선자　　억

耒之所聞所謂能文者가 豈謂其能奇哉아?
뢰지소문소위능문자　　기위기능기재

能文者는 固不以能奇爲主也라. 夫文何爲而設也오? 不知理
능문자　　고불이능기위주야　　부문하위이설야　　부지리

者는 不能言이나 世之能言者多矣라. 而文者獨傳이나 豈獨傳
자　　불능언　　세지능언자다의　　이문자독전　　기독전

哉아?
재

因其能文也而言益工하고 因其言工也而理益明하니 是以로 聖
인기능문야이언익공　　인기언공야이리익명　　시이　　성

人貴之라. 自⑰六經下至于諸子百氏⑱騷人辯士論述이 大抵皆將
인귀지　　자　육경하지우제자백씨　소인변사론술　　대저개장

以爲⑲寓理之具也라. 是故로 理勝者는 文不期工而工하고 理
이위　우리지구야　　시고　　이승자　　문불기공이공　　이

⑳媿者는 巧於粉澤而㉑間隙百出이라.
괴자　　교어분택이　간극백출

此猶兩人이 持㉒牒而訟에 直者操筆하여 不持㉓累累로되 讀之
차유량인　　지　첩이송　　직자조필　　부지　루루　　독지

如破竹하여 橫斜反覆이 自中節目하고 曲者雖使假辭於㉔子貢하
여파죽　　횡사반복　　자중절목　　곡자수사가사어　자공

고   問字於^㉕揚雄이라도   如列^㉖五味而不能調和하여   食之於口에
　　문자어　양웅　　　　여렬　오미이불능조화　　　식지어구

無一可^㉗惬이라. 何況使人玩味之乎아?
무일가　협　　　하황사인완미지호

故로   學文之端은   急於明理라. 夫不知爲文者는   無所復道어
고　　학문지단　급어명리　부부지위문자　　무소부도

니와   如知文而不務理하고   求文之工은   世未嘗有是也라.
　　여지문이불무리　　　구문지공　　세미상유시야

夫決水於江河淮海하여   水順道而行하여^㉘滔滔汨汨하여   日夜
부결수어강하회해　　　수순도이행　　　　도도골골　　　일야

不止하고   衝^㉙砥柱絶呂梁하여   放於江湖而納之海면   其^㉚舒爲淪
부지　　충　지주절려량　　　방어강호이납지해　　기　서위륜

連하고^㉛鼓爲濤波하고   激之爲風^㉜飇하고   怒之爲雷霆하여^㉝蛟龍
련　　고위도파　　　격지위풍　표　　　노지위뢰정　　　교룡

魚鼈이^㉞噴薄出沒하나니   是水之奇變也라. 而水初豈如此리오?
어원　분박출몰　　　　시수지기변야　이수초기여차

順道而決之하여   因其所遇而變生焉이라.^㉟溝瀆은   東決而西竭
순도이결지　　　인기소우이변생언　　　구독　동결이서갈

하고   下滿而上虛하며   日夜激之하여   欲見其奇나   彼其所至者는
　　하만이상허　　　일야격지　　　욕견기기　　피기소지자

^㊱蛙蛭之玩耳라.
와질지완이

江淮河海之水는   理達之文也니   不求奇而奇至矣라. 激溝瀆
강회하해지수　　이달지문야　　불구기이기지의　　격구독

而求水之奇는   此無見於理而欲以言語句讀로   爲奇之文也라.
이구수지기　　차무견어리이욕이언어구두　　위기지문야

六經之文이   莫奇於易하고   莫簡於春秋라. 夫豈以奇與簡으로
육경지문　　막기어역　　　막간어춘추　　부기이기여간

爲務哉아? 勢自然耳라.^㊲傳曰；吉人之辭寡라 하니   彼豈惡繁而
위무재　세자연이　　　전왈　길인지사과　　　　피기오번이

好寡哉아? 雖欲爲繁而不可得也라.
호과재　수욕위번이불가득야

自唐以來至今으로   文人好奇者不一이라. 甚者는   或爲缺句斷
자당이래지금　　　문인호기자불일　　　심자　　혹위결구단

章하여 使^㊳脈理不屬하고 又取古人訓詁의 希於見聞者하여 ^㊴衣
장　　사　맥 리 불 속　　우 취 고 인 훈 고　　희 어 견 문 자　　　　의

被而綴合之라. 或得其字나 不得其句하며 或得其句나 不得其章
피 이 철 합 지　　혹 득 기 자　　부 득 기 구　　　혹 득 기 구　　부 득 기 장

하여 反覆^㊵咀嚼이라도 卒亦無有하니 此最文之陋也라.
　　반 복　저 작　　　　졸 역 무 유　　차 최 문 지 루 야

足下之文雖不若此나 然其意^㊶靡靡하여 似主於奇矣라. 故로 預
족 하 지 문 수 불 약 차　　연 기 의 미 미　　　사 주 어 기 의　　고　예

爲足下陳之하노니 願無以僕之言으로 ^㊷質俚而不省也하라.
위 족 하 진 지　　　원 무 이 복 지 언　　　질 리 이 불 성 야

주해　① 起竭涸之思(기갈학지사)－물이 다 마르는 듯한 생각이 일어나다. 곧
이추관(李推官)이 지은 〈병서부(病暑賦)〉를 읽고, 거기에서 표현한 무더
위의 모습이 자기 마음속에 이런 생각을 일으킨다는 것이다.

② 比來(비래)－근래. 요새. ㅇ稍稍(초초)－조금씩. 점점.

③ 述作體製(술작체제)－지은 글의 체제. 지은 글의 형식과 내용.

④ 所到(소도)－옛사람의 경지나 일가를 이루는 수준에 이른 것.

⑤ 屑屑(설설)－부질없는 일로 애쓰는 모양. 행동이 불안한 모양. ㅇ大軸(대
축)－큰 두루마리 책. 앞에 얘기한 〈병서부〉와 〈잡시(雜詩)〉를 뜻한다.

⑥ 繆(유)－그릇 생각하는 것. 잘못 여기는 것.

⑦ 持納(지납)－보내준 글을 받아 올리는 것.

⑧ 不可得捨(불가득사)－그것을 버릴 수가 없다.

⑨ 怛然(달연)－슬퍼하는 모양. 걱정하는 모양.

⑩ 旣辱勤厚(기욕근후)－이미 욕되이도 부지런하고 두텁게 하였다. 곧 간곡
하고 진실되게 부탁하였음을 뜻한다.

⑪ 捐去(연거)－버리다. ㅇ文墨(문묵)－문장. 글짓기.

⑫ 瓌奇(괴기)－뛰어나게 기특한 것.

⑬ 蝌蚪(과두)－과두문자. 중국 고대에 쓰여지던 올챙이 형상의 자체(字體).
ㅇ鳥跡(조적)－새 발자국. 동한(東漢) 허신(許愼)의 〈설문서(說文序)〉에
옛날 사람들이 처음 글자를 만들 때 새 발자국을 비롯한 여러 가지 자연

현상을 보고 만들었다는 얘기를 하고 있어 옛날의 글자를 가리키는 말로 쓰인 것임.

⑭ 絃匏(현포)-현악기와 타악기. 포(匏)는 박으로, 바가지로 만든 타악기를 뜻한다.

⑮ 鍾鼎(종정)-종과 세 발 달린 솥. 옛날의 동기(銅器) 이름.

⑯ 抑(억)-그렇지만. 그러나.

⑰ 六經(육경)-《시(詩)》·《서(書)》·《역(易)》·《예(禮)》·《악(樂)》·《춘추(春秋)》 등 유가의 여섯 가지 기본 경전.

⑱ 騷人(소인)-시부(詩賦)를 짓는 사람. 시인. 옛날 굴원(屈原)이 〈이소(離騷)〉(권1 참조)를 지은 데서 생겨난 말.

⑲ 寓理(우리)-이치를 깃들이다. 이치를 실어 표현하다.

⑳ 媿(괴)-부끄러운 것. 잘 모르는 것.

㉑ 間隙(간극)-틈. 결함.

㉒ 牒(첩)-공문. 고소장.

㉓ 累累(누루)-여러번 번거로이 하는 것. 쌓여 있는 모양.

㉔ 子貢(자공)-《논어(論語)》 선진(先進)편을 보면 공자의 제자 중 덕행·언어·정사·문학 각 분야에 뛰어난 사람들의 이름을 들고 있는데〔孔門四科〕, 언어에는 재아(宰我)와 자공을 들고 있음.

㉕ 揚雄(양웅)-서한(西漢)대의 대표적인 부(賦) 작가인데, 자전으로 《훈찬(訓纂)》과 《방언(方言)》도 지었다.

㉖ 五味(오미)-달고 짜고 맵고 시고 쓴 다섯 가지 맛. 또는 여러 가지 맛을 내는 양념.

㉗ 愜(협)-뜻에 맞는 것. 흡족한 것.

㉘ 滔滔(도도)-물이 질펀히 흐르는 모양. ㅇ汨汨(골골)-물이 콸콸 흐르는 모양.

㉙ 砥柱(지주)-산 이름. 옛날 우(禹)임금이 황하의 홍수를 다스릴 때 트인 물길이 흘러가다 산에 부딪치어 황하 가운데 높은 기둥 같은 산이 남아 지주(일명 底柱)라 이름붙였다 한다(《水經》 河水注). ㅇ呂梁(여량)-산 이름. 산서성(山西省) 용문산(龍門山)과 연해져 있었으며, 우임금이 홍수를

다스릴 때 물길을 막기 위해서 그 산중턱을 허물어 물이 흐르게 했다.
㉚ 舒(서)−물이 퍼져서 서서히 흐르는 것. ○淪漣(윤련)−잔물결 치는 것.
㉛ 鼓(고)−격동시키는 것. 물이 세차게 흐르는 것.
㉜ 飈(표)−회오리바람.
㉝ 蛟(교)−교룡. 용의 일종. ○黿(원)−큰 자라.
㉞ 噴薄(분박)−용솟음쳐 올라오는 것.
㉟ 溝瀆(구독)−도랑. 도랑물.
㊱ 蛙蛭(와질)−개구리와 거머리.
㊲ 傳(전)−《역경(易經)》 계사전(繫辭傳) 하편에 보이는 구절.
㊳ 脈理(맥리)−문맥과 문리.
㊴ 衣被(의피)−옷을 입히는 것. 글의 겉을 꾸미는 것. ○綴合(철합)−서로 이어서 합쳐 놓는 것.
㊵ 咀嚼(저작)−음식을 씹듯이 글을 음미하는 것.
㊶ 靡靡(미미)−더딘 모양. 분명치 않은 모양.
㊷ 質俚(질리)−질박하고 이속(俚俗)된 것.

해설 제목은 〈이추관에게 답하는 글〉이다. 추관(推官)은 벼슬 이름으로 절도사나 관찰사의 속관(屬官)으로 형옥(刑獄)에 관한 일을 관장하였다. 여기의 이추관은 어떤 사람인지 확실히 알 수 없다.

이추관은 편지와 함께 그가 지은 〈병서부(病暑賦)〉와 여러 편의 시들을 보내면서, 장뢰(張耒)에게 문장평을 부탁했다. 여기에서 장뢰는 문장의 형식과 표현에만 힘쓰고 내용은 없는 글을 혹독히 비판하고 있다. 이는 '문이재도(文以載道)'라는 고문가(古文家)들의 문학의식을 대표하는 것이다. 글이란 표현이나 문장이 아름답고 독특하기보다는 글의 뜻이 조리있게 잘 표현되어 있어야만 한다는 것이다.

여진소유서(與秦少游書)

진사도(陳師道)

　편지에 장공(章公)께서 나이와 덕망(德望)을 굽히시고 예를 갖추어 만나자고 부르심을 알려주었는데, 못난 제가 어찌 그런 대접을 받을 수 있겠습니까? 어찌 장공께서 속이셨던 것은 아닌지요? 공경(公卿)이 사(士)의 아래로 처신하지 않는 법은 오래되었습니다. 그런데 특별히 지금 그분을 뵙고 그분을 친근히 하게 된다면 다행스러움이 이보다 클 수가 있겠습니까?

　어리석은 저는 비록 사(士)의 대열에 끼기에도 부족한 형편이나 마땅히 장공의 뒤를 따라 뜻을 받들고 따르며 장공의 명성을 이룩하도록 하여야만 할 것입니다.

　그러나 옛 선왕(先王)의 제도에 '사(士)는 초견예물(初見禮物)을 가지고 서로 통하여 신하가 되지 않는다면 왕공(王公)을 뵙지 못하는 법이다'고 하였습니다. 서로 만난다는 것은 예를 이룩하는 방법이 되며, 그때의 폐백(幣帛)은 반드시 그 자신을 소개할 때 바치게 되는 것입니다. 그러므로 선왕은 그 처음 시작을 삼가도록 함으로써 잘못을 경계하도록 하여, 사의 신분의 사람들은 대대로 그것을 지켜왔던 것입니다. 저와 장공 관계는 앞에는 신분이 귀한 사람과 천한 사람이란 혐의가 있고 뒤에는 평생의 교분도 없으니, 장공께서는 비록 만나도 된다고 하더라도 예를 버릴 수가 있겠습니까?

또한 장공께서 만나자고 부르심에 있어서, 장공이야 어찌 자질구레한 예를 지킬 수가 있겠습니까? 그러나 만약 법도와 의리를 무시하고 명을 따라 장공 댁으로 달려간다면 곧 만나자고 부르시는 뜻을 잃게 될 것이니 장공은 또 제게서 무엇을 취하시겠습니까?

그러나 여기에 한 가지 길은 있습니다. 다행히도 장공께서 훗날 공을 이룩하고 일을 그만둔 다음 가벼운 폭건(幅巾)을 쓰시고 동쪽으로 돌아오게 된다면, 제가 당연히 더디고 둔한 말이 모는 짐수레를 타고 상동문(上東門) 밖에 나가 기다릴 것이니, 그래도 늦지 않을 것입니다.

원문 辱書①喻以章公이 ②降屈年德하여 以禮③見招하니 ④不佞何以得此오? 豈侯嘗欺之耶아? 公卿不下士⑤尙矣라. 乃特見於今而親於其身하니 ⑥幸孰大焉고?

愚雖不足以⑦齒士나 猶當從侯之後하여 順⑧下風而成公之名이라.

然先王之制에 士不⑨傳贄爲臣이면 則不見於王公이라. 夫相見所以成禮이니 而其⑩幣必至於自鬻이라. 故로 先王謹其始以爲之⑪防하여 而爲士者世守焉이라. 師道於公에 前有貴賤之嫌하고 後無平生之⑫舊하니 公雖可見이나 禮可去乎아?

且公之見招는 公豈以能守⑬區區之禮乎아? 若⑭冒昧法義하고 聞命走門이면 則失其所以見招니 公又何取焉가?

雖然이나 ⑮有一於此라. 幸公之他日에 成功謝事하고 ⑯幅巾東

歸면 師道當⑰ 御款段乘下澤하여 候公於⑱ 上東門外하리니 尚未晚
귀　사 도 당　어 관 단 승 하 택　　후 공 어　상 동 문 외　　　상 미 만
也라.
야

(주해) ① 喩(유)−알려주다. 깨우쳐주다. ㅇ章公(장공)−송(宋)나라 때의 장돈
(章惇). 자는 자후(子厚). 학문을 많이 했고 글도 잘 지었다. 왕안석(王安
石)의 마음에 들어 벼슬이 철종(哲宗) 때엔 지추밀원사(知樞密院事)에 올
랐다. 그러나, 유지(劉摯)·소철(蘇轍) 등의 공격을 받아 한때 쫓겨났다가
다시 상서좌복야(尙書左僕射) 겸 문하시랑(門下侍郎)이 되었다.

② 降屈年德(강굴년덕)−많은 나이와 높은 덕망을 지니고도 아랫사람에게 굽
히는 것.

③ 見招(견초)−만나자고 부르는 것.

④ 不佞(불영)−재주가 없는 자. 부재(不才)와 같은 뜻으로 남에게 자신을
낮추어 부르는 말임.

⑤ 尙(상)−오래되었다. 오래된 일이다.

⑥ 幸孰大(행숙대)−행복이 누가 더 큰가? 행복이 이보다 더 클 수 있는가?

⑦ 齒士(치사)−사의 대열에 끼다. 사와 나란히 행세하다.

⑧ 下風(하풍)−바람의 아래편. 여기서는 높은 사람 아래에서 뜻을 받듦을
뜻함.

⑨ 傳贄(전지)−지(贄)는 초견례(初見禮)에 갖다바치는 폐백(幣帛). 전(傳)은
통(通)의 뜻으로 폐백을 바치어 만남의 뜻이 서로 통하는 것.

⑩ 幣(폐)−폐백. ㅇ自鬻(자육)−스스로를 상대방에게 잘 알리는 것.

⑪ 防(방)−경계케 하는 것. 잘못되는 것을 막는 것.

⑫ 舊(구)−오래 사귐. 친교를 뜻함.

⑬ 區區(구구)−자질구레한 모양. 작은 모양.

⑭ 冒昧(모매)−무릅쓰고 무시하는 것.

⑮ 有一(유일)−한 가지(해결책 또는 좋은 방법)가 있다.

⑯ 幅巾(폭건)−간편한 두건의 일종.

⑰ 御款段(어관단)−관단(款段)은 관단마(款段馬)로 더디고 둔한 말. 어(御)
는 말이 끄는 수레를 모는 것. ㅇ乘下澤(승하택)−하택(下澤)은 하택거
(下澤車)로 시골에서 짐을 싣는 데 쓰는 수레. 승(乘)은 타는 것.《후한서
(後漢書)》마원전(馬援傳)의 글귀를 인용한 것이다.

⑱ 上東門(상동문)−낙양(洛陽)의 성문 이름.

[해설] 진사도(陳師道)가 진관(秦觀)에게 답한 글. 진관은 자가 소유(少游)
이며 진사도와 함께 소식(蘇軾)의 제자이다.

　당시 왕안석(王安石)의 개혁파 중의 한 사람으로 높은 벼슬자리에 있
던 장돈(章惇)이 진관을 통하여 진사도에게 만나줄 것을 요청해 왔던 것
이다. 예나 지금이나 보통사람들은 권세가들을 만나지 못해 안달인 게 보
통일 것이나, 진사도는 예(禮)를 내세워 그의 요청을 단호히 거절하고 있
다. 편지 끝머리에서 장돈이 벼슬을 그만두고 돌아온다면 스스로 성문 밖
까지라도 나가 그를 마중하겠다는 말에 큰 뜻을 느끼게 된다. 진사도는
가난하면서도 깨끗하고 꼿꼿하게 평생을 살았던 문인으로 알려져 있다.

상임수주서(上林秀州書)

진사도(陳師道)

옛 주(周)나라 제도에는 사(士)가 대부(大夫)와 공경(公卿)을 뵈려면 소개를 통함으로써 그들 신분의 차별을 엄격히 하고, 말로 뜻을 전함으로써 만나는 명분을 올바로 세우고, 폐백(幣帛)으로써 그의 진정을 나타내며, 위의(威儀)로써 그의 존경을 표현하였습니다. 이 네 가지가 갖추어져야만 그것을 예가 이루어졌다고 말했던 것입니다.

사(士)가 사람들을 뵙는다는 것은 마치 여자가 시집가는 거나 같아서 만나뵙고자 하는 마음이 있다 하더라도 스스로 찾아가는 일은 없었던 것입니다. 반드시 소개하는 사람이 앞길을 마련해 주어야만 하였으니, 신분의 차이로 말미암는 혐의를 분별하고 미세한 잘못도 없도록 신중을 가하려는 것이었습니다. 그러므로 '소개를 통함으로써 그들 신분의 차별을 엄격히 한다'고 한 것입니다.

명분이란 일을 드러내는 것이고 말이란 명분을 인도하는 것입니다. 명분이란 것은 선왕께서 백성들의 분수를 정해주는 근거였으니, 명분이 바르면 곧 말도 어긋나지 않게 되고, 분수가 정해지면 곧 백성들은 잘못을 범하지 않았던 것입니다. 그러므로 '말로 뜻을 전함으로써 만나는 명분을 올바로 세운다'고 한 것입니다.

말이란 뜻을 다 표현하기에는 불충분하고 명분은 진정보다 지나칠 수는 없는 것입니다. 또 그 때문에 폐백(幣帛)을 마련하여 그 목적을 이룩하려는 것입니다. 그러므로 폐백을 주고받는 것을 중개로 하여 명분을 통하게 하고 명분을 인도함으로써 명령을 받들게 하였던 것이니, 예에 부지런함이 지극하였다 하겠습니다. 그러나 사람으로 말미암은 뒤에야 서로 통하는 것이니 예에 있어서는 스스로 성의를 다하는 것보다 더 중대한 일은 없습니다.

그러므로 제사지낼 적에는 손씻는 것을 위주로 하고, 결혼식은 친영(親迎)을 위주로 하고, 손님맞이는 폐백을 위주로 하는 것입니다. 그러므로 '폐백으로써 그의 진정을 나타낸다'고 한 것입니다.

정성이란 마음에서 생겨나서 몸에 드러나고 얼굴빛에 퍼지게 되는 것입니다. 그러므로 또 위의(威儀)가 있는 것입니다. 말로써 상대방에게 세 번 요청하고, 폐백을 세 번 바치며, 세 번 읍을 하고 섬돌 위로 오르고, 세 번 절하고 물러나오게 되는데, 예의가 번거로우면 위대한 것이고 간단하면 야한 것입니다. 세 번이라는 것은 예에 합당한 것입니다. 그러므로 '위의 예로써 그의 존경을 표현하였다'고 한 것입니다.

이래서 귀한 사람은 천한 사람을 능멸하지 않고 아랫사람은 윗사람에게 기어오르지 아니하며, 삼가 그들의 분수를 지키고 시국의 운명에 순종하여, 그의 뜻을 굽히지 않고 또 몸을 욕되게 하지 않음으로써 그의 훌륭함을 완성시키는 것입니다. 이러한 세상에 있어서 어찌 유독 사(士)가 스스로 현명해지는 것이겠습니까? 또 예가 있어서 그를 조절해 주기 때문인 것입니다.

주(周)나라 때 제정된 예는 잘못됨을 막아주는 방법으로써 지극한 것입니다. 그 후대에도 예는 그대로 존재하는데 풍속이 변하여, 스스로를 내세우려다 체신을 잃는 일이 있게 되었는데, 하물며 예조차도 없어진다면 어떠하겠습니까? 주나라의 예가 없어진 뒤로 사로써 체신을 잃는 짓을 하지 않는 자가 적어졌습니다. 세상에는 예를 밝히어 그것을 바로잡아줄 군자가 없어서, 이미 서로 따라 그렇게 하는 것이 일상화되었고 사관(史官)도 그런 일들을 기록하게 되었습니다. 그러므로 그러한 폐습이 있어도 자신은 알지 못하고 있는 것입니다.

저는 비루한 사람입니다. 그러나 남풍선생(南豊先生)님께 들은 것이 있으니, 그것을 힘쓰지 않을 수가 없습니다. 선생님께서 말씀하셨습니다.

"너는 임수주(林秀州)를 뵌 일이 있느냐?"

"아직 없습니다."

선생께선,

"곧 가서 뵈어라!"

고 하셨습니다. 저는 선생님의 명을 받들고 와서 삼가 선생님을 의존하여 뵙기를 청하는 바입니다.

원문

①宗周之制에 士見于大夫卿公에 ②介以厚其別하며 詞以正其
종주지제　사견우대부경공　개이후기별　사이정기

名하며 ③贄以效其情하며 ④儀以致其敬이라. 四者備矣라야 謂之
명　지이효기정　의이치기경　사자비의　위지

禮成이라.
례성

士之相見이 如女之⑤從人하여 有願見之心而無自行之義라. 必
사지상견　여녀지종인　유원견지심이무자행지의　필

有紹介爲之前焉이니 所以⑥別嫌而愼微也라. 故로 曰；介以厚其
유소개위지전언　소이별혐이신미야　고　왈　개이후기

別이라.
별

名以擧事하고 詞以道名이라. 名者先王所以定民分也니 名正則
명이거사　사이도명　명자선왕소이정민분야　명정즉

詞不⑦悖하고 分定則民不犯이라. 故로 曰；詞以正其名이라.
사불패　분정즉민불범　고　왈　사이정기명

言不足以盡意며 名不可以過情이라. 又爲之贄하여 以成⑧其終
언부족이진의　명불가이과정　우위지지　이성기종

이라. 故로 授受焉介以通名하고 ⑨儐以將命하니 勤亦至矣라. 然
고　수수언개이통명　빈이장명　근역지의　연

因人而後達也니 禮莫重於自盡이라.
인인이후달야　예막중어자진

故로 祭主於⑩盥하고 婚主於⑪迎하고 賓主於贄라. 故曰贄以效
고　제 주 어 관　　혼 주 어 영　　빈 주 어 지　　고 왈 지 이 효

其情이라.
기 정

誠發于心하여 而⑫諭于身하며 達于容色이라. 故로 又有儀焉이
성 발 우 심　　이　유 우 신　　달 우 용 색　　고　　우 유 의 언

라. 詞以三請하며 贄以三獻하며 三揖而升하며 三拜而出이니 禮
　　사 이 삼 청　　지 이 삼 헌　　삼 읍 이 승　　삼 배 이 출　　예

繁則⑬泰요 簡則野라. 三者禮之中也라. 故로 曰儀以致其敬이라.
번 즉 태　간 즉 야　　삼 자 예 지 중 야　　고　　왈 의 이 치 기 경

是以로 貴不陵賤하며 下不援上하여 謹其分守하고 順于時命하
시 이　귀 불 릉 천　　하 불 원 상　　근 기 분 수　　순 우 시 명

여 志不屈而身不辱하여 以成其善이라. 當是之世에 豈特士之自
　지 불 굴 이 신 불 욕　　이 성 기 선　　당 시 지 세　기 특 사 지 자

賢이리오? 蓋亦有禮爲之節也니라.
현　　　　개 역 유 례 위 지 절 야

夫周之制禮는 其所爲⑭防至矣라. 及其晚世에 禮存而俗變이라
부 주 지 제 례　기 소 위　방 지 의　　급 기 만 세　　예 존 이 속 변

도 猶⑮自市而失身이온 況於禮之亡乎아? 自周之禮亡으로 士之
　유　자 시 이 실 신　　황 어 례 지 망 호　　자 주 지 례 망　　사 지

⑯免者寡矣라. 世無君子明禮以正之하여 旣相循以爲常하고 而史
면 자 과 의　　세 무 군 자 명 례 이 정 지　　기 상 순 이 위 상　　이 사

官又載其事라. 故로 其弊習而不自知也라.
관 우 재 기 사　　고　　기 폐 습 이 부 자 지 야

師道는 鄙人也라. 然有聞於⑰南豐先生하니 不敢不勉也로라.
사 도　비 인 야　　연 유 문 어　남 풍 선 생　　불 감 불 면 야

先生謂師道曰；子見⑱林秀州乎아? 曰；未也로이다. 先生曰；行
선 생 위 사 도 왈　자 현 임 수 주 호　　왈　미 야　　　　선 생 왈　행

矣어다. 師道承命以來하여 謹因先生而請焉하노라.
의　　　사 도 승 명 이 래　　근 인 선 생 이 청 언

주해 ① 宗周(종주)－본래는 주나라 도읍을 가리키는 말. 서주(西周)의 풍
(豐)·호(鎬)와 동주(東周)의 낙읍(洛邑). 그러나 여기서는 주나라 시대를
가리키고 있음.

② 介(개)-소개. ㅇ其別(기별)-사와 대부·공경의 신분상의 차별.

③ 贄(지)-폐백(幣帛). 초견례(初見禮)의 예물. ㅇ效其情(효기정)-그의 진정을 나타내다.

④ 儀(의)-위의(威儀). 예의에 맞는 행동.

⑤ 從人(종인)-시집가는 것.

⑥ 別嫌(별혐)-신분 차이로 말미암는 혐의를 분별하는 것. ㅇ愼微(신미)-미세한 행동도 잘못이 없도록 신중히 하는 것.

⑦ 悖(패)-거스리다. 도리에 어긋나다.

⑧ 其終(기종)-그 끝. 그 최후의 목적.

⑨ 儐(빈)-인도하다. 도와주다. ㅇ將命(장명)-명을 받드는 것.

⑩ 盥(관)-제사를 지낼 때 잔을 올리기 전에 손을 씻는 의식.

⑪ 迎(영)-결혼식에 있어서 신랑이 직접 신부댁으로 가 신부를 마중해 오는 친영례(親迎禮).

⑫ 諭(유)-고하다. 나타나게 하다.

⑬ 泰(태)-편안한 것. 위대한 것.

⑭ 防(방)-잘못을 막다. 경계하다.

⑮ 自市(자시)-스스로를 팔다. 자신을 내세우는 것.

⑯ 免(면)-잘못을 면하다. 체신을 잃는 짓을 면하다.

⑰ 南豐先生(남풍선생)-증공(曾鞏)을 가리킴. 그는 자가 자고(子固)이고 남풍(南豐) 사람이었기 때문에 그렇게 불렸다. '당송팔대가(唐宋八大家)' 중의 한 사람으로 치는 고문(古文)의 대가임.

⑱ 林秀州(임수주)-수주자사(秀州刺史)를 지내던 임씨 성의 사람. 확실히 누구인지는 알 수 없다. 임자중(林子中)일 거라고 추측하는 이들은 있다.

(해설) 진사도가 자기 스승인 증공(曾鞏)의 소개로 임수주(林秀州)를 찾아가 뵙기를 요청하는 글이다.

증공의 소개를 받고도 진사도는 예를 논하면서 빈틈없는 행동으로 체신을 잃지 않으려고 애쓰고 있다.

왕평보문집후서(王平甫文集後序)

진사도(陳師道)

구양수(歐陽修)가 매요신(梅堯臣)을 두고 이렇게 말하였다.

"세상에서는 말하기를, 시가 사람을 궁하게 만든다고 하지만, 시가 궁하게 만드는 것이 아니라 궁하면 시를 잘 짓게 되는 것이다."

매요신은 시로써 유명한 작가였으나 벼슬에 있어서는 남보다 앞서지 못하고 나이에 있어서는 남보다 뒤지지 못하였으니, 궁한 사람이었다고 할 수 있을 것이다. 그와 같은 때에 왕안국(王安國)이란 사람이 있었는데 임천(臨川) 사람이다. 나이 사십이 넘어서 비로소 그의 이름이 천거되어 여러 낮은 관리 속에 끼었는데, 몇해 지나지 않아 다시 벼슬을 버리고 고향 마을로 돌아왔다.

그의 궁함이 대단하였으나 그의 문장은 뜻이 훌륭하였고 또 시도 잘 지었다. 그는 궁함이 더욱 심해졌기 때문에 그의 문학적 소득은 더욱 많아졌으니, 정말 이른바 '사람이 궁해진 뒤에야 글을 잘 짓게 된다'는 것이 사실이라 하겠다.

비록 그러하나 천지가 만물에 성품을 부여함에 있어서 그 쓰임이 완전하지 못하게 한 것이니, 충실한 것은 화려하지 않고 깊은 곳에는 육지가 드러나지 않는 것이다. 만물이 완전하지 않다는 것은 만물의 원리인 것이다. 천하의 아름다움을 다 표현했다 해도 부귀까지도 아울러 가질 수는 없는 것이니, 시가 사람을 궁하게 한다는 것을 또한 믿어야 할 것이다.

　왕안국은 그의 시대에 그의 뜻을 억눌리어 펴보지 못하고 그의 재능을
쌓아둔 채 펴지 못하여 명성과 지위와 세력이 사람들을 움직일 만하지
못했지만, 사람들이 그의 목소리를 듣게 되고 집집마다 그의 글이 있어
서 한때 널리 유행되어 아래로 천 세대를 두고 통달케 될 것이다. 비록
그의 원수라 할지라도 감히 그를 비판하지 못할 것이니, 곧 시는 사람을
통달케 할 수 있지만 그의 궁함은 돌보지 못하는 것이다.

　선비가 세상에서 행세함에 있어 궁하여짐과 통달함은 논할 만한 게 못
되고, 그의 전하여지는 것을 논할 따름인 것이다. 왕안국은 집안에서는
부모에게 효도하고 형제 사이에 우애가 있으며, 친구들 사이에는 신의가
있고, 의로운 일에는 용감하고 인(仁)함을 좋아하니, 오직 문장만이 전하
여질 수 있는 것이 아니다. 만약에 왕안국이 세상일에 힘을 써서 교묘(郊
廟)에서는 악가(樂歌)를 연주하며 제사지내는 일을 돕고, 조정에서는 국
법과 왕명을 시행하게 되었다 하더라도, 하는 일이 그의 말과 어긋나고
뒤와 앞이 어그러진다면, 곧 그의 전해질 만한 문장과 아울러 그 자리도
버릴 것이다.

　평생에 학문을 부지런히 했다고 할 수 있고 천하의 명예가 대단하다고
할 수 있는데, 하루아침에 그것들을 잃게 된다면 어찌 슬프지 않겠는가?
남풍선생(南豐先生)께서 이미 그의 글에 서문을 써서 학자들에게 사실을
알려주었으나, 선생께서 돌아가셨기에 팽성(彭城)의 진사도(陳師道)가
그것을 근거로 설명을 덧붙여 세상에 알려지게 하려는 것이다.

　진실로 어리석고 불민한데 어찌 사람들로 하여금 그에게 이로운 것을
뒤로 미루고 그가 버리는 것을 존중하게 할 수가 있겠는가? 선생님의 말
씀을 근거로 하여 그의 뜻을 드러내주고 또 그럼으로써 스스로를 면례케
하려는 것이다.

원문 ①歐陽永叔謂梅聖兪曰；世謂②詩能窮人이라 하나 非詩之窮
　　　구양영숙위매성유왈　세위　시능궁인　　　　　　비시지궁

이요 窮則工也라.
　　궁 즉 공 야

聖兪以詩名家나 仕不前人하고 年不後人하니 可謂窮矣로다.
성유이시명가　사부전인　　연불후인　　가위궁의

其同時有③王平甫者하니 ④臨川人也라. 年過四十에 始⑤名薦書
기동시유 왕평보자　임천인야　　연과사십　시 명천서

輩下士러니 歷年未幾에 復⑥解章綬歸田里라.
군하사　역년미기에 부 해장수귀전리

其窮甚矣로되 而文義⑦蔚然하고 又能於詩라. 惟其窮⑧愈甚故
기궁심의　이문의 울연하고　우능어시　유기궁 유심고

로 其得愈多하니 信所謂人窮而後工也니라.
기득 유다　신소위인궁이후공야

雖然이나 天地⑨命物에 用之不全하여 實者不華하고 淵者不陸이
수연　천지 명물　용지부전　실자불화　연자불륙

라. 物之不全은 物之理也라. 盡天下之美면 則於富貴에 不得兼
물지부전　물지리야　진천하지미　즉어부귀　부득겸

而有也니 詩之窮人을 又可信矣라.
이유야　시지궁인　우가신의

方平甫之時에 其志抑而不伸하고 其才積而不發하여 其⑩號位
방평보지시　기지억이불신　　기재적이불발하여　기 호위

勢力不足動人이로되 而人聞其聲하고 家有其書하여 ⑪旁行於一時
세력부족동인　이인문기성하고　가유기서하여　방행어일시

하고 而下⑫達於千世라. 雖其怨敵이라도 不敢議也니 則詩能達人
하고 이하 달어천세　수기원적　불감의야　즉시능달인

矣요 未見其窮也로다.
의　미견기궁야

夫士之行世에 窮達不足論이오 論其⑬所傳而已라. 平甫孝悌于
부사지행세　궁달부족론　논기 소전이이　평보효제우

家하고 信于友하고 勇於義而好仁하니 不特文之可傳也니라. 向使
가하고　신우우하고　용어의이호인하니　불특문지가전야　향사

平甫로 用力于世하여 薦⑭聲詩于郊廟하며 施⑮典策於朝廷이라도
평보　용력우세하여　천 성시우교묘하며　시 전책어조정

而事負其言하고 後戾其前이면 則幷其可傳而棄之리라.
이사부기언하고　후려기전이면　즉병기가전이기지

平生之學이 可謂勤矣요 天下之譽가 可謂盛矣어늘 一朝而失之
평생지학 　가위근의 　천하지예 　가위성의 　　일조이실지

면 豈不哀哉아? ⑯南豊先生이 旣敍其文하여 以⑰詔學者러니 先生
기불애재 　남풍선생 　기서기문 　이 조학자 　　선생

之沒에 ⑱彭城陳師道가 因而伸之하여 以通于世라.
지몰 　팽성진사도 　인이신지 　이통우세

　誠愚不敏이니 其能使人으로 後其所利而⑲隆其所棄者耶아? 因
성우불민 　기능사인 　후기소리이 융기소기자야 　　인

先生之言하고 以致其志하고 又以自勵云爾라.
선생지언 　이치기지 　우이자려운이

주해 ① 歐陽永叔(구양영숙)－구양수(歐陽修). 송대의 문인으로 소식(蘇軾)·
왕안석(王安石) 등이 모두 그의 문하에서 나왔다(뒤의 〈작자약전〉 참조).
○梅聖兪(매성유)－매요신(梅堯臣). 자가 성유(聖兪). 특히 시를 잘 지었
으나 벼슬은 상서도관원외랑(尙書都官員外郞)에서 그치고 평생을 가난
속에 살았다. 시의 평담(平淡)을 주장하였고, 구양수의 인정을 받아 송시
(宋詩)의 개척자적 역할을 하였다.
② 詩能窮人(시능궁인)－시가 사람을 궁하게 할 수 있다. 이 말은 구양수가
쓴 《매성유집(梅聖兪集)》 서문에 보이는 유명한 구절이다.
③ 王平甫(왕평보)－왕안국(王安國). 평보는 자이며 왕안석(王安石)의 아우.
그는 성격이 바르고 꼿꼿하여 형의 정치개혁을 반대하였고, 또 형에게 기
대지 않고 가난하게 평생을 살았다.
④ 臨川(임천)－지금의 강서성(江西省)에 있던 고을 이름.
⑤ 名薦書輩下士(명천서군하사)－이름이 추천서에 낮은 관리로 올라 천거되
다. 군하사(輩下士)는 여러 낮은 관리들을 뜻함.
⑥ 解章綬(해장수)－도장을 매다는 끈을 풀다. 옛날 관리들은 도장을 허리에
매달고 있었으므로 벼슬자리를 내놓는 것을 뜻함.
⑦ 蔚然(울연)－무성한 모양. 글의 문채(文彩)가 있는 모양.
⑧ 愈(유)－~할수록 더욱 ~하다.
⑨ 命物(명물)－만물에 명하다. 만물에 품성을 부여하는 것.

⑩ 號位(호위) - 명성과 지위.

⑪ 旁行(방행) - 널리 행하여지다.

⑫ 達(달) - 통달하다. 잘 알려지는 것.

⑬ 所傳(소전) - 전하여지는 것. 여기서는 주로 문장을 가리킨다.

⑭ 聲詩(성시) - 악가(樂歌). ㅇ郊廟(교묘) - 교(郊)는 천자가 하늘에 제사지내는 것. 묘(廟)는 종묘에서 조상들을 제사지내는 것.

⑮ 典策(전책) - 나라의 법과 임금의 책명(策命).

⑯ 南豐先生(남풍선생) - 증공(曾鞏). 진사도의 스승이며 고문(古文)의 대가. 앞 〈상임수주서〉에도 보임.

⑰ 詔(조) - 고하다. 알려주다.

⑱ 彭城(팽성) - 지금의 강소성(江蘇省) 동산현(銅山縣), 진사도의 고향임.

⑲ 隆(융) - 높이다. 존중하다.

해설 왕안석(王安石)의 동생 왕안국(王安國)의 문집 앞과 증공(曾鞏)의 서문 뒤에 작자가 덧붙여 쓴 서문이다. 왕안국의 시와 글의 특징뿐만이 아니라 그의 사람됨도 짧은 글 중에 잘 드러나 있다. 더욱이 왕안국의 형은 당시에 군림하던 유명한 정치가요 문학가였음에도 불구하고, 그 형에 대하여는 한마디 언급도 없는 것이 두드러진다. 글을 쓴 진사도도 왕안국과 같은 깨끗함과 강직함을 지닌 인물이었음을 느끼게 한다.

사정기(思亭記)

진사도(陳師道)

    진씨(甄氏)는 원래 서주(徐州)의 부호(富豪)였다. 진군의 대(代)에 이르러 비로소 명경과(明經科)에 합격되어 사람들을 가르쳤다. 향리에서는 선인(善人)으로 불렸으나 집안은 갈수록 가난해져 부모형제가 죽어도 10여년이 지나도록 장례를 치르지 못할 지경에 이르러 마을 사람들에게서 장례비용을 빌려, 부모형제들의 여러 영구를 함께 장사지냈다. 마을 사람들은 이를 딱하게 여겨, 도와주는 사람도 많았다. 장례를 끝내자 무덤 앞에 나무를 심어 묘표(墓標)로 삼고, 무덤 옆에 집을 지은 다음, 그 집의 이름을 무엇으로 했으면 좋은가를 내게 물어왔다.

    내가 대답했다.

    "생각하건대, 사람은 눈에 보이는 것에 따라 생각하는 것이 달라진다. 방패와 창을 보면 싸움을 생각하게 되고, 칼이나 톱 같은 형구(刑具)를 보면 두려운 마음이 생기고, 제사를 모시는 묘(廟)나 사(社)를 보면 공경하는 마음이 일며, 훌륭한 집을 보면 편안하게 살고픈 마음이 생긴다. 무릇 사람들이 좋다·밉다·기쁘다·두렵다 하는 마음을 가지게 되는 것은 외물(外物)에서부터 감정을 일으키기 때문인데 그것은 당연한 이치이다.

    이제 높은 곳에 올라가 무덤 사이에 서있는 소나무와 가래나무를 바라보고, 언덕을 내려와 오래된 무덤 사이를 지나다가 가시덤불이 무성하고 새로 난 여우와 토끼 발자국을 보게 되면 그 누가 어버이 생각을 아니할 사람이 있겠는가? 이런 것을 생각하여 사정(思亭)이라 이름붙이고 싶다.

어버이는 자식된 자로서 잊을 수 없는 분이니, 군자는 더욱 삼가야 하는 것이다. 그래서 멀리 교외에 어버이의 무덤을 만들되 봉분을 만들고 무덤가에 도랑을 판다. 집에는 사당(祠堂)을 짓고서 여름에는 체제(禘祭)를, 가을에는 상제(嘗祭)를 지내며 상복을 입고 기제(忌祭)를 지내며 그를 슬퍼하는 것은 어버이에 대한 생각이 남아 있기 때문인데 어찌 잊을 수 있겠는가?

그러나 어버이로부터 아래로 내려가면 상복을 입지 않는 현손(玄孫)에 이르게 된다. 상복을 입지 않게 되면 정(情)도 끝나는 것이며, 정이 끝나면 그를 잊게 되는 것이다. 나의 어버이로부터 시작하여 그분을 잊게 되는 관계에까지 이르게 되는 것은 관계가 멀어지기 때문이다. 이 정자를 짓는 까닭도 바로 여기에 있는 것이다. 무릇 이 정(亭)에 오르게 될 진군의 자손 중에 어찌 조상을 잊을 자가 있겠는가? 어버이를 생각하는 마음으로 그 생각을 넓혀간다면 효심이 일어나지 않겠는가?"

진군이 말했다.

"넓습니다, 선생의 말씀은! 제가 바라는 것입니다."

"아니, 아직 얘기가 끝나지 않았다. 현명한 자와 어리석은 자는 생각하는 것이 다르다. 후에 무덤 위의 나무를 바라보고 그것으로 재목을 삼으려고 생각하거나, 개암나무와 가시나무를 보고 그것으로 땔나무를 삼으려고 생각하거나, 그 분묘 위에 올라가 묘의 소장품을 도굴하려는 자가 어찌 없다고 하겠는가?"

이에 갑자기 진군이 눈물을 쏟으며 흐느끼기 시작했다.

"아직 얘기가 끝나지 않았다. 나는 그대를 위해 기(記)를 쓰고, 그대의 자손들로 하여금 이 글을 외우게 함으로써, 훌륭한 것을 보고 더욱 잘하려고 힘쓰고 나쁜 것을 보면 경계하도록 하려 하는데, 그리하면 앞에 말한 일들을 면할 수 있게 되리라."

진군은 눈물을 닦고 사례하며 말했다.

"틀림없이 면할 수 있게 될 것입니다."

마침내 이리하여 이 글을 쓰는 바이다.

원문 ①甄은 故徐富家라. 至甄君始以②明經敎授하니 鄕稱善人而
　　　 진　　고서부가　　지견군시이　명경교수　　향칭선인이

家益貧하여 ③更數十歲에 不④克葬하고 ⑤乞貸邑里하여 葬其父母
가 익 빈　　갱수십세　불극장하고　걸대읍리　　장기부모

⑥昆弟凡幾喪하니 邑人憐之하여 多助之者라. 旣葬⑦益樹以木하고
곤제범기상　　읍인련지　　다조지자　　기장 익수이목

作室其旁而問名於余라.
작실기방이문명어여

　余以謂目之所視而思從之니 視干戈則思鬪하며 視⑧刀鋸則思
여이위목지소시이사종지　시간과즉사투　　시 도거즉사

懼하며 視⑨廟社則思敬하여 視⑩第家則思安이라. 夫人存好惡喜
구　　시 묘사즉사경　　시 제가즉사안　　부인존호오희

懼之心하여 ⑪物至而思는 固其理也라.
구지심　　물지이사　고기리야

　今夫升高而望⑫松梓하고 下⑬丘壟而行⑭墟墓之間하여 ⑮荊棘
금부승고이망 송재　　하 구롱이행 허묘지간　　형극

莽然하고 狐兔之⑯迹交道면 其有不思其⑰親者乎아? 請名之曰思
망 연　　호토지 적교도　기유불사기 친자호　청명지왈사

亭이라.
정

　親者人之所不忘也니 而君子愼之라. 故로 爲墓於⑱郊而⑲封溝
친자인지소불망야　이군자신지　　고　위묘어 교이 봉구

之하며 爲⑳廟於家而㉑嘗禘之하며 爲㉒衰爲忌而悲哀之는 所以存
지　　위 묘어가이 상체지　　위 최위기이비애지　소이존

其思也니 其可忘乎아?
기사야　기가망호

　雖然이나 自親而下로 至于服盡하여 ㉓服盡則情盡이오 情盡則
수연　　자친이하　지우복진　　복진즉정진　　정진즉

忘之矣라. 夫自吾之親而至于忘之者는 ㉔遠故也니 此亭之㉕所以
망지의   부자오지친이지우망지자   원고야   차정지 소이

作也니라. 凡君之子孫登斯亭者가 其有忘乎아? 因其親以廣其思
작야   범군지자손등사정자   기유망호   인기친이광기사

면 其有不興乎아?
기유불흥호

君曰 : 博哉라 子之言也여! 吾其㉖庶乎인저!
군왈   박재   자지언야   오기 서호

曰; ㉗未也라. 賢不肖異思하니 後豈不有㉘望其木思以爲材하고
왈   미야   현불초이사   후기불유 망기목사이위재

視其㉙榛棘思以爲㉚薪하며 登其丘墓思㉛發其所藏者乎아?
시기 진극사이위 신   등기구묘사 발기소장자호

於是에 ㉜遽然流涕以泣이라. 曰; 未也라. 吾爲君記之하며 使
어시   거연류체이읍   왈   미야   오위군기지   사

君之子孫으로 誦斯文者가 視㉝其美以爲勸하며 視㉞其惡以爲戒
군지자손   송사문자   시 기미이위권   시 기악이위계

면 其可免乎인저!
기가면호

君㉟攬涕而謝曰; 免矣라. 遂爲之記하노라.
군 람체이사왈   면의   수위지기

주해

① 甄(진)-이 글을 써 달라 의뢰한 사람의 성.

② 明經(명경)-당대(唐代) 과거시험의 한 과목. 당대에는 수재(秀才)·명경
(明經)·진사(進士)의 세 가지 과목이 있었는데 각 과목의 합격자는 그에
따라 관리에 등용되었다. 여기서는 명경과에 합격한 자격을 가리킨다.

③ 更(갱)-경(經)의 뜻으로 지나다.

④ 克(극)-능(能)의 뜻.

⑤ 乞貸(걸대)-구걸하여 빌다.

⑥ 昆弟(곤제)-형제. 곤(昆)은 형(兄)과 같은 뜻.

⑦ 益樹以木(익수이목)-묘표로 삼기 위해 무덤에 나무를 심는 것을 말한다.

⑧ 刀鋸(도거)-칼과 톱. 형벌기구.

⑨ 廟社(묘사)-종묘(宗廟)와 사직(社稷). 묘는 선조를 제사지내는 곳이고,

사는 토지신을 제사지내는 곳.

⑩ 第(제)-고급 주택. 저택(邸宅).

⑪ 物至而思(물지이사)-외물(外物)을 대하고 생각을 일으킴.

⑫ 松梓(송재)-소나무와 가래나무. 주로 묘지 주변에 많이 심는다.

⑬ 丘壟(구롱)-언덕.

⑭ 墟墓(허묘)-오래되어 잡초만 무성한 채 거칠어진 무덤.

⑮ 荊棘(형극)-가시나무. ㅇ莽然(망연)-잡초 등이 무성한 모양.

⑯ 迹(적)-발자국. 적(跡)과 같은 자.

⑰ 親(친)-육친(肉親). 여기서는 어버이.

⑱ 郊(교)-교외.

⑲ 封溝(봉구)-봉분(封墳)을 쌓고 도랑을 팜.

⑳ 廟(묘)-선조의 신위(神位)를 모신 사당.

㉑ 嘗禘(상체)-사시(四時)의 제사. 원래, 체(禘)는 봄 제사를 뜻하고, 상(嘗)은 가을 제사를 뜻하는데, 여기서는 여름과 겨울의 제사를 약하고, 봄·가을 제사만 이야기한 것이다.

㉒ 衰(최)-상복. 최(縗)와 같은 자. ㅇ忌(기)-사람이 죽은 날. 여기서는 기일(忌日)에 제사를 올리는 것을 가리킨다.

㉓ 服盡(복진)-돌아가신 분의 현손(玄孫)까지만 상복을 입으므로, 촌수가 그 이상 되면 복(服)을 입지 않는다는 뜻.

㉔ 遠故也(원고야)-관계가 멀기 때문.

㉕ 所以作(소이작)-지은 까닭. 만든 이유.

㉖ 庶(서)-가까이하다. 바라다.

㉗ 未也(미야)-아직 말하고자 하는 것을 다 말하지 못했음.

㉘ 望其木思以爲材(망기목사이위재)-무덤 주변에 자란 나무를 보고, 베어서 목재로 쓸 생각을 함.

㉙ 榛棘(진극)-가시덤불. 잡목 따위.

㉚ 薪(신)-땔나무.

㉛ 發(발)-감추어져 있는 것을 헤쳐 찾아냄. ㅇ所藏者(소장자)-무덤 속에 들어 있는 부장품.

③ 遽然(거연)-갑자기.

③ 其美(기미)-앞 문장의 '등사정자기유망호(登斯亭者其有忘乎)아? 인기친 이광기사(因其親以廣其思)면, 공유불흥호(共有不興乎)아?'를 가리킨다. ㅇ爲勸(위권)-그렇게 하도록 권면함.

③ 其惡(기악)-앞 문장의 '후기불유망기목사이위재(後豈不有望其木思以爲 材)하고, 시기지극사이위신(視其枝棘思以爲薪)하며 등기구묘사발기소장자 호(登其丘墓思發其所藏者乎)아?'를 가리킨다. ㅇ爲戒(위계)-경계가 되도 록 함. 훈계로 삼음.

③ 攬涕(남체)-눈물을 닦음.

해설　진씨(甄氏) 성을 가진 사람이 어버이를 장사지낸 다음에 그 무덤 곁 에 집을 짓고, 진사도(陳師道)에게 이 집의 이름을 지어 달라고 부탁하였 다. 진사도는 자식이 어버이를 생각한다는 의미로 '사정(思亭)'이라는 이 름을 그 집에 붙이고 이 기(記)를 썼다. 이 글에서는 글 중간에 문답형식 을 빌려 이치를 설명하고 있는데 그 점이 이 글의 특색이다.

　사정이라는 의미 속에는 조상을 늘 생각하여 잊지 않으리라는 마음을 나타내는 의미와 잊기 쉬운 먼 자손에게도 조상의 뜻을 잊지 않고 기억 하게 한다는 의미가 포함되어 있다.

진소유자서(秦少游字叙)

진사도(陳師道)

  신종(神宗)의 희령(熙寧)·원풍(元豐) 연간(1068~1085)에 소식(蘇軾) 공이 서주(徐州)의 수령으로 계실 적에, 나는 백성으로서 태수를 섬기면서 간간이 손님처럼 뵙고 있었는데, 양주(揚州)의 진관(秦觀)이 방문했을 적에는 잔치를 벌이고 음악도 갖추어 스승과 제자가 만나는 듯하였다.

  그 무렵 나는 여행 도중 병이 나서 누워 있었는데, 듣건대 그의 행차는 위의(威儀)가 대단하여 마중하는 사람들은 눈이 돌아갈 지경이었고, 논설이 웅변적이어서 앉아 있던 사람들 모두가 귀를 기울였다 한다. 세상에서는 이 때문에 그를 기이하게 여겼고 또 이 때문에 그를 의심하기도 하였으나, 오직 소식 공만은 걸출한 선비라고 생각하셨다.

  그뒤 몇년 지나 내가 돌아올 적에 따라와서 광릉(廣陵)의 객사(客舍)에서 만났는데, 밤중에 얘기도 다 끝내지 않고 떠나갔으니, 나도 마땅히 만리 밖 먼 곳의 주목(州牧)이 된 것으로 생각하고 있었다.

  원풍(元豐) 연간 말엽에 내가 낙양(洛陽)에 머물고 있을 적에 진관도 동쪽으로부터 왔으니, 이별한 지 몇년만이었다. 그의 얼굴이 충실해졌고 그의 입이 묵직해져 있어서 내가 놀라서 그 까닭을 물으니, 진관이 대답하였다.

  "전에 제가 젊었을 적에는 두목지(杜牧之)와 같아서 뜻이 강대하고 기운이 왕성하고 큰 것을 좋아하고 기특함을 드러냈었습니다. 병가서(兵家書)를 읽으면 곧 저의 뜻과 맞아서 공로와 명예를 당장에 이룰 수가 있고 또 천하에는 어려운 일이 없을 것으로 생각했습니다.

지금 두 원수의 나라들이 승승장구(乘勝長驅)하는 기세를 지닌 것을 보고는 지대한 계획을 세워 하늘의 주벌(誅罰)을 행함으로써 유주(幽州)와 하주(夏州)의 옛 땅을 회복하고 당(唐)·진(晉)의 그곳 유민(遺民)들을 위로해 줌으로써 명성이 영원히 전하여지고 영원불변하는 대계(大計)를 세워 놓는다면 어찌 위대한 일이 아니겠는가 하고 생각했습니다. 이에 자를 태허(太虛)라 하고 저의 뜻을 담았습니다.

지금 제 나이가 많아지자 생각이 바뀌어져 위험한 일을 행하려 들지 않게 되고 뉘우치게까지 되었으니, 나라 사방의 일들은 그만 하고 고향 마을로 돌아와 늙기까지 마소유(馬少游)처럼 살기를 바라게 되었습니다. 이에 자를 소유(少游)라 하여 저의 잘못을 알도록 한 것입니다. 언젠가 소식 공에게 말씀드려 본 일이 있는데 괜찮다고 하셨습니다. 선생께서는 어떻게 생각하시는지요?"

"내 생각으로는 남에게서 훌륭한 점을 취하여 그 자신을 완성시키는 일은 군자들도 위대하게 생각하는 것입니다. 그런데 앞의 두 사람은 하나는 나아가서 세상을 다스렸고 하나는 물러나 자신을 잘 보존하였으니 인인(仁人)이라 할 수가 있습니다. 그러나 행동이라는 것은 잘하기가 어렵고, 들어앉아 있는 것은 자신을 유지하기가 쉬운 것이어서, 두목지의 지혜와 터득의 성과는 마소유의 졸렬하고 실패한 성과만 못한 것 같은 것입니다.

선생은 남의 두 배의 재능을 지니어 학문도 더욱 밝아졌는데도 마소유에게로 뜻을 굽히었으니, 어찌 지나치게 곧음으로써 굽은 것을 교정하려는 것이 아니겠습니까?

선생의 나이가 더욱 많아지고 덕이 더욱 위대해지면 내가 자주 놀랄 일이 생기게 될 것이니 한두 번에 그치지 않을 것입니다. 그런데 선생과 같은 재능은 비록 세상에 공을 드러내지 않는다 하더라도 세상이 선생을 버리지 않을 것이니, 내 생각으로는 선생은 마침내는 만리 저쪽으로 가시게 될 것입니다.

어리석고 어리석은 나같은 이는 세상에는 합당하지도 않으니, 이에 조상의 묘나 지키며 고향 마을을 고수하면서, 힘써 농사를 지어 나라와 임금을 받들며, 자신의 행동을 삼가 이 고장의 교훈이 되게 함으로써, 살아서는 착한 사람이란 칭송을 듣고 죽어서는 무덤 어귀에 '처사(處士) 진군의 묘'란 푯말이 세워지게 하려는 것입니다.

혹시 하늘이 오래 살도록 복을 주시어 선생이 공을 이룩하고 명성을 이룬 다음 무사히 돌아올 적에 왕후(王侯)와 장수 재상들이 높은 수레와 큰 말을 타고 나와 길제사를 지내며 송별주를 마시게 된다면, 그때에는 낮은 수레에 둔한 말을 매어 타고 나가 상동문(上東門) 밖에서 선생을 기다리다가 술잔을 들어 권하면서 소식 공이 사람을 똑바로 알아보셨다는 명성을 이룩하게 하면서 선생을 위하여 축하드릴 것입니다. 일은 이제부터 시작하는 것입니다."

(원문) 熙寧元豊之間에 ①眉蘇公之守徐에 余以民事太守하여 間見
희령원풍지간   미소공지수서   여이민사태수   간견

如客이러니 ②揚秦子過焉에 ③置醴備樂하여 如師弟子러라.
여객   양진자과언   치례비악   여사제자

其時余病臥旅中하여 聞其④行道雍容하여 ⑤逆者旋目하고 論説
기시여병와려중   문기 행도옹용   역자선목   논설

⑥偉辨하여 坐者⑦屬耳라. 世以此奇之요 而亦以此疑之하되 惟公
위변   좌자 촉이   세이차기지   이역이차의지   유공

以爲傑士라.
이위걸사

是後數歲에 從吾歸하여 見于⑧廣陵逆旅之家하여 夜半語未卒
시후수세   종오귀   견우 광릉역려지가   야반어미졸

에 別去하니 余亦以謂當⑨建侯萬里外也라.
별거   여역이위당 건후만리외야

元豊之末에 余客⑩東都할새 秦子從東來하니 別數歲矣라. 其
원풍지말　여객 동도　　진자종동래　　별수세의　　기

容⑪充然하고 其口⑫隱然이라. 余驚焉以問하니 秦子曰；往吾少
용 충연　　기구 은연　　여경언이문　　진자왈　왕오소

時에 如⑬杜牧之하여 彊志盛氣하고 好大而見奇라. 讀兵家書에
시　여 두목지　　강지성기　　호대이견기　　독병가서

乃與意合하여 謂功譽可立致요 而天下無難事라. 顧今⑭二虜有
내여의합　　위공예가립치　　이천하무난사　　고금 이로유

可勝之勢하니 願效⑮至計하여 以⑯行天誅하며 回⑰幽夏之故墟하
가승지세　　원효 지계　　이 행천주　　회 유하지고허

고 ⑱弔唐晉之遺人하여 流聲無窮하고 爲計不朽면 豈不偉哉아?
　조당진지유인　　유성무궁　　위계불후　　기불위재

於是에 字以⑲太虛하여 以⑳遺吾志라.
어시　자이 태허　　이 유오지

今吾㉑年至而慮易하여 ㉒不持蹈險而悔及之하니 願還㉓四方之
금오 연지이려역　　부지도험이회급지　　원환 사방지

事하고 歸老邑里하여 如㉔馬少游라. 於是에 字以少游하여 以識
사　　귀로읍리　　여 마소유　　어시　자이소유　　이식

吾過로라. 嘗試以語公에 又以爲可라 하니 於子何如오?
오과　　상시이어공　우이위가　　어자하여

余以謂取善於人하여 以成其身은 君子偉之라. 且夫㉕二子는
여이위취선어인　　이성기신　　군자위지　　차부 이자

或進以經世하고 或退以存身하여 可與爲仁矣라. 然㉖行者難工하
혹진이경세　　혹퇴이존신　　가여위인의　　연 행자난공

고 ㉗處者易持니 牧之㉘智得이 不若少游之拙失矣라.
　처자이지　목지지 지득　　불약소유지졸실의

子以倍人之材로 學益明矣어늘 猶屈意於少游하니 豈㉙過直以
자이배인지재　　학익명의　　유굴의어소유　　기 과직이

矯曲耶아?
교곡야

子年益高德益大면 余將㉚屢驚焉하여 不一再而已也리라. 雖然
자년익고덕익대　　여장 누경언　　불일재이이야　　수연

이나 以子之才로 雖不效於世라도 世不捨子니 余意子終有㉛萬里
이자지재　　수불효어세　　세불사자　　여의자종유 만리

行也라.
행 야

如愚之愚는 莫宜於世하니 乃當守丘墓保田里하여 力農以㉜奉
여우지우 막의어세 내당수구묘보전리 역농이 봉

公上하며 謹身以㉝訓閭巷하여 生稱善人이오 死表於道曰處士陳
공상 근신이 훈여항 생칭선인 사표어도왈처사진

君之墓라.
군지묘

或者㉞天祚以年하여 見子功遂名成하고 奉身以還에 王侯將相
혹자 천조이년 견자공수명성 봉신이환 왕후장상

이 高車大馬로 ㉟祖行帳飮이어든 於是에 乘㊱庳御駑하고 候子
고거대마 조행장음 어시 승 비어노 후자

㊲上東門外하여 擧酒相屬하여 成公知人之名하고 以爲子賀리니
상동문외 거주상촉 성공지인지명 이위자하

蓋㊳自此始니라.
개 자차시

주해 ① 眉蘇公(미소공)－소식(蘇軾). 그는 지금의 사천성(四川省)에 있던 미산(眉山) 사람이었기 때문에 이렇게 부른 것이다(뒤의 〈작자약전〉 참조). ㅇ守徐(수서)－서주(徐州)의 수령 노릇을 함. 서주는 지금의 강소성(江蘇省) 동산현(銅山縣)으로, 바로 진사도의 고향인 팽성(彭城)이다.

② 揚秦(양진)－진관(秦觀). 앞의 〈여진소유서(與秦少游書)〉 참조. 그는 양주(揚州, 지금의 江蘇省)에 속하는 고우(高郵) 사람이었기 때문에 이렇게 부른 것이다.

③ 置醴(치례)－단술을 차려 놓다. 잔치를 벌이는 것을 뜻함.

④ 行道(행도)－길가는 채비. 행차. ㅇ雍容(옹용)－위의(威儀)가 성대한 것.

⑤ 逆(역)－마중하는 것. 영(迎)과 같은 뜻. ㅇ旋目(선목)－눈이 돌아가는 것. 눈이 뒤집히는 것.

⑥ 偉辨(위변)－웅변적인 것. 큰소리가 술술 잘 나오는 것.

⑦ 屬耳(촉이)－귀를 기울여 듣는 것.

⑧ 廣陵(광릉)－양주(揚州)의 땅 이름. ㅇ逆旅之家(역려지가)－여사(旅舍).

여관.

⑨ 建侯(건후) – 제후 또는 주목(州牧)이 되는 것.

⑩ 東都(동도) – 낙양(洛陽).

⑪ 充然(충연) – 충실한 모양. 성실해 보이는 것.

⑫ 隱然(은연) – 묵직하고 점잖은 모양.

⑬ 杜牧之(두목지) – 만당(晚唐)의 시인 두목(杜牧). 자가 목지. 젊어서부터 벼슬을 하는 한편 마음껏 여자와 술의 즐거움을 추구하며 일생을 보냈다. 벼슬은 뒤에 중서사인(中書舍人)까지 되었고, '이두(李杜)'라 불릴 정도로 이상은(李商隱)과 나란히 시명을 떨쳤다. 문집으로《번천집(樊川集)》20권을 남긴 외에 조조(曹操)가 고정(考定)한《손무병법(孫武兵法)》13편에 대한 주(注)도 썼다.

⑭ 二虜(이로) – 두 적국. 곧 송나라를 핍박하고 있던 요(遼)와 서하(西夏) 두 나라를 가리킨다. ㅇ可勝之勢(가승지세) – 승리할 수 있는 형세. 승승장구(乘勝長驅)하는 형세.

⑮ 至計(지계) – 지극한 계책. 요나라와 서하를 정벌할 큰 계획.

⑯ 行天誅(행천주) – 하늘의 주벌(誅伐)을 대신 행하다. 곧 요와 서하를 정벌하는 것을 가리킨다.

⑰ 幽夏(유하) – 유주(幽州)와 하주(夏州). 곧 유주는 요나라가 있던 지금의 요녕성(遼寧省)을 중심으로 한 중국 북부지방을 가리키고, 하주는 서하가 자리잡고 있던 중국 서부의 수원성(綏遠省)을 중심으로 한 지방을 가리킴.

⑱ 弔(조) – 위로하다. ㅇ唐晉之遺人(당진지유인) – 요나라와 서하 땅에 남아 있는 한족(漢族) 계열의 유민들을 가리킴.

⑲ 太虛(태허) – 하늘, 태공(太空), 또 심오하고 근본적인 이치를 가리키는 말.

⑳ 遺(유) – 머물게 하다. 담아 두다.

㉑ 年至(연지) – 나이가 들다. 나이를 먹다. ㅇ慮易(여역) – 생각이 바뀌다.

㉒ 不持蹈險(부지도험) – 모험을 주장하지 않다. 위험한 일을 하는 것을 지지하지 않다.

㉓ 四方之事(사방지사) – 나라 사방의 일. 나라를 지키고 외적을 쳐부수고 하는 일.

㉔ 馬少游(마소유)－동한(東漢) 광무제(光武帝) 때 많은 공을 세워 신식후(新息侯)에 봉해지기까지 했던 마원(馬援)의 사촌동생. 그는 평생을 고향 마을에 묻혀 깨끗하고 가난하게 살았다.

㉕ 二子(이자)－두목과 마소유 두 사람을 가리킴.

㉖ 行者(행자)－행동하는 사람. 두목 같은 사람.

㉗ 處者(처자)－가만히 들어앉아 있는 사람. 마소유 같은 사람.

㉘ 智得(지득)－지혜와 터득.

㉙ 過直(과직)－지나치게 곧은 것. ○矯曲(교곡)－굽은 것을 교정하는 것. 잘못을 바로잡는 것.

㉚ 屢驚(누경)－여러번 놀라다. 자주 놀라다.

㉛ 萬里行(만리행)－먼 곳으로 가는 것. 나라를 위해 싸우러 먼 곳으로 나가는 것을 뜻함.

㉜ 奉公上(봉공상)－나라와 임금을 위해 봉사하다.

㉝ 訓閭巷(훈여항)－시골 마을에 교훈이 되게 하다.

㉞ 天祚以年(천조이년)－하늘이 나이로써 복을 내리다. 곧 오래 살도록 해 주다.

㉟ 祖行(조행)－옛날, 길을 떠날 때 길의 신에게 제사를 지내는 것. 조(祖)는 길제사. ○帳飮(장음)－길가에 장막을 치고 송별연을 벌이고 송별주를 마시는 것.

㊱ 庳(비)－낮은 집. 낮은 수레.

㊲ 上東門(상동문)－낙양(洛陽)의 성문 이름.

㊳ 自此始(자차시)－진관의 나라를 위한 활동이 이로부터 시작될 것이라는 뜻.

해설 진사도와 같은 시대의 문인이며 특히 사(詞)의 작가인 진관(秦觀, 1049~1101)의 자(字)를 두고 그의 인생관과 결부시켜 그 뜻을 논한 글이다.

진관은 젊어서 호기가 있고 기개가 대단하여, 글에도 호쾌한 기운이 넘쳐흘렀다. 그는 서주(徐州)로 소식(蘇軾)을 찾아뵙고 문재를 인정받아,

소식의 추천으로 태학박사(太學博士)를 거쳐 국사원편수관(國史院編修官)을 지냈다. 젊어서는 나라를 위해 큰 공을 세우려는 포부를 지니고 하늘이라는 뜻의 태허(太虛)라는 자를 썼으나, 뒤에는 시골에 묻혀 편히 살려는 생각이 들어 소유(少游)라 자를 고쳤다.

여기에서 진사도는 숨어살기는 쉽지만 나가서 큰일을 하기는 쉽지 않은 일이니, 진관 같은 유능한 인물은 시골에 묻힐 생각을 말고 나라를 위해 공헌해야 함을 강조하고 있다.

자장유증갑방식(子長遊贈蓋邦式)

마존(馬存)

나의 친구 갑방식(蓋邦式)이 언젠가 나에게 말하였다.

"사마천(司馬遷)의 문장이 기특하고 위대한 기상이 있어서 그 글을 배우려는 뜻이 절실하오. 그대가 거기에 대한 논설을 써서 내게 주구려."

내가 말하였다.

"사마천의 문장은 책에 있지 않기 때문에 학자들이 누구나 책을 통하여 그 글을 추구한다면 곧 종신토록 그 글의 기특함을 알지 못할 것이다. 내게 《사기(史記)》 한 질이 있는데, 유명한 산과 큰 강물의 장려(壯麗)하고 괴특(怪特)한 곳을 그대와 두루 노닐며 모두 구경한다면 아마도 이 글에 대하여 거의 알 수 있게 될 것이다.

사마천은 평생 유람을 좋아하여 젊어서 자부심(自負心)이 많았을 적에는 발자국이 하루도 쉬는 날이 없을 정도였으니, 그는 오직 경치에 의하여 부림을 당한 것이 아니었다. 장차 천하의 위대한 경관(景觀)을 다 구경함으로써 나의 기상을 돕고, 그런 뒤에야 그것을 토(吐)하여 책으로 쓰려는 것이었다.

지금 그의 책을 볼 것 같으면 곧 평생에 일찍이 유람했던 곳들이 모두 거기에 있는 것이다. 남쪽으로는 긴 회수(淮水)에 배 띄우고 큰 장강(長江)을 거슬러 올라가기도 하면서, 미친 듯한 물결과 놀란 파도와 검은 구름 속에 노호(怒號)하면서 물결이 거슬러 올라가고 옆으로 치고 하는 것들을 보았다. 그러므로 그의 글은 분방하면서도 광대한 것이다.

운몽택(雲夢澤)과 동정호(洞庭湖)의 언덕과 팽려호(彭蠡湖)의 물이 하늘까지도 물로 질펀하게 하고 수많은 골짜기로 바람이 들락거리는데 아무런 물건의 윤곽이나 한계도 보이지 않는 것을 바라보았다. 그러므로 그의 글은 물이 모여서 깊은 것과 같은 것이다.

구의산(九疑山)의 아득함과 무산(巫山)이 가파르게 솟은 것과 양대(陽臺)의 신비스런 아침 구름과 창오(蒼梧)의 저녁 안개들이 그 모습은 곱고 부드러우면서도 아름다워서, 봄화장을 짙게 한 듯하기도 하고 가을장식을 엷게 한 듯하기도 한 모습을 보았다. 그러므로 그의 글은 아름답고도 성대한 것이다.

원수(沅水)에 배를 띄우고 상수(湘水)를 건너가 굴원(屈原)의 혼을 조상하고 이비(二妃)의 한을 애도하였는데, 대나무 위에는 눈물자국이 그대로 얼룩얼룩하나 물고기 뱃속에 들어있을 굴원의 뼈는 아직도 무고한가 알 수 없었다. 그러므로 그의 글은 감격 분개하고 애상적이고 격정적인 것이다.

북쪽으로는 대량(大梁)의 옛 터를 지나고 초(楚)나라와 한(漢)나라가 싸우던 곳을 둘러봄에, 항우(項羽)가 목쉰 소리를 지르고 고조(高祖)는 멋대로 욕을 하고, 용이 뛰고 호랑이가 뛰어오르듯 수많은 병사와 무수한 기병(騎兵)들이 큰 활과 긴 창을 들고 한꺼번에 내달으며 다같이 소리치고 있는 것을 보는 듯하였다. 그러므로 그의 글은 웅장하고 용맹스러우며 사납고도 강하여서 사람들로 하여금 마음이 떨리고 간담이 서늘해지게 하는 것이다.

또 그는 대대로 용문(龍門)에 살아와 신령스런 우(禹)임금의 귀신 같은 공로를 생각하였고, 서쪽으로 촉(蜀) 땅에 사신으로 가서 검각(劍閣)의 험한 조도(鳥道)를 넘기도 하였는데, 위로는 구름 사이로 솟은 절벽이 있는데 사람이 도끼나 끌로 쪼은 것 같은 흔적은 찾아볼 수도 없었다. 그러므로 그의 글은 칼로 자른 듯하고 높이 빼어나서 부여잡고 올라갈 수가 없는 듯하다.

제(齊)나라와 노(魯)나라의 도성에서 학업을 닦아 공자님의 유풍(遺風)을 직접 보며 추역산(鄒嶧山)에서 향사례(鄕射禮)를 익히기도 하고, 문수(汶水)의 북쪽 기슭과 수수(洙水)와 사수(泗水) 가를 거닐기도 했다. 그러므로 그의 글은 전중(典重)하고도 온아(溫雅)하여 올바른 사람과 군자들의 풍모와 비슷한 점이 있는 것이다.

모든 하늘과 땅 사이 만물의 변화 중에서 깜짝 놀랄 만한 것과 사람들의 마음을 즐겁게 할 수 있는 것과 사람들로 하여금 근심하게 하고, 또 사람들을 슬프게 하는 것들을 사마천은 모든 취하여 문장으로 만들었던 것이다. 그래서 변화가 들쭉날쭉하여 마치 온갖 자연 형상이 사철을 따라 무궁히 다른 모습을 보여주고 있는 것과 같은 것이다. 지금 그의 책을 놓고 본다면 어찌 진실로 그렇지 않겠는가?

내 생각으로는 사마천의 글짓는 법을 배우려 한다면 먼저 그의 유람을 공부하여야 될 것 같다. 유람을 배울 줄 모르면서 기특한 것만을 채취하여 종이를 펴고 붓을 들어 썩어빠진 것들을 얽어놓는다면 곧 그가 늘 하던 대로의 글이나 짓게 된다.

옛날 공손씨(公孫氏)는 칼춤을 잘 추었는데 붓글씨를 공부하던 사람이 그것을 보고 터득하여 신묘한 경지를 이루었고, 포정씨(包丁氏)는 소 잡는 칼을 잘 썼는데 양생(養生)을 하려던 사람이 그것을 보고 터득하여 그 묘도(妙道)에 이르게 되었다. 일은 본시 다른 것이나 그 종류에 따라 서로 감지(感知)하는 게 있는 것은 그 뜻이 같기 때문인 것이다.

지금 천하에서 특이한 경관에 발길을 끊고 가보지 않는 것이 옛날과 무엇이 다르겠는가? 그대는 과연 나를 위하여 유람하는 사람이 되겠는가? 나는 그대를 두고 보고자 한다. 취하여 술잔을 들고서 강남 오월(吳越) 땅의 맑은 바람을 삼킬 수가 있고, 칼을 어루만지며 긴 휘파람 불면서 연(燕)·조(趙)·진(秦)·농(隴)의 강한 기운을 마실 수 있어야만 한다.

그렇게 한 뒤에 돌아와 글을 짓고 책을 엮는다면 그대가 사마천을 두려워하겠는가, 사마천이 그대를 두려워하겠는가? 그러지 아니하고 종잇조각을 놓고서 아침에 읊고 저녁에 외운다 하더라도 나는 소득이 없으리라 믿고 있다."

원문 予友^①蓋邦式이 嘗爲予言하되 ^②司馬子長之文章이 有奇偉氣
여우 갑방식 상위여언 사마자장지문장 유기위기

하니 切^③有志於斯文也라. 子其爲説以贈我하라.
절 유지어사문야 자기위설이증아

予謂子長之文章不在書하니 學者每以書求之면 則終身不知其
여위자장지문 장부재서 학자매이서구지 즉종신부지기

奇리라. 予有史記一部하니 在名山大川壯麗可怪之處를 將與子
기 여유사기일부 재명산대천장려가괴지처 장여자

^④周遊而歷覽之면 ^⑤庶幾乎可以知此文矣리라.
주유이력람지 서기호가이지차문의

子長平生喜遊하여 方少年自負之時에 足迹不肯一日休니 非
자장평생희유 방소년자부지시 족적불긍일일휴 비

^⑥直爲景物役也라. 將以盡天下之大觀하여 以助吾氣하고 然後吐
직위경물역야 장이진천하지대관 이조오기 연후토

而爲書라.
이위서

今於其書觀之면 則平生之所嘗遊者가 皆在焉이라. 南^⑦浮長
금어기서관지 즉평생지소상유자 개재언 남부장

淮하고 ^⑧泝大江하여 見狂瀾驚波와 陰風怒號하여 逆走而橫擊이
회 소대강 견광란경파 음풍노호 역주이횡격

라. 故其文奔放而^⑨浩漫이라.
고기문분방이 호만

望^⑩雲夢洞庭之陂와 ^⑪彭蠡之瀦가 ^⑫涵混太虛하고 ^⑬呼吸萬壑
망 운몽동정지피 팽려지저 함혼태허 호흡만학

而不見^⑭介量이라. 故로 其文^⑮渟滀而淵深이라.
이불견 개량 고 기문 정축이연심

見^⑯九疑之邈綿과 ^⑰巫山之嵯峨와 ^⑱陽臺朝雲과 ^⑲蒼梧暮煙이
견 구의지막면 무산지차아 양대조운 창오모연

⑳態度無定하여 ㉑靡曼綽約하니 春粧如濃이오 秋飾如薄이라. 故로
태도무정　　　미만작약　　춘장여농　　추식여박　　　고

其文㉒妍媚而蔚紆라.
기문 연미이울우

泛㉓沅渡湘하여 弔㉔大夫之魂하고 悼㉕妃子之恨하니 ㉖竹上猶
범　원도상　　조 대부지혼　　도 비자지한　　　죽상유

有斑斑이오 而不知㉗魚腹之骨尚㉘無恙乎아? 故로 其文感憤而傷
유반반　　이부지 어복지골상 무양호　　고　기문감분이상

激이라.
격

北過㉙大梁之墟하여 觀㉚楚漢之戰場에 想見㉛項羽之喑啞와
북과 대량지허　　　관 초한지전장　　상견 항우지음아

㉜高帝之慢罵에 龍跳虎躍이오 千兵萬馬와 大弓長戟이 俱遊而
고제지만매　　용도호약　　천병만마　　대궁장극　구유이

齊呼라. 故로 其文雄勇猛健하여 使人㉝心悸而膽慄이라.
제호　　고　기문웅용맹건　　　사인 심계이담률

世家㉞龍門하여 念神禹之鬼功하고 ㉟西使巴蜀하여 跨㊱劍閣之
세가 룡문　　　염신우지귀공　　　서사파촉　　　과 검각지

鳥道요 上有摩雲之崖나 不見㊲斧鑿之痕이라. 故로 其文㊳斬截峻
조도　상유마운지애　불견 부착지흔　　　고　기문 참절준

拔而不可援躋라.
발 이불가원제

㊴講業齊魯之都하여 觀夫子之遺風하며 ㊵鄉射鄒嶧하고 彷徨乎
강업제노지도　　　도부자지유풍　　　향사추역　　　방황호

㊶汶陽洙泗之上이라. 故로 其文典重溫雅하여 有似乎正人君子之
문양수사지상　　　고　기문전중온아　　　유사호정인군자지

容貌라.
용모

凡天地之間萬物之變이 可驚可愕하고 可以娛心하고 使人憂使
범천지지간만물지변　가경가악　　　가이오심　　　사인우사

人悲者를 子長盡取而爲文章이라. 是以로 變化出沒하여 如㊷萬象
인비자 자장진취이위문장　　　시이　변화출몰　　　여 만상

供四時而無窮이라. 今於其書而觀之면 豈不信哉아?
공사시이무궁　　　금어기서이관지　기불신재

予謂欲學子長之爲文인댄 先學其遊可也라. 不知學遊以⁴³采奇
여위욕학자장지위문　　선학기유가야　　부지학유이　채기

하고 而欲⁴⁴操觚弄墨하여 ⁴⁵組綴腐熟者는 乃其⁴⁶常常耳라.
이욕 조고롱묵　　조철부숙자　내기　상상이

昔⁴⁷公孫氏가 善舞劍而學書者得之하여 乃入於神하고 ⁴⁸庖丁
석　공손씨　선무검이학서자득지　내입어신　포정

氏가 善操刀而養生者得之하여 乃極其妙라. 事固有殊로되 類而
씨　선조도이양생자득지　내극기묘라　사고유수　유이

相感者는 其意同故也라.
상감자　기의동고야

今天下之⁴⁹絶蹤詭觀이 何以異於昔이리오? 子果能爲我遊者乎
금천하지 절종궤관　하이이어석　자과능위아유자호

아? 吾欲觀子矣로라. 醉把杯酒하여 可以呑江南⁵⁰吳越之淸風하고
오욕관자의　취파배주　가이탄강남 오월지청풍

拂劍長嘯하여 可以吸⁵¹燕趙秦隴之勁氣라.
불검장소　가이흡 연조진농지경기

然後歸而治文著書면 子畏子長乎아? 子長畏子乎아? 不然⁵²斷
연후귀이치문저서　자외자장호　자장외자호　불연 단

編敗冊으로 朝吟而暮誦之면 吾不知所得矣로다.
편패책　조음이모송지　오부지소득의

주해　① 蓋邦式(갑방식)－작자 마존(馬存)의 친구. 자세한 것은 알 수 없다.

② 司馬子長(사마자장)－서한(西漢)의 사마천(司馬遷). 자장은 그의 자. 유
명한 《사기(史記)》의 저자임.

③ 有志於斯文(유지어사문)－이 글에 뜻이 있다. 곧 사마천의 문장을 배우려
는 뜻이 있다는 뜻.

④ 周遊(주유)－두루 여행하는 것. ○歷覽(역람)－여러 가지를 모두 보는 것.

⑤ 庶幾乎(서기호)－아마도 ～하리라, 거의 ～할 것이다.

⑥ 直(직)－다만. 지(只)와 같은 뜻. ○爲景物役(위경물역)－경치와 풍물에
부림을 당하다. 경치와 풍물을 구경하고 즐기려 여행함을 뜻한다.

⑦ 浮(부)－배를 띄우다. ○長淮(장회)－긴 회수(淮水). 회수는 하남성(河南
省)에서 시작 안휘(安徽)·강소(江蘇) 두 성의 북부를 거쳐 바다로 흘러

드는 큰 강물임.

⑧ 泝(소)-강물을 거슬러 올라가는 것. ㅇ大江(대강)-큰 강수(江水). 강은
장강(長江) 또는 양자강(揚子江)이라 부르는 중국 최대의 강 이름임.

⑨ 浩漫(호만)-물이 넓고 큰 모양.

⑩ 雲夢(운몽)-대몽(大夢)이라고도 하며, 지금의 호북성(湖北省)의 장강(長
江)을 끼고 남북으로 각각 있던 큰 두 호수를 중심으로 한 옛날의 큰 택
수(澤藪) 이름. 지금은 큰 호수가 메워져 조호(曹湖)·홍호(洪湖) 등 수
십 개의 작은 호수들이 그 자리에 남아 있다. ㅇ洞庭(동정)-호남성(湖南
省) 경계에 있는 큰 호수 이름. 상수(湘水)·원수(沅水) 등의 강물이 모
여들어 이루어진 것임. ㅇ陂(파)-언덕. 방축.

⑪ 彭蠡(팽려)-지금의 파양호(鄱陽湖). 강서성(江西省) 북쪽 경계에 있는
큰 호수 이름. ㅇ瀦(저)-물이 고이는 것.

⑫ 涵混(함혼)-많은 물이 질펀한 모양. ㅇ太虛(태허)-하늘. 태공.

⑬ 呼吸(호흡)-여기서는 바람이 오락가락 부는 것. ㅇ萬壑(만학)-여러 골
짜기. 모든 골짜기.

⑭ 介量(개량)-개는 물건의 한계. 양은 물건의 윤곽.

⑮ 渟滀(정축)-많은 물이 모인 것. ㅇ淵深(연심)-물이 깊은 것. 못이 깊은 것.

⑯ 九疑(구의)-창오산(蒼梧山)이라고도 부르며, 호남성 영원현(寧遠縣)에
있다. 구의산 아래 순(舜)의 무덤이 있다는 창오의 들판이 있다. ㅇ邈綿
(막면)-아득한 것. 멀리 있는 것.

⑰ 巫山(무산)-사천성(四川省) 무산현(巫山縣) 동남쪽에 있다. 옛날 초(楚)
나라 양왕(襄王)이 고당(高唐)에 놀러 나왔다가 꿈에 무산의 선녀들과 즐
겼다는 전설이 있어 유명하다(宋玉《高唐賦》). ㅇ嵯峨(차아)-가파르게
산이 솟아 있는 모양.

⑱ 陽臺(양대)-사천성 무산현 근처에 있는 산 이름. 송옥(宋玉)의《고당
부》서에 '아침마다 저녁마다 양대 아래 있다'는 말이 있어, 후에는 남녀
가 성교하는 장소를 양대라 부르게 되었다. ㅇ朝雲(조운)-무산의 선녀
가 초나라 양왕과 헤어지면서 자신의 정체는 '아침에는 동쪽 하늘의 구
름이 되어 떠있고, 저녁에는 서쪽 하늘의 비가 되어 내리는 것'이라 대

답하였다 한다.

⑲ 蒼梧(창오)-앞에 나온 구의산의 별명. 옛날 순(舜)임금이 순수(巡狩)를 하다 그 아래 창오지야(蒼梧之野)에서 죽었다는 전설이 있다.

⑳ 態度(태도)-모양. 형태.

㉑ 靡曼(미만)-부드럽고 약한 모양. 섬세하고 윤택이 있는 것. ㅇ綽約(작약)-아름다운 모양. 고운 모양.

㉒ 姸媚(연미)-아름답고 사랑스러운 것. ㅇ蔚紆(울우)-성대한 모양. 굉장한 모양.

㉓ 沅(원)-상수(湘水)와 함께 앞에 보인 동정호로 흘러들어가는 강물 이름.

㉔ 大夫(대부)-전국시대 초(楚)나라 삼려대부(三閭大夫)를 지낸 굴원(屈原)을 가리킴. 그는 양왕(襄王)에게 쫓겨나 강남 땅을 돌아다니다가 동정호 근처 멱라수(汨羅水)에 투신자살하였다.

㉕ 妃子(비자)-순(舜)임금의 부인 아황(娥皇)과 여영(女英)을 가리킴. 그들은 순임금을 기다리다 남편이 죽고 돌아오지 않자 물의 여신이 되었다 한다.

㉖ 竹(죽)-대나무. 순의 두 부인이 남편이 돌아오지 않자 울면서 뿌린 눈물이 그곳 대나무에 묻어 유명한 소수(瀟水)와 상수(湘水) 가에 많이 나는 반죽(斑竹)이 되었다 한다. ㅇ斑斑(반반)-무늬가 얼룩얼룩한 모양.

㉗ 魚腹之骨(어복지골)-굴원의 몸 뼈를 가리킨다. 굴원은 멱라수에 투신하여 물고기밥이 되었을 것이기 때문이다.

㉘ 無恙(무양)-무고한 것. 별 탈이 없는 것.

㉙ 大梁(대량)-지금의 하남성(河南省) 개봉현(開封縣). 전국시대 위(魏)나라 혜왕(惠王)이 이곳으로 도읍을 옮겼고, 진시황(秦始皇) 때 왕분(王賁)이 위나라를 공격하면서 황하의 물을 대량으로 끌어들여 그 성을 무너뜨려 유명하다. ㅇ墟(허)-옛 성터.

㉚ 楚漢(초한)-진(秦)나라 말엽에 천하를 두고 싸웠던 항우(項羽)의 초나라와 유방(劉邦)의 한나라.

㉛ 項羽(항우)-이름은 적(籍), 자가 우임. 힘이 장사였고, 뒤에 진(秦)나라 함양(咸陽)도 불태운 뒤 서초패왕(西楚覇王)이라 자칭하였다. 그러나, 한

(漢)나라 군사에게 해하(垓下)에서 패전하여 자결하고 말았다. ㅇ喑啞(음
아)―목쉰 소리를 지르는 것.

㉜ 高帝(고제)―한(漢)나라 유방. 항우를 쳐부수고 천하를 통일하여 한나라
를 세워 고조(高祖)가 되었는데 고제라고도 부른다. ㅇ慢罵(만매)―마음껏
꾸짖고 욕하는 것.

㉝ 心悸(심계)―심장이 떨리는 것. ㅇ膽慄(담률)―쓸개가 떨리다. 곧 간담이
서늘해지는 것.

㉞ 龍門(용문)―산서성(山西省) 하진현(河津縣) 서북쪽과 섬서성(陝西省)
한성현(韓城縣) 동북쪽의 황하가 양편 절벽 사이로 급류를 이루며 흐르는
곳. 본시 산이었는데 옛날 우(禹)가 황하 물을 다스리기 위하여 이 산을
뚫고 황하를 흐르게 한 것이라 한다. 그리고 물고기들이 이곳을 거슬러
올라가면 용이 된다는 전설도 있다.

㉟ 西使巴蜀(서사파촉)―파촉은 지금의 사천성(四川省). 사마천은 젊어서
낭중(郎中)이 된 뒤 곧 무제(武帝)의 명으로 서쪽 파촉 땅에 사신으로
갔다.

㊱ 劍閣(검각)―사천성 검각현(劍閣縣) 북쪽 대소의 검산(劍山) 사이에 난
유명한 사다리길로 검문관(劍門關)이라고도 부른다. ㅇ鳥道(조도)―나는 새
나 넘을 수 있을 듯한 험난한 고갯길.

㊲ 斧鑿(부착)―도끼로 깎고 끌로 쪼아 내는 것.

㊳ 斬截(참절)―칼로 싹 자르는 것. ㅇ峻拔(준발)―높이 빼어난 것. ㅇ援躋
(원제)―부여잡고 올라가는 것.

㊴ 講業(강업)―학업을 닦는 것. ㅇ齊魯(제로)―제나라와 노나라. 공자와 맹
자가 태어난 곳으로 유학(儒學)의 중심지를 뜻함.

㊵ 鄕射(향사)―옛날 사례(射禮) 중의 하나. 고을[州]의 우두머리가 봄·가
을로 고을 사람들을 모아 고을 학교에서 활쏘기 의식을 행하던 것《儀禮》
鄕射禮). ㅇ鄒嶧(추역)―산동성(山東省) 추현(鄒縣)에 있는 산 이름. 맹자
가 그 아래 추 땅에서 출생하였다.

㊶ 汶(문)―산동성에 흐르고 있는 강 이름. 태산(泰山)을 중심으로 문수라
불리우는 강물이 여러 갈래 있는데, 사수(泗水) 동남쪽을 흐르는 동문하

(東汶河)를 가리킬 것이다. ㅇ洙(수)－수수(洙水). 산동성 경계를 흘러와 곡부현(曲阜縣) 북쪽에서 사수(泗水)와 합쳐지는 사수의 지류. ㅇ泗(사)－사수. 산동성 사수현(泗水縣)에서 시작되어 곡부를 거쳐 회수(淮水)에 합쳐지는 강 이름. 사수(泗洙)는 공자의 고향을 대변하는 말로도 쓰인다.

㊷ 萬象(만상)－온갖 자연의 현상. ㅇ供四時(공사시)－사철을 뒷받침해 주다. 사철의 변화에 따라 변화함을 뜻한다.

㊸ 采奇(채기)－기특함을 채택하다. 문장의 기특함만을 추구하는 것.

㊹ 操觚(조고)－대쪽을 잡다. 옛날에는 종이가 없어 대쪽에 글을 썼으므로, 여기서는 종이를 다루는 것을 뜻한다. ㅇ弄墨(농묵)－먹을 희롱하다. 붓으로 먹물을 찍어 글씨를 쓰는 것을 가리킨다.

㊺ 組綴(조철)－엮고 얽는 것. 얽고 이어놓는 것. ㅇ腐熟(부숙)－썩어빠진 것. 푹 썩은 것.

㊻ 常常(상상)－늘 하던 대로의 모임.

㊼ 公孫氏(공손씨)－당(唐)나라 현종(玄宗) 때 칼춤을 잘 추던 공손대낭(公孫大娘). 장욱(張旭)은 초서(草書)를 잘 써서 유명했는데, 언젠가 업현(鄴縣)에서 공손대낭의 서하검기(西河劍器)라는 칼춤 추는 것을 보고 묘리를 터득하여, 초서 글씨가 입신(入神)의 경지에 이르렀다 한다(杜甫 〈觀公孫大娘弟子舞劍器行〉 序).

㊽ 庖丁氏(포정씨)－《장자(莊子)》 양생주(養生主)편에 나오는 소를 잡는 백정. 그는 춤을 추는 듯한 동작으로 칼날을 조금도 상하지 않고 소를 가벼이 해체하였는데, 문혜군(文惠君)이 그 소 잡는 모습을 보고서 양생(養生)의 묘법을 터득했다 한다.

㊾ 絶蹤(절종)－발길을 끊는 것. ㅇ詭觀(궤관)－특이한 경관. 빼어난 자연의 경치.

㊿ 吳越(오월)－지금의 강소성(江蘇省)을 중심으로 한 지역의 오나라와 절강성(浙江省)을 중심으로 한 지역의 월나라.

(51) 燕趙秦隴(연조진농)－연은 지금의 하북성(河北省)을 중심으로 한 나라. 조는 산서성(山西省)을 중심으로 한 나라. 진은 섬서성(陜西省)을 중심으로 한 나라. 농은 감숙성(甘肅省)을 중심으로 한 지역. 옛부터 전쟁이 잦

던 중국의 서북부지방을 가리킴.
52 斷編敗册(단편패책)－끊어진 대쪽을 얽어매던 끈과 깨어진 대쪽. 여기서
는 종잇조각을 가리킴.

(해설) 작자인 마존(馬存)이 친구 갑방식(蓋邦式)에게 써 보낸 사마천(司馬
遷)의 개성적인 문장을 논한 글이다.

그는 특히 사마천의 문장이 기특하고 빼어난 것은 그가 일찍이 나라
안 여러 곳을 유람하면서 여러 가지 특이한 자연경관을 구경하며 자신의
기상을 키웠기 때문이라 하고 있다. 자연 유람을 통하여 얻어진 기특하고
광대한 기상은 결국 그가 글을 지으면 그의 문장에 그대로 나타나게 마
련이라는 것이다. 곧 마존은 좋은 글을 짓기 위한 전제로서 여러 가지 자
연의 무수한 변화를 직접 경험하여 큰 기상을 기를 것을 권하고 있는 것
이다.

가장고연명(家藏古硯銘)

당경(唐庚)

　벼루와 붓과 먹은 기(氣)가 같은 동류의 것들이다. 나아가고 들어앉아 처신하는 것이 서로 비슷하고, 쓰이어 일을 맡아하거나 사람들에게 사랑을 받고 대우를 받는 것도 서로 비슷하다. 다만 오래 살고 빨리 죽는 것만은 서로 비슷하지 않다. 붓의 수명은 일수(日數)로 헤아리고, 먹의 수명은 월수(月數)로 헤아리며, 벼루의 수명은 몇대로 헤아린다. 그러한 까닭은 무엇인가?

　그 몸뚱이 생김을 보면, 붓은 가장 날카롭게 생겼고, 먹이 그 다음이며 벼루는 둔하게 생겼다. 어찌 둔하게 생긴 것은 수명이 길고 날카롭게 생긴 것은 수명이 짧은 것이 아니겠는가? 또 그 쓰임을 보면 붓은 가장 많이 움직이고, 먹이 그 다음이며, 벼루는 조용히 움직이지 않는다. 어찌 고요하게 있는 것은 수명이 길고 움직이는 것은 수명이 짧은 것이 아니겠는가? 나는 여기에서, 양생(養生)의 법을 터득하였다. 둔한 것으로써 몸을 삼고 고요한 것으로써 쓰임을 삼으면 되는 것이다.

　어떤 사람은

　"오래 살고 일찍 죽는 것은 운명이다. 몸이 둔하고 날카롭거나, 움직이고 고요히 있는 것에 제어되는 것이 아니다."

고 말한다. 가령 붓이 날카롭게 생기지 않고 움직이지 않는다 하더라도, 나는 그것이 벼루와 같이 오래갈 수는 없다는 것을 안다. 비록 그렇다 하더라도 이렇게 벼루처럼 둔하고 고요해야지 저렇게 붓처럼 날카롭게 움직여서는 안되는 것이다.

　벼루에 다음과 같은 명(銘)을 쓴다.

　"날카롭지 못해서 둔한 것을 몸으로 삼고, 움직이지 못해서 고요함으로 쓰임을 삼는다. 다만 그렇게 함으로써 수명을 영원히 할 수 있는 것이다."

(원문) ①硯與筆墨은 蓋②氣類也라. ③出處相近하고 任用④寵遇相近
　　　　연여필묵　개 기류야　　　출처상근　　임용 총우상근

也로되 獨⑤壽夭不相近也라. 筆之壽는 以日計요 墨之壽는 以月
야　　독 수요불상근야　　필지수　이일계　　묵지수　　이월

計요 硯之壽는 以⑥世計라. 其故何也오?
계　연지수　이 세계　기고하야

　其爲體也筆最銳하고 墨次之하고 硯鈍者也라. ⑦豈非鈍者壽而
　기위체야필최예　　묵차지　　연둔자야　　기비둔자수이

銳者夭乎아? 其爲用也筆最動하고 墨次之하고 硯靜者也라. 豈非
예자요호　기위용야필최동　　묵차지　　연정자야　　기비

靜者壽而動者夭乎아? 吾於是得⑧養生焉어라. 以鈍爲體하고 以
정자수이동자요호　오어시득 양생언　　이둔위체　　　이

靜爲用이니라.
정위용

　或曰；壽夭⑨數也니 非鈍銳動靜所⑩制라. ⑪借令筆不銳不動
　혹왈　수요 수야　비둔예동정소 제　　차령필불예부동

이라도 吾知其不能與硯久遠矣로라. 雖然이나 ⑫寧爲此언정 勿爲
　　　　오지기불능여연구원의　　수연　　영위차　　물위

彼也니라.
피 야

　銘曰；不能銳니 因以鈍爲體하고 不能動이니 因以靜爲用이로
　명왈　불능예　인이둔위체　　　불능동　　인이정위용

다. 惟其然이니 是以能⑬永年이로다.
　유기연　　시이능 영년

(주해) ① 硯與筆墨(연여필묵)―벼루와 붓과 먹. 연(硯)・필(筆)・지(紙)묵

(墨)을 문방사우(文房四友)라 한다.

② 氣類(기류)-기(氣)는 기운. 유(類)는 동류의 뜻.

③ 出處(출처)-출은 관계(官界)에 나와서 벼슬하는 것. 처(處)는 벼슬을 하
  지 않고 자기의 처소에 있는 것. 여기서는 벼루·붓·먹이 나아가 일을
  할 때와 들어앉아 있을 때를 뜻함.

④ 寵遇(총우)-사랑받고 대우받는 것.

⑤ 壽夭(수요)-명(命)의 길고 짧음. 수는 오래 사는 것. 요는 일찍 죽는 것.

⑥ 世(세)-옛날에는 30년을 1세라고 했다. 인간의 1대를 '세(世)'라 하기도
  한다.

⑦ 豈非(기비)~乎(호)-'어찌 ~하지 않겠는가?' 기(豈)는 강조의 뜻을 나
  타내는 말.

⑧ 養生(양생)-생명을 잘 기르고 보존하는 것.

⑨ 數(수)-운명·운수.

⑩ 制(제)-제어되다.

⑪ 借令(차령)-가령(假令).

⑫ 寧爲此勿爲彼(영위차물위피)-차라리 이렇게 할지언정 저렇게 하지는 않
  음. 벼루의 둔하고 고요한 것을 본받고, 붓의 날카롭고 부지런히 움직이는
  것은 따르지 않겠다는 뜻이다.

⑬ 永年(영년)-오랜 세월. 수명이 오래 가는 것.

(해설) 옛부터 문방사우(文房四友)라 하여 선비의 집에는 종이·붓·먹·벼
루[紙·筆·墨·硯]가 있게 마련이다. 그 중 붓은 상하기 쉽고 먹은 잘
닳아져 없어지지만, 벼루만은 몇 세대를 전해져 내려오는 것이다.
  작자 당경(唐庚)은 이들 붓과 먹·벼루를 보고서, 세상에서의 처세법이
나 양생법(養生法) 등에 생각이 미친 것이다. 그래서, 늘 명심하여 교훈
으로 삼을 일을 써서 〈고연명(古硯銘)〉이라 한 것이다. 곧 모나지 않고
너무 심히 움직이지 않음으로써 양생법을 삼겠다는 것이다.

상석시랑서(上席侍郞書)

당경(唐庚)

제가 학교의 직원으로 근무한 지 이제 3년이 됩니다. 동료들 가운데에서 나이는 가장 늙어 많지만 문장과 학문은 가장 천박하고 학생들을 교육하고 이끌어주는 방법도 가장 졸렬합니다. 그러나 직책을 그만두고 떠나지 못하고 있는 것은 바로 책임진 분이 중히 여겨 주고 있기 때문입니다.

지금 각하께서 조정으로 돌아가면 아침저녁으로 크게 쓰이어 정권을 맡는 사람이 되어 재상도 되고 공경(公卿)도 되고 사부(師傅)도 될 것인데, 이는 진실로 문하 소생들이 그렇게 되심을 듣기 바라는 일입니다. 그러나 외롭고 작은 관리인 제가 갑자기 의지하던 곳을 빼앗기게 되니, 이제 가슴속에 불안함이 없을 수가 없게 되었습니다.

밤낮으로 만의 하나라도 은덕에 보탬이 되고 보답할 수 있게 되기를 생각하며 추구하였으나, 서생의 처지로서는 다른 재주라고는 없기에, 옛사람에게서 터득한 것을 드러내려고 하니, 각하께서 헤아려 가려주시기 바랍니다.

저는 처음 공부를 시작하고 시국에 관한 일에 익숙치 않았을 적에는 옛날의 성현들 모두가 반드시 공명을 세웠던 것이라 생각했었습니다. 그 뒤로 세상의 경험을 더욱 깊이 하고 일의 경험도 더욱 많이 하고, 이전 시대의 경전과 역사를 연구하여 그 시말(始末)을 더욱 잘 보고 나서야 곧, 옛사람들의 마음이 본시 그러하지 않음을 알게 되었습니다.

배는 험난한 물을 만나야 공로가 드러나게 되고, 촛불은 밤을 만나야 공로가 드러나게 되고, 약은 병을 만나야 공로가 드러나게 되고, 물푸는 용두레는 가뭄을 만나야 공로가 드러나게 되고, 창·쇠뇌·칼과 갈래진 창·임거(臨車)·충거(衝車)·투구는 전쟁을 만나야 공로가 드러나게 됩니다.

모든 사물의 공로가 드러나는 것은 모두 자기 홀로의 힘만으로 얻어지는 것이 아닙니다. 용과 뱀이 뒤섞여 있으면서 장마를 지게 하여 우(禹)가 공로를 세우게 되었고, 풀과 나무가 가리고 막히도록 자라서 익(益)이 공로를 세우게 되었으며, 백성들이 곡식을 먹을 줄 몰라서 직(稷)은 공로를 세우게 되었고, 천리(天理)와 인륜이 거꾸로 되고 차례를 잃어 설(契)이 공로를 세우게 되었으며, 오랑캐들과 도둑들이 기율을 범하고 다스림을 어지럽히어 고요(皐陶)가 공로를 세우게 되었던 것입니다.

이 후대의 일도 이루 다 열거할 수가 없는 정도입니다. 그러나 모두가 때로 말미암아 공로를 세웠던 것이니 성현들의 본뜻이 아니었던 것입니다. 이척(伊陟)과 신호(臣扈)와 무함(巫咸)은 은(殷)나라 태무(太戊)왕의 재상이 되어 별다른 특출한 공로는 없었지만 하나님께 감통(感通)케 하여 왕실을 잘 다스린 공이 있었으며, 무현(巫賢)과 감반(甘盤)과 부열(傅說)은 조을(祖乙)왕과 무정(武丁)왕의 재상이 되어 공을 세웠다는 말은 듣지 못했지만 상(商)나라를 보전하고 다스린 공이 있었으며, 군진(君陳)은 성왕(成王)의 재상이 되고 필공(畢公)은 강왕(康王)의 재상이 되어 그들 자신의 공은 세우지 않았으나 주공(周公)의 유업(遺業)을 계승한 공로가 있었던 것입니다.

후세에는 공로가 드러나는 것만이 공로가 있는 것으로 알고 공로가 드러나지 않는 것에도 공로가 있음은 알지 못하고 있으니, 올바른 도리에서 이미 멀어졌기 때문입니다. 심지어 성현들께서도 공명에 마음이 있었다고 말하는 것은 성현에 대한 이해가 매우 얕기 때문입니다.

천하는 평화로운 날이 오래되어 기강(紀綱)과 문장이 미세한 것까지도 모두 다 갖추어져서 머리카락만큼도 다하지 않고 편하게 되지 않은 게 없는데, 한 부의 《주례(周禮)》를 모든 행사의 법도로 두루 적용시키되 다만 성(姓)만 희성(姬姓)을 따르지 않으려는 정도입니다. 제 생각으로는 오늘날 마땅히 옛 법도만을 유지하고 따르면 되지 다시 법도를 늘이고 넓히어 마련해 놓아서는 안될 것 같습니다.

관청에서 노래하고 소리지르는 자를 따지지 말 것이며, 수레 깔개에 취하여 토하는 자를 쫓아내지 말 것이며, 자기 의견을 설득시키고자 하는 손님이 왔을 적에는 진국 술을 마시게 하고는 듣지 말 것이며, 선비를 가려 씀에 있어서는 대체적인 것에 통하고 옛뜻을 알고 있는 사람을 취하여 쓸 것 같으면, 비록 공을 세우지 못한다 하더라도 공로가 그 가운데 있게 될 것입니다. 제가 옛사람들에게서 터득한 것이 이와 같은 것인데 합당한 것인지 아닌지는 알지 못하겠습니다.

각하께서 만약 그렇다고 여기신다면 돌아가셔서 하승상(何丞相)을 뵙고서 그에게도 이러한 말씀을 알려주십시오.

원문 某①備員學校가 三載于此라. 在②輩流中에 年齒最爲老大나 ③詞氣學術이 最爲淺陋하고 敎養訓導之方이 最爲④疎拙이라. 所以未卽遂去는 正賴⑤主人以爲重이라.

今閤下還朝하여 曉夕大用하여 爲⑥執政爲宰相⑦爲公爲師니 此誠門下小子之所願聞이라. 然⑧孤宦小官이 遽奪所依하니 此其胸中에 不能無⑨介然者라.

日夜思慮求所以⑩補報萬一이로되 而書生⑪門戶가 無有它技하

여 因效其所得於古人者하니 惟閤下^⑫裁擇하라.
　　인효기소득어고인자　　유합하　재택

某初讀書時에 未習時事하고 意謂古之聖賢이 ^⑬例須建立功名
모초독서시　미습시사　　의위고지성현　　예수건립공명

이라. 其後^⑭涉世益深하고 ^⑮更事益多하여 ^⑯攷論前代經史에　益
기후　섭세익심　　　경사익다　　고론전대경사　　익

見^⑰首尾하고 乃知古人之心이 本不如此라.
견　수미　　내지고인지심　본불여차

舟遇險則有功이오 燭遇夜則有功이오 藥遇病則有功이오 ^⑱桔
주우험즉유공　촉우야즉유공　　약우병즉유공　　길

槹遇旱則有功이오 戈弩劍戟^⑲臨衝兜鍪는 遇戰鬪則有功이라.
고우한즉유공　과노검극 임충두무 우전투즉유공

凡物有功이 悉非^⑳得己라. ^㉑龍蛇雜處而禹有功하고 ^㉒草木障
범물유공　실비 득기　　용사잡처이우유공　　초목장

塞而益有功하고 民不粒食而^㉓稷有功하고 天理人倫이 顚倒失次
색이익유공　민불입식이　직유공　　천리인륜　전도실차

而^㉔契有功하고 夷蠻賊寇가 ^㉕干紀亂治而皐陶有功이라.
이　설유공　　이만적구　간기란치이고요유공

自此以降으로 不可勝擧라. 然皆因時立功이니 非聖賢本意라.
자차이강　불가승거　연개인시입공　　비성현본의

^㉖伊陟信扈巫咸이 相^㉗太戊하여 無它奇功하고 以^㉘格上帝乂王家
이척신호무함　상 태무　　무타기공　이 격상제예왕가

爲功하며 ^㉙巫賢甘盤傅説이 相^㉚祖乙相武丁하여 不聞有功이오
위공　무현감반부열　상 조을상무정　　불문유공

以^㉛保乂有商爲功하며 ^㉜君陳相成王하고 ^㉝畢公相康王하여 不自
이 보예유상위공　군진상성왕　필공상강왕　　부자

立功이오 以循周公之業爲功이라.
립공　이순주공지업위공

後世知有功之爲功이오 而不知無功之爲功이니 其去道已遠이
후세지유공지위공　　이부지무공지위공　　기거도이원

라. 至謂聖賢有心於功名은 其^㉞探聖賢亦淺矣라.
지위성현유심어공명　기 탐성현역천의

天下承平日久하여 綱紀文章이 ^㉟纖悉備具하여 無有毫髮未盡
천하승평일구　강기문장　섬실비구　　무유호발미진

未便이어늘 一部^㊱周禮擧行略遍이오 但不姓^㊲姬耳라. 竊謂今日에
미 편 　 일 부 　주 례 거 행 략 편 　단 불 성 　희 이 　 절 위 금 일

正當持循法度요 不宜復有^㊳增廣建置라.
정 당 지 순 법 도 　불 의 부 유 　증 광 건 치

^㊴歌呼於吏舍者勿問하며 醉吐於^㊵車茵者勿逐하며 客至欲有
가 호 어 리 사 자 물 문 　 취 토 어 　거 인 자 물 축 　 객 지 욕 유

所開説者는 飮以^㊶醇酒勿聽하고 擇士唯取^㊷通大體知古誼者用
소 개 설 자 　음 이 　순 주 물 청 　　택 사 유 취 　통 대 체 지 고 의 자 용

之면 雖不立功이나 功在其中矣라. 某之所得於古人者如此니 不
지 　수 불 립 공 　　공 재 기 중 의 　　모 지 소 득 어 고 인 자 여 차 　부

知其當否也로라.
지 기 당 부 야

閣下倘以爲然이어든 歸見^㊸何丞相하고 其亦以此説告之하라.
합 하 당 이 위 연 　　귀 견 　하 승 상 　　기 역 이 차 설 고 지

주해 ① 備員(비원)—직원으로 끼이다. 직원이 되다.

② 輩流(배류)—동류. 동료.

③ 詞氣(사기)—문사의 기세. 여기서는 그대로 글짓는 솜씨를 뜻한다.

④ 疎拙(소졸)—소원하고 졸렬한 것.

⑤ 主人(주인)—주관하는 사람. 여기서는 학교의 책임자를 가리키며, 그는 바로 석시랑(席侍郎)임.

⑥ 執政(집정)—정권을 잡는 것. 정사를 책임지는 것.

⑦ 爲公(위공)—공이 되다. 공경(公卿)이 되다. ○爲師(위사)—사부(師傅)가 되다. 옛날에는 태사(太師)·태부(太傅)·소사(少師)·소부(少傅) 등의 벼슬이 있었다.

⑧ 孤宦(고환)—외로운 관리.

⑨ 介然(개연)—불안한 모양.

⑩ 補報(보보)—보충해주고 보답하는 것(은혜 등에).

⑪ 門戶(문호)—문. 집. 집안. 자기와 어울리는 사람들.

⑫ 裁擇(재택)—헤아려 채택하는 것.

⑬ 例(예)—모두.

⑭ 涉世(섭세)-세상일들을 경험하는 것.

⑮ 更事(경사)-일에 대하여 경험을 쌓는 것.

⑯ 攷論(고론)-고구(考究)하다. 연구하다.

⑰ 首尾(수미)-처음과 끝. 시말(始末).

⑱ 桔橰(길고)-용두레. 물을 퍼 올리는 데 쓰는 기계.

⑲ 臨衝(임충)-임거(臨車)와 충거(衝車). 임거는 높은 위치에서 성을 공격할 수 있도록 고안된 전차이고, 충거는 성벽을 부수는 데 쓰는 전차. 모두 성을 공격하는 데 쓰이던 무기임. ○兜鍪(두무)-투구.

⑳ 得己(득기)-자기 홀로의 힘으로 얻어지는 것.

㉑ 龍蛇雜處(용사잡처)-용과 뱀이 뒤섞여 있다. 여기의 뱀은 용의 종류로 구름과 안개를 일으킨다는 등사(螣蛇)로 보아야 할 것이다. 그리고 용과 등사가 뒤섞여 있어 서로 비를 많이 오게 하여 장마가 졌음을 뜻한다. ○禹(우)-순(舜)임금의 명으로 천하의 홍수를 다스리어 뒤에 하(夏)나라를 세운 임금이 되었다.

㉒ 草木障塞(초목장색)-풀과 나무가 가리고 막히도록 무성히 자라는 것. ○益(익)-순임금의 신하로 산림과 호수를 다스리는 우(虞)라는 벼슬을 하였다.

㉓ 稷(직)-요(堯)임금의 신하로 백성들에게 농사를 지어 곡식을 먹고사는 법을 지도하였다 한다. 후직(后稷)이라 보통 부르며 주(周)나라의 선조이다.

㉔ 契(설)-순임금 때 백성들의 교육을 담당하는 사도(司徒) 벼슬을 맡았던 사람. 상(商)나라의 선조로 알려져 있다.

㉕ 干紀(간기)-기강 또는 기율을 범하는 것. ○皐陶(고요)-고요(咎繇)로도 쓰며, 순임금의 신하로서 형옥(刑獄)을 관장하는 사(士)의 벼슬을 지냈다.

㉖ 伊陟(이척)-신호(信扈)·무함(巫咸)과 함께 상(商)나라 때의 대부로 모두 태무(太戊)임금의 재상 노릇을 하였다.

㉗ 太戊(태무)-상나라 제7대 임금. 탕(湯)임금의 고손(高孫).

㉘ 格上帝(격상제)-하느님께 감통(感通)케 하는 것. ○乂(예)-다스리다.

㉙ 巫賢(무현)-감반(甘盤)·부열(傅說)과 함께 상(商)나라 대부. 무현은 조

을(祖乙)임금의 재상, 감반과 부열은 무정(武丁)임금의 재상을 지냈다.

㉚ 祖乙(조을)-상나라의 제11대 임금, 태무(太戊)의 손자임. ㅇ武丁(무
정)-상나라 20대 임금. 도읍을 은(殷)으로 옮겼던 반경(盤庚)임금의
조카.

㉛ 保乂(보예)-보전하고 다스리는 것.

㉜ 君陳(군진)-주(周)나라 성왕(成王) 때 재상을 지낸 사람. 주공단(周公旦)
의 아들임. ㅇ成王(성왕)-주(周)나라 제2대 왕으로 무왕(武王)의 아들.

㉝ 畢公(필공)-주나라 강왕(康王)의 신하로 이름은 고(高)임. ㅇ康王(강왕)-
주나라 제3대 왕으로 성왕(成王)의 아들.

㉞ 探(탐)-탐구. 이해.

㉟ 纖悉(섬실)-섬세한 것들 모두 빠짐없이.

㊱ 周禮(주례)-유가(儒家)의 경전 중 이른바 삼례(三禮) 중의 하나. 본시
'주관(周官)'이라 불렀고, 주나라의 정치제도에 대한 기록을 주공(周公)이
쓴 것이라 하나 후세에 이루어진 책임이 분명하다. 송(宋)대에 왕안석(王
安石)은 이《주례》를 바탕으로 하여 신법(新法)을 행하다가 오히려 큰 혼
란만을 불러일으키고 말았다.

㊲ 姬(희)-《주례》의 주체가 되는 주(周)나라의 성이 희(姬)였음.

㊳ 增廣建置(증광건치)-이전의 법도에서 더 늘이고 넓히어 새로운 많은 제
도들을 마련해 놓는 것.

㊴ 歌呼(가호)-노래하고 소리지르는 것. ㅇ吏舍(이사)-일하는 관청.

㊵ 車茵(거인)-수레 깔개.

㊶ 醇酒(순주)-진국 술. 아직 거르지 않은 술.

㊷ 通大體(통대체)-대체적인 것에 통하다. 전체적인 것에 통달하다. ㅇ知古
誼(지고의)-옛뜻을 알다.

㊸ 何丞相(하승상)-송(宋)나라 때의 하율(何栗)을 가리킨다. 그는 휘종(徽
宗) 때 어사중승(御史中丞), 흠종(欽宗) 때 상서우복야(尙書右僕射)를 지
냈다.

해설 이 글은 작자인 당경이 자기 상관이었던 석시랑(席侍郞)이 조정으로

영전되어 갈 적에 올린 글이다. 석시랑은 석익(席益)이란 사람인 듯하나 확실치 않다.

이 글의 요점은 조정에서 벼슬하면서 기발한 새로운 제도를 마련하여 큰 공을 세우려 들지 말고, 옛 법도를 잘 지키며 소리없이 나라를 다스리어 이른바 '무공지공(無功之功)'을 추구할 줄 알아야 한다는 것이다. 이는 왕안석(王安石)이 신법을 마련하여 나라의 정치를 개혁하려다가 오히려 큰 혼란만을 야기시켰던 일을 전제로 하고 있는 것이다. 너무 공로를 세우려 들지 말라는 충고는 지금도 다시 음미해 볼 만한 말인 듯하다.

서낙양명원기후(書洛陽名園記後)

이격비(李格非)

낙양(洛陽)은 천하의 한가운데에 위치하여 효산(殽山)과 면애(黽阨)의 험요(險要)한 땅을 끼고 진(秦)나라와 농서(隴西) 땅의 옷 앞깃과 목구멍에 해당하는 요지에 있으며, 조(趙)나라와 위(魏)나라도 외국과의 교통에 반드시 거쳐야만 할 곳이어서 사방의 나라들이 반드시 다투던 땅이었다. 천하에 다툴 일이 없을 적에는 괜찮았지만 일이 생기기만 하면 낙양은 반드시 먼저 전쟁을 받아들였다. 나는 그래서 언젠가 말하기를,

"낙양이 흥성하고 쇠락하는 것은 천하가 다스려지고 어지러워지는 징후가 된다."

고 했었다.

당(唐)나라 태종(太宗)의 정관(貞觀) 연간이나 현종(玄宗)의 개원(開元) 연간에는 공경(公卿)이나 귀족들 중에 동도(東都)인 낙양에 별저(別邸)를 짓고 집을 마련하는 사람들이 천여 가(家)나 되었다 한다. 그러나 거기에 난리가 닥치고 오대(五代)의 혼란이 이어지자 그곳 저택의 연못과 대나무와 수목들이 전차에 짓밟혀 폐허가 되어 빈 언덕으로 변하고, 높은 정자와 큰 누각도 연기와 불로 타버려 잿더미로 변해 버려, 당나라와 함께 무너지고 함께 망하여 남은 자취도 없어져버린 것이다.

나는 그래서 언젠가 말하기를,

"정원이 흥성하고 괴멸하고 하는 것은 낙양이 흥성하고 쇠락하는 징후

가 된다."

고 했었다.

  그러니 천하가 다스려지고 어지러워지는 것은 낙양이 흥성하고 쇠락하는 징후를 통하여 알 수 있고, 낙양이 흥성하고 쇠락하는 것은 정원들이 흥성하고 괴멸하는 징후를 통하여 터득할 수 있는 것이다. 그러니 〈명원기(名園記)〉의 저작이 내 어찌 부질없는 짓으로 한 것이겠는가?

  아아! 공경대부들이 조정으로 나아가 벼슬함에 있어 모든 것을 자기 개인만을 위주로 하며 자기만을 위하고 천하의 다스림은 잊고 소홀히 한다면, 물러나 이러한 정원을 누리려 한들 되겠는가? 당나라의 말로가 바로 그러했던 것이다.

원문 洛陽處天下之中하여　挾①殽黽之阻하고　當②秦隴之襟喉하며
　　　　낙 양 처 천 하 지 중　　협 효 면 지 조　　　당 진 농 지 금 후

而③趙魏走集하니　蓋四方必爭之地也라.　天下當無爭事則已어니
이 조 위 주 집　　개 사 방 필 쟁 지 지 야　　천 하 당 무 쟁 사 즉 이

와 有事則洛陽必先④受兵이라.　余故嘗曰；洛陽之盛衰者는　天下
　　유 사 즉 낙 양 필 선 수 병　　　여 고 상 왈　　낙 양 지 성 쇠 자　　천 하

治亂之⑤候也라.
치 란 지 후 야

　方唐⑥貞觀開元之間에　公卿貴戚⑦開館列第於東都者가　號千
　　방 당 정 관 개 원 지 간　　공 경 귀 척 개 관 열 제 어 동 도 자　　호 천

有餘邸라.　及其亂離에　繼以⑧五季之酷하여　其池塘竹樹가　兵車
유 여 저　　급 기 란 리　　계 이 오 계 지 혹　　기 지 당 죽 수　　병 거

⑨蹂蹴하여　廢而爲丘墟하고　高亭臺榭가　煙火⑩焚燎하여　化而爲
유 축　　폐 이 위 구 허　　고 정 대 사　　연 화 분 료　　화 이 위

⑪灰燼하여　與唐共滅而俱亡하여　無餘處矣라.
회 신　　여 당 공 멸 이 구 망　　무 여 처 의

　余故嘗曰：⑫園圃之興廢는　洛陽盛衰之候也라.
　　여 고 상 왈　　원 유 지 흥 폐　　낙 양 성 쇠 지 후 야

　且天下之治亂이　候於洛陽之盛衰而知하고　洛陽之盛衰가　候於
　　차 천 하 지 치 란　　후 어 낙 양 지 성 쇠 이 지　　낙 양 지 성 쇠　　후 어

園囿之興廢而得이니 則名園記之作이 予豈^⑬徒然哉아!
원 유 지 흥 폐 이 득　　즉 명 원 기 지 작　　여 기　도 연 재

嗚呼라! 公卿大夫方進於朝에 ^⑭放乎一己之私하여 以自爲而忘
오 호　　공 경 대 부 방 진 어 조　　방 호 일 기 지 사　　이 자 위 이 망

天下之治忽이면 欲退^⑮享此得乎아? 唐之末路是已니라.
천 하 지 치 홀 이 면　욕 퇴　향 차 득 호　　당 지 말 로 시 이

주해 ① 殽黽(효면) — 효산(殽山)과 면애(黽阨). 효산은 효산(崤山)으로도 쓰며, 하북성(河北省) 북쪽에 있는 험요(險要)한 곳. 면애는 면애(澠阨)로도 쓰며, 지금의 하남성(河南省) 신양현(信陽縣) 동남쪽에 있는 평정관(平靖關)으로 역시 지형상 험요한 땅임. ㅇ阻(조) — 험요한 곳.

② 秦隴(진농) — 진나라와 농서(隴西) 땅. 지금의 섬서성(陝西省)과 감숙성(甘肅省) 지방을 가리킴. ㅇ襟喉(금후) — 옷 앞깃과 목구멍. 요지(要地)에 비유한 말임.

③ 趙魏(조위) — 조나라와 위나라. 모두 지금의 산서성(山西省)을 중심으로 한 나라들임. ㅇ走集(주집) — 밖으로 나다니는 데에 꼭 거쳐야만 하는 곳을 가리키는 말임.

④ 受兵(수병) — 전쟁을 받아들이다. 전쟁을 겪다.

⑤ 候(후) — 징후.

⑥ 貞觀(정관) — 당(唐) 태종(太宗)의 연호, 627~649. ㅇ開元(개원) — 당 현종(玄宗)의 연호, 713~741.

⑦ 開館列第(개관열제) — 집과 별저(別邸)들을 마련하다.

⑧ 五季(오계) — 오대(五代). 당(唐)나라와 송(宋)나라 사이에 일어났다 망한 다섯 나라. ㅇ酷(혹) — 잔혹함. 극도의 혼란을 가리킴.

⑨ 蹂蹴(유축) — 밟히고 채이다.

⑩ 焚燎(분료) — 타 버리다.

⑪ 灰燼(회신) — 재와 불타고 남은 부스러기.

⑫ 園囿(원유) — 정원. 동산.

⑬ 徒然(도연) — 공연한 것. 부질없는 것.

⑭ 放(방) — 의지하다. 드러내다.

⑮ 享(향) - 누리다. 향유하다.

(해설) 《낙양명원기》라는 낙양에 있던 유명한 정원들의 시말(始末)을 쓴 책에 대한 발문(跋文)이다. 그는 천하의 치란(治亂)은 낙양이 가장 잘 대표하고, 또 낙양의 성쇠는 그곳 저택들의 정원이 가장 잘 대표한다는 이유에서 〈명원기〉를 썼다는 것이다. 그리고 정치하는 사람들이 자기보다도 나라와 백성을 먼저 생각하고 위해야만 자기들의 정원도 그들 소유로 오래 갈 수 있다는 것이 이 글의 요점이다.

애련설(愛蓮說)

주돈이(周敦頤)

　물이나 땅에서 자라는 풀이나 나무의 꽃은 정말 사랑스러운 것이 무척 많다. 진(晉)나라의 도연명(陶淵明)은 홀로 국화[菊]를 사랑하였다. 당(唐) 이래로 세상사람들은 모란(牡丹)을 무척 좋아한다. 나는 홀로 연꽃이 진흙 속으로부터 나왔으면서도 진흙에 물들지 않고, 맑은 잔물결에 씻기면서도 요염하지 않은 것을 사랑한다.

　줄기 속은 비었고 겉은 곧으며 덩굴로 자라거나 가지를 치지 않으며, 향기는 멀수록 더욱 맑고 우뚝히 깨끗하게 서있어서 멀리서 바라볼 수는 있지만 함부로 가지고 놀 수는 없다.

　내가 생각하기에 국화는 꽃 중의 은자(隱者)이고, 모란은 꽃 중의 부귀한 자이며, 연꽃은 꽃 중의 군자(君子)이다.

　아! 국화를 사랑하는 이가 도연명 후에 또 있다는 것은 들은 일이 거의 없다. 연꽃을 사랑함을 나와 함께하는 이는 몇이나 될까? 모란을 사랑하는 이는 의당 많을 것이다.

(원문)　水陸草木之花가 可愛者甚蕃이라. 晉[1]陶淵明獨愛菊하고 [2]自
　　　　수륙초목지화　　가애자심번　　　진　도연명독애국　　　　　자
李唐來로 世人甚[3]愛牧丹이라. 予獨愛蓮之出於[4]淤泥而不染하
이당래　　세인심　애모란이라.　여독애련지출어　어니이불염
고 濯淸[5]漣而不夭라.
　　탁청　련이불요

⑥中通外直不蔓不枝하고 香遠⑦益淸하여 ⑧亭亭淨植하니 可
　중 통 외 직 불 만 부 지　　향 원　익 청　　　정 정 정 식　　　가
遠觀而不可⑨褻翫焉이라.
원 관 이 불 가 설 완 언

　予謂菊은 花之隱逸者也요 牧丹은 花之富貴者也요 蓮은 花之
　여 위 국　화 지 은 일 자 야　모 란　화 지 부 귀 자 야　연　화 지
君子者也라.
군 자 자 야

　噫라! ⑩菊之愛는 陶後⑪鮮有聞이오 蓮之愛는 同予者何人고?
　희　　국 지 애　도 후 선 유 문　　연 지 애　동 여 자 하 인
牧丹之愛는 宜乎衆矣로다.
모 란 지 애　의 호 중 의

주해

① 陶淵明(도연명)─진(晉)나라 때의 시인. 특히 술과 전원(田園)을 사랑하여, 자연 속에 묻혀 시를 읊으며 일생을 살아 유명하다(뒤의 〈작자약전〉 참고). 〈음주(飮酒)〉 시에서 '채국동리하(采菊東籬下) 유연견남산(悠然見南山)'이라는 구절을 읊어 유명하다.

② 自李唐來(자이당래)─자(自)는 '～로부터'의 뜻이다. 이당(李唐)이라고 한 것은 당나라 왕실의 성(姓) 이(李)를 당(唐)이라는 국호 위에 붙인 것이다.

③ 愛牡丹(애모란)─당나라 측천무후(則天武后)가 모란을 사랑하였는데 그때부터 모란을 사랑하는 사람이 많아졌다고 한다.

④ 淤泥(어니)─진흙.

⑤ 漣(연)─잔물결.

⑥ 中通(중통)─속이 통해 있음. ㅇ外直(외직)─겉이 곧다. ㅇ不蔓(불만)─만(蔓)은 덩굴. 덩굴지지 않는다.

⑦ 益(익)─더욱.

⑧ 亭亭(정정)─우뚝 서있는 모습. ㅇ植(식)─서있다.

⑨ 褻翫(설완)─설(褻)은 함부로 하다. 버릇없이 굴다. 완(翫)은 완(玩)과 통하여 장난하다, 가지고 놀다.

⑩ 菊之愛(국지애)─'애국(愛菊)'에서 국(菊)을 강조하여 도치시킨 문장.

⑪ 鮮(선)─드물다. 거의 없다.

해설 주돈이(周敦頤)는 북송(北宋) 초기의 학자로 성리학의 선구자이다. 국화·모란·연꽃의 풍격을 따져 각각 인간사회의 은자·부귀인·군자와 연결시키고 연꽃의 모습을 들어 자신이 추구하는 품성을 함축적으로 논한 글이다.

태극도설(太極圖說)

주돈이(周敦頤)

무극(無極)이면서 태극(太極)인데 태극이 움직이어 양(陽)을 낳는다. 움직임이 극에 달하면 고요하게 되고, 고요하게 되면 음(陰)을 낳는데, 고요함이 극에 달하면 다시 움직이게 되는 것이다.

한 번 움직이고 한 번 고요해지는 것이 서로 그 뿌리가 되면서 음으로 나뉘어지고 양으로 나뉘어져서 양의(兩儀)가 서게 되는 것이다. 양이 변하고 음이 합쳐져서 수(水)·화(火)·목(木)·금(金)·토(土)를 낳는다. 이 다섯 가지 기운이 순조로이 펴짐으로써 사철이 운행되는 것이다. 오행(五行)은 하나의 음양이고, 음양은 하나의 태극인 것이다.

태극은 본시 무극이다. 오행이 생겨남에 있어서 각각 한 가지 그의 성품을 타고난다. 무극의 진리(眞理)와 음양오행의 정기(精氣)가 오묘하게 합쳐지고 엉기어서 건(乾)의 도(道)는 남자를 이루고 곤(坤)의 도는 여자를 이루게 되는 것이다. 두 기운이 서로 느끼어서 만물을 변화 생성케 되는데, 만물은 끊임없이 서로 생성하면서 무궁히 변화하는 것이다.

오직 사람만은 그 중 빼어남을 얻어서 가장 신령스러우니, 형체가 생성되고 나서는 정신이 앎을 발휘하게 된 것이다. 다섯 가지 성품이 느끼고 움직여서 선함과 악함이 나뉘어지고 만사가 출현하게 된다. 성인(聖人)께서 중정(中正)과 인의(仁義)로써 그것들을 안정시키고 고요함을 위주로 하여 사람의 법도를 세우셨다.

　그러므로 성인이란 천지와 그의 덕이 합치되고, 해와 달과 그의 밝음이 합치되며, 사철과 그의 질서가 합치되고, 귀신과 그의 길흉이 합치되는 것이다. 군자는 이를 닦음으로써 길하게 되고, 소인은 이를 거스림으로써 흉하게 되는 것이다. 그러므로 말하기를,

　"하늘을 서게 하는 도(道)는 음과 양이라는 것이고, 땅을 서게 하는 도는 부드러움과 강함이라는 것이고, 사람을 서게 하는 도는 인과 의라는 것이다."

고 하였다.

　또 말하기를

　"사물의 시작을 추궁하여 사물의 끄트머리로 되돌아오는 것이다. 그러므로 죽고 사는 이론을 알게 되는 것이다."

고도 한 것이다. 위대하다, 《역(易)》이여! 이것이 그 지극함인 것이다.

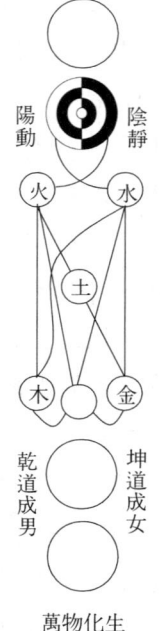

陽動　陰靜

乾道成男　坤道成女

萬物化生

태극도(太極圖)

원문　①無極而太極이오　太極動而生陽　動極而
　　　무 극 이 태 극　　　태 극 동 이 생 양　동 극 이

靜이오　靜而生陰하니　靜極復動이라.
정　　　정 이 생 음　　　정 극 부 동

　一動一靜이　互爲其根하여　分陰分陽에　②兩儀
　일 동 일 정　호 위 기 근　　　분 음 분 양　　　양 의

立焉이니라.　陽變陰合하여　而生③水火木金土라.
립 언　　　　　양 변 음 합　　　이 생　수 화 목 금 토

④五氣順布에　四時行焉이니라.　五行一陰陽也요
오 기 순 포　사 시 행 언　　　　　오 행 일 음 양 야

陰陽一太極也라.
음 양 일 태 극 야

　太極은　本無極也라.　五行之生也에　各一其性
　태 극　　본 무 극 야　　　오 행 지 생 야　　　각 일 기 성

이라.　無極之⑤眞과　⑥二五之精이　妙合而凝하여
　　　　무 극 지 진　　　이 오 지 정　　　묘 합 이 응

⑦乾道成男하고　坤道成女라.　二氣交感하여　化
　건 도 성 남　　　곤 도 성 녀　　　이 기 교 감　　　화

生萬物하니 萬物⑧生生而變化無窮焉이니라.
생 만 물　　　만 물　생 생 이 변 화 무 궁 언

惟人也得其秀而最靈하니 形旣生矣요 神發知矣라. 五性感動
유 인 야 득 기 수 이 최 령　　　형 기 생 의　　신 발 지 의　　　오 성 감 동

而善惡分하고 萬事出矣니라. 聖人定之以中正仁義하고 而主靜立
이 선 악 분　　　만 사 출 의　　　성 인 정 지 이 중 정 인 의　　　이 주 정 립

人⑨極焉이라.
인　극 언

故로 聖人與天地合其德하며 日月合其明하며 四時合其序하며
고　성 인 여 천 지 합 기 덕　　　일 월 합 기 명　　　사 시 합 기 서

鬼神合其吉凶이라. 君子修之吉하고 小人悖之凶이니라. 故로
귀 신 합 기 길 흉　　　군 자 수 지 길　　　소 인 패 지 흉　　　　　고

曰;⑩立天之道는 曰陰與陽이오 立地之道는 曰柔與剛이오 立
왈　입 천 지 도　왈 음 여 양　　　입 지 지 도　　왈 유 여 강　　　입

人之道는 曰仁與義라.
인 지 도　왈 인 여 의

又曰;⑪原始反終이니 故로 知死生之說이라. 大哉라 ⑫易也여!
우 왈　원 시 반 종　　　고　지 사 생 지 설　　　대 재　　　역 야

斯其至矣로다.
사 기 지 의

주해 ① 無極(무극)―천지나 만물이 이룩되기 전에 있었던 혼돈 상태의 만물
생성의 근원이 된 하나의 기운을 태극(太極)이라 부르는데(《周易》繫辭傳
下), 그것은 또 아무것도 없는 상태이므로 주돈이는 '무극'이라고도 표현
하여, 유명한 이 글의 첫 구절을 이룩한 것이다.

② 兩儀(양의)―하늘과 땅을 가리킨다(《주역》 계사전).

③ 水火木金土(수화목금토)―이른바 오행(五行). 만물의 기본적인 다섯 가지
물질이라 생각하였다.

④ 五氣(오기)―오행의 기운. 본시 '행(行)'이라는 말은 '자연을 따라서 행하
여지는 기운'(鄭玄 注)이란 뜻으로 붙여진 말이다.

⑤ 眞(진)―참된 것. 성리학자들이 말하는 이른바 '이(理)'를 가리킨다.

⑥ 二五(이오)―음양과 오행을 가리킴. ㅇ精(정)―정기(精氣). 성리학자들이

말하는 이른바 '기(氣)'를 가리킨다.

⑦ 乾道(건도)－'건'의 도 건은 하늘을 뜻하기도 하며 '양이 되기도 한다. 반대로 '곤(坤)'은 땅을 뜻한다. '도'란 자연의 변화원리를 가리킨다. '건도성남(乾道成男), 곤도성녀(坤道成女)'는 《역경》 계사전 상권의 글을 그대로 이용한 것이다.

⑧ 生生(생생)－서로 끊임없이 생성케 하는 것(《주역》 계사전).

⑨ 極(극)－법도. 기본 원리.

⑩ 立天之道(입천지도)－이 말은 《역경》 설괘전(說卦傳)에 보인다.

⑪ 原始反終(원시반종)－사물의 처음 시작을 추궁하고 사물의 마지막 끝으로 되돌아온다. 이 구절은 《역경》 계사전 상편에 보이며, '역'의 원리를 설명한 말임.

⑫ 易(역)－《역경》의 '역'으로 변화생성의 원리를 뜻한다. 이 세상의 변화생성의 원리를 그대로 추구하여 미래의 일까지도 알 수 있는 것이라 생각했던 것이다.

해설 이 글은 송대 성리학에 있어서, 그 초기의 명논문(名論文)의 하나이다. 곧 '역(易)'의 원리를 도해(圖解)하고 여기에 설명을 붙인 글인데, 《역경》의 기본원리가 잘 요약되어 있다.

이를 바탕으로 송대의 새로운 유학이 발전하여, 이른바 '성리학'이 이룩되었던 것이라고까지 할 수 있다. 여기에서 도설한 '태극'이란 천지만물 생성의 근본을 뜻한다. 그 태극이란 '무'에 가까운 것이어서 '무극'이라고도 하는데, 거기에서 음양과 오행이 생겨나고 다시 만물이 생겨났다는 것이다.

시잠(視箴)

정이(程頤)

마음이란 본시 비어 있는 것인데, 외부 사물에 반응하면서도 흔적은 없는 것이다.

마음은 그것을 바르게 잡아두는 것에 요령이 있고, 보는 것이 그렇게 하는 법칙이 된다. 눈앞이 여러 가지로 가리워지면, 그 마음은 곧 딴 일로 옮아가게 된다. 외부에 대하여 제어함으로써 그 내부를 안정시켜야 한다. 자신을 극복하고[克己] 예로 되돌아가게 한다[復禮]면 오래도록 성실할 것이다.

[원문] 心兮本①虛하니 ②應物無迹이라.
심 혜 본 허   응 물 무 적

③操之有要하니 視爲之則이라. ④蔽交於前하면 其中則遷이라.
조 지 유 요   시 위 지 칙   폐 교 어 전   기 중 즉 천

⑤制之於外하여 以安其內니라. 克己復禮하면 久而誠矣리라.
제 지 어 외   이 안 기 내   극 기 복 례   구 이 성 의

[주해] ① 虛(허)—비다. 마음은 형체가 없고 공허한 것임을 뜻한다.

② 應物(응물)—외부의 사물에 대하여 호응하다. 외부의 사물에 대하여 마음이 감동하여 움직이는 것을 뜻한다. ○迹(적)—발자국. 자취. 흔적.

③ 操(조)—바르게 잡아두는 것. ○要(요)—요령. 요점.

④ 蔽(폐)—여러 가지 일들이 올바로 보는 것을 가리는 것.

⑤ 制(제)-제어하다.

해설 '잠(箴)'이란 교훈이 될 만한 뜻이 담긴 글이다. 여기 정이의 글은 '잠' 문체의 대표적인 것이다.

　'시잠'이란 보는 것에 대한 교훈이다. 성실한 마음을 유지하기 위하여는 보는 것을 잘 제어할 줄 알아야 한다는 내용이다.

청잠(聽箴)

정이(程頤)

인간에게는 꼭 지켜야만 할 상도(常道)가 있는데, 그것은 천성(天性)에 근본을 둔 것이다. 다만 사람의 지각은 사물의 변화에 유인(誘引)되어 그 올바름을 잃게 되는 것이다. 저 탁월하였던 선각자들께서는 지각을 선(善)의 경지에 머물게 하여 안정시켰었다. 사악해짐을 막고 성실한 마음을 존속시키면서 예가 아닌 것은 듣지 말도록 해야 한다.

(원문) 人有①秉彝니 本乎天性이라. ②知誘物化하여 遂亡其正이라.
　　인 유　병 이　　본 호 천 성　　　　지 유 물 화　　　수 망 기 정
③卓彼先覺은 ④知止有定이라. ⑤閑邪存誠하여 非禮勿聽이라.
　탁 피 선 각　　지 지 유 정　　　한 사 존 성　　　비 례 물 청

(주해) ① 秉彝(병이)-꼭 지켜야만 할 영원불변하는 도리.
② 知(지)-지각. 주로 본능적 욕망을 가리킴. ㅇ物化(물화)-만물의 변화.
③ 卓(탁)-탁월한 것. 뛰어난 것. ㅇ先覺(선각)-선각자. 성현(聖賢)들을 가리킴.
④ 知止(지지)-머물 줄을 안다. 《대학(大學)》의 '지극한 선(善)에 머무는 데 있다〔在止於至善〕'고 한 말에서 인용한 말임.
⑤ 閑邪(한사)-사악해짐을 막다. 마음이 악해짐을 막는 것.

(해설) 이 글은 듣는 것을 올바로 하는 원리를 쓴 글이다. 사람이 꼭 지켜
야만 할 올바른 도리를 지키고, 자기 마음이 삐뚤어지는 것을 막기 위하
여는 예에 합당한 것만을 듣도록 해야 한다는 것이다.

언잠(言箴)

정이(程頤)

　사람의 마음의 움직임은 말을 근거로 하여 밖으로 선포(宣布)된다. 말을 할 때 조급하거나 경망스러워지는 것을 막는다면 속마음은 고요하고 한결같게 된다. 하물며 이것은 사람들의 중요한 계기를 만드는 것이어서, 전쟁을 일으키기도 하고 우호(友好)로 나아가게 하기도 하는 것이다. 사람의 길흉과 영욕은 오직 말이 불러들이는 것들인 것이다.

　말을 지나치게 쉽게 하면 불성실하게 되고, 지나치게 번거로이 하면 지리멸렬하게 된다. 자기 멋대로 말하면 사물과 어긋나게 되고, 도리에 어긋나는 말을 하면 도리에 위배된 보답이 오게 된다. 법도에 어긋나는 것은 말하지 말고, 이 교훈을 공경하도록 해야 한다.

[원문]　人心之動이 因言以①宣하나니 ②發禁躁妄이라사 ③内斯靜專이
　　　　　　인심지동　　인언이　선　　　　발금조망이라사　　내사정전이
라. ④矧是樞機니 ⑤興戎出好요 吉凶榮辱이 惟其所召니라.
라.　신시추기　　흥융출호요　길흉영욕이　유기소소니라.
⑥傷易則誕이오 傷⑦煩則支하고 ⑧己肆物忤하고 ⑨出悖來違하니
　상이즉탄이오　상　번즉지하고　기사물오하고　출패래위하니
라. 非法不道하고 ⑩欽哉訓辭하라.
라.　비법부도하고　흠재훈사하라.

[주해]　① 宣(선)－선포하다. 표현하다.

② 發(발)-말을 하는 것. ○躁妄(조망)-조급하고 경망스러운 것.

③ 內(내)-속마음. ○靜專(정전)-고요하고 한결같은 것.

④ 矧(신)-하물며. 더욱이. ○樞機(추기)-중요한 기틀. 중대한 동기가 되는 것.

⑤ 興戎(흥융)-전쟁을 일으키다. ○出好(출호)-우호(友好)로 나아가게 하다. 우호를 맺게 하는 것.

⑥ 傷易(상이)-지나치게 말을 쉽게 하는 것. ○誕(탄)-허탄(虛誕)한 것. 실속이 없고 성실되지 못한 것.

⑦ 煩(번)-번거로운 것. 지나치게 많은 것. ○支(지)-지리멸렬, 번잡해서 갈피를 잡을 수 없는 것.

⑧ 己肆(기사)-자기 자신이 말을 함부로 하는 것. ○物忤(물오)-밖의 사물이 그를 어기는 것.

⑨ 出悖(출패)-말을 도리에 어긋나게 하는 것. ○來違(내위)-밖에서 오는 보답도 도리에 어긋난 것이 온다는 뜻.

⑩ 欽(흠)-공경하는 것. ○訓辭(훈사)-훈계하는 말.

(해설) 말을 신중하고 바르게 하라는 교훈이다. 말을 통해서 사람들의 길흉과 영욕도 이루어지는 것이니 법도에 어긋나는 말은 하지 않도록 하라는 내용이다.

동잠(動箴)

정이(程頤)

　명철(明哲)한 사람은 일의 빌미를 알아서 그것을 정성되이 생각하고, 뜻있는 선비는 행동에 힘써서 올바른 도리를 지키는 일을 실천한다. 올바른 이치를 따르면 여유가 있게 되나, 자기 욕망을 따르면 위태로워지는 것이다. 다급한 순간이라도 이것을 잘 생각하여, 두려워 조심하면서 스스로를 지탱해 나간다면, 습관이 본성을 따라 이룩되어 성현(聖賢)들과 같이 귀착(歸着)되게 될 것이다.

원문 ①哲人知幾하여 ②誠之於思하고 志士③勵行하여 ④守之於爲라. 順理則⑤裕요 從欲惟危니 ⑥造次克念하여 ⑦戰兢自持하라. ⑧習與性成하면 聖賢⑨同歸하리라.
철인지기　성지어사　지사여행　수지어위　순리즉유　종욕유위　조차극념　전긍자지　습여성성　성현동귀

주해 ① 哲人(철인)－명철한 사람. 일의 도리를 깨달은 사람. ㅇ幾(기)－일의 빌미. 일의 근본 원인.
② 誠(성)－정성되이 하다. 생각을 성실히 하는 것.
③ 勵行(여행)－행동에 힘쓰다. 올바른 행실에 힘쓰는 것.
④ 守(수)－올바른 행실을 지키는 것. ㅇ爲(위)－실천. 실행.
⑤ 裕(유)－넉넉한 것. 여유가 있는 것.

⑥ 造次(조차)-다급한 순간. 짧은 순간. ㅇ克念(극념)-잘 생각하다. 올바른
   행실에 대하여 생각하다.

⑦ 戰兢(전긍)-두려워 떠는 것. 두려워하고 조심하는 것. ㅇ自持(자지)-자
   기 자신의 행동을 올바로 잘 유지하는 것.

⑧ 習與性成(습여성성)-좋은 습관이 본시부터 갖고 있는 본성(本性)과 잘
   합쳐져 잘 이루어지는 것. 습(習)은 사람의 후천적인 습관이나, 성(性)은
   사람들의 선천적인 본성을 뜻한다.

⑨ 同歸(동귀)-같게 귀결되다. 같은 방향으로 귀착되다.

(해설) 사람이 올바른 행실을 지니는 데 필요한 일들을 교훈한 글이다. 언
제나 올바른 도리를 지킬 것을 유의하여, 올바른 행동이 일상적인 습성이
되도록 노력해야 한다는 것이다. 올바른 행동이 습성화되면 그는 바로 성
현(聖賢)에 가까운 경지에 이르게 된다는 것이다.

서명(西銘)

장재(張載)

하늘[乾]을 아버지라 부르고 땅[坤]을 어머니라 부른다. 나는 여기 미미한 존재로서 거기에 뒤섞이어 그 가운데 존재한다. 그러므로 천지에 가득찬 기운이 나의 몸 바로 그 자체이고, 천지를 주재하는 이치가 바로 나의 본성(本性)이다. 모든 사람들은 나의 형제이고 만물은 모두 나의 동류(同類)인 것이다.

위대한 임금은 내 부모님의 장자(長子)이고, 그 대신들은 장자(長子)의 가신(家臣)들이다. 나이 많은 이를 존경하는 것은 자기 집의 어른을 어른으로 모시는 근거요, 고아나 어린아이에게 자애로운 것은 나의 아이들을 사랑하는 근거이다. 성인(聖人)은 그 덕이 천지의 덕과 합치되는 사람이고 현인(賢人)은 그 덕이 다른 사람보다 뛰어난 사람이다.

모든 천하의 노쇠하고 지친 사람이나 병들고 상한 사람, 형제가 없는 외아들과 늙어서 자식이 없는 사람과 아내가 없는 홀아비와 남편이 없는 과부들은 모두 나의 형제들이면서도 어려운 처지에 놓인 채 의지할 곳조차 없는 사람들인 것이다. 그러므로 그들을 잘 보양(保養)하는 것은 자식이 부모를 공양하는 것과 같고, 즐기면서 걱정하지 않게 되어야 어버이에 대한 순수한 효도가 되는 것이다.

도리를 어기는 것을 패덕(悖德)이라 하고, 인(仁)을 해치는 것을 역적이라 한다. 악(惡)을 이루는 것은 못난 짓이며, 몸소 할 도리를 실천해 나가는 것은 똑똑한 짓이라 하는 것이다. 변화의 도(道)를 알면 천지의 사업을 잘 이어받을 수 있을 것이고, 신명(神明)을 잘 추궁하면 천지의 뜻을 잘 계승할 수 있게 될 것이다. 아무도 보지 않는 집안 구석에서라도 부끄러움이 없어야 욕됨이 없게 되며, 자신의 마음을 지키고 본성을 키워나가야만 게으름을 피지 않는 것이다.

맛있는 술을 싫어한 것은 숭백(崇伯)의 아들 우(禹)가 부모님을 돌보고 봉양하고자 함이었고, 영재가 길러진 것은 영곡(潁谷)의 봉인(封人)인 영고숙(潁考叔)의 지극한 효심이 남에게 미쳐 효자를 속출하였기 때문이었다. 노력을 게을리하지 않아 마침내 부모님을 기쁘게 한 것은 순(舜)이 이루어 놓은 공(功)이고, 참언(讒言)으로 죽게 되었어도 도망가지 않고 팽살(烹殺)의 형(刑)을 기다린 것은 진(晉)나라 태자 신생(申生)의 공경함이다. 부모에게서 받은 몸을 온전히 되돌려 보낸 사람은 증자(曾子)이며, 부모의 뜻을 따르는 데 용감하고 명령에 순종한 사람은 윤길보(尹吉甫)의 아들 백기(伯奇)이다.

부귀와 복과 윤택은 하늘이 나의 삶을 풍부하게 해주는 것이요, 빈천과 근심걱정은 그대를 옥처럼 갈고 연마함으로써 완성시키려는 것이다. 살아서 내가 일을 순리대로 한다면 죽은 다음에도 내가 편안할 것이다.

원문 ①乾稱父요 坤稱母라. 予玆②藐焉이 乃③混然中處로다. 故로
건 칭 부   곤 칭 모   여 자 묘 언   내 혼 연 중 처   고

天地之④塞이 吾其體요 天地之⑤帥가 吾其性이라. ⑥民吾同胞요
천 지 지 색 오 기 체   천 지 지 수 오 기 성   민 오 동 포

物⑦吾與也라.
물 오 여 야

大君者는 吾父母⑧宗子요 其大臣은 宗子之⑨家相也니라. 尊高
대 군 자 오 부 모 종 자 기 대 신 종 자 지 가 상 야   존 고

年은 所以⑩長其長이오 慈孤弱은 所以⑪幼吾幼라. 聖其⑫合德이
년 소 이 장 기 장   자 고 약 소 이 유 오 유   성 기 합 덕

오 賢其秀者也라.
   현 기 수 자 야

凡天下^⑬疲癃殘疾^⑭惸獨鰥寡는 皆吾兄弟之^⑮顚連而無告者也
범 천 하 피 륭 잔 질 경 독 환 과 개 오 형 제 지 전 련 이 무 고 자 야

라. ^⑯于時保之는 子之^⑰翼也요 ^⑱樂且不憂는 純乎孝者也라.
우 시 보 지 자 지 익 야 낙 차 불 우 순 호 효 자 야

^⑲違曰悖德이오 害仁曰賊이라. ^⑳濟惡者는 不才요 其^㉑踐形은 惟
위 왈 패 덕 해 인 왈 적 제 악 자 부 재 기 천 형 유

肖者也라. 知化則善述其事요 ^㉒窮神則善繼其志라. ^㉓不愧屋漏爲
초 자 야 지 화 즉 선 술 기 사 궁 신 즉 선 계 기 지 불 괴 옥 루 위

無忝이오 ^㉔存心養性이 爲匪懈라.
무 첨 존 심 양 성 위 비 해

^㉕惡旨酒는 ^㉖崇伯子之顧養이오 育英才는 ^㉗穎封人之錫類라.
오 지 주 숭 백 자 지 고 양 육 영 재 영 봉 인 지 석 류

^㉘不弛勞而底豫는 舜其功也요 ^㉙無所逃而待烹은 申生其恭也라.
불 이 로 이 저 예 순 기 공 야 무 소 도 이 대 팽 신 생 기 공 야

^㉚體其受而歸全者는 參乎요 ^㉛勇於從而順令者는 伯奇也라.
체 기 수 이 귀 전 자 삼 호 용 어 종 이 순 령 자 백 기 야

富貴福澤은 將以^㉜厚吾之生也요 貧賤^㉝憂戚은 ^㉞庸玉汝於成
부 귀 복 택 장 이 후 오 지 생 야 빈 천 우 척 용 옥 여 어 성

也라. ^㉟存吾順事요 ^㊱沒吾寧也니라.
라 존 오 순 사 몰 오 녕 야

(주해) ① 乾稱父(건칭부)・坤稱母(곤칭모)-건을 아버지라 부르고 곤을 어머
니라 부름.《역경(易經)》설괘전(說卦傳)에 '건(乾)은 하늘이다. 그러므로
아버지라 부른다. 곤은 땅이다. 그러므로 어머니라 부른다[乾天也, 故稱
乎父. 坤地也, 故稱乎母.]'고 하였다.

② 藐焉(묘언)-형체가 작은 모양. 미미한 모양.

③ 混然中處(혼연중처)-천지만물과 뒤섞이어 그 가운데에 존재하고 있다
는 뜻.

④ 塞(색)-막혀 있는 것. 꽉 차 있는 것. 곧 천지간의 기(氣)를 가리킨다.

⑤ 帥(수)-장수. 주재자. 여기서는 '이(理)'를 가리킨다.

⑥ 民(민)-인(人)과 통하여 모든 사람들. ㅇ同胞(동포)-같은 어머니에게서
나온 사람들. 곧 형제자매를 뜻한다.

⑦ 吾與(오여)−나와 동류(同類). 나의 벗.

⑧ 宗子(종자)−집안 가계를 잇는 맏아들. 장남.

⑨ 家相(가상)−봉건시대 대부 이상의 영지(領地)를 관장하던 사람의 호칭. 가신(家臣).

⑩ 長其長(장기장)−그의 어른을 어른으로 모시는 것(《孟子》 離婁 상).

⑪ 幼吾幼(유오유)−나의 어린 자식들을 사랑하고 돌보는 것(《孟子》 梁惠王 上편에 보임).

⑫ 合德(합덕)−그의 덕이 천지의 덕과 합치되는 것.

⑬ 疲癃(피륭)−노쇠하여 지친 사람. ○殘疾(잔질)−병들어 건강이 나빠진 사람.

⑭ 惸獨(경독)−형제가 없는 외아들과 늙도록 자식이 없는 사람. ○鰥寡(환과)−홀아비와 과부.

⑮ 顚連(전련)−어려운 처지에 빠져 있는 것.

⑯ 于時(우시)−어시(於是)와 같은 말. 이에. 이러므로.

⑰ 翼(익)−공경하는 것.

⑱ 樂且不憂(낙차불우)−천명을 즐기고 빈천함도 걱정하지 않음을 뜻한다.

⑲ 違(위)−올바른 도리를 어기는 것.

⑳ 濟惡(제악)−악을 이루게 하다. 악을 조장하는 것.

㉑ 踐形(천형)−《맹자(孟子)》 진심(盡心) 상편에 '신체와 얼굴 모습은 천성이다. 오직 성인이 된 후에야 신체의 바른 도를 실천할 수 있다[形色天性也. 性聖人然後可以踐形]'고 하였다. 천(踐)은 실천을 뜻하며, 형(形)은 신체의 여러 기관을 가리킨다. 곧 천형이란 하늘로부터 부여받은 신체의 기능을 충분히 활용하고, 몸으로 행하여야 할 바른 도리를 실천한다는 뜻이다. ○肖(초)−닮다. 천지 또는 부모의 덕과 닮은 것을 뜻한다. ○善述其事(선술기사)−그(천지·부모)의 사업을 잘 이어 발전시키다. 《중용(中庸)》에 '효도라는 것은 부모의 뜻을 잘 계승하고, 부모의 사업을 잘 이어 발전시키는 것이다[夫孝者, 善繼人之志, 善述人之事者也]'라고 하였다.

㉒ 窮神(궁신)−천지의 신명함을 추궁하여 이에 통달하는 것.

㉓ 不愧屋漏(불괴옥루)−방의 북서쪽 모퉁이[屋漏]인 아무도 보지 않는 데

있다 해도 부끄러울 것이 없다. ㅇ無忝(무첨)-욕될 것이 없는 것.

㉔ 存心養性(존심양성)-하늘에서 부여받은 마음을 보존하고 천성(天性)을 배양하다. 《맹자(孟子)》 진심(盡心) 상편에 '자신의 마음을 보존하고 자신의 천성을 기르는 것이 하늘을 섬기는 방법이다[存其心養其性, 所以事天也]'라고 하였다. ㅇ匪懈(비해)-게을리하지 않는 것. 해이하지 않는 것.

㉕ 惡旨酒(오지주)-맛있는 술을 싫어함. 지주(旨酒)는 맛있는 술.

㉖ 崇伯子之顧養(숭백자지고양)-숭백의 아들이 부모를 봉양하는 일에 마음을 씀. 숭백은 하(夏)나라 우왕(禹王)의 아버지인 곤(鯀)으로, 숭국(崇國)의 백작(伯爵)에 봉하여졌으므로 숭백이라 한 것이다. 우왕은 의적(儀狄)이란 사람이 만든 술을 마셔 보니 매우 맛이 있었다. 그러나 그는 그것 때문에 아버지인 숭백을 봉양하지 못할까 두려워 의적을 멀리했을 뿐만 아니라 술을 마시지 않았다고 한다.

㉗ 潁封人之錫類(영봉인지석류)-영봉인은 효로 이름 높은 영고숙(潁考叔)을 가리키는데, 봉인은 국경을 지키는 관리를 말한다. 석류(錫類)란 효자의 덕행이 퍼져 남에게 미치는 것을 말한다. 《춘추좌씨전(春秋左氏傳)》 은공(隱公) 원년에 실려 있는 이야기이다. 춘추시대, 정(鄭)나라 무공(武公)의 부인인 무강(武姜)은 장공(莊公)과 공숙단(共叔段)을 낳았는데, 강씨(姜氏)는 장공을 싫어하고 동생인 단(段)을 사랑했다. 강씨는 단으로 하여금 무공의 뒤를 잇게 하고자 공에게 여러번 청했으나, 무공은 허락하지 않았다. 후에 무공이 죽고 장공이 즉위하자, 단은 어머니 강씨와 공모하여 모반을 꾀하였다. 이에 장공은 어머니 강씨를 성영(城潁)에 유폐시키며 맹세하기를 "황천에 가기 전에는 만나지 않겠다."라고 하였다. 그 무렵, 영곡(潁谷)의 국경을 지키는 사람으로 영고숙이라는 자가 있었다. 그가 장공에게 토산물을 바치러 갔더니, 장공은 그에게 치하하느라 먹을 것을 내렸다. 그런데, 영고숙은 고기를 먹지 않고 옆으로 비켜놓았다. 장공이 그 까닭을 물으니, 영고숙은 "제게 어머니가 한 분 계시는데, 제가 먹는 것은 무엇이든 알고 계십니다. 그런데, 공께서 내려주신 음식은 아직 모르시니, 이것을 어머니께 가져다 드리려 합니다."라고 대답했다. 그 말을 듣자 장공이 탄식하며, "그대에게는 음식을 가져다 드릴 수 있는 어머

니가 계시는구나. 아아, 내게는 그럴 어머니가 없다!"고 말했다. 장공이 탄식하는 말을 듣고 영고숙이 그 까닭을 묻자, 장공은 모든 이야기를 하고는 "몹시 후회스럽지만 지금은 어쩔 도리가 없다."라고 하였다. 이에 영고숙이, "물이 나오도록 땅을 깊이 파서, 어머니가 계신 곳까지 땅굴을 만드십시오. 그 길을 따라가 어머니와 만나신다면, 아무도 주군께서 맹세를 어겼다고 말하지 않을 것입니다."고 말했다. 장공은 영고숙의 말대로 하여 어머니를 만나 다시 모자(母子)의 정을 되찾았다. 이 일을 두고 군자는 다음과 같이 말하였다. "영고숙은 참으로 효를 행하는 자이다. 그 어머니를 사랑하는 마음이 깊어, 그것이 장공에게까지 미친 것이다. 《시경》 대아(大雅) 기취(旣醉)에 '효자는 다함이 없으니, 영원토록 복 내리시겠네〔孝子不匱, 永錫爾類〕'라고 하였는데, 이것은 바로 영고숙 같은 사람을 두고 말한 것이다."

㉘ 不弛勞而底豫(불이로이저예) ― 순(舜)이 노력을 게을리하지 않아, 부모의 마음이 감동되어 기쁘게 됨. 저(底)는 치(致)의 뜻. 예(豫)는 기쁘다는 뜻. 순임금의 아버지 고수(瞽瞍)는 순의 계모의 꾐에 빠져 여러번 아들을 죽이려고 하였다. 그러나, 순은 아버지를 원망하지 않고 열심히 일하여 부모님께 효도하였더니 마침내 아버지가 기뻐했다고 한다. 《맹자(孟子)》 이루(離婁) 상편에 '부모의 마음을 얻지 못한 사람은 사람 노릇을 할 수 없고, 부모를 따르지 않고는 자식 노릇을 할 수 없다. 순임금이 부모 섬기는 도리를 다하자, 그의 아버지 고수가 기뻐하기에 이르렀다. 고수가 기뻐하게 되자 온 천하가 감화되었고, 고수가 기뻐하게 되자 온 천하의 부자관계가 안정되었다. 바로 이런 것을 큰 효도라 일컫는다〔不得乎親, 不可以爲人, 不順乎親, 不可以爲子. 舜盡事親之道, 而瞽瞍底豫. 瞽瞍底豫, 而天下化. 瞽瞍底豫, 而天下之爲父子者定. 此之謂大孝〕'고 하였다.

㉙ 無所逃而待烹(무소도이대팽) ― 달아나지 않고 팽살(烹殺)의 형(刑)을 기다림. 《춘추좌씨전》 희공(僖公) 4년에 실려 있는 이야기이다. 춘추시대, 진(晉)나라 헌공(獻公)에게는 여희(驪姬)라는 애첩(愛妾)이 있었다. 그녀는 태자인 신생을 죽이고 자기가 낳은 아들 해제(奚齊)를 태자로 삼으려는 계획을 꾸몄다. 어느 날 여희가 태자에게, "공께서 제강(齊姜 : 태자의

생모)님의 꿈을 꾸신 모양입니다. 태자께서는 곧 그분의 제사를 지내십시오"하고 말했다. 태자는 곧 곡옥(曲沃)에서 어머니의 제사를 지내고, 그 음식을 헌공에게 보냈다. 여회는 그 음식에 독을 넣어 헌공에게 가져갔다. 헌공은 그 음식을 먹기 전에 땅에 제사지냈다. (음식물을 한 숟가락 땅에 뿌리는 의식) 그러자 곧 땅이 부풀어올랐다. 개에게 먹여 보니 맥없이 죽었다. 여회가 울면서 소리쳤다. "나쁜 사람들이 태자님 곁에 붙어 있습니다." 헌공은 노하여, 태자의 스승인 두원관(杜原款)을 죽였다. 어떤 사람이 태자에게 사실을 밝히라고 하였지만, 태자는 "아버님은 여회가 없으면 앉아서도 불편하시고 맛있는 음식을 잡수셔도 그 맛을 모르시는 것 같다. 내가 사실을 밝히면 필시 여회의 죄가 드러날 것이다. 아버님은 이미 늙으셨다. 아버님으로부터 여회를 빼앗고 싶지 않다."고 말하며, 사실을 밝히기를 거절했다. 그 사람은 또, 태자에게 도망칠 것을 권유하였다. 태자는 "아니다. 아버님을 죽이려 했다는 더러운 누명을 쓰고서야, 내가 다른 나라로 도망친들 누가 나를 받아주겠느냐?"하고 도망치라는 권고마저도 물리쳤다. 그리고는, 목을 매어 자살하였다. 사람들은 이 소식을 듣고 신생을 공세자(恭世子)라 하였다. 아버지를 생각하는 신생의 효심이 지극했기 때문이었다. 본편에는 팽살(烹殺)된 것으로 되어 있으나 잘못이다.

㉚ 體其受而歸全(체기수이귀전) ─ 부모에게서 받은 몸을 보전하였다가 죽을 때 온전히 돌아감. 증자(曾子)에 관한 이야기로, 증자는 공자보다 46세나 아래이며, 이름은 삼(參)이다. 학문과 덕행이 뛰어나 공자의 학문을 계승하여 후세에 전했으며, 특히 효행이 극진하여 '출천지효(出天之孝 : 천성으로 타고난 효성)'라 불린다. 증자가 편찬한 《효경(孝經)》 첫머리에 '몸과 털과 살갗은 부모에게서 받은 것이다. 손상시키지 않는 것이 효의 시작이다[身體髮膚 受之父母. 不敢毁傷, 孝之始也]'라는 말이 있다.

㉛ 勇於從而順令者(용어종이순령자), 伯奇也(백기야) ─ 부모의 뜻을 따르는 데 용감하고 부모의 명령에 순종한 사람은 백기(伯奇)이다. 주(周) 선왕(宣王)의 신하 윤길보(尹吉甫)는 후처에게 빠져, 전처의 몸에서 난 아들 백기를 미워하였다. 겨울날, 길보는 아들에게, 옷도 주지 않고 신발도 없이 내쫓아 수레를 끌도록 명령했다. 이에 백기는 연잎으로 몸을 감싸고

나무 열매를 따먹으면서 새벽에 서리를 밟으며 수레를 끌면서 아버지의 명령에 따라 열심히 일했다는 전설이 있다(劉向《說苑》참조).

㉜ 厚吾之生(후오지생)—나의 생을 풍부하게 하다.

㉝ 憂戚(우척)—근심과 슬픔.

㉞ 庸玉汝於成(용옥여어성)—너를 옥처럼 갈고 다듬어 훌륭하게 완성시키려는 것이라는 뜻.

㉟ 存吾順事(존오순사)—살아서 내가 일을 순리대로 하다.

㊱ 沒吾寧(몰오녕)—죽게 되어도 내가 편안할 것이다. 천지나 부모에게 부끄러울 것이 없다는 뜻.

(해설) 송나라 초기 성리학의 선구자 중의 한 사람인 장재(張載)가 쓴 글이다. 그는 신종(神宗) 희령(熙寧) 초기에 숭정전설서(崇政殿說書)라는 벼슬을 했으나, 왕안석(王安石)의 신법(新法)을 반대하여 결국은 벼슬을 버리고 자기 고향인 미현(郿縣) 횡거(橫渠)로 돌아왔다. 그는 고향으로 돌아와 제자들을 모아 글을 가르치다가 세상을 떠났는데, 이 글은 횡거에서 제자들에게 글을 가르칠 때 쓴 글이다.

장재가 글을 가르치던 서원에는 두개의 창문이 동서로 나있었는데, 그는 동쪽 창문 위에 '폄우(砭愚)'라는 제목의 명을 써 걸었다. 그 제목은 어리석은 마음에 돌침을 놓아 그 어리석음을 치료한다는 뜻이다. 서쪽 창문에는 '정완(訂頑)'이라는 명문을 써 걸었다. 그 제목은 완고한 마음을 바르게 한다는 뜻이다.

그런데 정이(程頤)가 이것을 보고, 이런 이름은 사람들의 논쟁의 실마리가 될 것이라 생각하여, 차라리 이것을 단지 '동명(東銘)'·'서명(西銘)'이라 하는 편이 어떻겠느냐고 하여, 횡거가 그의 말에 따른 것이다. 이중 특히 '서명'은 많은 사람들에게 명문으로 읽혔다. 정이 같은 이는, "지극히 순수하여 잡된 것이 없으며 진한(秦漢)이래 학자들이 이르지 못한 경지에 이르고 있다."고 하고는 언제나 학자들에게 보였다고 한다.

송대 성리학자들의 사상을 간결하게 서술한 글로 주돈이(周敦頤)의 태극도설(太極圖說)과 함께 쌍벽을 이루는 명문이다.

동명(東銘)

장재(張載)

장난삼아 하는 말도 생각에서 나오는 것이고, 장난의 행동도 계획에 의하여 이루어지는 것이다. 말로 표현을 하고 사지(四肢)로 드러내 보이고서, 자기의 본심으로 한 것이 아니라고 말할지라도 밝혀지지 않는 일이고, 남들이 자기를 의심하지 않기를 바라더라도 그렇게 될 수 없는 것이다. 잘못된 말은 본심이 아니고, 잘못된 행동은 진정에서 나온 것이 아니다. 말을 잘못하거나 그의 사지로 잘못 행동하고는, 자기는 당연히 할 일을 한 것이라 말하는 것은 자신을 속이는 것이며, 남들로 하여금 자신을 따르게 하려는 것은 다른 사람마저 속이는 짓이다.

어떤 사람은 자기의 마음에서 나온 말을 자기의 농담이었다고 그 허물을 돌리거나, 자기의 그릇된 생각에서 나온 행동을 자기의 진정에서 나온 것인 양 스스로를 속이기도 한다. 너에게서 나오는 것을 경계할 줄은 모르고, 도리어 그 허물을 너에게서 나오지 않은 것으로 돌리는 것은, 오만함을 자라게 하고 또 옳지 않은 짓을 하는 것이다. 그릇됨이 누가 이보다 더 심할 수 있을런지 알지 못하겠다.

원문 ①戲言出於思也요 ②戲動作於謀也라. 發於聲하며 見乎③四
　　　희 언 출 어 사 야　　희 동 작 어 모 야　　발 어 성　　현 호　 사

肢하니 謂非己心不明也요 欲人無己疑不能也니라. ④過言非心也
지　 위 비 기 심 불 명 야　 욕 인 무 기 의 불 능 야　　과 언 비 심 야

요 過動非誠也라. 失於聲하며 ⑤繆迷其四體하고 ⑥謂己當然이면
　　과동비성야　　실어성　　　유미기사체　　　　위기당연

自⑦誣也요 欲他人之己從이면 誣人也니라.
자　무야　욕타인지기종　　　무인야

　或者謂⑧出於心者를 ⑨歸咎爲己戲하고 ⑩失於思者를　自誣爲
　혹자위　출어심자　　귀구위기희　　　　실어사자　　자무위

己誠이니라. 不知戒其出汝者요 反歸咎其不出汝者하니 ⑪長傲요
기성　　　　부지계기출여자　　반귀구기불출여자　　　　장오

且⑫遂非라. 不知⑬孰甚焉이라.
차　수비　　부지　숙심언

주해　① 戲言(희언)—실없이 하는 말. 농담.

② 戲動(희동)—장난의 행동. ○謀(모)—계책. 계모. 계획.

③ 四肢(사지)—수족(手足)을 가리킴.

④ 過言(과언)·過動(과동)—그릇된 말. 도리에 맞지 않는 행동. ○非心(비
　심)—본심이 아님. 심(心)은 인간 본연의 마음.

⑤ 繆迷(유미)—잘못되고 미혹되게 움직임.

⑥ 謂己當然(위기당연)—자기는 당연히 할 일을 한 것으로 말하다.

⑦ 誣(무)—속임.

⑧ 出於心者(출어심자)—자신의 본심에서 나온 말.

⑨ 歸咎(귀구)—허물을 다른 것에 돌림.

⑩ 失於思者(실어사자)—그릇된 생각에서 나온 행동.

⑪ 長傲(장오)—오만하고 방자한 마음을 키움.

⑫ 遂非(수비)—그릇된 일을 하는 것.

⑬ 孰甚焉(숙심언)—누가 더 심하겠는가?

해설　이미 〈서명(西銘)〉의 해설에서 얘기한 바와 같이 이 〈동명(東銘)〉은
원래의 제목이 '폄우(砭愚)'였다. 그가 말하려던 '어리석음'이란 바로 함부
로 장난삼아 하는 말과 행동을 가리킨다. 말이나 행동은 일단 하고 난 뒤
에는 자기 본심이 아니었고 진정이 아니었다고 변명해도 소용이 없다는

것이다. 그러니 농담이나 장난도 함부로 하지 말고 늘 자기 말과 행동을
성실히 하도록 노력해야 한다는 것이다.

극기명(克己銘)

여대림(呂大臨)

모든 생명이 있는 것은 그 기운[氣]도 같고 본체[體]도 같은 것인데, 어째서 인(仁)하지 못한 짓을 하게 되는가? 내가 곧 자기 자신만을 의식하기 때문이다. 다른 사물과 내가 각각 대립되어 있다고 여기며 사사로이 외물과 자아를 경계지어, 남을 이기고자 하는 마음이 마구 일어나, 어지러이 평정을 유지하지 못하게 되기 때문이다.

위대한 사람은 진실한 마음을 가졌으니, 마음으로 하늘의 법칙을 볼 수 있다. 따라서 처음부터 인색하고 교만하여 자아를 좀먹고 해치는 벌레를 만들지 않는다. 뜻을 장수로 삼고, 기(氣)를 졸개로 삼는다. 하늘의 명령을 받들어 행하는데 누가 감히 나를 업신여기겠는가? 싸우고 또 달래어서 사사로움을 이기고 욕망을 억누른다면, 예전에는 도둑이나 원수 같던 것이라도 이제는 신하나 종복(從僕)과 같이 되는 것이다.

사욕을 이기지 못했을 적에는, 나의 집안을 궁색하게 하고, 며느리와 시어머니가 서로 다투는 것처럼 만들 것이니, 그 나머지는 무엇을 취할 것이 있겠는가? 그러나 사욕을 극복하고 나서는 마음이 넓고 밝게 사방으로 통할 것이고 팔방(八方)의 먼 곳까지도 훤히 알게 되어 그것들이 모두 나의 작은 문안의 일처럼 여겨지게 될 것이다. 그 누가 온 천하가 모두 나의 인(仁)으로 귀착되지 않는다고 말하겠는가?

남의 가려움이나 아픔도 내 몸에 절실하게 느껴지게 될 것이다. 어느 날 이런 경지에 이르게 되면 만사가 나의 일이 아닌 것이 없게 될 것이다. 안회(顔回)란 어떤 사람인가? 그와 같이 되기를 바란다면 바로 될 수 있는 것이다.

원문 凡厥①有生이 ②均氣同體어늘 ③胡爲不仁고? 我則有己니라. 物
범 궐 유생   균 기 동 체   호 위 불 인   아 즉 유 기   물

我旣立이면 私爲④町畦하여 ⑤勝心橫發하여 ⑥擾擾不齊니라.
아 기 립   사 위 정 휴   승 심 횡 발   요 요 부 제

⑦大人存誠하여 心見⑧帝則이라. 初無⑨吝驕가 作我⑩蟊賊이라.
대 인 존 성   심 견 제 칙   초 무 인 교   작 아 모 적

⑪志以爲帥요 ⑫氣爲卒徒라. 奉⑬辭于天이어니 誰敢侮予아? ⑭且
지 이 위 수   기 위 졸 도   봉 사 우 천   수 감 모 여   차

戰且徠하여 ⑮勝私窒慾이면 昔爲⑯寇讐라도 今則⑰臣僕이라.
전 차 래   승 사 질 욕   석 위 구 수   금 즉 신 복

方其未克에 ⑱窘吾室廬하여 ⑲婦姑勃磎이니 ⑳安取厥餘리오? 亦
방 기 미 극   군 오 실 려   부 고 발 계   안 취 궐 여   역

旣克之면 ㉑皇皇四達하여 ㉒洞然八荒이 皆在我㉓閾이니라. 孰曰天
기 극 지   황 황 사 달   통 연 팔 황   개 재 아 달   숙 왈 천

下不歸吾仁고?
하 불 귀 오 인

㉔癢痾疾痛이 ㉕擧切吾身이라. ㉖一日至焉이면 ㉗莫非吾事라.
양 아 질 통   거 절 오 신   일 일 지 언   막 비 오 사

㉘顔何人哉오? 希之則是니라.
안 하 인 재   희 지 즉 시

주해 ① 有生(유생)-생명이 있는 모든 것.
② 均氣同體(균기동체)-생명력인 기(氣)를 같이하고, 본체(本體)도 같이한다. 곧, 만물은 천지를 부모로 하여 오직 하나의 근원에서 나왔으므로 일기동체(一氣同體)라는 것이다.
③ 胡(호)-하(何)와 같은 뜻. 어찌.
④ 町畦(정휴)-'정(町)'은 전지(田地)의 구획. '휴(畦)'는 밭이랑의 구획. 곧 경계를 짓는다는 뜻.

⑤ 勝心橫發(승심횡발)—남에게 이기고자 하는 마음이 마구 일어남.

⑥ 擾擾不齊(요요부제)—시끄럽고 어지러워 정돈되지 않은 모양.

⑦ 大人(대인)—큰 덕을 지닌 사람. 위대한 사람.

⑧ 帝則(제칙)—하느님이 정한 법칙. 천리(天理).

⑨ 吝驕(인교)—인색함과 교만함.

⑩ 蟊賊(모적)—나무의 뿌리를 갉아먹는 해충을 모(蟊), 풀의 마디를 갉아먹는 해충을 적(賊)이라 한다. 여기에서는 사람의 마음에 해를 끼치는 것을 상징한다.

⑪ 志以爲帥(지이위수)—뜻을 장수로 삼음.《맹자》공손추(公孫丑) 상편에 '뜻은 기의 장수이고 기는 몸을 통솔한다. 무릇 뜻이 지극한 것이고 기는 그 다음이다[夫志氣之帥也, 氣體之充也. 夫志至焉, 氣次焉]'라는 말에 근거한 것이다. 여기에서 지(志)는 사람의 의지 또는 뜻.

⑫ 氣爲卒徒(기위졸도)—기를 졸개로 삼음.

⑬ 辭(사)—사령(辭令) 또는 명령.

⑭ 且戰且徠(차전차래)—한편으로 싸우면서 또 한편으로 달랜다는 뜻. 전은 사악한 마음과 싸우는 것이고, 내(徠)는 내(來)와 같은 뜻으로서 달래는 것을 말한다.

⑮ 勝私窒慾(승사질욕)—사사로움을 이기고 욕심을 막다.

⑯ 寇讐(구수)—원수와 도둑. 도덕적인 마음과 싸웠던 사악한 마음을 뜻한다.

⑰ 臣僕(신복)—신하와 종복. 양심의 명령에 잘 따르는 것을 뜻한다.

⑱ 窘吾室廬(군오실려)—군(窘)은 군색한 것. 실려(室廬)는 원래 집을 뜻하는데, 여기서는 마음을 비유한 것이다.

⑲ 婦姑勃磎(부고발계)—며느리와 시어머니가 다투는 것. 도리를 행하려는 마음과 사욕의 싸움을 비유한 것.《장자(莊子)》잡편(雜篇) 외물(外物)에, '방 안에 빈 곳이 없으면 며느리와 시어머니가 다투게 된다. 마음이 자연의 경지에 노닐지 못하면, 온갖 욕정이 일어나 다투게 된다[室無虛空, 則婦姑勃磎, 心無天遊, 則大鑿相攘]'는 말이 있다.

⑳ 安取厥餘(안취궐여)—그 나머지에서 무엇을 취하리오? 즉 마음에 사욕의

갈등이 있다면, 조금 선한 일을 한다 해도 아무런 소용이 없다는 뜻이다.

㉑ 皇皇(황황)-밝고 큰 모양.

㉒ 洞然(통연)-막히는 것 없이 환한 모양. ○八荒(팔황)-팔방(八方)의 먼 지역.

㉓ 闥(달)-작은 문.

㉔ 癢痾疾痛(양아질통)-가려움과 아픔. '양(癢)'은 양(痒)과 같은 뜻.

㉕ 擧切吾身(거절오신)-모두 내 몸에 절실히 느껴진다.

㉖ 一日至焉(일일지언)-어느 날 하루 인(仁)의 경지에 이르면. 《논어》 안연편(顔淵篇)에 '자기를 이기고 예(禮)로 돌아가는 것이 인(仁)이다. 어느 날 하루 자기를 극복하고 예로 돌아가면 천하가 모두 인(仁)으로 귀착될 것이다[克己復禮爲仁, 一日克己復禮, 天下歸仁焉]'고 한 공자(孔子)의 말씀이 있다.

㉗ 莫非吾事(막비오사)-나의 일이 아닌 것이 없다.

㉘ 顔何人哉(안하인재)-안회(顔回)란 어떤 사람인가? 노력만 하면 누구든지 안회와 같은 사람이 될 수 있다는 뜻이다. 《맹자》 등문공(滕文公) 상편에, '안회가 말하였다. 순임금은 어떤 사람인가? 나는 어떤 사람인가? 뜻있는 일을 행하는 사람은 역시 그분 같을 것이다[顔淵曰 : 舜何人也? 予何人也? 有爲者亦若是]'는 말이 있다.

㉙ 希之則是(희지즉시)-그렇게 하고자 바라면 안회와 같이 된다.

해설 작가 여대림(呂大臨)은 정명도(程明道)·정이천(程伊川) 문하의 사 선생(四先生 : 呂大臨·謝良佐·游酢·楊時)으로 불리워졌던 송대의 대 유학자이다. 그는 《논어》 안연편(顔淵篇)에 나오는 '극기복례(克己復禮)' 를 근거로 하여, 인간은 자신의 사욕을 극복하고 하늘이 명한 도덕을 수 행해야 참다운 인간이 될 수 있다는 송대의 유가(儒家)사상을 전개하고 있다.

이 명(銘)은 송대 이기(理氣) 철학을 기본으로, 생명있는 모든 것은 같 은 근원에서 나왔다는 것을 전제로 하고, 사욕이 천리를 덮을 때에는 마 음이 어지러워진다고 이야기한다. 따라서 사욕을 완전히 물리치게 되면,

마음이 한없이 넓어져 만물을 일시동인(一視同仁)하는 인의 경지에 도달
할 수 있다는 것이다. 이는 공자의 '극기복례'라는 말을 송대의 유가사상
으로 풀이한 것으로도 볼 수 있다.

작자 약전(作者略傳)

성(姓)과 이름의 우리 한자음(漢字音)을 가나다 순서로 배열하였고, 자(字)나 호(號)가 아닌 이름을 모두 표제(標題)로 썼음.

가의(賈誼, 기원전 201~기원전 169) 의(誼)는 이름. 전한(前漢)의 낙양(洛陽 : 河南) 사람. 세상에서는 가생(賈生)이라 일컬어졌다(《史記》屈原賈生列傳). 가생이 제자백가(諸子百家)의 서에 통달했다는 말을 들은 한(漢) 문제(文帝)가 그를 불러 박사(博士)로 삼았다. 이때 가생의 나이 20세로, 가장 나이 어린 박사였다. 천자의 자문이 있을 때마다, 여러 노선생은 대답을 못했는데 가생은 모두 대답했으므로, 천자는 기뻐하며 1년 안에 태중대부(大中大夫)로 승임(昇任)했다. 그는 역(曆)을 고치고, 복색(服色 : 의복이나 거마의 색)을 바꾸며, 법도를 정하고, 예악을 일으킬 것을 주청(奏請)했다가, 주발(周勃)·관영(灌嬰)·장상여(張相如) 등 당시의 권력자들한테 미움을 받게 되었다. 그리하여 결국 조정에서 쫓겨나 장사왕(長沙王)의 태부(太傅)가 되어, 〈치안책(治安策)〉을 올렸다. 몇년 후, 회왕(懷王)이 낙마하여 죽은 것을 슬퍼하여 곡읍(哭泣)하기 1년여에 졸했다. 그때 그의 나이 33세, 후에 가태부(賈太傅)라 불렸다. 경세가(經世家)이며 사상가이기도 했지만, 초사(楚辭) 계통의 부가(賦家)로서도 유명하다. 〈과진론(過秦論)〉은 〈치안책〉과 함께 의론문(議論文)의 대표작이며, 〈조굴원부(弔屈原賦)〉·〈복부(鵩賦)〉 등은 사부(辭賦)의 명작이다. 《신서(新書)》 10권이 있다.

공치규(孔稚圭, 447~501) 자는 덕장(德璋). 남북조시대 남제(南齊)의 문인. 제나라 명제(明帝) 때에 남군(南郡)의 태수가 되었다. 인품이 청렴하고 담박(淡泊)했다. 문학을 좋아하며, 세상의 일을 싫어하고, 홀로 술마시기를 즐겼다. 정원의 풀을 베지 않아 풀 속에서 개구리 우는 소리가 들리는 것을 두고 "나는 저 개구리 울음소리를 음악으로 삼는다."고 말했다 한다. 출사하여 도관상서(都官尙書)가 되었다가 태자첨사산기상시(太子詹事散騎常侍)까지 올랐다. 55세로 죽었는데, 그의 〈북산이문(北山移文)〉은 명문으로 알려져 있다.

구양수(歐陽修, 1007~1072) 자는 영숙(永叔), 호는 취옹(醉翁)·육일거사(六一居士). 여릉(廬陵 : 江西省 吉安) 사람. 북송 초기의 뛰어난 문학가이며 정치가. 진사(進士)가 된 뒤 추밀부사(樞密副使), 참지정사(參知政事) 등을 지내다 태자소사(太子少師)로 치사(致仕)하였고, 시호를 문충공(文忠公)이라 하였다. 왕안석(王安石)·증공(曾鞏)·소순(蘇洵)·소식(蘇軾)·소철(蘇轍)이 모두 그의 추천으로 벼슬길에 올랐다. 왕안석의 신법(新法)엔 반대하면서도 정치개혁을 통한 올바른 정치풍토를 이룩하려 하였다. 문학에 있어서는 실용적인 개념을 바탕으로 형식적인 수식보다는 내용을 중시하였다. 시에 있어서는 평담(平淡)을 위주로 한 새로운 시풍을 개

척하였고, 산문(散文)에 있어서는 한유(韓愈)와 유종원(柳宗元)의 고문운동(古文運動)을 계승하여 고문을 확정지어 '당송팔대가(唐宋八大家)'의 한 사람이 되었다. 송(宋)대 사(詞)가 성행하게 된 데에도 그의 공이 크며, 경학(經學)에 있어서도 새로운 학풍을 여는 많은 저술을 남겼다. 《구양문충공집(歐陽文忠公集)》153권이 있다.

굴원(屈原, 기원전 343?~기원전 277?) 자는 평(平), 주말(周末) 초(楚)의 왕족. 널리 학문을 배워 치란에 밝았으며, 사람을 응대하는 일에 뛰어났으므로, 회왕(懷王)의 좌도(左徒 : 官名)가 되어, 들어와서는 국사를 논하고, 나가서는 빈객을 접대하여 두터운 신임을 받았다. 같은 관(官)에 있던 상관대부(上官大夫)가 이것을 질투하여, 굴원을 참소했다. 굴원은 그 때문에 면직되었다. 그 당시 진(秦)은 장의(張儀)를 초에 파견하여 제와 초를 분리시키려 하고 있었다. 장의는 곧 초나라 회왕을 거짓으로 진(秦)나라에 초청하였는데, 회왕은 굴원의 간언을 듣지 않고 진에 갔다가 포로가 되어 객사했다. 굴원은 한편 멀리 추방되어 있으면서도 초나라와 회왕을 못잊어, 그 마음을 〈이소(離騷)〉로 노래

했다 한다. 회왕의 뒤를 이어 경양왕(頃襄王)이 서자, 자란(子蘭)이 영윤(令尹 : 재상)이 되었다. 자란은 상관대부로 하여금 굴원을 경양왕에게 참소하게 했으므로, 왕은 화가 나서 굴원을 유배시켰다. 굴원은 그 후, 장강(長江)을 건너 동정호(洞庭湖)를 남하하여 원수(沅水)·상수(湘水) 근처를 방황하면서, 고향 영도(郢都)를 그리워하고 유배된 신세를 한탄하면서 많은 부(賦)를 지었다. 그리고, 참다 못해 마침내 멱라(汨羅)에 몸을 던져 죽었다(賈誼의 〈弔屈原賦〉 참조). 〈회사(懷沙)〉의 부는 죽기 직전에 지은 것이라 일컬어진다. 그밖에 〈구가(九歌)〉·〈천문(天問)〉·〈복거(卜居)〉 등의 제편(諸篇)도 굴원의 작이라 일컬어진다. 이 작품들은 모두 정감(情感)이 깊고 사구(辭句)가 뛰어나게 아름답다. 그리고 한(漢)대에 와서 많은 사람들이 굴원의 작품 형식을 본받아 글을 지어 이른바 한부(漢賦)가 발달하게 된다.

당경(唐庚, 1071~1121) 자는 자서(子西), 노국선생(魯國先生)이라 호(號)하였다. 북송 미주(眉州) 단릉(丹稜 : 四川省) 사람. 글을 잘 지었고 진사(進士)가 된 뒤 종자박사(宗子博士)가 되었다. 장상영(張商英)의 추천으로 제거경기상평(提擧京畿常平)이 되었으나, 장상영이 재상 자리를 물러나자 그도 혜주(惠州)로 좌천되었다. 곧 상청태평궁(上淸太平宮) 제거(提擧)가 되었다. 고향으로 돌아가는 도중에 죽었다. 정밀한 글로 이름났고,《당미산집(唐眉山集)》24권을 남겼다.

도연명(陶淵明, 365~427) 잠(潛)이 이름이고 자가 연명(淵明)이라고도 하고, 이름이 원량(元亮, 또는 字)이라고도 한다. 사시(私諡)를 정절(靖節)이라 하여 정절선생이라고도 불렸다. 동진(東晉) 때 심양(潯陽) 채상(柴桑 : 江西省 九江) 사람. 진(晉)나라 대사마(大司馬) 도간(陶侃)의 증손이라고도 한다. 젊어서부터 책을 많이 읽고 시문을 잘했다. 집이 가난하여 벼슬을 하다 팽택현령(彭澤縣令)이 되었는데, 마침 군독우(郡督郵)가 시찰을 나와 밑의 사람들이 도연명에게 관복을 입고 나와 만나라고 하자 "나는 5두미(斗米) 때문에 허리를 꺾을 수는 없다."고 하며 그날로 사표를 내고 〈귀거래사(歸去來辭)〉를 읊으며 전원으로 돌아갔다 한다. 이후로 그는 전원에 파묻혀 술을 벗하며 시로 한평생을 보냈다. 그의 시는 자연 속에서 체험하는 정감과 시골 생활을 잘 표현하고 있다. 그는 중국 시의 수준을 한 단계 높여놓은 기념비적 작가이며, 본격적인 자연시(自然詩)는 그에게서 비롯된다. 사영운(謝靈運)의 시가 자연을 아름답게 묘사하는 데 힘쓴 데 반하여 도연명은 자기 속에 일단 자연을 융화시킨 다음 자신과 융화된 자연을 시로 재생시켰다. 그가 후세 중국 문학사에 끼친 영향은 매우 크다. 《도정절집(陶靖節集)》 4권이 있다.

두목(杜牧, 803~852) 자는 목지(牧之), 호는 번천(樊川). 만당(晚唐)의 경조(京兆 : 長安) 사람으로, 어려서부터 재명(才名)이 있었다. 진사에 급제한 후, 감찰어사(監察御史)·선주(宣州)의 단련판관(團練判官)·자사(刺史) 등을 역임하고 중서사인(中書舍人)에 이르렀다. 시성(詩聖) 두보(杜甫)를 대두(大杜 : 또는 老杜라고도 함)라 하는 한편 그는 소두(小杜)라 불리웠고, 두보와 함께 이두(二杜)라 불리기도 하였다. 만당의 시인으로는 드물게 높은 기개를 지녀, 천하의 대사와 고금의 성패를 즐겨 논했다. 그의 작품은 표현이 호방하면서도 아름다운데, 특히 〈아방궁부(阿房宮賦)〉는 걸작이다. 또, 그의 〈산행(山行)〉과 〈강남춘(江南春)〉 등 사람들에게 회자(會炙)되는 명시도 많이 지었다. 《번천문집(樊川文集)》 20권, 《외집(外集)》 1권이 있다.

마존(馬存, ?~1096) 자는 자재(子才). 북송 낙평(樂平 : 江西省 鄱陽縣 부근) 사람. 서적(徐積)의 문인으로 진사가 된 뒤 관찰추관(觀察推官)을 지냈다. 그의 시는 웅혼호방(雄渾豪放)한 맛이 있고 선련체(蟬聯體)의 시를 잘 지었다.

백거이(白居易, 772~846) 자는 낙천(樂天), 호는 취음선생(醉吟先生) 또는 향산거사(香山居士)라 하였고, 당나라 태원(太原 : 山西省) 사람이나 뒤에 하규(下邽 : 陝西省 渭南)으로 옮겨 살았다. 진사가 된 뒤 비서성교서랑(秘書省校書郎)·좌습유(左拾遺)·좌찬선대부(左贊善大夫) 등의 벼슬을 지냈고, 원화(元和) 10년(815) 상서(上書)를 했다 득죄(得罪)하여 강주사마(江州司馬)로 쫓겨났다. 뒤에 항주(杭州)·소주(蘇州) 자사(刺史)를 거쳐 문종(文宗) 때 형부시랑(刑部侍郎)·하남윤(河南尹)·태자소부(太子少傅)가 되었고 풍익현개국후(馮翊縣開國侯)에 봉해졌으며, 845년 형부상서(刑部尚書)로 치사(致仕)하였다. 그의 산문은 정세하고도 표현이 절실하였고, 시는 쉬우면서도 유창하여 일반 사람들이 널리 좋아하였다. 원진(元稹)과 창화(唱和)하여 그의 시체(詩體)를 흔히 '원백체(元白體)'라 부르며, 유우석(劉禹錫)과도 사귀어 '유백(劉白)'이란 호칭도 있었다. 그는 시란 정치 사회의 현실을 반영하고 모순을 고발하는 풍유시이어야만 한다고 주장하며 신악부(新樂府) 등 수많은 백성들의 생활을 반영하고 정치의 모순을 드러내는 시를 썼다. 그러나 그는 서정에도 뛰어나 〈비파행(琵琶行)〉·〈장한가(長恨歌)〉를 비롯한 작품들이 세상에 널리 유행하였다. 《백씨장경집(白氏長慶集)》 71권이 있다.

범중엄(范仲淹, 989~1052) 자는 희문(希文), 북송의 소주(蘇州) 오현(吳縣：江蘇) 사람. 경학(經學)에 조예가 깊었으며, 진사에 급제하여 인종(仁宗) 때에 참지정사(參知政事)가 되어 정치 개혁을 꾀하였다. 송대 최고의 명재상으로, "늘 선비는 마땅히, 천하의 근심은 자기가 제일 먼저 근심해야 하고, 천하의 즐거움은 자신은 맨 나중에 누려야 한다."고 말했다. 이러한 정신은 〈악양루기(岳陽樓記)〉에도 잘 나타나 있다. 황우(皇祐) 5년에 64세를 일기로 졸했다. 시호는 문정(文正), 초

국공(楚國公)에 추봉(追封)되었다. 《정부주의(政府奏議)》 2권, 《범문정공집(范文正公集)》 25권이 있다.

사마광(司馬光, 1019~1086) 자는 군실(君實). 세상에서 속수선생(涑水先生)이라 불렸으며, 북송 섬주(陝州) 하현(夏縣) 속수향(涑水鄕：山西省) 사람이다. 어려서부터 총명하였고, 20세에 진사가 된 뒤 단명학사(端明學士)·지영흥군(知永興軍) 벼슬을 지냈고, 신종(神宗) 때엔 어사중승(御史中丞)이 되었으나, 왕안석(王安石)의 신법(新法)에 반대하여 벼슬에서 쫓겨났다. 철종(哲宗)이 즉위하자 문하시랑(門下侍郎)·상서좌복야(尙書左僕射)로 신법을 개정하였으나 8개월만에 죽었다. 태사온국공(太師溫國公)에 추증(追贈)되고 시호를 문정공(文正公)이라 하였다. 《자치통감(資治通鑑)》 290권이 명저로 알려졌고, 시문에도 뛰어나 《전가집(傳家集)》 80권을 남기고 있다.

석개(石介, 1005~1045) 자는 수도(守道). 연주(兗州) 봉부(奉符) 사람. 과거에 급제하여 남경추관(南京推官) 등의 벼슬을 지냈으나 곧 물러나 조래산(徂徠山) 아래에서 젊은이들에게 학문을 가르쳤다. 뒤에

국자감직강(國子監直講), 태자중윤
(太子中允)을 지내기도 하였는데,
뜻과 행실이 곧은 것으로 알려졌다.
송대 성리학의 선구자 중의 한 사람
이며《조래집(徂徠集)》20권을 남기
고 있다.

소순(蘇洵, 1009~1066) 자는 명윤
(明允). 북송의 미산(眉山) 사람. 노
천(老泉)이 호이다. 27세에 비로
소 발분하여 학문을 배워, 육경(六
經)·백가(百家)의 서(書)에 통했
다. 비서성(秘書省) 교서랑(校書郎)
이 되어, 송초(宋初) 건륭(建隆)이
래의 예서(禮書)를 저술했다. 또 요
벽(姚闢) 등과 함께《태상인혁례(太
常因革禮)》백권을 완성하고 졸했
다. 노천은 성품이 순박하고 정직하
며, 재기(才氣)에 넘쳤다. 학문은 유
(儒)에 치우치지 않고, 고대의 종횡
가(縱橫家 : 외교론)를 좋아했으며,
예언자 같은 달식(達識)이 있었다.
한(漢)의 가의(賈誼)로 자처하여,
그 문도 논책(論策 : 정치나 교육에
대한 의견이나 계책을 서술한 문장)
에 뛰어났다.〈권론(權論)〉·〈형론
(衡論)〉·〈심세(審勢)〉·〈심적(審
敵)〉등이 대표작이다.〈명이자설
(名二子說)〉은 그의 뛰어난 두 아
들의 이름을 식(軾)과 철(轍)이라
지은 아버지의 마음을 서술한 것이

다. 이들 부자(父子)를 삼소(三蘇)
라 하고, 형제를 이소(二蘇)라 한다.
삼소 모두 당송팔대가(唐宋八大家)
에 들어가는 고문가(古文家)이다.

소식(蘇軾, 1036~1101) 자는 자첨
(子瞻), 호는 동파(東坡). 북송 미산
(眉山 : 四川省) 사람으로, 아버지
소순(蘇洵), 아우 소철(蘇轍)과 함
께 '삼소(三蘇)'라 불리어진 문호임.
가우(嘉祐) 2년(1057) 진사가 되어
대리평사(大理評事)·봉상부 첨판
(鳳翔府簽判) 등을 지냈다. 왕안석
의 신법에 반대하여 신종(神宗)에게
그 불편을 상소한 끝에, 항주(杭州)
통판(通判)으로 내쫓겼다 호주(湖
州)·황주(黃州)·혜주(惠州) 등으
로 옮겼다. 철종(哲宗)이 즉위하자
조봉랑(朝奉郎)으로 불러들인 뒤
예부시랑(禮部侍郎)·중서사인(中
書舍人)·한림학사(翰林學士) 겸 시
독(侍讀) 등을 지냈다. 그러나 뒤에
는 다시 죄명으로 지방관으로 쫓겨
나 여러 곳을 돌아다니다, 소성(紹
聖) 초(1094)에는 다시 신법을 행
하는 바람에 혜주·창화(昌化) 등지
로 쫓겨났다. 휘종(徽宗) 때 대사
(大赦)로 조봉랑(朝奉郎)이 되고
다시 성도옥국관(成都玉局觀) 제거
(提擧)가 되었다. 죽은 뒤 시호를
문충(文忠)이라 하였다. 그는 산문

에 있어서나 시(詩)·사(詞)에 있어 호방하고 준일한 작풍으로 송대 문단을 대표할 만하였고, 서화에도 능하였다. '소문사학사(蘇門四學士)'를 비롯한 수많은 후진들을 발전케 하였고, 수많은 학술적인 저술 이외에도 《동파전집(東坡全集)》 115권과 《동파사(東坡詞)》 1권을 남기고 있다.

소철(蘇轍, 1039~1112) 자는 자유(子由), 소식(蘇軾)의 아우이며, 아버지 소순(蘇洵) 및 형과 함께 고문(古文)에 있어 당송팔대가(唐宋八大家) 중의 한 사람으로 꼽힌다. 열아홉 살 때 소식과 함께 과거에 급제하였으나 왕안석(王安石)의 신법(新法)을 반대하여 파란많은 벼슬살이를 하였다. 철종(哲宗) 때엔 우사간(右司諫)을 거쳐 어사중승(御史中丞)·상서우승(尙書右丞)·문하시랑(門下侍郞) 등의 벼슬을 하였고, 휘종(徽宗) 때 대중대부(大中大夫)로 치사(致仕)하였다. 《난성집(欒城集)》 50권을 비롯하여 많은 문집과 《시집전(詩集傳)》 등의 여러 가지 학술적인 저술도 남겼다.

여대림(呂大臨, ?~1090?) 자는 여숙(與叔). 북송의 경조(京兆) 남전(藍田:陝西) 사람으로, 세상에서는 남전선생(藍田先生)이라 불렀다. 처음에는 장횡거(張橫渠) 선생에게서 배웠는데, 선생이 세상을 버리자, 정이천(程伊川)·정명도(程明道) 이정자(二程子)에게서 배웠다. 경서에 밝고 문장을 잘 지었으며, 사양좌(謝良佐)·유초(游酢)·양시(楊時)와 함께 '정문사선생(程門四先生)'이라 일컬어진다. 대충(大忠)·대방(大防)·대균(大鈞)·대림(大臨)의 사형제 모두 이름이 높았다. 저서로 《옥계집(玉溪集)》 20권과 《옥계별집(玉溪別集)》 10권이 있다.

왕발(王勃, 650~676) 자는 자안(子安). 당(唐)의 태원(太原:山西) 사람. 양형(楊炯)·노조린(盧照鄰)·낙빈왕(駱賓王)과 시명(詩名)을 나란히 하여 초당(初唐)의 사걸(四傑)이라 일컬어진다. 수(隋)의 대유(大儒)인 문중자(文中子) 왕통(王通)의 자손이다. 인덕(麟德) 초에 대책(對策:과거에서 정치 또는 經義에 관한 문제를 내어 답안을 쓰게 하는 일)으로 조산랑(朝散郞)에 임명되고, 후에 패왕(沛王)이 그 이름을 듣고 왕부(王府)의 수찬(修撰:역사를 편집하는 관직명)에 임명했다. 당시 투계놀이가 성행했는데, 발(勃)이 장난으로 쓴 그 격문(檄文)이 고종(高宗)의 노여움을 사 검남

(劍南 : 四川)으로 쫓겨났다. 후에 죄를 지은 관노(官奴)를 숨겼다가 그 일이 발각될 것을 두려워하여 죽였으므로, 주살을 용서받고 제명(除名 : 관직에서 물러나는 것)되었다. 그때에 아버지 복치(福時)도 좌천되어 교지(交趾)의 영(令)이 되었으므로, 아버지를 찾아가던 도중에 등왕각(滕王閣)의 잔치에 참여하여 〈등왕각서(滕王閣序)〉 및 시를 지었다. 그후에 바다를 건널 때 물에 빠진 것이 원인이 되어 죽었다. 30세도 되지 않았을 때였다. 종래 발은 정관(貞觀) 22년(648)에 태어난 것으로 알려져 왔지만, 〈춘사부(春思賦)〉에 스스로 함형(咸亨) 2년 22세라 서술하고 있는 것에 의하면 650년이 된다. 《왕자안집(王子安集)》 30권이 있다.

왕안석(王安石, 1021~1086) 자는 개보(介甫), 호는 반산(半山). 강서성(江西省) 임천(臨川) 사람이어서 왕임천(王臨川)이라고도 부르고 뒤에 형국공(荊國公)에 봉해져 왕형공(王荊公)이라고도 부른다. 북송 때의 뛰어난 정치가이며 문학가요 사상가이다. 어려서부터 독서를 좋아하여 일찍이 문명을 날렸다. 인종(仁宗) 때 진사가 되었고, 가우(嘉祐) 3년(1058)에는 전언서(前言書)를 올리어 정치 개혁을 주장하였고, 신종(神宗) 희녕(熙寧) 2년(1069)에 참지정사(參知政事)가 되고 이어 재상이 되자, 곧 청묘(青苗)·균수(均輸)·시역(市易)·면역(免役)·농전수리(農田水利) 등을 골자로 하는 이른바 신법을 적극 추진하였다. 사마광(司馬光)·소식(蘇軾) 등 보수파의 반대로 격렬한 정쟁을 벌였으나 결국 신법은 성공을 거두지 못하였다. 재상을 그만둔 뒤 강녕(江寧 : 지금의 江蘇省 南京)에 퇴거하다 죽었는데, 시호를 문공(文公)이라 하였다. 시는 당시의 사회 현실을 반영하는 작품을 비롯한 좋은 작품들을 많이 남겼고, 산문에 있어서도 이른바 '당송팔대가(唐宋八大家)'의 한 사람으로 친다. 그밖에 《주관신의(周官新義)》 등 학술적인 저술도 많으며, 《왕임천문집(王臨川文集)》 29권이 전하고 《당백가시선(唐百家詩選)》을 편찬하기도 하였다.

왕우칭(王禹偁, 954~1001) 자는 원지(元之). 북송 제주(濟州) 거야(鉅野 : 河北省) 사람. 진사가 된 뒤 태종(太宗) 때 우습유(右拾遺) 직사관(直史館)을 비롯하여 좌사간(左司諫) 지제고(知制誥)·대리시판관(大理寺判官) 등을 거쳐 한림학사

(翰林學士) 등을 지낸 뒤 황주(黃州) 자사(刺史)로 나갔다가 기주(蘄州)로 옮긴 뒤 죽었다. 그는 형식적 수식을 존중했던 송초(宋初)의 서곤체(西崑體)를 반대하고 시는 두보(杜甫)·백거이(白居易), 문(文)은 한유(韓愈)·유종원(柳宗元)을 존중했다. 작풍이 평이하고도 소박했으며 당시의 정치 사회를 풍자하는 내용도 적지않다. 《소흑집(小畜集)》20권, 《승명집(承明集)》10권, 《집의(集議)》10권, 《시(詩)》3권이 있다.

왕포(王褒, ?~기원전 61) 자는 자연(子淵). 촉(蜀 : 四川) 사람. 한(漢)의 선제(宣帝) 때에 익주(益州)의 자사(刺史 : 知事) 왕양(王襄)이 포(褒)를 불렀다. 선제의 명에 의해 포는 〈성주득현신송(聖主得賢臣頌)〉을 지어 올려, 장자교(張子僑) 등과 함께 대조(待詔)에 임명되었다. 방사(方士 : 주술사)가 '익주에 금마벽계(金馬碧雞)의 신이 있다'고 말해서, 선제는 포로 하여금 그 신을 제사지내도록 했는데, 도중에 병사했다.

왕희지(王羲之, 321~379) 자는 일소(逸少), 13세 때에 진(晉)의 주의(周顗)를 알현했다. 주의는 회지를 이재(異才)라 했다. 자라남에 따라 언사(言辭)가 명백하며 의리에 통하고 절조가 굳다는 칭찬을 들었다. 특히 초서(草書)와 예서(隷書)를 잘 써서 고금의 제일이다. 〈난정집서(蘭亭集序)〉는 문장이 뛰어날 뿐만 아니라 그 필적이 비할 데 없는 명필로서, 오늘날까지도 서가(書家)의 법첩(法帖)이 되고 있다. 단지 유감인 것은 현존하는 것은 당대의 모각(模刻)으로 진필이 아니라는 점이다. 출사하여 우군장군(右軍將軍)·회계내사(會稽內史)를 지냈으므로, 세상에서는 왕우군(王右軍)이라 칭했다. 일소의 생졸년에는 제설이 있어 일정하지 않다. 양흔(羊欣)의 〈필진도(筆陣圖)〉에서 말하는 것처럼 영화(永和) 9년에 33세였다면 앞에 게재한 대로이지만, 이밖에도 영가(永嘉) 원년(307) 또는 태안(泰安) 2년(303)에 태어났다는 설 등이 있다.

유령(劉伶, ?~300?) 자는 백륜(伯倫). 진(晉)의 패국(沛國 : 江蘇) 사람이다. 죽림칠현(竹林七賢)의 한 사람으로, 완적(阮籍)·혜강(嵇康) 등과 사귀었으며, 술을 몹시 즐겼다. 평소 녹거(鹿車 : 작은 수레)를 타고 한 병의 술을 가지고 다녔는데, 삽을 멘 하인 한 사람을 따르게 하여 어느 곳에서든 자신이 죽거든 그 자리에 묻어 달라고 했다 한다. 건위참군(建威參軍)을 지냈으므로 유참군(劉參軍)이라 불렸다.

유우석(劉禹錫, 772~843) 자는 몽득(夢得). 당나라 중산(中山) 무극(無極 : 河北省) 사람. 정원(貞元) 9년(793)에 진사가 되어 감찰어사(監察御史)를 지냈다. 유종원(柳宗元)과 함께 정치혁신을 주장하는 왕숙문(王叔文) 집단에 들어가 탁지원외랑(度支員外郞)을 지내다, 숙문이 실패하자 낭주사마(朗州司馬)로 쫓겨났다. 오랜 뒤에 배도(裴度)의 추천으로 태자빈객(太子賓客) 등을 거쳐 검교예부상서(檢校禮部尙書)로 벼슬을 마쳤다. 죽은 뒤 호부상서(戶部尙書)가 추증되었다. 그의 시는 통속적이면서도 매끄러웠고 백거이와 친하게 지냈다. 특히 그의 민가적(民歌的) 작품들은 다른 시인들이 전혀 흉내내지 못할 수준이며, 고문(古文)도 잘 지었다. 《유빈객문집(劉賓客文集)》〔一名《中山集》〕 30권, 《외집(外集)》 10권이 있다.

유종원(柳宗元, 773~819) 자는 자후(子厚). 당나라 하동(河東 : 山西省 永濟) 사람. 진사가 된 뒤 교서랑(校書郞) 등을 지냈다. 순종(順宗) 때 유우석(劉禹錫) 등과 왕숙문(王叔文)의 혁신 정치 집단에 참여하여 예부원외랑(禮部員外郞)을 지냈으나, 실패하자 영주사마(永州司馬)로 쫓겨났다. 원화(元和) 10년(815)엔 유주자사(柳州刺史)로 옮기어져 그곳에서 죽어, 사람들은 그를 유유주(柳柳州)라고도 부른다. 유종원은 한유(韓愈)와 함께 고문운동(古文運動)을 전개하여 흔히 '한유(韓柳)'라고도 부른다. 그의 산문은 한유의 웅혼함과는 달리 빼어난 맛이 있고, 사회의 모순을 비판하는 풍자적인 글과 산수유기(山水遊記)에 특히 뛰어났다. 시는 더욱 한유보다 세련되어 맑고 빼어난 풍격을 지녔고, 자연 속의 정경을 노래하여 도연명에서 왕유(王維)·맹호연(孟浩然)·위응물(韋應物)을 이어 받은 자연시파(自然詩派)로 알려졌다. 그의 시 중에는 청원(淸遠)한 한적을 읊은 좋은 시가 많다. 《유하동집(柳河東集)》 45권, 《외집(外集)》 2권이 있다.

원결(元結, 723~772) 자는 차산(次山). 당(唐)의 무창(武昌 : 湖北) 사람. 노산(魯山)의 영(令) 덕수(德秀)의 족제(族弟 : 사촌)이다. 결은 어렸을 때부터 재기가 남달리 뛰어났으며, 17세 때에 학문에 뜻을 두어 천보(天寶) 12년에 진사가 되었다. 안녹산(安祿山)의 난이 일어났을 때에 소원명(蘇元明)의 추천에 의해서 숙종(肅宗)에게 출사했다. 〈시의(時議)〉 세 편을 올려 금오참군병조(金吾參軍兵曹)로 승진되고, 감찰어사(監察御史)를 겸하여 산동서도(山東西道)의 절도참모(節道參謀)가 되었다. 사사명(史思明)의 난 때에 결은 비양(沘陽)에 주둔, 험한 지세를 이용하여 15개의 성을 온전히 지켰다. 그 공으로 감찰어사 이행(裏行 : 定員外)으로 직위가 올라갔다. 대종(代宗)이 즉위하자 벼슬을 사퇴하고 번천(樊川)의 물가로 돌아가, 저작랑(著作郞)을 제수받아 책을 저술했다. 예부시랑(禮部侍郞)이 추증되었다. 결은 당시의 경박한 시를 미워하여, 풍아(風雅)한 고도(古道 : 옛날 성현의 도)로 돌아갈 것을 제창했으며, 문은 대구를 중시하는 화미(華美)한 체를 배척했다. 《협중집(篋中集)》은 이러한 견지에서 당시의 시를 편집한 것이다. 그 서(序)에 그의 문학과 시에 대한 견식이 서술되어 있다. 《차산집(次山集)》 외에 《원자(元子)》 10편, 《문편(文編)》 등의 저술이 있다.

이격비(李格非, 1090년 전후) 자는 문숙(文叔)이고, 제남(濟南) 사람으로 정확한 생졸년을 알 수 없다. 송나라 철종(哲宗) 때 사람으로 예순 한 살을 살았다 한다. 문학보다도 경학(經學)에 뜻을 두어 《예기설(禮記說)》 수십만 자를 지은 뒤에 진사가 되었다 한다. 기주사호참군(冀州司戶參軍)과 예부원외랑(禮部員外郞) 벼슬을 하다가 만년에 쫓겨났다. 시문(詩文)도 잘 지었고, 《문집》 45권을 남기고 있다.

이구(李覯, 1009~1059) 자는 태백(泰伯). 북송의 우강(旴江 : 江西省) 사람으로 세상 사람들이 우강선생(旴江先生)이라 불렀다. 문장이 뛰어나고 경학(經學)에 통하여, 그에게서 배우고자 사방에서 모여든 사람이 수백이었다. 황우(皇祐) 초에, 범중엄(范仲淹)의 추천으로 대학조교(大學助敎)가 되었다. 가우(嘉祐) 4년, 51세를 일기로 졸하였다. 뜻이 높고 밝은 문장을 많이 썼다 하는데, 아깝게도 전해지는 작품이 많지 않다.

이밀(李密, ?~285?) 자는 영백(令伯). 동진(東晉)의 무양(武陽 : 四川) 사람. 어려서 아버지를 여의고 어머니마저 개가했으므로, 조모의 손에 성장하였다. 효성이 뛰어나, 이

를 안 진(晉)의 무제(武帝)가 태자
선마(太子洗馬) 벼슬을 내렸다. 그
러나, 이밀은 〈진정표(陳情表)〉를
올려 사양하였다. 무제는 이밀의 효
심에 감동하여 노비 두 사람을 내리
고, 군과 현의 수령에게 일러 음식
물과 의복을 제공하게 하였다. 이밀
은 후에 조모의 상을 마친 다음, 출
사하여 한중(漢中)의 태수로 봉직하
였다.

이백(李白, 701~762) 자는 태백(太
白), 청련거사(靑蓮居士)라 자호(自
號)하였다. 두보(杜甫)와 함께 쌍벽
을 이루는 당의 대표적 시인. 선조
(先祖) 때 농서(隴西) 성기(成紀 :
甘肅省 天水)에 살다가 죄를 져서
서역(西域)으로 옮겼는데 이백은 이
곳에서 태어났다. 모친이 아마 호인
(胡人)인 것같이 생각하므로 이백은
혼혈종일 가능성도 있다〔당시 그를
가리켜, 눈은 불꽃 같고 입을 벌리
면 굶주린 호랑이 같다고 했다〕. 5
세 되던 때 온 집안이 사천(四川)으
로 갔다. 그래서 어떤 사람은 그를
촉군(蜀郡) 사람이라고도 한다. 또
그 스스로는 농서(隴西 : 지금의 甘
肅省) 포의(布衣)라 하고 있다〔與
韓荊州書〕.〔어떤 사람은 이백의 선
조는 원래 胡人이었는데 장사하러
四川에 옮겨 왔다고도 말한다〕 그

의 일생은 낭만으로 가득 차 있으며
세상일에 구애받지 않았다. 어려서
부터 의협심이 강했고 재산을 가볍
게 여겨 남에게도 상당히 후하였다.
열다섯 살이 되어서는 검술을 좋아
하여 널리 제후들의 일에도 간여하
였다. 또 일찍이 양주(楊州)에 놀러
가서는 1년도 되지 못해 황금 3천
여만을 써버렸다 한다. 또 젊어서
사람을 몇 명 죽였으나 거리끼지 않
았다는 말도 있다. 25세쯤 되던 무
렵 촉(蜀)을 떠나 장강(長江)·한
수(漢水)·제(齊)·노(魯) 등의 지
방을 두루 돌아다녔다. 천보(天寶)
초에 장안에 이르러 하지장(賀知章)
의 알선으로 현종을 만나 송(頌) 한
편을 올리어 한림원(翰林院)에 공
봉(供奉)케 되어, 후세엔 이한림(李
翰林)이라고도 부른다. 한번은 현종
이 침향정(沉香亭)에서 양귀비와
잔치를 벌이고 꽃구경을 하면서 이
백을 불러 시를 짓게 하였는데, 이
때 지은 것이 바로 〈청평조(淸平
調)〉 3수이다. 그는 벼슬은 하지 못
하고, 곧 다시 장안을 떠나 여러 곳
을 만유(漫游)하였다. 안녹산이 난
을 일으켰을 때는 여산(廬山)에 있
었는데 영왕(永王) 이린(李璘)의 청
을 받아 그를 돕다가 이린의 모반이
실패하자 그도 잡혀갔으나 곽자의
(郭子儀)의 도움으로 죽음을 면하

여 야랑(夜郎)으로 귀양가게 되었는데 도중에 사면되어 돌아왔다. 그 뒤에 곧장 심양(潯陽 : 九江)·의성(宜城)·금릉(金陵) 일대를 유랑하였다. 마지막에는 집안 아저씨뻘 되는 당도령(當塗令) 이양빙(李陽冰)에게 의지하여 살았는데, 전하는 말에 의하면 채석기(采石磯)에서 뱃놀이를 하다가 술에 취하여 달을 잡으려고 물속에 뛰어들어 죽었다고 한다. 그는 낭만시인(浪漫詩人)의 한 사람으로 남아 있다. 고사(故事)도 무척 많아서 일일이 기록할 수 없는 정도이다. 그의 시풍은 첫째 의기호매(意氣豪邁)하여 늘 자기 마음대로 글을 써서 굉려(宏麗)하고 웅위(雄偉)한 의경(意境)을 나타내고 있다. 둘째 정사표일(情思飄逸)하여 시문이 선인(仙人)의 말 같아서 사람들을 감탄케 한다[賀知章은 그를 '謫仙人'이라 불렀다]. 또 일생 동안 시국이 뜻과 같지 않다고 생각하여 시 가운데 퇴미(頹靡)하고 자방(自放)한 의취가 엿보인다. 두보가 이백을 읊어 '실컷 술마시고 미친 듯 노래부르며 공연히 나날을 보냈으니, 높이 휘날리고 우뚝 솟은 의기는 누구 위해 웅장한 것인가? [痛飮狂歌空度日, 飛揚跋扈爲誰雄]'라 하였다. 《이태백시(李太白詩)》 30권이 전한다.

이사(李斯, 기원전 284?~기원전 208) 초(楚)나라 상채(上蔡) 사람. 순경(荀卿)에게 제왕지술(帝王之術)을 배운 다음 진(秦)나라로 가 승상(丞相) 여불위(呂不韋)의 눈에 들어 출세길로 들어섰다. 정위(廷尉) 등의 벼슬을 하며 진시황(秦始皇)을 보좌하여, 진나라가 천하를 통일한 뒤에는 승상이 되어 큰 권세를 휘두르게 되었다. 진시황의 유명한 분서갱유(焚書坑儒) 같은 폭정이 그의 제의로 이루어진 것이라 하나, 한자의 자체를 소전(小篆)으로 통일하여 중국문화 발전에 크게 공헌하기도 하였다. 이밖에도 진시황 때의 조령(詔令)과 함께 수많은 표(表)·주(奏)를 지었고, 여러 지방을 돌아다니며 태산(泰山)·지부(之罘)·갈석(碣石)·회계(會稽)·낭야(琅琊) 등에 훌륭한 각석문(刻石文)도 많이 남겼다. 특히 〈간축객서(諫逐客書)〉 같은 여기에 실린 글은 그의 출세의 발판이 되었던 명문으로 알려져 있다.

이한(李漢, 825년경 생존) 자는 남기(南紀). 어려서부터 한유(韓愈)에게서 학문을 배웠고, 글을 잘 지었다. 강강(剛强)한 성품이 한유와 흡사하였는데, 한유는 이것을 좋아하여 사위로 삼았다. 한유가 죽은 다음, 한유의 시문(詩文)을 모아 정리하였다.

이화(李華, ?~676) 자는 하숙(遐叔). 당의 조주(趙州 : 河北) 찬황(贊皇) 사람. 대력(大歷) 초에 죽었다. 문사(文辭)가 화려하고 정조(情調)가 풍부한 글을 썼으나, 굉대웅걸(宏大雄傑)한 기상이 부족했다.

장뢰(張耒, 1054~1114) 자는 문잠(文潛), 호는 가산(柯山)·완구선생(宛丘先生)이라고도 불리었다. 북송 초주(楚州) 회음(淮陰 : 江蘇省 淸江) 사람. 소철(蘇轍)에게 배웠고 소식(蘇軾)에게 문재를 인정받았다. 진사가 된 뒤 저작랑(著作郎)·기거사인(起居舍人)·용도각학사(龍圖閣學士) 등을 거쳐, 소식과 함께 귀양을 다니다가 휘종(徽宗) 때엔 태상소경(太常少卿)을 지냈다. 다시 영주(潁州)·여주(汝州)를 거쳐 진주(陳州) 숭복사(崇福寺) 주관(主管)으로 있다 죽었다. 시는 백거이를 본받았고 장적(張籍)의 악부도 배워, 당시의 사회상을 쉬운 표현으로 반영하기에 힘썼다. '소문사학사(蘇門四學士)' 중의 한 사람으로 《완구집(宛丘集)》76권을 남겼다.

장온고(張蘊古, ?~631) 당나라 태종(太宗) 때 사람. 정관(貞觀) 2년, 중서성(中書省)의 관리로 있으면서 〈대보잠(大寶箴)〉을 지어 태종에게 올렸다. 태종은 천자가 규계(規戒)로 삼을 만한 글이라며 크게 기뻐하여 비단 3백 필을 내리고 그를 대리시(大理寺)의 승(丞)으로 승진시켰다. 그러나, 4년 뒤에 태종은 한 권세가의 말만 듣고 장온고를 죽였으니 〈대보잠〉의 규계를 생각하지 못한 일이었다. 태종은 뒤에 크게 후회하였으나 장온고는 이미 죽고 없었다.

장재(張載, 1020~1077) 자는 자후(子厚). 호는 횡거(橫渠). 북송 때 사람으로 장안(長安)에서 출생하였다. 학문과 도를 행하는 데에 힘썼으며 지조가 굳고 예를 좋아하여 세상 사람들에게서 많은 존경을 받았다. 가우(嘉祐) 2년에 진사에 급제하였다. 《역설(易說)》·《어록(語錄)》·《정몽(正蒙)》 등의 저서와 〈동명(東銘)〉·〈서명(西銘)〉 등의 작품을 남겼는데, 그의 철학은, 《역(易)》으로 종(宗)을 삼고 《중용(中庸)》으로 체(體)를 삼았으며, 예를 숭상하는 것이었다. 송학, 즉 주자학(朱子學)은 주돈이(周敦頤)에 의해 시작되어 정명도(程明道)·정이천(程伊川)의 이정자(二程子)와 장재에 의해 꽃피었으며, 뒤에 주희(朱

熹)에 의해 대성된 학문이다.

정이(程頤, 1033~1107) 자는 정숙(正叔), 호는 이천(伊川). 북송 하남(河南) 사람. 형 호(顥 : 明道先生)와 함께 주돈이(周敦頤)에게서 학문을 배웠다. 18세 때에 인종(仁宗)에게 왕도정치를 권하는 상서를 올렸다. 천우(天祐) 초에 서경국자(西京國子)의 교수(敎授)에 임명되었는데, 가끔 천자께 나아가 강론하였다. 처음에는 한림원(翰林院)의 소동파(蘇東坡)와 함께 신법당(新法黨)에 맞섰으나, 나중에는 두 사람의 뜻이 맞지 않아 서로 당을 만들어 대립하였다. 당시 세상에서는 동파가 거느린 당을 천당(川黨), 정이가 거느린 당을 낙당(洛黨)이라 불렀다. 정이의 형 명도선생은 관후한 성품을 지녔으나, 정이는 강직하여 조정에서 직간을 서슴치 않았다. 형인 정호와 함께 이정자(二程子)로 불리는데, 두 사람이 송대의 철학에 미친 영향은 지대하다. 정이의 이기설(理氣說)은 후에 주희(朱熹)에 의해 대성되었다. 대관(大觀) 원년, 75세를 일기로 졸했다. 가정(嘉定) 13년, 정공(正公)이라는 시호가 내려졌으며, 순우(淳祐) 원년, 이천백(伊川伯)에 추봉되었다. 공자묘에 배향(配享)되는 대유(大儒)로 《역전(易傳)》 4권, 《경설(經說)》 8권, 《이천문집(伊川文集)》 8권 등을 남겼다.

제갈량(諸葛亮, 181~234) 자는 공명(孔明). 삼국시대 촉한(蜀漢)의 승상으로 낭야(瑯琊 : 山東省) 사람. 처음엔 양양(襄陽)에 숨어살며 〈양보음(梁甫吟)〉이나 읊고 지냈으나, 촉주(蜀主) 유비(劉備)의 삼고초려(三顧草廬)로 세상에 나와 촉을 도와 싸워 《삼국지연의(三國志演義)》의 중심 인물로 유명해졌다. 유비가 죽은 뒤엔 후주(後主)를 섬기며 싸워 무수한 일화를 남겼으나 결국은 뜻을 이루지 못한 채 전장에서 병으로 죽었다. 특히 그의 글로 〈출사표(出師表)〉가 유명하며 《제갈무후집(諸葛武侯集)》 1권이 있다.

주돈이(周敦頤, 1017~1073) 자는 무숙(茂叔). 북송(北宋) 도주(道州) 영도현(營道縣 : 湖南) 사람. 대대로 염계(濂溪) 가에서 살았으므로 염계라고 호를 지었다. 여러 관직을 거쳐 광동전운판관(廣東轉運判官)이 되었으나, 병을 얻어 스스로 남강군(南康軍)을 원하여 돌아갔다. 희령(熙寧) 6년에 졸했다. 돈이(惇頤, 또는 敦頤)는 박학하여 아는 바를 몸소 실천했다. 또한, 일찍이 도를 듣고 일을 처리함에 있어서는 과감하게 했다. 《태극도설(太極圖說)》과 《통서(通書)》를 저술하여 만물의 본체를 태극(太極)으로 하고, 음양 두 기(氣)의 전개에 의해서 현상이 생긴다고 했다. 이 철학사상은 이정자(二程子)와 주자(朱子)에 의해서 계승되어 송학으로 대성되었다.

중장통(仲長統, 179~219) 자는 공리(公理). 후한(後漢) 산양(山陽 : 河南) 사람. 어려서부터 학문을 좋아하였으며, 문사(文辭)가 풍부하였다. 처음에는 벼슬을 싫어하여 〈낙지론(樂志論)〉을 지었으나, 후에 조조(曹操)의 군사에 참여하였다. 《창언(昌言)》 34편(일설에는 24편)을 지었다.

진사도(陳師道, 1053~1101) 자는 이상(履常) 또는 무기(無己)라 하였고, 호를 후산거사(後山居士)라 하였다. 북송 팽성(彭城 : 江蘇省 徐州) 사람. 증공(曾鞏)을 사사(師事)했으나 과거는 보지 않았다. 소식(蘇軾)의 추천으로 서주교수(徐州敎授)를 거쳐 비서성정자(秘書省正字)가 되었다. 그는 강서시파(江西詩派)의 중요한 작가로 시는 황정견(黃庭堅)과 두보를 본받으며 간고(簡古)한 풍격을 추구하였고, 일상생활을 주제로 한 작품들이 많다.

서정에도 뛰어나며, 고문(古文)에도 능하였다. 《후산집(後山集)》 30권이 전한다.

한무제(漢武帝, 기원전 156~기원전 87) 성은 유(劉), 이름은 철(徹). 경제(景帝)의 둘째 아들로 한(漢)의 7대 군주이다. 그의 재위 50년은 영토가 넓고 문화가 발달했던 한나라의 전성기였다. 교사(郊祀 : 하늘을 제사지내는 의식)를 설정했으며, 음률을 정했다. 또한 의식에 쓸 음악을 작곡케 하였고, 봉선(封禪 : 하늘에 제사지내며, 산천에 제사지내는 일)을 하는 등, 주대(周代)에 이어 문물제도를 정비했다. 유학을 좋아하여 공손홍(公孫弘) 같은 대유(大儒)를 평민으로부터 올려 재상으로 삼았다. 이후 대책(對策 : 시험)으로써 현사(賢士)를 채용하게 되었다. 또 동중서(董仲舒)의 설을 받아들여 오경박사(五經博士)를 두고 경학을 장려했다. 특히 문학을 사랑하여, 시인·부가(賦家)를 많이 모으고, 악부(樂府 : 음악을 관장하는 관청)를 설치하여 가요를 수집·제작하게 하였다. 그의 시대에 산문으로는 사마천(司馬遷)의 《사기(史記)》 103권이 편찬되고, 사마상여(司馬相如) 등이 부를 많이 지어 서한(西漢)의 문학 전성기를 이루었다. 무제(武帝)에 관한 이야기는 소설이 되어 〈한무고사(漢武故事)〉·〈한무내전 (漢武內傳)〉·〈한무사략(漢武事略)〉 등으로 전승되고 있다. 이것들은 무제가 신선 신앙에 열중한 데에서 생겨난 설화이다.

한유(韓愈, 768~824) 자는 퇴지(退之). 당나라 남양(南陽 : 河南省) 사람. 송대에 창려백(昌黎伯)에 추봉되어 흔히 한창려(韓昌黎)라고도 부른다. 일찍이 고아가 되어 형수에게 양육되었으나, 열심히 공부하여 정원(貞元) 8년(792)에 진사가 되었다. 벼슬은 일찍이 감찰어사(監察御史)·국자박사(國子博士) 등을 지냈으나 헌종(憲宗)이 불골(佛骨)을 맞아들이는 것을 간하는 〈논불골표(論佛骨表)〉를 올렸다가 조주자사(潮州刺史)로 좌천되었다. 뒤에 다시 이부시랑(吏部侍郎)에까지 승진되었고 죽은 뒤 문공(文公)이라 시(諡)하였다. 그는 사상면에서 유학을 숭상하고 불교를 내치며, 육조 이래의 형식미를 강구한 변려문(騈儷文)을 반대하고 고문운동(古文運動)을 전개시켰다. 그 결과 유종원(柳宗元)과 함께 당대(唐代) 고문의 쌍벽을 이루었고 '당송팔대가' 중의 첫째 인물로 꼽히게 되었다. 그의 시는 신기(新奇)한 표현을 추구하며 진부함을 반대하였고, 산문적인 표현도 서슴치 않아 너무나 험괴(險怪)함에 흘렀다는 평을 듣는다. 특히 유학에 있어서는 요순(堯舜)에서 공맹(孔孟)으로 전해 내려오던 이른바 학문의 '도통(道統)'을 주장하여 송대 성리학 발전에도 적지 않은 영향을 끼쳤다. 《창려집(昌黎集)》 40권과 《외집(外集)》 10권이 전한다.

색 인(索引)

ㄱ

가(歌) 23

가규(賈逵) 172

가류(歌類) 22

가생(賈生) 802

가설송동년장호(稼說送同年張琥) 917

가우(嘉祐) 663 712 852

가의(賈誼) 101 117 213 708 798 851
907

가의감위지태식(賈誼堪爲之太息) 708

가의조조(賈誼晁錯) 853

가의지언왈(賈誼之言曰) 909

가이탁오영(可以濯吾纓) 85

가이탁오족(可以濯吾足) 85

가장고연명(家藏古硯銘) 1027

가정맹어호(苛政猛於虎也) 561

가화편(嘉禾篇) 894

간공(簡公) 758

간원제명기(諫院題名記) 663

간장(干將) 126

갈천씨(葛天氏) 193

감반(甘盤) 1031

갑방식(蓋邦式) 1016

강(康) 54

강건법(强健法) 129

강남(江南) 94 422 458 866

강노사조(强弩射潮) 871

강동(江東) 152 336

강락(康樂) 230

강릉(江陵) 827

강수(江水) 408

강왕(康王) 286 1031

강왕(康王) 교(釗) 474

강주(絳州) 500

강한(江漢) 162

강호(江湖) 648

강회(江淮) 865

개라기축(開羅起祝) 254

개방(開方) 758

개원(開元) 812 1038

개제군자(愷悌君子)   319

개형산지운(開衡山之雲)   818

개호신기소교(皆好臣其所敎)   299

갱살학사(坑殺學士)   320

거백옥(蘧伯玉)   764

거세개탁아독청(擧世皆濁我獨淸)   84

건괘(蹇卦)   373

건도성남(乾道成男)   1047

건수(蹇脩)   63

건숙(蹇叔)   87

건숙어송(蹇叔於宋)   88

건지육이즉왈(蹇之六二則曰)   373

건칭부곤칭모(乾稱父坤稱母)   1058

걸(桀)   33 54

걸왕(桀王)   40

걸주(桀紂)   41

걸주예요(桀紂羿澆)   34

검각(劍閣)   1017

검루(黔婁)   193

격사홀(擊蛇笏)   655

격사홀명(擊蛇笏銘)   654

격옹구부(擊甕叩缶)   94

견우성(牽牛星)   362

견패공입관(遣沛公入關)   933

결록(結綠)   239

결제(駃騠)   92 93

결초보은(結草報恩)   174

겸가창창백로위상(蒹葭蒼蒼白露爲霜)

969

경감(景監)   582

경감득이상위앙(景監得以相衛鞅)   583

경경혈립(煢煢孑立)   174

경덕(景德)   858

경력(慶曆)   647 663

경붕(鯨鵬)   410

경왈(經曰)   280

경우(景祐)   852

경제(景帝)   908

경주(慶州)   340

경포(黥布)   773

계(啓)   54

계림(桂林)   107

계명구폐(鷄鳴狗吠)   669

계자불례어기수(季子不禮於其嫂)   685

계조(繼祖)   494

계찰(季札)   887

고괘(蠱卦)   372

고금인불상급(古今人不相及)   431

고기(咎夔)   630

고기직설(皐夔稷契)   738

고문(古文)   15 19 20 24 968

고문관지(古文觀止)   18

고문대전(古文大全)   21

고문사류찬(古文辭類纂)   18

고문운동(古文運動)   18 20

고밀(高密)   913

고수(瞽瞍) 795

고수부득탈저순(瞽瞍不得奪諸舜) 799

고시(古詩) 19

고시기(古詩紀) 18

고시원(古詩源) 18

고신씨(高辛氏) 64

고양(高陽) 36

고영(顧榮) 172

고요(皐陶) 129 736 1031

고요(咎陶) 421 423

고요(咎繇) 71 627

고인병촉야유(古人秉燭夜遊) 230

고인유언왈(古人有言曰) 299

고제(高帝) 152

고조(高祖) 335 742 932 1017

고조론(高祖論) 771

고종(高宗) 335

고지상구(蠱之上九) 643

고지상구운(蠱之上九云) 373

고지욕명명덕어천하자(古之欲明明德於天
  下者) 279

고체(古體) 19

고풍(古風) 19

곡(曲) 23

곡굉기와이이(曲肱飢臥而已) 726

곡량전(穀梁傳) 554

곡류(曲類) 22

곡수(穀水) 435

곤(鯤) 51

곤도성녀(坤道成女) 1047

곤륜(崑崙) 78

곤산(崑山) 92

곤산지옥(崑山之玉) 93

곤어남양(困於南陽) 155

공(鞏) 859

공공(空空) 199

공공(孔公) 654

공공(共工) 736

공규(孔戣) 361

공무(公武) 340

공문거(孔文擧) 239

공석불가난(孔席不暇暖) 382

공손씨(公孫氏) 1018

공손지(公孫支) 87

공수반(公輸班) 127

공씨(孔氏) 321 853

공안지액(孔顔之厄) 860

공자(孔子) 111 214 271 275 281 317
  375 404 421 466 474 479 501 516 536
  655 706 724 847 857

공자맹가지불우(孔子孟軻之不遇) 800

공자불편휘이명(孔子不偏諱二名) 475

공자오사지제자야(孔子吾師之弟子也)
  272

공자왈(孔子曰) 466 561 848

공자운(孔子云) 319

공자작춘추(孔子作春秋) 848

공자주소정묘인(孔子誅少正卯刃) 658

공자지언왈(孔子之言曰) 818

공자지작춘추(孔子之作春秋) 280

공자하유견주공어방불(孔子何由見周公於
髣髴) 706

공치규(孔稚圭) 197

공회융우잠(公會戎于潛) 925

과두문(蝌蚪文) 980

과두조적(蝌蚪鳥跡) 983

과족불(裹足不) 97

과진론(過秦論) 101

곽숭도(郭崇韜) 975

곽유지(郭攸之) 143

곽탁타(郭橐駝) 564

관산(關山) 213

관상국(關相國) 597

관성(管城) 500

관성자(管城子) 499

관수(灌水) 570

관우(關羽) 153

관이오(管夷吾) 421

관중(管仲) 582 758

관중(關中) 108

관중론(管仲論) 758

관후굉박(寬厚宏博) 940

광(匡) 286

광덕리(光德里) 522

광릉(廣陵) 638 1008

광리왕(廣利王) 360

광명(廣明) 900

광명지란(廣明之亂) 903

광무제(光武帝) 642 867 946

광주(廣州) 360

괴본(魁本) 21 23

괴본대자제유전해고문진보(魁本大字諸儒
箋解古文眞寶) 21

교여(僑如) 894

교제(郊祭) 281

구(丘) 473

구가(九歌) 33 54 78

구구(九丘) 887

구국(九國) 103

구기조이지기주(丘其糟而池其酒) 247

구기충사금수(驅其蟲蛇禽獸) 275

구류(九流) 502

구법(九法) 320

구변(九辯) 54

구복불회(求福不回) 319

구성궁(九成宮) 879

구양공(歐陽公) 914 939

구양수(歐陽修) 18 28 672 683 691 692
697 704 712 723 730 735 799 912 997

구양영숙위매성유왈(歐陽永叔謂梅聖
兪曰) 998

구양익(歐陽翼) 414

구양자(歐陽子) 697 851 853

구월(甌越) 211

구의산(九疑山) 70 821 1017

구의조영황(九疑弔英皇) 823

구이팔만(九夷八蠻) 490

구장(九章) 33

구주(九州) 69 205

구지도구의(丘之禱久矣) 319

국무자(國武子) 383

국무자지소이견살어제야(國武子之所以見
殺於齊也) 384

국어(國語) 27 554

국자선생(國子先生) 395

군자불욕가저인(君子不欲加諸人) 384

군자학도즉애인(君子學道則愛人) 818

군진(君陳) 1031

굴가의어장사(屈賈誼於長沙) 217

굴기니이양기파(淈其泥而揚其波) 84

굴력탄려(屈力殫慮) 947

굴원(屈原) 33 83 118 421 547 1017

굴원기방(屈原既放) 84

굴원왈(屈原曰) 84

굴자부왈(屈子賦曰) 548

궁도지곡(窮途之哭) 217

궁석산(窮石山) 63

궁음(宮音) 713

권량(權良) 25

권서(權書) 798

권학문(勸學文) 22~24

귀거래사(歸去來辭) 28 180

귀거래혜(歸去來兮) 183

귀죄어기(歸罪於己) 246

규요사(規姚姒) 399

균(鈞) 516

균기동체(均氣同體) 1069

극기명(克己銘) 1068

극기복례(克己復禮) 1049

근상(斲堊) 33

근체(近體) 27

근체시(近體詩) 20

금곡(金谷) 230

금곡주수(金谷酒數) 231

금시이작비(今是而昨非) 184

기(氣) 1068

기(記) 22 23

기(夔) 421 627 736

기갈학지사(起竭涸之思) 982

기기(騏期) 474

기기(騏驥) 38

기년궁(祈年宮) 879

기련(祁連) 152

기부유어천지(寄蜉蝣於天地) 830

기북(冀北) 442

기산(岐山) 894 900

기수량이(驥垂兩耳) 119

기언왈(其言曰) 276

기왈(記曰)　292

기주(冀州)　240

기지제력이천하평(豈知帝力而天下平)
　254

기천(棄天)　799

기패북산(幾敗北山)　155

길굴오아(佶屈聱牙)　399

길보(吉甫)　859

길인지사과(吉人之辭寡)　984

김종직(金宗直)　24～26 29

Ⓛ

나지(羅池)　414 416

낙(洛)　681

낙불가극낙극생애(樂不可極樂極生哀)
　246

낙성루(落星樓)　637

낙수(洛水)　442

낙양(洛陽)　261 336 437 495 676 1008
　1038

낙지론(樂志論)　139

낙차불우(樂且不憂)　1059

낙포(洛浦)　197

난릉(蘭陵)　404

난사(亂辭)　78

난왈(亂曰)　79

난정(蘭亭)　165 214

난정기(蘭亭記)　165

남경(南京)　750

남곽(南郭)　199

남곽자기(南郭子綦)　198

남만(南蠻)　153

남명(南溟)　216

남사씨(南史氏)　655

남산(南山)　879

남양(南陽)　144 152

남월(南越)　547 554

남이(南夷)　87

남전현승청벽기(藍田縣丞廳壁記)　482

남창군(南昌郡)　211

남포(南浦)　215

남풍(南風)　139

남풍선생(南豐先生)　994 998

남해(南海)　213 364 818

남해신묘비(南海神廟碑)　360

남황(南荒)　390

낭야산(瑯琊山)　691

낭풍(閬風)　63

내옹(耐翁)　24 26

내자불거거자불추(來者不拒去者不追)
　925

내한(內翰)　799

노공(魯恭)　204

노관(盧綰)　773

노담(老聃)　421 466 887

노당익장(老當益壯) 217

노력자역어인(勞力者役於人) 527

노수(瀘水) 145 151

노심자역인(勞心者役人) 527

노(魯) 애공(哀公) 796

노어도도(老於道途) 800

노자(老子) 139 269 271 285 397 499
  554 851

노자왈(老者曰) 272

노주(潞州) 336

노춘추(魯春秋) 887

녹명(鹿鳴) 430

녹보(祿父) 772

논(論) 22

논불골표(論佛骨表) 655

논어(論語) 24 785

논왈(論曰) 925

농서(隴西) 233 516 1038

뇌사(雷師) 60

누완(樓緩) 102

능운(陵雲) 352

능운부(凌雲賦) 214

능허대기(凌虛臺記) 878

ㄷ

단봉문(丹鳳門) 627

단수실(段秀實) 655

단종실록(端宗實錄) 26

단주(丹朱) 795

단태위격주자홀(段太尉擊朱泚笏) 658

단표루공(簞瓢屢空) 194

담자(郯子) 466

답위중립서(答韋中立書) 546

답이추관서(答李推官書) 979

답진상서(答陳商書) 310

당(唐) 576 577

당경(唐庚) 1027 1030

당(唐)나라 태종(太宗) 1038

당사고서목(唐四庫書目) 726

당서(唐書) 경적지(經籍志) 724

당요(唐堯) 421

당우(唐虞) 423

당우삼후(唐虞三后) 34

당주(唐州) 341

당태종(唐太宗) 627 730

당(唐) 현종(玄宗) 261

대괴가아이문장(大塊假我以文章) 231

대당중흥송(大唐中興頌) 261

대량(大梁) 1017

대력(大曆) 515

대루원(待漏院) 627 629

대루원기(待漏院記) 627

대리시(大理寺) 629

대벽(大辟) 732

대보잠(大寶箴) 244

대인선생(大人先生) 161

대종(代宗) 335 348 478

대타(帶佗) 102

대황(大荒) 823

덕유(德裕) 859

덕유흉유길(德有凶有吉) 270

덕종(德宗) 335 348 677

도가(棹歌) 100

도모시용(道謀是用) 532

도미(道微) 867

도연명(陶淵明) 20 28 180 193 1042

도주(陶朱) 111

도주의돈지부(陶朱猗頓之富) 112

도참우초(逃讒于楚) 405

도척(盜跖) 118 857

도척지수(盜跖之壽) 860

도홍(陶泓) 500

독근이거원(篤近而擧遠) 267

독락원기(獨樂園記) 666

독맹상군전(讀孟嘗君傳) 669

동고(東皐) 207

동고지소알(東皐之素謁) 208

동곽(東郭) 498

동관(潼關) 152

동량(棟梁) 307 768 970

동명(東銘) 1065

동방삭(東方朔) 655

동방삭극(東方朔戟) 658

동사필(董史筆) 658

동생(董生) 802

동성상(動星象) 643

동성파(桐城派) 18

동아(東阿) 93

동야(東野) 422

동양(東陽) 725

동언(董偃) 655

동엽봉제변(桐葉封弟辯) 576

동윤(董允) 143

동이(東夷) 279

동잠(動箴) 1055

동정호(洞庭湖) 647 1017

동주(東周) 107

동중서(董仲舒) 515 798

동창(董昌) 865 868

동해군(東海郡) 204

동호(董狐) 655

두도(杜度) 474

두목(杜牧) 602

두목지(杜牧之) 1008

두보(杜甫) 20 422 821

두여회(杜如晦) 812

두우(斗牛) 829

두융(竇融) 867

두혁(杜赫) 102

둔괘(屯卦) 642

둔지초구(屯之初九) 643

득화이명기서(得禾以名其書) 896

등가피우(騰駕罷牛) 119

등고작부(登高作賦) 218

등교기봉(騰蛟起鳳) 215

등동(鄧銅) 153

등왕(滕王) 214

등왕각서(滕王閣序) 211

등자경(滕子京) 647

등주(鄧州) 341

ㅁ

마군(馬君) 494

마기알골(磨肌戞骨) 391

마소유(馬少游) 1009

마수(馬燧) 494

마옥(馬玉) 153

마존(馬存) 1016

마창(馬暢) 494

마총(馬摠) 345

막야(莫邪) 118

만력중각본(萬曆重刻本) 21

만리장성(萬里長城) 615

만물무언이화성(萬物無言而化成) 254

만이(蠻夷) 547

만형(蠻荊) 211

망산(邙山) 435

망서(望舒) 60

매신견기어기처(買臣見棄於其妻) 685

매요신(梅堯臣) 997

맹가(孟軻) 281 421

맹가호변(孟軻好辯) 404

맹교(孟郊) 422

맹군(孟君) 292

맹분(孟賁) 811

맹상(孟嘗) 214

맹상군(孟嘗君) 101 669

맹씨(孟氏) 321

맹씨지방린(孟氏之芳隣) 217

맹자(孟子) 24 214 316 404 546 554 783
    785 847 849 938

맹자사이벽지곽여(孟子辭而闢之廓如)
    320

맹자왈(孟子曰) 812 848 940

맹자운(孟子云) 320

맹자유운(孟子有云) 299

맹자지언행이양묵지도폐(孟子之言行而楊
    墨之道廢) 849

맹정(猛政) 959

맹학사(孟學士) 212

맹한지온순(孟韓之溫醇) 802

멱라(汨羅) 117

멱라수(汨羅水) 33

면교달(佃蝪獺) 122

면류폐목(冕旒蔽目) 254

면앙지간(俛仰之間) 167

면애(靦阨) 1038

명(銘) 22

명경과(明經科) 1002

명도(明道) 554

명선부(鳴蟬賦) 712

명원기(名園記) 1039

명월지시(明月之詩) 829

명월지주(明月之珠) 93

명이자설(名二子說) 807

명황제(明皇帝) 903

몌용연상(袂聳筵上) 205

모공(毛公) 501

모담(毛聃) 501

모수(毛遂) 233 501

모영(毛穎) 498

모영전(毛穎傳) 498

목가산기(木假山記) 767

목공(繆公) 87

목삼악기발(沐三握其髮) 490

목용조졸대파임호(牧用趙卒大破林胡)
618

목탁(木鐸) 421

몽염(蒙恬) 107 498

묘(卯) 498

묘인원(妙因院) 867

묘창해지일속(渺滄海之一粟) 830

무(武) 128

무강군(武康郡) 684

무경(武庚) 772

무관(武關) 33

무광(務光) 198

무극(無極) 1045

무극이태극(無極而太極) 1046

무대상과자(無大相過者) 299

무망(無妄) 246

무산(巫山) 1017

무소도이대팽(無所逃而待烹) 1059

무소부지(無所不至) 817

무숙왕(武肅王) 전류(錢鏐) 865

무아경(無我境) 198

무양(巫陽) 822

무양(舞陽) 336

무왕(武王) 101 275 281 286 291 327
508 736 772

무원형(武元衡) 349

무위자연(無爲自然) 129

무정(武丁) 71 1031

무정용이불의(武丁用而不疑) 73

무제(武帝) 478 655 908

무창(武昌) 180 827

무함(巫咸) 70 1031

무현(巫賢) 1031

무협(巫峽) 647

무회씨(無懷氏) 193

묵가(墨家) 326

묵돌부득검(墨突不得黔) 382

묵연종일여우인연(默然終日如愚人然)　726

묵자(墨子)　111　197　316

묵적(墨翟)　271　421　847

문(文)　22　128

문공(文公)　581　763　969

문도(聞道)　462

문목왕(文穆王) 전원관(錢元瓘)　865

문봉취어낙포(聞鳳吹於洛浦)　199

문선(文選)　22

문성(文城)　344

문수(汶水)　1018

문왕(文王)　71　130　275　281　286　291　327　501

문장궤범(文章軌範)　19　26

문장정종(文章正宗)　19　26

문정공(文正公)　858

문제(文帝)　246

문창(文暢)　326

문천상(文天祥)　19

물귀난득화(勿貴難得貨)　247

물내황어색(勿內荒於色)　247

물외황어금(勿外荒於禽)　247

물위무지(勿謂無知)　246

물지이사(物至而思)　1004

미소공(眉蘇公)　1010

미양(眉陽)　748

미양소순언우중왈(眉陽蘇洵言于衆曰)　752

미자(微子)　508

미자하(彌子瑕)　764

미주(眉州)　744

밀(密)　173

박관이약취(博觀而約取)　919

박릉(博陵)　482

박주(博州)　336　340

박치유(朴致維)　24

반(蟠)　466

반고(班固)　537　724　798

반고예문지(班固藝文志)　726

반곡(盤谷)　451

발전치후(跋前寘後)　401

발제(勃鞮)　581

발췌과(拔萃科)　597

방담문(放膽文)　28

방두요송(輔以房杜姚宋)　813

방랑형해지외(放浪形骸之外)　167

방무도즉우(邦無道則愚)　573

방불손오(髣髴孫吳)　155

방숙(方叔)　939

방습조(房習祖)　239

방위(房魏)　630

방현령(房玄齡)　627　812

배도(裴度)　341　344　352

배봉숙(裴封叔)　522

배연령(裴延齡)　677

백(白)　234　239

백가(百家)　396

백거이(白居易)　597

백기(伯奇)　1058

백락(伯樂)　306　442　468

백리자육(百里自鬻)　131

백리해(百里奚)　87　128

백리해어완(百里奚於宛)　88

백석암(白石菴)　888

백수(白壽)　153

백수(白水)　63

백아(伯牙)　129

백용(伯庸)　36

백월(百越)　107

백이(伯夷)　117　207　508

백이송(伯夷頌)　508

번쾌(樊噲)　772

범군(范君)　676

범양(范陽)　945

범엽(范曄)　537

범저(范雎)　88

범중엄(范仲淹)　642　647　781

범증(范增)　772　930

범증론(范增論)　930

변(辯)　22

변(抃)　867

변경(汴京)　901　939

변려문(騈儷文)　20

변려체(騈儷體)　23

변문(騈文)　20

변수(卞隨)　117

변체(騈體)　20　27

변화(卞和)　239

병법(兵法)　154

병서부(病暑賦)　979

보강호혜(寶康瓠兮)　119

보천지하(普天之下)　246

복거(卜居)　33

복비(虙妃)　63

복주(福州)　865

봉명어위난지간(奉命於危難之間)　147

봉문자(逢門子)　129

봉상(鳳翔)　340

봉상현(鳳翔縣)　261

봉신혼(奉晨昏)　217

봉앵승조(捧罌承槽)　162

부(賦)　22　214　547

부가언혜언구(復駕言兮焉求)　186

부고발계(婦姑勃磎)　1069

부류(賦類)　23

부방단연(鄜坊丹延)　345

부상(扶桑)　60　821

부서(扶胥)　360

부소(扶蘇)   499 931

부수지자요(夫水智者樂)   573

부암(傅巖)   71

부앙일세(俯仰一世)   167

부열(傅說)   71 530 811 1031

부열위열성(傅說爲列星)   812

부유출이음(蜉蝣出以陰)   132

부자(夫子)   122 947

부자맹가양웅소전지도(夫子孟軻揚雄所傳
   之道)   292

부자성인야(夫子聖人也)   287

부자유유소희(夫子猶有所戱)   292

부자지언왈(夫子之言曰)   292

부주산(不周山)   77

부찰앙관(俯察仰觀)   246

부풍(扶風)   878

부풍현(扶風縣)   894

부필(富弼)   781

북산(北山)   152

북산이문(北山移文)   197

북적(北狄)   279

북정(北亭)   494

북평왕(北平王)   494

북해(北海)   213

분백가지언(焚百家之言)   109

분육실기용(賁育失其勇)   812

분하(汾河)   99

불감망이급(不敢望而及)   726

불괴옥루(不愧屋漏)   1059

불구심해(不求甚解)   194

불기불휘혐명(不譏不諱嫌名)   475

불사왕후고상기사(不事王侯高尙其事)
   373

불색불류(不塞不流)   283

불오여(不吾與)   37

불위리구(不爲利疚)   319

불위위척(不爲威惕)   319

불이로이저예(不弛勞而底豫)   1059

불자왈(佛者曰)   272

불호신기소수교(不好臣其所受敎)   299

붕당론(朋黨論)   735

비(碑)   22

비(棐)   852

비렴(飛廉)   60

비례물청(非禮勿聽)   1051

비룡재천이견대인(飛龍在天利見大人)
   132

비산(阰山)   37

비시지궁궁즉공야(非詩之窮窮則工也)
   998

비아기수재(非我其誰哉)   292

비의(費褘)   143

비표(邳豹)   87

비표공손지어진(邳豹公孫支於晉)   88

비흥(比興)   710

빈서무(賓胥無)   764

ㅅ

사(史) 199

사(謝) 214

사(辭) 22 23

사가지보수(謝家之寶樹) 217

사기(史記) 399 554 723 888 1016

사령(辭令) 27

사론(史論) 785 799

사류(辭類) 23

사륙문(四六文) 20

사마광(司馬光) 663 666

사마상여(司馬相如) 399 421 515

사마씨(司馬氏) 517

사마자장(司馬子長) 1019

사마천(司馬遷) 399 421 515 537 798
851 852 938 1016

사만승기여탈(履萬乘其如脫) 198

사모사유유아후지덕(斯謀斯猷惟我后之
德) 379

사미구(四美具) 216

사방득(謝枋得) 19 27

사보살각기(四菩薩閣記) 900

사부전지위신(士不傳贄爲臣) 989

사부지조(辭賦之祖) 34

사생역대의(死生亦大矣) 167

사설(師說) 462 466 546

사수(泗水) 1018

사시불언이대서(四時不言而代序) 254

사악(四嶽) 348

사양(師襄) 466

사영(謝寧) 414

사왈(辭曰) 417

사운(四韻) 214

사운시(四韻詩) 445

사월소호불성(四越巢湖不成) 155

사이(四夷) 630

사일(史佚) 536 577

사정(思亭) 1003

사정기(思亭記) 1002

사죽관현(絲竹管絃) 167

사추(史鰌) 764

사해(四海) 93 102 108 129 491 603 663

사황다사생차왕국(思皇多士生此王國)
132

사흉(四凶) 758

산경(山經) 502

산남동도(山南東道) 345

산도(山濤) 239

산동(山東) 111 112 348

산록(産祿) 775

산서(山西) 372 948

삼(參) 1059

삼감(三監) 772

삼강(三江) 215

삼강(三綱) 320

삼경취황(三徑就荒) 184

삼고신어초려(三顧臣於草廬) 147

삼괴당명(三槐堂銘) 857

삼대(三代) 956

삼려대부(三閭大夫) 33 83

삼분(三墳) 887

삼왕(三王) 731 868

삼인행즉필유아사(三人行則必有我師)
　　466

삼척미명(三尺微命) 217

삼천(三川) 87

삼충(三蟲) 560

삼토기포(三吐其哺) 490

삼후(三后) 41

상간(桑間) 93

상강(湘江) 83 117 262

상관대부(上官大夫) 33

상구양내한서(上歐陽內翰書) 781

상군(上郡) 87

상군(商君) 101

상군(象郡) 107

상군견(商君見) 959

상균(商均) 795

상동문(上東門) 436 989 1010

상락리(常樂里) 597

상무(象武) 93

상범사간서(上范司諫書) 672

상부(祥符) 654 858

상생(尙生) 198

상생부존(尙生不存) 199

상서(商書)의 반경(盤庚) 398

상석시랑서(上席侍郞書) 1030

상설고문진보대전(詳說古文眞寶大全) 21

상성(商聲) 698

상성주서방지음(商聲主西方之音) 700

상수(湘水) 54 647 821 1017

상앙(商鞅) 87 582 848 955

상앙지법(商鞅之法) 88

상유(桑楡) 217

상임수주서(上林秀州書) 992

상장복야서(上張僕射書) 297

상재상제삼서(上宰相第三書) 487

상전추밀서(上田樞密書) 795

상제(嘗祭) 1003

상주(相州) 336 683

상주주금당기(相州晝錦堂記) 683

상진황축객서(上秦皇逐客書) 87

상체(嘗禘) 1004

상총(向寵) 144

상추밀한태위서(上樞密韓太尉書) 938

상피우설선집유선(相彼雨雪先集維霰)
　　933

생생(生生) 1047

생이지지자(生而知之者) 462

서(序) 22 23

서(書) 22 281 421

서(舒) 279

서(誓) 366

서경(書經) 377 389 515 553 723 736
946

서공서후(書公書侯) 925

서군(徐君) 725

서낙양명원기후(書洛陽名園記後) 1038

서명(西銘) 1057

서사(敍事) 27

서산선생진문충공문장정종(西山先生眞文
忠公文章正宗) 26

서산지일의(西山之逸議) 208

서상(徐尙) 102

서상지기(犀象之器) 93

서십편왈(書十篇曰) 802

서어춘추(書於春秋) 470

서오대곽숭도전후(書五代郭崇韜傳後)
975

서왈(書曰) 379 738

서유하진번지탑(徐孺下陳蕃之榻) 215

서융(西戎) 87 88

서이(西夷) 153

서자여사(逝者如斯) 831

서주(西周) 107

서주(徐州) 1002 1008

서주서국서씨서인(書州書國書氏書人)
925

서지무편무당(書之無偏無黨) 253

서촉(西蜀) 92 94 126 866

서취파촉(西取巴蜀) 156

서하(西河) 101

서해(西海) 77

서황(西皇) 77

석(晢) 474

석가(釋迦) 285

석개(石介) 654

석로(釋老) 321

석생(石生) 444

석(石)선생 435

석씨(釋氏) 318 517

석인유육마불수어시자(昔人有鬻馬不售於
市者) 307

석현(石顯) 582

석홍(石洪) 442

선건불발(善建不拔) 599

선무(宣武) 340

선본(善本) 21

선본대자제유전해고문진보(善本大字諸儒
箋解古文眞寶) 21

선생왈(先生曰) 402

선섭(宣歙) 340

선성기의(先誠其意) 279

선수기신(先脩其身) 279

선술기사(善述其事) 1059

선왕지교(先王之教) 280 282

선왕지도(先王之道) 109

선정기심(先正其心) 279

선제기가(先齊其家) 279

선제패군어초(先帝敗軍於楚) 156

선진(先軫) 581

선천하지우이우(先天下之憂而憂) 650

선치기국(先治其國) 279

선희학혜불위학혜(善戲謔兮不爲虐兮)
　　292

설(契) 129 736 1031

설(說) 22

설당(雪堂) 836

설변지문(薛卞之門) 240

설슬(齧膝) 127

설존의(薛存義) 593

설천(褻天) 800

설촉(薛燭) 239

설합제호(挈榼提壺) 162

섬리(纖離) 92 93

섬여(蟾蜍) 501

섬주(陝州) 340

섭(葉) 336

섭험피창(涉險被創) 154

성고(成皐) 87

성리학(性理學) 23

성명지설(性命之說) 29

성신(聖神) 948

성왕(成王) 286 488 576 772 1031

성인불사대도부지(聖人不死大盜不止)
　　276

성인자필지린(聖人者必知麟) 471

성인지작춘추(聖人之作春秋) 287

성제(成帝) 655

성종(成宗) 25 29

성주(成州) 340

성주득현신송(聖主得賢臣頌) 126

세조(世祖) 948

세종(世宗) 25 26

소(韶) 421 516

소강(少康) 64

소공(召公) 530 939

소광(疏廣) 204 429

소려(蘇厲) 102

소령(韶嶺) 515

소릉(邵陵) 352

소망지(蕭望之) 582

소무(韶舞) 78

소무고통(愬武古通) 353

소문선생(蘇門先生) 197

소미도(蘇味道) 742

소보(巢父) 198

소상(瀟湘) 649

소수(疏受) 429

소수(瀟水) 570 647

소순(蘇洵) 28 742 747 748 758 767 771
　　781 795 807

소식(蘇軾)　18　20　28　811　826　836　842
　847　857　865　878　887　894　900　907　912
　917　922　930　1008
소심문(小心文)　28
소아(小雅)　34
소양왕(昭襄王)　101
소왕(昭王)　88　475
소왕득범저(昭王得范雎)　89
소우(韶虞)　93
소우상무(韶虞象武)　94
소원명(蘇源明)　422
소유(少游)　1009
소인(騷人)　638　983
소인지청심(騷人之淸深)　802
소인학도즉이사(小人學道則易使)　818
소자(蘇子)　828
소자왈(蘇子曰)　831　932
소정묘(少正卯)　655　758
소제경서(燒除經書)　320
소종(昭宗)　736
소주(韶州)　588
소진(蘇秦)　102　421　683　811
소철(蘇轍)　938
소하(蕭何)　764
소호(召虎)　939
소호(巢湖)　152
소활(召滑)　102
손권(孫權)　637

손무(孫武)　152　421
손빈(孫臏)　102
손오지간절(孫吳之簡切)　802
손자(孫子)　798
손창윤(孫昌胤)　550
손책(孫策)　152
송(頌)　22
송강(松江)　836
송강지로(松江之鱸)　838
송경(宋璟)　812
송경문공기왈(宋景文公祁曰)　35
송궁문(送窮文)　386
송기(宋祁)　34
송나라 태종(太宗)　907
송맹동야서(送孟東野序)　420
송백정(宋伯貞)　22
송부도문창사서(送浮屠文暢師序)　326
송서무당남귀서(送徐無黨南歸序)　723
송석홍처사서(送石洪處士序)　435
송설존의서(送薛存義序)　593
송양거원소윤서(送楊巨源少尹序)　429
송온조처사서(送溫造處士序)　442
송육흡주참시서(送陸歙州傪詩序)　458
송의(宋義)　931
송이원귀반곡서(送李愿歸盤谷序)　451
송작(宋鵲)　498
송진소장서(送秦少章序)　967
송(宋) 태조(太祖)　858

송(宋) 태종(太宗)   637

수(修)   852

수계사(修禊事)   166

수속아화(隨俗雅化)   94

수수(洙水)   1018

수왈(誶曰)   122

수재사이(守在四夷)   618

수조(豎刁)   582 758

수조역아개방(豎刁易牙開方)   762

수주(壽州)   340

수주(隨州)   341

수화지보(隨和之寶)   93

수후(隨侯)   92

숙(鷫)   970

숙손(叔孫)   286 894

숙손승적이명기자(叔孫勝敵以名其子)
   896

숙신수이모지(孰信脩而慕之)   69

숙우(叔虞)   577

숙제(叔齊)   207 508

숙종(肅宗)   335 348

숙흥야매(夙興夜寐)   630

순(舜)   33 40 128 253 281 317 327 398
   516 627 736 758 795 821 1058

순경(荀卿)   421

순부득이여상균(舜不得以與商均)   799

순자(荀子)   281 404 554

순자명(荀慈明)   238

순조(純祖)   24 26

순종(順宗)   335 348

숭망전곡(嵩邙瀍穀)   437

숭백(崇伯)   1058

숭백자지고양(崇伯子之顧養)   1059

숭산(嵩山)   435 811 939

습구연지신룡혜(襲九淵之神龍)   122

승광유항지화(勝廣劉項之禍)   849

승단(乘旦)   127

승로(乘勞)   154

승승장구(乘勝長驅)   1009

승영구구(蠅營狗苟)   391

승우여운(勝友如雲)   215

시(詩)   281 292 319 421 969

시가(詩歌)   27

시경(詩經)   20 128 279 291 316 389 399
   470 515 553 723 798 946

시경(詩經) 국풍(國風)   34

시경(詩經) 소아(小雅)   710

시교(尸佼)   421

시능궁인(詩能窮人)   998

시비봉기(是非鋒起)   162

시서지도폐(詩書之道廢)   948

시왈(詩曰)   132 133 280 933

시인지우유(詩人之優遊)   802

시잠(視箴)   1049

시정이파(詩正而葩)   399

시지불식부지(詩之不識不知)   253

시청지오(視聽之娛)   167

시황(始皇)   108 109 112

시황제(始皇帝)   615

신기질(辛棄疾)   28

신대각교정주석보유고문대전(新台閣校正
　注釋補遺古文大全)   21

신도(愼到)   421

신릉군(信陵君)   102

신목자필탄관(新沐者必彈冠)   84

신백(申伯)   811

신불해(申不害)   421 848

신상한비(申商韓非)   849

신생(申生)   1058

신성(新城)   352

신여자악강(申呂自嶽降)   812

신요(神堯)   744

신욕자필진의(新浴者必振衣)   84

신위법도(身爲法度)   246

신종(神宗)   1008

신주(申州)   344

신증주석고문대전(新增注釋古文大全) 25

신포서(申包胥)   857

신학(新學)   852

신한(申韓)   849 853

신호(信扈)   1031

실솔사추음(蟋蟀俟秋吟)   132

심(心)   931

심곡면세자(審曲面勢者)   533

심덕잠(沈德潛)   18

심복(心服)   583

심상지오독혜(尋常之汙瀆兮)   123

심세(審勢)   798

심적(審敵)   798

아량(兒良)   102

아방궁부(阿房宮賦)   602

아보(亞父)   775

아선양오호연지기(我善養吾浩然之氣)
　812 940

아황(娥皇)   821

악(樂)   281 286

악양루(岳陽樓)   647

악양루기(岳陽樓記)   647

악어문(鰐魚文)   408

악의(樂毅)   102

악주(岳州)   340

악주(鄂州)   340

안녹산(安祿山)   261 335

안양(安陽)   683

안영(晏嬰)   421

안윤(顔胤)   353

안읍리(安邑里)   494

안자(顔子)   573

안하인재(顔何人哉)   1069

안합(顔闔) 198

안회(顔回) 291 571 724 857 1069

알기주정(戞棄周鼎) 119

애련설(愛蓮說) 1042

애후(哀侯) 127

야광(夜光) 92

야광지벽(夜光之璧) 93

야처(野處) 454

약계(藥戒) 953

약관(弱冠) 217

양거원(楊巨源) 429

양곡(梁鵠) 213

양군(陽羣) 153

양기(梁冀) 655

양대(陽臺) 1017

양몽설(梁夢說) 24 26

양묵(楊墨) 321 849

양묵색로(楊墨塞路) 320

양미기필합혜(兩美其必合兮) 69

양성(襄城) 336

양성(陽城) 372 375 676

양수겸(梁守謙) 341

양왕(襄王) 33

양웅(揚雄) 281 291 317 326 399 421
  515 980

양의(兩儀) 1045

양의(楊意) 214

양자(楊子) 316

양자운왈(揚子雲曰) 320

양자운칭(揚子雲稱) 328

양주(梁州) 174

양주(楊朱) 197 271 421 847

양주(楊州) 408 1008

양죽기(養竹記) 597

양즉지묵(楊則之墨) 320

양진(揚秦) 1010

양천(釀泉) 691

양평(良平) 154

양평실기지(良平失其智) 812

양(梁) 혜왕(惠王) 796

양후(穰侯) 88

어관단승하택(御款段乘下澤) 990

어부(漁父) 33

어부사(漁父辭) 83

어부왈(漁父曰) 84

억조창생(億兆蒼生) 642

언성(鄲城) 352

언앙굴신(偃仰屈伸) 133

언영(鄢郢) 87

언잠(言箴) 1053

엄선생사당기(嚴先生祠堂記) 642

엄자산(崦嵫山) 59

엄주(嚴州) 643

엄협률(嚴協律) 239

업수(鄴水) 213

업수주화(鄴水朱華) 216

여대림(呂大臨) 1068

여량산(呂梁山) 981

여록(呂祿) 773

여릉(廬陵) 692

여망(呂望) 71 129

여망지고도혜(呂望之鼓刀兮) 73

여맹간상서서(與孟簡尙書書) 315

여산(呂産) 773

여산(廬山) 211 888

여산(驪山) 602

여수(女嬃) 51

여씨(呂氏) 772

여씨지화(呂氏之禍) 774

여양(黎陽) 152

여영(女英) 821

여음(汝陰) 913

여정(余靖) 781

여주(汝州) 340

여진소유서(與秦少游書) 988

여초루(麗譙樓) 637

여한유논사서(與韓愈論史書) 535

여한형주서(與韓荊州書) 233

여후(呂后) 478 771

여후(呂侯) 811

여흔(黎昕) 239

역(易) 281 1046

역경(易經) 128 372 398 515 553 655
  981

역경(易經) 고괘(蠱卦) 642

역구주이상기군혜(歷九州而相其君兮)
  123

역기이법(易奇而法) 399

역상(易象) 887

역소위(易所謂) 373

역아(易牙) 758

역왈(易曰) 132 657 933

역주(易州) 336

역천(逆天) 800

연뢰(延瀨) 197

연산(連山) 499

연오월(連吳越) 156

연자(涓子) 198

연주(延州) 340

연주(連州) 588

연주군부유혈기(連州郡復乳穴記) 588

연창궁사(連昌宮辭) 23

연횡책(連衡策) 101

열수복갱(捩手覆羹) 390

열조축어부암혜(說操築於傅巖兮) 73

염계(冉溪) 570

염공(閻公) 211

염상소서(斂裳宵逝) 181

염자재자(念玆在玆) 254

염지(閻芝) 153

염파(廉頗) 102

영(郢) 969

영고숙(穎考叔)   1058

영곡(穎谷)   1058

영공(靈公)   762

영균(靈均)   36

영남(嶺南)   364 408

영릉(零凌)   593

영무자(甯武子)   571

영무현(靈武縣)   261

영봉인지석류(穎封人之錫類)   1059

영분(靈氛)   68 70 77

영쇄(靈瑣)   60

영수(潁水)   913

영숙(永叔)   852

영양(永陽)   19

영어시(詠於詩)   470

영왕(靈王)   197

영월(甯越)   102

영자반우(甯子飯牛)   131

영제(靈帝)   144 946

영주(永州)   546 558

영주(寧州)   654

영지백수지심(寧知白首之心)   217

영척(甯戚)   71 128

영척지구가혜(甯戚之謳謌兮)   73

영천(潁川)   945

영타지고(靈鼉之鼓)   93

영탈(穎脫)   234

영허지유수(盈虛之有數)   216

영헌(靈獻)   948

영화(永和)   165

예(禮)   281 286

예(羿)   33 54

예겸(倪謙)   25

예기(禮記)   291 515 553

예악(禮樂)   320 487 667 851 888 948
   956 960

예종(睿宗)   335

예주(豫州)   240

예천궁(醴泉宮)   712

오(吳)   348

오갱위맹(吳更違盟)   156

오계(浯溪)   262

오곡육재(五穀六材)   889

오공(烏公)   435 442 443

오공창패불하(五攻昌覇不下)   155

오광(吳廣)   848

오기(五氣)   1046

오기(吳起)   102 152

오대(五代)   868 975 1038

오대부(烏大夫)   436

오도자(吳道子)   900

오령(五嶺)   547

오로봉(五老峯)   888

오류선생전(五柳先生傳)   193

오방지의(吾方知之矣)   198

오백창(吳伯昌)   25

오소(烏巢) 152

오소양(吳少陽) 336

오시(五始) 126

오아(烏牙) 900

오언고풍단편(五言古風短篇) 22

오언고풍장편(五言古風長篇) 22

오왕발란(吾王撥亂) 254

오원제(吳元濟) 336 344

오월(吳越) 866 1018

오음(五音) 713

오자(五子) 421

오자(吳子) 798

오자서(伍子胥) 969

오자용실호가항(五子用失乎家衖) 55

오작남비(烏鵲南飛) 830

오전(五典) 887

오제(五帝) 96

오제삼왕(五帝三王) 97

오조궁(五祚宮) 879

오조사정(烏鳥私情) 175

오중윤(烏重胤) 340 344

오패(五覇) 763

오행(五行) 627 698 1045

오호(五湖) 215

오호(烏號) 129

오회(吳會) 213

온생(溫生) 443 444

온조(溫造) 442

옹고부이취정위(甕叩缶而就鄭衛) 94

옹유승추(甕牖繩樞) 112

옹주(雍州) 101 111

옹주지지(雍州之地) 102

완(宛) 87 92

완적(阮籍) 207 214

완주(宛珠) 94

왕랑(王朗) 127 152 435

왕료(王廖) 102

왕발(王勃) 211 214

왕신건건비궁지고(王臣蹇蹇匪躬之故) 373

왕안국(王安國) 997

왕안석(王安石) 669

왕연(王衍) 708

왕연하가어청담(王衍何暇於淸談) 708

왕우칭(王禹偁) 627 636

왕자교(王子喬) 129

왕자불치이적(王者不治夷狄) 925

왕자불치이적론(王者不治夷狄論) 922

왕자사(王子師) 238

왕장군(王將軍) 212

왕척(王滌) 817

왕평보문집후서(王平甫文集後序) 997

왕포(王褒) 126

왕호(王祜) 858

왕희지(王羲之) 165

외어광(畏於匡) 287

요(堯)　33 40 128 281 317 327 655 736 795

요(澆)　33 54

요내(姚鼐)　18

요부득이여단주(堯不得以與丹朱)　799

요순(堯舜)　41 239 378 731

요숭(姚崇)　812

요씨(姚氏)　64

요음부창(遙吟俯暢)　216

요조지장(窈窕之章)　829

욕수기신자(欲脩其身者)　279

욕정기심자(欲正其心者)　279

욕제기가자(欲齊其家者)　279

욕치기국자(欲治其國者)　279

용(庸)　547

용광사우두지허(龍光射牛斗之墟)　215

용문(龍門)　214 233 1017

용반봉일지사(龍蟠鳳逸之士)　234

용산(龍山)　867 868

용슬(容膝)　184 247

용어종이순령자(勇於從而順令者)　1059

용탈삼군지수(勇奪三軍之帥)　813

우(禹)　128 281 318 327 381 398 408 421 423 473 498 847 1017 1031 1058

우강(旴江)　946

우계(愚溪)　570

우계시서(愚溪詩序)　570

우공곡(愚公谷)　570

우과가문불입(禹過家門不入)　382

우구(愚丘)　570

우구(愚溝)　570

우당(愚堂)　570

우도(愚島)　571

우맥(雨麥)　896

우문(宇文)　211

우산(羽山)　51

우수(迂叟)　666

우순(虞舜)　421

우억홍수(禹抑洪水)　848

우왕(禹王)　275

우정(愚亭)　571

우지(愚池)　570

우천(愚泉)　570

우형우내(寓形宇內)　187

우화이등선(羽化而登仙)　829

운몽택(雲夢澤)　1017

원(原)　22 581

원결(元結)　261 422

원금명시(援琴命詩)　254

원도(原道)　23 269

원류(原類)　23

원소(遠紹)　397

원수(沅水)　54 1017

원시반종(原始反終)　1047

원우(元祐)　817 968 969

원유(苑囿)　941

원유(遠遊) 33

원인(原人) 23 266

원정(元鼎) 894

원주(袁州) 315 945 946

원주학기(袁州學記) 945

원진(元稹) 23

원풍(元豊) 821 1008

원화(元和) 344 361 386 483

월(越) 588

월명성희(月明星稀) 830

월주(越州) 865

월촉폐괴(越蜀吠怪) 556

월파루(月波樓) 636

위공(威公) 758 761

위국공(魏國公) 683 858 859

위군실난(爲君實難) 246

위기(爲己) 282

위박(魏博) 348

위수(渭水) 603

위심임거류(委心任去留) 187

위어기련(危於祁連) 155

위염(魏冉) 88

위(衛) 영공(靈公) 796

위유신릉(魏有信陵) 103

위(魏)의 무제(武帝) 637

위인구천서(爲人求薦書) 306

위제견거부지(魏帝牽裾不止) 247

위주(魏州) 336 340

위주(衛州) 336

위지고(爲之賈) 276

위지공(爲之工) 276

위지식(爲之食) 276

위지의(爲之衣) 276

위징(魏徵) 627

위충(魏忠) 414

유(愈) 286 292 297 301 310 318 474

유가(儒家) 326

유가류체자(有可流涕者) 909

유가통곡자(有可痛哭者) 909

유간(惟簡) 901

유공불급(惟恐不及) 890

유군종원(柳君宗元) 328

유령(劉伶) 161

유목빙회(遊目騁懷) 167

유반강(洧盤江) 63

유방(劉邦) 848 930 946

유벽작복(惟辟作福) 246

유상곡수(流觴曲水) 166

유선인능수진언(惟善人能受盡言) 384

유섬(劉剡) 22

유수재(劉秀才) 535

유씨(劉氏) 771 866 948 976

유안(劉安) 34

유여(由余) 87

유여어융(由余於戎) 88

유오유(幼吾幼) 1058

유왈(愈曰) 381 474

유요(劉鯀) 152

유우(有虞) 64

유융씨(有娀氏) 64

유융지일녀(有娀之佚女) 65

유응지왈(愈應之曰) 373 379

유인소소(惟人所召) 254

유종원(柳宗元) 20 28 326 413 522 535
546 558 564 570 576 581 588 593

유주(幽州) 1009

유주나지묘비(柳州羅池廟碑) 413

유하(幽夏) 1011

유한굉(劉漢宏) 865 868

유합(劉郃) 153

유향(劉向) 515

유혈(乳穴) 588

유후(柳侯) 416 417

육경(六經) 466 710 888 980 981

육국(六國) 602 608 948

육국지사(六國之士) 103

육군(陸君) 458

육기(六氣) 628

육예(六藝) 396 421

육예경전(六藝經傳) 466

육일거사(六一居士) 853

육일거사집서(六一居士集序) 847

육지(陸贄) 677 784 852

윤길보(尹吉甫) 1058

윤수(尹洙) 781

율왈(律日) 474

융(戎) 87

융적시응(戎狄是膺) 280

융하(戎夏) 617

은(殷) 33

은공(隱公) 924

은(殷)나라 태무(太戊) 1031

음(吟) 23

음류(吟類) 22

음산(陰山) 615

음양일태극(陰陽一太極) 1046

읍견군폐폐소괴야(邑犬羣吠吠所怪也)
548

응물무적(應物無迹) 1049

의금지영(衣錦之榮) 683

의돈(猗頓) 111

의론(議論) 27

의마가대(倚馬可待) 235

의민공(懿敏公) 858

의상(倚相) 887

의제(義帝) 931

의주(義州) 340

의진실기변(儀秦失其辯) 812

이(鯉) 214 217

이격비(李格非) 1038

이경(李景) 865

이고(李翺) 422 784

이공택(李公擇) 890

이관(李觀) 422

이광(李廣) 213

이광난봉(李廣難封) 217

이광안(李光顏) 340 344

이구(李覯) 945 946

이군산방기(李君山房記) 887

이난병(二難幷) 216

이내순지우외왈(爾乃順之于外曰) 379

이도고(李道古) 340 344

이두(李杜) 822

이란위가시혜(以蘭爲可恃兮) 73

이루(離婁) 127

이명불편휘(二名不偏諱) 474

이목(李牧) 615

이문통(李文通) 340 344

이밀(李密) 172

이박림심(履薄臨深) 247

이백(李白) 20 230 233 422 821 852

이복(李服) 152

이봉길(李逢吉) 816

이부자흉자야(而夫子凶者也) 373

이부주소(伊傅周召) 531

이비(二妃) 1017

이사(李斯) 87 421 499

이상(李常) 888

이서균(李棲筠) 858

이서장(李恕長) 25

이성위지률(而聲爲之律) 246

이세(二世) 955

이소(李愬) 341 344

이소(離騷) 33 399 554

이소경(離騷經) 23 33

이씨산방(李氏山房) 888

이여거양묵(而余距楊墨) 848

이오알이위직자(而惡訐以爲直者) 384

이원(李愿) 451

이유가모가유(爾有嘉謀嘉猷) 379

이윤(伊尹) 128 129 421 530

이윤근어정조(伊尹勤於鼎俎) 131

이의(李儀) 414

이적(夷狄) 925

이적지유군불여제하지무(夷狄之有君不如
諸夏之亡) 280

이정자(二程子) 29

이제삼왕(二帝三王) 320 329

이척(伊陟) 1031

이칙(夷則) 698

이칙위칠월지율(夷則爲七月之律) 700

이하(李賀) 473

이한(李漢) 515 516

이화(李華) 613

익(益) 1031

익주(益州) 143 174 340 798

인(仁) 1068

인(引) 23

인각유능유불능(人各有能有不能) 299

인류(引類) 22

인수궁(仁壽宮) 879

인의(仁義) 270 321 667 851 913 923
    956 1045

인종(仁宗) 647 663 684 858 945

인지출필유성인재호위(麟之出必有聖人在
    乎位) 471

인지환재호위인사(人之患在好爲人師)
    548

일귀일천교정내현(一貴一賤交情乃見)
    914

일등용문(一登龍門) 234

일박서산(日薄西山) 175

일부작난(一夫作難) 113

일빈일부내지교태(一貧一富乃知交態)
    914

일사생(一死生) 167

일사일생내지교정(一死一生乃知交情)
    914

일상일영(一觴一詠) 167

일시이동인(一視而同仁) 267

일일이일(一日二日) 254

일일지언막비오사(一日至焉莫非吾事)
    1069

일전만지(日傳萬紙) 890

일체개공(一切皆空) 198

일홍천비(逸興遄飛) 216

임고정(臨皐亭) 836 837

임수주(林秀州) 994

임안(臨安) 865 867 968

임이정(林以正) 21

임천(臨川) 997

임천지필(臨川之筆) 216

임호(林胡) 615

입천지도(立天之道) 1047

ㅈ

자공(子貢) 980

자구병이재도량자(藉寇兵而齎盜糧者) 97

자귀현(秭歸縣) 153

자로(子路) 286

자연(自然) 867

자운상여(子雲相如) 399

자유(子由) 918

자장유증갑방식(子長遊贈蓋邦式) 1016

자전청상(紫電淸霜) 215

자천우지(自天祐之) 254

자춘추작이란신적자구(自春秋作而亂臣賊
    子懼) 849

자하(子夏) 415 417 537

잠(箴) 22

잠(潛) 531 922

잡설(雜說) 468

잡시(雜詩) 979

장강(長江) 614 647 827 981 1016

장강(張綱) 655

장강륜(張綱輪) 658

장경(長慶) 516

장경감(藏經龕) 900

장공(章公) 988

장교(莊蹻) 118

장기장(長其長) 1058

장단구(長短句) 22

장대궁(章臺宮) 499

장량(張良) 152 771 811

장뢰(張耒) 953 967 975 979

장방평(張方平) 747

장보천구(章甫薦屨) 119

장사(長沙) 117 213

장생안득여호접이비양(莊生安得與蝴蝶而
　　飛揚) 706

장석(匠石) 306 968

장소(莊騷) 399

장손진(臧孫辰) 421

장안(長安) 99 204 213 261 408 494 547
　　564 597 900

장안토설(張眼吐舌) 391

장양궁(長楊宮) 879

장양왕(莊襄王) 107

장온고(張蘊古) 244

장우(張禹) 655

장의(張儀) 33 87 421 811

장의지계(張儀之計) 88

장이불이문무불위(張而不弛文武不爲)
　　292

장익주화상기(張益州畫像記) 747

장자(莊子) 399 554 706 851

장재(張載) 29 318 422 821 1057 1065

장적(長狄) 894

장조(張趙) 205

장종(莊宗) 975

장주(長洲) 212

장주(莊周) 421 423

장창(張敞) 204

장홍(萇弘) 466

재누항(在陋巷) 725

재문장즉휘지(在門墻則揮之) 328

재이적즉진지(在夷狄則進之) 328

재인전(梓人傳) 522

재택(梓澤) 214

쟁신론(爭臣論) 372 676

저(滁) 693

저선생(楮先生) 500

저작기고미(咀嚼其膏味) 890

저주(滁州) 691

적경(翟景) 102

적공(翟公) 912

적멸(寂滅) 277

적벽(赤壁) 826

적소취대(積小就大) 246

적송자(赤松子)　129

적수(赤水)　77

적식(籍湜)　321　822

적자지비(翟子之悲)　199

전(傳)　22　316　384

전곤(錢昆)　663

전공표성(田公表聖)　908

전군(錢君)　664

전긍(戰兢)　1055

전기(田忌)　102

전녹생(田祿生)　25　26

전당(錢塘)　913

전당근상인시집서(錢塘勤上人詩集序)
　　912

전변(田騈)　421

전석(田錫)　907

전수(灛水)　435

전씨(錢氏)　865　867

전왈(傳曰)　279　384　423　984

전우왈(傳又曰)　319

전욱(顓頊)　742

전이채(田以采)　24　26

전적벽부(前赤壁賦)　826

전전률률(戰戰慄慄)　247

전주(澶州)　336

전중소감마군묘명(殿中少監馬君墓銘)
　　494

전표성주의서(田表聖奏議序)　907

전후촉휘(轉喉觸諱)　390

절강(浙江)　204　865

절량어진(絶粮於陳)　287

절서(浙西)　340

절취초당(竊吹草堂)　199

정(政)　281

정간루(井幹樓)　637

정관(貞觀)　812　1038

정립(丁立)　153

정숙칙(鄭叔則)　550

정원(貞元)　326　458　483　597

정위상간(鄭衛桑間)　94

정위지녀(鄭衛之女)　93

정이(程頤)　1049　1051　1053　1055

정조부동(靜躁不同)　167

정주(定州)　336

정중사(淨衆寺)　748

정칙(正則)　36

정토사(淨土寺)　867

제갈량(諸葛亮)　28　143　151

제구양문충공문(祭歐陽文忠公文)　842

제로(齊魯)　752

제명(齊明)　102

제(齊) 선왕(宣王)　796

제안(齊安)　637

제왕호우(齊王好竽)　311

제운루(齊雲樓)　637

제유맹상(齊有孟嘗)　103

제자백가(諸子百家) 108 470 516 888
939 980

제제다사문왕이녕(濟濟多士文王以寧)
133

제환(齊桓) 73

제(齊) 환공(桓公) 581

제환설정료지례(齊桓設庭燎之禮) 131

조고(趙高) 499

조고전장문(弔古戰場丈) 613

조광한(趙廣漢) 204

조군무택(祖君無擇) 947

조굴원부(弔屈原賦) 117

조덕(趙德) 816

조도(鳥道) 1017

조맹덕(曹孟德) 830

조무택(祖無擇) 945

조변(趙抃) 865

조보(造父) 435

조비(曹丕) 153

조사(趙奢) 102

조순(趙盾) 655

조운(趙雲) 153

조유평원(趙有平原) 103

조을(祖乙) 1031

조제모염(朝齏暮鹽) 390

조조(晁錯) 851

조조(曹操) 152 827

조조(鼂錯) 798

조주(潮州) 315 408 656 816

조주한문공묘비(潮州韓文公廟碑) 811

조참(曹參) 764

조최(趙衰) 581

조충소기(雕蟲小技) 240

조치집고(操卮執觚) 162

족보서(族譜序) 742

존심양성(存心養性) 1059

종각지장풍(宗慤之長風) 217

종군(終軍) 214

종남산(終南山) 939

종명정식지가(鍾鳴鼎食之家) 216

종산(鍾山) 197

종수곽탁타전(種樹郭橐駝傳) 564

종수론(縱囚論) 730

종원(宗元) 417 547

종의소여(縱意所如) 162

종일불위여우(終日不違如愚) 292 573

종자기(鍾子期) 214

좌구명(左丘明) 537

좌씨부과(左氏浮誇) 399

좌전(左傳) 27 398

주(周) 33

주(紂) 33 736

주고은반(周誥殷盤) 399

주공(周公) 127 233 275 281 286 327
421 474 479 487 508 516 530 536 576
706 852 894 939 1031

주공왈(周公曰)   577

주공지곡(朱公之哭)   199

주공지실(周孔之實)   854

주광색이(黈纊塞耳)   254

주금당(晝錦堂)   684

주(周)나라 무왕(武王)   939

주덕송(酒德頌)   161

주돈이(周敦頤)   29 1042 1045

주례(周禮)   1032

주류수(奏流水)   217

주리(侏離)   321

주매신(朱買臣)   683

주문(周文)   73

주문공왈(朱文公曰)   34

주(周) 문왕(文王)   246 252

주발(周勃)   771

주보언(主父偃)   908

주서(周書)의 고(誥)   398

주(周) 선왕(宣王)   939

주세종(周世宗)   865

주역(周易)   636

주옹(周顒)   197 203 207

주왕(周王)   581

주왕(紂王)   40

주운(朱雲)   655

주운검(朱雲劍)   658

주유(周瑜)   827

주유신삼천유일심(周有臣三千惟一心)   738

주유신억만유억만심(紂有臣億萬惟億萬心)   738

주의(奏議)   907

주의십편(奏議十篇)   908

주이위금인십이(鑄以爲金人十二)   109

주자(周子)   199

주자(朱泚)   655

주정공사(周情孔思)   517

주최(周最)   102

주희(朱熹)   33

죽루(竹樓)   636

죽상유유반반(竹上猶有斑斑)   1020

중(中)   55

중(仲)   762

중간고문진보발(重刊古文眞寶跋)   19

중국(中國)   925

중기이후가형(衆棄而後加刑)   253

중니(仲尼)   759

중니묵적지현(仲尼墨翟之賢)   112

중답장적서(重答張籍書)   285

중도(中道)   539

중산(中山)   498 500

중서성(中書省)   637

중씨기왕(仲氏旣往)   199

중엄(仲淹)   643

중열이후행상(衆悅而後行賞)   253

중용(中庸)   112

중원(中原) 145 274

중이(重耳) 969

중인개취아독성(衆人皆醉我獨醒) 84

중장통(仲長統) 139 198

중정(中正) 1045

중종(中宗) 335

중지서(仲之書) 765

중화(重華) 55

즉불현어왕공(則不見於王公) 989

즉입고이후우내(則入告爾后于內) 379

증삼(曾參) 474 478

증자(曾子) 475 1058

증창승부(憎蒼蠅賦) 704

지(摯) 71

지귀신지정상(知鬼神之情狀) 657

지극(止棘) 710

지기(知幾) 1055

지기기신호(知幾其神乎) 933

지도(至道) 637

지선(智仙) 691

지이위수(志以爲帥) 1069

지조지불군혜(鷙鳥之不羣兮) 48

지주산(砥柱山) 981

지지유정(知止有定) 1051

지화(至和) 684 747 748

직(稷) 1031

진(晉) 197

진공(陳公) 878

진관(秦觀) 1008

진농(秦隴) 1039

진덕수(眞德秀) 19 26

진(秦) 목공(穆公) 879

진문공(晉文公) 582

진문공문수원의(晉文公問守原議) 581

진번(陳蕃) 211

진사도(陳師道) 988 992 997 998 1002
    1008

진섭(陳涉) 111 931

진소유자서(秦少游字叙) 1008

진소장(秦少章) 968

진숙(晉肅) 473

진승(陳勝) 848

진시황(秦始皇) 498

진신(陳侁) 945

진씨(甄氏) 1002

진자앙(陳子昂) 422

진정표(陳情表) 24 172

진조순지의(晉趙盾之義) 583

진종(眞宗) 664 858 907

진주(陳州) 340 672 676

진주원(進奏院) 672

진진(陳軫) 102

진평(陳平) 152 771 811 930

진학해(進學解) 395

진현(陳玄) 500

진효공(秦孝公) 102

징재(徵在) 473

ㅊ

착(浞) 54

찬(贊) 193

찬양홍어해곡(竄梁鴻於海曲) 217

참건려혜(驂蹇驢兮) 119

참상종간여류지미(僭賞從諫如流之美)
     379

창랑(滄浪) 84

창랑지수청혜(滄浪之水清兮) 85

창랑지수탁혜(滄浪之水濁兮) 85

창려(昌黎) 452 458

창려문집서(昌黎文集序) 515

창려백(昌黎伯) 821

창려선생집(昌黎先生集) 518

창름부고(倉廩府庫) 941

창오(蒼梧) 59 1017

창패(昌霸) 152

채(蔡) 356

채박기화실(採剝其華實) 890

채양(蔡襄) 781

채주(蔡州) 336 341 344 348

채철운구(彩徹雲衢) 216

책이도왈(策二道曰) 802

처학철(處涸轍) 217

척씨(戚氏) 772

천가필호(天可必乎) 859

천경관(天慶觀) 654

천고지웅강(遷固之雄剛) 802

천도불언이품물형(天道不言而品物亨)
     629

천목산(天目山) 867

천문(天問) 33

천보(天寶) 261 360

천성(天聖) 852

천왕(天王) 903

천장이부자위목탁(天將以夫子爲木鐸)
     423

천재일시(千載一時) 908

천주(天柱) 216

천지장상사문야(天之將喪斯文也) 848

천하삼분(天下三分) 145

천하위공(天下爲公) 254

천하유가장태식자(天下有可長太息者)
     909

천형(踐形) 1059

천희(天禧) 663

철(轍) 918

첩산선생비점궤범(疊山先生批點軌範) 28

청려재(青藜齋) 19 20

청상곡(清商曲) 139

청영(請纓) 217

청잠(聽箴) 1051

청정(清淨) 277

청평(青萍) 239

체기수이귀전자(體其受而歸全者) 1059

체제(禘祭) 1003

체종(遞鍾) 129

초(楚) 588

초격(焦鬲) 957

초모(草茅) 948

초사(楚辭) 20 798

초수(茗水) 867

초유춘신(楚有春申) 103

초인일거(楚人一炬) 609

초한(楚漢) 235

초(楚) 회왕(懷王) 931

촉(蜀) 93 336 348 547 747 748 1017

촉산(蜀山) 602

최사립(崔斯立) 482

최영(崔榮) 25

최저(崔杼) 655

최종지(崔宗之) 239

최호(崔浩) 537

추성부(秋聲賦) 697

추식여인(推食與人) 971

추역산(鄒嶧山) 1018

추연(鄒衍) 421

추적심어제현복중(推赤心於諸賢腹中)
    240

추풍사(秋風辭) 99

추풍사왈(秋風辭曰) 99

축악어문(逐鰐魚文) 655

축융(祝融) 360 364 822

춘신군(春申君) 102

춘야연도리원서(春夜宴桃李園序) 230

춘양추로(春陽秋露) 247

춘추(春秋) 279 281 285 398 399 470
    474 501 515 536 553 583 847 922 981

춘추법(春秋法) 130

춘추서(春秋書) 925

출사표(出師表) 24 28 143

충의왕(忠懿王) 전숙(錢俶) 865

충헌왕(忠獻王) 전인좌(錢仁佐) 865

취봉(翠鳳) 92

취불가숙(炊不暇熟) 548

취옹(醉翁) 693

취옹정(醉翁亭) 691

취옹정기(醉翁亭記) 691

치신가어연뢰(值薪歌於延瀨) 199

치연역로(馳煙驛路) 198

치위박패위전상(致魏博貝衛澶相) 337

치음(徵音) 713

치평(治平) 901

칠묘(七廟) 113

칠언고풍단편(七言古風短篇) 22

칠언고풍장편(七言古風長篇) 22

침국자조(枕麴藉糟) 162

침침농욱(沈浸醲郁) 399

ㅋ

쾌은수긍명예위가박(快恩讐矜名譽爲
　可薄)　686

ㅌ

탁노(卓魯)　205

탁무(卓茂)　204

탁천궁(槖泉宮)　879

탄관(彈冠)　762

탄쟁박비(彈箏搏髀)　94

탄쟁이취소우(彈箏而取韶虞)　94

탄주지어(呑舟之魚)　123

탐천(貪泉)　213

탕(湯)　128 327

탕왕(湯王)　253 275 281

탕우(湯禹)　56 73

태공(太公)　128

태공곤어고도(太公困於鼓刀)　131

태극(太極)　1045

태극도설(太極圖說)　1045

태사공(太史公)　500

태사공왈(太史公曰)　853

태사동관(殆死潼關)　155

태사북평장무왕(太師北平莊武王)　494

태사소록(太史所錄)　399

태산(泰山)　96 162

태아(太阿)　92

태아지검(太阿之劒)　93

태원(太原)　615

태인(泰仁)　24

태전(太顚)　315

태종(太宗)　335 858

태평흥국(太平興國)　907

태학(太學)　387 395 968

태항산(太行山)　451

태허(太虛)　1009

태화산(太華山)　108

택언이부정(擇焉而不精)　283

택주(澤州)　336

토악지로(吐握之勞)　131

토악지사(吐握之事)　234

토이생(吐而生)　501

토포악발(吐哺握髮)　491

투잠일해안(投簪逸海岸)　205

투필(投筆)　217

ㅍ

파라척결(爬羅剔抉)　396

파촉(巴蜀)　87 101 153

팔개(八愷)　736

팔대지쇠(八代之衰)　813

팔방(八方)　1068

팔색(八索) 887

팔우시(八愚詩) 572

팔원(八元) 736

팔주(八州) 113

팔황(八荒) 102 162

패공(沛公) 932

패주(貝州) 336

팽려(彭蠡) 212 216

팽려호(彭蠡湖) 1017

팽성(彭城) 930 998

팽조(彭祖) 129 166

팽택(彭澤) 180

팽택지준(彭澤之樽) 216

팽함(彭咸) 44 78

평(平) 33

평림주석고문대전(評林注釋古文大全) 21 25

평수상봉(萍水相逢) 217

평원군(平原君) 101

평회서비(平淮西碑) 335

폐사난릉(廢死蘭陵) 405

폐양후축화양(廢穰侯逐華陽) 89

포기조이철기리(餔其糟而歠其醨) 84

포사자설(捕蛇者說) 558

포숙(鮑叔) 758 764

포정씨(包丁氏) 1018

포폄(褒貶) 926

표(表) 22

표충관(表忠觀) 867

표충관비(表忠觀碑) 865

풍당(馮唐) 213

풍당역로(馮唐易老) 217

풍륭(豊隆) 63 65

풍악향(豊樂鄕) 564

풍어무우지하(風於舞雩之下) 140

풍유눌(馮惟訥) 18

풍이(馮夷) 837

필공(畢公) 1031

필부대호(匹夫大呼) 959

필유흉년(必有凶年) 618

필지어기서(筆之於其書) 272

핍어여양(偪於黎陽) 155

ㅎ

하(夏) 33 54

하구(夏口) 827

하남(河南) 348

하동(河東) 99 340 415 593 866

하백(河伯) 360

하북(河北) 348

하서(河西) 867

하승상(何丞相) 1032

하양(河陽) 340 442

하육(夏育) 811

하주(夏州) 336 1009

하후(夏侯)　152 153

하휴(何休)　922

하휴왈(何休曰)　925

학둔동로(學遁東魯)　199

한고대도(漢高大度)　247

한(漢) 고조(高祖)　246

한공무(韓公武)　344

한(漢)나라 고조(高祖)　771

한(漢)나라 무제(武帝)　879 946

한(漢)나라 문제(文帝)　907

한로(韓盧)　498

한무득정(漢武得鼎)　896

한무제(漢武帝)　99 637 894

한문(漢文)　909

한문공(韓文公)　812

한비(韓非)　421 848

한사(漢史)　430

한서(漢書)　888

한서(漢書) 예문지(藝文志)　724

한선자(韓宣子)　887

한수(漢水)　162 408

한신(韓信)　773

한씨(漢氏)　321

한유(韓愈)　20 23 28 266 269 285 297
　　306 310 315 318 326 335 360 372 386
　　395 408 413 420 429 435 442 451 452
　　458 462 468 470 473 482 485 487 494
　　498 508 535 546 655 676 783 851

한유문집(韓愈文集)　785

한조종(韓朝宗)　233

한중(漢中)　87 101 153

한포(韓浦)　637

한형주(韓荊州)　234

한홍(韓弘)　340 341 344

함곡(函谷)　946

함곡관(函谷關)　101 111 112 607 931

함양(咸陽)　108 602

함영저화(含英咀華)　399

함지(咸池)　60 821

함평(咸平)　637 907

합공(蓋公)　851

합공언황로(蓋公言黃老)　853

합양(郃陽)　340

합종책(合縱策)　88 101

항기덕정(恒其德貞)　373

항량(項梁)　932

항씨(項氏)　931

항아(姮娥)　498

항연(項燕)　931

항우(項羽)　771 848 930 1017

항장(項莊)　772

항주(恒州)　436

항주(杭州)　865

해(解)　22 23

해약(海若)　822

해염현(海鹽縣)　204 207

행(行) 23

행류(行類) 22

향사례(鄕射禮) 1018

허세자지(許世子止) 583

허영(許瑩) 239

허유(許由) 198

허주(許州) 340

헌원씨지율려(軒轅氏之律呂) 311

헌제(獻帝) 736 946

헌종(憲宗) 335 348 816

험어오소(險於烏巢) 155

험윤(獫狁) 615

현종(玄宗) 335 348 900 1038

현포(縣圃) 59

협서지률(挾書之律) 320

형(刑) 281

형(荊) 279

형관(刑官) 698

형려(衡廬) 215

형산(衡山) 211 816 821

형상(衡湘) 822

형서시징(荊舒是懲) 280

형양(衡陽) 212

형영상조(形影相弔) 174

형정(刑政) 487

형주(荊州) 233 827

혜근(惠勤) 913

혜련(惠連) 230

혜문무소양(惠文武昭襄) 103

혜문왕(惠文王) 101

혜왕(惠王) 87

혜제(惠帝) 772 773

호북(湖北) 636

호언(狐偃) 581

호연이독존자(浩然而獨存者) 813

호연지기(浩然之氣) 938

호의(狐疑) 65

호전(胡銓) 28

호해(胡亥) 499

홀명(笏銘) 656

홍공(弘恭) 582

홍농(弘農) 500

홍도부(洪都府) 211

홍려경(鴻臚卿) 672

홍문(鴻門) 772

홍범론(洪範論) 785 799

홍석득이살망지(弘石得以殺望之) 583

홍치간본(弘治刊本) 23

홍치본(弘治本) 21 22

화산(華山) 939

화상기(畫像記) 750

화씨(和氏) 92

화양군(華陽君) 88

화우진(火于秦) 271

환공(桓公) 71 127

환두(驩兜) 736

환제(桓帝) 144

황강(黃岡) 636

황건적(黃巾賊)   736

황견(黃堅)   19

황니(黃泥)   836

황로학(黃老學)   271

황목만(黃木灣)   360

황보박(皇甫鎛)   816

황보식(皇甫湜)   318 473 821

황복(荒服)   490

황소(黃巢)   865

황소(黃巢)의 난   900

황제(黃帝)   310 851

황주(黃州)   637

황주죽루기(黃州竹樓記)   636

황하(黃河)   360 435 613 614 736 939
   981

회(回)   292

회계(會稽)   204 500

회계산(會稽山)   165

회계산음(會稽山陰)   166

회곡(洄曲)   344 352

회남(淮南)   340

회남왕(淮南王)   34

회남왕안왈(淮南王安曰)   35

회서(淮西)   345 348

회수(淮水)   901 981 1016

회왕(懷王)   33

회주(懷州)   340

회채(淮蔡)   357

획린해(獲麟解)   470

효공(孝公)   87 101 103 763 955

효무(孝武)   948

효문왕(孝文王)   107

효산(崤山)   101 111 112 1038

효제(孝帝)   908

효함지고(崤函之固)   102

후사자부득여어사문야(後死者不得與於斯
   文也)   848

후신(后辛)   54

후신지저해혜(后辛之菹醢兮)   56

후왕장상유종호(侯王將相有種乎)   27

후융(芋戎)   88

후적벽부(後赤壁賦)   836

후적이박발(厚積而薄發)   919

후직(后稷)   129 736

후천하지락이락(後天下之樂而樂)   650

후출사표(後出師表)   151

후허호흡(呴嘘呼吸)   133

훼어숙손(毀於叔孫)   287

휘변(諱辯)   473

휴원녹죽(睢園綠竹)   216

흉노(匈奴)   109

흥진비래(興盡悲來)   216

희령(熙寧)   865 902 913 1008

희성(姬姓)   1032

희우정기(喜雨亭記)   894

희이(希夷)   573

희화(羲和)   59

新完譯　古文眞寶　後集

改訂初版發行 ●2005年　1月　25日
改訂初版4刷發行 ●2021年　2月　17日

編纂者 ● 黃　　　堅
譯著者 ● 金　學　主
發行者 ● 金　東　求

發行處 ● 明　文　堂(1923. 10. 1 창립)
　　　　서울 종로구 윤보선길61(안국동)
　　　　우체국　010579-01-000682
　　　　전화　(영) 733-3039, 734-4798
　　　　　　　(편) 733-4748
　　　　FAX 734-9209
　　　　Homepage : www.myungmundang.net
　　　　E - mail : mmdbook1@hanmail.net
　　　　등록　1977. 11. 19. 제1~148호

● 낙장 및 파본은 교환해 드립니다.
● 불허복제 • 판권 본사 소유.

값 25,000원
ISBN 89-7270-766-X 94140
ISBN 89-7270-052-5 (세트)